गरिमा श्रीवास्तव

गरिमा श्रीवास्तव का जन्म 18 जुलाई, 1970 को नई दिल्ली में हुआ। उन्होंने हिन्दू कॉलेज, दिल्ली विश्वविद्यालय से शिक्षा प्राप्त की। स्त्रीवादी चिन्तक के रूप में गरिमा अपनी खास पहचान रखती हैं। युद्ध और युद्ध के बाद की स्थितियों को स्त्रीवादी नजरिये से देखने का उनका प्रयास हिन्दी भाषा-साहित्य की दुनिया में विशिष्ट है।

उनकी प्रकाशित पुस्तकें हैं—'आउशवित्ज : एक प्रेम कथा', 'देह ही देश', 'चुप्पियाँ और दरारें', 'हिन्दी नवजागरण : इतिहास, गल्प और स्त्री प्रश्न', 'किशोरीलाल गोस्वामी', 'लाला श्रीनिवासदास', 'हिन्दी उपन्यासों में बौद्धिक विमर्श', 'भाषा और भाषा विज्ञान', 'ऐ लड़की में नारी चेतना', 'आशु अनुवाद'। कुछ सम्पादित पुस्तकें हैं—'उपन्यास का समाजशास्त्र', 'जख्म, फूल और नमक', 'हृदयहारिणी', 'लवंगलता', 'वामाशिक्षक', 'आधुनिक हिन्दी कहानियाँ', 'आधुनिक हिन्दी निबन्ध', 'हिन्दी नवजागरण और स्त्री' शृंखला में सात पुस्तकें—'महिला मृदुवाणी', 'स्त्री समस्या' 'हिन्दी की महिला साहित्यकार', 'हिन्दी काव्य की कलामयी तारिकाएँ', 'स्त्री-दर्पण', 'हिन्दी काव्य की कोकिलायें', 'स्त्री कवि संग्रह'। उन्होंने कुछ पुस्तकों के अनुवाद भी किए हैं, जिनमें प्रमुख हैं—'ए वेरी ईजी डेथ : सिमोन द बोउवार', 'ब्राजीली कहानियाँ', 'जारवा भाषा : स्वनिमिक अध्ययन'।

वे जवाहरलाल नेहरू विश्वविद्यालय, नई दिल्ली के भारतीय भाषा केन्द्र में प्रोफेसर के पद पर कार्यरत हैं।

ई-मेल : drsgarima@gmail.com

चुप्पियाँ और दरारें

स्त्री आत्मकथा : पाठ और सैद्धान्तिकी

गरिमा श्रीवास्तव

राजकमल पेपरबैक्स

राजकमल पेपरबैक्स में
पहला संस्करण : 2025

राजकमल पेपरबैक्स : उत्कृष्ट साहित्य के जनसुलभ संस्करण

राजकमल प्रकाशन प्रा. लि.
1-बी, नेताजी सुभाष मार्ग, दरियागंज
नई दिल्ली-110 002
द्वारा प्रकाशित

शाखाएँ : अशोक राजपथ, साइंस कॉलेज के सामने, पटना-800 006
पहली मंजिल, दरबारी बिल्डिंग, महात्मा गांधी मार्ग, प्रयागराज-211 001
1, अनमोल सोराबजी सन्तुक लेन, धोबी तलाव, मरीन लाइंस, मुम्बई-400 002
वेबसाइट : www.rajkamalprakashan.com
ई-मेल : info@rajkamalprakashan.com

विकास कम्प्यूटर एंड प्रिंटर्स
ट्रॉनिका सिटी-201 102
द्वारा मुद्रित

मूल्य : ₹599

CHUPPIYAAN AUR DARAAREIN
STREE AATMAKATHA : PAATH AUR SAIDDHANTIKI
by Garima Shrivastava

ISBN : 978-93-6086-383-8

आमुख

"When we write of a woman, everything is out of place."
—Virginia Woolf

व्यक्तियों के योग से समाज बनता है और व्यक्तियों के इतिहास से समाज का इतिहास लेकिन एक समय, *जीवनियाँ सज्जनों के लिए; अध्येताओं के लिए इतिहास*[1], ऐसा कहा जाता था। कालान्तर में, इतिहास के अन्तर्गत जीवनी-विधा को तो स्वीकार कर लिया गया लेकिन आत्मकथाओं के प्रति शंका का भाव बना ही रहा। इसका कारण आत्म-जीवनियों की आत्मनिष्ठ प्रकृति है, जहाँ स्वयं इतिहासकार ही इतिहास का विषय होता है, यह भी कि यह आत्म-चित्र (सेल्फ-पोर्ट्रेट) की तरह कलाकार की आत्म-रति है, एक तर्कहीन कर्मकांड की तरह है। जहाँ यह माना जाता है कि लेखक के मृत्योपरान्त उसके जन्मोत्सव का क्या प्रयोजन! दूसरी तरफ, जैसा कि जूलिया स्वीन्देल्स ने लिखा है : *"आत्मकथाओं को अब ऐसी सम्भावनाशील विधा के रूप में देखा जा सकता है जिसमें पीड़ित और सांस्कृतिक रूप से विस्थापित, व्यक्ति की और व्यक्ति से परे की अपनी अभिव्यक्ति के अधिकार को दृढ़ता से रखा जा सके। शक्तिहीन लोग—स्त्रियाँ, अश्वेत, मजदूर आत्मकथाओं के द्वारा अपने 'निजी' स्वर के माध्यम से जो अपने स्व से इतर की बात कहता है, संस्कृति में दाखिल होना शुरू हो चुके हैं।*[2] क्या यही स्थिति भारत में भी नहीं है? स्त्री-आत्मकथाओं के इस निजी स्वर को, जो अपने स्व से इतर की बात कहता है, आज सुनना जितना जरूरी है; सुनाना उतना ही चुनौतीपूर्ण भी।

स्त्री आत्मकथ्यों पर विचार करने के लिए मोटे तौर पर चार निकष ग्रहण किये जा सकते हैं जिनमें जाति, वर्ग, वर्ण, जेंडर के साथ सम्प्रदाय या धर्म को भी देखा जाना चाहिए। ये सभी निकष आपस में गुँथे यानी प्रतिच्छेदी[3] अवस्था में अपना अस्तित्व रखते हैं। यदि भारतीय समाज की संरचना देखें तो यहाँ के विभिन्न पदानुक्रमों में सत्ता और शक्ति के केन्द्रों पर किसी वर्ग,

जाति, जेंडर या सम्प्रदाय का आधिपत्य है। सामाजिक संरचनाओं के भीतर बहुस्तरीयता होती है जिसका आधार किसी वर्ग, जाति, जेंडर या नस्ल का उत्पीड़न होता है। जिसमें किसी एक वर्ग या जाति के प्रभुत्व की स्थापना के लिए अन्य को दमित-उत्पीड़ित किया जाता है। समाजैतिहास में अन्तर्विभाजक पदानुक्रमिकता का निर्माण होता है। विभिन्न अस्मिताएँ, जो केन्द्र के आसपास मँडराती रहती हैं उनमें जाति और जेंडर को प्रवेश बिन्दुओं के तौर पर देखा जा सकता है। विभिन्न अस्मिताएँ अपने दैनन्दिन प्रतिरोध के तरीकों और रणनीतियों के साथ संघर्षरत रहती हैं, वहीं दूसरी ओर सामाजिक पदानुक्रमिकता को बनाए भी रखना चाहती हैं। एक ओर जाति-व्यवस्था को तोड़ने का प्रयास भी करती हैं दूसरी ओर अपनी ही जाति के भीतर पदसोपानिकता को प्रश्रय भी देती हैं। भारत में अस्सी के दशक में हम विभिन्न सामाजिक वर्गों की आपसी आवाजाही के बीच अन्तर्विरोध को एक विश्लेषणात्मक ढाँचे के रूप में उभरता हुआ देखते हैं। यह वही दौर है जब जाति, जेंडर और कई तरह के वर्गों के आधार पर उत्पीड़न, वर्चस्व और भेदभाव की राजनीति को नये ढंग से समझने के प्रयास शुरू हुए। विभिन्न शोध एवं अध्ययन केन्द्रों में आत्मकथा और आत्मकथात्मक लेखन को समाजवैज्ञानिक शोध के लिए आधार स्रोतों के रूप में शामिल किया जाने लगा। अपने बारे में लिखकर या कहकर अपने साथ-साथ समुदाय और वर्ग के बारे में प्रामाणिक सूचनाएँ देने का काम आख्यानकर्ता करता है। अपने जीवन की विभिन्न स्मृतियों को मौखिक या लिखित रूप में आख्यान का आधार बनाकर वह अगली पीढ़ी में अपने अनुभवों को अन्तरित करता है। अक्सर वैयक्तिक अनुभवों की अपेक्षा सामुदायिक अनुभवों को तरजीह दी जाती है और ज्यादा प्रामाणिक भी माना जाता है, क्योंकि लोग उसी को दुहराते हैं, बारम्बार सुनते हैं और फिर उसी को दुहराने लगते हैं। लेकिन सत्य वही नहीं है जो समाज या समुदाय की वर्चस्वशाली शक्तियों द्वारा दुहराया और दर्ज किया जाता है। जिसकी तेज आवाज के शोर में हाशिये की आवाजें कमजोर साबित होती हैं। इन कमजोर आवाजों को आत्मकथन के माध्यम से अपनी बात कहने, 'टेस्टीमोनियो' (सामुदायिक साक्ष्य) प्रस्तुत करने का अवसर मिलता है। दरअसल 'आत्म' का निर्माण जाति, लिंग, वर्ग और वर्ण के साथ यौनिकता को सुदृढ़ करनेवाले परस्पर प्रतिच्छेदी (इंटरसेक्शनल) वाहकों के द्वारा होता है।[4] इस जटिलता के मद्देनजर जब सामाजिक जीवन की बहुआयामी कोटियाँ विश्लेषण का आधार बनती हैं तो ऐसे में जाति, वर्ग, वर्ण, जेंडर की कई कोटियाँ हमारे सम्मुख होती हैं जिनमें किसी एक अस्मिता या किसी एक कोटि से नहीं बल्कि परस्पर विलयित होती हुए अस्थिर स्वभाव की अस्मिताओं से हमारा सामना होता है

और यहीं पर विभिन्न वर्गों, सम्प्रदायों, जातियों की अस्मिताएँ अपने तमाम अन्तर्विरोधों के साथ और भी अधिक जटिल रूप में उजागर हो जाती हैं।

समाज में विभिन्न अस्मिताएँ अपनी पहचान के लिए परस्पर प्रतिच्छेदी अवस्था (इंटरसेक्शनैलिटी) में ही रहती हैं, वे स्वायत्त नहीं होतीं मसलन स्त्री और अश्वेत एक-दूसरे से अलग नहीं बल्कि दोनों एक-दूसरे के सूचक होते हैं। इनकी परस्पर आवाजाही से उत्पीड़न का अभिसरण होता है। सत्ता के सन्दर्भ में परस्पर प्रतिच्छेदी, एक-दूसरे को काटती हुई सरणियों को जेंडर और नस्लभेद के पारस्परिक सम्बन्ध की खोज के दौरान देखा जा सकता है। इसी तरह जाति और जेंडर को पहले समानान्तर माना जाता था परन्तु बाद के अध्ययनों ने इन्हें परस्पर अन्तर्ग्रथित साबित कर दिया। पितृसत्ता का सांस्थानिक अनुभव समान होने के बावजूद जाति, वर्ग, वर्ण और धर्म के अन्तराल स्त्रियों के अनुभवों को अपेक्षाकृत ज्यादा, जटिल, मारक, उत्पीड़क और एक-दूसरे से पृथक् बनाते हैं। स्त्रियों का जीवन जाति के अन्तरफलक, धर्म, वर्ग और सम्प्रदाय के वैभिन्न्य पर टिका हुआ होता है, जो पितृसत्ता से परिभाषित होता है। इसी के आधार पर जेंडर के नियम बनाए जाते हैं और वर्तमान समय में एक अस्तित्व के लिए श्रम-विभेदी और जेंडर-विभेदी व्यवस्था का निर्माण करते हैं। वृहत्तर परिप्रेक्ष्य में यदि हम इसे देखें तो यौनिकता, श्रम और अर्थोत्पादन के स्रोत दरअसल पितृसत्ता के भीतर छिपी हिंसा और स्त्री के दैहिक, मानसिक शोषण एवं असमानता के रूप में दिखाई देते हैं। जो असमानता पर आधारित समाज में भयंकर रूप से पद्सोपानिक व्यवस्था के परिणाम हैं। जाति-आधारित समाज में, एक ढंग से एक ही जाति के भीतर अपनी ही जाति की स्त्री के ऊपर अपनी जाति के ही पुरुष के नियंत्रण या वर्चस्व को स्थापित करने का प्रयास जेंडर सम्बन्धी शोषण का कारण बनता है। पितृसत्ता से सम्प्रदाय और धर्म के गठजोड़ को मुसलमान स्त्रियों की आत्मकथाएँ अभिव्यक्त करती हैं। जितनी बेबाकी से मुसलमान स्त्रियाँ इस्लाम के भीतर के दमन और प्रतिरोध की रणनीतियों को कह डालती हैं, ठीक उसी स्तर का प्रतिरोध और आलोचना हमें हिन्दू स्त्रियों के आत्मकथ्यों में उन्नीसवीं शती के उत्तरार्द्ध के बाद कहीं नहीं दिखाई देता। यदि हिन्दू धर्म की आलोचना कहीं दिखाई भी पड़ती है तो वह साहस बीसवीं शती की दलित आत्मकथाकारों तक महदूद है। धर्म जहाँ इस्लाम में तगड़ी सेंसरशिप का काम करता है वहीं हिन्दू धर्म की कट्टरता से निजात पाने के लिए ईसाई या ब्राह्मो धर्म की ओर रुख कर लेने के प्रमाण कई स्त्री-आत्मकथ्य देते हैं। उधर बांग्ला और मलयालम में लिखनेवाली अधिकांश स्त्रियाँ आभिजात्य और मध्यवर्ग का प्रतिनिधित्व करती हैं उनके आत्मकथ्यों

को वर्ग में अन्तर्ग्रथित जेंडर विभेद और श्रम-विभेद के समीकरणों के आलोक में देखा जाना चाहिए। भारतीय समाज में पितृसत्ता जाति, वर्ण, वर्ग और धर्म के विभिन्न स्तरों पर अपनी जटिलता के साथ मौजूद है। पौराणिक धर्मग्रन्थों, आचार-संहिताओं में निम्न जातियों और स्त्रियों के लिए अलग प्रावधान दिये गए। वर्ण-व्यवस्था को अपनाकर जाति-व्यवस्था का आधार पुख्ता किया गया और इस तरह भारतीय सामाजिक संरचना को एक जटिल बहुआयामी स्वरूप मिला। समाज की सोपानिक-व्यवस्था या जाति ने जीवन के प्रत्येक क्षेत्र को प्रभावित किया। जाति के कारण स्त्री के शोषण की प्रक्रिया और परिणाम में बहुआयामिता का प्रवेश होता है। जहाँ ऊँची जाति की स्त्री अपने जेंडर के कारण परिवार और समाज में असमानता के अनुभवों से रु-ब-रु होती है। पितृसत्ता की मौजूदगी वैयक्तिक स्वतंत्रता के हनन, पर्दा और अभिव्यक्ति पर पाबन्दी लगाने जैसे अनेक मुखौटों के साथ उनकी रचनाओं में झाँकती है, वहीं निम्न जाति की स्त्री का शोषण वर्ग, जाति और जेंडर के कारण त्रिस्तरीय हो जाता है, कहीं वह पति की मार खाती है, कहीं अपमान का शिकार होती है, कहीं उसे विद्यालय में घुसने से रोका जाता है, कहीं मन्दिर में आर्थिक और सामाजिक समानता के सपने देखनेवाले समाज में व्याप्त लैंगिक और जाति-विभेद के बहुआयामी पक्ष इन स्त्रियों की आत्मकथाओं को बहुआयामी बनाते हैं।

जाति, लिंग, वर्ग और नस्ल की अन्त:सम्बद्धता से चार शोषित-वर्ग अस्तित्व में आते हैं—सवर्ण स्त्री, दलित स्त्री, दलित पुरुष और रंग और नस्लभेद के शिकार स्त्री-पुरुष। जहाँ पहले के समाजशास्त्री जाति और लिंग को अलग-अलग अवधारणाओं के तौर पर व्याख्यायित करते थे वहीं नूतन अनुसन्धान और विश्लेषण से इस पारम्परिक अवधारणा में बदलाव आया और जाति, वर्ग, लिंग और वर्ण के साथ धर्म को परस्पर जटिल रूप में सगुम्फित माना जाने लगा।...उधर पश्चिमी स्त्रीवाद ने नये शोध और आलोचना के आधार पर यह पाया कि नस्लभेद/रंगभेद के अनुभवों को जीती स्त्री के अनुभव अन्य किसी भी स्त्री से अलग विशिष्ट और जटिल होते हैं, यानी अश्वेत (ब्लैक) और गैर-अश्वेत स्त्री के अनुभव एक-दूसरे से बिलकुल अलग होंगे। इसी तरह धर्म और सम्प्रदाय के नियम और सेंसरशिप स्त्री के अनुभवों को नितान्त विशिष्ट बनाते हैं। पितृसत्ता धर्म के आवरण में अपने नियम स्त्रियों पर लादती है, उनके सांस्थानिक और पारिवारिक शोषण को वैधानिक बनाती है इसे मुसलमान स्त्रियों के आत्मकथ्यों को पढ़कर जाना जा सकता है। धार्मिकता और पितृसत्ता का गठजोड़ कितना शोषक और मारक हो सकता है इसे जानने के लिए भारत में निर्वासन झेल रही बांग्लादेश की

लेखिका तसलीमा नसरीन के आत्मकथ्यों (आमार मेये बेला, उत्ताल हवा, द्विखंडितो, वे अँधेरे दिन, नेई किच्छु नेई, मुझे घर ले चलो, निर्वासन—जो सन् 2005-2014 के बीच सात भागों में प्रकाशित हुए) को पढ़ा जाना चाहिए। सीमन्तनी उपदेश (1882) जैसी पुस्तक में हिन्दू धर्म की आलोचना करनेवाली किसी रचनाकार को निर्वासन और धार्मिक मुल्लाओं द्वारा मौत के फतवों से जूझना पड़ा हो, इसके प्रमाण हमें भारत में नहीं मिलते। तहमीना दुर्रानी की आत्मकथा 'मेरे आका' (1996) में स्त्री-देह का शोषण, कमला दास की आत्मकथा 'एंटे कथा' (1973) में धर्म-परिवर्तन कर पश्चाताप करती स्त्री का मर्म अभिव्यक्त हुआ है जहाँ धर्म उसे संवेदनात्मक सुरक्षा देने से इनकार कर देता है, प्रेमास्पद की प्राप्ति के लिए बदला गया धर्म अन्ततः उसे अकेला कर देता है। इसी तरह बामा फ्यूस्टीना मेरी (करक्कू, 1992) और सिस्टर जेस्मी (आमीन, 2010) ईसाई धर्म अपनाकर, चर्च से जुड़ने के बाद ही जेंडर और धर्म के विध्वंसक समीकरण का कलुषित पक्ष समझ पाती हैं, जिससे पाठक यह जान पाता है कि समानता का भ्रम और पीड़ित वर्ग के प्रति सहानुभूति समाज के सम्पन्न और शक्तिशाली व्यक्तियों के लिए एक आवरण है जिसके पीछे असमानता, अनुदारता और यौन-शोषण के तीक्ष्ण हथियार छिपे हुए हैं।

विभिन्न वर्गों से सम्बद्ध स्त्रियाँ जेंडर विभेद के पृथक् अनुभवों से रू-ब-रू होती हैं। जेंडर एक ऐसे मुखौटे के रूप में सामने आता है जिसमें स्त्री और पुरुष का असमान नृत्य चलता रहता है। स्त्री-पुरुष का जैविकीय अन्तर उच्चवर्गीय, मध्यवर्गीय और निम्नवर्गीय स्त्री के अनुभवों में अन्तराल उपस्थित करता है जिसे भारत में अंग्रेजी में लिखी आत्मकथाओं में देखा जा सकता है। आभिजात्य घरानों से सम्बद्ध महारानी सुनीति देवी की आत्मकथा (द ऑटोबायोग्राफी ऑफ एन इंडियन प्रिंसेस, 1921), भोपाल की शासक नवाब सुल्तान जहाँ बेगम (एन अकाउंट ऑफ माई लाइफ, 1912), आबिदा सुल्तान (मेमोआयर्स ऑफ अ रिबेल प्रिंसेस, 2004) से लेकर मृणाल पांडेय (डाटर्स डाटर, 1993) हों या बंगाल के प्रतिष्ठित परिवार से सम्बद्ध स्वर्णकुमारी देवी या उनकी पुत्री सरला देवी चौधरानी (जीबोनेर झरापता, 1944) हों, इनके अनुभव ठीक वही नहीं हैं जो घरेलू नौकरानी का काम करके पेट भरने का इन्तजाम करनेवाली बेबी हालदार (आलो आन्धारि, 2006) या बतौर देह श्रमिक, आजीविका कमानेवाली नलिनी जमीला (ऑटोबायोग्राफी ऑफ ए सेक्सवर्कर, 2005) या सड़क पर बजरी बिछानेवाली मजदूरनी का काम कर चुकनेवाली कौशल पँवार (बवंडरों के बीच, 2020) के हैं। अर्थोपार्जन के लिए जद्दोजहद करती, किसी तरह जीवनयापन करती स्त्रियों

के आत्मकथ्य समृद्ध स्त्रियों के आत्माख्यानों से प्रसंगत: और स्वभावत: भिन्न होते हैं। जहाँ पितृसत्ता के दबाव पर्दा-प्रथा, नर-सन्तान उत्पन्न करने के दबाव, परिवार की मर्यादा को बनाए रखने के दबाव के साथ अनेक तरह की सेंसरशिप, जिसके निशाने पर वे रहती हैं, जो अपने स्वरूप में हर बार अलग होती है, उसके बारे में वे कभी खुलकर और कभी दबे स्वरों में बात करती हैं। इसके विपरीत घर चलाने के लिए जद्दोजहद करती स्त्री, पति या घर के सदस्यों की हिंसा और उत्पीड़न का शिकार स्त्री के अनुभवों को अश्वेत स्त्रियों से लेकर मुसलमान स्त्रियों के आत्मकथ्यों में अभिव्यक्ति मिली है जिनके बरअक्स उत्तर-औपनिवेशिक मध्यवर्गीय स्त्री के आत्मकथ्य हमारे सामने बदलते हुए समाज की तसवीर पेश करते हैं। कहीं वह वर्णाश्रम के नीति-नियमों में फँसी साक्षरता के लिए व्याकुल राससुन्दरी देवी (आमार जीबोन, 1872) है कहीं बीबी अशरफ जो चूल्हे के कोयले से लकीरें खींचकर साक्षर होने की कोशिश करती है और अन्तत: अध्यापिका बनने का सपना पूरा करती है। इनके समानान्तर निस्तारिणी देवी (सेकेले कथा, 1916) सरीखी ब्राह्मण स्त्रियाँ हैं जिनका पूरा जीवन कुलीनता की भेंट चढ़ गया। वर्ण के नियम, कुलीनता के दबाव में समूचा जीवन एकादशी व्रत करती आई स्त्री के जीवन की झाँकी हमें तब मिलती है जब वह जीवन के अस्सीवें वर्ष में दृष्टि-बाधित होकर, धर्मस्थान पर एकाकी जीवन बिताने के बारे में बोलकर बताती है, जिसने कभी पति का चेहरा ठीक से नहीं देखा और न कभी ससुराल गई। अगली शताब्दी तक आते-आते यह स्त्री अपने चुनाव और व्यक्तिगत निर्णयों के साथ स्वयं के बारे में लिखने लगी है, कहीं वह प्रेम और विवाह के निर्णय करती है और धोखे खाती है मसलन किश्वर नाहीद (बुरी औरत की कथा, 1994), चन्द्रकिरण सोनेरिक्सा (पिंजरे की मैना, 2008), मन्नू भंडारी (एक कहानी यह भी, 2007) तसलीमा नसरीन (द्विखंडितो, 2003), प्रभा खेतान (अन्या से अनन्या तक, 2007) कहीं वह एकाकी रहने की चुनौतियाँ मोल लेती है, लेकिन स्वयं को मल्लिका अमरशेख (मला उध्वस्त व्यान्चय, 2014) की तरह विखंडित अनुभव करती है और कहीं रमणिका गुप्ता (हादसे, 2005, आपहुदरी), माया एंजेलो (आई नो व्हाय द केज्ड बर्ड सिंग्स, 1969) की तरह पितृसत्ता के उत्तर-आधुनिक रूपों से टकराती दिखाई देती है। कहीं मुक्ता सर्वगोंड, (मिटलेली कवाडे 1983), रजनी तिलक (अपनी जमीं अपना आसमा, 2017) एंजेला डेविस (एन ऑटोबायोग्राफी, 1974) की तर्ज पर पढ़-लिखकर स्वावलम्बी कार्यकर्ता होना चुनती है, कहीं कामकाजी बनकर कार्यस्थल पर जाति और लैंगिक विभेद के मर्म बिन्दुओं पर कल्याणी ठाकुर चांडाल (आमि चांडाल केनो

लिखी, 2016)-सीधी उँगली रखती है। कहीं सुशीला टाकभौरे (शिकंजे का दर्द, 2011) जैसी अपना धन कमाकर भी परिवार के शोषण और पति के शिकंजे से मुक्त नहीं हो पाती, इनके अलावा हाशिये के भी हाशिये पर जीवन जी रही केरल की सरसू (माई लाइफ स्टोरी एंड साँग्स, 2000) सी. के. जानू (मदर फारेस्ट : द अनफिनिश्ड स्टोरी ऑफ सी. के. जानू, 2002) और सुमित्रा महरौल (टूटे पंखों से परवाज तक, 2021) जैसी विकलांग स्त्रियाँ हैं जो लिखना सीखने और अपनी व्यथा और संघर्ष गाथा कहने के लिए एक लम्बा सफर तय करती हैं। इन आत्मकथाओं में व्यक्त विकलांगता का आयाम स्त्री के अनुभवों को और अधिक मारक बनाता है। विभिन्न जाति, वर्ग और नस्ल से जुड़ी स्त्रियाँ घर-परिवार, सामाजिक इकाइयों के साथ अपने सम्बन्धों, पितृसत्ता के नानाविध अनुभवों के साथ आत्मकथ्यों में मौजूद हैं। आज ज़बकि स्त्रियों की सामाजिक, राजनैतिक आर्थिक स्थिति में बदलाव देखे जा रहे हैं, सोशल मीडिया पर 'मी टू' की मुहिम चल रही है, ऐसे में उन स्त्रियों को याद करना जरूरी हो जाता है जिन्होंने अभिव्यक्ति के आरम्भिक खतरे उठाए। अन्य कई भारतीय भाषाओं के समानान्तर स्त्रियों ने कन्नड़ में लेखन शुरू किया तो उन्हें अभिव्यक्ति के लिए कविता की विधा सबसे मुफीद लगी, लेकिन जल्द ही स्त्रियों को अपने बारे में खुद कहने की अनिवार्यता महसूस हुई। कर्नाटक के सन्दर्भ में देखें तो यह बीसवीं शती का समय था जब स्त्रियों ने अपनी जीवन-कथाओं को छपवाने का साहस किया। आज कन्नड़ स्त्री-आत्मकथाओं पर बात करना इसलिए भी जरूरी है क्योंकि जिन स्त्रियों ने कर्नाटक में आत्मकथ्य लिखे उनमें से अधिकांश रंगमंच और सिनेमा से सम्बन्धित थीं। उन्होंने पितृसत्ता के विविध दबावों को न सिर्फ झेला बल्कि अस्तित्व के विभिन्न प्रश्नों पर विचार किया और कभी प्रत्यक्ष कभी परोक्ष ढंग से सामाजिक इकाइयों की आन्तरिक व्यवस्था में पैबस्त पितृसत्ता की रणनीतियों को अनावृत्त किया।

रंगमंच और सिनेमा में काम करनेवाली स्त्रियों के अनुभव घरेलू स्त्रियों की अपेक्षा बहुआयामी होते ही हैं। उन्हें जीवन-जगत के उन अनुभवों से रू-ब-रू होना पड़ता था और है जिनकी उपलब्धता घर की चहारदीवारी में बन्द स्त्री के लिए असम्भव हुआ करती है। स्त्री-लेखन के आरम्भिक दौर में घर के भीतर रहनेवाली गृहिणी 'आदर्श स्त्री' थी और पत्रकारिता, रंगमंच, सिनेमा में काम करनेवाली स्त्री को 'वेश्या' और चरित्रहीन समझना आम बात थी। कन्नड़ की स्त्री-आत्मकथाएँ इस दृष्टि से विशिष्ट हैं। उनमें मराठी स्त्री-आत्मकथाओं की तरह आन्दोलनकारिता नहीं है, वे अक्सर घर-परिवार और रोजगार में तादात्म्य स्थापित करके चलनेवाली स्त्रियों की कथाएँ हैं।

इस प्रसंग में रेमंड विलियम्स को याद किया जा सकता है जिन्होंने संस्कृति की अवधारणा पर विचार करते हुए संस्कृति को अवशिष्ट, प्रभुत्वशाली और आविर्भावी तत्त्वों की गतिकी में देखने की वकालत की थी। उनका मानना था कि किसी भी युग की कृति में हाशियाकृत या विध्वंसकारी तत्त्वों की पहचान के साथ ही उस संस्कृति को उसकी समग्रता में समझा जा सकता है। इससे यह समझा जा सकता है कि हर पराधीनता के इतिहास में प्रतिरोध का इतिहास भी निहित होता है। यह भी कि प्रतिरोध सदैव पराधीनता का चिह्न या प्रमाण ही नहीं होता बल्कि यह 'भिन्नता' का अमिट चिह्न भी होता है जो सत्ता को परिवर्तन का दरवाजा बन्द करने से सदा बरजता है।

जरूरत है समाज और साहित्येतिहास की मुख्यधारा के बरअक्स उनकी आवाजों को सुनने की, उनके लिखे की दरारों के भीतर झाँककर समाज और समुदाय का यथार्थ चेहरा पहचानकर एक नये सिरे से समतावादी परिवार और समुदाय बनाने की, जहाँ वे निर्भीकता से अपने अनुभव दूसरों के साथ साझा कर समाज के संस्कृतिकरण की प्रक्रिया को बेहतर और परिष्कृत बना सकें।

आज लैंगिक, क्षेत्रीय एवं तुलनात्मक अध्ययन में ऐसी रचनाओं की माँग जोर पकड़ रही है जो व्यक्ति और समाज के विविधमुखी अनुभवों को प्रामाणिकता में प्रस्तुत कर सके। 'चुप्पियाँ और दरारें'—स्त्री-आत्मकथा के भारतीय परिप्रेक्ष्य को समग्रता में प्रस्तुत करने का प्रयास है। ध्यातव्य है, कि हाल के वर्षों में सांस्कृतिक इतिहास की दरारों और उसकी असंगतियों के उच्छेदन के लिए स्त्री-लेखन को शोध और पुनर्विचार के लिए महत्त्वपूर्ण माना जाने लगा है, देश-विदेश के आलोचकों ने भी इस पर पर्याप्त ध्यान देना शुरू किया है। इसे हम स्त्रीवादी इतिहास-लेखन की दिशा में बढ़ाया गया एक और कदम मान सकते हैं जो इतिहास का मूल्यांकन जेंडर के नजरिये से करने का पक्षधर है। दरअसल स्त्रीवादी इतिहास-लेखन समूचे इतिहास को समग्रता में देखने और विश्लेषित करने का प्रयास करता है, जिसमें मुख्यधारा के इतिहास से छूटे हुए, अनजाने में, या जान-बूझकर उपेक्षित कर दिये गए वंचितों का इतिहास और उनका लेखन शामिल किया जाता है। यह स्त्री को किसी विशेष सन्दर्भ या किसी सीमा में न बाँधकर, एक रचनाकार और उसके दाय के रूप में देखने का प्रयास है। यह स्त्रियों की रचनाशीलता के सन्दर्भ में लैंगिक और जेंडर विभेद को देखने और साथ ही अपेक्षित सामाजिक संरचनागत बदलावों की ओर दिशा-निर्देश करने का भी उद्यम है। स्त्री साहित्येतिहास को उपेक्षित करके कभी भी इतिहास-लेखन को समग्रता में नहीं जाना सकता। कुछेक को छोड़ दें तो अधिकांश इतिहासकारों ने स्त्रियों के सांस्कृतिक-साहित्यिक दाय को या तो उपेक्षित

किया या फुटकर खाते में डाल दिया। आज जरूरत इस बात की है कि सामाजिक अवधारणाओं, विचारधाराओं और औपनिवेशिक अर्थव्यवस्था, समाज-सुधार कार्यक्रमों में पारस्परिक सम्बन्ध को विश्लेषित-व्याख्यायित करने के लिए स्त्री रचनाशीलता की अब तक उपेक्षित, अवसन्न अवस्था की प्राप्त कड़ियों को ढूँढ़ा और जोड़ा जाए, जिससे इतिहास अपनी समग्रता में सामने आ सके। इसलिए स्त्रियों की आत्मकथा की परम्परा, समकालीन अवस्थिति पर विचार करना अनिवार्य बन पड़ा है।

अगर स्त्री-आत्मकथा में सत्य और प्रामाणिक अनुभवों की गूँज सुनाई देती है तो आत्मकथा-आलोचना के लिए यह जरूरी है कि उनके आत्मकथ्य खोजे जाएँ, पुरानी रचनाओं का पुनर्पाठ किया जाए और परस्पर असम्बद्ध दीखनेवाली कड़ियों को एक साथ रखकर देखा जाए। स्त्री के आत्मकथ्य का विश्लेषण उसके समाज, समुदाय, पीड़ा, चोट, लिंग-भेद के अनुभव मनोसामाजिकी और भाषा भंगिमाओं को सामने लाने में मदद करता है। इस पुस्तक में संकलित आलेख स्त्रियों की चुप्पियों, मितकथन और कथन की दरारों को विखंडित कर उनके विश्लेषण का प्रयास करते हैं। ऐसा समय और समाज जहाँ स्त्री को नितान्त निजी कोना उपलब्ध नहीं, वहाँ उसकी चुप्पी के भी मायने हैं और मितकथन के भी। स्त्रियों के लिखे हुए ये 'आत्मकथ्य' हमें चेतावनी देते हैं कि मौन और मितकथन का अर्थ रिक्ति नहीं है। ये हमारे ज्ञान और संवेदना की सीमा है जो हमें उसकी चुप्पी के पीछे छिपे अर्थ-सन्दर्भों को खोलने नहीं देती। कुछेक चुने हुए विषयों पर ही लिखना, लौकिक प्रेम की प्रच्छन्न अभिव्यक्ति के लिए भक्ति, अध्यात्म और राष्ट्रप्रेम का सहारा लेना, एक तरह की 'सेल्फ सेंसरशिप' है। अकादमिक शोध-केन्द्रों और आलोचकों की लम्बी उपेक्षा के बावजूद इक्कीसवीं सदी के तीसरे दशक की शुरुआत में स्त्रीवादी सिद्धान्त एक परिपक्व अनुशासन के तौर पर उपस्थित है, इसलिए पुस्तक में स्त्री-आत्मकथा सैद्धान्तिकी के साथ विभिन्न भारतीय भाषाओं, जाति, वर्ग, वर्ण और, सम्प्रदाय की सीमाओं में बद्ध स्त्रियों की आत्मकथाओं को विश्लेषण का आधार बनाया गया है। रंगभेद और नस्लभेद के अनुभव हमारे यहाँ जाति का बाना ओढ़कर आते हैं इसलिए नस्ल और रंगभेदी समाज में स्त्री-आत्मकथा-लेखन के परिदृश्य पर विचार करने के लिए अश्वेत (ब्लैक) स्त्री आत्मकथ्यों की परम्परा और प्रकृति पर विचार किया गया है।

'चुप्पियाँ और दरारें' के अन्तर्गत स्त्री-आत्मकथा सैद्धान्तिकी और भारत में हिन्दी-अंग्रेजी में स्त्री-आत्मकथा-लेखन की परम्परा के अतिरिक्त दलित स्त्री-आत्मकथाएँ, सवर्ण स्त्री प्रति-आख्यान, मलयालम स्त्री आत्मकथ्य, कन्नड़ स्त्री आत्मकथ्य, बांग्ला स्त्री आत्मकथ्य, मुसलमान स्त्रियों के

आत्मकथ्यों के साथ अश्वेत (ब्लैक) स्त्री आत्मकथ्यों पर शोधपरक आलेख हैं। ये लेख स्त्री रचनात्मकता की अविच्छिन्न परम्परा से परिचित करवाने के साथ-साथ विभिन्न समुदायों और समाजों में स्त्री के आत्म के साथ संवाद के साक्ष्य प्रस्तुत करते हैं। सम्भव है इस पुस्तक के दायरे में आने से बहुत-सी आत्मकथाएँ छूट गई हों, इसे शोध और विश्लेषण की सीमा के तौर पर ग्रहण करना उचित होगा।

इस पुस्तक में संकलित नौ शोधालेख पिछले लगभग बारह वर्ष के अनंतर किए शोध और अध्यवसाय का परिणाम हैं जिनका प्रकाशन समय-समय पर प्रतिमान, तद्भव, स्त्रीकाल, समालोचन, बहुवचन और आलोचना जैसे स्तरीय जर्नल्स में होता रहा। आलेखों पर प्राप्त हुई आलोचकीय प्रतिक्रियाओं ने इस विषय का विश्लेषण करने के लिए दृष्टि भी दी और उत्साह भी। मेरे शोधार्थियों और मित्रों ने इस कार्य में साथ दिया अत: उनका आभार। विशेषतः सुधांशु कुमार, कविता मल्होत्रा, पवन साव ने इन लेखों के सम्पादन एवं टंकण में सहयोग किया। चित्रा मुद्गल, ममता कालिया, चारु गुप्ता, प्रीति चौधरी, अभय कुमार दुबे, रविकान्त, सुप्रिया पाठक के साथ राजेन्द्रचेन्नी, विक्रम विसाजी, आशा देवी, जैसे आलोचकों ने जेंडर के मुद्दे पर मेरी समझ को परिष्कृत किया। स्त्री के अन्तर्मन को समझने में मुझे मेरे मित्रों से मदद मिली। जेएनयू और हैदराबाद विश्वविद्यालय, नेहरू मेमोरियल लाइब्रेरी के साथ जाग्रेब विश्वविद्यालय के दर्शन संकाय के पुस्तकालयों से मुझे बहुत सहायता मिली। मेरे पाठक और आलोचक जिनमें मेरे सभी शोधार्थी, भारतीय भाषा केन्द्र के छात्र शामिल हैं उनका आभार ज्ञापन करना जरूरी समझती हूँ क्योंकि पढ़ने-पढ़ाने के क्रम में इन सभी की प्रतिपुष्टि (फीडबैक) ने हमेशा मदद की।

—गरिमा श्रीवास्तव

जेएनयू, नई दिल्ली

मकर संक्रांति, 2025

सन्दर्भ

1. जूलिया स्वीन्देलस : बायोग्राफी इज फॉर जेंटलमेन; हिस्ट्री इज फॉर स्कॉलर्स, बायोग्राफी एज हिस्ट्री, फ्रांसिस वेस्ट, ऑस्ट्रेलियन अकेडमी ऑफ द ह्यूमानिटीज, प्रोसीडिंग्स फोर, 1973-43
2. लिंडा एंडरसन, आटोबायोग्राफी, रूटलेज, लन्दन एंड न्यूयॉर्क, संस्करण, पृ. 104, 2001

3. अंग्रेजी के 'इंटरसेक्शनैलिटी' के लिए 'प्रतिच्छेदी' शब्द का प्रयोग किया गया है, जिसे समाज वैज्ञानिक लीला दुबे ने 'लिंगभाव का मानववैज्ञानिक अन्वेषण : प्रतिच्छेदी क्षेत्र' (वाणी प्रकाशन, 2004) शीर्षक पुस्तक में प्रयुक्त किया है।
4. इंटरसेक्शनैलिटी की अवधारणा को विस्तार से जानने के लिए देखें, किम्बर्ल क्रेन्षा, ऑन इन्टरसेक्शनैलिटी : इसेंसियल राइटिंग, न्यू प्रेस, 2015

क्रम

अध्याय-1

अनसुनी आवाजें—प्रतिरोध की संस्कृति

सीमोन द बोउवार ने कहा था, "यदि किसी जाति को लगातार हीन अवस्था में रखा जाए तो सही बात है कि वह हीन ही रहेगी किन्तु मानवीय स्वतंत्रता इस सीमा को तोड़ सकती है। आप अधिकार तो दीजिए, उपयोग करना स्त्री स्वयं सीख जाएगी। सच्चाई तो यह है कि दमनकर्ता कभी भी आगे बढ़कर अकारण उदारता नहीं दिखाएगा, किन्तु कभी तो दमित के विद्रोह और कभी स्वयं सुविधा-प्राप्त वर्ग के अपने विकास से नई परिस्थितियाँ जन्म लेती हैं। इन नई परिस्थितियों की अपनी माँगें होती हैं, जिनको पूरा करने के लिए पुरुष स्वयं स्त्री को आंशिक मुक्ति देने के लिए बाध्य होता है। यह औरत का कर्तव्य है कि वह विकास की दिशा में आगे बढ़ती रहे और मिलनेवाली सफलताओं से उत्साहित होती रहे। इसमें कोई सन्देह नहीं कि एक-न-एक दिन वह पुरुष के बराबर सामाजिक और आर्थिक समानता पाएगी जिसके कारण उसकी आन्तरिकता में एक नया रूपान्तरण घटित होगा।"[1] सीमोन द बोउवार आज से सत्तर वर्ष पूर्व स्त्रियों की स्थिति में सुधार को सामाजिक रूपान्तरण से सम्बद्ध करके देख रही थीं। बीसवीं शताब्दी के उत्तरार्द्ध तक आते-आते लगभग पूरे विश्व में हाशियाकरण के विरोध और समाज के दलित, दमित-प्रताड़ित वर्ग की आवाजों ने केन्द्र में जगह हासिल करने में एक सीमा तक कामयाबी पाई। जो समाज जितना ज्यादा बहुभाषिक और बहुसांस्कृतिक था, वहाँ पर उत्पीड़ित वर्गों का उभार साहित्य, कला और सांस्कृतिक क्षेत्रों में अपनी पहचान बनाने लगा। भारतीय सन्दर्भ में दलित और स्त्री शक्तियों के उभार ने आत्मकथा की विधा अपनाई। अमेरिका की बहुसांस्कृतिकता ने अकेले बीसवीं शताब्दी में पचपन हजार आत्मकथाओं के प्रकाशन की जमीन तैयार की। जो कुछ कहे जाने पर पाबन्दी थी, जिसके छपने पर सब कुछ उलट-पुलट हो जानेवाला था, वह सब स्त्रियों, दलितों और अल्पसंख्यकों के आत्मकथ्यों के माध्यम से पाठक के बृहत्तर अनुभव-संसार का हिस्सा बनने लगा। उन्नीसवीं सदी की बौद्धिक चेतना के प्रतिफल के रूप में भारतीय भाषाओं में स्त्रियों और दलितों ने आत्मकथ्य लिखे। भारतीय परिदृश्य में मराठी भाषा में बहिणाबाई ने

सबसे पहले आत्मकथात्मक अभंग पद लिखे। बहिणाबाई सन्त तुकाराम की शिष्या थीं।[2] बांग्ला की पहली आत्मकथा राससुन्दरी देवी की 'आमार जीवन'[3] (1868) थी इसके बाद विनोदिनी दासी (1862-1941) ने 'आमार कथा'[4] लिखी। हिन्दी में पहली स्त्री-आत्मकथा 'दु:खिनी बाला सरला : एक विधवा की आत्मजीवनी' का प्रकाशन 'स्त्री दर्पण' पत्रिका के जुलाई 1915 से मार्च 1916 के अंकों में हुआ। 'सीमन्तनी उपदेश' जिसकी लेखिका के रूप में 'एक अज्ञात हिन्दू औरत' का नाम है[5], को यद्यपि आत्मकथा नहीं कहा गया है, फिर भी इसमें लेखिका के निजी और आत्मीय प्रसंगों की भरमार है। पंडिता रमाबाई ने अपनी पुस्तक 'द हाई कास्ट हिन्दू वीमेन' में 'सीमन्तनी उपदेश' का पूरा अध्याय अंग्रेजी में अनूदित किया है।[6] हिन्दी में स्त्री-आत्मकथा-लेखन की एक पूरी परम्परा दिखाई पड़ती है। जिनमें दलित स्त्रियों के हिन्दी में लिखे आठ आत्मकथ्य मिलते हैं—'दोहरा अभिशाप' (कौशल्या बैसंत्री, 1999), 'एक अनपढ़ कहानी' (सुशीला राय, 2005) 'शिकंजे का दर्द' (सुशीला टाकभौरे, 2011), 'अपनी जमीं अपना आसमां' (रजनी तिलक, 2017), 'टुकड़ा-टुकड़ा जीवन' (कावेरी, 2017), 'छूटे पन्नों की उड़ान' (अनीता भारती, 2018), 'बवंडरों के बीच' (कौशल पँवार, 2020), 'टूटे पंखों से परवाज तक' (सुमित्रा महरोल, 2021)[7]। सवर्ण स्त्रियों के आत्मकथ्यों में 'मेरी जीवन-यात्रा' (जानकी देवी बजाज, 1956), 'चन्द सतरें और' (अनीता राकेश, 1975), 'मुझे माफ करना' (दिनेशनन्दिनी डालमिया, 1985), 'दस्तक जिन्दगी की' (प्रतिभा अग्रवाल, 1990), 'कुछ कही, कुछ अनकही' (शीला झुनझुनवाला, 2000), 'हादसे' (रमणिका गुप्ता, 2005), 'अन्या से अनन्या' (प्रभा खेतान, 2007), 'एक कहानी यह भी' (मन्नू भंडारी, 2007), 'पिंजरे की मैना' (चन्द्रकिरण सौनरेक्सा, 2008), 'कस्तूरी कुंडल बसै' और 'गुड़िया भीतर गुड़िया' (मैत्रेयी पुष्पा, 2008), 'लगता नहीं है दिल मेरा' (कृष्णा अग्निहोत्री, 2010), 'कितने शहरों में कितनी बार' (ममता कालिया, 2010), 'हाशिये की इबारतें' (चन्द्रकान्ता, 2012), 'बूँद बावड़ी' (पद्मा सचदेवा, 2014), 'जमाने में हम' (निर्मला जैन, 2015), आरोह-अवरोह (सुषम बेदी, 2015), 'आपहुदरी' (रमणिका गुप्ता, 2016), 'गुजरात हिन्दुस्तान से गुजरात पाकिस्तान' (कृष्णा सोबती, 2017), 'जो कहा नहीं गया' (कुसुम अंसल, 2019), 'ऊपर टँगी लाश का आत्मकथ्य' (स्नेहमयी चौधरी का आत्मकथांश) प्रमुख हैं।

मराठी में, उन्नीसवीं शती के उत्तरार्द्ध में पंडिता रमाबाई (1850-1922) के लिखे पत्रों में आत्मकथांश मिलते हैं।[8] इसके अतिरिक्त पंडिता रमाबाई ने 1907 में 'ए टेस्टीमनी ऑफ पॉवर इनएक्ज्हास्टिबल ट्रेजर' में निजी और आत्मकथात्मक प्रसंगों को लिखा,[9] इसके बाद तो जैसे मराठी के आत्मकथा-लेखन ने गति पकड़ ली। एक के बाद एक कई स्त्री-आत्मकथाएँ प्रकाश में आने लगीं, जिनमें

रमाबाई आप्टे की 'आमुच्या आयुष्या तलि काही आठवणी' (हमारे जीवन की कुछ यादें 1901), पार्वती बाई का 'मांझी कहानी' (मेरी कहानी, 1928), कमलाबाई देशपांडे की 'स्मरणसाँखली' (स्मरण सांकल, 1934), लक्ष्मीबाई तिलक की 'स्मृति चित्रै' (1934-36), बया कर्वे का आत्मवृत्त (1944), प्रसिद्ध कवि माधव ज्यूलियन की पत्नी ललिताबाई पटवर्धन की 'आमची अकरा वर्ष' (हमारे ग्यारह साल 1945), वाय सदाशिव नाम से प्रसिद्ध मध्यभारत के कलाकार के साथ सहजीवन व्यतीत करनेवाली इन्दिरा सदाशिव की आत्मकथा 'या सदाशिव' 1948 में सामने आईं। सन् 1934 में तेलुगु महिला सत्यवती की आत्मकथा 'आत्मचरितमु'[10] शीर्षक से प्रकाशित हुई। दलित स्त्रियों ने आत्म-प्रकाशन एवं त्रासद जीवन की अभिव्यक्ति के लिए आत्मकथा विधा को ही अपनाया। दलित स्त्री का शोषण तिहरा था जिसे आत्मकथन के पटल पर चित्रित करना दलित लेखिकाओं के लिए सम्भव हो सका। इनमें कुमुद पावड़े की 'अन्तःस्फोट' (1981), मुक्ता सर्वगोड़ की 'मिटलेली कवाडे' (बन्द थे दरवाजे, 1983), बेबीताई काम्बले की 'जिण आमुच्य', शान्ताबाई कृष्णाजी काम्बले की आत्मकथा 'माझ्या जल्मांची चित्तरकथा' (मेरे जीवन की चित्रकथा, 1988), शान्ताबाई धानाजी दानी का आत्माख्यान 'रात्रदिन आम्हा' (ये दिन और रात, 1990), बामा फ्यूस्टीना मेरी का आत्माख्यान 'करक्कू' (1992), जनाबाई गिरहे की 'मरणला' (मरणवेदना, 1992), मल्लिका अमरशेख की आत्मकथा 'मलाउद्ध्वस्त व्यायंचय' (1994), वीरम्मा का 'लाइफ ऑफ एन अनटचेबल' (1997), उर्मिला पवार का 'आयदान' (2003) तथा कल्याणी ठाकुर की आत्मकथा 'आमि केनो चांडाल लिखी' (2016) में प्रकाशित हुई। इसके अतिरिक्त अन्य भारतीय भाषाओं से जिन प्रमुख आत्मकथाओं का अनुवाद हुआ उनमें बांग्ला की राससुन्दरी देवी की 'आमार जीबोन', निस्तारिणी देवी की 'सेकेले कथा', सरला देवी चौधरानी की 'जीबोनेर झरापता', प्रसन्नमयी देवी की 'पूर्वकथा', सुदक्षिणा सेन की 'जीवन स्मृति', नबनीता देवसेन का आत्मकथांश 'पंखों तले की हवा' से लेकर तसलीमा नसरीन और कल्याणी ठाकुर तक की लम्बी फेहरिस्त है। मलयालम में कमला दास की 'एंटे कथा' (माई स्टोरी), नलिनी जमीला की 'एक सेक्स वर्कर की आत्मकथा', मेरी रॉय का आत्मकथांश 'पीढ़ी-दर-पीढ़ी' को देखा जा सकता है। तहमीना दुर्रानी की 'मेरे आका' (माई फ्यूडल लॉर्ड), के अतिरिक्त पंजाबी में अमृता प्रीतम की 'रसीदी टिकट', बचिन्त कौर की 'पगडंडियाँ', अजीत कौर की 'खानाबदोश' रेखांकित करने योग्य आत्मकथाएँ हैं।

इन आत्मकथाओं को स्त्री के आक्रोश और प्रतिरोध की रचनात्मक अभिव्यक्ति के रूप में देखा जाना चाहिए। जॉन स्टुअर्ट मिल ने कहा था "एक सावधानी बरतते हुए हम यह मान सकते हैं कि जो ज्ञान पुरुष स्त्रियों से उनके बारे में हासिल करते हैं, भले ही वह उनकी संचित सम्भावनाओं के बारे में न होकर, सिर्फ उनके भूत

और वर्तमान के बारे में ही क्यों न हो, तब तक अधूरा और उथला रहेगा, जब तक कि स्त्रियाँ स्वयं वह सब कुछ नहीं बता देतीं, जो उनके पास बताने के लिए है।" लेकिन क्या हमारी सामाजिक संरचना में स्त्री वह सब कुछ बताने के लिए स्वतंत्र है, जो वह बताना चाहती है। आत्मकथाओं का उभार अभी हाल की घटना है, आत्मकथा में कल्पना का लेश नहीं बल्कि जीवन-सत्य ही अभिव्यक्त होना चाहिए, ऐसा प्रेमचन्द ने कहा था। जीवन-सत्य की प्रामाणिक अभिव्यक्ति का साहस स्त्रियाँ तो क्या पुरुषों में भी विरल है, जिस पर मैनेजर पांडेय ने टिप्पणी की थी "स्त्रियों की आत्मकथाएँ तो इसलिए बहुत नहीं हैं कि उन्हें हमारे सामाजिक ढाँचे में सच बोलने की स्वतंत्रता नहीं है, लेकिन पुरुषों की आत्मकथाएँ इसलिए बहुत नहीं हैं कि स्वतंत्रता तो है, पर आदत नहीं है।"[11]

इसके बावजूद स्त्रियाँ बड़े पैमाने पर अपने जीवन की प्रामाणिक अभिव्यक्ति के लिए आत्मकथाओं के साथ साहित्य में नमूदार हुई हैं। जब कोई स्त्री अपनी कथा स्वयं कहती है, तो उसमें प्रामाणिकता होती है और अनुभवों की प्रत्यक्ष अनुभूति से ही प्रामाणिकता आती है। स्त्रियों की आत्मकथाएँ उनके समुदायों की कथा के रूप में भी सामने आती हैं। आत्मकथा के माध्यम से वह स्वयं को 'खोजती' भी है क्योंकि "पुरुष जगत में स्त्री प्रवेश नहीं कर सकती, क्योंकि उसके अनुभव उसे ऐसे तर्क और ज्ञान नहीं सिखाते जिनके साथ वह अग्रसर हो। साथ ही स्त्री-क्षेत्र की सीमा पर पुरुष के शस्त्र भी शक्तिहीन हो जाते हैं। मानव स्वभाव का एक ऐसा भी क्षेत्र है, जिसकी पुरुष अवहेलना करता है। इसके बारे में वह सोचता भी, पर स्त्री को इस अनुभव को प्राप्त करना ही पड़ता है।"[12] दरअसल स्त्री को देखने का हमारा परम्परागत नजरिया ही उसे आत्मकथा जैसी विधा अपनाने को प्रेरित करता है। "एकदम शुरू से ही स्त्री को हमारा देखना, चेतन और अचेतन रूप से ऐसी पूर्वधारणाओं के कारण एकांगी होता है, जिन्हें गढ़ने से हम बच नहीं पाते और यह जान नहीं पाते कि वे कब गढ़ी गईं।"[13] पुरुष-रचित साहित्य में स्त्रियों के चरित्रांकन पर हमेशा से पुरुष दृष्टि ही हावी रही। उसमें स्त्रियों की विकृतियों के साथ रोमांस, कल्पना और फैंटेसी की प्रधानता रही। कहीं पर स्त्रियों का स्टीरियोटाइप चित्रण है, तो कहीं देवी अथवा दानवी के रूप में। स्त्रियाँ भी पुरुषों के अंकन में ऐसा ही करती हैं, लेकिन यदि हम लैंगिक और स्वभावगत भिन्नता को छोड़ भी दें तो अन्ना अनस्तासी के शब्दों में, "हम लिंगों की हीनता और श्रेष्ठता की बात नहीं कह सकते, सिर्फ अभिरुचियाँ और व्यक्तित्व में विशिष्ट अन्तरों की बात कही जा सकती है। बहुत हद तक यह अन्तर सांस्कृतिक और अन्य अनुभवात्मक घटकों का परिणाम है।...सभी मनोवैज्ञानिक अभिलक्षणों में ऐसा परस्पर व्यापन है कि हमें स्त्रियों और पुरुषों के बारे में समूह की रूढ़ छवियों के रूप में नहीं, व्यक्तियों के तौर पर सोचना होगा।"[14] वर्तमान समाज में, पहले की अपेक्षा कहीं तीव्रतम

ढंग से, बकौल फूको 'स्त्री-देह अनगिनत अनुशासनों और नियंत्रणों के निशाने पर है'—ऐसे में स्त्री की आत्माभिव्यक्ति को उसकी वैचारिक और राजनीतिक लड़ाई के अस्त्र के रूप में देखा जाना जरूरी है। स्त्री लिखकर अपने अनुभव-संसार का पुनर्सृजन करती है। वाल्टर बेंजामिन 'आत्मकथा' को स्मृति और विस्मृति के द्वन्द्व की उपज मानते हैं। मनुष्य में स्मृतियों के कई बिम्ब सुरक्षित रहते हैं—ये स्मृतियाँ हर्ष, आवेग, सुख, आनन्द के साथ-साथ संघर्ष और यातना से सम्बद्ध होती हैं, इनमें से त्रासदी, पीड़ा और यातना के स्मृति-बिम्ब अपेक्षाकृत स्थायी होते हैं। यही स्मृतियाँ भविष्य की रणनीति को तय करने में महत्त्वपूर्ण भूमिका निभाती हैं। एक विशिष्ट काल-खंड में समुदाय या समूह विशेष की यातना की स्मृतियाँ आनेवाली पीढ़ियों को भविष्य का मार्ग दिखाती हैं, ताकत देती हैं। राजनीति हो या इतिहास साहित्य—उन्हीं का सन्दर्भोल्लेख किया जाता है, जिन्होंने संघर्ष किये हों और विजय पाई हो। पराजित समूहों की पीड़ा और त्रासदी इतिहास के पन्नों पर महत्त्व नहीं पाती। स्त्री-जाति का इतिहास पराजय और दमन से सम्बद्ध है। सतत यातना और घुटी हुई चीखों का इतिहास है, इसलिए उनके लिखे और कहे जाने की जरूरत है। "स्मृति की जरूरत और सार्थकता—उन दबी हुई, कुचली हुई चीखों को सामने लाने में है। आत्मकथा में स्मृतियाँ जस-की-तस सामने नहीं आतीं...आत्मकथा में जीवन भी वैसा नहीं होता जैसा वह जिया जाता है, बल्कि जिया गया जीवन जैसा याद आता है, या जैसा याद किया जाता है, वही आत्मकथा में व्यक्त होता है।"[15]

जीवन की विविध घटनाओं के स्मृति-सन्दर्भ और उनके प्रभाव को स्त्री और पुरुष पर अलग-अलग देखा जा सकता है। नैन्सी के. मिलर का मानना है कि पुरुष आसानी से किसी घटना अथवा प्रसंग को विस्मृत करने की क्षमता रखते हैं, जबकि स्त्रियाँ स्मृतिजीवी होती हैं, वे आसानी से किसी घटना को भुला नहीं पातीं। उदाहरण के तौर पर एक स्त्री मातृत्व अथवा बलात्कार के जिस अनुभव से रू-ब-रू होती है, उसे वह जीवन-भर भुला नहीं पाती। यौन-दुर्व्यवहारों का प्रभाव शरीर और मन दोनों पर पड़ता है—दोनों ही स्थितियों में स्त्री का शारीरिक दलन-मर्दन होता है। इन घटनाओं के परिणाम-दुष्परिणाम उसे जीवन-भर भुगतने पड़ते हैं और यहीं पर स्त्री और पुरुषों की अभिव्यक्ति शैली, विषय का चुनाव और विधागत चुनाव जैसे मुद्दों पर गुणात्मक और मात्रात्मक अन्तर दिखाई देने लगता है।[16]

जहाँ तक स्त्री-लेखन और स्त्री-सम्बन्धी साहित्य के विश्लेषण का प्रश्न है, स्त्री का लिखा हुआ टेक्स्ट अपने कथ्य और भाषा में कैसे विशिष्ट होता है इस पर सत्तर के दशक में हेलेन सिक्सू, लुईस इरिगरी, मोनिका विटिग, कैथरीन क्लेमेंट और जूलिया क्रिस्टेवा के साथ आगे चलकर शन्ताल चवाफ और मनोविश्लेषणवादी आलोचक ब्राचा एतिंगर जैसी स्त्रीवादी सिद्धान्तकारों ने ध्यान दिया। 1975 में 'द लाफ ऑफ द मेडूसा' में हेलेन सिक्सू[17] ने स्त्रियों को अपने आत्म के बारे में

लिखने पर बल दिया। उन्होंने ये भी कहा कि एक स्त्री को अपने आत्म के बारे में जरूर लिखना चाहिए और दूसरी स्त्रियों को लिखने की प्रेरणा देनी चाहिए। 'उनकी यौनिकता और उनकी अभिव्यक्ति पर हमेशा से पहरे लगाए गए हैं।' पश्चिम में स्त्रीवाद के जो तीन चरण देखे गए उनमें पहले चरण को उन्नीसवीं सदी के उत्तरार्द्ध और बीसवीं सदी के प्रथमांश में देखा जा सकता है। दूसरे चरण को 1960 से 1970 के दशक में देखा गया। तीसरे चरण की शुरुआत लगभग 1990 से हुई जो इक्कीसवीं सदी के प्रथमांश तक सक्रिय है। स्त्रीवादी आन्दोलनों से स्त्री के लेखन और उसकी आलोचना के लिए सैद्धान्तिकी का जन्म हुआ जिसकी अभिव्यक्ति और प्रसार हम स्त्रीवादी भूगोल, स्त्रीवादी इतिहास और स्त्रीवादी साहित्य-विमर्श में देख सकते हैं। भारत में स्त्री का लिखा हुआ अभी हाल के वर्षों में शोध और चर्चा का विषय बना जबकि पश्चिम में स्त्रीवाद के दूसरे चरण के अन्तर्गत इतिहास के मुख्य धारा में स्त्रियों के योगदान की चर्चा की गई। इसके साथ ही विभिन्न अकादमिक अनुशासनों में स्त्री-इतिहास और स्त्री-लेखन को पाठ्यचर्या का विषय बनाने के साथ स्त्री-लेखन ऐतिहासिक उपेक्षा के कारणों पर विचार किया गया। 1970 के दशक में स्त्रियों के लिखे हुए पुराने टेक्स्ट को खोजा गया, उनके लिखे हुए को ढूँढ़ने के प्रयास तेज हुए। वहीं तीसरे चरण तक आते-आते विकासशील और अविकसित देशों की स्त्रियों के लेखन पर गम्भीर चर्चाएँ होने लगीं।

भारत में सांस्कृतिक इतिहास की दरारों को भरने के लिए उसकी असंगतियों को दूर करने के लिए, हाल के वर्षों में स्त्री-लेखन पर पुनर्विचार और शोध करने की जरूरत महसूस की गई है। इसे हम स्त्रीवादी इतिहास-लेखन कह सकते हैं जो इतिहास का मूल्यांकन जेंडर के नजरिये से करने का पक्षधर है। दरअसल स्त्रीवादी इतिहास-लेखन समूचे इतिहास को समग्रता में देखने और विश्लेषित करने का प्रयास करता है, जिसमें मुख्यधारा के इतिहास से छूटे हुए, अनजाने में, या जान-बूझकर उपेक्षित कर दिये गए वंचितों का इतिहास और उनका लेखन शामिल किया जाता है। यह स्त्री को किसी विशेष सन्दर्भ या किसी सीमा में न बाँधकर, एक रचनाकार और उसके दाय के रूप में देखने का प्रयास है। यह स्त्रियों की रचनाशीलता के सन्दर्भ में लैंगिक (जेंडर) विभेद को देखने और साथ ही सामाजिक संरचनागत अपेक्षित बदलाव जो घटने चाहिए, उनका दिशा-निर्देश करने का भी उद्यम है। स्त्री साहित्येतिहास को उपेक्षित करके कभी भी इतिहास-लेखन को समग्रता में नहीं जाना सकता। कुछेक इतिहासकारों को छोड़ दें तो अधिकांश इतिहासकारों ने स्त्रियों के सांस्कृतिक-साहित्यिक दाय को या तो उपेक्षित किया या फुटकर खाते में डाल दिया। आज जरूरत इस बात की है कि सामाजिक अवधारणाओं, विचारधाराओं और औपनिवेशिक अर्थव्यवस्था, समाज-सुधार कार्यक्रमों में पारस्परिक सम्बन्ध को विश्लेषित-व्याख्यायित करने के लिए स्त्री रचनाशीलता की अब तक उपेक्षित,

अवसन्न अवस्था को प्राप्त कड़ियों को ढूँढ़ा और जोड़ा जाए, जिससे साहित्येतिहास अपनी समग्रता में सामने आ सके। इसलिए स्त्रियों की आत्मकथा की परम्परा और उनकी वर्तमान अवस्था पर विचार करना अनिवार्य है।

स्त्रियाँ लिखकर अपने-आपको बतौर अभिकर्ता (एजेंसी) स्थापित करती है, पूरी सामाजिक संरचना को कैसे चुनौती देती हैं और इस तरह साहित्य और विशिष्ट ज्ञानधारा में दखलन्दाजी करती हैं, यह जानने के लिए विभिन्न जीवन्त संरचनाओं के प्रतीकों से स्त्रियों को जोड़कर देखने की जरूरत पड़ती है। हिन्दी साहित्य के सन्दर्भ में विचार करें तो स्त्री की रचनाशीलता के अधिकतर ज्ञात प्रसंग मुख्यतः मध्यवर्गीय हिन्दू स्त्रियों के ही मिलते हैं, जो इतिहास की जानकारी को एकपक्षीय और एकरेखीय बनाते हैं। यहीं पर इतिहास के पुनर्पाठ और आलोचनात्मक प्रतिमानों के पुनर्नवीकरण की जरूरत महसूस होती है। नामवर सिंह ने साहित्येतिहास की पुनर्व्याख्या के सन्दर्भ में सही ही कहा है, "नवीन व्याख्याओं का उपयोग-भर इतिहास नहीं है, इतिहास स्वयं में एक नई व्याख्या है।"[18] इतिहास की समस्या से सम्बद्ध है रचना की आलोचना है, उसके मूल्यांकन की समस्या, क्योंकि रचना के अभाव में इतिहास का लेखन असम्भव है। लेकिन ऐसी पूरी परम्परा जिसकी उपेक्षा कर दी गई हो उसके बारे में नामवर सिंह या रामविलास शर्मा जैसे आलोचक मौन हैं। समूची साहित्य-परम्परा में स्त्री-रचनाशीलता के दखल को कम करके आँकना, या उसे भावुक, अबौद्धिक साहित्य कहकर दरकिनार करने की रणनीतियों को स्त्री साहित्येतिहास लेखन ने समझा और अपने ढंग से इसे चुनौती भी दी है।

ऐसा समय और समाज जहाँ स्त्री को नितान्त निजी कोना उपलब्ध नहीं, वहाँ उसकी चुप्पी के भी मायने हैं और मितकथन के भी। स्त्रियों के लिखे हुए ये टेक्स्ट हमें चेतावनी देते हैं कि मौन और मितकथन का अर्थ रिक्ति नहीं है। ये हमारे ज्ञान और संवेदना की सीमा है जो हमें उसकी चुप्पी के पीछे छिपे अर्थ-सन्दर्भों को खोलने नहीं देती। कुछेक चुने हुए विषयों पर ही लिखना, लौकिक प्रेम की प्रच्छन्न अभिव्यक्ति के लिए भक्ति, अध्यात्म और राष्ट्रप्रेम का सहारा लेना, एक तरह की 'सेल्फ सेंसरशिप' है।

आज की आलोचना इतिहास का सन्दर्भ (रेफरेंस) तो देती है लेकिन आज के लिए उसे 'प्रसंग' के रूप में इस्तेमाल नहीं करती। इतिहास आज कितने स्तरों पर संघर्ष करता है, उससे प्रसंग का निर्माण होता है।[19] स्त्रियों के लिखे हुए को इतिहास से, अपने मूल्यांकन के लिए किन-किन स्तरों पर जूझना-टकराना पड़ता है, कैसे वे लिखकर प्रतिरोध की संस्कृति का निर्माण करती हैं, इससे ही 'प्रसंग' पैदा होता है। आज के युग का इतिहास जो एजेंडा देता है, रचनाकार उससे टकराकर ही 'प्रसंग' का निर्माण कर सकता है। इतिहास ही नहीं इतिहास-लेखन की पूरी परम्परा से टकराती, उपेक्षित ये स्त्रियाँ क्या अपने लिखे हुए के विश्लेषण की माँग नहीं करती हैं?

आत्मकथाओं के सन्दर्भ में स्त्री और पुरुष आत्मकथाओं में मूलभूत सैद्धान्तिक अन्तर को पहचानने की दिशा में लिंडा एच. पीटरसन, नैन्सी के. मिलर जैसी स्त्रीवादियों ने गम्भीर शोध किये। यह देखा गया कि पुरुष आत्मकथाओं की अपेक्षा स्त्री-आत्मकथाओं में लैंगिक पूर्वाग्रह बहुत कम होते हैं। पुरुषों की आत्मकथाएँ प्राय: 'मैं' केन्द्रित होती हैं। मैनेजर पांडेय हिन्दी की कुछ आत्मकथाओं की ओर संकेत करते हुए कहते हैं, "आप कुछ गैर-दलित पुरुषों की आत्मकथाओं के शीर्षकों पर ध्यान दीजिए तो उनमें 'मैं' की केन्द्रीयता स्पष्ट दिखाई देती है। गांधी की आत्मकथा का नाम है 'सत्य के प्रयोग', राहुल जी की आत्मकथा है 'मेरी जीवन-यात्रा', सहजानन्द सरस्वती की आत्मकथा है 'मेरा जीवन संघर्ष' और राजेन्द्र यादव की आत्मकथा का नाम है 'मुड़-मुड़ के देखता हूँ (मैं)' अब आप कुछ दलितों और स्त्रियों की आत्मकथाओं के शीर्षकों को देखिए 'अपने-अपने पिंजरे' (मोहनदास नैमिशराय), 'तिरस्कृत' (सूरजपाल चौहान), 'जूठन' (ओमप्रकाश वाल्मीकि), 'कस्तूरी कुंडल बसै' (मैत्रेयी पुष्पा)।"[20] यानी स्त्रियों और दलितों की आत्मकथा की अपेक्षा पुरुषों और सवर्णों की आत्मकथाओं में आत्मबद्धता और व्यक्ति-केन्द्रिकता ज्यादा होती है।

स्त्रियाँ, अक्सर सम्बन्धों को आत्मकथ्यों में महत्त्वपूर्ण स्थान देती हैं। लिंडा एच. पीटरसन[21] ने स्त्री-आत्मकथाओं में सम्बन्धत्व को खोजने की सिफारिश की। सम्बन्धत्व की दृष्टि से देखने पर स्त्री के पाठ की दृष्टि में अन्तर आया। स्त्रियाँ किसी पुरुष लेखक की अपेक्षा सम्बन्धों की जटिलता, कटुता, मृदुता, सफलता-असफलता, किसी विशिष्ट समूह या किसी व्यक्ति विशेष से सम्बन्धों के तनाव या लगाव का उद्‌घाटन और उसके कारणों के विश्लेषण में ज्यादा दिलचस्पी लेती हैं। उनके यहाँ माता-पिता, भाई-बहन, पति, प्रेमी या मित्र के साथ सम्बन्धों के तनाव और द्वन्द्व या यों कह लें कि उन प्रसंगों को, पर्याप्त वर्णनात्मकता के साथ जगह मिलती है, जिनमें भिन्न सामाजिक संरचनाओं से आए हुए लोगों के साथ सम्पर्क-अलगाव और विलगाव होता है। ठीक इसके विपरीत अधिकतर पुरुष आत्मकथाएँ स्वयं पर और केवल स्वयं पर केन्द्रित रहती हैं, उनमें उन्हीं विशिष्टताओं का चित्रण रहता है, जो उसे दूसरों से अलगाती हैं, उसका वैशिष्ट्य निरूपित करती हैं। वह आत्मकथाओं में शारीरिक चुनौतियों का सामना, संघर्ष और आत्मविश्वास निर्माण की प्रक्रिया का चित्रण करते हैं। सम्बन्धों के अलगाव-विलगाव का दायरा अक्सर पिता, भाई तथा पुरुष-मित्रों तक सीमित रहता है। नैन्सी चोदोरोव मूल स्त्रीत्व को वैश्विक मानती हैं, जबकि पुरुष भाव को उससे पृथक्।[22] शोध निष्कर्षों ने यह स्पष्ट कर दिया है कि स्त्रियाँ आत्मकथात्मक वक्तव्य देते हुए ज्यादा धाराप्रवाह और अपेक्षाकृत ज्यादा स्पष्ट होती हैं। इस दृष्टि से नलिनी जमीला का आत्मकथ्य 'एक सेक्स वर्कर की आत्मकथा'[23] को देखना दिलचस्प हो सकता है "कोई ग्राहक

कैसे पेश आएगा? उसके सामाजिक स्तर के हिसाब से भी तय होता है। अगर कोई ग्राहक ऑटोरिक्शावाला है, तो हम उसके साथ जाते समय अक्सर यही सोचते हैं कि ग्राहक काफी टेढ़ा होगा। लेकिन होता यह है कि ऐसे लोग नरमदिल होते हैं और सेक्स में घिनौनी बातें नहीं करते। हालाँकि यह सच है कि ग्राहक को चुनने में ध्यान तो रखना ही पड़ता है। मध्यम दर्जे के लोग शारीरिक सेक्स में पूरा पैसा वसूलना चाहते हैं। लेकिन थोड़े पैसेवाले खासतौर पर युवक काफी हिंसक और ढीठ होते हैं। वे आप पर हावी होकर वह सब करवा लेते हैं, जो वे चाहते हैं। आप कितना भी अपनापन या प्यार क्यों न दिखाएँ, वे वैसे ही रहते हैं। यही वजह है कि मैं इस उम्र के ग्राहकों के साथ जाने से मना कर देती हूँ।"[24] बेबाक अभिव्यक्ति और प्रामाणिकता ने नलिनी जमीला की आत्मकथा के मलयालम संस्करण के सौ दिन के भीतर छह बार प्रकाशन का कीर्तिमान स्थापित किया। एक पुत्री, पत्नी, मान, व्यावसायिक महिला, सामाजिक कार्यकर्ता और देह-व्यापार करनेवाली स्त्री के जीवन और उसके भोगे हुए यथार्थ के विभिन्न पहलू नलिनी, पाठक के सामने लेकर आई। आत्मकथा-लेखन की प्रक्रिया पर प्रकाश डालते हुए नलिनी ने लिखा "2001 में मैंने तय किया कि मैं अपनी आत्मकथा लिखूँगी...मैं सवेरे जल्दी उठती थी और कोशिश करती थी, लेकिन यह सिलसिला भी कुछ वाक्यों के बाद आगे नहीं बढ़ पाया। 'मैं नलिनी हूँ। मैं अम्बाल्लूर के पास काल्लूर में पैदा हुई। मैं उनचास साल की हूँ।' मैंने इतना कुछ अपनी नोटबुक में लिखा। वह नोटबुक मेरे एक ग्राहक के हाथ लग गई। उसने पढ़ा और वह भाग खड़ा हुआ। इस घटना के बाद, लिखने की मेरी पहली कोशिश बन्द हो गई...।"[25] आत्मकथा स्वयं और अन्य के पारस्परिक सम्बन्ध को खोजने और विश्लेषित करने का सजग माध्यम हो सकती है। किसी का आत्मकथ्य दूसरे के नितान्त भिन्न अनुभव-संसार से हमें जोड़ता है, वह संसार जिसे हम बिलकुल नहीं जानते, हम एक व्यक्ति के अस्तित्व के साथ-साथ सामूहिक अस्तित्व से भी जुड़ते चलते हैं। इस प्रक्रिया में निजी प्रसंग कब सामूहिक अवचेतन की वाणी बन जाते हैं, पता ही नहीं चलता। 'कस्तूरी कुंडल बसै' में माँ पुरुषरहित आर्थिक स्वनिर्भर जीवनयापन के लिए मैत्रेयी को प्रेरित करती है, लेकिन मैत्रेयी खुद ही विवाह करने को व्याकुल है। प्रौढ़ कस्तूरी अपने समय से कहीं आगे है, इसलिए कहीं-न-कहीं बेटी मैत्रेयी के लिए कठोर और क्रूर भी। बेटी अपने अनुभव सत्य का सन्धान करने के लिए स्वयं आकुल-व्याकुल है और माँ वह अपने जिए हुए को बेटी को घुट्टी में पिला देने के लिए प्रतिश्रुत। यह टकराहट पीढ़ियों की टकराहट नहीं बल्कि अनुभव और रोमांच की है, जो यह बताती है कि कोई भी जीवन-सत्य बेटी का सत्य नहीं, उसे पाने के लिए उसे अपने संघर्ष खुद करने होंगे। मैत्रेयी अपनी माँ के साथ रिश्ते के बारे में लिखती हैं—'क्या बेटी ताउम्र माँ के लिए कसौटी ही बनी रहती है। तभी चुनौती-सी लड़की किसी के मन नहीं चढ़ती, अपनी

ही लिखी इबारत-सी बेटी, अपने रक्तमज्जा से गढ़ी हुई लड़की, जिसकी आँखों में कस्तूरी अपने ही सपने देखना चाहती है, उसकी आँखों की चुनौती और प्रतिहिंसा उसे डराती है—"क्या हर अगली पीढ़ी का हश्र पिछली पीढ़ी के हाथ ऐसा ही होता है? फिर क्यों कहते हैं बेटियाँ माँ जैसी होती हैं?'

उधर कस्तूरी सोचती है कि जो उसने झेला वह मैत्रेयी न झेले—"कैसा अच्छा जमाना है, कैसी सहूलियतें हैं कि औरत के सारे बन्धन कट गए। बेचारी कभी पेट में बच्चे पालती कभी गोद में। गोद का बड़ा न होता, तब तक फिर पेट में आ जाता। चालीस की होते-होते देह झोला हो जाती और बच्चा जनने में ही एक दिन खत्म हो जाती। यही थी औरत की कहानी..."[26] स्त्री के मानवीय अधिकारों की माँग आत्मकथा के शिल्प में हिन्दी के लिए नई है, क्योंकि स्पष्टवादिता और बेबाक ईमानदारी के साथ स्त्रियों की सामाजिक सेंसरशिप जो एक साथ तीन तरफा है—सामाजिक, आत्मगत और पारिवारिक—को मैत्रेयी पुष्पा ने चुनौती दी है। यह चुनौती और अर्गला तोड़ने की ताकत ही इस आत्मकथा को मानवमुक्ति के साहित्य से जोड़ती है। नैन्सी के. मिलर स्त्रियों के लिए क्रीड़ा, प्रदर्शन, ताकत और आनन्द (Play, Performance, Power and Pleasure) को उनकी स्वाधीनता के लिए अनिवार्य बताती हैं, तब उनका संकेत स्त्रियों की स्वच्छन्द (सेंसरविहीन) रचनात्मक आत्माभिव्यक्ति की ओर ही है। स्त्री-आन्दोलनों से सम्पृक्त विचारक और कार्यकर्ता अपने-अपने ढंग से स्त्री अभिव्यक्ति के विभिन्न पहलुओं को विश्लेषित करती हैं। कात्यायनी स्त्री-रचनाकारों के 'एक्टिविस्ट' होने को अनिवार्य मानती हैं। एंजेलुआ का मानना है कि अब समय आ गया है कि स्त्रियाँ घरेलू कामों से फुर्सत निकालकर रचनात्मक लेखन के क्षेत्र में उतरें। टेलीफोन पर बातें करने, घर को सुन्दर-व्यवस्थित रखने, खाना पकाने, बर्तन धोने में उनकी सर्जनात्मकता टुकड़े-टुकड़ों में व्यक्त है। एंजेलुआ (Anzaldua) ने कहा है, "भूल जाइए अपना अलग कमरा, अपने-आपको बाथरूम में बन्द कर लिखिए।"[27] वे स्त्रियों के लिखने पर चाहे वे आत्मानुभव हों, डायरी हो या कथा-कहानी को लिखने पर बल देती हैं, जिसके लिए स्त्रियों को अपनी व्यस्त दिनचर्या में से अनिवार्यतः समय निकालना ही होगा, क्योंकि यहीं से आत्मानुमोदन की शुरुआत है। यदि लेखन 'आत्मकथा' के रूप में है तो और भी अच्छा है।

चन्द्रकिरण सौनरेक्सा, जिन्होंने हिन्दी की प्रारम्भिक कहानीकारों में अपनी अनिवार्य उपस्थिति बनाई। जीवन के अट्ठासीवें वर्ष में भी पति के सामने साक्षात्कार देने से कतराती हैं, उनसे साक्षात्कार के दौरान मेरे कुछ अनुभव ऐसे रहे "बीच में चन्द्रकिरण टोकती हैं, लेकिन पति कान्तिचन्द्र हावी हैं। मुझे समझ में आने लगा है कि उनकी उपस्थिति में खुलकर बात न हो पाएगी। चन्द्रमा को राहु ने ग्रस लिया है। कुछ ऐसा कि बीस-पच्चीस वर्षों में उन्होंने कुछ लिखा ही नहीं। पुरुष अपने

आधिपत्य में स्त्री की प्रतिभा की नोक-पलक छील काट, दुरुस्त कर कैसे अपने अहं को तुष्ट कर सकता है। यह देखने की बात है। चन्द्रकिरण बहुत-से मुद्दों पर बोलना चाहती हैं। कान्ति जी का कहना है : मैंने इनकी कहानियाँ सँभालीं, छपवाईं ये अपने बारे में क्या कहेंगी। जो कहना होगा मैं कहूँगा। '...साढ़े तीन घंटे की मशक्कत के बाद भी कुंठित वृद्ध की आत्मश्लाघा ही पल्ले पड़ती है और एक स्त्री-रचनाकार के जीवन-संघर्ष के कुछ टुकड़े, वह भी जो चन्द्रकिरण कह नहीं पातीं। मौन हो आँखें मूँद लेती हैं।...मेरे हाथ में है स्वच्छन्द उड़ान की चाह लिये एक स्त्री का आत्मकथ्य 'पिंजरे की मैना'..."[28]

चन्द्रकिरण सौनरेक्सा आत्मकथ्य रचनाकार के रूप में पहचान बनाने की इच्छा मन में लिये और व्यावहारिक गृहस्थ जीवन के बीच रास्ता निकालने की कोशिश करती स्त्री की अभिव्यक्ति हैं। 'पिंजरे की मैना' में वे लिखती हैं—"...सरकारी गोष्ठियों में मैं अकेली होती थी, पर शेष अन्य सम्मेलनों में, कान्ति जी के साथ जाने पर किसी-न-किसी कारण से, झंझट हो ही जाती थी। इधर सालों से, सिवाय फोटोग्राफी करने के, कान्ति जी ने मौलिक लेखन के क्षेत्र में कुछ नहीं लिखा था। समीक्षा के क्षेत्र में भी कोई योगदान नहीं था। हाँ, छायाचित्रों के साथ लेख अवश्य लिखे। सिविल सर्विस में आने के बाद, पत्रकारिता भी छूट गई थी। एक दशक के अन्तराल से बहुत कुछ बदल जाता है। इस कारण, ऐसे सम्मेलनों में कान्ति जी की कभी प्रबन्धकों से, कभी कार्यक्रम-संचालकों से झड़प हो ही जाती। साथ में, अगर मैं होती थी, तो स्थिति और भी अप्रिय बन जाती, इसलिए मैं 'इनके' साथ जाने से बचने लगी। प्रयाग-सम्मेलन में मेरा व्यय तो दिया, 'इनके' लिए कह दिया, आप, तो 'इनके' (यानी मेरे) साथ आए हैं, हम आपका रास्ते का किराया नहीं देंगे—"वस्तुस्थिति से समझौता करने में ही बुद्धिमानी है—सो धीरे-धीरे जो यदा-कदा बाहर जाती भी थी, वह भी बन्द हो गया।"[29] यह उस स्त्री का सच है, जिसका निजी संसार एकदम अलग है। पति के अहं की तुष्टि, घर-परिवार की खींचतान—सबको वह कुशल अभिनेत्री की तरह झेलती है। निजी संसार में दासता नहीं, एकनिष्ठता नहीं अपनी रचनाओं में मौका मिलते ही अपने-आपको इच्छित ढंग से सँवारने लगती है। अपने अतीत को देखती है, अपनी काया से निकलकर परकाया प्रवेश कर जाती है। अपने-आपको पूरी तरह रचना में न्यौछावर कर देती है—यह उसका अपना एकान्त कोना है—जहाँ उसे रोकनेवाला कोई नहीं? भरी-पूरी गृहस्थी में स्त्री का यह एकान्त कोना बिलकुल उसका निजी है। यही निजत्व उसे अभिव्यक्ति का दुस्साहस देता है, जिसे बार्नी बुश ने कहा है, "हमारा सुन्दरतम पक्ष है, अपने घरों के लिए प्यार और कुरूपतम पक्ष है दुस्साहसिकता।"

इक्कीसवीं सदी के प्रथमांश में चन्द्रकिरण को अपने दुस्साहस से भय है—पति पढ़ेंगे तो क्या होगा।...? और यहीं याद आती है उन्नीसवीं सदी के उत्तरार्द्ध की

'एक अज्ञात हिन्दू औरत' जो उस समय 'सीमन्तनी उपदेश' लिखकर एक बोल्ड रचनाकार के रूप में हमारे सामने आती है। भले ही तत्कालीन सामाजिक स्थितियाँ और पारिवारिक दबाव उसे अपनी रचनात्मक पहचान बताने से रोकें, लेकिन इस 'हिन्दू औरत' का तेवर देखने योग्य है। हिन्दू कर्मकांड और विधवा पुनर्विवाह पर उसकी दृष्टि अपने समय से कहीं आगे की है। समस्याओं के मूल और उनके दूरगामी परिणामों को समझकर पूरे हिन्दू समाज को चेतावनी देनेवाली यह लेखिका श्रीमती हरदेवी रोशनलाल हैं यह बाद के शोध से स्पष्ट हो गया है जिनकी समझ और सरोकार किसी भी पुरुष रचनाकार से कम नहीं : "हे परमेश्वर हमारी फरियाद को सुन। हम मजलूमों की फरियाद पर किसी ने ध्यान नहीं दिया। हमने इस हिन्दुस्तान में चारों तरफ पुकार-पुकार और रो-रो के हरेक के सामने फरियाद की, लेकिन किसी ने हमारे बावैले पर कान न धरे, न पलक उठा के देखा। हमने खूब गौर से इस दुनिया में देख लिया, मगर सिवाय तेरे हमारी बेकसी, बेबसी, बेकद्री, बेइज्जती की फरियाद को सुननेवाला कोई नजर न आया। तू गौर से हमारी फरियाद को सुन। मुद्दत से हिन्दियों के दिमाग में जहालत की अँधेरी चल रही है। उससे जुल्म की गर्द उड़-उड़ कर हमारे ऊपर पड़ती है।...हे जगत पिता, क्या तूने हमको पैदा नहीं किया? क्या हमारा पैदा करनेवाला कोई और खुदा है? लोगों ने तेरा नाम मर्द करार दिया, इसलिए तू भी हिन्दियों की तरह बेरहम बन गया है। अगर तुझको हमारी यही हालत मंजूर थी तो हमारी पैदायश किसी और तरह से करता जिससे हमको भी तसल्ली होती। और मजलूमों की फरियाद तो दुनिया की अदालत में भी सुनी जाती है, क्या तूने हम मजलूमों के लश्कर को देखकर अपनी अदालत का दरवाजा बन्द कर लिया है।...अब हमें इस दुनिया में सिवाय तेरे किसी से उम्मीद नहीं जो इस विपत-सागर से हमें पार उतारे। अब हम तुझसे बार-बार यही प्रार्थना करते हैं कि इस अविद्या के घोर सागर से निकाल ले।"[30]

आत्म के सच को यथावत रखने के लिए प्रचंड नैतिक साहस की जरूरत पड़ती है। अपने को व्यक्त करना अत्यन्त कठिन कार्य है, क्योंकि अपने बारे में लिखने बैठते ही मनुष्य बहुत सजग और सचेतन हो जाता है, "उस वक्त फिर उसकी बातों में स्वच्छता नहीं रहती, वह जो कुछ कहता है, मिथ्या और आडम्बरपूर्ण बन जाता है। अपने सम्बन्ध में कुछ लिखने के लिए, अपने को भूलकर, बिलकुल निर्लिप्त करके लिखना पड़ता है।..."[31] कोई रचनाकार आत्माभिव्यक्ति कैसे और कितने परिमाण में करता है, यह उसके निजी जीवन, शारीरिक, मानसिक अनुभव, पारिवारिक पृष्ठभूमि और उसके बृहत्तर समाज से उसके विस्तृत या सीमित सम्पर्क के आधार पर तय होता है। निजी और गोपन बातों की अभिव्यक्ति किस सीमा तक की जाए, इसका कोई निश्चित मापदंड नहीं है। प्रेमचन्द ने तो आत्मकथा को "अपने हृदय-पट को, अपनी ठोकरों को, अपनी हारों को प्रकट करना" कहा। आत्मकथा

के औचित्य के विषय में उनका कहना था कि "एक आदमी अपने जीवन के तत्त्व आपके सामने रखता है, अपनी आत्मा के संशय और संघर्ष लिखता है, आपसे अपनी बीती कहकर अपने चित्त को शान्त करना चाहता है, आपसे अपील करके अपने उद्योगों के औचित्य पर राय लेना चाहता है।" प्रेमचन्द जिसे औचित्य पर राय लेना कह रहे हैं—वह सम्भवतः उनकी पूर्ववर्ती और समकालीन संवेदना के सन्दर्भ में सही हो, किन्तु उत्तर-आधुनिक युग में, औचित्य की कसौटी पर स्त्री-आत्मकथाएँ खरी उतरती हैं, इसमें सन्देह है। कुछ आत्मकथाएँ लेखकीय निर्मिति लगती हैं, जैसे मैत्रेयी पुष्पा की 'गुड़िया भीतर गुड़िया', लेकिन कुछ ऐसी भी हैं, स्वतःस्फूर्त हैं। इस सन्दर्भ में बांग्ला से अनूदित बेबी हालदार की 'आलो-आँधारि' द्रष्टव्य है। प्रेमचन्द के दौहित्र प्रबोध कुमार ने 'आलो आन्धारि' की भूमिका में लिखा है—"यह पुस्तक प्रचलित रूप का प्रकाशन कर्म नहीं है, उसी प्रकार बेबी हालदार का लिखना भी एक तरह से प्रचलित रूप का लेखन-कर्म नहीं है, जिसमें मोहने की इच्छा तो कहीं भी नहीं है और न यह दुखड़ा रोना ही है। यह एक अद्‌भुत तरह का बखान है, जो अरबों किस्सों का एक हिस्सा होने की प्रतीति करवाता है, ऐसा जीवन जो हमारे चारों तरफ बीतता है लेकिन हम उसके मर्म के बारे में कुछ भी नहीं जानते और न ही जान सकते हैं, क्योंकि भद्रता का तकाजा है कि हम रास्ते के किनारे बेहोश पड़े किसी बच्चे की ओर मुखातिब न हों और अपने आसपास की झुग्गी-झोपड़ी में रहनेवालों के चूल्हा-चौके का हालचाल जानने की जिज्ञासा ही अपने भीतर पनपने न दें। बेबी हालदार की यह पुस्तक वह झरोखा है जहाँ से हमें वे जिंदगियाँ दीख पड़ती हैं, जिन्हें हम देखते हुए भी नहीं देखते।"

आत्मकथा लेखन एक तरह से स्वकाया में पुनर्प्रवेश है। जो रचनाकार जितना बड़ा कलाकार होगा वह 'स्व' को उतने ही कलात्मक रूप में प्रस्तुत करने में माहिर होगा, लेकिन उनका क्या जिनका नाता 'मसिकागद' से कभी रहा ही नहीं। दूसरों के घर चौका-बर्तन कर, बच्चों का लालन-पालन करनेवाली बेबी हालदार सरीखी न जाने कितनी स्त्रियों की संवेदनाओं के अक्स कैसे देखे जा सकेंगे, यदि वे स्वयं अपनी बात न कहें। 'आलो आन्धारि' लिखने से पहले बेबी ने सिर्फ आशापूर्णा देवी को पढ़ा था। टेढ़े-मेढ़े अक्षरोंवाली लगभग अपठ्य हस्तलिपि में ऐसा क्या था, जिसने कलकत्ते के बुद्धिजीवियों को मूल बंगला संस्करण के पहले ही उसका हिन्दी अनुवाद बाजार में लाने को बाध्य किया। शिल्प, भाषा और रूप-विधान की मानक कसौटी पर खरी न उतरनेवाली 'आलो आन्धारि' आत्माभिव्यक्ति और संवेदना की गहन प्रभावाभिव्यक्ति की दृष्टि से उत्कृष्ट आत्मकथ्यों की श्रेणी में गिनी जा सकती है। वस्तुतः कोई भी सत्य रचना के प्रभाव या समग्रता की सापेक्षता में ही महत्त्व रखता है। कौन कितना सच लिखता है, यह जानना दूसरे के लिए लगभग असम्भव है। तो भी, पाठकीय अन्तर्दृष्टि पर विश्वास किया जाए तो एक घरेलू सेविका की

जीवन-यात्रा, आरोह-अवरोह, संघर्ष, यातना, स्वाभिमान और अर्थाभाव और समय से मुठभेड़ के साक्ष्य के तौर पर 'आलो आन्धारि' को देखा जाना चाहिए, "मैं असहाय, एक व्यक्ति की बन्दिनी जो थी। वह जो कहे वही मुझे सुनना होगा, जो कहे वही करना होगा लेकिन क्यों? क्यों जीवन तो मेरा है, न कि उसका? क्या मुझे उसके कहे अनुसार सिर्फ इसलिए चलना होगा कि मैं उसके पास हूँ? कि वह मुझे दो मुट्ठी भात देता है? वह मुझे जिस तरह रखता है उस तरह तो कुत्ते-बिल्ली को रखा जाता है!...मैं स्वयं एक घर से दूसरे घर काम खोजने जाती और दूसरों से भी काम जुटाने को कहती। मुझे यह चिन्ता भी थी कि महीना खत्म होने पर घर का किराया देना होगा। पता नहीं इससे कम किराये में कोई घर मिलेगा या नहीं! काम के साथ मैं घर भी ढूँढ़ रही थी। डेढ़ सप्ताह हुए जा रहे थे और काम कहीं मिल नहीं रहा था। मुझे बच्चों के साथ उस घर में अकेले रहते देख आसपास के सभी लोग पूछते, तुम यहाँ अकेले रहती हो? तुम्हारा स्वामी कहाँ रहता है? तुम कितने दिनों से यहाँ हो? तुम्हारा स्वामी वहाँ क्या करता है? तुम क्या यहाँ अकेले रह सकोगी? तुम्हारा स्वामी क्यों नहीं आता? ऐसी बातें सुन मेरी किसी के पास खड़े होने की इच्छा नहीं होती, किसी से बात करने की इच्छा नहीं होती।"[32]

'आलो आन्धारि', 'एक सेक्स वर्कर की आत्मकथा' जैसी कृतियों में व्यक्त अनुभव-सत्य पाठक के संकुचित मानस को अनुभव-विस्तार प्रदान करता है। गहन साहस के साथ कटुतम सत्य को कह डालने की प्रवृत्ति को स्त्री-चेतना के प्रतिफल के रूप में देखा जाना चाहिए। इससे पहले पश्चिमी और भारतीय साहित्य में—सर्वहारा वर्ग यानी श्रमिक, स्त्री और दलित एक सिरे से गायब हैं। स्त्री और समूची सर्वहारा वर्ग पर सदियों से पाबन्दी रही, क्योंकि बोलना और लिखना उन्हें एक संगठित शक्ति के रूप में बदल देता, जो सामन्ती और पितृसत्ताक व्यवस्था के लिए चुनौतीपूर्ण था। स्त्रियों और दलितों ने आत्मकथा विधा द्वारा अपनी बात को, अपने ढंग से कह डालने की छूट ली। इसे स्त्री और दलितों द्वारा अपनी अस्मिता की खोज से जोड़कर देखा जाना चाहिए। टुकड़ों-टुकड़ों में अभिव्यक्त निजी अनुभवों से बने इन आत्मकथ्यों में 'मैं' से ऊपर उठकर मनुष्यता की तलाश है "जबकि अब तक कला को समर्पित साहित्य की भरमार रही है, जबकि लेखक को पाठक के प्रति अपनी जिम्मेदारी समझनी चाहिए। उसने (सीमोन द बोउवार) एक सक्रिय राजनीतिक और नैतिक ताकत के रूप में साहित्य की भूमिका पर बल दिया था। उसे सामाजिक समूहों से जुड़ना बहुत जरूरी लगता था, जिसमें भविष्य की सम्भावनाएँ निहित थीं।"[33]

स्त्री-आत्मकथा पर विचार करते हुए हाशिये पर खड़ी स्त्रियों की आत्मकथाओं को देखा जाना भी जरूरी है जिनमें सुशीला राय की 'एक अनपढ़ कहानी' महत्त्वपूर्ण है। सुशीला राय उत्तर बिहार के मधुबनी जिले की पिछड़ी जाति की

निरक्षर स्त्री है, जिसने अपने श्याम वर्ण के कारण परिवार और समाज की गहरी उपेक्षा झेली। "जब मैं अपने ससुराल पहुँची तो मैं पालकी में ही थी। मेरी सास ने मुझे डोली से निकाला नहीं। उसी में घूँघट उठाकर मुझे देखा और रोने लगी कि मेरे बेटे का गला काट लिया है। मेरे पति की एक बुआ ने मेरी शादी करवाई थी। उन्हें मेरी सास डाँट-फटकार करने लगी कि मेरा बेटा राजकुमार की तरह है और बहू इतनी बदसूरत उठाकर ले आए हैं, जिससे कोई नहीं शादी करता उसको मेरे बेटे के गले में बाँध दिया है। मैं डोली से बहू को नहीं उठाऊँगी और अपने बेटे को पकड़कर रोने लगी कि क्या तुम्हारे भाग्य में यही लिखी थी।..."[34] विवाह के दस वर्षों तक निःसन्तान रहने पर सुशीला के पति ने उसे कहीं और विवाह करने का सुझाव दिया ताकि वह स्वयं बाँझ पत्नी से मुक्त हो सके, "पता नहीं, दूसरी शादी करने के लिए मेरे पति उस समय क्यों इतने उतावले हो गए थे। जब भी कहीं बाहर से आते थे तो मुझे कहने लगते थे कि तुम क्या करोगी? इस तरह तुम हर समय दुखी रहती हो यह ठीक बात नहीं, तुम शादी करना मंजूर कर लो, अभी तुमको कुछ नहीं हुआ है बहुत समय बचा है, घर के लोग तुम्हारा मन रखने के लिए कहते हैं कि हम रखेंगे, हम रखेंगे लेकिन यह तुम मान लो कोई तुम्हारे काम नहीं आएगा। मैं जो कहता हूँ अच्छे के लिए कहता हूँ। तुम जहाँ शादी करोगी मैं तुम्हारा खर्च देने के लिए तैयार हूँ...।"[35] सुशीला ने घर और रसोई आदि के कार्यों से छुट्टी पाने पर रात-दिन किरासिन तेल जलाकर दीये की रोशनी में पढ़ाई की, पारिवारिक अपमान झेला, उसकी यातना और पीड़ा के तार 'आलो आन्धारि' की बेबी हालदार से जुड़ते हैं। यह आत्मकथा पितृसत्ता और भारतीय जाति-व्यवस्था के भीतर स्त्री-दमन के औजारों और साजिशों का पर्दाफाश करती है। कृष्णा सोबती इन्हें प्रतिवाद के स्वरों को रूप में स्वीकार करती हैं जो नये सामाजिक मूल्यों के रूप में न सिर्फ समाज में गहरे तक व्याप्त हो चुके हैं बल्कि "इनकी पुनर्रचना आज हमारी कहानी, उपन्यास और कविता में भी देखी जा सकती है। दलित, पिछड़े और निर्धनों का वाचन संवाद कहानी में तीव्रता से व्यक्त हो रहा है। यह हमारे नागरिक जीवन का वह यथार्थ है, जिसका सामना सम्पन्न, धनी, गम्भीरता से, विवेक से करने को तैयार नहीं। सामाजिक राजनीतिक स्थितियों से सरककर अपनी दार्शनिक सम्पन्नता से पुरानी परम्परा और चिन्तन की शैली में, एक विशेष नुमायशी मुद्रा में साहित्य का मर्म उजागर करने में व्यस्त है। रूढ़िवादी संगठनों की विचारधारा बेचारगी की भाषा और उससे जुड़े वर्गों के रचनात्मक लेखन को निचली श्रेणी में रखती है। दलित-विमर्श और स्त्री-विमर्श पर किश्तें प्रिंट हो चुकी हैं। मगर इसका विश्लेषण करते इन विद्वानों की नजर इस नये सामाजिक उत्थान की ऊर्जा की ओर नहीं उठती जो एक बड़े सामाजिक उत्थान की भूमिका है।"[36]

हाशिये की आत्मकथाओं के वैश्विक परिदृश्य को देखने के लिए रंगभेद और नस्लभेद का सामना करती उत्तरी जर्मनी में घरेलू नौकरानी का काम करनेवाली डोरिस वीर्सबैक (जन्म 1860) और स्विस फैक्ट्री की श्रमिक वेरेना कांजेंट (जन्म 1868) के आत्मकथ्यों को श्रमिक जीवन के दमन के जीवन्त दस्तावेज के उदाहरण के रूप में देखा जा सकता है। निःसत्त्व, अधिकारहीन और अपमानित डोरिस वीर्सबैक ने लिखा कि 'किस तरह उसका मालिक उसे बीमारी के दौरान तंग करता था और इलाज के लिए ऐसे चिकित्सक के पास भेजता था, जिसे खुद छूत का रोग था। पूरे परिवार का भोजन पकाने के बाद उसे भूखे सोना पड़ता था। उसने अपनी माँ से काम छोड़ने की आज्ञा माँगी तो उसकी माँ ने पत्र लिखकर बताया कि बार-बार मालिक और काम की जगह बदलने से समाज में उसकी बदनामी होगी, इसलिए बेहतर होगा वह वहीं पर काम जारी रखे।' शोषण और दमन की ऐसी दास्तानें अनन्त हैं, जिनको जितनी बार दोहराया जाए—यातना उतनी बढ़ती है। लेकिन इन आत्मकथ्यों का लक्ष्य सिर्फ अपने प्रति सहानुभूति पैदा करना नहीं है। शोषण और दमन का रचनात्मक प्रस्तुतीकरण कर सामूहिक चेतना के निर्माण की मंशा को इन कथ्यों की दरारों में अवश्य पढ़ा जाना चाहिए। श्रमिक स्त्रियों का बोलना और लिखना—घुटन और पीड़ा को साहित्य के केन्द्र में लाना है, साथ ही स्त्री को उसकी यौनता से परे, सिर्फ उत्पादक श्रम के रूप में देखने का प्रयास है। यह मनुष्य के अस्तित्व की लड़ाई भी है।

अस्तित्व की यह लड़ाई जिस नये सामाजिक परिवर्तन की भूमिका प्रस्तावित कर रही है—वह स्त्री और हाशिये के लोगों को अपनी बात को बेबाकी से कह देने का साहस और धैर्य भी दे रही है। श्रमिक और दलित स्त्री का संघर्ष बहुस्तरीय है—एक तरफ वर्णवाद, जिसके किले की दीवारें आज भी कई समुदायों में अभेद्य हैं; दूसरी ओर पितृसत्ताक व्यवस्था की बन्दिशें, स्त्रीत्व धारण करने की यातना के साथ जीवन की मूलभूत आवश्यकताओं को पूरा न कर पाने की बेचैनी—जो निर्धनता से उपजी है। स्त्रियों के आत्मकथ्य हाशिये की रचनाशीलता, उत्कट जिजीविषा और आत्मबल के सर्जनात्मक रूपान्तरण की ओर संकेत करते हैं। श्रमिक स्त्री को कई बार दैहिक और मानसिक शोषण का शिकार होना पड़ता है, घर के भीतर पति, पिता का चाबुक तो है ही। उदाहरणार्थ नौटंकी में अपना जीवन ढूढ़नेवाली किरण देवी अपने निजी अनुभवों में पितृसत्ता के दमन और शोषण को रेखांकित करती हैं। नौटंकी कला केन्द्र की सचिव किरन देवी भारती पुरखों के गाँव मेंहदिया से रोजगार की तलाश में बाँदा आईं। वहाँ उनकी बहनें नाच-गान से जीवनयापन कर रही थीं। पर महफिल का रंग रास नहीं आया। नाच-गाने में तरह-तरह की दिक्कतें और घर पर एक-से-एक दबंगों का जमावड़ा "ऐसे में मैं भी एक ठाकुर की 'रखैल' बनकर उसके गाँव रही। साल-भर में उसकी कलई खुल गई। मेहनत भरी जिन्दगी बिताई,

तब भी सम्मान नहीं मिला। फिर बाँदा आ गई। उस ठाकुर के अलावा मेरे पास कोई विकल्प नहीं था। सोचा यही था कि कहाँ-कहाँ भटकूँगी? किसी एक के साथ जिन्दगी कट जाए। एक के बाद एक पाँच बच्चे हुए। ठाकुर ने मेरे तथा बच्चों के लिए कुछ नहीं किया। उसके साथ जिन्दगी के अट्‌ठारह साल किसी तरह बिताए। न मकान, न जमीन-जायदाद। यहाँ तक कि बच्चों के पालन-पोषण, पढ़ाई-लिखाई का भी कोई इन्तजाम नहीं। अकेली क्या-क्या करती। नाच-गान की आमदनी में भी गिरावट आती गई। ठाकुर निठल्ला कुछ करता-धरता तो था नहीं और मार-पीटकर मेरी नाच की आमदनी भी छीन लेता था। दारू पीने की उसकी आदत बढ़ती गई। उसी तरह मेरी बेइज्जती की रफ्तार भी...।"[37] स्त्री बोलकर अपनी तार्किकता और प्रश्नाकुलता के साथ पूरी सामाजिक व्यवस्था के सामने प्रश्नचिह्न-सी खड़ी है। किरन देवी सरीखी न जाने कितनी स्त्रियाँ सहजता, गम्भीरता और बिना किसी अवरोध के अपनी तकलीफों, विषादों और व्यथाओं को व्यक्त कर रही हैं। इसे एक क्रान्तिकारी बदलाव के रूप में देखा जाना चाहिए।

ये क्रान्तिकारी बदलाव बीसवीं सदी के उत्तरार्द्ध और इक्कीसवीं सदी के प्रारम्भ में ज्यादा तीव्रता के साथ महसूस किये गए। इसके कारणों को पहचानने के लिए विभिन्न समुदायों के सांस्कृतिक संघटन को जानना जरूरी है। जो समाज जितना बहुसांस्कृतिक, बहुभाषी और बहुधार्मिक था, उतने ही ज्यादा आत्मकथ्य सामने आए। बहुसांस्कृतिकता चूँकि अमेरिकी समाज का विधेयक तत्त्व था, इसलिए सबसे ज्यादा आत्मकथाएँ वहीं लिखी गईं...बीसवीं सदी में अमेरिका में 55,000 आत्मकथाएँ लिखी गईं।[38] रजनी कोठारी का मानना है कि आधुनिक भारत की रचना अल्पसंख्यक अस्मिताओं से मिल-जुलकर हुई है।[39] ऐसे में अल्पसंख्यक अस्मिताएँ जिनमें मुसलमान, दलित और स्त्रियाँ शामिल हैं, उनका रचनात्मक सरोकार सबसे ज्यादा आत्मकथ्यों में व्यक्त हुआ। लेकिन, इन अल्पसंख्यक अस्मिताओं के समानान्तर उभार के बावजूद इनमें परस्पर, संवेदना के स्तर पर अन्तःसम्बन्ध नहीं है। दलितों को जातीय आधार पर बाँटना समानान्तर बाँटना है, जबकि स्त्रियों को एक वर्ग में, लिंग के आधार पर विभक्त करना विश्व को क्षैतिज रूप में बाँटना है। स्त्रियों के सन्दर्भ में, एक गौरतलब बात यह है कि उनके भिन्न वर्गीय आधार हैं और प्रत्येक दलित, उच्च और मध्यवर्ग में स्त्रियाँ हैं। इन सभी वर्गों में स्त्रियों में है संवादहीनता। उच्चवर्गीय स्त्री के लिए बाध्यता रही है कि वह अपना वैशिष्ट्य बनाए रखने के लिए अन्य वर्गों से स्वयं को विच्छिन्न कर ले। 'सीमन्तनी उपदेश' की हरदेवी लेखिका हो या शिष्ट संस्कृति की वाहिकाएँ जो आत्माभिव्यक्ति से दूर रहीं, उनके मनोसामाजिक जगत को इस दृष्टि से विश्लेषित किया जा सकता है। दूसरी बात यह है कि स्त्रियों के लिखने में लैंगिक वैषम्य और वर्गचरित्र के कारण कई बार अन्तर्विरोध भी दिखाई देते हैं। एक दलित और एक स्त्री जो समान सामाजिक

संरचना में जीते हैं—गरीबी, शोषण और यातना की अभिव्यक्ति कई बार समान स्तर पर भी करते हैं। स्त्री की यातना सिर्फ उसकी निजी यातना नहीं रह जाती, वह सर्वहारा की यातना में तब्दील हो जाती है। कई बार ऐसा भी होता है कि स्त्री स्वयं स्त्री या पुरुष के शोषण में लिप्त होती है। ऐसी स्थिति में उसकी रचनात्मकता को विश्लेषित करने के लिए भिन्न औजारों की जरूरत पड़ती है। दूसरी ओर, ऐसा भी होता है समान पृष्ठभूमि, समान रुचि के स्त्री-पुरुष लैंगिक आधार पर शोषण की भूमिका प्रस्तुत करते हैं। मल्लिका अमरशेख के आत्मकथ्य मला उध्वस्त व्यांचय ('मैं खाक में मिल जाना चाहती हूँ') को देखा जा सकता है। मल्लिका ने दलित रचनाकार नामदेव ढसाल से विवाह किया। बकौल मल्लिका, "मैं तो यह मानती हूँ कि मर्द की न कोई जाति होती है न संस्कारों से उसका कोई वास्ता। नारी के पास वह होता है—यह दावा तो मैं नहीं करूँगी, पर भारतीय संस्कृति को मैं मृत पशु मानती हूँ। हर आदमी अपनी स्वार्थ-सिद्धि के लिए उसकी खाल नोचकर उसे अपनी तरह से ओढ़ लेता है। लेकिन उस खाल के नीचे उसका जो असली रूप छुपा हुआ है, वह बेहद घिनौना और भोंड़ा है।...किसी एक नामदेव ढसाल के लिए मेरी समूची जिन्दगी नहीं हो सकती।"[40] यह एक स्त्री का वह नजरिया है जो परिवार, समाज के प्रति परम्परागत नजरिये से बिलकुल भिन्न है, जिसके बारे में, मेरी जीन कार्बेट का कहना है कि विशेषकर स्त्रियाँ 'अपने तनाव और चिन्ताओं को दूसरों से साझा कर, पढ़कर, व्याख्या-विश्लेषण कर, दूसरों के इतिहास से अपने अतीत की तुलना कर अपने व्यक्तित्व को सही आकार देने में सक्षम हो सकती हैं।' बड़ी सहजता से अपनी बात को दो-टूक कह देने का साहस, जिसे वर्जीनिया वुल्फ 'स्त्री की विशिष्ट शैली' कहती थीं, स्त्री का लेखन, भाषिक औजारों का चुनाव, शब्द-चयन, बिम्ब-विधान, कल्पना शक्ति ये सब उसे दूसरी स्त्री की सघन अनुभूति से एकाकार करते हैं। "अधिकतर स्त्रियाँ अपनी अस्मिता की तलाश दूसरी स्त्री में करती हैं और एक स्त्री दूसरी स्त्री के प्रति लगाव का अनुभव बड़ी तेजी से करती है।"[41]

स्त्रियों की आत्मकथा के विषय में कहा जाता है कि उनमें यौन-प्रताड़ना, शोषण और यातना की कथाओं को बार-बार दुहराया जाता है। किसी तथ्य का पुनः-पुनः कथन—उसकी जटिलता को तरल कर देता है और साथ ही, संवेदना भी अपना घनीभूत प्रभाव पाठक/श्रोता पर डाल पाने से वंचित रह जाती है। लेकिन स्त्रियाँ अपनी यातना, शोषण और लैंगिक विभेद की पीड़ा की अभिव्यक्ति कैसे करें? नैन्सी के. मिलर का मानना है कि स्त्रियों के आत्मकथ्य के पीछे आत्मानुमोदन की इच्छा ही प्रेरणा का काम करती है। प्रत्येक स्त्री-जीवन में कहीं-न-कहीं लैंगिक विभेद का शिकार बनती है। एंगेल्स ने लैंगिक विभेद को अर्थोत्पादन की क्षमता से जोड़ा था। लेकिन आर्थिक रूप से स्वनिर्भर स्त्री भी लैंगिक विभेद को न सिर्फ झेलती है,

बल्कि संवेदना के स्तर पर अपने जुड़ाव और लगाव के कारण सामाजिक अपमान और उपेक्षा का शिकार भी बनती है, प्रभा खेतान की आत्मकथा 'अन्या से अनन्या' को इस सन्दर्भ में देखा जाना जरूरी है। प्रभा खेतान ने लैंगिक विभेद का क्रूर और जटिलतम रूप अपने मारवाड़ी कुटुम्ब के भीतर झेला। बचपन में स्त्री का दैहिक शोषण—वो भी सगे-सम्बन्धियों द्वारा—उसकी देह और मन पर अमिट निशान छोड़ जाता है और यहीं से अपने 'स्त्रीत्व' को लेकर उसमें स्थायी हीनताबोध भर जाता है। श्यामवर्णा प्रभा—बड़े कुटुम्ब में—लड़की और वो भी साँवले रंग की—अपनी माँ का ध्यान आकर्षित कर पाने में अक्षम है सो दाई को 'माँ' कहती है। नौकर, टहलुओं से संवेदना पाती है। यौवन आने पर उस पहले पुरुष को तन और मन सौंपती है, जो शादीशुदा प्रौढ़ डॉक्टर है—कहें कि रति व्यापार में माहिर है। हाशिये पर पड़ी लड़की के भीतर छिपी सुन्दरता का उद्घाटन डॉक्टर सर्राफ करते हैं और प्रभा का सम्पूर्ण समर्पण उन्हें मिलता है। बदले में प्रभा को मिलती है उपेक्षा और तिरस्कार और साथ ही डॉक्टर सर्राफ के हिस्से की पारिवारिक जिम्मेदारियाँ—सबल आर्थिक आधारवाली स्त्री के रूप में स्थापित हो जाने पर भी प्रभा खेतान डॉक्टर साहब पर भावनात्मक रूप से निर्भरता छोड़ नहीं पातीं। इसलिए वे लिखती हैं, "...मेरी यह आवाज एक भिन्न आवाज है और इस आवाज का खतरा यही था कि यह आवाज अनसुनी रह जाती, क्योंकि न मैं पूरी तरह उदारवादी थी, और न ही मार्क्सवादी, न परम्परा से चिपकी रही और न ही आधुनिकता को भली-भाँति ओढ़ पाई। बस दिक्-काल के निश्चित दायरे में अपने स्वभावगत तमाम विरोधाभासों को लिये जीती रही। मेरे लिए एक ओर मुक्ति की नई-नई उड़ानें थीं, दूसरी ओर पुनः लौटकर उसी दायरे में बँधे रहने की विवशता भी थी।"[42] वस्तुतः यह उन इच्छाओं के न पूरे होने की कथा है, जिन्हें एक स्त्री बचपन से अपने मन में रखती आई है। ये वे मनोसामाजिक इच्छाएँ हैं, जिन्हें सामाजिक-सांस्कृतिक व्यवस्था ने उससे छीन लिया है। फलतः भावनात्मक असुरक्षा, प्रथम प्रेम के स्पर्श को भुला न पाने की विवशता इस आत्मकथ्य को 'विषम तत्त्वों' के जटिल संघात की ओर ले जाती है। जूलिया क्रिस्टेवा का भी यही मानना था कि सभी महत्त्वपूर्ण साहित्यिक कृतियाँ पितृसत्तात्मक 'सिम्बालिक' और मातृसंवेदनामूलक 'सिमिऑटिक' के विषम तत्त्वों का समायोजन होती हैं।[43] स्त्री-मन में इच्छा और कर्म में निरन्तर द्वन्द्व चलता रहता है। प्रभा खेतान ने इस द्वन्द्व और मानसिक जटिलता को आत्मकथ्य में अभिव्यक्त किया है। इस जटिलता की अभिव्यक्ति उसके मन को नई चुनौतियों के लिए तैयार करने और नये सम्बन्धों को बनाने के लिए—अनिवार्य है। इरिगिरे ने इसीलिए स्त्री-मन की निश्छल अभिव्यक्ति पर बल दिया, क्योंकि उन्हें लगता है कि "स्त्रियों ने बहुत दिनों से अपने भीतर इतना कुछ छिपा रखा है कि उनका कोष अनन्त हो गया है।"[44]

एक स्त्री, जो रचनाकार भी है, उसकी आत्मकथा को देखना दिलचस्प हो सकता है। कई बार स्त्री स्वयं लैंगिक वैषम्य से लदी मानसिकता को ढोती है। आर्थिक रूप से सशक्त और रचनाकार के रूप में प्रतिष्ठित होने के बावजूद वह अपनी शर्तों पर पुरुष से सम्बन्ध नहीं बना पाती। कभी 'सन्तान' के नाम पर तो कभी 'परिवार' और 'प्रेम' के नाम पर वह पुरुष-वर्चस्ववादी आग्रहों को ढोती है। मन्नू भंडारी एक प्रबुद्ध हिन्दी रचनाकार हैं, आत्मकथा के स्पष्टीकरण में लिखती हैं, "अपनी कहानी लिखते समय तो सबसे पहले मुझे अपनी कल्पना के पर ही कतर एक ओर सरका देने पड़े, क्योंकि यहाँ तो निमित्त भी मैं ही थी और लक्ष्य भी मैं ही...यह शुद्ध मेरी ही कहानी है और इसे मेरा ही रहना था, इसलिए न कुछ बदलने-बढ़ाने की आवश्यकता थी, न काटने-छाँटने की। यहाँ मुझे केवल उन्हीं स्थितियों का ब्यौरा प्रस्तुत करना था, वो भी जस-का-तस, जिनसे मैं गुजरी... दूसरे शब्दों में कहूँ तो जो कुछ मैंने देखा, जाना, अनुभव किया, शब्दशः उसी का लेखा-जोखा है यह कहानी।"[45] 'एक कहानी यह भी' एक संवेदनशील रचनाकार की कहानी है, जिसने पिता से विद्रोह कर बिरादरी के बाहर राजेन्द्र यादव से इस महत्त्वाकांक्षा से विवाह किया—"सब लोग सोचते थे और मुझे भी लगता था कि एक ही रुचि...एक ही पेशा, कितना सुगम रहेगा जीवन। मुझे अपने लिखने के लिए तो जैसे राजमार्ग मिल जाएगा, लेकिन एक ही पेशे के दो लोगों का साथ जहाँ कई सुविधाएँ जुटाता है, वहाँ दिक्कतों का अम्बार भी लगा देता है—कम-से-कम मेरा यही अनुभव रहा।"[46] मन्नू भंडारी के आत्मकथ्य में एक रचनाकार का आत्म-सन्तोष आद्यन्त व्याप्त है। घर-परिवार, बेटी और नौकरी के समानान्तर लेखन कितना कठिन हो सकता है, बकौल मन्नू जी, "बेटी और घर (जिसकी पूरी-पूरी जिम्मेदारी मेरे ऊपर थी) के साथ नौकरी (जो अपनी जिम्मेदारियों को निभाने के लिए अनिवार्य थी) के बीच में से ही लिखने के लिए समय और सुविधा जुटानी पड़ती थी और मैंने जो कुछ भी लिखा, इन सबके बीच ही लिखा, इनकी कीमत पर कभी नहीं लिखा। लेकिन पहले हर स्तर पर संकट थे, कष्ट थे, समस्याएँ थीं, नसों को चटका देनेवाले आघात थे, पर उनके साथ लगातार लिखना भी था।...जो भी जैसा भी। आज ये सारी समस्याएँ संकट समाप्तप्राय हैं और समस्याग्रस्त हैं पर लिखना तो बिलकुल ही समाप्त है। तो क्या संघर्षपूर्ण और समस्याग्रस्त जीवन ही लिखने की अनिवार्य शर्त है।"[47] संघर्षपूर्ण समस्याग्रस्त जीवन, हारी-बीमारी में अकेलापन, मानसिक तनाव मन्नू भंडारी के भीतर के रचनाकार को 'अगेंस्ट द करेंट' तैरने की चुनौती उनके भीतर के रचनाकार को कथा-लेखन, पटकथा और फिल्म लेखन से लेकर रंगमंच के लिए नाट्यरूपान्तरण की विस्तृत भावभूमि, कार्यभूमि देती है। वे व्यस्तता में लेखन का 'स्पेस' तलाशती हैं। कभी एकान्त के लिए छात्रावास में महीने-भर रहती हैं तो कभी लिख न पाने की झुँझलाहट और अतृप्ति का बोध उनकी

रचनाओं को पैना और धारदार बनाता है। एक रचनाकार अपनी रचनात्मकता को बचाए रखने की कैसी जद्दोजहद करती है—इस आत्मकथा को इस दृष्टि से भी देखा जाना चाहिए। इतिहास साक्षी है कि पुरुष से बौद्धिक स्पर्द्धा स्त्री को हमेशा महँगी पड़ती है। युग और परिस्थितियाँ बदलने पर स्त्रियाँ आर्थिक रूप से स्वतंत्र हुईं, लेकिन पुरुष आज भी स्त्री से अपने 'अहं' को सहलाने की अपेक्षा रखता है। यदि वह स्वयं को दीन-हीन साबित करे, पति के समानान्तर प्रेम-सम्बन्धों को 'लेखकीय स्वतंत्रता' के नाम पर उदार भाव से ग्रहण करे, तो विवाह जैसी संस्था चल सकती है? मन्नू भंडारी ने एक सीमा तक यह किया, जिसके प्रमाण आत्मकथ्य में जगह-जगह मिल जाते हैं, लेकिन वे विवाह को तोड़कर बाहर नहीं जा सकीं। इसे स्त्री के अन्तर्विरोध के रूप में देखा जाना चाहिए, "पर अपने प्रति हजार धिक्कार उठने के बावजूद मैं ऐसा कोई निर्णय नहीं ले पाई। क्या मेरी जिन रगों में खून की जगह लावा बहा करता था, अब पानी बहने लगा है? या कि दो वर्ष की मित्रता में मैं राजेन्द्र से इतने गहरे तक जुड़ गई थी कि उनको नकार देना मुझे अपने-आपको नकार देने जैसा लगने लगा था।...या कि पिताजी की इच्छा के विरुद्ध अपनी इच्छा से की हुई शादी को मैं किसी कीमत पर असफल नहीं होने देना चाहती थी।"[48]

हेलेन सिक्सू ने स्त्री के बोलने पर जोर दिया था, उसका कहना था कि "स्त्रियाँ सिर्फ श्रोता न बनें, बल्कि वक्ता बनें। स्त्रियों को बोलने का साहस करना चाहिए।"[49] मन्नू भंडारी का आत्मकथ्य इस ओर संकेत करता है कि कैसे एक स्त्री-रचनाकार के तौर पर, लेखन के जरिये उभयलिंगी तर्कों का अतिक्रमण करती है, हमारी मौजूदा व्यवस्था को सूचित करती है—साथ ही नई भाषा एवं संस्कृति का स्वरूप भी निर्मित करती है। मन्नू भंडारी एक ओर प्रगतिकामी शक्तियों के पक्ष में हैं, दूसरी ओर उनके भीतर पितृसत्तात्मक व्यवस्था में पली-बढ़ी संस्कारित स्त्री बैठी है, जिसका संसार पुरुष के अभाव की कल्पना से भी डरता है। कभी बेटी के लिए, कभी दुनिया क्या कहेगी और सबसे ज्यादा अपने लिए—जो पति की ज्यादतियों पर जितना चाहे रो-गा ले, लौट आती है फिर उसी खूँटे पर। न लिख पाने के कारणों में वह घरेलू व्यस्तताओं, स्वास्थ्य और पति की उपेक्षा को प्रमुख मानती हैं। जबकि मन्नू के आत्मोत्सर्ग के पीछे सामन्ती मूल्य संरचना से अनुकूलित स्त्री मानसिकता को देखा जाना चाहिए। स्त्री की भारतीय परम्परागत छवि सकारात्मक ही रही है, जिसे वह स्वयं भी भंग नहीं करना चाहतीं। यह अनुकूल ही है कि वह जीवन के पैंतीस वर्ष कलपते हुए काट देती हैं, लेकिन स्वयं को बन्धनमुक्त करने का साहस नहीं कर पातीं। इसके पीछे एक स्त्री-रचनाकार की जीवन-दृष्टि, चेतना और संवेदना कार्यरत है।

जिस समाज से उनका सम्बन्ध रहा है वह पितृसत्तात्मक समाज है, जो लिंगभेद का पक्षधर है, जो जीवन-भर प्रत्येक क्षण स्त्री को स्त्री होने का एहसास कराता

रहता है। बचपन से ही साँवले रंग के कारण मन्नू कुंठित रही हैं, उन्होंने इसे स्वीकार भी किया है। पढ़ने-लिखने ने उन्हें एक स्वतंत्र पहचान दी, पिता की इच्छा के विरुद्ध प्रेम-विवाह करना उनके लिए 'थ्रिल' रहा है, ऐसे में उनका असुरक्षा बोध है—"पिता की बात नहीं मानी तो बुरे फँसे...यदि यहाँ भी पति की बात से बाहर हुई तो? इसी 'तो' का भय उन्हें मथता रहता है। वह वफादार औरत है, लेकिन पति वफादार नहीं। औरत का चोटिल मन इस आत्मकथ्य का मूल अन्तर्वर्ती सुर है—'मैं सच कहूँगी मगर फिर भी हार जाऊँगी, वह झूठ बोलकर लाजवाब कर देगा'— एलेन शोवाल्टर ने कहा था कि स्त्री-साहित्य को जब भी पढ़ा जाए उसमें सामाजिकता की खोज की जानी चाहिए। साथ ही लेखिकाओं की आत्मचेतना का साहित्य रूपों में किस तरह रूपान्तरण होता है, स्थान और समय के बीच यह प्रक्रिया किस तरह घटित होती है और इससे स्त्री की आत्मचेतना में किस तरह के बदलाव आते हैं और विकास होता है, उसकी दिशा क्या है।[50]

मन्नू भंडारी की आत्मकथा को हिन्दी की स्त्री-रचनाकारों के बरअक्स रखकर देखा जाना चाहिए। वे स्वातंत्र्योत्तर पीढ़ी की हिन्दी रचनाकार हैं जिनमें कृष्णा सोबती, उषा प्रियंवदा, राजी सेठ, मृदुला गर्ग भी आती हैं। उनके बाद की पीढ़ी अपनी रचनात्मकता, अस्मिता और समाज में अपनी उपस्थिति और अभिव्यक्ति को लेकर अत्यधिक सचेत है—जिनमें प्रभा खेतान, मैत्रेयी पुष्पा, निर्मला जैन, ममता कालिया, तेजी ग्रोवर प्रमुख हैं। इनसे अगली पीढ़ी अनामिका, कात्यायनी, क्षमा शर्मा, अलका सरावगी की है जो अपनी शर्तों पर लेखन की दिशा में प्रयासरत हैं। ऐसे में यह देखना दिलचस्प होगा कि एक ही समय में, समाज में कितनी वैचारिक चिन्ताएँ समानान्तर गति से प्रवाहित होती हैं। सामाजिक समस्याओं और परिवर्तन की विवधस्तरीय प्रक्रियाओं के भीतर से गुजरते हुए इन स्त्री-रचनाकारों की रचनात्मक-दृष्टि का साक्ष्य उनकी रचनाओं और विशेषकर आत्मकथ्यों में मिलने की सम्भावना है।

भारतीय आत्मकथाओं में स्त्रियों के हस्तक्षेप ने 'आत्मकथा' विधा की परम्परागत प्रवृत्ति और स्वरूप को बदलकर न सिर्फ हाशिये के साहित्य को समृद्ध किया, बल्कि विशिष्ट स्त्रीत्व के अनुभव को भी अभिव्यक्त किया। भारत में अंग्रेजी में जिन स्त्रियों ने आत्मकथा लिखी उनमें से अधिकांश आभिजात्य वर्ग से सम्बद्ध थीं। वर्ग के आधार पर इनकी आत्मकथाओं के विषय और अभिव्यक्ति के अन्तराल को मध्य और निम्नवर्गीय स्त्री-आत्मकथाओं के सन्दर्भ में अच्छी तरह समझा जा सकता है। इनमें 1921 में लिखी सुनीति देवी की 'द ऑटोबायोग्राफी ऑफ एन इंडियन प्रिंसेस' से लेकर नब्बे के दशक में मृणाल पांडे की 'डॉटर्स डाटर' को देखा जा सकता है। उन्नीसवीं शती के उत्तरार्द्ध और बीसवीं शती के प्रारम्भिक दौर की स्त्री-आत्मकथाओं में वर्चस्व की भाषा का अभाव दिखता है। वे परिवार, धर्म,

पतिव्रता, वैधव्य जैसे मुद्दों पर बात करती हैं, उनमें कथा कहने पर बहुत बल है और अपनी विशिष्ट पहचान के बावजूद रचनाकार 'ऑडिएंस कांशस' हैं, उनमें अपने सम्भावित पाठक को लेकर गहरी सचेतनता है। बीसवीं सदी का पूर्वार्द्ध, नवजागरण, स्त्री-शिक्षा जैसे मुद्दों को लेकर आया और एक नई पढ़ी-लिखी स्त्री से हमारा साक्षात हुआ। बीसवीं सदी के उत्तरार्द्ध तक आते-आते अमृता प्रीतम, कमला दास, अजित कौर, दिलीप टिवाणा, तहमीना दुर्रानी, किश्वर नाहीद, अदा जाफरी, इस्मत चुगताई, जोहरा सहगल, बेगम खुर्शीद मिर्जा, मृणाल पांडे, तसलीमा नसरीन ने आत्मकथाओं में अपनी अभिव्यक्ति की बेबाकी से हमारा ध्यान आकृष्ट किया।

ऑड्रे मोरिस ने आत्मकथा को आत्मरक्षा हेतु लम्बा वक्तव्य माना, जो दो प्रकार का होता है : एक तो वह जहाँ लेखन उतना ही रुचिकर होता है, जितना कि कोई उपन्यास और उतना ही सच्चा जितना कि जीवन। उसके अन्तरवर्ती सुर में जीवन की जितनी ही सच्चाई होती है। वह जिस आन्तरिक यात्रा को उद्घाटित करता है उससे व्यक्ति के आन्तरिक संघर्ष अभिव्यक्ति पाते हैं। उपन्यास और आत्मकथा की विधा दोनों ही व्यक्ति की निजी पहचान को स्थापित करती हैं। निजी पहचान की स्थापना का यही प्रयास भारतीय स्त्रियों द्वारा अंग्रेजी में लिखी आत्मकथाओं में दिखता है। 'द ऑटोबायोग्राफी ऑफ एन इंडियन प्रिंसेस' (1921) अंग्रेजी में भारतीय स्त्री की पहली आत्मकथा है जिसे ब्रह्म समाज के संस्थापक सदस्य केशवचन्द्र सेन की पुत्री सुनीति देवी, जो बाद में कूच बिहार की महारानी बनी, ने लिखा है। सुनीति देवी ने पति की इच्छानुसार पूरा जीवन जिया और एक सच्ची पतिव्रता स्त्री की तरह रही। युवराज राजे का जन्म और पति के साथ इंग्लैंड यात्रा को वे जीवन के दो महत्त्वपूर्ण पड़ावों के रूप में याद करती हैं। वे लिखती हैं कि "पुत्र पैदा करने के कारण कूच बिहार में उन्हें बहुत सम्मान मिला।" 1911 में महाराजा की मृत्यु के बाद उन्होंने 'सती' स्त्री का जीवन व्यतीत किया। बाद में पुत्र-इच्छा को स्वीकार करते हुए उन्होंने ने मर्यादापूर्ण जीवन जिया। इस आत्मकथा में सुनीति देवी अपनी कोई पहचान स्थापित करती नहीं दीख पड़तीं। उनकी जीवन-शैली किसी के लिए आदर्श बने, इस पर भी बल नहीं है, लेकिन उनकी भावात्मक और बौद्धिक क्षमता को देखते हुए यह लगता है कि जैसा जीवन उन्होंने जिया, उससे वे तृप्त नहीं थीं और यही अतृप्ति उन्हें आत्मकथा लिखने के लिए प्रेरित करती है। कार्नेलिया सोराब जी ने 1934 में 'इंडिया कॉलिंग' शीर्षक से आत्मकथा लिखी, जो भारत की पहली स्त्री न्यायविद् थी। कार्नेलिया एक पारसी-ईसाई परिवार से सम्बद्ध थी, जिसने स्त्री-दमन के खिलाफ संघर्ष किया, कार्नेलिया की आत्मकथा में स्त्री का यही संघर्ष प्रतिबिम्बित होता है। 'विद नो रिग्रेट्स' (1943) में जवाहरलाल नेहरू की छोटी बहन कृष्णा हठीसिंह ने

नेहरू परिवार से जुड़ी आन्तरिक स्मृतियों का वर्णन किया है। उन्होंने स्वाधीनता संग्राम में अपनी भूमिका, भारत की ऐतिहासिक घटनाओं, नेहरू परिवार में लड़की होकर पैदा होने के बिन्दुओं पर चर्चा की है, लेकिन पूरी आत्मकथा में कहीं भी कृष्णा जी का अपना व्यक्तित्व उभरकर नहीं आ पाता।

ईश्वनी सैद की आत्मकथा 'गर्ल इन बाँबे' (1947) शीर्षक से छपी, यह एक महत्त्वपूर्ण आत्मकथा है जिसमें ईश्वनी सैद सम्भ्रान्त परिवार के आन्तरिक छद्मों का पर्दाफाश करती हुई अपनी जड़ों को ढूँढ़ने का प्रयास करती दिखती है। ईश्वनी शिया खोजा परिवार से थी, स्वतंत्रता की इच्छा से उसने आगाखानी खोजा परिवार में विवाह किया था, 'एक सुशिक्षित आगाखानी खोजा परिवार में विवाह का अर्थ था सौतेली माँ के कड़े अनुशासन से मुक्ति, लेकिन ससुराल में भी उसे आभिजात्य के आडम्बर के सिवाय कुछ न मिला। उसने देखा कि मर्दों के सामने परिवार की बहुएँ कम खाने का नाटक करती हैं, और रूमाल में खाना चुराकर रख लेती है, जिसे वे बाद में खा सकें।' 'एन इंडियन गर्ल' (1950) शीर्षक से सावित्री देवी नन्दा ने आत्मकथा लिखी जिसके बाद शैलबाला दास की आत्मकथा 'ए लुक बिफोर एंड ऑफ्टर' (1956) ऐसी स्त्री की आत्मकथा है, जिसे अपने 'स्त्रीत्व' पर गर्व है—वह जुझारू और दृढ़निश्चयी है, जिसने अपने प्रयास से कटक के एक कॉलेज को सहशिक्षा का कॉलेज बना दिया। शैलबाला के मित्रों में अधिसंख्य पुरुष थे, ओड़िसा के नामी-गिरामी नेता मधुसूदन दास की दत्तक पुत्री के रूप में कैम्ब्रिज में उच्च शिक्षा पाई और लौटकर उसने पिता के कार्यक्षेत्र में सहयोग किया तथा अनेक उच्च पदों पर कार्य किया। 'आन द विंग्स ऑफ फायर' (1968) शीर्षक आत्मकथा कमला डोंगरकेरी ने लिखी, जिसने सन्तानहीनता के कारण उच्च शिक्षित होने के बावजूद बहुत अपमान का सामना किया, आगे चलकर वह महाराष्ट्र में समाज सेविका के रूप में विख्यात हुई।

'महारानी : द स्टोरी ऑफ एन इंडियन प्रिंसेज' (1953) वृन्दा की एक ऐसी आत्मकथा है, जो पितृसत्तात्मक समाज में स्त्री की असहायता को रेखांकित करती है। नर-सन्तान न पैदा करने तथा पुत्रियों की माँ होने के कारण वृन्दा को ससुराल में घोर अपमान का सामना करना पड़ा। नयनतारा सहगल ने 'प्रिजन एंड केक' (1954) और 'फ्रॉम फीयर सेट फ्री' (1962) शीर्षक आत्मकथाओं में नेहरू परिवार की स्मृतियों के साथ-साथ देश का राजनीतिक इतिहास भी लिखा, जिसे राजनीतिक माहौलवाले परिवार में स्त्री की स्थिति और लेखन द्वारा आत्मविरेचन के प्रयास को देखने के लिए पढ़ा जा सकता है। उनकी ख्याति उपन्यास और अखबारी-लेखन के कारण है। नयनतारा सहगल का मानना है कि लिखना बहुत महत्त्वपूर्ण है, यह आत्मविरेचन का एक साधन है, "किसी भी तरह का लेखन आपकी अपनी साँस, अपनी दुनिया को व्यवस्थित करने जैसा है, लेखन यह बता सकता है कि आपके

भीतर और आसपास क्या चल रहा है। ये वे चीजें हैं, जिन्हें बिना लिखे समझा नहीं जा सकता, कई बार लिखने के बाद भी स्वयं को, आसपास के संसार को समझना मुमकिन नहीं होता, लेकिन लेखन इस प्रक्रिया में सहयोग तो करता ही है।"[51] सहगल की आत्मकथा आभिजात्य स्त्री की आत्मकथा की दृष्टि से महत्त्वपूर्ण मानी जाती है।

सीता रत्नमाला ने 'बियांड द जंगल' (1968) शीर्षक आत्मकथा लिखी। आदिवासी सीता रत्नमाला ने अपने परिवार के साथ उन्मुक्त वन-जीवन का चित्रण किया है और वन की सीमा के पार नागरिक जीवन को देखने-समझने की आकांक्षा का भी। आदिवासी होने के कारण भारत सरकार की छात्रवृत्ति पर उसे डोडो आवासीय विद्यालय में दाखिला मिला, जहाँ उसने तथाकथित सभ्य समाज में रहने के तौर-तरीके सीखे, नर्सिंग ट्रेनिंग लेकर उसने ब्राह्मण परिवार से सम्बद्ध डॉ. कृष्णरंजन के अस्पताल में कार्य किया। सीता को डॉ. कृष्णरंजन से प्रेम हो गया, लेकिन डॉक्टर ने सीता का हाथ थामने से इनकार कर दिया। इस घटना ने सीता को भीतर तक आहत कर दिया, 'सभ्य समाज' से उसका मोहभंग हो गया। आत्मकथा में वह नगरों को 'कंक्रीट' के जंगल और नागरिकों को 'खतरनाक जानवरों' की संज्ञा देती है। वर्ग एवं जातिभेद का दंश सीता रत्नमाला की आत्मकथा को मार्मिक बनाता है। उर्मिला हस्कर (1972) ने 'द फ्यूचर दैट वाज' शीर्षक आत्मकथा लिखी। सभ्य समाज में व्याप्त लैंगिक विभेद को यह आत्मकथा बताती है। हमारे भारतीय समाज में लड़की होकर जन्म लेना और वह भी असुन्दर, इस पीड़ा को उर्मिला हस्कर ने मार्मिकता से अभिव्यक्त किया है। वह स्त्री होने को गुनाह कहती है जिसे ढकने के लिए उस जैसी अनेक लड़कियों को अतिरिक्त मेहनत करनी पड़ती है। 'मार्डन शेल्व्ज' की सम्पादिका कैथरीन ड्रिंकर बॉवने का कहना है कि "प्रत्येक अतिसाधारण रूप-रंग या बदसूरत लड़की को यह मालूम होता है कि वह अविशिष्ट है, इसलिए उसे ऊपर उठने के लिए ज्यादा हृदयहीन होना होगा।" उर्मिला हस्कर इस सत्य से अच्छी तरह वाकिफ थी, इसलिए उसने आगे बढ़ने के लिए जी-तोड़ मेहनत की। आत्मकथा में उसने विवाह-पूर्व जीवन की अति नकारात्मक स्थितियों का जिक्र किया है, जिन्हें पढ़कर 'माई मदर माई सेल्फ'[52] में नैंसी फ्राइडे द्वारा उल्लिखित यहूदी समाज की रुग्ण प्रथा का स्मरण हो आता है, जिसके तहत पुत्री के प्रथम रजस्वला होने पर उसकी माँ उसे बुरी तरह पीटती है, इस तरह लड़की में हमेशा के लिए अपने स्त्रीत्व के प्रति क्रोध, आत्मदया, अस्वीकार और घृणा के भाव घर कर जाते हैं।

'कंडीशन एंड लिमिट्स ऑफ ऑटोबायोग्राफी'[53] में जार्ज गस्टोर्फ ने कहा था कि प्रत्येक व्यक्ति स्वयं को कुछ विशिष्ट समझता है, यही आत्मकथा लिखने की मूल प्रेरणा है, इसी अर्थ में यह 'पहचान की खोज' है। हम कह सकते हैं कि आत्म-कथा के विकास से आत्मकथाकार का विकास जुड़ा हुआ होता है। 1976 में कमला दास की आत्मकथा 'माई स्टोरी' आई जो अपनी बोल्डनेस और स्त्री-मन

की बेबाक अभिव्यक्ति के कारण बहुत प्रसिद्ध हुई। कमला दास उन उच्च-मध्यवर्गीय स्त्रियों का प्रतिनिधित्व करती हैं जो परिवार की सेंसरशिप की शिकार होती हैं। एक बेहद साहसिक आत्मकथा के तौर पर 'माई स्टोरी' को याद किया जाता है जिसके कई संस्करण छप चुके हैं।

भारतीय स्त्री-आत्मकथा में लेखन में बड़ी भूमिका उन रचनाकारों ने निभाई, जो रियासतों से जुड़ी थीं और जिनका जीवन सामान्य लोगों के ज्ञान और समझ से परे था, इनमें से कई ने विदेशी विश्वविद्यालयों में शिक्षा प्राप्त की, अंग्रेजी में आत्माभिव्यक्ति उनके लिए मुश्किल नहीं थी और अधिकांश को पश्चिमी रहन-सहन और तौर-तरीकों की अच्छी पहचान थी। महारानी गायत्री देवी की आत्मकथा 'द प्रिंसेज रिमेम्बर्स' (1975) में रानी द्वारा राजनीतिक जीवन जीने हेतु 'परदा प्रथा' का त्याग वर्णित है, जिसमें निजी जीवन के स्थूल ब्यौरे अधिक मिलते हैं। इसकी अपेक्षा धनवन्तरी रामाराव की आत्मकथा 'एन इन हेरिटेंस' (1977) अधिक महत्त्वपूर्ण है, जो एक स्त्री की निर्माण-प्रक्रिया पर बात करती है। धनवन्तरी ने अपनी माँ की प्रेरणा से मद्रास प्रेसीडेंसी कॉलेज में 1909 में प्रवेश लिया। उस समय को देखते हुए यह बहुत बड़ा साहसिक कदम था। आर्थिक स्वावलम्बन के लिए धनवन्तरी ने अध्यापकीय पेशा अपनाया। धनवन्तरी का कहना है कि यद्यपि उनके पति कैम्ब्रिज में शिक्षित थे, फिर भी लोगों के सामने अपनी पत्नी से बात नहीं करते थे, विवाह के बाद धनवन्तरी का नाम 'सीता' रख दिया गया था। 'ए पैटर्न ऑफ लाइफ' (1977) में सुधा मजूमदार ने बंगाली समाज के अन्तर्विरोधों को दिखाया है कि कैसे तमाम शिक्षा और समाज-सुधार कार्यक्रमों में भाग लेने के साथ-साथ बचपन से ही लड़की को योग्य वर-प्राप्ति के लिए व्रत-उपवास करना सिखाया जाता है। सुधा मजूमदार अपने पति की प्रेरणा से पढ़-लिख सकी। शिक्षा ने उन्हें विवेक-दृष्टि दी, इसलिए पति की मृत्यु के बाद भी, उन्होंने परम्परा-विरुद्ध जाकर विधवा-वेश धारण नहीं किया, न ही लोगों से मिलना-जुलना छोड़ा, यदि इस आत्मकथा की तुलना निस्तारिणी देवी (सेकेले कथा) से करें तो जान पाते हैं कि आर्थिक समृद्धि और सामाजिक हैसियत साहसिक कदम उठाने में सहयोगी होती है। जहाँ सुधा मजूमदार ने विधवा वेश धारण करने से इनकार किया वहीं निस्तारिणी देवी ने अपना पूरा जीवन विधवा के रूप में ही बिताया और जीवन के उत्तरार्द्ध में दृष्टिहीन हो गईं। धन और साधनों की कमी के कारण कुलीन खानदान से सम्बद्ध होने के बावजूद वे जीवन-पर्यन्त अभावग्रस्त रहीं।

नेहरू परिवार की स्त्रियों में एक मात्र इन्दिरा गांधी थीं, जिन्होंने 'आत्मकथा' लिखने में कोई रुचि नहीं दिखाई। उनकी बुआ विजयलक्ष्मी पंडित की आत्मकथा 'द स्कोप ऑफ हैपीनेस' (1979) शीर्षक से आई, जिसमें नेहरू परिवार की जीवन-शैली और भारतीय स्वाधीनता-संग्राम में उनके योगदान का वर्णन है। आत्मकथा

में विजयलक्ष्मी एक ऐसी सशक्त स्त्री के रूप में सामने आती हैं, जिसने स्त्रियों के सम्पत्ति उत्तराधिकार के लिए लम्बा संघर्ष किया। इसके बाद समाज-सेविका दुर्गाबाई देशमुख की आत्मकथा 'चिन्तामन एंड आई' (1980) छपी जो उनके सार्वजनिक कार्यों को बताती है। वे आत्मकथा में एक स्पष्टवादिनी और दृढ़ व्यक्ति के रूप में उभरती है, जिन्होंने स्त्री-संगठनों की मदद से परदा और देवदासी प्रथा का विरोध किया। पहला विवाह असफल होने पर तत्कालीन नेहरू सरकार में वित्तमंत्री सी. डी. देशमुख से पुनर्विवाह कर स्वयं को सौभाग्यशालिनी समझती हैं और आत्मकथा में 'स्वयं को पार्वती और पति को परमेश्वर के रूप में याद करती हैं।'[54] 'माई रेमिनिसेंसेज' (1982) शीर्षक से रेणुका राय ने आत्मकथा लिखी, जिसे सुविधा के लिए जीवनी और आत्मकथा के बीच की विधा माना जा सकता है। अत्यन्त सम्भ्रान्त और उच्च शिक्षित बंगाली परिवार की रेणुका की जीवन-यात्रा-वृत्तान्त में देश की कई नामचीन हस्तियों मसलन दादाभाई नौरोजी, गोखले समेत कई स्वतंत्रता संग्राम सेनानी और महात्मा गांधी के साथ अन्तरंग संवाद लिपिबद्ध हैं। स्वतंत्रता के बाद वे कांग्रेस सरकार के विभिन्न पदों पर रहीं, लेकिन निजी जीवन का चित्रण उन्होंने आत्मकथा में अत्यन्त संक्षेप में ही किया है। इसलिए 'आत्म' का तत्त्व कथा में सीमित है। विजयराजे सिन्धिया की आत्मकथा 'द ऑटोबायोग्राफी ऑफ डाउजर महारानी ऑफ ग्वालियर' (1985) एक धनी, पति के अभाव से सन्तप्त और निरन्तर संघर्षशील विधवा की तकलीफों का बयान करती है, जो वैचारिक भिन्नता के कारण एकमात्र पुत्र से भी अलग हो गईं। सक्रिय राजनीति एवं समाज सेवा कार्यक्रमों से जुड़ी कमला देवी चट्टोपाध्याय की आत्मकथा 'इनरिसेसेज आउटर स्पेजेज' (1986) में स्त्री के अन्तर्मन की अभिव्यक्ति हुई है, जो आत्मलीन और संकोची है। कमला देवी पर ऐनी बेसेंट और पंडिता रमाबाई सरस्वती का बहुत प्रभाव पड़ा था। सरोजिनी नायडू के भाई से उनका विवाह असफल हो गया था। वे कहती हैं कि अन्तर्मन को सबके सामने खोलकर रख देना उन्हें कभी भी अच्छा नहीं लगा, वे उनकी निन्दा करती हैं, जो अपना 'निजी' जीवन सबके सामने खोलकर रख देते हैं।

'पोर्ट्रेट्स ऑफ एन एरा' (1988) ताराअली बेग की महत्त्वपूर्ण आत्मकथा के रूप में सामने आई। अपने निजी और अन्तरंग अनुभव, जो गांधी जी, नेहरू, राजेन्द्र प्रसाद, जिन्ना, होमी भाभा, समरसेट मॉम, सरोजिनी नायडू, देविका रानी, अन्ना पावलोव, उदयशंकर, दलाईलामा और श्री और श्रीमती देशमुख आदि के साथ अर्जित किये, उन्हें वे कुछ इस प्रकार प्रस्तुत करती हैं, कि ये सभी व्यक्तित्व आत्मकथा के पन्नों पर जीवन्त हो उठते हैं। 'इन लव विथ लाइफ' (1990) शीर्षक आत्मकथा डॉ. प्रेमा नायडू की है, जो उस्मानिया विश्वविद्यालय में प्रोफेसर और चिकित्सक थीं। सुखी, सम्पन्न, कार्यव्यस्त स्त्री के आत्मकथ्य का वैशिष्ट्य इसकी

यथार्थवादी शैली है, जो इस बात का प्रमाण है कि 'आत्मसन्तोष और सान्त्वना के लिए भी आत्मकथा विधा का प्रयोग किया जाता है, सिर्फ असन्तोष और व्यथा की अभिव्यक्ति के लिए नहीं।'[55] अधिकतर स्त्री-आत्मकथाओं में कथाकार की जीवनगत असफलता खंड-खंड में अभिव्यक्त होती है। बचपन में झेली गई तकलीफों—विशेषकर लैंगिक विभेद के कारण इन स्त्रियों का पूरे जीवन के प्रति दृष्टिकोण बदला हुआ दिखता है। कुछ ने बचपन की स्मृतियों को गौरवान्वित करने का प्रयास भी किया है, बचपन की स्मृतियाँ अक्सर परिवारजनों के वक्तव्यों पर आधारित होती हैं—लगभग पचास प्रतिशत स्मृतियाँ माँ, पिता, नाना-नानी, दादा-दादी द्वारा अवचेतन में बैठाई जाती हैं। कुछ बड़े होने पर ही स्त्रियाँ यह जान पाती हैं कि उनका जन्म परिवार में स्वागत योग्य नहीं समझा गया, जब तक वे इस सच्चाई से बेखबर रहती हैं, वे बचपन की स्मृतियों का आस्वादन करती हैं—विवाह होना यानी 'स्व का विलय' हो जाना—इस अर्थ में विवाह उनकी नैसर्गिक स्वाधीनता को छीन लेता है। इसलिए जीवन-संघर्ष से दूर बचपन की स्मृतियों की ओर लौटना आत्मकथाकारों को अच्छा लगता है। 'चिल्ड्रन एंड लिटरेचर' में शुभा तिवारी[56] ने बहुत-सी स्त्री-आत्मकथाकारों के बचपन के अनुभवों का उल्लेख किया है। प्रसिद्ध लेखिका और फिल्म पत्रकारिता से जुड़ी शोभा डे ने आत्मकथा 'सेलेक्टिव मेमोरीज' (1998) में लिखा है कि कैसे उनकी माँ पुत्री-जन्म से हतोत्साहित हो गई थीं। स्वयं शोभा डे को पहली बार गर्भवती होने पर हर समय इस बात का डर लगा रहता था कि कहीं लड़की जन्म न ले ले।[57]

परिवार में लैंगिक विभेद से उत्पन्न हताशा का मार्मिक चित्रण दिलीप कौर टिवाणा ने 'ए जर्नी ऑन बेयर फीट'[58] (2012) में किया है। समृद्ध किसान परिवार में कभी कोई सम्मान नहीं मिला, क्योंकि वह बेटा पैदा नहीं कर सकी। टिवाणा की आत्मकथा भारतीय ग्राम के सामाजिक परिदृश्य का यथार्थ अंकित करती है और स्त्री के व्यक्तिगत अनुभव सार्वजनिक हो जाते हैं। शरणजीत शान की आत्मकथा 'इन माई ओन नेम' (1991) आई, जो एक स्त्री के गहन विश्वास साहस और आस्था की कहानी है। अपने बचपन के बारे में शरणजीत का कहना है कि उसे बचपन से ही घरेलू काम-काज और छोटे भाई की देखभाल की जिम्मेदारी दी गई—अच्छी बहन को अच्छी लड़की के गुण-उदारता और निःस्वार्थता सिखाए गए। उसके छोटे भाई को खूब खेलने-कूदने की छूट थी, जबकि उसे घर के भीतर ही रहने को कहा जाता और 'पराई' कहकर दुत्कारा जाता। आत्मकथा में अपने जन्मदाता के दुर्व्यवहार का विस्तार से वर्णन किया है। 'डॉटर्स डॉटर' (1993) शीर्षक से मृणाल पांडे की आत्मकथा प्रकाशित हुई, जो एक वयस्क होती हुई लड़की की कहानी है, जिसने बचपन में ही लिंग-विभेद की राजनीति समझ ली—'यह लिखते समय भी मैं जानती हूँ कि बहुत-सी बच्चियों को गर्भ में

ही मार दिया जाता है—आज इसी काम के लिए नई-से-नई तकनीकें ईजाद कर ली गई हैं—शोषण, दहेज के लिए जिन्दा जला दिया जाना...आज भी लड़कियों के लिए अस्तित्व की लड़ाई उतनी ही कठिन है जितनी की तब थी।' मृणाल पांडे ने आत्मकथा ननिहाल की पृष्ठभूमि में लिखी है, जहाँ उसे लड़की होने के कारण दोयम दर्जे का व्यवहार मिला। वह अपनी माँ प्रसिद्ध कथाकार शिवानी के प्रसंग में उनकी मनोवेदना का चित्रण करती हैं कि कैसे तीन बेटियों के बाद चौथी बार गर्भवती होने पर वह अत्यन्त तनावग्रस्त थी और बेटा पैदा होने पर वह प्रसन्न और सन्तुष्ट हो गईं।

ये आत्मकथाएँ भारतीय पितृसत्तात्मक समाज-व्यवस्था और उसकी सामाजिक संरचना में व्याप्त लैंगिक विभेद को दर्शाती हैं। अधिकांश रचनाकार उच्च एवं मध्यवर्ग से सम्बद्ध हैं—शिक्षित परिवारों से आती हैं, लेकिन लैंगिक विभेद का अनुभव कमोबेश सभी को, किसी-न-किसी रूप में हुआ ही है। इन आत्मकथाओं में एक और महत्त्वपूर्ण बात है कि अधिकांश की रचना उच्च और मध्यवर्गीय स्त्रियों ने की जिन्होंने आर्थिक अभाव न के बराबर अनुभव किये। इसके बावजूद वे समाज और परिवार की स्थितियों को बदलने और अपने अस्तित्व को स्थापित करने का प्रयास आत्मकथाओं के माध्यम से करना चाहती हैं। शिक्षा ने उन्हें अभिव्यक्ति कौशल तो दिया है लेकिन जीने का कौशल उन्हें लिंगभेदी समाज नहीं दे पाता। इनमें से अधिकांश ने अपने बारे में खुलकर कुछ कहने, भोगे हुए जीवन को शब्दों में सम्प्रेषित करने का साहस अपने जीवन के उत्तरार्द्ध में आकर पाया है। वर्जीनिया वुल्फ ने नये लेखकों को सलाह देते हुए कहा था कि "उन्हें छपने की जल्दी नहीं करनी चाहिए, इससे आपका लेखन बाधित होता है, आप अपने बजाय अपने पाठकों की प्रतिक्रिया पर ज्यादा ध्यान देने लगते हैं। स्वयं वर्जीनिया वुल्फ ने अपनी उम्र के चालीसवें वर्ष में पाया था कि वह अपने बारे में अब खुलकर बोल सकती है। आत्मकथा किस उम्र में लिखी जानी चाहिए, इसके उत्तर में कहा जा सकता है कि आत्मकथा सृजन के लिए या तो समाज से संघर्ष करनेवाला युवा एवं ताजा दिमाग होना चाहिए, जो भरपूर उत्साह से भरी ऊर्ज्वसित रचना दे सके, अथवा अनुभव सम्पन्न, शान्त, आत्मनिर्भर, परिपक्व, परिवार एवं सामाजिक सम्बन्धों को समझ सकनेवाला मस्तिष्क होना चाहिए।"[59] एरिक एरिक्सन ने माना कि आत्मकथाओं की रचना अक्सर जीवन के उत्तरार्द्ध में की जाती है ताकि अपनी ही छवि को अपने ढंग से पुनर्सृजित किया जा सके और अपने किये का लेखा-जोखा प्रस्तुत कर, अपने-आपको न्यायोचित ठहराया जा सके।[60]

स्त्रियों के आत्मकथा-लेखन के सन्दर्भ में उसके सामाजिक, पारिवारिक दायित्वों और कर्तव्यों पर भी ध्यान देना जरूरी है। अक्सर यह देखा गया है कि स्त्रियाँ, अन्य किसी भी व्यक्ति की तरह जीवन के मध्यमांश तक कर्तव्यों, दायित्वों से घिरी रहती

हैं इसलिए 'आत्म' लगभग विस्मृत रहता है और वे तात्कालिक रूप से परिवेश का ही एक हिस्सा बनी रहती हैं। लेकिन अपनी कथा लिखना जैसे जीवन पर, स्वयं अपना नियंत्रण कर लेना है—पहली बार अपने 'स्त्रीत्व' का साक्षात्कार कर लेना है। वर्जीनिया वुल्फ ने स्त्रियों को अपने लिए एक कमरे की व्यवस्था की सलाह दी थी। बाल-बच्चों के दायित्वों से मुक्ति पाते-पाते जीवन की प्रौढ़ावस्था आ जाती है। साथ ही युवावस्था अपने साथ जिस लोकापवाद और सेंसरशिप के सुर लाती है, वे सुर इस वयस तक आते-आते मन्द पड़ जाते हैं, सम्भवतः इसीलिए भारतीय परिदृश्य पर उन्नीसवीं और बीसवीं सदी की अधिकांश आत्मकथाकार वे हैं जिन्होंने जीवन के मध्याह्न और उत्तरार्द्ध में आत्मकथा लिखने का साहस और सुयोग पाया। उदाहरणार्थ सुनीति देवी ने पचास वर्ष की अवस्था में, धनवन्तरी रामाराव ने अस्सी वर्ष में, शैलबाला दास ने बयासी वर्ष में और विजयलक्ष्मी पंडित ने उम्र के पचहत्तरवें वर्ष में आत्मकथा-लेखन किया।

स्त्री आत्मकथ्यों पर एक और दृष्टि से विचार किया जाना जरूरी है—वह है पाठक या ऑडिएंस की दृष्टि। स्त्री किसके लिए लिखती है, वह किस तरह के पाठक तक अपनी बात पहुँचाना चाहती है—इसे कैसे समझा जाए। मिखाइल बाख्तिन ने 'पाठक या ऑडिएंस' को ही सबसे महत्त्वपूर्ण माना था। चूँकि स्त्री का लिखना अपने-आपमें राजनीतिक क्रिया-कलाप है, इसलिए ऑडिएंस की सत्ता अत्यन्त महत्त्वपूर्ण होती है। कई राजनीतिक दृष्टि से चैतन्य पश्चिमी आत्मकथाकारों ने माना है कि राजनीतिक अन्तर्दृष्टि निजी खुलासों से ज्यादा महत्त्वपूर्ण होती है। आमतौर पर, स्त्रियों के लिए राजनीति वर्जित क्षेत्र ही माना जाता रहा है, क्योंकि स्त्रियाँ श्रमिक तो रहीं, लेकिन आर्थिक उत्पादन पर उनका कोई सांगठनिक नियंत्रण नहीं रहा। स्त्रियों को हमेशा घर की चहारदीवारी से जोड़कर देखा गया। स्त्रियाँ जब कामकाजी नहीं होतीं तो समाज में एक गैर-राजनीतिक माहौल बनता है, जो हमेशा से पितृसत्तात्मक व्यवस्था के पक्ष में जाता है। हिन्दी में राजनीतिक आत्मकथाओं—विशेषकर स्त्री-रचित—का नितान्त अभाव है। बंगला में जया मित्रा ने नक्सली दौर में बतौर राजनैतिक कैदी अपने कारावास के अनुभवों को 'हन्नमान' शीर्षक से लिखा वहीं रमणिका गुप्ता की आत्मकथा 'हादसे' का वैशिष्ट्य इस बात में है कि वह एक सामाजिक, राजनीतिक, साहित्यिक 'एक्टिविस्ट' की राजनीतिक आत्मकथा है। यह एक कार्यकर्ता स्त्री की आत्मकथा है, जिसका संघर्ष बहुस्तरीय, बहुआयामी है। लैंगिक विभेद के उत्तर भारतीय राजनीतिक माहौल में, मजदूरों, खेतिहरों, कोयला-खदानों और आदिवासियों के बीच जमीनी लड़ाई लड़ती, सामन्ती समाज के बन्द गवाक्षों से टकराती, अन्तर्जातीय विवाह और विवाह-विच्छेद और कामगारों के बीच जीवन की सार्थकता तलाशती स्त्री ने 'आत्मकथा' के समर्पण में लिखा है—"उन मजदूरों को जिन्होंने मुझे विश्वास दिया, उन स्त्री-कामगारों को जो बदलाव की भेंट

चढ़ गईं, प्रतिद्वन्द्वियों को जिनकी चुनौतियों ने मुझे संघर्ष के लिए प्रेरित किया। स्नेह और आस्था के उन क्षणों को जिन्होंने मुझे कभी निराश नहीं होने दिया। उन बीहड़ जंगलों, लम्बी यात्राओं को जिन्होंने मुझे कभी भी थकने नहीं दिया।"[61] इसे एक स्त्री के अपने चुनाव की यात्रा भी कहा जा सकता है। अभय कुमार दुबे इसका पाठ सार्वजनिक जीवन में स्त्री की अभिव्यक्ति का सन्धान करने की दृष्टि से करने का प्रस्ताव रखते हैं तथा तेलंगाना के सशस्त्र संग्राम और नक्सली आन्दोलन में स्त्रियों की भूमिका में, पुरुषों के कन्धे-से-कन्धा मिलाकर लड़नेवाली स्त्रियों के वाचिक इतिहास के साथ पढ़ने पर बल देते हैं।[62]

स्त्रियों के राजनीतिक संघर्षों की दास्तान विरल है—विशेषकर भारत में, फिर भी स्त्री का आत्मकथ्य लेखन सिर्फ जीवन-यात्रा का अंकन नहीं है, बल्कि अपनी जिजीविषा को दोहराना है। ये बात भी महत्त्वपूर्ण है कि उनकी अभिव्यक्ति अक्सर उत्तेजनापूर्ण शैली में आती है। कुछ आलोचक इसका दारोमदार 'स्त्री' के सीमित अनुभव-संसार पर डाल देते हैं। वस्तुतः उत्तेजनापूर्ण या आवेगात्मक अभिव्यक्ति शैली का नकारात्मक प्रभाव पड़ता है और शोषण और संघर्ष के सतही यथार्थ तक पाठक सीमित रह जाता है—रचना की अन्त:संवेदना कई बार छूट जाती है। इसीलिए एलेन शोवाल्टर ने 'लिटरेचर ऑफ देयर ऑन' और 'टुवड्र्स ए फेमिनिस्ट पोएटिक्स' में स्त्रीवादी समीक्षा पर बल दिया। उसने स्त्री-साहित्य के बजाय उसकी समीक्षा पर बल देते हुए स्त्री का पाठक के रूप में अध्ययन किया, कि कैसे एक स्त्री, साहित्यिक पाठ को पढ़ते हुए किसी खास विचारधारा की अभिव्यक्ति करती है, साथ ही रचनाकार के रूप में स्त्री के सामने भाषा और अभिव्यक्ति सम्बन्धी कौन-सी समस्याएँ आती हैं। शोवाल्टर "स्त्रीवादी समीक्षा को सही अर्थों में स्त्री-केन्द्रित, स्वतंत्र और बौद्धिक तौर पर सुसंगत होना"[63] जरूरी समझती हैं। शोवाल्टर से पहले स्त्री-साहित्य की समीक्षा को अन्य समीक्षा सिद्धान्तों से मिलाकर अनन्य भाव से देखने की परम्परागत प्रवृत्ति प्रचलित थी। एलेन शोवाल्टर का कहना था, "नारीवादी समीक्षा की सबसे बड़ी खामी यह थी कि स्त्रियाँ अपने को ठीक और खुले ढंग से अभिव्यक्त नहीं कर पाती थीं।" शोवाल्टर ने "शैलियों, विषयों, विधाओं और स्त्री-लेखन की संरचनाओं के इतिहास को सामने रखा। साथ ही स्त्री की रचनाशीलता के मनोशिक्षा-जगत, एकाकी और सामूहिक भविष्य और परम्परा के विकास के नियमों की पड़ताल की।"[64] शोवाल्टर ने स्त्री की अस्मिता की पहचान और प्रतिरोध की खोज करने की दिशा में प्रयासरत होने का सुझाव दिया। स्त्रियों के अतीत और अनकहे अनुभवों को प्रकाश में लाने की आवश्यकता जितनी आज है उतनी पहले क़भी नहीं थी क्योंकि "मैं, जब मैं कहती हूँ 'मैं' तो यह मेरी सामाजिक इयत्ता का प्रतीक मात्र नहीं होता। मेरे एक 'मैं' के पीछे हजार छोटे-छोटे 'मैं' घोर सामाजिक मैं, शिक्षक 'मैं', प्रेमी 'मैं', बागी 'मैं', सपनीली 'मैं', दोस्त 'मैं', बेटी 'मैं'

रेल के डिब्बों से कतार बाँधे खड़े हो लेते हैं। इनमें कौन-सा 'मैं' मेरा सच्चा 'मैं' है मैं कुछ भी नहीं जानती, जानती हूँ भी तो बता नहीं सकती।"[65] एक स्त्री जब लिखती है तो उसका अनुभव-संसार अनेक का हो जाता है। एक लेखक के व्यक्तित्व से अनेक व्यक्तित्व उभरते हैं, इसलिए स्त्री के लिखे हुए का पुनर्पाठ बार-बार करना जरूरी हो जाता है। फ्रांसीसी मनोशास्त्री ज्यांक लाकां[66] का मानना था कि स्त्री क्या कह रही है, वह स्वयं नहीं जानती। एक स्त्री हमेशा दूसरों की भाषा बोलती है और यदि उसे अनुभवों को बताने के लिए कहा जाए तो वह हमेशा असुविधा महसूस करती है। अपने मत के पक्ष में लाकां का कहना था कि अवचेतन इच्छाएँ भाषा के अन्तरालों के बीच अभिव्यक्ति पाती हैं, जैसे कि जो हम कहना चाहते हैं और जो कह नहीं पाते—इसके बीच का अन्तराल या जो दरार होती है, उसी में 'अवचेतन इच्छाएँ' व्यक्त होती हैं। जो व्यक्त होने से रह जाता है, वह 'टैबू' बन जाता है।[67] यद्यपि लाकां ने लेवीस्ट्रास[68] की अवचेतन की धारणा का प्रयोग किया और गम्भीर अन्तर्विरोधों के कारण, मसलन स्त्री-भाषा के उस रूप की परिकल्पना, कि वह भाषा के भौतिक आधारों पर प्रकाश नहीं डालती और यहीं लाकां स्त्री-भाषा को अवचेतन के कार्य-व्यापार में प्रस्तुत कर देते हैं—उनके विचारों का परवर्ती विद्वानों ने विरोध किया। लेकिन भाषण से लेकर भाषा की वर्णनात्मक प्रस्तुति तक, भाषा के विशिष्ट रूपों की आलोचना के क्षेत्र में उनका योगदान अभूतपूर्व रहा। वस्तुत: कोई भी स्त्री जब लिखती है, तो यह जरूरी नहीं कि वह 'स्त्री-भाषा' में ही लिखे। पुरुष-भाषा लैंगिक विभेद की भाषा है, जिस समाज में रहकर स्त्री रचना करती है, वह स्त्री को 'पुरुष-भाषा' ही प्रदान करती है। यदि स्त्री-रचनाकार 'स्त्री-भाषा' और 'पुरुष-भाषा' का अन्तर नहीं पहचानती, या 'स्त्री-भाषा' के प्रति सचेत नहीं है, तो वह अनजाने में ही पुरुष-भाषा में ही सृजनरत रहती है। यह सचेतनता तभी सम्भव है जबकि वह पितृसत्तात्मक औजारों और कूटनीतियों से भली-भाँति वाकिफ हो। वर्जीनिया वुल्फ ने सबसे पहले पुरुष-भाषा की अपर्याप्तता को स्त्री-सन्दर्भ में रेखांकित किया था। आगे चलकर लुईस इरीगरी ने स्त्री की अनुभूतियों को ज्यादा जटिल और प्रच्छन्न मानते हुए उसकी सांस्कृतिक एवं ऐतिहासिक पृष्ठभूमि के विश्लेषण पर बल दिया। उसका मानना था कि स्त्री को सुनने, पढ़ने के परम्परागत ढंग को परिवर्तित करना जरूरी है, तभी उसके बोले और लिखे हुए का सही अर्थोद्घाटन हो सकता है। इरीगरी पर देरिदा का बहुत ज्यादा प्रभाव था। देरिदा ने भाषा सुधार से सामाजिक सुधार की उम्मीद को खारिज किया। उनके लिए भाषा प्रतीकात्मक विनिमय है, जिसे व्याख्यायित किया जा सकता है, जो स्त्रीत्व के दृष्टिकोण से ही सम्भव है। वे 'विखंडन' पर बल देते हैं और कहते हैं कि विखंडन को पाठ की पंक्तियों के मध्य केन्द्रित होकर पढ़ना चाहिए। जिससे यह बताया जा सके कि कैसे एक लेखक या लेखिका अपनी या दूसरों की स्थिति को पलट रहा है अथवा उसमें जोड़ रहा है।

देरिदा ने किसी भी पाठ को अस्पष्टता और दुविधा के साथ पढ़े जाने पर बल दिया और कहा कि अर्थ या सत्य को खोजना आलोचक का लक्ष्य नहीं है और कहा कि अर्थ या सत्य को खोजना, उसे तो पाठक अपने-आप खोज लेगा। साथ ही, पाठक ही पाठ में निहित असम्बद्धताओं और सम्बन्धों को भी क्रमवार खोज लेगा। देरिदा ने बोलने और लिखने को अलगाया। उसके प्रभाव से इरीगरी और सिक्सू दोनों ने 'वक्तृता' को लेखन का विरोधी माना। देरिदा 'बोलने' को शिश्नकेन्द्रित सत्य की अभिव्यक्ति कहता है और लेखन को 'आत्मप्रस्तुत स्वराभिव्यक्ति'। जब प्रस्तुत का विखंडन किया गया तो 'बोलने' ने ही 'लेखन' को उद्घाटित किया। सिक्सू ने देरिदा से असहमति जताते हुए कहा कि स्त्री को पुरुषत्व से मुक्ति के लिए 'लिखना' अनिवार्य है। उसका मानना था कि ज्ञान के विभिन्न रूपों ने सदियों से स्त्रियों पर अविश्वसनीय बोझ लादा है, अत: स्त्री को बोलना और लिखना—दोनों चाहिए। स्त्री-लेखन में अनन्त सम्भावनाएँ हैं क्योंकि शब्दों के अलावा सब कुछ खो जाता है, यहाँ तक कि देश खो जाने के बाद भी भाषा बची रहती है। इरीगरी ने भी स्त्री के लिखने को उसकी अनुभव-परिधि के विस्तार से जोड़ा और कहा कि पितृसत्ताक व्यवस्था और भाषा का विरोध, स्त्रियाँ लेखन द्वारा, अपनी शैली के निर्माण द्वारा कर सकती हैं।

स्त्री द्वारा आत्मकथ्यों की प्रस्तुति अनेक रूपों में होती है। जब अनुभवों को वह वर्नात्मक शैली में व्यक्त करती है तो इसे सामन्ती ढाँचे के अनुकूलन के रूप में देखा जाना चाहिए। जब अन्तर्वस्तु प्रमुख होती है तो वर्णनात्मक शैली ज्यादा अनुकूल साबित होती है, पाठक को यथार्थ की यथातथ्यता से अवगत कराने के लिए वर्णनात्मकता अपनाई जाती है। दिनेशनन्दिनी डालमिया, चन्द्रकिरण सौनरेक्सा के आत्मकथ्यों में इस शैली का प्रयोग मिलता है, फलत: पाठक की संवेदना को स्पर्श करने से ये आत्मकथ्य वंचित रह जाते हैं। दरअसल, स्त्री की लेखन प्रतिभा, उसका माहौल, सांस्कृतिक, सामाजिक और राजनीतिक प्रतिबद्धता तथा चुनौतियाँ झेलने की क्षमता उसकी भाषा तथा 'फार्म' को निर्देशित करती है। वानबूथ ने 'इन द कम्पनी वी कीप' में लिखा था, कि जो कुछ हम पढ़ते हैं उसका प्रभाव अनिवार्यत: हमारी जीवन-शैली पर पड़ता है। यदि यहाँ क्रियाएँ उलट दी जाएँ तो स्त्री-आत्मकथाओं को समझा जा सकता है। जैसे 'कस्तूरी कुंडल बसै' में माँ कस्तूरी ने ताजिन्दगी स्वावलम्बन और आर्थिक आत्मनिर्भरता के हथियार से पितृसत्ताक समाज-व्यवस्था का सामना किया, लेकिन बेटी मैत्रेयी अपने आसपास के सामाजिक-सांस्कृतिक परिवेश को अपनी निजी दृष्टि से व्याख्यायित कर सोलह वर्ष में ही विवाह की जिद ठान लेती है। पितृसत्ताक समाज के दबावों और शोषण के विरुद्ध एक ही समाज की दो स्त्रियों की यह अपनी-अपनी प्रतिक्रिया है। 1979 में गिल्बर्ट और गुबर ने स्त्री-साहित्य का अध्ययन समग्रता से करने की

सिफारिश की थी। साक्षात अनुभव के साक्ष्य से स्त्रियाँ, स्त्री-चरित्र के दुर्गम्य, अबूझ और अल्पज्ञात, किन्तु मनोसामाजिक और साहित्यिक अध्ययन के लिए अत्यन्त महत्त्वपूर्ण पक्षों को सामने लाती हैं, और उनकी पुनर्पाठीय छवियाँ सामने रखती हैं। एलिस वॉकर और एंड्रेन रिच के पाठों को इस दृष्टि से देखा जा सकता है, जिनमें रचनात्मक और आलोचनात्मक स्त्री-लेखन का अनूठा और ऊर्जस्वी समन्वय है।

कई बार स्त्री-आत्मकथाएँ शोषण और दमन की पुनराभिव्यक्ति का आरोप झेलती हैं। दरअसल यहाँ पर 'स्त्री पाठ' मेटाक्रिटिसिज्म की माँग करता है। स्त्री-पाठ का मेटाक्रिटिसिज्म ही अर्थ और सत्य की उपलब्धि कराने में सक्षम हो सकता है। देरिदा की विसंरचनावादी आलोचना अन्तर्पाठीयता (Textuality) को स्वीकारती है। यहाँ पाठ के साथ रचनाकार द्वारा निर्दिष्ट यथार्थ, आत्मकथात्मक घटनाओं, प्रामाणिक घटनाओं, दृश्य-तथ्यों और वास्तविक तत्त्वमीमांसी इकाइयों का कोई सरोकार नहीं रहता है। जब कभी जीवनी, इतिहास तत्त्वमीमांसा जैसी चीजें पाठ में समाहित होती हैं, तभी वे विसंरचना के लिए ग्राह्य होती हैं...अन्तर्पाठ पूर्वस्थित कूटों, अवधारणाओं, परम्पराओं, अवचेतन व्यवहारों और पूर्वपाठों का विश्लेष्य पाठ में किया गया सन्निवेश है। यह वह शैल्पिक कौशल है जो पाठ को कहीं-से-कहीं जोड़ देता है, सन्दर्भ को सम्पुष्ट, विपर्यस्त कर देता है।[69]

स्त्री की पहचान तदाकारिता को तोड़ती है, या यों कहें कि स्त्री का अपने बारे में लिखना व्यवस्था में दरारें पैदा करता है। स्त्री चाहे वह गृहिणी हो, कामकाजी हो या रचनाकार हो या श्रमिक—उसे स्त्री के रूप में पढ़ना पहचान को बनाना है। स्त्रियों के बीच श्रमिक स्त्री की रचनाशीलता पर आलोचकों का ध्यान बहुत कम गया है। जर्मनी में बीसवीं शताब्दी के छठे दशक में, वामपन्थी रुझान के कुछ छात्रों का ध्यान इस तथ्य की ओर सबसे पहले गया। आज भी, पूरे वैश्विक परिदृश्य पर श्रमिक स्त्रियों की आत्मकथाओं को उँगलियों पर गिना जा सकता है। रचनात्मक प्रेरणा, आर्थिक संघर्ष और शिक्षा का अभाव इसके मूल में हैं। इसके अतिरिक्त सामन्ती अभिजनवादी मनोवृत्ति, पुरुषवादी साहित्यिक अभिरुचि इन आत्मकथाओं में मौलिक दिलचस्पी नहीं दिखाती। साथ ही श्रमिक-वर्ग की सम्भावित एकजुटता का खतरा भी पूर्वग्रहमुक्त दृष्टि से ऐसे साहित्य की पठनीयता और समीक्षा में बाधा उपस्थित करता है। व्यक्तिवादी मध्यवर्गीय और परम्परागत साहित्यिक अभिरुचि के खाँचे में ये आत्मकथाएँ 'फिट' नहीं हो पातीं। बावजूद इसके श्रमिकों—विशेषकर स्त्रियों के आत्मकथ्यों पर गहराई से विचार किया जाना जरूरी है। शोषण के बहुस्तरीय चक्र में फँसी स्त्रियाँ लैंगिक विभेद, दैहिक शोषण, भूख, गरीबी, बीमारी का सामना करती, हाड़तोड़ मेहनत करती—अपनी अभिव्यक्ति के लिए आकुल-व्याकुल हैं, वे अपनी नि:सत्त्वता को कलमबद्ध करना

चाहती हैं, बहुत बार ऐसे शक्ति-केन्द्रों से जुड़ना चाहती हैं, जहाँ वे बेहतर स्वास्थ्य और बेहतर कार्यस्थल पा सकें। बकौल बेट्टी बर्गलैंड, 'आत्मकथा सांस्कृतिक आलोचना और सामाजिक परिवर्तन के लिए दृष्टि प्रदान कर सकती है।'[70] स्त्री-आत्मकथाओं को जीवन में स्वायत्तता की माँग और अभिव्यक्ति की अकुलाहट से जोड़कर देखना होगा। अपने बारे में लिखना केवल 'अहं' का पुनर्लेख नहीं है, बल्कि पाठक/आलोचक द्वारा 'अहं' की व्याख्या/विश्लेषण का प्रयास भी है। साथ ही यह रचनाकार और पाठक को आपस में जोड़नेवाली लोकतांत्रिक विधा है।[71]

सन्दर्भ

1. सीमोन द बोउवार, स्त्री उपेक्षिता, अनु. प्रभा खेतान, हिन्द पाकेट बुक्स, दिल्ली, पृ. 345
2. जस्टिन. ई. अबोट, बहिणा बाई : ए ट्रांसलेशन ऑफ ऑटोबायोग्राफी एंड वर्सेज, मोतीलाल बनारसीदास प्रकाशन, दिल्ली 1996
3. आमार जीबोन के पहले भाग का प्रारूप 1872 और दूसरा भाग 1901 में आया। साहित्येतिहास में राससुन्दरी की आत्मकथा के उल्लेख अथवा उनकी जन्मतिथि का अभाव है।
4. विनोदिनी दासी की आत्मकथा के दो भाग 'आमार कथा' और 'आमार अभिनेत्री जीवन' का प्रकाशन हुआ।
5. धर्मवीर (सं.), सीमन्तनी उपदेश, वाणी प्रकाशन, दिल्ली, 2006
6. उमा चक्रवर्ती, रीराईटिंग हिस्ट्री द लाइफ एंड टाइम्स ऑफ पंडिता रमाबाई, जुबान बुक्स, नई दिल्ली, 2013
7. इस आत्मकथा को दलित एवं शारीरिक रूप से विकलांग स्त्री के आत्मकथ्य के तौर पर देखा जाना चाहिए जिसकी तुलना मलयालम में सरसू के आत्मकथ्य से की जा सकती है।
8. वकुलाभरण राजगोपाल, द रेटोरिकल स्ट्रेटजी : रीडिंग सत्यवती'ज आत्मचरितमु, इंडियन इकोनोमिक एंड सोशल हिस्ट्री रिव्यु, 2003, अंक 40, पृ. 377
9. सिस्टर जेर्डलाइन (सं.) द लेटर्स एंड कोरोसपोंडेंस ऑफ पंडिता रमाबाई पुस्तक में एक संक्षिप्त विवरण है जिसमें रमाबाई ने आत्मकथात्मक पत्र लिखा है। 1.11.1883, मुम्बई 1977
10. वकुलाभरण राजगोपाल, द रेटोरिकल स्ट्रेटजी : रीडिंग सत्यवती'ज आत्मचरितुम, इंडियन इकोनोमिक एंड सोशल हिस्ट्री रिव्यु, अंक 40, पृ. 377, 2003
11. मैनेजर पांडेय, सार्वजनिक चौराहों पर व्यक्तिगत चेहरे (लेख), हंस, जुलाई, 2004
12. जगदीश्वर चतुर्वेदी, स्त्रीवादी साहित्य विमर्श, 1992/280, अनामिका पब्लिशर्स एंड डिस्ट्रीब्यूटर्स (प्रा.) लिमिटेड, दिल्ली, प्रथम सं. 2000
13. जर्मेन ग्रीयर, बधिया स्त्री, हिन्दी अनु. —मधु बी. जोशी, राजकमल प्रकाशन, पृ. 16, द्वितीय सं. 2005
14. अन्ना अनस्तासी, डिफरेंशियल साइकोलॉजी, अनस्तासी प्रेस, पृ. 497-498, 1958
15. मैनेजर पांडेय, सार्वजनिक चौराहों पर व्यक्तिगत चेहरे, (ले.) हंस, जुलाई, 2004
16. नैंसी के. मिलर, बट एनफ अबाउट मी, कोलम्बिया यूनिवर्सिटी प्रेस, पृ. 62, 2008

17. हेलेन सिक्सू, कीथ कोहेन और पौला कोहेन, द लाफ ऑफ द मेडुसा, http://www.jstore.org/stable/3173239
18. नामवर सिंह, हिन्दी साहित्य के इतिहास पर पुनर्विचार, इतिहास और आलोचना, राजकमल प्रकाशन, दिल्ली, पृ. 154, तीसरा संस्करण 1987
19. नित्यानन्द तिवारी, प्रसंग और आलोचना, स्वराज प्रकाशन, दिल्ली, 2013
20. मैनेजर पांडेय, सार्वजनिक चौराहों पर व्यक्तिगत चेहरे (लेख), हंस, जुलाई, 2004
21. लिंडा एच. पीटरसन, ट्रेडिशन ऑफ विक्टोरियन वीमेंस ऑटोबायोग्राफी, यूनिवर्सिटी ऑफ वर्जिनिया प्रेस, पृ. 103, 1999
22. नैन्सी चोदोरोव, साइकोएनालिसिस एंड द सोशियोलोजी ऑफ जेंडर : द रिप्रोडक्शन ऑफ मदरिंग, कैलिफोर्निया प्रेस, 1978
23. नलिनी जमीला, एक सेक्सवर्कर की आत्मकथा, राजपाल एंड संस, 2008
24. वही पृ. 108
25. वही, भूमिका, पृ. 1
26. मैत्रेयी पुष्पा, कस्तूरी कुंडल बसै, राजकमल प्रकाशन, दिल्ली, पेपरबैक सं., पृ. 288
27. "Forget the room of one's own, write in the kitchen, lock yourself up in the bathroom."
28. गरिमा श्रीवास्तव, गुमनामी के दौर में (लेख), जनसत्ता दैनिक रविवारीय सं. 20 जनवरी, 2008, दिल्ली
29. चन्द्रकिरण सौनरेक्सा, पिंजरे की मैना, पूर्वोदय, प्रकाशन, दिल्ली, 2008 : 390-391
30. धर्मवीर (सं.), सीमन्तनी उपदेश, वाणी प्रकाशन, दिल्ली : 12
31. कृष्णानन्द गुप्त (लेख), हंस आत्मकथा विशेषांक जन.-फर. 1935 पुनर्प्रकाशन 2008, वि. वि. प्रकाशन, चौक वाराणसी : 168
32. बेबी हालदार, आलो आन्धारि, रोशनाई प्रकाशन, कोलकाता : 59, 2012
33. क्लोद फ्रांसिस और फेनार्द गोलिए, सीमोन द बोउवार : स्वतंत्रता की राह पर : 259-260
34. सुशीला राय, एक अनपढ़ कहानी, रोशनाई प्रकाशन, कोलकाता, दिसम्बर 2005 : 11
35. वही, पृ. 19
36. कृष्णा सोबती, कृष्णा सोबती से बातचीत, अन्यथा पत्रिका, अंक 13
37. निरंजन सहाय, उत्तर भारत की संघर्षशील दलित महिलाएँ (लेख), अन्यथा पत्रिका, अंक-12
38. अभय कुमार दुबे, नारीवाद की हिन्दी कथा, तद्भव, पृ. 35, अंक 16 जुलाई, 2007
39. अभय कुमार दुबे (सं.) साम्प्रदायिकता का अष्टावक्र, राजनीति की किताब, रजनी कोठारी का कृतित्व, वाणी प्रकाशन, दिल्ली, पृ. 250-275, 2003
40. मल्लिका अमरशेख, 'मैं खाक में मिल जाना चाहती हूँ', हंस, औरत उत्तर कथा-2, समकालीन भारतीय साहित्य अंक-77, पृ. 152, मई-जून 1998
41. मैरी केली, प्राइवेट वूमन, पब्लिक स्टेज, लिटरेरी डोमेस्टिसिटी इन नाइनटींथ सेंचुरी अमेरिका, द यूनिवर्सिटी ऑफ नार्थ केरोलिना प्रेस, पृ. 112, 2002
42. प्रभा खेतान, अन्या से अनन्या तक, राजकमल प्रकाशन, दिल्ली, 2007
43. जूलिया क्रिस्तेवा, डिजायर इन लैंग्वेज, कोलम्बिया यूनिवर्सिटी प्रेस, पृ. 96, 1969, पुनर्प्रकाशन 1980

44. His six which is not one—Irigaray—"I love you : our two lips cannot separate to let just one word pass. A single word that would say 'you' or 'me'...between our lips. Yours and mine, several voices, several ways of speaking resound endlessly, back and forth...kiss me. Two lips kissing two lips : openness in ours again. Our 'world' and the passage from the inside out, from the outside in, the passage between us is limit less, without end. No knot, no loop, no mouth ever stops, our exchanges. Between us the house has no wall. When you kiss me the world grows solafge that the horizon itself disappears."
45. मन्नू भंडारी, एक कहानी यह भी, राधाकृष्ण प्रकाशन, दिल्ली, 2007
46. वही
47. वही
48. वही, 13
49. हेलेन सिक्सू, कीथ कोहेन और पौला कोहेन, द लाफ ऑफ द मेडुसा http://www.jstore.org/stable/3173239 Cited ON 28.9.24
50. एलेन शोवाल्टर, अ लिटरेचर ऑफ देयर ओन, लिटिल ब्राउन बुक ग्रुप, 2009 : 88
51. नयनतारा सहगल, दृष्टिकोण : एक पर्सनल रिस्पांस टू लाइफ लिटरेचर एंड पॉलिटिक्स, प्रेस्टीज बुक्स, नई दिल्ली, पृ. 17, 1997
52. नैन्सी फ्राइडे, माई मदर माई सेल्फ, डेल्टा पब्लिकेशन, 1997
53. जार्ज गसडोर्फ, कंडीशंस एंड लिमिट्स ऑफ ऑटोबायोग्राफी (लेख), ऑटोबायोग्राफी : एस्सेज थियरोटिकल एंड क्रिटिकल (सं.) जेम्स ओल्नी, प्रिंसटन यूनिवर्सिटी प्रेस, 1980
54. चिन्तामन एंड आई, दुर्गाबाई देशमुख, पेपरबैक संस्करण, अलाइड पब्लिशर्स, 2024 : 78
55. लारेंस. डी. क्रित्जमेन, मोंटेन एंड द क्राइसिस ऑफ ऑटोबायोग्राफी, कैम्ब्रिज यूनिवर्सिटी प्रेस, 2014, https://doi.org/10. 1017/cco9781139235686. 005
56. शुभा तिवारी, चिल्ड्रेन एंड लिटरेचर, अटलांटिक पब्लिकेशन, 2007
57. शोभा डे, सेलेक्टिव मेमोरी : स्टोरीज फ्रॉम माई लाइफ, पेंगुइन बुक्स, नई दिल्ली, 1998
58. दिलीप कौर टिवाणा, नंगे पैरां दा सफर (पंजाबी) संगम पब्लिकेशन, 2012
59. वर्जीनिया वुल्फ, लेटर टू ए यंग पोएट, लेटर्स ऑफ वर्जिनिया वूल्फ, जान त्राउट मेन, (सं) नाइगेल निकल्सन, हरकोर्ट ब्रास विच, न्यूयार्क, 1932
60. बेंजामिन हैरिस, आइडेंटिटी' ज आर्किटेक्ट : ए बायोग्राफी ऑफ एरिक एरिक्सन (रिव्यू) जर्नल ऑफ इंटरडिसिप्लिनरी हिस्ट्री, द एमआईटी प्रेस, खंड 30, अंक 4, स्प्रिंग 2000 : 659-660
61. रमणिका गुप्ता, हादसे, राधाकृष्ण पेपरबैक, प्र. सं. 2005, पृ. 2
62. अभय कुमार दुबे, नारीवाद की हिन्दी कथा, पृ. 36, अंक-16, जुलाई 2007
63. एलेन शोवाल्टर, अ लिटरेचर ऑफ देयर ओन, लिटिल ब्राउन बुक ग्रुप, पृ. 200, 2009
64. वही
65. एलेन शोवाल्टर, एलिस जारडिन और पाल स्मिथ (सं.), मेन इन फेमिनिज्म, क्रिटिकल क्रॉस ड्रेसिंग : मेल फेमिनिस्टस एंड दि वूमेन ऑफ इयर (1983), मेथुन-न्यूयार्क, 1988

66. ज्यांक लान्का, इक्रिटस, अनु.—एलान सीरीडान, टावीस्टाक लन्दन, 1977
67. अनामिका, स्त्रीत्व का मानचित्र, सारांश प्रकाशन, हैदराबाद, पृ. 65, पेपरबैक सं. 2001
68. जगदीश्वर चतुर्वेदी, स्त्रीवादी साहित्य विमर्श, अनामिका पब्लिशर्स एंड डिस्ट्रीब्यूटर्स (प्रा.) लिमिटेड, दिल्ली, पृ. 285, 2000, "द एलिमेंटरी स्ट्रक्चर्स ऑफ किन्शिप में लेवीस्ट्रास की राय थी—"ज्यादातर भाषा का प्रयोग चिन्तन के आधार पर होता है।" जब हम बोलते हैं तो हम भाषा के प्रति सचेत नहीं होते।"
69. पांडेय शशि भूषण 'शीतांशु', डी-कंस्ट्रक्शन बनाम विसंरचना, देरिदा तथा अन्य चिन्तक, नेशनल पब्लिशिंग हाउस, दिल्ली, 2009 : 20-21
70. बेट्टी एन बर्गलैंड, रिप्रजेंटिंग एथनिसिटी इन ऑटोबायोग्राफी : नैरेटिव्स ऑफ अपोजिशन, संकलित लेख द इयर बुक इंग्लिश स्टडीज, मॉडर्न ह्यूमेनिटीज रिसर्च एसोसियेशन, 1994 : 67-93
71. सिडनी स्मिथ और जूलिया वॉटसन, सिचुएटिंग सब्जेक्टिविटी इन वूमंस ऑटोबायोग्राफिकल प्रेक्टिसेज, यूनिवर्सिटी ऑफ विस्कॉन्सिन प्रेस, 1998, भूमिका : 6

अध्याय-2

आत्मकथा सैद्धान्तिकी

आज चिन्तन के तौर पर स्त्री-विमर्श अपनी सम्पूर्ण रचनात्मकता के साथ युगपरिवर्तन की भूमिका में उपस्थित है। कला, साहित्य, मनोविज्ञान, संस्कृति—सभी क्षेत्रों में स्त्री-विमर्श के विविध आयामों को देखा जा सकता है। स्त्री द्वारा रचित पाठ, स्त्री-भाषा ने, न सिर्फ पितृसत्तात्मक भाव और मूल्यबोध में सेंध लगाई है, बल्कि स्त्री की दृष्टि से देखे-सुने-गुने जीवन को पाठकों तक पहुँचाकर पाठकीय रुचि को भी परिष्कृत किया है। स्त्री आत्मकथ्यों ने इनमें विशेष योगदान दिया है, साथ ही आलोचना के स्तर पर मूल्यांकन की दृष्टि को भी बदला है। अकादमिक शोध-केन्द्रों और आलोचकों की लम्बी उपेक्षा के बावजूद इक्कीसवीं सदी के पहले दशक में, रचना और आलोचना के स्तर पर स्त्रीवादी सिद्धान्त एक परिपक्व अनुशासन के तौर पर उपस्थित है। आलोचना-सरणी में स्त्री-आत्मकथाओं को शामिल किया जाना पिछले पच्चीस-तीस वर्षों की ताजातरीन घटना है। स्त्रियों का अनुभव-संसार सीमित होता है, अपना रोना-गाना थोड़ा-बहुत लिखकर चुप हो जाएँगी—यह समझना आलोचकों के लिए सुविधाजनक था। पुरुष की शक्ति केन्द्रिकता के मूल में स्त्री की शक्तिहीनता निहित है। डोम्ना सी. स्टेन्सन ने आत्मकथा का सम्बन्ध शक्ति और ज्ञान से जोड़ा है।[1]

स्त्रियों को आत्माभिव्यक्ति से विमुख करने के पीछे कई ताकतें कार्य कर करती हैं। भाषिक और सांस्कृतिक सीमाएँ भी उनकी आत्माभिव्यक्ति को अनुशासित और नियंत्रित करती हैं। स्त्रियों की आत्मकथाएँ, चाहे वे पश्चिम की व्यक्तिवादी अन्त:श्चेतना से उद्भूत हों या भारतीय कौटुम्बिक, सामूहिक व्यवस्था की अन्तर्ध्वनि से—बहुआयामी हैं। इनमें सिद्धान्त पालन की कोई एक सामान्य प्रवृत्ति नहीं दिखाई देती, बल्कि सिद्धान्त की जगह अनुभव और व्यवहार की प्रधानता दीखती हैं। वैसे भी, रचना के पाठ के अनन्तर व्यवहार और सिद्धान्त को परस्पर अलगाना सम्भव नहीं, दोनों एक-दूसरे से जुड़े हुए हैं। पश्चिमी आत्मकथ्य अपेक्षाकृत ज्यादा 'बोल्डनेस' के दावे के साथ पाठक का सामना करते हैं, क्योंकि वहाँ वैयक्तिकता और निजता

का सम्मान है। भारतीय सन्दर्भ में, महानगरों तक में स्त्री के स्वायत्त अस्तित्व के प्रति सम्मान का भाव नहीं। जो स्त्रियाँ उच्चपदस्थ हैं, सत्ता और राजनीति से सम्बद्ध हैं, या धनबल रखती हैं, उनके प्रति कभी सत्य और कभी छद्म सम्मान का भाव दिखाया जाता है। लेकिन वास्तविकता यही है कि स्वाधीनता के दावे करनेवाली स्त्री की ऐसी-तैसी करने के मौके महानगरीय जीवन भी नहीं चूकता, कस्बों और गाँवों की तो बात ही क्या! स्त्री-अस्मिता और आत्माभिव्यक्ति से जुड़े सवाल पश्चिमी और भारतीय परिवेश में अलग-अलग होकर भी समान हैं। निरन्तर पश्चिमी अन्धानुकरण की प्रक्रिया, और भारतीय स्त्री की आर्थिक आत्मनिर्भरता ने अब एक सीमा तक ही 'अहं' के विसर्जन को स्वीकार किया है, पश्चिम में 'अहं' का सवाल सबसे महत्त्वपूर्ण है—वहाँ व्यक्ति की स्वतंत्रता सर्वाधिक महत्त्वपूर्ण है—चाहे वह स्त्री हो या पुरुष! सिद्धान्त के तौर पर पश्चिमी स्त्री स्वतंत्र और अपेक्षाकृत स्वायत्त है। व्यक्तिगत निर्णय, जीवन चुनने की स्वतंत्रता, समाज और परिवार से बड़े हैं। जबकि भारतीय जीवन में, स्त्री रिश्तों में बँधी है—सिर्फ अपनी स्वायत्तता के बारे में यदि वह सोचे तो फिर परिवार और समाज से उसे कटना-टूटना पड़ता है। किन्तु व्यावहारिक तौर पर अलग-अलग सन्दर्भों, परिवेशों, भाषिक भिन्नताओं में जी रही स्त्री का संसार, देश-काल की सीमाओं के परे एक-सा है, उसकी अन्तश्चेतना का तार सुदूर बैठी, अनदेखी, अचीन्ही, अपरिचिताओं से जुड़ा हुआ है। पश्चिम और भारत के शोध और क्षेत्रगत अकादमिक अध्ययन केन्द्रों में स्त्री-रचना, स्त्री-पाठ और स्त्री-भाषा पर अनेक दृष्टियों से अनुसन्धान और आलोचना की प्रक्रिया चल रही है; स्त्रीवादी आलोचकों का मानना है कि स्त्री के कहे और लिखे की उपेक्षा एक सोची-समझी रणनीति का हिस्सा है। जो अब तक झेला गया, पर कहा नहीं गया, जो कहा गया पर सुना नहीं गया, स्त्री की आत्माभिव्यक्तियाँ उसी देखे हुए को दिखाने की पुरजोर कोशिश के रूप में हमारे सामने आई हैं। अब 'स्त्री' एक व्यक्ति के रूप में सामने उभरती है—एक व्यक्ति तो वर्ग, नस्ल/रंगभेद के अनुभव जीता है, उसका प्रभाव यौनिकता और सामाजिक सम्बन्धों पर भी पड़ता है। सामाजिक-सांस्कृतिक संरचना नस्ल और जाति कहीं-न-कहीं अभिव्यक्ति के लिए विधागत चुनाव को भी नियंत्रित करते हैं। 'आत्मकथा' ऐसी संश्लिष्ट विधा है, जिसमें अन्य कई विधाएँ अन्तर्भुक्त रहती हैं। इसमें डायरी, संस्मरण, रेखाचित्र, कथा-कहानी, पत्र आदि विधाओं की कई विशेषताएँ मिलती हैं। इसके बावजूद इसमें डायरी और पत्र-विधा की बौद्धिक बोझिलता की जगह रोचकता रहती है, जो किसी-न-किसी वर्ग के पाठकों के लिए पठनीय होती है। अक्सर पाठकों की रुचि कथा-साहित्य से ज्यादा आत्मकथाओं में देखी गई है, क्योंकि 'आत्मकथा' संज्ञा से सत्य या प्रामाणिक अनुभवों की अनुगूँज सुनाई देती है। लेकिन 'आत्मकथा' सत्य ही होगी, इसको प्रमाणित करना सम्भव नहीं। सत्य और सन्धान की विभाजक रेखा बहुत धुँधली होती है। स्वानुभूत को पत्रों

पर उतार देना, कहीं-कहीं अपने जीवन में परिवर्तनकामी शक्तियों के आगमन के स्वीकार से सम्बद्ध है। दूसरी ओर, ऐसा कोई मापदंड नहीं है जो यह तय करे कि आत्मकथा में निजी और गोपनीय बातों को कितना और किस सीमा तक अभिव्यक्त किया जाए। कहीं-कहीं आत्मकथाएँ निर्मित लगती हैं और कहीं स्वतः स्फूर्त। दो आत्मकथाओं के गहन पाठ से ही यह अन्तर स्पष्ट हो सकता है।

साहित्यालोचन और अकादमिक शोध-केन्द्रों ने अभी हाल के वर्षों में आत्मकथा विधा पर ध्यान दिया है। इससे पहले जार्ज मिश, जार्जस् गस्डोर्फ और विलियम स्पेंस्मेन ने इस विधा पर गम्भीर आलोचना की शुरुआत की। उनकी दृष्टि का केन्द्र-बिन्दु पुरुष-आत्मकथाएँ ही रहीं, विशेषकर महत् पुरुष चरित्र केन्द्रित। सन्त आगस्टीन[2], रोऊसेऊ, फ्रैंकलिन, गोथे, कार्लाइल, और हेनरी एडमस सरीखे चरित्र ही आत्मकथा के विश्लेषण के योग्य समझे गए।[3] बीसवीं शताब्दी के तीसरे उत्तरार्द्ध में हाशिये के विमर्शों के स्थानान्तरित होने की प्रक्रिया शुरू हुई जिसमें स्त्रीवादी विमर्शकारों ने साहित्य और समाज सैद्धान्तिकी के सन्दर्भ में परिवर्तनकारी भूमिका अदा की। स्त्री-आत्मकथाओं के पाठ और सैद्धान्तिकी की माँग ने स्त्री स्वरों की पहचान, स्त्री-यौनिकता और स्त्री-जीवन चक्र से आलोचकों को रू-ब-रू कराया। राजनीति, आर्थिक परिवर्तन और विश्वग्राम के साथ परिवर्तित होती सौन्दर्यशास्त्रीय अभिरुचियों ने स्त्री-पाठ की ओर ध्यान आकर्षित किया। पश्चिमी जगत, एशिया तथा अफ्रीका में पाठकों की नब्ज पहचानकर प्रकाशकों ने आत्मकथ्य धड़ाधड़ छापे, इनमें ब्रिटिश, कैनेडियन, अमेरिकन, जर्मन, फ्रेंच और भारतीय प्रकाशक शामिल थे। उधर लैंगिक अध्ययन केन्द्रों, क्षेत्रीय एवं तुलनात्मक अध्ययन केन्द्रों में ऐसे 'टेक्स्ट' की माँग जोर पकड़ती गई जो बदलते शैक्षिक आग्रहों/आवश्यकताओं की पूर्ति कर सके और व्यक्ति और समाज के विविधमुखी अनुभवों को प्रामाणिकता में प्रस्तुत करे।

सबाल्र्टन अध्ययन हेतु स्त्री-आत्मकथाओं की सैद्धान्तिकी, और उन मानदंडों की खोज अनिवार्य है, जिनके आधार पर आलोचकों ने उन्हें देखा-परखा। साथ ही स्त्री-आत्मकथा-आलोचना की परम्परा को खोजना और परस्पर असम्बद्ध दीखनेवाली कड़ियों को एक जगह रख जाना शोध एवं अध्ययन के लिए महत्त्वपूर्ण हो सकता है। आत्मकथा-विधा का इतिहास लेखन, परम्परागत इतिहास-लेखन से भिन्न है, यहाँ तक कि समाज-इतिहास से भी, क्योंकि इस विधा की आधारभूमि का परिविस्तार स्वयं लेखक या उसके परिवार/सम्बन्धियों तक ही होता है। वृहत्तर समाज के सामूहिक अनुभवों की सघन और जटिल अभिव्यक्ति के लिए यह विधा माकूल है। आत्मकथा इतिहास-लेखन के क्षेत्र में पश्चिम में जो महत्त्वपूर्ण कार्य हुए हैं, उनमें 'फार फ्रॉम होम : फैमिलीज ऑफ द वेस्टवार्ड जर्नी' (लिलियन शिसेल), 'एन ओरिजन पायोनियर : फैमिली हिस्ट्री एंड लॉस' (शैनॉन एपलिगेट्स स्कूकम),

'द वर्ल्ड रश्ड इन' (जे. एस. होलिडे), 'द कैलिफोर्निया गोल्ड रश एक्सपीरिएंस, वूमन डायरीज ऑफ द वेस्टवार्ड जर्नी' (शिसेल), 'रीड दिस ओनली टू योरसेल्फ' (हेक्स्टन) को देखा जा सकता है, इसके अतिरिक्त कैपलान द्वारा प्रकाशित 'बिबलियोग्राफी ऑफ अमेरिकन ऑटोबॉयोग्राफीज' में औपनिवेशिक काल से सन् 1945 तक रचित लगभग 6,400 रचनाओं की सूची मिलती है, जिससे यह भी पता चलता है कि इस दौर में पुरुषों ने स्त्रियों से साढ़े पाँच सौ गुना ज्यादा आत्मकथाएँ लिखीं। आगामी पैंतीस वर्षों में 1980 तक प्रकाशित 5000 कुल रचनाओं में स्त्री-रचनाकारों की संख्या में आश्चर्यजनक वृद्धि देखी गई। स्त्री-आत्मकथाओं में पाठकों और प्रकाशकों की बढ़ती रुचि को नेब्रास्का प्रेस की प्रकाशन सूची में देखा जा सकता है, जिसने अड़तालीस जिल्दों में अमेरिकी स्त्री-लेखन—जिसमें पत्र, दैनन्दिनी, आत्मकथाएँ शामिल हैं—प्रकाशित किया। इनमें ऐने एलिस की आत्मकथा 'लाइफ ऑफ एन आर्डिनरी वूमेन' (प्रथम सं. 1929) से लेकर एलिनोर प्रूइट स्टेवॉर्ड का 'लेटर्स ऑन एल्क हंट' (प्रथम सं. 1915) शामिल हैं। इनमें से केवल तीन का प्रकाशन ही 1970 के पहले हुआ था, जबकि चालीस का प्रकाशन 1980 के दशक में हुआ, अर्थात् 1200 प्रतिशत की आश्चर्यजनक वृद्धि। वस्तुत: सन् 1980 के आसपास ही पश्चिम में स्त्री-आत्मकथाओं पर गम्भीरता से विचार शुरू हुआ, इससे पहले एलिजोबेथ हेक्स्टन, जिसने अपनी दैनन्दिनी प्रकाशित करने का जोखिम उठाया, का पाठक से इसरार था 'इसे केवल अपने तक सीमित रखो' पाठकों को डायरी में अभिव्यक्त स्त्री-जीवन बहुत अविश्वसनीय लगा, क्योंकि जीवन-कथाएँ अक्सर सत्य का विस्तार इतना कर देती हैं कि सत्य 'सत्य' न रहकर 'काल्पनिक सत्य' में तब्दील हो जाता है। पाँचवें और छठे दशक में, पश्चिम में बहुत-सी स्त्रियों के संस्मरण 'बेस्ट सेलर' बने। इनमें से कुछ काफी चर्चित 'शरारती' स्त्रियों के संस्मरण थे, जबकि कुछ को अज्ञातनामा स्त्रियों ने लिखा था।

यूँ तो, अठारहवीं शताब्दी में ही इंग्लैंड और पश्चिम में स्त्री आत्मकथ्यों के प्रमाण दिखाई देने लगते हैं, लेकिन ये आत्मकथ्य डायरी, पत्र-व्यवहार और पारिवारिक जीवन के संस्मरणों के रूप में बिखरे हुए हैं। अठारहवीं सदी के इंग्लैंड में लेडी मेरी वर्ल्टले, मेरी डीलेनी और एलिजाबेथ कार्टर के पत्र-व्यवहारों को देखना इस दृष्टि से महत्त्वपूर्ण है। स्त्री-प्रश्न और लिंगभेद जैसे मुद्दों की अपेक्षा 'आत्मदमन' की आवश्यकता पर ये रचनाकार बल देती दिखाई देती हैं। एलिजाबेथ कार्टर और कैथरीन टॉलबोट का आपसी पत्र-व्यवहार तत्कालीन स्त्री-रचनाकारों में अन्तर्निहित अभिव्यक्ति की इच्छा और सामाजिक-मर्यादा, मध्यवर्गीय नैतिकता के द्वन्द्व और तनाव की दृष्टि से उल्लेखनीय है। दोनों स्त्रियाँ आत्म-प्रस्तुति के स्त्री-कौशल का प्रयोग करती हैं[4]—कैथरीन पत्र में लिखी छोटी-छोटी बातों के लिए एलिजाबेथ से क्षमा चाहती हैं, अपने लिखे पर शर्मिन्दा होती हैं। उधर एलिजाबेथ 'अहंवादिता' से बचने की

पुरजोर कोशिश करती दिखाई देती हैं। कार्टर अपने अध्ययन की सीमाओं का उल्लेख बारम्बार करती हैं, "मैं अपने अहंयुक्त वक्तव्य के लिए क्षमा चाहती हूँ, क्योंकि मैंने तुम्हें अपने छोटे-छोटे कार्यों के बारे में बहुत विस्तार से बताया है, जिससे स्पष्ट है कि, मेरे पास विषयों का कितना अभाव है।"[5] कैथरीन टालबोट की आत्मस्वीकृति है "अतिशय बोलने की आदत और अहंवादिता मेरी दो कमजोरियाँ हैं।"[6] आत्माभिव्यक्ति की इच्छा और स्त्री-सुलभ संकोच का भाव इस पत्र-व्यवहार में प्रत्यक्ष है, जबकि डिलोनी ने इसी संकोच पर टिप्पणी करते हुए 1728 में लिखा था "मेरे विचार से रचना का सौन्दर्य इसी में है कि हम अपनी भावनाओं को सहज नैसर्गिक रूप में व्यक्त कर सकें।"[7] आगे चलकर सीमोन द बोउवार के आत्मकथ्यों—'मेमोआयर्स ऑफ ए ड्यूटीफुल डॉटर' और 'द प्राइम ऑफ लाइफ' के प्रकाश में आने से स्त्री के 'आत्म' को समझने में मदद मिली। अनाइस निन (Anai's Nin) की डायरियों में आत्माभिव्यक्ति के विविध सन्दर्भ और विधागत प्रयोग देखे गए, और जॉन ग्रीनबर्ग की डायरियों को एक बड़े पाठक-वर्ग ने पसन्द किया। 'द डायरी ऑफ एन फ्रैंक' और 'आई नेवर प्रॉमिस्ड यू अ रोज गार्डन' बहुत चर्चित हुईं, इसके अतिरिक्त मेरी मैकेर्थी का 'मेमोऑयर्स ऑफ अ कैथोलिक गर्लहुड', लिलियन हेलमेन के तीन आत्मकथ्यों—'एन अनफिनिश्ड वूमन', 'पेंटीमेंटो' और 'स्काउंड्रल टाइम', को 'बेस्ट सेलर' माना गया। इन आत्मकथ्यों पर फिल्में भी बनीं। मेरी मैकेर्थी-हेलमन फॉड का प्रसिद्ध 'टॉक शो' जनवरी 1980 में टेलीविजन पर प्रसारित हुआ, जिसमें मैकेर्थी ने हेलमन की आत्मकथा के एक-एक शब्द को असत्य कहा। आम जनता को यह 'शो' बहुत पसन्द आया, क्योंकि मैकेर्थी ने डिककैवेट के साथ बातचीत में हेलमन द्वारा लिखित असत्य का प्रमाण सहित पर्दाफाश कर दिया।[8] अमेरिका में नागरिक अधिकार और आगे चलकर अश्वेत अधिकार आन्दोलनों के अनन्तर नस्लभेद और यौन-प्रताड़ना की दुर्दम अभिव्यक्तियाँ आत्मकथ्यों का विषय बनीं। अफ्रो-अमेरिकन आत्मकथ्यों की एक नई खेप, अनपढ़ अभिव्यक्ति के सौन्दर्य, कटु यथार्थ और शोषण के विरुद्ध एक तीक्ष्ण औजार के रूप में सामने आई, जिसने अब तक प्रचलित साहित्य-सौन्दर्यशास्त्रीय प्रतिमानों को हिलाकर रख दिया। इनमें एन मूडी का आत्मकथ्य 'कमिंग ऑफ एज इन मिसिसिपी', माया एंजेलो का 'आई नो व्हाई द केज्ड बर्ड सिंग्स' महत्त्वपूर्ण थे।

सातवें दशक में जर्मेन ग्रीयर की 'द फीमेल यूनख' (बधिया स्त्री), शुलमिथ फायरस्टोन की 'द डायलेक्टिक ऑफ सेक्स'—स्त्री के मनोजैविक अध्ययन की दृष्टि से प्रशंसित और चर्चित पुस्तकें रहीं, जिनमें 'पर्सनल इज पालिटिकल' का पूरा नारा दिया गया। 'सेक्सुअल पॉलिटिक्स' और आत्मकथाओं 'फ्लाइंग', 'सीता'[9] में केट मिलेट ने अनुभव को सिद्धान्त की नींव कहा, एंजेला डेविस ने 'एन ऑटोबायोग्राफी' में निजी संस्मरणों का प्रयोग, नस्लवाद की राजनीति का यथार्थ उद्घाटित करने के

लिए किया। रंगभेद की आड़ में स्त्री को कैसे उपेक्षित किया जाता है—यह जानने के लिए एंजेला डेविस[10] की आत्मकथा उल्लेखनीय मानी गई।

स्त्री-साहित्य के प्रारम्भिक आलोचक, जिन्होंने स्त्री-साहित्य की परम्परा को सामने रखा उनमें 'थिंकिग अबाउट वूमन' (मेरी एलयान), 'लिटरेरी वूमन' (एलेन मोयर्स), 'ए लिटरेचर ऑफ देयर ओन' (एलेन शोवाल्टर) प्रमुख हैं, जिनके लेखों में पितृसत्ता और स्त्री-साहित्य की उपेक्षा का पारस्परिक सम्बन्ध उजागर होता है। पुरुष आलोचकों का पक्षपात, स्त्री-स्वरों की व्यापक उपस्थिति की जानी-अनजानी उपेक्षा की ओर इंगित करते हुए इनका कहना है कि साहित्येतिहास और आलोचना के ध्यान में यह बात आई ही नहीं, कि प्रारम्भिक काल से ही स्त्रियाँ अपनी रचनाओं के साथ अनिवार्यतः उपस्थित रही हैं—चाहे वे लिखित हों या मौखिक; हाशिये के ये स्त्री-स्वर अभिव्यक्ति के लिए संस्मरण, डायरी, पत्र, कथा आदि विविध विधाएँ अपनाते रहे हैं। एलेन मोयर्स ने तो स्त्री-रचनाकारों की पचास पन्ने की वृहदाकार सूची प्रस्तुत की।[11] जिसने आगे शोधकर्ताओं के लिए पथ-प्रदर्शक की भूमिका निभाई। मेरी बेथ नार्टन, राया रैप, ऐन डगलस, नैंसीकॉट और कॅरोल स्मिथ रासेनबर्ग के अलावा जार्ज मिशेच ने 'हिस्ट्री ऑफ ऑटोबायोग्राफी' में आत्मकथाओं को पुरुष, श्वेत और पश्चिमी एकाधिकार से जोड़कर देखा।

बीसवीं शताब्दी के तृतीय उत्तरार्द्ध में स्त्रियों ने अपनी रचनाओं में जीवन की नियंत्रणकारी शक्तियों की पहचान को अभिव्यक्त किया। 1923 से 1932 के बीच रचनारत कवयित्रियाँ—बीसवीं शती के उत्तरार्द्ध तक आत्मकथाकार में तब्दील हो गईं। अब तक अभिव्यक्त न हो पाई संवेदनाओं को आत्मकथा की विधा में वाणी मिली, जिसकी छूट उन्हें पहले न थी। इसी दौर में स्त्रियों ने आत्मकथा के अतिरिक्त डायरी, कहानी, लघुकथा जैसी विधाओं का सहारा भी लिया।[12] सन् 1986 में 'द ट्रेडिशन ऑफ वूमेंस ऑटोबायोग्राफी' में ऐश्ले सी. जेलिनेक ने स्त्री-आत्मकथाओं की दो हजार वर्ष पुरानी परम्परा की ओर संकेत किया, लेकिन यह पुस्तक यूरो-अमेरिकन परम्परा के उल्लेख तक ही सीमित रही। 'वूमेन पर्सनल नैरेटिव्ज' (1985) में हाफमैन और कैली ने स्त्री आत्मकथ्यों के अन्तर्गत डायरी, पत्रों और मौखिक साहित्य को शामिल कर स्त्री-साहित्य अध्ययन के परिदृश्य को विस्तार दिया। 'इंटरपरेटिंग वूमेन्स लाइफ्ज : फेमिनिस्ट थियरी एंड पर्सनल नैरेटिव्ज' (पर्सनल नैरेटिव ग्रुप 1989) के अन्तर्गत समाज-विज्ञान, इतिहास, समाजशास्त्र, साहित्य इत्यादि पर कार्यरत दस प्रमुख आलोचकों के शोधपत्रों को प्रकाशित किया गया, जिससे स्त्री आत्मकथ्यों पर अन्तरानुशासनिक और बहुआयामी दृष्टि से विचार सम्भव हो पाया इन लेखों को अलग-अलग पृष्ठभूमि और भिन्न अनुशासनों से सम्बद्ध विद्वानों ने लिखा था, जिनसे पता चला कि अविकसित, विकासशील और विकसित देशों में रोजमर्रा का स्त्री-जीवनानुभव, स्त्रियों के विचार और संवेदनाएँ

जैसे कि गर्भधारण जैसे मुद्दों के प्रति उनका नजरिया कैसे अलग-अलग था। स्त्रियों की अनौपचारिक अभिव्यक्तियों को भी इसमें शामिल किया गया। लैंगिक अस्मिता पहचान को बतानेवाली ये अभिव्यक्तियाँ विकसित और अविकसित देशों 'मानवीय जीवन और व्यवहार में लैंगिक विभेद का जायजा लेती हैं, इनसे स्त्री के आसपास के समाज, परिवार के सम्बन्ध में स्त्री-सम्बन्धी विचारों और अवधारणाओं पर पुनर्विचार की प्रक्रिया का सूत्रपात भी होता है।'[13] इसके बाद, आठवें दशक में ही दो महत्त्वपूर्ण पुस्तकें प्रकाशित हुईं, जिनमें स्त्री-आत्मकथा की परम्परा, इतिहास और सैद्धान्तिक पर विस्तृत विश्लेषण किया गया—सिडनी स्मिथ कृत 'ए पोएटिक्स ऑफ वूमेन्स ऑटोबायोग्राफी' (1987) और फ्रैंकोइस लायनेट की 'ऑटोबायोग्रॉफिकल वॉयसेज : रेस, जेंडर, सेल्स पोट्रेट' (1989), इसके अतिरिक्त रीता फेल्स्की ने 'बियोंड फेमिनिस्ट एस्थेटिक्स' (1989) यूरोपीय सन्दर्भ में स्त्रियों के आत्मकथा को विश्लेषित करने का प्रयास किया। सामाजिक सन्दर्भ में लिंगाधृत अस्मिता और विभिन्न वर्गों में प्रचलित व्यवहारों, मसलन राजनीतिक दावों और व्यावहारिक सच्चाई के अन्तराल को पहचानने का जो प्रयास जर्मन पुस्तक 'डिस्क्लोजरर्स : वूमेन ऑटोबायोग्राफी इन जर्मनी बिटविन 1970 एंड 1914' (1986) में दिखाई देता है, फेल्स्की की पुस्तक उसी का परिविस्तार है। कैनेडियन साहित्य में भी हाल के वर्षों में स्त्रियों के आत्मकथा-लेखन में विशेष प्रगति दिखाई दी, इसके अध्ययन के लिए कई निबन्ध एवं शोधपत्र लिखे गए। मर्लिन कडर का 'ऐस्सेज ऑन लाइफ राइटिंग्स' (1992), हेलेन बस का 'मैपिंग आवर शेल्व्ज : कैनेडियन वूमेन-ऑटोबायोग्राफी इन इंग्लिश' (1993) इस दृष्टि से उल्लेखनीय हैं।

1988 में बेला ब्राडज्के, सेलेस्टे सिजनेक द्वारा सम्पादित निबन्ध संकलन 'थियोराइजिंग वूमेंस ऑटोबायोग्राफी' प्रकाश में आया, जिसमें स्त्री आत्मकथ्यों के उत्तर-औपनिवेशिक रूपों को भी शामिल किया गया। 1988 में ही 'द प्राइवेट सेल्फ' (मेरी बेनस्टॉक) का प्रकाशन हुआ जिसमें सूसन स्टेनफोर्ड फ्राइडमैन का 'वूमेन ऑटोबायोग्राफिकल शेल्व्ज-थियरी एंड प्रैक्टिसेज' शीर्षक प्रसिद्ध लेख शामिल था जिसमें पहली बार स्त्रियों की आत्मकथाओं की सर्वाधिक विशिष्ट प्रवृत्ति 'जुड़ाव' की खोज पर बल दिया गया था।[14] इसी वर्ष कैरलॉन हेलिब्रंस की 'राइटिंग अ वूमन्स लाइफ' छपी, जिसमें स्त्री आत्मकथ्यों के व्यावहारिक पक्ष का विश्लेषण किया गया। यह वस्तुतः समाज वैज्ञानिक शोध था—जिसमें स्त्रियों के मौखिक अनुभवों के आधार पर आँकड़े इकट्ठे किये गए। बीसवीं शताब्दी के उत्तरार्द्ध में किये गए इस शोध के अनन्तर कैरलॉन का निष्कर्ष था कि सत्ता और राजनीति भागीदारी में अधिकार मिलने के कारण स्त्रियाँ आत्माभिव्यक्ति या खुलकर बोलने का साहस जुटा पाई हैं, साथ ही यह भी कहा कि साहित्यिक शोध और विश्लेषण 'ग्रासरूट' स्तर पर स्त्रियों की स्थिति में कोई सुधार नहीं कर पाता, विशेषकर

जिनकी स्थिति में सुधार की वाकई आवश्यकता है। प्रकारान्तर से, कैरलॉन रचनाकारों को 'एक्टिविस्ट' होने की सलाह देती हैं। शर्लीन्यूमैन के 'एस्सेज ऑन कैनेडियन राइटिंग्स' (1997) और जूलिया वी. एम्बर्ले की 'थ्रेशहोल्ड ऑफ डिफरेंस' (1993) में मौखिक और लिखित आत्मकथ्यों की परम्परा उल्लिखित हैं। तत्त्वत: कैनेडियन साहित्य को शामिल करने से अमेरिकन स्त्री-आत्मकथा साहित्य समग्रता में देखा जा सकता है।

इस तरह, पिछले कुछ वर्षों में स्त्री-आत्मकथा के सिद्धान्तकारों ने अपनी एक विशिष्ट पहचान बना ली है। स्त्री के आत्मकथ्य का सम्यक विश्लेषण, उसका व्यावहारिक जीवन, उसके मन के कोने-अँतरे, दरारें, चोट और पीड़ाएँ, नस्ल और रंगभेद, यौन-अस्मिता, शोषण के विविध आयामी पक्ष, उसकी मनोसामाजिक, लैंगिक भेद और स्त्री-अस्मिता के साथ, स्वानुभूति की अभिव्यक्ति के लिए अपनाई गई भाषा-भंगिमाएँ, विविध मुद्राएँ, प्रतिरोध के औजार, समर्पण और विवशता के कारणों के साथ सैद्धान्तिकी बनाने के रास्ते में आनेवाली बाधाएँ और समस्याएँ उनके अन्तर्विरोध—ये सब स्त्री सैद्धान्तिकी में स्थान पाने योग्य हैं। इस सैद्धान्तिकी के निर्माण का आधार सामाजिक व्यवहार है। सैद्धान्तिकी और व्यवहार अन्त: सम्बद्ध हैं—दोनों एक-दूसरे से अलग नहीं, न ही एक-दूसरे के विरोधी। व्यवहार सैद्धान्तिकी को ही आधार रूप में ग्रहण करता है, लेकिन वह हमेशा सैद्धान्तिक को अन्तिम सत्य मानकर चले, उसी का मुँह जोहे, यह अनिवार्य नहीं है। व्यवहार और सैद्धान्तिकी में नैसर्गिक अन्तर बताने या उन्हें परस्पर अलगाने का प्रयास व्यर्थ होता है। यद्यपि दोनों को पारिभाषिकी के स्तर पर विलगाया जा सकता है, फिर भी विधा के सन्दर्भ में प्राय: परिभाषाएँ भी लचीली होती हैं, ऐसा देखा गया है। विमर्श के विषय के सापेक्ष, परिभाषा भी बदलती है। आत्मकथा और जीवनी लेखन में, व्यवहार और सिद्धान्त को एक-दूसरे के सन्दर्भ में ही परिभाषित किया जा सकता है। व्यवहार और सैद्धान्तिकी का अन्तर महाकाव्य और आधुनिक उपन्यास अथवा धारावाहिक कथा-साहित्य और पत्र-लेखन के बरअक्स रखकर ज्यादा बेहतर ढंग से समझा जा सकता है। पिछले पन्नों में जिन पुस्तकों और शोधपत्रों की चर्चा की गई है, उनमें आलोचकों ने अपने-अपने ढंग से स्त्री-आत्मकथाओं की सैद्धान्तिकी पर विचार किया, जिसे कुछ प्रश्नों के उत्तर के रूप में समझा जाना जरूरी है—

1. आत्मकथाओं—विशेषकर स्त्री-आत्मकथाओं का पाठक-वर्ग कौन-सा होता है?
2. क्या आत्मकथाकार स्वयं को किसी विशिष्ट वर्ग का प्रतिनिधि मानकर चलता है?
3. रचनाकार किस सीमा तक कल्पना और नाटकीयता का सहारा लेता है/लेती है?

4. 'टेक्स्ट' में रचनाकार की जीवन-यात्रा की अभिव्यक्ति की प्रकृति क्या है—उसका लेखन और अस्मिता से क्या सम्बन्ध है।
5. आत्मकथा में 'मैं' या 'तुम' को महत्त्व कितना और किस सीमा तक दिया गया है?
6. अतीत की 'मैं' और वर्तमान की 'मैं'—जो आत्मकथा में व्यक्त है—उन दोनों का अन्त:सम्बन्ध क्या है?
7. आत्मकथ्य में क्या कुछ प्रयोग किये गए हैं? यदि 'हाँ' तो इन प्रयोगों की प्रकृति क्या है?
8. रचना में संस्कृति, दर्शन और आत्म के सामाजिक सन्दर्भ की अभिव्यक्ति की प्रकृति क्या है?
9. आत्मकथा लेखन किसके लिए किया गया है—स्वान्त: सुखाय या पाठक के लिए?
10. जीवनकथा के लेखक के अतिरिक्त रचनाकार क्या अपने वर्गीय चरित्र से अलग कोई विशिष्टता रखता है?
11. स्त्री और पुरुष के आत्मकथा-लेखन में बुनियादी अन्तर क्या है?
12. आत्मकथा की विधा के अन्तर्गत अन्य साहित्यिक विधाएँ—उपन्यास, कहानी, डायरी किस तरह अन्त:संचरित होती हैं?

इधर की स्त्री-आत्मकथाओं में पाठक-वर्ग की बढ़ती रुचि का सम्बन्ध विभिन्न शोध एवं अध्ययन केन्द्रों में लैंगिक अध्ययन तथा नये अध्ययन क्षेत्रों की सम्भावनाओं से है जहाँ ऐसे 'टेक्स्ट' की आवश्यकता पड़ती है, जिनमें अनुभव की प्रामाणिकता के साथ विषय वैविध्य हो। अश्वेत स्त्री-आत्मकथा, बन्दी आत्मकथ्य, श्रमिक स्त्री, घरेलू नौकरानी और मध्यवर्गीय तथा आभिजात्य, दलित और हाशिये के स्त्री-आत्मकथ्य पाठकों को पर्याप्त रुचि वैविध्य देते हैं। नये विषय और अछूती संवेदनाएँ, वैविध्य की अनन्त सम्भावनाओं का पता देते हैं, जिन्हें प्रकाशित करना पूरी दुनिया के प्रकाशकों के लिए मुनाफे का सौदा है। मादाम स्ताल[15] ने अठारहवीं शताब्दी में उपन्यास का सम्बन्ध स्त्री-स्वभाव से जोड़कर देखा था। स्त्री-आत्मकथाओं ने बड़े पैमाने पर पाठक/पाठिकाओं का एक बड़ा वर्ग तैयार किया है। जिन रचनाओं में सम्प्रेषणीयता का जितना ज्यादा ध्यान रखा गया—उन्हें उतनी बड़ी संख्या में पाठक-विशेषकर स्त्री पाठकों की उपलब्धि हुई। आलोचक बारबरा क्रिस्टियन का मानना है कि 'उसने 1967 में 'ब्राउन गर्ल' पढ़ा तो लगा कि उसमें स्वयं उसी की कथा कही गई है...जिससे वह अपने जीवन को ज्यादा गहराई और सही ढंग से समझ पाई।[16] एक स्त्री की संवेदना का तत्त्वान्तरण दूसरी स्त्री में सहज-स्वाभाविक रूप में हो जाता है। यहाँ स्त्री के 'अनुभव' पर विचार किया जाना जरूरी है, क्योंकि स्त्री के सन्दर्भ में अनुभव का अर्थ विस्तृत है, या यों कह लें कि अलग है। इस सन्दर्भ में

रेमंड विलियम्स द्वारा दी गई अनुभव की परिभाषा को देखना चाहिए। रेमंड विलियम्स ने अनुभव को परिभाषित और व्याख्यायित करते हुए कहा (क) ऐसा ज्ञान जो अतीत की घटनाओं से ग्रहण किया गया हो—यह ग्रहण चेतन और अवचेतन दोनों स्तरों पर हो सकता है (ख) यह विशिष्ट प्रकार की चेतना है, जिसे तर्क या ज्ञान से स्पष्ट तौर पर अलगाया जा सकता है। विलियम्स का मानना है कि अठारहवीं शताब्दी के पूर्वार्द्ध तक अनुभव और प्रयोग को परस्पर संयुक्त पदों के रूप में पहचाना गया क्योंकि प्रयोग और परीक्षण द्वारा ही ज्ञान प्राप्त किया जा सकता है। स्त्री-वक्तव्यों के सन्दर्भ में यह माना जाता है कि सामाजिक अभ्यास अपनी पूरी तात्कालिकता और सम्पूर्णता के साथ एक उत्तेजक अनुभव में रूपान्तरित हो जाते हैं, और स्त्री का अनुभव सिर्फ एक व्यक्ति का अनुभव नहीं रह जाता, वह सामाजिक संस्था के अनुभव में रूपान्तरित होकर सार्वभौमिक हो जाता है।[17] कही और अनकही स्त्री-अनुभव कथाएँ इसी प्रक्रिया में निजी से राजनीतिक हो जाती हैं, इसलिए स्त्री की अभिव्यक्ति को राजनीति से सम्बद्ध करके भी देखा जाता है। स्त्रीवादी विमर्शकार अनुभव की अभिव्यक्ति पर बराबर बल देते हैं। गायत्री चक्रवर्ती स्वीवॉक का कहना है, "Make visible the assignment of subject Positions"[18] वस्तुत: स्त्री के जीवन और अनुभव के विषय में लिखने के चार ढंग हैं : "पहला तो यह कि स्त्री स्वयं अपने बारे में कहे—इसके लिए वह 'फिक्शन' या चाहे तो आत्मकथा का सहारा ले सकती है। दूसरा ढंग यह है कि पुरुष या स्त्री दूसरों के जीवन और अनुभवों के बारे में लिखे। तीसरा तरीका यह है कि स्त्री स्वयं, अब तक जिए जा चुके जीवन से प्राप्त अनुभव और आनेवाले जीवन के बारे में पूर्वानुमान करके लिखे। विदुषी और प्रतिभाशाली स्त्रियाँ अनजाने में ही अपनी भविष्य कथाएँ लिख जाती हैं। चौथा ढंग, जिसे हाल के वर्षों में स्त्रियों ने अपनाया है, वह यह कि स्त्रियाँ अपने अतीत के बारे में ज्यादा 'बोल्ड' और ईमानदार तरीके से लिखकर, सत्ता और राजनीति की नियंत्रणकारी ताकतों से टकरा रही हैं, चूँकि शक्ति और सत्ता को हमेशा से स्त्रियों के लिए वर्जित माना गया या यों कहें कि इतिहास में कभी भी, स्त्रियों को समाज की नियंत्रक शक्ति के रूप में नहीं पहचाना गया। पितृसत्तात्मक शक्तियों ने स्त्री को हमेशा यही समझाया कि यह उसके लिए 'वर्जित क्षेत्र' है। साथ ही यह भी, कि वे स्वयं समाज-नियंत्रक नहीं बनना चाहतीं उन्हें हमेशा अभिव्यक्ति से रोका गया; 'टेक्स्ट' कथानक, उदाहरण का अंग बनाने से बचा गया क्योंकि भय था कि इसके द्वारा कहीं वे सत्ता अधिग्रहण न कर लें, अपने जीवन के निर्णय स्वयं न लेने लगे।"[19] समकालीन स्त्री-विमर्शकारों ने आलोचकों द्वारा स्त्रीवाद की उपेक्षा का प्रश्न रेखांकित किया। उन्होंने बताया कि स्त्रियों के अनुभवों की अभिव्यक्ति ज्यादा बेहतर और पारदर्शी होती है। स्त्री-वक्तव्यों के सन्दर्भ में क्रिस्टियन स्टानसेल ने माना कि सामाजिक अभ्यास अपनी पूरी तात्कालिकता और सम्पूर्णता के साथ

एक उत्तेजक अनुभव में रूपान्तरित हो जाते हैं। स्त्री का अनुभव सिर्फ एक व्यक्ति का अनुभव नहीं रह जाता, वह सामाजिक संस्था के अनुभव में रूपान्तरित होकर सार्वभौमिक हो जाता है। आत्मकथा के आदि आलोचक जार्जेस गस्डोर्फ ने विधा के रूप में आत्मकथा के आगमन को नई आध्यात्मिक क्रान्ति का प्रारम्भ मानते हुए कहा : "सारे प्रश्न तब बदल जाते हैं जब किसी अस्मिता का निजी चेहरा ज्यादा महत्त्व पाने लगता है।" गस्डोर्फ ने स्त्री और पुरुषों के आत्मकथा-लेखन की वस्तु के आधार पर तुलना करके कुछ अति सामान्यीकृत निष्कर्ष निकाले थे, मसलन स्त्रियाँ जब आत्मकथ्य लिखती हैं, तो उनमें अतीत जीवन के प्रारम्भिक वर्षों के खँगालने की प्रवृत्ति ज्यादा होती है, जबकि पुरुष आत्मकथ्य लिखकर स्वयं को जानने की कोशिश करते हैं, साथ ही यह भी कि वह व्यक्ति के रूप में 'अन्य' लोगों से अलग कैसे हैं।

स्त्री का बोलना अपने-आपमें प्रतिरोध की संस्कृति का निर्माण करता है। डेनिस रिले का मानना है कि यद्यपि स्त्री-अधिकारों की लड़ाई उसे राजनीति की ओर ले जाती है, लेकिन 'स्त्रीवाद' कभी भी अनुभवों की अपरिहार्यता समाप्त नहीं कर सकता। समाज में, जो हमें दिखाई देता है, वही सच नहीं होता। मसलन हम विभिन्न सामाजिक अस्मिताओं के सन्दर्भ में स्त्री-अस्मिता को देखें। स्त्री अभिव्यक्ति 'अस्मिता' को पाने की ही कोशिश है, यह अस्मिता विभिन्न अस्मिताओं के पारम्परिक संघनन की प्रक्रिया से गुजरती है, उनकी जटिल संरचना के भीतर से अन्य अस्मिताओं को पीछे कर अपनी सम्पूर्ण ताकत के साथ उभरती है, किसी-किसी समाज और दौर में दबा भी दी जाती है, कहीं-कहीं उपेक्षा और प्रतिरोध झेलती है। इस प्रक्रिया में कोई अस्मिता अपना विशिष्ट स्वरूप ग्रहण करती है। इस अस्मिता की पहचान सिर्फ इससे नहीं होती कि वह कितनी और कैसे, अभिव्यक्ति के लिए आकुल रही है, या कि वह किसी विशिष्ट ऐतिहासिक या राजनैतिक आन्दोलन से जन्मी है। अस्मिता की पहचान की प्रक्रिया पर स्टुअर्ट हाल ने अश्वेतों के सन्दर्भ में लिखा था, "अश्वेत एक शारीरिक, सांस्कृतिक और राजनीतिक अस्मिता है, जो सुनिश्चित नहीं है, यह कथा है, आत्माभिव्यक्ति है, इतिहास है—वह जो विनिर्मित है, जिसे बोला और सुना गया, अब तक इस समुदाय के लोग मौन थे, अत: उनकी पहचान भी मूक थी। मैं जमैका समाज का सदस्य हूँ, जिसमें सदस्य के तौर पर अश्वेत रहते हैं। वास्तविकता यह है कि इस समाज में अश्वेत और भूरे लोग पिछले तीन-चार सौ वर्षों से रह रहे हैं, बिना यह जाने कि शेष दुनिया उन्हें 'अश्वेत' के रूप में सम्बोधित करती और पहचानती है। जमैका में 'अश्वेत' अस्मिता की पहचान का क्षण 1970 में आया, तब हमने जाना कि 'अश्वेत' अस्मिता एक पहचान है, जिसे सीखा और अर्जित किया जाता है।"[20] स्त्री-आत्मकथाएँ स्त्री-अस्मिता को दृढ़ करने के औजार के रूप में कार्य करती

दिखाई देती हैं। अलग-अलग नस्लों, वर्गों, राष्ट्रों, धर्मों और परस्पर भिन्न रुचियों, व्यवसाय और पृष्ठभूमिवाली स्त्रियाँ आत्मकथा-लेखन में सन्नद्ध हैं। इतिहास के विभिन्न कालखंडों में उनकी पुरजोर उपस्थिति मिलती है—निजी और सरकारी क्षेत्रों में कार्यरत, घरेलू, श्वेत, अश्वेत और सामाजिक मर्यादा एवं सांस्कृतिक परम्परा के बोझ तले दबी, वे स्त्रियाँ भी जो संघर्ष, और आपसी द्वैत की भूमिका में जी रही हैं। वे भी जो माँ, पत्नी, बहन, प्रेमिका, पुत्री हैं—और वे भी जो 'पुरुषों के संसार' और 'स्त्रियों का क्षेत्र' जैसी कठोर सामाजिक सीमाओं में जीने के लिए विवश हैं। लेकिन अधिकतर 'आत्मकथाकार स्त्रियों को रचनाकार की श्रेणी में रखने से परहेज किया जाता है, और यदि उन्हें रखा भी जाता है तो उनके 'स्त्रीत्व' को दरकिनार कर दिया जाता है। इसे 'लिंगभेद की राजनीति' के रूप में समझा जा सकता है। आत्मकथा के प्रारम्भिक सिद्धान्तकारों ने स्त्रियों की आत्मकथाओं को 'नोटिस' में ही नहीं लिया। जार्ज गस्डोर्फ ने लिखा कि किसी ऐसी सांस्कृतिक पृष्ठभूमि में जहाँ चेतन और आत्म अपने बारे में ठीक तरह से बात नहीं करते वहाँ पर आत्मकथा-लेखन सम्भव नहीं।'[21] आत्मकथा-लेखन के लिए विशिष्ट सांस्कृतिक अवस्था की माँग करनेवाले गस्डोर्फ का यह भी मानना था कि सभ्यता की अधुनातन अवस्था जो व्यक्ति की निजी अस्मिता की अवधारणा में विश्वास रखती हो—में ही आत्मकथ्यों की रचना सम्भव है। यहाँ यह विचारणीय है कि आत्म, आत्म की रचना, आत्मचेतना की अवधारणा स्त्रियों और पुरुषों में परस्पर भिन्न है। आत्म की अवधारणा दलितों, अश्वेतों और अल्पसंख्यकों के सन्दर्भ में भी परस्पर अलग है। इसके अतिरिक्त किसी एक ही समाज में, स्त्री और पुरुषों की मनोसामाजिक संरचनात्मक सन्दर्भ और धरातल भिन्न होते हैं। पुरुष और स्त्री का अलगाव सामाजिक विकास के सन्दर्भ में भी लक्षित होता है, इसके अतिरिक्त स्त्रियों के भी अनेक वर्ग होते हैं—उनमें भी परस्पर भिन्नता होती है। गस्डोर्फ की अवधारणा 'सामूहिक अस्मिता' के लिए कोई अवकाश नहीं देती। कहीं-कहीं बल्कि यों कहें कि हाशिये की अस्मिताएँ (दलित, स्त्री, अल्संख्यक, अश्वेत आदि) परस्पर सम्बद्ध होकर 'सामूहिक अस्मिता का निर्माण करती हैं। पश्चिम में शीला रॉबाथम[22] और नैंसी चोदोरोव[23] ने इतिहास के हवाले से यह बताया कि कैसे लम्बी ऐतिहासिक प्रक्रिया में स्त्री और पुरुष के 'आत्म' और 'निजत्व' में अन्तराल लक्षित किया जा सकता है। गस्डोर्फ की सैद्धान्तिकी व्यक्तिवाद की अवधारणा के ज्यादा अनुकूल पड़ती है।

स्त्री के सामाजिक विकास में मनोगत संरचनाएँ महत्त्वपूर्ण भूमिका निभाती हैं। लाकां और उससे भी पहले फ्रॉयड ने अहं के विकास का विस्तृत विश्लेषण किया। मनुष्य का मनोवैज्ञानिक विकास पहचान से अलगाव की यात्रा करता है। ज्यांक लाकां[24] का मानना है, कि शिशु अपनी माँ से विलगाव के पहले आत्ममुग्धता

के दौर से गुजरता है। जब वह आईने में अपनी ही छवि देखता है, तब उसे अपने नितान्त पृथक् अस्तित्व का अहसास होता है, वह अपनी निजी भाषा का निर्माण भी इसी दौर में करता है। लाकां का कहना है कि अपनी छवि की तरह यह भाषा भी 'मिथ्या' होती है। लेकिन शिशु के अहं के निर्माण की प्रक्रिया का यह पुख्ता दौर होता है। लाकां समेत अनेक मनोविश्लेषक आलोचकों जैसे ब्रूस मैजिश[25], जैफरी मेहल्मेन ने आत्मकथ्यों में आत्मुग्धता और अहं के विकास की विभिन्न अवस्थाओं को देखा। इनका मानना है कि आत्मकथा एक सृजन उत्पाद है जिसमें 'आत्म' के विकास की विभिन्न अवस्थाओं को देखा जा सकता है, जो सतत परिवर्तनशील होती हैं। 'अहं' के कारण ही आत्मकथाकार अपने वास्तविक 'आत्म' को पहचान नहीं पाता, या यों कहें कि उसकी उपलब्धि नहीं कर पाता। अत: सभी आत्मकथाओं में अनिवार्य रूप से कल्पना का समावेश होता है। आगे चलकर विलीस बॅक, जेराल्ड कैनेडी, ग्रियोग्री उमर ने भी लाकां से सैद्धान्तिक सहमति व्यक्त की, कि आत्मकथाकार कल्पना के सहारे एक मिथ्या पहचान का निर्माण करता है, जो उसे सामान्य-जन से अलगाकर विशिष्टता का अहसास देती है। आत्मकथा सैद्धान्तिकी के इस मनोविश्लेषणात्मक पक्ष के प्रकाश में आने से आलोचकों को मदद मिली, लेकिन व्यक्ति केन्द्रित अवधारणा के आधार पर टिकी इस सैद्धान्तिकी ने साहित्यिक परम्परा में स्त्री आत्मकथ्यों की उपस्थिति और पहचान में बाधा उपस्थित की।

स्त्रियाँ हमेशा विजित, उपनिवेशित और शासित रहीं, कहीं-कहीं, अपवादस्वरूप वे विधि-विधानों की आविष्कर्ता भी रहीं, लेकिन हमेशा उन्हें नस्ल, धर्म, वर्ग और लैंगिक पूर्वाग्रहों के कारण हाशिये पर धकेला जाता रहा। शीला रॉबाथम का कहना समीचीन है कि "स्त्रियों ने आत्मकथा लिखकर उनकी पहचान नष्ट करनेवाली साजिशों का सांस्कृतिक/रचनात्मक प्रत्युत्तर दिया।"[26] इसलिए स्त्री-अस्मिता को जब तक सामान्यीकृत खाँचे में बाँधकर देखा जाएगा, वे अतिरंजित, काल्पनिक और अतिशयोक्तिपूर्ण फलत: उपेक्षणीय दिखाई देंगी। ऐसा करना स्त्रीपाठ के साथ अन्याय होगा। स्त्रियों का 'आत्म' पुरुषों के आत्म से नितान्त भिन्न है। स्त्री-रचनाकार के रूप में अपने आसपास की घटनाओं, सामाजिक व्यवहारों को अपने आत्म से जोड़ती है। उदाहरण के लिए, यदि हम अश्वेत स्त्रियों के आत्मकथ्यों को देखें। इनमें अश्वेत स्त्रियाँ सामाजिक भेदभाव और यौन-अस्मिता के प्रश्नों को निजी जीवन-कथ्यों से जोड़ती हैं, इनमें 'निज' एक व्यक्ति के तौर पर नहीं आता बल्कि बतौर सैनिक आता है जो सामूहिक कवायद का अनिवार्य अंग है। यहाँ 'निज' एक चैतन्य राजनीति पहचान के रूप में आता है, जिसने अतीत के अनुभवों से भविष्य को देखने की दृष्टि ग्रहण की। अमेरिका में अश्वेतों ने आत्मकथा-लेखन द्वारा आत्मविकास और आत्मस्वातंत्र्य का दरवाजा खोला। सदियों की दासता और दमन से मुक्त होने में हैरिएट बीचर स्टोव[27], जोरा नील

हर्स्टन, हैरियट जेकब्स, मैटी जैक्सन, इजाबैला बोमफ्री और हेरिएट टबमैन जैसी रचनाकारों का रचनात्मक प्रतिरोध अन्ततः रंग लाया। हैरिएट जेकब्स ने आत्मकथा को 'विद्रोह की लपट' कहा, वह उन साहसी अश्वेत स्त्रियों में से थी जिसने गुलामी की जंजीरें तोड़ी, भागकर अपनी आजादी पाई और अपनी आजादी पाकर अन्य बहुत-से गुलामों को आजादी दिलाने में सहायता दी। आज उसकी आत्मकथा 'एक गुलाम लड़की की जिन्दगी' के अंश में पाठ्यक्रमों में पढ़ाए जाते हैं। वह लिखती हैं : "अपने जन्म के वक्त मैं गुलाम ही थी।...मेरे पिता का मुख्य उद्‌देश्य था अपने बच्चों की आजादी खरीद सकना। पर वे कई बार कोशिश करने पर भी इसमें सफल नहीं हो पाए।...पन्द्रह वर्ष की आयु में मेरे साथ एक गुलाम स्त्री के जीवन का दुख आरम्भ हुआ। मालिक मेरे कानों में गन्दे शब्द फुसफुसा जाता। छोटी उम्र में भी मैं उनका मतलब समझती थी। मैंने अनभिज्ञता या घृणा दिखाकर उन्हें टालना चाहा। मालिक की बड़ी उम्र, मेरी छोटी आयु और दादी को न बता सकने की मेरी मजबूरी ने कई महीने मालिक की इस बात को बढ़ावा दिया था। वह इस मामले में दक्ष था या और अपना मतलब पूरा करने के कई हथकंडे अपनाता था। कई दफा वह तूफान की तरह रौद्र रूप में आ जाता, जिससे मैं काँपने लग जाती, और दूसरी दफा वह नर्मी से पेश आता, सोचता कि थोड़ा ऐसा दिखाना चाहिए। दोनों में से मैं रौद्र बर्ताव को ही ज्यादा बेहतर मानती थी। दादी ने मुझे पवित्रता से रहना सिखाया था। वह मेरे युवा मस्तिष्क को ऐसी कल्पनाओं से भर देता, जैसा कोई दैत्य-दानव ही कर सकता है। मैं घृणा और उपेक्षा से हट जाती।...पर मुझे शरण कहाँ मिलती? गुलाम लड़की काले शहतीर की तरह स्याह काली हो या अपनी मालकिन की तरह गोरी, किस भी तरह का कानून उसे बचा नहीं सकता—किसी भी अपमान, हिंसा और यहाँ तक कि मौत से भी। इस असहाय प्राण की मालकिन मदद करने के बजाय क्रोध और जलन से भरी रहती है। गुलामी में, जीवन शुरू होते ही ऐसे काले साये उमड़ते रहते हैं। यहाँ तक कि मालिकन और छोटे बच्चों की गुलाम बारह वर्ष की छोटी उम्र की लड़की को भी पता लग जाता है, कि मालकिन किस-किस गुलाम स्त्री से घृणा करती है। वह स्त्री उस गुलाम बच्ची की माँ भी हो सकती है।...दक्षिण की श्वेत स्त्रियाँ अपने ब्याह के समय यह अक्सर जानती हैं कि उनका पति कई छोटे गुलामों का पति है। पर वह इस बात की परवाह नहीं करतीं। ऐसे बच्चे उनकी जायदाद का हिस्सा होते हैं। खेत के सूअरों की तरह उन्हें बेचा जाता है। और गुलामों के किसी दलाल को उन बच्चों को सौंपकर वह यह बता-जता देती हैं और खुद मुक्त हो जाती हैं।"[28]

1672 में वर्जीनिया में जब पहली बार अश्वेत दासों की खेप उतारी गई थी, तब से 1861 तक, जबकि उन्हें वैधानिक तौर पर स्वतंत्र घोषित किया गया, अश्वेतों

में से अधिकतर वफादार गुलाम का जीवन जीते थे। उन्हें लगता था कि ईश्वर ने उन्हें 'गुलाम' बनने के लिए पैदा किया है। 1861 में उन्हें स्वतंत्रता मिली लेकिन इस अचानक मिली स्वतंत्रता की उपादेयता से वे वंचित थे, कारण था गुलामी के प्रति मानसिक अनुकूलन, अशिक्षा एवं निर्धनता। स्वतंत्रता मिली, कानूनी अधिकार मिले, लेकिन सामाजिक स्वतंत्रता का क्या? उस पर तो किसी ने ध्यान ही नहीं दिया। साधनहीन, अधिकारहीन काले अमरीकी शेष समाज की घृणा और उपेक्षा का पात्र बन गए।

उपेक्षा, पीड़ा, अपमान और त्रासदी के साथ सामाजिक अधिकार प्राप्त करने के संघर्षों को अश्वेतों ने आत्मकथ्यों द्वारा व्यक्त किया। गुलाम जनों की इन अनगिन गाथाओं, जिन्हें 'स्लेव नैरेटिव'[29] कहा गया—ने अब तक के साहित्य और अभिजनवादी रुचि को दरकिनार कर, हाशिये के समाज का नया, ज्यादा सच्चा, ईमानदार और मर्मस्पर्शी साहित्यिक-सांस्कृतिक इतिहास रच डाला। 'स्लेव्ज नैरेटिव्ज' में स्त्री-पुरुष गुलामों का जीवन, और उनके विविधस्तरीय अनुभव व्यक्त हुए। अश्वेत स्त्री गुलामों की अतिरिक्त शोचनीय स्थिति पीड़ा की बहुआयामी कथाओं (जो सच्ची हैं) के माध्यम से व्यक्त हुई। इन्हें उन स्त्रियों ने लिखा जो बच्चा जनने के चौबीस घंटे के अन्दर-अन्दर खेतों पर कठिन श्रम करने को विवश हैं जिनकी सन्तति मालिक की सम्पत्ति है, जिसे कभी भी बेचा जा सकता है। वह स्त्री—जिसकी विवशता का ये आलम है कि बीमारी की हालत में, मालिक उसका यौन-शोषण करता है और इलाज के लिए उस चिकित्सक के पास भेजता है—जो छूत का रोगी है। अश्वेत गुलाम स्त्रियों के आत्मकथ्य बहुआयामी, बहुस्तरीय शोषण के ज्वलन्त दस्तावेज हैं। स्त्री होने की यातना—यौन-शोषण, गुलामी और रंगभेद के कारण भेदभाव और पीड़ा के दिल-दहलाने वाले अनुभव एक-दूसरे की यातनाओं के साथ तादात्म्य, संघर्षों में भागीदारी की अनोखी भूमिका रचते हैं, साथ ही 'वैश्विक सखी भाव' के परिदृश्य का विस्तार भी करते हैं। अमेरिका में अश्वेतों द्वारा आत्मकथा-विधा को अपनाने के पीछे गहरे सामाजिक-व्यक्तिगत कारण हैं। अश्वेत स्त्रियों ने इनके द्वारा एक सशक्त राजनीतिक पहचान बनाई—ये उनका अपना तरीका था—स्वतंत्रता छीनने और गुलामी से मुक्ति पाने का।[30] इसलिए बर्नीस जॉनसन रीगन ने अश्वेत स्त्रियों की आत्मकथाओं को 'सांस्कृतिक आत्मकथाओं' का नाम दिया, क्योंकि एक अश्वेत स्त्री की अस्मिता को उसके समूह की अस्मिता से अलग करके समग्रता में जाना-समझा नहीं जा सकता। ये अश्वेत स्त्रियाँ आत्मकथा-लेखन द्वारा राष्ट्रीय मुक्ति की वृहत्तर धारा का अनिवार्य अंग भी बनती हैं और स्वयं को परम्परा की वाहिका और सांस्कृतिक निर्माणकर्त्री मानती हैं। नैंसी चोदोरोव ने स्त्री की इसी निजी अस्मिता की बात की थी, जिसे मैरी मैसोन जैसी प्रतिक्रियावादी आलोचक ने भी, एक सीमा तक स्वीकार किया।

मैरी मैसोन का मानना है कि स्त्रियों का 'आत्म' या निज अपने आसपास के लोगों के अस्तित्व पर निर्भर करता है। जहाँ स्त्रियाँ यह महसूस करती हैं कि उनका विरोध और उपेक्षा हो रही है, वहाँ वे 'आत्म' को नायक/नायिका के स्तर पर प्रस्तुत नहीं करती।[31] मेरी मैसोन ने पुरुष आत्मकथाओं पर टिप्पणी करते हुए सेंट आगस्टीन के आत्मकथा 'कंफेशंस' का उदाहरण देते हुए कहा कि पुरुष स्वयं को 'नायक' के रूप में प्रस्तुत करने के लिए प्रयत्नशील रहते हैं, जबकि स्त्रियों का आत्मकथा-लेखन अपने आसपास के लोगों की उपस्थिति और पहचान को ज्यादा महत्त्व देता है।

अपने आसपास के लोगों, परिस्थितियों और मनोसामाजिक अनुभवों की अभिव्यक्ति को स्त्री आत्मकथ्यों के अन्तर्गत क्या स्थान मिलता है। इस सन्दर्भ में सबसे पहले यह देखा जाना जरूरी है कि स्त्रियाँ 'मैं' और 'तुम' को किस सीमा तक और कैसे अभिव्यक्ति करती हैं। 'लिखना' दरअसल अपने अनुभव-संसार का पुनर्सृजन है। वाल्टर बेंजामिन ने 'आत्मकथा' को स्मृति और विस्मृति के द्वन्द्व का परिणाम माना है।[32] स्त्रियाँ किसी पुरुष लेखक की अपेक्षा सम्बन्धों की जटिलता, कटुता-मृदुता, सफलता-असफलता, किसी विशिष्ट समूह या व्यक्ति विशेष से सम्बन्धों के तनाव या लगाव का उद्घाटन ज्यादा रुचि और अपेक्षाकृत ईमानदार ढंग से करती हैं। उनके यहाँ माता-पिता, भाई-बहन, पति, प्रेमी या मित्र के साथ सम्बन्धों के तनाव या यों कह लें, कि उन प्रसंगों को, पर्याप्त वर्णनात्मकता के साथ जगह मिलती है, जिनमें भिन्न सामाजिक संरचनाओं से आए हुए लोगों के साथ सम्पर्क, अलगाव और विलगाव होता है। इसी प्रक्रिया में उनके 'मैं' का विस्तार 'तुम' में होता चलता है। दरअसल वे अपने-आपको विशिष्ट दिखाने और दीखने के बजाय अन्य स्त्रियों के साथ अपने अनुभव-संसार को बाँटना चाहती हैं। अस्मिता का यह आयाम निजी सम्बन्धों के तनाव में ज्यादातर दिखाई देता है। यह भी देखा गया है कि कुछ स्त्रियों की आत्मकथा पूरी तरह मनोविश्लेषण पर आधारित होती है। सीमोन द बोउवार की आत्मकथा को इस दृष्टि से देखा जा सकता है। पुरुष जगत में स्त्री प्रवेश नहीं कर सकती क्योंकि उसके अनुभव उसे ऐसे तर्क और ज्ञान नहीं सिखाते जिनके साथ वह आगे बढ़े। साथ ही स्त्री की सीमा पर पुरुष के शस्त्र में शक्तिहीन हो जाते हैं। मानव-स्वभाव का एक ऐसा भी क्षेत्र है, जिसकी पुरुष अवहेलना करता है। दूसरे के बारे में वह सोचता भी नहीं, पर स्त्री को इस अनुभव को प्राप्त करना ही पड़ता है। सीमोन द बोउवार की आत्मकथाओं—'मेमोआयर्स ऑफ अ ड्यूटीफुल डॉटर', 'द प्राइम ऑफ लाइफ', 'फोर्स टू सरकमस्टान्सेस', 'आल सेड एंड डॅन' में 'मैं' और 'वह' की चर्चा अक्सर मिलती है। 'द प्राइम ऑफ लाइफ' में वे लिखती हैं : 'यदि आप कैफे में घुसने पर अपने ही दो आत्मीय मित्रों को परस्पर बातचीत में व्यस्त देखें, तो बेहतर है बिना दखल दिये चुपचाप ओझल

हो जाएँ, स्वयं की मुक्ति का द्वार दूसरे को मुक्त किये बगैर खुलना सम्भव नहीं।' सीमोन का यह विश्वास आत्मकथ्यों का अन्तर्वर्ती सुर है। सार्त्र के साथ बिताए समय के बारे में वह लिखती हैं, "हम रोज सुबह लक्जमबर्ग गार्डन में मिला करते अपने भविष्य और अनलिखी पुस्तकों के बारे में ढेरों बातें करते"[33]—"हम अपने-आपको पूरी तरह आत्मनिर्भर समझते—रचनाकार की सृजनात्मकता के लिए यह सब जरूरी था।"[34] "उनके (सार्त्र) पास बहुत कम पैसे होते थे, फिर भी वे बहुत पीते थे, कभी-कभी तो रात के दो बजे तक वे पीते, उसके बाद ही मैं सोने जाती। सार्त्र ने दीर्घकालिक सम्बन्ध पर बहुत जोर दिया, इसलिए मैं राजी हुई थी, जिसमें दूसरे सम्बन्धों पर कोई रोक नहीं होनी थी। हमारे बीच यह भी तय हुआ कि हम एक-दूसरे को सब कुछ बताएँगे और एक-दूसरे से कभी झूठ नहीं बोलेंगे, न ही कुछ गुप्त रखेंगे"[35] जब सार्त्र की नियुक्ति मार्सेय में हुई तो पहली बार सार्त्र ने उससे विवाह का प्रस्ताव किया, ताकि दोनों को एक ही जगह नौकरी मिल सके, लेकिन सीमोन ने सार्त्र का प्रस्ताव ठुकराते हुए पारिवारिक जीवन में अपनी अनास्था व्यक्त की, और कहा कि वह कभी सन्तानोत्पत्ति नहीं करेगी।[36] 'फोर्स टू सरकमस्टांसेज' में सीमोन ने आत्मनिर्भरता की बात बार-बार कही। सार्त्र जब सीमोन की छात्रा ओल्गा के प्रति आकर्षित हुए तब भी सीमोन ने उसे विवाद का मुद्दा नहीं बनाया, बल्कि 'शी केम टू स्टे' शीर्षक उपन्यास में इस प्रसंग की मार्मिक अभिव्यक्ति की। सीमोन ने आत्मकथा में उस प्रसंग का भी जिक्र किया, जब किसी पत्रकार ने उनसे सार्त्र के साथ दीर्घकालिक सम्बन्धों पर जिज्ञासा की। सीमोन का जवाब था "मेरी स्वाधीनता (सार्त्र के सन्दर्भ में) पर कभी खतरा नहीं रहा, क्योंकि मैंने कभी भी अपने उत्तरदायित्वों से मुँह नहीं मोड़ा, या उन्हें सार्त्र पर लादा। मैंने, तब तक किसी विचार या निर्णय पर सहमति नहीं दी जब तक वह मेरे 'निज' के विश्लेषण की कसौटी पर खरा नहीं उतरा। मेरी संवेदनाएँ और अनुभव शेष संसार से, मेरे सीधे सम्पर्क से उत्पन्न हुईं...सार्त्र ने मेरा सहयोग जरूर किया और मैंने सार्त्र का। मैंने अपने जीवन और निर्णयों का दायित्व सार्त्र पर कभी नहीं डाला..."[37] 'द फेयरवेल टू सार्त्र' में भी सीमोन ने सार्त्र के साथ बिताए हुए जीवन और स्वयं के अनुभवों के माध्यम से बृहत्तर-स्त्री आबादी और स्त्री-प्रश्नों को बड़ी ही मार्मिकता के साथ प्रस्तुत किया। सार्त्र के साथ बातचीत के कुछ अन्तरंग अंश सीमोन ने पाठकों के सामने रखे। फ्रांस के स्त्री-मुक्ति आन्दोलन, गैरकानूनी गर्भपातों का आत्म-स्वीकार, अपने प्रेमियों सार्त्र, लेंजमैन, एलग्रेन के साथ सम्बन्धों की बेबाक अभिव्यक्ति 'द फोर्स ऑफ सरकमस्टांसेज' (आत्मकथा का तृतीय खंड) और 'आल सेड एंड डन' (चौथा खंड) में देखी जा सकती है।

स्त्री की स्पष्टवादिता और उस स्पष्टवादिता के खतरे, सेंसरशिप का दबाव, स्व की सीमा का अतिक्रमण करके 'निज' का 'पर' में परिविस्तार और फिर समाज,

इतिहास, वर्ग के संघातों से गुजरती हुई स्त्री जो एक 'स्त्री' मात्र नहीं रह जाती बल्कि लाखों-करोड़ों की आवाज बन जाती है। भिन्न समाज और भिन्न संस्कृति की रचनाकार देखे-अनदेखे सभ्य-असभ्य सामाजिकों की चेतना को अपने अनुभव के दायरे में कितनी सहजता घेर लेती हैं, सीमोन की डायरी और आत्मकथ्यों को पढ़कर समझा जा सकता है। सीमोन द बोउवार की आत्मकथा स्त्री-जीवन पर आधारित पाठों को मनो-राजनीतिक पहलू से देखने को भी विवश करती है, साथ ही बीसवीं शताब्दी के उत्तरार्द्ध और इक्कीसवीं सदी के प्रथमांश की आत्मकथाओं के बरअक्स इसे रखने से एक पूरी साहित्यिक परम्परा हमारे समक्ष जीवन्त हो उठती है। नैंसी चोदोरोव और शीला रॉबाथम ने स्त्री-आत्मकथाओं के मनो-राजनीतिक पाठ सम्भावनाओं की ओर संकेत किया था। उनका मानना था कि चूँकि स्त्री के अहं की सीमाएँ लचीली और तरल होती हैं अतः 'वह' को 'मैं' के साथ ज्यादा स्वीकृति दे पाती हैं, साथ ही माता-पुत्री का पारस्परिक सम्बन्ध स्त्री के व्यक्तित्व को, उसकी सृजनधर्मिता और अभिव्यक्ति को समझने में ज्यादा मदद कर सकता है।[38] हालाँकि ये सूत्र एक सीमा तक ही आत्मकथ्यों पर लागू किये जा सकते हैं, फिर भी 'ए ड्यूटीफुल डॉटर' (सीमोन द बोउवार) को इस सन्दर्भ में देखा जा सकता है। नैंसी चोदोरोव और रॉबाथम की मनोविश्लेषणात्मक और ऐतिहासिक विश्लेषणात्मक दृष्टि—स्त्री को 'निज' के तौर पर खोजने और देखने का आयाम प्रदान करती है। आत्मकथ्यों में व्यक्त 'निज' हमेशा अपने-आपको दूसरों के विरोध में नहीं रखता, वह अपने को, दूसरों से विशिष्ट दिखाने का प्रयास भी नहीं है, न खुद दूसरों से छोटा दिखाने की कोशिश ही, बल्कि वह दूसरों के साथ 'सह-अस्तित्व' की आनुभविक अभिव्यक्ति है। शीला रॉबाथम ने स्त्री के सामूहिक अकेलेपन की बात की, साथ ही इस सन्दर्भ में स्त्री-भाषा पर भी विचार किया। नैंसी चोदोरोव ने माता-पुत्री के पारस्परिक सम्बन्धों के विश्लेषण की प्रक्रिया में स्त्री के व्यक्तित्व, उसकी निजी अस्मिता के निर्माण की बात कही, लेकिन आलोचकों ने आत्मकथाओं के विश्लेषण के सन्दर्भ में इन दोनों सिद्धान्तों का प्रयोग पूरी तरह या स्पष्ट तौर पर नहीं किया, कुछ ने समानान्तर धाराओं पर काम किया, कुछ अलग-अलग पड़े समूहों और जातीय चेतना पर काम करते रहे, और कुछ निजी अस्मिता के निर्माण की प्रक्रिया पर विचार करते रहे। जबकि नैंसी चोदोरोव की मनोविश्लेषणात्मक पद्धति स्त्री-पाठ के विश्लेषण में बहुत दूर तक सफल हो सकती है। बढ़ती बच्चियाँ स्वयं को दूसरों की आँखों से देखकर परिभाषित करती हैं। अपने बारे में उनके विचार समवयसी पुरुष की अपेक्षा कहीं अधिक लचीले होते हैं। पुरुष-बालक स्वयं को ज्यादा विशिष्ट और अलग समझते है। उनका 'अहं' ज्यादा दृढ़ होता है, उनमें विलगाव होता है, जबकि स्त्रियों में स्त्री-तत्त्व का आधिक्य शेष संसार के प्रति उन्हें ज्यादा सम्पृक्त बनाता है। पुरुषों की मनःसंरचना स्त्रियों से भिन्न होती है—सम्बन्ध

निर्वहण की क्षमता, उनमें स्त्रियों से कुछ कम नहीं होती है। वे स्त्रीत्व और स्त्री के साथ सम्बन्धों को कम मान्यता देते हैं, जबकि स्त्रियाँ सम्बन्धों में निज के साथ-साथ दूसरों के लिए भी पर्याप्त अवकाश रख पाती हैं, वे मानसिक संसार के साथ व्यवहार में भी 'समूह' बनाने की भावना से आपूरित रहती हैं। नैंसी चोदोरोव की सैद्धान्तिकी में दो बातें उभरकर आती हैं—पहली तो यह कि पुरुष और स्त्री लिंग के आधार पर अलग हैं इसलिए उनकी मानसिक संरचना और समाजीकरण में परस्पर अन्तराल दिखाई देता है। अन्तराल का यह अहसास स्त्रियों के अवचेतन में रहता है, जिससे कहीं-न-कहीं स्त्री-पाठ प्रभावित होता है। स्त्री के द्वारा लिखे हुए पाठ में 'व्यक्ति न स्वयं का और न दूसरों का विरोध करता है, इस सन्दर्भ में नैंसी ने माता और शिशु के सम्बन्धों को देखने पर बल दिया। इस तरह वे एक ओर मनोविश्लेषण के सिद्धान्त को माता और शिशु के सन्दर्भ में लागू करती हैं, तो दूसरी ओर वैश्विक मातृत्व की संकल्पना को खारिज करते हुए उन्होंने कहा कि समूह में रहते हुए भी कोई एक स्त्री या स्वयं माँ ही शिशु की देखभाल प्रमुख रूप से करती है, यह सम्भव है कि समूह की अन्य स्त्रियाँ शिशु के लालन-पालन में माँ का सहयोग करें। पुरुष-शिशु का प्रथम प्रेम माता से होता है, माताएँ अपने पुत्रों को विपरीत लिंगी पुरुषों के रूप में देखती हैं। पुत्र को माता से दूर करने और पिता (जो पुरुष है) से तदाकारिता करने के प्रयास किये जाते हैं। पुत्र के सामने पिता का, और पुत्री के सामने माता का आदर्श स्थापित किया जाता है। दूसरी बात यह है कि माता और पुत्री का सम्बन्ध स्त्री-व्यक्तित्व निर्माण की केन्द्रीय भूमिका निभाता है। नैंसी का मानना है कि सख्य भाव का विस्तार या लेस्बियन स्त्रियों का पारस्परिक आकर्षण वस्तुतः अपनी माता के प्रति अव्यक्त प्रेम का ही परिविस्तार है। माता अपनी पुत्री में अपने व्यक्तित्व का पूर्ण विस्तार खोजती है। माँ और बेटी—दोनों एक-दूसरे में विलय होने और अलग होने का अनुभव बहुत गहराई से करती हैं और 'समलैंगिक स्त्रियाँ माँ-बेटी की भावनाओं को पुनः जीने और सम्बन्ध के पुनर्निर्माण का प्रयास करती हैं।'[39]

सुसन स्टेनफोर्ड फ्रीडमैन ने आत्मकथा के सन्दर्भ में 'स्त्रियों की संस्कृति को हाशिये की संस्कृति'[40] के नाम से अभिहित किये जाने और लैंगिक पूर्वाग्रहों से बचने की सलाह दी। उनका मानना है कि दमनकारी पुरुष-प्रधान विचारधारा के प्रति हमे नकारात्मक रवैया न अपनाकर 'सामूहिक अस्मिता' के निर्माण और शक्ति के प्रेरक स्त्रोत के रूप में देखना चाहिए। सुसन स्टेनफोर्ड ने आत्मकथा की अब तक प्रचलित अवधारणाओं पर गम्भीरता से विचार किया, साथ ही समुदायों की अन्योन्याश्रित छोटी-बड़ी अस्मिताओं को भी अपनी सैद्धान्तिकी में समेटने का प्रयास किया। 'आत्मकथा' व्यक्ति और समाज के बीच के दरारों को दिखाती हैं। ये दरारें काल और समय की, व्यक्ति और समाज के साथ परम्परा

और प्रचलन की तथ्य और सत्य की, व्यवहार और विमर्श के बीच के अन्तराल को चिह्नित करती हैं।

आत्मकथ्य के सन्दर्भ में भाषा पर विचार करना भी जरूरी है। पुरुषों के आत्मकथ्यों में भाषा का ज्यादा प्रभावी और परुष रूप दिखाई देता है जबकि स्त्री-आत्मकथाओं की स्थिति इससे थोड़ी अलग है। जहाँ पुरुष-भाषा फेलोसेंट्रिक है वहीं स्त्री-रचनाकारों में अपने 'अन्या' होने का अहसास निरन्तर उपस्थित रहता है, जिससे उनकी भाषा कोमल, कहीं-कहीं घरेलू बातचीत और रोजमर्रा के प्रतीक और बिम्बों से समन्वित होती हैं। ज्यादातर लेखिकाएँ अभिधात्मक तरीके से आत्माभिव्यक्ति करना पसन्द करती हैं। समाज पुरुष-प्रधान है—स्त्रियों की सामाजिक हैसियत जो 'लिंग' पर आधारित है—यह अहसास उन्हें जन्म के बाद से निरन्तर कराया जाता है, या सीमोन बोउवार के शब्दों में कहें तो 'स्त्री बनाई जाती है'। सीमोन समेत कई सिद्धान्तकारों के अध्ययन का यह निष्कर्ष है कि पिता ही परिवार में सीमाएँ निर्धारित करने का काम करता है—अपनी सन्तति को सीमा में रहने की शिक्षा देता है। माता की अपेक्षा सन्तानें पिता को शासक और समादृत रूप में देखती हैं जिसके आर्थिक और मनोवैज्ञानिक कारण होते हैं। पिता परिवार का सत्ता-केन्द्र होता है, वहीं सन्तानों को सबसे पहले परिवार के नियमों के बारे में बताता है। स्त्री-पुरुष का यही अन्तराल विभेदक होता है—विशेषकर आत्मकथा-लेखन में। हालाँकि, कुछ विचारक भाषा के स्तर पर स्त्री-पुरुष के पारस्परिक अन्तर करते हैं। स्त्री अपने कथन और लेखन में अपने-आपको बार-बार दोहराती है। स्त्री-आत्मकथ्य स्वयं में बारम्बार कहा जानेवाला अनुवाद रहित, अनकहा सन्देश है। सत्ता-केन्द्रों को हाशिये की अस्मिताओं द्वारा दिये सन्देश के रूप में स्त्री-आत्मकथाओं को परिभाषित किया जाना चाहिए।

आत्मकथा लेखन के सन्दर्भ में यह प्रश्न विचारणीय है कि आत्मकथा-लेखन किसके लिए किया गया है और इस विशिष्ट विधा को ही अपनाने के क्या कारण हैं। 'ए रूम ऑफ वन्स ओन' की लेखिका वर्जीनिया वुल्फ ने विधा के प्रश्न पर विचार किया था। 1919 में 37 वर्ष की उम्र में, डायरी लिखते समय उन्हें डायरी लेखन की उपयोगिता का प्रश्न बेचैन करता है, साथ ही वे यह भी सोचती हैं, कि किसी व्यक्ति को उम्र के किस पड़ाव पर डायरी या संस्मरण-लेखन का काम करना चाहिए। वे लिखती हैं, "मेरी डायरी को रचना के तौर पर नहीं लिया जाना चाहिए। मैंने अभी-अभी अपनी डायरी को पुनः पढ़ा और पाया कि मैंने, जीवन की घटनाएँ ऊबड़-खाबड़ बेतरतीब ढंग से इसमें लिख दी हैं, उन्हें पढ़ना वैसा ही है जैसे घोड़े की पीठ पर बैठकर बहुत ही ऊबड़-खाबड़ रास्ते पर जाना"[41] ठीक इसी के बाद वे लिखती हैं : "लेकिन यह भी सच है कि अगर मैं रुकती और सिलसिलेवार ढंग से विचार करती तो यह डायरी कभी लिखी ही नहीं जाती...हो सकता है पुनर्विचार

करने पर इसी डायरी में से एक बेहतर और व्यवस्थित रचना निकलती, लेकिन तब वे महत्त्वपूर्ण घटनाएँ शायद छूट जातीं, जिन्हें पुनर्विचार की प्रक्रिया में, मैं नैसर्गिक संकोच के कारण छोड़ देती, किन्तु वे प्रसंग तो वस्तुत: धूल में पड़े रत्न ही तो हैं।" वुल्फ स्वयं की कल्पना पचास वर्षीया के रूप में करते हुए लिखती हैं, कि उन्होंने चश्मा लगा रखा है और संस्मरण लिखने की प्रक्रिया में अतीत के वर्षों, घटनाओं को खँगाल रही हैं। अट्ठावन वर्षीया वुल्फ अपनी डायरी में लिखती हैं : "कभी-कभी सोचती हूँ और अपने-आपसे पूछती हूँ कि अन्तत: यह तमाम असम्बद्ध बातें और अव्यवस्थित लेखन कौन पढ़ेगा? फिर सोचती हूँ किसी को इस लेखन में से कोई-न-कोई तत्त्व जरूर मिलेगा जो उसके अनुभव को परिपक्व बनाने में सहायक होगा।"[42]

वर्जीनिया वुल्फ अपने संस्मरण नहीं लिख सकीं, लेकिन उनके आत्मकथांश डायरियों और पत्रों में भरे पड़े हैं। डायरी में ही उन्होंने लेखन की आवश्यकता, संस्कृति के सन्दर्भ और स्त्री-लेखन की सैद्धान्तिकी जैसे प्रश्नों पर विचार किया। वर्जीनिया वुल्फ की डायरी-आत्मकथा, संस्मरण जैसी विधाओं को अपने में समेटे हुए है, यहाँ तक कि 'टू द लाइट हाउस' और 'द इयर्स' शीर्षक दो उपन्यासों में भी उनके आत्मानुभवों की ही अभिव्यक्ति कहा जाता है।[43]

कोई स्त्री-आत्मकथा की रचना में तत्पर क्यों होती है? आत्मकथ्य वह किसके लिए लिखती है? स्त्री सैद्धान्तिकी के अनन्तर यह प्रश्न महत्त्वपूर्ण है। अपने जीवन को पन्नों पर उतार देना—बहुत साहस की माँग करता है, साथ ही इसे परिवर्तनकामी शक्तियों के आगमन और स्वीकार से जोड़कर देखा जाना चाहिए। मेरी जीन कार्बेट ने स्त्रियों को सुझाव दिया था कि "स्त्रियाँ अपने तनाव और चिन्ताओं को दूसरे से साझा कर, पढ़कर और व्याख्यायित कर दूसरों के इतिहास से अपने की तुलना कर अपने व्यक्तित्व को सही आकार देने में समक्ष हो सकती हैं।"[44]

आत्मकथा लेखन को अपने तनाव और चिन्तन-मनन की रचनात्मक 'शेयरिंग' से जोड़ा जा सकता है। हालाँकि एक स्त्री, देश-काल की सांस्कृतिक सीमाओं के परे, आत्माख्यान लिखते या कहते समय निरन्तर इस तनाव से जूझती है कि वह जीवन-सत्य के किन पहलुओं को छोड़े और जोड़े। चारित्रिक दुर्बलता और फिसलन के प्रसंगों में से किन्हें लिखे और किन पर मौन रह जाए, सत्य और कल्पित प्रसंगों में से क्या रखे और क्या त्याग दे! स्त्री-रचनाकार का वैश्विक नजरिया, जीवन-मूल्य, संस्कार, भाषिक कौशल, राजनीतिक सन्दर्भ और उसके जीवन की नियंत्रक शक्तियाँ—इसको प्रभावित करती हैं, इसलिए रीता फेल्स्की को लगता है कि 'स्त्रियों की आत्मकथाओं में इच्छा और सत्य का तनाव दिखाई देता है। उनका ईमानदार आत्म निरन्तर सत्य के पक्ष में बोलने के लिए पर्युत्सुक रहता है जबकि बाहरी दबाव इस अभिव्यक्ति पर अंकुश लगाते हैं।'[45] आत्मकथाओं

को कौन-सा पाठक पढ़ेगा, स्त्री को अपने सम्भावित पाठक की भी चिन्ता रहती है, दरअसल, पाठकीय वर्ग और रुचि भी रचना को प्रभावित करती है। स्वान्तः सुखाय का दावा करनेवाले रचनाकार के अवचेतन में भी ज्यादा-से-ज्यादा पाठकों तक स्वयं को प्रसरित करने की प्रच्छन्न लालसा रहती है। अठारहवीं सदी की रचनाकारों ने मित्रों और सगे-सम्बन्धियों के लिए लिखा, लेकिन मुद्रण और आधुनिक जनमाध्यमों ने बीसवीं सदी की रचनाकारों को वृहत्तर पाठक समुदाय तक पहुँचाया।

कई बार यह भी होता है कि आत्मकथा की रचना अनदेखे अनजाने या कल्पित पाठक समुदाय के लिए की जाती है, यहाँ तक कि डायरी लेखन में भी, जहाँ रचनाकार अपना लिखा ही बार-बार पढ़ता है, वहाँ पुनर्पठन की प्रक्रिया में पुनर्सृजन भी होता चलता है। ऐसे में लेखक/रचनाकार स्वयं ही पाठक की भूमिका निबाहने लगता है—डायरी के पृष्ठ रचनाकार के लिए दर्पण-से हो जाते हैं। आत्मकथ्यों में स्मृति का पुनर्लेख होता चलता है, कल्पना के मिश्रण से वह एक नूतन सृजन का रूप धर लेती है। आधुनिक विमर्शकार स्त्री के कहे हुए को ही सच मान लेने की वक़ालत करती हैं। स्त्रियों, दलितों और हाशिये के समूहों के आत्मकथ्यों को 'टेस्टीमोनियो' कहने का तर्क भी कई सिद्धान्तकार देते हैं क्योंकि जहाँ आत्मकथा में कथाकार किसी विशिष्ट सामाजिक भूमिका का व्यक्ति होता है वहीं 'टेस्टीमोनियो' सामान्य जन की कथा कहता है जो उस समुदाय में ही गुणी या विशिष्ट व्यक्ति हो उठता है। स्त्रियाँ लिखकर स्त्री समुदाय के सामान्य अनुभवों के बारे में पाठक को बताती हैं। अक्सर स्त्रियों पर निजी, आन्तरिक बातों का खुलासा करने, प्रताड़नाओं की अभिव्यक्ति की पुनरावृत्ति का आरोप लगाया जाता है। इसके उदहारण के तौर पर दलित स्त्री-आत्मकथाओं को विशेष तौर पर देखा जा सकता है। स्त्रियाँ यौन-इच्छाओं, दमन और प्रताड़ना की जब बेबाक अभिव्यक्ति करती हैं—तो इसके पीछे कम-से-कम समय में बहुत कुछ कह डालने की हड़बड़ाहट, अब तक न सुनी गई आवाजों को सुनवाने, अपना प्रतिरोध जतलाने की इच्छा है। इसके साथ पाठकीय रुचि का ध्यान भी स्त्रियाँ रखती हैं। पाठकों को आत्मकथा का कौन-सा प्रसंग लुभावना (इक्जोटिक) और सरस लग सकता है—इसके आधार पर भी ऐसे प्रसंगों का जिक्र विस्तार और कभी-कभी अतिविस्तार से करती हैं। अपने किये और जिए हुए को, अनुमोदित कराने की दृष्टि से भी रचनाकार एक विशिष्ट पाठक-वर्ग की रुचि का ध्यान रखती है। ऐसी रचनाओं में सायास आत्मानुशासन, साहित्यिक और सांस्कृतिक कायदे के पालन की प्रवृत्ति दिखाई देती है।

आलोचकों ने आत्मकथा को एक जनतांत्रिक विधा के रूप में देखने की सिफारिश की है, जिसमें अन्य कई विधाओं की स्वाभाविक अन्तर्भुक्ति होती है। ऐसी विधा की

कृति यानी 'आत्मकथा' पढ़ना दूसरे के 'अहं' के पुनर्लेख से गुजरना मात्र नहीं है, बल्कि इसे दूसरे के अनुभव-संसार से गुजरने अनुभवों से जोड़कर देखना चाहिए—वे लोग, स्त्रियाँ जिन्हें हम बिलकुल नहीं जानते या बहुत कम जानते हैं—उनके बारे में बहुत कुछ जानने का खतरा उठाना हमारे अनुभव-संसार को समृद्ध करता है। आत्मकथाएँ निजी जिन्दगियों के साथ टकराती हैं और अनुभूतिप्रवण पाठकों की संवेदना को समृद्ध करने के साथ ही उनमें अपने व्यक्तित्व व परिवेश को लेकर आलोचनात्मक चेतना उत्पन्न करती हैं।

सन्दर्भ

1. डोम्ना सी. स्टेंसन, द फीमेल आटोग्राफ, (7) सिचुएटिंग सब्जेक्टिविटी—सिडनी स्मिथ और जूलिया वाटसन, वूमन ऑटोबायोग्राफी थियरी : रीडर, यूनिवर्सिटी ऑफ विन्स्कोसिन प्रेस
2. सेंट आगस्टीन, कन्फेशन्स, अनु.—आर. एस. पाइन-कॉफिन, हर्मन्द्स्वर्थ, पेंगुइन, 1961
3. जोर्ज गसडोर्फ, कंडीशन्स एंड लिमिट्स ऑफ ऑटोबायोग्राफी, पुनर्प्रकाशन, जेम्स ओल्नी (सं.) ऑटोबायोग्राफी एसेज थियरोटिकल एंड क्रिटिकल, प्रिंसटन यूनिवर्सिटी प्रेस, प्रिंसटन, 1980
4. शेरी बेनस्टाक, फीमेल रिटोरिक, द प्राइवेट सेल्फ, रूटलेज पब्लिकेशन, यूनिवर्सिटी ऑफ नार्थ केरोलीना प्रेस, पृ. 188, 1988
5. एलिजाबेथ कार्टर का पत्र, 1 जनवरी, 1743, पेनिंग्टन 1; 24, 25
6. कैथरीन टालबोट का पत्र, 23 दिसम्बर, 1751, 2 : 67
7. डिलोनी का पत्र 14 मार्च, 1728, 29, 1 : 196
8. सिडनी स्मिथ और जूलिया वाटसन, सिचुएटिंग सब्जेक्टिविटी इन वूमंस ऑटोबायोग्राफिकल प्रेक्टिसेज, भूमिका पृ. 6
9. केट मिलेट, सीता, फरार स्टार्स एंड गिराक, न्यूयार्क, 1977
10. एंजेला डेविस, एन ऑटोबायोग्राफी, रैंडम हाउस, न्यूयार्क, 1974, 1988
11. एलेन मोयर्स, लिटरेरी वूमन, गार्डनसिटी, न्यूयार्क, 1976
12. कैरेलॉन जी. हेलिब्रन, राइटिंग अ वूमंस लाइफ, न्यूयार्क, पृ. 11, 16, 17, डब्लू डब्लू नार्टन 1988
13. सिडनी स्मिथ और जूलिया वाटसन, सिचुएटिंग सब्जेक्टिविटी इन वूमंस ऑटोबायोग्राफिकल प्रेक्टिसेज, भूमिका पृ. 5
14. सूसन स्टेनफोर्ड फ्राइडमैन, वूमेन ऑटोबायोग्राफिकल शेल्व्ज-थियरी एंड प्रैक्टिसेज शेरी बेन्स्टाक (सं.) द प्राइवेट सेल्फ, रूटलेज पब्लिकेशन, पृ. 34, 1988
15. गरिमा श्रीवास्तव (सं.), उपन्यास का समाजशास्त्र, वाणी प्रकाशन, दिल्ली, भूमिका, पृ. 8, 2023
16. बारबरा क्रिस्टियन, ले. बीइंग द सब्जेक्ट एंड द ऑब्जेक्ट : रीडिंग एफ्रिकन अमेरिकन वूमेंस नोवेल्स : इन चेंजिंग सब्जेक्ट्स : द मेकिंग ऑफ फेमिनिस्ट लिटरेरी क्रिटिसिज्म, (स.) गाले ग्रीन एंड काप्लिया कान, रूट्लेज पब्लिकेशन, न्यूयार्क, पृ. 195-200, 1993

17. सूसन स्टेनफोर्ड फ्रीडमैन, वूमेन ऑटोबायोग्राफिकल शेल्व्ज-थियरी एंड प्रक्टिसेज शेरी बेन्स्टाक (सं.), द प्राइवेट सेल्फ, रूटलेज पब्लिकेशन, पृ. 42, 1988
18. गायत्री चक्रवर्ती स्पीवाक (ले.), कैन सबाल्टर्न स्पीक, (स.) मार्क्सिस्म एंड इंटरप्रेटेशन ऑफ कल्चर, कैरी नेल्सन एंड लारेंस ग्रास्बर्ग, अर्बाना एंड शिकागो : यूनिवर्सिटी ऑफ इलिनोयस प्रेस, पृ. 271-313, 1988
19. कैरेलॉन जी. हेलिब्रन, राइटिंग अ वूमंस लाइफ, न्यूयार्क, पृ. 11,16,17, डब्लू. डब्लू. नार्टन 1988
20. जान स्टुअर्ट हाल, रेस, आर्टिकुलेशन एंड सोसाइटीज स्ट्रकचर्ड इन डोमिनेंस, यूनेस्को (स.) सोशियोलॉजिकल थियरीज : रेस एंडकोलोनिअलिज्म, पेरिस, यूनेस्को, पृ. 305-315
21. जार्ज गस्डोर्फ, कंडीशंस एंड लिमिट्स ऑफ ऑटोबायोग्राफी, पुनर्प्रकाशन, जेम्स ओल्नी (सं.), ऑटोबायोग्राफी एसेज थियरोटिकल एंड क्रिटिकल, प्रिंसटन यूनिवर्सिटी प्रेस, प्रिंसटन, पृ. 28, 1980
22. शीला राबाथम, वूमन कांशसनेस, मेंस वर्ल्ड, पेंगुइन प्रकाशन, लन्दन, 1973
23. नैन्सी चोदोरोव, द रिप्रोडक्शन ऑफ मदरिंग : साइकोएनालिसिस एंड द सोशियोलोजी ऑफ जेंडर, कैलिफोर्निया प्रेस, 1978
24. जे. लाकां, एक्रीटस : ए सेलेक्शन, एक्रीटस, अनुवाद एलेन शेरिडन, डब्लू. डब्लू. नार्टन एंड कम्पनी, न्यूयार्क, 1977
25. ब्रूस मैजिश, ऑटोबायोग्राफी एंड साइकोएनालिसिस, बिटविन ट्रुथ एंड सेल्फ डिसेप्शन, एनकाउंटर 35, अक्टूबर 1970, पृष्ठ 28-37 तथा ए स्ट्रकचरल स्टडी ऑफ ऑटोबायोग्राफी, प्रूस्त, लिरिस, सार्त्र, लेविस्त्रास, कार्नेल यूनिवर्सिटी प्रेस, 1974
26. शीला राबोथम, वूमन कांशसनेस, मैन्स वर्ल्ड, पेंगुइन प्रकाशन, लन्दन 1973
27. हैरियट बीचर स्टोव, अंकल टॉमस केबिन तथा लाइफ अमंग द लवली, पेंगुइन प्रकाशन, न्यूयार्क, 1952
28. हैरिएट जेकब्स, एक गुलाम लड़की की ज़िन्दगी, हिन्दी अनु.—गगनप्रीत, अन्यथा पत्रिका, पृ. 229-233, जून 2008 अंक
29. एलिजाबेथ फॉक्स, जेनोवेस, माई स्टेत्युट, माई सेल्फ : ऑटोबायोग्राफिकल राइटिंग्स ऑफ एफ्रो-अमेरिकन वूमन, संकलित लेख, द प्राइवेट सेल्फ, (सं.) शेरी बेन्स्टाक, रूटलेज, लन्दन, पृ. 63-90, 1988
30. जेम्स ओल्नी, आई वाज बोर्न : स्लेव्ज नैरेटिव्ज : देयर स्टेटस एज ऑटोबायोग्राफी एंड एज लिटरेचर : द जॉन होपकिंस यूनिवर्सिटी प्रेस, काल्लालू, नम्बर 20, विंटर, पृ. 46-73, 1984
31. जेम्स ओल्नी, (सं.) द अदर वोइसेज : ऑटोबायोग्राफीज बाय वूमन राइटर्स, इन ऑटोबायोग्राफी : एस्सेज थियारोटीकल एंड क्रिटिकल, प्रिंसटन यूनिवर्सिटी प्रेस, पृ. 207-235, 1980
32. जेर्हार्ड रिचर, वाल्टर बेंजामिन एंड द कार्पस ऑफ ऑटोबायोग्राफी, जर्मन लिटरेरी थियरी एंड कल्चरल स्टडीज सीरीज, वायन स्टेट यूनिवर्सिटी प्रेस, 2002
33. सिमोन द बोउवार, ए फेयरवेल टू सार्त्र, अंग्रेजी अनुवाद पैट्रिक ओ ब्रायन, पेंगुइन प्रकाशन, लन्दन, पृ. 17
34. वही, पृ. 18-19

35. सिमोन द बोउवार, आल सेड एंड डन, अंग्रेजी अनुवाद पैट्रिक ओ ब्रायन, पेंगुइन प्रकाशन, पृ. 24, 1984
36. सिमोन द बोउवार, फोर्स टू सरकमस्टांसेज, अंग्रेजी अनुवाद पैट्रिक ओ ब्रायन, पृ. 67
37. सिमोन द बोउवार, द सेकेंड सेक्स, एच. एम. पार्सले, न्यूयार्क, विंटेज पब्लिकेशन, पृ. 646
38. नैंसी चोदोरोव, सायिकोएनलिसिस एंड सोशियोलॉजी ऑफ जेंडर, बर्कले यूनिवर्सिटी ऑफ कैलिफोर्निया प्रेस, पृ. 200, 1978
39. वही
40. सूसन स्टेनफोर्ड फ्रीडमैन, वूमेन ऑटोबायोग्राफिकल शेल्व्ज-थियरी एंड प्रेक्टिसेज, शेरी बेन्स्टाक (सं.), द प्राइवेट सेल्फ, रूटलेज पब्लिकेशन, पृ. 34-62, 1988
41. वर्जीनिया वूल्फ, लेटर्स ऑफ वर्जिनिया वूल्फ (सं.), नाइगेल निकल्सन, जान त्राउट मेन, छह खंडों में, न्यूयार्क, हरकोर्ट ब्रास विच, 1977-82 तथा ए स्केच ऑफ द पास्ट—इन द मोमेंट्स ऑफ बीईंग, (सं.) जीन स्कूल्कारंड, लन्दन, होगार्थ प्रेस, 20 जनवरी, 1919 को लिखा डायरी अंश, 1976
42. वही, 19 फरवरी को लिखा डायरी अंश, 1940
43. वर्जीनिया वूल्फ के संस्मरण 'मोमेंट्स ऑफ बीईंग' शीर्षक के अन्तर्गत पाँच खंडों रेमिनाइंसेज, ए स्केच ऑफ द पास्ट और मेमोआयर क्लब के लिए पढ़े गए तीन पाठ, 22 हाइड पार्क गेट, ओल्ड ब्लूम्सबरी और एम आई ए स्नाब में मिलते हैं। वूल्फ के दो उपन्यासों 'टू द लाइट हॉउस' और 'द इयर्स' में भी संस्मरणात्मक सामग्री का प्रयोग मिलता है।
44. मेरी जीन कॉर्बेट, लिटरेरी डोमेस्टिसिटी एंड वीमेन राइटर। संकलित लेख वूमन, ऑटोबायोग्राफी, थियरी, सिडनी स्मिथ जूलिया वाटसन, यूनिवर्सिटी ऑफ विस्कांसिन प्रेस, पृ. 255, 1998
45. रीता फेल्स्की, ऑन कन्फेशन्स, बियोंड फेमिनिस्ट एस्थेटिक्स, फेमिनिस्ट लिटरेचर एंड सोशल चेंज, कैम्ब्रिज, हार्वर्ड यूनिवर्सिटी प्रेस, पृ. 86-121, 1989

अध्याय-3

अथ सवर्ण स्त्री प्रति-आख्यान *

(बांग्ला और तेलुगु की पहली स्त्री-आत्मकथा)

सामान्यतः पाठकों की रुचि कथा-साहित्य से ज्यादा आत्मकथाओं में होती है, क्योंकि आत्मकथा से सत्य और प्रामाणिक अनुभवों की गूँज सुनाई देती है। उन्नीसवीं शताब्दी के उत्तरार्द्ध और बीसवीं शताब्दी के पूर्वार्ध में दो अलग भारतीय भाषाओं में लिखी गई आत्मकथाएँ 'आमार जीबन' (बांग्ला) और 'आत्मचरितमु' (तेलुगु) का पाठ विश्लेषण क्यों अनिवार्य बन पड़ा है, इसका उत्तर स्त्री-आत्मकथाओं की सैद्धान्तिकी के व्यावहारिक पक्ष से सम्बद्ध है। आज पश्चिम और पूर्व दोनों जगहों पर लैंगिक अध्ययन-केन्द्रों, क्षेत्रीय एवं तुलनात्मक अध्ययन-केन्द्रों में ऐसे टेक्स्ट की माँग जोर पकड़ चुकी है जो बदलते शैक्षिक आग्रहों की पूर्ति कर सके। ऐसा 'टेक्स्ट' जो व्यक्ति और समाज के विविधमुखी अनुभवों को प्रामाणिकता में प्रस्तुत करे। स्त्री-आत्मकथा-आलोचना के लिए जरूरी है कि आत्मकथाओं के 'टेक्स्ट' खोजे जाएँ, पुराने 'टेक्स्ट' का पुनर्पाठ किया जाए और परस्पर असम्बद्ध दिखनेवाली कड़ियों को एक जगह रखकर देखा जाए। 'आत्मकथा' में सम्बन्धों का परिविस्तार प्रायः रचनाकार, उसके आत्मीयों-सम्बन्धियों तक ही सीमित होता है। फिर भी, जिन अनुभवों से समाज की छोटी-बड़ी अस्मिताओं के सामूहिक अनुभवों का निर्माण होता है, उनको देखने के लिए 'आत्मकथाएँ' महत्त्वपूर्ण होती हैं। विशेषकर स्त्री के आत्मकथ्य का विश्लेषण उसका समाज, पीड़ा, चोटें, लिंगभेद, मनोसामाजिकी, भाषा-भंगिमाओं की विशिष्टता को सामने लाने में मदद करता है। बांग्ला की पहली स्त्री-आत्मकथा 'आमार जीबन' और तेलुगु की पहली स्त्री-आत्मकथा 'आत्मचरितमु' के टेक्स्ट का विश्लेषण दो भिन्न

* लेख के शीर्षक में 'प्रति-आख्यान' शब्द में 'प्रति' विरोध या विरुद्ध के अर्थ में है। (सन्दर्भ : संस्कृत-हिन्दी शब्दकोश, वामन शिवराम आप्टे)

प्रदेशों में, भारतीय नवजागरण के दो अलग पड़ावों पर समाज-सुधार आन्दोलनों की भूमिका, स्त्री की स्थिति, विशेषकर ब्राह्मण सवर्ण स्त्री, जो सतही तौर पर सुखी है, और स्त्री-रचनाकार की जीवन-यात्रा की अभिव्यक्ति, संस्कृति-दर्शन-आत्म के सामाजिक सन्दर्भ की प्रकृति और वर्गीय अध्ययन की दृष्टि से दिलचस्प हो सकता है। उन्नीसवीं शताब्दी के उत्तरार्द्ध और बीसवीं शती के प्रथमांश में प्रकाशित भारतीय आत्मकथाओं के बरअक्स इन्हें रखने से एक पूरी विस्मृत साहित्यिक परम्परा हमारे सामने जीवन्त हो उठती है। ये आत्मकथाएँ व्यक्ति और समाज के बीच की दरारों को दिखाती हैं। ये दरारें काल और समय के साथ परम्परा और प्रचलन की, सत्य और तथ्य की, व्यवहार और विमर्श के बीच के अन्तराल को चिह्नित करती हैं। स्त्री-आत्मकथाओं ने इधर हाल के वर्षों में एक बड़ा पाठक-वर्ग तैयार किया है। भारतीय सन्दर्भ में, साहित्येतिहास के आधुनिक युग की पहली कही जानेवाली अलग-अलग भाषा में लिखी गईं ये दो आत्मकथाएँ पढ़ते समय हमें पता लगता है कि कैसे सामाजिक अभ्यास अपनी पूरी तात्कालिकता और सम्पूर्णता के साथ एक उत्तेजक अनुभव में रूपान्तरित हो जाते हैं और तब स्त्री का अनुभव सिर्फ एक व्यक्ति का अनुभव नहीं रह जाता। वह सामाजिक संस्था के अनुभव में रूपान्तरित होकर सार्वभौमिक हो जाता है। बगैर कहे भी स्त्री का वक्तव्य राजनीतिक हो जाता है। ब्रिटिश औपनिवेशिक भारत की नव्य-पितृसत्तात्मक व्यवस्था से 'आमार जीबन' और 'आत्मचरितमु' अपनी-अपनी शक्ति सीमा में टकराती हैं। जॉर्ज गस्टोर्फ ने लिखा था : "किसी ऐसी सांस्कृतिक पृष्ठभूमि में जहाँ चेतन और आत्म अपने बारे में ठीक तरह से बात नहीं करते वहाँ आत्मकथा-लेखन सम्भव नहीं।"[1] आश्चर्यजनक रूप से भारतीय पितृसत्तात्मक सामाजिक व्यवस्था के औपनिवेशिक दौर में भिन्न-भिन्न भाषाओं को किसी तरह लिख-पढ़ सीख पानेवाली दो स्त्रियाँ, अलग-अलग कालखंडों में (बांग्ला में राससुन्दरी देवी द्वारा 1868 और तेलुगु में सत्यवती की आत्मकथा सन् 1934 में) अपनी कथा लिख रही हैं, दोनों स्त्रियाँ भारतीय सामाजिक वर्ण-व्यवस्था की उच्चतम श्रेणी से सम्बद्ध हैं, सवर्ण हैं, लेकिन स्त्री होने के कारण दलित भी। एमिली डिकिंसन ने कहा था, 'सच बोलो लेकिन थोड़ा तिरछा करके। सीधे-सीधे सच बोलना भारी पड़ सकता है।' इसी को कृष्णा हठी सिंह ने अपनी आत्मकथा 'विद नो रिग्रेट्स' में अपनी भतीजियों को, प्रकारान्तर से स्त्रियों को, सलाह दी थी, 'तुम नि:सहाय दिखाई पड़ो, लेकिन सक्षम रहो। तब प्रत्येक व्यक्ति तुम्हारी सहायता के लिए आगे बढ़ेगा और यदि कभी कोई तुम्हारी सहायता के लिए आगे नहीं भी आता, तो भी तुम अपनी देखभाल स्वयं कर सकती हो।'

सच को थोड़ा टेढ़ा करके बोलने की कला राससुन्दरी देवी और सत्यवती को सीखने की आवश्यकता नहीं थी। पितृसत्तात्मक समाज में स्त्री को अपने अस्तित्व

की रक्षा के तमाम उपाय बचपन से ही घुट्टी में पिलाए जाते हैं। सुधा मजूमदार ने आत्मकथ्य में अपनी माँ द्वारा सिखाए मंत्र के हवाले से बताया है कि "पिता स्वर्ग है, पिता ही धर्म है, पिता को प्रसन्न करने से परमपिता प्रसन्न रहते हैं...विवाह के बाद मंत्र वही रहता है, बस 'पिता' का स्थान 'पति' ले लेता है।"

राससुन्दरी देवी की 'आमार जीबन'[2] को औपनिवेशिक भारत में सवर्ण स्त्री के बयान के रूप में देखा जाना चाहिए, जहाँ लड़कियों के विवाह की आयु 10-12 वर्ष थी। राससुन्दरी देवी का जीवन और लेखन एक-दूसरे के लिए बहुत महत्त्व रखते हैं। वह 1813 में पबना जिले के पोतजिया ग्राम में पैदा हुईं। बारह वर्ष की उम्र में विवाह और पच्चीस वर्ष की अवस्था तक वह बारह सन्तानों को जन्म दे चुकी थीं। घर-परिवार की व्यस्तता और पारिवारिक कर्तव्यों का पालन करते हुए चोरी-छिपे पढ़ना-लिखना सीख लिया और धार्मिक ग्रन्थ पढ़ने लगीं—'घर में कोई कागज पड़ा रहता था तो उसकी तरफ देखती भी नहीं थीं कि कहीं लोग यह न कहें कि वह पढ़ रही है। क्या करूँ, सोचने लगी। एक तो मैं लड़की, उस पर से बहू, किसी से बातचीत भी नहीं करती थी, जिस पर यदि कोई मुझे दो कटुवाक्य बोल दे तो मेरी दशा मरने-मरने को हो जाएगी, इस भय से मैं किसी से बात नहीं कर पाती, केवल दिन-रात ईश्वर को पुकारा करती, हे परमेश्वर, तुम मुझे पढ़ना-लिखना सिखाओ, मैं जरूर सीखूँगी, तुम यदि नहीं सिखाओगे तब और कौन सिखाएगा। इसी तरह मन-ही-मन प्रार्थना करती रहती। इस तरह से कितने दिन बीत गए।'[3] रसोईघर में छुपाकर वह किसी तरह अक्षर मिला-मिला कर पढ़ती हैं, परिवार के सदस्यों को हर सम्भव तरीके से प्रसन्न रखने का प्रयास करती हैं। घरेलू व्यस्तता के कारण कभी-कभी भोजन भी नहीं खा पातीं, सम्पन्न ब्राह्मण परिवार की बहू और बाद में 'गृहिणी' की उपाधि की कीमत कड़े परिश्रम से चुकाती हैं। वर्षों अपने मायके नहीं जा पातीं, यहाँ तक कि माँ के मरने पर भी, उनका जाना नहीं हो पाता—"मैं अपने घूँघट के भीतर रो लेती थी और कोई जान नहीं पाता था।" अपने जीवन के बारे में राससुन्दरी लिखती हैं, "पाँच-छह वर्षों तक कोई विशेष स्मृति नहीं है। जब मेरी उम्र सात या आठ हुई तो बुद्धि आनी शुरू हुई। बारह वर्ष की उम्र में विवाह हुआ, छह वर्षों तक नवेली दुल्हन रही। इसे चमत्कार ही कहेंगे कि मेरे शरीर से इतनी चीजें बाहर निकल आईं और मुझे उनके कारण के बारे में कुछ भी मालूम नहीं। धीरे-धीरे मैं बूढ़ी होती गई, मेरा शरीर झूलता गया, ढीला पड़ता गया। मेरा जन्म 1813 के चैत महीने में हुआ और यह पुस्तक 1872 ईस्वी में जब पहली बार छपी तब मेरी उम्र 59 वर्ष की थी। सन् 1901 ईस्वी में मेरी उम्र 88 वर्ष है। अब तक मेरे शरीर की अवस्था, मन का भाव और पहनावा आदि जो कुछ भी था, वह पूरी तरह बदलकर एकदम विपरीत हो गया...परमेश्वर ने मेरा मस्तक मुंडन करवाया, सन् 1872 ईस्वी साल के 29 माघ शिव चतुर्दशी के दिन का अढ़ाई प्रहर, इस दिन गृहस्वामी की मृत्यु हुई।

मेरे सिर पर स्वर्णमुकुट था, आज इतने दिनों बाद वह मुकुट खिसक गया। मैं इससे दुखी नहीं, परमेश्वर ने मुझे जब जिस अवस्था में रखा, वही उत्तम।"[4]

राससुन्दरी देवी आत्मकथा में बार-बार ईश्वर की दयालुता, कृपालुता की चर्चा करती हैं। उन्हें बराबर इस बात का एहसास है कि उनका समाज, स्त्री का पढ़ना-लिखना सहज ही स्वीकार नहीं करेगा। इसलिए यदि अपनी जीवन-कथा पर ईश्वर कृपा या पवित्र ग्रन्थ का मुलम्मा जरूरी है, इसके अभाव में पाठक उनकी रचना को 'सम्भवत:' स्वीकार नहीं करेंगे। तत्कालीन बंगाली समाज में स्त्री की साक्षरता स्त्री के विपक्ष में समझी जाती थी। आशापूर्णा देवी की कथाकृति 'प्रथम प्रतिश्रुति' इसे बहुत अच्छी तरह अभिव्यक्त करती है। ईसाई मिशनरियों के सकारात्मक प्रयासों को रूढ़िवादी परिवार सन्देह की दृष्टि से देखते थे। समाज के इस अतिवादी, दमनकारी रवैये की मुखालफत करना एक निहायत साधारण घरेलू स्त्री के लिए सम्भव नहीं था, ऐसे में राससुन्दरी की आत्मकथा का प्रकाशन अदम्य साहसिक कार्य था। उन परिस्थितियों पर भी विचार किया जाना जरूरी है, जिनमें राससुन्दरी देवी ने आत्मकथा को अभिव्यक्ति की विधा के रूप में चुनने का निर्णय लिया। 'आमार जीबन' से पहले के आत्मकथ्यों में तीन उल्लेखनीय हैं—देवेन्द्रनाथ ठाकुर स्वरचित जीवन-चरित, दीवान कार्तिकेयचन्द्र का आत्मजीवन-चरित और राजनारायण बोस का आत्मचरित, जिसका अंग्रेजी में 'एन अकाउंट ऑफ माइसेल्फ' शीर्षक से अनुवाद हुआ। शारदासुन्दरी (1819-1907) ने संस्मरण लिखे जो 'Tale to Myself' शीर्षक से अनूदित हुए। केशवचन्द्र सेन की माँ शारदासुन्दरी ने 1892 में आत्मकथ्य इस शर्त के साथ लिखवाया कि इसका प्रकाशन उनके जीवन-काल में नहीं किया जाएगा। ध्यातव्य है कि ये सब प्रसिद्ध और विशिष्ट व्यक्तियों की श्रेणी में आते थे। देवेन्द्रनाथ ठाकुर ब्रह्म समाज और सुधार आन्दोलन में अगुआई के लिए, शारदासुन्दरी देवी केशवचन्द्र सेन की माँ के रूप में, कार्तिकेय चन्द्र सेन एक बड़ी रियासत के प्रबन्धक और राजनारायण बसु प्रसिद्ध राष्ट्रवादी नेता और लेखक के रूप में स्थापित थे, इसके अलावा कैलाशबासिनी मित्रा की रचना सबसे पहले मिलती है जो उन्नीसवीं शती के बंगाल में किसी स्त्री द्वारा लिखी पहली डायरी है, शीर्षक है 'जनैको गृहबधूर डायरी' (एक गृह वधू की डायरी), जो बंगाली मासिक 'बसुमती' में 1953 में धारावाहिक रूप में छपी; इसका पुनर्प्रकाशन 'आत्मकथा' शीर्षक से हुआ।[5] अन्त:साक्ष्य बताते हैं कि बांग्ला में चैतन्य महाप्रभु की पहली जीवनी 'चैतन्य भागवत' देखकर राससुन्दरी में पढ़ने-लिखने की लालसा जगी। राससुन्दरी ने जोड़-जोड़कर लिखना सीखा, इस पढ़ना-लिखना सीखने की यात्रा के दौरान कई कठिनाइयों का सामना किया, लेकिन चैतन्य के जीवन पर जितनी पुस्तकें एक समृद्ध परिवार में उपलब्ध हो सकती थीं सबको पढ़ डाला। आध्यात्मिक पुस्तकें पढ़ने का प्रभाव निश्चित रूप से उनके लेखन पर भी पड़ा। वह

स्वयं को 'जिताक्षरा' कहती हैं—वह जिसने अक्षर की आत्मा को चीन्ह लिया हो। राससुन्दरी देवी को लगता है कि कृष्ण और चैतन्य यानी आराध्य और भक्त जैसा सम्बन्ध ही उनका भी ईश्वरीय सत्ता से है और ईश्वर ने अन्यान्य कष्ट देकर उनकी भक्ति की परीक्षा की है। परन्तु हिन्दूवादी शास्त्रीय अवधारणाएँ आत्मसात कर उन्हें अभिव्यक्त करना मात्र, राससुन्दरी का उद्‌देश्य नहीं है। आत्मकथा को आध्यात्मिक बाना पहनाए जाने के बावजूद रचनाकार अपने जीवन-संघर्ष में आस्था, जीवन-शक्ति की खोज कैसे करती है—यह देखना महत्त्वपूर्ण है। अपनी पीढ़ी की पहली स्त्री-रचनाकार 'आत्मचेतना' की अभिव्यक्ति के लिए कौन-सा औजार इस्तेमाल कर रही थी, जिसे गृहस्थी चलाने का साधन, परिश्रमी देह, अनन्त सन्तानसम्भवा से परे कुछ न समझा गया हो, वह स्वयं को देह से परे और देह से ढके मन की परतों को उघाड़कर देखने के लिए आमंत्रित करती है। परम्परा से आत्माभिव्यक्ति के जो भी माध्यम उसे उपलब्ध हैं—जैसे रोना, गाना, व्रत, पूजा, ईश्वरार्चन आदि, वह उन सबका अतिक्रमण और इस्तेमाल दोनों करती है। लिखना-पढ़ना उसका क्षेत्र नहीं, इसलिए परम्परागत भूमिका और छवि दोनों को बनाए रखते हुए उसके सामने आत्माभिव्यक्ति की चुनौती है। राससुन्दरी की भाषा देखकर ऐसा नहीं लगता कि यह एक नवसाक्षर का प्रथम प्रयास है। अनुमान लगाया जा सकता है कि या तो उन्होंने लेखन का निरन्तर अभ्यास किया था (हालाँकि उनके नाम से कोई और रचना हमें मिलती नहीं) या उनके लिखे हुए को बाद में चलकर किसी ने सँवार-सुधार दिया हो। कहीं-कहीं उनकी भाषा बिलकुल बौद्धिक विमर्श या चिन्तन की मुद्रा लिये हुए है। ज्यादातर स्थलों पर 'आमार जीबन' की भाषा तत्कालीन पुरुष रचनाकारों जैसी ही है। यह गौरतलब है कि बंगाल में पुरुषों की गद्य रचना और स्त्री-लेखन में बहुत ज्यादा अन्तराल नहीं रहा।[6]

राससुन्दरी ने आश्चर्यजनक रूप से आत्मकथा में सनसनीखेज प्रसंगों का जिक्र नहीं किया। स्वप्न-दर्शन, मृत्यु के पूर्व 'संज्ञान', पुत्रों का मृत्यु-शोक इत्यादि दृश्यों के अतिरिक्त आत्मकथा के पहले भाग में वे सिर्फ अपनी कथा कहती हैं—बचपन में एक भयातुर बच्ची, दस वर्ष की उम्र तक आते-आते प्रशंसा की इच्छा से गृहस्थी का समूचा कार्य सीख लेना, परिवार-सम्बन्धियों में उनकी तारीफ, इन सबका जिक्र बार-बार आता है। दूसरे भाग की अपेक्षा पहले भाग में संवादधर्मिता ज्यादा है। साक्षर होने की घटनाओं की प्रस्तुति में तर्क और कौशल दोनों हैं। लेकिन ठीक इसी के बाद वे वैधव्य की घटना पर पहुँच जाती हैं। वृद्धावस्था, स्वप्न-श्रवण, पुत्र-शोक, ईश्वरीय अनुरक्ति जैसे विविध प्रसंग संवेदना को घेर लेते हैं। ऐसा लगता है कि जिन घटनाओं की जरूरत थी, या जिन प्रसंगों को कहना सार्थक लगा, उन्हीं को ब्यौरेवार ढंग से लिखा गया है, शेष को यूँ ही निपटा दिया गया है। यहीं आकर 'आत्मकथा' का एकान्वित प्रभाव नष्ट हो जाता है। यहाँ से वे स्मृति के एक-एक

परमाणु की शिनाख्त करती दिखाई देती हैं। यहाँ घटनाओं और उनके भीतर छिपे अर्थ-सन्दर्भ का पारस्परिक सम्बन्ध विशृंखलित हो जाता है। छोटी-मोटी घटनाएँ उलझ-सी जाती हैं और जीवन के प्रति एक सामान्य-सी समझ रचनाकार की दृष्टि को आच्छादित कर लेती है। कई बार जीवन के आदि और अन्त का क्रम गड्डमड्ड दिखाई देता है। लेकिन इसे वृद्धावस्था के स्मृति-भ्रम के रूप में न देखकर नूतन परावर्तन के रूप में देखा जाना चाहिए। लिखना-पढ़ना सीखना राससुन्दरी देवी के समूचे जीवन की चरम उपलब्धि है। साक्षर होते ही रचनाकार का विश्वास, उसकी बौद्धिकता, उसका परिश्रम और स्त्री होने की पीड़ा—सब सम्पृक्त हो जाते हैं। भविष्य बिलकुल प्रत्यक्ष हो जाता है। लिखना सीखकर वह जीत गई है—जीवन के तमाम संघर्ष, बाधाएँ, दुख, अकथ वेदना पर, परिश्रम और लगन ने विजय पाई है। पाठ के भीतर छिपा रहस्य जैसे उजागर हो गया है। स्त्री जो कहना चाहती थी कह चुकी है—अब पाठ भी रिक्त हो गया है। रचनाकार का उद्देश्य पूरा हो गया है, अब जो कुछ बचा है वह घटनाओं का दुहराव-भर है। जीवन के उत्तर-पक्ष की घटनाओं का भौतिक पक्ष यहाँ गौण है। अब सिर्फ अर्थ-विस्तार की आवश्यकता रह गई है, जिसके लिए जीवन के किसी भी मोड़, किसी भी बिन्दु, ईश्वरीय चरित्र के किसी प्रसंग से कोई भी उद्धरण दिया जा सकता है। अब वह अपना जीवन पूरी तरह ईश्वर को समर्पित करती हैं, कहीं-कहीं सामाजिक प्रथाओं, साक्ष्यों का विरोध भी करती हैं, समाज की रूढ़ प्रथाओं और दुखद परिणामों का उल्लेख भी करती हैं। इन सबके दौरान रचनाकार कई साहित्यिक विधाओं का इस्तेमाल करती है। सन्दर्भ, उद्धरणों के साथ-साथ कविता, कहानी, बहस कई विधाएँ साथ-साथ चलती हैं। जैसे-जैसे पाठक आत्मकथा पढ़ता चलता है, यों लगता है कि एक आधुनिक सोच की रचनाकार ईश्वरीय सत्ता और आध्यात्मिक दर्शन की ओर उन्मुख होती जा रही हैं। कहीं लम्बे आत्मालाप हैं, कहीं अत्यन्त आत्मीय ढंग से पाठक को सम्बोधित करती हैं, कहीं-कहीं ईश्वर को सीधे-सीधे सम्बोधित करती हैं। पूरी आत्मकथा में इस सचेतनता के प्रमाण हैं कि रचनाकार मुद्रित माध्यम से अपनी बात पाठक के सामने पहुँचा रही है। कहीं-कहीं आत्म-स्वीकार की मुद्रा भी दिखाई देती है। उसे पूरा एहसास है कि वह पहली स्त्री है जो बांग्ला में 'आत्मकथा' लिख रही है। संयुक्त परिवार-व्यवस्था जिसमें 'गृहिणी' देवी है या दासी। नहीं है तो केवल 'मनुष्य'। जूता सिलाई से लेकर चंडीपाठ के काम उसके पास हैं। नहीं है तो केवल 'समय'—कभी-कभी इतना भी नहीं कि वह भोजन कर सके। सबको खिला चुकने के बाद वह बच्चों को सुलाती है, उनके सो जाने के बाद भात की थाली खींचकर बैठती है तो बच्चा जग जाता है, पति का अनुशासन कड़ा है। स्त्री-धर्म का तकाजा है कि पति की नींद में बच्चे के रुदन से खलल न पड़े। कुल की मर्यादा का दायित्व इतना है कि दाई-नौकरों के सामने वह भोजन नहीं कर सकती।

सवर्ण स्त्री के कष्ट की महागाथाएँ अनन्त हैं, पर मूक। वह 'कुलनारी' है—सामान्या नहीं। उससे जितने श्रम की अपेक्षा की जाती है—उतना श्रम वह कर पाई, यह 'ईश्वरीय चमत्कार' से कम है क्या! दो-दो दिन भूखी रहने पर भी वह स्वस्थ रह पाई, इसके पीछे 'ईश्वर कृपा' नहीं तो और क्या है? राससुन्दरी का व्यंग्य-बोध यहाँ देखने लायक है। अन्त में राससुन्दरी लिखती हैं, "मैं चाहती हूँ पाठक इस सबको जाने।" प्रतिदिन प्रात: चार बजे से रात्रि बारह बजे तक निरन्तर श्रम किसी यातना से कम नहीं। श्रम में, सेवा में, कर्तव्य में कोई व्यतिक्रम नहीं, 'अच्छी बहू', 'कुलीन नारी' के विशेषणों से सुसज्जित स्त्री, यातना का स्मरण अपनी वृद्धावस्था में कर रही है—यातना का प्रत्याख्यान यातना से कम नहीं इसलिए घरेलू जीवन की दिनचर्या के एकाध दिनों की चर्चा वह पर्याप्त समझती है। लिंगाधृत मानसिकता समाज के प्रत्येक वर्ग में स्त्री को पीड़ा और यातना के अनुभव देती है—यहीं पर 'कुलीन' स्त्री का आख्यान सामान्य स्त्री के आख्यान में बदल जाता है। वह कहीं-कहीं एकालाप करती है, जिसमें उसका आत्मविश्वास 'ईश्वर' के नाम से अभिव्यक्त होता है। अपना सुख-दुख ईश्वर को समर्पित कर देना एक ढंग से अपने एकाकीपन की अभिव्यक्ति है तो दूसरी ओर वैष्णव धर्म में पाई जानेवाली दीनता का प्रभाव भी। ईश्वरीय सत्ता ही उसके निकट अपने किये हुए उचित-अनुचित के निर्णय की क्षमता से सम्पन्न है, कोई और नहीं।

'आमार जीबन' में राससुन्दरी देवी एक ऐसी रचनाकार के रूप में उभरकर आती हैं, जिसकी एक स्वतंत्र और निजी सोच है—मन:संसार है। बचपन से ही उसका अपना संसार है, जिसके बारे में उसकी माँ भी नहीं जानती। माँ ने अनजाने में उसके पूरे व्यक्तित्व को भयाक्रान्त कर दिया, उसने मन की बात कभी कही नहीं। विवाह के बाद अपरिचित घर, व्यक्ति, परिवेश का भय सब कुछ आँसुओं के रास्ते बहता है—उसके मन को समझनेवाला कोई नहीं। यहाँ तक कि 'पति' से भी उसे डर लगता है—उन्हें वह 'कर्ता' कहकर सम्बोधित करती है—वह पति के घोड़े तक से पर्दा करती है—"इस घर में एक घोड़ा था, उसका नाम था जयहरि... मैंने घर के भीतर से सुना कि यह गृहस्वामी का घोड़ा है, अत: मन-ही-मन सोचने लगी कि गृहस्वामी के घोड़े के सामने कैसे जाऊँ, घोड़ा यदि मुझे देखता है तो यह बड़ी लज्जा की बात है। मैं मन-ही-मन ऐसा सोचकर घर के अन्दर ही छिपी रही। तब सभी बार-बार कहने लगे, बाहर आकर देखो डर कैसा? मैंने घर के भीतर से ही डरते-डरते जरा-सा देखा।"[7] इतनी डरपोक स्त्री पढ़ना-लिखना सीखना चाहती है, बड़े-बुजुर्गों की नसीहत के खिलाफ। अपनी इच्छा के बल पर वह पुस्तकों के निषिद्ध जगत में प्रवेश कर जाती है, चुपचाप, जब कि उससे अपेक्षा की जाती है कि वह घर-गृहस्थी के जंजाल में खोई रहे और अपने जीवन को सार्थक समझे। ये उसका नितान्त निजी चुनाव है, जिसमें कोई सहायक नहीं—स्वयं को देखने का,

तलाशने का निजी नजरिया। पूरे जीवन में एक बार ही वह पति की अनुपस्थिति में एक कानूनी निर्णय लेती है, लेकिन प्रतिक्षण डरी हुई रहती है—'कर्ता' क्या कहेंगे। चैतन्य भागवत का एक पन्ना चोरी से फाड़ लेती है, बचपन में सीखे अक्षरज्ञान की स्मृति को पुनर्जीवित करती है—यह सब करती है सबसे छुपकर। चूल्हे के पास वह पन्ना छुपा लेती है—घूँघट की ओट में अक्षर मिलाकर पढ़ने का प्रयास करती है। पूरे समाज को शिक्षा देनेवाले ब्राह्मण वर्ग की स्त्री की विवशता प्रत्यक्ष है। इस विवशता की शृंखला तोड़ने के लिए उसे अपने मानसिक क्षितिज का परिविस्तार करना होगा—यह तलाश उसकी अपनी है, बचपन में राससुन्दरी को 'अच्छी लड़की' की उपाधि मिली क्योंकि वह खेल-कूद छोड़कर एक लाचार रिश्तेदार की सहायता करने के क्रम में घर-गृहस्थी का काम सीख लेती है, बगैर जाने कि 'अच्छी लड़की' का तमगा उसके पैरों की बेड़ी बन जाएगा। वह लिखती हैं, "इसके बाद मैं कभी खेल नहीं सकी, दिन-रात काम और बस काम।"[8] युवावस्था के प्रथम चरण में ही वह समझ जाती हैं कि अच्छी स्त्री और 'सद्गृहिणी' का खिताब कृत्रिम है। सुयोग्य गृहिणी बनने के बाद भी वह अपना स्थान परिवार में सुरक्षित नहीं कर पाएगी, इसमें सन्देह है, क्योंकि स्त्री परिवार के लिए एक देह है, मर्यादा है, वंशबेल बढ़ाने का साधन, वह माँ है, जिसका 'अपना' कुछ भी नहीं—"जब मैं अपने पिता के घर थी, तब तक मेरा एक नाम था जो बहुत पहले ही कहीं खो गया। अब मैं विपिन बिहारी सरकार, द्वारकानाथ सरकार, किशोरीलाल सरकार, प्रतापचन्द्र सरकार और श्यामासुन्दरी की माँ हूँ। अब मैं सबकी माँ हूँ।"[9]

राससुन्दरी देवी जैसी अनेकानेक स्त्रियों को परिवार के खास साँचे में ढालने के लिए समाज अनेक औजारों का इस्तेमाल करता है—यह 'व्यक्ति' को 'टाइप' बनाने का प्रयास है, व्यक्ति के तौर पर इस मध्यवर्गीय स्त्री की निजी कोई पहचान नहीं। उसे 'देवी' बनाने की प्रक्रिया में समाज, गृहस्थी का हित है, लेकिन इस प्रक्रिया से गुजरना स्वयं 'स्त्री' के लिए कितना कष्टप्रद है, इसे इसी से समझा जा सकता है कि राससुन्दरी देवी अपनी ससुराल को 'पिंजरे' की संज्ञा देती है : "वह जीवन मेरे लिए किसी पिंजरे से कम न था—जीवन-पर्यन्त अब मुझे इसी पिंजरे में रहना था। मुझे अपने परिवार से छीन लिया गया था, धीरे-धीरे, आहिस्ता-आहिस्ता मैं एक पालतू पक्षी बन गई।"[10] राससुन्दरी देवी ने परिवारजनों, ससुरालवालों को, नये माहौल को स्वीकार तो कर लिया, लेकिन ससुरालवालों को उसने जो आदर और सम्मान दिया वह दबाव, प्रशिक्षण और आवश्यकता का परिणाम था। राससुन्दरी ईश्वर को धन्यवाद देती हैं कि ईश्वर की कृपा से उसने सब कठिन परीक्षाएँ पास कर लीं जिससे उन्हें सुघड़ बहू, सुघड़ गृहिणी का खिताब मिला।

इस सबके बदले में उन्हें 'सिर्फ' अपना जीवन देना पड़ा। सिर्फ उनकी स्वतंत्रता उनसे छीन ली गई, यहाँ तक कि माँ के मरने पर भी उन्हें मायके जाने की इजाजत

नहीं मिलती।[11] यही कारण है कि जीवन के उत्तरार्द्ध में अपना अतीत उन्हें घृणा से भर देता है। राससुन्दरी लिखती हैं : "जब भी पीछे देखती हूँ, घृणा से मन भर जाता है, तसर की साड़ी, भारी जड़ाऊ जेवर, शंख, चूड़ियाँ, सिन्दूर...सब परतंत्रता की बेड़ियाँ।"[12] राससुन्दरी परम्परागत हिन्दू स्त्री के सुहाग चिह्नों की निन्दा करती हैं। उन्हें गुलामी मानती हैं। उन्हें अपने पुरुष सम्बन्धियों से बातचीत करने की आज्ञा नहीं, घर के बड़े-बूढ़ों से नीची आवाज में बात करने की आदत ऐसी हो जाती है कि आगे चलकर पति और युवा पुत्रों से भी डरती हैं। उनके कर्तव्यों का अन्त नहीं, बीमार सास की देखभाल, भोजन, बाल-बच्चों की सार-सँभाल, कुलदेवी की आडम्बरपूर्ण नित्य पूजा का वृहत सरंजाम, घर में रोज पच्चीस सदस्यों के लिए भोजन बनाना—उस पर समूची गृहस्थी का बोझ वो भी चौदह वर्ष की उम्र से। इन सभी उत्तरदायित्वों को पूरा करने में उन्होंने पूरी दक्षता दिखाई लेकिन स्वयं के लिए कोई समय नहीं निकाल सकीं। राससुन्दरी का कहना है कि यद्यपि उन्होंने पूरा जीवन अच्छी तरह कर्तव्य निभाए फिर भी मृत्यूपरान्त उन्हें 'आदर्श स्त्री' के रूप में उन्हें कोई याद करेगा, यह सुनिश्चित नहीं। राससुन्दरी परम्परागत आदर्श हिन्दू स्त्री की छवि का विखंडन करती हैं। जो कार्य उन्हें संवेदनात्मक तृप्ति नहीं देते जैसे भोजन पकाना, देवता-पूजन का नित्य आडम्बर, इन्हें वह 'मजदूरी' की संज्ञा देती हैं। अट्ठारह से इकतालीस वर्ष के बीच उन्होंने चौदह बच्चों को जन्म दिया। कुल तेईस वर्ष की अवधि में लगभग एक साल के अन्तराल से उन्होंने सन्तान-प्रसव की। यह दर उनके लिए प्राणलेवा हो सकती थी। 1901 की जनसंख्या रिपोर्ट बताती है कि इस दौरान भारत में प्रसूति-मृत्यु दर काफी ऊँची थी।[13] ध्यातव्य है कि इन वर्षों में वह निरन्तर घरेलू श्रम (अनुत्पादक) में भी जुटी रही, जब तक कि पुत्रों का विवाह नहीं हो गया।

राससुन्दरी आत्मकथा में जिन प्रसंगों का उल्लेख खास तौर पर करती हैं, वे हैं मुख्यतः पढ़ने-लिखने की इच्छा, गृहकार्य के दायित्व, और ईश्वरीय अनुकम्पा। पन्द्रहवें अवतरण में अचानक याद आ जाता है कि अब तक पति के बारे में उन्होंने कुछ कहा नहीं है—"मैं कह सकती हूँ कि वे एक अच्छे इनसान थे। कद्दावर थे, अपने मातहतों और किरायेदारों के प्रति दयालु थे, अतिथि-सत्कार करते थे। कानून माननेवाले थे। हमेशा मुकदमों में उलझे रहते थे। मैं अपने पति से डरती थी। वे नैतिक और कर्मशील थे।"[14] पूरी आत्मकथा में पति का जिक्र दो-तीन बार ही आया है। एक बार पति की अनुपस्थिति में उन्होंने किसी आसामी के मामले का निपटारा कर दिया—"मेरे पति घर में नहीं थे, उन्हें बिना बताए इतना बड़ा काम करने के कारण मेरे मन में बड़ा डर था।...कर्ता की अनुमति के बिना मैंने मामले का निपटारा कर दिया। वे घर आकर पता नहीं कितना गुस्सा करेंगे। यह सब सोचकर मैं अत्यन्त सशंकित थी। इतनी कि डर से मेरे प्राण काँप रहे थे। मेरे

पति कुछ दिन बाद घर आए...घर आकर जब उन्होंने सुना कि मीर साहब के साथ पीढ़ियों से चला आता मुकदमा मेरे द्वारा निपटा दिया गया और शुरू से अन्त तक सारी बातें जानकर मुझ पर अत्यन्त प्रसन्न हुए। वास्तव में मेरे पति का व्यक्तित्व अत्यन्त उदार था, अनेक अच्छे काम कर वे इस लोक से विदा हुए। पति के जीवन के बारे में इतना ही लिख सकती हूँ।"[15]

राससुन्दरी का कहना है कि रात में बच्चे की रुलाई सुनकर 'कर्ता' नाराज हो जाते थे। यह समझना कठिन नहीं है कि पति के साथ स्त्री के सम्बन्ध राजा-प्रजा या शोषक-शोषित के दर्जे से बहुत बेहतर नहीं रहे होंगे। लेकिन उसी पति की मृत्यु की घटना को रासुन्दरी 'स्वर्णमुकुट' का छिन जाना कहती हैं। उस समय विधवा स्त्री की सामाजिक स्थिति दयनीय थी, समाज में विधवा पुनर्विवाह जैसी बातें आभिजात्यवंशीय परिवारों द्वारा स्वीकृत नहीं थीं। फिर भी, विधवा होकर जैसे रासुन्दरी 'मुक्ति' का निश्वास लेती हैं। 'आमार जीबन' के दूसरे भाग में वे कहती है, "मैं चैत्र मास 1216 में जन्मी और अब 1303 चल रहा है। अब 88 वर्ष की हूँ और उस ईश्वर का धन्यवाद करती हूँ जिसने इतनी लम्बी आयु मुझे प्रदान की।"[16] एक ओर वे वैधव्य भोग रही हैं, दूसरी ओर स्वयं को सौभाग्यशाली मानती हैं। उस समय के बंगाल में विधवाओं की स्थिति को देखते हुए रासुन्दरी देवी का यह कथन आश्चर्यचकित करता है। लेकिन इसके पीछे कहीं-न-कहीं पारिवारिक गुलामी से मुक्ति का 'सौभाग्य' व्यंजित है, नहीं तो क्या कारण है कि आत्मकथा का पहला भाग उनके पति के मरने के ठीक बाद ही प्रकाशित हुआ।

आत्मकथा का दूसरा भाग ईश्वरीय लीला की चर्चा, कृष्ण और चैतन्य के विभिन्न अवतारों पर केन्द्रित है। रासुन्दरी बार-बार ईश्वर को धन्यवाद देती हैं, जिसने जीवन के प्रत्येक क्षण में संकट से उबारा है। स्वयं को 'तुच्छ मानवी' घोषित करना और रचना-प्रेरणा के रूप में कृष्ण-चैतन्य का वर्णन करना ही प्रत्यक्ष है जहाँ पाठक रचनाकार को एक दार्शनिक मुद्रा में रूपान्तरित होते हुए देखता है। सवाल यह है कि यदि कृष्ण और चैतन्य के लीला-प्रसंगों और ईश्वरीय दयालुता का वर्णन करना रासुन्दरी का अभीष्ट होता तो वे आत्मकथा जैसी नूतन और आधुनिक विधा का चुनाव क्यों करतीं? उन्नीसवीं के उत्तरार्द्ध और बीसवीं सदी के आरम्भिक दौर में स्त्री-लेखन के साक्ष्यों में भक्ति-अध्यात्म और परम्परा से विद्रोह का अद्भुत सामंजस्य हमें दिखाई देता है। स्त्रियाँ अपनी-अपनी सीमाओं में नई सम्भावनाएँ तलाशती दिखती हैं, साथ ही ऊपरी तौर पर पितृसत्तात्मक समाज में गुलामी भी करती हैं। इस सन्दर्भ में दमयन्ती सेन की जीवनी के एक प्रसंग का उल्लेख अप्रासंगिक न होगा जो एक ओर चोरी-छिपे पढ़ना सीख रही थीं और दूसरी ओर पति के चरण धोए पानी को रोज पीती थीं। इसी तरह प्रभावती देवी ने, जो पूर्णतः साक्षर थीं, एक दिन पाया कि देवी-देवताओं की तसवीर की जगह

उनके पति की तसवीर रख दी गई थी। उनसे कहा गया कि वह अब से पति की तसवीर की ही पूजा करे।[17] पढ़ना-लिखना सीख लेनेवाली स्त्री पितृसत्तात्मक समाज में अपना अस्तित्व बनाए रखने के लिए एक नई 'रणनीति' विकसित करती दिखाई देती है—एक ओर स्त्री-कर्तव्य, स्त्री-धर्म, आत्मत्याग, समर्पण, आस्था और स्त्रियोचित मूल्यों की चर्चा बार-बार करती है, दूसरी ओर अब तक न कहा जा सकनेवाला सब कुछ कह भी दे रही है। राससुन्दरी पूरी आत्मकथा में अपने जीवन को 'तुच्छ' कहती हैं और आत्मकथा का शीर्षक देती हैं—'आमार जीबन' जो अपने महत्त्व की महाप्राण घोषणा करता प्रतीत होता है। दूसरी ओर लेखकीय विवशता का तकाजा ही है कि इसे 'ईश्वरीयलीलाख्यान' का जामा पहनाया जाए। इसके अभाव में तत्कालीन समाज में पाठकीय समर्थन मिलेगा क्या? यह रचनाकार की पहली और सम्भवत: अन्तिम रचना है, एक साधारण सद्गृहस्थ स्त्री के जीवन में लेखन/प्रकाशन की रुचि क्यों होगी? कहीं-न-कहीं आध्यात्मिक आवरण की जरूरत है, ताकि पुस्तक बड़े पाठक-वर्ग तक पहुँच सके। रचनाकार पाठकों के अभाव के खतरों के साथ-साथ सभ्य शिष्ट समाज के 'रिजेक्शन' से भली-भाँति वाकिफ है। आश्चर्य की बात है कि पूरे आत्मकथ्य में वृहत्तर वैश्विक परिदृश्य, ब्रिटिश शासन, राजनीति पर कोई टिप्पणी नहीं मिलती। इसके पीछे दो कारण हो सकते हैं—या तो रचनाकार समसामयिक विषयों पर टिप्पणी कर कोई खतरा मोल नहीं लेना चाहती अथवा गृहस्थी की व्यस्त दिनचर्या से समय निकालकर किसी तरह लेखन में रत है और ताजा समाचारों, अखबारों की दुनिया से नावाकिफ। सिर्फ अपनी कथा कहने से कृति की नीरसता के खतरे थे, इसलिए आत्मकथा को एक पवित्र ग्रन्थ में तब्दील करने की कोशिश दिखाई देती है।

तेलुगु की पहली स्त्री-आत्मकथा का प्रकाशन 1934 में हुआ, जिसे एदिदमू सत्यवती ने 'आत्मचरितमु' शीर्षक दिया। औपनिवेशिक शासन के अनन्तर स्त्री-लेखन के तेलुगु परिदृश्य को जानने की दृष्टि से 'आत्मचरितमु' महत्त्वपूर्ण है, जो एक लम्बे समय तक विस्मृति के गर्भ में दबी रही। तेलुगु या स्त्री साहित्येतिहास में इसके उल्लेख का अभाव दिखाई देता है, जब कि तेलुगु में आत्मकथा-लेखन की एक समृद्ध परम्परा रही है। वीरेशलिंगम की आत्मकथा क्रमश: 1911 और 1915 में (दो भागों में) प्रकाशित हुई वहीं लगभग अचर्चित राममोतला जगन्नाथ शास्त्री की आत्मकथा 'स्वचरितमु' 1916 में विशाखापत्तनम से छपी। दरअसल जगन्नाथ शास्त्री की आत्मकथा से तेलुगु में आत्मकथा-लेखन और प्रकाशन की प्रवृत्ति का प्रारम्भ देखा जा सकता है। बीसवीं शताब्दी के प्रारम्भ में आत्मकथा-लेखन की प्रवृत्ति ज्यादातर समाज-सुधारक किस्म के लोगों में देखी गई जैसे रायसमु वेंकटाशिवुडु का 'आत्मचरित्रमु' (1933, गुंटूर), जाने-माने वकील वल्लूरी सूर्यनारायणरावु सी. लक्ष्मीनरसिंहमू की 'स्वीयाचरित्रमु' (1944), टंगतुरी प्रकाशम, जो आन्ध्र के मुख्यमंत्री

भी रहे, की आत्मकथा 'ना जीविता यात्रा' (मेरी जीवन-यात्रा, 1946, मद्रास) प्रकाश में आईं। इसके अतिरिक्त कई महत्त्वपूर्ण और साधारण रचनाकारों के आत्मकथांश, जिन्हें 'संस्मरण' की श्रेणी में रखा जाना बेहतर होगा, बीसवीं शताब्दी के मध्य और उत्तरार्द्ध तक प्रकाशित हुए, जिनमें बसवराजु राज्यलक्ष्म्मा की 'अप्पारावगारू-नेनु' (अप्पाराव जी और मैं) 1965 में विजयवाड़ा से छपी, अडविकोलानु पार्वती ने जेल के संस्मरण हैदराबाद से 1980 में 'ना जेलू नापकालु' शीर्षक से छपवाए। 1991 में हैदराबाद से ही मलाडी सुब्बम्मा का आत्मकथ्य 'पातिव्रतम् नुंडी' प्रकाशित हुआ। सरस्वती गोरा की 'गोरातो ना जीवितम्' (गोरा के साथ मेरा जीवन) सन् 1992 में विजयवाड़ा से, उतुकुरी लक्ष्मीकान्तम्मा की साहितिरुद्रम्मा (स्वीया चरिता) 1993 में छपी। भानुमति रामकृष्णा की नालोनेतु (1993, मद्रास) के अतिरिक्त 'मनकुतेलियनी मना चरित्र' (हमारा इतिहास जिसे हम स्वयं नहीं जानते), 1996 में हैदराबाद से छपी, जिसमें तेलंगाना के सशस्त्र आन्दोलन में भाग लेनेवाली स्त्रियों के साक्षात्कार संकलित हैं, जिसका प्रकाशन अंग्रेजी में के. ललिता के सम्पादकत्व में 'वी वर मेकिंग हिस्ट्री लाइफ स्टोरीज ऑफ वीमेन इन द तेलंगाना पीपुल्स स्ट्रगल' 1986 में दिल्ली से हुआ। तेलुगु आत्मकथाओं की परम्परा को देखते हुए 'आत्मचरितमु' किसी स्त्री द्वारा रचित पहली और व्यवस्थित आत्मकथा सिद्ध होती है। सत्यवती ब्राह्मण परिवार की पुत्री और बहू थीं, जो युवावस्था में ही विधवा हो गईं। उनकी आत्मकथा का प्रथमांश जीवन की घटनाओं के साहित्यिक वर्णन से परिपूर्ण है, लेकिन उत्तरांश में वैधव्य के बाद धर्म, समाज, रूढ़ियों, ईश्वरीय सत्ता, अध्यात्म इत्यादि का अत्यन्त तर्कपूर्ण एवं विवेक-सम्मत विश्लेषण मिलता है। तत्कालीन समाज की परिस्थितियों, बाल-विवाह एवं स्त्री-शिक्षा की स्थिति को देखते हुए सत्यवती अपनी साहित्यिक एवं तर्क क्षमता से पाठक को चकित कर देती हैं। सत्यवती के नाम से सिर्फ 'आत्मचरितमु' ही मिलता है, जिसका अर्थ है कि सत्यवती ने आत्माभिव्यक्ति और समाज प्रत्यालोचन के लिए आत्मकथा को माध्यम बनाया। सत्यवती के जीवन के विषय में जानकारी का एकमात्र स्रोत 'आत्मचरितम्' ही है, जिसमें उनके जन्म, विवाह, वैधव्य आदि की तिथियों का नितान्त अभाव है।

'आत्मचरितमु' के पहले और दूसरे भाग में परस्पर तनाव दिखाई देता है—पहले भाग में साहित्यिक शैली में निजी वर्णन हैं, जब कि दूसरे भाग में सत्यवती की समाज, परम्परा, रूढ़ि, ईश्वर सम्बन्धी चिन्ताएँ एवं सरोकार व्यक्त हुई हैं। यहाँ सत्यवती विधवा होते हुए भी स्वयं को 'पतिव्रता' घोषित करते हुए लिंगभेद, विधवा स्त्री के प्रति समाज के रूढ़िबद्ध दुर्व्यवहार, पितृसत्तात्मक समाज और धर्म के नाम पर स्त्री के शोषण और दमन का प्रत्याख्यान करती हैं। स्वयं को 'पतिव्रता' कहना और साथ ही पतिव्रता धर्म की पोषक व्यवस्था की आलोचना करना तनाव की सृष्टि करता है। यह एक पतिव्रता की इच्छा और मुक्ति चाहनेवाली स्त्री के बीच

का तनाव है। सत्यवती बार-बार पतिव्रताओं की परम्परा को पुनर्जीवित करने की बात कहती हैं, दूसरी ओर पितृसत्तात्मक समाज में स्त्री के दमन को लेकर चिन्ता भी व्यक्त करती हैं। सत्यवती का यह अन्तर्विरोध 'आत्मचरितमु' के पुनर्पाठ की ओर प्रेरित करता है।

'आत्मचरितमु' के पहले भाग में सत्यवती ने अपने विवाह-प्रसंग का सविस्तार वर्णन किया है। अन्तःसाक्ष्य के आधार पर कहा जा सकता है कि सत्यवती के माता-पिता अपेक्षाकृत खुले विचारों के थे। सत्यवती ने पाँच वर्ष की उम्र में बालिका विद्यालय जाना शुरू किया। दस वर्ष की अवस्था में वे गोदावरी जिले के 'कोरंगी' ग्राम में माता-पिता सहित एक सम्बन्धी के उपनयन संस्कार में शामिल होने गईं। वहाँ तीसरे दर्जे में पढ़नेवाले 13 वर्षीय किशोर से पहली बार मन्दिर-मंडप में मिलीं, जिससे बाद में उनका विवाह हुआ। सत्यवती ने पहली बार सीतारामैया से जो बातचीत की वह आत्मकथा में विस्तार से दी गई है :

"लड़का—तुम किस गाँव से आई हो?
सत्यवती—मेरे पिता विजयवाड़ा में काम करते हैं।
लड़का—तुम्हारा नाम क्या है?
सत्यवती—सत्यवती।
लड़का—तुम्हारे पिता क्या काम करते हैं?
सत्यवती—वे पी. डब्ल्यू. डी. में इंजीनियर हैं।
लड़का—तुम किस कक्षा में पढ़ती हो?
सत्यवती—चौथी कथा में।
लड़का—तुमने संगीत सीखा है क्या?
सत्यवती—नहीं।
लड़का—क्या तुम कोई गीत गा सकती हो?
सत्यवती—हाँ।
लड़का—फिर कोई गीत क्यों नहीं गाती?

सत्यवती ने गीत गाया और दोनों की बातचीत आगे बढ़ी।

लड़का—क्या तुम मुझे जानती हो?
सत्यवती—नहीं।
लड़का—क्या मुझसे विवाह करोगी?

सत्यवती ने इसका कोई उत्तर नहीं दिया।

लड़का—तुमने मेरे प्रश्न का उत्तर नहीं दिया। तुम्हें कोई संकोच है या तुमने मुझे पसन्द नहीं किया?"

(सत्यवती ने आत्मकथा में लिखा है कि वह इतनी छोटी थी कि लड़के के सौन्दर्य के बारे में किसी सुनिश्चित विचार तक पहुँच नहीं पा सकती थी। लेकिन बचपन से ही वह पतिव्रताओं की कहानियाँ सुनती चली आ रही थी। इसलिए उसने सोचा कि दैहिक सौन्दर्य से ज्यादा यह महत्त्वपूर्ण है कि व्यक्ति विशेष के जीवन-मूल्य क्या हैं।)

प्रत्यक्षत: सत्यवती ने कहा—नहीं, ऐसा कुछ नहीं।

लड़का—तो फिर तुम इतना संकोच क्यों कर रही हो?

सत्यवती—इसलिए कि यदि हम दोनों विवाह के लिए तैयार भी हों तो यह जरूरी नहीं कि हमारे अभिभावक भी इस बात पर सहमत हों।

लड़का—तुम्हारी क्या राय है?

सत्यवती—मेरी राय महत्त्वपूर्ण नहीं है।

लड़का—देखो, यदि हम दोनों एक-दूसरे को पसन्द करते हैं तो हम विवाह के लिए कोई-न-कोई रास्ता निकाल सकते हैं।

सत्यवती—मुझे कुछ पता नहीं।

लड़का—हाँ, मैं समझ गया तुम क्या सोचती हो? तुम्हें कुछ सुझाव दूँ। जब कोई लड़का तुम्हें विवाह के लिए देखने आए तो तुम ऐसा नाटक करना जैसे तुम्हें वह पसन्द नहीं आया। बाद में तुम्हारे माता-पिता तुमसे स्वयं ही पूछेंगे कि तुम हर रिश्ते को नापसन्द क्यों कर देती हो। मैं भी अपने घर में ऐसा ही करूँगा। कुछ दिनों के बाद हमारे माता-पिता के पास हमारा विवाह आपस में करा देने के अलावा कोई चारा नहीं रहेगा।

सत्यवती इस प्रस्ताव से सहमत थी, उसने अपनी अन्तरात्मा को साक्षी मानते हुए उस लड़के को विवाह का वचन दिया। इस घटना के वक्त सत्यवती मात्र दस वर्ष की थी। यह आश्चर्यजनक लगता है कि पतिव्रता और जीवन-मूल्य जैसे शब्दों का अर्थ तब भी वह समझती थी। यह भी हो सकता है कि सत्यवती ने, जिसने विधवा होने के बाद 'आत्मचरितमु' लिखा, अपनी परिपक्व समझ को बचपन पर आरोपित कर दिया हो। जो भी हो, सत्यवती के माता-पिता ने सत्यवती के ममेरे भाई से उसका विवाह तय कर दिया, लेकिन बाद में अधिक दहेज की माँग के कारण विवाह नहीं हुआ। सत्यवती ने अपनी रुचि के बारे में बताया और सीताराम्मैया के साथ उसका विवाह हो गया। विवाह के बाद सत्यवती बहुत दिनों तक ससुराल नहीं गई, क्योंकि उसकी उम्र बहुत कम थी। उधर सीताराम्मैया ने एम. ए. की परीक्षा पास कर ली। कुछ मुश्किलों के बाद उसे नौकरी मिली। गंजाम जिले में श्रीकाकुलम में सीताराम्मैया सबइंस्पेक्टर के तौर पर नियुक्त हुआ। छह महीने के भीतर ही उसे अचानक नौकरी से निकाल दिया गया। सत्यवती 'आत्मचरितमु' में

कहती हैं कि उन दोनों को ही सीताराम्मैया के नौकरी से निकाले जाने का कारण पता नहीं चला। सत्यवती का कहना है कि ईमानदारी की सजा उनके पति को मिली। स्थानीय निवासियों ने सीताराम्मैया को प्रोत्साहन दिया, जिसकी काव्यमय प्रस्तुति भूमिका के तुरन्त बाद दी गई है। सत्यवती अपने पति को निर्दोष साबित करना चाहती हैं। बाद में, सीताराम्मैया ने मद्रास की अदालत में अपने निलम्बन के आदेश के खिलाफ अर्जी दी और उसका निलम्बन वापस ले लिया गया।

बाद में, सीताराम्मैया की नियुक्ति दरीगबड़ी में हुई तो सत्यवती पति के साथ रहने के लिए आईं। सत्यवती के पिता ने सत्यवती के साथ एक बुजुर्ग महिला को भेजा। लेकिन वह अधिक दिनों तक सत्यवती के साथ नहीं रह पाई। उन्हें घर की याद सताने लगी और वह लौट गई। सत्यवती ने अकेले ही घर की साज-सँभाल की। वह जगह सीताराम्मैया के स्वास्थ्य के अनुकूल नहीं थी, उसे बीमारी में पालकी में लिटाकर डॉक्टर के पास ले जाया गया। सत्यवती भी नई जगह पर बीमार रहने लगीं। सीताराम्मैया ने छुट्टी की दरख्वास्त दी। छुट्टी मिलने में बहुत देर हुई। इस बीच बीमारी की हालत में सीताराम्मैया की मृत्यु हो गई। सत्यवती ने आत्महत्या का प्रयास किया, लेकिन उन्हें वापस माता-पिता के पास भेज दिया गया। वैधव्य के बाद सत्यवती ने 'आत्मचरितमु'[18] लिखा जो 60 पृष्ठों में 1934 में विजयवाड़ा, आन्ध्र प्रदेश से छपा। सत्यवती ने फरवरी 1934 में अवनीगुड्डा, कृष्णा जिला, आन्ध्र प्रदेश, में रहकर अपनी पुस्तक आन्ध्र प्रदेश के आन्ध्र ग्रन्थालय प्रेस से छपवाई। के. कोंडाराम्मय्या का नाम उनके पिता के रूप में आता है, जो अवनीगुड्डा में रहते थे। यह 'आत्मचरितमु' सत्यवती ने अपने मृत पति को समर्पित की। पति का आह्वान करते हुए सत्यवती ने लिखा कि पति ने ही उन्हें जीवन और जगत का व्यावहारिक ज्ञान कराया इसलिए यह पुस्तक उन्हीं को समर्पित है। पुस्तक के प्रारम्भ में ही सत्यवती और सीताराम्मैया की अलग-अलग तसवीरें छपी हैं। सत्यवती ने, पिता के मित्र दिवी नरसिंहाचार्यालु, जो विद्वान और पंडित थे, के प्रति भूमिका में आभार प्रकट किया है।

सत्यवती की भाषा और लालित्यपूर्ण शैली पाठक को चमत्कृत करती है। कथा प्रवाह और अलंकृत भाषा 'आत्मचरितमु' को समकालीन रचनाकारों से अलग और विशिष्ट पहचान देते हैं। सत्यवती अपने कथनों और वक्तव्यों को कई दूसरे विद्वानों के कथनांशों से पुष्ट करती चलती हैं। ऐसा लगता है कि उनकी साहित्यिक अभिरुचि का स्तर उत्कृष्ट है। उदाहरण के लिए, सत्यवती अपने प्रथम दृष्ट्या प्रेम-प्रसंग का वर्णन अत्यन्त काव्यात्मक शैली में करती हैं। सीताराम्मैया के बारे में वे बताती हैं कि वह लम्बा, बलिष्ठ, सुन्दर, चमकीली आँखोंवाला किशोर था। जिस मन्दिर-प्रांगण में उन दोनों की पहली मुलाकात हुई वह स्थल अत्यन्त काव्यात्मक है। ग्राम-प्रान्तर की सुषमा मनमोहक है, "गाँव के पूर्व में झरना है, झरने के किनारे

पुराना प्रस्तर देवालय है, जिसकी दीवारों पर सुन्दर चित्र उकेरे हुए हैं। मन्दिर की दक्षिण दिशा में ताजा पानी का सरोवर है और एक फूलों का उपवन जहाँ बैठकर मन्दिर का सौन्दर्य निहारा जा सकता है।"[19] सीताराम्मैया से यहीं वह पहली बार मिली थी और उन्होंने भावी जीवन के स्वप्न बुने थे।

सत्यवती के शब्दों में, "इस उपवन में मालती, पारिजात, मन्दरम् के फूल खिले हैं, जिसकी सुवास वातावरण को पवित्र और मनमोहक बना रही है।" वे दोनों एक फूलों की झाड़ी के बगल में बैठे। जैसे ही सीताराम्मैया ने उससे विवाह का प्रस्ताव किया, वह भविष्य की सुखद कल्पना में खो गई और उसे सावित्री और सत्यवान की कथा (सावित्री और सत्यवान की कथा 'महाभारत' के अरण्यपर्व में है।) स्मरण हो आई। उसकी अन्तरात्मा से यह आवाज आई कि उसे सीताराम्मैया से ही विवाह करना है, उसी क्षण से सीताराम्मैया को उसने पति मान लिया, और अपना प्रण उसे बता भी दिया, "पश्चिम का यात्री समुद्र में विलीन होने से पहले इस पल का साक्षी बना। संध्या का आकाश, जो सुनहरी सूर्य किरणों से सुसज्जित है, देखकर ऐसा लगता है ज्यों पश्चिमी आकाश रूपी युवती ने सुनहरी रेशमी साड़ी पहनी हो, गोधूली-वेला में बसेरों को लौटती चिड़ियों की चहचहाहट और कोयल की कूक ने पृष्ठभूमि को संगीतमय बना दिया है।"

सत्यवती के वृत्तान्त प्रसंगानुरूप शैली बदलते हैं, उदाहरण के तौर पर सीताराम्मैया की मृत्यु का प्रसंग देखा जा सकता है। वह ईश्वर से प्रार्थना करती हुई लिखती हैं, "हे प्रभु, मेरी विनती सुनो। इस सूने एकाकी वन में मेरा कोई नहीं। क्या सावित्री की प्रार्थना पर स्वयं यमराज चलकर नहीं आए थे? सत्यवान के प्राण क्या लौटाए नहीं उन्होंने? क्या तुम इतना-सा मेरे लिए नहीं कर सकते हो? हे ईश्वर, मेरी प्रार्थना पर तुम ध्यान क्यों नहीं देते? तुमने न जाने कितनी पतिव्रताओं की प्रार्थनाएँ सुनी होंगी और मनोकामनाएँ भी पूरी की होंगी। मेरे पति ने हमेशा न्याय और ईमानदारी का जीवन जिया। फिर तुमने उनको इतनी बड़ी सजा क्यों दी। उनकी जगह तुम मेरे प्राण ले सकते थे। लोग कहते हैं कि यह पूर्वजन्म के पापों का दंड है, तो तुम बताते क्यों नहीं हमें कि पूर्वजन्म में हमने कौन-से ऐसे पाप किये, जिनकी सजा हम अब भुगत रहे हैं। जब तक हमें अपने किये पापों का पता नहीं चलेगा, हम प्रायश्चित कैसे कर सकते हैं? तुम्हारी दयालुता का वर्णन पुराणों और महाभारत में है—क्या वह सब मिथ्या है? या फिर तुम मेरे धैर्य की परीक्षा लेना चाहते हो? जितने कष्ट इस जीवन में मैं भुगत चुकी हूँ क्या वे पर्याप्त नहीं है?"[20]

सीताराम्मैया के दाह-संस्कार के प्रसंग में सत्यवती कहती हैं, "मैं अपने पति को नहीं जाने दूँगी। मैं सावित्री की तरह अपने पति के प्राण वापस लौटा ले आऊँगी अन्यथा सती हो जाऊँगी।" वहाँ उपस्थित लोगों ने कहा, "तुम अभी अल्पवयस्क

और अनुभवहीन हो, तुम्हारे अभिभावक भी तुम्हारे साथ नहीं? क्या इस कलियुग में कोई सत्यवान की तरह वापस आया है? क्या हमने कलियुग में ऐसी कोई कथा सुनी है? यदि तुम पति की चिता के साथ सती होना चाहोगी भी तो क्या सरकारी कानून तुम्हें सती होने देगा? क्या हमारे शास्त्रों में आत्महत्या को सही कहा गया है?" अन्ततः वे इस निष्कर्ष पर पहुँचती हैं, "ईश्वर ने मुझे धोखा दिया, मुझे पति के साथ नहीं जाने दिया। फिर भी मेरी आस्था और विश्वास अपने पति में कायम है। मैं हमेशा उनकी छवि की उपासना करूँगी। मुझे पूरा विश्वास है कि अगले जन्म में हमारा पुनर्मिलन होगा। अब भी विश्वास है कि ईश्वर मुझ पर अवश्य कृपा करेंगे, मैं 'पातिव्रत्य' को भारत में पुनर्जीवित कर सकूँगी। इन दिनों 'पातिव्रत्य' का भारतवर्ष में लोप हो गया है। यदि ऐसा नहीं हुआ तो मैं अपना जीवन पति की स्मृति में त्याग दूँगी और पति के साथ मोक्ष प्राप्ति करूँगी।"[21]

सत्यवती के 'आत्मचरितमु' का पहला भाग सतही तौर पर पढ़ने पर तथ्यों की जगह भावों को प्रधानता देता है। लालित्यपूर्ण गद्य का प्रयोग, प्रसंगानुकूल भाषा का चुनाव पाठक को आकर्षित और चमत्कृत करता है। आत्मकथा का दूसरा भाग पहले भाग से बिलकुल अलग है। इस भाग में सत्यवती के जीवन की कोई घटना, कोई प्रसंग नहीं मिलता। वैधव्य ग्रहण कर पिता के घर लौट आने के बाद वे वैश्विक दृष्टि की अभिव्यक्ति करती हैं। स्त्री-जीवन, लैंगिक विभेद, जीवन-ईश्वर सम्बन्धी प्रसंग आदि इस दूसरे भाग में अभिव्यक्त हैं। इस भाग को पूर्णतः विच्छिन्न या स्वतंत्र रूप से एक स्त्री के बौद्धिक विमर्श के रूप में पढ़ा-सुना जा सकता है। यहाँ सत्यवती की विश्वदृष्टि को विभिन्न उपशीर्षकों के अन्तर्गत देखा जा सकता है—जैसे, पतिव्रता स्त्री, पातिव्रत्य धर्म, हरिकथा गायन, विधवाएँ, बाल-विवाह और विधवा-विवाह, ईश्वरीय सत्ता का खेल, सृजन प्रश्न, ईश्वरीय सत्ता, मृत्युभोज आदि। इनमें से कुछ प्रसंगों का पुनर्पाठ दिलचस्प होगा।

समकालीन तेलुगु समाज, नवजागरण के सुधारवादियों के प्रयासों के व्यावहारिक पक्ष, भारतीय समाज में विधवा का जीवन जीने के लिए बाध्य स्त्री के प्रश्नों/प्रतिप्रश्नों के ब्याज से नव्यपितृसत्ताक व्यवस्था का प्रतिपक्ष भी इसमें अभिव्यक्त है।[22] 'आत्मचरितमु' के उत्तरांश में अनेक ऐसे तीक्ष्ण और भेदक प्रसंग हैं जो समाज की चली आती हुई मान्यताओं पर प्रहार करते हैं। निम्नलिखित प्रसंगों को सत्यवती ने प्रमुख रूप से विवेचित किया है :

1. पतिव्रता—सत्यवती ने 'पतिव्रता धर्म' की चर्चा बार-बार की है : 'कलियुग से पहले ईश्वर पतिव्रताओं के सम्मुख स्वयं उपस्थित होते थे और उनके पतियों को पुनर्जीवन देते थे। अब यह नहीं होता। इसलिए स्त्रियों ने पतियों के शव के साथ सती होना शुरू कर दिया है। सती-प्रथा भी अब खत्म हो गई क्योंकि स्त्रियाँ मरने से डरती हैं। लेकिन यदि पति के मरने के बाद स्त्रियाँ जीवित न रहें, तो अच्छा ही

है, ताकि वे विधवा का अभिशप्त जीवन जीने से बच जाएँ।' 'पतिव्रता' शब्द का उल्लेख तत्कालीन स्त्री-रचनाकारों ने बार-बार किया है। ताराबाई शिन्दे (1882) ने 'स्त्री-पुरुष तुलना' में यह प्रश्न उठाया था कि पुराणों में जिन स्त्रियों को पतिव्रता का दर्जा दिया गया है, क्या ये वास्तव में उस पद के योग्य हैं। उनका कहना है कि स्त्रियाँ अपने पति, परिवार के साथ विश्वासघात न करके 'पतिव्रता' का दर्जा पा सकती हैं।"[23]

2. हरिकथा गायक—सत्यवती ने हरिकथा गायक को 'कौतुक' कहा है। उनका कहना है, "हरिकथा गायन परम्परा में सबसे पहले 'गणपति वन्दना' होती है, इसके तुरन्त बाद वे स्त्री-निन्दा करने लगते हैं। गायन में वे कहते हैं कि कलियुग में कोई 'स्त्री' पतिव्रता नहीं होती। हरिकथा गायक 'पुरुषों' की निन्दा नहीं करते। क्या सभी पुरुष एकपत्नीव्रत का पालन करते हैं? क्या हरिकथागायकों ने पूरा संसार छान मारा है और तब वे इस निष्कर्ष पर पहुँचे हैं कि समूचा कलिकाल पतिव्रताविहीन हो गया है?" ताराबाई शिन्दे ने 'स्त्री-पुरुष तुलना' में लिखा है, "पुरुष पतिव्रत धर्म के बारे में इतना हल्ला क्यों मचाते हैं जब कि वे दूसरों के घर-परिवार बर्बाद करते हैं।"[24] पतिव्रत धर्म का पालन न करने के लिए स्त्रियों को दोषी ठहराने की प्रवृत्ति के खिलाफ ताराबाई ने उलटकर पुरुषों की नैतिकता पर सवाल खड़ा किया। स्त्रियों को बहला-फुसलाकर उनसे व्यभिचार करनेवाले, फिर उन्हें त्याग देनेवाले पुरुषों को अदालत कोई सजा क्यों नहीं देती? ताराबाई इस कानून से वाकिफ नजर आती हैं कि बिना गवाही के व्यभिचारी को सजा नहीं मिल सकती और ऐसे मामलों में अक्सर गवाही मिलनी मुश्किल होती है। इस अंजाम के लिए ताराबाई अंग्रेज सरकार को भी जिम्मेदार ठहराती हैं। वे सुझाती हैं कि जैसे सरकार रिश्वत लेने और देनेवाले, दोनों को सजा देती है, उसी तरह व्यभिचार के मामले में भी स्त्री-पुरुष दोनों को सजा मिलनी चाहिए—"स्त्री से दुगुनी सजा उस पुरुष को मिलनी चाहिए, जिसने व्यभिचार का जाल बिछाया।"[25] प्राचीन और आधुनिक दोनों कालों में सब प्रकार के स्त्री-पुरुष मिलते हैं—अच्छे भी और बुरे भी। आज भी बहुत-सी पतिव्रताएँ हैं, और यदि मान भी लें कि वास्तव में स्त्रियों में पातिव्रत्य धर्म का लोप हो गया है तो उन्हें कौन बताएगा कि उनके लिए 'सन्मार्ग' क्या है—वे कैसे सन्मार्ग पर चल सकती हैं। गांधी जी लोगों के सोचने का तरीका और विचार दोनों को बदलने की चेष्टा कर रहे हैं, वे भी तो सिर्फ कुप्रथाओं की आलोचना करके सन्तुष्ट हो सकते थे!

3. विधवाएँ—सवर्ण जातियों में विधवाओं के प्रति सामाजिक अपमान और प्रताड़ना की कोई सीमा नहीं है—विशेषकर ब्राह्मणों में—"स्त्री का विधवा होना जैसे दंडनीय अपराध है, उसके केश मूँड़ दिये जाते हैं। व्रत-उपवास से उसका शरीर कमजोर कर दिया जाता है। विचार की क्षमता को कुन्द करने के लिए हमेशा शुभ कार्यों से उन्हें दूर रखा जाता है। घर का सारा काम करने के बावजूद कोने

में बैठे रहना उनके लिए बाध्यता है। जीवन के सभी सुखों से उन्हें वंचित कर दिया जाता है। सबसे बुरा तो यह है कि उन्हें पुरुष की छाया से भी बचाया जाता है। यदि यह बात है तो नाई—जो उनके केश छीलता है—वह भी तो पुरुष है।" सत्यवती ने विधवा केश-मुंडन पर जो विचार व्यक्त किये हैं, ठीक वैसे ही विचार पार्वती अठवले ने भी व्यक्त किये हैं। 'मेरी कहानी' में पार्वती ने लिखा है, "मैंने बहुत जोर दिया कि विधवा स्त्रियों का मुंडन नाई न करें बल्कि परिवार का ही कोई सदस्य जैसे भाई या पिता करे। लेकिन स्वयं विधवाओं ने ही इसका विरोध किया। उन्हें लगता है कि इससे पति-पुत्र का अमंगल होगा।"[26]

सत्यवती ने विधवा स्त्रियों की वेशभूषा पर टिप्पणी करते हुए कहा है, "अगर कोई विधवा स्त्री ब्लाउज पहनकर भोजन पकाती है तो पुरुष वह भोजन खाने से इनकार कर देते हैं। लेकिन जब कोई मेहमान आता है तो उनसे पर्दा करने के लिए कहा जाता है, वे घर से बाहर नहीं निकल सकतीं—कम-से-कम पति की मृत्यु के एक वर्ष बाद तक। उन्हें दिन में चार बार स्नान और भूमिशयन करना पड़ता है। यदि पूछा जाए कि स्त्रियों को ये दंड क्यों भुगतना पड़ता है तो उत्तर मिलता है कि नियोजित एवं मारक दिनचर्या से वे अपनी कामवासना और शारीरिक आवेगों को नियंत्रित रख सकती हैं। मेरे विचार से यह तर्क अत्यन्त हास्यास्पद है। आत्मनियंत्रण के लिए अच्छे विचारों की आवश्यकता होती है, शरीर धोने से आत्मशुद्धि नहीं हो सकती।"[27] ताराबाई शिन्दे ने भी कुछ ऐसा ही कहा है। उनके अनुसार, "स्त्रियों के माथे का कुमकुम और माँग का सिन्दूर पोंछ देने, चूड़ी तोड़ देने, केश छील देने से, उन्हें कुरूप और अप्रस्तुत्य बनाने से स्त्री-धर्म को बचाया जा सकता है क्या? यदि उनकी अन्तरात्मा और विचार नहीं बदले तो बाहर का यह सारा कर्मकांड व्यर्थ है। एक स्त्री के सौभाग्य चिह्न छीन लेने से उसकी अन्तरात्मा आहत हो जाती है, उसके भीतर एक सामान्य मनुष्योचित अच्छे और बुरे विचारों का वास रहता है। तुम उसके शरीर को कुरूप बना सकते हो, उसे ढक-छुपा सकते हो, लेकिन उसकी अन्तरात्मा का तुम क्या करोगे?"[28] वस्तुतः विधवा स्त्रियों का समाज में रहना पुरुषों की व्यभिचार-वृत्ति के लिए अनिवार्य था। विधवा स्त्रियाँ आचार-विचार का पालन करती थीं और पुरुष उन्हें अवैध सम्बन्धों के लिए इस्तेमाल करते थे। केशमुंडन जैसे कृत्यों को स्त्री के बधियाकरण और स्त्रीत्वहीन बनाने के प्रयास के रूप में देखा जाना चाहिए।[29]

4. बाल-विवाह एवं विधवा-विवाह—सत्यवती ने आत्मकथा में बाल-विवाह एवं विधवा पुनर्विवाह तथा अनमेल विवाह पर जो विचार व्यक्त किये हैं, उन पर नवजागरण की समाज सुधारवादी दृष्टि का प्रभाव साफ दिखाई देता है। 'आत्मचरितमु' (1934) के प्रकाशन से पहले गुरजड़ा अप्पाराव (1861-1915) ने 'कन्याशुल्कम्' शीर्षक कृति में कन्या विक्रय एवं दहेज-प्रथा की घनघोर निन्दा की थी। सत्यवती इस

विषय में लिखती हैं—"दहेज लेने और कन्याविक्रय जैसी कुप्रथाएँ हमारे समाज में प्रबल हैं। धनलोलुप अभिभावक अपनी अल्पवयस्क लड़कियों का विवाह उम्रदराज पुरुषों से कर देते हैं। ऐसे में स्वाभाविक तौर पर लड़की बहुत कम उम्र में विधवा हो जाती है। हमारे देश में विधवा समस्या के मूल में बाल-विवाह है। कुन्दुकुरी वीरेशलिंगम् बाल-विधवाओं की शोचनीय दशा न देख सके और उन्होंने विधवा पुनर्विवाह पर बल दिया। विधवाओं का पुनर्विवाह अवैध यौन सम्बन्धों को पनपने से रोकने का बड़ा साधन हो सकता है। युवा विधवाओं से अपनी नैसर्गिक इच्छाओं पर नियंत्रण रखने की अपेक्षा करना मूर्खता है, इसलिए वीरेशलिंगम् ने कहा कि जो लड़कियाँ रजस्वला होने से पहले ही विधवा हो जाती हैं उनका विवाह फिर से हो सकता है। इन दिनों सन्तानवती विधवाएँ भी पुनर्विवाह के लिए आगे आ रही हैं, लेकिन ऐसे विवाह उचित प्रतीत नहीं होते। यहाँ ध्यान देने योग्य बात है कि सत्यवती प्रकारान्तर से वीरेशलिंगम् जैसे उन्नीसवीं शताब्दी के अनेक समाज-सुधारकों की तर्ज पर बात कर रही हैं।"[30]

सत्यवती भी वीरेशलिंगम[31] की तर्ज पर सन्तानवती या युवती स्त्रियों के पुनर्विवाह के पक्ष में नहीं हैं। पितृसत्तात्मक समाज का मानसिक अनुकूलन उन पर इस कदर हावी है कि बाल-विवाह रोकने जैसी तर्कपूर्ण बात कहते हुए भी वे सन्तानवती विधवाओं के पुनर्विवाह से सहमत नहीं हैं। अन्त:साक्ष्य के अनुसार वे स्वयं युवती विधवा थीं और लगभग 18-19 वर्ष की उम्र में उन्हें वैधव्य झेलना पड़ा। तत्कालीन समाज-सुधारकों ने विधवाओं की दो श्रेणियाँ बनाईं—पहली श्रेणी में वे स्त्रियाँ थीं जिन्होंने पति को जाना ही नहीं और रजस्वला होने के पहले ही विधवा हो गईं। दूसरी श्रेणी उन विधवाओं की थी जो सन्तानवती थीं और सहजीवन जी चुकी थीं। उमा चक्रवर्ती का मानना है कि समाज-सुधारक हिन्दू समाज की परम्परागत दृढ़ संरचना को बिना कोई नुकसान पहुँचाए समाज-सुधार करना चाहते थे, इसलिए पहली श्रेणी की विधवाओं के पुनर्विवाह का तो समर्थन उन्होंने किया जब कि दूसरी श्रेणी की स्त्रियों को यथास्थिति पालन की ही सलाह दी गई।[32] पार्वती अठवले ने भी अक्षतयोनि विधवाओं—ऐसी विधवाओं जिनकी कोई सन्तान न हुई हो, जिनका पति से कोई संसर्ग न हुआ हो, को पुनर्विवाह का अधिकारी माना।[33]

5. दाम्पत्य—सत्यवती ने 'आत्मचरितमु' में लड़कियों के विवाह और दाम्पत्य के सन्दर्भ में लिखा है—लड़कियों का विवाह 10 या 12 वर्ष की अवस्था के बाद ही किया जाना चाहिए। उन्हें अपना इच्छित वर चुनने का अधिकार चाहिए। शिक्षित स्त्रियाँ अपने अभिभावकों की अपेक्षा जीवनसाथी का चुनाव बेहतर कर सकती हैं। दाम्पत्य में आपसी सम्बन्ध ज्यादा महत्त्वपूर्ण होते हैं—रीति-रिवाजों की अपेक्षा। यदि कोई स्त्री अपनी पसन्द से पति का चुनाव करती है और आगे चलकर उनके दाम्पत्य सम्बन्ध में किसी प्रकार की कठिनाई आती है तो किसी

को दोषी नहीं ठहराया जा सकता, उसे ईश्वरेच्छा मानकर सन्तोष कर लिया जाता है। ऐसे मामलों में स्त्री किसी से शिकायत नहीं कर सकती। क्या सावित्री ने अपने मार्ग में आए कष्टों की परवाह की? पतिव्रताएँ कठिन परिस्थितियों में भी सन्तुष्टि ढूँढ़ लेती हैं। यदि लड़कियों को मनपसन्द वर चुनने की छूट हो तो उन्हें अवैध सम्बन्ध बनाने से रोका जा सकता है। दाम्पत्य सुख, संसार का सर्वोत्तम सुख है। विशेषकर यदि पति-पत्नी एक-दूसरे से प्रेम करें। स्त्री अपने पति से सर्वाधिक प्रेम करे और पति के प्रति अपने सभी कर्तव्यों का पालन करे। कुछ स्त्रियाँ अपने पति के बुरे वक्त में उसकी आलोचना-निन्दा करती हैं और अच्छे वक्त में प्रेम करती हैं। आर्य धर्म यही है कि दोनों, समभाव से, सुख-दुख में एक-दूसरे को प्रेम करें। पति-पत्नी को एक-दूसरे की भावनाओं का आदर करना चाहिए। पुरुष को यह नहीं भूलना चाहिए कि 'सतीत्व' का प्रश्न उसके लिए भी उतना ही महत्त्वपूर्ण है, जितना कि स्त्री के लिए।

6. सृजन प्रश्न—सत्यवती का कहना है कि ऐसे बहुत-से प्रश्न हैं, जो अनुत्तरित हैं, जैसे हम इस संसार में क्यों आए हैं? यह संसार किसने बनाया है? इन सबका कोई सन्तोषजनक उत्तर नहीं है। सिर्फ एक ही ढंग से हम सोच सकते हैं कि हम सब ईश्वर के हाथों की कठपुतलियाँ हैं। वही ईश्वर पूरे विश्व का नियामक और नियन्ता है।

7. मृत्युभोज—सत्यवती का कहना है कि जब जीते-जी एक व्यक्ति अपना खाया भोजन दूसरे में स्थानान्तरित नहीं कर सकता तब मृत्यु के बाद ब्राह्मणों को खिलाने से मृतक की क्षुधा कैसे तृप्त हो सकती है। मृत्यु के बाद पुत्र ही श्राद्ध का अधिकारी होता है, लेकिन यदि कोई पुत्रहीन हो तो? यदि मृतक पुनर्जन्म लेता है तो श्राद्ध करने का क्या प्रयोजन है? कई लोग अपने माता-पिता से जीते-जी तो दुर्व्यवहार करते हैं और मृत्यूपरान्त श्राद्ध-भोज करते हैं। यह सब सामाजिक ढकोसले के अलावा कुछ नहीं है। मृत्यु के बाद किसी के लिए कुछ करने का क्या अर्थ है। श्राद्ध की रीत इसीलिए बनाई गई है ताकि धनी व्यक्ति कम-से-कम, इस दिन क्षुधित, निर्धनों को अच्छा भोजन खिलाएँ, मृत व्यक्ति के नाम पर अन्न-वस्त्र का दान निर्धनों को मिल सके।

8. ईश्वरीय सत्ता का खेल—सत्यवती का मानना है कि यदि मनुष्य के सभी कार्य विघ्नरहित होते जाएँ तो ईश्वरीय सत्ता पर से उसका विश्वास उठ जाएगा। इसलिए ईश्वर मनुष्य के मार्ग में बाधाएँ और रुकावटें डाल देता है। सुख-दुख सब ईश्वर के रचे हुए खेल हैं।

9. कर्मफल—मनुष्य द्वारा किये हुए सभी कार्यों का उत्तरदायी कौन है? हम स्वयं कर्ता हैं, या ईश्वरीय सत्ता हमसे कर्म करवाती है? हमेशा हमारे कर्मफल इच्छानुरूप नहीं होते। यह कहा जाता है कि जो लोग अच्छे कर्म करते हैं, उन्हें

स्वर्ग और बुरे कर्म करनेवालों को नर्क मिलता है। लेकिन क्या किसी ने भी स्वर्ग और नर्क देखा है? क्या किसी ने ईश्वर को देखा है? ग्रन्थों में ईश्वर का जो वर्णन मिलता है, क्या वह स्वानुभूत है? स्पष्ट है कि मनुष्य ने स्वयं ही पाप और पुण्य की अवधारणाओं का निर्माण किया है। पापी वही है जो दूसरों का दमन करे और पुण्यकर्ता वही है, जो मनुष्य मात्र के लिए हृदय में प्रेम और दया रखे।

10. ईश्वरीय संसार के अन्तर्विरोध—सत्यवती ईश्वर के बनाए हुए संसार के अन्तर्विरोधों के उदाहरण देती हुई कहती हैं कि ईश्वर ने पाप की रचना की, लेकिन मनुष्यों से कहा कि पाप से दूर रहो। ईश्वर इस जन्म में, हमें पूर्वजन्म के पापों का दंड देता है। महाभारत और भागवत जैसी पुस्तकों में पाप और पुण्य की बातें लिखी हैं। उसी ईश्वर ने हममें से किसी को सच्चा और किसी को झूठा इनसान बनाया है—उसी ने हममें से किसी को निर्धन और किसी को धनवान बनाया है। यह क्या विरोधाभास नहीं है? ईश्वर तो भक्तों के रक्षार्थ है, इसके बावजूद वह कभी-कभी अपने भक्तों की रक्षा नहीं करता। क्या यह वादाखिलाफी नहीं है? पतिव्रताओं को जीवन की कठिनाइयों और संघर्षों को झेलने के लिए ढकेल देना—ईश्वरोचित तो नहीं है न। जब स्वयं ईश्वर में अच्छाइयों और बुराइयों का सम्मिश्रण है तो वह मनुष्यों से कैसे अपेक्षा रख सकता है कि उनमें केवल गुण हों—अवगुणों का लेश भी नहीं? क्या यह ईश्वर की तरकीब नहीं है, चालाकी और अन्तर्विरोध नहीं है? इसलिए अच्छा है कि ईश्वर की मिथ्याचारिता में विश्वास करने और भ्रम में जीने की अपेक्षा मनुष्य मात्र में विश्वास किया जाए।

सत्यवती के 'आत्मचरितमु' का विश्लेषण दो स्तरों पर किया जाना चाहिए। पहले विश्लेषण का आधार पाठ हो सकता है, अर्थात पाठ का गहन विश्लेषण और दूसरे विश्लेषण का आधार व्यापक सामाजिक सन्दर्भ हो सकता है। चूँकि 'आत्मचरितमु' में आत्मकथाकार के जीवन से सम्बन्धित किसी भी तिथि का अभाव है, अत: गहन पाठ विश्लेषण ही हमें विश्लेषण के द्वितीय चरण तक पहुँचा सकता है। जैसा कि पहले कहा जा चुका है, सत्यवती की आत्मकथा के पहले और दूसरे भाग में तनाव दिखाई देता है। पाठक चाहे तो दोनों को स्वतंत्र रूप से अलग-अलग भी पढ़ सकता है। पहला भाग पूरी तरह सत्यवती के जीवन की वैधव्य-पर्यन्त घटनाओं तक सीमित है और दूसरा उनकी 'विश्वदृष्टि' को बताने के लिए लिखा गया है, जिसमें किसी भी जीवन-प्रसंग का नितान्त अभाव है। भूमिका में सत्यवती ने पुस्तक के उद्देश्य की ओर संकेत करते हुए लिखा है कि स्त्री-जाति के दमन के प्रतिरोध में वह पुस्तक लिखने में प्रवृत्त हुई हैं। पुस्तक के दूसरे भाग में इसलिए वह स्वयं को 'पतिव्रता' कहती हैं और समाज, ईश्वर, परम्परा, रीति-रिवाज की तीक्ष्ण आलोचना करने का लाइसेंस भी प्राप्त कर लेती हैं।

यहाँ सवाल है कि क्या वह ईश्वर, ईश्वरीय सत्ता, परम्परा, रीति-रिवाज का तर्कपूर्ण विश्लेषण करने या उनका कोई विवेकपूर्ण समाधान खोजने में सक्षम हो पाई हैं? पाठ विश्लेषण बताता है कि प्रारम्भिक अंशों में आलोचना का स्वर तीक्ष्ण और कटु है जो परिशिष्ट तक आते-आते मद्धिम और भोथरा हो गया है। वे रीति-रिवाजों, रूढ़ियों की आलोचना तो करती हैं, लेकिन उनका तर्कपूर्ण समाधान प्रस्तुत करने में असमर्थ हैं। कभी ईश्वरीय सत्ता में अनास्था की बात करती हैं कभी आस्था और विश्वास की। वे विधवाओं के पुनर्विवाह की हिमायत करती हैं, लेकिन मनुष्यता की दृष्टि से नहीं, तत्कालीन समाज-सुधारकों के प्रभावानुरूप। यहाँ तक कि वे वीरेशलिंगम (1848-1919) का हवाला प्राय: 25 वर्ष बाद दे रही हैं। ऐसा लगता है कि वह वीरेशलिंगम की 'हितकारिणी' सभा और उसके उद्देश्यों से प्रभावित थीं।[34]

'आत्मचरितमु' को देखकर कहा जा सकता है कि औपनिवेशिक भारत में बदलते जीवन-मूल्यों और बढ़ते पाश्चात्य प्रभाव से सत्यवती का अच्छा परिचय रहा होगा। यह वह दौर था जब हिन्दुओं के घरेलू जीवन पर ब्रिटिश जीवन-शैली के कई सकारात्मक प्रभाव देखे जाने लगे थे। बंगाल पहला प्रान्त था जहाँ के भद्र पुरुषों ने अपने लेखों, पत्र-पत्रिकाओं में घरेलू जीवन विशेषकर स्त्री के आचरण को विचार-विमर्श के लिए विशेष अनुकूल पाया। इसे घरेलू जीवन में सुधार की आकांक्षा कहा जा सकता है। पार्थ चटर्जी का मानना है कि औपनिवेशिक समाज में केवल परिवार और गृहस्थी का क्षेत्र ही 'उसके' विशिष्ट 'निजी' कार्यक्षेत्र के रूप में बच रहा था।[35]

आन्ध्र प्रदेश तक आते-आते बीसवीं शताब्दी के तीसरे दशक तक नौकरीपेशा वर्ग, मध्य वर्ग के नाम से जाना जाने लगा था। इस वर्ग की स्त्रियाँ साक्षरता की पहली सीढ़ी भी पार कर चुकी थीं। सत्यवती ने जिस तरह भावी पति के संग रोमांस का चित्रण किया, वह इस बात की पुष्टि करता है कि नई बदली हुई जीवन-शैली के प्रति उनमें आकर्षण था। औपनिवेशिक शासन के अनन्तर पुरुष-वर्ग बड़ी तेजी से सरकारी नौकरियों की ओर आकर्षित हो रहा था, जिसने संयुक्त परिवार के विघटन में बड़ी भूमिका निभाई। सत्यवती के पति ने भी नौकरी पाने के बाद परिवार से दूर एकल गृहस्थी बसाई। इस नई एकल परिवार-व्यवस्था ने पति-पत्नी को व्यक्तिगत विकास और परस्पर समझ विकसित करने के बेहतर अवसर प्रदान किये होंगे। साथ ही, दाम्पत्य प्रेम की अभिव्यक्ति के अपेक्षाकृत अधिक अवसर भी उन्हें मिले होंगे, जो पहले से चली आती हुई संयुक्त परिवार-व्यवस्था में एक सीमा तक ही सम्भव था।

दाम्पत्य प्रेम से मिले 'आत्मविश्वास' को सत्यवती के 'पतिव्रता' (विधवा होने के बावजूद) के दावे के पीछे पहचानना कठिन नहीं। परम्परा से, भारतीय समाज में 'विधवा' का दर्जा अपमानजनक और निचला है।[36] सुहागिन स्त्री को पहला दर्जा

मिलता है—यदि वह पुत्रवती हो। पुत्रियोंवाली माता का स्थान इससे नीचा है। ऐसे में एक विधवा द्वारा 'पतिव्रता' पद का दावा करना अपने-आपमें चली आती हुई व्यवस्था के लिए चुनौतीपूर्ण है। दूसरी तरफ सत्यवती ईश्वर, ईश्वरीय सत्ता को तर्कपूर्ण चुनौती देती हैं लेकिन पुनर्जन्म लेकर पति को पुनः प्राप्त करने के लिए पति की तसवीर की पूजा और ईश्वर से प्रार्थना भी करती हैं।

'आमार जीबन' और 'आत्मचरितमु' ब्रिटिश औपनिवेशिक शासन के दो पड़ावों, समाज और स्त्री-मन पर पड़े प्रभावों की पड़ताल करने के लिए विशिष्ट पाठ की भूमिका निभा सकते हैं। राससुन्दरी ने 1872 में और सत्यवती ने 1934 में आत्मकथा-लेखन किया—दोनों में लगभग छह दशकों का अन्तराल है। छह दशकों के अन्तर को भारतीय स्त्री की मनुष्य के रूप में पहचान और अन्तर्विरोधों के बावजूद हाशिये की आवाज को केन्द्र में सुनवाए जाने की पुरजोर कोशिश के रूप में देखा जा सकता है। देश के किसी भी अन्य भाग से पहले बंगाल में समाज-सुधारों का दौर शुरू हुआ। ब्रह्म समाज के बौद्धिक और वीरेशलिंगम ने समाज-सुधार के प्रयास प्रारम्भ किये। इन समाज-सुधारकों की केन्द्रीय चिन्ता स्त्री को लेकर थी। उन्नीसवीं सदी के उत्तरार्द्ध तक ग्रामों तक स्त्री-शिक्षा जैसे सन्देश क्रिया-रूप में परिणत नहीं हो पाए थे, लेकिन कलकत्ता जैसे शहरों में एक 'नई स्त्री' का उदय हो रहा था, जो पूर्व-औपनिवेशिक स्त्री से अलग थी। भले ही विवाह की उम्र 10-12 वर्ष रही हो, लेकिन विभिन्न प्रान्तों के समाज-सुधारकों के प्रभाव से वह शिक्षित होने की प्रक्रिया में थी, हालाँकि यह प्रक्रिया असाधारण रूप से मन्द थी। सती-प्रथा के विरोध में कानून बन जाने से सार्वजनिक तौर पर किसी भी स्त्री को सती होने के लिए बाध्य करना सम्भव नहीं रह गया था, हालाँकि देश के कुछ भागों में अब भी यह चोरी-छिपे ही सही, व्यवहार में प्रचलित प्रथा थी। धीरे-धीरे स्त्रियों के विवाह की न्यूनतम उम्र को लेकर भी समाज-सुधारक चिन्तित और प्रयासरत दिखाई दे रहे थे। लेकिन यहाँ भी स्त्रियों के सामाजिक विकास की एक सीमा थी। बदले हुए समय में भी वे अंग्रेजी शिक्षा से वंचित ही रखी जा रही थीं, जब कि पुरुषों के लिए अंग्रेजी का ज्ञान नौकरी और सम्मान पाने के माध्यम के रूप में पहचाना जा चुका था। सरकारी नौकरी में स्त्री का कोई स्थान नहीं था। यह एक नई तरह की पितृसत्तात्मक व्यवस्था थी, जिसमें स्त्री पढ़-लिख तो सकती थी लेकिन केवल पौराणिक, आध्यात्मिक ग्रन्थ—जो उसे तर्क की जगह आस्था सिखाएँ। स्त्री भारतीय सामाजिक परम्परागत मूल्यों का सम्मान करे। इन मूल्यों में अनुशासन का पालन, कम खर्च में गृहस्थी चलाने के गुर, घर-रसोई, सन्तान, पति की देखभाल, कपड़े धोने, साफ-सफाई से लेकर तेल-मसाले ठीक-ठाक रखने तक, के साथ और भी अनन्त कर्तव्य निहित थे। नई बदली परिस्थितियों में स्त्री को अधिकांश काम खुद करने थे। साथ ही, उससे यह भी अपेक्षित था कि वह खुद को पश्चिमी स्त्री से

बेहतर साबित करे, यानी सामाजिक मेल-जोल, वेशभूषा, खान-पान, धर्म का ज्ञान ग्रहण करे, भारतीय आध्यात्मिक दर्शन को न भूले, पति को परमेश्वर मानती रहे। उसे पुरुषों के समान खाने-पीने, बातचीत करने का अधिकार नहीं था। पुरुष की कड़ी निगरानी उस पर रहती थी। व्रत-उपवास से लेकर तीज-त्योहार, स्त्री-धर्म के पालन में दिन-रात के चौबीस घंटे उसके कर्तव्य के लिए कम पड़ते थे। यानी "गृहस्थी को बगैर तितर-बितर किये, बगैर मेम साहब बने, स्त्री को अपनी सीमाओं में रहकर आजादी तलाशने की चुनौती इस नई पितृसत्तात्मक व्यवस्था ने दी।"[37]

'आमार जीबन' में एक स्त्री का संघर्ष, आत्माभिव्यक्ति की जद्दोजहद और साक्षर होकर अपनी बात दूसरों तक पहुँचाने की तीव्रतम इच्छा व्याप्त है, इसलिए राससुन्दरी देवी विधवा होने को 'स्वर्णमुकुट के छिन जाने' का रूपक देती हुई भी पति से स्वतंत्र अपना व्यक्तित्व गढ़ती हैं। पूरी आत्मकथा में सिर्फ एक बार वह कायदे से पति की चर्चा करती हैं—वह भी अति संक्षेप में, पति की निन्दा नहीं करतीं लेकिन पति से 'भय खाती हैं' और इस भय को वह बालमन में, माँ के द्वारा बिठाए गए भय से जोड़ती हैं, जिसके कारण उसका बचपन अन्य सामान्य भारतीय कन्याओं की तरह कुंठित और दमित रह जाता है। ससुराल का प्रत्येक प्राणी उसके लिए डर और भय का कारण है, यहाँ तक कि पति का घोड़ा भी। इसके बरअक्स 'आत्मचरितमु' की सत्यवती नई स्त्री है—वह पति के साथ रोमांस का वर्णन साहित्यिक शैली में निर्द्वन्द्व भाव से करती है। सदैव पति का पक्ष लेती है। अकारण नौकरी से निकाल दिये जाने को चुपचाप स्वीकार नहीं करती। पर्याप्त प्रतिकार करती है। सीताराम्मैया की नौकरी लगने के बाद वह पति के साथ गृहस्थी बसाती है, ससुराल की ओर से उसे किसी रोक-टोक का सामना नहीं करना पड़ता। वह स्वतंत्र भाव से दाम्पत्य जीवन जीती है, पति की मृत्यु के बाद उसके प्रेम और सद्गुणों को बार-बार याद करती है। वह दाम्पत्य जीवन को सुन्दरतम बताती है, क्योंकि पति के साथ वह मित्रवत रही होगी, उसे संयुक्त परिवार की उन रूढ़ियों, परम्पराओं को निभाने की जरूरत नहीं पड़ी, जिनके कारण राससुन्दरी छिप-छिप कर छपा हुआ अक्षर पढ़ने की जद्दोजहद करती रहीं। राससुन्दरी अपने दाम्पत्य जीवन (जो लगभग 46 वर्षों का था) पर अलग से कोई टिप्पणी नहीं करतीं, सिवाय इसके कि इस दौरान उन्होंने 14 बार प्रसव किया। जब कि यह दाम्पत्य जीवन के गहन आवेग का स्मरण ही है जो 'आत्मचरितमु' की सत्यवती को पति के साथ सती होने और आत्महत्या की प्रेरणा देता है। इसके बरअक्स राससुन्दरी, जो 59 वर्ष की उम्र में विधवा हुईं, 88 वर्ष की उम्र में, आत्मकथ्य के दूसरे भाग में ईश्वर को, इतनी लम्बी उम्र के लिए धन्यवाद ज्ञापित करती दिखाई देती हैं। यह आकस्मिक नहीं कि पति की मृत्यु के ठीक एक वर्ष बाद राससुन्दरी देवी 'आमार जीबन' का प्रकाशन कराती हैं—क्या इसका प्रकाशन पति, जिसे वे 'कर्ता' सम्बोधित करती हैं,

के जीवन-काल में सम्भव था? सम्भवतः नहीं। संयुक्त परिवार की प्रौढ़ा गृहिणी को भी तब आत्मकथ्य के सार्वजनिक प्रकाशन का साहस होता, इसमें सन्देह है। अन्त:साक्ष्य बताते हैं कि राससुन्दरी पति की मृत्यु के बाद के वर्ष अध्ययन और लेखन को समर्पित करती हैं और अपने समस्त जीवन को ईश्वरीय कृपा मानती हैं। इसकी तुलना में, सत्यवती में एक ढंग का हिन्दू पातिव्रत्य का अहंभाव देखा जा सकता है, जिसे पति में अखंड आस्था रखने के कारण 'पतिव्रता' की पदवी मिल गई है और साथ ही यह अधिकार भी कि वह ईश्वर की कड़ी आलोचना कर सके।

राससुन्दरी देवी ईश्वरीय चमत्कारों, दुर्घटनाओं के पूर्वाभास की चर्चा करती हैं—जिनका कोई तार्किक या वैज्ञानिक आधार नहीं, वहीं सत्यवती अपने विश्लेषणों में ज्यादा प्रखर और विवेक-सम्मत दिखाई देती हैं। वे यूँ ही ईश्वर के अस्तित्व पर विश्वास नहीं कर लेतीं। वे संसार, जीव की निर्माण-प्रक्रिया पर प्रश्न करती हैं, सन्तोषजनक उत्तर के अभाव में वे ईश्वरीय सत्ता की उपस्थिति मान लेती हैं और अन्ततः इस निष्कर्ष पर पहुँचती हैं कि ईश्वर निश्चय ही सर्वशक्तिमान है तभी तो वह इतना बड़ा संसार रच पाया और करोड़ों मनुष्यों को कठपुतली की भाँति नचाता रहता है। वे पाप-पुण्य की परम्परागत अवधारणा[38] को एक सिरे से खारिज कर देती हैं और ईश्वरीय सत्ता की अपेक्षा मनुष्यता में अखंड विश्वास रखने का सुझाव देती हैं। सत्यवती के किसी भी समकालीन समाज-सुधारक, रचनाकार में दृष्टि की ऐसी प्रखरता नहीं मिलती। सत्यवती की विश्वदृष्टि के निर्माण में सामाजिक-राजनीतिक आन्दोलनों के साथ-साथ स्त्री-आन्दोलनों ने भी महत्त्वपूर्ण भूमिका निभाई होगी। इसके अतिरिक्त कुछ पुस्तकों विशेषकर गुडीपति वेंकटाचलम (1894-1979) की 'स्त्री'[39], जिसका प्रकाशन सत्यवती के 'आत्मचरितमु' के चार वर्ष पहले 1930 में हो चुका था और 'सावित्री'[40] शीर्षक नाटक जो 1924 में प्रकाशित हुआ—इन दोनों से सत्यवती भली-भाँति परिचित रही होंगी। 'स्त्री' में चलम ने स्त्री-सम्बन्धी विभिन्न मुद्दों—प्रेम, विवाह, सेक्स, शिक्षा और स्वातंत्र्य तथा पितृसत्तात्मक मूल्यों का विश्लेषण किया था। 'सावित्री' नाटक में सावित्री और सत्यवान की पौराणिक कथा का नाट्य रूपान्तर किया गया, जिसके अन्त में यम द्वारा सावित्री के पातिव्रत्य की परीक्षा लिया जाना वर्णित था कि सावित्री 'पातिव्रत्य' की रक्षा के लिए 'यम' की हत्या करने के लिए भी तत्पर हो जाती है। यम अन्ततः सावित्री के पातिव्रत्य की प्रशंसा करते हैं कि वह सच्ची पतिव्रता है जो पति-प्रेम के लिए कुछ भी करने को तत्पर है।

'आत्मचरितमु' से गुजरते हुए बार-बार ऐसा लगता है कि वैधव्य ने 'सत्यवती' को विश्वदृष्टि दी। यदि वे विधवा न हुई होतीं तो सामाजिक रूढ़ियों से कोई असन्तुष्टि उन्हें सम्भवतः न होती। कहीं-न-कहीं उनके अवचेतन में दाम्पत्य जीवन जीने की प्रबल आकांक्षा है, जिसकी सम्भावना का अभाव उन्हें कटु बना देता है। वैधव्य के बाद, सत्यवती ने निजी तौर पर क्या झेला, समाज और उसकी रूढ़ परम्पराओं

का सामना कैसे किया—इसके बारे में 'आत्मचरितमु' मौन है। यहाँ तक कि इसमें तिथियों, समकालीन सामाजिक-राजनीतिक आन्दोलनों, हलचलों का उल्लेख तक नहीं मिलता। इस अर्थ में यह आत्मकथा अपूर्ण लगती है।

राससुन्दरी की आत्मकथा 88 वर्षों का पूरा वृत्त अपने में समेटे हुए है। रचनाकार का कहना है कि उसकी मृत्यु के बाद परिवार का कोई सदस्य यदि चाहे तो आत्मकथा का तीसरा भाग पूरा कर दे। राससुन्दरी में पढ़ने-लिखने की प्रबल आकांक्षा है। उनकी विश्वदृष्टि का निर्माण घर में ही उपलब्ध धार्मिक ग्रन्थों ने किया है। 'आमार जीबन' में भी तत्कालीन सामाजिक हलचलों की कोई आहट नहीं मिलती। राससुन्दरी संयुक्त परिवार की गृहिणी हैं जिसे अपने युवा पुत्रों से पुस्तक माँगने में भी संकोच है। वे भरसक चाहती रही हैं कि उनके लिखने-पढ़ने का पता किसी को न चले, क्योंकि लोकनिन्दा होगी। पहला उपयुक्त अवसर मिलते ही 'आमार जीबन' लिख डालती हैं और बता देती हैं पाठकों को, कि स्त्री होना एक अभिशाप से कम नहीं—भले ही वह सवर्ण हो या दलित। सवर्ण स्त्री के शोषण में कुल-मर्यादा, वंश-परम्परा, ब्राह्मणवादी अनुष्ठान, आडम्बर अपनी-अपनी आतंककारी भूमिका निभाते हैं—स्त्री केवल 'श्रमिक' है, दिन-रात के घरेलू श्रम के बदले में भी उसे 'उत्पादक' का दर्जा अप्राप्य है। सन्तान पैदा करना गार्हस्थ्य धर्म का अंग है—उसमें कैसा वैशिष्ट्य? पूरे दिन काम करने के बाद भी नियमित एवं पोषक आहार मिलने की कोई गारंटी नहीं। उसे अपनी तकलीफ को घूँघट के भीतर छिपाकर 'सद्गृहिणी' के खिताब के लिए निरन्तर श्रमशील रहना है, वह निन्दा के भय से अपनी भूख-प्यास सब मार देती है। पति के लिए उसका अस्तित्व शारीरिक और भौतिक आवश्यकताओं की पूर्ति करनेवाले उपकरण का है। घर की साज-सँभाल, बच्चों की देख-रेख के बाद जब वह गृहस्थी के बोझ को नई पीढ़ी को सौंप देती है तभी मुक्ति की साँस ले पाती है। लेकिन ऐसी कितनी स्त्रियाँ निजी विलाप को रचनात्मकता में परिणत कर पाती हैं? करती भी हैं तो पाठकीय रुचि, लोकनिन्दा का भय, सामाजिक अस्वीकृति का भय इतना हावी रहता है कि आत्माभिव्यंजना को आध्यात्मिक खोल ओढ़ाए बिना काम नहीं चलता। राससुन्दरी इसी आध्यात्मिक आवरण में आत्मकथ्य कहती हैं, जिसमें अदेखे ईश्वर से निरन्तर शिकायत की व्यंजना प्रच्छन्न है—वस्तुत: वही समूची रचना का अन्तर्वर्ती सुर है। राससुन्दरी कहीं भी ईश्वर निन्दा नहीं करतीं, उलाहना नहीं देतीं, लेकिन दो-दो दिन निराहार रहकर भी जी-जाने को, बीस-बीस घंटे निरन्तर श्रमशील रहकर भी, बीमार न पड़ने को 'ईश्वरीय चमत्कार' से कम नहीं मानतीं। प्रच्छन्न व्यंग्यात्मकता का स्वर पूरी कृति को विवेक-दृष्टि से रचित परिपूर्ण आत्मकथ्य बनाता है।

अब 'आत्मचरितमु' को देखें, जहाँ नव्यपितृसत्तात्मक व्यवस्था में जी रही अपेक्षाकृत स्वतंत्र स्त्री है। लेकिन उसकी सारी स्वतंत्रता 'पति' पर अवलम्बित है,

जिसके मरते ही सारी स्वतंत्रता छिन जाती है। उसे वापस उसी रूढ़िबद्ध पितृसत्तात्मक समाज में लौट आना पड़ता है। यह 'नई स्त्री' मानसिक तौर पर अपेक्षाकृत ज्यादा कन्फ्यूज्ड है, उसने 'मुक्ति' का स्वाद चखने के बाद बन्धन पाए हैं।

सत्यवती विधवा पुनर्विवाह जैसे मुद्दों पर किसी विशिष्ट स्त्रीवादी दृष्टि का अनुगमन करती नहीं दिखाई देती हैं। वे पुरुष समाज-सुधारकों की तर्ज पर ही सन्तानवती और पति-संसर्ग कर चुकी विधवाओं के पुनर्विवाह से सहमत नहीं हैं। जब कि देखा जाए तो जब वे 'विधवा' होकर के 'पतिव्रता' का दावा करती हैं तो पुनर्विवाह के लिए 'अक्षतयोनि' होने की शर्त क्यों? राससुन्दरी देवी भी भारतीय विधवाओं की दुर्दशा, उनके लिए बनाए गए कड़े नियमों की आलोचना करती हैं, क्योंकि वैधव्य के बाद स्त्री से उसके अच्छा दिखने का अधिकार छीनकर एक ढंग से उसके बधियाकरण की प्रस्तावना की जाती है।

नवजागरण के दौर में लगभग प्रत्येक भारतीय भाषा में स्त्रियाँ आत्मकथ्य रच रही थीं। कुछ का प्रकाशन हुआ, कुछ विस्मृति के गर्भ में अभी भी हैं। 'सत्यवती' की आत्मकथा आन्ध्र प्रदेश राज्य आर्काइव के पन्नों से वकुलाभरण राजगोपाल के प्रयास से बमुश्किल बाहर आ पाई।

सन्दर्भ

1. जॉर्ज गस्टॉर्फ, कंडीशनंस एंड लिमिट्स ऑफ ऑटोबायोग्राफी, 'ऑटोग्राफी : एस्सेज थियोरेटिकल एंड क्रिटिकल' (सं.) जेम्स ओल्नी, प्रिंसटन यूनिवर्सिटी प्रेस, 1980 (सं.) पृ. 28
2. 'आमार जीबन' के पहले भाग का प्रारूप सन् 1872 ई. में और दूसरा भाग 1901 में प्रकाश में आया। साहित्येतिहास में राससुन्दरी की आत्मकथा के उल्लेख अथवा राससुन्दरी देवी की जन्मतिथि का अभाव है।
3. राससुन्दरी देवी, मेरा जीवन, हिन्दी अनुवाद, सुधा सिंह, स्वराज प्रकाशन 2010 : 57
4. वही, पृ. 81
5. जनैको गृहबधूर डायरी, सम्पादन एन. सी. जाना, मनु जाना और कमलकुमार सान्याल, कलकत्ता, वॉल्यूम 2, 1982
6. देवीपद भट्टाचार्य, बांग्ला चरित साहित्य—1801-1941, कोलकाता, पृ. 79-81, 1964
7. राससुन्दरी देवी, मेरा जीवन, हिन्दी अनुवाद, सुधा सिंह, स्वराज प्रकाशन, पृ. 64, 2010
8. तनिका सरकार, वड्र्स टू विन, काली फॉर वूमेन, पृ. 150, 1999
9. वही, पृ. 180
10. तनिका सरकार, वड्र्स टू विन, काली फॉर वूमेन, पृ. 161, 1999
11. दीपेश चक्रवर्ती, द डिफरेंस/डेफरल ऑफ ए कोलोनियल मॉडर्निटी पब्लिक डिबेट्स ऑन डोमेस्टिसिटी इन बंगाल, सबआल्टर्न स्टडीज—खंड 8 में, ऑक्सफोर्ड यूनिवर्सिटी प्रेस, दिल्ली, 1994

12. तनिका सरकार, वड्र्स टू विन, काली फॉर वूमेन, पृ. 182, 1999
13. भारत की जनगणना 1901, खंड छह, द लोअर प्रोविन्सेस ऑफ बंगाल एंड देयर फ्यूडेटोरीस, ई ए गेट की रिपोर्ट, पृ. 240, 1902
14. तनिका सरकार, वड्र्स टू विन, काली फॉर वूमेन, पृ. 202, 1999
15. राससुन्दरी देवी, मेरा जीवन, हिन्दी अनुवाद, सुधा सिंह, स्वराज प्रकाशन, 2010, पृ. 102
16. तनिका सरकार, वड्र्स टू विन, काली फॉर वूमेन, पृ. 204, 1999
17. इन्दिरा पारेख और पुलिन गर्ग, इंडियन वीमेन : एन इनर डॉयलॉग, सेज प्रकाशन, नई दिल्ली, पृ. 112-124, 1989
18. वकुलाभरण राजगोपाल, द रेटोरिकल स्ट्रेटजी : रीडिंग सत्यवती'ज आत्मचरितमु, इंडियन इकोनोमिक एंड सोशल हिस्ट्री रिव्यु, अंक 40, पृ. 377, 2003
19. वही
20. वही
21. वही
22. पार्थ चटर्जी, द नेशन एंड इट्स फ्रेगमेंट्स : कोलोनियल एवं पोस्टकोलोनियल हिस्टरीज, प्रिंस्टन, 1993
23. ताराबाई शिन्दे, ए कम्पैरीजन बिटवीन मेन एंड वूमन : ताराबाई शिन्दे एंड द क्रिटिक ऑफ जेंडर रिलेशंस इन कोलोनियल इंडिया, मद्रास पृ. 80-81, 124, 1994
24. ताराबाई शिन्दे, स्त्री-पुरुष तुलना, अनु. डॉ. राजम नटराजन पिल्लै, पृ. 114
25. वही
26. पार्वती अठवले, हिन्दू विडो : एन ऑटोबायोग्राफी, अनु. रेवरेंड जस्टिन ई एबोट, संस्करण, रिलायंस पब्लिशिंग हाउस, नई दिल्ली, 1986
27. वकुलाभरण राजगोपाल, द रेटोरिकल स्ट्रेटजी : रीडिंग सत्यवती'ज आत्मचरितमु, इंडियन इकोनोमिक एंड सोशल हिस्ट्री रिव्यु, अंक 40, पृ. 377, 2003
28. ताराबाई शिन्दे, स्त्री-पुरुष तुलना, अनु.—डॉ. राजम नटराजन पिल्लै, हिन्दी में शब्दालय प्रकाशन, 2020
29. उमा चक्रवर्ती, रीराइटिंग हिस्ट्री—द लाइफ एंड टाइम्स ऑफ पंडिता रमाबाई, नई दिल्ली, पृ. 270-271, 1998
30. वकुलाभरण राजगोपाल, द रेटोरिकल स्ट्रेटजी : रीडिंग सत्यवती'ज आत्मचरितमु, इंडियन इकोनोमिक एंड सोशल हिस्ट्री रिव्यु, अंक 40, पृ. 377, 2003
31. कुन्दुकुरी वीरेशलिंगम, अ बॉयोग्राफी ऑफ एन इंडियन सोशल रिफार्मर, जॉन ग्रीनफील्ड लियोनार्ड, कुन्दुकुरी वीरेशलिंगम (1848-1919), हैदराबाद, 1991 तथा सोशल रिफार्म्स इन आन्ध्र (1848-1919), वी. रामकृष्णा, नई दिल्ली, 1933
32. उमा चक्रवर्ती रीराइटिंग हिस्ट्री, द लाइफ एंड टाइम्स ऑफ पंडिता रमाबाई, जुबान बुक्स, पृ. 89, 2013
33. पार्वती अठवले, हिन्दू विडो—एन ऑटोबायोग्राफी, अनु.—रेवरेंड जस्टिन ई. एबोट, रिलायंस पब्लिशिंग हाउस, दिल्ली, पृ. 31, 1980
34. कुन्दुकुरी वीरेशलिंगम पंतुलु स्त्री-शिक्षा के बड़े पैरोकार और समाज-सुधारक थे, ब्रह्म समाज

के प्रभावस्वरूप उन्होंने 1908 में राजमुंदरी में पहले थियोसॉफिस्ट हाईस्कूल की शुरुआत की। उन्होंने मद्रास में पहले विधवाश्रम की स्थापना भी की—'हिस्ट्री ऑफ द ब्रह्म समाज', शिवनाथ शास्त्री

35. पार्थ चटर्जी, द नेशन एंड इट्स फ्रेगमेंट्स—कोलोनियल एंड पोस्ट-कोलोनियल हिस्टरीज, प्रिंस्टन, 1993 तथा अ कम्पेरिजन बिटविन वीमेन एंड मेन, मेरेडिथ बॉर्थविक, 'द चेंजिंग रोल ऑफ वीमेन इन बंगाल में', 1849-1905, प्रिंस्टन 1984
36. उमा चक्रवर्ती, रीराइटिंग हिस्ट्री : द लाइफ एंड टाइम्स ऑफ पंडिता रमाबाई, पृ. 270-271
37. पार्थ चटर्जी, नेशन एंड इट्स फ्रेंगमेंट्स : कोलोनियल एंड पोस्ट-कोलोनियल हिस्टरीज, प्रिंस्टन, 1993
38. वेलचेरु नारायण राव, सिम्बल्स ऑफ सबस्टांस : कोर्ट एंड स्टेट इन द नायक पीरियड, तमिलनाडु, दिल्ली, 1992
39. गुडीपति वेंकटाचलम, स्त्री, विजयवाड़ा, 1961
40. गुडीपति वेंकटाचलम, सावित्री (पौराणिका नाटिकालु) विजयवाड़ा, संस्करण 1957

अध्याय-4

आगुनेर पारसमणि : बांग्ला स्त्री-आत्मकथा

पूरे भारत से अधिक बंगाल की उन्नीसवीं शती नवोन्मेष और परिवर्तन की सदी थी। अठारहवीं सदी के मध्य तक ब्रिटिश औपनिवेशिक शासन ने बंगाल के विदेशी व्यापार पर अपना पूरा आधिपत्य जमा लिया था अब वे यहाँ की भू-सम्पदा को अपने नियंत्रण में रखना चाहते थे। बदलती हुई सामाजिक-आर्थिक संरचना में एक नये बंगाली मध्यवर्ग का विकास हुआ, जो ब्रिटिश शासन को सुचारू रूप से चलाने के लिए मददगार था। पुराना आभिजात्य बंगाली वर्ग जिनमें हिन्दू और मुसलमान दोनों थे, उन्होंने ब्रिटिश हुकूमत के पक्ष में अपनी भूमिका निभाई थी, लेकिन उत्तरोत्तर बढ़ती प्रशासनिक जरूरतों को पूरा करने के लिए इतना पर्याप्त नहीं था। ऐसे में नया मध्यवर्ग शासक और शासित के बीच मध्यस्थ बना और इनमें से कइयों को ब्रिटिश राज के कारण भूमि और धन मिला। कलकत्ते के 'स्टॉक मार्किट' और शहर को बसाने में इस वर्ग ने महत्त्वपूर्ण भूमिका निभाई।[1] सदी के अन्त तक मध्यवर्ग की संख्या में अच्छा इजाफा हो चुका था। यह नया सामाजिक समूह ही 'भद्रलोक' कहलाया जिसके दो वर्ग थे—अभिजात भद्रलोक और गृहस्थ भद्रलोक। अभिजात भद्रलोक अठारहवीं शताब्दी का मध्य आते-आते कलकत्ते का स्थायी निवासी बन गया था और उसका विकास ब्रिटिश शासन के साथ-साथ ही हो रहा था। उधर मध्यवित्त श्रेणी के लोगों को 'गृहस्थ भद्रलोक' कहा गया, जिनमें छोटे जमींदार, सरकारी कर्मचारी, वकील, पत्रकार और अध्यापक शामिल थे। ये लोग अठारहवीं शती के मध्य और उन्नीसवीं शताब्दी के प्रारम्भ में रोजगार के लिए जब कलकत्ते पहुँचे तो स्थायी होने के बाद अपने परिवार को लेकर आए। इनकी पत्नियों ने भद्रलोक की सामाजिक पहचान निर्मित करने में महत्त्वपूर्ण भूमिका निभाई। कलकत्ते के भद्रलोक-समाज में घर के भीतर परदे का पालन बहुत कड़ाई से किया जाता था। अन्त:पुर में सिर्फ स्त्रियों का प्रवेश था और आसपास आने-जाने के लिए चारों तरफ से ढकी पालकी का प्रयोग होता था और परदे की संस्कृति एक ढंग से सामाजिक हैसियत को बताने का कार्य करती थी। इसकी तुलना में निचले तबके में पर्दे के बन्धन ढीले थे।

उन्नीसवीं सदी के इस दौर की राजनीति में 'स्त्री-प्रश्न' उभार पर था। औपनिवेशिक दृष्टि से स्त्री-लेखन पर विचार करनेवालों का मानना था कि उन्नीसवीं शताब्दी की स्त्रियों का घरेलू और बाहरी संसार एक ही था,जबकि इसके विपरीत कुछ के विचार में इन दोनों संसार में पर्याप्त अन्तराल था। पार्थ चटर्जी ने इस नई स्त्री को बदलती जीवन-पद्धति के अनुरूप कहा।[2] 19वीं सदी के बंगाल में स्त्री और पुरुष की दुनिया अलग-अलग थी। शुरुआती दौर में राजनीति में स्त्रियों की शिरकत पर बहुत सारी आशंकाएँ थीं जिनकी अभिव्यक्ति तत्कालीन पत्र-पत्रिकाओं में हुआ करती थी। मसलन 'बंगमहिला' (1 मई, 1875) के सम्पादकीय में कहा गया, "हम राजनैतिक घटनाओं और विवाद को इस पत्रिका में कोई जगह नहीं देंगे क्योंकि वर्तमान में इस देश की स्त्रियों की रुचि का विषय राजनीति नहीं है।"[3] इसी तरह 1884 में 'बामाबोधिनी' पत्रिका में कहा गया : "...बंगाल में अभी ये समय नहीं आया है कि स्त्रियों को राजनैतिक शिक्षा दी जाए...लेकिन स्त्रियाँ राजनीति समझें या न समझें देश के अतीत और वर्तमान के बारे में उन्हें जानकारी देना अनिवार्य है।"[4] राष्ट्रवाद के उभार ने बंगाल में स्त्रियों को राजनीति में शिरकत करने के लिए उत्प्रेरक का कार्य किया। 1885 में कांग्रेस की स्थापना के समय स्त्रियों की शिरकत बहुत कम थी "केवल पंडिता रमाबाई, कादम्बिनी देवी और स्वर्णकुमारी घोषाल को कांग्रेस के अधिवेशन में शामिल होने का अवसर मिला, लेकिन उन्हें वोट देने या अपना मन्तव्य प्रकट करने का अवसर नहीं दिया गया।"[5] जबकि सुरेन्द्रनाथ बनर्जी ने 'कांग्रेस के प्रति महिलाओं के कर्तव्य' लिखकर कांग्रेस में शिरकत करने के लिए स्त्रियों का आह्वान किया था।[6] सन् 1905 में बंग-भंग और स्वदेशी आन्दोलन मध्यवर्गीय स्त्रियों को एकजुट कर घर के दायरे से बाहर लाने का कारण बन गए। आगे चलकर गांधी के साथ काम करनेवाली बहुत-सी स्त्रियाँ ऐसी थीं जिनके लिए स्वदेशी आन्दोलन ने पाठशाला की भूमिका निभाई थी। ये वे स्त्रियाँ थीं जो अन्त:पुर की दीवारों को लाँघकर राष्ट्रीय राजनीति और स्वदेशी आन्दोलन से जुड़ीं। इसके बाद राष्ट्रव्यापी सविनय-अवज्ञा आन्दोलन ने अगले दशकों में बहुत-सी राजनैतिक कार्यकर्ता तैयार कीं। इस तरह राजनीति में स्त्रियों की शिरकत के मसले पर तमाम आपत्तियों और आशंकाओं को ध्वस्त करते हुए स्त्रियों ने बहु-आयामी भूमिकाएँ अर्थात् घर और बाहर दोनों में अपनी सक्रिय उपस्थिति दर्ज करनी शुरू की। बंगाली गृहस्थ भद्रलोक में परिवर्तन तब आया जब भद्रमहिलाओं ने आगे बढ़कर देश के राजनीतिक संघर्ष में अपना योगदान दिया। अधिकांश को उनके परिवार का समर्थन था, उन्होंने प्रहार भी झेले और जेल भी गईं। सामाजिक स्थितियों और भारतीय माहौल में पश्चिमी शिक्षा से परिचय ने उनके विकास में महत्त्वपूर्ण भूमिका निभाई, अब वे राजनीतिक परिदृश्य पर चुनाव भी करती दिखाई देने लगीं, साथ ही जेल और सार्वजनिक जीवन ने उनके अनुभव-संसार के साथ-साथ साहित्यिक रुचियों

का भी उन्नयन किया। इन स्त्रियों ने यात्राओं के साथ-साथ कारावास-जीवन के अनुभव लिखे। यद्यपि उनके द्वारा लिखी हुई आत्मकथाओं की संख्या कम है, परन्तु औपनिवेशिक बंगाल के उत्तरार्द्ध के कुछ दशकों को समझने के लिए ये आत्मकथाएँ दस्तावेज का काम कर सकती हैं।

वस्तुतः मनुष्य की किसी गतिविधि को एक रेखीय ढंग से नहीं विश्लेषित किया जा सकता। किसी सामाजिक परिवर्तन की प्रक्रिया को बेहतर ढंग से समझने के लिए किसी घटना को क्रिया या क्रियाओं की प्रतिक्रिया के रूप में विश्लेषित करने से बेहतर है उसे नदी की परस्पर एक-दूसरे को काटती आवर्तित लहरों की तर्ज पर समझा जाए। भले ही मध्यवर्ग का उत्थान औपनिवेशिक शासन के सहयोग के लिए हुआ हो, लेकिन फिर उसकी अपनी गतिकी रही होगी। जिस तरह सन्तान पिता से जन्म लेकर भी अपना स्वतंत्र विकास कर लेती है, उसी तरह अंग्रेजी शिक्षा और पाश्चात्य जीवन-पद्धति से आमना-सामना होते ही घर और बाहर की दुनिया अलग-अलग हो गई होगी। इस बात के पर्याप्त प्रमाण मिलते हैं कि इस नई सांस्कृतिक स्थिति से सामंजस्य पैदा करने के कई गुर अपनाए गए। उसके भीतर से कई चीजें निकलीं। स्त्रियों के लिए भले आचरण-पुस्तकें तजवीज की गईं लेकिन जीवित घटनाओं के साक्ष्य ये बताते हैं कि कभी अपने आन्तरिक प्रशिक्षण से, कभी पुरुष की निगाह से खुद को तौलकर,कभी पितृसत्तात्मक समाज के अलिखित जड़ कायदों से मुक्त होने की लालसा से अपने बारे में लिखा जाने लगा। अपने अनुभवों से अपनी आँखों से देखी दुनिया को आत्मकथ्य में लाने की तड़प, कहीं पितृसत्ता के अनुकूल दीखने की इच्छा से स्त्रियाँ लिखने लगीं। उन्होंने कहीं समाज और परिवार से छूट ली तो कहीं सामाजिक नियम-मर्यादा-पालन की मिसाल भी बनीं। कहीं विद्रोह और कहीं समर्पण इस तरह एक ही आत्मकथ्य बहुआयामी हो उठता है। स्त्री का आदर्श रूप और वे स्वयं को जिस रूप में प्रस्तुत करना चाहती हैं; इसके बीच का तनाव आत्मकथ्य को जटिल बनाता है कि इसके बीच बतौर आत्मकथाकार कैसे आवाजाही करती है। इस नजरिये से आत्मकथ्यों का विश्लेषण करने की जरूरत है।

समूचे वैश्विक परिदृश्य के साथ बंगाल में भी शुरुआती दौर की आत्मकथाओं में स्त्रियों ने अन्तरंग प्रसंगों की अभिव्यक्ति से परहेज किया। हालाँकि आत्मकथ्यों में अन्तरंग प्रसंगों की कमी को बतौर स्त्री अपने-आपको पुरुष-प्रधान क्षेत्र में स्थापित करने और राजनीति में अपनी भागीदारी पुरुषों के बराबर सुनिश्चित करने के प्रयास से जोड़कर देखा जा सकता है। सन् 1920,1930 और1940 के दशकों में राजनैतिक क्षेत्र में बड़े बदलाव देखे गए। इसका प्रभाव लेखन और साहित्य पर भी पड़ा। जो स्त्रियाँ राजनीतिक क्षेत्र में कार्यरत थीं; उनके यहाँ प्रेम, यौनिकता जैसे प्रश्नों का सामना कैसे किया गया, यह देखने की बात है। साथ ही वे आत्मकथ्यों में इन्हें कैसे अभिव्यक्त करती हैं, करती भी हैं कि नहीं और बतौर एजेंसी वे किस

तरह के बदलाव लाने में सक्षम हुईं; दैनन्दिन व्यवहार और सैद्धान्तिकी के अंतरालों को इन आत्मकथ्यों के विश्लेषण से समझा जा सकता है।

अध्ययन की सुविधा के लिए बांग्ला के स्त्री आत्मकथ्यों को कालक्रमानुसार देखा जा सकता है : प्रथम चरण में उन्नीसवीं सदी के पूर्वार्द्ध में जन्मी स्त्रियों के आत्मकथ्य को रखा जा सकता है, जिनमें राससुन्दरी देवी (1810-1890) शारदासुन्दरी देवी (1819-1907) और कैलाशबासिनी मित्रा (1830-1895) की आत्मकथाओं को शामिल किया जा सकता है। ये तीनों स्त्रियाँ तथाकथित रूप से शिक्षित नहीं, बल्कि केवल साक्षर थीं। साक्षरता के लिए इन्होंने प्रयास किये थे, लेकिन ये किसी भी राजनीतिक चेतना से सम्पन्न नहीं हो पाईं थीं। दूसरे चरण में उन स्त्रियों की आत्मकथाएँ देखी जा सकती हैं जो राजनैतिक चेतना से सम्पन्न थीं, सुशिक्षित थीं और इनकी आत्मचेतना के प्रसार में परिवार का सहयोग था, मसलन सरला देवी चौधरानी, मणिकुन्तला सेन और शान्तिसुधा घोष। तीसरे चरण के अन्तर्गत ऐसी स्त्रियों के आत्मकथ्य, पत्र और डायरियाँ हमें मिलती हैं जो राजनीतिक कार्यक्षेत्र से दूर थीं लेकिन अपने समय और समाज का इतिहास दर्ज कर रही थीं जिनमें निस्तारिणी देवी (जन्म 1832) का 'सेकेले कथा' (अंग्रेजी अनुवाद 1913), प्रसन्नमयी देवी (1857-1939) की आत्मकथा 'पूर्बकथा', (1917), अमियबाला 'अमियबाला की डायरी', (1920), सुदक्षिणा सेन 'जीबनस्मृति' (अनुवाद : मेमोरीज ऑफ माई लाइफ,1932), मनोदा देवी की 'डायरी ऑफ अ हाउस वाइफ' (1955), ज्ञानदानन्दिनी (1850-1941) का 'डेज गॉन बाय', (1956), कुसुमकुमारी देवी की अप्रकाशित डायरी, शान्ता नाग का 'मेमोरीज फ्रॉम द पास्ट' (1970), विनोदिनी दासी (1862-1941) की आत्मकथा के दो भाग—'आमार कथा' (1912), 'आमार अभिनेत्री जीबन', काननबाला देवी (1916-1992) 'शबारे आमि नोमि' (अंग्रेजी अनुवाद 'माय होमेज टू आल', 1973) सहाना देवी (1897-1990) 'स्मृतिर खेया' (अनुवाद फेरिंग डाउन द मेमोरी स्ट्रीम, 1978), शोवा घोष के 'दे काल मी बैक इवेन नाउ'(1981) को देखा जा सकता है।

चौथे चरण के अन्तर्गत वे आत्मकथ्य आ सकते हैं जिन्हें सुना जाना किसी राजनीतिक या अभिजात्य जीवन जीनेवाली स्त्री की जीवन-कथा से कम महत्त्वपूर्ण नहीं है। भले ही ऐसी आवाजों ने समाज-सुधार और राष्ट्रीय आन्दोलनों में झंडा न उठाया हो लेकिन अपनी सीमाओं में इनमें भारतीय समाज के आन्तरिक तापमान, पितृसत्ता की जकड़न, उससे उलझे बिना जीवन जीने की छूट हासिल करने की जद्दोजहद, शिक्षा और रोजगार के लिए संघर्ष करती, लैंगिक विभेद, परिवार के तनाव-दबाव सहती स्त्री की पीड़ा और संघर्ष दर्ज हैं, जिनमें सुदक्षिणा सेन (1859-1934) 'जीबनस्मृति-मेमोरीज ऑफ माय लाइफ' (1932) शरतकुमारी देब (1861-1941) 'आमार संसार' (1942)। हेमबती सेन (1866-1933), 'फ्रॉम चाइल्ड

विडो टू लेडी डॉक्टर' 1942, लीला मजूमदार (1908-2007) और नबनीता देवसेन (1938-2019) के आत्मकथ्यों को देखा जा सकता है।

पाँचवें चरण के अन्तर्गत ऐसी स्त्रियों के आत्मकथ्यों को रखा जा सकता है जो भारत की स्वतंत्रता के बाद पैदा हुईं लेकिन उनका जीवन जिस जद्दोजहद और घटनात्मकता में गुजरा वह उनकी साहसिकता की कहानी कहता है। इन स्त्रियों ने घर-परिवार के तयशुदा चौखटों को तोड़ा, चुनौतियाँ झेलीं। जेल गईं यहाँ तक कि निर्वासन और हत्या का शिकार भी हुईं लेकिन इनके पंखों की परवाज को इनका स्त्री होना रोक नहीं सका, इस चरण में जया मित्र (जन्म 1950), और सुष्मिता बन्द्योपाध्याय (1964-2013) के आत्मकथ्य देखे जा सकते हैं, जो विषय वैविध्य के साथ स्त्री की साहसिकता की कहानी कहते हैं।

छठे चरण के अन्तर्गत बांग्लादेश की स्त्री-रचनाकारों को देखा जा सकता है। इनमें नूरजहाँ बोस (जन्म 1938), सुनन्दा सिकदार (जन्म 1951) और तसलीमा नसरीन (जन्म 1962) को प्रतिनिधि माना जा सकता है। इस श्रेणी में बांग्लादेश की उन स्त्रियों को भी रखा जा सकता है जिनमें नवाब फैजुन्निसा समेत कई मुसलमान हैं जिन्होंने आत्मकथाएँ नहीं लिखीं पर आत्मकथात्मक गद्य और पद्य की रचना करती रहीं। बावजूद इसके, साहित्येतिहास में उनका कोई खास जिक्र नहीं मिलता।

पहला चरण : उन्नीसवीं सदी में लगभग प्रत्येक भारतीय भाषा में गद्य लेखन हो रहा था, अकेले बंगाल में सन् 1800 से 1900 के बीच *नव्यभारत, उत्साह, भारती* जैसी पत्रिकाओं में स्वर्णकुमारी देवी, प्रसन्नमयी देवी, गिरीन्द्र मोहिनी दासी, सरला देवी, कृष्णभामिनी दास जैसी स्त्रियाँ आलोचक के रूप में उभर रही थीं। 1850 से 1900 के बीच 300 से अधिक पुस्तकों के लेखक के रूप में स्त्रियों के नाम मिलते हैं जिनमें कला, जीवनी, यात्रा-वृत्तान्त, नाटक, उपन्यास, दर्शन, धर्म, विज्ञान की पुस्तकें थीं।[7] इस सूची से मालूम होता है कि अधिकांश रचनाकार कवयित्री थीं। औपनिवेशिक बंगाल में डायरी, यात्रा-वृत्तान्त या आत्मकथ्य के रूपबन्ध में स्त्री का अपने बारे में लिखना आत्म की सार्वजनिक अभिव्यक्ति की इच्छा से प्रेरित था। उधर स्त्रियों को सभ्य बनाने की मुहिम के तहत औपनिवेशिक शासन–व्यवस्था स्त्रियों की स्थिति में सुधार करना चाहती थी। उन्नीसवीं शती के उत्तरार्द्ध और बीसवीं शती के पूर्वार्ध में मुद्रण यंत्र के प्रचार-प्रसार ने मध्य और उच्चमध्य वर्ग की स्त्रियों के पढ़ने-लिखने और छपने की सम्भावनाएँ खोलीं। इससे पहले बंगाली स्त्रियों के लेखन के प्रमाण नहीं मिलते। इससे पहले उनके बारे में गद्य-पद्य में खूब कहा गया लेकिन वे स्वयं अपने बारे में लिखकर बताने के लिए पहली बार इसी दौर में सामने आईं। यद्यपि इससे पहले बंगाली स्त्रियों के मौखिक आख्यान छोटे-छोटे अंशों में हमें मिलते हैं लेकिन इनका कोई लिखित मुकम्मल इतिहास नहीं मिलता। इसलिए हमें यह मानना चाहिए कि स्त्री का सार्वजनिक

जीवन में प्रवेश मुद्रण यंत्रों के माध्यम से ही हुआ। यद्यपि स्त्री-मुक्ति पूरे बंगला साहित्य की केन्द्रीय चिन्ता रही है और उन्नीसवीं शती के अन्तिम दशक में ही स्त्री-यात्रा संस्मरण मिलने लगते हैं, लेकिन पुरुष की छाया से स्वतंत्र आत्मकथ्यों का प्राय: अभाव वहाँ है। रवीन्द्रनाथ टैगोर के परिवार से सम्बद्ध कई स्त्रियों ने यात्रा-वृत्तान्त लिखे। बंगाल में पहली पीढ़ी की रचनाकारों के रूप में स्वर्णकुमारी देवी (प्रयाग-यात्रा, समुद्रे) प्रसन्नमयी देवी, प्रतिमा देवी सरीखी शिक्षित स्त्रियाँ थीं जो किसी-न-किसी रूप में टैगोर परिवार से सम्बद्ध थीं। इसी परिवार की कई स्त्रियों ने आगे चलकर आत्मकथ्य लिखे, कृष्णभामिनी दास का 'इंग्लैंडे बंगमहिला' (1885) किसी बंगाली स्त्री का लिखा पहला यात्रा-वृत्तान्त है। लेकिन औपचारिक शिक्षा के अभाव के साथ साक्षर होने के लिए संघर्ष करती कुलीन ब्राह्मण स्त्री राससुन्दरी देवी की आत्मकथा 'आमार जीबन' (1872) पर ध्यान देना जरूरी है। इसके बाद कैलाशबासिनी मित्रा और शारदासुन्दरी के आत्मकथ्य प्रमुख हैं। कालक्रमानुसार कैलाशबासिनी मित्रा की रचना सबसे पहले मिलती है जो उन्नीसवीं शती के बंगाल में किसी स्त्री द्वारा लिखी पहली डायरी है जिसका शीर्षक है 'जनैको गृहबधूर डायरी' (एक गृह वधू की डायरी), जो बंगाली मासिक 'बसुमती' में 1953 में धारावाहिक रूप में छपी; इसका पुनर्प्रकाशन 'आत्मकथा' शीर्षक से हुआ।[8] इसमें लगभग तीन दशकों, यानी 27 वर्षों का समय (1846-1873) अंकित है। डायरी में कुछ चुनी हुई घटनाएँ चित्रित हैं जो कि कैलाशबासिनी की विशिष्ट और घटनाओं से भरी वैविध्यपूर्ण जिन्दगी की झाँकी प्रस्तुत करती हैं। कैलाशबासिनी के जीवन की आकस्मिक घटनाएँ, स्त्री होने के कारण उन पर लगी पाबन्दियाँ, सामाजिक रूढ़ियों का जबरन पालन करती स्त्री की विवशता उनकी सामाजिक चिन्ताओं का पता देने के साथ ही उन्नीसवीं सदी के बदल रहे बंगाल के बारे में भी बताती हैं। कैलाशबासिनी का आख्यान अपरिष्कृत भाषा में जीवन्त वैचारिक गद्य का अच्छा उदाहरण है। लेखिका के विचार अत्यन्त समृद्ध हैं जो अभिव्यक्ति की कमी को ढक देते हैं। वे पाठक की स्मृति में अपने पति के साथ दर्ज हो जाना चाहती हैं। कैलाशबासिनी ने तत्कालीन स्त्रियों की अपेक्षा ज्यादा स्वतंत्र जीवन जिया, खूब यात्राएँ कीं, निजी तौर पर पर्दा-प्रथा का पालन करते हुए वे भी पति की स्थानान्तरण वाली नौकरी में साथ-साथ रहीं। उस समय को देखते हुए कैलाशबासिनी इसीलिए अपने-आपको सौभाग्यशाली मानती हैं। बहुत व्यवस्था से अपना जीवन वे डायरी में स्मरण नहीं कर पातीं। वे इसे विशेष तौर पर दर्ज करती हैं कि वे भाग्यशाली थीं कि वे पति के साथ बंगाल के विभिन्न भागों में घूमीं। कई अवसरों पर वे तिथियाँ और घटनाक्रम भूल जाती हैं। वह डायरी में यात्रा-वृत्तान्त की तर्ज पर घटनाएँ दर्ज करती हैं और लिखते हुए वह खुद को तलाशने और पाने की कोशिश करती हैं। वे अपने पति किशोरीचन्द्र के डिप्टी मजिस्ट्रेट के पद पर काम करने से बहुत

गौरवान्वित हैं। किशोरीचन्द्र मित्रा के साथ बिताए दिनों में बहरमपुर, मुर्शिदाबाद जैसी जगहों का सजीव चित्रण करती हैं। डायरी का प्रारम्भ पुत्र की मृत्यु (1846) से और अन्त पति की मृत्यु (1873) के साथ होता है। अपने विधवा होने की सूचना के साथ आकस्मिक ढंग से डायरी समाप्त करती हैं—"ओह पाठकों, यहाँ मेरी पुस्तक समाप्त होती है। मेरी जिन्दगी समाप्त। आज 24 श्रावण चन्द्रतिथि 13 झूलन यात्रा के दिन 11 बजे, मैं जीते-जी मर गई...मैं श्यामबाजार गई थी और लौटी हूँ तो विधवा के रूप में। इस शब्द 'विधवा' ने मेरा हृदय चूर-चूर कर दिया है। मैं इस दर्द को सहन नहीं कर पा रही। हे ईश्वर मेरा नाम धूल में मिल जाए।"[9] कैलाशबासिनी की डायरी एक विवाहिता स्त्री के सुखी वैवाहिक जीवन की डायरी है। वह अपने पति से पूरी तरह सन्तुष्ट हैं, वे लिखती हैं कि उनके पति ने यात्रा और मातृत्व के दौरान पूरी देखभाल की : "हमारे पति हमें गहराई से चाहते हैं।...दुनिया उन्हें सम्मान की दृष्टि से देखती है और हमारे पति हमारे एक इशारे पर मरते-मिटते हैं...और इससे भी बड़ी बात यह है कि हम अपने पतियों के साथ उनके काम करने की जगह पर रहती हैं।"[10]

वह यह भी कहती हैं कि वे पति के साथ कहीं भी जाकर रहने के लिए तैयार हो सकती हैं उनके साथ रहना ऐसा है जैसे जंगल में जंगल के राजा के साथ रहना। लेकिन वे साथ ही स्त्री-पुरुष सम्बन्धों के बारे में टिप्पणी करती हैं, "पुरुषों के सामाजिक समूह हमसे बड़े थे, हम खुश थे, स्त्री होने के नाते हमारी सामाजिक जरूरतें भी कम थीं और हम थोड़े में ही सन्तुष्ट थे। स्वाधीनता ही हमारे लिए पर्याप्त थी। जब बाबू लोग दौरे या अपने जिलों की ओर चले जाते थे तब हम औरतें समूह बनाकर बगीचे में टहला करतीं...वे मेरे पति के सामने कभी नहीं आती थीं, न कभी मैं उनके पति के सामने गई।"[11] स्त्री होने के नाते कैलाशबासिनी को अकेलापन भी झेलना पड़ा। चूँकि उनके पति का तबादला जिन जगहों पर होता रहता था वहाँ सब कहीं ऐसा खुला माहौल मिलना कठिन था कि वे किसी सामाजिक दायरे में आवाजाही कर सकें इसलिए जहानाबाद (मिदनापुर) में 1852 में उन्होंने अनुभव किया—"मैं जहानाबाद में किसी से मिली नहीं। यह बहुत तकलीफदेह था, मैं खाती-सोती और कढ़ाई-सिलाई का काम करती। कभी अपनी बेटी को पढ़ाती कभी अपनी यह डायरी लिखती।"[12] कैलाशबासिनी अपने पति की तारीफ करते नहीं अघातीं। जहाँ 'आमार जीबन' में राससुन्दरी मात्र एक या दो बार अपने पति का जिक्र करती हैं वहाँ 'जनैको गृहबधूर डायरी' में कैलाशबासिनी अक्सर पति की चर्चा करती हैं। वे लिखती हैं कि उनके पति ने अपनी बेटी कुमुदिनी का विवाह 11 वर्ष की अवस्था में नीलमणि दे से तय कर दिया जो उनसे नीचे कुल के थे भाइयों की आपत्ति के बावजूद कैलाशबासिनी के पति ने कहा कि वे कुल के नाम पर अशिक्षित व्यक्ति को दामाद नहीं बना सकते। वे इस मुद्दे पर पति के साथ

पूर्णत: सहमत थीं : “मेरे पति कभी अवसादग्रस्त नहीं होते...धनी और सत्तासीन होना उनकी प्रसन्नता का बहुत बड़ा कारण है।”[13]

कैलाशबासिनी स्वयं की बौद्धिकता और सुशिक्षा के लिए पति के प्रति कृतज्ञ हैं—“मैं आज जो कुछ भी हूँ उसके पीछे जो जमीन है वह बहुत ध्यान और परिश्रम से तैयार की गई। उसमें समय पर पानी और खाद पड़े। मेरा दिमाग उर्वर रहा है फिर भी इतना जरूर कहूँगी कि सबसे मूर्ख व्यक्ति भी ऐसी देखभाल और संगति में चमक जाएगा।”[14] कैलाशबासिनी ने डायरी में अपने सधवा जीवन की लगभग प्रत्येक घटना का विवरण दर्ज किया है लेकिन वे यह भी दर्ज करती हैं कि समाज पढ़ी–लिखी स्त्री को अच्छी नजर से नहीं देखता। ऐसे समय जहाँ भद्र महिलाओं की यात्राएँ नदी के घाट पर स्नान,वर्ष में एक बार मायके जाने और परदे में ढककर कभी-कभार घर से बाहर जाने तक ही सीमित थीं, वहाँ कैलाशबासिनी की यात्राएँ अपने-आपमें उन्हें अपने समय की स्त्रियों के अनुभवों से विशिष्ट सिद्ध करती हैं। ऐसा कोई प्रमाण नहीं मिलता कि कैलाशबासिनी मित्रा ने ‘आमार जीबन’ पढ़ा था, या उन्होंने डायरी की भाषा पर कुछ ज्यादा परिश्रम किया। इसके बावजूद कैलाशबासिनी का आत्मकथ्य इसलिए महत्त्वपूर्ण है क्योंकि वह अपने समकालीन शरतचन्द्रदास की यात्रा डायरी “जर्नी टू ल्हासा एंड सेंट्रल तिब्बत” (1902) की तर्ज पर ही बंगाब्द में ही तिथियाँ देने की कोशिश करती हैं। साथ ही, वे द्वारकानाथ टैगोर के देहावसान और 1857 के विद्रोह की ऐतिहासिक घटनाओं की भी चर्चा करती हैं और डायरी लिखने के पहले उस दिन और स्थान को दर्ज भी करती जाती हैं। इसके साथ ही बीच-बीच में वे पढ़ी किताबों का भी उल्लेख करती हैं जैसे बंकिमचन्द्र चट्टोपाध्याय की मृणालिनी (1869), डेनियल डेफो का ‘रोबिन्सन क्रूसो’ (1719)। वे डेनियल की किताब के बांग्ला अनुवाद के बारे में भी डायरी में बताती हैं। वे यह भी लिखती हैं कि उनके पति बेटी पैदा होने की खबर सुनकर बहुत खुश थे और इन्तजार करते हैं कि कब कैलाशबासिनी अपने हाथ से उन्हें पत्र लिखेंगी। वे लिखती हैं : “पर मैं उन्हें कैसे पत्र लिखूँ? पर मैं यहाँ प्रसूति गृह में सीलन भरे फर्श पर, गीली दीवारों के बीच हूँ। मैं भले ही कितने बड़े आदमी की पत्नी हूँ, या हूँ बड़े आदमी की बेटी, पर सौर-गृह में मुझे एक गद्दा, एक तकिया और एक कम्बल मात्र मिला है, इसी से मुझे ये दिन काटने हैं...मेरे पति को इन सबके बारे में कुछ भी मालूम नहीं है। वे तो हर पत्र में शिकायत ही करते हैं कि मैं उन्हें पत्र नहीं लिखती और उनसे दूर रहकर उन्हें सता रही हूँ। वे लिखते हैं कि मेरे पत्र के जवाब में तुम सिर्फ एक पंक्ति लिख दिया करो, पर तुम नहीं लिखती हो। अब मैं तुम्हे फिर कभी पत्र नहीं लिखूँगा।

मैं डर गई थी क्योंकि उनका एक-दो दिन कोई पत्र नहीं आया। फिर सूतिका पूजन के लिए रखी कलम और स्याही लेकर मैं उन्हें पत्र लिखने बैठी।”[15] दरअसल कैलाशबासिनी प्रसूता के लिए बनाए नियमों की आलोचना करती दीखती हैं और

प्रकारान्तर से असुरक्षित और अस्वच्छ प्रसव-स्थितियों की तरफ पाठक का ध्यान दिलाते हुए दाम्पत्य प्रेम की ओर संकेत करती हैं। जिस दाम्पत्य प्रेम के चित्रण का नितान्त अभाव हम राससुन्दरी देवी में पाते हैं। कैलाशबासिनी से उनका अन्तर इतना है कि जहाँ राससुन्दरी देवी को साक्षरता ग्रहण करने के लिए अनथक प्रयास करने पड़े और उनके अनुभव-संसार की सीमा-गृहस्थी और आध्यात्मिकता के बीच सिमटी हुई है वहीं कैलाशबासिनी को बंगाल के कई स्थानों पर रहने-घूमने का अवसर मिला। शिक्षा के लिए उन्हें कोई संघर्ष नहीं करना पड़ा क्योंकि उन्हें पढ़ने के लिए पति ने अंग्रेजी ट्यूटर का इन्तजाम भी किया हुआ था। वे डायरी में अपने पति के बारे में लिखती हैं कि कैसे वे ब्राह्मो धर्म को मानने और हिन्दू जाति-व्यवस्था का खंडन करने लगे थे। वे डायरी में लिखती हैं कि हिन्दू रीति-रिवाजों पर से उनका विश्वास उठ गया है और अब मैं हिन्दू धर्म में विश्वास नहीं करती लेकिन इसके बारे अपने पति को नहीं बताऊँगी।

बांग्ला की पहली स्त्री-आत्मकथा 'आमार जीबन'[16] की लेखिका राससुन्दरी देवी की जन्मतिथि का साहित्येतिहास में उल्लेख नहीं मिलता। राससुन्दरी देवी की 'आमार जीबन'[17] को औपनिवेशिक भारत की प्रथाओं की शिकार स्त्री के बयान के रूप में देखा जाना चाहिए, जहाँ लड़कियों के विवाह की आयु 10-12 वर्ष थी। राससुन्दरी देवी का जीवन और लेखन एक-दूसरे के लिए बहुत महत्त्व रखते हैं। 'आमार जीबन' की भूमिका में उनके बारे में कहा गया है, "यह पुस्तक एक स्त्री द्वारा लिखित है। उसके ऊपर से यह ऐसी वृद्ध स्त्री द्वारा लिखी गई है जिसकी उम्र 88 वर्ष है। इसलिए मैंने इसे बहुत ही जिज्ञासा के साथ पढ़ना शुरू किया। मैंने तय किया कि सभी महत्त्वपूर्ण जगहों पर पेंसिल से निशान लगाता जाऊँगा। ज्यों-ज्यों मैं इसे पढ़ता गया पूरी किताब ही पेंसिल के निशानों से भर गई। उसके जीवन की घटनाएँ आश्चर्यजनक हैं और उसके लिखने का ढंग मधुर और सहज है, पुस्तक पूरी किये बगैर उसे रख देना असम्भव है।"[18] राससुन्दरी की आत्मकथा के पहले भाग में 18 अवतरण हैं और दूसरे में 15। पहले भाग में प्रत्येक अवतरण के प्रारम्भ में एक-एक पद्य है जो आकार में बड़ा और आत्मकथात्मक है। दूसरे भाग के अवतरणों के पद्य खंड अपेक्षाकृत छोटे हैं जिनमें ईश्वर का गुणगान है। राससुन्दरी लिखती हैं कि वह 1809 में पबना जिले के पोतजिया ग्राम में पैदा हुईं।[19] बारह वर्ष की उम्र में विवाह और पच्चीस वर्ष की अवस्था तक वह बारह सन्तानों को जन्म दे चुकी थी। घर-परिवार की व्यस्तता और पारिवारिक कर्तव्यों का पालन करते हुए चोरी-छिपे पढ़ना-लिखना सीख लिया और धार्मिक ग्रन्थ पढ़ने लगीं—'घर में कोई कागज पड़ा रहता था तो उसकी तरफ देखती भी नहीं थी कि कहीं लोग यह न कहें कि वह पढ़ रही है। प्रार्थना करती थी कि हे ईश्वर! मुझे पढ़ना सिखा दो।'[20] रसोईघर में छुपाकर वह किसी तरह अक्षर मिला-मिलाकर पढ़ती हैं,[21] परिवार के सदस्यों

को हर सम्भव तरीके से प्रसन्न रखने का प्रयास करती हैं घरेलू व्यस्तता के कारण कभी-कभी भोजन भी नहीं खा पातीं, सम्पन्न ब्राह्मण परिवार की बहू और बाद में 'गृहिणी' की उपाधि की कीमत कड़े परिश्रम से चुकाती हैं।[22] वर्षों अपने मायके नहीं जा पातीं, यहाँ तक कि माँ के मरने पर भी,[23] उनका जाना नहीं हो पाता—"मैं अपने घूँघट के भीतर रो लेती थी और कोई जान नहीं पाता था"[24] अपने जीवन के बारे में राससुन्दरी लिखती हैं : "पाँच-छह वर्षों तक की तो कोई विशेष स्मृति नहीं है जब मेरी उम्र सात या आठ हुई तो बुद्धि आनी शुरू हुई बारह वर्ष की उम्र में विवाह हुआ, छह वर्षों तक नवेली दुल्हन रही इसे चमत्कार ही कहेंगे कि मेरे शरीर से इतनी चीजें बाहर निकल आईं और मुझे उनके कारण के बारे में कुछ भी मालूम नहीं। धीरे-धीरे मैं बूढ़ी होती गई, मेरा शरीर झूलता गया, ढीला पड़ता गया।[25] मेरा जन्म 1809 में हुआ 1872 में यह आत्मकथा प्रकाशित हुई अब मैं 88 वर्ष की हुई, अचानक सब कुछ बदल गया, मेरा शरीर, मेरा दिमाग, आदतें—पहले से नितान्त विपरीत। इस बीच 1875 में मेरे कर्ता स्वर्ग सिधार गए। स्वर्णमुकुट मुझसे छिन गया। लेकिन मुझे इसका कोई पछतावा नहीं है, ईश्वर जैसे चाहे मुझे रखे।"[26]

राससुन्दरी देवी आत्मकथा में बार-बार ईश्वर की दयालुता, कृपालुता की चर्चा करती हैं। उन्हें बराबर इस बात का एहसास है कि उनका समाज, स्त्री का पढ़ना-लिखना सहज ही स्वीकार नहीं करेगा इसलिए अपनी जीवन-कथा पर ईश्वर-कृपा या पवित्र ग्रन्थ का मुलम्मा जरूरी है, इसके अभाव में पाठक उनकी रचना को 'सम्भवतः' स्वीकार नहीं करेंगे। तत्कालीन बंगाली समाज में स्त्री की साक्षरता स्त्री के विपक्ष में समझी जाती थी। आशापूर्णा देवी की कथाकृति 'प्रथम प्रतिश्रुति' इसे बहुत अच्छी तरह अभिव्यक्त करती है ईसाई मिशनरियों के सकारात्मक प्रयासों को रूढ़िवादी परिवार सन्देह की दृष्टि से देखते थे। समाज के इस अतिवादी, दमनकारी रवैये की मुखालफत करना एक निहायत साधारण घरेलू स्त्री के लिए सम्भव नहीं था, ऐसे में राससुन्दरी की आत्मकथा का प्रकाशन अदम्य साहसिक कार्य था। उन परिस्थितियों पर भी विचार किया जाना जरूरी है, जिनमें राससुन्दरी देवी ने आत्मकथा को अभिव्यक्ति की विधा के रूप में चुनने का निर्णय लिया। 'आमार जीबन' से पहले लिखे गए पुरुष-आत्मकथ्यों में तीन उल्लेखनीय हैं—देवेन्द्रनाथ ठाकुर स्वरचित जीवन-चरित, दीवान कार्तिकेयचन्द्र का आत्मजीवन-चरित और राजनारायण बोस का आत्मचरित, जिसका अनुवाद अंग्रेजी में 'एन एकाउंट ऑफ मायसेल्फ' शीर्षक से हुआ। ध्यातव्य है कि ये सब प्रसिद्ध और विशिष्ट व्यक्तियों की श्रेणी में आते थे। देवेन्द्रनाथ ठाकुर ब्रह्म समाज और सुधार आन्दोलन में अगुआई के लिए, शारदासुन्दरी देवी केशवचन्द्र सेन की माँ के रूप में, कार्तिकेयचन्द्र सेन एक बड़ी रियासत के प्रबन्धक और राजनारायण बसु प्रसिद्ध राष्ट्रवादी नेता और लेखक के रूप में स्थापित थे। अन्तःसाक्ष्य बताते हैं कि बांग्ला में चैतन्य महाप्रभु

की पहली जीवनी 'चैतन्य भागवत' देखकर राससुन्दरी में पढ़ने-लिखने की लालसा जगी। राससुन्दरी ने जोड़-जोड़कर लिखना सीखा, इस पढ़ना-लिखने सीखने की यात्रा के दौरान कई कठिनाइयों का सामना किया, लेकिन चैतन्य के जीवन पर जितनी पुस्तकें एक समृद्ध परिवार में उपलब्ध हो सकती थीं सबको पढ़ डाला। आध्यात्मिक पुस्तकें पढ़ने का प्रभाव निश्चित रूप से उनके लेखन पर भी पड़ा। वह स्वयं को 'जिताक्षरा' कहती हैं—वह जिसने अक्षर की आत्मा को चीन्ह लिया हो। राससुन्दरी देवी को लगता है कि कृष्ण और चैतन्य यानी आराध्य और भक्त जैसा सम्बन्ध ही उनका भी ईश्वरीय सत्ता से है और ईश्वर ने अन्यान्य कष्ट देकर उनकी भक्ति की परीक्षा की है। परन्तु हिन्दूवादी शास्त्रीय अवधारणाएँ आत्मसात कर उन्हें अभिव्यक्त करना मात्र, राससुन्दरी का उद्देश्य नहीं है। आत्मकथा को आध्यात्मिक बाना पहनाए जाने के बावजूद रचनाकार अपने जीवन-संघर्ष में आस्था, जीवन शक्ति की खोज कैसे करती है—यह देखना महत्त्वपूर्ण है। अपनी पीढ़ी की पहली स्त्री-रचनाकार 'आत्मचेतना' की अभिव्यक्ति के लिए कौन-सा औजार इस्तेमाल कर रही थी, जिसे गृहस्थी चलाने का साधन, परिश्रमी देह, अनन्त सन्तानसम्भवा से परे कुछ न समझा गया हो, वह स्वयं को देह से परे और देह से ढके मन की परतों को उघाड़कर देखने के लिए आमंत्रित करती है। परम्परा से आत्माभिव्यक्ति के जो भी माध्यम उसे उपलब्ध हैं—जैसे रोना, गाना, व्रत, पूजा, ईश्वरार्चन आदि, वह उन सबका अतिक्रमण और इस्तेमाल दोनों करती है। लिखना-पढ़ना उसका क्षेत्र नहीं, इसलिए परम्परागत भूमिका और छवि दोनों को बनाए रखते हुए उसके सामने आत्माभिव्यक्ति की चुनौती है। राससुन्दरी की भाषा देखकर ऐसा नहीं लगता कि यह एक नवसाक्षर का प्रथम प्रयास है। अनुमान लगाया जा सकता है कि या तो उन्होंने लेखन का निरन्तर अभ्यास किया था (हालाँकि उनके नाम से कोई और रचना हमें मिलती नहीं) या उनके लिखे हुए को बाद में चलकर किसी ने सँवार-सुधार दिया हो। कहीं-कहीं उनकी भाषा बिलकुल बौद्धिक विमर्श या चिन्तन की मुद्रा लिये हुए है। ज्यादातर स्थलों पर 'आमार जीबन' की भाषा तत्कालीन पुरुष रचनाकारों जैसी ही है। यह गौरतलब है कि बंगाल में पुरुषों की गद्य रचना और स्त्री-लेखन में बहुत ज्यादा अन्तराल नहीं रहा।[27]

राससुन्दरी ने आश्चर्यजनक रूप से आत्मकथा में सनसनीखेज प्रसंगों का जिक्र नहीं किया। स्वप्न-दर्शन, मृत्यु के पूर्व 'संज्ञान', पुत्रों का मृत्यु-शोक इत्यादि दृश्यों के अतिरिक्त आत्मकथा के पहले भाग में वे सिर्फ अपनी कथा कहती हैं—बचपन में एक भयातुर बच्ची, दस वर्ष की उम्र तक आते-आते प्रशंसा की इच्छा से गृहस्थी का समूचा कार्य सीख लेना, परिवार-सम्बन्धियों में उनकी तारीफ, इन सबका जिक्र बार-बार आता है। दूसरे भाग की अपेक्षा पहले भाग में संवादधर्मिता ज्यादा है। साक्षर होने की घटनाओं की प्रस्तुति में तर्क और कौशल दोनों हैं। लेकिन ठीक इसी के

बाद वे वैधव्य की घटना पर पहुँच जाती हैं। वृद्धावस्था, स्वप्न-श्रवण, पुत्र-शोक, ईश्वरीय अनुरक्ति जैसे विविध प्रसंग संवेदना को घेर लेते हैं। ऐसा लगता है कि जिन घटनाओं की जरूरत थी, या जिन प्रसंगों को कहना सार्थक लगा, उन्हीं को ब्यौरेवार ढंग से लिखा गया है। शेष को यूँ ही निपटा दिया गया है। यहीं आकर 'आत्मकथा' का एकान्वित प्रभाव नष्ट हो जाता है। यहाँ से वे स्मृति के एक-एक परमाणु की शिनाख्त करती दिखाई देती हैं। यहाँ घटनाओं और उनके भीतर छिपे अर्थ-सन्दर्भ का पारस्परिक सम्बन्ध विशृंखलित हो जाता है। छोटी-मोटी घटनाएँ उलझ-सी जाती हैं और जीवन के प्रति एक सामान्य-सी समझ रचनाकार की दृष्टि को आच्छादित कर लेती है। कई बार जीवन के आदि और अन्त का क्रम गड्डमड्ड दिखाई देता है। लेकिन इसे वृद्धावस्था के स्मृति-भ्रम के रूप में न देखकर नूतन परावर्तन के रूप में देखा जाना चाहिए। लिखना-पढ़ना सीखना राससुन्दरी देवी के समूचे जीवन की चरम उपलब्धि है। साक्षर होते ही रचनाकार का विश्वास, उसकी बौद्धिकता, उसका परिश्रम और स्त्री होने की पीड़ा—सब सम्पृक्त हो जाते हैं। भविष्य बिलकुल प्रत्यक्ष हो जाता है। लिखना सीखकर वह जीत गई है—जीवन के तमाम संघर्ष, बाधाएँ, दुख, अकथ वेदना पर, परिश्रम और लगन ने विजय पाई है। यहाँ पाठ के भीतर छिपा रहस्य जैसे उजागर हो गया है। स्त्री जो कहना चाहती थी कह चुकी है—अब पाठ भी रिक्त हो गया है। रचनाकार का उद्देश्य पूरा हो गया है, अब जो कुछ बचा है वह घटनाओं का दुहराव-भर है। जीवन के उत्तर-पक्ष की घटनाओं का भौतिक पक्ष यहाँ गौण है। अब सिर्फ अर्थ-विस्तार की आवश्यकता रह गई है, जिसके लिए जीवन के किसी भी मोड़, किसी भी बिन्दु, ईश्वरीय चरित्र के किसी प्रसंग से कोई भी उद्धरण दिया जा सकता है। अब वह अपना जीवन पूरी तरह ईश्वर को समर्पित करती हैं, कहीं-कहीं सामाजिक प्रथाओं, साक्ष्यों का विरोध भी करती हैं, समाज की रूढ़ प्रथाओं और दुखद परिणामों का उल्लेख भी करती हैं। इन सबके दौरान रचनाकार कई साहित्यिक विधाओं का इस्तेमाल करती है। सन्दर्भ, उद्धरणों के साथ-साथ कविता, कहानी, बहस कई विधाएँ साथ-साथ चलती हैं। जैसे-जैसे पाठक आत्मकथा पढ़ता चलता है, यों लगता है कि एक आधुनिक सोच की रचनाकार ईश्वरीय सत्ता और आध्यात्मिक दर्शन की ओर उन्मुख होती जा रही है। कहीं लम्बे आत्मालाप हैं, कहीं अत्यन्त आत्मीय ढंग से पाठक को सम्बोधित करती हैं, कहीं-कहीं ईश्वर को सीधे-सीधे सम्बोधित करती हैं। पूरी आत्मकथा में इस सचेतनता के प्रमाण हैं कि रचनाकार मुद्रित माध्यम से अपनी बात पाठक के सामने पहुँचा रही है। कहीं-कहीं आत्म-स्वीकार की मुद्रा भी दिखाई देती है। उसे पूरा एहसास है कि वह पहली स्त्री है जो बांग्ला में 'आत्मकथा' लिख रही है। संयुक्त परिवार-व्यवस्था जिसमें 'गृहिणी' देवी है या दासी। नहीं है तो केवल 'मनुष्य'। जूता सिलाई से लेकर चंडीपाठ के काम उसके पास हैं। नहीं है तो केवल 'समय'-

कभी-कभी इतना भी नहीं कि वह भोजन कर सके। सबको खिला चुकने के बाद वह बच्चों को सुलाती है, उनके सो जाने के बाद भात की थाली खींचकर बैठती है तो बच्चा जग जाता है, पति का अनुशासन कड़ा है। स्त्री-धर्म का तकाजा है कि पति की नींद में बच्चे के रुदन से खलल न पड़े। कुल की मर्यादा का दायित्व इतना है कि दाई-नौकरों के सामने वह भोजन नहीं कर सकती।[28]

इस ब्राह्मणी स्त्री के कष्ट की महागाथाएँ अनन्त हैं, पर मूक। वह 'कुलनारी' है—सामान्या नहीं। उससे जितने श्रम की अपेक्षा की जाती है—उतना श्रम वह कर पाई, यह 'ईश्वरीय चमत्कार' से कम है क्या! दो-दो दिन भूखी रहने पर भी वह स्वस्थ रह पाई, इसके पीछे 'ईश्वर कृपा' नहीं तो और क्या है? राससुन्दरी का व्यंग्य-बोध यहाँ देखने लायक है। अन्त में राससुन्दरी लिखती हैं, "मैं चाहती हूँ पाठक इस सबको जाने।" प्रतिदिन प्रात: चार बजे से रात्रि बारह बजे तक निरन्तर श्रम किसी यातना से कम नहीं। श्रम में, सेवा में, कर्तव्य में कोई व्यतिक्रम नहीं, 'अच्छी बहू', 'कुलीन नारी' के विशेषणों से सुसज्जित स्त्री, यातना का स्मरण अपनी वृद्धावस्था में कर रही है—यातना का प्रत्याख्यान यातना से कम नहीं। इसलिए घरेलू जीवन की दिनचर्या के एकाध दिनों की चर्चा वह पर्याप्त समझती है। लिंगाधृत मानसिकता समाज के प्रत्येक वर्ग में स्त्री को पीड़ा और यातना के अनुभव देती है—यहीं पर 'कुलीन' स्त्री का आख्यान सामान्य स्त्री के आख्यान में बदल जाता है। वह कहीं-कहीं एकालाप करती है, जिसमें उसका आत्मविश्वास 'ईश्वर' के नाम से अभिव्यक्त होता है। अपना सुख-दुख ईश्वर को समर्पित कर देना एक ढंग से अपने एकाकीपन की अभिव्यक्ति है तो दूसरी ओर वैष्णव धर्म में पाई जानेवाली दीनता का प्रभाव भी। ईश्वरीय सत्ता ही उसके निकट अपने किये हुए उचित-अनुचित के निर्णय की क्षमता से सम्पन्न है, कोई और नहीं।

'आमार जीबन' में राससुन्दरी देवी एक ऐसी रचनाकार के रूप में उभरकर आती हैं, जिसकी एक स्वतंत्र और निजी सोच है—मन:संसार है। बचपन से ही उसका अपना संसार है, जिसके बारे में उसकी माँ भी नहीं जानती। माँ ने अनजाने में उसके पूरे व्यक्तित्व को भयाक्रान्त कर दिया, उसने मन की बात कभी कही नहीं। विवाह के बाद अपरिचित घर, व्यक्ति, परिवेश का भय सब कुछ आँसुओं के रास्ते बहता है—उसके मन को समझनेवाला कोई नहीं। यहाँ तक कि 'पति' से भी उसे डर लगता है—उन्हें वह 'कर्ता'[29] कहकर सम्बोधित करती है—वह पति के घोड़े तक से भय खाती है। बड़े-बुजुर्गों की नसीहत के खिलाफ इतनी डरपोक स्त्री पढ़ना-लिखना सीखना चाहती है। अपनी इच्छा के बल पर वह पुस्तकों के निषिद्ध जगत में प्रवेश कर जाती है, चुपचाप, जबकि उससे अपेक्षा की जाती है कि वह घर-गृहस्थी के जंजाल में खोई रहे और अपने जीवन को सार्थक समझे। ये उसका नितान्त निजी चुनाव है, जिसमें कोई सहायक नहीं—स्वयं को देखने का, तलाशने का निजी नजरिया।

पूरे जीवन में एक बार ही वह पति की अनुपस्थिति में एक कानूनी निर्णय लेती है, लेकिन प्रतिक्षण डरी हुई रहती है—'कर्ता' क्या कहेंगे। चैतन्य भागवत का एक पन्ना चोरी से फाड़ लेती है, बचपन में सीखे अक्षरज्ञान की स्मृति को पुनरुज्जीवित करती है—यह सब करती है सबसे छुपकर। चूल्हे के पास वह पन्ना छुपा लेती है—घूँघट की ओट में अक्षर मिलाकर पढ़ने का प्रयास करती है। पूरे समाज को शिक्षा देनेवाले ब्राह्मण वर्ग की स्त्री की विवशता प्रत्यक्ष है। इस विवशता की श्रृंखला तोड़ने के लिए उसे अपने मानसिक क्षितिज का परिविस्तार करना होगा—यह तलाश उसकी अपनी है, बचपन में राससुन्दरी को 'अच्छी लड़की' की उपाधि मिली, क्योंकि वह खेल-कूद छोड़कर एक लाचार रिश्तेदार की सहायता करने के क्रम में घर-गृहस्थी का काम सीख लेती है, बगैर जाने कि 'अच्छी लड़की' का तमगा उसके पैरों की बेड़ी बन जाएगा। वह लिखती हैं, "इसके बाद मैं कभी खेल नहीं सकी, दिन-रात काम और बस काम।"[30] युवावस्था के प्रथम चरण में ही वह समझ जाती हैं कि अच्छी स्त्री और 'सद्गृहिणी' का खिताब कृत्रिम है। सुयोग्य गृहिणी बनने के बाद भी वह अपना स्थान परिवार में सुरक्षित नहीं कर पाएगी, इसमें सन्देह है, क्योंकि स्त्री परिवार के लिए एक देह है, मर्यादा है, वंशबेल बढ़ाने का साधन, वह माँ है, जिसका 'अपना' कुछ भी नहीं—"जब मैं अपने पिता के घर थी, तब तक मेरा एक नाम था जो बहुत पहले ही कहीं खो गया। अब मैं विपिन बिहारी सरकार, द्वारकानाथ सरकार, किशोरीलाल सरकार, प्रतापचन्द्र सरकार और श्यामासुन्दरी की माँ हूँ। अब मैं सबकी माँ हूँ।"[31]

राससुन्दरी देवी जैसी अनेकानेक स्त्रियों को परिवार के खास साँचे में ढालने के लिए समाज अनेक औजारों का इस्तेमाल करता है—यह 'व्यक्ति' को 'टाइप' बनाने का प्रयास है, व्यक्ति के तौर पर इस मध्यवर्गीय स्त्री की निजी कोई पहचान नहीं। उसे 'देवी' बनाने की प्रक्रिया में समाज, गृहस्थी का हित है, लेकिन इस प्रक्रिया से गुजरना स्वयं 'स्त्री' के लिए कितना कष्टप्रद है, इसे इसी से समझा जा सकता है कि राससुन्दरी देवी अपनी ससुराल को 'पिंजरे' की संज्ञा देती है, "वह जीवन मेरे लिए किसी पिंजरे से कम न था—जीवन-पर्यन्त अब मुझे इसी पिंजरे में रहना था। मुझे अपने परिवार से छीन लिया गया था, धीरे-धीरे, आहिस्ता-आहिस्ता मैं एक पालतू पक्षी बन गई।"[32] राससुन्दरी देवी ने परिवारजनों, ससुरालवालों को, नये माहौल को स्वीकार तो कर लिया, लेकिन ससुरालवालों को उसने जो आदर और सम्मान दिया वह दबाव, प्रशिक्षण और आवश्यकता का परिणाम था। राससुन्दरी ईश्वर को धन्यवाद देती हैं कि ईश्वर की कृपा से उसने सब कठिन परीक्षाएँ पास कर लीं जिससे उन्हें सुघड़ बहू, सुघड़ गृहिणी का खिताब मिला।

इस सबके बदले में उन्हें 'सिर्फ' अपना जीवन देना पड़ा। सिर्फ उनकी स्वतंत्रता उनसे छीन ली गई, यहाँ तक कि माँ के मरने पर भी उन्हें मायके जाने की इजाजत

नहीं मिलती।[33] यही कारण है कि जीवन के उत्तरार्द्ध में अपना अतीत उन्हें घृणा से भर देता है। राससुन्दरी लिखती हैं : "जब भी पीछे देखती हूँ, घृणा से मन भर जाता है, तशर की साड़ी, भारी जड़ाऊ जेवर, शंख, चूड़ियाँ, सिन्दूर...सब परतंत्रता की बेड़ियाँ।"[34] राससुन्दरी परम्परागत हिन्दू स्त्री के सुहाग चिह्नों की निन्दा करती हैं। उन्हें गुलामी मानती हैं। उन्हें अपने पुरुष सम्बन्धियों से बातचीत करने की आज्ञा नहीं, घर के बड़े-बूढ़ों से नीची आवाज में बात करने की आदत ऐसी हो जाती है कि आगे चलकर पति और युवा पुत्रों से भी डरती हैं। उनके कर्तव्यों का अन्त नहीं, बीमार सास की देखभाल, भोजन, बाल-बच्चों की सार-सँभाल, कुलदेवी की आडम्बरपूर्ण नित्य पूजा का वृहत सरंजाम, घर में रोज पच्चीस सदस्यों के लिए भोजन बनाना—उस पर समूची गृहस्थी का बोझ वो भी चौदह वर्ष की उम्र से। इन सभी उत्तरदायित्वों को पूरा करने में उन्होंने पूरी दक्षता दिखाई लेकिन स्वयं के लिए कोई समय नहीं निकाल सकीं। राससुन्दरी का कहना है कि यद्यपि उन्होंने पूरा जीवन अच्छी तरह कर्तव्य निभाए फिर भी मृत्यूपरान्त उन्हें 'आदर्श स्त्री' के रूप में उन्हें कोई याद करेगा, यह सुनिश्चित नहीं। राससुन्दरी परम्परागत आदर्श हिन्दू स्त्री की छवि का विखंडन करती हैं। जो कार्य उन्हें संवेदनात्मक तृप्ति नहीं देते जैसे भोजन पकाना, देवता-पूजन का नित्य आडम्बर, इन्हें वह 'मजदूरी' की संज्ञा देती हैं। अट्ठारह से इकतालीस वर्ष के बीच उन्होंने चौदह बच्चों को जन्म दिया। कुल तेईस वर्ष की अवधि में लगभग एक साल के अन्तराल से उन्होंने सन्तान-प्रसव की। यह दर उनके लिए प्राणलेवा हो सकती थी। 1901 की जनसंख्या रिपोर्ट बताती है कि इस दौरान भारत में प्रसूति-मृत्यु दर काफी ऊँची थी।[35] ध्यातव्य है कि इन वर्षों में वह निरन्तर घरेलू श्रम (अनुत्पादक) में भी जुटी रही, जब तक कि पुत्रों का विवाह नहीं हो गया।

राससुन्दरी आत्मकथा में जिन प्रसंगों का उल्लेख खास तौर पर करती हैं, वे हैं मुख्यत: पढ़ने-लिखने की इच्छा, गृहकार्य के दायित्व और ईश्वरीय अनुकम्पा। पन्द्रहवें अवतरण में अचानक याद आ जाता है कि अब तक पति के बारे में उन्होंने कुछ कहा नहीं है—"मैं कह सकती हूँ कि वे एक अच्छे इनसान थे। कद्दावर थे, अपने मातहतों और किरायेदारों के प्रति दयालु थे, अतिथि-सत्कार करते थे। कानून माननेवाले थे। हमेशा मुकदमों में उलझे रहते थे। मैं अपने पति से डरती थी। वे नैतिक और कर्मशील थे।"[36] पूरी आत्मकथा में पति का जिक्र दो-तीन बार ही आया है। राससुन्दरी का कहना है कि रात में बच्चे की रुलाई सुनकर 'कर्ता' नाराज हो जाते थे। एक प्रसंग ऐसा भी है जहाँ राससुन्दरी पति के घोड़े के सामने से गुजरते हुए भी संकोच करती हैं। यह समझना कठिन नहीं है कि पति के साथ स्त्री के सम्बन्ध राजा-प्रजा या शोषक-शोषित के दर्जे से बहुत बेहतर नहीं रहे होंगे। लेकिन उसी पति की मृत्यु की घटना को राससुन्दरी 'स्वर्णमुकुट' का छिन जाना कहती हैं। उस

समय विधवा स्त्री की सामाजिक स्थिति दयनीय थी, समाज में विधवा पुनर्विवाह जैसी बातें आभिजात्यवंशीय परिवारों द्वारा स्वीकृत नहीं थीं। फिर भी, विधवा होकर जैसे राससुन्दरी 'मुक्ति' का निश्वास लेती हैं। 'आमार जीबन' के दूसरे भाग में वे कहती है, "मैं चैत्र मास 1216 में जन्मी और अब 1303 चल रहा है। अब 88 वर्ष की हूँ और उस ईश्वर का धन्यवाद करती हूँ जिसने इतनी लम्बी आयु मुझे प्रदान की।"[37] एक ओर वे वैधव्य भोग रही हैं, दूसरी ओर स्वयं को सौभाग्यशाली मानती हैं। उस समय के बंगाल में विधवाओं की स्थिति को देखते हुए राससुन्दरी देवी का यह कथन आश्चर्यचकित करता है। लेकिन इसके पीछे कहीं-न-कहीं पारिवारिक गुलामी से मुक्ति का 'सौभाग्य' व्यंजित है, नहीं तो क्या कारण है कि आत्मकथा का पहला भाग उनके पति के मरने के ठीक बाद ही प्रकाशित हुआ।

आत्मकथा का दूसरा भाग ईश्वरीय लीला की चर्चा कृष्ण और चैतन्य के विभिन्न अवतारों पर केन्द्रित है। राससुन्दरी बार-बार ईश्वर को धन्यवाद देती हैं, जिसने जीवन के प्रत्येक क्षण में संकट से उबारा है। स्वयं को 'तुच्छ मानवी' घोषित करना और रचना-प्रेरणा के रूप में कृष्ण-चैतन्य का वर्णन करना ही प्रत्यक्ष है जहाँ पाठक रचनाकार को एक दार्शनिक मुद्रा में रूपान्तरित होते हुए देखता है। सवाल यह है कि यदि कृष्ण और चैतन्य के लीला-प्रसंगों और ईश्वरीय दयालुता का वर्णन करना राससुन्दरी का अभीष्ट होता तो वे आत्मकथा जैसी नूतन और आधुनिक विधा का चुनाव क्यों करतीं? उन्नीसवीं के उत्तरार्द्ध और बीसवीं सदी के आरम्भिक दौर में स्त्री-लेखन के साक्ष्यों में भक्ति-अध्यात्म और परम्परा से विद्रोह का अद्भुत सामंजस्य हमें दिखाई देता है। स्त्रियाँ अपनी-अपनी सीमाओं में नई सम्भावनाएँ तलाशती दिखती हैं, साथ ही ऊपरी तौर पर पितृसत्तात्मक समाज में गुलामी भी करती हैं। इस सन्दर्भ में दमयन्ती सेन की जीवनी के एक प्रसंग का उल्लेख अप्रासंगिक न होगा जो एक ओर चोरी-छिपे पढ़ना सीख रही थीं और दूसरी ओर पति के चरण धोए पानी को रोज पीती थीं। इसी तरह प्रभावती देवी ने, जो पूर्णत: साक्षर थीं, एक दिन पाया कि देवी-देवताओं की तसवीर की जगह उनके पति की तसवीर रख दी गई थी। उनसे कहा गया कि वह अब से पति की तसवीर की ही पूजा करें।[38] पढ़ना-लिखना सीख लेनेवाली स्त्री पितृसत्तात्मक समाज में अपना अस्तित्व बनाए रखने के लिए एक नई 'रणनीति' विकसित करती दिखाई देती है—एक ओर स्त्री-कर्तव्य, स्त्री-धर्म, आत्मत्याग, समर्पण, आस्था और स्त्रियोचित मूल्यों की चर्चा बार-बार करती है, दूसरी ओर अब तक न कहा जा सकनेवाला सब कुछ कह भी दे रही है। राससुन्दरी पूरी आत्मकथा में अपने जीवन को 'तुच्छ' कहती हैं और आत्मकथा का शीर्षक देती हैं—'आमार जीबन' जो अपने महत्त्व की महाप्राण घोषणा करता प्रतीत होता है। दूसरी ओर लेखकीय विवशता का तकाजा ही है कि इसे 'ईश्वरीयलीलाख्यान' का जामा पहनाया जाए।

इसके अभाव में तत्कालीन समाज में पाठकीय समर्थन मिलेगा क्या? यह रचनाकार की पहली और सम्भवतः अन्तिम रचना है, एक साधारण सद्गृहस्थ स्त्री के जीवन में लेखन/प्रकाशन की रुचि क्यों होगी? कहीं-न-कहीं आध्यात्मिक आवरण की जरूरत है, ताकि पुस्तक बड़े पाठकीय वर्ग तक पहुँच सके। रचनाकार पाठकों के अभाव के खतरों के साथ-साथ सभ्य शिष्ट समाज के 'रिजेक्शन' से भली-भाँति वाकिफ है। आश्चर्य की बात है कि पूरे आत्मकथ्य में वृहत्तर वैश्विक परिदृश्य, ब्रिटिश शासन, राजनीति पर कोई टिप्पणी नहीं मिलती। इसके पीछे दो कारण हो सकते हैं—या तो रचनाकार समसामयिक विषयों पर टिप्पणी कर कोई खतरा मोल नहीं लेना चाहती अथवा गृहस्थी की व्यस्त दिनचर्या से समय निकालकर किसी तरह लेखन में रत है और ताजा समाचारों, अखबारों की दुनिया से नावाकिफ। सिर्फ अपनी कथा कहने से कृति की नीरसता के खतरे थे, इसलिए आत्मकथा को एक पवित्र ग्रन्थ में तब्दील करने की कोशिश दिखाई देती है।

राससुन्दरी और कैलाशबासिनी मित्रा के बरअक्स उन्हीं की समकालीन शारदासुन्दरी (1819-1907) की आत्मकथा[39] को देखना दिलचस्प होगा, जिसे उन्होंने अपने नत–दामाद जोगेन्द्रलाल खास्तगीर को 73 वर्ष की उम्र में लिखवाया। शारदासुन्दरी आत्मकथा नहीं लिखना चाहती थीं लेकिन गिरीशचन्द्र सेन के दबाव में उन्हें अपनी स्मृतियों को बोलकर लिखवाना पड़ा। केशवचन्द्र सेन की माँ शारदासुन्दरी ने 1892 में आत्मकथ्य इस शर्त के साथ लिखवाया कि इसका प्रकाशन उनके जीवन-काल में नहीं किया जाएगा। भारतीय स्त्री के चरित्र-निर्माण के लिए सन्नद्ध पत्रिका 'महिला' जिसका प्रकाशन 1895 में प्रारम्भ हुआ था उसमें 31 दिसम्बर, 1913 को शारदासुन्दरी के आत्मकथ्य का 'निबेदन' छपा।[40] इस आत्मकथ्य में जोगेन्द्रलाल खास्तगीर का लक्ष्य है माँ के कथन के माध्यम से श्री केशवचन्द्र सेन की छवि का निर्माण करना। उनका कहना है कि बोलकर लिखवाई गई यह आत्मकथा किसी पवित्र धार्मिक ग्रन्थ की तरह है जो 'नब विहान' के अनुयायियों के लिए लिखी गई है। जोगेन्द्रलाल का यह भी कहना है कि वे शारदासुन्दरी के जीवन की छोटी–छोटी स्मरणीय घटनाओं, उनके धार्मिक विश्वासों, परिवार तथा सम्बन्धियों के बारे में लिख देना चाहते हैं, जैसा शारदासुन्दरी ने उन्हें बताया।[41] जोगेन्द्रलाल ने यह स्वीकार किया है कि यह शारदासुन्दरी के हिन्दू संस्कारों का ही प्रभाव था जिसने ब्राम्हो समाज को अतिशय पश्चिमीकरण से बचा लिया। शारदासुन्दरी का मानना था कि उनका जीवन आत्मकथा-लेखन के हिसाब से बहुत छोटा है। उन्होंने आत्मकथ्य लिखवाते समय इस बात की शर्त रखी कि जब उनकी बेटी और अन्य रिश्तेदार उनके सामने होंगे तभी वह आगे बढ़ेंगी। गिरीशचन्द्र ने उनके आत्मकथ्य को 'ऐतिहासिक दस्तावेज' की संज्ञा दी।[42] जहाँ आत्मकथ्य में लेखक का निज ही प्रकाशित होता है वहीं शारदासुन्दरी के आत्मकथ्य में इस बात

पर भी बहुत ध्यान दिया गया है कि पाठक को यह पढ़कर कैसा लगेगा। आत्मकथ्य को पढ़कर इस तरफ हमारा ध्यान जाता है कि एक स्त्री लेखक के लिए निजी और पारिवारिक रहस्यों को उजागर करने-न-करने के द्वन्द्व से जूझना, कितना चुनौतीपूर्ण रहा होगा। लज्जा और गरिमा का अनुपात बनाए हुए निज के रहस्यों को उजागर करना शारदासुन्दरी समेत समकालीन किसी भी स्त्री के लिए कठिन रहा होगा, विशेषकर जब वे केशवचन्द्र सेन जैसे सामाजिक व्यक्ति से सम्बद्ध हों। बतौर स्त्री एक आत्मकथाकार पर बहुत-से वे दबाव काम करते हैं, जिनके बारे में पुरुष आत्मकथाकार अनुमान भी नहीं लगा सकता। निज को उजागर करने का संकोच और सत्य पर अड़े रहने का तनाव शारदासुन्दरी के पूरे 'टेक्स्ट' में दिखाई देता है। शारदा की स्मृति के केन्द्र में परिवार है इसलिए पिछली घटनाओं को याद करने का उनका तरीका भी पुत्री-ससुर, पति के रास्ते होकर जाता है मसलन वे कहती हैं, "मेरे ससुर के मरने के दो-तीन साल बाद मेरे पति ने कलकत्ते मिंट में नौकरी कर ली।"[43] या "मेरी तीसरी बेटी चुन्नी जब छह महीने की थी तब मेरे ससुर का देहान्त हुआ"[44] तथा "मेरे पति की मृत्यु के दो–तीन साल बाद दूसरी बेटी फुल्लेश्वरी का विवाह हुआ।"[45] घटनाओं को याद रखने का यह तरीका पारम्परिक लगता है, पाठक को घटनाओं का पूर्वापर सम्बन्ध मिलाने में कठिनाई होती है और कथानक में टूटन दिखाई पड़ती है। कथानक में दोहराव भी दीखता है। पूरी जीवन-कथा 22 जून, 1892 से 17 नवम्बर, 1892 की दस बैठकों में लिखी गई है, जिसमें शारदासुन्दरी के बच्चे नबीनचन्द्र, केशवचन्द्र, कृष्णबिहारी, ब्रजेश्वरी, फुल्लेश्वरी, चुन्नी और पन्ना, उनके ससुरालवालों और विशेषकर ससुर का उल्लेख है। उन्होंने विधवा होने के बाद ससुरालवालों के दुर्व्यवहार का जिक्र बार–बार किया है, साथ ही विधवा होने के बाद की गई तीर्थयात्राएँ जिनमें गंगासागर, पुरी, प्रयाग, वृन्दावन, मथुरा, विंध्याचल की यात्रा शामिल है, का चित्रण वे करती हैं। तीनों पुत्रियों का विवाह, पति, सास, ननद और बड़ी बेटी की मृत्यु का जिक्र कई बार करती हैं। अगस्त 1900 में यानी अपने बारे में बताने के ठीक सात वर्ष बाद वे फिर से अपनी जीवन-गाथा शुरू करती हैं—जब वे बहुत-से आत्मीयों की मृत्यु का दुख झेल चुकती हैं—इस बार वे केशवचन्द्र की मृत्यु (1884) के बाद अनुभूत दुख को बताती हैं। वे सभी सन्दर्भों में ईश्वर की भूमिका को सर्वोपरि ठहराती हैं। अपने मातृ-गृह की सम्पत्ति के बँटवारे, रामकृष्ण परमहंस से मिलने, उन्हें देखने तथा लेडी डफ्रिंग से मुलाकात के प्रसंगों का जिक्र करती हैं। दस दिनों की बैठकी में बहुत बातें ऐसी भी हैं जो शारदासुन्दरी की स्मृति के दायरे से बाहर नजर आती हैं। वे भूली-बिसरी बातों को एक सूत्र में पिरोकर कहने का कोई विशेष प्रयास करती नजर नहीं आतीं। आश्चर्यजनक रूप से अपनी माता की तरफ की वंशावली उन्हें अच्छी तरह याद है, लेकिन ससुराल पक्ष की वंशावली का जिक्र नहीं करतीं। बतौर बालिका वधू

उन्होंने जिन कठिनाइयों का सामना किया उसका चित्रण करना वे नहीं भूलतीं। उनके विवाह में 'गौरीदान' (अर्थात माहवारी शुरू होने के पहले पिता द्वारा किया दान) मात्र नौ वर्ष (1828) की उम्र में हुआ था। विवाह पड़ोस के ही एक घर में निर्धारित हुआ।[46] विवाह के बाद के अनुभव के बारे में कहती हैं, "मेरे पिता मुझे जबरदस्ती ससुराल ले गए तो लगा, मुझे जेल में कैद कर दिया जाएगा या फाँसी पर लटका दिया जाएगा, ससुराल में ऐसा लगा मुझे समुद्र में धकेल दिया गया हो और मैं इसमें से कभी निकल नहीं सकती हूँ।"[47] इसके बाद स्मृति की एक कड़ी सास की ओर भी लौटती है जिसका अपनी बहू पर कड़ा नियंत्रण है।[48] वे सास के दुर्व्यवहार के बारे में कहती हुई भी उन्हें दोषी नहीं ठहरातीं बल्कि उनका मानना है कि जरूर शारदा में ही कोई दोष होगा जिसने सास को दुर्व्यवहार पर विवश किया होगा।[49] वे अन्तःपुर के उन कड़े नियमों का भी जिक्र करती हैं जहाँ उनकी इच्छा-अनिच्छा का कोई स्थान नहीं था। शारदासुन्दरी ने अपनी सास की बहुत सेवा की, वैसी सेवा वे ससुर और पति की नहीं कर पाईं। वे अन्य स्त्रियों का जिक्र भी करती हैं। पता चलता है कि स्त्रियों का प्रमुख कार्य-क्षेत्र रसोईघर ही था। यही वह जगह थी जहाँ उनका स्त्रीत्व ठहराव पाता था। वह अपने ससुर को याद करती हैं जो स्वयंपाकी थे और एक बार ही भोजन बनाते थे।[50] शारदासुन्दरी परम्परा का निर्वाह करते हुए अपने पति के बारे में कम और ससुर के बारे में ज्यादा चर्चा करती हैं। शारदासुन्दरी अपने पति की शुक्रगुजार हैं कि जिन्होंने उन्हें अच्छी गृह-वधू बनने में मदद की और एक नये तरह का दोस्ताना दाम्पत्य जीवन वे जी पाईं। उन्हें दुख है कि वे आज की स्त्रियों की तरह आधुनिक शिक्षा ग्रहण नहीं कर पाईं।[51] वे बताती हैं कि उनके पति उनकी शिक्षा को लेकर बहुत चैतन्य थे और उनकी हस्तलिपि बहुत सुन्दर थी। लिखने का अभ्यास न होने के कारण वे लिखना भूल गईं पर अभी भी पढ़ सकती हैं। आत्मकथ्य में अपने विधवा होने के बाद भीषण चिन्ता का जिक्र करती हैं कि उन्हें डर था कि पति की मृत्यु के बाद उन्हें बच्चों समेत घर से बाहर न कर दिया जाए। उस समय के सम्पत्ति-कानून के अनुसार विधवा स्त्री का ससुराल की सम्पत्ति पर कोई अधिकार नहीं था। शारदासुन्दरी का सारा सामान उनके देवर बंसीधर ने ले लिया और अब उनके पास रोने के अलावा कोई चारा नहीं था। सास की सहानुभूति उनके साथ थी पर वे अपने बेटे से कोई विरोध मोल नहीं लेना चाहती थीं इसलिए इस मसले पर चुप ही रहीं। शारदा ने जिक्र किया कि विधवा होने पर उन्होंने स्वयं को भौतिक सुख–सुविधाओं और वस्तुओं से काट लिया था। तीर्थयात्रा के अलावा उनकी किसी चीज में कोई रुचि नहीं रह गई थी। वे ईश्वर से अपनी देह की मुक्ति की प्रार्थना करती दिखाई देती हैं लेकिन अपनी दसवीं बैठकी में यह भी लिखवाती हैं कि उन्होंने अपने पुत्र को सम्पत्ति–अधिकार दिलवाने की हरसम्भव कोशिश की और देवर के धोखे के प्रत्युत्तर में पुत्र नबीन चन्द्र के पीछे

चट्टान की तरह खड़ी रहीं। उन्होंने वैधव्य के 47 वर्षों में कितनी यात्राएँ कीं उन्हें ठीक-ठीक याद नहीं। आत्मकथा का एक भाग वे अपनी पोती सुनीति को समर्पित करती हैं, जिसे वे महारानी सुनीति कहती हैं जिसका विवाह 1872 के नेटिव ब्राह्मो मैरिज ऐक्ट-3 के तहत हुआ था।

'सेकेले कथा' (1916) शीर्षक आत्मकथ्य काशीवास के दिनों में निस्तारिणी देवी (1832-1913) ने अपने भतीजे मन्मथधन बन्द्योपाध्याय को बोलकर लिखवाया। आत्मकथ्य में एक कुलीन विधवा का जीवन, जीवन-शैली और एकाकी वैधव्य और आर्थिक अभाव के साथ-साथ बंगाली अभिजात्य समाज में प्रचलित बहुविवाह-प्रथा के बारे में जानकारी मिलती है। 'सेकेले कथा' में निस्तारिणी ने बताया कि उनके नाना की 56 पत्नियाँ थीं। निस्तारिणी का विवाह भी कुलीन वर से हुआ था जिसकी 30 पत्नियाँ थीं। कुलीन घरों की रीति-नीति के अनुसार निस्तारिणी कभी पतिगृह नहीं गईं, विवाह के बाद भी मायके में ही रहती रहीं और कुछ ही दिनों बाद विधवा भी हो गईं। निस्तारिणी देवी का अधिकांश जीवन उसके भाई-भतीजों के घर नौकरानी की तरह उच्छिष्ट भोजन पाते हुए बीता। वह आत्मकथ्य में इस बात को रेखांकित करती है कि वह जिस रिश्तेदार के यहाँ भी गई वहीं उसका स्वागत नहीं हुआ, उसे बोझ की तरह ही देखा गया, यहाँ तक कि उसके भाई जो उसके साथ सहानुभूति रखते थे, आर्थिक तंगी और अपनी पत्नी के कारण निस्तारिणी को अपने घर में ससम्मान रखना उनके लिए भी सम्भव नहीं हो पाया। वह विधवा के रूप में अशुभ थी इसलिए घर की एक सूनी उदास कोठरी में पड़ी रहती थी, बहुत दिनों बाद उसके एक भतीजे ने जब एक बेहतर कमरा उसे देने की कोशिश की तो निस्तारिणी ने कहा कि 'एक तिलचट्टे को पक्षी बनाने की कोशिश मत करो।' निस्तारिणी देवी ने बोलकर आत्मकथ्य लिखवाया कोई नहीं जानता कि लगभग दृष्टिहीन हो चुकी निस्तारिणी देवी ने मृत्यु के तीन साल पहले अपने 80 वर्ष के लम्बे जीवन के बारे में क्यों कहना चाहा। 'सेकेले कथा' के चार भाग उनके जीवन-काल में ही धारावाहिक रूप में 'भारतवर्ष' पत्रिका में प्रकाशित हो चुके थे, शेष तीन भाग उनकी मृत्यु के बाद छपे। उनके आत्माख्यान के सातों भागों को बहुत बाद में पुस्तक का रूप दिया गया। 'सेकेले कथा' (पुरानो शेई दिनेर कथा) यानी 'मेरे बीते दिनों की कथा' को देखकर ऐसा नहीं लगता कि यह किसी अनपढ़ और लगभग दृष्टिहीन स्त्री का आख्यान है। बहुत सम्भव है कि निस्तारिणी देवी के बोलकर लिखवाने के बाद उनके प्रगतिशील भाई-भतीजों द्वारा इसका सम्पादन अच्छी तरह से किया गया होगा। यह आत्मकथा इसलिए महत्त्वपूर्ण है क्योंकि इससे पहले के आत्मकथ्य जहाँ बाल-विवाह और वैधव्य के बारे में बंगाल के रुझान को बताते हैं वहाँ 'सेकेले कथा' कुलीन ब्राह्मणों में प्रचलित बहुविवाह-प्रथा और उस प्रथा के सामाजिक-आर्थिक पक्ष का विवेचन करती है। कुलीन कहलवाने की इच्छा और कुलीनता के सम्मान

को बनाए रखने के लिए परिवार, खानदान और समुदाय द्वारा किये गए प्रयासों में स्त्री की इच्छा, उसकी यौनिकता और उसका भविष्य कहीं हाशिये पर चले जाते हैं। यद्यपि इस पुस्तक के प्रकाशित होने तक सरकारी आँकड़ों के अनुसार कुलीन बहुविवाह की प्रथा समाप्त हो चुकी थी, फिर भी ऐतिहासिक-सामाजिक साक्ष्य के लिए प्रस्तुत आख्यान से गुजरना महत्त्वपूर्ण है।

ये वही समय था जब समूचे बंगाल में स्त्री-शिक्षा को लेकर बहस चल रही थी। स्त्री का लिखना और पढ़ना उन्नीसवीं शती के बृहत्तर जीवन से जुड़ना था। सन् 1845 से 1860 के बीच ईश्वरचन्द्र विद्यासागर सरीखे विद्वानों ने शोध और अध्ययन के साथ-साथ शास्त्रों के गहन अध्ययन के आधार पर यह प्रमाणित कर दिया था कि विधवा-विवाह शास्त्र-सम्मत है। इसके बावजूद कुलीनता, जाति, परम्परा के नाम पर बहुत-सी सपत्नियों (को-वाईफ) वाली स्त्रियाँ अक्सर गृह-कलह या अन्यान्य कारणों से आत्महत्या कर लेती थीं। इसके ठीक-ठीक आँकड़े हमें नहीं मिलते लेकिन उनकी संख्या बहुत बड़ी थी। पचास छपे हुए पृष्ठों की इस आत्मकथा में छोटे-छोटे अवतरण हैं, जिनमें निस्तारिणी की अपनी कथा के साथ-साथ बंगाल में प्रचलित भूत-प्रेत की कथा और कुलीनों में प्रचलित बहुविवाह पर टिप्पणियाँ हैं। इस आख्यान को पढ़कर ऐसा लगता है कि निस्तारिणी देवी की कल्पना उर्वर रही होगी और उन्हें कहानी सुनाने का शौक भी रहा होगा। कुलीन ब्राह्मण विशेषकर राढ़ी और वारेन्द्र-में बहुविवाह ही रोजगार का साधन था। ऐसे कुलीन सिर्फ कुलीन घरों की लड़कियों से विवाह किया करते थे बदले में उन्हें अच्छा दहेज, उपहार, सामान और सम्मान दिया जाता था। घर के बाहर उनके पैर धुलाए जाते थे और बिना रुपया और उपहार लिये वह घर के भीतर पैर नहीं रखते थे।[52]

कुलीन ब्राह्मण जितने विवाह करते थे उन सबके लेखे-जोखे के लिए वे खाता-बही का इस्तेमाल करते थे। विवाहों की संख्या बहुत अधिक होने के कारण उनके विवरण के विस्मरण की आशंका से ये खाते रखे जाते थे। इन खातों में पत्नी के पिता का नाम, ग्राम, तहसील, पिछले वर्ष की उगाही का हिसाब, अगले वर्ष में सम्भावित कमाई का लेखा-जोखा रखा जाता था। यदि किसी पत्नी से कोई सन्तान है तो उसका नाम भी लिखा जाता था।[53] ये कुलीन ब्राह्मण विवाह को एक व्यापार की तरह लेते थे, पत्नियों की जिम्मेदारी, उनके स्वास्थ्य, सम्मान से उनका कोई लेना-देना नहीं था। वे कर-उगाहीवाले कार्मिक की तरह थे।[54] जिन पत्नियों के घर से ज्यादा कमाई होती थी वहाँ वे बार-बार जाते थे। उधर कुलीन ब्राह्मण से विवाहित स्त्री, सिर्फ नाम को ही विवाहित होती थी क्योंकि वह कभी ससुराल नहीं जाती थी और अपने पिता या भाई के घर ही रह जाती थी। कुलीन ब्राह्मणों में प्रचलित इस बहुपत्नीत्व प्रथा पर 'यंग बंगाल' द्वारा लेख भी प्रकाशित किये जाते थे।[55] निस्तारिणी देवी लिखती हैं कि पति की बहनें अक्सर यहीं रह जाती थीं, उनके

बच्चों के लिए मामा का घर ही अपना घर होता था। कई स्त्रियाँ जीवन में एक बार भी पति का चेहरा ढंग से नहीं देख पाती थीं, पति के साथ संसर्ग के अवसर भी बहुत कम पत्नियों को मिलते थे। इसलिए अक्सर कुलीन पत्नियाँ सन्तानहीन ही रह जाती थीं। उनका अपना घर कभी नहीं होगा वे सब दिन पिता या भाई के घर में ही रह जाएँगी, इस बात के अहसास से कई तरह की मानसिक और सामाजिक जटिलताएँ उत्पन्न होती थीं।[56] पतियों द्वारा छोड़ी हुई या युवावस्था में ही विधवा होनेवाली स्त्रियों की बड़ी संख्या देह-श्रमिक बन जाती थी। नीरद सी. चौधरी ने 'बंगाली जीबने रमणी' में ऐसी स्त्रियों के बारे में विस्तार से चर्चा की है[57] निस्तारिणी देवी अपने नाना के बारे में लिखती हैं जिन्होंने 56 विवाह किये थे। उन्होंने एक खाते में अपनी 56 पत्नियों के पते लिख रखे थे और हर घर से उन्हें कितनी उगाही हुई इसका भी ब्यौरा लिख रखा था[58] इस खाते में यह भी लिखते थे उन्हें कहाँ से कितना रुपया मिला और अगली बार रुपया लेने उन्हें किस घर में जाना है।[59]

निस्तारिणी देवी का बचपन अभावग्रस्त था जिसके बारे में 'सेकेले कथा' में लिखती हैं कि उनके पिता हरचरण ने सिर्फ दो विवाह किये थे और उनकी नौकरी बंगाल से बाहर थी। माँ का झगड़ा सौत से हमेशा चलता रहता था। जब निस्तारिणी देवी के विवाह की बारी आई तो परिवार ने पारम्परिक दृष्टिकोण से ही इस मसले पर सोचा। निस्तारिणी देवी की उम्र महज 10 साल थी जब उनके विवाह हेतु वर की खोज शुरू हुई। बंगाल के बाहर रहने के कारण स्वजातीय कुलीन वर का मिलना सम्भव नहीं था इसलिए हरचरण की दोनों पत्नियाँ अपने सभी बच्चों के साथ हुगली के अपने पैतृक ग्राम में रहने आ गईं। हरचरण ने अपने ममेरे भाई को निस्तारिणी के लिए योग्य कुलीन वर ढूँढ़ने का उत्तरदायित्व दिया। निस्तारिणी इस मुद्दे पर चुप हैं कि उनके चाचा को कोई कुलीन या श्रोत्रिय वर उनके लिए क्यों नहीं मिला। बहुत खोज के बाद चाचा को एक कुलीन ब्राह्मण मिला जो 'स्वकृतभांगा'—यानी कुलीन की पदवी से च्युत हो चुका था। उसकी उम्र 25 वर्ष थी और वह 30 से 40 बार अनेक उपजातियों में विवाह कर चुका था।[60] उस व्यक्ति को भी अपनी तीन-चार बहनों का विवाह करना था, उस पर माता-पिता के भरण-पोषण का दबाव भी था। आशीर्वाद में देने के लिए रकम तय होने के बाद ही वह विवाह करने को तैयार हुआ, दहेज में 12 रुपये, कपड़े तथा अन्य उपहार दिये गए। विवाह खत्म होते ही दूल्हा अपने घर चला गया और एक स्वप्न की तरह मेरी अविवाहित स्थिति लुप्त हो गई।[61] निस्तारिणी देवी अपने पति का नाम ईश्वरचन्द्र बताती हैं और यह भी कि उनके विवाह के बाद उनके पूरे घराने का स्तर अकुलीन हो गया था, क्योंकि दामाद कुलीनता के स्तर से च्युत कुलीन ब्राह्मण था। ईश्वरचन्द्र के लिए यह विवाह दूसरे विवाहों की तरह आजीविका का जरिया था। निस्तारिणी ने उन्हें पूरे जीवन में कुल दो बार देखा। वह कभी पति के घर नहीं गईं। शादी के बाद ईश्वरचन्द्र किसी

विवाह में शामिल होने निस्तारिणी के मायके में आए, सिर्फ इस आश्वासन पर कि यदि वह ससुराल में रहे तो हर महीने 5 रुपये उनके माता-पिता को यहाँ से भेज दिये जाएँगे।—"ईश्वरचन्द्र ने विश्वास किया कि इस तरह वह अपने पिता की हर महीने मदद कर सकेगा। क्या आशा थी? और हम उन्हें देवता बुलाते हैं।"[62] ईश्वर निस्तारिणी के घर में एक साल रहा लेकिन जब उसे पता चला कि निस्तारिणी के भाइयों ने उसके माता-पिता को कोई रुपया नहीं भेजा है वह वहाँ से चला गया। इधर निस्तारिणी के पिता की आर्थिक स्थिति ठीक होते ही उन्होंने गाँव में ईंट का पक्का मकान बना लिया। आत्मकथा में निस्तारिणी देवी ने सिलसिलेवार तिथियाँ नहीं दी हैं लेकिन 1857 के सैन्य विद्रोह का जिक्र अवश्य किया है इस सन्दर्भ में कि ठीक इसके बाद ईश्वर को रोगी अवस्था में निस्तारिणी देवी के घर लाया गया क्योंकि उसे पीलिया हो गया था।[63] निस्तारिणी देवी ने बताया कि ईश्वर ने कितने कष्ट झेले, निस्तारिणी देवी के घर से जाते ही ईश्वर की मृत्यु हो गई। लेकिन ईश्वर की मृत्यु की कोई तिथि नहीं दी गई। निस्तारिणी को बाद में सूचना जब मिली तो वह लिखती हैं, "मेरा जो कुछ भी था सब खत्म हो गया। मैंने चूड़ियाँ उतार दीं और रोने लगी। मैं सौभाग्यशाली थी कि कम-से-कम मुझे अपने पति की मृत्यु की खबर तो मिल सकी, मेरी सौतनें—जिन्हें सालों-साल खबर तक नहीं मिल पाई और वे भात-मछली खाती रहीं...ये मेरी किस्मत ही नहीं थी कि मैं स्वामिभोग (पति के साथ जीवन बिताना) करूँ।[64] निस्तारिणी देवी को ठीक-ठीक मालूम नहीं कि वे किस उम्र में विधवा हुईं। उनका अन्दाजा है कि शायद वे 20 वर्ष की थीं जब विधवा हुईं। वे इस बात का भी उल्लेख करती हैं कि कई वर्षों बाद वे कालीघाट पर एक उम्रदराज महिला से मिलीं, जिससे बातचीत के दौरान पता चला, कि वह भी ईश्वरचन्द्र से ही ब्याही गई थी लेकिन इतने वर्षों तक पता ही नहीं चला कि पति की मृत्यु हो गई है। वह रोने लगी। निस्तारिणी देवी का कहना है कि उस स्त्री का रुदन सच्चा था उसने शादी के बाद पति को देखा ही नहीं था इसलिए उसे मालूम ही नहीं था कि उसका पति दीखता कैसा है। पिता की मृत्यु के बाद निस्तारिणी देवी का परिवार निरन्तर गरीबी से जूझता रहा। निस्तारिणी देवी के छोटे भाई कालीचरण बनर्जी ने ईसाई धर्म स्वीकार कर लिया था। वे निस्तारिणी देवी के प्रति हमेशा सदय रहे लेकिन ठीक यही व्यवहार उनके बाकी भाइयों ने नहीं किया। निस्तारिणी को भाई-भतीजे के घर में रहने के लिए अपनी उपादेयता साबित करनी पड़ती थी, और यह स्थिति बहुत सुखद नहीं थी। उनकी स्थिति अन्य विधवाओं की तरह ही थी जिन्हें भोजन और वस्त्र की तंगी रहती थी।[65] बड़े भाई की दूसरी स्त्री निस्तारिणी के साथ अच्छा व्यवहार नहीं करती थी और घर के काम में निस्तारिणी की मदद नहीं करती थी, बीमार पड़ने पर उसकी तीमारदारी की कोई व्यवस्था नहीं थी। निस्तारिणी कहती हैं कि : "मेरे बड़े भाई ने कहा कि वैसे भी एक विधवा को बीमारियाँ भी कौन-सी हो

सकती हैं? मेरे पास विकल्प ही क्या था। मैं मरकर भी सारे काम करती थी, हमेशा रोती रहती थी। यहाँ तक कि घर के नौकर भी मेरी उपेक्षा करते थे। रात के समय मुझे कभी भोजन नहीं मिलता।"[66] कुछ दिन के लिए उनके छोटे भाई ने एक छोटे घर में उन्हें कलकत्ते में रख दिया। लेकिन वे बहुत दिन वहाँ नहीं रह सकीं क्योंकि बड़े भाई के घर काम करने के लिए उनकी आवश्यकता पड़ गई। अपने छोटे भाई तारिणीचरण के पुत्र प्राणधन से उन्हें वास्तविक लगाव था। कुंछ दिन के बाद शेष जीवन गुजारने के लिए उन्हें काशी भेज दिया गया, लेकिन लगभग दृष्टिहीन हो चुकी निस्तारिणी देवी का मासिक खर्च उठाने के लिए कोई भी भाई-भतीजा तैयार नहीं हुआ। काशी निवास के दिनों में प्राणधन वकील बनकर जब अच्छी स्थिति में पहुँच गए तब निस्तारिणी देवी के पास आए और उन्हें लखनऊ चलकर साथ रहने के लिए आग्रह किया—"ऐसी बूढ़ी विधवा जिसने जीवन के इतने उतार-चढ़ाव देख लिये—अब क्यों फिर से? अगर मैं मरकर ईश्वर के पास चली जाऊँ मैं उसी में खुश हूँ।"[67] एक दुर्घटना में प्राणधन की आकस्मिक मृत्यु होने पर वे कहती हैं, "मेरी आँख में एक आँसू नहीं आया। आँखें मेरी सूख चुकी हैं, क्योंकि मैं बरसों से रोई नहीं हूँ...यदि तुममें से कोई मुझे रुला सके तो मैं तुम्हारी अहसानमन्द होऊँगी। वैसे मैं रोऊँ ही क्यों? मैं जानती हूँ कि मैं अपने सपनों में उससे बात कर सकती हूँ,और इस तरह उसे जीवित पा सकती हूँ, मैं विश्वास करती हूँ कि मेरा प्राणधन मेरा विश्वेश्वर बन गया है, तब मैं विश्वेश्वर को अपने बेटे की तरह प्यार कर सकती हूँ और तब मेरा सारा दर्द गायब हो जाएगा।"[68] निस्तारिणी अपने दर्द से बाहर आने के लिए भतीजे प्राणधन को विश्वेश्वर (ईश्वर) के साथ एकीकृत कर लेती हैं—एक विधवा की कल्पना में पुत्र और ईश्वर दोनों मिलकर एक हो जाते हैं। सच तो यह है कि वह जीवन में इसके परे कुछ और सोच नहीं पाती। 'सेकेले कथा' के छपने तक कुलीन बहुविवाह-प्रथा समाप्त हो चुकी थी फिर भी निस्तारिणी देवी का यह आख्यान विधवा जीवन जी रही एक स्त्री की स्त्री-यौनिकता और स्त्री के सम्बन्ध में व्याख्याओं के लिए महत्त्वपूर्ण है। जिस व्यक्ति के बारे में उसे मालूम है कि वह सिर्फ धन के लिए नाम-भर को उसका पति बना है। पिता और भाइयों ने कुलीन घर में उसका विवाह इसलिए किया है ताकि खानदान की मर्यादा और सम्मान बना रहे। स्त्री की इच्छा-अनिच्छा, भविष्य का उनसे कोई लेना-देना ही नहीं है वैसे में उसके लिए विवाह नितान्त निरर्थक था। जाति और धर्म के नाम पर स्त्री का विवाह स्त्री के पक्ष में नहीं बल्कि उसकी सत्ता के खिलाफ खड़ा दिखाई देता है जिसका प्रतिबिम्ब हमें केरोसिन लैम्प की धुंधली रोशनी में बठी अन्धी आँखों से अतीत के दृश्य टटोलती बूढ़ी, चिरवंचिता निस्तारिणी में दिखाई देता है। विवाह के नाम पर मिला है जिसे माँग का सिन्दूर और एक लम्बा कठिन वैधव्य। वह अशिक्षित है इसलिए दूसरों पर बोझ है, पैतृक सम्पत्ति पर उसका कोई अधिकार नहीं। आँकड़े

बताते हैं कि उस दौरान बंगाल में ऐसी स्त्रियों की आत्महत्या की दर बहुत ऊँची थी।[69] निस्तारिणी की आत्मकथा ऐसी सब स्त्रियों के जीवन का प्रतिनिधित्व करती है जो उच्च कुलीन होने के कारण धर्म, मर्यादा की भेंट चढ़ गईं, उनमें से कुछ सती हो जाया करती थीं और अधिकांश काशी और वृन्दावन जैसे धर्मस्थानों में आश्रय पाती थीं जहाँ दो वक्त के भोजन के लिए उन्हें कई तरह के समझौते करने पड़ते थे। निस्तारिणी जैसी स्त्रियाँ इन सबके लिए सिर्फ अपने प्रारब्ध को दोष देती हैं, पितृसत्ता ने उन्हें इस कदर अनुकूलित किया है कि यौनिकता जैसे मसलों पर बतौर विधवा वे सोचना भी पाप समझती हैं और भाई की सन्तानों, या किसी सम्बन्धी की सेवा-शुश्रूषा करके उसके दरवाजे पर पूरा जीवन काट देती हैं। भगवद्भक्ति उनके लिए सांसारिक कष्टों से बचने के लिए एक बीच का मार्ग है। ध्यान देने की बात है कि बुढ़ापे और अन्धत्व के बावजूद निस्तारिणी देवी अपना 'स्पेस' नहीं छोड़ना चाहती। पहले-पहल तो वह भाइयों के परिवार में ही तमाम मान-अपमान झेलती हुई रहना चाहती है, काशी नहीं जाना चाहती, लेकिन जब एक बार काशी पहुँच जाती है तो भतीजे द्वारा बुलाए जाने पर भी परिवार और गृहस्थी के जंजाल में नहीं फँसना चाहती। परिवार से दूर रहकर उसने अपने-आपको पाया है। सम्भवतः इसीलिए उसने मृत्यु के तीन साल पहले अपना अतीत बोलकर लिखवाया और शेष संसार को कुलीन विधवा के जीवन से परिचित करवाया। सम्भव है कि यदि वह परिवार में ही रहती रही होती तो आत्मकथ्य लिखवाने में उसे दिक्कत होती या कई तरह की पारिवारिक सेंसरशिप का सामना करना पड़ता।

कैलाशबासिनी मित्रा और शारदासुन्दरी के आख्यानों में सामाजिक परिवर्तनों का कोई विशेष प्रसंग नहीं मिलता, बल्कि हिन्दुत्व और ब्राह्मो दोनों धर्मों की लाभ–हानि के बारे में वे विमर्श करती दिखाई देती हैं। धर्म और आस्था ने उन्हें पारम्परिक स्त्री बनाया है, उन्नीसवीं शती के अपने समाज का सामना वे एक पत्नी और विधवा के रूप में करती हैं, तत्कालीन सामाजिक-सांस्कृतिक परिवर्तनों पर उनकी टिप्पणी बहुत हल्की है, कहीं भी वे अपने समाज का नेतृत्व करने या अस्मितावादी विमर्श के प्रति आग्रह नहीं दिखातीं जबकि राससुन्दरी और निस्तारिणी देवी अपनी सीमाओं में अपने समाज का क्रिटिक रचती हैं, इनमें चुप्पियाँ अपेक्षाकृत कम हैं लेकिन उनकी दरारों से तत्कालीन कुलीन कहा जानेवाला बंगाली समाज अपनी समूची कुरूपता के साथ झाँकता है। एक बिन्दु पर ये चारों स्त्रियाँ समान हैं कि पति की मृत्यु के बाद वे अपने-आपको एकाकी और व्यर्थ समझने लगती हैं,लेकिन शारदासुन्दरी और कैलाशबासिनी की अपेक्षा राससुन्दरी और निस्तारिणी इस घटना को ज्यादा स्वाभाविक ढंग से ग्रहण करती हैं, ये भी ध्यातव्य है कि ये चारों स्त्रियाँ सवर्ण हैं और कहीं भी पर्दा-प्रथा की आलोचना नहीं करतीं, साथ ही वे अपनी यौनिकता के प्रश्न पर बिलकुल मौन हैं। शारदासुन्दरी प्रश्न करती हैं कि वे इतनी कम उम्र में

अकेली रह गईं और ऐसी ही अभिव्यक्ति कैलाशबासिनी मित्रा की भी है। दरअसल इसे आत्मानुशासन से जोड़कर देखना चाहिए। भावनाओं पर नियंत्रण और उनको दबाना यह आधुनिक जीवन का मूल्य है, सार्वजनिक रूप से भावनाओं का प्रदर्शन करना आधुनिक पाश्चात्य सभ्यता में अच्छा नहीं माना जाता। इन आत्मकथ्यों में निज के दुख को ढकने की प्रवृत्ति भी दीखती है। यह वह समय है जबकि तथाकथित समाज-सुधार आन्दोलन अपने चरम पर थे, ऐसी राजनैतिक और भौतिक परिस्थिति में अपने अस्तित्व को बचाए रखना कितना कठिन रहा होगा। धीरे-धीरे जैसे-जैसे उनमें शिक्षा बढ़ रही थी वैसे-वैसे उन्हें यह भी अहसास हो रहा था कि पितृसत्ता की बेड़ियों को तोड़कर अपने अस्तित्व की नई परिभाषा रचने में असमर्थ हैं और समाज और परिवार की व्यवस्था उनके लिए अस्तित्व-विरोधी एजेंसियों का काम करती है। बावजूद इसके वे सिर्फ लिखकर ही अपना प्रतिरोध दर्ज करा पाती हैं। समाज की किसी रूढ़ि को जड़ से उखाड़ने या सामूहिक परिवर्तन की चुनौती का सामना करती नहीं दिखाई पड़तीं, फिर भी ये स्त्रियाँ राससुन्दरी की परम्परा को आगे बढ़ाती हुई, विधवा होने के बाद, आध्यात्मिकता और तीर्थ यात्रा में अपना निज का 'स्पेस' ढूँढ़ती दिखाई देती हैं। इनके साथ ही निस्तारिणी देवी भी हैं जो काशीवास में अपना स्पेस ढूँढ़ लेती हैं। राससुन्दरी के अलावा ये तीनों आत्मकथाकार किसी की प्रेरणा या दूसरे को बोलकर लिखवाती हैं। राससुन्दरी इनमें अपवाद हैं लेकिन इन चारों में एक बात समान है कि ये वैधव्य के बाद लिखे गए आत्मकथ्य हैं यानी ऐसी स्थिति जो परनिर्भरता और आत्मनिर्भरता के बीच की है। पति के जाने के बाद वे एक अर्थ में स्वतंत्र हुई होंगी पर आर्थिक आवश्यकताएँ, स्वास्थ्य, पारिवारिक मान-मर्यादा ने उनके लिए परनिर्भरता के दूसरे आयाम भी खोले होंगे। यहाँ यह याद रखना जरूरी है कि 19वीं शती के उत्तरार्द्ध और बीसवीं शती के पूर्वार्ध में 'हिन्दू स्त्री का उद्धार' पुरुष परियोजना का प्रमुख एजेंडा था, जिस पर बहुत-सी ऊर्जा और समय व्यय किया गया। उपर्युक्त आत्मकथाओं को पढ़कर यह लग जाता है कि ये स्त्रियाँ जितना कहती हैं उससे ज्यादा छुपा ले जाती हैं और अक्सर अभिव्यक्ति के लिए व्यंजना का सहारा लेती हैं, राससुन्दरी और निस्तारिणी देवी की पुस्तक में व्यंजनात्मकता को कई जगह रेखांकित किया जा सकता है। कितना कहना है और क्या छिपा ले जाना है ये स्त्रियाँ उच्च शिक्षित न होने के बावजूद अच्छी तरह जानती हैं, मसलन कैलाशबासिनी जो अपने पति के पत्रों में 'माई डियर' से सम्बोधित की जाती है, बहुत-से महत्त्वपूर्ण मुद्दों पर मौन रह जाती है।

परम्परा से आत्मकथा एक ऐसी विशिष्ट विधा के रूप में पहचानी गई जहाँ एकल सत्ता बहुत-सी सत्ताओं से टकराती है। स्त्री अपनी इच्छा के बल पर लिखती है चाहे वह राससुन्दरी देवी हों, कैलाशबासिनी मित्रा या शारदासुन्दरी, जो अपने जीवन पर निज का नियंत्रण रखना चाहते हुए भी रख नहीं पातीं। जीवन की घटनाओं

को अपने अनुसार ढाल नहीं पातीं। इनकी आत्मकथाओं में पात्र आते हैं, अपनी भूमिका निभाकर 'टेक्स्ट' में अपनी निजी पहचान बनाए बगैर चले जाते हैं। इन आत्मकथ्यों में स्त्रियों का आत्म बहुत हद तक पुरुषों के साथ सामाजिक सम्बन्धों पर टिका हुआ है, जिनका गहरा नाता 19वीं सदी के समाज-सुधार आन्दोलन से था। यद्यपि राससुन्दरी इससे अलग खड़ी दीखती हैं, वे आत्मकथ्य में अपने पति का जिक्र सिर्फ दो बार करती हैं, फिर भी अन्य स्त्रियों की तरह ही पति की मृत्यु पर सर के ताज विहीन होने की उपमा देती हैं। ठीक कैलाशबासिनी की तर्ज पर उनकी आत्मकथा छपती भी है तो पति की मृत्यु के बाद ही। उधर शारदासुन्दरी देवी इसलिए बोलती हैं, क्योंकि गिरीशचन्द्र सेन ने उन्हें बोलकर लिखवाने को कहा था। कैलाशबासिनी मित्रा भी पति किशोरीचन्द्र की प्रेरणा और मदद के बगैर डायरी लिख पातीं इसमें सन्देह है।[70] राससुन्दरी देवी ने आत्मकथा लिखकर बताया कि वह अपनी अधीनस्थ स्थिति को अच्छी तरह समझ-बूझ रही थी लेकिन उसे यह मालूम नहीं था कि वह अपनी स्थिति में सुधार कैसे ला सकती है। माँ के अन्तिम समय में भी राससुन्दरी उनसे मिलने नहीं जा सकी क्योंकि उसके जाने से पति एवं परिवारजनों की दिनचर्या अस्त-व्यस्त हो जाएगी यद्यपि एक सम्पन्न समृद्ध परिवार की कुलवधू थी फिर भी वह अपनी तुलना एक बँधुआ मजदूर के तौर पर 'आमार जीबन' में करती है।[71] राससुन्दरी स्वयं को 'पिंजरबद्ध पक्षी' कहती है। तत्कालीन परिस्थितियों में अपनी स्थिति के प्रति आलोचनात्मक नजरिया ही प्रतिरोध के साक्ष्य प्रस्तुत करता है लेकिन कहीं-कहीं दृढ़ प्रतिरोध के साक्ष्य भी हमें मिलते हैं। मसलन वह लड़की जिसने 'विद्यादर्शन' पत्रिका में पत्र लिखा था उसने मुक्ति के लिए पंख उगने की प्रतीक्षा नहीं की। उसने अपना परिवार इसलिए त्याग दिया क्योंकि वह उस व्यक्ति को स्वीकार करने के लिए तैयार नहीं थी जिससे उसका विवाह तय किया गया था। ऐसा परिवार जो वर के रूप में वृद्ध, अशक्त, जरा-जर्जर व्यक्ति को चुने उसका होना-न होना दोनों बराबर था। उसे अपना परिवार छोड़ देना ही बेहतर लगा। यदि समाज इसे अमर्यादित और पाप का रास्ता कहता है तो इसकी परवाह वह नहीं करती। यह पत्र 'विद्या दर्शन' में 1842 में छपा। जिसकी लेखिका का नाम अज्ञात है[72] स्त्रियों ने भी अधीनता की स्थिति को ही प्राकृतिक और स्वाभाविक मानकर स्वीकार कर लिया था और इसमें वे कोई व्यतिक्रम भी नहीं चाहती थीं या शायद उन्हें मालूम ही नहीं था कि उनकी स्थिति में कोई परिवर्तन भी हो सकता है, सदियों लम्बी दास्तां जो उनके जन्म के साथ ही तय हो जाती थी। यह कुछ वैसा ही था जैसे किसी को कई दिनों तक आँख पर पट्टी बाँधकर रखने के बाद अचानक रोशनी में आँखें खोलने को कहा जाए, कुछ ऐसा ही हुआ उन स्त्रियों के साथ जिन्हें बाहरी दुनिया की रोशनी में आँखें खोलने के लिए कहा गया। कई बार स्त्रियों ने अपने जीवन-अनुभवों का सच कहने से इनकार कर दिया। कुछ ने कदम आगे

बढ़ाकर पीछे खींच लिये जबकि कई स्त्रियाँ सुधार के पक्ष में ही नहीं थीं। मसलन शारदासुन्दरी के आत्मकथा-लेखन के समय तक विधवा-विवाह को कानूनी मान्यता मिल गई थी लेकिन इसकी चर्चा शारदासुन्दरी ने कहीं नहीं की, क्या इसका कारण यह था कि समकालीन बौद्धिक स्त्रियाँ समाज-सुधार जैसे मुद्दों को पुरुषों का ही कार्य-क्षेत्र मानती थीं अपना नहीं। तमाम तरह के सुधारों के बावजूद सामाजिक मानसिकता में दर्ज यह विचार कि स्त्रियों का संसार अलग है और उसे अलग ही रहना चाहिए किसी भी तरह नहीं बदल सका। इसी दुनिया के भीतर स्त्रियों से यह अपेक्षा की गई कि स्त्रियाँ पतिव्रता आज्ञाकारिणी और कर्तव्यशील बनी रहें, उन्हें रोटी-कपड़ा, मकान जैसी मूलभूत आवश्यकताओं के अतिरिक्त और किसी चीज की आवश्यकता नहीं, ऐसा मानकर चला जाता था। इन स्त्रियों के आत्मकथ्य हमें ये बताते हैं कि कैसे ऐतिहासिक परिस्थितियाँ, भौतिक दबाव और सांस्कृतिक के साथ वैचारिक विमर्श भी लेखिकाओं को व्यक्तित्व प्रदान कर रहे थे। बाहरी दबाव मसलन बाल–विवाह या वैधव्य उनके अपने अस्तित्व का निर्माण करने, दूसरों के साथ अपने सम्बन्धों का निर्धारण करने के साथ स्वायत्त रचनात्मक व्यक्तित्व प्रदान कर रहे थे। दरअसल ये प्रारम्भिक टेक्स्ट खंडित पहचानों के रूप में उनकी पीड़ाओं, अधूरेपन और आत्मविश्वास की कमी की ओर संकेत करते हैं। जिस चुनौती का सामना ये आत्माख्यानों में करती हैं। ये लिखकर पुरुष वर्चस्व के क्षेत्र में सेंध भी लगाती हैं। ये तीनों लगभग एक ही समय में अपनी कथाएँ कहती हैं। इनके लिखने से सम्भव है कि पुरुष सत्ता को चोट पहुँचे इसलिए ये स्वयं को सत्ताहीन दिखाती हैं, ये सत्ताहीन दीखती, विकेन्द्रित किन्तु आपस में सम्पृक्त अस्मिताएँ लेखन को एक अलग आयाम प्रदान करती हैं। सीमित अनुभवों और सीमित संसार में रहनेवाली स्त्रियाँ स्वयं के बारे में 'लिखकर' स्वयं को महत्त्वपूर्ण साबित कर देती हैं।

राष्ट्रवाद के उभार ने बंगाल में स्त्रियों को राजनीति में शिरकत करने के लिए उत्प्रेरक का कार्य किया। 1885 में कांग्रेस की स्थापना के समय तक स्त्रियों की शिरकत बहुत कम थी "केवल पंडिता रमाबाई, कादम्बिनी देवी और स्वर्णकुमारी घोषाल को कांग्रेस के अधिवेशन में शामिल होने का अवसर मिला लेकिन उन्हें वोट देने या अपना मन्तव्य प्रकट करने का अवसर नहीं दिया गया।"[73] सुरेन्द्रनाथ बनर्जी ने " 'कांग्रेस के प्रति महिलाओं के कर्तव्य' लिखकर कांग्रेस में शिरकत करने के लिए स्त्रियों का आह्वान किया था।"[74]

सन् 1905 में बंग-भंग और स्वदेशी आन्दोलन मध्यवर्गीय स्त्रियों को एकजुट कर घर के दायरे से बाहर लाने का कारण बन गया। आगे चलकर गांधी के साथ काम करनेवाली बहुत-सी स्त्रियाँ ऐसी थीं जिनके लिए स्वदेशी आन्दोलन ने पाठशाला की भूमिका निभाई थी। ये वे स्त्रियाँ थीं जो अन्त:पुर की दीवारों को लाँघकर राष्ट्रीय राजनीति और स्वदेशी आन्दोलन से जुड़ीं। इसके बाद राष्ट्रव्यापी

सविनय अवज्ञा आन्दोलन ने अगले दशकों में बहुत-सी राजनैतिक कार्यकर्ता तैयार कीं। इस तरह राजनीति में स्त्रियों की शिरकत के मसले पर तमाम आपत्तियों और आशंकाओं को ध्वस्त करते हुए स्त्रियों ने बहु-आयामी भूमिकाएँ अर्थात घर और बाहर दोनों में अपनी सक्रिय उपस्थिति दर्ज करनी शुरू की। बंगाली गृहस्थ भद्रलोक में परिवर्तन तब आया जब भद्रमहिलाओं ने आगे बढ़कर देश के राजनीतिक संघर्ष में अपना योगदान दिया। अधिकांश को उनके परिवार का समर्थन था, उन्होंने प्रहार भी झेले और जेल भी गईं। सामाजिक स्थितियों और भारतीय माहौल में पश्चिमी शिक्षा से परिचय ने उनके विकास में महत्त्वपूर्ण भूमिका निभाई, अब वे राजनीतिक परिदृश्य पर अपना चुनाव भी करती दिखाई देने लगीं, साथ ही जेल और सार्वजनिक जीवन ने उनके अनुभव-संसार के साथ-साथ साहित्यिक रुचियों का भी उन्नयन किया। इन स्त्रियों ने यात्राओं के साथ-साथ कारावास-जीवन के अनुभव लिखे, यद्यपि उनके द्वारा लिखी हुई आत्मकथाओं की संख्या कम है परन्तु औपनिवेशिक बंगाल के उत्तरार्द्ध के कुछ दशकों को समझने के लिए ये आत्मकथाएँ दस्तावेज का काम कर सकती हैं। बंगाल में मध्यवर्ग के उत्थान ने स्त्री-लेखन विशेषकर आत्मकथात्मक लेखन के लिए अनुकूल भावभूमि प्रदान की। इन स्त्री-आत्मकथाओं में स्वर वैविध्य मिलता है। कहीं तो वे पितृसत्ता की आलोचना करती हैं कहीं वे उसके प्रति मानसिक अनुकूलन दिखाती हैं, कहीं समाज और परिवार से छूट लेती हैं तो कहीं सामाजिक नियम-मर्यादा-पालन की मिसाल भी बनती हैं। वस्तुतः मनुष्य की किसी गतिविधि को एक रैखीय ढंग से नहीं विश्लेषित किया जा सकता। किसी सामाजिक परिवर्तन की प्रक्रिया को बेहतर ढंग से समझने के लिए किसी घटना को क्रिया या क्रियाओं की प्रतिक्रिया के रूप में विश्लेषित करने से बेहतर है उसे नदी की परस्पर एक-दूसरे को काटती आवर्तित लहरों की तर्ज पर समझा जाए भले ही मध्यवर्ग का उत्थान औपनिवेशिक शासन के सहयोग के लिए हुआ हो लेकिन फिर उसकी अपनी गतिकी रही होगी। जिस तरह सन्तान पिता से जन्म लेकर भी अपना स्वतंत्र विकास कर लेती है, उसी तरह अंग्रेजी शिक्षा और पाश्चात्य जीवन-पद्धति से आमना-सामना होते ही घर और बाहर की दुनिया अलग-अलग हो गई होगी। इस बात के पर्याप्त प्रमाण मिलते हैं कि इस नई सांस्कृतिक स्थिति से सामंजस्य पैदा करने के कई गुर अपनाए गए। उसके भीतर से कई चीजें निकलीं। स्त्रियों के लिए भले आचरण पुस्तकें तजवीज की गईं लेकिन जीवित घटनाओं के साक्ष्य ये बताते हैं कि कभी अपने आन्तरिक प्रशिक्षण से, कभी पुरुष की निगाह से खुद को तौलने, कभी पितृसत्तात्मक समाज के अलिखित जड़ कायदों से मुक्त होने की इच्छा से-स्त्रियाँ अपने लेखन में मौजूद हैं।

बीसवीं सदी के पूर्वार्ध में शिक्षा सम्पन्न जागरूक स्त्रियों के आत्मकथ्यों को देखने पर इनमें सबसे पहले अस्मितामूलक राजनीति के सूत्र मिलते हैं। ये आत्मकथ्य

यह बताते हैं कि पढ़ी-लिखी, सुशिक्षित और राजनैतिक तौर पर जागरूक मध्यवर्गीय हिन्दू स्त्री जो औपनिवेशिक बंगाल में राष्ट्रीय चेतना की लहर के साथ न सिर्फ बहना सीख रही थी, बल्कि उन्नीसवीं सदी के समाज-सुधारकों के कतिपय रूढ़-दृष्टिकोण से टकरा भी रही थी। सुतनुका घोष के अनुसार यह नहीं भूलना चाहिए कि "यह वही समय है जब बंगाल की स्त्रियाँ, लड़कियों को शिक्षा का कानूनी अधिकार दिलाने का प्रयास कर रही थीं। बहुत-से समाज-सुधारकों के साथ मिलकर शारदा ऐक्ट के पक्ष में जनसमर्थन जुटा रही थीं।"[75]

नये बनते हुए मध्यवर्ग में बंगाली स्त्री का अपनी पहचान की खोज को इन आत्मकथाओं में देखा जा सकता है। ये आत्मकथाकार अपने-अपने ढंग से आधुनिक बनने का प्रयास कर रही थीं, फिर भी जिस आधुनिकता की कल्पना इन्होंने की थी वह फलीभूत होती नहीं दीखती। दरअसल वह आधुनिकता खंडित आधुनिकता है जिसे देखने के लिए अलग-अलग आत्मकथाओं को देखना दिलचस्प होगा। बंगाली समाज विशेषकर हिन्दू और ब्राह्मो समाज में मध्यवर्गीय स्त्री की स्थिति का पता ये आत्मकथाएँ दे सकती हैं। ज्योतिर्मयी देवी (1894-1988), सरला देवी चौधरानी (1872-1945), मणिकुन्तला सेन (1911-1987) और शान्तिसुधा घोष (1907-1992) की आत्मकथाओं को इस नजरिये से देखने की वकालत सुतनुका घोष ने की है। इन आत्मकथाओं में आधुनिक बंगाली स्त्री के निर्माण की प्रक्रिया का नैरन्तर्य नहीं दीख पड़ता। कहीं भी वैश्विक स्त्रीवाद या भगिनीवाद या आगे आनेवाली स्त्रियों की पीढ़ी में आधुनिकता की प्रक्रिया का सन्धान पूरा होता हुआ नहीं दीखता। इससे बहुत-से सवाल पैदा होते हैं। पहला तो यही कि क्या आत्मकथा-लेखन में प्रवृत्त स्त्रियाँ अगली पीढ़ी को प्रेरणा देने में अक्षम थीं,या उन्हें स्वयं ही आधुनिकता की प्रक्रिया समझ नहीं आई थी, जिसे वे आगे की पीढ़ी तक पहुँचा सकें। जहाँ राससुन्दरी की आत्मकथा को पाठकों का ध्यान इसलिए मिला क्योंकि वह किसी बंगाली स्त्री द्वारा लिखी पहली आत्मकथा थी और उसका अपना ऐतिहासिक महत्त्व था जिसमें साक्षरता के लिए जद्दोजहद व्यक्त थी जो 'आमार जीबन' को बीबी अशरफ[76] से जोड़ती थी जिसने विधवा होने के बाद चूल्हे की राख से अपने-आप अक्षराभ्यास किया था, क्योंकि उसे अक्षर-ज्ञान करानेवाला कोई नहीं था। सरला देवी चौधरानी, शान्तिसुधा घोष और मणिकुन्तला सेन समकालीन थीं। इन तीनों स्त्रियों के लेखन में अपने-अपने ढंग से प्रतिरोध के स्वरों की अभिव्यक्ति होती दीखती है। इनके आत्मकथ्य शोषित-वर्ग की संरचना को व्यक्त करते हैं।

बीसवीं सदी के पूर्वार्ध का समय मध्यवर्गीय बंगाली हिन्दू और ब्राह्मो समाज की अधीनता का समय है। ऊपर से देखने पर ऐसा लग सकता है कि राजनैतिक उथल-पुथल के इस दौर में लैंगिक-विभेद जैसी बातों को तरजीह नहीं दी जा रही होगी, लेकिन इन आत्मकथाओं को निकट से देखने पर कुछ मध्यवर्गीय बंगाली

स्त्रियाँ—अपने वर्ग के अस्तित्व के प्रश्न पर डिबेट करती दिखाई देती हैं। इस सन्दर्भ में ज्योतिर्मयी देवी (1894-1988) का 'आमार लेखार गोरार कथा' देखना दिलचस्प है जिसकी भूमिका में लिखा गया है :

इस संसार में स्त्री का जीवन व्यर्थ है। उसके पास मस्तिष्क है लेकिन अभ्यन्तर को व्यक्त करने का कोई साधन नहीं है। उसके पास हृदय है लेकिन ऐसा हृदय जिसमें कोई उत्साह नहीं। ऐसा जैसे संगीत-विहीन धुन हो, भाव है, भाषा नहीं। उसका जीवन ऐसा ही है। यदि वह ऋषि–मुनि होती तो उसकी आवाज चीख नहीं बल्कि वाल्मीकि की कविता, कालिदास का मेघदूत और रवि ठाकुर के गीत बन जाती।[77]

ज्योतिर्मयी देवी अपने संस्मरण में स्त्री-अधीनता पर बहुत गम्भीरता से विचार करती हैं। वैसे तो स्त्री अधीनता को विद्वानों ने अपने-अपने ढंग से व्याख्यायित किया है। वास्तविक अधीनता और अधीनता के भ्रम में स्वभावतः ही अन्तर होता है। दरअसल अधीनता की स्थिति हमें अपने बारे में जानकारी की ओर ले जाती है, जिसे हम जानते हैं या जानने की कोशिश करते हैं। यह आत्मचेतस होने की प्रक्रिया है जो हमें हमारी सीमाओं और सम्भावनाओं की जानकारी देती है। पुस्तक में ज्योतिर्मयी देवी स्त्री की अधीन स्थिति को बताने के लिए एक पुत्री, एक माता एक पत्नी, एक विधवा, एक सामाजिक कार्यकर्ता, एक लेखिका के रूप में स्वयं को अभिव्यक्त करती हैं। ज्योतिर्मयी देवी 'स्मृति विस्मृतिर तरंग' में विधवा होते ही स्वयं को 'न कुछ' यानी अस्तित्वहीन जैसा हुआ पाती हैं, तब वह न पुत्री रह पाती है न किसी की सन्तान रह जाती है मात्र एक विधवा—उसका पूरा अस्तित्व एक विधवा में रिड्यूस हो जाता दीखता है, बंगाली समाज में विधवाओं की हीनतर स्थिति की ओर यह आत्मकथा संकेत करती है, साथ ही पाठक और आलोचक के समक्ष ऐसे अनेक 'टेक्स्ट्स' के होने की सम्भावनाओं को खोल देती है जिनकी आवाजों को, प्रतिरोध को दबाने का प्रयास किया गया, ऐसी अनेक स्त्रियाँ जिनकी निजी अस्मिता का संघर्ष किसी मुकाम पर नहीं पहुँच सका। ऐसी स्त्रियाँ जिन्होंने अपने होने की वजह ढूँढ़नी चाही, पितृसत्ता के खिलाफ लड़ीं भी लेकिन आधुनिकता की राह के दरवाजे उनके लिए आधे में ही बन्द हो गए। परिवार, समाज, परिस्थितियों ने उन्हें वह 'स्पेस' दिया ही नहीं जहाँ वे अपनी आशा-आकांक्षाओं को परवाज दे सकें।

सरला देवी, मणिकुन्तला और शान्तिसुधा वे रचनाकार थीं जिनके लिए पिछली पीढ़ी की तुलना में साक्षरता चुनौती नहीं थी, उनके परिवार विशेषकर माताओं ने उनको पढ़ने के लिए न सिर्फ प्रेरित किया बल्कि 'आत्म' की खोज में भी उनका साथ दिया, उनकी तरक्की के लिए अनुकूल परिस्थितियाँ पैदा कीं। लेकिन प्रश्न यह है कि क्या ये 'आत्म' का प्रकाशन और 'निज' की परिधि का अतिक्रमण कर अगली पीढ़ी के लिए कुछ कर पाईं या कोई राह प्रशस्त कर

पाईं। अथवा इन आत्मकथानकों का पाठ इस रूप में किया जाना चाहिए जिसमें रचनाकार अपने ही दायरे में सिकुड़ी-सिमटी रहीं, जिनके आख्यानों को पाठकों की ओर से कोई विशेष सकारात्मक प्रतिक्रिया नहीं मिली, अथवा इन्हें इस दृष्टि से देखा जाना चाहिए कि ये स्त्रियाँ समाज में प्रचलित पितृसत्ता के ढाँचे को तोड़कर माता-पुत्री के सम्बन्ध का एक नया समीकरण तैयार कर रही थीं। यह समीकरण उनकी बौद्धिक और भौतिक उन्नति के लिए जरूरी था, जिसमें माता के अपने अनुभवों की आँच थी और बेटी के भविष्य के लिए उज्ज्वल स्वप्न थे। इन तीनों स्त्रियों के आख्यान बीसवीं सदी के मध्य से उत्तरार्द्ध में लिखे गए जिनमें बंगाली समाज विशेषकर हिन्दू और ब्राह्मो समाज में मध्यवर्गीय स्त्री की स्थिति का पता चलता है। इनमें से सबसे पहले सरला देवी चौधरानी के आत्मकथ्य 'जीबोनेर झरापता' को देखा जा सकता है। इसका अंग्रेजी अनुवाद सुखेन्दु राय ने किया।[78] इसकी भूमिका में भारती राय ने लिखा कि यदि आत्मकथाओं को इतिहास की श्रेणी में रखा जाए तो सरला देवी की आत्मकथा उन्नीसवीं शताब्दी के उत्तरार्द्ध और बीसवीं शती के बंगाल के समाजेतिहास का जरूरी हिस्सा होने का दावा कर सकती है।

सरला देवी चौधरानी को साहित्यिकता विरासत में मिली थी। उनकी माँ स्वर्णकुमारी रवीन्द्रनाथ टैगोर की बहन थीं। यही वह समय था जब बंगाल में स्त्री-शिक्षा के प्रचार कार्यक्रम जोरों पर थे, अपनी पिछली पीढ़ी से कई कदम आगे बढ़कर उन्होंने बेथून कॉलेज से 17 वर्ष की उम्र में स्नातक की उपाधि ली थी। स्त्री-शिक्षा का जोर, सती-प्रथा के उन्मूलन, स्वदेशी आन्दोलन के प्रचार और बंग-भंग के विरोध के माहौल में ही वे पली–बढ़ी थीं। टैगोर परिवार की सांस्कृतिक चेतना उन्हें विरासत में मिली थी और 1895 से 'भारती' नामक मासिक पत्रिका की सम्पादक भी बन गई थीं। पत्रिका के माध्यम से उन्होंने भौतिक-सांस्कृतिक अभियान चलाया जिसमें युवा पुरुषों से अन्तरंग दल की स्थापना करने का आग्रह किया गया जिससे वे अँगरेज सैनिकों द्वारा भारतीय औरत-मर्दों की बेइज्जती से रक्षा कर सकें। वे बंगाल के पुनरुत्थानवादी आन्दोलन से गहरे तक जुड़ी हुई थीं। सन् 1902 में उन्होंने नौजवानों को प्रतापादित्य व्रत रखने, आत्मरक्षा के लिए हथियारों, मुक्केबाजी और कुश्ती के प्रशिक्षण की प्रेरणा दी। उनका व्यक्तित्व युवाओं के लिए प्रेरणास्पद था। सन् 1904 में सरला देवी ने वीराष्टमी के अवसर पर एक रैली आयोजित की और उसी वर्ष उन्होंने कलकत्ता कांग्रेस में 'वन्देमातरम' गवाकर इतिहास रचा।[79] इतिहासकार सुमित सरकार के अनुसार "सन 1905 में सरला देवी की मैमन सिंह सुहृद समिति ने 'वन्देमातरम' को राष्ट्रीय आह्वान के रूप में प्रयोग करने का पहला प्रयास किया।"[80] आत्मकथा में उन्होंने यह दावा किया है कि बंकिमचन्द्र के वन्देमातरम की पहली दो पंक्तियों को रवीन्द्रनाथ टैगोर

ने संगीतबद्ध किया शेष गीत को लय और धुन सरला देवी ने दी। वे संगीत की पारखी भी थीं, आत्मकथा में अपने संगीत-प्रेम और टैगोर द्वारा मिली प्रशंसा का उल्लेख वे बार-बार करती हैं।

आत्मकथा का प्रारम्भ वे अपने बचपन के जोड़ासांकोवाले घर की स्मृतियों से करती हैं : ..."जोड़ासांको के घर में ढेर सारे लोग थे, विविध प्रकार के क्रिया-कलापों से घर का कोना-कोना तरंगायित होता रहता था।...घर में एक दर्जन से अधिक ब्राह्मण रसोईये दिन-भर संयुक्त रसोईघर में समूचे परिवार के लिए भोजन बनाने में व्यस्त रहते थे, पके भात का ढेर इतना ऊँचा होता था जो रसोई की छत लगभग छूता था।"[81] बड़े संयुक्त परिवार में छोटे बच्चे नौकर-नौकरानियों द्वारा पाले-पोसे जाते थे जिसके बारे में लिखती हैं, "माँ का वात्सल्य क्या होता है हमें मालूम ही नहीं था, माँ की गोद, उसका चुम्बन, उसका स्नेह क्या होता है? मेरी माँ, मौसियाँ सब एक ढर्रे की थीं—वे सब सन्तानों के प्रति वात्सल्य-प्रदर्शन से कतराती थीं। दरअसल यह पितृसत्तात्मक व्यवस्था के अन्तर्गत सभी सम्पन्न आभिजात्य परिवारों का चलन था। जिसकी अगली पीढ़ी में स्त्रियाँ अपने बच्चों के लिए अपेक्षाकृत ज्यादा प्रेम दिखाने लगीं। लेकिन हमारी पीढ़ी के बच्चों के साथ ऐसा नहीं था।"[82] वे यह भी लिखती हैं कि "उन्हें आश्चर्य होता था कि नौकर हम बच्चों के साथ बहुत बुरे ढंग से पेश क्यों आते थे।...अब समझ पाई कि वे अतिरिक्त कार्यभार से दबे रहते थे।"[83] वे परिवार के भीतर के लैंगिक-विभेद को बचपन में ही पहचान जाती हैं—"मेरी बड़ी बहन ने खेल–खेल में मेरे बाल काट दिये जिसके लिए सात दिनों तक घर के भीतर ही रहने की सजा पिता ने सुनाई। बहन ने भाई के भी बाल काटे थे लेकिन भाई को घर के भीतर ही रहने की सजा नहीं सुनाई गई क्योंकि लड़का होने के कारण उसकी सुन्दरता को कोई खतरा नहीं था। इस अन्याय ने मुझे बहुत आहत किया।"[84]

तत्कालीन बंगला समाज ने सरला देवी चौधरानी में एक आधुनिक विवेकशील स्त्री का रूप देखा, उमा चक्रवर्ती के अनुसार जब सरला देवी से उनके नौकरी करने के लिए अपने परिवार से संघर्ष करने का विवरण पूछा गया तो उन्होंने जवाब दिया कि "वह अपने घर रूपी जेल की कैद से मुक्त होकर पुरुषों की भाँति अपने जीवनयापन का अधिकार स्थापित करना चाहती थीं।"[85] सरला देवी के आत्मनिर्भर जीवन के प्रयास का अन्त बड़ा त्रासद था जिसके बारे में उमा चक्रवर्ती ने लिखा है कि एक रात सरला देवी के कमरे में एक नौजवान घुस आया, परिणामस्वरूप उन्होंने स्वतंत्र जीवनयापन का इरादा छोड़ दिया। 'जीबोनेर झरापता' में वे इस प्रसंग पर मौन हैं। मैसूर से घर लौटकर सखी समिति तथा शिल्प मेलों में अपनी माँ स्वर्णकुमारी देवी की सहायता करने लगीं। बाद में उन्होंने 'भारती' का जिम्मा ले लिया। सरला देवी की आत्मकथा तत्कालीन समाज में स्त्रियों की शिक्षा के बारे में बताती है। वे लिखती हैं, "उन्नीसवीं शती

से लेकर अब तक दकियानूसी सोच से बाहर आकर बीसवीं शती में स्त्री-शिक्षा ने अपना सतत विकास किया।"

1910 में सरला देवी ने इलाहाबाद में भारत स्त्री महामंडल की स्थापना की, वे 29 वर्ष की अवस्था में गांधी जी के सम्पर्क में आईं। रामचन्द्र गुहा ने 'गांधी-द इयर दैट चेंन्ड द वर्ल्ड' में गांधी और सरला देवी के घनिष्ठ सम्बन्धों की ओर संकेत किया है। वे लिखते हैं कि लेखिका सरला देवी की पैदाइश 1872 की थी, वे सुन्दर थीं तथा मोती के आभूषण पहनती थीं। वे गांधी जी के साथ यात्राएँ और सभाएँ किया करती थीं, पंजाब के सरगोधा जिले में किसानों ने उन्हें 'माता जी' का सम्बोधन दिया।[86] सरला देवी उन अनेक राष्ट्रवादियों में से एक थीं जिन्होंने सन् 1899 में रेल कर्मचारियों की हड़ताल को समर्थन देने के लिए जबरदस्त अभियान चलाया। नवयुवकों ने सरला देवी को जबरदस्त समर्थन दिया। व्यक्तिगत आजादी के लिए किये गए प्रयास कैसे राष्ट्रीय आजादी के प्रयासों में बदल गए इसे देखने के लिए सरला देवी के कार्यों को देखा जा सकता है। पारिवारिक दबाव के कारण उनका विवाह एक विधुर आर्यसमाजी रामभज चौधरी से हुआ, जिसके बाद वे लोग लाहौर जाकर बस गए। विवाह के बाद सरला देवी को अक्सर 'देवी चौधरानी' कहकर सम्बोधित किया जाता था। एक विधुर के साथ सरला देवी का विवाह पारिवारिक दबाव में हुआ, यहाँ प्रश्न यह है कि क्या यह स्वर्ण कुमारी देवी के लिए उचित था कि उन्होंने अपनी सुन्दर, सुसंस्कृत, शिक्षित पुत्री का विवाह जबरदस्ती करवा दिया। यह एक सम्भावनापूर्ण कैरियर का अन्त था। पाठक को यह आश्चर्य होता है कि सरला देवी इस निर्णय के आगे झुकी क्यों? उन्होंने समझौते क्यों किये। आत्मकथा में भी वे इसके बारे में विस्तार से कुछ नहीं बतातीं, सिवाय इसके कि लिखती हैं कि "मेरे हाथ-पैर बँधे हुए थे,[87] इस जीवन में आन्दोलन की कोई गुंजाइश नहीं थी। हो सकता है तब तक स्त्रियों ने अपने विवाह-सम्बन्धी निर्णय लेने शुरू न किये हों। सरला देवी नवयुवकों में राष्ट्रीय चेतना भरने का प्रयास करती रहीं वे राष्ट्रोन्नति, देशोद्धार के लिए कृत संकल्प थीं। वे गांधी जी के साथ लम्बे समय तक जुड़ी रहीं, उन्होंने गांधी जी के साथ कई यात्राएँ कीं। हैदराबाद नागरिक संघ में आयोजित एक कार्यक्रम में गांधी जी ने कहा था—'मैं भारत के अपने भ्रमण में सरला देवी को साथ रखता हूँ क्योंकि उन्होंने स्वदेशी के मेरे सिद्धान्तों को कस्तूरबा से भी अधिक अच्छी तरह समझ लिया है।'[88] उधर सरला देवी महात्मा को स्नेह करती थीं तथा उनके आराम का पूरा खयाल रखती थीं हालाँकि आत्मकथा में उन्होंने विवाह के प्रसंग तक ही अपनी कथा लिखी, उन्होंने जो भी किया वह बृहत्तर अर्थ में राष्ट्र चिन्ता से प्रेरित था। उनके विवाह के बाद के प्रसंग किसी अन्य द्वारा परिशिष्ट के रूप में लिखे गए। उनकी गैर-पारम्परिक जीवन-शैली आलोचना का विषय भी बनती रही"[89] सरला देवी की वक्तृता का लोहा विवेकानन्द भी मानते थे। वे चाहते

थे देश और विदेश में सरला देवी सार्वजनिक मंच से बोलें : "तुम्हारी तरह मेधावी और बोल्ड स्त्री को तो इंग्लैंड जाकर उपदेश देने चाहिए। मुझे पूरा विश्वास है कि हज़ारों–हजार स्त्री-पुरुष भारत-भूमि के धर्म को स्वीकार कर लेंगें।"[90] लेकिन सरला देवी ने विवेकानन्द का रास्ता नहीं अपनाया और वे आत्मनिर्भर जीवन जीने के लिए मैसूर चलीं गईं।

गांधी जी जब भी लाहौर जाते सरला देवी से अवश्य मिलते। हालाँकि सरला देवी नवयुवकों के 'विप्लवी' चरित्र के पक्ष में थीं और वे लाठी–भाला चलाने के प्रशिक्षण की व्यवस्था भी किया करती थीं लेकिन उन्होंने कभी गांधी जी के आतिथ्य-सत्कार में कोई कमी नहीं रखी। मगनलाल गांधी को लिखे पत्र में गांधी जी ने कहा था—"सरला देवी हर तरह से मेरे ऊपर प्रेम बरसा रही है। गांधी जब भी पंजाब जाते तो वे 'नवजीवन' के पाठकों के लिए पत्र लिखते। वे प्रेरणा देते सरला देवी को 'नवजीवन' में लिखने की। पाठकों को पंजाब की चिट्ठी में उन्होंने 'कैसा चमत्कार' शीर्षक लेख में लिखा था, अपने पति से दूर सरला देवी 'सिंहनी' की भाँति अकेली रहती थीं। पंडित रामभज चौधरी के जेल से निकलने के बाद उन्होंने सरला देवी के चेहरे पर अनोखा ही तेज देखा था। गांधी ने लिखा कि वियोग-काल में भी सरला देवी ने अपना तेज खोया नहीं था। राजमोहन गांधी ने भी गांधी और सरला देवी के घनिष्ठ सम्बन्ध का जिक्र किया है।

बाद में चलकर गांधी जी और सरला देवी के आपसी रिश्तों में खटास आ गई थी। 1920 के अन्त तक गांधी जी के करीबी रिश्तेदारों में इस सम्बन्ध को लेकर असन्तोष बढ़ता जा रहा था। उनका पारस्परिक प्रेम कस्तूरबा के लिए भी तकलीफदेह साबित हो रहा था। राजगोपालाचारी ने इस बारे में महात्मा गांधी को समझाने के लिए कई पत्र भी लिखे और इस तरह के अन्तरंग सम्बन्ध को महात्मा की छवि के लिए नुकसानदेह बताया। गांधी जी सरला देवी के साथ अपने सम्बन्धों में खिंचाव भी महसूस कर रहे थे, उधर सरला देवी के पत्रों का तीखापन और आक्रोश भी बढ़ता जा रहा था यहाँ तक कि सरला देवी ने एक पत्र में उन्हें लिखा था, "आप तो महात्मा हैं और मैं पापी"। सरला देवी का आत्मकथ्य 'देश' पत्रिका में सन् 1942 से 1943 के बीच धारावाहिक रूप में प्रकाशित हुआ। सन् 35 के लगभग सरला देवी ने राजनैतिक और सार्वजनिक जीवन से संन्यास ले लिया और गांधी के साथ उनके सम्पर्क भी तब तक खत्म हो चुके थे।

महादेव देसाई की निजी डायरी में सरला देवी के पाँच-छह पत्रों का जिक्र किया गया है। रामचन्द्र गुहा ने विस्तार से सरला देवी और गांधी जी के आत्मीय सम्पर्क का जिक्र करते हुए लिखा है कि, "गांधी जी सरला देवी के साथ यात्राओं पर जाते थे। सिंहगढ़ के अपने प्रवास के दौरान वे सरला देवी को लिखते हैं : अभी दो सपने देखकर उठा हूँ एक तुम्हारे बारे में और दूसरा खिलाफत का।"[91]

फिर अगले पत्र में वे लिखते हैं कि वे सरला देवी का इन्तजार कर रहे हैं, उन्हें आश्रम में आना चाहिए...गांधी की इच्छा थी कि सरला देवी अपने समूचे समर्पण और शक्ति के साथ आ श्रमिक जीवन ग्रहण कर लें, जबकि सरला देवी अपने परिवार में ही रहती रहीं। उन्होंने खादी जरूर पहनी जिससे गांधी जी बहुत प्रसन्न हुए। गांधी जी ने हर्मन केलैनबैक को सरला देवी के विषय में पत्र लिखते हुए कहा, "तुम देखोगे तो उस पर मुग्ध हो जाओगे। बात यह है कि मेरा बहुत घनिष्ठ सम्पर्क हो गया है। वह अक्सर यात्रा में मेरे साथ रहा करती है। उसके साथ मेरे सम्बन्धों को किसी परिभाषा में नहीं बाँधा जा सकता। मैं उसे अपनी 'आध्यात्मिक पत्नी' कहता हूँ। एक मित्र ने हमारे सम्बन्धों को बौद्धिक विवाह कहा है। मैं चाहता हूँ तुम उससे मिलो..."[92]

उधर सरला देवी भी गांधी जी का बहुत सम्मान करती थीं। 'कस्तूरबा ए सीक्रेट डायरी' में नीलिमा डालमिया ने सरला देवी के गांधी जी के साथ आत्मीय और बौद्धिक सम्पर्क का जिक्र किया है, जिस पर कस्तूरबा ने तीखी प्रतिक्रिया जाहिर की थी, शीघ्र ही गांधी जी ने इस सम्बन्ध से स्वयं को अलग कर लिया था। एक जगह सरला देवी ने लिखा कि जब वह राजनैतिक तौर पर मुश्किल में थी तो महात्मा गांधी ने कहा "तुम्हारी हँसी राष्ट्रीय सम्पत्ति है, हमेशा हँसती रहो।" यह आत्मीय रिश्ता अक्टूबर 1919 से दिसम्बर 1920 तक चला, हालाँकि उसके बाद के वर्षों तक भी उनके बीच छिटपुट पत्र-व्यवहार चला। लेकिन गांधी जी ने राजगोपालाचारी की सलाह पर ध्यान दिया, जिसके बारे में रामचन्द्र गुहा का अनुमान है कि वे इस आध्यात्मिक सम्पर्क को सामाजिक स्वीकृति भी देना चाहते थे क्योंकि सरला देवी में उन्हें एक आदर्श सहयोगी की छवि दिखाई देने लगी थी। लेकिन राजगोपालाचारी ने बड़ी कड़ाई से गांधी जी को इसके लिए मना किया, क्योंकि इससे गांधी जी की पवित्रता, साधूत्व और समूचे भारत के लिए अनुकरणीय छवि को निश्चित रूप से धक्का पहुँचने की आशंका थी।[93] राजगोपालाचारी की संक्षिप्त मुलाकात सरला देवी से हुई थी जिससे वे बिलकुल प्रभावित नहीं हुए थे और उन्होंने गांधी जी को लिखा था कि सरला देवी हजारों साधारण औरतों में से एक है, शिक्षा ने जिसके व्यक्तित्व को थोड़ा आकर्षक बना दिया है। उन्होंने गांधी जी को इस सम्बन्ध को आगे ले जाने से रोका।[94] गांधी जी ने राजा जी के सुझावों पर अमल किया और सार्वजनिक तौर पर 'आध्यात्मिक पत्नी' कहना बन्द कर दिया। रामचन्द्र गुहा ने बताया है कि सरला देवी के लिखे पत्र हमें उपलब्ध नहीं हैं। वे गांधी जी से मिलने के लिए अक्टूबर 1920 में अहमदाबाद गई थीं लेकिन तब तक गांधी जी पदयात्रा पर निकल चुके थे। गांधी जी को अपने बारे में बताते हुए उन्होंने लिखा था कि वे खादी का साड़ी-ब्लाउज पहनती हैं और अहमदाबाद की स्त्री समिति में खादी के प्रयोग के लिए प्रेरणा देती हैं। उन्होंने यह भी लिखा

कि : "सिर्फ स्नानघर ही एक ऐसी जगह है जहाँ मेरी सिसकियाँ सुनी जाती हैं... जल्दी ही ये दिन भी खत्म हो जाएँगे।"

बाद में, प्रतीक्षा से थककर वे लाहौर वापस चली गईं, वहाँ से पत्र लिखकर उन्होंने आपसी गलतफहमियों के बारे में, गुस्से और अपनी जीवन-शैली के विषय में स्वयं निर्णय करने की छूट न दिये जाने के लिए गांधी को जिम्मेदार बताया। सरला ने गांधी जी को चुनौती दी कि वे उसके साथ प्रेम को सीधे-सरल शब्दों में कहें। "बताइए एक सीधी मर्मस्पर्शी भाषा में कि आप मुझे रोज याद करते हैं, कि सुबह से शाम मुझसे मिलने के लिए प्रतीक्षारत रहते हैं।" सरला देवी को लिखे गांधी जी के अधिकांश पत्र गांधी वांग्मय में संगृहित हैं। लेकिन सरला देवी की तरफ से लिखे पत्र गांधी परिवार द्वारा नष्ट कर दिये गए जिसके बारे में रामचन्द्र गुहा ने लिखा[95] कि गांधी जी का अपनी इस मित्र से गहरा पर गैर-बराबरी का रिश्ता था।

गांधी जी सरला देवी को उनकी वक्तृता और आकर्षण के कारण बहुत पसन्द करते थे लेकिन उन्हें अपने साँचे में ढाल लेना चाहते थे। वे उनसे चाहते थे कि वे आश्रम में सभी कार्य अपने हाथों से करें जबकि सरला अपने घर में नौकरों के भरोसे थीं। उनका समय लिखने–पढ़ने और कला-साहित्य के लिए था जबकि गांधी उन्हें आदर्श आश्रमवासिनी के रूप में देखना चाहते थे। सरला देवी भी गांधी जी के प्रति आकर्षित थीं, लेकिन वे अपने पति के प्रति ईमानदार थीं। लेकिन पति तो महात्मा नहीं थे, वे एक छोटे प्रान्तीय नेता थे जबकि गांधी सबसे बड़े राष्ट्रीय नेता बन चुके थे। उधर गांधी जी कस्तूरबा के प्रति ईमानदार थे, लेकिन वे कवि या लेखक नहीं थीं। गांधी जी ने सरला देवी के साथ अपने सम्बन्ध को कभी छिपाया नहीं, उनके पूरे चरित्र में मिथ्या-आचरण था ही नहीं इसीलिए तो उन्होंने उन्हें आश्रम जीवन बिताने के लिए खुलकर लिखा,[96] उनका जीवन और व्यवहार खुली किताब था और वे एक बंगाली भद्र-आभिजात्य स्त्री को अपने आदर्शों के अनुरूप ढाल लेना चाहते थे। जिस भारत में गांधी जी पले-बढ़े थे वहाँ स्त्री-पुरुष के बीच स्वच्छन्द सम्बन्ध अकल्पनीय था। विपरीत लिंगी से नैकट्य होने लिए उसे नजदीकी सम्बन्धी होना जरूरी था मसलन माता–बहन या पत्नी, जबकि विदेश-प्रवास में उन्होंने स्त्री-पुरुष दोनों से मित्रवत सम्पर्क बनाए। लैंगिक आधार पर जड़ मानसिकता में बदलाव के लिए उनकी शिक्षा और विदेशी मित्र उत्तरदायी रहे। भारत आने पर गांधी की पहली महिला मित्र सरला देवी ही थीं जिसके साथ सम्बन्ध को दैहिक परिधि में नहीं बाँधा जा सकता। ये सम्बन्ध सेक्स पर आधारित नहीं था, लेकिन गांधी के आसपास के लोगों ने इस मित्रता को ठीक उसी रूप में स्वीकार नहीं किया। सरला देवी भी भरे-पूरे परिवार की स्त्री थीं, अपने पति के लिए पूर्णतः समर्पित। उन्होंने स्वयं को सक्रिय राजनीति से क्यों अलग कर लिया

होगा इसके कारण और प्रमाण हमें नहीं मिलते। उनके जीवन और कृतित्व पर बहुत-से कार्य हुए लेकिन उनमें गांधी के साथ घनिष्ठ सम्पर्क का जिक्र हमें नहीं मिलता, वे स्वयं भी इस प्रसंग से बची हैं।[97]

औपनिवेशिक भारत में बीसवीं शताब्दी के प्रारम्भिक दौर में लिखी गई ये आत्मकथाएँ रचनाकारों की राजनैतिक विचारधारा का पता बताने के साथ उनकी जीवनधारा के बारे में भी बताती हैं। सरला देवी पढ़ी-लिखी बोल्ड स्त्री होने के बावजूद अपने विवाह के कारणों के बारे में चुप रहती हैं और गांधी के साथ अपने सम्पर्कों को भी सार्वजनिक चर्चा का विषय बनाने में अपनी तरफ से बचती हैं। मुरियल ने कहा था, "सोचो तो क्या होगा जब कोई स्त्री अपने जीवन का पूरा सच बता देगी। हो सकता है पूरा विश्व टुकड़े-टुकड़े हो जाए।[98] उधर इजाडोरा डंकन का मानना है कि किसी भी स्त्री ने अपने जीवन का पूरा सच कभी नहीं बताया, यह भी कि प्रसिद्ध स्त्रियों की आत्मकथाएँ उनके बाह्य अस्तित्व, छिटपुट विवरणों, रोजनामचों से भरी हैं जिनमें उनके वास्तविक जीवन के आदर्श चित्र नहीं हैं।"[99] यह बात भले ही डंकन ने पश्चिमी आत्मकथ्यों के सन्दर्भ में कही हो लेकिन सरला देवी सरीखी कई स्त्रियों के प्रतिरोध की आवाजें इसलिए मर्मराहट बनकर रह गईं क्योंकि उनमें सब कुछ खोलकर, सच-सच कहने का साहस नहीं था, जिसके कारण बहुत-से थे। सामाजिक-सांस्कृतिक सेंसरशिप के दबाव स्त्री के आन्तरिक जगत पर बने हुए थे, जिनमें बदलाव आसान न तब था और न अब है। सरला देवी के बरअक्स शान्तिसुधा किसी राजनैतिक पृष्ठभूमि से नहीं आई थीं, उनके छोटे भाई रुनु 'तरुण दल' के सदस्य थे। कलकत्ता प्रवास के दौरान उन्होंने कलकत्ते की राजनैतिक उथल-पुथल को करीब से देखा था, उन पर गांधी का गहरा प्रभाव पड़ा था। इसी तरह मणिकुन्तला के पास भी कोई भी राजनैतिक पृष्ठभूमि नहीं थी। वे कांग्रेस और गांधी जी के सम्पर्क में आई थीं और वहीं शान्तिसुधा से भी मिली थीं और क्रान्तिकारी गुट 'युगान्तर' का सदस्य बनने की इच्छा उन्होंने जाहिर की थी। शान्तिसुधा ने जेल के दिनों में कम्युनिस्ट साहित्य पढ़ा था और वह आजीवन कम्युनिस्ट पार्टी की सदस्य भी रहीं। हालाँकि 1960 में कम्युनिस्ट पार्टी के विखंडन के बाद उन्होंने सक्रिय राजनीति से संन्यास ले लिया।

शान्तिसुधा घोष (1907-1992) की आत्मकथा 'जिबोनेर रंगमंचे' (1989) को भी देखना महत्त्वपूर्ण है। वे अपने जीवन को रंगमंच कहती हैं जहाँ नाटक मंचित तो हुए पर उनका कोई दर्शक था या नहीं—मालूम नहीं। दरअसल नाटक महत्त्वपूर्ण है उसके दर्शक नहीं। शान्तिसुधा घोष ने अपने बारे में लिखकर ही जीवन–नाटक को सार्वजनिक किया है। शान्तिसुधा घोष अपने लेखकीय 'स्व' से स्वयं को अलग प्रस्तुत करती हैं। कहा गया है कि रचनाकार से भोक्ता की दूरी जितनी अधिक होगी, रचना उतनी ही श्रेष्ठ होगी। सम्भवत: शान्तिसुधा ने इसीलिए लेखकीय स्व से खुद

को दूर किया होगा। आत्मकथा की रचना 82 वर्ष की अवस्था में करते हुए, जैसे वे अपना जीवन फिर से रचती हैं। जीवन के इस पुनर्रचित पाठ को बहुत सावधानी से पढ़ा जाना चाहिए क्योंकि इस तरह के टेक्स्ट में शब्दों के बीच के संवाद और दरारों के पाठ अनेकार्थी होते हैं और पाठक तथा आलोचक से विशेष मेधा की माँग करते हैं। शान्तिसुधा ने आत्मकथा में जिस जीवन का चित्रण किया है वह बहुत हद तक वैसा ही है, जैसा वह चाहती थीं। वास्तविक जिए गए जीवन और जैसा जीवन वे जीना चाहती थीं, उसमें अन्तराल स्वाभाविक है लेकिन उसे काल्पनिक मानकर खारिज नहीं किया जा सकता, बल्कि पाठक से उनकी अपेक्षा है कि जैसा उन्होंने लिखा है पाठक उसी को सच मानकर चले।

शान्तिसुधा घोष जैसी न जाने कितनी स्त्रियाँ हैं जिन्होंने लेखन में अपनी सीमाओं का अतिक्रमण किया, या यों कहें कि अपनी सीमाओं में रहते हुए अपने जीवन का निर्माण किया। यदि शान्तिसुधा अपनी सीमाओं का अतिक्रमण करके अपने जीवन को किसी दूसरी दिशा में ले जाने का प्रयास भी करतीं तो भी वह तत्कालीन प्रचलन के अनुरूप ही होता क्योंकि स्त्रियों ने जेंडर की सीमाओं को चुनौती देना शुरू कर दिया था। शान्तिसुधा का पूरा जीवन शारीरिक रोगों से जूझते हुए बीता, इससे शिक्षा भी बाधित हुई लेकिन उन्होंने बाद में शिक्षा भी ग्रहण की और गांधीवादी आन्दोलन से भी जुड़ीं। जेल और निर्वासन की सजा भी उन्हें राष्ट्रवादी क्रिया-कलापों से दूर नहीं कर सकी। वे 'युगान्तर' जैसी क्रान्तिकारी संस्था से जुड़ीं और संस्था की क्रान्तिकारी गतिविधियों में बढ़-चढ़ कर शिरकत करती रहीं। बाद में चलकर ही गांधी से प्रभावित हुईं। बंगाल के नवजाग्रत माहौल में बहुत-से अन्य लोगों की तरह नवजागरण की चेतना से प्रभावित होना शान्तिसुधा के लिए अत्यन्त स्वाभाविक ही था। अपने लेखन में वह कहीं भी क्रान्ति की चर्चा नहीं करतीं लेकिन उनकी जीवन-शैली जिसका पता उनका आत्मकथ्य देता है वह 'आत्म' के प्रति एक जबरदस्त चैतन्यता को बताते हैं। फिर भी हम मणिकुन्तला सेन और शान्तिसुधा घोष के लेखन में जीवन की कई घटनाओं की ब्यौरेवार चर्चा पाते हैं—लेकिन वे स्वयं को किसी परिवर्तनकारी एजेंसी के रूप में स्थापित नहीं करती दीखतीं। शान्तिसुधा घोष आजीवन अविवाहित रहीं और पूरा जीवन कर्तव्यशील पुत्री के रूप में जिया। वे निर्वासन के दौरान या 1941 में जब गांधी जी से मिलने ढाका गईं तब भी पिता के साथ ही गईं अकेली नहीं। आत्मकथ्य में दर्ज है कि बंग-भंग की घटना के बाद वे जी-जान से अपने माता-पिता की सेवा कर रही थीं। वे बारिशाल (पूर्वी बंगाल) में ही रहकर 'जुगान्तर' संस्था के लिए काम करती रहीं और खूब पढ़ती रहीं। यहाँ तक कि छोटे भाई के अलावा उनका पूरा परिवार भारत आकर बस गया लेकिन शान्तिसुधा ने बारिशाल नहीं छोड़ा। वे सभा-समितियों का काम बारिशाल में रहकर ही करती रहीं, भाई के घर रहते हुए सभा करना सम्भव नहीं था क्योंकि पुरुष कार्यकर्ता

भी सदस्य के रूप में शामिल होते। पुरुष सहकर्मियों के साथ बैठना, बात करना अनुचित और समाज-विरोधी माना जाता था। शान्तिसुधा को इन सब बाधाओं का सामना करना पड़ा होगा लेकिन इन स्थितियों के प्रति उनमें आक्रोश नहीं दिखाई देता, बल्कि इस सारे प्रसंग को वे व्यंग्यात्मक लहजे में चित्रित करती हैं। बतौर पाठक हम समझ सकते हैं कि ऐसी घटनाएँ कितनी अप्रिय रही होंगी। लेकिन वे मणिकुन्तला की तर्ज पर ही ऐसी घटनाओं के विषय में निहायत ही तटस्थ भाव से, लगभग गैर-महत्त्वपूर्ण मानते हुए लिखती हैं। यहाँ तक कि शान्तिसुधा घोष अपने अविवाहित, एकाकी जीवन पर भी कोई टिप्पणी करती नहीं दिखाई देतीं। पाठक यह जानने से वंचित रह जाता है कि अविवाहित रहना शान्तिसुधा का निजी निर्णय था या माता-पिता द्वारा थोपा हुआ अथवा शान्तिसुधा की रोगी काया ने उन्हें विवाह का अवसर नहीं दिया। जिस दौरान शान्तिसुधा राजनैतिक सरगर्मियों से सम्बद्ध थीं उस दौरान 'गोलोकधांधा' शीर्षक उपन्यास भी लिखा "जिसका टेक्स्ट बहुत जटिल है जिसमें प्रेम और यौनिकता के पारस्परिक संगुम्फन को जिस रूप में व्यक्त किया गया है वह अपने समय को देखते हुए विशिष्ट है।"[100]

इस उपन्यास में शान्तिसुधा घोष ने स्त्री के अस्तित्व और स्व की अभिव्यक्ति से सम्बन्धित प्रश्नों पर विचार किया है। नीत्शे ने कहा था कि 'आत्म' का निर्माण एक निरन्तर चलनेवाली प्रक्रिया है वह कोई एक सुस्थिर, स्थायी पहचान नहीं है। शान्ता के चरित्र में आत्म के निर्माण की प्रक्रिया के नैरन्तर्य को देखा जा सकता है। शान्ता एक प्रगतिकामी चेतना से समन्वित चरित्र है जो ब्रिटिश शासित भारत में अपने परिवार के साथ रहती है, पिता के मरने के बाद बहन के साथ चाचा के पास चली जाती है जो उसके व्यक्तित्व के विकास में बाधा बनते हैं। वह थोपी नैतिकताओं और आचरण नियमों का अन्ध-पालन करने का विरोध करती है लेकिन उसकी बहन लोलिता नई स्थितियों से समझौता कर लेती है जबकि शान्ता विवाह को जीवन की चरम परिणति के रूप में अस्वीकार कर देती है। इस उपन्यास को आत्मकथात्मक टेक्स्ट के रूप में पढ़ने से शान्तिसुधा की वैचारिक और मानसिक संरचना को समझा जा सकता है, लेकिन आत्मकथा में वे विवाह और यौनिकता सम्बन्धी मसलों पर मौन हैं।

मणिकुन्तला सेन (1911-1987) की आत्मकथा—'शे दिनेर कथा'[101] अभिव्यक्ति और प्राक एवं उत्तर-औपनिवेशिक बंगाल के कम्युनिस्ट आन्दोलन को समझने की दृष्टि से महत्त्वपूर्ण है। इसमें मणिकुन्तला सेन ने आधुनिकता की अवधारणा को कम्युनिस्ट विचारधारा से जोड़कर देखने का प्रयास किया है। उन्होंने जीवन के प्रारम्भ में ही पिता को खो दिया था। वह अपनी माँ के साथ बहन–बहनोई के अभिभावकत्व में रहीं। राष्ट्रीय आन्दोलन के सम्पर्क में आना उनके समय और माहौल को देखते हुए स्वाभाविक ही था। कम्युनिस्ट साहित्य में उसकी गहरी रुचि

थी, नास्तिकता की अवधारणा ने उन्हें आकर्षित किया जबकि बहनोई उन्हें ईश्वर में आस्था रखने के लिए कहते थे। आत्मकथा में ऐसे अनेक प्रसंग हैं, जिन्हें वैचारिक टकराहटों के प्रमाणस्वरूप देखा जा सकता है। उन्हें परिवार की अपेक्षाओं पर खरा उतरना चाहिए या राष्ट्रीय आन्दोलन में शिरकत करनी चाहिए—यह द्वन्द्व कई जगह व्यक्त हुआ है। विधवा माँ की आज्ञा से उन्होंने कम्युनिस्ट पार्टी की सदस्यता ग्रहण की। माँ ने समझाया था कि मानवता के उद्धार के लिए कार्य करना भी धर्म ही है, इसलिए यदि मणिकुन्तला ने कम्युनिस्ट पार्टी की सदस्यता भी ग्रहण की, तो वो भी एक तरह से धर्म-पथ पर ही अग्रसर होना था। लेकिन मणिकुन्तला को अन्य परिवारजनों का असहयोग और आक्रोश झेलना पड़ा। मणिकुन्तला के लिए आधुनिक होने का अर्थ था सामाजिक समानता की ओर अग्रसर होना, जड़ रूढ़ियों का विरोध। इसके लिए वह नीची कही जानेवाली जातियों से जुड़े कार्यकर्ताओं के घर ठहरती हैं और पुरुष साथियों के साथ पूरे बंगाल का भ्रमण करती हैं। यद्यपि वैचारिक तौर पर कम्युनिस्ट होने के बावजूद वे पार्टी के सभी क्रिया-कलापों से सहमत हो पाने में सक्षम नहीं हो पाई। अन्तिम दिनों में वे बहुत बेजार थी, पार्टी के कुछ निर्णय उसे जबरदस्ती स्वीकार करने पड़े। वह आत्मकथा में यह जिक्र करती है कि उन्हें इस बात का अफसोस है कि उन्हें कई बार अपनी आत्मा की आवाज की उपेक्षा कर जबरन पार्टी की बात माननी पड़ी। पार्टी के भीतर के तापमान को लेकर मणिकुन्तला की अवधारणाएँ राजनीतिक नेतृत्व के क्षेत्र में जेंडर के सवालों को समझने में मददगार हो सकती हैं। वे नेत्रकोना में हुई एक खुली सभा का जिक्र करती हुई बताती हैं कि गाँव-गाँव जाकर आम आदमी के बीच काम करने के बावजूद स्त्री कार्यकर्ताओं की वैचारिक प्रतिबद्धता पर पी.सी. जोशी द्वारा उठाए सवाल इतने बेधक थे कि मणिकुन्तला समेत कई स्त्री कार्यकर्ताओं ने अपने-आपको सार्वजनिक तौर पर बेहद अपमानित महसूस किया। वे इस बात का भी जिक्र करती हैं कि कैसे पार्टी के भीतर लैंगिक भेदभाव किये जाते थे और स्त्रियों को दोयम दर्जे का समझा जाता था।[102]

रेडिकल कही जानेवाली पार्टी के भीतर लैंगिक असमानता का प्रमाण मणिकुन्तला की आत्मकथा देती है कि कैसे आधुनिकता ने उसे परिवार और सामाजिक संरचना पर टिप्पणी करने की छूट और क्षमता तो दी परन्तु पार्टी के फ्रेमवर्क में वह बाध्य थी और पार्टी के बारे में स्वतंत्र टिप्पणी करने की छूट उसे नहीं थी। हालाँकि आत्मकथा में मणिकुन्तला ने अलग से पर स्त्रीवाद पर ज्यादा नहीं लिखा, लेकिन जीवन के एक मोड़ पर उसे लगता है कि उसका किसी पार्टी से सम्बद्ध होना कई प्रश्न खड़े करता है और साथ ही इस वजह से उसके स्त्रीत्व को कई समझौते करने पड़े वो भी ऐसी संरचना में जो समानता और वर्गविहीन विचारधारा की उर्ध्वबाहु घोषणा करती है।

मणिकुन्तला कई समझौते करती हैं जिनका जिक्र यह किताब करती है। 1952 के पहले आम चुनाव में कम्युनिस्ट पार्टी की ओर से एकमात्र महिला उम्मीदवार के तौर पर नामांकित की गईं, जबकि पार्टी में बहुत-सी अन्य योग्य महिला उम्मीदवार थीं। मणिकुन्तला को इसलिए भी अवसर मिला कि उस संसदीय चुनाव-क्षेत्र से कोई पुरुष उम्मीदवार खड़ा होने को तैयार नहीं था। मणिकुन्तला यह भी कहती हैं कि स्त्रियों के लिए पूर्णकालिक कार्यकर्ता होना कितना कठिन होता है। हालाँकि इस प्रसंग पर आत्मकथा में वह मौन हैं परन्तु जो विवरण दिये गए हैं उनसे यह जाहिर हो जाता है कि पार्टी अपनी महिला कार्यकर्ताओं की विशिष्ट समस्याओं को कोई तरजीह नहीं देती थी, पार्टी का समर्थन महिलाओं को इतना नहीं था जिससे वे पूर्णकालिक कार्यकर्ता बन सकें। मणिकुन्तला ने बहुत दिनों तक विवाह नहीं किया और एक समर्पित कार्यकर्ता की तरह वह 'कम्यून' में ही रहती रहीं। आगे चलकर एक कामरेड से उसने विवाह कर लिया। पति जौली कौल के साथ मिलने और विवाह के प्रसंग के चित्रण का अभाव आत्मकथा में है। तपन रायचौधरी का कहना है कि आत्मकथ्य में ऐसे किसी प्रसंग का अभाव दुर्भाग्यपूर्ण है। वे यह भी लिखते हैं कि "मणिकुन्तला यह तो बताती हैं कि वह जौली कौल के साथ एक ही घर में रही और पार्टी से त्यागपत्र देने के बाद वह दिल्ली चली गई। यह पुस्तक पढ़ते हुए आप यह अनुमान नहीं लगा सकते कि जौली कौल उनके पति थे।"[103]

मणिकुन्तला की आत्मकथा पढ़कर यह लगता है कि सम्भवत: कम्युनिस्ट पार्टी के प्रति वैचारिक प्रतिबद्धता ने मणिकुन्तला को यह अवकाश नहीं दिया कि वे पार्टी के भीतर स्त्री की स्थिति पर विस्तार से प्रकाश डालें। सम्भवत: इसीलिए संवेदनाओं और परिवार के प्रसंग उसके लिए इतने महत्त्वपूर्ण नहीं रहे। यह भी हो सकता है कि मणिकुन्तला यह बताना चाहती हैं कि जहाँ आम बंगाली स्त्री के लिए परिवार, सम्बन्धी एवं निजी जीवन की घटनाएँ महत्त्वपूर्ण होती हैं वहाँ अपने-आप को विशिष्ट दिखाते हुए उसने परिवार, पति और निजी जीवन के ब्यौरों से आत्मकथा को बचाया और अपनी छवि एक राजनैतिक कार्यकर्ता के तौर पर प्रस्तुत करने का प्रयास किया। हालाँकि इस पुस्तक में कुछ चित्र भी हैं जिनमें मणिकुन्तला जौली कौल के साथ हैं लेकिन वे इस पुस्तक का अविभाज्य अंग बनकर नहीं आते। सम्भवत:,जौली कौल जिन्होंने पुस्तक के अंग्रेजी अनुवाद की प्रेरणा दी उन्होंने ये चित्र बाद में लगवा दिये हों। मणिकुन्तला की आत्मकथा इस प्रसंग पर बिलकुल मौन है कि अपनी ही पार्टी के कार्यकर्ता और सहकर्मी को जीवनसाथी बनाने के अनुभव क्या होते हैं, बाद में चलकर उनके आपसी सम्बन्ध कैसे रहे और यह भी कि क्या ऐसे विवाह-सम्बन्ध को चलाए रखने के लिए मणिकुन्तला को विशेष तौर पर प्रयास करने पड़े तथा उसके ससुराल पक्ष के सदस्यों का व्यवहार उसके साथ कैसा रहा। पूरी आत्मकथा में माँ क्षीरोदबाला के साथ सम्बन्धों की बात ही मिलती

है जिन्होंने आजीवन मणिकुन्तला का समर्थन किया चाहे वह राजनीतिक पार्टी की सदस्यता ग्रहण करने का मुद्दा हो या कष्टकर यात्राएँ। क्षीरोदबाला ने अपनी बेटी को हमेशा बिना शर्त समर्थन दिया और इसके लिए मणिकुन्तला अपनी माँ के प्रति कृतज्ञता भी दिखाती हैं। ध्यातव्य है कि सरला देवी चौधरानी भी आत्मकथ्य में अपनी माता के प्रभाव और समर्थन का जिक्र बारम्बार करती हैं। माता का समर्थन और सहयोग इन स्त्रियों के व्यक्तित्व को मजबूत बनाता है जो इस बात की ओर संकेत करता है कि बंगाली समाज में माता-पुत्री के पारस्परिक सम्बन्ध की मनोसामाजिकी और पुत्री की उन्नति में माता की सकारात्मक भूमिका अन्य पितृसत्तात्मक समाजों से अलग और जटिल होती है।

इन तीनों स्त्रियों के राजनीतिक विश्वासों में परस्पर वैविध्य था, बावजूद इसके कि ये तीनों ही सुशिक्षित और प्रचंड जागरूक स्त्रियाँ थीं। लेकिन इन तीनों पर राजनीति, शिक्षा और समाज के अलग–अलग प्रभाव पड़े। सरला देवी बंगाल के राष्ट्रवादी दौर की गवाह रहीं, कांग्रेस भी अभी शुरुआती दौर में अभिजात्यवादी पहचान के साथ राजनीति में अपनी पहचान बनाने के दौर में थी। सरला देवी 'भारती' पत्रिका में युवा बंगाली पुरुषों को अपनी मानसिक और शारीरिक ताकत बढ़ाने का आह्वान कर रही थीं। आगे चलकर वे क्रान्तिकारी संगठनों के सम्पर्क में आईं जिन्होंने युवाओं को आर्थिक, भौतिक और नैतिक समर्थन दिया। सरला देवी का परिवार प्रारम्भ से ही कांग्रेस से जुड़ा था, बाद में सरला देवी पर गांधीवाद का प्रभाव गहरा पड़ा। इसके बरअक्स शान्तिसुधा की कोई राजनैतिक पृष्ठभूमि नहीं थी। लेकिन शिक्षा ग्रहण करने के लिए कलकत्ता जाने पर उन्होंने कांग्रेस के अधिवेशन देखे, क्रान्तिकारियों से जुड़ीं और जेल भी गईं। वे शिक्षा से ही जुड़ी रहीं और बाद में चलकर गांधी से प्रभावित हुईं। उन्हीं की तरह मणिकुन्तला भी राजनीतिक पृष्ठभूमि से नहीं आती थीं, पर उन पर कांग्रेस और गांधी के सम्पर्क का गहरा असर पड़ा। शान्तिसुधा के जेल जाने के बाद मणिकुन्तला साम्यवादियों के सम्पर्क में भी आईं और कम्युनिस्ट दल की सदस्य बनने को तैयार हो गईं। वे जीवन के अन्तिम समय तक साम्यवादी विचारधारा की पक्षधर रहीं हालाँकि उन्होंने सन् 60 में कम्युनिस्ट दल के विखंडन के बाद सक्रिय राजनीति से संन्यास ले लिया था।

आधुनिकता के अर्थ इन तीनों के लिए अलग-अलग थे। सरला देवी बहुत बोल्ड थीं और उन्होंने युवकों और युवतियों पर खूब प्रभाव डाला, आत्मकथा में उन्होंने बताया है कि उनके बहुत-से पुरुष मित्र थे, लेकिन वे सार्वजनिक तौर पर भाषण देने और साथ ही बाहरी लोगों के सामने आने से भी बचती थीं। आत्मकथा में उन्होंने गांधीवाद के प्रभाव में आने और गांधी जी के साथ सम्पर्क की चर्चा छोड़ दी है (आत्मकथा पूरी होने के पहले ही उनकी मृत्यु हो गई थी)। अपनी कथा में उन्होंने अपनी माँ स्वर्णकुमारी से पृथक् अपना व्यक्तित्व रचने का प्रयास किया

है। 'जीबोनेर झरापता' में वे यह बताती हैं कि जन्म से ही परिवार में उनका कोई बहुत स्वागत नहीं हुआ था। वे स्वयं को अवांछित सन्तान के रूप में चित्रित करती हैं। वे रवीन्द्रनाथ ठाकुर को अपनी संगीत–प्रतिभा से चकित करती हैं और उनकी कोशिश यह रही है कि उनके माता-पिता उन्हें मेधावी और योग्य समझें। दूसरी तरफ वे अपने-आपको विद्रोहिणी के रूप में भी चित्रित करती हैं। आत्मकथ्य में वे इस बात पर बल देती हैं कि वे अपने माता–पिता से कभी निर्देशित नहीं हुईं फिर भी विवाह के मसले पर वे स्वर्णकुमारी देवी के निर्णय के समक्ष हथियार डाल देती हैं। कुल मिलाकर आत्मकथा में जो उनका व्यक्तित्व उभरता है वह परस्पर विरोधी तत्त्वों और खंडित आकांक्षाओं से निर्मित हुआ है।

उधर शान्तिसुधा घोष भी सरला देवी की तर्ज पर ही आत्मकथ्य को अपने संक्रमणकालीन समाज की घटनाओं और अपनी टकराहटों का प्रतिफलन मानती हैं। वे भूमिका में ही लिखती हैं कि "यदि मैं यह आत्मकथा न लिखती तो मेरे जीवन-रंगमंच के तमाम रंग परदे के पीछे से निकलकर आत्म-प्रकाशन का सुअवसर नहीं पाते।" वे आत्मकथ्य को लेखकीय सृजन के रूप में कहती हैं या यों कहें एक ऐसे टेक्स्ट के रूप में ले आती हैं जिसका विवेचन एक कृति के रूप में किया जाना चाहिए।

मणिकुन्तला देवी के आत्मकथ्य में भी हमें आत्मविश्वास की कमी दिखती है। वह पार्टी के जन-प्रसार कार्यक्रमों के सन्दर्भ में भी लिखती हैं कि ऐसी संस्थाओं में यदि पुरुष की दिलचस्पी होती थी तो सम्भवत: कुछ उपलब्धियाँ मिलतीं लेकिन अपनी स्त्रियोचित सीमाओं में हम औरतें कर ही क्या सकती हैं[104] याद रहे कि यह वही मणिकुन्तला है जो पुरुषों के साथ बंगाल का दौरा करती है और कई बड़ी सभाओं को सम्बोधित करती है और ग्रामीण तथा औद्योगिक कामगारों को सम्बोधित करती है। उसे भारत के प्रतिनिधि के तौर पर कई देशों में जाने का अवसर भी मिला। ऊपर से देखने पर ऐसा लगता है कि स्त्रियों ने सदियों से चले आते हुए संकोच और हीनता-बोध त्याग दिया और पुरुषों ने समान अधिकार की माँग को स्वीकृति दे दी लेकिन यह दोनों ही बातें सच नहीं हैं। तीनों के अवचेतन में अपनी स्वयं की क्षमताओं के बारे में ही सन्देह रहे, कदम-कदम पर जिन्हें बलात हटाना पड़ा। साथ ही पुरुष भी स्त्रियों को समान मनुष्य के रूप में स्वीकार करने के लिए उत्सुक नहीं थे यहाँ तक कि कम्युनिस्ट पार्टी में भी एक साधारण पार्टी-कार्यकर्ता की हैसियत से मणिकुन्तला की स्थिति दोयम दर्जे की थी। मन में पार्टी को लेकर कुछ पूर्वाग्रह थे। 1952 के विधानसभा चुनाव में कम्युनिस्ट पार्टी की ओर से मणिकुन्तला अकेली स्त्री प्रत्याशी थीं जबकि पार्टी सीटों पर चुनाव लड़ी महिलाओं का प्रतिनिधित्व का मात्र 1% होने पर मणिकुन्तला का कहना था—क्या पार्टी को लगता है कि स्त्री कार्यकर्ता चुनाव लड़ने के योग्य नहीं हैं। कालीघाट सीट को

लेकर एक लम्बा विवाद चला और अन्य कोई उपयुक्त पात्र न मिलने के कारण मणिकुन्तला को कालीघाट की सीट मिली। पार्टी किसी भी अन्य स्त्री प्रत्याशी के विरोध में थी क्योंकि बाकी सब सीटों के लिए पुरुष प्रत्याशी थे।[105]

इससे इस बात की पुष्टि होती है कि स्त्रियों के बड़े पैमाने पर राजनैतिक क्रिया-कलापों में हिस्सा लेने पर पुरुष के कन्धे-से-कन्धा मिलाकर चलने पर भी पुरुष ही सत्ता के केन्द्र में थे।

भारतीय समाज का मध्यवर्ग ऐसे दौर से गुजर रहा था जब पश्चिम की संस्कृति के प्रभाव और वर्चस्व के फलस्वरूप वह अपने-आपको मुख्यधारा से कटा हुआ महसूस कर रहा था, यह नवजागरण का दौर था जिसमें पहली बार स्त्रियों के पक्ष में कुछ सोचा जा रहा था। राजनारायण बोस जिनकी भूमिका आधुनिक बंगाल के निर्माणकर्ता के रूप में महत्त्वपूर्ण थी। उन्होंने आत्मकथा में दर्ज किया था कि विधवा-पुनर्विवाह को कानूनी घोषित करते ही बंगाली समाज में उथल-पुथल शुरू हो गई। लेकिन किसी भी स्त्री-आत्मकथाकार ने इसका जिक्र नहीं किया। यहाँ तक कि शारदासुन्दरी देवी को उस विधवा से मिलने का शुभ अवसर भी मिला था जिसको अपने रिश्तेदारों के घर नौकरानी जैसा जीवन जीने के लिए विवश होना पड़ा जिसके लिए महीने के कुछ रुपये बाँधकर अपनी तमाम जिम्मेदारियों से मुक्ति पा ली गई थी। लेकिन शारदासुन्दरी ने इसका जिक्र मात्र किया, प्रथा की आलोचना नहीं की। उन्नीसवीं सदी के उत्तरार्द्ध और बीसवीं सदी के पूर्वार्ध के इस दौर में कई स्त्रियों के आत्मकथ्य, पत्र और डायरियाँ हमें मिलती हैं जो राजनीतिक कार्यक्षेत्र से दूर थीं पर अपने समय और समाज का इतिहास दर्ज कर रही थीं जिनमें निस्तारिणी देवी की 'सेकेले कथा' (अनुवाद : टेल्स फ्रॉम पास्ट, 1913, इसकी चर्चा दूसरे चरण में की जा चुकी है) प्रसन्नमयी देवी (पूर्बकथा, अनुवाद टेल्स फ्रॉम योर पास्ट, 1917), अमियबाला की डायरी (1920), सुदक्षिणा सेन (मेमोरीज ऑफ माय लाइफ, 1932), मनोदा देवी (डायरी ऑफ अ हाउस वाइफ, 1955) ज्ञानदानन्दिनी (डेज गॉन बाय, 1956), कुसुमकुमारी देवी (अप्रकाशित डायरी), एक किसान स्त्री की डायरी (काकद्वीप, 1948), शान्ता नाग (मेमोरीज फ्रॉम द पास्ट, 1970), काननबाला देवी (शबारे आमि नोमि, अंग्रेजी अनुवाद माय होमेज टू आल, 1973), सहाना देवी (स्मृतिर खेया, अनुवाद फेरिंग डाउन द मेमोरी स्ट्रीम, 1978), शोवा घोष (दे काल मी बैक इवन नाउ,1981) को देखा जा सकता है। ये उन स्त्रियों की कृतियाँ हैं, जो सीधे-सीधे न किसी समाज-सुधार आन्दोलन की अंग थीं और न ही राजनीतिक रूप से सक्रिय। ये निहायत साधारण स्त्रियाँ थीं जिनका लिखना ही समाज,परिवार और व्यक्तिगत सत्ता की विभिन्न टकराहटों की कहानी है जिनसे देश के पूर्वी भाग विशेषकर बंगाल के सामाजिक-मानसिक तापमान का अन्दाजा लगाना सरल हो जाता है।

ज्ञानदानन्दिनी (1850-1941) की आत्मकथा 'बीते हुए दिन'[106] इस बात का प्रमाण है कि सदियों से जकड़ी सामाजिक मान्यताओं से मुक्ति पाना आसान नहीं था। जब सत्येन्द्रनाथ ने चाहा कि ज्ञानदानन्दिनी विदेश जाए तो सत्येन्द्रनाथ की माँ का समूचा क्रोध ज्ञानदानन्दिनी पर उतरा और अपनी बहू से उन्होंने बात करना बन्द कर दिया। इसके बावजूद 19वीं सदी में इस दौर में ही हमें प्रतिरोध के प्रमाण मिलने लगते हैं। क्या कारण था कि उच्च शिक्षित कालीचरण बनर्जी, जो प्रगतिशील माने जाते थे, घर में उनकी अपनी बहन निस्तारिणी देवी नौकरानियों की तरह काम करती रही।[107] निस्तारिणी देवी ने एक घटना का उल्लेख किया है जब एक कुलीन व्यक्ति अपने बेटे को लेकर बहू के घर गहने माँगने गया, वहाँ पर इच्छित गहने ना मिलने पर उसने पिता से कहा इतने गहने पर्याप्त नहीं आप चिन्ता ना करें माँ से कुछ मत कहें, चलिए मैं दूसरी शादी कर लेता हूँ और उससे आपको धन दूँगा।[108]

प्रसन्नमयी देवी (1857-1939) की आत्मकथा 'पूर्बकथा' पहली बार कोलकाता से 1917 के वारिन्द्र पुस्तकालय से छपी, जिसमें बंगाली समाज के भीतर फैली रूढ़िवादिता और विधवाओं की स्थिति पर प्रकाश पड़ता है। वे आत्मकथ्य में बताती हैं कि उनके पिता सिविल सर्वेंट थे और एक अंग्रेज गवर्नेस प्रसन्नमयी की शिक्षा के लिए रखी गई थी। उनकी बुआ बाल-विधवा थी लेकिन उनका पूरा जीवन कठिन तप और आचरण की शर्तों के पालन में बीता ताकि वे अपनी जातिगत शुचिता बरकरार रख सकें। प्रसन्नमयी का विवाह कुलीन वर्ग के व्यक्ति के साथ हुआ था जो बाद में मानसिक रोगी साबित हुआ लेकिन प्रसन्नमयी के भीतर उनकी जातिगत श्रेष्ठता के विचार इतने गहरे थे कि उसने अपनी नियति का कोई विरोध नहीं किया। सारी पढ़ाई-लिखाई के बावजूद उनकी बुआ ने वैधव्य का बड़ी ईमानदारी के साथ पालन किया था। प्रसन्नमयी अपना बचपन याद करते हुए कहती है कि उसकी बड़ी बुआ के मरने के बाद उसी उच्च कुलीन व्यक्ति से उसकी 13 वर्षीय छोटी बुआ का विवाह कर दिया गया। प्रसन्नमयी अपनी दादी के इस कार्य को उचित ठहराते हुए लिखती है क्योंकि और कोई भी उच्च कुलीन व्यक्ति 13 साल की लड़की के लिए उपलब्ध नहीं था, ऐसे में दादी ने जो किया उचित ही किया। ध्यान देने की बात है कि प्रसन्नमयी अपने समय की अच्छी कवयित्री भी थी।

शरतकुमारी देब (1861-1941) और सुदक्षिणा सेन (1859-1934) उन्नीसवीं शती के बंगाल की वे स्त्रियाँ हैं जिन्होंने बंगाल के सामाजिक-राजनीतिक जीवन के बहुत-से उतार-चढ़ावों को देखा। सुदक्षिणा सेन के संस्मरण 'जीवनस्मृति' का प्रकाशन 1932 में हुआ। 'जीवनस्मृति' की भूमिका में उन्होंने कहा कि "इस संस्मरण को लिखने का उद्देश्य है देश में फैले हुए अन्धविश्वासों और रूढ़ियों का उच्छेदन करना और ब्राम्हो समाज के प्रकाश से समाज को दिशा देना।"[109] जाति-प्रथा और

हिन्दू समाज में व्याप्त कुरीतियों को उन्होंने समझ लिया था। कुलीन ब्राह्मणों द्वारा बहुत-सी पत्नियाँ रखे जाने पर भी वे बहुत कठोर टिप्पणी करती हैं, अपने पैतृक ग्राम मेजपाड़ा में बिताई बचपन की स्मृतियों में वे डूबती-उतराती हैं लेकिन प्रसन्नमयी सरीखी आत्मकथाकारों के बिलकुल अलग अपने भिन्न और स्वतंत्र विचार रखती हैं। वे दहेज-प्रथा, बाल-विवाह पर निरन्तर कटु टिप्पणियाँ करती हैं। वैसे वे अपने ननिहाल में, मुंशीगंज जिले के सोहागदल में पली-बढ़ीं। उनके पिता पढ़े-लिखे और बहुविवाह एवं बाल-विवाह के खिलाफ थे। अपनी बेटियों के बड़े होने पर ही उनके विवाह के पक्ष में थे। उतनी छोटी-सी उम्र में ही सुदक्षिणा सेन लड़कियों को जबरदस्ती उपवास करवाने के विरोध में घर से भाग गई थीं। मामा और माँ द्वारा निर्गुण ब्रह्म की उपासना उन्हें हमेशा से आकर्षित करती थी। बारह वर्ष की उम्र में जब शिक्षा के लिए गाँव से बाहर जाने का निर्णय उनके लिए माँ ने लिया तो ढाका के ब्राह्मो समाज ने उन्हें प्रेरणा और सहायता प्रदान की। तीन बच्चों की शिक्षा के लिए एक अकेली विधवा के लिए गाँव का सुरक्षित दायरा छोड़कर बाहर निकलना उस समय के लिए बड़ी घटना थी। सुदक्षिणा सेन की माँ ने जान-बूझकर अपनी दो बेटियों का अन्तरजातीय विवाह किया ताकि उन्हें अपने परम्परागत समाज में न लौटना पड़े। सुदक्षिणा सेन के आत्मकथ्य में सिर्फ उनकी माँ ही नहीं बल्कि पार्वती मौसी और बिधुदीदी जैसी बाल-विधवाओं का भी जिक्र है जिन्होंने ब्राह्मो धर्म ग्रहण कर लिया, क्योंकि वे हिन्दू समाज की कुरीतियों में घुट रही थीं। सेन यह भी बताती हैं कि आज का बांग्लादेश और तब के पूर्वी बंगाल के गाँवों में लड़कियाँ और औरतें परदे से मुक्त थीं। सम्भवतः इसीलिए वे कलकत्ता आकर मेधावी और मेहनती तथा जागृत छात्रा के रूप में स्वयं की पहचान बना पाईं।[110]

शरतकुमारी देव के 'आमार संसार' को आत्मकथा न कहकर उनके दाम्पत्य जीवन का संस्मरण कहना ज्यादा उचित होगा। इसकी रचना 1921 के आसपास की गई और 1942 में इसका प्रकाशन हुआ। इसमें शरतकुमारी के बचपन और निर्माण काल की स्मृतियाँ न होकर उनके पति सत्यप्रिय देव और श्वसुर शिवचन्द्र देव, जो ब्राह्मो समाज के नेता थे, के कार्यों के बारे में बताया गया है। शरतकुमारी देव उत्तर कलकत्ता के बागबाजार में जन्मी थीं, उनके दादा लोकनाथ बोस ब्रिटिश राज में अधिकारी थे। शरतकुमारी ने पूरे आत्मकथ्य में कहीं अपनी माँ का नाम नहीं लिखा है सिवाय इसके कि वे प्रसिद्ध दत्त परिवार से सम्बद्ध थीं।[111] कालीनाथ बोस ने ब्राह्मो धर्म में दीक्षा ले ली थी और अपनी बेटी को शिक्षित किया था। शिक्षा के लिए जिस तरह के संघर्ष और प्रेरणा का जिक्र सुदक्षिणा के आत्मकथ्य में मिलता है वैसे संघर्ष का शरतकुमारी के यहाँ अभाव है। वे अपने पति के शिक्षित होने का वर्णन विस्तार से करती दीखती हैं और हरसम्भव स्त्री-सम्बन्धियों के जिक्र से बचती हैं। वे बताती हैं कि कैसे श्वसुर शिवचन्द्र देव बीच-बीच में बहू को पढ़ा

दिया करते थे और वे बहुत अच्छे अध्यापक थे। प्रसंगवश वे 'बामाबोधिनी' और 'परिचारिका' नामक स्त्री पत्रिकाओं का उल्लेख भी करती हैं। जहाँ सुदक्षिणा सेन ने उच्च शिक्षा के लिए किये अपने संघर्ष का विस्तृत चित्र खींचा है, उस तरह का संघर्ष शरतकुमारी में नहीं दिखाई पड़ता। हालाँकि उन्हें पढ़ने का बहुत शौक था, उनकी मेधा की तारीफ स्कूल में हुआ करती थी लेकिन उनकी इच्छाएँ कभी पूरी नहीं हुईं। कभी विवाह तो कभी सन्तान, कभी परिवार ने उन्हें अपने स्वप्न पूरे करने का समय और अवसर नहीं दिया। इसका अफसोस उन्हें जीवन-भर रहा। इसी तरह सहाना देवी (1897-1990) जो प्रतिभावान कलाकार थीं, उन्होंने पारिवारिक प्रताड़ना और शारीरिक अस्वस्थता झेलने के बाद स्वयं को शान्ति निकेतन के आश्रम में जीवन जीने के लिए योग्य पाया। उनकी आत्मकथा 'स्मृतिर खेया'[112] के अनुसार वे उन चुने हुए भाग्यशालियों में से एक थी जिसने गुरुदेव से संगीत की शिक्षा ली। चितरंजन दास की भांजी और बहुत ही प्रतिष्ठित परिवार की होने के बावजूद वे निजी जीवन में प्रसन्न और सफल नहीं रहीं। एक समय वह था जब टैगोर उनसे कहा करते थे कि उन्हें अपने गीतों के लिए सहाना की आवाज की दरकार है। टैगोर उन्हें 'झुनू' कहकर बुलाते थे। सहाना देवी बचपन से ही अपनी ननिहाल में रहीं, क्योंकि उनके पिता का निधन कम उम्र में ही हो गया था। जिन तीन लोगों ने उनके जीवन को दशा और दिशा दी उनमें उनके देशबन्धु चितरंजन दास (मामा), रवीन्द्रनाथ ठाकुर और महर्षि अरविन्द थे। जीवन के साठ वर्ष उन्होंने अरविन्द आश्रम, पांडिचेरी में बिताए। वे एक बेहतरीन गायिका थीं। बहुत कम उम्र में उनकी मौसी अमला दास को सहाना की गायन प्रतिभा के बारे में पता चल गया था। वे बचपन से ही अपने सभी पारिवारिक समारोहों में गीत गाया करती थीं। रवीन्द्रनाथ के प्रभाव से उन्होंने भैरवी, टप्पा तथा अन्य शास्त्रीय गायन-शैलियाँ सीखीं। रवीन्द्र के गीतों को स्वर देने का काम सहाना देवी ने किया इसलिए संगीत के क्षेत्र में उनका योगदान अविस्मरणीय है। रवीन्द्रनाथ जोड़ासाँको या कलकत्ता जहाँ कहीं भी जाते तुरन्त सहाना देवी को गीत गाने के लिए बुलाते। यहाँ तक कि जब वे 1928 में पांडिचेरी आश्रम में गईं तो रवीन्द्रनाथ टैगोर ने उन्हें लिखा कि यदि वे मुगल कालीन शहंशाह होते तो सेना भेजकर सहाना देवी को वापस बंगाल बुला लेते। अरविन्द भी उनके गीतों को सुनना पसन्द करते थे। 'स्मृतिर खेया' में सहाना ने शान्तिनिकेतन और पांडिचेरी आश्रम की स्मृतियों पर विस्तार से लिखा है। सहाना देवी को तपेदिक की बीमारी हो गई थी। उन्होंने टैगोर को पत्र लिखा और शान्ति निकेतन में रहने की व्यवस्था का अनुरोध किया। टैगोर उनके नजदीक आकर बैठे। यह एक बहुत कोमल क्षण था जिसके बारे में सहाना देवी दर्ज करती हैं, "उनके मधुर और कोमल स्पर्श ने मुझे नया जीवन दिया। कवि ने सहाना के माथे पर हाथ रखकर बुखार मापा, उसके बाद थोड़ी देर सहाना के चेहरे की ओर देखते रहे और

उसकी बगल में बैठ गए। सहाना की पीठ पर हाथ रखा। ये बेहद आत्मीय और ईमानदार भाव थे जो मेरी पूँजी हैं।" बीमारी ने उनके जीवन को बहुत एकाकी कर दिया था। इसके बाद वे आध्यात्मिक पथ पर अग्रसर हो गईं। अरविन्द के दर्शन के बारे में उन्होंने बहुत भावुक और आत्मीयता भरे वर्णन किये हैं। वे अकेली ही उत्तर और दक्षिण भारत की यात्राएँ किया करतीं। वे रवीन्द्रनाथ को अक्सर पत्र लिखा करतीं। वे एक जगह आत्मकथा में लिखती हैं कि रवीन्द्रनाथ ने उनसे कहा कि, जीवन में इतनी गहन अनुभूति का क्षण बहुत कम आता है, आपके आसपास इतनी बाधाएँ रहती हैं कि गहन अनुभव का क्षण एक झंझावात की तरह आता है जिसे पहचानना एक उपलब्धि है। सहाना देवी ने बचपन में एक बार अरविन्द को देखा था, बाद में कई साल के बाद दिलीप कुमार राय के साथ बंगलौर के रास्ते पांडिचेरी गईं। आत्मकथ्य में उन्होंने अपने अरविन्द आश्रम पहुँचने और 'श्री माँ' के साथ अपने सम्पर्क पर विस्तार से प्रकाश डाला है : 'आश्रम में आने के कुछ दिनों के भीतर ही मुझे सप्ताह में एक बार 'माँ' से मिलने की आज्ञा मिल गई। वे एक बार तो मेरे कमरे पर भी आईं। मेरे जीवन की किताब, यदि मैं चाहूँ तो 'माँ' के अमूल्य सुझावों से ही भरी जा सकती है। उन्होंने मुझे अन्तर्दृष्टि के साथ पग–पग चलना सिखाया। मुझे अपने 'निज' की परख करना सिखाया। वे हम सबका जीवन ईश्वर के रास्ते पर चलाने के लिए मोड़ रही थीं।'

इन आत्मकथ्यों के साथ रंगमंच और फिल्मों से जुड़ी स्त्रियों के आत्मकथ्य कम महत्त्वपूर्ण नहीं हैं जिन्होंने थियेटर और फिल्मों में अपनी पहचान के संघर्ष के साथ आगे आनेवाली पीढ़ी की कलाकारों के लिए मार्ग प्रशस्त किया! जिसमें बिनोदिनी दासी का नाम सबसे पहले लिया जाता है। बिनोदिनी दासी का आत्मकथ्य 'आमार कथा' 1912 में पहली बार छपा।[113] इसमें रंगमंच से सम्पृक्त अभिनेत्री बिनोदिनी दासी ने अपने अनुभव और अन्तरंग संवेदनाएँ अभिव्यक्त की हैं। इस आत्मकथा पर आरोप लगे कि आत्म-कथाकार ने सिर्फ निजी पीड़ा का प्रत्याख्यान किया है। पार्थ चटर्जी उसे एक ऐसी स्त्री के रूप में याद करते हैं जो सुधार की परियोजनाओं, शिक्षण और प्रगति में कहीं पीछे छूट गई थी। उसने अपने समय के व्यवहार का अतिक्रमण किया। ऐसा इसलिए क्योंकि उसके पास और कुछ खोने के लिए नहीं था। बिनोदिनी दासी को वेश्या कहकर पुकारा गया। वह बाल-विवाह की शिकार थी। बिनोदिनी का आख्यान एक ऐसी स्त्री का आख्यान है जिसने समूचा जीवन व्यथा में और हाशिये पर गुजारा है। पितृसत्ता से जड़बद्ध रंगमंच का संसार उसके लिए उदार नहीं है और उसके लिए रंगमंच के अलावा कोई संसार नहीं है। वह 'घर' कही जानेवाली संस्था से बाहर की जा चुकी है, रखैल जैसा शब्द उसकी पहचान बना है और वो है कि रंगमंच के अतिरिक्त कुछ सोचती ही नहीं। वह उन स्त्रियों की श्रेणी में आती है जो समाज के लिए उपयोगी भी हैं और उच्छिष्ट भी।

यह आत्मकथ्य बीसवीं शती के पूर्वार्ध में रंगमंच को कैरियर बनानेवाली स्त्रियों की वस्तुस्थिति का बयान करता है। बेहद निर्धन परिवार में जन्मी बिनोदिनी अपनी माँ, दादी का उल्लेख करती है, पिता की कोई स्मृति उसके पास नहीं है। 'आमार कथा' और 'आमार अभिनेत्री जीबन', दोनों पुस्तकों में बिनोदिनी दासी ने बड़ी निर्ममता से पितृसत्तात्मक व्यवस्था और उसके कृत्रिम व्यवहार पर आक्रमण किया है। वह ऐसा इसलिए कर सकी क्योंकि उसके पास खोने के लिए कुछ भी नहीं था। वह रंगमंच के आन्तरिक जीवन का वर्णन करते हुए अनजान कहे जानेवाले लोगों की उदारता के बारे में बताती है। देश के विभिन्न भागों में अपने नाट्य-दल के साथ घूमते हुए उसका सामना विभिन्न तरह के लोगों से होता है। 'आमार कथा' में वह कहती है कि वह अपना कोई परिवार नहीं बना पाई और उसने नेशनल थियेटर ग्रुप को ही अपना परिवार समझ लिया। यात्रा में उसने पाया कि उसे एक अभिनेत्री के रूप में न देखकर एक स्त्री-देह के रूप में देखने की प्रवृत्ति ज्यादा रही, जिसके प्रमाणस्वरूप वह उस धनी जमींदार का जिक्र करती है जो उससे विवाह करना चाहता था। वह यह बताती है कि थियेटर के भीतर का समुदाय आपस में सुसम्बद्ध था, अनियमित आय, आपसी राग-द्वेष, समूह के लोगों के आपसी झगड़े, मलाल, तकरारों का चित्रण भी वह करती है,अर्थात थियेटर एक परिवार की तरह था जहाँ आपसी असहमतियाँ और राग-द्वेष का स्वाभाविक अस्तित्व था। नये थियेटर की स्थापना के मसले पर वह अपने सहकर्मियों पर विश्वास करती है। उसे गुरुमुख राय की रखैल कहकर बुलाया जाता है लेकिन वह पचास हजार की बड़ी रकम का लालच भी ठुकरा देती है, क्योंकि वह थियेटर के बिना रह नहीं सकती। अपने बचपन के अनमेल विवाह की कोई स्मृति भी उसके पास नहीं, उसने जीने के लिए कला को माध्यम के रूप में चुन लिया है : "मैंने थियेटर के लिए निर्णय लिया और लेती भी क्यों न? ये लोग जिनके साथ मैंने बहन-भाई की तरह जीवन के इतने साल बिता दिये, जिन्हें मैंने हमेशा चाहा उनका कहना भी सही था कि यदि एक थियेटर मेरी वजह से बना है तो हम जीवन के बाकी साल एक परिवार के सदस्यों की तरह थियेटर में क्यों नहीं बिता सकते।"[114] बाद में चलकर बिनोदिनी दासी के इसी थियेटर का नाम 'स्टार थियेटर' पड़ा जिसमें बिनोदिनी की इच्छाओं और आकांक्षाओं को धोखे का सामना करना पड़ा, वह खुद को मिले धोखे और दुर्भाग्य से तंग आ चुकी थी, "आप पाएँगे कि कई जगहों पर पानी की बूँद गिरते-गिरते सालों से पत्थर की तरह जम जाती है, हमारी कहानी वैसी ही है। हमारा दिल भी लगातार के दुर्भाग्य से पत्थर में तब्दील हो गया।"[115] बिनोदिनी अपना संसार बसाना चाहती है लेकिन दुनिया उसे 'वेश्या' कहती है। बिनोदिनी की कहानी यह बताती है कि भद्र समाज में महिला और वेश्या परस्पर विपरीत वर्ग हैं जो इन्द्रधनुष के अलग–अलग रंग हैं। एक स्त्री स्वयं को परिवार के सन्दर्भ में परिभाषित करती है, वहीं एक वेश्या हमेशा

ताने-तिश्ने और शाप झेलती हैं, परिवार और घर के बाहर की ही जगह उसकी है, उसे कभी पति का प्यार नहीं मिलता। वह बहुत सारे प्रश्न करती है[116] मसलन इस समाज में क्यों किसी स्त्री को अकारण ही दुर्भाग्य, शोषण और अपमान का सामना करना पड़ता है। वह कहती है कि समाज कभी समझ ही नहीं सकता कि वेश्या कही जानेवाली स्त्री भी वात्सल्य की भावनाओं से कैसे परिपूर्ण होती है। समाज स्त्रीत्व की पहचान नहीं करता और स्त्रीत्व के गुणों को भूलकर उसे सिर्फ वेश्या का दर्जा दे देता है। वह स्त्री और वेश्या के बीच की दरार को पाटने का प्रयास करती है। वह निजी और थियेटर की जिन्दगी में बहुत-से धोखे सहती है जो बताते हैं कि वह कभी भी 'अन्दरमहल' की स्त्री नहीं हो सकती। बाद के वर्षों में अपने 'आश्रयदाता' और अपनी बेटी की मृत्यु के बाद वह परिवार और घरेलू जिन्दगी के हाशिये पर रहने के लिए बाध्य हो गई।

बांग्ला और हिन्दी फिल्मों की अभिनेत्री और निर्माता कानन बाला या कानन देवी का आत्मकथ्य 'शबारे आमि नोमी' बांग्ला में पहली बार 1973 में छपा जिसका अंग्रेजी अनुवाद 'माय होमेज टू आल' शीर्षक से इन्द्राणी घोष ने किया। कानन देवी का समय बिनोदिनी दासी से आधी शताब्दी के बाद का समय है। कानन देवी का यह आत्मकथ्य अपने समय को देखते हुए बोल्ड आत्मकथ्य माना जा सकता है। 'शबारे आमि नोमी' के प्रारम्भ में ही कानन देवी ने यह स्पष्ट कर दिया है कि आत्मकथा लिखने का उनका कोई इरादा नहीं है। उन्हें लगता है कि आत्मकथ्य महान लोगों को लिखने चाहिए, जबकि उनका अपना जीवन बहुत छोटा और अकिंचन है इसलिए वे अपने जीवन की कुछ छोटी–छोटी घटनाएँ स्मृति–चित्रों के रूप में लिख रही हैं। 1960 के उत्तरार्द्ध में 'अमृता पत्रिका' में कानन देवी के कुछ साक्षात्कार छपे थे, जिसके बाद संध्या सेन और तुषार कान्ति घोष ने कानन देवी से आत्मकथा लिखने को कहा, कानन बाला लिखती हैं : "मुझे आत्मकथा लिखने का विचार ही पसन्द नहीं है, कभी रहा भी नहीं। आत्मकथा लिखना उन्हें शोभा देता है जो महान हों, जिनकी चेतना से सबको प्रकाशित करनेवाली किरणें फूटती हैं। मैं तो एक साधारण मनुष्य हूँ जो अपनी जीवन-यात्रा के कुछ प्रसंगों को याद रखे हुए हूँ।"[117]

कानन बाला का आत्मकथ्य बंगाल के उन दिनों का दस्तावेज है, जब सिनेमा की नींव रखी गई, वह अपने जीवन के प्रारम्भिक वर्षों यानी 1920 और 1930 की चर्चा से आत्मकथ्य की व्यवस्थित शुरुआत करती है। निजी जीवन के प्रसंगों के साथ 'श्रीमती' नामक फिल्म कम्पनी के निर्माण की यात्रा के बारे में विस्तार और तरतीब से बताती है जिसमें सामाजिक स्थितियों के भीतर नया पैदा हो रहा मनोरंजन उद्योग नई तरह की स्थितियाँ और टकराहटें पैदा कर रहा था, जिसकी अपनी चुनौतियाँ थीं। बाल-कलाकार और स्त्री-कलाकारों के प्रति यह उद्योग पूर्वाग्रहों से

ग्रस्त ही नहीं था, बल्कि उन्हें दोयम दर्जे का नागरिक भी समझता था। कानन देवी को कभी औपचारिक स्कूली शिक्षा का मौका नहीं मिला। पाँच वर्ष की नन्ही-सी उम्र में पिता का साया सिर से उठ गया। 1916 में कानन बाला जन्मीं और होश सँभालने के पहले ही कई लोग कहने लगे कि उनकी माँ यानी राजबाला देवी और पिता रतनचन्द्र दास वैधानिक रूप से विवाहित नहीं थे। पिता ने ढेरों कर्ज लिया हुआ था जिसके बारे में वे लिखती हैं : "मैंने बचपन में अपने पिता को खो दिया। सब ओर अँधेरा-ही-अँधेरा दीखने लगा। पिता के जाने के दुख से भी बड़ा था माँ के सर पर रखा कर्ज का बोझ जो पिता छोड़कर मर गए थे...बड़े होने पर मैंने सुना कि मेरे पिता ने मेरी माँ से कभी विवाह नहीं किया था। कुछ लोग इसके विपरीत भी कहा करते। मुझे नहीं मालूम कि सच क्या है। इसके लिए मैं स्वयं को परेशान भी नहीं करती। मैं मनुष्य हूँ मेरे लिए तो बस यही काफी है। माँ का अपने पति के लिए प्रेम और भक्ति की मैं साक्षी रही हूँ। वह भक्ति किसी विवाहिता से जरा भी कम नहीं थी। पिता का छोड़ा कर्ज उतारने के लिए माँ ने अपने सभी आभूषण और सारा सामान बेच दिया था।"[118]

इस आत्मकथा में रचनाकार द्वारा अति विनयी भाव साधे हुए सच को सच की तरह कह सकने की क्षमता पाठकों का ध्यान अपनी ओर खींचती है। स्त्रियाँ लिखकर अपने-आपको बतौर अभिकर्ता (एजेंसी) कैसे स्थापित करती हैं, पूरी सामाजिक संरचना को कैसे चुनौती देती हैं और इस तरह साहित्य और विशिष्ट ज्ञानधारा में दखलन्दाजी करती हैं, यह देखने के लिए इस आत्मकथ्य को पढ़ा जाना जरूरी है। कानन देवी बंगला की मूक फिल्मों के दौर में चित्रपट पर आईं, जिन्होंने बोलती फिल्मों के उत्तरोत्तर विकास की यात्रा की। उनकी आत्मकथा न सिर्फ बंगला फिल्मों के विकास की स्थिति और गति दर्शाती है बल्कि फिल्मी-जगत में बीसवीं शती के आरम्भिक दौर में पितृसत्ता की जकड़बन्दी को भी अभिव्यक्त करती है जहाँ अभिनेत्रियों से इकरारनामे पर दस्तखत तो करवा लिये जाते थे लेकिन न तो कांट्रैक्ट की कोई प्रति उन्हें पढ़ने को दी जाती थी न ही उसे घर ले जाने की अनुमति दी जाती थी। न जाने कितनी लड़कियों की विवशता का लाभ निर्माता–निर्देशक और नायक उठाते थे, यहाँ तक कि स्पॉट ब्वाय भी। कानन देवी ने भी निर्धनता के कारण ही फिल्मों का रास्ता अपनाया क्योंकि उन दिनों किसी सभ्य घर की स्त्री फिल्मों का रुख नहीं करती थी। फिल्मों में पुरुष ही स्त्री-चरित्र निभा लेते थे या निर्माता–निर्देशकों को अपने घर की औरतों से भूमिका करवानी पड़ती थी। अपने बचपन के बारे में लिखती हैं : "मुझे बचपन से ही यह मालूम था कि मुझे अपनी स्थिति से ऊपर उठना है। अपनी जिन्दगी, उसका हरेक पल इतना सुन्दर बनाना है जैसे कोई कविता। मुझे मालूम था कि मैं कीचड़ से भरी फिसलनवाली राह पर चल रही हूँ, मेरे ऊपर भी कीचड़ के छींटे जरूर पड़े होंगे।

लेकिन उसे धोकर आगे चलना उस कीचड़ से छुटकारा पाना ही, मेरी सबसे बड़ी उपलब्धि रही है।"[119]

यह आत्मकथा सरल और जटिल भावों के संघात, हास्य और त्रासदी के मिश्रित भाव से निर्मित हुई है। कानन बाला ने कठिन बचपन जिया, अपने घर का न होना किसी रिश्तेदार के घर आश्रय पाना, वहाँ अपमान और अभाव का जीवन जीना फिर फाकाकशी और सम्भवतः किसी वेश्यालय में रहने के लिए विवश होना, वहाँ से फिल्म के सेट तक का सफर आसान नहीं था। रिश्तेदार के घर अपमान और मार मिलने पर माँ और बेटी ने सड़कों का सहारा लिया, सर पर छत नहीं, पेट में अन्न नहीं, असुरक्षा और अपमान के जीवन के बीच कानन देवी की स्मृति में बीच के आँगन को घेरे हुए कमरों की कतार है जो सम्भवतः किसी वेश्यालय की स्मृति है। पुस्तक के अनुवादक के अनुसार "कई लोगों ने बताया कि वे कलकत्ता के रेड-लाईट क्षेत्र में रहा करती थीं।" माँ-बेटी की हालत बहुत बुरी थी ठीक उसी समय कानन को फिल्मों में काम करने का अवसर मिला, काका बाबू यानी तुलसी बन्द्योपाध्याय ने उसे फिल्मों में अवसर दिलवाया। वह सुन्दर थी और उस दौर की मूक फिल्मों के लिए सुन्दर चेहरा और आकर्षक देह-यष्टि होना ही पर्याप्त था, सम्भ्रान्त परिवारों की स्त्रियाँ इस पेशे में आने से गुरेज करती थीं। कानन देवी लिखती हैं : "यह वह समय था जब फिल्म अभिनेत्री के लिए समाज में कोई सम्मान नहीं था। सेल्युलाइड के अलावा उसे कोई पूछता तक नहीं था। फिल्म-कम्पनी में उसकी स्थिति निर्माता, निर्देशक और नायक के हाथों में कठपुतली जैसी थी। वह कांट्रैक्ट पर दस्तखत करती थी पर उसकी किसी शर्त से वो वाकिफ नहीं थी, न ही कोई कागज उसे दिया जाता था कि वह उसे बाद में पढ़ या पढ़वाकर शर्तें समझ सके।"

कानन देवी ने कई बंगला और हिन्दी की फिल्मों में काम किया लेकिन वस्तुतः वे अभिनेत्री नहीं बनना चाहती थीं, आत्मकथ्य में वह दोहराती है कि वे अपने मध्यवर्गीय बंगाली-संस्कार के अनुसार विवाह करके घर बसाना चाहती थी। यही वजह थी कि सम्भवतः सिनेमा के संसार में वे पूरी तरह खप नहीं पाई। स्टूडियो में फिल्म के सेट पर सहकर्मियों की उपेक्षा और अन्य स्त्रियों के द्वेष का शिकार होने का जिक्र पुस्तक में मिलता है, फिर भी वह नाम लेकर किसी पर आक्षेप नहीं लगाती। फिल्म कम्पनियाँ स्टूडियो सिस्टम के तहत मासिक वेतन दिया करती थीं। इस दौरान अभिनेता/अभिनेत्री को किसी और फिल्म कम्पनी में काम करने की छूट नहीं होती थी। 18 फरवरी, 1931 को फिल्म 'जमाई षष्ठी' के साथ बंगला फिल्मों ने बोलना शुरू किया, जिसमें मुन्नीबाई ने पहला गाना गाया। यह दौर एक नई चुनौती लेकर आया विशेषकर उन अभिनेत्रियों और अभिनेताओं के लिए जिनमें से अधिकांश दीखने में सुन्दर थे लेकिन उनकी आवाज परदे के या तो लायक नहीं थी या अभ्यास की कमी के कारण वे

आंगिक-अभिनय से वाचिक का तालमेल नहीं बना पा रहे थे। बहुत-से कलाकार इन वजहों से अपना काम खोने के लिए मजबूर हो गए। सुलोचना जैसी अभिनेत्री को भी इस बदले समय में फिल्मों में काम मिलना बन्द हो गया। कानन बाला उस दौर को कोसती हुई कहती हैं : "गरीबी और अभाव मेरे सदा से हमसफर थे, जो थोड़ी-बहुत आय होती थी उसी में मेरे परिवार का पेट भरता था। ऐसे में आवाज की मशीन का आना शाप की तरह लगा।" लेकिन शीघ्र ही यही आवाज की मशीन कानन बाला के कैरियर में उछाल लाने का सबब बन गई। अभिनय के साथ गायन-कला ने उनकी झोली में कई नई बँगला, हिन्दी फिल्में डाल दीं। उन्होंने समय-समय पर उस्ताद अल्ला रक्खा, रायचन्द बोराल, पंकज मल्लिक, काजी नजरुल इस्लाम और भीष्मदेव चटर्जी से गायन सीखा था, अपनी आवाज को ग्रामोफोन पर सुनना एक अलग अनुभव था। बोलती फिल्मों में कानन बाला एक जाना-माना नाम बन गईं। कानन देवी की आत्मकथा में तत्कालीन सिने-जगत के यथार्थ चित्र मिलते हैं, वे नामोल्लेख किये बगैर उन लोगों के व्यवहार का जिक्र काफी बोल्ड ढंग से करती हैं, जिन्होंने बतौर स्त्री उनकी मर्यादा को चोट पहुँचाई या पहुँचाने की कोशिश की। वे एक प्रसंग के अनन्तर लिखती हैं कि "एक सीन के अन्त में नायक ने अंग्रेजी फिल्मों की तर्ज पर मुझे अपनी बाँहों में भरकर चूम लिया। मैं बुरी तरह चौंक गई। सदमे, दर्द, अपमान और विवशता के अहसास ने मेरी आँखों में आँसू ला दिये। इसके अलावा मैं एक बंगाली परिवार से थी। जहाँ इस तरह भावनाओं के उद्दाम प्रदर्शन की कोई जगह नहीं थी, न ही आदत। दुखद यह था कि यह कार्य उसने किया जिसे मैं अपना अभिभावक समझती थी। जिस पर मुझे अगाध विश्वास था। यदि यह मेरे अभिनय को स्वाभाविक बनाने के लिए किया गया था तो मुझे इसके बारे में पहले क्यों नहीं सूचित किया गया?"

इस तरह के कई प्रसंगों का जिक्र वे करती हैं जहाँ उन्हें एक हिरोईन होने के नाते इस्तेमाल करने या धन के बल पर खरीदने की कोशिश की जाती रही। सिने-उद्योग में शील और मर्यादा के साथ अपने स्त्रीत्व का सम्मान बचाए रखना उनके लिए बेहद चुनौतीपूर्ण था, विशेषकर ऐसे में जब वे फिल्म को सिर्फ व्यवसाय के तौर पर लेती थीं और निजी जीवन को उससे बिलकुल अलग रखना चाहती थीं। जब उनके पास पर्याप्त साधन आ गए तो उन्होंने शिक्षा की कमी को पूरा करने की भरसक कोशिश की। वे घर पर पंडित जी को बतौर अध्यापक बुलाया करतीं। जिन्होंने लिखित साहित्य से कानन बाला का परिचय करवाया और शीघ्र ही वे उसमें डूब गईं। कानन बाला अपने समय के मध्यवर्गीय बंगला समाज को भी बक्शती नहीं हैं। कभी वे निजी प्रसंग के माध्यम से समाज का असल चेहरा पाठक को दिखाती हैं कभी सिने-जगत में व्याप्त लैंगिक भेदभाव को उजागर करने के लिए बीसवीं सदी के उत्तरार्द्ध की तुलना, अपने समय से करती हैं : "आज समय बदल

गया है, नायिका की बात सभी सुनते हैं। यह भी सुनने में आया है कि नायक के चुनाव में नायिका भी अब दखल देती है। जबकि मेरा जो समय था उसमें नायिका का मतलब था कठपुतली! उसकी अपनी कोई पहचान नहीं। मेरी उम्र कम थी। निर्माता–निर्देशक तो छोड़ दीजिए स्टूडियो में प्रत्येक व्यक्ति मेरा फायदा उठाने की कोशिश किया करता। वह सब भुलाना इतना आसान नहीं है।" वे विवाह करके किसी भी साधारण मध्यवित्त बंगाली स्त्री की तरह घर बसाना चाहती थीं लेकिन "कानन देवी ने अशोक मित्र से विवाह किया। इस विवाह का बड़े पैमाने पर विरोध हुआ, विवाह टिक नहीं पाया, कुछ समय बाद ही उनका तलाक हो गया। फिर भी वे अपने पहले पति की कृतज्ञ हैं कि उनके जीवन को एक नई पहचान मिली। बाद में उन्होंने हरिदास भट्टाचार्य से विवाह किया, उससे एक सन्तान हुई जिसका नाम था सिद्धार्थ भट्टाचार्य।"[120]

अशोक मैत्रा ब्राह्मो थे। उनसे हुआ पहला विवाह सामाजिक आलोचना और बहिष्कार का विषय बना। अशोक और कानन दोनों आलोचना का सामना नहीं कर पाए और इसकी परिणति तलाक में हुई। इस धक्के ने कानन को पहले से ज्यादा परिपक्व बनाया, दूसरे विवाह तक कानन पर्याप्त साहस अर्जित कर चुकी थीं। उन्होंने और हरिदास ने बिना किसी अफवाह की परवाह किये प्रेम-विवाह किया, वे दार्जिलिंग में हुए अपने विवाह के अवसर को जीवन के सबसे महत्त्वपूर्ण दिन के रूप में याद करते हुए समाज की आलोचना का सामना कर एक भरे-पूरे परिवार का सपना जी पाईं। बहुत-सी फिल्मों में काम करने के बाद सिने-जगत से संन्यास ले लिया और 76 वर्ष की अवस्था में उनकी मृत्यु हो गई। पूरी आत्मकथा में कानन देवी का विनयी स्वर आद्योपान्त एक धीमे राग की तरह बजता रहता है, जिसमें उन्हें किसी से कोई शिकायत नहीं है। वे लिखती हैं : "मुझे इस जीवन में उस परमपिता-परमेश्वर की कृपा से सबका प्रेम और प्रोत्साहन मिला है। जिन्होंने हमेशा मुझे आगे बढ़ाया, उन सबका कर्ज उतारना सम्भव नहीं है। मेरे जीवन की सबसे बड़ी जिम्मेदारी है उस कर्ज को महत्त्व देना। अपने पूरे जीवन की अकिंचन यात्रा में मैं हाथ जोड़कर सबको अपनी कृतज्ञता निवेदित करना चाहती हूँ।"[121]

सामाजिक बन्धन और नीति-नियमों की धीरे-धीरे ढीली पड़नेवाली चूलों के कारण स्त्रियों को अपनी क्षमता दिखाने और स्वयं को सिद्ध करने के अवसर मिलने लगे, लेकिन बाहरी तौर पर देश की स्वाधीनता प्राप्ति के बावजूद परिवार और समाज में स्त्रियों के दमन और उनकी अधीनस्थ स्थिति में कोई विशेष अन्तर नहीं आया था। फिर भी जितना भी अन्तर आया उसमें स्वाधीनता संग्राम की भूमिका महत्त्वपूर्ण थी। स्त्रियों ने इस दौर में नई जीवन-शैली से परिचय प्राप्त किया। इस आकस्मिक अस्मिता उभार जिसके बारे में कोई भी पूरी तरह से निश्चित नहीं थी कि यह जो स्वतंत्रता के छुटपुट मौके उन्हें मिले हैं उनके दायित्व क्या हैं। इस अस्थायित्व को

उनमें से कुछ के लेखन में देखा जा सकता है। अनाइस नीन ने कहा था[122] कि हम सब अपनी पहचान के लिए अपने ऊपर के झूठे आवरणों को नोच रहे हैं यह पहचान की परतें परिवार, हमारी संस्कृति, हमारे धर्म द्वारा लादी गई हैं यह बहुत बड़ा काम है क्योंकि स्त्री का इतिहास अभी पूरा लिखा ही नहीं गया। यह द्वैत भाव यह ऊपरी और भीतरी परतों का अन्तर—स्त्री-साहित्य को समझने का केन्द्रीय बिन्दु है। अपने भीतर के संसार को बाहर का प्रकाश दिखाना और साथ ही बाहर के संसार को इस बात की आज्ञा देना कि वह स्त्री के भीतर झाँककर देख सके—यह कदम कुछ कम साहस की माँग नहीं करता। ऐसा साहस अन्य बहुत-सी स्त्रियों ने किया जिसमें मानदा देवी, जिनके नाम से 'शिक्षित पतितार आत्मचरित'[123] शीर्षक आत्मकथ्य देखा जा सकता है। शान्तिपुर निवासी मानदा देवी का जन्म, 1896 में कलकत्ता में हुआ था, जिसके पिता वकील थे। उनकी स्वयं की शिक्षा बेथुन स्कूल में हुई थी। माता की मृत्यु ने मानदा को उस रास्ते पर चलने की मति-गति दे दी, जिस रास्ते को वह आत्मकथा में निरन्तर कोसती रही है। वह स्वयं को पतिता और वेश्या कहलाने से गुरेज नहीं करती और जीवन में अपने इस पतन के लिए स्वयं को उत्तरदायी ठहराती है। बाद में चलकर उसने यह पेशा त्याग दिया लेकिन पुस्तक में वेश्याओं के जीवन के छोटे-छोटे विस्तृत ब्यौरे भी दिये। यह बीसवीं शताब्दी का बंगाल है जहाँ सैकड़ों-हजारों औरतें आजीविका के लिए देह-श्रम की ओर धकेल दी जाती थीं या किसी धोखे से यह रास्ता चुन लिया करती थीं।[124] मानदा निरन्तर समाज से यह प्रश्न करती है कि यदि समाज में ऐसी स्त्रियों को पतिता की संज्ञा दी जाती है तो पुरुष जो वेश्याओं के पास जाते हैं उन्हें 'पतित' क्यों नहीं कहा जाता। कुछ लोगों का मानना है कि "मानदा का यह आत्मकथ्य एक गल्प है जो किसी पुरुष द्वारा लिखा गया है, इसका अनुवाद कई भाषाओं में हो चुका है लेकिन इसकी प्रामाणिकता पर सन्देह है।"[125] 'शिक्षित पतितार आत्मचरित' के आधार पर 'मानदासुन्दरी' शीर्षक नाटक के मंचन के भी प्रमाण मिलते हैं।[126]

इसके अन्तर्गत उन स्त्रियों के आत्मकथ्य देखे जा सकते हैं जो कहने को साधारण बंगाली स्त्रियाँ हैं, लेकिन समाज और परिवार से टकराने का साहस उनको विशिष्ट बनाता है। हेमबती सेन, लीला मजूमदार और नबनीता देवसेन सरीखी स्त्रियों को हिन्दू या ब्राह्मो धर्म मनुष्य बनकर जीने के लिए सिर्फ एक सुविधा प्रदान करता था। अपनी पिछली पीढ़ी की अपेक्षा वे ज्यादा चैतन्य हैं और एजेंसी के रूप में अपनी सत्ता इस्तेमाल करने का हुनर सीखने की प्रक्रिया में हैं। इन्होंने पुनर्विवाह या तलाक लेने का साहस किया और अपना जीवन अपने ढंग से निर्मित करने का प्रयास किया। वे अपने प्रयास में कितना सफल होपाईं यह महत्त्वपूर्ण नहीं है बल्कि स्त्री के रूप में अपनी अस्मिता पहचानने की चुनौती को स्वीकार करने की दृष्टि से इस चरण के आत्मकथ्य गहन पाठ की माँग करते हैं। हेमबती सेन (1866-1933)

का संस्मरण—'फ्रॉम चाइल्ड विडो टू लेडी डॉक्टर'[127] लगभग 400 पृष्ठों में फैला है जिसमें उन्नीसवीं शती के उत्तरार्द्ध और बीसवीं शती के पूर्वार्ध का बंगाल और बनारस चित्रित है। हेमबती सेन का संस्मरण सन् 1920 में लिखा गया लेकिन इसका प्रकाशन उनके पोते-पोतियों ने रचना के लगभग 80 वर्ष बाद करवाया, जो इस बात का प्रमाण है कि उन्नीसवीं सदी के उत्तरार्द्ध के दौर के स्त्री-लेखन को उपेक्षित ही किया गया। यह संस्मरण उस दौर के समय और समाज को समझने, स्त्री के शोषण के विविध औजारों से लैस समाज-व्यवस्था के विश्लेषण के सूत्र देता है। हेमबती देवी का बाल-विधवा हो जाना और पुनर्विवाह से लेकर चिकित्सक बनने की कठिन यात्रा के बारे में संस्मरण के अंग्रेजी अनुवाद के बाद ही पाठकों को पता चला, वरना बांग्ला में इसकी पांडुलिपि आज भी विस्मरण का शिकार ही होती। आत्मकथ्य में हेमबती सेन के पूर्वजों के घर का पूरा विस्तार दिखाई पड़ता है। अपने जमींदार परिवार की समृद्धि, सम्पत्ति को लेकर तनाव, लड़ाइयाँ, संघर्ष, बेटी होने पर उनका दुख, ग्रामीण जीवन के दैनन्दिन कार्यकलाप से यह स्मृति-कथा भरी हुई है। वे पितृसत्तात्मक परिवार-व्यवस्था की तीक्ष्ण आलोचना करती हैं। जिसमें लड़कियों को सम्पत्ति का अधिकार न देना भी शामिल है,औरतों को यह व्यवस्था सुरक्षा नहीं देती इस पर वे कड़ी टिप्पणी करती हैं, इसके अलावा हेमबती सेन समाज में व्याप्त लिंगभेद की राजनीति पर भी मुखर हैं। वह लिखती हैं कि "सन्तान बेटी हुई है यह सुनकर मेरी माँ ने आँसुओं की बाढ़ ला दी, दादी ने भी मुँह फेर लिया। किन्तु पिता प्रसन्न कुमार घोष ने अपनी बेटी को अपने सीने से लगा लिया था। उन्होंने घर में सबको निर्देश दिया था कि हेम को कोई भी बेटी कहकर न बुलाए।"[128] बचपन में हेमबती सेन को शिक्षा से वंचित रखा गया क्योंकि स्त्री-शिक्षा के मसले पर समाज कुंठित ही था लेकिन एक शिक्षा अधिकारी ने जब हेमबती की रुचि को समझा तो उन्होंने उनके पिता से हेमबती की शिक्षा की सिफारिश की। हेमबती देवी को माता ने बच्ची के विधवा होने के बाद ससुराल से बुलवा लिया। उसने अपनी शिक्षा और रोजगार के कठिन प्रयास किये जिसे आत्मकथ्य में जगह मिली। वस्तुतः 45 वर्ष के वयस्क के साथ बच्ची हेमबती का विवाह उसके पक्ष में पाठकीय सहानुभूति तैयार कर देता है। वे राससुन्दरी देवी की तर्ज पर कहती हैं कि "शादी के साथ ही मेरे बचपन का भी अन्त हो गया।[129] विवाह भी हुआ तो ऐसे व्यक्ति से जिसकी पहली दो पत्नियाँ मर चुकी थीं। पिता से भी बड़ी उम्र के व्यक्ति से विवाह के बाद वे लिखती हैं कि मैं अपने सौतेले बच्चों के साथ गुड्डा–गुड़िया खेला करती।[130] हेमबती बड़ी बेबाकी से अपने पति के यौन-व्यवहार के बारे में लिखती हैं कि कैसे उनके पति बालिकावधू हेमबती के साथ यौन-सम्बन्ध स्थापित करने की कोशिश किया करते—"मैं दम साधकर लेटी रहती जैसे लकड़ी का कोई लट्ठा। जब मैं सो जाती कोई मेरे कपड़े उतार देता, मैं जग जाती, डर के मारे

काँपती और कपड़ों को अपने आसपास अच्छी तरह लपेट लिया करती।"[131] एक दिन हेमबती ने पति को किसी बाजारू औरत के सम्पर्क में देख लिया "एक रात मैं शौच जाने के लिए उठी तो देखा बाबू (पति) एक औरत के साथ गुत्थमगुत्था हैं...मैं शव की तरह अपने बिस्तर के दूसरी तरफ लेट गई। कुछ देर के बाद उन दोनों ने शराब ढाल कर पी।"[132] एक दूसरी रात को पति को उस औरत के साथ अप्राकृतिक सेक्स करते देखा (जिसके बारे में वे विस्तार से नहीं लिखतीं) और सदमे से बेहोश हो गईं।[133] वेश्या, बालिकावधू को मूर्च्छित देखकर घबराकर उस पर पानी डालने लगी, साथ ही बाबू से कहती जाती कि आगे से ऐसा मत करना, यह बच्ची है और अच्छे घर से आई है इसने ये सब पहले कभी देखा नहीं है।[134] इस पर पति का उत्तर था कि यदि उसने यह सब नहीं देखा तो सीखेगी कैसे। एक डिप्टी मजिस्ट्रेट का ऐसा व्यवहार अशोभनीय था, जिसके बारे में वह किसी को कुछ बता भी नहीं सकती थी। कुछ समय बाद लिवर की बीमारी और न्यूमोनिया से पति मर गया और अब हेमबती का वैधव्य भोग शुरू हुआ।

घर के भीतर की परतंत्रता को वे 'पिंजरबद्ध पक्षी' की स्थिति से जोड़कर देखती हैं। वे लिखती हैं कि : "मेरी पीड़ा को वही समझ सकता है जो कभी एक मुक्त पक्षी रहा हो लेकिन उसे पिंजरे में रख दिया जाए। चुप रहकर–बन्दी होकर रहना क्या होता है यह मैं ही समझती हूँ क्योंकि इस तरह की स्थिति से गुजरी हूँ।"[135] नववधुओं, कम-उम्र की लड़कियों को जिस तरह के पारिवारिक दबाव, पर्दे और परतंत्रता का सामना करना पड़ता था, उन सबके विषय में हेमबती सेन का संस्मरण एक क्रिटिक रचता है। साधारण चावल के भात, भात के माँड़ जैसी अति साधारण वस्तुओं से भी विधवाओं को वंचित किया जाना, हेमबती जैसे प्रखर मेधावी मस्तिष्क को दैनन्दिन के घरेलू मामलों में उलझा दिया जाना यानी एक लड़की पर विवाह और घरेलूपन थोप दिया जाना, हेमबती का वैधव्य और पिता का ग्लानि से भर जाना भी चित्रित है। हेमबती लिखती हैं, 'मेरे अभिभावकों ने मेरे प्रति अपने सभी कर्तव्य पूरे कर लिये थे, किसी ने मेरी शादी से पहले ये नहीं सोचा कि इस लड़की के जीवन का क्या होगा।...कोई भी इस बाल-विधवा की नियति के लिए उत्तरदायी नहीं था।' हिन्दू समाज में स्त्री के शोषण और उसकी दमित स्थिति पर वह टिप्पणी करती हैं : "स्त्री का ऐसा दमन सिर्फ भारत में ही सम्भव है, किसी और देश में ऐसी कुरीतियाँ सम्भव नहीं हैं। मैं तो सिर्फ एक बच्ची थी और मैंने अपनी सभी जिम्मेदारियों से अपने माता-पिता को मुक्त कर दिया था और मैं पति के भाई की मूक दासी बन गई थी।" सास ने कुछ उदारता का परिचय दिया और खाली समय में हेमबती को पढ़ाई के लिए कुछ अवकाश दिया, लेकिन विधवा जीवन को वे शर्म से जोड़कर देखती हैं, यहाँ तक कि वैधव्य के बाद उन्होंने किसी से मिलना–जुलना, किसी के सामने पड़ना छोड़ दिया था। रिश्तेदारों में उसके प्रति

कोई सहानुभूति नहीं थी, उनमें से हरेक का कहना था कि उसे मालूम था कि वह विधवा हो जाएगी क्योंकि वह पढ़ाई-लिखाई करती थी"[136] कुछ समय बाद वह मायके आ गई जहाँ माँ के जीवित रहने तक तो स्थितियाँ ठीक रहीं। बाद में भाई की उपेक्षा के कारण वह बनारस चली गई जहाँ बड़ी संख्या में बंगाल से विधवाएँ जाकर बस जाया करती थीं। हेमबती ने वहाँ बतौर अध्यापक कुछ दिन नौकरी भी की लेकिन पुरुष के आश्रय से हीन स्त्री को समाज की कुंठित दृष्टि कैसे परिभाषित करती है इसका अनुभव भी किया। इसके बाद वे कलकत्ते चली गईं जहाँ उन्होंने सुना कि 'ब्राह्मो समाज' विधवा स्त्रियों को आत्मनिर्भर होने में मदद कर रहा था। हेमबती ने ब्राह्मो धर्म स्वीकार करके 25 वर्ष की अवस्था में कुंजबिहारी सेन से विवाह किया। कुंजबिहारी सेन के अहम् और अव्यावहारिक स्वभाव तथा सनक की वजह से यह विवाह हेमबती पर बोझ ही रहा। पाँच सन्तानें पैदा होने के बाद भी कुंजबिहारी ने अपना कोई उत्तरदायित्व नहीं समझा। इस दुख को हेमबती कई बार दोहराती हैं कि परिवार चलाने की सारी जिम्मेदारी उन्हीं की थी, पति को कोई लेना–देना नहीं था।[137] पति का नकारापन और घर की जिम्मेदारी देखकर उन्होंने मेडिकल की पढ़ाई करने की ठानी, उस समय तक कई लड़कियाँ इस क्षेत्र में आ रही थीं।[138] बतौर चिकित्सक हुगली के लेडी डफरिन अस्पताल, चिन्सुड़ा में नौकरी करना शुरू करने पर उनकी वित्तीय स्थिति स्थिर हो गई, जहाँ उन्हें हर महीने 50 रुपये की तनख्वाह मिला करती।[139] हेमबती सेन यह बताती हैं कि ज्यों-ज्यों उनकी आय बढ़ती गई वे व्यय के मामले में और भी पराधीन होती गईं। वे लिखती हैं कि "पति से पूछे बिना वह एक पैसा भी खर्च नहीं कर सकती थीं और उनकी पूरी आय पर पति का अधिकार था, भले वे स्वयं कोई रोजगार नहीं करते थे।" "मैं जो भी कमाती वह पति के हाथ में रख देती, एक पैसे की भी जरूरत होने पर उन्हीं से माँगना पड़ता। उस दौरान भी, जब मैं काफी कमा रही थी। वेतन के अलावा मैं निजी प्रैक्टिस से तीन-चार सौ रुपये कमा लिया करती। पति की आज्ञा के बगैर कोई काम करने के लिए स्वतंत्र नहीं थी।"[140] उधर हेमबती सेन डॉक्टर बनने के बाद के उन प्रसंगों का जिक्र भी करती हैं जब उन्हें लैंगिक विभेद और कार्यस्थल पर पुरुष-प्रताड़ना का शिकार होना पड़ा। दरअसल पूरी आत्मकथा में उनके विद्रोही और साहसी चरित्र पर प्रकाश पड़ता है, बावजूद इसके कि वे घर की चहारदीवारी में पितृसत्ता की कैद को तोड़ नहीं पातीं। अपनी समकालीनों की अपेक्षा उनके जीवन के चार ऐसे आयाम दिखाई पड़ते हैं जो उन्हें विशिष्ट बनाते हैं। पहला, तो यह कि वे शिक्षा के लिए संघर्ष करती हैं और तमाम बाधाओं के बावजूद उच्च-शिक्षा ग्रहण करने में सफल होती हैं। दूसरे, वे बाल-विधवा होकर भी पुनर्विवाह का खतरा उठाती हैं और उस विवाह को सफल बनाने के लिए अतिरिक्त प्रयत्न भी करती हैं। तीसरी बात, यह कि वे हिन्दू से ब्राह्मो बनने का

जोखिम उठाती हैं और बिना परिवार की सहायता के पुनर्विवाह का निर्णय लेती हैं जो उन्नीसवीं सदी के उस दौर को देखते हुए अपने-आपमें किसी अकेली स्त्री के लिए बहुत ही साहसिक कृत्य था। इसके अतिरिक्त वह चिकित्सक बनती हैं नौकरी करती हैं जीविका-उपार्जन के साथ परिवार को भी चलाती हैं। ये सभी अन्त:साक्ष्य उन्हें असाधारण बनाते हैं। हेमबती सेन अपने समय और समाज पर तीखी टिप्पणियाँ भी करती चलती हैं, मसलन—"हिन्दू समाज! यह शर्मनाक है तुम्हारे लिए, एक दस वर्ष की लड़की को पचास साल के प्रौढ़ से विवाह के लिए दहेज देना पड़ता है। मैं ऐसे माता–पिता के चरणों में शीश नवाती हूँ जो अपनी बच्ची के जीवन को मरुस्थल में बदल देते हैं। भारत को छोड़कर ऐसा किसी और देश में हो ही नहीं सकता। किसी देश में ऐसे गर्हित रीति-रिवाज नहीं हैं। मैं तो बस एक शिशु ही थी कि अपने माता–पिता को मैंने उनके सभी उत्तरदायित्वों से मुक्त कर दिया और अपने जेठ के घर की दासी बन गई...मैं एक मुट्ठी भात के लिए किसी की दासी भी बन जाती।"[141] जीवन के उत्तरार्द्ध में वह कड़े शब्दों में 'मृतस्त्रीक विवाह' की कड़ी आलोचना करती हैं। वे पैतृक सम्पत्ति में स्त्री के भाग की पैरोकार हैं "मनुष्य को उसके जीवन में कुछ अधिकारों की आवश्यकता होती है। किसी पर तो उसका दावा हो, यदि किसी को कोई अधिकार ही न दिया जाए तो उसमें सामाजिक सुरक्षा की कोई भावना ही नहीं होगी।"[142] हेमबती जैसी स्त्रियों के आख्यान और निजी संस्मरण इतिहास को जानने के लिए महत्त्वपूर्ण ऐतिहासिक स्रोत के रूप में सामने लाए जाने चाहिए। उनका आख्यान भले अस्सी वर्षों तक दबा रहा और उस पर आलोचकों का कोई ध्यान नहीं गया लेकिन उन्नीसवीं सदी के ग्रामीण बंगाल में स्त्री की यह यात्रा कोई साधारण यात्रा नहीं है बल्कि बाल-विधवा से चिकित्सक और लेखक बनने की यात्रा है जिसमें कई मोड़ हैं, कई रुसवाइयाँ, चुनौतियाँ, समझौते, विद्रोह और प्रतिकार की धीमी और मद्धिम आवाजें हैं जिन्हें सुना जाना किसी राजनीतिक या अभिजात्य जीवन जीनेवाली स्त्री की जीवन-कथा से कम महत्त्वपूर्ण नहीं है। भले ही ऐसी आवाजों ने समाज-सुधार और राष्ट्रीय आन्दोलनों में झंडा न उठाया हो लेकिन अपनी सीमाओं में ये भारतीय समाज के आन्तरिक तापमान, पितृसत्ता की जकड़न, उससे उलझे बिना जीवन जीने की छूट हासिल करने की जद्दोजहद, शिक्षा और रोजगार के लिए संघर्ष करती, लैंगिक विभेद सहती स्त्री की आपबीती कहीं से भी उपेक्षणीय नहीं है।

'आर कोन खाने' शीर्षक आत्मकथ्य बंगला में बच्चों के लिए प्रचुर साहित्य रचनेवाली लीला मजूमदार (1908-2007) द्वारा लिखा गया। इस आत्मकथा में उन्होंने हाशिये की आवाजों को स्वर दिया है। 'पाखंडी' और 'खेरोर खाता' भी उनके आत्मकथ्य ही हैं। लीला मजूमदार स्वयं को जिद्दी, गर्ममिजाज और जल्दबाजी में जीवनस्मृतियाँ लिखनेवाली लेखिका के रूप में देखती हैं। टैगोर के

लेखन से प्रभावित मजूमदार स्त्री के स्टीरियो टाइप चरित्र से अलग उसकी छवि अभिव्यक्त करती हैं। बचपन के शिलांग, दुमका और कई जगहों के आदिवासी जीवन पर उन्होंने कलम चलाई है। पूरी आत्मकथा में एक स्त्री की इच्छा कि उसे प्रेम किया जाए व्यक्त है। राजा राममोहन राय से लेकर सत्यजित रे तक का संस्कार उन्होंने ग्रहण किया है जिसने उनमें आधुनिकता की चेतना विकसित की है। उनका मनस्तत्व अध्यापकीय है। उन्होंने कुछ समय के लिए दार्जिलिंग और कलकत्ते के कई कॉलेजों में कुछ समय के लिए पढ़ाया। सन् 1933 में ब्राह्मो पिता ने लीला द्वारा हिन्दू दन्तचिकित्सक से विवाह कर लेने पर उन्हें त्याग दिया। फिर भी लीला ने अपनी माँ और भाई-बहन से अच्छे सम्बन्ध रखे। वे 'आनन्दमेला' से जुड़ीं लेकिन बंगाल के अकाल यानी सन् 1943 में 'महिला आत्मरक्षा समिति' और 'भारतीय खाद्य समिति' की सदस्य बन गईं। बीसवीं शती के बंगाल के सांस्कृतिक इतिहास को समझने के लिए लीला मजूमदार के समूचे लेखन और आत्मकथ्य को देखा जाना जरूरी है। उन्होंने सन् 1939 में बच्चों के लिए लिखना शुरू किया और फनतासी को बतौर रूपबन्ध चुना। वस्तुतः उनका साहित्य कल्पना और यूटोपिया का साहित्य है जो बच्चों, किशोरों और युवाओं के लिए है जिसमें सतही तौर पर देखने से हास्य और विट है लेकिन दरअसल बंगाली परिवार में व्याप्त जाति, जेंडर और धर्म के सवालों से वे निरन्तर टकराती हैं। मसलन 'खेरोर खाता' में वे अपने जीवन के छोटे-छोटे प्रसंग लिखती हैं, जो आत्म-पर्यवेक्षण से उत्पन्न हैं। इसी तरह इसी में 'मेयेदर कथा' में व्यंग्यात्मक लहजे में कामकाजी औरतों के चित्र खींचती हैं। वे उन स्त्रियों और विमर्शकारों की आलोचना करती हैं, जो स्त्री के घरेलू कार्य को दासत्व से जोड़कर देखते हैं। 'खेरोर खाता' में स्वयं की तारीफ करती हैं कि वे अपना सारा काम स्वयं ही कर लेती हैं—शौचालय साफ करने से लेकर कपड़े सिलने तक। ब्राह्मो परिवार से होने के कारण वह उसे अच्छी तरह समझती हैं और ब्राह्मो बनाम हिन्दू धर्म के आपसी वाद-विवाद पर भी टिप्पणी करती चलती हैं। अपनी छवि वे एक ऐसी भद्र महिला के तौर पर प्रस्तुत करती हैं जो निम्न कहे जानेवाले कार्यों को करने में कोई संकोच नहीं करती। 'खेरोर खाता' में वे अपनी पूर्वजाओं को 'आधुनिका' कहकर सम्बोधित करती हैं जिसमें शिवनाथ शास्त्री की दादी श्रीमती लक्ष्मी का प्रसंग है कि कैसे उन्होंने गाँव में चीता आ जाने पर चूल्हे की जलती लकड़ी लेकर उसका पीछा किया था। इसी तरह उन्होंने अन्त में अपने पिता की 84 वर्षीय मौसी का जिक्र करते हुए लिखा कि "वह इतनी सुन्दर थी ज्यों कमल...और बैठकर हुक्का पीती थीं, तो मैं और किसको आधुनिका कहूँ।"[143]

नबनीता देवसेन (1938-2019) ने आत्मकथांश लिखे, जिसमें तीन पीढ़ी के बंगाल के सांस्कृतिक उतार-चढ़ाव के सूत्र मिलते हैं। आत्मकथांश का प्रारम्भ वे अपनी पूर्वजाओं से करती हुई लिखती हैं : "चूँकि मैं अपनी दीदी माँ यानी नानी

नारायणी के बारे में बहुत कम जानती हूँ, इसलिए मैंने मामा की आत्मकथा पढ़ी। पति की मृत्यु के बाद उनके अन्तिम दिन मामा के पास बीते। वे उनके प्रिय पुत्र थे। मामा बाबू ने लिखा है कि हमेशा एक समर्पित पुत्र बने रहे और संसार में ऐसा कुछ था ही नहीं जो अपनी माँ के लिए न कर सकते हों। उनका दाह-संस्कार बहुत धूमधाम से हुआ और भव्य मेमोरियल सर्विस की गई, कलकत्ता के कैंसर अस्पताल में उनकी स्मृति में एक नि:शुल्क इलाजवाले बिस्तर का दान किया गया। वे हाट्खोला के अभिजात एवं सामन्ती दत्ता परिवार की कन्या थीं। उन लोगों का नाम कलकत्ते के इतिहास में आता है। उत्तर कलकत्ता में उनकी घुड़साल, गैरेज, गोशालावाली भव्य इमारत अब भी विद्यमान है जिसके भूतल पर टूटी पालकियाँ आज भी पड़ी हैं, सामने बड़ा-सा आँगन है जिसका रुख परिवार के उस मन्दिर की ओर है जहाँ आज तक दुर्गा की वार्षिक पूजा होती है। मामा बाबू ने अपने पिता, चाचाओं, बाबा और परबाबा के बारे में बहुत विस्तार से लिखा है किन्तु अपनी प्रिय माँ के बारे में एक शब्द से ज्यादा कुछ नहीं। वह कौन थीं? वह कहाँ से आई थीं? उनके माता-पिता कौन थे? उनके कितने भाई-बहन थे? उनका समर्पित पुत्र उनके बारे में ये सूचनाएँ देने को उत्सुक नहीं था, उनका नाम केवल एक बार आता है। वह भी एक धुँधली तसवीर के नीचे शीर्षक की तरह से किताब की इबारत में से तो बिलकुल नदारद है।"[144]

नारायणी के पति आशुतोष घोष ब्रह्मसमाजी रीति के अनुसार टैगोर के आध्यात्मिक गीत सुबह की प्रार्थना में गाया करते थे। नबनीता अपनी नानी नारायणी के व्यवहार पर टिप्पणी करते हुए आगे लिखती हैं : "नारायणी इन प्रार्थनाओं में कभी शरीक नहीं हुईं बल्कि इस विचित्र व्यवहार पर उनके व्यंग्य-बाण चलते रहते थे किन्तु उन्होंने पारिवारिक मामलों में नारायणी को पूरी छूट दे रखी थी। नानी की इच्छा सर्वोपरि थी। वे अत्यन्त संकीर्ण, लगभग जड़ मानसिकतावाली थीं। उन्होंने ब्राह्मणवादी पितृसत्ता के मूल्यों को आत्मसात कर लिया था और उन्हें खुद व अपनी सन्तानों पर ताकत के साथ लागू करती थीं। वे स्त्री-शिक्षा और विधवा-विवाह के विरुद्ध थीं।"[145] नबनीता ने अमर्त्य सेन से विवाह किया था, उसके विच्छेद के प्रसंग पर उनका कहना है, "मेरा विवाह टूटा तो मेरे सामाजिक दायरे में तरह–तरह की प्रतिक्रियाओं में से एक हमारे परिवार के आध्यात्मिक गुरु की थी। वे एक स्नेही और शालीन व्यक्ति थे, संन्यासी। उन्होंने मुझे सान्त्वना देते हुए लिखा कि यह तो होना ही था क्योंकि मैं अपनी माँ के पाप का भुगतान कर रही थी। राधारानी के दोष का फल मिला कि मेरे पति ने मुझे छोड़ दिया क्योंकि पुनर्विवाह करनेवाली विधवा सतीत्व खो बैठती है और उसके पाप की गुरुता आनेवाली पीढ़ियों पर असर डालती है। चीजों को सही जगह पर रखने के लिए अब मुझे यह करना चाहिए कि सांसारिक लालसाएँ छोड़ दूँ और आध्यात्मिक

प्रबोध का रास्ता चुनूँ। हालाँकि मैं आध्यात्मिक रुझान के दौर से ही गुजर रही थी पर इस पत्र ने मुझे अव्यवस्थित कर दिया। मेरी माँ के खिलाफ यह आरोप एक ऐसे व्यक्ति की ओर से आया था जिसने बहुत सहानुभूति के साथ, खुद मेरी माँ और सास के विपरीत, मुझे कोई दोष नहीं दिया था, लेकिन मेरी त्रासदी के लिए वे किसी दूसरी मासूम स्त्री को उसके लिए उत्तरदायी ठहरा रहे थे। मैंने उन्हें एक बीस पन्ने का पत्र अपनी आपत्ति जताते हुए लिखा। यह परिवार में एक बड़ा मुद्दा बन गया। मुझे इस बात पर आश्चर्य हुआ कि मेरे खानदान के किसी व्यक्ति को इस पत्र में कुछ भी अनुचित नहीं लगा। आश्चर्यजनक रूप से मेरी माँ तक इस मुद्दे से परेशान नहीं थीं। उन्हें न तो गुस्सा आया न ही वह उदास हुईं।"[146]

नबनीता देवसेन के संस्मरणों में उनकी नानी और माँ के साथ तीन पीढ़ियों के बंगाल के सांस्कृतिक परिवर्तन और उत्तरोत्तर विकास के दस्तावेज मिलते हैं। नानी नारायणी का बिलकुल परम्परावादी और रूढ़िवादी चरित्र उन्हीं की बेटी राधारानी में आकर कैसे विकसित हो गया यह नबनीता देवसेन के आत्मकथ्य से जाना जा सकता है। संस्मरण शैली में लिखे गए ये आत्मकथ्य एक पढ़ी–लिखी इक्कीसवीं सदी की चैतन्य, प्रबुद्ध, संवेदनशील स्त्री की ऐतिहासिक दृष्टि का परिचायक है। उनकी माँ राधारानी बाल-विधवा थीं। अपनी माँ के बारे में वे लिखती हैं : "मेरी माँ अपने घर में सहशिक्षावाले कॉलेज में पढ़नेवाली, कार चलानेवाली और अन्तर्जातीय विवाह करनेवाली पहली स्त्री थी। तलाक लेकर बच्चों को अपने बल पर पालने-पोसने के उनके बोल्ड निर्णय की बहुत आलोचना हुई लेकिन उन्होंने रूढ़िवादियों की किसी बात पर कान नहीं दिया। मेरे जन्म के बाद उन्होंने साहित्यिक कार्य भी छोड़ दिया और बेटी पर पूरा ध्यान लगाने का निर्णय लिया। बेटी को उन्होंने उतना ही स्नेह और मर्यादा दी जितनी कि इस समाज में पुरुष-शिशु को दी जाती है।... मेरी माँ मेरी सबसे अच्छी दोस्त थी और सबसे बुरी दुश्मन भी। मैं आज जो कुछ भी हूँ उसी की वजह से हूँ। मैंने उसके सपने का अनुकरण किया लेकिन दिल से कभी नहीं। मैंने अपना कैरियर बनाने में ज्यादा मेहनत नहीं की क्योंकि मुझे लगता था यह मेरी माँ की महत्त्वाकांक्षा है मेरी नहीं। यह माँ से विरोध जताने का एक तरीका था कि वो जो चाहे वह करने के लिए कम-से-कम कोशिश करना। अब जब पलटकर देखती हूँ तो मुझे, हम दोनों के लिए अफसोस होता है। उसने मुझ पर बहुत कड़ाई बरती, उसकी तुलना में मैं बहुत कमजोर थी। इसलिए भीतर से मैंने चुपचाप प्रतिरोध किया जो एक तरह से आत्म-हनन की मूर्खतापूर्ण कोशिश थी।...आज मेरी दो बेहद मेधावी पुत्रियाँ हैं और उम्मीद करती हूँ कि मैं उनके साथ वही गलतियाँ न दोहराऊँ।

यह बड़ा ही आश्चर्यजनक है कि राधारानी जो कि एक विद्रोहिणी थीं और उन्होंने अपना जीवन अपने ढंग से जिया और जो चाहा वही किया। अपने सन्दर्भ में

कभी दूसरे लोगों की बातों और अफवाहों पर ध्यान नहीं दिया लेकिन अपनी बेटी की बारी आने पर उसने दूसरे लोगों के मत–मन्तव्यों पर काफी ध्यान दिया और बेटी को भी दूसरों के विचारों को सुनने और आदर करना सिखाया मैं आज जाकर यह समझ पाई हूँ कि मैंने अपना पूरा जीवन दूसरों को प्रसन्न करने में बिता दिया—माँ, पति, सास-ससुर, पड़ोसी और सहकर्मी, और अब बेटियाँ सामाजिक आचार-विचार, समाज की निगाह मेरे पति के राधारानी की तर्ज पर ही मेरे लिए बहुत महत्त्व रखते थे बचपन से ही मैं कभी बहुत परिष्कृत नहीं रही कि जो कुछ बोलूँ वह सोच-समझकर ही बोलूँ। मेरी माँ को अक्सर मेरी बातचीत से शर्मिन्दगी का सामना करना पड़ता...

मेरी शादी टूटने के बाद मैं अपनी माँ के पास वापस लौट आई,अब मैं छोटे-छोटे मुद्दों पर अपनी माँ के सुझाव के लिए निर्भर थी—मेरे आत्मविश्वास का वह एकमात्र विश्वस्त स्रोत थी इसलिए वह मेरी सभी गतिविधियों-व्यावहारिक, भावनात्मक, बौद्धिक पर भीतर से नियंत्रण रखती थी मेरा खुद पर से विश्वास उठ गया था, न ही मेरी माँ ने मुझ पर कोई विश्वास दिखाया मसलन मैं उसकी एकमात्र वंशज थी और मुझे जुआ, नशा, अवैध सम्बन्ध जैसी कोई बुरी आदत भी नहीं थी, मैं अच्छा कमाती भी थी, फिर भी माँ के मरने पर उसके बैंक खाते ढूँढ़ने में मेरे छक्के छूट गए। विवाह-सम्बन्ध हो या कामकाज का मामला—मैं हर कहीं हार चुकी थी। यदि मेरे ऊपर माँ का कुछ कम नियंत्रण रहता तो हो सकता है मैं किसी दूसरे किस्म की इनसान होती। मैं अपने महत्त्वपूर्ण कागजात, किसी से मीटिंग की तिथि यूँ ही नहीं भूल जाया करती, न ही कई सुअवसर यूँ ही गँवा देती, मैं एक अलग तरह की जिन्दगी जी रही होती...21 की उम्र में अमेरिका जाते हुए हमने इंग्लैंड में सगाई कर ली और अपने माता–पिता को फोन पर सूचना दे दी। मेरे माता–पिता कभी अमर्त्य से मिले नहीं थे पर वे खुश थे और अमर्त्य के माता-पिता भी। हम लोग अलग-अलग जाति के थे पर वे उस समय के सबसे प्रतिभावान युवा थे हमारी सांस्कृतिक और आर्थिक पृष्ठभूमि समान थी और बंगाल के एक ही सामाजिक दायरे से सम्बद्ध थे। मेरा कविता-संग्रह प्रकाशित हो चुका था, हम दोनों का ही नामकरण टैगोर ने किया था। यह सामाजिक हैसियत को बताने के लिए काफी है। सगाई की पार्टी के बाद हम वेल्स चले गए और वहाँ से मित्रों और सम्बन्धियों को हमने बहुत खूबसूरत कार्ड पोस्ट किये। कैम्ब्रिज लौटने पर एक तार हमारा इन्तजार कर रहा था जिसमें माँ ने लिखा था, 'पोस्टकार्ड मत भेजो, मौज करो। आशीर्वाद। माँ!' तब हमें इसका अहसास हुआ कि हम न सिर्फ शर्मनाक काम कर रहे थे बल्कि उसका विज्ञापन भी कर रहे थे!" आत्मकथ्य में वे बताती हैं कि अमर्त्य सेन के साथ 16 वर्षों के वैवाहिक जीवन में उन्हें कभी इस बात का अहसास नहीं हुआ कि अब वे पति के प्रेम की पात्र नहीं हैं। वे विस्तार से अमर्त्य सेन

के व्यवहार के बारे में बताती हैं कि दोनों के विवाह में कोई समस्या नहीं थी। फिर भी अमर्त्य सेन से उनका तलाक हुआ और वे दो छोटी बेटियों के साथ अपने रोजगार के लिए जादवपुर यूनिवर्सिटी आ गईं। इससे पहले उन्होंने अपना खर्च चलाने के लिए विदेश में कई काम किये। वे यह भी बताती हैं कि सास और माँ ने नबनीता को ही विवाह-विच्छेद के लिए यह कहते हुए दोषी ठहराया कि वे अपने पति को पल्लू से बाँधकर क्यों नहीं रख सकीं। माँ का कहना था—'वह दूसरी औरत के पीछे क्यों गया? तुम क्या कर रही थी? क्योंकि तुम उसे खुश करने में सफल नहीं हुई इसलिए वह खुशी की तलाश में किसी और के पास चला गया'—इस बात पर नबनीता देवसेन लिखती हैं कि—"इन दोनों माताओं को यह बात समझ नहीं आई कि विवाह द्विपक्षीय समझौता होता है। पति का भी यह कर्तव्य होता है कि पत्नी को प्रसन्न रखे...दस साल बाद यानी 80 वर्ष की अवस्था में राधारानी के विचार समय के साथ बदले और उन्होंने मुझसे क्षमा माँगी, अपने पहले व्यक्त किये विचारों के लिए। अभी हाल में, यानी उस घटना के 26 वर्ष बाद मेरी सास ने मुझसे उस मसले पर क्षमा माँगी।" नबनीता के जीवन में अकस्मात् आए विवाह-विच्छेद को राधारानी सह नहीं पाई थीं; यद्यपि वे अपने समय की अत्याधुनिक स्त्री थीं, फिर भी वे बेटी का तलाक झेल नहीं पाईं और नर्वस ब्रेकडाउन का शिकार हो गईं। राधारानी का व्यवहार अपनी नातिनों के प्रति बहुत उदार और ममत्व भरा था, लेकिन बेटी के लिए वे उदार नहीं थीं। उन्होंने बेटी को सलाह दी कि किसी अन्य व्यक्ति से भावात्मक जुड़ाव के फेर में न पड़कर उसे अपने कैरियर पर ध्यान देना चाहिए। वे नबनीता के बंगला में लिखने के खिलाफ थीं और उन्हें लगता था कि अंग्रेजी में लिखकर ही अन्तरराष्ट्रीय ख्याति मिल सकती है। लेकिन यह वक्त था जब नबनीता ने अपनी जिन्दगी के फैसले खुद करने शुरू कर दिये और बांग्ला में लगातार लिखती रहीं, और अपनी बेटियों के साथ बीमार माँ की देखभाल करती रहीं। वे लिखती हैं कि, "जिन्दगी मेरे साथ अच्छा सुलूक कर रही थी और मुझे एकाकी अनुभव करने का समय ही नहीं था। यहाँ हम थे—अकेली औरतों की तीन पीढ़ियाँ एक ही छत के नीचे रह रही थीं। एक विधवा, एक तलाकशुदा और दो अविवाहिताएँ। लेकिन नारायणी की दमनकारी छाया हमारे ऊपर नहीं थी।"[147] नबनीता आगे अपनी बेटियों के बारे में बताती हैं कि कैसे उन्होंने अपनी अगली पीढ़ी को उड़ने के लिए स्वच्छन्द आकाश दिया। दोनों बेटियाँ विवाहित और मेधावी हैं, वे अपनी माँ को प्यार करनेवाली हैं लेकिन अपने सभी निर्णय स्वयं लेती हैं। नबनीता देवसेन ने यह 60 वर्ष की आयु में कहा था कि दोनों बेटियाँ अपने रोजगार के लिए पंख फैलाकर उड़ गईं और वे उन्हें हमेशा याद करती हैं लेकिन वे सबसे ज्यादा जिसे याद करती हैं वह हैं उनकी माँ। अपनी

माँ की कमी उन्हें रोज खलती है : "वह मेरे पंखों के नीचे की हवा थी, लेकिन मैंने ही कभी उड़ान नहीं भरी।"[148]

बंगाल विभाजन के बाद ऐसी कई स्त्रियों का आत्मकथात्मक लेखन पश्चिमी बंगाल में सामने आया जिसे सही मायनों में साहसिक कहा जा सकता है। इस दृष्टि से जया मित्र (जन्म 1950) की 'हन्न्मान' शीर्षक से सन् 71 में नक्सलबाड़ी आन्दोलन की जेल डायरी देखी जानी चाहिए, जिसका हिन्दी अनुवाद 'जो मारे जाएँगे' शीर्षक से हुआ।[149] पुस्तक में लेखिका का वक्तव्य है, "जेल के बारे में अज्ञानता, डर और अनजानेपन को सातवाँ दशक साधारण मनुष्य के मन से बहा ले गया था। उस झंझावाती का दशक वृहद् तोड़फोड़ समस्त परदे को आँखों के सामने से हटा चुका था। उसके बाद समय बदलने पर श्मशान में भी हरियाली रूपी शान्ति वापस लौट आई। जो लोग जेल की दीवार से बाहर आ खड़े हुए थे उनमें से कइयों ने लिखी जीवन के उस अन्धकारमय अध्याय के अत्याचार, पाशविकता, हत्या और निर्मम वीभत्स स्मृति की कथा।...लेकिन उनका क्या हुआ जो इससे पहले भी जेल की दीवार के भीतर थे और बाद में भी वहीं रह गए।"

जया मित्र मिदनापुर समेत कई जेलों में रही। नक्सलबाड़ी आन्दोलन को दबाने के लिए पुलिस और प्रशासन ने मासूम, निहत्थे युवक-युवतियों को खूँखार कैदियों के साथ जेलों में रख दिया। स्त्री कैदियों की हालत को जया ने महसूस किया और आँखों से देखा। वे पुस्तक में लिखती हैं : "कई बार कई लोगों ने पूछा क्या मिला जीवन के इतने सारे वर्षों को बर्बाद करके?—मुझे पता नहीं 'बर्बाद' शब्द का अर्थ। मैं समझती हूँ मेरे जीवन में यदि इन वर्षों को निकाल दिया जाए तो मनुष्य शब्द का अर्थ मैं जान पाती, इसमें सन्देह है। नरक के बीच खड़े होकर भी मनुष्य का साहस, उसका प्यार जहाँ से, यहाँ तक कि मृत्यु के बीच से बिना किसी प्रतिरोध के जीवन उभरकर आ रहा है और वही जीवन हाथ बढ़ा रहा है समस्त मनुष्य चेतना की तरफ, आसपास रहनेवाले लोगों की उदासीन निश्चिन्तता की तरफ, अपने पीछे छोड़कर आए हुए उन चेहरों की तरफ, अभी जिन्होंने उसकी जगह ली है–उन सबके प्रति मेरा एक कर्तव्य था।" समाज में जिसे हाशिये पर डाल दिया गया है, जिसकी मुक्ति और स्वीकृति का सपना और योजना किसी के पास नहीं। छोटे-मोटे, झूठे-सच्चे अपराधों की लम्बी सजाएँ काटती औरतें और बच्चियाँ, सामान्य जीवन से कटी-छँटी औरतें अपना मानसिक नियंत्रण खो देती हैं, उन पर ठंडे पानी की बौछारें डाली जाती हैं, उनको मिलनेवाले राशन में जेलर से लेकर वार्डन सबका हिस्सा बँधा हुआ है। पौष्टिक भोजन से महरूम, तेल-फुलेल की तो बात ही क्या, ठंड के दिनों में ठीक से बदन ढकने को वस्त्र भी उपलब्ध नहीं। निम्नस्तरीय भोजन और जमानत देकर छुड़ानेवाला भी कोई नहीं। आपस में लड़ती-झगड़ती, यौन-शोषण का शिकार बनती इन कैदियों की मुक्ति का सपना किसी के पास नहीं। ठंड उनके

सुधार की सम्भावनाएँ मन्द-अति मन्द हैं। आन्दोलन के दौरान जया मित्र ऐसी ही औरतों के सम्पर्क में आती हैं और अपनी जेल-जीवन-यात्रा से पाठकों को परिचित कराती हैं। पुस्तक के हिन्दी संस्करण की प्रस्तावना में प्रभाकर श्रोत्रिय ने लिखा है, "जो मारे जाएँगे (हन्नमान) जया मित्र के जेल-जीवन की आत्मकथा भर नहीं है, एक मार्मिक कलाकृति जो न केवल ऐसी दुनिया से गहरा साक्षात्कार कराती है जो हमारे लिए लगभग अपरिचित और बन्द है, बल्कि वह हमारी सोच और संवेदना को बेहद उद्वेलित करती है। न्याय और दंड प्रक्रिया के भीतर घुसे अन्याय और अमानुषिकता पर गम्भीर प्रश्नचिन्ह लगाती यह रचना अपने कलात्मक रचाव में उपन्यास ही है जो वस्तुगत यथार्थ की प्रस्तुति और अनुभव की विकलता के साथ ऐसी वैचारिक अन्तर्यात्रा के लिए बाध्य करती है जो कृति के समाप्त होने के बाद भी पाठक में जारी रहती है।

जया मित्र नक्सली आन्दोलन की सक्रिय कार्यकर्त्री रही हैं जो एक समय आतंक और हिंसा का पर्याय हो गया था लेकिन जिसके मूल अन्त:सूत्र मानवीय करुणा और सफेदपोश, सम्पन्न शोषकों के जुल्म के खिलाफ अन्तिम विकल्प के रूप में सीधी कार्यवाही से बुने गए थे। यह जया की इस कृति में व्याप्त संवेदना और पक्षधरता से भी जाना जा सकता है। 'आपराधिक' संस्था से जुड़ी होने के कारण जया को बंगाल की जेलों में साढ़े चार साल तक बन्दी जीवन बिताना पड़ा। उन्होंने सामान्य अपराधियों के बीच रहना पसन्द किया। यदि वह भी अन्य राजनैतिक कैदियों की तरह अलग-थलग रहतीं तो सम्भवत: इस दुनिया की क्रूरता और घिनौनेपन को नहीं देख पातीं और उन्हीं की तरह सिर्फ जेल जाने का तमगा लगाए हुए बाहर आ जातीं।"[150] जया मित्र सामान्य मनुष्य से अपने-आपको अलग करके नहीं देख पातीं और नि:स्वार्थ भाव से नक्सल आन्दोलन में कूद पड़ती हैं। बहुत-से जाने-पहचाने और अनजाने चेहरे उन्हें जेल-यात्रा में मिलते हैं। सत्ता-व्यवस्था की नींद हराम करते हुए जैसे-जैसे आन्दोलन तेज होता है, उसके दमन के लिए व्यवस्था की मशीनरी भी सक्रिय हो जाती है। जाल बिछाया जाता है और शुरू होती है व्यापक धर-पकड़। नक्सलियों को जेल की सींखचों के पीछे धकेल दिया जाता है। नक्सलियों से उचित-अनुचित कुबूल करवाने के लिए घोर यातना का दौर चलता है। वह 'खूँखार' लड़की भी पकड़ी जाती है जिसे पश्चिम बंगाल के केन्द्रीय कारागारों में यातनाप्रद जीवन बिताना पड़ता है।

जया मित्र महिला कैदियों के साथ किये जानेवाले दुर्व्यवहार के कई प्रसंग अपनी स्मृति से पुस्तक में उकेरती हैं। गर्भवती कैदी को बेड़ियों से बाँधा जाना और सन्तान पेट में फँस जाने के कारण कैदी का पीड़ा से प्राण त्यागना जिस अंश में वर्णित है वहाँ पाठक सिहर जाता है और मनुष्यता को शर्मसार होते देखकर स्तम्भित भी रह जाता है—"...अचानक रात की नीरवता को चीरता हुआ भयानक पाशविक

आर्तनाद—एक बार, दो बार फिर लगातार। पहले तो आतंक से उठ खड़ी हुई फिर थोड़ी देर बाद समझ गई। खड़ी ही रह गई...नहीं...नहीं सिर्फ प्रसव-पीड़ा नहीं। शाम को मारपीट करने के जुर्म में मेट्रन ने उसके पैर में बेड़ियाँ डालने का हुक्म दिया था। जमीन पर लिटाकर बेड़ियाँ लगे पैरों को एक फुट की ऊँचाई पर सलाखों से बाँध दिया जाता है। उसका बच्चा बाहर नहीं निकल पा रहा। रात की निस्तब्धता ही सिर्फ माँ की मृत्यु के आर्तनाद से टूटती रही। आकाश टूटकर नहीं गिरा—उस काल कोठरी की छत पर, जिसमें किसी इनसान को बाँधकर रखा गया। फट नहीं जाती धरती! निगलती नहीं दस हाथ की दूरी पर बैठे, अस्पताल के रोगियों के लिए आए मांस के रसे-भात सानकर खा रहे, लूडो खेल रहे लोगों को...काफी देर बाद सुबकते-सुबकते आवाज रुक गई...यह एक नहीं दो हत्याओं का मामला है और इतना हिंस्र...कौन-सी सजा होगी इसकी?"

जया मित्र जेल के पागल वार्ड के बारे में लिखती हैं, "पगलाबाड़ी के अन्दर की हालत का वर्णन करने लायक कलम मेरे पास नहीं है, कलम किसके पास हो सकती है ऐसे वर्णनों के लिए इन्सानियत ही नहीं पशुता और राक्षसीपन की सारी हदों को लाँघनेवाली ऐसी घटनाओं के लिए। उल्लेखनीय है कि इस समय आपातकाल लागू हो चुका था, दंड की अराजक छूट का काल..."[151]

इसी श्रेणी में 'काबुली वालार बंगाली बोउ' शीर्षक आत्मकथा को देखा जा सकता है जो बंगला की अन्य स्त्री-आत्मकथाओं से बिलकुल अलग है। सुष्मिता बन्द्योपाध्याय (1964-2013) ने इस आत्मकथ्य में जीवन में प्रेम के आने और एक, अफगानी से विवाह करके अफगानिस्तान जाने, वहाँ के रीति-रिवाजों, स्त्रियों की दयनीय स्थिति, बहु-पत्नीत्व प्रथा और तालिबानी हुकूमत के चित्र उकेरे हैं। बाद में, सुष्मिता की बहुत बेरहमी से तालिबानियों द्वारा 2013 में हत्या कर दी गई। सुष्मिता ने अफगानिस्तान से भाग आने के बहुत-से साहसिक प्रयास किये जिनके बारे में इस पुस्तक में लिखा गया है। बचपन में उन्होंने टैगोर की कहानी 'काबुलीवाला' पढ़ी थी तब से उनके मन में अफगानियों के प्रति एक कोमल संवेदना उत्पन्न हो गई थी। नर्स के पेशे में रहते हुए उन्होंने एक अफगानी को हृदय दे दिया, भविष्य के बारे में सोचे-समझे बगैर वे जब अफगानिस्तान पहुँचीं तो पता चला कि पति का पहले भी विवाह हो चुका है। वे विदेशी धरती पर किसी तरह के प्रतिरोध के लायक भी नहीं थीं लेकिन प्रेम में मिले धोखे ने उन्हें भीतर से घायल कर दिया। सुष्मिता ने वहाँ पाया कि उन जैसी और भी औरतें हैं जो दूसरी-तीसरी पत्नी बनीं जीवन काट रही हैं, जिनके पास लौटने का कोई रास्ता अब नहीं बचा है। सुष्मिता को काकली नामक लड़की मिलती है जिसको सान्त्वना देने के लिए उनके पास कोई शब्द ही नहीं बचा, "मेरे जीवन में भी क्या वैसी ही त्रासदी नहीं घटी? जीवन की आकांक्षाएँ क्या व्यर्थ नहीं हुईं? काकली मेरे पास मुक्ति के लिए आई है?

हाय री बदनसीब लड़की! तुम किसके पास मुक्ति की तलाश में आई हो? जिसे अपनी ही मुक्ति की राह नहीं मालूम। भाग्य का यह कैसा निष्ठुर परिहास है?"[152]

सुष्मिता बन्द्योपाध्याय के आत्मकथ्य का वैशिष्ट्य है प्रवाहमयी भाषा और अनुभव की प्रामाणिकता को सहज शब्दों में ढाल देने की कला। उन्होंने अफगानिस्तान में औरतों की स्थिति पर वृत्तचित्र भी बनाए और बेबाकी से तालिबान शासन के बारे में लिखा तथा विभिन्न साक्षात्कारों में वहाँ की स्थिति से पाठकों को अवगत कराया, "अफगानिस्तान एवं यहाँ के बाशिन्दों के विषय में अच्छा लगने का बोध रवीन्द्रनाथ की कहानी 'काबुलीवाला' के पात्र रहमत के माध्यम से जगा था। परन्तु आज उस रहमत खान का देश एक आतंक-सा लगता है। क्या यही रहमत का देश है? क्या इसी देश में रहमत की बेटी रहती थी। यहाँ के प्रत्येक व्यक्ति को असहायता लील रही है। पहाड़ों, पथरीली जमीन, खुले आकाश में हर तरफ मानो हजार-हजार मनुष्यों का आर्तनाद, शिशुओं का रुदन सुनाई पड़ता है।[153]

उपर्युक्त आत्मकथाओं के अतिरिक्त बांग्लादेश से सम्बद्ध स्त्रियों की आत्म-कथाओं को देखना देश-विभाजन, विस्थापन, साम्प्रदायिक दंगों और युद्ध के दौरान स्त्री की स्थिति को विश्लेषित करने की दृष्टि से महत्त्वपूर्ण हो सकता है। औपनिवेशिक भारत के इतिहास में बंगाली मुस्लिम महिलाएँ चुप कर दी गईं थीं इसलिए वे साहित्येतिहास में भी दिखाई नहीं देती। किसी भी बंगाली मुस्लिम स्त्री के लेखन और रचनात्मक योगदान की चर्चा का लगभग अभाव हमें यह सोचने पर विवश कर देता है कि किसी भी अन्य भारतीय स्त्री की तुलना में मुस्लिम स्त्रियाँ इतिहास के इस कालखंड से एक सिरे से नदारद क्यों हैं। यह सच है कि 19वीं शताब्दी तक साक्षरता और शिक्षा के अभाव और पर्दे के कारण मुस्लिम स्त्रियाँ बंगाल के सार्वजनिक परिदृश्य से अलग रहीं लेकिन 1920 से बंगाल के मुस्लिम मध्यवर्ग की रचनाकार स्त्रियों की एक पूरी जमात हमें दिखाई देती है जिन्हें साहित्येतिहासकारों द्वारा उपेक्षित किया गया। शोध से इस बात के प्रमाण मिलते हैं कि ये स्त्रियाँ पूरी तरह हाशिये पर नहीं थीं, इनको हाशिये पर रखा जाना गलत था क्योंकि इनमें हमें कई स्त्रियाँ ऐसी मिलती हैं जो लिखकर निरन्तर अपने विचारों की अभिव्यक्ति कर रही थीं। उन्होंने लिखकर अपनी आवाज को दूसरों तक पहुँचाया और समाज में परिवर्तनकारी भूमिका निभाई। लिखकर उन्होंने सृजन की नई भाव-भूमि तैयार की जिसमें उन्होंने अपने समकालीनों और स्त्रियों के जीवन के बारे में लिखा। शिक्षित होकर उन्होंने स्वयं को विविध-विधाओं में अभिव्यक्त किया।

मुस्लिम महिलाएँ बंगाल के 19वीं शताब्दी के इतिहास से ओझल है क्योंकि परम्परा से उन पर यह आरोप लगाया जाता है कि वह पिछड़ी हुई और रूढ़िवादी हैं। हालाँकि इस दिशा में कुछ प्रयास हुए हैं लेकिन अधिकांश बंगाली मुस्लिम महिलाएँ मुख्यधारा, बौद्धिक विमर्श और साहित्य के इतिहास से ओझल हैं। जबकि

ब्राह्मण और हिन्दुओं के उच्च वर्ग और उच्च जातियों में सुधारों ने 19वीं शताब्दी के उत्तरार्द्ध तक स्थान बना लिया था। लेकिन साहित्य के इतिहासकारों ने मुस्लिम स्त्रियों को शायद ही चर्चा के लायक समझा।"[154] पूर्वी बंगाल जो सन् 71 के बाद बांग्लादेश है वहाँ से विस्थापित हुई अथवा वहीं रह गई अनेक स्त्रियों ने आत्म-संस्मरणों में अपने देश, समाज और देश-विभाजन की त्रासदी को अलग–अलग ढंग से व्यक्त किया है। जिसमें सुनन्दा सिकदार (जन्म 1951), नूरजहाँ बोस (जन्म 1938), तसलीमा नसरीन (जन्म 1964) समेत लेखिकाओं की एक लम्बी फेहरिस्त है। सुनन्दा सिकदार की आत्मकथा 'दयामयीर कथा' बचपन के पूर्वी पाकिस्तान की स्मृतियों पर आधारित है। सन् 1950 के लगभग का पूर्वी पाकिस्तान, जो आज बांग्लादेश के नाम से जाना जाता है, की स्मृतियों पर विजय पाने के लिए 'दयामयीर कथा' की रचना की गई है, सुनन्दा ने लिखा है कि वह बचपन और अतीत की स्मृतियों से मुक्त होना चाहती है इसलिए 'दयामयीर कथा' लिख रही है। बचपन का देश अब दूसरों का देश है जो बचपन की स्मृतियों में टंकित है लेकिन अब नहीं है, उसकी स्मृतियों को पुनर्जीवित करके ही उससे मुक्ति पाई जा सकती है। राजनीतिक बँटवारे और विस्थापन में बचपन का वह देश कहीं पीछे छूट गया है, इसका दुख पूरी पुस्तक में व्यक्त है। वस्तुतः दयामयी स्वयं सुनन्दा हैं जिनका बचपन बीत गया है लेकिन उनकी स्मृति में वहीं स्थिर है। स्मृतिचित्रों की दृष्टि से यह पुस्तक देखी जा सकती है।[155]

इसी तरह नूरजहाँ बोस (जन्म 1938) की आत्मकथा 'आगुनमुखार मेये' आनन्द प्रकाशन, कोलकाता से छपी जिसे सन् 2016 में बंगला साहित्य अकादमी का पुरस्कार प्रदान किया गया। यह आत्मकथा बहुत ही बोल्ड ढंग से प्रगतिशील समूह से जुड़ने की कहानी कहती है। मुसलमान होकर सन् 50 के आसपास हिन्दू से विवाह करना नूरजहाँ बोस का बहुत साहसिक कदम था। एमादुल्लाह, इला मित्र, मोनी सिंह सरीखे क्रान्तिकारी लोगों की संगति ने नूरजहाँ की मनोसामाजिकी का निर्माण किया। ऊपर से सामान्य दीखनेवाली स्त्री का जीवन कितना जटिल हो सकता है यह इस आत्मकथ्य को पढ़कर समझा जा सकता है। वह स्त्री की पारम्परिक छवि को एक किनारे रखकर अपने जीवन के सुख-दुख और अँधेरे कोनों के बारे में बताती चलती है। नूरजहाँ बोस ने आगुनमुखार नदी के बारे में लिखा है कि बचपन से ही आगुनमुखार नदी की छवि मेरे भीतर भय और आकर्षण का मिश्रण थी, बारिशाल नदी में कई द्वीप हैं यहाँ आगुनमुखा सात नदियों का मुहाना या संगम-स्थल है, इसकी तरफ देखने से उत्ताल जलराशि ही चारों ओर दिखाई देती है। उत्ताल लहरों के ऊपर सूर्य की किरणों का प्रतिबिम्ब धधकती हुई लपटों जैसा दीखता है, इसलिए इसका नाम आगुनमुखा रखा गया...मैंने अपनी माँ, चाची, दादी और ग्रामवासियों से सुना कि इस धधकती हुई ज्वाला में कूदकर औरतें सालों से शोषण और जुल्मों

से मुक्ति पाती रही हैं। प्रेमी जोड़ों को भी यदि परिवार और समाज में मान्यता नहीं मिलती थी तो वे आगुनमुखा में कूदकर हमेशा के लिए मुक्त हो जाते थे। अक्सर यह नदी आसपास के गाँवों को तबाह कर देती थी, लेकिन इसकी अपार जलराशि अनेकानेक लोगों की आजीविका का साधन भी थी। मेरा जन्म-स्थान यही है। यह इलाका बहुत पिछड़ा हुआ है जनता अभी भी प्रकृति की दया पर निर्भर हैं। शिक्षा, स्वास्थ्य, उद्योग और रोजगार की सुविधाओं और विकास की योजनाओं से यह क्षेत्र अभी तक महरूम है। विदेशी विकास एजेंसियों को इस क्षेत्र से कोई लेना-देना नहीं है। मेरे जीवन में आगुनमुखा का प्रभाव अन्तहीन है। यहाँ मेरी आत्मा बसती है। आगुनमुखा के आसपास की आबादी का सुख-दुख मेरा निजी सुख-दुख है।[156] ध्यातव्य है कि उन्हें ढाका से अपने गाँव पहुँचने में, 30 घंटे लगते हैं।

नूरजहाँ बोस अपने बचपन और कठिन जीवन-स्थितियों के बारे में आत्मकथा में बताती हैं और अपनी माँ की स्मृति से आत्मकथ्य की शुरुआत करती हैं। उनकी माँ रूढ़िवादी परिवार से सम्बद्ध थीं, जिन्हें परिवार में कभी सम्मान, आदर नहीं मिला। जमींदारों के परिवार में बहुविवाह और बाल-विवाह प्रचलन में था। नूरजहाँ की माँ को परिवार में अत्याचार और असमानताओं का सामना करना पड़ा। वह स्त्रियोचित गरिमा के साथ जीना चाहती थी, इसलिए अपनी बेटियों को उसने स्वयं पढ़ाया। नूरजहाँ को अपना बचपन याद है कि माँ चूल्हे पर खाना पकाते हुए अपनी बच्ची को पढ़ाया करती। आत्मकथा में अन्य कई सगे-सम्बन्धियों के प्रसंग हैं, जीवन-संघर्ष और घात-प्रतिघातों का वर्णन है। अपने पिता की असन्तुलित जीवन-शैली, माँ-पिता के तनावपूर्ण सम्बन्धों के बीच नूरजहाँ ने एक कठिन जीवन जिया। गाँव के कुछ बुजुर्ग जिस पर उसे अगाध विश्वास था उन्होंने बचपन में उसका बलात्कार किया। यौन-शोषण की स्मृति दुख से और विश्वस्त लोगों का विश्वासघात उसे पीड़ा से भर देता है। बाद में चलकर वे वामपन्थ से जुड़ गईं और कार्यकर्ता एमादुल्लाह के साथ विवाह भी किया लेकिन एमादुल्लाह की मृत्यु चेचक से हो गई। आत्मकथ्य में उन्होंने प्रकृति और पुरुष के साथ अपने संघर्ष का चित्रण किया है। नूरजहाँ को लगता है कि चूँकि वह मेधावी थी इसलिए आसपास के पुरुष उसे व्यक्तित्व-सम्पन्न स्त्री के रूप में स्वीकार करने से बचते रहे। उसके पूरे वयस्क जीवन में उसके नजदीकी लोगों ने उसकी उपेक्षा की। पति की मृत्यु के बाद उन्होंने छोटी-सी नौकरी कर ली और बेटा लेकर बारिशाल आ गईं जहाँ दिवंगत पति के मित्र स्वदेश बोस से पुनर्विवाह किया। इस अन्तर्धार्मिक विवाह का विरोध बड़े पैमाने पर हुआ। कट्टरपन्थी धार्मिक नेताओं के साथ कम्युनिस्ट पार्टी के लोगों ने भी इसका पुरजोर विरोध किया। नूरजहाँ का कहना है कि कॉमरेड एमादुल्लाह और स्वदेश बोस दोनों ही बहादुर व्यक्ति थे लेकिन अपने समय और समाज के बन्दी थे। उन्होंने उसकी मेधा को कभी नहीं स्वीकारा। वे दोनों ही स्त्री के मसले पर प्रगतिशील नहीं

थे। 1960 के दौरान पाकिस्तान के कराची में रहते हुए गैर-सद्भावना पूर्ण और साम्प्रदायिक माहौल में रहने की चुनौतियों का वर्णन उन्होंने किया है। बाद में वे अमेरिका चली गईं जहाँ स्वदेश बोस विश्व बैंक के लिए काम करते थे। 2009 में पार्किन्सन रोग से स्वदेश बोस की हो गई। वे आत्मकथा के अन्त में कहती हैं, "आज जीवन की संध्यावेला में जब मैं सारी दुनिया की यात्रा करके थक गई हूँ तब इस आगुनमुखा नदी के किनारे फिर से लौटी हूँ। आज मैं उस दुर्गम रास्ते को याद करती हूँ जिस रास्ते से चलकर मैं वापस आई हूँ।"[157] नूरजहाँ बोस को उनके लेखन और सामाजिक हित, विशेषकर स्त्रियों और बच्चों के पक्ष में काम करने लिए वैश्विक स्तर पर सराहना मिली। उनका आत्मकथ्य पूर्वी बंगाल की प्रकृति और वहाँ के ग्रामों की आन्तरिक संरचना में पैबस्त रूढ़ियों, पिछड़ेपन और इन सबमें एक विधवा स्त्री के अन्तर्धार्मिक पुनर्विवाह के निर्णय पर सामाजिक विरोध, साम्प्रदायिक उन्माद, बदलते बांग्लादेश को जानने के लिए एक प्रामाणिक दस्तावेज है। उन्होंने आगे चलकर 'संहति' और 'आशा' जैसी कल्याणकारी संस्थाओं की स्थापना की जो स्त्रियों और उपेक्षितों के अधिकारों और उनके कल्याण से जुड़ी हैं। बेटी मोनिका बोस जहाँ इस कार्य में उनका साथ देती हैं। उनके आत्मकथ्य में देश और समाज की स्थितियों की चर्चा बहुत कम की गई है यही इस आत्मकथ्य की सीमा है। एमादुल्लाह और स्वदेश बोस दोनों कम्युनिस्ट दल की युवा वाहिनी के सदस्य रह चुके थे और दोनों ने जेल भी काटी थी, लेकिन नूरजहाँ बोस इस प्रसंग पर कुछ नहीं लिखतीं। वे उन कारणों का उल्लेख भी नहीं करतीं जिनकी वजह से स्वदेश बोस ने कम्युनिस्ट दल की सदस्यता छोड़ दी थी और 1971 के मुक्ति-युद्ध के बाद अवामी लीग से जुड़ गए थे। सरल–तरल शैली में लिखी यह आत्मकथा पाठक को रुचिकर लग सकती है।

बांग्लादेश में ही जन्मी लेकिन वहाँ से निर्वासित तसलीमा नसरीन (जन्म-1962) ने आत्मकथा के सात खंड लिखे और विश्व की कई भाषाओं में अनुवाद के माध्यम से स्त्री-अधिकारों और मानवाधिकारों की पक्षधर के रूप में बहुत लोकप्रिय हुईं। सन् 1994 में इस्लाम द्वारा स्त्री के प्रति अन्याय और पक्षपातपूर्ण रवैये और स्पष्ट वक्तृता के कारण बांग्लादेश से निर्वासित कर दी गईं और इन दिनों दिल्ली में रहती हैं। कई उपन्यासों के साथ उनकी आत्मकथा के सात खंड हैं—मेरे बचपन के दिन (आमार मेयेबेला) उत्ताल हवा, द्विखंडिता, वे अँधेरे दिन (शेई शब् अन्धकार), मुझे घर ले चलो, नहीं, कहीं कुछ भी नहीं (नेईं, किच्छु नेईं) और निर्वासन।

आत्मकथा लिखने के उद्देश्य के बारे में तसलीमा लिखती हैं, "आत्मकथा की संज्ञा अनेक लोगों के लिए अनेक तरह की है। ज्यादातर लोग उस जीवनी को पसन्द करने के अभ्यस्त हैं, जो जीवनी अच्छी बातें और विलक्षण आदर्श प्रस्तुत

करती हो। साधारणत: महान लोग ही लिखते हैं आत्मकथा, यानी कि अपने जीवन के बारे में, दूसरों को प्रेरित करने के लिए और सही राह पर चलने के लिए। मैं कोई सन्त नहीं, मैं महान या विद्वान भी नहीं और न ही मैं अन्धों को रोशनी देने के महान उद्देश्य से जीवनी लिख रही हूँ। मैं बस एक क्षुद्र मनुष्य के घावों और दुखों को खोलकर दिखा रही हूँ।"[158] स्पष्ट है कि तसलीमा नसरीन की समूची रचनात्मकता सोद्देश्य है जो स्त्री को मनुष्य की मर्यादा से हत होते नहीं देख सकती। उनको सैकड़ों-हजारों फतवे मिले, उन पर हमले किये गए, जहाँ गईं वहीं धर्म के पहरेदारों ने रास्ते रोक दिये ऐसे में वे भले निर्वासन भुगत रही हों पर उनके भीतर का मनुष्य उत्तरोत्तर कर्मशील, साहसी और रचनारत होता गया है। वे आत्मकथा-लेखन के बारे में लिखती हैं, "क्या जिन्दगी की कहानी लिखना गलत है? क्या जिन्दगी के गहरे, पोशीदा सच्चाइयों को, जिन्हें आपने जिया है, उजागर करना गलत है? यह तो आत्मकथा का अलिखित दस्तूर है—कुछ भी छिपाया नहीं जाएगा, हर चीज के बारे में लिखा जाएगा। एक आत्मकथा का विषय ही है—अज्ञात और गोपनीय मानव-जीवन की घटनाएँ। मैंने सिर्फ इसी नियम को सच्चाई के साथ निभाया है। पहले दो खंड मेरे जीवन की कहानी की कहानी के थे, 'आमार मेये बेला' और 'उत्ताल हवा' इन दोनों पर कोई विवाद नहीं उठने पर भी, तीसरे खंड को लेकर पश्चिम बंगाल में वितर्क शुरू हो गया...मैंने अपने बचपन के बारे में लिखा, किशोरावस्था और जवानी के बारे में लिखा, विभिन्न अनुभवों के साथ जीने और बड़े होने की बातें लिखीं। मैंने अपने जीवन का दर्शन, अपनी आशाएँ और डर, अपनी सुन्दरता और असुन्दरता, अपनी खुशियाँ व गम, अपने गुस्से और आँसू, अपने ही आदर्शों से विचलित हो जाने की बातें भी लिखी हैं। मैंने कोई नाजुक उत्तेजनात्मक विषय को जान-बूझकर नहीं चुना है। मैंने सिर्फ अपने जीवन के बारे में लिखने को चुना और अगर जीवन ही ऐसा हो, तो इस जीवन के बारे में लिखते हुए, दूसरे विषय कहाँ से लाऊँगी। मेरे लेखन से विवाद उठना कोई नई बात नहीं है।...दरअसल सच्चाई बहुत ही सरल है, अगर आप पितृसत्तात्मक समाज से समझौता नहीं करते, तो हमेशा ही अपने-आपको तूफान के बीच पाएँगे, तब ही विवाद खड़ा होगा।"[159] आत्मकथा का पहला खंड 'आमार मेये बेला' का प्रकाशन सन् 1999 में हुआ, इसके छपते ही तसलीमा लोगों की आलोचना का शिकार बन गईं क्योंकि अपने बचपन में हुए यौन-शोषण को बहुत बोल्ड ढंग से लिखा। दरअसल एक कुंठित और बन्द कट्टर इस्लामिक समाज में या किसी भी पितृसत्तात्मक समाज में किसी के लिए भी अपनी पारिवारिक परिधि के बाहर के प्रसंगों और आत्मीय कहे जानेवालों से इतर चरित्रों के बारे में लिखना जितना सरल होता है उसकी तुलना में पारिवारिक परिधि और आत्मीय–स्वजन की श्रेणी के लोगों के बारे में, विशेषकर उनके यौन-व्यवहार के बारे में सब कुछ लिख

देना कठिन ही नहीं, बल्कि लगभग असम्भव की श्रेणी में आता है। अन्य किसी भी प्रकार की हिंसा की अपेक्षा घरेलू हिंसा के मामलों की संख्या सबसे ज्यादा होती है। लेकिन ऐसे मामले घर से बाहर का प्रकाश बहुत कम देख पाते हैं क्योंकि सामाजिक और पारिवारिक सेंसरशिप, हिंसा के इस रूप को परिवार-व्यवस्था के संगठन से सम्पृक्त करके देखती है। एशिया और विशेषकर बांग्लादेश, भारत जैसे देशों की सामाजिक संरचना में यौन-शिक्षा को स्कूली पाठ्यक्रम में अनिवार्य नहीं बनाया जाता। यौन-शोषण, किशोरों में होनेवाले हार्मोनल बदलाव, सम्भोग जैसे विषयों पर खुलेआम बात नहीं की जाती। परिणामत: संयुक्त परिवारों में भी छोटे बच्चे अक्सर सम्बन्धियों-आत्मीयों के यौन-व्यवहारों को समझ नहीं पाते जिसकी परिणति बलात्कार जैसी घटनाओं में होती है। यद्यपि कई आत्मकथाकारों ने अपने यौन-शोषण और घरेलू हिंसा का शिकार बनने की बात संकेत में अपनी रचनाओं में कही है लेकिन सम्बन्धियों के नाम और समूचे परिचय समेत उनके कृत्यों के बारे में कहने का साहस तसलीमा के आत्मकथ्य को विशिष्ट बनाने के साथ ही परिवार के भीतर की दरारों को और चौड़ा करके दिखाता है। इन दरारों की फाँकों से सात वर्ष की मासूम लड़की की चीख और उसकी मारक चुप्पियाँ अपनी अनुगूँज से पाठक का पीछा करती रहती हैं :

'जा अमानुद्दौला से एक माचिस माँग ला। तईतई (घर की कामवाली) जिस दिन गई उसी दिन माँ ने मुझे यह हुक्म दिया। माँ को पता था कि चाचा जी के पास दियासलाई थी, माँ ने उन्हें सिगरेट फूँकते हुए देखा था। मेरे चाचा जी उसी कमरे में रहते थे, जिसमें जलावन की लकड़ियाँ रहती थीं, जिसमें मजे की एक चीज दिखाने की बात कहकर शराफ मामा एक मनहूस शाम को मुझे ले गए थे।

कमरे का दरवाजा ठेलकर भीतर घुसने पर देखा चाचा जी तख्त पर लेटे हुए थे। वे देखने में पिताजी की ही तरह थे—घुँघराले बाल, तीखी नाक, बड़ी-बड़ी आँखें, घनी काली भौंहें, गोरा रंग। पिताजी को अगर ईंट के नीचे दबाकर थोड़ा चपटा कर दिया जाता और सिर की ओर दबाकर उन्हें नाटा कर दिया जाता तो वे अमान चाचा जैसे ही लगते। अब उस कमरे का पूरा नक्शा ही बदल गया था। अब वहाँ न लकड़ियाँ थीं, न चूहे थे। टीन की दीवार पर एक मढ़ी हुई तसवीर लटक रही थी, जिसमें लहरियेदार बाल सँवारकर पैरों में पम्पशू पहने चाचा जी खड़े थे। उस तसवीर के दाहिनी ओर एक औरत की तसवीरवाला कैलेंडर भी था। वहीं एक तरफ कंघी और शीशा भी रखा था। एक तरफ अलगनी पर उनके बिना तहाए कपड़े लटक रहे थे।

"चाचा जी माँ माचिस माँग रही हैं।" मैं कैलेंडर की तसवीर देखती हुई बोली।

"तुम्हारी माँ माचिस लेकर क्या करेंगी?" बिस्तर से उठकर अपने सीने के बालों में अँगुलियाँ फेरते हुए अमान चाचा ने पूछा।

जवाब दिया, "चूल्हा सुलगाएँगी। चावल पकाएँगी।"

चाचा जी ने कहा, "मगर मेरे पास माचिस नहीं है।"

माचिस न होने की बात सुनकर मैं कमरे से बाहर जाने लगी।

चाचा जी ने मुझे कमरे के अन्दर खींच लिया। दाँत दिखाकर हँसते हुए बोले, "अरे जरा रुको, माचिस ले जाओ। माचिस है मेरे पास।" जादू दिखाने की तरह उन्होंने अचानक मेरे सामने माचिस की डिबिया लहराई। हाथ बढ़ाकर लेने को हुई तो उन्होंने अपना हाथ हटा लिया। दुबारा लेने को हुई तो उन्होंने फिर अपना हाथ हटा लिया। मेरी आँखों के सामने एक बार माचिस आती, एक बार नहीं आती। बिलकुल जुगनू की तरह, एक बार चमकती थी दूसरे क्षण बुझ जाती थी।

मैं माचिस लेने के लिए चाचा जी के करीब गई। उन्होंने खींचकर मुझे और करीब कर लिया। और करीब जाने पर चाचा जी माचिस देने के बजाय मेरे पेट और बगलों को गुदगुदाते हुए मुझे बिस्तर पर चित लिटा दिया। मैं घोंघे की तरह सिमटकर पड़ी रही। मेरे घोंघेवत शरीर को चाचा जी ने हवा में उछाल दिया। जैसे कि चाचा जी गुल्ली-डंडा के डंडा थे और मैं गुल्ली थी। उनका हाथ मेरी देह पर से सरकता हुआ हाफ पैंट तक पहुँचा। वह मेरा हाफ पैंट नीचे की ओर सरकाने लगे।

मैं लोटते-लोटते बिस्तर से नीचे सरकती गई। मेरे पैर फर्श पर थे, पीठ बिस्तर पर, हाफ पैंट घुटनों पर और घुटने न बिस्तर पर थे न फर्श पर। मेरे गले में नाल शरीफ का ताबीज था। चाचा ने अपनी लुंगी ऊपर उठाई। मैंने देखा चाचा के पेडू के निचले हिस्से में एक बहुत बड़ा साँप मेरी ओर फन उठाए हुए था, मुझ पर हमला करने के लिए तैयार।

मैं भय से और सिमट गई। मुझे और ज्यादा डराते हुए मेरी दो जाँघों के बीच में वह साँप बार-बार फन मारने लगा। एक बार, दो बार, तीन बार। डर के मारे मेरे हाथ-पैर जैसे सुन्न हो गए। मेरी फटी-फटी आँखों की ओर देखकर चाचा जी बोले, "लॉजेंस खाओगी? तुम्हारे लिए कल लॉजेंस खरीद लाऊँगा। यह लो माचिस। और गुड्डी इस बात का जिक्र तुम किसी से न करना कि तुमने मेरी नूनी देखी है और मैंने तुम्हारी 'चिज्जी' देखी है। ये सब गन्दी चीजें हैं, किसी को बताने की नहीं।"

मैं दियासलाई लेकर कमरे से बाहर निकल आई। मेरी जाँघों के बीच में दर्द हो रहा था। मुझे पेशाब लगी थी। फिर मैंने पाया कि हाफपैंट में मेरा पेशाब निकल गया था। मैं इस नंगे होनेवाले खेल का नाम नहीं जानती थी। मुझे समझ में नहीं आ रहा था कि शराफ मामा और अमान चाचा का मुझ पर इस तरह चढ़ने का आखिर क्या कारण था? चाचा जी ने कहा कि यह बात किसी को बताने की नहीं है। मुझे भी लगता था कि यह बात किसी से कहने की नहीं है। सात साल की उम्र में अचानक मुझमें यह चेतना आ गई कि यह सब बड़े शर्म की चीज है, इन बातों का जिक्र कभी किसी से करना ठीक नहीं। ये सब बड़ी गोपनीय बातें हैं।

मैं आज भी सोचती हूँ कि इन दोनों घटनाओं का जिक्र मैंने अपने घरवालों से क्यों नहीं किया? अपने मामा और चाचा को लोग बुरा कहें, शायद मैं नहीं चाहती थी। जीवन में इनके सम्मान की रक्षा करने का दायित्व क्या किसी ने मुझे दिया था? चूँकि वे दोनों मेरे चाचा और मामा थे तथा बचपन में अपनी किताब में मैंने पढ़ा था कि बड़ों का हमेशा सम्मान करना चाहिए। क्या इसीलिए मैं मौन रही थी? उन्हें मैं अच्छा आदमी समझती थी क्या इसलिए मैं यह चाहती थी कि मेरी यह धारणा गलत न हो? जैसे कि जो कुछ घट गया वह कोई सच्ची घटना नहीं थी, एकदम मिथ्या थी।

दरअसल वह मेरा दुःस्वप्न था। या फिर मामा या चाचा के रूप में वे कोई और थे, मेरे पूर्वजन्म के शत्रु थे। किसने मेरी बोलती बन्द कर रखी थी, सारी यंत्रणा मन-ही-मन भुगतते रहने के लिए किसने कहा था? घर के सभी लोग मेरी शिकायत को तुच्छ समझते हुए कहते कि मुझे भूत या जिन्न ने पकड़ लिया है, या मैं पागल हो गई हूँ या फिर झूठी हूँ, या मैं कम उम्र में ही शैतान हो गई हूँ। मुझे कोई गोद में लेकर प्यार नहीं करेगा बल्कि थप्पड़ ही मारेगा, क्या इस डर या दुविधा से मैं खामोश रही थी? या फिर कोई मुझे अपना ऐसा नहीं लगता था जिससे दिल खोलकर अपना दर्द कह सकती, अपने घाव दिखा सकती। माँ भी मुझे इतनी अपनी नहीं लगती थी।

जिस माँ के आँचल की छाँह में मेरी दुनिया थी, जो माँ ऐसे वृक्ष की तरह थी जिसकी छाया में मैं थके मन को आराम देती थी, जो माँ स्वच्छ जल का तालाब थीं, जिसका पानी पीकर मैं जीवित थीं, अगर ऐसी माँ भी अपनी न लगे तो फिर और कौन लगता। मेरे भीतर उस वक्त दो व्यक्ति सत्ताएँ थीं—एक मैं अपने साथियों के साथ अपेंटो, बायस्कोप, गोल्लाछूट, गुलाबपद्म खेलती, और दूसरी मैं उदास होकर अकेली तालाब के किनारे, रेल लाइन के किनारे, घर की सीढ़ियों पर बैठी रहती। हजारों लोगों की भीड़ में मैं अकेली थी। इस अकेली लड़की के साथ सबकी मीलों दूरी पैदा हो गई थी। यह लड़की हाथ बढ़ाकर इतनी लम्बी दूरी पार करने किसी को छू नहीं पाती थी, यहाँ तक कि अपनी माँ को भी नहीं। हाथ बढ़ाने पर खालीपन के अलावा और कुछ हाथ नहीं आता था।"[160] बांग्लादेशी इस्लामिक कट्टरपंथियों के लिए एक स्त्री का अपने सम्बन्धियों, विशेषकर नजदीक के पुरुषों द्वारा किये गए शोषण के बारे में खुलकर लिखने-कहने से तसलीमा नसरीन की कड़ी निन्दा की गई। 'निर्वासन' की भूमिका में वे बताती हैं कि एक स्त्री जब अपने आसपास के लोगों के बारे में सच कहने का साहस बटोरने लगती है तो पितृसत्ता के लिए खतरे पैदा हो जाते हैं।

'उत्ताल हवा' आत्मकथा का दूसरा खंड है, जिसमें तसलीमा नसरीन के अपने कैशोर्य जीवन से युवावस्था की ओर आने अर्थात् 16 से 26 वर्ष की अवस्था की

यात्रा समाहित है। इसमें तसलीमा नसरीन के व्यक्तित्व के उत्तरोतर विकास, समाज और समुदाय को देखने-समझने का नजरिया विकसित होता दिखाई पड़ता है। अब्बू द्वारा लड़कियों की शिक्षा के प्रति जागरूकता तसलीमा के व्यक्तिव के विकास में सहायक सिद्ध हुई। कैशोर्य जीवन के आकर्षण के बारे में तसलीमा लिखती हैं : "स्कूल जाते ही, मुझसे एक क्लास ऊपर पढ़नेवाले एडवर्ड स्कूल के लड़के, इस्त्री की हुई कमीज चढ़ाए, आँखों और होंठों की कोरों में मीठी-मधुर मुस्कान खिलाए, सड़क पर त्रिभंगी मुद्रा में खड़े रहते थे, जिन्हें देखकर दिन-दिन-भर मेरे मन में लाल, नीले, हरे, पीले, दुनिया-भर के रंग जगमगाते रहते थे।"[161] तसलीमा बताती हैं कि अब्बू अपने बच्चों के लिए पर्याप्त कपड़े या सामान नहीं खरीद पाते थे लेकिन स्कूल ड्रेस और स्कूल के जूते इत्यादि में कंजूसी नहीं करते थे। एक पिछड़ा हुआ समाज जिसकी जड़ों में कुंठा, लैंगिक विभेद विन्यस्त है उस समाज में अपनी बेटियों को शिक्षा के प्रति उन्मुख करना दरअसल पितृसत्तात्मक समाज को चुनौती देना था, इसलिए वे अपने पिता से ज्यादा जुड़ाव महसूस करती हैं। आत्मकथा में एक बेहद ताजे, प्रवाहमय गद्य का आकर्षण पाठक को अपने साथ बहा ले जाता है।

'द्विखंडिता' तसलीमा के आत्मकथ्य का तीसरा भाग है जिसमें वे स्त्री की देह पर उसके अधिकारों की बात करती हैं। विवाह, इतरलिंगी से सम्बन्धों को वे अब परिपक्व दृष्टि से देखने लगी हैं। प्रेम और विवाह में धोखे, दैहिक आवश्यकता की प्रत्यक्ष अभिव्यक्ति और विवाह संस्था की आलोचना ने इस पुस्तक को विवादास्पद बना दिया और इस पर प्रतिबन्ध लग गया। तसलीमा नसरीन लिखती हैं, "एक चीज मेरे भीतर विश्वास तौर पर पक्की तरह से घर करती जा रही थी; वह थी अपनी चाहों की कद्र करना, मेरी देह नितान्त मेरी है। इस पर दखल रखने का हक मेरे अलावा और किसी का नहीं हो सकता। इस शरीर को मैं कीचड़ में डुबो दूँ या सिर की शोभा बनाऊँ, इसका फैसला सिर्फ मैं करूँगी। मैंने एकाधिक मर्दों से शारीरिक सम्पर्क स्थापित किया है, यह जान कर कई मर्द मेरे तन-बदन की तरफ टुकुर-टुकुर देखते रहते हैं, मानो यह शरीर आसानी से सुलभ है, हाथ बढ़ाते ही उपलब्ध हो जाएगा।...उन लोगों को कभी यह ख्याल नहीं आता कि मर्द भी भोग की सामग्री हो सकते हैं। औरत भी मर्द का भोग कर सकती है और वे लोग कभी सपने में भी नहीं सोचते कि अगर मैं न चाहूँ तो एकमात्र बलात्कार करने के अलावा वे लोग मेरी देह नहीं पा सकते।"[162] "विवाह नामक सामाजिक नियम औरत की देह और मन को मर्द की सम्पत्ति बना देता है"[163]..."मैंने इस नियम को भी अस्वीकार कर दिया है कि मेरी देह अगर कोई छुए तो मैं सड़ जाऊँगी। मैंने तोड़ डाली है जंजीर! पान से पोंछ दिया है संस्कार का चूना।"[164]

'द्विखंडिता' के प्रकाशन के बाद तसलीमा पर अश्लील-लेखन और अबाध चरित्रहनन का मामला दर्ज हुआ! आगे चलकर इस पुस्तक के अनेक संस्करण

छपे और प्रतिबन्ध ने दरअसल इसकी लोकप्रियता में वृद्धि की! इस पुस्तक का विरोध बड़े पैमाने पर किया गया। बांग्लादेश से लेकर भारत में 'द्विखंडिता' को प्रतिबन्धित कर दिया गया। जड़ और दकियानूसी समाज और पुरुष-प्रधान प्रकाशन-जगत को इस पुस्तक से भय लगने लगा। फिर भी तसलीमा ने आशा नहीं छोड़ी वे लिखती हैं :

"मैं आशा करती हूँ कि मेरे जिन्दा रहते हुए वो दिन जरूर आएगा जिस दिन हिन्दुस्तान की किसी भी जगह जाने में मुझे कोई भी बाधा नहीं आएगी। लोगों की भीड़ में मैं भी अपने परिचय के साथ चल सकूँगी। मुझे किसी भी तरह की सुरक्षा की जरूरत नहीं पड़ेगी। लोगों का प्रेम ही मेरी सुरक्षा होगी। वो दिन जरूर आएगा जब मैं धर्म की जितनी भी समालोचना क्यों न करूँ, कोई मेरे सिर की कीमत की घोषणा नहीं करेगा; कोई मेरी हत्या करने नहीं आएगा; कोई मुझ पर फतवा नहीं देगा। मैं भी एक दिन और सब कवियों की तरह कविता पढ़ पाऊँगी, मैं भी पुस्तक मेले में ऑटोग्राफ दे पाऊँगी; और सारे लेखकों की तरह मैं भी साहित्यिक-सांस्कृतिक कार्यक्रमों में अपनी राय जाहिर कर पाऊँगी—निर्भय होकर, निरापद होकर।"

'निर्वासन' मेरी आत्मकथा का सप्तम खंड है। मैंने तो रामायण की तरह अपनी आत्मकथा लिख दी है। पहले खंड का नाम 'आमार मेये बेला' था, जिसे बांग्ला साहित्य का बहुत बड़ा पुरस्कार—'आनन्द पुरस्कार' मिला। मेरी आत्मकथा के सारे ही खंड कई सारी भाषाओं में प्रकाशित हुए हैं, जिन्हें लोगों ने व्यापक रूप से पढ़ा है। ये केवल मेरी आत्मकथा ही नहीं है, और भी हजारों लड़कियों के जीवन की कहानी है। इस श्रृंखला में तीसरा खंड 'द्विखंडिता' था, जिस पर प्रतिबन्ध लगा था। कलकत्ते के एक मानवाधिकार संगठन के कुछ लोगों ने 'द्विखंडिता' पर निषेधाज्ञा के विरोध में मामला दायर किया था। कलकत्ता उच्च न्यायालय को इस किताब में प्रतिबन्ध लगाने लायक कुछ भी नहीं मिला, इसलिए प्रतिबन्ध लगने के दो साल बाद इस किताब को मुक्त कर दिया गया। किताबें लोग नहीं शासक निषिद्ध करते हैं। किताब पर प्रतिबन्ध लगाना बहुत ही घृणित काम है। बांग्लादेश की सरकार ने इस गन्दे काम में यथावत उस्तादी हासिल कर ली है। मेरी पाँच किताबें प्रतिबन्धित हैं उस देश में। उस देश के लोग भी गन्दे हैं—किसी ने भी आज तक प्रतिबन्ध के खिलाफ कोई आवाज नहीं उठाई।"[165]

आत्मकथा का चौथा भाग 'वे अँधेरे दिन' है जिसका हिन्दी तर्जुमा 2005 में वाणी प्रकाशन से शाया हुआ। इसमें उनके जीवन के उन दो महीनों का लेखा-जोखा है जब उन्हें अपने देश में ही चुपचाप, छुपकर रहना पड़ा और अन्ततः देश छोड़ना भी पड़ा। इसमें वे अपने विदेश गमन के अनुभवों के बारे में विस्तार से बताती हैं लेकिन अपने देश के प्रति, उसकी शस्य-श्यामला धरती, गरीब, भूखे नंगे देशवासियों, अनपढ़ और जड़बुद्धि के सहकर्मियों के प्रति उनकी सहानुभूति

कहीं कम नहीं होती। वे यूरोप का खुलापन देखकर चकित हैं : "उस रेस्तरां में मैंने गौर किया कि लड़के-लड़कियाँ शराब पी रहे हैं, एक-दूसरे से लिपटा-लिपटी कर रहे हैं, एक-दूसरे को चूम रहे हैं। किसी की भी आँख उन पर नहीं गड़ी है। लेकिन मेरी निगाह उन लोगों पर ही गड़ी थी। मैं आँखें फाड़-फाड़कर देखती रही! कैसा मोहक माहौल! यहाँ कोई भी अपनी इच्छाओं का दमन नहीं कर रहा है। चूमने का मन हुआ, लोग चूम रहे थे! आँख-भौंह चढ़ाकर,चेहरे पर गुस्सा, घृणा और हिंसा चिपकाए, बैठे हुए या झगड़ते हुए लोगों को निहारने से कहीं बेहतर है हँसते-खिलखिलाते चेहरों को प्यार करते हुए, चूमते हुए देखना! दिल एकबारगी खुश हो जाता है! समूची दुनिया ही बेहद खूबसूरत नजर आती है! लम्बे समय तक जीने का मन होता है!"[166] तसलीमा ने बड़े विस्तार से बांग्लादेश के इस्लामी फतवों के कारण मित्रों की मदद से दो महीने की लम्बी अवधि तक अँधेरे घरों में एकाकी चुपचाप रहना स्वीकार कर लिया था, क्योंकि उनके लेखन और भाषणों के खिलाफ ढाका विश्वविद्यालय समेत कई जगहों पर विरोध प्रदर्शन किये जा रहे थे। गोपनीय ढंग से एक कमरे में रहते हुए उन्होंने कई दिन गुजारे। वे लिखती हैं, "मुझे पता है कि लोग–बाग मुझे कहाँ, किस अँधेरे में धकेल रहे हैं! यह सच है कि कुछेक लोग मेरे पक्ष में हैं, लेकिन देश के अधिकांश लोग ही मेरे साथ नहीं हैं। देश के ज्यादातर लोग ही एक स्वर में मेरी मौत चाहते हैं। मुझे मालूम है। सब मालूम है।...12 जुलाई, मंगलवार—दिन-दिन-भर मैं कमरे में कैद पाखी की तरह बैठी रहती हूँ। बैठे-बैठे, जब पीठ दर्द करने लगती है, तो लेट जाती हूँ! लेटे-लेटे जब सिर दर्द करने लगता है तो उठ बैठती हूँ। बैठे-बैठे जब उल्टी आने लगती है, तो फिर लेट जाती हूँ। लेटे रहकर, जब जी मिचलाना कम हो जाता है, तो फिर उठकर बैठ जाती हूँ। बैठे-बैठे, अँधेरे में आँखें गड़ाए,आँखें जलने लगती हैं, तो फिर लेट जाती हूँ। आँखें मूँदकर लेटे-लेटे जब हाँफ जाती हूँ, तो फिर उठकर बैठ जाती हूँ! बैठे-बैठे जब साँस की तकलीफ कम होने लगती है तो फिर लेट जाती हूँ। लेटे-लेटे जब समूचा बदन पसीने से तर-ब-तर हो जाता है तो एक बार फिर उठकर बैठ जाती हूँ। पसीना पोंछकर, गर्मी का अहसास जरा कम होते ही, पहले की तरह लेट जाती हूँ। लेटे-लेटे जब आँख लग जाती है तो बुरे–बुरे सपने देखते हुए चौंककर, जाग जाती हूँ। जागकर उठ बैठती हूँ। बैठे-बैठे मैं अपने को सान्त्वना देती हूँ कि वह सब महज खौफनाक सपने थे, कुछ भी सच नहीं था और दुबारा लेट जाती हूँ। लेटे-लेटे खौफनाक सपने देखने के डर से मैं अपनी पलकों पर नींद को बैठने भी नहीं देती। जब पलकों पर नींद ही नहीं उतरती, तो लेटे रहने में कोई तुक नहीं होता। इसलिए मैं एकदम से उठ जाती हूँ। सारे-सारे दिन, सारी-सारी रात, एक पंचफुटिया जगह में मेरा उठने-लेटने का सिलसिला जारी रहता है।"[167] तसलीमा अपने लिखने में विडम्बना और विक्षोभ को खास तर्ज पर रचती हैं। उनकी

आत्मकथा के सभी भागों में एक आत्मविश्वास और आदर्श में आस्था दिखाई देती है। कुछ भी हो जाए उनकी आस्था, एक बेहतर भविष्य का विश्वास उनके भीतर की दरारों से प्रतिभासित होता ही रहता है। कई बार वे अतिशयोक्तिपूर्ण बातें भी कहती हैं जिनमें अक्सर एक आदर्शवादी आत्मविश्वास से परिपूर्ण भाव की व्याप्ति देखी जा सकती है। कभी-कभी अतीत के प्रति अतिरिक्त मोह भी व्यक्त होता है, बार-बार एक ही बात को दुहराया भी जाता है। लेकिन साथ ही वे आत्मकथाओं को क्रमवार ढंग से वर्णित करती हैं। ऊपर से देखने में वे अक्सर खंडित होती हैं और ऐसे अध्यायों में विभाजित होती हैं जिन्हें स्वतंत्र रूप से भी पढ़ा जा सकता है। तसलीमा की आत्मकथा के सभी भाग स्वतंत्र रूप से भी पढ़े जा सकते हैं।

तसलीमा की आत्मकथा का पाँचवाँ भाग 'मुझे घर ले चलो' शीर्षक से छपा। आत्मकथा के इस भाग में अध्याय एक को 'जंजीर' शीर्षक देती हुई वे लिखती हैं : "अपने देश में प्रवासी और परदेस में भी प्रवासी, तब कहाँ है, मेरा देश? सुजला-सुफला देश! मैं जानूँ, देश जाने, मेरे अन्तस में है, वह देश।"[168] विदेश जाकर बिना बुर्के और परदे के वे स्वयं को मुक्त अनुभव करती हैं। आत्मकथा में अपने देश में रहने की इच्छा और रह न पाने की व्यथा के साथ स्त्री-विरोधी कायदे-कानून से जकड़ी दुनिया से अलग मुक्ति की हवा में साँस लेती स्त्री के सुख की उछाहें भी व्यंजित हैं—"बैंकाक हवाई अड्डे पर उतरते ही मैंने सर का आँचल खींचकर हटा दिया।...आँचल हटाते ही मैंने खुद को बेहद हल्का महसूस किया। अर्से बाद, मैं जैसे 'मैं' हो आई। एक अश्लील आवरण ने मुझे ढके रखा था। उसे हटाते ही, सच्ची में मैं दुनिया की रोशनी, हवा में बाहर निकल आई। मैंने मुक्ति की साँस ली।"[169] आत्मकथा के इस भाग में तसलीमा ने ढाका से निर्वासित होकर बैंकाक के रास्ते स्वीडन जाने की यात्रा का जिक्र किया है। ढाका के मुल्लाओं के दबाव में उन्हें देश से निर्वासित तो कर दिया गया लेकिन उन्हें लेकर स्वीडन की सरकार की चिन्ता और उनकी सुरक्षा-व्यवस्था ने तसलीमा को किस तरह बन्धन में लिपटी मुक्ति दी, इसका वर्णन विस्तार से किया गया है। स्वीडन के हवाई अड्डे पर उतरते ही—"जहाज के नीचे ही झुंड-भर पुलिस की गाड़ियाँ भी खड़ी थीं। उनमें से ही किसी गाड़ी में मुझे उठाकर गाड़ियाँ किसी अनजान ठिकाने की ओर दौड़ पड़ीं। आगे-आगे ढेरों गाड़ियाँ, उस वक्त खतरे की घंटी बजा रही थीं—पों-पों! मैं हतबुद्धि! इस किस्म का अभिवादन तो किसी बड़े-विशाल देश के राजा-रानी या राष्ट्रप्रधान अपेक्षा करते हैं। मैं ठहरी नितान्त ही मामूली इनसान! अपने लिए ऐसी तैयारी देखकर मेरे मन में जाने कैसी तो दहशत फैल गई। हवाई अड्डे में ही मुझे कहीं उतारा गया! कहाँ? यह समझना मेरी क्षमता में नहीं था।...यूरोप के इस देश में जब वे पुलिस की कड़ी सुरक्षा में हैं तब सोचती हैं, 'मैं किसी संगी के साथ, सैर-सपाटे के लिए स्वीडन नहीं आई हूँ, यह सोचकर ही मुझे भला-भला-सा लगा, लेकिन इससे और किसी का क्या आता-जाता

है? यह देश, बांग्लादेश नहीं है। यहाँ तुम किससे इश्क कर रही हो, किसके साथ सोती हो, यह सब कोई मुद्दा ही नहीं है। तुम अकेली हो या दुकेली, यह भी कोई मामला नहीं है। तुम, बस, तुम हो। तुम क्या सोचती हो, तुम क्या करती हो, यही सबसे बड़ी बात है।"[170] शुरुआत में तसलीमा को लगता है कि उनके प्रति घृणा का ज्वार कम होते ही वे अपने देश वापस चली जाएँगी, "मुझे यहाँ रहना ही कितने दिन है। उन कट्टरवादियों की मुझे चिढ़ाने की झख कम होने में आखिर कितने दिन लगेंगे? मैंने तो विदेश मंत्री, गैबी इन सबसे पहले दिन ही कह दिया था कि शायद दो-तीन महीनों में ही मेरे देश की परिस्थिति ठीक हो जाएगी।"[171] तसलीमा विदेशी धरती पर स्वयं को जंजीर में बँधा हुआ महसूस करती हैं क्योंकि उन्हें अपने मन से कुछ भी करने की आजादी नहीं है। सुरक्षा और भाषा के नाम पर वे व्यावसायिक चालाकियों का शिकार भी बनती हैं। वे यूरोप के खान-पान रहन-सहन के साथ एशियाई समाज की सांस्कृतिक विरासत की तुलना भी करती चलती हैं। यूरोप में जब वे बताती हैं कि वे वर्षों से कलम की जगह कम्प्यूटर का इस्तेमाल करती हैं और कम्प्यूटर के अभाव में लिख नहीं पातीं तो वहाँ के लोग विश्वास नहीं कर पाते कि एक गरीब एशियाई देश की लेखिका कम्प्यूटर का इस्तेमाल करती होगी। पत्रकारों से बात करते हुए उन्हें निर्देश दिया जाता है कि वे इस तथ्य को छिपा लें कि वे इन्तिहापसन्दों द्वारा फाँसी की माँग और बांग्लादेश सरकार द्वारा ठोंके गए मुकदमे के कारण स्वीडन आई हैं। घर लौटना तसलीमा की प्राथमिकता थी, इसे वे इन शब्दों में बयान करती हैं, "मन में बातें छिपाने की वजह से मेरी बेचैनी का कोई अन्त नहीं था, जैसे कुछ हुआ ही न हो। स्वीडन के आमंत्रण-निमंत्रण पर मैं नाचते-नाचते, हँसते-खिलखिलाते, बगले बजाते-बजाते चली आई हूँ। जैसे मैंने इस जन्म में इस्लाम को लेकर कोई भी कड़वा जुमला नहीं कहा। जैसे किसी ने कभी मेरे खिलाफ मुकदमा नहीं ठोंका। जान-जोखिम में डालकर रात के अँधेरे में मुझे कभी दौड़ना-भागना नहीं पड़ा। जैसे मुझ जैसा सुखी और शान्त जीवन किसी का भी नहीं है। यह सब कहने को मेरा मन कतई राजी नहीं था, लेकिन किसी एक आशंका ने मुझसे यह सब कहलवा लिया–अगर यह सब नहीं कहा तो अपने देश लौटने की राह मेरे लिए हमेशा-हमेशा के लिए बन्द हो जाएगी। सच यही था, मेरे लिए चाहे और सारे दरवाजे बन्द हो जाएँ, लेकिन देश लौटने की राह कभी बन्द न हो...मैं अपने देश लौटना चाहती हूँ। अगर सम्भव हो तो इसी पल!"[172] तसलीमा अपने देश, अपनी मिट्टी की ओर लौटने के लिए आकुल-व्याकुल हैं लेकिन यह सत्य भी जानती हैं कि उनका लेखन, उनकी आवाज धर्म के ठेकेदारों से लेकर कभी मित्र रहे लोगों को नहीं सुहा रही है। निर्वासन के दौरान अखबार, फोन से वह अपने बारे में जो कुछ कहा-लिखा जा रहा है वह सुन-जान पा रही हैं। इतना सब कुछ सुनने के बाद भी अपने देश की ओर लौटने की अदम्य इच्छा ही उन्हें किसी और लेखक से

विशिष्ट तसलीमा बनाती है। माया एंजेलो ने कहा था कि जीवन-जगत में जितने भी मूल्य हैं उनमें सबसे बड़ा मूल्य है 'साहस'। वह साहस तसलीमा में कूट-कूट कर भरा है—"पश्चिम बंगाल और बांग्लादेश के सभी नामचीन साहित्यकार मेरी निन्दा में आकंठ डूबे हुए हैं। बदनामी कितनी वीभत्स हो सकती है, अफवाहें कितनी निर्मम हो सकती हैं, घृणा कितनी भयंकर हो सकती है, उसका अनुमान लगाने के लिए आपको सुनना पड़ेगा कि वे लोग मेरे बारे में क्या बोल रहे हैं, क्या लिख रहे हैं।"[173] तसलीमा जिस तरह बचपन की घटनाओं का जिक्र बिना डरे करती हैं ठीक उसी तरह वे 'निर्वासन' में विश्वविद्यालय के प्राध्यापक हुमायूँ आजाद, लेखक सैयद शम्सुल हक और सुनील गंगोपाध्याय का नाम लेती हैं और एक स्वतंत्र व्यक्तित्व-सम्पन्न स्त्री को शून्य में तब्दील करने की उनकी कुंठित मानसिकता का पर्दाफाश करती हैं। अन्य आत्मकथाकारों से तसलीमा को जो बात अलग करती है वह है सच बोलने और नाम लेकर अपने अनुभव साझा करने का एकचित्तापन। अधिकांश स्त्री-आत्मकथाएँ इसलिए अप्रामाणिकता का आक्षेप झेलती हैं क्योंकि उसकी रचनाकार सेंसरशिप के दबावों के आगे घुटने टेक देती है। तसलीमा नसरीन के कष्ट सहने के नाना–प्रसंग समूची आत्मकथा में फैले हुए हैं, शोषण, थकान के साथ प्रेम और संसर्ग के प्रसंग पाठक को चकित भी करते हैं क्योंकि तसलीमा का मानना है कि : "जो बाहर प्रकाश में न लाया जा सके, ऐसा काम अपराधी ही करते हैं और अपराधियों को बचाने की जिम्मेदारी, किसने कहा है कि हर औरत को ही लेनी होगी!"[174]

आत्मकथा के छठे भाग "नहीं, कहीं कुछ नहीं" को तसलीमा ने अपनी माँ और अपने सम्बन्धों की स्मृति पर केन्द्रित किया है।[175] आत्मकथा का यह भाग वास्तव में अपनी अम्मी इदुलआरा के प्रति बेटी तसलीमा की ओर से तर्पण है। तसलीमा की माँ एक रूढ़िवादी निम्न-मध्यवर्गीय परिवार की कम पढ़ी-लिखी, लगभग कुरूप स्त्री थीं जिनके पति विवाहेतर सम्पर्क में मुब्तिला थे। साँवले रंग और साधारण नैन-नक्श की स्त्री घर की सभी जिम्मेदारियाँ भले ही कितनी भी कुशलता के साथ क्यों न निभाए। उसकी कुरूपता उसे पति के साथ-साथ सन्ततियों की उपेक्षा का पात्र बना देती है। आत्मकथा का यह भाग दरअसल एक लम्बे पत्र के रूप में है। तसलीमा ने अपनी माँ की सुघड़ता की भूरी-भूरी प्रशंसा की है—"सिर्फ कमरे की सजावट ही नहीं, अम्मा आँगन-मैदान को भी हर मौसम में फल-फूल के पेड़-पौधों, साग-सब्जियों से सजाए रखती थीं। जो पेड़ या पौधा एक ओर झुका होता, उसके किनारे-किनारे बाँस की खपच्चियों का बेड़ा बनाना, झाड़-झंखाड़ की साफ-सफाई, माटी काटना, माटी भरना, सारे काम वे खुद करती थीं।" एक स्त्री अपनी सारी सच्चाई और समर्पण के साथ पति और बच्चों की सेवा करती है, खुद ठीक से न खाकर बच्चों के लिए अच्छा भोजन रखती है, "अम्मी को खाना भी दो किस्म का पकाना पड़ता था। एक तरह का खाना घरवालों के लिए, खुद अपने और घर

के नौकरों–चाकरों के लिए दूसरी तरह का! इस दूसरी तरह ये खाने के नाम पर बासी दाल, शुट्की मछली और निरामिष साग–सब्जी के अलावा अगर और कुछ जुट जाता था तो वह थी कंच मछली या टैगरी पुट का शोरबा। अगर मांस-मछली पकाई जाती तो वह हम लोगों के लिए सहेजकर रखी रहती। हम लोगों से मतलब अब्बू, हम भाई-बहन और नई-नई आई बहू गीता के लिए।"

अम्मी सभी की जरूरतों का ख्याल रखती थीं लेकिन उनके दुखों का अन्त नहीं था। बहुत दिनों तक उनकी बीमारी पर किसी परिवार जन ने ध्यान नहीं दिया, जब तसलीमा उन पर ध्यान देने योग्य हुईं तब तक बीमारी बहुत बिगड़ चुकी थी। तसलीमा बहुत ही आत्मीय तटस्थता के साथ अपनी माँ को याद करती हैं। इस आत्मकथ्य का वैशिष्ट्य है स्मृति की झीनी परतों से बहुत छोटे-छोटे विवरणों का प्रत्यक्ष होना और साधारण कही जानेवाली स्त्री की नियति और सम्भावनाओं से पाठक का साक्षात करवाना। स्त्री अपनी साधारणता में पुरुष के भोग की वस्तु है, जिसकी नियति को देखकर तसलीमा ने विद्रोह किया। आत्मकथा यह बताती है कि परिवार में माँ की अवमानित स्थिति ने तसलीमा का मन:संसार निर्मित करने में निर्णयात्मक भूमिका निभाई।

तसलीमा जब स्त्री की यौनिकता और उसकी कामेच्छा के बारे में लिखती हैं तो उन्हें भयंकर लोकापवाद का सामना ही नहीं करना पड़ता बल्कि उनकी किताबें भी प्रतिबन्धित कर दी जाती हैं। इस प्रसंग पर भी तसलीमा आलोचकों के नाम के साथ उनके मन्तव्य लिख देती हैं, "कवि सुबोध सरकार ने लिखा है।...हाय रे! क्या यौनता तसलीमा का दुस्साध्य रोग है, जो उनके पिता को भी नहीं बक्शता और न ही पिता की उम्रवालों को। सुना है, आपके यौन-किस्सों की तालिका अभी और सामने आएगी। कलकत्ते के लेखक दिन गिन रहे हैं, निश्चित ही आपके स्टाक में फ्रेंच और इटालियन भी हैं। जल्दी ही आपका नाम विख्यात बाइजियों की सूची में आ जाएगा। दो–एक बंगाली स्कालर आपको लेकर किताब लिखेंगे कि एक लेखिका अर्थ–सामाजिक दबाव में वेश्या बन गई। भाग्य से आप स्वीडन में रहती हैं, नहीं तो खराब मोहल्ले के लोग इसके बाद जानना चाहेंगे कि आपका पेमेंट किसमें होता है, डालर, स्वीडिश क्रो, टाका या रुपयों में? भाषाहीन स्त्रियों को भाषा देना चाहती थीं आप, वह महान इमेज नहीं रही आपकी और अब औरतें भी आपको छूने पर डेटाल से हाथ धोएँगी। अरब का इत्र भी आपके छोटे दोनों हाथों की गन्ध को नहीं मिटा पाएगा कभी भी।" तसलीमा 'निषिद्ध मत, द्विखंडित पथ' में लगातार ऐसे सभी विरोधियों के उद्धरण नाम समेत देने से नहीं सकुचातीं जिन्होंने उनके लिखे और स्पष्टवादिता की आलोचना की। इस सूची में नबनीता देवसेन से लेकर मल्लिका सेनगुप्त शामिल हैं। तसलीमा जिस व्यक्ति-स्वतंत्रता के लिए लड़ती रहीं, अपनी आवाज को पुरुष के बराबर मानुष की आवाज बनाने का प्रयास करती

रहीं और इसके लिए वे सारे जोखिम उठाती रहीं, उन्हीं को जीवन के छठे दशक में भारत में निर्वासित जीवन बिताना पड़ रहा है जिसके बारे में वे लिखती हैं, "जब मैं पीछे मुड़कर देखती हूँ, तो मुझे गुजरे हुए साल बहुत ही रूखे व विवर्ण लगते हैं। अचानक आधा-अधूरा, भूला–सा एक सपना, जड़ और बदरंग के अम्बार से खुद को खींचकर, रंगदीप्त, दु:साहसी–सा साकार होकर मेरे सामने खड़ा हो जाता है। अजीब-सी स्मृतियाँ, पंजों के बल मेरे वीरान कमरे में दाखिल होती हैं, और मेरे सामने आकर मुझे थर्रा देती हैं, रुला देती हैं। खींच ले जाती हैं, पीछे छूट चुके दिनों में। मैं असहाय चल पड़ती हूँ, सर्पिल परछाइयों से घिरे, जिन्दगी के गलियारों में, ढूँढ़ती हुई यादों की किरचें, पर क्या फायदा? जो बीत चुका वह बदला नहीं जा सकता है, जो सपने बहुत पहले ही दम तोड़ चुके थे, पूरी तरह मृत, अब पहचान में ही नहीं आते। क्या फायदा होगा नाजुक उँगलियों से धूल भरे जालों को झाड़कर? जो चला गया है, वो अब नहीं है यहाँ। मैं जानती हूँ, पर मेरी निर्वासित जिन्दगी बार-बार मुझे वापस ले जाती है, मेरे माजी की ओर। मैं उसके वशीभूत-सी घूमती रहती हूँ, अपनी यादों के लैंडस्केप में। हर रात, अपने साथ दु:स्वप्न और साथ में अपने गमों का एक मोटा लिहाफ लेकर आती है और यह ठीक वही समय होता है जब मैं कहना शुरू करती हूँ, उस लड़की की कहानी।"[176] यदि आत्मकथा को अन्तर्यात्रा कहा जाए तो तसलीमा की अन्तर्यात्रा पाठक को समय के पार ले जाती है। आगे भी पीछे भी कभी सीधी रेखा में भी, लेकिन है अक्सर घुमावदार ही, जो सामाजिक इतिहास के किसी भी चरण में स्त्री और विशेषकर मुसलमान स्त्री होकर पैदा होने, समाज से टकराने और अपनी शर्तों पर जीवन जीने की जद्दोजहद के कई पड़ावों से होकर गुजरती है, जिसके आलोक में स्त्री के लिए समता और बन्धुत्व की अवधारणाएँ सिर्फ यूटोपिया ही हैं। फिलवक्त तो उसके हाथ में जो आता है वह है—निर्वासन।

बांग्लादेश की कुछ अन्य स्त्रियों ने भी आत्मकथ्य लिखे जिनमें निलूफा अख्तर का 'स्मृतिते रोक्ताक्त जशोर रोड' (2017),नीलिमा इब्राहीम का बिन्दु-विसर्ग (डॉट एंड घोस्ट, 1991), शिल्पी रहमान का; युद्ध शेषे युद्धेर गल्प (2019), आयेशा फैज का 'शेष चिठी' (2017), जकिया रउफ चौधरी का 'जीबोनेर खेरो खाता' (2020)। बांग्लादेश में आत्मकथा-लेखन विधा स्त्रियों और पाठकों में बेहद लोकप्रिय है। अत: इस सूची में कई अन्य रचनाकार भी जोड़े जा सकते हैं।

बांग्ला में स्त्री-आत्मकथा लेखन के विकास को विभिन्न चरणों के अन्तर्गत देखा जाना अध्ययन की सुविधा के लिए ही है। इन आत्मकथाओं को कालानुसार भी विभाजित किया जा सकता है। जिसमें पहले चरण में राससुन्दरी देवी हैं जिनके लिए साक्षर होना एक बहुत बड़ी चुनौती थी, घर की चहारदीवारी और परदे के

भीतर की दुनिया के अतिरिक्त जिनके लिए आध्यात्मिकता का रास्ता छोड़कर बाहर की दुनिया को जानने का कोई रास्ता नहीं था। वे कई मुद्दों पर चुप हैं। अक्सर वे अपने घर-परिवार के बारे में बात करती हुई ईश्वर को अनायास ही स्मरण करने लगती हैं। लेकिन स्त्रियों के लिखे हुए ये 'टेक्स्ट' हमें चेतावनी देते हैं कि मौन और मितकथन का अर्थ रिक्ति नहीं है, जो अपनी बात को कहने के लिए प्रकृति और आत्मा-परमात्मा के रूपक का ही सहारा ले रही हैं या इसके अलावा कहने को उसके पास कुछ और है ही नहीं। बल्कि इसकी ज्यादा सम्भावना है कि उसके पास कहने को इतना ज्यादा है कि उसे योग्य श्रोता अर्थात् लैंगिक विभेद से मुक्त मस्तिष्कवाला श्रोता मिलना मुश्किल है, पाठक के ज्ञान और संवेदना की अपनी सीमा है इसलिए ये उन्हीं के अनुरूप लिखती हैं। इसी दौर में ही वे कैलाशबासिनी जैसी स्त्रियाँ हैं जिन्होंने पढ़ना-लिखना सीख लिया था और विभिन्न स्थानों की यात्राओं ने उनका अनुभव-संसार एक सीमा तक, पहले की अपेक्षा विस्तृत कर दिया था। औपनिवेशिक शासन के अनन्तर अधिकांश आत्मकथाकार परिवार, बाल-विवाह, अनमेल विवाह की चुनौतियों से जूझती हैं लेकिन उससे मुक्ति का मार्ग धर्म के अलावा कहीं उन्हें दिखाई नहीं देता इसलिए हेमबती सेन जैसी अनेक स्त्रियाँ हिन्दू धर्म की जकड़न से मुक्त होकर ब्राह्मो धर्म का आश्रय ले लेती हैं, जो उन्हें स्त्री के रूप में जीने के अधिकार एक सीमा तक देने में सक्षम है, जिसके उदाहरण के तौर पर सुदक्षिणा सेन, हेमबती सेन, नबनीता देवसेन की माँ राधारानी के जीवन को देखा जा सकता है। ये स्त्रियाँ अपनी सीमाओं को पहचानकर भी बहुत हौले से रूढ़ समाज में सेंध लगाने का काम कर रही हैं। इस काम में वे अपने स्त्रीत्व और मेधा के सम्मिलित रसायन का चतुराई से इस्तेमाल करती हैं। हेमबती सेन ने चिकित्सक का पेशा अपनाया लेकिन एक-एक पैसे के खर्च के लिए अपने नकारा पति से आज्ञा लेती हैं। ऊपर से देखने में यह करुणास्पद स्थिति लग सकती है लेकिन ये दरअसल पितृसत्ता और तयशुदा व्यवस्था के भीतर अपनी निज की पाई हुई स्वाधीनता की रक्षा करने की बौद्धिक रणनीति है। राष्ट्रीय आन्दोलन के दौरान और समाज-सुधार कार्यक्रमों से जुड़ी स्त्रियों के आत्मकथ्य अगले चरण में देखे जाने चाहिए जिनमें सरला देवी चौधरानी, मणिकुन्तला सेन एवं शान्तिसुधा घोष शामिल हैं, जिनके लिए शिक्षा, पर्यटन कोई चुनौती नहीं रह गई थी और उनकी वैचारिक प्रतिबद्धताएँ भी तय हो चुकी थीं। इनमें से अधिकांश की माताओं ने अपने अनुभवों से पुत्रियों को सिखाया और उन्हें स्वच्छन्द उड़ान भरने में मदद की, फिर भी इनके आत्मकथ्य पितृसत्ता की सेंसरशिप से मुक्त नहीं दिखाई पड़ते। रंगमंच, संगीत और फिल्मों से जुड़ी हुई आत्मकथाएँ सामाजिक व्यवहार और आचरण का अनदेखा पहलू हमारे सामने रखती हैं जिनमें बिनोदिनी दासी, कानन बाला और सहाना देवी को पढ़ा जाना चाहिए। बांग्लादेश के स्वतंत्र

देश बनने के बाद वहाँ की स्त्रियों की आत्मकथाओं में विस्थापन की स्मृतियाँ और पुनर्वास की पीड़ा व्यंजित हुई जिसमें नूरजहाँ बोस, सुनन्दा सिकदार का लेखन देखा जा सकता है। इस्लाम के नियंत्रण और लैंगिक असमानता के साथ मानवाधिकारों की खुलेआम वकालत करनेवाली तसलीमा नसरीन के आत्मकथ्य बदलते बांग्लादेश के आन्तरिक तापमान का विस्तृत पता देते हैं। उनकी आत्मकथाएँ बेहद क्रमवार ढंग से स्त्री और लेखक होने के नाते उन पर लगी सेंसरशिप और देशनिकाले की पीड़ा का बयान करती हैं। नक्सलबाड़ी आन्दोलन से जुड़ी जया मित्र, अफगानिस्तान जाकर तालिबान की स्त्री-विरोधी नीयत की खुलकर आलोचना करनेवाली सुष्मिता बन्द्योपाध्याय की आत्मकथा और नबनीता देवसेन (आत्मकथात्मक अंश प्रकाशित) को समकालीन आत्मकथा लेखिकाओं की श्रेणी में रखा जा सकता है। दरअसल 1960 से साहित्य में जब से स्त्री के निजी और सार्वजनिक जीवन, हाशिये की अस्मिताओं के इतिहास को पढ़ने, जानने और शोध करने की प्रवृत्ति बढ़ी और धीरे-धीरे वे जीवन जो कभी इतने महत्त्वपूर्ण माने ही नहीं गए कि उनको पढ़ा और उन पर लिखा जाता, अकस्मात केन्द्र में आने लगे। जहाँ प्रारम्भिक दौर की आत्मकथाओं में निजी जीवन ही केन्द्र में रहा करता था, अपने समय के इतिहास और सार्वजनिक मुद्दों की चर्चा पुरुषों द्वारा लिखी आत्मकथाओं की अपेक्षा उनमें कम होती थी परिवार-सगे-सम्बन्धी और घरेलू मुद्दों पर ही आत्मकथा केन्द्रित होती थी वही अगले दौर में स्त्रियाँ अपने बारे में लिखते हुए व्यंग्य, विडम्बना एक खास तरीके की व्यंजना और ज्यादातर अभिधात्मकता के साथ उपस्थित हुईं, जो कथ्य और शैली दोनों स्तरों पर पुरुष-आत्मकथाकारों से नितान्त भिन्न थी। पुरुषों के विपरीत स्त्रियाँ अक्सर दैनन्दिनी या रोजनामचा की तर्ज पर छोटे-छोटे ब्यौरे देती दिखाई देती हैं, जिनके माध्यम से वे दरअसल स्वयं की तलाश करती हैं; बनिस्पत इसके कि वे अपनी पुरानी स्मृतियों को लिखें जो पहले ही निर्मित हो चुकी हैं। तीसरे चरण तक आते-आते स्त्रियाँ खुद पर लगी सेंसरशिप को कहीं चुनौती देती दिखाई देती हैं कहीं संकेतों में अपनी बात कहकर आगे बढ़ जाती हैं, इस दौर में वे अभिव्यक्ति के खतरे भी उठा रही हैं। स्त्रियों ने रूढ़ियों और हिन्दू रीति-रिवाजों की जकड़बन्दी के प्रतिरोध में एक वैकल्पिक भाषा इजाद कर ली जो स्त्रियों की स्टीरियोटाइप छवि से बिलकुल अलग थी। ये आत्मकथ्य इसका प्रमाण हैं।

बांग्लादेश की कई स्त्रियों के उपन्यास, डायरी-अंश, यात्रा-संस्मरण भी देखे जाने जरूरी हैं जिनमें आत्मकथात्मक अंश मिलते हैं। इन्हें स्वतंत्रता पूर्व बंगाल के ऐतिहासिक साक्ष्यों के रूप में देखा जा सकता है।

सायिका हुसैन ने बीबी तहेरूमुन्निसा, रहीमुन्निसा, नवाब फैजुन्निसा अफ्सरून्निसा जैसी रचनाकारों का नाम गिनाया है जो बेगम रोकैया सखावत हुसैन

की समकालीन रचनाकार थीं। लेकिन उनकी तरफ इतिहासकारों और विद्वानों का ध्यान बहुत कम गया। उनका कहना है कि औपनिवेशिक भारत के इतिहास में बंगाली मुस्लिम महिलाएँ चुप करा दी गईं थीं इसलिए वे साहित्येतिहास में भी दिखाई नहीं देतीं। किसी भी बंगाली मुस्लिम स्त्री के लेखन और रचनात्मक योगदान की चर्चा का लगभग अभाव हमें यह सोचने पर विवश कर देता है कि किसी भी अन्य भारतीय स्त्री की तुलना में मुस्लिम स्त्रियाँ इतिहास के इस कालखंड से एक सिरे से नदारद क्यों हैं? यह सच है कि 19वीं शताब्दी तक साक्षरता और शिक्षा के अभाव और पर्दे के कारण मुस्लिम स्त्रियाँ बंगाल के सार्वजनिक परिदृश्य से अलग रहीं लेकिन 1920 से बंगाल के मुस्लिम मध्यवर्ग की रचनाकार स्त्रियों की एक पूरी जमात हमें दिखाई देती है जिन्हें साहित्येतिहासकारों द्वारा उपेक्षित किया गया। शोध से इस बात के प्रमाण मिलते हैं कि ये स्त्रियाँ पूरी तरह हाशिये पर नहीं थीं, इनको हाशिये पर रखा जाना गलत था क्योंकि इनमें हमें कई स्त्रियाँ ऐसी मिलती हैं जो लिखकर निरन्तर अपने विचार और आत्मानुभव की अभिव्यक्ति कर रही थीं। उन्होंने लिखकर अपनी आवाज को दूसरों तक पहुँचाया और समाज में परिवर्तनकारी भूमिका निभाई। लिखकर उन्होंने सृजन की नई भाव-भूमि तैयार की जिसमें उन्होंने अपने समकालीनों और स्त्रियों के जीवन के बारे में लिखा। शिक्षित होकर उन्होंने स्वयं को विविध विधाओं में अभिव्यक्त किया।

मुस्लिम महिलाएँ बंगाल के 19वीं शताब्दी के इतिहास से ओझल हैं, क्योंकि परम्परा से उन पर यह आरोप लगाया जाता है कि वह पिछड़ी हुई और रूढ़िवादी हैं। हालाँकि इस दिशा में कुछ प्रयास हुए हैं लेकिन अधिकांश बंगाली मुस्लिम स्त्रियाँ आज भी मुख्यधारा, बौद्धिक विमर्श और साहित्य के इतिहास से ओझल हैं। जबकि ब्राह्मण और हिन्दुओं के उच्च वर्ग और उच्च जातियों में सुधारों ने 19वीं शताब्दी के उत्तरार्द्ध तक स्थान बना लिया था। लेकिन साहित्य के इतिहासकारों ने मुस्लिम स्त्रियों को शायद ही चर्चा के लायक समझा। बंगाल का साहित्य-इतिहास पढ़कर लगता है औपनिवेशिक शासन के उत्तरार्द्ध के बंगाल में मुस्लिम स्त्रियाँ रहती ही नहीं थीं। 19वीं शताब्दी के उत्तरार्द्ध और बीसवीं शताब्दी में बंगाली मुस्लिम औरतों का संसार बहुत-से परिवर्तनों का साक्षी रहा। बीसवीं शताब्दी तक आते-आते ये स्त्रियाँ अपने घरेलू दायरे से बाहर आकर अलग-अलग पत्र-पत्रिकाओं में लिख रही थीं जो उस दौरान छप रही थीं, पर उनकी अभिव्यक्ति पर कई तरह के पहरे थे। इसका एक बड़ा कारण तो यह था कि समाज में अब भी मुस्लिम महिलाओं द्वारा रचना किया जाना सेंसर का विषय था, रूढ़िवादियों द्वारा उनका उपहास और विरोध किया जाता था। इन बंगाली मुस्लिम स्त्रियों पर परदे से लेकर धर्म की सेंसरशिप थी इसके अलावा उन पर तरह-तरह के आरोप लगे लेकिन इसके बावजूद उन्होंने लिखकर अपनी सामाजिक उपस्थिति और अपनी पहचान के बारे में दूसरों को बताया।

19वीं शताब्दी और बीसवीं शताब्दी की शुरुआत में मुस्लिम स्त्रियों के बारे में यदि कोई कुछ बता सकता था तो वे थे मौलवी जिन्होंने पर्दा और हिजाब जरूरी बताया और बंगाली मुस्लिम महिलाओं को सांस्थानिक शिक्षा से दूर रहने की 'नेक' सलाह दी। लेकिन फिर भी ऐसी कई बंगाली मुस्लिम महिलाएँ थीं जिन्होंने इसका विरोध किया और सामाजिक बन्धनों-नियमों को तोड़ा। ये सब उन्होंने अपने बल पर किया, उनके लिए कोई समाज-सुधारक या पुरुष सत्ता आगे नहीं आई। जहाँ हिन्दू स्त्रियों की शिक्षा के मसले पर समाज-सुधारक चिन्तित थे वहीं धर्म की जकड़बन्दी में मुसलमान औरतें सामान्य शिक्षा के अधिकारों से भी वंचित रहीं। ऐसे में इनका आत्मकथ्य लिखना तो नामुमकिन था ही कोई निबन्ध या कहानी लिखने का संघर्ष भी छोटा नहीं था। दरअसल इस दौर की स्त्रियों द्वारा जो लिखा गया वह सब इन स्त्रियों के आन्तरिक संसार की दरारों की कहानी है, आवश्यकता है इन स्त्रियों की चुप्पियों को समझने की और इनके लेखन की दरारों में झाँकने की। वैसे भी जिस समाज में आत्म से संवाद की छूट नहीं होती वहाँ आत्मकथा-लेखन सम्भव नहीं होता। साक्षरता के लिए हैरान-परेशां, परदे और बुर्के में लिपटीं ये औरतें सीधे-सीधे आत्मकथ्य लिखने का साहस जुटातीं भी तो कैसे, उनके लिए तो अपना लिखा प्रकाशित करवाना भी टेढ़ी खीर था, पाठक और पाठकीय प्रतिक्रिया तो दूर की बात। यहाँ तक कि अपने समय में बहुत बोल्ड मानी जानेवाली बेगम रोकैय्या सखावत हुसैन ने 'सुल्ताना का सपना' लिखा जो एक फैंटेसी है या नवाब फैजुन्निस्सा ने 'रुपजलाल' उपन्यास लिखा, जिसकी भूमिका में बहुविवाह की आलोचना की। पति के दूसरा विवाह कर लेने पर फैजुन्निसा ने अलग रहना उचित समझा, अपने पति के प्रेम को स्मरण करने के बावजूद उनके स्वाभिमान ने पति से अलग रहना गवारा किया। बाद में उसने फैजुन पुस्तकालय भी बनाया लेकिन वह भी आत्मकथा लिखने का साहस नहीं कर सकीं। इसके पीछे पितृसत्तात्मक दबावों के साथ-साथ धर्म और सामाजिक-पारिवारिक दबावों की मौन और कठोर परतों को देखा जा सकता है। किसी भी बंगाली मुसलमान स्त्री की पहली लिखित पुस्तक 'पद्माबाटिर पुन्थी'[177] है जिसकी लेखिका के तौर पर उत्तर मध्यकालीन बंगाल की रहीमुन्निस्सा को देखा जा सकता है। इस पुस्तक में उन्होंने ग्रामीण महिला द्वारा उसकी इच्छाएँ और चिन्ताओं को व्यक्त किया। 18वीं शताब्दी के बंगाल में लोक-संस्कृति के बारे में जानने के लिए यह महत्त्वपूर्ण पुस्तक है। इसके बाद एक अज्ञात बंगाली मुस्लिम लड़की तहरुन्निस्सा का नाम आता है जिसने पहली बार बंगाली मुस्लिम स्त्रियों से सामाजिक भेदभाव के प्रतिरोध में आवाज उठाई थी, वोडा बालिका विद्यालय पूर्वी बंगाल की स्थापना में उसकी महत्त्वपूर्ण भूमिका थी। यह पहली बंगाली महिला थी जिसने आधुनिक गद्य में एक पत्र लिखा था जो 'वामाबोधिनी' पत्रिका में सन् 1868 में छपा। इस पत्र में उसने लिखा कि "पढ़े-लिखे लोगो! इस धरती के शिक्षको!

स्त्रियों को शिक्षा से वंचित मत करो अगर तुम इस इस धरती को सच में खुशगवार देखना चाहते हो तो अपनी स्त्रियों को ज्ञान के आभूषण से सज्जित करो।"[178] इस अल्पज्ञात स्त्री के बारे में अधिक जानकारी नहीं मिल सकी। पत्र की संस्कृतनिष्ठ बंगला के कारण कई लोगों ने तहरून्निसा को इसकी लेखिका बताया। इसके बाद नवाब फैजूनिस्सा चौधरानी का स्थान है जिन्होंने 'रूपजलाल' शीर्षक आत्मकथात्मक उपन्यास लिखा। 1876 की इस कृति को कई विद्वानों में एक काव्य या लम्बी कविता के रूप में ग्रहण किया है इसका एक बड़ा भाग 'पुन्थी' शैली में लिखा गया है। इस पुस्तक को एक महाकाव्य के रूप में महत्त्व मिला।

नवाब फैजूनिस्सा के आने के पहले रुकैया सखावत हुसैन को आधुनिक युग की पहली मुस्लिम स्त्री-लेखक माना जाता था। रुकैया सखावत हुसैन (1880-1932) एक लेखिका और सच्ची समाज-सुधारक थीं जो बीसवीं शताब्दी के प्रारम्भ में स्त्रियों की स्थिति पर कलम चला रही थी। मुस्लिम महिलाओं की शिक्षा और उनकी स्थिति में सुधार का एजेंडा बेगम रुकैया सखावत हुसैन के लेखन में देखा जा सकता है 1901 में रुकैया सखावत हुसैन ने 'पिपासा' शीर्षक निबन्ध लिखा जो कि *नवप्रभा* में छपा। रुकैया सखावत हुसैन ने कविता, छोटी कहानियाँ, व्यंग्य, निबन्ध, उपन्यास और गल्प लिखा उन्होंने 'पद्मराग' (1924) शीर्षक से एक उपन्यास भी लिखा। 'पद्मराग' में उन्होंने तारिणी भवन के बारे में बताया जहाँ पर हर नस्ल, हर देश और हर तरह की, हर सम्प्रदाय से आई हुई स्त्रियाँ आश्रय पाएँगी और एक मर्यादा पूर्ण जीवन जीएँगी।[179] रुकैया सखावत हुसैन का अधिकांश लेखन स्त्रियों के हक और हुकूक की बात करता है। 'स्त्रीर जातीर अवनति' (1905), तथा 'अर्धांगी' (1905) को स्त्रीवादी लेखन की दिशा में महत्त्वपूर्ण माना जाता है, जिसमें उन्होंने स्त्री-अधिकारों की जोरदार वकालत की। उन्होंने 'नारीर अधिकार' शीर्षक से अन्तिम निबन्ध लिखा जो मरणोपरान्त प्रकाशित हुआ। उनकी 'सुल्तानाज ड्रीम' (सुल्ताना का सपना) कृति अंग्रेजी में छपी जिसमें उन्होंने लिखा कि वह एक ऐसे स्थान की कल्पना कर रही हैं जहाँ की स्त्रियाँ ही बाहर का सारा काम करती हैं और पुरुष घर के भीतर का।

शुरुआती दौर की अंग्रेजी पढ़ी हुई बंगाली मुस्लिम स्त्रियों में इस्लाम प्रचारक में छपनेवाली किसी मुसलमान स्त्री की पहली रचनाकार के रूप में अजीजुन्निस्सा खातून का नाम आता है, जो कि हमीदुल्लाह खान की पत्नी थी। वह पहली मुस्लिम स्त्री थी जिसकी रचना का 'हम्द ईश्वर प्रशस्ति' (1902) में इस्लाम प्रचारक में छपी।[180] उन्होंने ओलिवर गोल्डस्मिथ की कृति 'द हर्मिट' का बंगला में अनुवाद भी किया। अजीजुन्निस्सा ने स्त्री-मुक्ति के पक्ष में लिखा। पिछड़ी हुई मुसलमान कौम को शिक्षा के द्वारा सुधारा जा सकता है ऐसा बार-बार कहकर उसने न केवल स्त्री-मुक्ति बल्कि राष्ट्र-मुक्ति की बात भी की।

खैरुनिस्सा खातून (1870-1912) अजीजुन्निस्सा की समकालीन ही थीं जिनका लिखा हुआ एक निबन्ध 'आमादेर शिक्खा अन्तराय' मिलता है जो 'नबोनूर'[181] में प्रकाशित हुआ, जिसमें खैरुनिस्सा ने स्त्री-शिक्षा की पुरजोर वकालत की। उसने पूर्वी बंगाल के हुसैनपुर बालिका विद्यालय के लिए समृद्ध लोगों के घर-घर जा कर चन्दा एकत्र किया। 1908 में 'सतीर पतिभक्ति' शीर्षक आचरण पुस्तक लिखी जिसमें अच्छी पत्नी के कर्तव्य, पति-पत्नी के आदर्श सम्बन्ध पर विस्तार से बताया। खैरुनिस्सा का कहना है कि स्त्री का अशिक्षित रहना ही सामाजिक पतन का सबसे मूल कारण है, स्त्रियाँ सिर्फ सन्तान पैदा करने के लिए नहीं होतीं, उन्हें मनुष्य समझना भी जरूरी है। उन्होंने बालिकाओं के पढ़ने के लिए रात्रि-विद्यालय की स्थापना की। रुकैय्या सखावत हुसैन की समकालीन अख्तर महल सईदा खातून (1901-1928) पूरे जीवन 'अबरोधबासिनी' के बारे में अपनी रचनाओं में लिखा। वे पूर्वी बंगाल के एक जमींदार परिवार की थीं और परिवार के दबाव में वह कभी भी स्वतंत्र होकर नहीं लिख सकीं। उनके भाई ने लिखा कि वह रात में उसके कमरे में आकर चुपचाप लिखती-पढ़ती थी। वह अपना लेखन बहुत सँभालकर रखती थी। काजी नजरुल इस्लाम ने उनका लेखन देखा और एक कविता नजरुल को बहुत पसन्द आई। ये वही समय था जब अख्तर महल की रचनाएँ सार्वजनिक हुईं। वे रोमांटिक रचनाओं के क्षेत्र में विशेष लोकप्रिय हुईं। उनका पहला उपन्यास 1929 में 'नियंत्रिता'[182] शीर्षक से छपा। उनका 'मरण बरन' उपन्यास मरणोपरान्त छपा। वह लेखन में अपने समय से आगे की रचनाकार थीं, क्योंकि अन्त:पुर की श्रृंखला में जकड़ी स्त्री की इच्छाओं, आकांक्षाओं के बारे में लिखती रहीं। साथ ही अपने समय से सामाजिक सरोकारों से भी अछूती नहीं रहीं। मसूदा रहमान (1885-1926) को मुसलमान स्त्री-सरोकारों पर लिखने के लिए जाना जाता है। बीसवीं शती के पहले दूसरे दशक में लिखनेवाली मसूदा जमींदार परिवार में बाल-विवाह की शिकार थीं जिन्होंने परिवार के सदस्यों से छुपकर पढ़ना-लिखना सीखा था। इन पर बेगम रुकैय्या सखावत हुसैन का बहुत ज्यादा प्रभाव था। इस्लाम ने जो अधिकार औरतों को दिये हैं उनके बारे में आम पाठकों को जागरूक करने का काम मसूदा रहमान ने 'आमादेर स्वरूप' शीर्षक निबन्ध में किया जो 1923 में 'धूमकेतु' पत्रिका में छपा। मसूदा ने इसमें लिखा कि "नवजागरण के इस युग में स्त्री को आँख बन्द करके धर्म का अनुकरण नहीं करना चाहिए न ही कर्मकांड को धर्म का विकल्प समझना चाहिए। वे यह भी लिखती हैं कि विवाह के अलावा भी ऐसे कई रास्ते हैं जिनसे स्त्रीत्व को सार्थकता मिल सकती है।[183] आगे वे परदे की आलोचना करते हुए लिखती हैं, "परदे और हिजाब के नाम पर हमें बहुत-सी चीजों से इस जीवन में वंचित रखा गया है। अब हमें और वंचित रहने की आवश्यकता नहीं है। इस्लाम ने जो सम्मान, अधिकार और स्वाधीनता हमें दी है अब हम उसकी माँग करती

हैं। हमें कौन रोक सकता है? यह रूढ़िबद्ध समाज? नहीं वह कभी सफल नहीं होगा।[184] स्त्री-शिक्षा की पुरजोर वकालत करने के लिए 'आमादेर दाबी' शीर्षक लेख लिखती हैं : "स्त्री और पुरुष दोनों को शिक्षा ग्रहण करने का अधिकार होना चाहिए। शिक्षा के मसले पर बेटे और बेटी में कोई फर्क नहीं किया जाना चाहिए... लड़के की पढ़ाई पर तो लोग बहुत अधिक खर्च कर डालते हैं जबकि बेटियों के मामले में उन्हें शिक्षा की याद ही नहीं रहती।"[185]

अपने समय की प्रसिद्ध लेखिका नुरुन्निस्सा खातून विद्याविनोदिनी (1894-1975) मुर्शिदाबाद की रहनेवाली थीं, जिन्हें फारसी का अच्छा ज्ञान था। उन्होंने कई उपन्यास और निबन्ध लिखे। 'भाग्यचक्र' शीर्षक उपन्यास में वे पुराने आभिजात्य मुसलमान परिवारों, जिनमें स्त्रियों के लिए शिक्षा के मार्ग लगभग बन्द थे, का जिक्र करती हैं।[186] नुरुन्निस्सा ने लिखा कि 'मैंने कभी भी स्कूल की बेंच पर बैठने का सुख नहीं चखा।' सुख चखना—यह अभिव्यक्ति ही बताती है कि वह पढ़ाई करने और स्कूल जाने का आनन्द न ले पाने का अभाव ऐसा है जिसे वह बार-बार दोहराती है। 'स्वप्नद्रष्टा' (1923) शीर्षक पुस्तक की भूमिका में लिखती है—"मैं कभी किसी अध्यापिका के पास किताब लेकर नहीं बैठी। मैंने खुद ही वर्ण-परिचय प्राप्त किया और अन्ततः मैं कुछ किताबें पढ़ पाई।"[187] पर्दा उनके लिए थोड़ा ढीला पड़ा वो भी विवाह के बाद जब नुरुनिस्सा अपने पति के साथ बाहर जाने लगीं। नुरुन्निसा ने मुसलमान स्त्रियों के लिए कठिन परदे का पुरजोर विरोध और उनको शिक्षा देने की वकालत की। रजिया खातून चौधरानी (1907-34) ने अल्पकालिक जीवन में कवि, निबन्धकार और कहानी लेखिका के रूप में नाम कमा लिया। बचपन में नोआखाली में उसने इमाम से शिक्षा ली और बहुत कम उम्र में ही बांग्ला, उर्दू, फारसी और अंग्रेजी का ज्ञान अपने बड़े मामा से ग्रहण किया। उनकी शादी अशफरुद्दीन अहमद चौधरी से हुई जो राष्ट्रीय आन्दोलन में शिरकत किया करते थे। रजिया उन गिनी-चुनी मुसलमान औरतों में से थी जिन्होंने राष्ट्रीय आन्दोलन को इतने करीब से देखा। वे स्त्रियों की शिक्षा की पक्षधरता अपने निबन्धों में करती हुई अशिक्षित स्त्री की तुलना कोल्हू के बैल से करती हैं।[188] 'श्रमिक' शीर्षक कहानी में उनके राजनीतिक विचार अभिव्यक्त हुए हैं। उनके अधिकांश निबन्धों में आदर्श मातृत्व, स्त्री-शिक्षा, घर और बाहर-स्त्री की भूमिका, इस्लाम में स्त्रियों की स्थिति और परदे के विरोध का मुद्दा उठाया गया।

उन्नीसवीं शताब्दी के उत्तरार्द्ध में कुछ और भी मुसलमान स्त्रियाँ थीं जो रूढ़ियों की जकड़बन्दी से बाहर आना चाह रही थीं। जिनमें सिलहट की मुसम्मात सहीफा बानू (1850-1926) को देखा जा सकता है जो उर्दू, बांग्ला और हिन्दी में कविताएँ लिखा करती थीं। उसने हिन्दू-मुसलमानों के आपसी सौमनस्य को बनाए रखने पर बहुत बल दिया। इसी तरह शम्सुन्नहर महमूद का योगदान भी रेखांकन के योग्य

है जो लेखिका, शिक्षाविद्, अध्यापक, समाज-सुधारक थीं और आगे चलकर पूर्वी पाकिस्तान की संसद सदस्य बनीं। वे पाश्चात्य शिक्षा प्राप्त नई रोशनी के तहत स्त्री-अधिकारों की वकालत करती थीं। उन्होंने 1932 में कलकत्ता विश्वविद्यालय से स्नातक की उपाधि ली थी और उनका विवाह डॉक्टर वहीउद्दीन महमूद से हुआ था। विवाह ने उन्हें परदे से मुक्ति दी थी। इसके बाद उन्होंने पीछे मुड़कर नहीं देखा। पुण्यमयी (1925), रोकय्या जीबनी (1937), बेगम महल (1938), शिशुर शिक्षा (1939), नजरुल के जेमन देखेच्छी (1958) उनकी प्रमुख पुस्तकें हैं। 'पुण्यमयी' में आठ महान मुसलमान स्त्रियों की जीवनी संकलित है। उन्होंने सभी प्रेरणादायी स्त्रियों मसलन हजरत मुहम्मद की बेटी फातमा, उनकी पत्नियों आयशा, खदीजा और रोकैय्या के बारे में इस किताब में लिखा है। इन स्त्रियों के अतिरिक्त और भी न जाने कितनी स्त्रियाँ होंगी, जिनका इतिहास में कहीं नाम दर्ज नहीं हुआ लेकिन इन्होंने अपने लेखन और विचारों से मुस्लिम समाज को बदलने और उसे नई रोशनी से मुखातिब करवाने की कोशिश की।

सन्दर्भ

1. एस. एन. मुखर्जी, द सोशल इम्प्लीकेशंस ऑफ द पोलिटिकल थॉट ऑफ राजा राम मोहन राय, इन द आर. एस. शर्मा एंड वी. झा एडिटेड इंडियन सोसाइटी : हिस्टोरिकल प्रोविंग्स, इन द मेमोरी ऑफ डी. डी. कोसाम्बी, नई दिल्ली, पृ. 361, 1974
2. पार्थो चटर्जी, कोलोनाइजेशन, नेशनलिज्म एंड कोलोनाइज्ड वूमन : द कंटेस्ट इन इंडिया, अमेरिकन एथनोलोजिस्ट. खंड 16, पृ. 9, 4 नवम्बर, 1989
3. मेडरीथ बोर्थविक, द चेंजिंग रोल ऑफ वीमेन इन बंगाल, 1849-1905, प्रिंसटन यूनिवर्सिटी प्रेस, पृ. 337, 1984
4. वही
5. सीता राम सिंह, नेशनलिज्म एंड सोशल रिफॉर्म्स इन इंडिया : 1885-1920, दिल्ली, पृ. 206, एवं मेडरीथ बोर्थविक, वही, पृ. 341
6. मेडरीथ बोर्थविक, वही, पृ. 339-343
7. देखें, बंगाल लिटरेरी केटलाग ऑफ बुक्स, त्रैमासिक अपेंडिक्स टु द कैलकटा गजट, कलकत्ता 1867-1901
8. जनैको गृहबधूर डायरी, सम्पादन एन. सी. जाना, अनन्या प्रकाशन कलकत्ता, वॉल्यूम 2, 1982
9. जनैको गृहबधूर डायरी, सम्पादन एन. सी. जाना, मनु जाना और कमलकुमार सान्याल, अनन्या प्रकाशन कलकत्ता, खंड 2, पृ. 37, 1982
10. वही, पृ. 16
11. वही, पृ. 11-12
12. वही, पृ. 15
13. वही, पृ. 11
14. वही, पृ. 35

15. वही पृ. 85
16. 'आमार जीबन' के पहले भाग का प्रारूप सन् 1872 में और दूसरा भाग 1901 में प्रकाश में आया।
17. 'साहित्येतिहास में राससुन्दरी की आत्मकथा के उल्लेख अथवा राससुन्दरी देवी की जन्मतिथि का अभाव है, एक अनुमान के अनुसार उनका जन्म 1810 में हुआ था।
18. तनिका सरकार, वड्र्स टू विन, काली फॉर वूमेन, 1999, पृ. 144 इसमें अंग्रेजी में राससुन्दरी की पुस्तक आमार जीबन की भूमिका दी गई जिसे ज्योतिरीन्द्रनाथ टैगोर (रवीन्द्रनाथ टैगोर के बड़े भाई) ने लिखा था।
19. तनिका सरकार, वड्र्स टू विन, काली फॉर वूमेन, 1999, पृ. 147
20. वही, पृ. 162
21. वही, पृ. 170
22. वही, पृ. 166
23. वही, पृ. 167
24. वही, पृ. 164
25. वही, पृ. 174
26. वही, पृ. 191
27. बांग्ला चरित साहित्य—1801-1941, देवीपद भट्टाचार्य, कोलकाता, पृ. 79-81, 1964
28. तनिका सरकार, वड्र्स टू विन, काली फॉर वूमेन, पृ. 164, 1999
29. तनिका सरकार, वड्र्स टू विन, काली फॉर वूमेन, पृ. 192, 1999
30. तनिका सरकार, वड्र्स टू विन, काली फॉर वूमेन, पृ. 150, 1999
31. वही, पृ. 180
32. वही, पृ. 161
33. द डिफरेंस/डेफरल ऑफ ए कोलोनियल मॉडर्निटी पब्लिक डिबेट्स ऑन डोमेस्टिसिटी इन बंगाल, सबआल्टर्न स्टडीज—खंड 8 में, दीपेश चक्रवर्ती, ऑक्सफोर्ड यूनिवर्सिटी प्रेस, दिल्ली, 1994
34. तनिका सरकार, वड्र्स टू विन, काली फॉर वूमेन, पृ. 182, 1999
35. भारत की जनगणना 1901, खंड छह, द लोअर प्रोविन्सेस ऑफ बंगाल एंड देयर फदुतोरीरीस, ई. ए. गेट की रिपोर्ट, पृ. 240, 1902
36. तनिका सरकार, वही, पृ. 202
37. वही, पृ. 204
38. इन्दिरा पारेख, पुलिन गर्ग इंडियन वीमेन : एन इनर डॉयलॉग, सेज प्रकाशन, नई दिल्ली, पृ. 112-124, 1989
39. देवी शारदासुन्दरी की आत्मकथा, मूल रूप में 1912 में प्रकाशित, भारत महिला प्रेस, ढाका, पुनर्मुद्रण 1983
40. ब्रजेन्द्रनाथ बन्द्योपाध्याय, बंगला सामयिक पत्र 1868-1900, खंड 2, कलकत्ता, पृ. 70, 1952
41. देवी शारदासुन्दरी की आत्मकथा, वही, पृ. 2
42. वही, पृ. 6
43. वही, पृ. 10

44. वही, पृ. 11
45. वही, पृ. 19
46. वही, पृ. 8-9
47. वही, पृ. 7
48. वही
49. वही
50. वही, पृ. 8
51. वही, पृ. 7
52. निस्तारिणी देवी, सेकेले कथा—संकलित एवं सम्पादित आत्मकथा खंड-2, सं. एन. सी. जाना, अनन्या प्रकाशन, कलकत्ता, पृ. 8, 1981
53. वही
54. मन्मय जफर, सोशल रिफार्म इन कोलोनियल बंगाल, फिलॉसफी एंड प्रोग्रेस, खंड 5-6 जनवरी-जून, जुलाई-दिसम्बर, पृ. 112, 2014
55. सम्बुद्ध चक्रबर्ती, द बंगाली जेंटल वूमेन इन द नाईनटींथ सेंचुरी, ढाका यूनिवर्सिटी प्रेस लिमिटेड, पृ. 92, 1998
56. निस्तारिणी देवी, सेकेले कथा—संकलित एवं सम्पादित आत्मकथा खंड-2, सं. एन. सी. जाना, अनन्या प्रकाशन, कलकत्ता, पृ. 2, 1981
57. नीरद सी. चौधरी, बंगाल जिबने रमणी, मित्रो एंड घोष पब्लिकेशंस, सन्दर्भ मन्मय जफर, सोशल रिफार्म इन कोलोनियल बंगाल, फिलोसफी एंड प्रोग्रेस, खंड 5-6 जनवरी-जून, जुलाई-दिसम्बर 2014, पृ., 112 जफर, 1968
58. निस्तारिणी देवी, सेकेले कथा—संकलित एवं सम्पादित आत्मकथा खंड-2, सं. एन. सी. जाना, अनन्या प्रकाशन, कलकत्ता: पृ. 6-7, 1981
59. वही
60. वही, पृ. 18
61. वही, पृ. 19
62. वही, पृ. 21
63. वही, पृ. 27
64. वही, पृ. 28-29
65. इन विधवाओं को अक्सर खतरनाक समझा जाता था, इनकी तुलना डायन से की जाती थी, युवा विधवाओं को विवाह जैसे पवित्र आयोजन के लिए अशुभ समझा जाता था। उन्हें बहुत कम मात्रा में शाकाहारी भोजन दिया जाता था ताकि उनकी यौनिकता पर नियंत्रण रखा जा सके। कई बार विधवाएँ गर्भवती हो जाती थीं ऐसे में गर्भपात आम बात थी इसके अलावा उनमें से कई लोक-लज्जा से आत्महत्या भी कर लेती थीं, जिसे सामाजिक स्वीकृति प्राप्त थी। (एक अनुमान के अनुसार 1853 में अकेले कोलकाता में 12,419 देह-श्रमिक थीं, 1867 तक इनकी संख्या बढ़कर 30,000 हो गई। अमृतबाजार पत्रिका के अनुसार इनमें से 90% स्त्रियाँ विधवाएँ थीं; गुलाम मुर्शिद, रिलक्टेंट डेब्यूटेंट : रिस्पोंसेस ऑफ बंगाली वूमन टू मॉडर्नाइजेशन-1849-1905, बंगला अकादेमी, ढाका, 16-7, 1984
66. निस्तारिणी देवी, सेकेले कथा—संकलित एवं सम्पादित आत्मकथा खंड-2, सं. एन. सी. जाना, अनन्या प्रकाशन, कलकत्ता : पृ. 32-34, 1981

67. वही, पृ. 48
68. वही, पृ. 49
69. तनिका सरकार, विकेड विडोज : लॉ एंड फेथ इन नाईनटीन्थ सेंचुरी पब्लिक स्पीयर डिबेट्स, अनिंदिता घोष, सं. बिहाइंड द वेल : रेसिस्टेंस, वूमेन एंड द एवरीडे इन कोलोनियल साउथ एशिया, हेम्सियार, पल्ग्रेव मैकमिलन, पृ. 83-116, 2008
70. किशोरी चन्द्र मित्रा की डायरी के अंश सं. मन्मथ घोष 'कर्मवीर किशोरी चन्द्र मित्रा', कलकत्ता, पृ. 91-98, 1926
71. तनिका सरकार, वड्र्स टू विन, काली फॉर वूमेन, पृ. 85, 1999
72. अज्ञात, 'ए देशिया स्त्रीलोग्दिगेर ब्याभिचारेर कारण' (रीजन व्हाई बंगाली वीमेन गो एशट्रे) बिनय घोष, सम्पादन, सामयिक पत्र बंगालेर समाजचित्र, खंड 3, पृ. 572
73. सीता राम सिंह, नेशनलिज्म एंड सोशल रिफॉर्म्स इन इंडिया : 1885-1920, दिल्ली, पृ. 206 एवं मेद्रिथ बोर्थविक, द चेंजिंग रोल ऑफ वूमेन इन बंगाल, 1849-1905, प्रिंसटन यूनिवर्सिटी प्रेस, पृ. 341, 1984
74. मेद्रिथ बोर्थविक, द चेंजिंग रोल ऑफ वूमेन इन बंगाल, 1849-1905, प्रिंसटन यूनिवर्सिटी प्रेस, पृ. 339, 1984
75. सुतनुका घोष, एक्स्प्रेसिंग द सेल्फ इन बंगाली वूमन आटोबायोग्राफीज इन द ट्वेंटिएथ सेंचुरी, साऊथ एशिया रिसर्च www. sagepublications.com, खंड 30 (2) पृ. 105-123, 12.1.2021 को देखा गया
76. बीबी अशरफ, सी. एम. नईम (1987) पृ. संख्या 107-108 "मैंने रसोईघर से जली लकड़ियों के टुकड़े, घड़े के ढक्कन और झाड़ू की तीलियों की मदद से घर की छत पर जाकर, आराम के घंटों में लिखे हुए अक्षरों की नकल करना शुरू कर दिया..." गरिमा श्रीवास्तव, चुप्पियाँ और दरारें, प्रतिमान, सी एस डी एस, अंक 14, वर्ष 7, जुलाई दिसम्बर 2019, पृ. 205
77. ज्योतिर्मयी देवी, मेरे लेखन का प्रारम्भ—चिरन्तन नारी जिज्ञासा : सेकालीन दिनेर स्मृति, अनन्या प्रकाशन, कलकत्ता, अंग्रेजी अनुवाद रिमली भट्टाचार्य, 1995
78. सरला देवी—जीबोनेर झरा पता, द मेनी वर्ल्ड्स ऑफ सरला देवी : अ डायरी। अंग्रेजी में अनुवाद सुखेन्दु राय, सोशल साइंस प्रेस, 2010
79. एम. ई. कुजिंस, ए इंडियन वूमन हुड टुडे, किताबिस्तान, पृ. 56, 1947
80. सुमित सरकार, द स्वदेशी मूवमेंट इन बंगाल 1903-8, पीपुल्स पब्लिशिंग हॉउस, दिल्ली, पृ. 305
81. द मेनी वर्ल्ड्स ऑफ सरला देवी : अ डायरी। अंग्रेजी में अनुवाद सुखेन्दु राय, सोशल साइंस प्रेस, पृ. 3, 2010
82. वही, पृ. 35
83. जीबनस्मृति, रबीन्द्र रचनावली, खंड 10, बंगाल सरकार, 1368, बंगाब्द, पृ. 9, 15
84. द मेनी वर्ल्ड्स ऑफ सरला देवी : अ डायरी, पृ. 36
85. उमा चक्रवर्ती, व्हाटेवर हैपंड टू वैदिक दासी; रीकास्टिंग वीमेन, एसेज इन कोलोनियल हिस्ट्री सम्पादन—कुमकुम सांगरी और सुदेश वैद, जुबान प्रकाशन, पृ. 82-83, 1989
86. रामचन्द्र गुहा, गांधी—द इयर दैट चेंज्ड द वर्ल्ड, एल्फ्रेड ए. क्नोप्फ पब्लिकेशन पेंगुइन हॉउस, पृ. 144 2018

87. सरला देवी चौधरानी, जीबोनेर झरापता, देश पत्रिका में प्रकाशित, सन् 1944-45
88. गांधी का पत्र—नवम्बर 1920 को, गांधी वांग्मय, खंड 18 में संकलित
89. उमा चक्रवर्ती, व्हाटेवर हैपंड टू वैदिक दासी; रीकास्टिंग वीमेन, एसेज इन कोलोनियल हिस्ट्री सम्पादन, कुमकुम सांगरी और सुदेश वैद, जुबान बुक्स, पृ. 86, 1989
90. प्रवर्जिका आत्मप्रण, सिस्टर निवेदिता ऑफ रामकृष्ण—विवेकानन्द, पहली बार प्रकाशित 1961, पुनर्मुद्रण कलकत्ता : रामकृष्ण शारदा मिशन, पृ. 245, 1992
91. गांधी का पत्र सरला देवी को, 30. 4. 1920, गांधी वांग्मय खंड 17, पृ. 358-59, गांधी—द इयर दैट चेंज्ड द वर्ल्ड, रामचन्द्र गुहा, पृ. 162
92. गांधी जी का पत्र हर्मन कैलेनबैक को 10 अगस्त, 1920 को, गांधी वांग्मय खंड 18, पृ. 142

    इस पत्र में गांधी जी लिखते हैं—...और अपने बारे में क्या लिखूँ? फिलहाल तो कुछ नहीं लिखूँगा। देवदास मेरे साथ है। वह हर दिशा में निरन्तर प्रगति कर रहा है। अभी मैं देवदास और एक-दूसरे विश्वस्त साथी के साथ यात्रा कर रहा हूँ। उसे देखोगे तो उस पर मुग्ध हो जाओगे। बात यह है कि इस महिला से मेरा बहुत घनिष्ठ सम्पर्क हो गया है। वह अक्सर यात्रा में मेरे साथ रहा करती है। उसके साथ मेरे सम्बन्धों को किसी परिभाषा में नहीं बाँधा जा सकता। मैं उसे अपनी आध्यात्मिक पत्नी कहता हूँ। एक मित्र ने हमारे सम्बन्धों को बौद्धिक विवाह कहा है। मैं चाहता हूँ तुम उससे मिलो। मैं अपने लाहौर और पंजाब के निवास काल में कई महीने उसी के घर ठहरा था...
93. गांधी को राजगोपालाचारी का पत्र, 16 जून, 1920, संकलित गोपालकृष्ण गांधी की पुस्तक माई डियर बापू, नई दिल्ली पेंगुइन, पृ. 37-39, 2012
94. राजगोपालाचारी का पत्र गांधी जी को 16 जून, 1920, गोपालकृष्ण गांधी द्वारा सम्पादित माई डिअर बापू, नई दिल्ली, पेंगुइन, पृ. 37-39, 2012
95. 'रामचन्द्र गुहा, गांधी—द इयर दैट चेंज्ड द वर्ल्ड' पृ. 162 Almost all of Sarala's own letters to Gandhi were destroyed by Gandhi's family. But even from one side of the correspondence we can see how intimate the friendship was.
96. गांधी का पत्र सरला देवी को, 1.5.1920 को...और अब तुमसे एक चीज माँगूँगा। मैं जानता हूँ तुमने मुझे बहुत कुछ दिया है। लेकिन जैसे-जैसे प्राप्त होता गया है वैसे वैसे भूख बढ़ती गई है। तुमने कहा कि आश्रम में काम करते हुए तुमको संकोच होता है। क्या तुम वहाँ घरेलू काम-काज करना शुरू करके इस संकोच भाव से छुटकारा पाने की कोशिश नहीं करोगी? अगर सिर्फ मेरी ही खातिर तुम ऐसा करो तब भी कोई हर्ज नहीं। यहाँ हमारे दृष्टिकोण में परिवर्तन होने का सवाल नहीं उठता। सवाल सिर्फ अपनी अनिच्छा पर काबू पाने का है। तुम महान हो नेक हो, लेकिन जब तक तुम में घरेलू काम-काज करने की क्षमता नहीं आती, तब तक तुम स्त्री के रूप में पूर्ण नहीं हो सकतीं। तुमने औरों को इसका उपदेश दिया है। अत: जब लोगों को यह मालूम होगा कि तुम्हारी उम्र और हैसियत की महिला भी घरेलू काम-काज करने में बुरा नहीं मानती तो तुम्हारे उपदेश का ज्यादा असर होगा। सस्नेह तुम्हारा विधि-प्रणेता (अंग्रेजी से) महादेव देसाई की हस्तलिखित डायरी से, सौजन्य नारायण देसाई संकलित, सम्पूर्ण गांधी वांग्मय, खंड 17, पृ. 400-401

97. भारती रे, अर्ली फेमिनिस्ट इन कोलोनियल इंडिया, चित्रा देब, वूमेन ऑफ द टैगोर हाउसहोल्ड—नई दिल्ली पेंगुइन इंडिया 2016, सुनील गंगोपाध्याय का फर्स्ट लाइट, बंगाली से अंग्रेजी अनुवाद अरुणा चक्रवर्ती, नई दिल्ली पेंगुइन इंडिया 2001 cited on1. 1. 2021
98. https://mainehumanities. org/lets-talk/the-journey-inward-womens-autobiography/cited on1. 1. 2021
99. इजाडोरा डंकन द जर्नी इनवार्ड, वूमन ऑटोबायोग्राफी, माय लाइफ https://mainehumanities. org/lets-talk/the-journey-inward-womens-autobiography/cited on1. 1. 2021
100. सुतनुका घोष : इमेजीनिंग लव इन अर्ली ट्वेंटिएथ सेंचुरी बंगाल; गोलोकधांधा एंड साबित्री राय स. मेघना—पद्मा : इंटरनेशनल जर्नल ऑफ बंगाल स्टडीज, वॉल्यूम; 2-3, पृ. 244-258, 2011-2012
101. मणिकुन्तला सेन, शे दिनेर कथा, नबपत्र प्रकाशन, कोलकाता, 1982
102. मणिकुन्तला सेन इन सर्च ऑफ फ्रीडम : एन अनफिनिश्ड जर्नी, कलकत्ता, स्त्री प्रकाशन, पृ. 23, 2001
103. मणिकुन्तला सेन इन सर्च ऑफ फ्रीडम : एन अनफिनिश्ड जर्नी, कलकत्ता; स्त्री प्रकाशन, पृ. 120, 2001
104. मणिकुन्तला सेन, इन सर्च ऑफ फ्रीडम : एन अनफिनिश्ड जर्नी, कलकत्ता, स्त्री प्रकाशन, पृ. 2, 2001
105. मणिकुन्तला देवी, शेदिनेर कथा, पृ. संख्या 83
106. इन्दिरा देवी चौधरानी (सं.) स्मृति कथा, इंडियन असोसिएटेड पब्लिशिंग, कलकत्ता 1956
107. वही
108. वही, पृ. 11
109. सुदक्षिणा सेन, जीवनस्मृति, प्रथम प्रकाशन 1932, कोलकाता : सन्दर्भित संस्करण, कोलकाता : डे'ज पब्लिशिंग एंड स्कूल ऑफ वीमेन स्टडीज, जादवपुर यूनिवर्सिटी, पृ. 163, 2002
110. वही, पृ. 67
111. शरतकुमारी देव, आमार संसार, सं. प्रमोद्रंजन चटर्जी, कृषि शिल्प वाणिज्य प्रेस, 1942, सन्दर्भित स. गौतम नियोगी, कोलकाता 2008
112. सहाना देवी, स्मृतिर खेया, प्राइमा पब्लिकेशन्स, कलकत्ता, 1978
113. आमार कथा, 1912, प्रथम संस्करण, ग्रेट इंडिया प्रेस कलकत्ता, पुनर्मुद्रण 1964, सुधारसहित नई भूमिका के साथ पुनर्प्रकाशन, सुवर्णरेखा, कलकत्ता, सम्पादन निर्मल आचार्य एवं सौमित्र चट्टोपाध्याय, 1969
114. वही, पृ. 85
115. वही, पृ. 86
116. वही
117. कानन बाला देवी, 'शबारे आमि नोमी', अंग्रेजी अनुवाद 'माय होमेज टू आल', भूमिका, इन्द्राणी घोष, जुबान बुक्स, दिल्ली, पृ. 3, 2013
118. वही, पृ. 20

119. वही, पृ. 138
120. सी. भास्कर राव, दादा साहेब फाल्के विजेता—भाग एक, शारदा प्रकाशन, अंसारी रोड दरियागंज, दिल्ली, पृ. 75
121. वही, पृ. 110
122. https://mainehumanities. org/lets-talk/the-journey-inward-womens-autobiography/citedon1. 1. 2021
123. देबी मानदा, शिक्षित पतितार आत्मचरित, कोलकाता, चैतन्य प्रकाशन, 2004
124. सुमन्त बनर्जी, द पार्लर एंड द स्ट्रीट्स : एलिट एंड पॉपुलर कल्चर इन नाइनटींथ सेंचुरी कैलकटा, सीगल बुक्स, कलकत्ता, 1990
125. स्राबशी घोष, बर्ड्स इन ए केज, इकोनोमिक एंड पोलिटिकल वीकली, खंड 21, न. 13, पृ. 88, अक्टूबर 25, 1986
126. https://feminisminindia. com/2020/10/27/manada-debi-autobiography-sex-work/cited on1. 1. 2021
127. जेर्डलाइन फोर्ब्स और तपन रायचौधरी (सम्पादन), नई दिल्ली रोली बुक्स, 2000
128. www.anandabazar.com (आनन्द बाजार पत्रिका, ऑनलाइन संस्करण)
129. 'चाइल्ड विडो टू लेडी डॉक्टर', स. गेरडलाइन फोर्ब्स और तपन रायचौधरी, नई दिल्ली रोली बुक्स, पृ. 71, 2000
130. वही, पृ. 84
131. वही, पृ. 81
132. वही, पृ. 84
133. वही, पृ. 86
134. वही, पृ. 86
135. वही, पृ. 73
136. वही, पृ. 99
137. वही, पृ. 324
138. वही, पृ. 299
139. वही, पृ. 325
140. वही, पृ. 330
141. वही, पृ. 98
142. वही, पृ. 118
143. लीला मजूमदार, 2001, पृ. 148
144. 'अ स्पेस ऑफ हर ओन'—पर्सनल नैरेटीव्स ऑफ ट्वेल्व वीमेन बाय लीला गुलाटी, जशोधरा बागची, सेज पब्लिकेशन, नई दिल्ली, पृ. 21, 2005
145. वही, पृ. 21-25
146. वही
147. वही, पृ. 39
148. वही, पृ. 40
149. जया मित्र, जो मारे जाएँगे, वाणी प्रकाशन, दिल्ली, 1999

150. वही, पृ. 6
151. वही, पृ. 23
152. सुष्मिता बन्द्योपाध्याय, काबुली वाले की बंगाली बीबी, पहला संस्करण 2001, राजकमल प्रकाशन, पृ. 21
153. वही, पृ. 21
154. सइका हुसैन, रीडिंग बिटवीन द लाइन्स : द राइटिंग्स ऑफ द बंगाली मुस्लिम वूमन इन कोलोनियल बंगाल, प्रतिध्वनि द इको, खंड 7, अंक 1, पृ. 266-277, जुलाई 2018
155. सुनन्दा सिकदार 'ए लाइफ लांग अगो', अनुवाद अंचिता घटक, जुबान बुक्स नई दिल्ली, 2012
156. नूरजहाँ बोस, आगुनमुखार मेये, साहित्य प्रकाश, प्रकाशन, बांग्लादेश, चौथा संस्करण 2016
157. वही, पृ. 132
158. तसलीमा नसरीन, भूमिका, निर्वासन, वाणी प्रकाशन, पृ. 28, 2014
159. वही, पृ. 19
160. तसलीमा नसरीन, मेरे बचपन के दिन, वाणी प्रकाशन दिल्ली, पृ. 101-102, पाँचवाँ संस्करण 2008
161. तसलीमा नसरीन, उत्ताल हवा, वाणी प्रकाशन, पृ. 14, 2006
162. तसलीमा नसरीन, द्विखंडिता, वाणी प्रकाशन, दिल्ली, पृ. 213, 2006
163. वही, पृ. 212
164. वही
165. देखें, 'निर्वासन' की भूमिका
166. तसलीमा नसरीन, वे अँधेरे दिन, वाणी प्रकाशन, पृ. 25, 2004
167. वही, पृ. 319-320
168. तसलीमा नसरीन, मुझे घर ले चलो, वाणी प्रकाशन, पृ. 9, 2007
169. वही
170. वही, पृ. 30
171. वही, पृ. 32
172. वही, पृ. 39
173. निर्वासन, वही, पृ. 13
174. वही, पृ. 11
175. तसलीमा नसरीन, नेईं किच्छु नेईं, हिन्दी अनुवाद 'नहीं, कहीं कुछ नहीं, वाणी प्रकाशन, 2012
176. निर्वासन, वही, पृ. 17
177. सोनिया निशात अमीन, बंगला साहित्य महिला, बंगलादेशेरे इतिहास (सं.) प्रो. मुजिरुदीन बंगला अकादमी, ढाका, 1967
178. बीबी तहरून्निसा, बामाबोधिनी सम्पादके पत्र, बामाबोधिनी पत्रिका, फरवरी-मार्च 1865, भाग 1, खंड 2, संख्या 19, पृ. 275-277
179. रुकैय्या सखावत हुसैन, रुकैय्या रचनावली, अब्दुल कादिर (सं.) बंगला अकादमी, ढाका 1973

180. अनिसुज्जामन, मुसलमान बांगलार सामयिक पत्र 1831-1930, बंगला अकादमी, ढाका, पृ. 39
181. शाहीन अख्तर एवं मौसमी भौमिक (सं.) शिक्षाब्रती खैरुनिस्सा, जनाना महफिल खंड 8, अंक 2, बंगाली मुसलमान लेखिकादेर निर्बाचित रचना-1904-1938, स्त्री प्रकाशन कलकत्ता, पृ. 36-39, 1998
182. अख्तर महल सईदा खातून (सं.) नियंत्रिता, रेहाना बेगम, ढाका, पृ. 12, 1979
183. एम. रहमान, आमादेर स्वरूप, धूमकेतु पत्रिका, आश्विन बंगला संवत, 1329
184. एम. रहमान, पर्दा बनाम प्रबंचना स्वगत पत्रिका, पृ. 68, भाद्र बंगला संवत, 1336,
185. एम. रहमान, आमादेर दाबी, धूमकेतु पत्रिका आषाढ़ बंगला संवत, 1329
186. रशीद फारुकी, नुरुन्निस्सा खातून बिद्याबिनोदिनी, बंगला अकादमी, ढाका, 1987
187. नुरुनिस्सा खातून रचनावली, बंगला अकादमी ढाका, 1970
188. अब्दुल कुदस, बंगीय मुस्लिम महिलागोनेर शिक्षार धारा, (सं.) रचना संकलन, राबिया खातून चौधरानी, कोमिल्ला, पृ. 10-14, 1982

अध्याय-5

आकांक्षाओं का अनुनाद : मलयालम स्त्री-आत्मकथा

वर्जीनिया वुल्फ का मानना था कि प्रत्येक स्त्री, जो लिखने के लिए कलम पकड़ती है, उसे दो काम अनिवार्यत: करने पड़ते हैं—पहला अपने भीतर की 'घरेलू देवदूती' को मारना और दूसरा बतौर 'देह' अपने सच को उभारना। आगे चलकर वह इस 'घरेलू देवदूती' को परिभाषित करते हुए कहती हैं कि यह गहन संवेदनशील, सहानुभूतिमयी, सुन्दर, आकर्षक दिखने की चेष्टा करनेवाली पूर्णत: नि:स्वार्थ स्त्री है जिसका अपना कोई दिमाग, कोई इच्छा नहीं, लेकिन जो दूसरों के दिमाग और इच्छाओं से परिचालित होती है।[1] अपने भीतर की इस देवदूती को मारना असम्भव नहीं, कठिन अवश्य है, लेकिन इससे भी अधिक कठिन है बतौर शरीर, आत्मानुभूति की अभिव्यक्ति। कोई भी स्त्री अपने शरीर के सत्य को कह डालने का 'दुस्साहस' करती है वह सामाजिक, धार्मिक, पारिवारिक 'सेंसर' का शिकार होती है। इस सेंसरशिप का दबाव अभिव्यक्ति के धरातल पर उसे तनावग्रस्त करता है और वह 'वो' सब कुछ नहीं कह पाती, जो अनुभव करती है। 'सेंसरशिप' के बहुआयामी दबाव को भारतीय स्त्रियाँ अलग ढंग से झेलती हैं—मसलन उर्दू की लेखिकाओं का कहना है कि वे धर्म, राजनीति और सेक्स को छोड़कर हर विषय पर बोलने का अधिकार रखती हैं। स्त्रियों की अभिव्यक्ति की समस्या को लेकर 'अस्मिता'[2] नामक एक संस्था ने अपनी कार्यशाला में छह भारतीय भाषाओं के स्त्री-रचनाकारों से 'सेंसरशिप' की समस्या पर जो बातचीत आयोजित की थी उसमें उर्दू की फातिमा राज का मानना था कि स्त्रियाँ अपने अस्तित्व की रक्षा के लिए, अपनी भावनाओं और कुंठाओं को बहा देने के लिए लिखती हैं। लेकिन यहाँ सवाल यह है कि यदि धर्म, राजनीति और सेक्स को छोड़ दिया जाए तो उनके लिखने के लिए और बचा क्या! कुछ मुसलमान रचनाकारों का मानना है कि परदा-प्रथा शरीर के साथ-साथ आत्मा पर भी परदा डाल देती है। अतहरी फिजा का मानना है कि परिवार में बहुत कम पुरुष स्त्री को लिखने के लिए प्रोत्साहित करते हैं। उसके पति स्त्री-लेखन को 'निरामिष' (जिसमें कोई ताकत नहीं) और पुरुष-लेखन को 'सामिष' (ताकतवर)

मानते हैं। फिजा का कहना है कि "मैं दिनोंदिन पत्थर में तब्दील होती जा रही हूँ, जिसके भीतर दिल के राज गहरे दफन हैं। मेरे भीतर गहरा अँधेरा है, और दर्द थमता नहीं।" परिवारजनों की नाराजगी, उपेक्षा का भय और पाठकीय रुचि स्त्री-लेखन को सेंसर करती है। तेलुगू में लिखनेवाली रचनाकारों का मानना है कि स्त्रियों की बेबाक अभिव्यक्ति जो तेलुगू में सन् साठ के बाद ही दिखती है उसे साहित्यिक परम्परा में हमेशा उपेक्षणीय और खतरनाक समझा गया। स्त्रीवादी आन्दोलनों द्वारा लेखन परिदृश्य को बदल दिये जाने के बावजूद मातृत्व, रसोईघर, बर्तन, मसाले, गर्भपात, प्रसव, माहवारी से इतर विषयों पर लिखनेवालियों पर 'क्रान्तिकारी' और 'वामपन्थी' बौद्धिकों ने भी हमला करने में कसर नहीं छोड़ी और स्त्री-लेखन को अश्लील, पोर्नोग्राफिक और वेश्याओं का लेखन कहा गया।[3]

विभिन्न भारतीय भाषाओं के स्त्री-रचनाकारों के 'सेंसरशिप' सम्बन्धी अनुभवों को केरल प्रदेश की रचनाकारों के बरअक्स देखना मुझे जरूरी लगता है, क्योंकि केरल की प्रगतिशील नीतियाँ, साक्षरता के प्रतिशत में अभूतपूर्व वृद्धि, रोजगार, स्वास्थ्य की बेहतर सुविधाओं के कारण यह लगता था कि वहाँ की स्त्रियों का जीवन कम-से-कम हिन्दी पट्टी की स्त्रियों से बेहतर होगा। किन्तु विभिन्न कार्यशालाओं में मलयाली लेखिकाओं ने परिवार और सगे-सम्बन्धियों को आत्माभिव्यक्ति में 'सेंसरशिप' माना और कहा कि वे सगे-सम्बन्धियों को आहत नहीं करना चाहतीं, उनकी कड़ी प्रतिक्रियाओं का सामना भी नहीं करना चाहतीं, इसलिए वे खुद को 'सेंसर' करती हैं। आलोचक, जिनमें अधिसंख्य पुरुष हैं उनकी उपेक्षा या अवहेलना से कैरियर तबाह हो जाएगा, इसलिए वे विषय और भाषा दोनों के चुनाव में सावधानी बरतती हैं। सुगता कुमारी तो मानती हैं कि ईश्वर ने उन्हें तीन अभिशाप दिये हैं—पहला लेखिका होना, दूसरा सामाजिक कार्यकर्ता होना और तीसरा स्त्री होना।[4]

स्त्री स्वयं को 'आत्मकथा' के माध्यम से सबसे ज्यादा प्रामाणिक ढंग से अभिव्यक्त कर सकती है, और मलयालम में स्त्री-आत्मकथाओं की एक लम्बी परम्परा रही है लेकिन धर्म, राजनीति और यौनिकता के मुद्दों पर लिखना पिछले 50-60 वर्षों में ही सम्भव हो पाया है। कोई भी संस्कृति जो व्यक्ति को अपने विचार, मूल्य और अस्मिता गढ़ने, अपनी रुचियाँ व्यक्त करने, चुनौतियाँ लेने की छूट नहीं देती, वहाँ आत्मकथा-लेखन सम्भव नहीं है। जहाँ लेखन में पारदर्शिता न हो, सेंसरशिप का दबाव हो, आत्मीय और मित्रों की नाराजगी का भय हो वहाँ आत्मकथा लिखने का कोई अर्थ नहीं—वैसी कथा को पढ़ने में रुचि दिखाने का कोई कारण भी नहीं। आत्मकथा तो इस अनुमान पर टिकी होती है कि 'आत्म' अपने अतीत के चुनावों और निर्णयों की निर्मिति है, यह विधा ऐतिहासिक प्रतिबिम्बन वाली है, जिसमें रचनाकार इतिहास की आवाजाही के क्रम में न सिर्फ अपना विकास करता है, बल्कि अपनी पहचान खोजने का प्रयास भी करता है, इसलिए

आत्मकथा-लेखन उसी समाज में सम्भव हो पाता है, जहाँ अपने इतिहास के भीतर जानने, समझने और विश्लेषित करने की वैचारिक परम्परा और क्षमता विद्यमान हो। आत्मकथाकार अपने जीवन के बारे में दूसरों को बताकर, दूसरों से, स्वर्जित मूल्य और अर्थ बाँटने की कल्पना कर जीवन को बारम्बार परिभाषित करता है। आत्मकथाकार जितना तटस्थ होगा उतना ही जीवन को शान्त और दत्तचित्त दृष्टि से देख सकेगा। इसलिए आलोचकों ने 'तटस्थता' को एक मूल्य माना क्योंकि जो 'आत्म' अपने अतीत और वर्तमान के साथ निरन्तर संघर्षरत होगा वह 'तटस्थ' हो नहीं सकता। अत: लेखन में वह तटस्थता और स्थिरता नहीं आ सकती, जो आत्म-विश्लेषण और आत्म-परावर्तन के लिए अनिवार्य होती है। आत्मकथा-लेखन के लिए अनिवार्य बताए गए इन घटकों को जब तक स्त्रियाँ स्वीकार करती रहीं, वे खुद को समाज के नजरिये से विश्लेषित करती रहीं और तब तक उनकी कथा के केन्द्र में पुरुष ही रहे। मलयालम की प्रारम्भिक स्त्री-आत्मकथाएँ बतौर प्रमाण देखी जा सकती हैं, लेकिन जैसे ही स्त्रियाँ 'केन्द्रीय एजेन्सी' की भूमिका निबाहने लगीं, अपना इतिहास अपनी दृष्टि से लिखने लगीं, वैसे ही आत्मकथाओं में तटस्थता और चौकन्नेपन की जगह उन्मुक्तता, लैंगिक विभेद की जटिलता, स्त्री-देह की आकांक्षा की अभिव्यक्ति के साथ स्त्री-श्रम के विविध रूपों को मान्यता देने की माँग सामने आने लगी, जिन्हें बीसवीं सदी के उत्तरार्द्ध और इक्कीसवीं सदी के पूर्वार्द्ध की आत्मकथाओं में स्पष्ट देखा जा सकता है।

मलयालम की शुरुआती स्त्री-आत्मकथाकारों के सामने बतौर आदर्श पुरुषों की आत्मकथाएँ ही थीं। बी. कल्याणी अम्मा (1916) के बाद बालमणि अम्मा, मेरी जॉन थोट्टम, ललिताम्बिका अन्तरजनम, के. सरस्वती अम्मा जैसी स्त्रियाँ बीसवीं सदी के पूर्वार्द्ध में रचनारत थीं, इनमें से अधिसंख्य उच्चवर्गीय थीं या ईसाई धर्म में दीक्षित। उन दिनों साहित्य और संस्कृति पर उच्चवर्गीय हिन्दुओं का प्रभुत्व था, जिसमें स्त्री की आत्माभिव्यक्ति का विशेष स्वागत नहीं दिखता। इन रचनाकारों के आत्मकथ्यों में अनुभव का सीमित संसार ही व्यक्त हो पाया। एक स्त्री जिसकी शिक्षा और सामाजिक सम्बन्धों का दायरा सीमित हो उससे और अपेक्षा भी क्या की जा सकती है—इसी को प्लेटो ने अनुभवहीनता कहा है। उसे वे अवसर नहीं हैं, जहाँ वह विरल और अनूठे अनुभव पा सके, परिवार के सीमित दायरे में उसकी कहानी सिर्फ उसकी नहीं रहती, उसके अनुभव पुरुष के जीवनानुभव भी बन जाते हैं—चूँकि वह स्वयं को केन्द्रीय एजेंसी नहीं मानती, ऐसे में उसकी आत्मकथा पुरुष की कथा हो जाती है—बालमणि अम्मा (1909-2004) मालाबार की थीं, उनकी आत्मकथा 'जीवितम्—एंटे नॉट्टाथिल'[5] है। बालमणि अम्मा ने आधुनिक मलयालम की एक प्रमुख कवि के रूप में ख्याति प्राप्त की। 1930 के दशक में उन्होंने सामाजिक परिवर्तनों को अपने लेखन में आवाज दी। उनके चाचा, नलप्पत

नारायण मेनन, एक प्रसिद्ध सांस्कृतिक और साहित्यिक रुचि के व्यक्ति थे। उन्होंने 1928 में विवाह किया और अपने पति वी. एम. नायर के साथ कोलकाता में अपने जीवन का एक बड़ा हिस्सा बिताया। 1947 में कोच्चि के राजा परीक्षित से साहित्यनिपुण पुरस्कार प्राप्त हुआ और इसके बाद स्वतंत्रता के बाद के केरल में मलयालम साहित्य में योगदान के लिए बहुत-से साहित्यिक पुरस्कार उन्हें मिले। 1978 में पद्मभूषण भी उन्हें मिला। उनकी बेटी कमला दास ने भी आत्मकथा 'एंटे कथा' लिखी, जिसमें उन्होंने नलपत खानदान की चर्चा की।

'चेट्टंटे निजालिल' (पति की छाया में)—लीला दामोदर मेनन, 'केशवादेव एंटे नित्याकामुकन' (केशवदेव : मेरा स्थायी प्रेमी)—सीतालक्ष्मी देव आदि के आत्मकथ्य उपर्युक्त मान्यताओं को पुष्ट करने के लिए काफी हैं। लेकिन केरल में पहले चरण की स्त्रीवादियों के दौर को पहचानने के लिए वे भूली-बिसरी आत्मकथाएँ देखनी भी आवश्यक हैं जो बीसवीं शताब्दी के प्रारम्भिक दशकों से लेकर बीसवीं सदी के उत्तरार्द्ध तक प्रसरित हैं और केरल के तत्कालीन राजनैतिक, सामाजिक तापमान का पता देती हैं। हो सकता है कि शुरुआती दौर की इन आत्मकथाओं में साहित्यिकता का तत्त्व थोड़ा कम हो लेकिन वामपन्थी राजनीति और ट्रेड यूनियन से जुड़ी कुछ जुझारू स्त्रियों के आत्मकथ्य देखना दिलचस्प है। प्रथम चरण की ये स्त्रियाँ लैंगिक विभेद, विदेश-यात्रा, सरकारी नौकरी के अनुभव, समाज में व्याप्त लिंग-भेद, जाति-भेद को उजागर करती हैं और अगले चरण की लेखिकाओं का मार्ग प्रशस्त करती हैं। इन स्त्रियों में से अधिकांश ट्रेड यूनियनों से जुड़ी रहीं, मसलन के. मीनाक्षी—जिन्हें काल के प्रवाह में बिलकुल विस्मृत कर दिया गया। इस श्रेणी में सफाई कर्मचारियों के हक के लिए आवाज उठाती स्त्रियाँ हैं तो प्रेम के लिए धर्मगुरुओं का अत्याचार सहनेवाली स्त्रियाँ भी हैं। केरल में बीसवीं सदी के शुरुआती दशकों में जिन स्त्रियों ने आत्मकथ्य लिखे उनमें से अधिकांश वामपन्थी राजनीति से सम्बद्ध रहीं और इनमें से अधिकांश सुधारवादी विचारों से प्रभावित रहीं। उनकी आत्मकथाएँ पढ़ना इसलिए जरूरी है क्योंकि वे यह बताती हैं कि स्त्रियाँ अपने जीवन के अँधेरे कोनों में, नियति को कोसनेवाली मानवी मात्र नहीं हैं वे समाज और राजनीति में परिवर्तनकामी भूमिकाएँ निभानेवाली नागरिक भी हैं। इन आत्मकथाओं की एक लम्बी परम्परा रही है जो केरल के पुरुष समाज-सुधारकों के समानान्तर अपनी भूमिका के साथ उपस्थित हैं और उनकी भूमिका को इतिहास की मुख्यधारा में अपेक्षित महत्त्व देने से हमेशा परहेज किया गया। इन स्त्रियों में वी. के. चिन्नमालु अम्मा, आई. सी. चाको, हलीमा बीवी, बी. भागीरथी अम्मा, ई. रुक्मिणी अम्मा, पद्मावती अम्मा, कोचैटिल कल्याणिकुट्टी अम्मा ऐसी हैं जिन्हें इतिहास ने लगभग विस्मृत करने में सुविधा देखी। लेकिन क्या हम अन्नी मायस्क्रीन, अकम्मा चेरियन, रत्नमयी देवी के संघर्षों के बारे में जानते हैं जिन्होंने सक्रिय राजनीतिक जीवन जिया

और निजी जीवन में निरन्तर संघर्षरत रहीं। इन स्त्रियों को मलयालम की प्रथम चरण की स्त्रीवादियों के रूप में पहचाना जा सकता है। कोचाटिल कल्याणिकुट्टी अम्मा को त्रिशूर में जातिप्रथा के विरुद्ध जनचेतना जगाने के लिए जाना जाता है। उन्होंने 1917 से अपने सामाजिक-राजनैतिक कार्यों का विवरण आत्मकथा 'पाठिकयम वज़ीयोराते मनिदीपांगलम' में दिया है। इस आत्मकथा में अन्तरराष्ट्रीय छात्र सेवा समिति की सदस्य के तौर पर उनकी यूरोप यात्रा (1930) के भी प्रसंग सम्मिलित हैं। वे उस समय जर्मनी गई थीं जब यूरोप में द्वितीय विश्वयुद्ध की स्पष्ट आहटें सुनाई दे रही थीं। 'नजान कन्दा यूरोप' (ए पीप एट यूरोप) शीर्षक लेख में वे लिखती हैं—

"जर्मनी—हालाँकि हम जर्मनों की वैज्ञानिक मामलों में असाधारण, अद्वितीय क्षमताओं के प्रति बहुत सम्मान रखते थे, भारत की प्राचीन संस्कृति के प्रति उनके गहरे सम्मान के लिए हमारे मन में बहुत प्यार था, और प्रथम विश्व युद्ध के बाद उन्होंने जो अनावश्यक दुख झेला, उसके प्रति सहानुभूति थी, लेकिन हमारे दौरे के समय जर्मनी में हुई घटनाएँ इतनी भयानक थीं कि हमारी भावनाएँ तेजी से बदल गईं। उस समय जर्मनी नाजी सरकार के अधीन था। यह सरकार कम्युनिस्टों, यहूदियों और वास्तव में किसी भी व्यक्ति के प्रति निर्मम व्यवहार कर रही थी। जो भी सरकार का समर्थक नहीं था, उसका दमन कर दिया जाता था।

जब हम साफ और सुन्दर शहर ड्रेसडेन में उतरे, तो वहाँ स्वागत के लिए कुछ भारतीय भी थे। वहाँ देखे गए दृश्य अभी भी मेरी स्मृति में ताजा हैं। थियेटर में अविस्मरणीय, प्रशंसनीय नाटक, अग्नि सुरक्षा दिवस पर अग्निशामक का प्रदर्शन, महत्त्वपूर्ण पश्चिमी कलाकारों के चित्रों के साथ आर्ट म्यूजियम—इसके अलावा, हाइजीन म्यूजियम जहाँ रक्त संचार, पाचन, विभिन्न रोगों के उद्भव और विकास के चरण, मानव तंत्रिका तंत्र का कार्य और अन्य कई ऐसी मुद्दों को इस तरह से प्रस्तुत किया गया था कि जनता शिक्षित हो सके। यह प्रदर्शनी वास्तव में जर्मनी देखने गए किसी भी व्यक्ति को यह बताने के लिए पर्याप्त थी वहाँ विज्ञान ने कितनी प्रगति की है।

ड्रेसडेन के आठ या दस वर्षीय माध्यमिक विद्यालय के बच्चों द्वारा भारत के बारे में उठाए गए प्रश्न जिज्ञासा से भरे और वास्तव में दिलचस्प थे। उनमें से कुछ ने हमारे लिए नृत्य किये और गीत गाये और हमें तब तक जाने नहीं दिया जब तक हमने भी उनके लिए कुछ गाने नहीं गाए।

हर जगह, हर मोड़ पर हमें 'हर हिटलर' का अप्रिय चेहरा दीवारों पर चिपका और घूरता हुआ दिखाई दिया। जिन लोगों से हम बात करते थे, वे सभी हिटलर के अन्धे अनुयायी निकले।

हममें से कुछ ने एकाग्रता शिविर (वे स्थान जहाँ सरकार के विरोधियों को कैद किया गया) दिखाने के लिए कहा। हमें केवल एक ऐसे स्थान के निकट ले जाया गया। जब मैंने हमारे साथ आए नाजी अधिकारी से वहाँ की गतिविधियों के

बारे में पूछा, क्योंकि मुझे उस जगह के भीतर चलनेवाले अत्याचारों के बारे में पहले से ही पता था, मुझे ए सी एन नाम्बियार ने पहले ही बता दिया था जो वहाँ एक कम्युनिस्ट के रूप में कुछ समय बिता चुके थे। नाजी अधिकारी का उत्तर था "ओह, हम कैदियों को मित्रवत भावना से किताबें और पम्फलेट देते हैं और उन्हें इस तरह से सुधारने की कोशिश करते हैं कि वे सही रास्ते पर लौट सकें।"

इस अधिकारी ने हमें उस समय जर्मनी में प्रचलित नस्ल सिद्धान्त के बारे में कुछ छोटे लेख दिये। प्रश्न "क्या मसीह यहूदी नहीं थे?" का स्पष्ट उत्तर था "ओह, नहीं, कभी नहीं!" "ठीक है, तो क्या आप उत्तरी आर्यन नस्ल के हैं?" मैंने उससे पूछा, लेकिन उसने जवाब नहीं दिया और चुप रहा।

कोई ऐसा जर्मन युवक, जो 'शुद्ध उत्तरी आर्यन रक्त' का न हो एक लड़की से विवाह करना यदि चाहे जिसके रक्त में 'निम्न' यहूदी या अन्य नस्लों का कोई अवशेष होने का सन्देह था, उसे अपनी प्रेमिका और अपनी नौकरी के बीच चयन करना पड़ता। क्योंकि नौकरी के बिना जीवन सम्भव नहीं होगा, वह निश्चित रूप से अपनी प्रेमिका को छोड़ देगा, ऐसा सुनने में आया।

ड्रेसडेन से, हम बर्लिन गए। शानदार अस्पताल, कला संस्थान, रंग-बिरंगी चमकते विद्युत यंत्र, विशाल पार्क, और केवल यही नहीं, बल्कि विशाल महल, चर्च, और प्रभावशाली विजय स्मारक—ये सभी दृश्य हमारे लिए अत्यन्त आकर्षक थे। हमारे गाइड ने हमें राष्ट्रपति हिंडनबर्ग, जनरल गोइंग और हिटलर के निवास दिखाए। हम हिटलर से व्यक्तिगत रूप से मिलना चाहते थे, लेकिन यह सम्भव नहीं हुआ।

हमने दो प्रमुख स्त्री संस्थानों का दौरा किया—एक स्कूल जहाँ तीन हजार लड़कियों को खाना पकाने, कपड़े धोने, फोटोग्राफी, बुनाई, पेंटिंग आदि का प्रशिक्षण दिया जाता था, और जर्मन श्रमिक-वर्ग की एक केन्द्रीय संस्था जहाँ 'मातृत्व' के विषय का विशेष शिक्षण दिया जाता था। जब भारत को मैक्समूलर, पौल ड्यूसेन और वास्तव में जर्मन लोगों का बहुत बहुत प्यार और सम्मान मिला था वह दौर बदल चुका था। भारत के प्रति नाजी शासन का रवैया अच्छा नहीं था। वह पुस्तक जिसे जर्मन नाजी अपने 'बाइबल' के रूप में मानते हैं, हिटलर की 'मेरा संघर्ष' उसमें भारत के लिए कई अपमानजनक सन्दर्भ हैं। हिटलर के दाहिने हाथ जनरल गोइंग ने प्रेस के साथ अपने साक्षात्कार में गांधी जी का अपमान किया था। हेर रोसेनबर्ग, जो नाजी संस्कृति का प्रतिनिधि माना जाता है, अपनी पुस्तक 'बीसवीं सदी का मिथोस' में स्पष्ट रूप से भारतीयों को नीचा दिखाते हुए दावा करता है कि जर्मन 'वास्तव में आर्यन' हैं जबकि भारतीय सबसे विकृत हैं। हालाँकि जर्मनी में नस्ल सिद्धान्त आन्दोलन का मुख्य कारण यहूदियों से नफरत थी, लेकिन दुश्मनी धीरे-धीरे एशियाई लोगों तक फैल गई। वे मानते हैं, या मानने की कोशिश करते हैं, हालाँकि प्राचीन अतीत में आर्यन जाति अपनी संस्कृति के साथ भारत में मौजूद थी,

वे दावा करते हैं कि यह संस्कृति बाद में बिगड़ गई और भारतीय एक निम्न जाति के रूप में समाप्त हो गए। यही कारण है कि जो खुलापन कभी भारतीयों के प्रति दिखाया गया था, वह नाजी शासन के तहत कम हो गया है। यही कारण है कि जब अब भारतीय जर्मनी की सड़कों पर चलते हैं, तो उन्हें कई स्थानों पर अपमानजनक सम्बोधन 'निगर' सुनाई देता है—उनकी काली त्वचा के कारण।

हालाँकि नाजी जर्मनी में भारत के प्रति नकारात्मक दृष्टिकोण बढ़ता हुआ प्रतीत होता है, जब हम वहाँ गए, लोग हर जगह हमारे प्रति काफी मित्रवत थे। अधिकांश लोगों को अंग्रेजी भाषा का ज्ञान नहीं था। इस कमी के कारण कुछ मजेदार दृश्य उत्पन्न हुए। कुछ स्थानों पर 'गुड बाय' के बजाय 'गुड मॉर्निंग' से हमारा स्वागत किया गया। जर्मन शब्द 'फ्राउ' का अर्थ है 'महिला' और 'पत्नी' दोनों। उनकी अंग्रेजी की अपर्याप्त ज्ञान के कारण, कुछ ने 'ओह लेडीज!' को 'ओह वाइव्स!' के रूप में सम्बोधित किया।"[6]

हवलाथ बीवी की आत्मकथा के अंश हमें उनके द्वारा लिखित आत्मकथात्मक निबन्ध 'मेम्बरशिप्पिल्लाथा कम्युनिस्टुकारी'[7] में मिलते हैं। वे एक कम्युनिस्ट कार्यकर्ता थीं और जिनका राजनीतिक जीवन 1950 के दशक से लेकर 2000 तक फैला हुआ है। हवलाथ बीवी प्रसिद्ध नेता के. आर. गौरी की करीबी सहायक थीं और जब उन्होंने सीपीएम छोड़कर अपनी पार्टी बनाई, तो हवलाथ बीवी ने उनका अनुसरण किया। 'मेम्बरशिप्पिल्लाथा कम्युनिस्टुकारी' में उन्होंने लिखा :

"मुझे एक बात का बहुत दुख है—मैं वो व्यक्ति हूँ जिसने अपने जीवन की शुरुआत में ही अपना जीवन पार्टी को समर्पित कर दिया। ना तो शुरुआती सीपीआई और ना ही बाद की सीपीएम ने अपने किसी ऐतिहासिक दस्तावेज में ऐसे व्यक्ति का नाम भी जिक्र किया है। क्या यह जरूरी नहीं है कि कम-से-कम यह बताया जाए कि ऐसा व्यक्ति अस्तित्व में था? मुझे नहीं पता कि यह स्त्रियों की उपेक्षा है या इतिहास को भुला देना। जो भी हो, यह कम्युनिस्ट पार्टी के लिए उपयुक्त नहीं है। कम्युनिज्म का सार कमजोरों और गरीबों के प्रति प्रेम है।

जब मैं कहती हूँ, 'मैं एक पुरानी सोचवाली स्त्री हूँ,' और फिर पुरुष-स्त्री सम्बन्धों के बारे में बात करती हूँ, तो यह एक गम्भीर बात है। सार्वजनिक जीवन में पुरुष और स्त्री का कोई भेद नहीं होना चाहिए। किसी भी क्षेत्र में स्त्रियों की उपस्थिति अनिवार्य है। सार्वजनिक जीवन में स्त्रियों की उपस्थिति अवश्य होनी चाहिए। स्त्रियों को राजनीतिक रूप से उत्तरदायी होना चाहिए। स्त्रियों के लिए कहीं भी कोई स्थान नहीं है। यहाँ तक कि कम्युनिस्ट पार्टी में भी, स्त्रियों का प्रतिनिधित्व सिर्फ बारह प्रतिशत है। इसे तुरन्त सुधारने की आवश्यकता है।

पुरुष और स्त्री को एक-दूसरे को समझना चाहिए, एक-दूसरे के प्रति वफादार रहना चाहिए। अगर वफादारी में थोड़ी भी कमी होती है, तो उसे सहन करना

मुश्किल है। दो लोगों को एक-दूसरे के लिए छाया और समर्थन बनकर एकजुट रहना चाहिए। झूठी नैतिकता और इस सन्दर्भ में गिरावट और प्रदूषण को स्वीकार करना मुश्किल है। वहाँ दोगलापन और दिखावा सहन नहीं किया जा सकता। हम वे प्राणी नहीं हैं जो अकेले जीने के लिए बने हैं। ऐसे विकल्प होने चाहिए, जो छोटे समूहों के रूप में भले हों पर वास्तविक हस्तक्षेप करें और जो हर व्यक्ति की स्वतंत्रता की कुर्बानी की माँग न करें, ऐसे मनुष्य उभरने चाहिए जो राजनीतिक रूप से प्रतिक्रिया दे सकें। यही बात मैं नई पीढ़ी से कहना चाहती हूँ: सही चीज के लिए राजनीतिक रूप से प्रतिक्रिया दें, उसके लिए संघर्ष करें। जो सही है, उसके लिए संघर्ष करें और जीतें।

मैं इस तरह अपने जीवन का बलिदान देकर सन्तुष्ट हूँ। मुझे अपने जीवन में कोई पश्चाताप नहीं है। फिर भी मुझमें बहुत गुस्सा और विरोध है कि चीजें वैसे नहीं सुधरीं जैसी होनी चाहिए थीं। जब तक मैं जिन्दा हूँ, दूसरों के लिए प्रयास करती रहूँगी। यही जीवन की पूर्णता है।"[8]

मुझे आमतौर पर बहुत गुस्सा आता था जब कोई गौरियम्मा का अपमान करता था या उन पर तंज कसता था। मैं वहीं हंगामा कर देती, किसी से भी। गौरियम्मा ये अच्छी तरह जानती थीं, इसलिए जहाँ भी मैं जाती, वह अपने गनमैन को मेरे पीछे भेज देतीं, ये देखने के लिए कि मैं ठीक हूँ या नहीं। मेरा उनसे बहुत घनिष्ठ और नजदीकी रिश्ता था, आज भी है।

मैंने राजनीतिक पार्टी का हिस्सा बनकर देखा कि वहाँ का नेतृत्व भी स्त्री-विरोधी है। जल्द ही मुझे समझ में आने लगा कि यह एक अनुशासित पार्टी नहीं, बल्कि एक भीड़ मात्र थी, मुझे यकीन हो गया कि यह उस रास्ते पर जा रही थी, जो गौरियम्मा के आदर्शों और नाम के अनुकूल नहीं था। मैंने यह बात उन्हें बताई और चुपचाप पार्टी छोड़कर घर वापस चली गई। एक बात जो मैं साफ करना चाहती हूँ : "कभी-कभी, मैं एक कम्युनिस्ट हूँ। अब मैं बिना सदस्यतावाली कम्युनिस्ट हूँ और मैं एक कम्युनिस्ट के रूप में ही मरूँगी।"[9]

के. मीनाक्षी एक ऐसी श्रमिक नेता थीं जिनके योगदान को शायद ही कोई याद करता है। वे 1940 के दशक के दौरान कम्युनिस्ट पार्टी में सक्रिय थीं। केरल के अलप्पुझा जिले में वे जन्मीं, वही उनका कार्यक्षेत्र भी था जो जूट और काजू उद्योग के श्रमिकों और कृषि श्रमिकों के वामपन्थी संगठनों का एक प्रमुख केन्द्र था। अपने समय की नायिका मानी जानेवाली मीनाक्षी को बाद के वर्षों में लगभग विस्मृत कर दिया गया और उनका नाम फिर से तब उभरा जब स्त्रीवादी इतिहासकार मीरा वेलायुधन ने उन पर शोध किया। के. मीनाक्षी अब इस दुनिया में नहीं हैं। उनके व्यक्तित्व में इतिहास में किसी भी पुरुष नेता की तुलना में कहीं अधिक क्रान्तिकारी उत्साह, परिपक्व सोच और बुद्धिमत्ता झलकती थी। लेकिन इस असाधारण स्त्री के

जीवन को 'पुन्नापरा-वलयालार' संघर्ष के नायक, कॉमरेड वी. के. भास्करन की अर्धांगिनी के रूप में रिड्यूस करके देखा गया। के. मीनाक्षी एक क्रान्तिकारी स्त्री थीं जिन्होंने एक समय में सुशीला गोपालन जैसे बड़े नेताओं के साथ कन्धे-से-कन्धा मिलाकर संघर्ष किया। आत्मकथ्य में उन्होंने लिखा :

"मैंने पन्द्रह साल की उम्र में राजनीति में प्रवेश किया। जब ऐल्लप्पी कॉयर फैक्ट्री वर्कर्स यूनियन का गठन हुआ, तब मैंने धीरे-धीरे संघर्ष में कदम रखा। आज उस समय के कॉयर और मछुआरों की दयनीय स्थिति की कल्पना करना असम्भव है। उसी समय यूनियन का गठन हुआ और मजदूरों को संगठित किया गया। जब यूनियन काम करने लगी, तो पुलिस और फैक्ट्री मालिकों ने भयंकर हिंसा का इस्तेमाल मजदूरों पर किया। पुरुषों को घसीटकर ले जाया जाता, उन्हें नारियल के पेड़ों से बाँधकर बेरहमी से पीटा जाता, उनकी स्त्रियों और स्त्री-कामगारों पर घर के भीतर हमला किया जाता, उनका यौन-शोषण, बलात्कार किया जाता, मछुआरों के झोंपड़ों को आग लगा दी जाती और फिर उनके खिलाफ झूठे मामले दायर किये जाते। इस तरह का अत्याचार जारी रहा। जो साथी संघर्ष में डटे रहे, उन्हें एक-एक कर गिरफ्तार कर जेल में डाल दिया गया। इसी स्थिति में पुन्नापरा और वलयालार के मजदूरों ने मिलकर आन्दोलन खड़ा कर दिया। मेरे पति वी. के. भास्करन पुन्नापरा गोलीकांड में सब-इंस्पेक्टर नादर की हत्या के मामले में दूसरे अभियुक्त थे।

मैंने युवावस्था के सर्वोत्तम वर्षों में राजनीति में कदम रखा। मैंने सुशीला (बाद में, सुशीला गोपालन, जो ए. के. गोपालन की पत्नी और साथी बनीं) के साथ (1946-47) के चुनाव में काम किया। मैं गाती थी, और वह भाषण देती थीं। धीरे-धीरे, तालुका स्तर पर महिला संघम बनता गया। फिर यह तिरु-कोचि महिला संघम बना और बाद में केरल महिला संघम। उन दिनों का हमारा सपना आज सच हो गया अन्ततः हमारे प्रयास रंग लाए और अखिल भारतीय लोकतांत्रिक महिला संघ का गठन हुआ।

हमने कारखाने में बोनस की आधिकारिक मान्यता की माँग और उसके वितरण के लिए संघर्ष शुरू किया। अधिकारियों ने चाल चली कि नेताओं को सम्मेलन में आमंत्रित किया जाए और फिर उन्हें अन्दर ही गिरफ्तार कर लिया जाए। पुलिस ने गिरफ्तार नेताओं पर हमला किया। दो पुलिस अधिकारी, सब-इंस्पेक्टर सत्यनेशन और इंस्पेक्टर पोनय्यन नादर, इस हमले में सबसे अधिक उत्साहित थे। अधिकारियों को लगा कि गिरफ्तारियों और शारीरिक हमलों से नेता डर जाएँगे। लेकिन उनकी यह धारणा गलत थी।

जहाँ तक मेरा सवाल है मैं पन्द्रह साल की उम्र में ही त्रावणकोर कॉयर फैक्ट्री वर्कर्स यूनियन की महासचिव नियुक्त हुई थी। जब मैंने कार्यभार सँभाला, तब बोनस पर कुछ मामूली चर्चाएँ हुईं, लेकिन वे प्रभावी नहीं रहीं। फिर 1945 में राज्य के श्रम

आयुक्त वी. के. वेलायुधन की अध्यक्षता में एक उच्च-स्तरीय सम्मेलन हुआ। मैंने इसमें यूनियन का प्रतिनिधित्व किया। जब चर्चा शुरू हुई, तो श्रम अधिकारी ने कई देशों के श्रमिक सम्बन्धों पर बात की। मैं कुछ समय तक सुनती रही, फिर कहा, "साहब, हम अलप्पुझा के मजदूर ब्रिटेन, अमेरिका या जर्मनी के फैक्ट्री मालिकों के लिए काम नहीं करते। हम अपने खून-पसीने से काम करते हैं ताकि अलप्पुझा के फैक्ट्री मालिक अपना मुनाफा बढ़ा सकें। हमें अपने साल-भर की जरूरतों को पूरा करना है, हमारे बच्चों को स्कूल भेजने के लिए कपड़े और किताबें चाहिए। हमारी जरूरतों को पूरा करना फैक्ट्री मालिकों का दायित्व है।"

जब मुझे बताया गया कि यदि हमने बोनस की माँग नहीं छोड़ी, तो हर संघर्ष को खूनी दमन से दबा दिया जाएगा, मेरा खून खौल उठा। मैंने कड़ी प्रतिक्रिया में कहा, "साहब, अगर आप हमारी उचित माँग को दबाने के लिए बल का उपयोग करेंगे, तो हम उससे भी बड़ा आन्दोलन खड़ा करेंगे। हम आपसे अपने अधिकार छीन लेंगे।

पुन्नापरा-वलयालार विद्रोह से पहले, उन्होंने यूनियन कार्यालय को सील कर दिया। जब कार्यालय में केवल औरतें बचीं, तभी लगभग सौ पुलिसकर्मी हमारे कार्यालय पर आ धमके। मैंने जरूरी कागजों को मुँह में चबाकर खिड़की से बाहर फेंक दिया और भूमिगत साथियों के पत्रों को अपने बालों में छिपा लिया। गिरफ्तारी मेरी पक्की थी, वही हुआ भी। मुझे गिरफ्तार किया गया, लेकिन मैंने अपने साथियों को बचाने की ठान ली थी।

मैं तीन बार जेल गई। मैंने मिच्छाभूमि समागम में हिस्सा लिया और डेढ़ साल तक जेल में रही। 1954 में, 'पट्टम थानू पिल्लई' सत्ता में आए, और पुन्नापरा-वलयालार के आरोपियों को रिहा किया गया। 1955 में, मेरी और कॉमरेड भास्करन का विवाह हुआ। मैंने हमेशा सोचा था कि मैं अविवाहित रहकर मजदूर आन्दोलन में काम करती रहूँगी। मेरी जिन्दगी मजदूरों के लिए थी। लेकिन पार्टी के कहने पर मैंने विवाह किया। विवाह पार्टी कार्यालय में हुआ था। दो बेटियाँ हैं, मेरे पति का निधन तब हुआ जब मेरी बड़ी बेटी ग्यारह साल की थी।"[10]

इसी सन्दर्भ में 20वीं सदी के तिरुवनन्तपुरम में श्रमिक-वर्ग और दलित संघर्ष-आन्दोलन से सम्बद्ध जूबा रामकृष्णन पिल्लई (1910-2005) के आत्मकथात्मक संस्मरण की चर्चा अनिवार्य है वे स्वतंत्रता सेनानी, फैशन निर्माता, और ट्रेड यूनियन नेता थे। उनकी आत्मसंस्मरणात्मक पुस्तक 'एंटे ओर्मकुरिप्पकुकाल'[11] में स्मृति चित्रों के अनन्तर कई स्त्रियों का जिक्र आता है जिन्होंने सामाजिक समानता के लिए निरन्तर संघर्ष किये। 'जूबा' उपनाम उन्हें 1930 के दशक में मिला जब उन्होंने उत्तर भारतीय परिधान जूब्बा को तिरुवनन्तपुरम में लोकप्रिय किया। प्रारम्भ

में इसे उपद्रवी और राष्ट्रवादी चिह्न के रूप में पहचाना गया, लेकिन जल्द ही यह सरकारी अधिकारियों के बीच भी लोकप्रिय हो गया और यहाँ तक कि त्रावणकोर के महाराज ने भी 'जूब्बा' को अपनाया। रामकृष्णन पिल्लई को त्रावणकोर में निम्न जाति के सफाईकर्मियों के बीच उनके संगठनात्मक प्रयासों के लिए सबसे ज्यादा याद किया जाता है। त्रावणकोर में सफाईकर्मी मुख्यत: तमिल मूल के थे, जो रोजगार की खोज में, नगरपालिका से जुड़े। वहाँ उनका दोहरा शोषण होता था। श्रमिक-वर्ग के लोग थे, उन्हें शहर में उपयुक्त रहवास से भी वंचित कर दिया जाता था। इसलिए इन सफाई कर्मचारियों ने जल निकायों के चारों ओर अस्वस्थ, दलदली क्षेत्रों में झुग्गियाँ स्थापित कीं, आज, इनमें से कई क्षेत्र तिरुवनन्तपुरम के मुख्य शहर के झुग्गी-झोंपड़ियों के रूप में जाने जाते हैं (कर्नाटक और कोचि के अन्य नगरों में भी इसी प्रकार का पैटर्न देखा जा सकता है)।

इस संस्मरण में त्रावणकोर की कुछ प्रमुख पहली पीढ़ी की सवर्ण स्त्रियों के बारे में दिलचस्प जानकारी है—जो आधुनिक शिक्षा की लाभार्थी थीं। सवर्ण स्त्रियों और निम्न जाति के निर्धन कामगारों के बीच के विशाल अन्तर को उजागर करनेवाले कई प्रसंग इस पुस्तक में हैं। यह हमें याद दिलाता है कि पहली पीढ़ी की नारीवादी वे थीं जो ब्राह्मण-शूद्र सामाजिक अनुबन्ध के नवीनीकरण के माध्यम से सामाजिक परिदृश्य पर आई थीं। ये सवर्ण महिलाएँ—'ऊँची जाति' और तथाकथित अच्छे खानदानों से सम्बद्ध थीं जो शिक्षा और योग्यता सम्पन्न थीं। निश्चित रूप से, पहली पीढ़ी की मलयाली स्त्रीवादियों में विभाजन था—एक ओर, नई सवर्ण महिलाएँ थीं, दूसरी ओर, निम्न कहे जानेवाले समुदायों की स्त्रियाँ थीं जिन्होंने भी आधुनिक शिक्षा के कारण सार्वजनिक जीवन में अपनी पहचान बनाई। इस विवरण में, श्रीमती पोनम्मा थानु पिल्लई पहले का प्रतिनिधित्व करती हैं, और के. आर. गौरी अम्मा दूसरे चरण की स्त्रीवादी हैं। इनमें सरस्वती अम्मल का नाम महत्त्वपूर्ण है, जो रामकृष्णन पिल्लई की हरिजन सेवा और 1950 के दशक के सशस्त्र स्वच्छता कार्यकर्ताओं की हड़तालों में सहयोद्धा थीं, जिन्हें 1948 में गिरफ्तार किया गया और जेल भेजा गया। वह बाद में 1980 के दशक के उत्तर प्रदेश में कांग्रेस सरकार में श्रम, हरिजन और सामाजिक कल्याण मंत्री बनीं।

इसी दौर की आत्मकथा रोजी थॉमस की है जो जाति और धर्म के आपसी समीकरणों की जटिलता को अभिव्यक्त करती है, जिसका शीर्षक है 'इवान एंटे प्रिया सी. जे.' उनके पिता प्रसिद्ध साहित्यिक आलोचक एम. पी. पॉल थे और पति, नाटककार, साहित्यिक आलोचक, सार्वजनिक बुद्धिजीवी और सर्वांगीण विद्रोही, सी. जे. थॉमस थे। इसका शीर्षक बाइबिल से सम्बद्ध है जिसमें यह मैथ्यू का सुसमाचार है—यह आकाशवाणी है जो तब सुनाई देती है जब यीशु का बपतिस्मा होता है...एक स्त्री, अपने दिवंगत पति के लिए इन शब्दों का उच्चारण करती

है, उसे इस तरह याद करती है तो निश्चय ही इसका कोई विशेष अर्थ होगा। रोजी थॉमस कहती हैं कि वह यह किताब केवल अपने पति की मृत्यु के नौ साल बाद ही लिख सकीं, क्योंकि वह नहीं चाहती थीं कि उनका पाठ अनावश्यक रूप से 'संवेदी' हो। जी. अरुणिमा ने इस आत्मकथा का अंग्रेजी अनुवाद किया जिसमें उनकी परिचयात्मक टिप्पणी पूरी तरह से आधुनिक दाम्पत्य सहजीवन की बारीकी और जटिलता को खूबसूरती से और सावधानीपूर्वक उजागर करती है, उस समय के मलयाली समाज में व्याप्त लैंगिक विभेद को रोजी थॉमस की आत्मकथा में देखा जा सकता है।[12] रोजी और सी. जे. थॉमस के बीच बहुत अन्तराल था, समस्याएँ इतनी कि समाप्त होने का नाम नहीं ले रही थीं। उनका परिवार उनके आपसी सम्बन्धों को लेकर बहुत दुखी था और उनके विवाह को असफल मानता था। यह आंशिक रूप से सम्प्रदायात्मक मतभेदों (वह कैथोलिक थीं, और वह जकोबाइट थे) के कारण था। अन्तरधार्मिक विवाह के कारण परिवार को समाज में नीचा भी देखना पड़ा। 1940 के दशक के केरल में, इस तरह का सार्वजनिक प्रेम-सम्बन्ध उतना ही विवादास्पद था जितना कि उन दोनों के बीच विवाह। यह आत्मकथा कई जटिल कथाओं और जटिल भावनाओं के संगुम्फन से बुनी गई है। जहाँ सम्मान धीरे-धीरे प्रेम में बदल जाता है, और प्रेम इच्छा के साथ मिश्रित हो जाता है। यह प्रेम जितना भावनात्मक था उतना ही कामुक भी था, रोजी के लिए प्रेम एक साथ विद्रोह का और आत्म की पहचान का माध्यम बना। माता-पिता के विरोध के बावजूद, जिस आदमी से वह प्यार करती थी उससे शादी करना रोजी के लिए बड़ा क्रान्तिकारी कदम था। उनके सामने एक विकल्प यह था कि वह कैथोलिक धर्म को स्वीकार करें। सी. जे. के लिए, यह विशेष रूप से कठिन था, क्योंकि यह ज्ञात था कि उन्होंने अपने राजनीतिक विश्वासों के कारण चर्च से खुद को दूर कर लिया था। धर्मान्तरण अनुष्ठान का वर्णन, बहुत रोचक ढंग से लिखा गया है। प्रेम के कारण उन्हें सहना—इस सारे प्रसंग का बड़ी रोचक शैली में बयान किया गया है।"

न्यायमूर्ति अन्ना चांडी भारत की पहली स्त्री न्यायाधीश और देश की पहली महिला थीं जिन्होंने उच्च न्यायालय की न्यायाधीश बनने का गौरव प्राप्त किया। अन्ना चांडी पहले चरण की स्त्रीवादी थीं। उन्होंने श्री मुलम पॉपुलर असेम्बली से चुनाव लड़ा और 1932-34 के कार्यकाल के लिए निर्वाचित हुईं। 1937 में, अन्ना चांडी भारतीय जिला अदालत की पहली स्त्री न्यायाधीश बनीं। 1959 में, वह विश्व की दूसरी महिला बनीं जिन्होंने उच्च न्यायालय की न्यायाधीश का पद प्राप्त किया। उन्होंने महिलाओं के अधिकारों का समर्थन करनेवाली पत्रिका 'श्रीमती' की स्थापना और सम्पादन किया। यह मलयालम भाषा में पहली महिला पत्रिका थी। उन्हें बाद में केरल उच्च न्यायालय की न्यायाधीश नियुक्त किया गया और उन्होंने अप्रैल 1967 तक इस पद पर कार्य किया। सेवानिवृत्ति के बाद, उन्होंने भारत के

विधि आयोग में सेवा दी और आत्मकथा भी लिखी।[13] 1971 में उनकी आत्मकथा को मलयालम मनोरमा में धारावाहिक रूप में प्रकाशित किया गया, उनका निधन 1996 में हुआ। अन्ना चांडी की आत्मकथा एक महत्त्वपूर्ण रचना है, जो भारत की पहली स्त्री न्यायाधीश अन्ना चांडी के जीवन और अनुभवों को दर्शाती है। उनकी आत्मकथा स्त्री के रूप में कानूनी जीवन-यात्रा, उसकी चुनौतियाँ, सफलताएँ और उन सामाजिक मान्यताओं को समझने का अवसर प्रदान करती है, जिनका उन्होंने सामना किया और जिनके बीच उन्होंने अपनी राह बनाई, वे लिखती हैं, "मुझे क्रिमिनल बेंच का चार्ज इस मान्यता के तहत दिया गया कि वकील और सत्र न्यायाधीश के रूप में आपराधिक मामलों की सुनवाई का अनुभव मुझे था...इस क्षेत्र में, मेरा सिद्धान्त न्याय था, जिसमें दया भी शामिल थी। यदि एक स्त्री न्यायाधीश के निर्णयों में माँ का वात्सल्य प्रकट होता है, तो यह न तो आश्चर्यजनक है और न ही इसकी शिकायत की जानी चाहिए। मेरा मानना है कि सजा देने का उद्‌देश्य है व्यक्ति को भविष्य में उस काम से रोकना।

स्त्री न्यायाधीश होकर भी जघन्य मामले, जैसे हत्या के मामलों में, मैंने मौत की सजा देने में संकोच नहीं किया, और उन मामलों में आजीवन कारावास को मौत की सजा में परिवर्तित कर दिया, जघन्य हिंसा से जुड़े थे। कभी-कभी, ऐसे मामलों में, मैं पुरुष न्यायाधीशों से भी ज्यादा कठोर थी। लेकिन मैं यह भी सावधानीपूर्वक देखती थी कि उन मामलों में सजा को कम किया जाए, जहाँ क्षणिक उत्तेजना, तात्कालिक जुनून या आत्म-रक्षा में अपराध को अंजाम दिया गया हो। इसके अलावा, चोरी, हल्की खाद्य मिलावट के मामलों आदि में, मैं आरोपी की वित्तीय स्थिति को ध्यान में रखती थी और सजा की कठोरता को कम करती थी।

मैं अपने हाई कोर्ट में कार्यकाल के दौरान सुने गए कई मामलों के बारे में बात नहीं करना चाहती। लेकिन चलिए एक या दो मामलों का उल्लेख करती हूँ, जैसे कि एक महिला न्यायाधीश का गलत काम करनेवालों और सजा के प्रति दृष्टिकोण का उदाहरण। जैसे एर्नाकुलम अस्पताल में एक सिपाही के साथ जुड़े रिश्वत के मामले को कोर्ट में लाया गया। जाहिर है, उसने डॉक्टर के कमरे के सामने एक मरीज से दो रुपये लिये और फिर उसे कतार तोड़ने और बिना अपनी बारी का इन्तजार किये डॉक्टर से मिलने की अनुमति दी। हालाँकि यह कानूनी रूप से रिश्वत थी, जब रिश्वत देनेवाले और लेनेवाले की वित्तीय स्थिति का आकलन किया गया, मैंने इसे एक साधारण दान का कार्य माना। सत्र न्यायालय ने उसे छह महीने की जेल की सजा सुनाई थी। आरोपी इतना गरीब था कि अपने लिए वकील नहीं रख सकता था। उसके लिए अदालत द्वारा नियुक्त वकील अधिक नुकसान पहुँचा सकता था। इस अतिशय निर्धन व्यक्ति की नौकरी छीननेवाले निर्णय को देखकर, मुझे भी उसे किसी तरह बचाने की इच्छा हुई। एक ऐसी दुनिया में जहाँ ऊँचे पदों पर बैठे लोग गरीबों

से बड़े पैमाने पर रिश्वत लेते हैं और कभी भी अदालत द्वारा पकड़े नहीं जाते, यह न्याय नहीं था कि उस मेहनत से जीवन जीनेवाले व्यक्ति द्वारा लिये गए दो रुपये को जघन्य अपराध साबित किया जाए और उसे सजा दी जाए। मेरा विवेक मुझे यही बताता था। लेकिन मैं आपको यह नहीं बताना चाहती कि उच्च न्यायालय के निर्णय के पाठ में ऐसे सिद्धान्तों को जोड़ने के परिणाम क्या होंगे। मैंने मामले की सुनवाई करते हुए सभी रिकॉर्ड को अपने घर भेजने के लिए कहा और उन्हें अच्छी तरह से जाँचा। मैंने आरोपी के खिलाफ साक्ष्य के कमजोर पक्षों पर विचार किया, उन्हें बढ़ाया, उन पर तरह-तरह की भावनात्मक बातें और अलंकरण जोड़ीं और अन्ततः घोषित किया कि अपराध साबित नहीं हुआ—और सजा को रद्द कर दिया। जब आरोपी से पूछा गया कि उसका क्या कहना है, तो उसने कहा कि वह निर्दोष है और यदि यह निर्णय रद्द नहीं किया गया, तो वह अपनी नौकरी खो देगा, इसलिए उच्च न्यायालय को निर्णय पर पहुँचने से पहले सभी दस्तावेजों का पुनरावलोकन करना चाहिए। मैंने लंच के समय निर्णय को टंकित किया और जब मैं बेंच पर वापस आई और उस व्यक्ति को बरी करने और सत्र न्यायालय के निर्णय को रद्द करने की घोषणा की। गरीब आदमी जो काँप रहा था उसने झुककर धन्यवाद और स्नेह के साथ नमन किया और सिर झुकाकर बाहर चला गया।

लेकिन मैंने सावधानी बरती कि अन्य लोग यह न समझें कि अपराध करनेवाले पुरुष स्त्री न्यायाधीश की आँख में आसानी से धूल झोंक सकते हैं। इसलिए मैंने अदालत के सिपाही के माध्यम से आदमी को सन्देश भेजा कि उसे दिन के अन्त में अदालत के काम के बाद मुझसे मिलना चाहिए। मैंने उसे बुलाया और कहा, "मैं जानती हूँ कि तुमने वह पैसा कानून का उल्लंघन करते हुए लिया, लेकिन तुम्हारी विवशता देखकर मैंने तुम्हें बख्श दिया, बस यही सुनिश्चित करना कि तुम इसे फिर से न दोहराना। यदि कभी तुम्हें बहुत भूख लगे, तो तुम मेरे घर आ सकते हो, जो अस्पताल के बहुत करीब है, और मैं सुनिश्चित करूँगी कि तुम्हें भोजन मिले। अन्यथा, यदि तुम इसे दोहराते हो, तो तुम अपनी नौकरी खो दोगे और कोई तुम्हारी मदद नहीं कर सकेगा।" उसने वादा किया कि वह मेरी बात मानेगा और चला गया। मेरी जानकारी में, उसके बारे में अब तक कोई और शिकायत नहीं आई है।

कुछ और मामले हैं जिनमें मैंने अपने विवेक के आगे झुककर सजा को रद्द किया है या जब यह सम्भव नहीं था, तो नाममात्र की सजा दी है। ये ज्यादातर आत्महत्या के प्रयास से जुड़े मामले हैं, और ये इंडियन पीनल कोड धारा 309 के तहत आते हैं। मेरी दृष्टि में, आत्महत्या का प्रयास कोई अपराध नहीं है। जब मैं जिला न्यायाधीश थी, तो मुझे धारा 309 के तहत कई मामलों की सुनवाई करने का अवसर मिला। सभी ऐसे मामलों में, आरोपियों के पास अपने वकील को नियुक्त करने के लिए संसाधन नहीं थे। मैंने विशेष प्रयास किया कि अदालत द्वारा उन्हें

सौंपे गए युवा वकीलों की मदद की जाए। अधिकांशतः मैंने ही गवाहों को क्रॉस-एक्जामिन किया। क्योंकि आत्महत्या के प्रयास अक्सर निजी रूप से किये जाते हैं, पुलिस द्वारा लाए गवाह ज्यादातर फर्जी होते थे। गवाहों को क्रॉस-एक्जामिनेशन में गलत साबित करने का कार्य मेरा एक पसन्दीदा शगल था।"[14]

स्त्री जिसने लिखने की स्वतंत्रता को पहचान लिया है, उसके अनुभव भी स्वायत्त होंगे लेकिन स्वतंत्रता की भावना अभी उसके भीतर इतनी परिपक्व नहीं हुई कि वह आत्माभिव्यक्ति के साहस को पोषित कर सके। कई बार स्त्री भी मानती है कि उसका व्यक्तित्व और निजी अनुभव पति के व्यक्तित्व और ज्ञान के समक्ष नगण्य है और आत्मकथा लिखते हुए उसे पति की स्मृतियों से ज्यादा महत्त्वपूर्ण कुछ भी नहीं लगता। बचपन, यौवन, विवाह और मातृत्व के विभिन्न पड़ावों से गुजरते हुए उसे खुद को, दूसरों की दृष्टि से देखने की आदत हो जाती है। उसकी आत्मकथा सिर्फ एक 'स्त्री' की कथा बनकर रह जाती है। ऊपर जिन आत्मकथाओं का उल्लेख किया गया है उनमें से कोई भी गैर-महत्त्वपूर्ण नहीं है, बल्कि इनके रचनाकारों ने साहित्य और समाज में स्वयं अपनी पहचान बनाई है—फिर भी इन आत्मकथाओं के केन्द्र में वे स्वयं नहीं—पति का भव्य व्यक्तित्व है, जिसके पीछे निष्कलंक स्त्री के रूप में अपनी छवि के प्रस्तुतीकरण का प्रयास किया गया है।

प्रारम्भिक मलयालम आत्मकथाओं में बी. कल्याणी अम्मा की आत्मकथा 'व्याज्वट्टा स्मरणनकल' (बारह वर्षों की स्मृतियाँ) दरअसल लेखिका के बारह वर्षीय वैवाहिक जीवन के संस्मरण हैं। पति प्रेम, पति की न्यायप्रियता, निजी सम्पर्क, अनुभव, राजनीतिक क्षेत्र में पति की साख, उनका दृढ़निश्चयी व्यक्तित्व, पत्नी के सहयोग से जीवन की कठिन परिस्थितियों का सामना पति ने कैसे किया यह सब चित्रित है। यह संस्मरणात्मक आत्मकथ्य दरअसल उस वायदे का मूर्त रूप है जिसके तहत पति-पत्नी ने एक-दूसरे के न रहने पर स्मृतिलेखों में दूसरे को अमर कर देने का निर्णय लिया था। इसी तरह 1956 में प्रकाशित दमयन्ती नाथ के संस्मरणों 'आरू स्त्रीयुड़े मयाव्ता स्मरणनकल' (एक स्त्री की कभी धूमिल न होनेवाली स्मृतियाँ) को देखा जा सकता है जिसमें रचनाकार की विश्लेषणात्मक क्षमता दिखती है। बालमणि अम्मा के 'जीवितात्तिलूड़े' (प्रकाशन 1969) में भी स्मृति चित्रों की ही भरमार है, पाठक को अतीत के स्मृति चित्रों के माध्यम से उन परिस्थितियों की जानकारी मिलती है, जिन्होंने रचनाकार के जीवन को दिशा देने में महत्त्वपूर्ण भूमिका निभाई। 1977 में अक्कमम वर्की की आत्मकथा '1114 एंटे कथा' प्रकाशित हुई। त्रावणकोर राज्य कांग्रेस के बारहवें अध्यक्ष के रूप में कांजिराप्पिल्ली की अक्कम्मा चेरियन उर्फ अक्कम्मा वर्की स्वाधीनता आन्दोलन के दौरान नेता के रूप में उभरीं। मलयालम वर्ष 7 तुलम 1114 को उसके राजनीतिक जीवन की शुरुआत हुई। वह आत्मकथा को, जीवन

में खोने-पाने का हिसाब नहीं बल्कि एक व्यक्ति के वैयक्तिक संघर्ष की दास्तान के रूप में देखती हैं।

1977 में प्रकाशित सी. के. रेवती अम्मा की आत्मकथा 'सहस्त्रपूर्णिमा' को कायदे से आत्मकथा की श्रेणी में रखा जा सकता है। इसमें 'मय्याझी' और मालाबार क्षेत्रों में व्याप्त साम्प्रदायिक तनाव की चर्चा मिलती है—"थियर जाति के लोगों को अछूत और नीच समझा जाता था, लेकिन मालाबार के 'थियर' थोड़े अलग थे—उन्हें सम्पन्नता और शिक्षा के कारण समाज में अच्छा स्थान प्राप्त था। रेवती अम्मा यानी मैं करयी दमयन्ती की बेटी हूँ। करयी दमयन्ती प्रसिद्ध व्यापारी करयी बाजू, जिनके अंग्रेजों के साथ व्यापारिक सम्बन्ध थे—की पोती थी। दमयन्ती ने बीसवीं शताब्दी के उत्तरार्द्ध में स्त्री-शिक्षा के विकास के लिए एक संस्था की स्थापना की, जहाँ सीना-पिरोना तथा शिशु-पालन जैसे विषयों पर व्याख्यान दिये जाते थे। मैं, दमयन्ती की बेटी होने के नाते संस्कारवश प्रगतिशील थी। मेरी ससुराल के लोग, प्रसिद्ध समाज-सुधारक नारायणगुरु के अनुयायी थे, जिन्होंने 'तालीकेटु' (मंगलसूत्र) को पहनाने का विरोध किया था। अपनी माँ के साथ मैंने अपने आभूषण गांधी जी के 'हरिजन उद्धार कोश' में दान किये थे। गांधी जी की हथेली के आशीर्वाद की सुगन्ध मेरे पूरे सामाजिक जीवन को महकाती रही, आज भी मैं उस पवित्र स्पर्श को नहीं भूल पाई। पंडित नेहरू का स्वागत मैंने फूलमाला पहनाकर किया था, स्वामी चिन्मयानन्द जी ने मुझे 'माँ' कहकर पुकारा और मेरे सामाजिक कार्यों के कारण रिश्तेदारों ने 'आवारा बाजारू बकरी' कहा, फिर भी मैंने अपने-आपको पूरी तरह कर्तव्य में डुबो दिया। किसी ताने-तिश्ने का प्रत्युत्तर नहीं दिया, यह सोचकर कि सम्भवत: ऐसा हर उस स्त्री को झेलना पड़ता होगा जो समाज सेवा की राह पकड़ती होगी।" रेवती अम्मा की आत्मकथा में उनके समय और समाज विशेषकर मालाबार के थियरों का, उनके तौर-तरीकों का आत्मीय परिचय मिलता है जिसकी भूमिका में मूकेति कुंजप्पा ने लिखा, "हम इस आत्मकथा को बीसवीं शती के पूर्वार्द्ध का सामाजिक-सांस्कृतिक रेखाचित्र कह सकते हैं।" पूरे जीवन को समग्रता में विश्लेषित करने का प्रयास सन् 1988 में प्रकाशित श्रीमती ऐनी ताएल की आत्मकथा 'इडंगझिइले कुरिसु' (चावल के नपने में सलीब) में देखा जा सकता है। धार्मिक अन्धविश्वासों पर प्रश्न उठानेवाली ऐनी को निर्धनता ने सर्जनात्मक लेखन की ओर प्रेरित किया और मुक्ति की चेतना ने राजनीतिक गतिविधियों से जोड़ा। आत्मकथा में ऐनी ने खुलकर बताया है कि कैसे उसने अपने भाई-बहनों को निर्धनता के अन्धकार से उबारा, संघर्ष किये, विश्वासघात सहे, उपेक्षा और अपमान के दंश सहकर जीवन में आगे बढ़ी। वह सिर्फ अपने आसपास के सामाजिक, राजनैतिक माहौल, व्यक्तिगत जीवन और धार्मिक जीवनानुभव के चित्र ही नहीं प्रस्तुत करती, बल्कि उसका मुक्तिकामी हृदय शान्तिपूर्ण सह-अस्तित्व के लिए उपयुक्त सूत्र की तलाश में भी निकल पड़ता है और

पाठक उसकी सहज कथन-भंगिमा से प्रभावित हुए बिना नहीं रह पाता। स्थितियों का सटीक विश्लेषण इस आत्मकथा को विशिष्ट बनाता है। रचनाकार में, प्रत्येक घटना के पीछे निहित स्वार्थों को उघाड़कर दिखाने की क्षमता है। वह बहुत-से महत्त्वपूर्ण व्यक्तियों के घृणित अतीत का पर्दाफाश बेधड़क करती जाती है। उसकी आस्था ईश्वर में है लेकिन वह चर्च के अन्धे कानूनों का विरोध करती है—इस अर्थ में उसकी आस्था 'सलीब' की तरह है—जिसने पेट भरने के लिए ईसाई धर्म का सहारा तो लिया, लेकिन चर्च की पाबन्दियों के खिलाफ विद्रोह से उसकी जीवन दृष्टि का निर्माण हुआ है। उसने अपनी माँ से 'इडनगाझी' (चावल का नपना) और पारिवारिक सलीब (क्रास) पाया है—जो उसके जीवन की भौतिक और आध्यात्मिक उपलब्धियों के प्रतीक हैं—जिन्होंने जीवन को दशा और दिशा दी है। पितृसत्तात्मक समाज के अलिखित कानूनों की पोल खोलती श्रीदेवी चंगमपूषा की आत्मकथा में प्रसिद्ध कवि चंगमपूषा के अन्तरंग जीवन की सूचना दर्ज है। दुनिया की नजर में महान कवि कैसे अपनी पत्नी के लिए यातना और यंत्रणा का स्रोत बन जाता है। मानसिक रूप से असन्तुष्ट और अविश्वसनीय व्यक्तित्व ने अपनी सहधर्मिणी का जीवन नरक में तब्दील कर दिया—श्रीदेवी अपने अनुभवों को आत्मकथा में दर्ज करती है और पुरुष के वर्चस्ववादी रवैये का सत्य पाठक के सामने खुलता जाता है। इसके अतिरिक्त अजिता की आत्मकथा 'ओरमा कुरुप्पुक्कल' (नक्सलबाड़ी में कूदी) 1982 में प्रकाशित हुई जो एक ढंग से अपूर्ण है क्योंकि इसमें जीवन के एक विशेष 'कालखंड' को ही लिया गया है।

बीसवीं सदी का उत्तरार्द्ध मलयाली समाज में आधुनिकता की नूतन चेतना के साथ साहित्य में व्यक्त हुआ। जहाँ इससे पहले स्त्री-गर्भ पर पुरुष का नियंत्रण था और समाज को विशृंखलता से बचाने के लिए कृत्रिम गर्भ-निरोधकों का बहिष्कार किया जाता था और आधुनिक होने के लिए यौनिकता पर संयम को एक जरूरी शर्त समझा जाता था वहीं सन् साठ-सत्तर तक आते-आते ऐसे विचार हाशिये पर चले गए और गृहस्थी अनुपालन के लिए परिवार नियोजन अनिवार्य बन गया। परिवार नियोजन ने समाज और परिवार के भीतर सत्ता के केन्द्र बदल दिये और इसके कारण पितृसत्ता का एक नया रूप अस्तित्व में आया जो आधुनिक और शिक्षित था। एकल परिवारों के पुरुष स्त्री-स्वाधीनता को अपने ढंग से व्याख्यायित-विश्लेषित कर सकते थे—मानसिक और शारीरिक श्रम में अन्तर कर सकते थे, इससे समाज की संरचना में धीरे-धीरे बदलाव आता दिखने लगा। बदलते समाज की स्थिति का जायजा लेने के लिए बीसवीं शती के उत्तरार्द्ध और इक्कीसवीं सदी के पूर्वार्द्ध की कुछ मलयालम आत्मकथाओं का विवेचन दिलचस्प हो सकता है। इनमें देवकी निलयगोड़े की आत्मकथा 'एक अन्तरजनम की आत्मकथा' है जो देवकी ने उम्र के पचहत्तरवें वर्ष में लिखी। देवकी ने आत्मकथा में स्त्री के लिए बनाए गए

नियमों, परिवार की संरचना का वर्णन करते हुए लिखा है, "घर के भीतर रहनेवाली अन्तरजनों का धन पर कोई अधिकार नहीं था, यदि कभी बाहर जाना ही पड़े तो पूरे शरीर को मोटी चादर से अच्छी तरह ढककर जाना होता था।...संयुक्त परिवार में मेरे भाई पुस्तकालय से जो किताबें लाते थे उन्हें मैं और मेरी बहनें छुपकर पढ़ती थीं। मैंने 'ला मिजरेबल' (विक्टर ह्यूगो) का मलयालम अनुवाद पढ़ा, जिसने मुझ पर अधिक प्रभाव डाला।"

ललिताम्बिका अन्तर्जनम ने 'आत्मकथाकोरु आमुखम' में इससे पहले नम्बूदिरी ब्राह्मण स्त्रियों की दलित स्थिति के बारे में लिखा था। ललिताम्बिका ने पहली बार ब्राह्मण स्त्री की यौन-दासता को अभिव्यक्ति दी जो 'अन्तर्जनम' अर्थात् घर के भीतर ही जीवन व्यतीत करनेवाली है—जो ज्ञान और आधुनिकता से अनजान है। नम्बूदिरी समाज में उत्तराधिकार की समस्या से मुक्त रहने के लिए परिवार के बड़े पुत्र को ही नम्बूदिरी स्त्री से विवाह की छूट थी—शेष पुत्रों को दूसरी जातियों, विशेषकर नायर स्त्रियों से 'सम्बन्धम' रखने होते थे—सम्बन्धम से जन्मे बच्चों का वंश-परम्परा और सम्पत्ति पर कोई अधिकार नहीं होता था, परिणामत: बहुत-सी नम्बूदिरी स्त्रियाँ अविवाहित रहने को अभिशप्त थीं और घर के भीतर धनहीन, सत्ताहीन, उपेक्षित जीवन बिताने को विवश। तनिक-सा विचलन या चारित्रिक स्खलन 'स्मार्त्य विचारम' (पुरुषों का न्यायालय) के सामने पेश कर देता था, जिसमें न्यायकर्ता पुरुष ही थे और जिन्हें 'दोषी' स्त्री को निर्वस्त्र करने, निर्वासित और भूखों मरने के लिए छोड़ देने का अधिकार था। इसके विपरीत निम्न जातियों की स्त्रियों को ऊँची जातियों के पुरुष के सामने अपने वक्ष खुले रखने होते थे, ऐसा न करने पर वे दंड की भागी होती थीं। इसलिए वे आदतन शरीर का ऊपरी भाग निर्वस्त्र ही रखती थीं। बीसवीं शताब्दी के नवजागरण के दौरान नीची जातियों के उत्थान के प्रयास किये गए और स्त्रियों के ऊपरी अंगों को आवृत्त करने के लिए नई चेतना का निर्माण करना पड़ा।[15]

देवकी निलयगोड़े की आत्मकथा मलयाली समाज के ब्राह्मण वर्ग की स्त्रियों की कथा है जो निजी दस्तावेज से आगे संस्कृति का प्रामाणिक इतिहास बताती है—इसका एक अंश 'भाषापोषिणी' पत्रिका 2003 के वार्षिकांक में छपा था। संयुक्ता पत्रिका ने 'विद नो सेंस ऑफ लॉस' शीर्षक से भी आत्मकथांश प्रकाशित किया। देवकी लिखती हैं, "अपने पिता को कभी देखा हो, ऐसा याद नहीं पड़ता, लेकिन सुना कि वे साँवले और आकर्षक थे...मेरी माँ उनकी तीसरी पत्नी थीं, विवाह के वक्त वे मात्र अठारह वर्ष की थीं, फिर भी उन दिनों उतनी उम्र की लड़कियों के लिए यह मान लिया जाता था कि वे विवाह की उम्र पार कर चुकी हैं। अक्सर लड़कियों का विवाह तेरह या चौदह की अवस्था में हो जाता था।...उन दिनों कन्या-जन्म को शुभ नहीं माना जाता था। पुरुष-शिशु की कामना से, स्त्री के गर्भधारण के समय से ही पूजा-प्रार्थना का आयोजन शुरू हो जाता था। पुत्र का जन्म होते ही शुभ सूचना

को, नौकरों द्वारा ऊलू ध्वनि द्वारा उद्घोषित किया जाता था, जबकि कन्या-जन्म को नम्बूदिरी स्त्रियों द्वारा हौले-हौले फुसफुसाकर कहा जाता था। मेरी माँ ने मुझे सिर्फ एक वर्ष तक स्तनपान करवाया, उसके बाद मुझे अत्ती नौकरानी के हवाले कर दिया गया। बच्चों को खिलाने और दूध पिलाने के अलावा सारे काम नौकर ही करते थे। शूद्र नौकरानियाँ हमें स्तनपान नहीं करा सकती थीं। कभी-कभी गरीब ब्राह्मणियों को लाकर बच्चों को दूध पिलवाने का काम करवाया जाता था। अक्सर माँ एक बच्चे को जन्म देने के साल-भर में ही दुबारा गर्भवती हो जाती थी और विशेषकर जब एक वर्षीय सन्तान 'पुत्र' हो तो उसे दूध पिलाने के लिए ब्राह्मणी को रखा जाता था। दूध पिलानेवाली ब्राह्मणी धाएँ एक 'इलम' से कुछ दिनों के बाद दूसरे 'इलम' में चली जाती थीं—वे अक्सर सौतों के कलह के कारण उपेक्षित होतीं। जब तक वे दूध पिलाने का काम करतीं उन्हें अच्छा भोजन दिया जाता, उनका दर्जा भी विशिष्ट रहता—ताकि पर्याप्त मात्रा में उन्हें दूध उतरे। दूध पर उनके अपने बच्चे का हक नहीं होता, मालिक के बच्चे का उच्छिष्ट ही उसे मिलता। कन्या-शिशु को दूध नहीं, बल्कि छाछ पिलाकर पाला जाता। 'इलम' में गायें और दूध-घी पर्याप्त मात्रा में होने के बावजूद बच्चों को गाय का दूध नहीं दिया जाता था। बल्कि गाय के दूध का घी बनाकर मन्दिर में दीप जलाए जाते थे। उन दिनों शिशु-पालन की यही रीति नम्बूदिरी ब्राह्मणों में प्रचलित थी। ऐसा मानकर चला जाता था कि बच्चों के स्वास्थ्य और समृद्धि संरक्षण के लिए मन्दिर के दीपकों का आलोक ही पर्याप्त है। नौकर हमारे लिए केले के पत्तों से अधोवस्त्र बनाते, आठ वर्ष की उम्र तक बच्चे कोई अन्त:वस्त्र नहीं पहनते, यह विश्वास प्रचलित था कि अन्तर्वस्त्र पहनने से उस नायर स्त्री की छूत हमें लग जाएगी, जिसके जिम्मे हमारी देखभाल थी। नौकर हमें सुबह उठाकर केले के पत्ते पहनाकर मन्दिर ले जाते। घर लौटकर हमें नाश्ता मिलता जिसमें गर्मागरम भात के साथ छाछ और आम का अचार होता। हमारे खाने के बाद नौकरों को बीती रात का बचा-खुचा भोजन नाश्ते के तौर पर दिया जाता। घर की औरतों को नाश्ता नहीं मिलता, दोपहर में भी बच्चों, नौकरों और सद्य:प्रसूताओं के जीमने के बाद ही स्त्रियों की बारी आती जिसमें भात, दाल और अचार होता। अन्तरजनम के लिए पूरे दिन में यह पहला भोजन होता। नित्यप्रति के मन्दिर-भ्रमण के बाद स्त्रियाँ अपना ज्यादातर समय मन्दिर की पूजा की तैयारी में लगातीं। उनके पास खाली समय नहीं बचता। अपराह्न में घर की बड़ी लड़कियाँ पूजा के लिए मालाएँ गूँथने और दीये की बातियाँ बनाने के काम में जुट जातीं। संध्या होते ही सबको तालाब में हाथ-मुँह धोकर 'नालुकेट्टु' में एकत्र होना पड़ता। प्रत्येक फूल जो माला में गूँथा जाता, उसको विशेष अवसरों पर धारण करना होता था। स्त्रियों को निर्गन्ध पुष्पों की माला पहननी होती। मीठी और भीनी गन्धवाले पुष्प सिर्फ देवता को चढ़ाए जाते। उन दिनों घड़ियाँ बहुत कम होतीं। इलम में रहनेवालों को आँगन

में जाकर छाया नापनी होती। जब उनकी छाया पाँच फुट की होती तो वह समय का अनुमान लगाकर करुका मालाएँ तैयार करना शुरू कर देतीं।

...मुझे याद है मैं लगभग पाँच या छह वर्ष की रही होऊँगी। हमें कॉफी पीने को नहीं दी जाती थी, इसलिए हमने रसोईघर से दूध और कॉफी पाउडर चुराकर कॉफी बनाई। तभी दरवाजे पर खटका हुआ और हम सब कॉफी छोड़कर दरवाजे के पीछे छिप गए। उन दिनों घर में आने के पहले पुरुष दरवाजे की कुंडी खड़काते ताकि अन्तरजनम दृष्टि से ओझल हो जाएँ। कुंडी खटकने के अन्दाज से हमें लगा कि मेरा बड़ा भाई आ रहा है। उसके जाने तक हम दरवाजे के पीछे डर से काँपते रहे।

...शाम में, स्नान के बाद हम 'मेल्लेकावु' में प्रार्थना करने जाते, लौटते हुए माथे पर भभूत लगाकर नमः शिवाय का जाप करते। जब अँधेरा घिर जाता तो यह रात्रि भोजन का समय होता। पुलिंकरी, मेझुकुप्पुरत्ती, अचार और छाछ के साथ भात मिलता। इसके बाद नौकरानियाँ बरामदे में पड़ी चटाइयों पर बच्चों को सुला देतीं। यही एक-सी दिनचर्या रोज दोहराई जाती—अन्तहीन...रजस्वला होने पर एक दीप के समक्ष मेरी माँ ने मुझे सूती वस्त्र पहनाकर बिठा दिया और प्रार्थना की—'हे प्रभु इसे खाने-पहनने का सुख देना और विवाह का वरदान भी' मुझे भी उसने यही प्रार्थना दुहराने को कहा—उन दिनों प्रत्येक नम्बूदिरी स्त्री यही प्रार्थना किया करती। वस्त्रावृत्त होने की घटना से मेरा जीवन पूरी तरह बदल गया। किसी भी बाहरी व्यक्ति से छू जाने या गैर-जाति के स्पर्श होने पर मुझे नहाना पड़ता नतीजतन अब मैं इलम के भीतरी भाग में ही सिमटकर रह गई, अपनी बहनों के साथ। किशोरावस्था तक ही लड़कियाँ दूसरे बच्चों के साथ खेलकूद सकती थीं। मैं धीरे-धीरे बचपन में सीखा अक्षरज्ञान भूलने लगी...वैसे भी इलम में हमारे पढ़ने के लिए रखा ही क्या था—मेरी माँ के पास शिवपुराण, भागवत और महाभारत की प्रतियाँ थीं। माँ शाम को भागवत का पाठ ऊँचे स्वर में करती। दूसरी अन्तर्जनम माला जपती हुई विवाह की कामना की अन्तहीन प्रार्थना बुदबुदाया करतीं..."[16]

निलयगोड़े इलम की देवकी की आत्मकथा का वैशिष्ट्य है—रचनाकार का अनिर्णयात्मक स्वर। वह आत्मकथा में स्थितियों में इस प्रकार रख देती है कि पितृसत्तात्मक व्यवस्था, जो ब्राह्मण स्त्री के लिए भी उतनी ही हृदयहीन है, जितनी कि अन्य किसी जाति की स्त्री के लिए अपनी जटिलता के साथ पाठक की संवेदना को मथ देती है।

सत्तर के दशक में प्रकाशित होनेवाली 'एंटे कथा' (कमला दास) आधुनिक मलयाली समाज के अन्तर्विरोधों को पहचानने में मदद करती है। स्त्री का बोलना और लिखना कैसे अपने-आपमें राजनीति बन जाता है, इसे देखने के लिए 'एंटे कथा' (मेरी कहानी) को देखा जाना चाहिए। बीसवीं शताब्दी के उत्तरार्द्ध से थोड़ा पहले आधुनिक परिवार का उदय और सामुदायिक जीवन में सुधार के प्रयास समान्तर

तौर पर देखे जा सकते हैं, जिससे सामाजिक और घरेलू जीवन में अन्तराल या विभाजक रेखा पैदा हुई[17] जिसे आदर्श स्त्री कहा जाता था वह घर के भीतर, कम बोलनेवाली, सहनशील स्त्री थी, शिक्षा ने स्त्रियों के विकास के अवसर सामने ला खड़े किये थे, लेकिन यौनता के सन्दर्भ में स्त्री-पुरुष दोनों के लिए आत्मनियंत्रण ही मूल्य बना रहा।

'एंटे कथा' का प्रकाशन 1976 में हुआ। जिसके प्राक्कथन में माधवी कुट्टी का कहना है, "यह पुस्तक लिखना मुझे बहुत महँगा पड़ा है जो भी मुझे प्रिय था, पुस्तक में वह सब लिखने के कारण उससे वंचित होना पड़ा है। लेकिन मुझे इसका तनिक भी अफसोस नहीं है। मैंने कई पुस्तकें लिखीं पूरी जिन्दगी, लेकिन जो आनन्द मुझे अपनी कहानी लिखकर मिला, वह कोई और पुस्तक लिखकर नहीं मिला, मुझे इससे ज्यादा और कुछ नहीं कहना है।" कमला दास उर्फ माधवी कुट्टी, बतौर शरीर एक स्त्री की अनुभूतियों को आत्मकथा में व्यक्त करती हैं। जिसे उस वक्त बहुत 'बोल्ड' माना गया, कुट्टी पर तरह-तरह के आरोप भी लगे। विवाहिता होते हुए भी प्रेम के सन्दर्भ में तमाम परम्परागत नैतिकता को ताक पर रखनेवाली कमला दास को स्वीकृत मान्यंताओं से अपने विचलन का भान है। वह विवाहेतर प्रेम तो करती है, लेकिन बार-बार परिवार की ओर लौट आती है। जब वह प्रेम कर रही होती है तो परम्परागत स्त्री की संस्कारबद्ध छवि उसे खींचती है, और जब वह परिवार में लौट आती है तो स्वाधीन स्त्री और परिवार में उलझी स्त्री के बीच रहती है। इस स्त्री के द्वन्द्व और तनाव को पूरी आत्मकथा में देखा जा सकता है—जिसमें परम्परागत हिन्दू स्त्री की तरह सेक्स को लेकर भय भी है और अपने 'स्त्रीत्व का गहरा बोध भी। वह जैसी है वैसी ही आत्मकथ्य में व्यक्त होती है और अपने पाठकों का यह अधिकार देती है कि वे उसके व्यक्तित्व पर अन्तिम निर्णय दें।' वह लिखती हैं, "अपने नवजात पुत्र को अपनी बगल में लिटाने पर मुझे पति की याद आती, मैं पत्र लिखती कि वे छुट्टी लेकर आ जाएँ। पति आया तो वह बच्चे से परेशान हो गया जो रात में दूध पीने के लिए बार-बार जगता था। इसे यहाँ से ले जाओ, ले जाओ दूसरे कमरे में। वह गुस्से में चिल्लाता 'मैं सारी रात इतने शोर में सो नहीं सकता'—बच्चा मुझसे चिपक जाता। मुझे ऐसा लगता कि उसने भी पिता द्वारा अपने अपमान को महसूस कर लिया है।...मालाबार प्रवास के दौरान वह अपने चचेरे-ममेरे भाई-बहनों के साथ ही ज्यादा वक्त बिताया करता। मेरे ऊपर तो उसका ध्यान जैसे था ही नहीं, न वह मुझसे संवाद का कोई प्रयास करता। रात को वह उस टैक्स वसूलनेवाले अधिकारी में तब्दील हो जाता जो टैक्स उगाही में कोई रियायत नहीं बरतता। मेरे घुँघराले बालों में लगा पारिजात व्यर्थ हो जाता। 'लेने' की प्रक्रिया बहुत ही बर्बर और संक्षिप्त होती। सिर्फ 'सेक्स' ही ऐसा विषय था, जिसके बारे में वह बात करके प्रसन्न होता और उस विषय में, मैं

अज्ञानी थी। मुझमें सेक्स अपील जैसी कोई चीज नहीं थी। मेरी दुबली काया में फूली हुई छातियाँ ऐसी दीखती थीं, जैसे पपीते का पेड़। मेरे पति को उन नौकरानियों से सम्भोग करने की आदत थी, जो नलपतवाले घर के अँधेरे स्नानघर में नहाने का पानी लेकर जाया करतीं।...

और मैं...मैं एक कोमल शब्द, एक प्रेमपूर्ण दृष्टि के लिए तरसा करती। अब तक मेरे सामने यह स्पष्ट हो चुका था कि उसने केवल सामाजिक रुतबे और सम्भावित अर्थोपलब्धि के लिए मुझसे विवाह किया है। मेरा दिल ठंडा और निस्पन्द-सा हो गया था, मैं जानती थी कि विवाह से जिस प्रेम की उम्मीद मैंने की थी वह मुझे उसकी नैतिक परिधि के बाहर जाए बिना मिलनेवाला नहीं है। मुझे अपनी पहचान एक ऐसे व्यक्ति के रूप में चाहिए थी, जिसे प्यार किया जाता हो।"[18]

परिवार की सुरक्षित चहारदीवारी से बाहर निकलकर स्वयं को पहचानने का प्रयास करती है माधवी। आत्म के रोमांटिक पक्ष को बड़ी बुद्धिमता से उठाती है और मलयाली आधुनिकता का एक क्रिटिक रचती है। और यह आत्मकथ्य परम्परागत रूप से आदर्श समझी जानेवाली लालित्यमयी स्त्री का प्रतिरोधी आख्यान बन जाता है। माधवी कुट्टी स्त्री को सिर्फ घरेलू श्रम तक ही सीमित करने का विरोध करती है—घरेलू स्त्री जो काम के बोझ से त्रस्त, दुखी और उदास है, उसकी जगह वह एक वैकल्पिक मातृछवि को प्रस्तुत करती है। वह खिलन्दड़ी और किस्सागो है, बच्चों के साथ बोलती-बतियाती है। मन के भीतर की टूटन को वह बच्चों के सामने नहीं आने देती। पति के पास बाम्बे में उसकी पुरानी दिनचर्या है—जिसमें सन्तान की देखभाल, घरेलू कामकाज और रात में पति द्वारा शरीर-भोग। अक्सर वह शरीर से पति के पास रहती और मन से बच्चों के पास। एक बार उसके पति ने दो वर्षीय सन्तान को रात में रसोई घर में बन्द कर दिया ताकि वह रोता हुआ बच्चा उसके 'आनन्द' में खलल न डाले। मासूम बच्चा रोता-रोता रसोईघर के ठंडे फर्श पर सो गया। इस घटना ने माधवी के मन में पति के प्रति वितृष्णा भर दी। वह प्राय: तलाक लेने या आत्महत्या के बारे में सोचा करती लेकिन दोनों ही सम्भव नहीं थे, क्योंकि अन्तत: वह एक बड़े घर की बेटी थी। अपने दूसरे पुत्र की बीमारी के समय भी उसने आत्महत्या की असफल कोशिश की। यह वह दौर था जब उसका पति एक मित्र के साथ समलैंगिक सम्बन्ध जी रहा था। माधवी कुट्टी लिखती है, "वे दोनों मेरी उपस्थिति में प्रेमी युगल का-सा व्यवहार करते थे।"[19] वह इस घटना से इतनी आहत थी कि उसने बहुमंजिली इमारत से कूदकर जीवन का अन्त करने का निर्णय ले लिया, ठीक उसी समय उसमें कविता कौंधी। उसके भीतर से किसी ने कहा कि तुम्हारा जीवन इतना व्यर्थ नहीं कि तुम उसका निर्ममता से अन्त कर दो—अपने-आपको कविता में अभिव्यक्त करो और उसने अपनी पहली कविता

लिखी—'रंगों को पोंछ दो, मिट्टी को तोड़ दो, अतीत का सब कुछ धो पोंछ दो'। इस कविता का प्रकाशन अगले ही महीने की इंडियन 'पेन' पत्रिका में हो गया। अब उसका दुख, उसकी पीड़ा सिर्फ अपनी नहीं थी, वह बँट चुकी थी कइयों से, इसलिए उसे सहना कम कष्टकर था। लेकिन वैवाहिक जीवन के तनावों, संघातों और शारीरिक दुर्बलता के कारण उसे 'नर्वस ब्रेकडाउन' हो गया।

बीमारी से उबरने के बाद उसने तय किया कि वह अपने ऊपर और तरस नहीं खाएगी। अब वह पूर्ण परिपक्व स्त्री थी—मन के पुरुष की खोज में सन्नद्ध। वह लिखती है, प्रेम से तो पाषाण भी मूर्ति बन जाता है।[20] हाँ, उसके प्रेम ने बहुतों को मनुष्य बना दिया। कई पुरुष, यहाँ तक कि पिता की उम्र के पुरुष भी उसके जीवन में आए, अन्तरंग बने, जिन्होंने अलग-अलग कारणों से माधवी कुट्टी से प्रेम किया, कुछ ने अपना खालीपन भरना चाहा तो कुछ को उसका चुम्बकीय व्यक्तित्व रिझाता चला गया। कोई उसे पूजने लगा तो कार्लो जैसा मित्र विवाह करना चाहने लगा, लेकिन नलपत नारायण मेनन के पारिवारिक संस्कारोंवाली स्त्री ने 'तलाक' की ओर कदम नहीं बढ़ाया और 'स्त्रियोचित' मूर्खताओं और कइयों के प्रति प्रेम को खुलकर लिखा। आत्मकथ्य में उसने घरेलू स्त्री के बरअक्स लालित्यमयी, यौनिकता से भरपूर स्त्री को खड़ा कर दिया। यह लालित्यमयी स्त्री, पुरुष के प्यार-दुलार में पली-पगी, जीवनोत्सव मनाती स्त्री है—जो घरेलू स्त्री का विलोम है। "इसके लिए उसे किसी से शर्मसार होने की जरूरत नहीं।"[21]

कमला दास स्त्रियों के सुन्दर दिखने की इच्छा को जिजीविषा से जोड़कर देखती है। कविता, कहानी, उपन्यास-लेखन ने उसे ढेर सारे प्रशंसक और मित्र दिये, अब वह लिखती हैं : "मैं एक ऐसी निर्धन लड़की की तरह थी, जिसकी झोली में अचानक ढेर-सा धन आ गया हो और मुझमें पहली बार स्त्रियोचित चाह जगी—सुन्दर दीखने की चाह।"[22] वह पार्लर गई, केशों को नये ढंग से सँवारा, नाखून रँगवाए और आधुनिका दिखने लगी। उसके जीवन का प्याला प्रेम से लबालब था, उसे जीवन से प्रेम हो गया था। घर-परिवार, सन्तान सब होते हुए भी ऐसा क्या है, जो उसे ऐसा जीवन जीने को बाध्य करता है? इसके उत्तर में कमला दास का कहना था, "पंछियों की भी अपनी ऊँचाई होती है। कुछ पंछी जो ऊँचे उड़ नहीं सकते उन्हें खूब ऊँचे उड़ते, कुलाँचे भरते बाज को देखकर आश्चर्य होता है कि वह इतनी ऊँचाई पर कैसे गोते खाता है, फिर परवाज भरता है।"[23]

सगे-सम्बन्धियों, मित्रों, प्रेमियों, प्रशंसकों से घिरी वह नितान्त अकेली थी, प्रौढ़ावस्था दस्तक दे रही थी। 31 मार्च, 1934 को पैदा हुई माधवी कुट्टी को मध्याह्न के सूर्य की प्रखरता उदास कर रही थी, आईने में खुद को देखकर उसने सोचा, "क्या अब यह कभी सम्भव नहीं हो पाएगा कि एक सुदर्शन युवक को रिझा सकूँ, उसे अपने प्रेमपाश में बाँध सकूँ, क्या एक युवती का आकर्षण मुझमें शेष

हो चुका है?"[24] इसी दौर में प्रौढ़ प्रेमी के आगमन ने उसके जीवन को सन्तोष से भर दिया। अपने जुड़ाव के लिए माधवी कुट्टी को कोई दूसरी उपमा नहीं मिलती और वह जीवन के इस सर्वाधिक सन्तोषप्रद प्रेमी के बारे में लिखती हैं : "मैं उसके भीतर कैंसर की तरह पलना चाहती थी।" 'पाप स्वीकृति' करुण क्रन्दन की तरह पाठक को भीतर तक मथ देती है, "मित्रों, नगरपिताओं और नैतिकतावादियो! यदि मैं पापिष्ठा हूँ तो मेरे पापों को क्षमा मत करो, अगर मैं निर्दोष हूँ तो मेरी मासूमियत को भी क्षमा मत करो! मुझे रात की खूनी रौशनियों में जला देना...या मुझे पिछवाड़े के बागीचे में दफन कर दो, सारे छिद्रों को बम्बई की लाल धूल से भर दो, बस... मेरे पेट पर एक नन्हा पौधा रोप दो, क्योंकि मैं और वह बहुत देर से मिले, हमारा अपना—सिर्फ हम दोनों का कोई बच्चा न हो सका। उसके लिए मेरा प्रेम वैसा ही है जैसे समुद्र पर लिखा कोई लेख, हवा में उड़ता कोई गीत..."[25]

जीवन में इस पुरुष से मिलकर उसे असीम तृप्ति मिली, जिसका अनुभव उसने पहले कभी नहीं किया था और धीरे-धीरे उसकी विषयगत वासना शिथिल हो गई। इस सन्दर्भ में उसने लिखा : "अगर मैं अपनी इच्छाओं को तालाब के कमल की उपमा दूँ जो संध्या बेला में अपनी पंखुड़ियाँ मूँद लेती थीं और भोर होते ही पुनः खिल उठती थीं, तो वे कमल अब पूरी तरह सूख चुके थे और उनके पुनः उगने की कोई सम्भावना नहीं थी।"[26]

जीवन का उत्तरार्द्ध, उसने केरल के पुराने परिचित परिवेश में बिताने का निश्चय किया, जहाँ उसे अपमान और उपेक्षा मिली। उसके मित्र, आगन्तुक प्रशंसक सगे-सम्बन्धियों की नजरों में शक पैदा करते—"मैं पारदर्शी काँच के कटोरे में रखी स्वर्ण मछली की तरह थी, जिसकी कोई भी हरकत छिप नहीं सकती थी।"[27] माधवी कुट्टी का जीवन जिज्ञासा और तिरस्कार का विषय बन गया था, उसने अपने लोगों से खुद को काट लिया। आत्मकथा के अन्त में उसने अपने-आपको सन्तुष्ट स्त्री के रूप में चित्रित किया जिसने जीवन के चरम सत्य के रूप में मृत्यु को स्वीकार कर लिया है—जो समय आने पर चरम प्रस्थान के लिए प्रस्तुत है। आत्मकथा लिखकर जिसने स्वयं को खाली कर दिया।

आलोचकों और पाठकों ने 'एंटे कथा' से घृणापूर्ण प्रेम किया, यहाँ तक कि माधवी कुट्टी को आत्मकथा लिखने पर पश्चाताप व्यक्त करना पड़ा। एक पत्रिका को दिये साक्षात्कार में उसने कहा कि "स्त्री, आत्मकथा में उन इच्छाओं को भी मूर्त रूप दे देती है, जो इच्छाएँ अपूर्ण रह जाती हैं।"[28] यह कथन आत्मकथा की असत्यता की ओर संकेत करता है। ऐसे वक्तव्य, सामान्य पाठक को आत्मकथ्य की प्रामाणिकता पर सन्देह के लिए प्रेरित करते हैं, लेकिन पाठ का गहन विश्लेषण ऐसे वक्तव्यों का अर्थ उद्घाटित करता है—विशेषकर जब वह किसी स्त्री का वक्तव्य हो।

आत्मकथा का अन्त कमला दास के जीवन का अन्त नहीं था। पैंसठ वर्ष की अवस्था में, यानी 'माई स्टोरी' के प्रकाशन के लगभग तेईस वर्ष बाद सन् 1999 में एकाकी और उदास जीवन जी रही कवयित्री के जीवन में प्रेम ने फिर दस्तक दी, "14 नवम्बर के बाद मेरी जिन्दगी बदल गई, जब सादिक अली नामक अड़तीस वर्षीय युवा अपनी ताजा मुस्कुराहट के साथ मेरे जीवन में आया वह अबूधावी और दुबई से मुझे निरन्तर फोन करता रहा—उर्दू शेरो-शायरी सुनाकर मुझे रिझाता, कल्पना लोक में ले जाता और बताता कि शादी के बाद वह मेरे साथ क्या-क्या करेगा। उसके मालाबार आने पर, मैं अपनी परिचारिका मिनी के साथ घर पहुँची। मैंने वहाँ तीन दिन गुजारे। वहाँ सूरज की रोशनी से भरी एक नदी, कुछ पेड़ और ढेर सारी हंसी थी। उसने मुझे इस्लाम धर्म कबूलने को कहा और लौटकर मैंने वह किया भी।" मालाबार का सादिक अली जो मुस्लिम लीग का सदस्य था, से विवाह कर वह कमला सुरैया हो गई, उसने पर्दा-प्रथा स्वीकार कर ली। धर्म-परिवर्तन और 65 की अवस्था में विवाह सामाजिक और साहित्यिक हलकों में चर्चा का विषय बना। कमला का धर्म-परिवर्तन हिन्दू समाज की रूढ़िवादी नियमबद्धता के खिलाफ था। एक स्त्री जिसने रचनात्मकता और प्रेम में अपने-आपको खाली कर दिया हो वह लिखती हैं, "बीमारी और लेखन ने मुझे एक द्वीप में तब्दील कर दिया। लोगों को, मुझसे मिलने के लिए प्रयास करना पड़ता। प्रार्थना और एकान्त साधना ने मेरी छठी इन्द्रिय को जागृत कर दिया था। किसी अप्रिय व्यक्ति के घर आने पर मुझे बोध हो जाता और मैं उससे मिलने से मना कर देती और अपना सिर रजाई में छिपाकर अपने शयनकक्ष में—जहाँ मैं लिखा-पढ़ा करती थी, खुद को सीमित कर लिया करती।...

धीरे-धीरे छद्म व्यक्तित्व मुझसे दूर हो गए। सिर्फ सच्चे मित्र ही मुझे देखने-मिलने आते, जिनका आगमन प्रसन्नता और शान्ति प्रदान करता..."[29]

सम्भव है सादिक अली के रूप में कमला दास को जीवन जीने की पुनर्प्रेरणा मिली हो, जैसा कि मेरिली बैइसबोर्ड[30] ने कमला दास पर लिखे संस्मरण में किया है कि पुनर्विवाह के बाद ज्यों उसका पुनर्जन्म हो गया था, वह बहुत खुश और समृद्ध दिख रही थी। पति की मृत्यु के बाद सामाजिक रूप से असुरक्षित कमला दास को जीवन के उत्तरार्द्ध में उमंग का स्रोत मिल गया था। लेकिन यह शान्ति स्थायी नहीं थी क्योंकि मई 2009 में पुणे में उसकी मृत्यु के ठीक बाद 'द हिन्दू' में छपे साक्षात्कार के अनुसार, "मुझे एक मुस्लिम युवक से प्रेम हुआ। शुरुआती दौर में वह सज्जन और दयालु दिखा। लेकिन अब मैं अनुभव करती हूँ किसी को भी अपना धर्म-परिवर्तित नहीं करना चाहिए। धर्म-परिवर्तन का कोई अर्थ नहीं होता।"[31]

कमला दास की आत्मकथा के बाद सन् 2005 में नलिनी जमीला की आत्मकथा 'न्मान लैंगिकोतोषिलाली' आई जो बोलकर लिखवाई गई थी। प्रकाशन के छह महीनों में इसकी दस हजार प्रतियाँ बिक गईं। उत्तेजक और मनोरंजक

साहित्य में रुचि रखनेवाले पाठकों ने 'सेक्स वर्कर की आत्मकथा' को 'बेस्ट सेलर' बना दिया, जबकि अनुवादक के माध्यम से 'रॉयटर' को दिये साक्षात्कार में नलिनी जमीला ने स्पष्ट किया कि यह पुस्तक उस जैसी दूसरी स्त्रियों के लिए है जो बतौर सेक्स श्रमिक आजीविका कमाती हैं। वह आत्मकथ्य द्वारा पाठकों और सामाजिक संस्थाओं को यौन-श्रमिकों के जीवन-संघर्षों और उनकी कठिनाइयों से अवगत कराना चाहती हे। यदि 'एंटे कथा' स्त्री की इच्छा-अनिच्छा के साथ सामने आई तो 'न्नान लैंगिकोतोषिलाली' (मैं यौन श्रमिक) ने पितृसत्ताक समाज के मुखौटे को हटाकर प्रतिरोध का उद्घोष किया। इतिहास और परम्परा में वेश्याएँ समाज के नाबदान की तरह समझी जाती रही हैं जिनका अस्तित्व अनिवार्य किन्तु उपेक्षणीय है। नवजागरण के समाज-सुधार कार्यक्रम हों या बीसवीं शताब्दी के उत्तरार्द्ध का उत्तर-आधुनिक समाज यौन-श्रमिक हाशिये पर ही रही हैं। सुधारक, वेश्याओं के श्रम के मूल्यांकन की अपेक्षा उन्हें समाज के बाहर फेंकने के लिए ज्यादा चिन्तित थे। 'न्नान लैंगिकोतोषिलाली' की कथावाचक न तो अन्तरजनम है न ही प्रेम के लिए जीनेवाली रचनाकार, वह संस्कृत शास्त्रीय ग्रन्थों में वर्णित 'भृत्या' है जो विभिन्न प्रकार के श्रम करती है—जिसमें उत्पादक श्रम से लेकर यौन-श्रम शामिल है। नलिनी जमीला का कहना है कि देह-व्यापार करनेवाली स्त्रियाँ असंगठित क्षेत्र की श्रमिक होती हैं, जिनका श्रम स्थायी नहीं होता।[32] आत्मकथ्य में जीवन के प्रारम्भिक वर्षों को याद करते हुए वह कहती है कि कैसे निर्धनता के कारण उसे वेश्यावृत्ति करने पर विवश होना पड़ा, यह भी कि उसके पास इस 'धन्धे' का कोई विकल्प नहीं था—"मेरे पति की मौत के बाद, उसकी माँ बच्चे पालने के लिए हर रोज काफी रुपये माँगने लगी तो मैंने जिस्मफरोशी (अपना शरीर बेचना) शुरू कर दिया। उन दिनों एक आम औरत को ढाई रुपये तक मजदूरी मिलती थी। अगर काम मुश्किल होता तो साढ़े चार रुपये तक मिल जाते। मेरी सासू माँ हर रोज पाँच रुपये माँगती थी।...बच्चे पालने के लिए पैसे कमाने की तरकीब सुझाते हुए मेरी सहेली ने त्रिश्शूर की रोजा चेच्ची से मिलने को कहा। वह वहाँ काम कर चुकी थी, अगर मैं उनमें शामिल हो जाती तो पैसा कमा सकती थी। मैंने पूछा, 'कैसा काम?' उसने जवाब दिया—'तुम्हें एक आदमी के साथ जाना होगा।' कोई भी एक साथ सोने या सेक्स के बारे में खुलेआम बात न करता। मैंने हँसकर पूछा, 'भला कोई मेरा साथ पाने के लिए पैसे क्यों देगा?' दरअसल मुझे यही मतलब समझ में आया था। फिर उसने खुलासा किया कि वहाँ पैसेवाले लोग आते हैं, जिन्हें औरत की जरूरत होती है। अगर तुम उनका मनचाहा करोगी तो तुम्हें रुपये मिलेंगे। जब उसने 'औरत की जरूरत' कहा तो मुझे समझ आया कि औरत को उस तरह इस्तेमाल किया जाएगा, जैसे उसका पति करता था। मैंने पूछा कि अगर मैंने ऐसा किया तो कहीं सब जान तो नहीं जाएँगे। उसने मुझे याद दिलाया—यह सब, यहाँ नहीं, त्रिश्शूर में

होगा।..."[33] यौन-श्रमिक बनकर उसे जो पारिश्रमिक मिला वह किसी भी कारखाने में मजदूरी से मिलनेवाले पारिश्रमिक से कहीं ज्यादा था, इसके अतिरिक्त जब वह अपने अतीत का पुनरावलोकन करती है तो उसे लगता है कि बतौर सेक्स वर्कर उसने स्वतंत्र जीवन जीया जो पति की अधीनता से कहीं बेहतर था।

सेक्स बाजार से जुड़ी नलिनी जमीला जैसी अनपढ़ और गरीब स्त्रियों की स्थिति दयनीय है। समाज, परिवार, पुलिस, ग्राहक किसी की दृष्टि में सम्मान नहीं। जब वह निर्द्वन्द्व भाव से अपने 'पेशे' के बारे में कहती है तो यह अपने-आपमें एक स्त्री के साहस और आन्तरिक बल का साक्ष्य बन जाता है। जमीला का आत्मकथ्य हमें चौंकानेवाला लगता है, क्योंकि यह हमारी परम्परागत मानसिकता में पैबस्त 'पापात्मा' की छवि को तहस-नहस करता है। जमीला गरीब और अनपढ़ स्त्रियों द्वारा इस पेशे को अपनाने को अन्य किसी भी श्रम के समान्तर रखकर देखने की वकालत करती है, साथ ही वह यह भी कहती है कि यौन-श्रमिकों के अभाव में समाज वैसी ही घुटन से भर जाएगा जैसे सेफ्टी वॉल्व के अभाव में प्रेशरकुकर...। "जब हम सेक्स वर्क को अपना 'पेशा' कहते हैं तो इसका मतलब यह नहीं कि हमें हमेशा इसे करने में मजा आता है। मिसाल के तौर पर मकान बनानेवाले को ही लें! कोई भी इस काम को करते समय यह नहीं कहता कि उसे बड़ा मजा आ रहा है और धीरे-धीरे इमारत की खूबसूरती सराहने के लिए ही उसने यह काम शुरू किया है। नगरपालिका में सफाई कर्मचारी पेट भरने के लिए काम करता है। सेक्स वर्कर इन दोनों के कामों से थोड़ा ऊपर है। इन दिनों जो लोग भवन-निर्माण के धन्धे में हैं, वे भविष्य के लिए कुछ बचत नहीं कर सकते। अगर, सेक्स वर्करों को काम करने की आजादी मिले, तो उन्हें नियमित आय के लिए सप्ताह में सिर्फ तीन दिन काम करना पड़ेगा और उनकी सेहत भी ठीक रहेगी। कोई भी, सफाई कर्मचारियों की बदहाली पर बात नहीं करता, वे भी तो गन्दी जगहों में रहते हैं। जो लोग छिपकर औरतों को धकियाते और छेड़ते हैं, वे भी इसी तरह बदबूदार हैं। यह हमारे समाज की सेहत के लिए अच्छा नहीं है।"[34]..."कुछ लेखक पूछते रहे हैं कि क्या सेक्स ऐसा अनुभव नहीं है, जिसे पूरी संवेदनशीलता के साथ महसूस किया जाना चाहिए? क्या इसे बेचा जा सकता है? हमें सिखाया गया है—'ज्ञान का कोष, सबसे बड़ा कोष होता है।' अब अगर हम अध्यापक से कहें कि वह हमें अपने ज्ञान का भंडार मुफ्त में सौंप दे, तो क्या वह दे देगा? नहीं। उसको अपनी तनख्वाह चाहिए। उसने इसी वजह से पढ़ाने-लिखाने का पेशा अपनाया है। केरल के जाने-माने गायक येशुदास अपने गायन के लिए फीस लेते हैं क्या इसलिए कि संगीत एक आनन्द देनेवाली कला नहीं है? सेक्स को भी इस रूप में लेना चाहिए। जिस तरह बाकी कामों से दिक्कतें जुड़ी हैं, उसी तरह सेक्स वर्क में भी थोड़ी परेशानियाँ आती हैं। जिस तरह गायक अपनी आवाज और सेहत का ध्यान रखता

है, उसी तरह सेक्स वर्कर को भी रखना चाहिए। अगर सेकस वर्कर अपना मेहनताना माँगता है, तो इसमें कौन-सा पाप है?"[35]

नलिनी जमीला का कहना है कि यौन-श्रमिक का पेशा चुनना वैसा ही है, जैसे कोई संगीत या चिकित्सा का पेशा चुने। जबकि आत्मकथा का विश्लेषण यह बताता है कि उसका 'पेशा'—जिसे वह 'चुना गया' और 'साहसिक' कह रही है—वस्तुतः सत्ताहीनता, विवशता और निर्विकल्पता की स्थिति में ग्रहण किया गया पेशा है। वह बार-बार घर बसाने का प्रयास करती है, यहाँ तक कि अपनी बेटी जीनू के लिए उपयुक्त वर की तलाश में भी रहती है, यदि इस 'पेशे' से वह सन्तुष्ट रहती तो उसे ऐसा प्रयास करने की जरूरत नहीं थी। बेटी जीनू के साथ वह स्वयं को असुरक्षित महसूस करती है : "जीनू की सार-सँभाल की मुसीबत फिर से खड़ी हो गई थी। मस्जिद के पास ही छोटी दरगाह थी, अब्दुल रज्जाक वहाँ का मालिक था। वो एक दिन मुझसे मिलने आया और पूछा कि क्या वो जीनू से शादी कर सकता है। मैंने कहा कि अगर वो शादी को रजिस्टर करवाए तो जरूर कर सकता है। उस समय जीनू चौदह साल की थी लेकिन मुझे लगा कि हम उस आदमी के आसपास रहकर ज्यादा सुरक्षित रहेंगे। मस्जिद में उसका थोड़ा दबदबा भी था। हम वहाँ तीन हफ्ते रहे। आखिर में हमारे पास खाने के लिए चावल के दलिये के सिवाय कुछ नहीं था। मुझे लगा कि उस मस्जिद से चले जाने में ही बेहतरी थी।"[36]

जमीला की आत्मकथा घर की चहारदीवारी में सीमित, आत्मनियंत्रित स्त्रीत्व के आदर्श और वेश्याओं की स्टीरियोटाइप छवि को चुनौती देती है। वह स्वयं को 'लैंगिकोतोषिलाली' अर्थात् 'सेक्स वर्कर' कहकर 'तोषिपा' की उपाधि से नवाजती है जिसका अर्थ है—श्रम और कार्य। वह समाज से अपनी पहचान माँगती है, सीधे-सीधे अभिजात्य स्त्री के रूप में नहीं, लेकिन परम्परा से 'वेश्या' की संज्ञा को अपमानजनक मानते हुए स्वयं को केरल के सर्वहारा श्रमिक के रूप में स्थापित करती है। भारतीय नैतिक मानदंड के अनुसार कोई स्त्री यदि अपना यौन-व्यापार खुलकर लिखे तो उसे गर्हित समझा जाता है। परम्परागत आत्मकथाएँ खुद को दबा-छिपाकर लिखी जानेवाली कथाएँ थीं। व्यवहार में यही सम्भव था कि यदि कोई यौनकर्मी अपनी कथा लिखे तो अपनी वास्तविक पहचान छुपाए, लेकिन नलिनी जमीला ऐसा नहीं करती। वह अपना सही परिचय प्रस्तावना में ही दे देती है, "लोगों के कान तक यह बात पहुँच चुकी थी कि मैं आत्मकथा लिखने की तैयारी कर रही हूँ। तब गोपीनाथ जी ने 2004 में मुझसे कहा कि वह मुझसे बातचीत करके उसके आधार पर मेरी आत्मकथा लिखेंगे। वे त्रिश्शूर में केरल सोशल फोरम से जुड़े हुए हैं...। बहुत-से लोगों ने मुझसे पूछा कि क्या मुझे आत्मकथा में ऐसे बदलाव करने चाहिए थे? मुझे नहीं पता कि दुनिया में ऐसी बातों के लिए कोई नियम बनाए गए हैं या नहीं, जो सब पर लागू होते हैं। अगर

है भी, तो शायद मैं वह पहली व्यक्ति होऊँगी जो नियमों को बदल के चलेगी... ठीक है, यही सही..."[37]

नलिनी के आत्माख्यान में एक खास तरीके का घरेलूपन है जो उसे 'नगरवधू' की रूढ़ छवि से अलग और जटिल बना देता है। यह गृहस्थी बसाना चाहती थी, और जब भी उसे मौका मिला वह 'गृहस्थिन' बनकर रहती है—"उसका नाम शाहुल हमीद था। मैंने अपना नाम बदलकर जमीला रख लिया। वो चाहता था कि रिश्तेदारों के सामने मैं एक मुसलमान औरत की तरह जाऊँ, चाहे मैं अपना धर्म बदलूँ या नहीं।

...जब हम एक साथ रहने लगे तो मेरी छोटी बच्ची उसे बहुत चाहने लगी। उन दिनों मैं सेक्स वर्क नहीं करती थी।...अगले बारह सालों तक मुझे बच्ची को पालने के लिए मशक्कत नहीं करनी पड़ी। हम मियाँ-बीवी की तरह रहते। जब मेरी बेटी को स्कूल भेजना नामुमकिन हो गया तो उसने अपने परिवारवालों से, फिर से नाता जोड़ लिया। मेरी नन्हीं बिटिया उसके बहुत करीब आ गई थी। वह उसे पापा कहने लगी थी।...बीमारी ने मेरी जिन्दगी का रुख बदल दिया था।...शाहुलक्का हमसे दूर जा रहा था। अब वो सिर्फ एक मेहमान की तरह घर आता। इसी दौरान उसके कुछ और जगह नाजायज रिश्ते बन गए थे। वो जब भी घर आता, कोई-न-कोई झगड़ा खड़ा कर देता। मुझे एहसास हुआ कि हमारी बारह साल पुरानी शादी टूटने के कगार पर थी। उसने अपनी पहली बीवी से बदला लेने के लिए मुझसे शादी की थी, जो उसे धोखा देकर भाग गई थी। इससे पहले कि वो मुझे छोड़ता, मैंने उसे छोड़ने का फैसला कर लिया...। मैंने ये फैसला इतनी जल्दी क्यों किया, इसकी भी एक वजह थी। हमारा आपसी मनमुटाव झगड़ों के रूप में सामने आने लगा था। एक बार जब काफी बुरी तरह क्लेश हुआ तो पड़ोसी बीच-बचाव करने आ पहुँचे। उसने इनसे कहा, 'यह मुझे कहती है कि हर रात मेरे साथ बिताओ। मैंने ऐसा करने से इनकार कर दिया तो यह लड़ने लगी।' आज तक मेरा सारा पैसा इलाज में खर्च हो चुका था। टाँग के जख्म से खून बहता था, जो कि काफी तकलीफदेह था। मैं तेरह साल की जीनत के साथ सड़कों पर थी। हम कहाँ जाते? मेरा शरीर इस लायक नहीं था कि सेक्स वर्क कर पाती, तब मैं क्या करती?"[38]

नलिनी ने मिट्टी खदान में काम करने से लेकर गलत व्यक्ति से शादी करने का जोखिम उठाया। वह अपनी पहली शादी और पति सुब्रमण्यम के घर के बारे में लिखती हैं, "मैं, रात-दिन लड़ते-लड़ते, जमीन पर पाँव टिकाए रखने की कोशिश में थी। मैंने मान लिया था कि जिन्दगी एक लड़ाई है और जिन्दा रहने के लिए लड़ना होगा।"[39] रोग, गरीबी, अपमान और भूख नलिनी को बार-बार सेक्स वर्क की तरफ ले गए। यहाँ तक कि कई बार उसने खतरों को नजदीक से महसूसा—"मैं एक ऑटो रिक्शा चलानेवाले के जाल में फँस गई। चन्द्रन की असलियत कोई

नहीं जानता था। मैंने अपनी सहेलियों से सुना था कि कोई आदमी सेक्स वर्करों को धोखे से ऐसी जगहों पर ले जाता है, जहाँ दस-बीस लोग उसका इस्तेमाल करते हैं। चन्द्रन ने मुझे नकद पाँच सौ रुपये दिये और कहा कि वह रात को दस बजे आएगा और मुझे त्रिश्शूर के एक लॉज में ले जाएगा। चूंडाल और केचरी के बीच एक सुनसान जगह पर ऑटो रुक गया। बहाना बनाया गया कि इंजन में खराबी आ गई थी। कई बार कोशिश करने पर भी इंजन चालू नहीं हुआ। मैं देख सकती थी कि वह नाटक कर रहा था।

उसने सलाह दी कि हम दोनों को पास वाले नारियल के बगीचे में चले जाना चाहिए। हम काफी ऊँची दीवार कूदकर बगीचे में पहुँचे। वहाँ की जमीन काफी दलदली थी, पेड़ों के नीचे काफी पानी जमा हो गया था। वह मुझे यह कहकर छोड़ गया कि थोड़ी ही देर में लौट आएगा। मुझे बचने की कोई राह नहीं सूझ रही थी। मैं बगीचे में जहाँ भी छिपती, वह मुझे खोज लेता। आखिर में, मैंने खुली जगह में काफी रेत खोदी और गड्ढा-सा बनाकर उसमें लेट गई। मैंने अपने-आपको रेत से अच्छी तरह ढक लिया। वहाँ लेटे-लेटे मैंने गिना कि दीवार से सत्रह लोग भीतर कूदे। उन्होंने हर तरफ खोजा। जरा-सी भी आहट होती और मैं उनके पंजों में पहुँच जाती। मैंने उन्हें कहते सुना कि शायद मैं दलदल में गिरकर मारी गई हूँ और सुबह मेरी लाश वहीं मिलेगी। वो बात कर रहे थे कि अगर लाश मिली, तो सबके लिए मुसीबत खड़ी हो सकती थी। वे उसके बाद थोड़ी और देर तक खोजबीन करते रहे, फिर लौट गए। मैं वहाँ रोशनी होने तक लेटी रही।

मैंने उनसे बदला लेने का पक्का फैसला कर लिया था। मैं सुबह-सुबह पुलिस थाने पहुँची और उनकी शिकायत दर्ज करवाई। उनके दल के सात लोग पकड़े गए। हालाँकि मुझे भी सारा दिन थाने में बन्द रखा गया, लेकिन मुझे इस बात की खुशी थी कि चन्द्रन सलाखों के पीछे पहुँच गया था।"[40]

एक स्त्री, जो साधारण घरेलू जीवन जीना चाहती थी उसके हिस्से में कठोर श्रम और अन्तहीन समस्याएँ आईं, इसकी तुलना यदि 'एंटे कथा' की कमला दास से करें तो दिखता है कि वहाँ तो वह ऊपर से सम्मानित घरेलू जीवन बिता रही थी, लेकिन उसे अपना 'स्पेस' नहीं मिल रहा था इसलिए उसका जीवन प्रेम की अन्तहीन खोज बन गया। यह खोज जितनी गहरी होती गई रचनात्मकता भी उतनी ही व्यापक और बहुआयामी होती गई। इस प्रक्रिया में स्त्री-यौनिकता के विविध आयाम उभरे, जिसने पाठकों को झकझोरा, गुदगुदाया और कई आलोचकों को उसमें व्यक्त सेक्स-सम्बन्धी अश्लीलता पर उँगली रखने को उकसाया भी। लेकिन नलिनी जमीला की आत्मकथा ठीक इसके विरोधी पक्ष को उजागर करती है—यह सेक्स वर्क की कथा होते हुए भी सेक्स के रोमांचक चित्रणों से विहीन है। यौन-प्रसंग आने पर वह व्यंजना में अपनी बात कह जाती है, "अक्सर मस्जिद ने ही मुझे

आसरा दिया, वहाँ मिले दान ने ही मुझे जिन्दा रखा। मुझे यह भी डर था कि खुदा को न मानने से मुझ पर उसका कहर टूट सकता है। मुझे उसका कोई तजुर्बा नहीं रहा कि भगवान है, लेकिन मुझे यह कहने में डर लगता था कि भगवान नहीं है। मस्जिदों में लड़कियाँ उठवाई जातीं, उनसे जबरदस्ती होती, उन्हें तंग किया जाता, जो लोग मन्नतें पूरी करने आते, अगर वे रिश्वत न देते तो उन्हें पीटा जाता, अगर कहीं भगवान होता, तो क्या सचमुच ऐसा होता? अगर उस साढ़े तीन साल के दुख और तकलीफ के वक्त एक बार भी मुझे उसकी ताकत का तजुर्बा हुआ होता, तो शायद मैं भी उस पर विश्वास करने लगती। लेकिन एक बार भी ऐसा नहीं हुआ।"[41]

जमीला का आत्मकथ्य इस अर्थ में विशिष्ट है, कि वह एक यौन-श्रमिक का कथ्य होते हुए भी घरेलूपन की जीवनगन्ध से महमह करता है। परिवार की सुरक्षा में जीवन बिताने की इच्छा, बच्चे के प्रति वात्सल्य, बेटी को सम्मानजनक जीवन-स्तर तक पहुँचाने की चिन्ता आद्योपान्त व्याप्त है। जीवन और पेशे के अनुभवों ने जमीला को विराट अनुभव सम्पन्न बना दिया है। वह सेक्स को आनन्द और सौन्दर्य से जोड़कर देखती है। 'स्त्रीत्व' की ताकत से वह दूसरों को आत्मीयता और भावात्मक सम्बल देती है। उसका कहना है, "किसी भी सेक्स वर्कर से पूछें तो पता चलेगा कि सभी ग्राहक शारीरिक सेक्स की माँग नहीं करते। ज्यादातर ग्राहक बातचीत करने या सलाह लेने आते हैं। शारीरिक सेक्स की माँग वही करते हैं, जिन्हें समाज अपने से दूर धकेल देता है।"[42] जमीला एक सेक्स वर्कर और घरेलू स्त्री दोनों की सीमाओं का अतिक्रमण करती है। यौन-श्रम ने उसे मानव मनोविज्ञान का पारखी बना दिया है। वह लिखती है, "समय काफी तेजी से बदला है। लेकिन अब भी कोई औरतों को अपना दोस्त नहीं मानता और न ही औरतों से यह उम्मीद रखी जाती है कि वे किसी से सेक्स की माँग रख सकती हैं। वे उसे इस तरह लेते हैं कि वह किसी भी औरत से, कुछ भी कर सकते हैं।...पहले समय में ग्राहक चाहते थे कि हम उनकी बीवी होने का दिखावा करें। वे चाहते थे कि हम उनका तौलिया धोएँ, साबुन से उनके हाथ धुलवाएँ, उनका सूटकेस उठाकर पीछे-पीछे चलें, लेकिन अगर सूटकेस में कोई कीमती सामान होता, तो उन्हें यही डर रहता कि हम सामान लेकर चम्पत न हो जाएँ...हमेशा उनके दिमाग में यही चिन्ता रहती थी कि कहीं हम गायब न हो जाएँ। उन्हें लगता—'मैं तो पढ़ा-लिखा इज्जतदार आदमी हूँ और यह एक रंडी है।' उन्हें कभी महसूस ही नहीं होता था कि वे भी तो ग्राहक हैं, जब यही रवैया भारी पड़ने लगा, तभी मैंने सेक्स वर्क छोड़कर घरेलू औरत बनने का फैसला किया। इस मामले में अच्छे और बुरे ग्राहकों में कोई खास फर्क होता।"[43]

2005 में आई नलिनी जमीला की आत्मकथा के प्रकाशन ने केरल के नव्य उदारवादी समाज और वर्गविहीन समाज की परिकल्पना करनेवाले समाज राजनीतिज्ञों

के बीच खलबली मचा दी। जमीला ने आत्मकथ्य के पहले संस्करण में सेक्स श्रम के उदारवादी कार्यक्रम से जुड़ने की पहल नहीं की, पुस्तक के दूसरे संस्करण में सेक्स वर्करों के पुनर्वास कार्यक्रम पर प्रश्नचिह्न लगाकर सेक्स-व्यापार को आपराधिक कार्य न समझे जाने पर बल दिया। नैतिकतावादियों की ओर से इस बयान पर हिंसक प्रतिक्रियाएँ हुईं। नलिनी पहली बार, स्वयंसेवी संस्था द्वारा सेक्स-श्रमिकों का संगठन बनाने की पहल के दौरान सार्वजनिक जीवन में उतरी। एड्स बचाव अभियान के दौरान सेक्स-श्रमिकों ने सार्वजनिक तौर पर अपनी समस्याएँ रखीं। नलिनी ने कई वृत्तचित्रों मसलन 'ज्वालामुखीकल', 'निशब्दक्कपेट्टावरीली कुओरेट्टनोट' (ए ग्लिम्प्स ऑफ द साइलेंस्ड) के निर्माण में प्रमुख भूमिका निभाई जिसे कई देशों में दिखाया गया...। सेक्स श्रमिक से ऊपर उठकर समाज-सुधार कार्यक्रमों ने यह माना कि वह अपने शरीर को विक्रय योग्य बनाने की पक्षधरता करती है, और स्त्रीवादी विचारकों की संगति के प्रभावस्वरूप वह समाज-सुधार से जुड़ गई है। आलोचकों ने यौन-श्रमिक की अवधारणा को स्वीकार नहीं किया। जब वह कहती है कि उसका यौन-श्रम कहीं से अनैतिक नहीं है, क्योंकि समाज के बहुत-से पुरुष उस श्रम के उत्पाद का भोग करते हैं और बदले में बतौर पारिश्रमिक उसे धन देते हैं, तो वह समाज में श्रम की बँधी-बँधाई अवधारणा को तोड़ती है। वे लाखों-सैकड़ों स्त्रियाँ जो विकल्पहीन हैं—जीने और रोजगार के साधनों से हीन, दहेज जुटाकर विवाह कर पाना जिनके लिए सम्भव नहीं—उनके लिए नलिनी जमीला यौन-श्रम को एक विकल्प के रूप में प्रस्तुत करती है।[44] आलोचकों का यह भी कहना है कि नलिनी को यह पेशा अपनाने का तनिक भी खेद नहीं। लेकिन आत्मकथ्य यह बताता है कि जमीला ने विकल्पहीनता की स्थिति में ही यौन-श्रम किया, दूसरे उसने अपनी बेटी को यौन-श्रमिक नहीं बनने दिया। बेटी को सुरक्षित जीवन देने का प्रयास ही उसके आत्मकथ्य का अन्तर्वर्ती सुर है।

मलयालम की इन दोनों आत्मकथाओं—'एंटे कथा' और 'न्नान लैंगिकोतोषि-लाली' को आलोचकों के कड़े विरोध का सामना करना पड़ा। जमीला के आत्मकथ्य के पहले और दूसरे संस्करण का सुर अलग-अलग है। पहले संस्करण में प्राक्कथन से पहले दो पुरुष विचारकों ने आत्मकथ्य पर टिप्पणी लिखी जिसमें पहले ने पुरुषों की यौन आवश्यकता जैसे मुद्दे पर और दूसरे ने वेश्यावृत्ति पर निहायत ही समाज सुधारवादी रवैये से टिप्पणी की। सन् 2006 के संस्करण में जमीला ने प्राक्कथन में यह बताया कि वह आत्मकथ्य लिखना चाहती थी इसलिए इसका प्रकाशन हो रहा है, जबकि पहले संस्करण में उसने कहा था कि एनजीओ के सम्पर्क में आने पर उसने अपनी कथा को दूसरों के सामने लाने का प्रयास किया। 'न्नान' में कई विवरण बोल्ड हैं, जो या तो उसके लिए उपेक्षणीय है या छुपाने योग्य, मसलन जमीला बताती है कि यौन-श्रमिक कैसे ग्राहक फँसाती थीं। वह अपनी सीमा और

स्वच्छन्दता भी बताती है। वह दूसरे श्रमिकों की तुलना यौन-श्रमिक से करती है, अपनी कमजोरियाँ बताती है, यह भी कि उसने कभी भी पैसे के लिए ग्राहक से झगड़ा मोल नही लिया। यद्यपि वह स्वयं को अभिकर्ता के रूप में चित्रित करती है, लेकिन अपनी विवशताएँ भी छुपाती नहीं। इस पेशे में उसे 'न' कहने की स्वतंत्रता नहीं थी, अत: वह मुक्त रहना चाहकर भी मुक्त नहीं थी। 'न्नान लैंगिकोतोषिलाली' को केरल के आनेवाले कल की नव्यउदारवादी वेश्या की आवाज कहा गया।[45] इस आत्मकथ्य से सौ वर्ष पहले लिखा हुआ एक देवदासी राममिर्थामिम्बयार का आख्यान हमें मिलता है, जिसे पाँच वर्ष की उम्र में एक देवदासी को बेच दिया गया था। मात्र दस रुपये और एक साड़ी के बदले में बिकी लड़की को देवदासी ने नृत्य और गान में पारंगत कर दिया, लेकिन रामा ने देवदासी बनने का विरोध किया और घर से भाग गई। मुक्ति का श्वास लेकर अपने शिक्षक की मदद से उसने तमिल और संस्कृत के ग्रन्थ पढ़े, और महसूस किया कि देवदासी प्रथा में अक्सर नीची जातियों की स्त्रियों को अर्थहीन जीवन जीने के लिए विवश होना पड़ता है, ताकि वे देवार्पण के नाम पर पुरुषों की यौनेच्छापूर्ति का साधन बन सकें। रमा ने स्वतंत्रता आन्दोलन में भी भाग लिया और जहाँ भी अवसर मिला उसने देवदासी प्रथा का विरोध किया। इस मार्ग में उसे बहुत-सी कठिनाइयाँ झेलनी पड़ीं। यहाँ तक कि एक देवदासी ने उस पर जानलेवा हमला किया। उसने उपन्यासों में देवदासियों के कष्टपूर्ण और गर्हित जीवन के बारे में लिखा। 1936 में 'दासिगल मोसवालाई अल्लादु मदिपेट्टा मिनोर' (देवदासियों के लिए शिकंजा) शीर्षक उपन्यास लिखा, जिसमें उसकी जीवन-कथा और स्वाभिमान आन्दोलन के आदर्श अनुस्यूत थे। यह उपन्यास तत्कालीन ब्राह्मण समाज और राजनीतिज्ञों द्वारा खारिज किया गया क्योंकि देवदासी प्रथा का उन्मूलन उनके हक में नहीं था। वे 'देवदासी प्रथा'[46] की यथास्थिति को बनाए रखने के पक्षधर थे, और उसे संस्कृति और परम्परा की वाहक प्रथा के तौर पर देखते थे।

नलिनी जमीला और राममिर्थामिम्बयार के रचनाकाल में लगभग सत्तर वर्षों का अन्तराल है, फिर भी दोनों लगभग समान सामाजिक, आर्थिक परिस्थितियों और 'वेश्यावृत्ति' को बतौर पेशा अपनाने का दबाव झेलती हैं। दोनों ही स्वतंत्रता, मुक्ति और स्वाभिमान की बात करती हैं, लेकिन स्वावलम्बन का जो रास्ता उन्होंने अपनाया है वह बिलकुल अलग-अलग है। राममिर्थामिम्बयार स्वाधीनता आन्दोलन से मिले 'राजनीतिक स्पेस' को स्त्री-दमन-दलन और सांस्थानिक वेश्यावृत्ति के खिलाफ जागृति लाने के लिए इस्तेमाल करती है।[47] जबकि नलिनी जमीला को एड्स जागरूकता कार्यक्रमों के माध्यम से, अपने पेशे के बारे में बोलने और सुने जाने का अवसर मिला है, जहाँ रामा का संघर्ष तत्कालीन सामाजिक कुप्रथाओं और धर्म के नाम पर स्त्री के दैहिक और मानसिक शोषण के विरोध में है, वहीं नलिनी के

आत्मकथ्य को समकालीन समाज में चल रही उस बहस का हिस्सा मानकर पढ़ा जाना चाहिए, जिसमें वेश्यावृत्ति को कानूनी रूप से वैध और श्रम का प्रकार माना जा रहा है। वह वेश्यावृत्ति को सामाजिक कलंक नहीं बल्कि वैध श्रम के रूप में स्वीकार करने पर बल देती है वहीं रामा धर्म के नाम पर सांस्थानिक वेश्यावृत्ति को स्त्रियों पर थोपे जाने के विपक्ष में आवाज उठाती है, ये दोनों आख्यान वेश्यावृत्ति के अलग-अलग आयामों को उद्घाटित करते हैं।

नलिनी के आत्मकथ्य ने बड़े पाठक-वर्ग को झकझोरकर रख दिया, आत्मकथा के प्रकाशन के सौ दिनों के भीतर ही इसके छः संस्करण छपे और इसकी तेरह हजार प्रतियाँ बिकीं। अश्लीलता और बेझिझक आत्माभिव्यक्ति के आरोप भी लगे, लेकिन इस आत्मकथा ने स्त्रियों को अपने शोषण, दमन, पेशे के बारे में खुलकर कह देने का साहस तो दिया ही, हालाँकि इससे पहले 'एंटे कथा' पर भी सेक्स के खुले चित्रण के आरोप लग चुके थे। नलिनी जमीला की तरह कमला दास ने भी आत्मकथा के कई संस्करणों में बार-बार सुधार किया। 1976 में 'एंटे लोकम' शीर्षक से 'मलयालनाडु' में आत्मकथात्मक लेखों की शृंखला में कमला दास ने लिखा, "जब एंटे कथा का पहला भाग प्रकाशित हुआ तो मेरे बहुत-से सगे-सम्बन्धी, जो संकीर्ण विचारों के थे, घृणा करने लगे, विशेषकर स्त्रियाँ। मेरा 'निजत्व' तो स्वाधीनता के खाद-पानी से ही पुष्पित-पल्लवित हुआ था, जिससे उनका ईर्ष्या करना स्वाभाविक था। पूरे जीवन उन्हें कोई प्रेम करनेवाला नहीं मिला, वे कभी अच्छी तरह सज सँवर नहीं सकीं, इसका अवसर नहीं मिला, उनके घुँघराले बालों में प्याज और मछली की गन्ध घुस गई थी—रसोईघर के पिछवाड़े फिंके बासी और सड़े-गले उच्छिष्ट भोजन की गन्ध से उनका जीवन-भर गया था। उनकी घृणा से आश्चर्यचकित होने का प्रश्न ही कहाँ पैदा होता था।"[48]

केरल में 1980 तक स्त्री-आन्दोलनों और स्त्री-चेतना के विकास के कारण बहुत-सी स्त्रियाँ विभिन्न सामाजिक संस्थाओं से कार्यकर्ता के रूप में जुड़ीं, स्त्रियाँ बहुत-सी विधाओं में लिखने लगीं, जिससे स्त्रीवादी विचारों और प्रतिभा को ठोस जमीन तैयार होती दिखी। हालाँकि स्त्री-लेखन मध्यवर्गीय और अभिजात परिवारों की स्त्रियों तक ही सीमित था। समाज के निम्न वर्ग की स्त्रियाँ अभी तक सामने नहीं आ पाई थीं। ऐसे में सहस्राब्दी के प्रारम्भ में आए चार आत्मकथात्मक आख्यान हाशिये की स्त्री की आवाज और दमन की राजनीति को सामने लाते हैं। इनमें 'सरसू' की आत्मकथा 'यह है मेरी कहानी और गीत' (दिस इज माई स्टोरी एंड सांग्स) सन् 2000 में आई। सी. के. जानू की आत्मकथा 'मदर फॉरेस्ट : द अनफिनिश्ड स्टोरी ऑफ सी. के. जानू' 2003 में और सिस्टर जेस्मी की आत्मकथा 'आमीन' सन् 2009 में आई। इसके अतिरिक्त नलिनी जमीला की आत्मकथा सन् 2005 में आई। जिसकी चर्चा पहले की जा चुकी है। नलिनी और सी. के. जानू के आत्मकथ्य

को बोलकर लिखवाया गया—उनके इस प्रयास को इस रूप में देखा जा सकता है कि कैसे निरक्षर या अल्पशिक्षित स्त्रियाँ मौखिक रूप में आत्माभिव्यक्ति करती हैं और आत्मकथा का प्रकाशन कैसे उनके जीवन को प्रभावित करता है। 'यह है मेरी कहानी और गीत' जिसका प्रकाशन सन् 2000 में हुआ, यह एक शारीरिक रूप से विकलांग स्त्री 'सरसू' का आत्माख्यान है। जिसकी तुलना में 2021 में प्रकाशित हिन्दी की आत्मकथा 'टूटे पंखों की परवाज' (सुमित्रा महरौल) को देखा जा सकता है। तमाम सरकारी दावों के बावजूद विकलांग व्यक्ति को वे सुविधाएँ नहीं मिलतीं, जिनकी उसे आवश्यकता होती है—शारीरिक विकलांगता से व्यक्ति मानसिक रूप से भी उद्वेलित हो जाता है। विकलांगता और स्त्रीत्व ने 'सरसू' को दोनों स्तरों पर लाचार बनाया। अपनी लाचारी से उबरने के लिए सरसू ने लेखन को माध्यम बनाया। सिक्सू[49] ने स्त्रियों के लेखन की अनिवार्यता पर बल दिया था। सरसू की तरह सी. के. जानू ने कलाकार भास्करन को आत्माख्यान 'मदर फारेस्ट' बोलकर लिखवाया। जानू एक आदिवासी स्त्री है, जिसने सत्रह वर्ष की उम्र में पहली बार पढ़ना सीखा। उसके आत्माख्यान में जंगल-जीवन से जुड़े अनुभवों और आदिवासी जीवन के जीवन्त चित्र हैं। भूमिहीन, अशिक्षित आदिवासी जीवन के संघात पाठक को झकझोरकर रख देते हैं। इसके अतिरिक्त सन् 2009 में सिस्टर जेस्मी की आत्मकथा 'आमीन' का प्रकाशन हुआ। मिमी राफेल जो कैथोलिक चर्च में दीक्षित होकर नन बन गई उसे सिस्टर जेस्मी का नाम मिला। जेस्मी ने एम. फिल. और पीएच. डी. की, त्रिशूर के दो कैथोलिक कॉलेजों में अध्यापिका रही और मदर ऑफ कार्नेल की धर्मपरिषद से तब इस्तीफा दिया, जब उसे चर्च के उच्चाधिकारियों ने मानसिक तौर पर रोगी करार दे दिया। केरल के चर्चों की आन्तरिक राजनीति, सेक्स और धन की जकड़न में फँसे पदाधिकारियों और ननों के मानसिक और शारीरिक शोषण को खुलकर लिख देनेवाली जेस्मी को मुक्ति आसान नहीं थी। तमिल में बामा फ्युसटीना मेरी की आत्मकथा 'करक्कू' की तर्ज पर स्त्री-शोषण के आधुनिक सांस्थानिक रूप की पोल खोलती 'आमीन' कान्वेंटों की चहारदीवारी के भीतर जोर-जबरदस्ती से, अन्धश्रद्धा के नाम पर फल-फूल रहे यौन-व्यापार का वास्तविक रूप उजागर करती है।

सरसू, जानू, नलिनी जमीला और जेस्मी के आत्माख्यान यथार्थ जीवन के अनुभव हैं—जिन्हें वे लिखती हैं या लिखवाती हैं। ये चारों आत्मकथ्य हाशिये की स्त्रियों के हैं—जो अस्तित्व की रक्षा के लिए संघर्ष करती हैं और संस्कृति की नई व्याख्या करती हैं—उसे नई शक्ति देती हैं, प्रतिरोध की संस्कृति का निर्माण करती हैं। मसलन सरसू का कहना है कि वह इसलिए लिख रही हैं, ताकि लोग उसे 'पूर्ण मनुष्य' की गरिमा दें। विकलांग स्त्री जब अपनी तकलीफ का बयान करती है तो देश की चिकित्सा व्यवस्था, झूठे सरकारी वायदों और विकलांगों के प्रति समाज

के ठंडे और नकारात्मक रुख को उजागर करती है। यहाँ आत्मकथा चिकित्सा और पुनर्वास कार्यक्रमों तथा विकलांगों की वास्तविक सामाजिक स्थिति का क्रिटिक रचती है। लैंगिक विभेद की तरह विकलांगता भी किसी संस्कृति को वर्गों में बाँटती है। सरसू किसी सांस्कृतिक प्रतीक या विशिष्ट व्यक्ति के रूप में समाज में प्रतिष्ठित नहीं है, उसने आत्मकथा लिखने के बाद किसी किस्म के सम्पादन या सुधार से मना कर दिया।

ऊपर जिन चारों आत्मकथ्यों की चर्चा की गई है, उनमें आख्यानकर्ता का 'आत्म' समाज से बहिष्कृत है, ये हाशिये की स्त्रियाँ हैं जो समाज से बहिष्कृत हैं। कभी विकलांगता के कारण, कभी अल्पसंख्यक होने और कभी नैतिक बहिष्कृति तथा धार्मिक भ्रष्टाचार के खिलाफ आवाज उठाने के कारण, लेकिन ये सभी 'बहिष्कृत' स्त्रियाँ सशक्त प्रतिरोध दर्ज करती हैं, उपेक्षित तबकों की आवाजें बनती हैं, अपनी कथा कहकर 'अधीनस्थ' की भूमिका से ऊपर उठकर नई पहचान बनाती हैं। उनके लिखे 'टेक्स्ट' का पुनर्पाठ समाज के अवचेतन में बैठे उपेक्षा के भाव को तोड़ने और 'स्त्री' को समझने में मददगार साबित हो सकता है। ये आख्यान बहुआयामी दमन की कहानी कहते हैं—पाठ की दरारें, अन्तराल, उठानें उसके रूपाकार का निर्माण करती हैं। इन आख्यानकारों की स्थिति समाज में वर्चस्व या शक्ति के केन्द्रों से अलग है, वे हाशिये पर हैं, इसलिए इनका 'पाठ' ज्ञान के भौगोलिक विस्तार में मदद करता है। पाठकों से अपेक्षित है कि वे इन्हें इनके विशिष्ट परिप्रेक्ष्य में समझें। सरसू की विकलांगता को समझकर ही उस तकलीफ को जाना जा सकता है जब व्यवस्थापक विकलांगों को संगीत कार्यक्रम प्रस्तुत करने से रोक देते हैं या मार्क्सिस्ट पार्टी से जानू के मोहभंग को कैसे समझा जा सकता है, यदि आदिवासियों के उपयोग की राजनीति पर ध्यान न दिया जाए। इसी तरह, स्त्री फिल्म आलोचकों का नलिनी जमीला द्वारा वृत्तचित्र बनाने के विरोध और एक उच्च शिक्षित आस्थावान 'नन' द्वारा धर्म परिषद के त्याग को देखा-समझा जाना जरूरी है। ये स्त्रियाँ समाज, जाति, वर्ग, समूह, परिवार इन सारी संस्थाओं के उत्पीड़क रवैये को व्यक्त करती हैं और हमारा ध्यान हाशिये की स्त्रियों के मन-मस्तिष्क के विस्तार की ओर खींचती हैं।

हाशिये की ये अस्मिताएँ 'समूह चेतना' से आप्लावित हैं। 'यह है मेरी कहानी और गीत' में सरसू सिर्फ निज का बखान नहीं करती, वह चेशॉयर होम में विकलांगों के साथ होनेवाले भेदभाव, स्त्रियों की मित्रता की जो गलत व्याख्याएँ की जाती हैं—उनके बारे में भी बताती है। 'चेशॉयर होम' में विकलांगों की उपेक्षा और दमनकारी स्थितियों ने उनमें समूह चेतना का विकास किया है और सरसू का आख्यान 'विकलांग' जो स्त्री भी है—देशकाल से परे एक वैश्विक आख्यान बन जाता है। सरसू की आत्मकथा पर फिल्म का निर्माण भी हुआ, जिसे राष्ट्रीय पुरस्कार मिला।[50] सी. के. जानू की आत्मकथा में 'मैं' की जगह 'हम' का प्रयोग

ही किया गया है। आदिवासी समुदायों में स्त्री-मुक्ति का अर्थ दूसरा है। स्त्रियाँ, चाहें तो स्वतंत्र तौर पर, पुरुषों से अलग रह सकती हैं—अपनी जमीन के लिए, शिक्षा और न्याय के लिए उसका संघर्ष निर्धनतम और सर्वाधिक दमित-वर्ग का संघर्ष बन जाता है। नलिनी जमीला अपने जैसी बहुत-सी यौन-श्रमिकों का जीवन-स्तर ऊपर उठाने और सामाजिक न्याय हेतु प्रयासरत है, इसी तरह सिस्टर जेस्मी चर्च के शिकंजे से निकलने के बाद धर्म के नाम पर चल रही जोर-जबरदस्ती, कन्फेशन के नाम पर ननों के यौन-शोषण को 'आमीन' में सामने लाती है और अवकाश प्राप्ति के बाद असहाय स्त्रियों के लिए 'आश्रयगृह' बनाने की बात कहती है। ये सभी स्त्रियाँ वृहत्तर स्त्री समुदाय से जुड़ने की इच्छा से परिचालित हैं—संवेदनाओं और अनुभवों को दूसरों से बाँटकर ये रचनाकार सृजनात्मकता के लिए पोषण प्राप्त करती हैं और पाठक तक पहुँचकर मुक्ति का अनुभव करती हैं—सिस्टर जेस्मी का कहना है, "यह बस कोशिश है कान्वेंटों के अन्दरूनी भाग में अब तक छिपी रही जिन्दगी को उजागर करने की। पूरे विनीत भाव से, स्वयं प्रभु जीसस से शक्ति पाकर मेरा उद्‌देश्य सिर्फ और सिर्फ चर्च में सुधार लाना है, अपने भीतर कुछ बूँद समन्दर का पानी सहेजे हुए शंखों की तरह समाज को खूबसूरत मगर अवगुंठित महासागर में झाँकने में सक्षम बनाना है। उन मजबूत पदों के भीतर मौजूद लोगों को यह किताब किसी तरह का कोई नुकसान न पहुँचाए इसलिए आत्मकथाओं की प्रकृति के विपरीत मैंने जान-बूझकर काल्पनिक नामों का इस्तेमाल किया है। उन बन्द दीवारों के पीछे ताजा हवा पहुँचे और उसके गन्धाते कोनों को शुद्ध करे। काश पवित्र आत्मा पवित्र आवास के काल-कोठरीनुमा भीतरी भाग में जंजीरों में बँधी आत्माओं को मुक्त करे।"[51]

सिस्टर जेस्मी को चर्च के खिलाफ आवाज न उठाने के लिए रिश्वत की पेशकश भी की गई। सिस्टर जेस्मी ने मदर ऑफ कार्नेल, से जिन परिस्थितियों में इस्तीफा दिया वे त्रासद थीं। कॉलेजों में अवैध रूप से चल रहे कैपिटेशन फीस के तंत्र, पवित्र सम्पर्क के नाम पर पादरियों का ननों से यौन-सम्पर्क इन सबके खिलाफ आवाज उठाने पर सिस्टर जेस्मी को चर्च के उच्चाधिकारियों ने मानसिक इलाज के लिए भेज दिया। चर्च के फन्दे से बच निकलनेवाली जेस्मी ने 'ओड़िसा डायरी'[52] को दिये साक्षात्कार में बताया कि "चर्च केरल सरकार से लड़ रही है लेकिन अपनी आन्तरिक विसंगतियों पर ध्यान नहीं देती। चर्च का माहौल और नियम दमघोंटू है, कार्य-प्रणाली में पारदर्शिता के अभाव के कारण पूरा व्यवस्था अलोकतांत्रिक है। ननों से लेकर उच्चाधिकारियों में पद-मर्यादा का बहुत ध्यान रखा जाता है। ननों और पादरियों की जवाबदेही बिशप के प्रति होती है। उच्चाधिकारी विदेशी अनुदानों का बेजा इस्तेमाल करते हैं। 21वीं शताब्दी में 'सेक्स' चर्च के भीतर घुस गया है। ननों का बाहरी दुनिया से विचारों के आदान-प्रदान की आजादी के अभाव में कुंठा होती

है—पादरियों और ननों को विवाह-सम्बन्धों की आजादी होनी चाहिए। साथ ही, लोगों को जबरन चर्च में नहीं रोका जाना चाहिए। जो आस्थावान हैं वह अपने-आप वहाँ रहेगा। ननों और पादरियों को चर्च छोड़ने की आजादी होनी चाहिए।" जेस्मी ने चर्च से त्यागपत्र देकर बेसहारा स्त्रियों की सेवा का निर्णय लिया।

ये आत्मकथ्य केवल अतीत की घटनाओं और अनुभवों का लेखा-जोखा मात्र नहीं हैं बल्कि सामुदायिक स्थितियों में सुधार और परिवर्तन की इच्छा इनमें देखी जा सकती है। आर्थिक सुरक्षा के अभाव में, शारीरिक अपंगता से जूझ रही सरसू ईश्वरीय आस्था के बल पर विपरीत परिस्थितियों से लड़ती है। आदिवासी जानू को अपनी सीमाएँ अच्छी तरह मालूम हैं, सत्ता के खेल और जोड़तोड़ के गणित को पहचान गई है, आत्माख्यान के अन्त में वह अपने-आपको बेहतर ढंग से जान पाने की इच्छा व्यक्त करती है साथ ही वह आदिवासी समुदाय की आर्थिक, सामाजिक उन्नति चाहती है। सिस्टर जेस्मी का कहना है कि, "अपने आसपास के समाज के प्रति मेरा यह फर्ज बनता है कि अपने अनुभवों को पूरी तरह और खुले रूप से बाँटूँ...मैं महान होने का दावा नहीं करती, मगर उम्मीद है कि मेरे अनुभव समाज को सत्य के और नजदीक पहुँचाएँगे..."[53] सिडोनी स्मिथ ने इसी तरह के आत्मकथ्यों, जिनमें स्त्रियाँ आत्मचेतस भाव से अपनी एक नई पहचान बनाने पर बल देती हैं, को 'ऑटोबायोग्राफिकल मेनिफेस्टो' कहने की सिफारिश की। सी. के. जानू के आत्मकथ्य का पहला अंश भाषापोषिणी पत्रिका[54] में प्रकाशित हुआ था। जानू जंगल रक्षा को खुद की अस्तित्व रक्षा से जोड़कर देखती है, उसकी भाषा के कई शब्द आदिवासी कबीले की विशिष्ट अभिव्यक्तियों से सम्बद्ध हैं, जिनका कोई अंग्रेजी या मलयालम पर्याय नहीं मिलता। वह कहती हैं, "हाल-फिलहाल तक हमारा मुख्य काम था, धान के खेतों में पौधे रोपना, उन्हें पानी देना, यानी धान के खेत का पूरा काम...बचपन में हमने कभी लैम्प नहीं देखा। हमें ये तक पता नहीं था कि दियासलाई कहाँ मिलेगी, कोई लैम्प नहीं, न ही किरोसीन, कहीं कुछ नहीं। हर जगह बिलकुल घुप्प अँधेरा। जब अँधेरा छा जाता तो हम सब इकट्ठे होकर बैठ जाते आँगन में या लकड़ियाँ इकट्ठी करके आग जला देते। जंगली कन्द पकाकर या कच्चा ही खा जाते। जब बारिश आती तो हम झोंपड़ी के बाहर नहीं जा पाते। खाने को भी कुछ नहीं मिलता। जमीन में से कन्द खोजना भी सम्भव नहीं होता। बाँसुरी में से भी कोई संगीत नहीं निकलता।...

हम डरते रहते कि कहीं हाथी झोंपड़ी के नजदीक न आ जाए। हम उन्हें दूर रखने के लिए हर समय आग नहीं जलाए रख सकते थे।

जब भी कोई बाहरी आदमी आता, हम सब जंगल में जाकर छिप जाते। कोई उनके नजदीक नहीं जाता। हम धोती और कमीज पहननेवालों से डरते। सुना था वे गाय और भैंस को खा जाते हैं। इसलिए हम जंगल में जाकर छिप जाते। जंगल के बारे में हमसे ज्यादा कोई नहीं जानता। वह हमारी माँ की तरह है। क्योंकि वह हमें

छोड़कर कहीं नहीं जाता। वह हमारे लिए माँ से बढ़कर है। हम आदिवासियों के पास कोई पशु नहीं था। किसी के पास पशु खरीदने के लिए पैसा नहीं था। जंगल में घास की कमी नहीं थी। आदिवासी बच्चे दूसरों के पशु जंगल में चराते। हम एक बार जंगल में घुस जाते तो शाम होने तक रहते।...

हमारे घर में एक ही साबुत कपड़ा था। बड़ों का चेला (कुरता) पुराना होने पर हम दो-तीन भागों में फाड़कर आपस में बाँटकर पहनते।

...मैं बेल्लामुंडे पहली बार माँ के साथ गई। एक टीचर की बच्ची की आया बनकर। हम बहुत देर पैदल चलकर वहाँ पहुँचे। इससे पहले मैंने जंगल और खेत के अलावा कोई और जगह नहीं देखी थी।"[55]

"मेरी कुट्टी टीचर का घर बिजली से रात को भी रोशन रहता। उसने मुझे एक लम्बा फ्रॉक खरीद दिया, जिस पर चित्र बने हुए थे। कांजी पीने के लिए अल्युमिनियम का एक बर्तन था। मैंने उसे सिलबट्टे के नजदीक रख दिया। कहा जाता है, जहाँ हम रहते हैं वहाँ से कुर्ग नजदीक है। हमारी भाषा में कन्नड़ का अच्छा मिश्रण है, हममें से हरेक समुदाय अलग ढंग से बोलता है, भाषाएँ भी अलग-अलग हैं। कोई पढ़ा-लिखा नहीं है। इसलिए हमारी कोई लिखित भाषा भी नहीं है।

मालूम नहीं कि हमारे 'चेकोट' में किसी के पास जमीन मालिक के कागज हैं या नहीं। हम खेती करते हैं, लेकिन खेतों पर हमारा कोई अधिकार नहीं। हम हमेशा खेत-मालिकों से डरे रहते। खेतों में काम करते हमारे लोग कभी गाते नहीं...बल्कि चुपचाप तम्बाकू चबाते रहते।"[56]

जहाँ प्रारम्भिक दौर की स्त्री, आत्मकथ्यों में 'पति' या पुरुष के आसपास घूमती थी, वहीं समय के साथ-साथ स्त्रियों की सामाजिक-आर्थिक स्थिति बदली और साथ ही उनके आख्यान भी बदले। कइयों ने सिर्फ सामाजिक और राजनीतिक जीवन पर ही लिखा और कई बार निजी ब्यौरे उनसे छूट गए। कई बार वे उनके बारे में चुप रहीं जिनके बारे में बोलना उन्हें अप्रिय था। कई भाषाओं की आत्मकथाओं में आज भी 'सेंसरशिप' और 'चुप्पी' को समझा जाना जरूरी है क्योंकि स्त्रियों का आख्यान दोहरा बल्कि बहुस्तरीय होता है। सिडनी स्मिथ (1998) का मानना है कि आत्मकथा में व्यक्त द्वन्द्वात्मक स्थितियाँ स्त्री के हाव-भाव और भाषा को बताती हैं। उसकी स्टीरियोटाइप छवि—जहाँ वह दमित और उपेक्षित है—मुख्यधारा की संस्कृति को बताती है। स्त्री-पाठ के दरारों, अन्तरालों में 'केन्द्र' में आकर 'विषय' बनने की इच्छा को पढ़ा जा सकता है। इसे समझने के लिए एक 'स्त्री' के रूप में उसकी पहचान को धुँधला करके समुदाय के रूप में उसे देखा जाना जरूरी है, जैसा कि लैटिन अमेरिकी टेस्टीमोनियो में देखा जा सकता है, जिसमें उपेक्षित वर्गों के साथ लैंगिक आधार पर उपेक्षित स्त्रियों के ब्यौरे मिलते हैं। सिडनी स्मिथ, जूलिया वॉटसन (1998), सूसन फ्रीडमैन (1989) और शेरी बेनस्टाक जो फ्रॉयड

और लॉकां की मनोविश्लेषणवादी पद्धतियों की समर्थक हैं उनका भी मानना है कि स्त्री-पुरुष की ऐतिहासिक और सांस्कृतिक स्थिति में अन्तर लैंगिक विभेद के कारण ही उत्पन्न होता है। हेलेन बुस का मानना है कि स्त्री-लेखन वास्तव में आत्म की भूमि के विस्तार की लाक्षणिक खोज है। ये सारे विधान स्त्री आत्मकथ्यों के विश्लेषण के लिए पृथक् नजरिये की माँग करते हैं। डोमना स्टेंटन (1984) ने सदियों की चुप्पी तोड़कर वर्तमान संस्कृति को आईना दिखाने और पुरुषों के बने चौखटों को चुनौती देनेवाले स्त्री कथ्यों को 'आटोगाइनाग्राफी' या 'ऑटोग्राफ्स' कहा। इसके ठीक दस वर्ष बाद ही लेह गिलमोरे (1994) ने स्त्री आत्मकथ्यों के लिए 'आटोगाइनोग्राफिक्स' संज्ञा का प्रयोग किया। यह इस बात का प्रमाण है कि स्त्री आत्मकथ्यों ने बहुत तेजी के साथ अपनी सीमाओं का विस्तार किया और प्रचलित मान्यताओं के विवेचन-विश्लेषण के लिए नये औजारों की आवश्यकता महसूस की। अलग-अलग वर्गों और समूहों की स्त्रियों ने अपने-आपको स्वच्छन्द, टेबूहीन तथा यौनिकता जैसे अनुभवों के साथ मुक्त ढंग से व्यक्त करना शुरू किया है, वे पहले से ज्यादा आत्मसन्तुष्ट, जिम्मेदार और सकारात्मक हैं। मलयालम स्त्री आत्मकथ्यों का स्वर द्रुत नहीं, विलम्बित है जो स्त्री के पक्ष में समाज और विचार परिवर्तन के लिए आलाप लेता दीख पड़ता है।

सन्दर्भ

1. वर्जीनिया वुल्फ, प्रोफेशंस फॉर वूमन, यह लेख वर्जीनिया ने नेशनल सोसाइटी फॉर वूमन सर्विस में 21 जनवरी, 1931 को बतौर भाषण पढ़ा था। https:/quizlet।com (cited on 31.3. 2021), इन द डॉलफिन रीडर : डगलस हंट, हूस्टन मफिन कम्पनी 1999, : 538
2. वूमन्स वर्कशॉप—आर्गेनाइज्ड बॉय 'अस्मिता' एंड वूमन्स वर्ल्ड इन इंडिया, wworld.org/programs/regions/india।htm(cited on 31.3.21)
3. वूमन्स वर्कशॉप—आर्गेनाइज्ड बॉय 'अस्मिता' एंड वूमन्स वर्ल्ड इन इंडिया, wworld.org/programs/regions/india।htm (cited on 31.3.21)
4. वही
5. बालमणि अम्मा, 'जीवितम्—एंटे नॉट्टाथिल', अम्मायुडे लोकम्, मातृभूमि बुक्स, कोझीकोड, 2007
6. पथिकयुमवजियोरथे मणिदीपंगलुम, https://swatantryavaadini.in/2023/07/23/memories-of-interdining-kochattil-kalyanikkutty-amma/(cited on 20.10.2024)
7. हवलाथ बीवी उरुम्बेट्टवर : पोराट्टंगलिले स्त्रीजीवितम, अलोस्यियस डी फर्नांडिस और डी एम स्कारिया अलप्पुझा : जनजागृति पब्लिकेशन्स, 7-16 : 2011
8. वही
9. वही
10. के. मीनाक्षी के राजनीतिक और सामाजिक योगदान पर आधारित यह लेख 'मुडिकेत्तिनुल्लिले

चुवन्ना कथुकल' का अनुवाद है, जो अलोस्यियस डी फर्नांडिस और डी एम स्कारिया द्वारा सम्पादित पुस्तक उरुम्बेट्टवर : पोराट्टंगलिले स्त्रीजीवितम (अलप्पुझा : जनजागृति, 2011 : 23-27) में प्रकाशित हुआ
11. रामकृष्णन पिल्लई, एंटे ओर्मकुरिप्पकुकाल, मित्रानिकेतन प्रेस, तिरुवनन्तपुरम, 1989
12. रोजी थॉमस, ही माय बिलव्ड सीजे, अंग्रेजी अनुवाद—जी अरुणिमा, वुमन अनलिमिटेड, नई दिल्ली, 7-10 : 2018
13. अन्ना चांडी, आत्मकथा, कार्मल बुक्स प्रकाशन, त्रिशूर, प्रथम संस्करण, 1973
14. वही
15. ललिताम्बिका अन्तरजनम—एन अनफिनिश्ड ऑटोबायोग्राफी, http://pruebas.idapp.hipatia.cr (cited on 31.3.2021)
16. देवकी निलयमगोड़े—एक अन्तरजनम की आत्मकथा—विद नो सेंस ऑफ लॉस, हिन्दी अनुवाद—गरिमा श्रीवास्तव, संयुक्ता पत्रिका, अंक 4, पृ. 1-14
17. अवया 1996, कोडोथ 2001, वेलायुधन 1999, 'वूमन इन द नम्बूदिरी कास्ट मूवमेंट' इन टी. मिजूशीमा एंड एच. यानागिसावा (सं.) हिस्ट्री एंड सोसायटी इन साउथ इंडिया, टोक्यो यूनिवर्सिटी ऑफ फॉरेन स्टडीज।
18. कमला दास, माई स्टोरी, एस. के. घई, मैनेजिंग डायरेक्टर, स्टर्लिंग पब्लिशर्स (प्रा.) लि., ए बी/9 सफदरजंग एन्क्लेव, मुद्रण जाएद प्रेस, बल्लीमारान, दिल्ली : 84, 1976
19. वही, 104
20. कमला दास, माई स्टोरी, एस. के. घई, मैनेजिंग डायरेक्टर, स्टर्लिंग पब्लिशर्स (प्रा.) लि., ए बी/9 सफदरजंग एन्क्लेव, मुद्रण जाएद प्रेस, बल्लीमारान, दिल्ली : 118, 1976
21. वही, 70
22. वही, 145
23. वही, 175
24. वही, 177
25. वही, 184
26. वही, 209
27. वही, 206
28. उदिता-एन एयरपोर्ट मैगजीन (मार्च-अप्रैल 1989) : 28-33 और सेवी दक्कन 1990, : 11-30
29. कमला दास, माई स्टोरी, 184
30. मेरिली वेइसबोर्ड, द लव क्वीन ऑफ मालाबार : मेमोऑयर ऑफ ए फ्रेंडशिप विद कमला दास, The globalandmail.com/commentary/exclusive/excerpt-the rebirth of Kamala Das/passion/article.
31. द हिन्दू—चेन्नई संस्करण, जून 23, 2009
32. नलिनी जमीला, एक सेक्स वर्कर की आत्मकथा, राजपाल एंड संस, दिल्ली, संस्करण : 114, 121, 2006
33. नलिनी जमीला, एक सेक्स वर्कर की आत्मकथा, राजपाल एंड संस, दिल्ली, संस्करण 2006 : 21, मूल ऑटोबायोग्राफी ऑफ , सेक्स वर्कर (आई. गोपीनाथ को बोलकर लिखवाई गई), डी. सी. बुक्स, 2005

34. वही, 103
35. वही, 103
36. वही, 50
37. नलिनी जमीला, एक सेक्स वर्कर की आत्मकथा, राजपाल एंड संस, दिल्ली, पृ. 3, 2006
38. वही, 48
39. वही, 19
40. वही, 7
41. वही, 95
42. वही, 106
43. वही, 118
44. अन्ना लिंडबर्ग, एक्सपीरियंस एंड आइडेंटिटी : एन अकाउंट ऑफ क्लास, कास्ट एंड जेंडर अमंग द कैश्यु वर्कर्स ऑफ केरला, इंडिया, अप्रैल 23, : 5-8, लुंड यूनिवर्सिटी प्रेस, लुंड, 5-8, 2001
45. अजिता, साक्षात्कार, मातृभूमि साप्ताहिक, 83 (42) दिसम्बर 18 :12-18
46. गरिमा श्रीवास्तव, (ले.) 'या देवी सर्वभूतेषु' (देवदासी प्रथा का इतिहासपरक सामाजिक विवेचन) पक्षधर पत्रिका, वर्ष 2, अंक 5-6, मई-दिसं. 2008, (सं.)। विनोद तिवारी : 167
47. प्रभा कोटेश्वरन, 2003 के अनुसार भारत की अधिसंख्य स्त्रियाँ जबरन वेश्यावृत्ति अपनाती हैं, (Preparing for civil disobedience : Indian Sex workers and the law) http://inboeaglbc.edu/bc-org/avp/law/lvsch/journals/bctwj/21-2/01txt.htm.
48. एंटे कथा (मेरी कहानी) माधवी कुट्टी, 1976 : 3
49. हेलेन सिक्सू, द लाफ ऑफ द मेडुसा, अंग्रेजी अनुवाद कीथ कोहेन और पौला कोहेन, साईन पत्रिका खंड 1, अंक 4, समर, यूनिवर्सिटी ऑफ शिकागो, 1976। "Women must write through their bodies, they must invent the impregnable language that will wreck partitions, classes and rhetoric's and codes, they must submerge, cut through, get beyond the ultimate reserve discourse."
50. सरसू, 'इथानु एंटे कथायुम गोतमुम', एन एनकाउंटर विथ ए लाइफ लिविंग, शुजा अब्राहम की फिल्म जिसे 2003 में राष्ट्रीय पुरस्कार मिला।
51. सिस्टर जेस्मी, आमीन, हिन्दी अनुवाद शुचितामीतल, पेंगुइन बुक्स इंडिया, यात्रा बुक्स 2010 : 2, 'आमीन' का प्रथम मलयालम संस्करण सन् 2009 फरवरी में प्रकाशित हुआ।
52. ओड़ीसा डायरी—www.orrissadiary.com/interview/sisterjesme.asp
53. सिस्टर जेस्मी 'आमीन' हिन्दी अनु., भूमिका, 2010
54. सी. के. जानू : द अनफिनिश्ड स्टोरी ऑफ सी. के. जानू, 2003 भाषापोषिणी पत्रिका, 25 अंक, सं. 7 दिसम्बर, 2001
55. वही
56. सी. के. जानू की आत्मकहानी, जैसी उसने भास्करन कोट्टयम को बोलकर लिखवाई, डी. सी. बुक्स 2003 प्रस्तुत अंश का हिन्दी अनुवाद गरिमा श्रीवास्तव, प्रस्तुत अंश व्हेन द लॉस्ट सोइल बेकंड, संयुक्ता पत्रिका, खंड 2-ब में प्रकाशित

अध्याय-6

आरोहण से अनावरण की यात्रा : कन्नड़ स्त्री-आत्मकथा

सबसे मेधावी औरत की बातें...हम विनम्रतापूर्वक उदासीन भाव से सुनते हैं, यह जानते हुए कि उनके विचार कमोबेश हमारे विचारों को ही दर्शाते हैं।[1]

आपके अन्दर छिपी हुई कहानी को सहन करने से बड़ी कोई पीड़ा नहीं होती।[2]

भारत समेत विश्व के कई देशों में स्त्रियों का इतिहास अतार्किक ढंग से लिखा गया है। कुछ इतिहासकार विभिन्न कालखंडों के अन्तर्गत समाज और अर्थव्यवस्था पर चर्चा करते समय कुछ हल्के-फुल्के ढंग से स्त्रियों की जीवन-स्थितियों के बारे में लिखते-बताते हैं, वहीं कुछ की रणनीति यह रहती है कि वे पिछली सदियों में स्त्रियों की सामाजिक, राजनैतिक और आर्थिक स्थितियों में बदलाव की ओर ध्यान आकर्षित करके अपने कर्तव्य की इतिश्री समझें। कुछ विचारक स्त्रियों के बदतर हालातों को रेखांकित कर पूरा दाय पितृसत्तात्मक व्यवस्था के कन्धों पर डालकर छुट्टी पा लेते हैं। यहीं पर आत्मकथा की जरूरत महसूस होती है। आत्मकथा हाशिये के लोगों, विशेषकर स्त्रियों के लिए एक वैकल्पिक दस्तावेज के रूप में देखी जानी चाहिए जिसके बारे में लिंडा एंडरसन ने कहा है कि "जब हम यह सवाल पूछते हैं कि अपने जीवन के बारे में कौन लिख रहा है, तो हमें जवाब मिलता है कि लेखक, सार्वजनिक अधिकारी, मशहूर हस्तियाँ, खिलाड़ी और ऐसे लोग जो पहले से ही सार्वजनिक तौर पर सम्मानजनक स्थिति में हैं और इसलिए अपने जीवन के तथ्यों को प्रस्तुत करने में असहज नहीं हैं।"[3] कई स्त्रीवादी विचारक स्त्रियों के लिखने और बोलने पर बल देते हैं क्योंकि उनका स्वानुभूत सत्य इतिहास के दस्तावेज के रूप में देखा जाएगा। वे स्त्रियाँ जो अद्वितीय, प्रसिद्ध, महान, अतिशय बौद्धिक, असाधारण प्रतिभा से सम्पन्न नहीं हैं, जिन्हें शिक्षा के अवसर

नहीं मिले, या मिले भी तो बहुत सीमित और देर से मिले, इनके इतिहास को लिखने के लिए कौन आगे आएगा? इसके उत्तर में जूलिया स्विंडेल्स का कहना है कि अपने अनुभवों को साझा करने की इच्छा रखनेवाला यह वर्ग 'स्त्रियों' का है जिनका लिखा इतिहास की चली आ रही धारा को मोड़ देने की ताकत रखता है। स्विंडल्स[4] के अनुसार ये स्त्रियाँ ही असली इतिहासकार हैं जो 'साधारण' को इतिहास में जगह दिलाती हैं और अपने अनुभवों को साझा करती हैं। यह एक वर्ग नहीं है जो आत्मकथा विधा अपना रहा है बल्कि वैश्विक स्तर यह स्त्रियों के एक बड़े समूह में विकसित हुआ है जो अपने अनुभवों को साझा कर वैश्विक बहनापे की दिशा में कदम बढ़ाना चाहती हैं।

पिछले दिनों जस्टिस हेमा समिति की रपट ने दक्षिण भारत के फिल्म संसार को अपनी जद में ले लिया। मलयालम फिल्म उद्योग से जुड़ी कई स्त्री-कलाकारों ने अपने साथ हुए यौन-शोषण के प्रसंगों की सार्वजनिक चर्चा कर ग्लैमर और चकाचौंध से भरे इस उद्योग में खलिश पैदा कर दी। दरअसल हेमा समिति की रपट 2019 में ही आ गई थी, लेकिन आर. टी. आई. द्वारा यह रपट अब जाकर सार्वजनिक हो सकी। पार्वती तिरुवोतु, अंजलि मेनन, रीमा कल्लिंगल, मंजु वारियर जिन्होंने मिलकर 2017 में वीसीसी (वूमेन इन सिनेमा कलेक्टिव) की स्थापना की थी, उनका कहना है कि वे जब भी सिनेमा में काम करनेवाली स्त्रियों के शोषण, दमन और उनके प्रति सिने उद्योग के पितृसत्तात्मक नजरिये की आलोचना करतीं, तो आवाज बुलन्द करनेवालों या उनका पक्ष लेनेवालों को सिनेमा में काम और रोजगार मिलना बन्द हो जाता था। मनोरंजन-जगत के आलोकित वृत्त के पीछे के अँधेरे इतने भयावह और गर्हित हो सकते हैं इनके बारे में हम अन्त:साक्ष्यों के अभाव में जान ही नहीं पाते। सच तो यह है कि समय-समय पर आनेवाले शोषण के छिटपुट और छने हुए समाचार, युवा अभिनेत्रियों की आत्महत्या के मामले, इस उद्योग से जुड़े लोगों के अन्दर महल के किस्से भले ही पत्र-पत्रिकाओं में पेज थ्री का पेट भरें, पर पिछले पाँच-सात वर्षों के अनन्तर लगभग आन्दोलन की शक्ल अख्तियार कर लेनेवाला 'मी टू'-असंगठित क्षेत्रों मसलन-फिल्म, रंगमंच, पत्रकारिता में गहरी जड़ें जमाए हुए घोर पुरुषवादी रवैये का प्रमाण है। एक रिपोर्ट के मुताबिक मलयालम अभिनेत्री पार्वती तिरुवोतु ने कहा कि—"मलयालम फिल्म उद्योग के जिन प्रभावी पुरुषों को सामने आकर स्त्रियों को न्याय दिलाने का काम करना चाहिए, वे कायरों की भाँति मुँह छिपाए हुए हैं।" केरल के संस्कृति मंत्री ने फिल्म उद्योग में स्त्री-शोषण के मुद्दे को शक्ति-संरचना से जोड़ा और कहा कि 'यह तो समाज में होता ही है।' हेमा समिति की रपट सामने आते ही लगभग बीस स्त्रियों ने फिल्म उद्योग में प्रचलित स्त्री-शोषण के खिलाफ आवाज उठाते हुए औपचारिक शिकायत

दर्ज करवाई। आग अब मलयालम फिल्म उद्योग तक ही सीमित नहीं रह गई बल्कि इसकी आँच तेलुगू, तमिल, कन्नड़ सिने उद्योग तक भी पहुँच गई और फिर क्या था, सोशल मीडिया प्लेटफार्म्स से लेकर औपचारिक शिकायत पटल तक मनोरंजन उद्योग में काम करने की इच्छुक, कार्यरत और अतीत में शोषण का शिकार हुई औरतों की शिकायतों का तूफान आ गया।[5] कन्नड़ सिनेमा में भी कार्यरत स्त्रियाँ चाहे वे अभिनेत्रियाँ हों या छोटे-मोटे काम करनेवाली लड़कियाँ इन सबने संगठित होकर मनोरंजन-जगत में बरसों से चल रहे दमन और अन्याय के खिलाफ आवाज उठाने का फैसला किया है।[6]

आज जबकि स्त्रियों की सामाजिक, राजनैतिक-आर्थिक स्थिति में बदलाव देखे जा रहे हैं, सोशल मीडिया पर 'मी टू' की मुहिम चल रही है, ऐसे में उन स्त्रियों को याद करना जरूरी हो जाता है जिन्होंने अभिव्यक्ति के आरम्भिक खतरे उठाए। अन्य कई भारतीय भाषाओं के समानान्तर स्त्रियों ने कन्नड़ में लेखन शुरू किया तो उन्हें अभिव्यक्ति के लिए कविता की विधा सबसे मुफीद लगी, लेकिन जल्द ही स्त्रियों को अपने बारे में खुद कहने की अनिवार्यता महसूस हुई। कर्नाटक के सन्दर्भ में देखें तो यह बीसवीं शती का समय था जब स्त्रियों ने अपनी जीवन-कथाओं को छपवाने का साहस किया। आज कन्नड़ स्त्री-आत्मकथाओं पर बात करना इसलिए भी जरूरी है क्योंकि जिन स्त्रियों ने कर्नाटक में आत्मकथ्य लिखे उनमें से अधिकांश रंगमंच और सिनेमा से सम्बन्धित थीं।[7] उन्होंने पितृसत्ता के विविध दबावों को न सिर्फ झेला बल्कि अस्तित्व के विभिन्न प्रश्नों पर विचार किया और कभी प्रत्यक्ष कभी परोक्ष ढंग से सामाजिक इकाइयों की आन्तरिक व्यवस्था में पैबस्त पितृसत्ता की रणनीतियों को अनावृत्त किया। आत्मकथा-लेखन ही ऐसा माध्यम था, जो लिंडा एंडरसन के अनुसार, "एक ऐसा स्थान जहाँ से वे अपनी सामाजिक रूप से स्वीकृत चुप्पी और समर्पण की स्थिति का विरोध कर सकें।"[8] वह आगे कहती हैं कि " 'अन्तर' वह शब्द है जिसका उपयोग लिंग पहचान की धारणा को बदलने के लिए किया जाता है, जो कि जन्मजात है, वह इस तरफ ध्यान दिलाता है कि कैसे 'पुरुष' और 'स्त्री' अर्थ भाषा के भीतर से उत्पन्न होते हैं। ये जैविक निर्माण से पृथक् सामाजिक निर्माण हैं।"[9] लिज स्टेनली ने पाठक द्वारा आत्मकथा में रुचि के कारणों पर विचार करते हुए बताया है, "कि एक पाठक कई जटिल कारणों से आत्मकथा पढ़ता है, लेकिन सबसे महत्त्वपूर्ण कारणों में से एक है, दूसरे लोगों के जीवन के बारे में जानने की इच्छा, दूसरों की जीवन-कथा जानने का एक तरीका है आत्मकथा पढ़ना, इसलिए इसे जीवनी के रूप में पढ़ना वह पसन्द करता है।"[10] रंगमंच और सिनेमा में काम करनेवाली स्त्रियों के अनुभव घरेलू स्त्रियों की अपेक्षा बहुआयामी होते ही हैं। उन्हें जीवन-जगत के उन अनुभवों से रू-ब-रू होना पड़ता था और है जिनकी उपलब्धता घर की चहारदीवारी में बन्द स्त्री के लिए असम्भव

हुआ करती है। स्त्री-लेखन के आरम्भिक दौर में घर के भीतर रहनेवाली गृहिणी 'आदर्श स्त्री' थी और पत्रकारिता, रंगमंच, सिनेमा में काम करनेवाली स्त्री को 'वेश्या' और चरित्रहीन समझना आम बात थी।[11] कन्नड़ की स्त्री-आत्मकथाएँ इस दृष्टि से विशिष्ट हैं। उनमें मराठी स्त्री-आत्मकथाओं की तरह आन्दोलनकारिता नहीं है, वे अक्सर घर-परिवार और रोजगार में तादात्म्य स्थापित करके चलनेवाली स्त्रियों की कथाएँ हैं। इस प्रसंग में रेमंड विलियम्स को याद किया जा सकता है जिन्होंने संस्कृति की अवधारणा पर विचार करते हुए संस्कृति को अवशिष्ट, प्रभुत्वशाली और आविर्भावी तत्त्वों की गतिकी में देखने की वकालत की थी। उनका मानना था कि किसी भी युग की कृति में हाशियाकृत या विध्वंसकारी तत्त्वों की पहचान के साथ ही उस संस्कृति को उसकी समग्रता में समझा जा सकता है। इससे यह समझा जा सकता है कि हर पराधीनता के इतिहास में प्रतिरोध का इतिहास भी निहित होता है। यह भी कि प्रतिरोध सदैव पराधीनता का चिह्न या प्रमाण ही नहीं होता बल्कि यह 'भिन्नता' का अमिट चिह्न भी होता है जो सत्ता को परिवर्तन का दरवाजा बन्द करने से सदा बरजता है।

प्रश्न यह है कि क्या कन्नड़ की स्त्री-आत्मकथाओं को सामाजिक-राजनीतिक परिप्रेक्ष्य के अन्तर्गत प्रतिरोध के साक्ष्य के रूप में पढ़ा जा सकता है? बीसवीं सदी के उत्तरार्द्ध और इक्कीसवीं सदी के पूर्वार्ध में ही इन आत्मकथाओं के लेखन और प्रकाशन के क्या कारण हैं? कन्नड़ में स्त्री-आत्मकथा-लेखन के विभिन्न चरण कौन-से हैं, इन्हें वस्तु के आधार पर कैसे वर्गीकृत किया जा सकता है? पितृसत्ता, विवाह संस्था और जाति-प्रथा और जेंडर के मुद्दों पर इन स्त्रियों के अनुभव और अभिव्यक्तियों में पारस्परिक अन्तर क्या हैं? स्त्री-आत्मकथाएँ पुरुष आत्मकथाओं से कैसे अलग हैं? स्त्री इतिहास-लेखन के पुनर्लेखन के लिए इन आत्मकथाओं की क्या उपयोगिता है?

कन्नड़ में स्त्री-आत्मकथाओं के अध्ययन की सुविधा के लिए इन्हें चार चरणों के अन्तर्गत रखा जा सकता है, इस विभाजन का आधार कालाधृत न होकर वस्तुगत है। विश्लेषण की सुविधा के लिए प्रवृत्तियों के आधार पर इन्हें निम्नलिखित बिन्दुओं के अन्तर्गत वर्गीकृत किया जा सकता है :

1. शोध या खोज
2. अस्तित्व की पहचान
3. अस्मिता या पहचान का बोध
4. स्वायत्तता

आत्मकथा लेखन के पहले चरण में स्त्रियाँ शोध करती दिखाई देती हैं, वे पहली बार आत्माभिव्यक्ति के खतरे उठा रही हैं। यह बीसवीं सदी का आरम्भिक

दौर था, जब देश में राष्ट्रवाद और सुधारवाद की लहर चल रही थी। अन्य भारतीय भाषाओं की तरह कन्नड़ की प्रारम्भिक रचनाकारों पर राष्ट्रवाद और गांधीवाद का गहरा प्रभाव दिखाई देता है। इसलिए स्त्रियाँ अपने लेखन में गांधी द्वारा प्रस्तुत स्त्री की गई सामाजिक-राजनीतिक छवि के अनुरूप बनने-लिखने की कोशिश करती हैं।

इस दौर में उच्चवर्ग, विधवा, अकेली छूट गई स्त्रियाँ लेखन के क्षेत्र में सक्रिय दिखाई देती हैं। आत्मकथा लेखन[12] के पहले चरण में स्त्रियों ने अपनी अस्मिता के बारे में कुछ नहीं कहा। इस चरण की आत्मकथाओं को पढ़कर ऐसा प्रतीत होता है कि वे अपने घर-परिवार के पुरुष सदस्यों-मसलन भाई, पति, पिता के प्रति अपनी कृतज्ञता ज्ञापित करने को अपना अनिवार्य कर्म समझती हैं। वे हृदय से आभारी हैं कि कम-से-कम उन्हें आत्मकथ्य लिखने या प्रकाशित करने का अवसर और छूट उनके पुरुषों ने की। उन्हें लगता है कि अगर 'वे सच लिखेंगी तो कहीं इसे परिवार और समाज का विरोध न समझा जाए।'[13] इसलिए प्रारम्भिक दौर की ये आत्मकथाकार अपने 'पत्नीत्व' से इतनी सन्तुष्ट हैं कि पितृसत्ता की आलोचना करने के बारे में सोच भी नहीं सकतीं। वे अपने 'स्त्रीत्व' के बारे में बतौर मनुष्य सचेत नहीं दिखाई देतीं। या यों कहें कि अपने अस्तित्व को लेकर थोड़ा-बहुत जागरूक होते हुए भी पूरी तरह से सचेत नहीं हैं क्योंकि वे अभी यही नहीं जानतीं कि अब तक उनकी अशिक्षा और पिछड़ेपन के मूल में पितृसत्ता की रणनीतियाँ हैं। और, यदि जानती भी हैं तो अभिव्यक्त करने का जोखिम उठाना नहीं चाहतीं, क्योंकि वे अभी शोध करने की प्रक्रिया में हैं। उन्हें डर है कि जो अवसर उन्हें मिले हैं कहीं वे छिन न जाएँ। प्रारम्भिक दौर की ये आत्मकथाएँ अक्सर अस्मितामूलक प्रश्नों पर विचार करती नहीं दिखतीं। उनके लिए विवाह अनिवार्य है—वे यह समझ नहीं पातीं कि "विवाह समाज द्वारा स्त्रियों को दी जानेवाली पारम्परिक नियति है। यह अभी भी सच है कि अधिकांश स्त्रियाँ विवाहित हैं, विवाहित हो चुकी हैं, विवाहित होने की योजना बना रही हैं, या विवाहित न होने के कारण कष्ट झेल रही हैं। इसलिए अविवाहित को विवाह के बारे में, उसके कारण और परिणामों के बारे में अच्छी तरह समझा दिया जाना चाहिए, चाहे वह उस संस्था के सम्बन्ध में निराश, विद्रोही या उदासीन ही क्यों न हो जाए।"[14] इस चरण की आत्मकथाकार अपने पति, पिता, भाई को नायक के रूप में चित्रित करती दिखती हैं और प्रशंसा करने के प्रसंग ढूँढ़ निकालती हैं। दुर्जेयता और उनके जीवित रहने की सरल तकनीकों के प्रति जागरूकता और प्रशंसा के भीतर छिपा असन्तोष ही वह प्रेरणा बिन्दु है, जो उनसे अपनी जीवन-कथा लिखवाता है। वे केवल सामाजिक-पारिवारिक संरचना का पालन करने का दिखावा करती हैं, लेकिन उनके संवादों की दरारें उनकी आन्तरिक भावना और स्वायत्त होने की इच्छा को अभिव्यक्त करती हैं। बतौर उदाहरण फिल्म अभिनेता गुरुदत्त की माँ वासन्ती पादुकोण के आत्मकथात्मक लेखन को देखा जा

सकता है, जिसमें वे स्त्री-पुरुष के सामाजिक अन्तराल और पितृसत्ता पर कड़ी टिप्पणी करती हैं। वे आत्मकथा न लिखकर, कुछ न कहकर भी सब कुछ कह देती हैं। वे अपने-आपको यथार्थ जीवन की तुलना में कभी भी 'सुपर वुमन' नहीं दिखातीं और अपने संघर्षों, दुविधाओं और संवेदना को अभिव्यक्त करती हैं। कहीं वे अन्धविश्वास, घोर भौतिकवाद और पक्षपाती पुरुष संस्थानों की शिकार हैं, तो, कहीं तयशुदा व्यवस्था का विरोध न कर पाने के कारण असन्तुष्ट और उदास। उनकी उदासी और अवसाद के कारण अनेक हैं। कहीं वे स्वयं को एक ऐसा जीवन जीते हुए देखती हैं जो शक्तिहीन, असहाय और असुरक्षित है; एक ऐसी स्थिति जिसका कारण जैविक नहीं बल्कि सामाजिक 'कंडीशनिंग' है। अपने भीतर उपस्थित 'आत्म' के बारे में जानने के बावजूद वे आत्म से संवाद करने की स्थिति में हैं नहीं और स्वयं को नियति के हवाले करने के अतिरिक्त और कोई मार्ग देख नहीं पातीं। यही कारण है कि वे कविता, कहानी जैसी विधा को अपनाती हैं और आत्मकथा विधा को जब ये अपनाती भी हैं, तो, वे बहुत सिलसिलेवार ढंग से अपनी बात कह नहीं पातीं। फिर भी बरसों-सदियों की चुप्पी को वे शब्द देना चाहती हैं। इसलिए उनके लिखे में गड्ढे-झोल दिखने स्वाभाविक हैं।

प्रसंगवश यह भी कहा जा सकता है कि प्रारम्भ में पुरुषों का रवैया स्त्रियों के प्रति खुशवंत सिंह सरीखा ही था। जब अमृता प्रीतम ने आत्मकथा 'रसीदी टिकट' लिखने का निर्णय उन्हें बताया था तो खुशवंत ने कहा था, 'तुम्हारी आत्मकथा लिखने के लिए तो एक बस टिकट ही पर्याप्त है।'

उनके जीवन की प्रत्येक स्थिति, आसपास का परिवेश उन्हें अपनी वास्तविक भावनाओं को दमित और अनभिव्यक्त रखने, अपना मन्तव्य छिपाए रखने और अपने वास्तविक 'स्व' को उस समाज से दूर रखने के लिए तैयार करता है, जिसमें वे रहती हैं। उनके पास जीने की प्रविधि के सन्दर्भ में अक्सर विकल्पहीनता होती है, बल्कि उन्हें केवल उस तरह के जीवन में फिट होना होता है जिसे प्रमुख सामाजिक ताकतें उनके लिए चुनती हैं। वे आत्मकथाओं में अपनी दुर्दशा की व्याख्या करती हैं, लेकिन पीड़ा से बचने का कोई उपाय नहीं बतातीं। उनके सामने विकल्प बहुत सीमित हैं; या तो उन्हें जो जीवन मिला है उसे उसी रूप में जीना-सहना होगा या फिर पुरुषों पर विश्वास करना होगा। पहले चरण के अन्तर्गत वे स्त्रियाँ आती हैं जिन्होंने अभी-अभी लिखना प्रारम्भ किया है, अर्थात् उन्होंने या तो अभी-अभी ताजा शिक्षा प्राप्त की है, या लिखने की स्वाधीनता। ऐसी स्त्रियाँ जब लिखती हैं तो वे अपने पुरुष सहयोगी—पति, भाई, पिता के प्रति आभार से भरे हृदयोद्‌गार व्यक्त करती हैं। इसे हम यूँ समझें कि इस प्रारम्भिक दौर में स्त्रियाँ अपने पुरुषों के प्रति कृतज्ञता महसूस करती थीं जिन्होंने उन्हें पढ़ने-लिखने का अवसर दिया, भले ही वे पुरुष उनके जीवन में किसी भी भूमिका में हों। इस दौर की स्त्रियाँ वे हैं जिनको

अभिव्यक्ति की स्वतंत्रता नहीं थी। इसलिए जब वे अपनी कथा लिखने लगीं तो उन्हें ध्यान रहा कि कैसे पति उनकी मदद करते हैं, और कैसे वे उनकी कृतज्ञ हैं।

इस दृष्टि से हम 'नानु भार्गवी'[15] (मैं भार्गवी) को देख सकते हैं। यह भार्गवी नारायण के जीवन की अन्तर्कथा है, जिसमें उन्होंने अपने दुखद बचपन और निर्धनता के बारे में लिखा। आगे चलकर भार्गवी ने एक थियेटर कलाकार के रूप में और फिर फिल्म अभिनेत्री के रूप में बहुत-से पुरस्कार प्राप्त किये। उन्होंने कई फिल्मों और नाटकों में काम किया। उन्होंने 'ना कांडा नम्मावरू' शीर्षक पुस्तक भी लिखी, जिसके लिए कर्नाटक राज्य साहित्य अकादमी पुरस्कार भी मिला। कन्नड़ फिल्मों के सुपरिचित नाम प्रकाश बेलवाड़ी उनके पुत्र हैं। सन् 2022 में 84 वर्ष की अवस्था में उनकी मृत्यु को कन्नड़ रंगमंच और सिनेमा की निजी क्षति के रूप में रेखांकित किया गया। उनकी आत्मकथा में उनके जीवन-संघर्ष और उपलब्धियों का विस्तृत ब्यौरा है।

वे अपने बचपन के बारे में लिखती हैं कि, "मेरे नाना को यात्राओं का बहुत शौक था। एक रेल-यात्रा में उनकी मुलाकात चन्दू नामक व्यक्ति से हुई। जिससे वे कह बैठे कि यदि तुम मेरी बेटी से विवाह कर लोगे तो मैं तुम्हें ऊँची पढ़ाई के लिए विदेश भेज दूँगा। चन्दू ने मेरी माँ, जो तब 13 वर्ष की थीं, से विवाह कर लिया पर बाद में नाना जी अपने वायदे से मुकर गए इससे चन्दू बहुत नाराज हो गया।"

वे अपने माता-पिता के अनमेल विवाह और कलहपूर्ण दाम्पत्य के बारे में भी लिखती हैं और स्वतंत्रतापूर्व भारत में नाबालिग लड़कियों के विवाह से होनेवाली समस्याओं की ओर ध्यान आकृष्ट करती हैं, "माँ घर के बाहर कभी नहीं गई पर वह मलयालम, तमिल, तेलुगू, कन्नड़ भाषाएँ जानती थी, बाद में घर बैठे ही उसने अंग्रेजी और संस्कृत भी सीखी। वह मूल रूप से श्रीलंका की निवासी थी, माता-पिता की उम्र में 31 वर्ष का अन्तराल था। वह बहुत समझदार थी। मेरी उम्र जब छह वर्ष थी तब पिताजी की मृत्यु हो गई, वैसे तो उनके जीते-जी भी हम भूखे ही रहते थे, अक्सर पड़ोसियों से खाना माँगकर खाते। पिता के बाद माँ ने ही पूरे परिवार को सँभाला। मैंने बी. एस.–सी. की पढ़ाई की, नाटक और रंगमंच से जुड़ी, वह सब हुआ माँ की प्रेरणा से। माँ के जीवन से मैंने सीखा कि वैवाहिक जीवन में दरअसल सुख की कल्पना व्यर्थ है। माँ सिर्फ जिम्मेदारियाँ निभाती रही। ये देखकर अविवाहित ही रहने का मन बना लिया। लेकिन बाद में मित्रों ने कहा कि जीवन जीने के लिए विवाह और अपना परिवार तो जरूरी है। उनके समझाने से मैंने रंगमंच से ही जुड़े व्यक्ति 'मेकअप नाणि' जिनका असल नाम बेलवाड़ी नंजदैया नारायण था—से विवाह किया। घर खर्च चलाने के लिए क्लर्क की नौकरी की, फिर भी पूरा नहीं पड़ता था तो शाम के समय थियेटर किया करती थी। पति और मैं एक ही कार्य-क्षेत्र में थे इसलिए एक-दूसरे की दिक्कत, थियेटर की सब

बातें साझा करते थे। हमारे बीच एक खुलापन था। पति बहुत समझदार थे, उन्होंने मुझे काम करने से रोका नहीं। खर्चे बहुत थे पर हमारे सम्बन्ध तनावपूर्ण नहीं रहे। जो लोग थियेटर में काम नहीं करते उनके सवालों का जवाब देने में ही किसी का जीवन नष्ट हो जाता है, क्योंकि कलाकारों के आपसी किस्से, निर्देशक के साथ सम्बन्ध, देर रात तक काम करना, बाहरी लोगों से मिलना-जुलना आदि अनेक बातें हैं जो बाहरी व्यक्ति को समझ में नहीं आ सकतीं। हम दोनों एक ही जगह काम करते रहे। शायद इसलिए भी मेरे बच्चों को वह नहीं झेलना पड़ा जो मुझे झेलना पड़ा था। मैंने और पति ने कैरियर और धन कमाने के लिए दिन-रात खूब मेहनत की। मेरे पति ने मेकअप-कला में लन्दन से छह महीने का डिप्लोमा किया। फिर उन्हें बहुत काम के अच्छे अवसर मिले। उन्होंने शशि कपूर का भी मेकअप किया था। एक बार हमारे घर शशि कपूर भी रात्रिभोज के लिए आए थे।[16]

भार्गवी नाटक और अभिनय-संसार की आन्तरिक दुनिया के सत्य को उद्घाटित करती हैं और लिखती हैं कि "किसी औरत का नाटक या थियेटर में अभिनय करना समाज में सम्मान की नजर से नहीं देखा जाता। मेरे पति बैक स्टेज और मैं ऑन स्टेज काम करते थे। फिर भी मुझे मालूम था कि हमारा कन्नड़ समाज मुझे इज्जत की नजर से नहीं देखता था। थियेटर करना मेरा शौक और मजबूरी दोनों थी। बाद में चलकर मैंने कई फिल्मों में भी काम किया।"[17] भार्गवी अपनी कथा में माँ और पति की भूमिका रेखांकित करती हैं, वे समाज-परिवर्तन की दिशा में कोई क्रान्तिकारी कदम नहीं उठातीं न ही कोई कठिन चुनौती स्वीकार करती हैं। उनके भीतर परिवार की एक बद्धमूल धारणा है। वे एक आदर्श स्त्री का जीवन जीने की पक्षधर हैं।

आत्मकथा लेखन का दूसरा चरण अस्मिता की दृष्टि से महत्त्वपूर्ण है, जहाँ आत्मकथाकार अपनी स्थिति के प्रति सचेत हो रही हैं और प्रश्न करना शुरू कर रही हैं। लेकिन अपने प्रश्नों के उत्तर उनके पास नहीं हैं। इस दौर की आत्मकथाएँ इसलिए महत्त्वपूर्ण हैं क्योंकि स्त्रियाँ अब 'पितृसत्ता' जैसा शब्द इस्तेमाल करना सीख रही हैं, लेकिन उसकी आलोचना करना अभी उनके साहस के बाहर की बात है। हेलेन सिक्सू ने स्त्रीवादी दृष्टि को 'स्त्री-लेखन' के विकास के लिए अनिवार्य बताया था। उनका कहना था कि लेखन अपने-आपमें मुक्ति का मार्ग प्रशस्त करता है। स्त्रियाँ अपनी कथाओं के माध्यम से जीवन से पलायन की दिशा को रचनात्मकता की ओर मोड़ देती हैं। इस दौर की कन्नड़ आत्मकथाएँ अपने भीतर वर्णनात्मकता को समाए हुए हैं।

वर्णनात्मकता के पक्ष में रेमंड विलियम्स ने कहा था कि जीवन के व्यापक अनुभवों की अभिव्यक्ति से साहित्य की वास्तविक प्रकृति का निर्माण होता है। इस दौर की आत्मकथाएँ जीवन के बहुविध अनुभवों और वर्णनों के साथ हमारे सामने उपस्थित हैं और भविष्य की रचनाकारों के लिए मार्ग प्रशस्त कर रही हैं। इस श्रेणी

में वे आत्मकथाएँ देखी जा सकती हैं, जिनमें स्त्रियाँ अपने अस्तित्व की खोज करती दिखाई देती हैं। इस दौर में समाज-सुधार आन्दोलन, स्त्रियों के पक्ष में हुए अन्य आन्दोलनों के प्रभाव से उनमें अपने अस्तित्व के प्रति चेतना का भाव दिखाई देता है। ऐसा लगता है जैसे वे अपने-आपको खोज रही हैं। वे सामाजिक संघर्ष और परम्परा में स्त्री की स्थिति पर संवाद करती हैं। इस दौर में स्त्रियों की समस्याओं और चुनौतियों पर बात शुरू हुई, स्त्रियों द्वारा यह समझे जाने की प्रक्रिया शुरू हुई कि स्त्रियों को अपना संघर्ष स्वयं करना है। इस चरण में स्त्रियों को उनकी समस्याएँ साफ-साफ समझ में आने लगीं, उन्हें मालूम चल गया कि पितृसत्ता की रणनीतियाँ उन्हें पूरी तरह तबाह कर देंगी। उन्हें स्त्री-संघर्ष और आन्दोलनों पर विश्वास था, पर संघर्ष के मार्ग की कठिनाइयों से वे डरती थीं। भागीरथी हेगड़े, सरोजिनी, बी. राघवम्मा इस दौर की लेखक थीं, जिन्होंने आत्मकथा में रोजमर्रा के छोटे-छोटे, लगभग उपेक्षायोग्य प्रसंगों को स्थान दिया। मसलन भागीरथी ने लिखा कि "उनके पास अपने लेख प्रकाशित करने के लिए पैसे नहीं थे न ही उनके पास साहस था कि अपने पति से डाक-टिकट और लिफाफे के लिए पैसे माँग सकें। इस चरण का महत्त्व इसी में है कि स्त्रियाँ कम-से-कम अपनी बात कहने का साहस तो अर्जित कर रही हैं, और अपने जीवनानुभव दर्ज करने के लिए प्रयासरत हैं। यहीं पर आकर ये आत्मकथाएँ 'निज' के संसार का अतिक्रमण करके 'समुदाय' की कथा बन जाती हैं।" जिसके बारे में आशा देवी कहती हैं, "पुरुषों की आत्मकथाएँ 'उपलब्धियों' का वर्णन हैं, तो स्त्रियों की आत्मकथाएँ 'प्रकटीकरण' हैं। स्त्रियों की आत्मकथाओं का अध्ययन इस बात की ओर संकेत करता है कि आत्मकथा का गहन पाठ स्त्री-पुरुष के आपसी सम्बन्ध की संरचना के बारे में बता सकने में सक्षम है। स्त्रियों की आत्मकथाओं को केवल व्यक्तिगत जीवन के विवरण के रूप में नहीं देखा जाना चाहिए। वास्तव में, ये आत्मकथाएँ एक समुदाय के सामूहिक अनुभवों की कथा बन रही हैं।"[18] आशा देवी इसी प्रसंग में सोफिया टालस्टॉय के आत्मकथ्य का हवाला भी देती हैं।[19]

इसी चरण में हम 'कुदियेसरू' (माँड़) शीर्षक आत्मकथा को रख सकते हैं जो डी. विजयाम्मा ने लिखी है जिन्हें कन्नड़ की पहली स्त्री फिल्म पत्रकार के तौर पर ख्याति मिली। वे इस बात को महसूस करती हैं कि जिन्दगी 'चावल के माँड़' सरीखी है। उन्हें परिवार के भीतर निरन्तर हिंसा और शारीरिक प्रताड़ना का शिकार होना पड़ा। वहाँ जो विवरण मौजूद है उससे पता चलता है कि एक स्त्री कितनी पिटाई और अपमान सह सकती है! 'कुदियेसरू' की शुरुआत ही बैंगलुरु की गलियों में लात-घूँसे से विजयाम्मा की पिटाई से होती है। लेखिका-पत्रकार विजया, जिन्हें सभी विजयाम्मा के नाम से जानते हैं, कभी ऐसा भी वक्त था जब घर के बाहर की दुनिया से वह पूरी तरह से अनजान थी। परम्परागत तेलुगु ब्राह्मण परिवार में

जन्म लेनेवाली विजयाम्मा की शादी सोलह वर्ष की उम्र में ही हो गई थी और वे एक समर्पित गृहिणी, धार्मिक और कर्तव्यनिष्ठ स्त्री बनकर अपने ससुराल के बड़े परिवार और कई अन्य लोगों की देखभाल करती रहीं—"बीस वर्ष की उम्र तक, मेरे दोनों बच्चे पैदा हो चुके थे। मैं पूर्णकालिक गृहिणी थी, जो दुनिया से छिपी हुई थी, यहाँ तक कि मुझे यह भी नहीं पता था कि कन्नड़ अखबार भी होते हैं...शायद मेरे ससुर अखबार पढ़ते थे, लेकिन उसे घर की स्त्रियों से दूर रखा जाता था।"[20]

विजयाम्मा ने अपने बचपन के बारे में बताया है कि इनके पिता इनकी माँ को मारते-पीटते थे, जाति के स्मार्त ब्राह्मण थे और छुआछूत बरतते थे। पुत्र की असमय मृत्यु से इनकी माँ हमेशा दुखी रहती थीं। पिता दूसरी बार विवाह के लिए इच्छुक थे, जिसका विरोध विजया ने किया। अर्थोपार्जन के लिए इन्हें बेंगलुरु आना पड़ा। उन्होंने पत्रकारिता को अपना पेशा बनाया, क्योंकि और कुछ वे कर नहीं सकती थीं और जीवन के प्रारम्भिक वर्षों में ही यह महसूस कर लिया कि आर्थिक स्वावलम्बन ही उन्हें शोषण से बचा सकता है। साठ के दशक में वे अकेली ऐसी स्त्री थीं, जो कन्नड़ सिनेमा और राजनीति सम्बन्धी विषयों पर लिखती थीं। पत्रकारिता में रहते हुए उन्होंने यौन-शोषण झेला, फिल्म उद्योग के लोग एक पत्रकार को व्यक्ति नहीं बल्कि सिर्फ स्त्री-देह के रूप में देखते थे। उन्होंने आत्मकथा में उन परिस्थितियों का जिक्र किया जिन्होंने घर से बाहर निकलने के लिए प्रेरित किया। वे परिस्थितियाँ जिन्होंने उन्हें कैरियर की ओर प्रेरित किया सर्वाधिक अप्रत्याशित थीं। आरम्भ से ही वैवाहिक सम्बन्ध में समस्याएँ पैदा हो गई थीं। आत्मकथा में वे अपने साथ हुए दुर्व्यवहार का जिक्र करती हैं और बताती हैं कि दाम्पत्य कलह से बचने के लिए इन्होंने तीन-तीन बार अपनी जान देने की कोशिश की पर असफल रहीं। वे लिखती हैं कि "विवाह के तुरन्त बाद ही पति ने पशुवत व्यवहार करना शुरू कर दिया था, वह नोचता-खसोटता, मारता—पर मैंने मायके में किसी को नहीं बताया। पति ने मेरी योनि में हाथ डालकर गर्भस्थ बच्चे को चोट पहुँचाई। गर्भपात का दर्द मैंने झेला। गर्भाशय में संक्रमण हो गया, और अन्दर-ही-अन्दर मैं खोखली होने लगी। उधर पति को मेरे चरित्र पर सन्देह था। माँ मर चुकी थी, मायके में इतनी गरीबी थी कि वापस लौटने का सवाल ही नहीं था। पति को बुरी आदतें थीं। वो मुझे मार-पीटकर शराब, सिगरेट के लिए पैसे छीन लेते। मेरे पति सबके सामने मेरी पिटाई करते थे...मैंने तय कर लिया था कि मुझे कमाना है ताकि अपना और बच्चों का पेट भर सकूँ। अशान्त गृहस्थी के दौरान भी मैंने कई नाटक देखे, सिनेमा के ऊपर लेख लिखे, जो पत्रिकाओं में छपे। मेरी आजीविका के लिए यह कितना जरूरी था, मैं बता नहीं सकती। घर के भीतर तो नरक था, जान-पहचान के लोग भी तंग करने में कोई कसर नहीं छोड़ते थे। एक बार कोई परिचित घर में आया और चुपके से कंडोम रखकर चला गया ताकि मेरे पति को मुझ पर सन्देह हो।"[21]

अपनी मर्यादा बनाए रखने के लिए विजया के लिए बाहर निकलना आवश्यक हो गया। वे लिखती हैं, "आज भी मुझे समझ में नहीं आता कि मुझे वो ऊर्जा कहाँ से मिली, लेकिन मैंने बाहर कदम रखा। सबसे पहला काम जो मैंने किया, वो था अपने अन्दर की पुकार को पहचानने का, मैंने संगीत सीखना शुरू किया। प्रसिद्ध रंगकर्मी ए. एस. मूर्ति की पत्नी इन्दिरा मेरी गुरु थीं।"[22] वे परिवार के सुरक्षित दायरे को तोड़ती हैं, स्वतंत्रता के खतरे उठाती हैं, तलाक लेती हैं और महसूस करती हैं कि बाहरी दुनिया इतनी बुरी नहीं थी, जितना परिवार की सुरक्षा के नाम पर शोषण। वे घर से निकलती हैं और अपने दो पुत्रों का पालन-पोषण करती हैं। वे जब पत्रकार बनती हैं तो इस पेशे में इतनी मेहनत करती हैं कि उन्हें कन्नड़ की स्टार पत्रकार कहा जाने लगा। परिश्रम और सम्पर्क के बल पर एक नामचीन फिल्म-पत्रिका की सम्पादक बनती हैं। वे लगातार मीडिया में कन्नड़ फिल्मों पर लिखती रहीं। बावजूद इसके उनकी सोच का प्रस्थान-बिन्दु पुरुष-संसार ही रहा। वे सीमा से कहीं ज्यादा पति की ज्यादतियाँ सहती रहीं। उन्होंने कन्नड़ साहित्य में भैरप्पा, मास्ति आयंगार जैसी बड़ी हस्तियों के साक्षात्कार लिये, उनके कार्य और योगदान पर आलोचनात्मक लेख लिखे, जिसने उन्हें यश और धन दिलवाया। बाद के दिनों में वे अपना जीवन अच्छी तरह चलाने-भर को कमा लेती थीं और कई स्त्रियों के लिए प्रेरणा भी बनीं। वे आत्मकथा में निरन्तर पति द्वारा सताए जाने, सन्देह करने की चर्चा करती हैं। लेकिन कहीं भी बहुत कड़ाई से पितृसत्ता की आलोचना में जाने की कवायद नहीं करतीं। उनमें एक खास किस्म का अन्तर्विरोध हमें दिखाई पड़ता है। वे देवगौड़ा, रामकृष्ण हेगड़े जैसे रसूखवाले पुरुषों के साक्षात्कार लेती हैं और बतौर पत्रकार अपनी पहचान बनाती हैं। लेकिन यह कहने में वे गर्व महसूस करती हैं कि "रामकृष्ण हेगड़े ने मुझे रहने के लिए फ्लैट देने की कोशिश की, लेकिन मैंने स्वीकार नहीं किया।"[23]

यदि विजयाम्मा जैसी अन्य कई आत्मकथाकारों पर आलोचनात्मक दृष्टि से विचार करें तो पता चलता है कि इस दौर की आत्मकथाएँ शोषण के एक चक्र से निकलकर पुरुषों के बनाए तंत्र में ही अपना स्थान तलाशने का प्रयास करती हैं। बावजूद इसके कि विजयाम्मा कन्नड़ संस्कृति के प्रचार-प्रसार, स्त्रीवादी आन्दोलनों, मानवाधिकारों के पक्ष में हमेशा खड़ी रहीं। उन्होंने 'शंकुला' शीर्षक कला-पत्रिका का सम्पादन भी किया।

इसी श्रेणी में उषा पी. रई की आत्मकथा को भी देखा जा सकता है जिसका शीर्षक है—'यावनाडीयू नम्मदल्ला'[24] (कोई कल हमारा नहीं है)। अपने पिता वनैया रेड्डी, जो नवयुग पत्रिका निकालते थे, के साहित्यिक संस्कारों से समन्वित उषा ने आत्मकथा में अपनी शैक्षणिक यात्रा के बारे में लिखा। एक स्त्री के लिए पढ़ना-लिखना ठीक उतना ही सहज-स्वाभाविक नहीं होता, जितना कि एक पुरुष

का। उषा रई ने विस्तार से बताया कि निर्धनता से उत्पन्न कई समस्याओं का सामना करते हुए वे पढ़ना-लिखना जारी रखे रहीं। कैंसर से पिता की असामयिक मृत्यु के बारे में भी लिखती हैं और अपने जीवन के कष्टों और उपलब्धियों की चर्चा समानान्तर ढंग से करती हैं। उनका पहला उपन्यास सन् 1974 में 'प्रजामता' पत्रिका में छपा। धीरे-धीरे बतौर स्त्रीवादी लेखिका के रूप में उन्होंने अपनी पहचान बनाई। वे 'कर्नाटक वूमेन राइटर्स एसोसिएशन' की अध्यक्ष बनीं और बतौर स्त्री-लेखक बहुत-सी चुनौतियों का सामना किया। यह उन दिनों की बात है जब स्त्रियों का लिखा मुख्यधारा के साहित्य में शुमार नहीं किया जाता था, ऐसे में उषा ने छोटे और दूरस्थ ताल्लुके में रहकर निरन्तर लिख रही स्त्रियों को प्रेरणा दी, पुरस्कार दिलवाए और इस तरह उन्हें मुख्यधारा में लाने का काम किया। उषा रई का निजी जीवन कितना तनावग्रस्त था इसका विशद वर्णन आत्मकथा में मिलता है। उषा के साहित्यिक-सांस्कृतिक जीवन से पति का कोई तारतम्य कभी बन नहीं पाया, क्योंकि पति प्रभाकर एक बैंक अधिकारी थे, जिनका अक्सर स्थानान्तरण होता रहता था। ऐसे में गृहस्थी को ठीक से चलाने की पूरी जिम्मेदारी उषा की ही थी। वे बताती हैं कि पति के मूड को बर्दाश्त करना, अपनी साहित्यिक गतिविधियों को सुचारू रूप से चलाते रहना-यह सब ऊपर से देखने में जितना सहज लगे, दरअसल किसी स्त्री के लिए यह दैनन्दिन युद्ध लड़ने के समान होता है। वे अपने पुत्र के प्रेम-विवाह को लेकर काफी विचलित थीं, वैसे भी मलयाली लड़की से हुआ अन्तर्जातीय विवाह कभी सुचारू ढंग से चल नहीं पाया। एक सड़क दुर्घटना में उषा का पूरा परिवार चोटिल होकर जब अस्पताल में पड़ा था, ठीक उसी समय उनकी बहू नैना ने तलाक की पेशकश की। दुर्घटना में उषा को गहरी चोटें आईं थीं। कुछ दिनों के बाद, थोड़ा ठीक होते ही मानसिक तनाव को कम करने के लिए वे चित्रकला में जुट गईं, "मुझे लग गया कि जीवन क्षणभंगुर है, पति-सन्तान कोई भी मेरे अनुरूप नहीं रहा, नहीं बन पाया। इसलिए अब समझ पाई कि जिन्दगी किसी और के लिए जीना व्यर्थ है। जिन्दगी आज के लिए जीनी चाहिए, कल की चिन्ता में जीने का कोई अर्थ नहीं। मैंने भविष्य की चिन्ता करना छोड़ दिया। कर्नाटक लेखक संघ के मित्रों की मदद से ही मैं अपने कष्ट से बाहर आ सकी। मैंने एकल चित्र प्रदर्शनी भी लगाई और कई विधाओं में लेखन किया। लिखकर मैं अपने अतीत और भविष्य की चिन्ता से मुक्त हो सकी। आप जानते हैं ना! स्त्री अन्दर से कितनी भी दुखी हो, घर के बाहर रोज सुन्दर, ताजा रंगोली अवश्य बना देती है, वैसे ही हम अच्छी तरह जानते हैं कि अपनी पीड़ा को छिपाकर कैसे हमें अपना बाहरी व्यक्तित्व सुन्दर, सुघढ़ बनाए रखना होता है ताकि किसी को सच का पता न चले।[25]"

उमाश्री नामक कन्नड़ अभिनेत्री ने एक निर्धन दलित परिवार में जन्म से लेकर समाज के ऊपरी तबके तक पहुँचने तक की लम्बी यात्रा का प्रामाणिक चित्र

'बेंकी बेदागु'[26] में उपस्थित किया है। एक छोटी बच्ची के रूप में उसका संघर्ष, उसकी यात्रा और फिर एक फिल्म में उसे एक ऐसी छोटी-सी भूमिका का मिलना, जिसने उसकी जीवन-दिशा निर्धारित कर दी। इस भूमिका के लिए उमाश्री को पर्याप्त आलोचना का शिकार होना पड़ा क्योंकि वह भूमिका मर्यादित स्त्री की नहीं थी। उमाश्री ने स्वच्छन्द, उन्मुक्त, अपनी यौनिकता के प्रति सजग और हास्य-प्रधान भूमिका निभाई। इसके लिए उमाश्री की कड़ी आलोचना तो हुई पर फिल्मों में अन्य भूमिकाओं के लिए पथ प्रशस्त हो गया। फिल्मों में हास्य अभिनेत्री की भूमिका करना उमाश्री की विवशता थी। उन्हें किसी का भी सहयोग नहीं मिला। स्त्री और वह भी दलित होने के कारण उन्हें कई बार उपहास का विषय बनना पड़ा। आगे चलकर वे अपने परिश्रम और सद्व्यवहार के कारण सिद्धारमैया के मंत्रिमंडल की सदस्य बनीं। बेहद ओजस्वी और तत्पर मंत्री के रूप में उनकी पहचान बनी और बाद में उन्हें बहुत-सी अच्छी फिल्मों में भूमिका भी मिली।

इस श्रेणी की आत्मकथाओं में यह देखा जाना सहज है कि इनमें कथा-तन्तु बिखरे हुए हैं। आत्मकथाकार खूब व्यवस्थित होकर सिलसिलेवार ढंग से जीवन के घटनाक्रम को श्रृंखलाबद्ध रूप में पिरोकर कह नहीं पातीं। वे गद्य की इस आत्मपरक विधा का उपयोग अपनी रुचि और प्राथमिकताओं के आधार पर करती दिखाई देती हैं। आत्मकथाओं के विकास के द्वितीय चरण में स्त्रियाँ अपनी आवाज में अपनी बात रखना सीख गई हैं, या यों कह लें कि अपनी बात कहने का उन्होंने साहस जुटा लिया है। वे आन्दोलनकारी हैं, अपनी स्वायत्तता के प्रति सजग हैं, साथ ही इतिहास की धारा में अपने स्थान को लेकर चेतस भी। वे आत्मकथाएँ लिखकर अपना संसार खोजती हैं।

तीसरे चरण तक आते-आते स्त्रियाँ अपना रचनात्मक 'स्पेस' ढूँढ़ लेती हैं इसलिए हम देखते हैं कि वे कन्नड़ के साथ अन्य भाषाओं के सिनेमा और रंगमंच पर अपनी उपस्थिति ही नहीं दर्ज कर रहीं, बल्कि रंग-समूहों का नेतृत्व भी कर रही हैं। वे जानती हैं कि सिनेमा और रंगमंच का संसार ऐसा है जहाँ स्त्री-शोषण के अनेक आयाम खुलते हैं, फिर भी वे चुनौतियों का सामना करने के लिए तैयार हैं।

कन्नड़ में तीसरे चरण के आत्मकथा-लेखन को, शुरुआत से 20-30 वर्षों बाद अस्मिता या पहचान के बोध की प्रवृत्ति के तौर पर देखा जा सकता है, जहाँ स्त्रियाँ अपने आरोप-पत्रों के साथ उपस्थित होती दिखाई देती हैं। यह दौर अपने सम्बन्धों को नये चैतन्य नजरिये से तौलने का दौर है, जिसमें स्त्रियाँ ये जाहिर कर देती हैं कि वे प्रेम या दाम्पत्य सम्बन्ध की सच्चाई जानकर ही इस सम्बन्ध या विवाह संस्था के दायरे में हैं, वृंदा नाबर[27] ने लिखा है कि "अधिकांश परिवार अभी भी एक बेटी के अविवाहित रहने के विचार से तर्कहीन भय की भावना महसूस करते हैं, भले ही वह आर्थिक रूप से स्वतंत्र हो और यथोचित रूप से

आत्मनिर्भर हो।" अब वे स्त्री-शोषण की दास्तानों को खुलकर अभिव्यक्त करने से गुरेज नहीं कर रहीं। इस चरण में परिवार के साथ-साथ अन्य सामाजिक संस्थाएँ भी स्त्रियों के लिए कैसे दमनकारी बन जाती हैं, इसका पता उनके आत्मकथ्य देते हैं। जब वह जीने की कोशिश करती है तो कभी परिवार, कभी बाहरी संसार उसके लिए दमनकारी स्वरूप अख्तियार कर लेता है। ध्यान देने की बात यह है इस दौर में ऐसी आत्मकथाएँ भी लिखी गई हैं, जिनमें अपने जीवन की असफलता का सारा उत्तरदायित्व पुरुष-सत्ता पर डाल दिया गया। इसके उदाहरण के तौर पर शशिकला वींरैयास्वामी की आत्मकथा को देखा जा सकता है। शशिकला ने अध्यापिका का पेशा अपनाया, पहला विवाह अपने सम्बन्धी से ही किया जिससे उनका सन्तति का सपना पूरा नहीं हुआ। सन्तान-प्राप्ति के लिए उन्होंने दूसरा विवाह कर लिया, लेकिन यह विवाह भी चला नहीं और वे अकेली रह गईं। जीवन में मिली दो ठोस असफलताओं के बाद भी शशिकला वैवाहिक जीवन का छन्द विस्मृत नहीं कर पाईं। शशिकला ने फिर तीसरी बार विवाह करने का जोखिम उठाया, वो भी एक राजनेता से—इस विवाह ने रही-सही कसर पूरी कर दी, वे निरन्तर अपमान की भागी बनीं, राजनेता के घर उन्हें शोषण, पिटाई, अपमान और तनाव भुगतना पड़ा। आशारानी की टिप्पणी इस सन्दर्भ में मौजूँ है कि—"कोई स्त्री एकाध बार के पुरुष संसर्ग से सम्बन्धों की सीमाओं और सम्भावनाओं का आकलन कर लेती है, जबकि शशिकला ने अपनी दास्तान में पितृसत्ता को कठघरे में खड़ा तो किया पर आत्म-विश्लेषण कभी नहीं किया।"[28] इस सन्दर्भ में आशा रानी की बात बिलकुल ठीक है। शिक्षा, रोजगार, आत्मनिर्भरता के बाद भी यदि खुद को पुरुष के बिना 'सुरक्षित' नहीं समझती, बार-बार विवाह करती है, नये सम्बन्ध के खतरे और चुनौतियाँ झेलती है तो सिर्फ पितृसत्ता ही उसकी दशा की जिम्मेदार है—यह कहना सरलीकरण होगा। इक्कीसवीं सदी के साहित्य में स्त्रियों के प्रतिनिधित्व का मूल्यांकन रेमंड विलियम्स की 'अवशिष्ट, उभरती और प्रमुख' अवधारणा के आलोक में किया जा सकता है। प्रथम चरण को अवशिष्ट का सबसे अच्छा उदाहरण माना जाता है, जो पारम्परिक मूल्यों से बँधे होते हैं और गुलामों की तरह बने रहते हैं। दूसरा चरण लगभग उन्हीं पीड़ितों का प्रतिनिधित्व करता है, लेकिन बाधाओं को तोड़ने की इच्छा के साथ। अवशिष्ट चरण को रेमंड विलियम्स ने इस प्रकार समझाया है, "पुरातन से कुछ अलग, हालाँकि व्यवहार में ऊपरी परत को अक्सर अलग करना बहुत मुश्किल होता है। किसी भी संस्कृति में उसके अतीत की उपलब्धियाँ शामिल होती हैं, लेकिन समकालीन सांस्कृतिक प्रक्रिया में उनका स्थान बहुत परिवर्तनशील होता है।"[29] अगला चरण जिसे वे 'उभरता हुआ चरण' कहते हैं—परम्परा से बाहर आने की कोशिश है। विलियम्स दूसरे चरण की व्याख्या इस प्रकार करते हैं, "नये अर्थ और मूल्य, नई प्रथाएँ, नये रिश्ते और सम्बन्धों के नये प्रकार लगातार बनाए जाते

हैं।"[30] इस प्रकार पहले दो चरण रेमंड विलियम्स द्वारा परिभाषित किये गए हैं। तीसरे चरण को वे प्रमुख चरण कहते हैं, जिसमें पराधीन समूह अपनी अस्मिता की पहचान के लिए केन्द्र में आने का प्रयास करते हैं और अभिव्यक्ति के नये आयाम ढूँढ़ते हैं। तीसरे चरण को 'अस्मिता की पहचान' का दौर कहा जा सकता है। इस चरण को आत्मकथाओं के सन्दर्भ में देखने पर स्त्रियाँ अपने साथ हुई हिंसा—चाहे वह मानसिक हो या शारीरिक—उसको दर्ज करती हैं। इस दौर की आत्मकथाओं में स्त्रियाँ स्पष्ट बताती हैं कि वे हिंसा और शोषण के तनावपूर्ण सम्बन्धों से कैसे बाहर आती हैं या आने का प्रयास करती हैं। अब स्त्रियाँ, अपने उद्देश्य में स्पष्ट हैं। उन्हें अच्छी तरह पता चल गया है कि पितृसत्ता ही उनकी दुरावस्था के मूल में है। साथ ही, उनके स्वातंत्र्य में पितृसत्ता के विभिन्न छद्म-रूप बाधा उपस्थित करते हैं। इसलिए स्त्रियों को अपनी अस्मिता के लिए कई स्तरों पर संघर्ष करना पड़ता है। इस चरण में कम्पनी थियेटर में काम करनेवाली, रंगमंच और सिनेमा से जुड़ी स्त्रियाँ अपनी अन्त:कथाओं के साथ सामने आने लगती हैं जहाँ वे घर के बाहर की दुनिया में काम-काज के लिए जानेवाली स्त्री की अवस्था और निजी अनुभवों के बारे में खुलकर बात करती हैं।

उन्नीसवीं शताब्दी के अन्त तक थियेटर पर पुरुषों का ही वर्चस्व था। अक्सर स्त्रियोंवाली भूमिकाएँ भी पुरुष ही किया करते थे। बीसवीं शताब्दी आते-आते इस स्थिति में बदलाव आना शुरू हुआ, स्त्रियों ने घर से कदम बाहर रखे, और उन्हें थियेटर और सिनेमा में भूमिकाएँ मिलने लगीं, लेकिन यह रास्ता काँटों से भरा हुआ था। उपयुक्त भूमिका पाने, रोजगार जुटाने का रास्ता अक्सर 'कास्टिंग काउच' से होकर जाता था। इस चरण में कई स्त्रियों ने अपने साथ होनेवाले मानसिक, शारीरिक शोषण का जिक्र आत्मकथाओं में किया। पत्रकार, निर्देशक, फिल्म और नाटक-निर्माताओं आदि की लम्बी फेहरिस्त है, जिन्होंने उन स्त्रियों को आगे बढ़ने नहीं दिया जो समझौते करने के लिए प्रस्तुत नहीं थीं। इसके अतिरिक्त इस चरण में कामकाजी औरतों के प्रति परिवार, रिश्तेदारों के रवैये और उनके सामने आनेवाली अन्य कई समस्याओं पर भी बात की गई उदाहरण के लिए जयश्री आत्मकथा में बताती हैं कि नाटक मंडली के सदस्य के तौर पर उन्होंने बहुत-सी जगहों का दौरा किया, उन्हें नई जगहें देखने और नये लोगों से मिलने का अवसर मिला। वे लोग ट्रेन की पूरी बोगी आरक्षित करवा लेते थे, जिसमें पूरी मंडली एक परिवार की तरह यात्रा करती थी। कई बार मंडली में अच्छी भूमिका पाने के लिए स्त्री-सदस्य को मालिक या प्रबन्धक से दैहिक सम्बन्ध बनाने पड़ते थे।

सिनेमा और थियेटर से सम्बद्ध प्रेमा कारन्त ने आत्मकथा 'सोलिसबेड़ा गेलीसैया'[31] (मुझे हारने मत दो, मुझे जिताओ) लिखी। प्रेमा कारन्त बताती हैं कि वे 'नेशनल स्कूल ऑफ ड्रामा' में इब्राहीम अलकाजी की विद्यार्थी थीं। प्रेमा का जन्म

1936 में भद्रावती में एक गरीब परिवार में हुआ था। उनके पिता देवोजी राव का निधन तब हो गया जब वह छोटी ही थीं और उनकी माँ कमलम्मा की भी तपेदिक से मृत्यु हो गई। इसके बाद प्रेमा का पालन-पोषण उनके दादा-दादी ने किया, और उन्होंने अपना शुरुआती जीवन कोलार जिले के सिदलघट्टा में बिताया। स्कूल की पढ़ाई पूरी करने के बाद, उन्होंने बेंगलुरु के सेंट टेरेसा कॉन्वेंट में शिक्षिका के रूप में काम करना शुरू किया और साथ ही छोटे-छोटे नाटकों का निर्देशन भी किया। ब. व. कारन्त से 1958 में उन्होंने आर्य समाजी रीति से शादी की। इसके बाद वे वाराणसी चले गए, जहाँ प्रेमा ने अपनी शिक्षा जारी रखने के लिए बनारस हिन्दू विश्वविद्यालय में दाखिला लिया। प्रेमा ने ब. व. कारन्त से प्रेम-विवाह किया था, नाटक तथा रंगमंच का क्षेत्र उनकी रुचि का था। अत: वे विवाह के बाद भी रंगमंच और सिनेमा के क्षेत्र में निरन्तर कार्य करती रहीं। ब. व. कारन्त और प्रेमा ने मिलकर भोपाल में अपनी नाट्यमंडली स्थापित की। दोनों के सम्बन्ध बहुत अच्छे थे। एक वक्त ऐसा भी आया जब ब. व. कारन्त आरोपों के घेरे में घिर गए। कारन्त के जीवन में अवसाद और निराशा का यह दौर ऐसा था, जब मित्रों ने भी उनका साथ छोड़ दिया। लोकापवाद और आरोप और फिर कारावास—इन सबने कारन्त को भीतर से बहुत आहत किया, उनका स्वास्थ्य गिर गया लेकिन इन सबके बीच प्रेमा ही ऐसी थीं, जो यह जानती थीं कि कारन्त निर्दोष हैं। जीवन की समस्त विपरीत परिस्थितियों के बीच प्रेमा चट्टान की तरह ब. व. कारन्त के साथ खड़ी रहीं। दिल्ली जाने के बाद प्रेमा ने अरविन्द आश्रम में शिक्षिका के रूप में काम किया और नाटकों को करने के अलावा इतिहास और गणित जैसे विषयों को पढ़ाना शुरू किया। अपने पति के प्रोत्साहन पर उन्होंने भी राष्ट्रीय नाट्य विद्यालय (NSD) में दाखिला लिया और नाट्यकला का अध्ययन किया। स्नातक होने के बाद उन्होंने दो साल तक राष्ट्रीय नाट्य विद्यालय की रिपर्टरी में काम किया। उन्होंने बच्चों के लिए भी थियेटर किया। प्रेमा कारन्त ने अपने निर्देशन की शुरुआत 1982 में फिल्म 'फणियम्मा' से की। यह फिल्म 14वीं शताब्दी के कर्नाटक में एक विधवा की सच्ची कहानी पर आधारित थी। 'फणियम्मा' फिल्म उनकी महत्त्वाकांक्षी प्रस्तुति थी, जिसे राष्ट्रीय पुरस्कार मिला। फिल्म में बाल-विवाह और विधवाओं की दुर्दशा जैसे महत्त्वपूर्ण मुद्दों को उठाया गया।

आत्मकथा में प्रेमा ने अपने निजी अनुभवों, दाम्पत्य के साथ-साथ रंगमंचीय जीवन में एक स्त्री की स्थिति के बारे में विस्तार से चर्चा की है। कठिन समय में उन्होंने ब. व. कारन्त का साथ नहीं छोड़ा और जीवन के संकटों का सामना कितने साहस से किया यह सब जानने के लिए 'सोलिसबेड़ा गेलीसैया' से गुजरना जरूरी है। ब. व. कारन्त भोपाल में थे और उन दिनों भारत भवन के निदेशक पद पर थे। प्रेमा ने लिखा है, "कुछ लोग ब. व. कारन्त के विरोध में थे और उन्हें भोपाल से

भगाना चाहते थे। एक अभिनेत्री जो आग में जल मरी, उसकी हत्या का आरोप कारन्त पर मढ़ दिया गया, अत: उन्हें जेल हो गई। यह मेरे जीवन में अग्निपरीक्षा का समय था। बाद में सच की जीत हुई, कारन्त निर्दोष पाए गए और जेल से बाहर आकर खुली हवा में साँस ली। इस दौरान मैं चट्टान की तरह अडिग भाव से कारन्त के साथ खड़ी रही क्योंकि मुझे उनके निर्दोष होने का पूरा विश्वास था। आप समझ सकते हैं कि पूरे केस के दौरान मुझ पर क्या गुजरी होगी। मुझे पहले ही भगवान पर विश्वास नहीं था, मैंने तो प्रकृति और रंगमंच को ही सदा भगवान माना। धन का अभाव, पति के कारावास का दौर, उनका अवसाद, लोकापवाद को सहकर मैंने बहुत मुश्किल दिन काटे।" बाद में चलकर प्रेमा सपरिवार दिल्ली आ गईं यहाँ उन्हें घर नहीं मिला इसलिए वे लोग किसी तरह मित्रों के घर और बाद में किराये के घर में रहे। इन्हीं दिनों कारन्त राष्ट्रीय नाट्य विद्यालय में अध्यापक के तौर पर नियुक्त हुए। नेमिचन्द्र जैन, इब्राहिम अलकाजी. जी. वी. अय्यर, शंकर नाग, अनन्त नाग समेत गिरीश कर्नाड जैसी हस्तियों से इन लोगों के मैत्री सम्बन्ध थे। प्रेमा रंगमंच और फिल्म-जगत से सम्बद्ध लोगों के आन्तरिक जीवन में झाँकती हैं और आत्मकथा के माध्यम से पाठक को भी चकाचौंध और ग्लैमर से भरे दमकते संसार के स्याह पक्ष की ओर उँगली पकड़कर ले जाती हैं, मसलन वे लिखती हैं, "बैंगलुरु में जब मैं सार्वजनिक तौर पर शराब पीने के लिए रंगमंच के मित्रों के साथ बैठने लगी तो मेरी बदनामी हो गई, दिल्ली में पति के साथ मैं भी पीती थी। कारन्त अक्सर दौरे पर रहते थे। मैं दिल्ली में अकेली हो जाती थी। अकेलेपन के उन दिनों में मैंने रंगमंच से बहुत कुछ सीखा। कारन्त आगे चलकर राष्ट्रीय नाट्य विद्यालय के निदेशक बन गए, लेकिन वे कभी नहीं भूले कि जीवन की सबसे कठिन घड़ी में मैं उनके साथ बिना किसी शर्त के खड़ी थी। मेरी बनाई फिल्म से मुझे अन्तरराष्ट्रीय ख्याति मिली। फिल्म के प्रचार-प्रसार और सम्मान के कारण मैं दुनिया-भर में घूमी। मैंने रंगमंच और फिल्म—दोनों में काम किया, धन की दिक्कत के समाधान के लिए रंगमंच पर विभिन्न भूमिकाएँ भी निभाईं। मेरी फिल्म को दो फिल्मफेयर पुरस्कार मिले। बाद में पति बहुत पीने लगे, इससे उनके स्वास्थ्य पर प्रतिकूल प्रभाव पड़ा। हमने तभी दिल्ली छोड़ने का निर्णय कर लिया। कारन्त को मैसूर के 'रंगायन' के निदेशक का पद मिला। हम लोगों को रामकृष्ण हेगड़े ने येलाहांका में मकान दिया, जिसे लेने में मेरी कोई रुचि नहीं थी, लेकिन हेगड़े ने कहा, "हम सत्ता में हैं इसलिए आपको उपहार दे सकने की सामर्थ्य रखते हैं, सत्ता से हटने के बाद हम चाहकर भी आपके लिए कुछ कर नहीं पाएँगे। आप रंगमंच का काम करते रहिए।"

प्रेमा कारन्त को कन्नड़ सिनेमा की पहली स्त्री-निर्देशक होने का गौरव प्राप्त है। उनकी आत्मकथा फिल्म और रंगमंच सरीखे पुरुष-प्रधान कार्यस्थल पर स्त्री

के संघर्ष और परिश्रम की कथा है। वे बताती हैं कि स्त्रियों के लिए अलग से कोई व्यवस्था नहीं होती थी, या तो उन्हें अपने घर से तैयार होकर आना पड़ता था या झाड़ियों, पेड़ों और टूटी दीवारों के पीछे छुपकर परिधानित होना पड़ता था। निबटान के लिए उनके लिए अलग कोई व्यवस्था नहीं थी। स्त्रियों की व्यावहारिक जरूरतों के बारे में कोई नहीं सोचता था। पुरुष वर्चस्ववाले क्षेत्रों में स्त्रियों के लिए कार्य करना, अपनी मर्यादा बचाए रखना रोजमर्रा की चुनौती है। अपने निर्देशक, निर्माता को खुश रखने पर ही स्त्रियों को अच्छी भूमिकाएँ मिलती थीं। इन चुनौतियों से निपटने के तरीके हर स्त्री के अपने-अपने थे, लेकिन यह तय था कि यदि आपके ऊपर किसी बड़े आदमी का वरदहस्त नहीं है तो कला और फिल्म के क्षेत्र में आपको उचित काम और पारिश्रमिक नहीं मिलेगा और आप जीवन-भर संघर्षरत ही रहेंगे। मैंने कारन्त की मृत्यु के बाद अकेलापन झेला। कोई नहीं जानता कि अकेली स्त्री का संघर्ष क्या होता है। समाज आपकी तभी तक मदद करता है जब आप उसका भला-बुरा करने की स्थिति में हों, वरना कोई मदद नहीं करता। मैंने 75 साल की उम्र में भी रंगमंच पर काम किया। मेरा जीवन तो ऐसे ही बीत गया। पति के लिए भी पहली प्राथमिकता रंगमंच ही थी, दूसरे स्थान पर उनके मित्र और तीसरा स्थान मेरा था। जबकि मेरी प्राथमिकता कारन्त थे, दूसरे स्थान पर रंगमंच और तीसरे स्थान पर मित्र थे।[32] वे आगे लिखती हैं कि "औरत अपना सब कुछ पति को सौंप देती है लेकिन पति के जीवन में वह प्राथमिक स्थान पाए, यह शायद ही कभी सम्भव होता है। मैंने कारन्त को प्यार किया जी-जान से, क्योंकि वे रंगमंच को प्यार करते थे, इसलिए वे मुझे कभी गलत नहीं लगे। तब भी जब सारी दुनिया उन्हें गलत समझने लगी थी। मेरे पति के छात्रों ने कारन्त की मदद की, जब उन्हें कैंसर हो गया। मैंने केनरा बैंक से कर्ज लेकर 'कारन्त रंगमने' नाम से थियेटर समूह की स्थापना की और एक संग्रहालय भी बनाया।"[33]

प्रेमा की इस आत्मकथा को आधार बनाकर नाटक भी लिखा गया।

प्रेमा कारन्त आत्मकथा में अपने और कारन्त के सम्बन्धों के बारे में यह भी बताती हैं कि संगति में कारन्त को कुछ खराब आदतें लग गई थीं, जिसका खामियाजा कारन्त को भुगतना पड़ा। जीवन के उत्तरार्द्ध में कारन्त की बीमारी और बतौर पत्नी प्रेमा के संघर्ष के प्रमाण के रूप में यह आत्मकथा हमारे सामने उपस्थित है।

जिन स्त्रियों ने अपने सिनेमाई जीवन के बारे में इस दौर में खुलकर लिखा उनमें पी. जयश्री का नाम लिया जाता है, 'कन्ना मुच्छे काड़े गुड़े' (छुपन छुपाई)—उनकी आत्मकथा है जिसमें उन्होंने अपने बारे में लिखा। जयश्री ने थियेटर, फिल्म और संगीत के क्षेत्र में काम किया, उन्होंने अभिनय, वॉइस-ओवर आर्टिस्ट और बतौर पार्श्वगायिका के रूप में योगदान दिया और मैसूर स्थित थियेटर संस्थान 'रंगायन' की संक्षिप्त अवधि के लिए निदेशक भी रही। उन्होंने ब. व. कारन्त जैसे प्रसिद्ध

रंगमंच व्यक्तित्वों के साथ काम किया है और कन्नड़ फिल्मों जैसे नागमंडल (1997), देवेरी (1999) और केयर ऑफ फुटपाथ (2006) में अभिनय किया है। इसके अलावा, उन्होंने राजकुमार की फिल्मों में माधवी, गायत्री, जयाप्रदा, अम्बिका, सुमनलता और अन्य प्रमुख अभिनेत्रियों के लिए वॉइस-ओवर किया।

1996 में उन्हें संगीत नाटक अकादमी द्वारा अभिनय के लिए पुरस्कार से सम्मानित किया गया, जो भारत के संगीत, नृत्य और नाटक के क्षेत्र में सबसे बड़ा सम्मान है। बाद में, उन्हें 2010 में राज्यसभा के लिए नामांकित किया गया। इसके अलावा, 2009 में उन्हें कर्नाटक राज्य मुक्त विश्वविद्यालय से डी. लिट. की मानद उपाधि से सम्मानित किया गया। बतौर कन्नड़ सिनेमा की अभिनेत्री, पी. जयश्री ने अपने जीवनानुभव साझा किये। उन्होंने लिखा है कि : "वे एक मशहूर फिल्म निर्माता की पुत्री थीं, जल्दबाजी में उनका बेमेल विवाह हो गया। वैवाहिक सम्बन्ध में वे हिंसा का शिकार हुईं, बावजूद इसके वे तकलीफदेह सम्बन्ध से बाहर निकलीं, राष्ट्रीय नाट्य विद्यालय पहुँचीं। अभिनय के क्षेत्र में नाम कमाया, साथ ही नाट्य-निर्देशन भी किया, 'कन्ना मुच्छे काड़े गुड़े' में उन्होंने अपने स्वर्गीय पिता को याद किया है, आत्मकथा में उन्होंने अपनी रचनात्मक यात्रा, पारिवारिक जीवन के साथ भौतिक उपलब्धियों में विधानसभा सदस्य बनने तक की यात्रा अत्यन्त प्रभावी ढंग से लिखी है।"

हम चौथे चरण को उन स्त्रियों की आत्मकथा के माध्यम से अलग से रेखांकित कर सकते हैं, जब स्त्रियाँ अपने निर्णयों की जिम्मेदारी खुद ले रही हैं और अपनी दुरावस्था पितृसत्ता के गले में मढ़कर निश्चिन्त नहीं हो रही हैं। स्त्री-आत्मकथा-लेखन के चौथे चरण में स्त्रियाँ बेहद साहस के साथ आवरणहीन होकर अपने जीवन का सच अभिव्यक्त करती हैं। वे विवाह के नाम पर, परिवार की मर्यादा के नाम पर होनेवाले मानसिक, वाचिक और यौन-शोषण को बाकायदे नाम के साथ खुलकर लिख देती हैं। यदि वे अपने जीवनसाथी से प्रेम करती हैं, तो यह प्रेम भी राजेश्वरी तेजस्वी जैसी स्त्रियाँ खुलकर लिखती हैं। कन्नड़ स्त्री-आत्मकथाओं को अन्य भाषा की आत्मकथाओं से अलग और विशिष्ट बनाने का काम यह चौथा चरण करता है, जहाँ वैदेही जैसी स्त्रियाँ अपने झूठे मान-सम्मान से बेपरवाह होकर अपनी परतंत्रता के कारणों की तह में पहुँचती हैं। जीवन, समाज, राजनीति को, जेंडर, नस्ल, धर्म और वर्ग में बँटे समाज में वे दबी-कुचली स्त्री को सिर्फ आवाज ही नहीं देतीं बल्कि उन्हें जीवन के पुनर्निर्माण का रास्ता भी दिखाती हैं।

प्रतिभा नन्दकुमार की आत्मकथा इसके उदाहरण के तौर पर देखी जा सकती है, वे अपने बनाए सम्बन्धों को स्वयं निभाती हैं, अपने प्रेम के बारे में लिखती हैं और अपने चुनाव और निर्णय की जिम्मेदारी स्वयं लेने का साहस दिखाती हैं। प्रतिभा नन्दकुमार का कहना है कि, "अगर मुझे जिन्दगी दुबारा जीने का अवसर

मिले तो मुझे किसी से अनापत्ति प्रमाण-पत्र लेने की जरूरत नहीं। जिन्दगी खूबसूरत है, मैं फिर से बृहत् आकाश में मुक्त पक्षी की तरह उड़ान भरूँगी और इच्छित प्रेम करने से मुझे कोई रोक नहीं सकता। मुझे समाज से किसी चरित्र प्रमाण-पत्र या मान्यता-पत्र की आवश्यकता नहीं है।" इस श्रेणी में वे आत्मकथाएँ रखी जा सकती हैं, जो अपनी और समाज की सीमाओं से अच्छी तरह वाकिफ हैं और जो निजी अभिव्यक्ति, निजी रुचि और व्यक्तिगत सन्तोष को पदानुक्रम में सबसे पहले रखती हैं। यदि हम कन्नड़ स्त्री-आत्मकथाओं के पहले चरण को 'आरोहण पर्व' के रूप में विश्लेषित करें तो यह कहना उपयुक्त होगा कि चौथे चरण की आत्मकथाएँ 'अनावरण पर्व' के अन्तर्गत रखी जाएँगी। जहाँ दूसरे चरण की आत्मकथाएँ अपने स्त्रीत्व की तलाश करती दिखाई देती हैं, वहीं तीसरे चरण की आत्मकथाएँ व्यक्ति के तौर पर अपनी खोज में संलग्न दिखाई देती हैं। चौथे चरण तक आते-आते ये स्त्रियाँ अपनी यौनिकता, अपनी निजी रुचि-अरुचि को बेलाग ढंग से अभिव्यक्त करती दिखाई देती हैं। इनका सुर पहले और दूसरे चरण की आत्मकथाओं से बिलकुल अलग है। उनके मितकथन के भी मायने हैं और मौन के भी। शौकत आजमी, बीना दास मजूमदार की आत्मकथाएँ भी इसी श्रेणी में आती हैं। कन्नड़ की लेखिका वैदेही ने यद्यपि आत्मकथा नहीं लिखी पर वे कन्नड़ की प्रतिनिधि रचनाकार के तौर पर जानी जाती हैं और स्त्री-लेखन के विभिन्न चरणों को उनकी कहानियों में पहचाना जा सकता है। वे ऐसी नायिकाओं को रचती हैं, जो अपनी यौनिकता को छुपाती नहीं, बल्कि प्रेम, दुलार, संसर्ग पाने की मनुष्य-सुलभ इच्छाओं को व्यक्त कर डालती है। उनकी रची स्त्रियाँ रूढ़ि के बन्धन तोड़ने के लिए विकल हैं। उनकी पात्र पुरुष द्वारा एक भावुक आलिंगन या दुलार की लालसा करती है, जो उसके शारीरिक और भावात्मक प्रेम की प्यास को बुझा सके। वे अपनी एक पात्र सौगन्धी के माध्यम से चित्रित करती हैं कि एक स्त्री अपने प्रेम-सम्बन्ध के बारे में क्या सोचती और महसूस करती है। स्त्रीपात्र के एकालाप में यौनिकता की प्रखर अभिव्यक्ति वैदेही की रचनात्मकता और स्त्री के प्रति उनके रवैये को दर्शाती है। स्त्री का बोलना अपने-आपमें राजनीति है, इसलिए उनकी पात्र एकालाप करती है क्योंकि वह जानती है कि प्रत्येक स्त्री को परिवार, समाज की व्यवस्था में सेंध लगाने की छूट नहीं होती। स्त्रियों को इसलिए 'मौन' रहना चाहिए क्योंकि उनकी वाचालता सामाजिक संरचनाओं को अस्थिर कर सकती है। उनके एकालापों में भावनाओं की एक विस्तृत शृंखला प्रदर्शित होती है—उनके माता-पिता की आलोचना, उनकी यौन-इच्छाओं की अभिव्यक्ति, मानसिकता, यौनिकता की अभिव्यक्ति को खुलकर महसूस करने और अभिव्यक्त करने से उत्पन्न ग्लानि—अपने एकालापों के माध्यम से अपने आन्तरिक विचारों को सोचने और व्यक्त करने की उनकी जरूरत, उनके एकान्त खोल से बाहर एक 'नई स्त्री' के उभरने का संकेत देती

है। वैध विवाह व्यवस्था के बाहर यौन-सम्बन्ध बनाना भारतीय समाज में अनैतिक, समाज-विरोधी और अनुचित माना जाता है। अपने बन्द खोल से बाहर 'नई स्त्री' के आने पर समाज में सब कुछ उलट-पलट जाना है। सौगन्धी एक 'नई स्त्री छवि' का प्रतिनिधित्व करती है क्योंकि वह समाज की पारम्परिक सोच और चली आ रही व्यवस्था से परे सोचने-कहने का साहस रखती है।

इस चरण में हम प्रतिभा नन्दकुमार की आत्मकथा 'अनूदिन अन्तरगंगे'[34] को देख सकते हैं। उनका कहना है कि उनके जीवन में है ही क्या जिसे वे लोगों को बताना चाहें। प्रतिभा जी ने अपने बाल्यकाल, कॉलेज के जीवन, प्रेम, कलह दाम्पत्य कलह और जीवन-संघर्ष के विषय में विस्तार से लिखा। उन्होंने एक महत्त्वपूर्ण घटना का जिक्र किया है कि घरेलू कलह के दौरान उन्होंने अपना शरीर खुद ही जला दिया। हाथ-पैर जल गए लेकिन इस सदमे से निकलने में उन्हें बहुत समय लगा। बाद के पन्नों में उन्होंने अपने दाम्पत्य के बारे में विस्तार से लिखा। साथ ही एम. ए. के दौरान हुए एक असफल प्रेम के बारे में भी निःसंकोच लिखा। दरअसल प्रतिभा अपने जीवन में हुए कई प्रेम-प्रसंगों के बारे में पाठक को बताती हैं, उनका कहना है कि इन सभी प्रेम-प्रसंगों से उन्हें केवल तकलीफ मिली। वे 'नई स्त्री' की चेतना से लैस हैं, अपने पति को सम्बोधित करते हुए लिखती हैं, 'तुम मुझे परम्परागत पत्नी के रूप में मत देखना, यदि यह अपेक्षा करोगे तो तुम्हें भी परम्परागत पति होना पड़ेगा। यदि तुम घर के बाहर के सभी काम करोगे तो मैं घर में रहूँगी।' पति ने उनकी बात मानी नहीं उनका कहना था कि प्रतिभा को घर और बाहर दोनों जगह के काम देखने चाहिए। प्रतिभा ने आत्मकथा में गृह-कलह का जिक्र कई बार किया और लिखा कि "जिन्दगी में मैंने इतनी ठोकरें खाईं कि मेरा मन कठोर हो गया। ऐसा नहीं है कि अपने जीवनसाथी के प्रति मेरे मन में तिरस्कार था लेकिन अपने जीवन की स्थितियों के प्रति एक गहरा आक्रोश और दुख मेरे भीतर समा गया। पति मेरे अनुकूल कभी नहीं थे। आश्चर्य तो ये है कि मैं कई असफल प्रेम-प्रसंगों के बाद भी प्रेम करना नहीं भूली, मेरे भीतर जीवन के प्रति ललक कभी कम नहीं हुई और कुछ कर गुजरने का जज्बा निरन्तर खौलता रहा। मुझे जिन्दगी में एक ही चीज से सबसे ज्यादा घृणा थी—वह था झूठ। लेकिन हुआ ठीक इसके विपरीत, मुझे पति के साथ रहने के लिए झूठ बोलना पड़ा। किसी संगोष्ठी या कार्यशाला में भाग लेने के लिए पति से मैं हमेशा झूठ बोलती, वरना वे मुझे जाने नहीं देते। मुझे बाहरी संसार में सुकून मिलता था जिसके लिए मुझे घर में बहाने बनाने पड़ते। मैं सोचती अगर झूठ बोलने से घर की शान्ति बरकरार रहती है तो यही सही। सच कहूँ तो मुझे घरेलू झगड़ों में अपनी ऊर्जा नष्ट नहीं करनी थी, वह ऊर्जा मुझे लेखन के लिए बचाकर रखनी थी। पति बीमार हुए तो भी मैंने उनकी उपेक्षा कभी नहीं की। उनकी देखभाल मैंने जी-जान से की, अस्पताल में उनके

साथ पल-पल रही लेकिन मुझे मिला क्या! घर लौटकर पति ने फिर से मुझ पर शक करना शुरू किया, वे संशय-पिशाच की तरह जीवन-भर मेरे पीछे लगे रहे।"

इस आत्मकथा को पढ़कर लगता है कि रचनात्मक महत्त्वाकांक्षा रखनेवाली स्त्री के लिए एक संशयात्मा के साथ गृहस्थी करना कितना कठिन रहा होगा। प्रतिभा नन्दकुमार की आत्मकथा पढ़कर यह लगता है कि वे आजीवन सच्चे प्रेम की तलाश में लगी रहीं, जिसके बारे में लिखते हुए उन्हें कोई संकोच या ग्लानि नहीं है। बाद में उन्हें एक सम्पादक से प्रेम हो गया, वह उसके साथ मोपेड पर घूमतीं और मुक्त महसूस करतीं। इसका जिक्र वे आत्मकथ्य में करती हैं। विवाहेतर प्रेम के बावजूद अपने पति से वे भीतर के कोमल तन्तु से जुड़ी रहीं। उन्हें संशय पिशाच की उपाधि देने के बावजूद वे दोनों एक-दूसरे का साथ नहीं छोड़ते। प्रतिभा ने आत्मकथा में एक दुर्घटना का जिक्र किया है कि एक बार उनका शरीर आग से जल गया। वे लिखती हैं, "तब मेरे बच्चे तीसरी-चौथी कक्षा में पढ़ते थे। जलने के कारण छह महीने अस्पताल में रहना पड़ा, मैं जिन्हें प्यार करती थी वे सब अस्पताल में मुझे देखने तक नहीं आए। जानते हैं कौन आया—मेरा पति! जिसने हमेशा मुझे मारा-पीटा था। सच है कि मेरी देखभाल के लिए पति के अलावा कोई नहीं आया, उसने छह महीने तक लगातार मेरी सेवा-सुश्रूषा की। यह जीवन का एक ऐसा मोड़ था जिसने हमें मित्र बना दिया। बाद में चलकर बहुत-से लोगों ने कहा कि तुम्हारे जीवन में जितने प्रेमी आए सबका नाम आत्मकथा में लिखो। लोगों को तो बस मसाला चाहिए होता है। उनका कहना था कि इससे आत्मकथा में प्रामाणिकता आएगी, परन्तु मुझे लगा बिना अनुमति दूसरों का नाम लिखना दरअसल दूसरे की वैयक्तिकता, दूसरे के 'स्पेस' का हनन है। मेरी मित्रता कई पुरुषों से रही, पर इसे मैं गलत नहीं मानती। हमारे यहाँ प्रेम को सेक्स से जोड़कर देखने की आदत पड़ चुकी है, प्रेम और मैत्री सम्बन्ध में शरीर आए ही यह जरूरी नहीं। यदि ऐसा होता तो मैं 64-65 वर्ष के व्यक्ति को प्यार नहीं करती। कभी-कभी सोचती हूँ कि दुनिया को अपने प्यार के बारे में कैसे बताऊँ, लगता है आजकल की दुनिया में प्रेम की परिधि सिमट गई है।"[35]

प्रतिभा की मित्रता कई वरिष्ठ साहित्यकारों से भी रही। वे आत्मकथा में कहीं भी यू. आर. अनन्तमूर्ति का नामोल्लेख नहीं करतीं। लेकिन 'अनूदिन अन्तरगंगे' की भूमिका अनन्तमूर्ति ने ही लिखी है, और प्रतिभा को उनके साहस और बोल्डनेस के लिए सराहा है। अनन्तमूर्ति लिखते हैं, "मैं प्रतिभा को पिछले पैंतीस वर्षों से जानता हूँ। गहन कष्टमय क्षणों में भी उसने प्रेम के प्रति आस्था नहीं खोई, उसने शून्य से प्रारम्भ करके जीवन की यात्रा बारम्बार की। मैंने अपने जीवन में ऐसी मर्यादित स्त्री कम ही देखी हैं। प्रतिभा अपने जीवनानुभवों को लिखती है जो कहीं से भी अप्रामाणिक नहीं है। मैं कभी भी प्रतिभा को स्त्री-जीवन के प्रतिनिधि के रूप में नहीं

देखता वह तो पूर्ण मनुष्य की चेतना का प्रतिनिधित्व करती है और उसे ही अभिव्यक्ति देती है। कन्नड़ में कौटुम्बिक जीवन-सत्य को प्रामाणिकता के साथ लिखने और उसे सार्वजनीन सत्य बनाने की रचनात्मक क्षमता उसे बड़ा लेखक बनाती है"।[36]

इसी चरण में यदि हम बी. मालिनी मल्या की आत्मकथा 'बादीगुँदु उत्तरा'[37] (एक जवाब जिन्दगी को) को देखें तो ज्ञात होता है कि यह नई स्त्री की आत्मकथा है, जो तमाम उत्तरदायित्वों का निर्वहन करते हुए लोकापवाद सहती है, फिर भी उसकी आस्था डगमगाती नहीं। मालिनी मल्या की आत्मकथा अपने-आपमें विशिष्ट है क्योंकि वह एक ऐसी स्त्री की कथा है जो कन्नड़ के प्रसिद्ध लेखक शिवराम कारन्त की मित्र और शुभचिन्तक रहीं। शिवराम कारन्त को 94 वर्ष की अवस्था में ज्ञानपीठ पुरस्कार मिला, मालिनी उनसे 30 वर्ष छोटी और उनके लेखन की प्रशंसक एवं शिष्यवत थीं। शिवराम कारन्त से उनके सम्बन्ध किसी पारम्परिक सामाजिक सम्पर्क की श्रेणी में नहीं आते थे। एक पिछड़े समाज में, तलाकशुदा स्त्री का इतने ख्यातिलब्ध साहित्यकार के साथ मैत्री सम्बन्ध को सम्मान मिलना ही आश्चर्यजनक होता। फलत: मालिनी और शिवराम कारन्त दोनों ने न सिर्फ लोकापवादों का सामना किया बल्कि स्त्री होने के नाते मालिनी को लोगों से अपशब्द भी सुनने पड़े, बेहद अपमान सहना पड़ा, जबकि मालिनी उनकी रचनाएँ टंकित करती, उन्हें छपने के लिए भेजती, पांडुलिपियाँ सँभालकर रखती, साथ ही अपनी छोटी-सी नौकरी से माता-पिता समेत तेरह सदस्यीय परिवार का पालन-पोषण करती। यह आत्मकथा वस्तुत: मैत्री के परिणाम के रूप में सामाजिक उपेक्षा झेलती, रोजी-रोटी के लिए संघर्ष करती एक पवित्रमना स्त्री की आत्मकथा है जिसने शिवराम कारन्त की देखभाल की और उनके संग-साथ के लिए नि:स्वार्थ भाव से आजीवन काम करती रही। यद्यपि शिवराम कारन्त का अपना परिवार और बच्चे थे, जिनका जिक्र मालिनी करती हैं लेकिन वे यह भी बताती हैं कि शिवराम कारन्त जब भी अपने परिवार से मिलने जाते, वहाँ कलह होता। शिवराम शान्तिप्रिय व्यक्ति थे और वे निर्व्याज सम्बन्ध की अपेक्षा करते थे, जो उन्हें सिर्फ मालिनी मल्या से मिला। बतौर रचनाकार शिवराम कारन्त को शान्ति और सुकून के साथ भावनात्मक सुरक्षा की जरूरत रही होगी। ऐसी सुरक्षा उन्हें मालिनी ने दी। उन दोनों ने कभी विवाह नहीं किया लेकिन मैत्री और आध्यात्मिक प्रेम का सम्बन्ध जीवनपर्यन्त रहा। मालिनी ने आत्मकथा में शिवराम कारन्त पर गांधी के प्रभाव के प्रसंग में लिखा है, "शिवराम कारन्त कुवेम्पू के समकालीन थे। मुझे कारन्त ने बताया कि वे गांधी से बहुत प्रभावित थे, और एक बार उन्होंने गांधी को पत्र लिखकर पूछा कि हमारे गाँव में 15-20 बाल-विधवायें हैं—इनका भविष्य क्या होगा? इसके उत्तर में गांधी जी ने लिखा कि—उनसे कहो वे ब्रह्मचर्य का पालन करें—खेती कर जीवनयापन करें। कारन्त ने लिखा कि—आपको तो विधवाओं के पुनर्विवाह का सुझाव देना चाहिए

था! इसके जवाब में गांधी मौन रहे। लेकिन कारन्त का विश्वास तभी डगमगा गया। उन्हें लगा कि गांधी विधवा-विवाह के पक्ष में नहीं हैं...

इतने बड़े लेखक का मेरे घर में रहना पास-पड़ोस के लोगों को अच्छा नहीं लगता था। उन्हें लगता था कि मैंने शिवराम पर काला जादू कर दिया है, उन्हें अपने जाल में फँसा रखा है और मैंने कारन्त के बसे-बसाए घर को उजाड़ दिया है—लोग ऐसा भी कहते थे। लेकिन मैं 65 और कारन्त 92 वर्ष के हैं, मैं कर ही क्या सकती हूँ सिवाय उनकी देखभाल के। समाज ने हमारे बारे में कितनी बातें कहीं लेकिन हमारे बीच जो प्रेम था वह शारीरिक आकर्षण से कहीं ऊपर की चीज था। शिवराम का लेखन टंकित करना उन्हें प्रकाशन के लिए भेजना मेरे लिए सुखकर था। मेरी आत्मा एक विश्वप्रसिद्ध रचनाकार की सेवा करके तृप्त होती थी। शिवराम कारन्त एकदम पड़ोस के घर में रहकर पढ़ना-लिखना चाहते थे। मुझे शुरू में आश्चर्य भी हुआ कि वे क्यों अपना घर-परिवार छोड़कर मेरे आसपास रहना चाहते हैं, पर उन्होंने सबके सामने यह कह दिया कि 'मैं जीवन-भर मालिनी के घर में ही रहूँगा'। तब मैंने जीवन बीमा निगम से कर्ज लेकर अपने अहाते में उनके लिए दो कमरे बनवाये, जिनमें कारन्त मृत्युपर्यन्त रहे।

कारन्त ने अपनी 75 पुस्तकों की रॉयल्टी का अधिकार जब मेरे नाम किया तो साहित्यिक हलके में हलचल-सी मच गई। मुझे साथ लेकर वे पूरे भारत और कर्नाटक के विभिन्न स्थानों पर जाया करते। मुझे रॉयल्टी का कोई लालच नहीं था, लेकिन कारन्त मुझ पर ही विश्वास करते थे। उनके बच्चों को कभी यह विश्वास नहीं हुआ कि मालिनी शिवराम कारन्त के साहित्य को सुरक्षित रख पाएँगी, लेकिन मैंने तो अपना जीवन ही शिवराम कारन्त को दे दिया था। अपनी पूरी शक्ति लगा दी उनकी रॉयल्टी का हिसाब करने, ट्रस्ट बनाने और उनकी पुस्तकों के पुनर्प्रकाशन की व्यवस्था करने में लगी रही और यह सारा काम नि:स्वार्थ भाव से किया।"[38]

मालिनी मल्या की आत्मकथा को प्रारम्भ में कई लोकापवादों का सामना करना पड़ा, लेकिन कई स्त्रीवादियों के दखल से इस आत्मकथा को बृहत्तर पाठकों के समक्ष आने का अवसर मिला। स्त्रियों द्वारा तयशुदा सीमाओं के थोड़ा अतिक्रमण करते ही समाज का रवैया कैसे बदल जाता है, इस जटिल स्थिति को स्त्री हुए बगैर नहीं समझा जा सकता है। मालिनी मल्या अपने परिवार के साथ रहती थीं, कारन्त उनके साथ स्वयं रहना चाहते थे। मालिनी की आत्मीयता, भक्ति-भाव या अन्य किसी संश्लिष्ट भाव से बँधे शिवराम के साथ उनके सम्बन्ध को सिर्फ सेक्स में रिड्यूस कर दिया जाना उन दोनों के लिए कितना तकलीफदेह रहा होगा। समाज एक मैत्री भाव या कोमल भाव को कैसे लोकापवाद और उपहास में बदल देता है, इसे मालिनी मल्या की आत्मकथा पढ़कर समझा जा सकता है। स्त्री-यौनिकता को देह में रिड्यूस करके उसे एक 'वस्तु' के रूप में पहचान देना पितृसत्तात्मक

समाज की रणनीति है। यदि इन आत्मकथाओं को हम विवाह संस्था के सन्दर्भ में व्याख्यायित करें तो यह स्पष्ट है कि पहले चरण में आनेवाली आत्मकथाकार विवाह संस्था को अपने अस्तित्व के लिए अनिवार्य मानती दिखाई देती हैं। ज्योति पुरी ने तर्क दिया है, "यदि विवाह वह स्थान है जहाँ स्त्रियाँ अपनी यौन-इच्छाएँ पूरी कर सकती हैं, तो यह सम्भव है कि कामुकता को वैवाहिक सम्बन्ध के केन्द्रीय पहलू के रूप में देखा जाएगा।"[39]

दूसरे चरण की आत्मकथाओं में स्त्रियाँ विवाह को राजनीतिक रूप से सटीक (पोलिटिकली करेक्ट) संस्था के रूप में स्वीकार करने को तैयार हैं, जिसके भीतर उनको सुरक्षा के साथ-साथ विकास के अवसर भी मिलते हैं। जैसे ही कोई स्त्री इस तरह के सम्बन्धों की ओर कदम बढ़ाती है, वैसे ही समाज के अनेकानेक प्राणी इस चिन्ता से उद्वेलित हो जाते हैं कि स्त्रियों को जब इतनी छूट मिल जाएगी तो वे विवाह के बाहर शुद्धता के नियमों का उल्लंघन करेंगी।

विशेष रूप से विवाह से पहले, वे सम्भोग में शामिल हो सकती हैं या इसके लिए सहमत हो सकती हैं और कुँवारी के रूप में अपनी स्थिति को खतरे में डाल सकती हैं।[40] शिक्षा ने उन्हें अभिव्यक्ति कौशल तो दिया है लेकिन लिंगभेदी समाज में जीने और संघर्ष करने का कौशल सीखना अभी बाकी है।

तीसरे चरण तक आते-आते विवाह को बचाए रखकर विवाह के दायरे के बाहर मैत्री सम्बन्ध को अपनी भावात्मक पूर्णता के लिए स्वीकार करनेवाली आत्मकथाएँ हमें मिलती हैं। लेकिन चौथे चरण में मालिनी मल्या और प्रतिभा नन्दकुमार की बेहद बोल्ड आत्मकथाओं को देखते हैं। ये आत्मकथाएँ पितृसत्तात्मक समाज-व्यवस्था और उसकी सामाजिक संरचना में व्याप्त लैंगिक विभेद को दर्शाती हैं, इन सभी स्त्रियों को लैंगिक विभेद का सामना विभिन्न स्तरों पर करना पड़ा है। आर्थिक अभाव और पितृसत्ता ने इन्हें कई स्तरों पर अलग-अलग रूपों में प्रभावित किया है। इसके बावजूद वे समाज और परिवार की स्थितियों को बदलने और अपने अस्तित्व को स्थापित करने का प्रयास नितान्त प्राथमिक स्तर पर करने के साथ-साथ अपनी इच्छा-अनिच्छा की कद्र करती हुई अपने निर्णयों पर पुनर्विचार करती दिखाई देती हैं।

मिखाइल बख्तिन ने पाठक या ऑडियंस को महत्त्वपूर्ण माना था। चूँकि हमें ऐसी आत्मकथाएँ भी मिलती हैं जो बताती हैं कि स्त्री का लिखना अपने-आपमें राजनीतिक क्रिया-कलाप है। इसलिए पाठक किस तरह की आत्मकथाओं को पढ़ना चाहता है, यह जानना जरूरी हो जाता है। कई पाश्चात्य विचारकों ने माना कि राजनैतिक अन्तर्दृष्टि निजी खुलासों से ज्यादा महत्त्वपूर्ण होती है। परम्परा से स्त्रियों का राजनीति में दखल बहुत कम ही देखा गया है, क्योंकि स्त्रियाँ श्रमिक तो रहीं, लेकिन आर्थिक उत्पादन पर उनका कोई सांगठनिक नियंत्रण नहीं रहा। भारत में राजनीति से जुड़ी स्त्रियों की आत्मकथाएँ परिमाण में बहुत कम हैं। लेकिन निज की कथाओं,

सुख-दुख से ऊपर उठकर समाज और समाज में व्याप्त अन्धविश्वास, जाति-प्रथा, लिंग-भेद के समीकरणों को पाठक के सामने रखनेवाली कुछ आत्मकथाकार हैं, जिन्होंने जाति-विभेद को चुनौती दी, लैंगिक समीकरणों को अच्छी तरह समझा, विपरीत परिस्थितियों में यानी धारा के विरुद्ध तैरकर अपने उद्देश्य की पूर्णता की ओर बढ़ीं और इसके साथ ही भविष्य का मार्ग भी प्रशस्त किया। इन्हें पढ़कर पाठक जान जाता है कि आत्मकथा विधा सिर्फ निज के प्रेम, विवाह और कष्टों की महागाथा नहीं होती, उससे आगे बढ़कर समाज-निर्माण में इनकी रचनात्मक भूमिका होती है। वैसे भी समूचे वैश्विक परिदृश्य पर स्त्रियों की राजनैतिक दास्तानें विरल हैं—जिन स्त्रियों के आत्मकथ्यों की चर्चा यहाँ की जा रही है वे इसलिए विशिष्ट हैं क्योंकि उनमें स्त्रियाँ सिर्फ अपनी जीवन-यात्रा का अंकन नहीं करतीं, बल्कि अपनी जिजीविषा को दोहराती हैं। यह बात भी महत्त्वपूर्ण है कि ऐसी अभिव्यक्तियाँ अक्सर बहुत उत्तेजनापूर्ण शैली में आती हैं। कुछ आलोचक इसका दारोमदार 'स्त्री' के सीमित अनुभव-संसार पर डाल देते हैं। वस्तुत: उत्तेजक और आवेगशील शैली का प्रभाव कई बार नकारात्मक पड़ता है। शोषण और संघर्ष के सतही यथार्थ तक पाठक सीमित रह जाता है और रचना की अन्त:संवेदना कई बार छूट जाती है। इसीलिए एलेन शोवाल्टर ने 'लिटरेचर ऑफ देयर ओन' और 'टुवड्‌र्स ए फेमिनिस्ट पोएटिक्स' में स्त्रीवादी समीक्षा पर बल दिया। उसने स्त्री-साहित्य के बजाय उसकी समीक्षा पर बल देते हुए स्त्री का पाठक के रूप में अध्ययन किया कि कैसे एक स्त्री साहित्यिक पाठ को पढ़ते हुए किसी खास विचारधारा की अभिव्यक्ति करती है। साथ ही रचनाकार के रूप में स्त्री के सामने भाषा और अभिव्यक्ति सम्बन्धी कौन-सी समस्याएँ आती हैं। शोवाल्टर "स्त्रीवादी समीक्षा को सही अर्थों में स्त्री केन्द्रित, स्वतंत्र और बौद्धिक तौर पर सुसंगत होना"[41] जरूरी समझती हैं। शोवाल्टर से पहले स्त्री-साहित्य की समीक्षा को अन्य समीक्षा सिद्धान्तों से मिलाकर अनन्य भाव से देखने की परम्परागत प्रवृत्ति प्रचलित थी। एलेन शोवाल्टर का कहना था, "स्त्रीवादी समीक्षा की सबसे बड़ी खामी यह थी कि स्त्रियाँ अपने को ठीक और खुले ढंग से अभिव्यक्त नहीं कर पाती थीं।" शोवाल्टर ने "शैलियों, विषयों, विधाओं और स्त्री-लेखन की संरचनाओं के इतिहास को सामने रखा। साथ ही स्त्री की रचनाशीलता के मनोशिक्षाजगत, एकाकी और सामूहिक भविष्य और परम्परा के विकास के नियमों की पड़ताल की।"[42] उन्होंने स्त्री की अस्मिता की पहचान और प्रतिरोध की खोज करने की दिशा में प्रयासरत होने का सुझाव दिया।

स्त्रियों के अतीत और अनकहे अनुभवों को प्रकाश में लाने की आवश्यकता जितनी आज है उतनी पहले कभी नहीं थी क्योंकि "मैं, जब मैं कहती हूँ 'मैं' तो यह मेरी सामाजिक इयत्ता का प्रतीक मात्र नहीं होता। मेरे एक 'मैं' के पीछे हजार छोटे-छोटे 'मैं' घोर सामाजिक मैं, शिक्षक 'मैं', प्रेमी 'मैं', बागी 'मैं', सपनीली

'मैं', दोस्त 'मैं', बेटी 'मैं' रेल के डिब्बों से कतार बाँधे खड़े हो लेते हैं। इनमें कौन-सा 'मैं' मेरा सच्चा 'मैं' है, मैं कुछ भी नहीं जानती। जानती हूँ तो भी बता नहीं सकती।"[43] एक स्त्री जब लिखती है तो उसका अनुभव-संसार अनेक का हो जाता है। एक लेखक के व्यक्तित्व से अनेक व्यक्तित्व उभरते हैं। इसलिए स्त्री के लिखे हुए का पुनर्पाठ बार-बार करना जरूरी हो जाता है। फ्रांसीसी मनोशास्त्री ज्यांक लाकां[44] का मानना था कि स्त्री क्या कह रही है, वह स्वयं नहीं जानती। एक स्त्री हमेशा दूसरों की भाषा बोलती है और यदि उसे अनुभवों को बताने के लिए कहा जाए तो वह हमेशा असुविधा महसूस करती है। अपने मत के पक्ष में लाकां का कहना था कि अवचेतन इच्छाएँ भाषा के अन्तरालों के बीच अभिव्यक्ति पाती हैं, जैसे कि जो हम कहना चाहते हैं और जो कह नहीं पाते—इसके बीच का अन्तराल या जो दरार होती है, उसी में 'अवचेतन इच्छाएँ' व्यक्त होती हैं। जो व्यक्त होने से रह जाता है, वह 'टैबू' बन जाता है।[45] यद्यपि लाकां ने लेवीस्ट्रास[46] की अवचेतन की धारणा का प्रयोग किया और गम्भीर अन्तर्विरोधों के कारण, मसलन स्त्री-भाषा के उस रूप की परिकल्पना, कि वह भाषा के भौतिक आधारों पर प्रकाश नहीं डालती और यहीं लाकां स्त्री-भाषा को अवचेतन के कार्य-व्यापार में प्रस्तुत कर देते हैं—उनके विचारों का परवर्ती विद्वानों ने विरोध किया। लेकिन भाषण से लेकर भाषा की वर्णनात्मक प्रस्तुति तक, भाषा के विशिष्ट रूपों की आलोचना के क्षेत्र में उनका योगदान अभूतपूर्व रहा। वस्तुत: कोई भी स्त्री जब लिखती है तो यह जरूरी नहीं कि वह 'स्त्री-भाषा' में ही लिखे। पुरुष-भाषा लैंगिक विभेद की भाषा है, जिस समाज में रहकर स्त्री रचना करती है, वह स्त्री को 'पुरुष-भाषा' ही प्रदान करता है। यदि स्त्री-रचनाकार 'स्त्री-भाषा' और 'पुरुष-भाषा' का अन्तर नहीं पहचानती या 'स्त्री-भाषा' के प्रति सचेत नहीं है, तो वह अनजाने में ही पुरुष-भाषा में ही सृजनरत रहती है। यह सचेतनता तभी सम्भव है जबकि वह पितृसत्तात्मक औजारों और कूटनीतियों से भली-भाँति वाकिफ हो। वर्जीनिया वुल्फ ने सबसे पहले पुरुष-भाषा की अपर्याप्तता को स्त्री-सन्दर्भ में रेखांकित किया था। आगे चलकर लुईस इरीगरी ने स्त्री की अनुभूतियों को ज्यादा जटिल और प्रच्छन्न मानते हुए उसकी सांस्कृतिक एवं ऐतिहासिक पृष्ठभूमि के विश्लेषण पर बल दिया। उसका मानना था कि स्त्री को सुनने, पढ़ने के परम्परागत ढंग को परिवर्तित करना जरूरी है, तभी उसके बोले और लिखे हुए का सही अर्थोद्घाटन हो सकता है। इरीगरी पर देरिदा का बहुत ज्यादा प्रभाव था। देरिदा ने भाषा सुधार से सामाजिक सुधार की उम्मीद को खारिज किया। उनके लिए भाषा प्रतीकात्मक विनिमय है जिसे व्याख्यायित किया जा सकता है और जो स्त्रीत्व के दृष्टिकोण से ही सम्भव है। वे 'विखंडन' पर बल देते हैं और कहते हैं कि विखंडन को पाठ की पंक्तियों के मध्य केन्द्रित होकर पढ़ना चाहिए। जिससे यह बताया जा सके कि कैसे एक लेखक या लेखिका

अपनी या दूसरों की स्थिति को पलट रहा है अथवा उसमें जोड़ रहा है। देरिदा ने किसी भी पाठ को अस्पष्टता और दुविधा के साथ पढ़े जाने पर बल दिया और कहा कि अर्थ या सत्य को खोजना आलोचक का लक्ष्य नहीं है। यह भी कि अर्थ या सत्य को तो पाठक अपने-आप खोज लेगा। साथ ही, पाठक ही पाठ में निहित असम्बद्धताओं और सम्बन्धों को भी क्रमवार खोज लेगा। देरिदा ने बोलने और लिखने को अलगाया। उसके प्रभाव से इरीगरी और सिक्सू दोनों ने 'वक्तृता' को लेखन का विरोधी माना। देरिदा 'बोलने' को शिश्नकेन्द्रित सत्य की अभिव्यक्ति कहता है और लेखन को 'आत्मप्रस्तुत स्वराभिव्यक्ति'। जब प्रस्तुत का विखंडन किया गया तो 'बोलने' ने ही 'लेखन' को उद्घाटित किया। हेलेन सिक्सू ने देरिदा से असहमति जताते हुए कहा कि स्त्री को पुरुषत्व से मुक्ति के लिए 'लिखना' अनिवार्य है। उसका मानना था कि ज्ञान के विभिन्न रूपों ने सदियों से स्त्रियों पर अविश्वसनीय बोझ लादा है, अत: स्त्री को बोलना और लिखना—दोनों चाहिए। स्त्री-लेखन में अनन्त सम्भावनाएँ हैं क्योंकि शब्दों के अलावा सब कुछ खो जाता है, यहाँ तक कि देश खो जाने के बाद भी भाषा बची रहती है। इरीगरी ने भी स्त्री के लिखने को उसकी अनुभव-परिधि के विस्तार से जोड़ा और कहा कि पितृसत्ताक व्यवस्था और भाषा का विरोध, स्त्रियाँ लेखन द्वारा, अपनी निजी शैली के निर्माण द्वारा कर सकती हैं।

इस आलोक में अनुपमा निरंजना, समता बी. देशमाने, मंजम्मा जोगती, के. सुमित्राबाई, कमला हमपन्ना, सारा अबूबकर, अक्कई पद्मशाली, समेत कई स्त्रियों की आत्मकथाएँ हमें नया अर्थ देने लगती हैं। ये स्त्रियाँ सिर्फ अपनी जीवन-यात्रा का अंकन नहीं करतीं, बल्कि अपनी जिजीविषा को दोहराती हैं सबसे पहले 'नेनुपू सीही कही' (खट्टी मीठी यादें)[47] को देखा जाना महत्त्वपूर्ण है, जिसमें बतौर चिकित्सक अनुपमा निरंजना ने अपने जीवन और विचारधारा के बारे में लिखा। वे जब विद्यार्थी थीं तो बैंगलोर में जयप्रकाश नारायण के भाषण ने उन्हें गहरे तक प्रभावित किया। मेडिकल की छात्रा होने के साथ-साथ उन्होंने सामाजिक और राजनीतिक कार्यकर्ता की हैसियत से पूरा जीवन काम किया। वे लिखती हैं कि, "मेरे घर की बगल में दलित बस्ती थी जहाँ के बाशिन्दे, मृत जानवर उठाने का काम करते थे। वे झगड़ते, हल्ला करते और शराब पीते। मुझे लगा इनका जीवन सुधारने के लिए मुझे कुछ करना चाहिए। उन्हीं दिनों मैंने सामाजिक कार्य करना शुरू किया और निरंजन नामक पत्रकार से मेरी मुलाकात हुई। वे 'उषा' मासिक पत्रिका में काम करते थे, हम दोनों में प्रेम हुआ। निरंजन वामपन्थ से जुड़े हुए थे। पिता मेरे प्रेम और वामपन्थ से जुड़ने से परेशान थे, अत: मैंने उनसे झूठ बोला कि मैं निरंजन से नहीं मिलती। तिरुपति जाकर हम दोनों ने अन्तर्जातीय विवाह कर लिया, उस जमाने में एक सुन्दर डॉक्टर का पत्रकार से अन्तर्जातीय प्रेम-विवाह करना एक घटना

थी। परिवार के सदस्य हमसे नाराज थे, दोनों के परिवार से कोई भी हमारे विवाह आयोजन में सम्मिलित नहीं हुआ लेकिन मैं यह कहने में संकोच नहीं करूँगी कि यह मेरे जीवन का सबसे सुन्दर और वाजिब निर्णय था। बाद में निरंजन ने दल के आन्तरिक कलह के कारण वामपन्थ छोड़ दिया। लेकिन वे अपनी पत्रिका में एक स्तम्भ चलाते रहे जिसमें प्रेम-पत्र छपते थे। निरंजन छद्म नाम से उसमें मेरे लिए प्रेम-पत्र लिखकर छापते थे। उनसे मुझे बहुत आदर और प्रेम मिला लेकिन सास-ससुर से मेरे सम्बन्ध स्थगित ही रहे।"[48]

अनुपमा निरंजना ने अपने पति से आत्मीय सम्बन्ध के बारे में विस्तार से आत्मकथा में लिखा है, वे बतौर सामाजिक कार्यकर्ता स्वयं को प्रस्तुत करती हैं, लेकिन बहुत बारीकी से निरंजन के बारे में बताना नहीं भूलतीं कि वे योग्य लेखक थे और कॉफी-सिगरेट के शौकीन थे। अनुपमा ने प्रचुर मात्रा में गद्य और पद्य लिखा। वे जब भी उपन्यास लिखतीं, निरंजन के साथ सलाह-मशविरा करतीं। वे पति को अपने मित्र और मार्गदर्शक के रूप में चित्रित करती हैं। ब्राह्मण होते हुए एक लिंगायत के साथ विवाह करने पर उन्हें आजीवन ताने सुनने पड़े। यहाँ तक कि उनके रोगी भी अनुपमा की जाति पूछते। बतौर सरकारी चिकित्सक उन्होंने धारवाड़, मैसूर, शिवमोगा में अपने स्थानान्तरण के अनुभवों को लिखा और पितृसत्ता के विविध रूपों और रणनीतियों को लेखन के माध्यम से सामने लाईं। उन्होंने अपनी दोनों बेटियों को स्वाधीनता का अर्थ समझाया और उन्हें उनकी इच्छा से जीवन जीने की स्वाधीनता भी दी। उन्होंने लिखा है कि बेटियों से उन्होंने कहा कि बिना आर्थिक स्वावलम्बन के स्त्री को विवाह नहीं करना चाहिए। ऐसा वे इसलिए कर पाईं क्योंकि पितृसत्ता और जाति और अर्थ के पारस्परिक जटिल समीकरण को उन्होंने अपने विवाह के बाद गहराई से समझा। धारवाड़ में अपनी नौकरी के दौरान उन्हें अलग अनुभव हुए जिन्हें साझा करते हुए वे दर्ज करती हैं, "रोगी मेरे पास आकर मुझसे अपने रोग से ज्यादा मेरी जाति के बारे में घुमा-फिराकर पूछते, वे जानना चाहते कि मैंने अन्तर्जातीय विवाह क्यों किया? जबकि मेरा पूरा ध्यान क्लिनिक पर रहता, पहले तो मैं आस्तिक थी लेकिन परिस्थितियों ने मुझे नास्तिक बना दिया। निरंजन ने मुझे वैज्ञानिक सोच और प्रश्नाकुलता का संस्कार दिया।"[49]

इसी तरह समता बी. देशमाने सरीखी दलित-समाज से आनेवाली स्त्रियाँ अपनी कथाओं के माध्यम से स्त्रीवादी दृष्टिकोण से साहित्य की आलोचना करने की माँग करती हैं। वे हमारे सामने विकल्प प्रस्तुत करती हैं कि क्या यह सम्भव है कि पुरुष केन्द्रित चेतना की जगह स्त्रीवादी राजनीति के तहत स्त्रियों की छवि में ज्यादा और बेहतर ढंग से बदलाव किये जाएँ। ये आत्मकथाकार स्त्री और दलित होने के कारण विशिष्ट हैं। ये अपने समाज की संरचना और समसामयिक सामाजिक परिवर्तनों से जाति और लिंग के आधार पर बँटे समाज का तापमान दर्ज करती हैं।

ये आत्मकथाएँ पाठकीय अभिरुचि में परिवर्तन के साथ-साथ परम्परागत नजरिये में भी परिवर्तन लाकर पाठक को विवेकी और प्रगतिशील बनाती हैं।

कन्नड़ की स्त्री-आत्मकथाओं की इस श्रेणी में जिन आत्मकथाकारों को रखा जा सकता है जिनमें प्रो. समता बी. देशमाने प्रमुख हैं। उन्होंने बतौर समाज-सुधारक और प्राध्यापक बहुत यश अर्जित किया। उनकी आत्मकथा का शीर्षक है 'मातंगीदी वटिगे'[50] (देवी मातंगी की मशाल)। समता दलित-मादिगा समुदाय से सम्बद्ध हैं जिन्हें राज्य युवा अवार्ड, किट्टूर रानी चेनम्मा पुरस्कार, बाबू जगजीवनराम पुरस्कार, डॉ. अम्बेडकर नेशनल अवार्ड समेत अन्य कई सम्मान उनके समाज कार्य और लेखन के लिए मिल चुके हैं। बतौर दलित-स्त्री उन्होंने अपने जीवन-संघर्ष को आत्मकथा में लिखा। उनकी आत्मकथा को पढ़कर विनोद कुमार शुक्ल की कविता अनायास ही याद आ जाती है, जिसमें वे कहते हैं :

वसीयत वही लिखता है
जिसके पास जमा-पूँजी होती है
गरीब आदमी वसीयत नहीं लिखता—
वह अपने दुख की किताब लिख सकता था
कि उस पर क्या बीती
उसकी लड़ाई क्या थी
उसका समझौता क्या था
उसका विरोध क्या था
और वह कैसे अकेला छोड़ दिया गया
हम सबके द्वारा
कि उसने अन्त में हारकर
आत्महत्या कर ली।

समता देशमाने लिखती हैं, "हम बेहद निर्धन थे। माँ-बाप कुली थे हम छह बहनें झोंपड़पट्टी में रहते थे जहाँ गन्दगी और दुर्गन्ध के मारे मनुष्य का रहना कठिन था। जो भी हो लेकिन अम्बेडकर के बारे में जानने से मुझे जीवन में नई रोशनी मिली। मैंने उनके उपदेशों को अपनाया, शिक्षा के प्रकाश की ओर बढ़ी, ये कहना बेकार ही है कि यह करने में मुझे कितनी कठिनाइयों का सामना करना पड़ा। दरअसल शिक्षा प्राप्त करना शेरनी का दूध पीने के समान है, जिसे पीकर मूक रहना असम्भव है। बचपन के बारे में क्या ही बताऊँ, हम गुलबर्गा में पानी लेने बीस-बीस किलोमीटर दूर जाने को मजबूर थे, वहाँ पानी की बड़ी किल्लत थी, हमारी जाति के लोगों को गाँव के कुएँ से पानी भरने की इजाजत नहीं थी। मेरी

माँ अनपढ़ थी और हम बेहद गरीब, पर किसी तरह मैंने स्लम के स्कूलों में बिना फीस के पढ़ाई की जिसमें मेरे अभिभावकों का बहुत बड़ा योगदान है। थियेटर और सिनेमा का शौक मुझमें पिता ने जगाया। कभी-कभी वे हमें सिनेमा दिखाने ले जाते, मैंने जीवन में बहुत क्रान्तिकारी काम किये। शिक्षा से लेकर अन्तर्जातीय विवाह का सफर एक दलित स्त्री के लिए आसान नहीं होता। मेरे पति डॉ. चन्दाराम बी. ग्रोवर हैं जिन्होंने मुझे जाति से ऊपर उठकर मेरी प्रतिभा के कारण सम्मान और प्रेम दिया। जीवन में पुरुषों ने मेरी बहुत मदद की। जोगेन शंकर के सहयोग से मैं एक संगोष्ठी में भाग लेने लन्दन गई। अम्बेडकर का साहित्य पढ़ने से मेरी सोच में बहुत परिवर्तन आया। हमने घर में सिर्फ दो जयन्तियाँ मनाने का फैसला किया—एक अम्बेडकर और दूसरी बुद्ध जयन्ती। शुरू से मैं सामाजिक-राजनीतिक कार्यों में दिलचस्पी लेती थी और दलित-दर्शन को अच्छी तरह पढ़ा। अपने लेखों और पुस्तकों में अम्बेडकर के विचारों के बारे में फैली भ्रान्तियों के उन्मूलन का प्रयास भी किया।"[51] समता देशमाने अपने माता-पिता के योगदान को नहीं भूलतीं साथ ही मादिगा समुदाय में पूजे जानेवाले देवी-देवताओं की कथाओं का जिक्र भी करती हैं। वे अपने क्षेत्र में अध्ययन और अध्यापन के लिए जानी जाती हैं, इसलिए लिखती हैं, "मैं जानती हूँ आप लोग मुझे स्लम प्रोफेसर कहकर बुलाते हैं लेकिन मैं आपको यह बता देना चाहती हूँ कि मैं जितना विश्वास अध्यापन और शोध पर करती हूँ उतना ही विश्वास एक्टिविज्म पर भी करती हूँ। जिस समाज की सदस्य हूँ उस समाज को बदलना मेरा ही कर्तव्य है।"[52] वे आत्मकथा में सवर्ण पुरुष-राजनीति की विभिन्न रणनीतियों का पर्दाफाश भी करती हैं और अपनी कथा के माध्यम से अपने समुदाय की कथा कहती हैं।

'सूलाडी बन्दो तिरुगी'[53] (वापस लौट आना) की रचनाकार के. सुमित्राबाई स्वयं सवर्ण हैं पर दलित परिवार में विवाह करती हैं और समाज में जकड़ी जाति-व्यवस्था विशेषकर सवर्ण जातियों के भीतर की रूढ़िवादिता को उजागर करती हैं। सुमित्राबाई जाति से ब्राह्मण थीं जिन्होंने कर्नाटक में दलित-आन्दोलन के पुरोधा देवनूर महादेव से विवाह किया। के. सुमित्रा बाई का जन्म मांड्या के पास लोक पावनी नदी के तट पर स्थित एक गाँव तलसासन में हुआ था। सुमित्राबाई आत्मकथा में अपने वैवाहिक जीवन और कर्नाटक में देवानूर महादेव के सामाजिक कार्यों का विस्तार से वर्णन करती हैं। उनका पहला विवाह ब्राह्मण परिवार में ही हुआ और एक पुत्री भी हुई। पति के आकस्मिक देहान्त के बाद वे अकेली रह गईं। आजीविका के लिए वे महाराजा कॉलेज में अध्यापन करती थीं। उनके अपने समाज के भीतर किसी ने उन्हें सहारा देने या उनके पुनर्विवाह के विकल्प के बारे में नहीं सोचा। ब्राह्मणों में स्त्रियों का पुनर्विवाह और वो भी अन्तर्जातीय विवाह एक असाधारण घटना थी। के. सुमित्रा लिखती हैं, "मैं महाराजा कॉलेज में पढ़ाती थी और अक्सर विद्यार्थियों को

समाज में प्रचलित कुरीतियों और अन्धविश्वासों के बारे में बताती थी। मैं प्रगतिशील ढंग से सोचनेवाली एक विधवा थी। मेरे साथ मेरी बेटी थी। आजीविका के लिए नौकरी करना आवश्यक था। एक दिन स्टाफ रूम में मेरे विद्यार्थी देवनूर महादेव ने मुझसे विवाह का प्रस्ताव रखा। मैं उम्र में बड़ी थी, एक बच्ची की माँ थी। मेरे संस्कार पुनर्विवाह की इजाजत नहीं देते थे। इसलिए मैंने वह प्रस्ताव ठुकरा दिया। पुनर्विवाह और वो भी दलित छात्र से! यह बात गले उतरनी मुश्किल थी। लेकिन देवनूर ने लगातार मुझे समझाया, भरोसा दिया। वैसे भी मेरा कोई नहीं था। मैं सफेद साड़ी पहनकर आती और सिर झुकाए वापस जाती। मेरा समूचा जीवन सूना था। भविष्य की चिन्ता में, अक्सर मैं रात को सो नहीं पाती थी। देवनूर के ज्यादा समझाने पर मैं तैयार हो गई क्योंकि हमारे भारतीय समाज में अकेली औरत का जीवन वैसे भी कठिन है। देवनूर से भी मुझे एक पुत्री हुई, अब हम चारों सुख से रहते हैं।"[54]

सुमित्राबाई ने आत्मकथा में निजी और सामाजिक संघर्षों की चर्चा और आलोचना खुलकर की है। वे अपने ब्राह्मण संस्कारों को लेकर देवनूर महादेव के घर गईं तब पता चला कि उनके पति कई बार अजीबोगरीब हरकतें करते थे। पति सामाजिक कार्यों, दलित-चेतना के कार्यक्रमों में बेतरह व्यस्त रहते थे, पहले-पहल उनका न नहाना, अस्त-व्यस्त और गन्दा रहना, कपड़े न बदलना सुमित्राबाई को अजीब लगता था। मन में वितृष्णा भी होती थी। लेकिन उन्होंने देवनूर महादेव की जीवन-शैली के साथ स्वयं को साध लिया। वे उन्हें टोकती नहीं, नौकरी और घर सँभालती, क्योंकि उन्हें मालूम था देवनूर 'एक्टिविस्ट' हैं, समाज में परिवर्तन लाना चाहते हैं। इसलिए उन्हें गृहस्थी की सीमा में बाँधना उचित नहीं। सुमित्राबाई ने उन्हें आजादी और स्वस्थ पारिवारिक वातावरण दिया ताकि वे सामाजिक कार्य कर सकें और आगे चलकर स्वयं भी दलित-आन्दोलन में हिस्सेदारी निभाई। वे लिखती हैं कि : 'रामकृष्ण हेगड़े, देवनूर को एमएलसी बनाना चाहते थे, लेकिन मैं देवनूर को अच्छी तरह जानती थी, वे सत्ता से किसी प्रकार का लाभ नहीं लेना पसन्द करते थे।' सुमित्रा बाई की आत्मकथा में एक विधवा के पुनर्विवाह के प्रति पारम्परिक समाज का नजरिया और रवैया विस्तार में चित्रित है, साथ ही एक ब्राह्मण स्त्री का दलित से विवाह करना कैसे एक स्कैंडल बन जाता है, इसके बारे में वे बेबाक बयान देती हैं।

के. सुमित्राबाई की ही तर्ज पर ही लिखी कमला हम्पन्ना की आत्मकथा 'बेबु बेंकी बिड़लू'[55] (जड़, आग और तना) मिलती है, जो उनके अन्तर्जातीय विवाह की कठिनाइयों को केन्द्र में रखकर लिखी गई है। कमला स्वयं अनुसूचित जनजाति की सदस्य थीं, जिन्होंने एक ऐसे व्यक्ति से प्रेम-विवाह किया जो धर्म से जैनी थे। कमला हम्पना का जन्म 28 अक्टूबर, 1935 को देवनहल्ली, बैंगलोर, कर्नाटक में सी. रंगधामनायक और लक्ष्मम्मा दम्पती के घर हुआ था। कमला की प्रारम्भिक

स्कूली शिक्षा कर्नाटक के चल्लाकेरे में शुरू हुई और विभिन्न गाँवों में जारी रही। 1953 में, एक हाई-स्कूल छात्रा के रूप में उन्होंने तुमकुर में अपना एसएसएलसी पूरा किया। उन्होंने मैसूर में अपनी कॉलेज की पढ़ाई जारी रखी। इसी दौरान, मैसूर विश्वविद्यालय से उन्होंने कन्नड़ भाषा में बी. ए. की डिग्री और एम. ए. की डिग्री प्राप्त की। उन्हें पी-एच. डी. की उपाधि भी मिली। लेखिका के रूप में विख्यात कमला हम्पना प्राकृत, जैन शास्त्र की विशेषज्ञ थीं, उन्होंने एक कन्नड़ शिक्षक के रूप में नौकरी की शुरुआत की। उन्होंने एक लम्बा पेशेवर जीवन जिया—बैंगलोर और मैसूर महारानी कॉलेजों में प्रोफेसर और गवर्नमेंट फर्स्ट क्लास कॉलेज, विजयनगर, बैंगलोर के प्रिंसिपल के रूप में कार्य किया। सरकारी सेवा से सेवानिवृत्त होने के बाद, वह मैसूर विश्वविद्यालय में जैन धर्म, प्राकृत अध्ययन की प्रोफेसर और हम्पी विश्वविद्यालय में अध्यक्ष और विजिटिंग प्रोफेसर रहीं।

शिक्षण, लेखों और भाषणों के माध्यम से उन्होंने कन्नड़ साहित्य की सेवा की जिसके लिए उन्हें देश के विभिन्न संगठनों से कई मानद पुरस्कार प्राप्त हुए। राज्य साहित्य अकादमी पुरस्कार, बाबा आमटे राष्ट्रीय पुरस्कार, सविश्रम्मा देजागौ पुरस्कार, रुन्नाकवि पुरस्कार, आईआईटी मद्रासू कन्नड़ एसोसिएशन सिल्वर जुबली पुरस्कार, श्रवणबेलगोला महामस्तकाभिषेक राष्ट्रीय पुरस्कार, श्री गोमतेश्वर विद्यापीठ पुरस्कार, दानाचिन्तामणि अतीमब्बे पुरस्कार, आदि। उन्होंने मूडबिडर में आयोजित 71वें कन्नड़ साहित्य सम्मेलन (2003) की अध्यक्षता भी की थी।

कमला ने 48 रचनाएँ लिखी हैं। उन्होंने जैन धर्म हलगननद ग्रन्थ का सम्पादन किया और उनकी कृतियों में जीवनी, कहानी, कविता, चित्रांकन जैसे विभिन्न विषयों से सम्बन्धित रचनाएँ शामिल हैं। कमला हम्पना का विवाह हम्पा नागराजैया से हुआ था, जो कन्नड़ के प्रतिभाशाली साहित्यकार थे। दम्पती की दो बेटियाँ और एक बेटा हुआ और 22 जून, 2024 को 88 वर्ष की आयु में बेंगलुरु में उनका निधन हो गया। आज से 70 वर्ष पहले के कन्नड़ समाज में अन्तर्जातीय विवाह सामान्य नहीं समझे जाते थे। कमला हम्पना को उनके अभूतपूर्व साहित्यिक योगदान के लिए याद रखा जाएगा। उन्होंने आत्मकथा में कन्नड़ समाज में प्रचलित जाति-व्यवस्था की कुरूपता को उजागर किया। कन्नड़ में उपलब्ध यह आत्मकथा किसी अनुसूचित जनजाति की स्त्री द्वारा लिखित पहली आत्मकथा है।

सारा अबूबकर की 'होत्तू कन्तुवा मुन्ना'[56] (समय ढलने से पहले) एक मुस्लिम स्त्री की दृष्टि से लिखी उसके समाज की अन्तर्कथा है जिसे पाठकों ने बड़े पैमाने पर सराहा। अन्य कई कन्नड़ लेखिकाओं की तरह ही सारा अबूबकर ने पी. लंकेश की प्रेरणा से छपना शुरू किया। सारा ने आत्मकथा के अतिरिक्त कन्नड़ में लिखे अपने उपन्यास 'चन्द्रगिरी तीरदल्ली' (चन्द्रगिरि के किनारे) से बहुत लोकप्रियता प्राप्त की। उनके नौ उपन्यास हैं : चन्द्रगिरी तीरदल्ली, सहाना, कडाना विराम,

सुलियल्ली सिक्कावरु, ताला ओडेडा दोनियाली, प्रवाह-सुली, पंजारा और इलिजरु। उन्होंने लघु-कथाओं के पाँच संग्रह भी लिखे और मलयालम से कन्नड़ में छह प्रमुख कृतियों का अनुवाद किया है। अनुवादों में आपातकाल (1977-79) के दौरान हुई ज्यादतियों का वर्णन और गुजरात के सेवानिवृत्त डीजीपी आरबी श्रीकुमार आईपीसी द्वारा वहाँ हुए नरसंहार पर एक कथा भी शामिल है।

सारा अबूबकर का 'चन्द्रगिरी तीरदल्ली' उपन्यास कई भारतीय भाषाओं—मलयालम, तमिल, तेलुगु, मराठी, हिन्दी और अंग्रेजी में अनूदित हुआ। पाठकों और आलोचकों ने इसे बहुत पसन्द किया। सारा अबूबकर का कहना है "एक बार पी. लंकेश जी ने मुझसे कहा कि तुम मुसलमान हो और हमें पता भी नहीं कि तुम्हारे समय में मुसलमान लड़कियों का जीवन कैसा था, इसके बारे में हम अँधेरे में हैं। लंकेश मुझे पत्रिका में छापते थे। मेरे मन में आत्मकथा लिखने का विचार भी लंकेश के कारण आया। मैंने यह लिखा कि मुस्लिम लड़कियाँ किन परिस्थितियों में स्कूल जाती हैं। मैंने पाया कि दरअसल एक मुसलमान स्त्री का जीवन सरल नहीं होता, उसे अपने धर्म, समुदाय, जाति के भीतर बहुस्तरीय संघर्ष करना पड़ता है। मेरे लिए यह बड़े आश्चर्य का विषय था कि जब मैं कहानियाँ लिखने लगी तो बहुत ही सहज भाव से मेरी नानी, मेरी माँ, बहन चरित्रों के रूप में उतरने लगी। इस तरह मेरी आत्मकथा मेरी ही नहीं मुस्लिम औरतों की आत्मकथा के रूप में, हमारे समुदाय की कथा के रूप में लिखी गई।" अपनी रचना-प्रक्रिया के विषय में बताने के बाद सारा अबूबकर आत्मकथ्य शुरू करती हैं : "मेरा जन्म चन्द्रगिरी नदी के किनारे बसे एक गाँव चमनाडु में 1936 में हुआ। मैंने बचपन से अपने तनाव और संघर्ष नदी से बाँटे, वह मेरे सुख-दुख की साथी थी। काम-काज की तलाश में मेरे गाँव से बहुत लोग सऊदी अरब के देशों की ओर चले गए, विदेशी पैसा आने से गाँव की आर्थिक स्थिति में बहुत सुधार आया, लेकिन इसका नकारात्मक प्रभाव औरतों पर पड़ा। अरब देशों के पैसे के साथ 'इस्लामिक फंडामेंटलिजिम' हमारे समुदाय में कब चला आया हमें पता भी नहीं चला। गाँव में स्त्री-पुरुष के बीच खाई ज्यादा गहरी होने लगी। हम देख पा रहे थे कि लड़कियों और औरतों को हिजाब और बुर्के पहले से कहीं ज्यादा कड़ाई से पहनाए जाने लगे। ऐसा समय भी आया कि बुर्का न पहनने पर दंड का विधान तय कर दिया गया। अब बुर्के के बिना घर से निकलना मुश्किल था। बचपन की स्वतंत्रता हमसे छिन गई। मेरी नानी बी फातिमा, माँ जेना बी का दम घुटना तो मैंने खुद महसूस किया क्योंकि वे गाँव में भी अपने घर से बगैर बुर्के के निकल नहीं सकती थीं, जुर्माने की रकम तगड़ी थी।

मेरे घर में मैं चार भाइयों के बीच इकलौती बहन और पिता पुडियापुरा अहमद की दुलारी थी। वे मुझे ऊँची शिक्षा देना चाहते थे। उन्होंने मुझे कुरआन

पढ़ाया। बाद में मुझे कासरगोड़ के प्राथमिक विद्यालय में भेजा जहाँ दुर्गाबाई नामक एक प्यारी अध्यापिका मिलीं। पूरे स्कूल में अकेली मुसलमान लड़की होने के कारण दुर्गाबाई ने बहुत सहायता की। मेरी पढ़ाई पर विशेष ध्यान दिया। घर पर गाँव के मौलवी दुल्ला अक्सर आकर पिता को डपटते कि लड़की को स्कूल भेजना कैसे दीन के खिलाफ है और मेरे पिता चुपचाप उनके उपदेश सुन लेते। मौलवी के साथ-साथ गाँववालों की नजर में लड़की को कुरआन और घरेलू शिक्षा देकर जल्द ब्याह देना उचित था। उन दिनों मुसलमान समुदाय की लड़कियों की शादी की उम्र 9-10 साल थी। पर भला हो मेरे पिता का जिन्होंने मुझे पाठशाला से नहीं निकाला। मुझे याद है जब देश आजाद हुआ मैं छठी कक्षा में पढ़ रही थी। मैं तेल के लैम्प की रोशनी में पढ़ती और गाँव के लोग मुझे अचम्भे से स्कूल जाते देखते कि कैसे एक मुसलमान लड़की स्कूल जा रही है। गाँववालों के दबाव से मेरी सगाई मंगलोर के अबूबकर नामक इंजीनियर से तय कर दी गई, और इससे पहले कि मेरा परीक्षा परिणाम आता, 1953 के अक्तूबर महीने में मेरी रूखसती हो गई। ससुराल में मायके से भी ज्यादा पर्देदारी थी। यहाँ मैं मात्र घरेलू औरत थी जिसे घर देखना था और बच्चे जनने थे। मेरे प्रारम्भिक दस वर्ष चार लड़कों के जन्म और लालन-पालन में लग गए। मुझे अखबार पढ़ना तक मय्यसर नहीं था क्योंकि अखबार मर्दाने में आता था, जनानखाने तक पहुँचता ही नहीं था। धीरे-धीरे पति से कहकर मैंने पुस्तकालय से किताबें मँगवानी शुरू कीं, जो अक्सर उनकी रुचि की ही होती थीं। ससुराल में स्त्री-स्वाधीनता या स्त्री की किसी इच्छा के कोई मायने नहीं थे। स्त्री को कोई गम्भीरता से लेता नहीं था। जबकि वह 25-30 लोगों का संयुक्त परिवार था। पति की नौकरी तबादले वाली थी। अन्ततः हम 1963 में अपना अलग घर बना सके, अब मैंने वुमन एसोसिएशन की सदस्यता ले ली और अपनी इच्छा की किताबें पढ़नी शुरू कीं...

70 के दशक में मैंने जो भी लिखा किसी पत्रिका ने छापा नहीं। मेरी कई कहानियाँ और लेख किसी पत्र-पत्रिका के सम्पादक को पसन्द नहीं आए। लेकिन सन् 1981 में पी. लंकेश की प्रेरणा से मेरा लेख 'लंकेश पत्रिके' में छपा जो साम्प्रदायिक सौहार्द्र पर आधारित था।"[57] सारा अबूबकर ने अपने लेखन में मुसलमान स्त्रियों की समस्याओं को प्रमुखता से उठाया। मालाबार के इलाके में इस्लाम धर्म को माननेवाले लोगों और अपने समुदाय की स्त्रियों के विविध वर्णी चित्रों ने सारा को ख्याति प्रदान की। लेकिन उन्हें इस बात का दुख रहा : "मुझे अपने परिवार यानी पति-बच्चों से कभी सहयोग नहीं मिला। मुझे लगता है ये मर्द सिर्फ बच्चे पैदा करना जानते हैं, लेकिन बच्चों के पालन-पोषण के बारे में कुछ जानते नहीं, जानना भी नहीं चाहते। पति मेरी मदद नहीं करते थे। वे अपनी नौकरी में व्यस्त रहते थे खाली समय में क्लब और दोस्त। घर के अन्दरूनी मसलों से उन्हें कोई लेना-देना नहीं

था। मैंने घर की जिम्मेदारियों निभाईं और लिखना भी समानान्तर ढंग से जारी रखा। मैं उग्र स्त्रीवाद के समर्थन में नहीं थी पर मैंने तय कर लिया था कि मुसलमान समुदाय समेत अन्य भारतीय समुदायों में पुरुष-स्त्री समीकरणों के अनुपात के बारे में महत्त्वपूर्ण सवाल उठाऊँगी। लिखने का रास्ता मेरे लिए कभी आसान नहीं था। कभी पति का तबादला हो जाता, कभी बच्चों की देखभाल और घरेलू जिम्मेदारियाँ। छोटी-छोटी मुश्किलें बड़ी बन जातीं। हाँ एक ही बात हुई कि पति के तबादले के दौरान मैंने पूरा कर्नाटक नजदीक से देखा। इसका लाभ मुझे यह मिला कि मैं आम आदमी के जीवन की कठिनाइयों, विभिन्न समुदायों की जीवन-शैली, सामाजिक-आर्थिक समस्याएँ, रीति-रिवाजों को रचनाकार की नजर से देख सकी। कर्नाटक के विभिन्न तबकों में स्त्री की स्थिति को भी मैंने इसी दौरान देखा। मैंने प्रगतिशील साहित्य संघ की सदस्यता ले ली। पी. लंकेश सरीखे विद्वानों के सम्पर्क ने मुझे मुसलमानों की समस्याओं पर अलग से विचार करने और उनके बारे में शेष समाज को बताने की प्रेरणा दी ही, छपने के अवसर भी दिये। मलयाली लेखिका कमला दास के सम्पर्क से मैंने बहुत कुछ सीखा।"[58]

सारा अबूबकर आज हमारे बीच नहीं रहीं लेकिन उन्हें अपने लेखन और सामाजिक सरोकारों के लिए जाना जाएगा। उन्होंने हिन्दू-मुसलमानों के बीच साम्प्रदायिक दंगों और इस बीच में पिसते निर्धनों की असुरक्षा की समस्या को अपनी रचनाओं में उठाया। सारा ने ज्यादातर लेखन आत्मकथात्मक किया क्योंकि वे अपने आसपास के चरित्रों को समाज से उठाती हैं। उन्होंने स्त्रियों, विशेषकर मुसलमान स्त्रियों को केन्द्र बनाया और तटीय कर्नाटक में पुलिस द्वारा हिन्दू स्त्रियों को उनके मौलिक अधिकारों से वंचित किये जाने की नीतियों का विरोध डटकर किया और कहा, "नैतिक पुलिसिंग को महिलाओं के लिए दिशानिर्देश निर्धारित करने का कोई अधिकार नहीं है।" जब सुप्रीम कोर्ट ने अपने फैसले में विवाह के अनिवार्य पंजीकरण का प्रावधान किया, तो उन्होंने साफ शब्दों में कहा, "यह एक अच्छा फैसला है। मैं वर्षों से इस माँग की वकालत करती रही हूँ। कानून के बावजूद, खासकर निचले तबके की स्त्रियों का शोषण होता है। अब वे कम-से-कम कोर्ट तो जा सकती हैं।"

ट्रांसजेंडर के प्रति हमारा समाज अभी तक ठीक से शिक्षित नहीं हो सका है, ऐसे में कर्नाटक की मंजम्मा जोगती के बारे में उनकी अपनी जुबानी जानना दिलचस्प ही नहीं आँखें खोलनेवाला भी है। मंजम्मा को कन्नड़ की पहली ट्रांसजेंडर आत्मकथाकार होने का श्रेय जाता है। वे भारत की पहली ट्रांसजेंडर हैं जिन्हें 2021 में पद्मश्री पुरस्कार से नवाजा गया। उनकी प्रारम्भिक पहचान मंजूनाथ शेट्टी के रूप में थी। ट्रांसजेंडर स्वभाव से संवेदनशील होते हैं, लेकिन उन्हें मात्र हमारी सहानुभूति नहीं चाहिए। यह तथ्य मंजम्मा की कथा के माध्यम से हमारी संवेदना

के विस्तार में मदद करता है। समाज यौनिकता की पहचान के विषय में कितना अल्पज्ञ है और यह अल्पज्ञता हमें किसी एक खास समुदाय के प्रति कितना निर्मम बना देती है, यह हम तब जान पाते हैं जब मंजम्मा के रूप में पहचानी गई मंजूनाथ शेट्टी की आत्मकथा से रू-ब-रू होते हैं। यह आईने में अपना ही चेहरा देखने जैसा है। यह आत्मकथा ट्रांसजेंडर के प्रति हमारी समझ का विस्तार करती है। हम पाते हैं कि वे भी हमारी तरह ही मनुष्य हैं, जो समाज के सदस्य के रूप में पहचाने जाने के मुन्तजिर हैं। यह आत्मकथा इस समुदाय की आदतों और प्रवृत्तियों के बारे में हमें गहन जानकारी देती है। आत्मकथा 'नाडुवे सुलिवा हेन्नू' (हमारे आसपास घूमती औरत)[59] को मंजम्मा ने अरुण जोड़द कुल्दगी से कन्नड़ में लिखवाया। मंजम्मा जोगती ने अपने समाज में प्रचलित बहुत-सी रीतियों के बारे में आत्मकथा में बताया है। प्रचलन के अनुसार मंजम्मा का विवाह देवता जोगप्पा से कर दिया गया, जिसके बाद परिवार ने उसे वापस स्वीकार ही नहीं किया। मंजम्मा के तृतीय लिंगी होने के बारे में पता चलते ही परिवार का रवैया उनके प्रति बदल गया। उसकी आत्मकथा भारतीय समाज में अपनी यौनिकता से जूझते व्यक्तित्व के 'आत्म' की खोज की कथा है : "मैं मंजम्मा जोगती के नाम से जानी जाती हूँ, मैंने पन्द्रह वर्ष की उम्र में घर छोड़ दिया था। मैं कक्षा दस तक पढ़ी हूँ। घर छोड़ने के बाद मैंने भिक्षा माँगी, बलात्कार और यौन-शोषण का शिकार कई बार हुई। एक परिवार ने मुझे शरण दी और 'जोगती' नृत्य सीखने में मैंने अपनी जान लगा दी, मैंने अपने नृत्य-गुरु से दीक्षा ली और कर्नाटक समेत देश के विभिन्न भागों में नृत्य प्रदर्शन के लिए जाने लगी। जोगती नृत्य के बारे में लोग धीरे-धीरे जानने लगे, बाद में मैंने अपना नृत्य-समूह बना लिया...बचपन के बारे में क्या कहूँ, हमारे देश और कन्नड़ समाज में स्त्री-पुरुष के अलावा तृतीय लिंगी या किन्नर को बहुत हेय दृष्टि से देखा जाता है। मेरे माता-पिता भी मुझे नहीं समझते थे। घर में बेहद घुटन थी। मैंने अपने प्राण लेने की कोशिश की, लेकिन बच गई। अस्पताल में रही पर मुझे देखने कोई नहीं आया वहाँ। ठीक होकर मैं घर के अलावा कहीं भी और चली जाना चाहती थी, पर डॉक्टर ने मुझे घर के आश्रय में लौटने के लिए समझाया क्योंकि मैं अभी किशोरी थी। पिता और माँ ने मुझसे कहा कि तुम्हारे कारण हमारी बदनामी होती है इसलिए तुम चली जाओ और हिजड़ों के साथ ही रहो। मैं त्रावणगिरि चली गई, वहाँ हिजड़ों के समूह में रही। पेट भरने के लिए भीख माँगती, साड़ी पहनकर नाचती। नाचकर कमाए हुए पैसों से मैंने नाश्ते का ठेला लगा लिया जहाँ मैं इडली-साँबर बेचा करती। मुझे भीख माँगना पसन्द नहीं था, क्या आप सोच सकते हैं कि भीख के लिए हाथ फैलाते ही हमारी आत्मा कैसे मर जाती है। कालव्वा जोगती से एक सहेली ने परिचय करवाया जिसने अपने नृत्य-समूह में मुझे नाचने के लिए रख लिया। मुझे

धन कमाना था इसलिए मैंने देर शाम छोटे बच्चों को ट्यूशन पढ़ाना शुरू कर दिया। इस तरह मैंने नाचकर, नाश्ता बेचकर, ट्यूशन पढ़ाकर जीवनयापन किया। मेरे परिवार से किसी ने मेरी सुध नहीं ली, वे समझ गए थे कि मैं हिजड़ा हूँ और मुझसे उन्होंने पीछा छुड़ा लिया है। मैं अपनी कहानी क्या बताऊँ, युवावस्था में मैं एक बार अपने गाँव 'कुडलगी' गई, रास्ते में हरिहर पर उतरी। शाम ढल रही थी मैं बस स्टैंड पर उतरी, मेरे हाथ में सामान था, मुझे अपने माता-पिता बहुत याद आते थे, पर वे तो मुझे भुला चुके थे। बस से उतरते देख कुछ गुंडों ने घेर लिया और मेरा सामूहिक बलात्कार किया। मेरी आवाज सुननेवाला कोई नहीं था। मेरे पैसे और सामान छीन लिये, कपड़े तार-तार कर दिये। मैं रोते-रोते लौट गई, मैं अकेली और अबला थी इसलिए मेरे मन में आत्महत्या का विचार आया। दूसरी बार अपनी जान लेने की कोशिश की, पर भाग्य को कुछ और मंजूर था। इस बार भी बच गई।

...इस घटना के बाद मैंने फिर से जीने का फैसला किया, सोचा कि मैंने इतना सब तो झेल ही लिया है अब तो जीना ही है मुझे हर हाल में।"[60]

मंजम्मा बताती हैं कि शुरुआत के पन्द्रह वर्ष जब वे अपने माता-पिता के साथ रहीं, उनकी पहचान एक लड़के की थी। जब उनकी देह-भाषा और स्वभाव के साथ अभिरुचियों में भी परिवर्तन लक्षित होने लगे तो पिता और सगे-सम्बन्धी उनकी उपेक्षा करने लगे, उन पर ताने कसने लगे। मंजम्मा का प्रश्न है कि ऐसे लोग, जिनकी यौनिकता स्त्री या पुरुष के रूप में स्पष्ट नहीं है उनके प्रति समाज का रवैया इतना क्रूर क्यों है? वे कहती हैं कि हम भी आपकी तरह समाज का हिस्सा हैं। आप हमें ऐसा नहीं समझते। ऐसा न होने पर ही ट्रांसजेंडर्स ने अपना एक समाज बना लिया है। वे किसी को भी अपने निजी दायरे में तब तक नहीं आने देते, जब तक वह उनके अपने समुदाय से न हो। वे मानते हैं कि उनकी मुख्य पहचान उनका लिंग है और वे अपने जीवन-भर अपने लिंग को साबित करने के लिए संघर्ष करते हैं। सार्वजनिक स्थानों पर ट्रांसजेंडर इस तरह से व्यवहार करते हैं कि अन्य लिंग के लोग उनसे डर जाते हैं। वे इसका उपयोग एक सुरक्षा तंत्र के रूप में करते हैं, ताकि वे मारपीट और दुर्व्यवहार से खुद को बचा सकें। समाज में ट्रांसजेंडरों को सभी क्षेत्रों में उपेक्षित किया जाता है। अधिकांश साक्षात्कारों में ट्रांसजेंडर लोगों के चेहरे भी दिखाने की जरूरत नहीं समझी जाती। यह उन ट्रांसजेंडरों के लिए विशेष रूप से होता है जो अपने जीवन में संघर्ष कर रहे होते हैं। अक्सर यह ट्रांसजेंडर-यौनकर्मियों के साथ अधिक होता है। सोशल मीडिया में ट्रांसजेंडरों का उपयोग अधिक दृश्यता, मजाक और वितृष्णा उत्पन्न करने के लिए बतौर उपकरण किया जाता है। हमें उनकी जरूरतों की ओर ध्यान देना चाहिए, जैसे कि लिंग-निरपेक्ष शौचालय, पहचान-पत्र देना आदि। सबसे महत्त्वपूर्ण बात यह है कि उनमें और

समाज में उनके प्रति जागरूकता पैदा करनी चाहिए। इसके लिए हमें ट्रांसजेंडरों को समझना और स्वीकार करना होगा। सरकार को उन पर विशेष ध्यान देना होगा और उन्हें शिक्षित करने के लिए प्रयास करने होंगे।

मंजम्मा जोगती जैसे अनेक ट्रांसजेंडर हैं, जिनकी कहानियाँ अनकही ही रह गई हैं। हालाँकि विभिन्न भारतीय भाषाओं में अब अनेक ट्रांसजेंडर अपनी कथाओं के साथ और कभी-कभार अनुवाद के माध्यम से भी सामने आ रहे हैं। ये आत्मकथाएँ हमें उनके विषय में समझने और समाज में इन यौनिक अल्पसंख्यकों को सामान्य बनाने का मार्ग प्रशस्त करने में मदद करती हैं। ये स्वानुभूत कथाएँ हैं जो हमारे समाज और सामाजिक इतिहास की दरारों की ओर इशारा करती हैं। यह ऐसा यथार्थ है जिसे कोई और नहीं बता सकता। ट्रांसजेंडर अपनी व्यथा और गाथा स्वयं ही बता सकते हैं। मंजम्मा जोगती अपने अनुभवों को बताती हैं जिसमें बतौर ट्रांसजेंडर उन्होंने घर और बाहर दोनों जगह उपहास, उत्पीड़न और हिंसा का सामना किया। वे सहती रहीं सब कुछ क्योंकि उन्हें मालूम था कि पुरुष के शरीर में उन्हें स्त्री की आत्मा मिली है, लेकिन यह और लोगों के लिए समझाना लगभग असम्भव होता है। बतौर ट्रांसजेंडर उनके सामने कई तरह की मानसिक और भौतिक चुनौतियाँ रहीं। शरीर और आत्मा का विश्रृंखलित तारतम्य, शरीर के भीतर हार्मोन के असन्तुलन और तन के साथ मन की असम्बद्धता ऐसे लोगों को दोहरे व्यक्तित्व के साथ जीने के लिए विवश कर देती है। इन सबके साथ वे समाज में उपहास, उपेक्षा और प्रताड़ना के पात्र बन जाते हैं। पूरे विश्व में होनेवाली आत्महत्याओं में ट्रांसजेंडर समुदाय के सदस्यों की संख्या सबसे बड़ी है। लन्दन विश्वविद्यालय के छात्रों द्वारा किये गए एक अध्ययन में यह पाया गया कि 41% ट्रांस-स्त्रियाँ और 46% ट्रांस-पुरुष आत्महत्या करते हैं। इसके कई कारण होते हैं। जैसे गलत समझी गई पहचान, सामाजिक दबाव, मानसिक आघात, अपनी पहचान को व्यक्त करने में कठिनाई और सामाजिक स्वीकृति की कमी।[61] आँकड़े यह भी बताते हैं कि ट्रांसजेंडर आमतौर पर जीवन के कठोर सत्य का सामना करने के लिए नशा, शराब इत्यादि का सेवन करते हैं। उनके साथ यौन-हिंसा भी बड़े पैमाने पर होती है। उनकी बस्तियाँ हमेशा ही पुलिस के निशाने पर रहती हैं। वे बहुत-से यौन-रोगों का शिकार बन जाते हैं और अपनी जिन्दगी किसी चौराहे पर भीख माँगते हुए, लोगों को गाली-गलौज से डराकर धन उगाहकर, पुलिस की पिटाई-शोषण का शिकार होकर गुमनामी में मर जाने के लिए अभिशप्त होते हैं। उनमें से बहुत कम ऐसे होते हैं जिनकी जिजीविषा लक्ष्मी नारायण त्रिपाठी या मंजम्मा जोगती जैसी प्रबल होती है।

मंजम्मा जोगती अपने समुदाय के रीति-रिवाजों पर भी प्रकाश डालती हैं। ट्रांसजेंडर कुछ विशेष अनुष्ठानों का पालन करते हैं और यह उनकी परम्परा में शामिल है। अपने धर्म और आस्था की परवाह किये बिना वे सभी अनुष्ठानों

और त्योहार में भाग लेते हैं। ये अनुष्ठान हैं—रीट (चेलों को अपनाना), रोटी (सामुदायिक सभा), थूतदार (नपुंसकता के बाद का अनुष्ठान), चालीस और राउंडप्पा (दाह संस्कार अनुष्ठान)। उपर्युक्त अनुष्ठानों और त्योहारों के अलावा उर्स का त्योहार हर साल अजमेर में 'रजब' के महीने में मनाया जाता है, जो ख्वाजा मोइनुद्दीन चिश्ती की मृत्यु की याद में होता है। ऐसा माना जाता है कि ख्वाजा की सेवा करनेवाले ट्रांसजेंडर को उस दिन गर्भवती होने का आशीर्वाद मिलता है। ट्रांसजेंडर वहाँ प्रार्थना के लिए एकत्र होते हैं और लोगों के लिए भोजन परोसते हैं। एक और प्रसिद्ध त्योहार कूवगम के बारे में वे बताती हैं, जो तमिलनाडु के विल्लुपुरम जिले के एक गाँव चिथिरई (तमिल का पहला महीना) में मनाया जाता है। इस त्योहार के केन्द्र में ट्रांसजेंडर का विवाह है। अठारहवें दिन के अन्त में अपने प्रिय पति भगवान अरावन की मृत्यु पर शोक मनाने की प्रथा है जो महाभारत के युद्ध के प्रसंग पर आधारित है। तमिल महाभारत में अरावन अर्जुन और उलूपी के पुत्र के रूप में चित्रित है। उसने पांडवों की जीत के लिए युद्ध-स्थल पर अपने जीवन का बलिदान दिया। अरावन की अन्तिम इच्छा पूरी करने के लिए भगवान कृष्ण ने मोहिनी का रूप लिया और अरावन ने अपने जीवन की अन्तिम रात मोहिनी के साथ बिताई। अगले दिन, युद्ध शुरू होने से पहले अरावन का बलिदान कर दिया गया। महाभारत की इस घटना का अनुसरण करते हुए कूवगम का त्योहार हर साल आयोजित होता है।

भारत के दक्षिण प्रान्तों में, देवी येल्लम्मा ट्रांसजेंडरों की मुख्य देवी मानी जाती है। उन्हें विभिन्न नामों से पुकारा जाता है जैसे जोगम्मा, रेणुका, होलिम्मा आदि। रेणुका का मन्दिर कर्नाटक में स्थित है। ट्रांसजेंडर बहुचरा माता को भी अपनी मुख्य देवियों में से एक मानते हैं। उनका मानना है कि यह देवी उनकी संरक्षिका हैं और वे गुजरात में स्थित उनके मन्दिर में दर्शन के लिए जाते हैं। उनका यह भी मानना है कि देवी के आशीर्वाद से उन्हें एक स्पष्ट लिंग प्राप्त होता है, चाहे वह पुरुष हो या स्त्री।

मंजम्मा जोगती की आत्मकथा इतिहास, वर्तमान के विविध पड़ावों से होकर गुजरती है। मंजम्मा ने जीवन में बहुत कुछ सहा, लेकिन अथक परिश्रम भी किया। आज 'जोगती' नृत्य-शैली का जो स्वरूप हमारे सामने है उसके विकास में मंजम्मा का योगदान ऐतिहासिक है। मंजम्मा ने जोगती नृत्य में अपने-आपको खो दिया। वह दिन-रात नृत्य का अभ्यास करती हुई उसमें प्रयोग करती रहीं। उसकी नृत्य मंडली ने जल्द ही कर्नाटक सरकार का ध्यान आकृष्ट कर लिया। जोगती नृत्य को येलम्मा के मेले की सीमा से निकालकर उसे अन्तरराष्ट्रीय ख्याति प्रदान करने में मंजम्मा ने दिन-रात एक कर दिये। उनकी मंडली को सरकारी आमंत्रण मिलने लगे। मंजम्मा पूरे भारत में अपनी नृत्य मंडली के साथ 'जोगती' नृत्य का प्रदर्शन

करतीं। प्रत्येक प्रदर्शन पहले से कहीं और बेहतर होता गया। मंजम्मा के जीवन का यह सबसे आश्वस्तिकारक दौर था। नृत्य और मंजम्मा, मंजम्मा और नृत्य, जोगती शैली फल-फूल रही थी। मंजम्मा को कई संस्थाएँ सम्मानित करतीं, अब समूह को किसी तरह की आर्थिक कठिनाई नहीं थी। रहने को आसरा और पहनने-ओढ़ने को पर्याप्त था। नृत्य-शैली में तरह-तरह के नये प्रयोगों ने विशेषज्ञों का ध्यान आकृष्ट किया। ऐसे में जोगप्पा ने मंजम्मा जोगती से विवाह का प्रस्ताव किया। पुरुष देह में बिंधी स्त्री की आत्मा के अब तक दबे-कुचले अरमान जाग उठे। विवाह हो गया। मंजम्मा ने जोगप्पा से प्रेम किया और जोगप्पा ने मंजम्मा की कमाई से। मंजम्मा ने आत्मकथा में बताया है कि कैसे उसके भीतर के प्रेम को यथार्थ की ठोस जमीन से टकराकर शेष हो जाने की नियति को स्वीकार करना पड़ा। जोगप्पा ने उससे नहीं, उसके पैसे के लालच में विवाह किया है। यह जानते ही देवी रेणुका की मूर्ति के सामने गिरकर मंजम्मा रोने लगी। लेकिन जल्द ही वह इस आडम्बरपूर्ण सम्बन्ध के क्षीण तन्तुओं को तोड़कर आगे बढ़ गई। उसने तय कर लिया कि सहजीवन का भ्रम भी वह अब कभी नहीं पालेगी। स्त्री तभी तक विवश होती है जब तक भावना के वशीभूत होती है। मंजम्मा ने अब बुद्धि से सोचा और इस सम्बन्ध से बाहर निकलकर लोक-कलाओं के विकास के लिए प्रयत्नशील कर्नाटक जनपद अकादमी की अध्यक्ष बनी। मंजम्मा को सामाजिक योगदान और जोगती नृत्य के विकास के लिए पद्मश्री पुरस्कार से नवाजा गया। अब वे नृत्य प्रशिक्षण का केन्द्र चलाती हैं और अपने जैसे ट्रांसजेंडर लोगों की समस्याओं को सुलझाने एवं उनकी जीवन-शैली में सुधार लाने के प्रयास करती हैं।

अक्कई पद्मशाली भी ट्रांसजेंडर समुदाय से सम्बद्ध हैं जिन्होंने अपनी कथा 'अक्कई'[62] गौरी विजयकुमार को बोलकर लिखवाई, जो जुबान बक्स से 'एक लम्बी यात्रा में छोटा कदम' शीर्षक से हिन्दी में 2021 में छपी।

कन्नड़ आत्मकथाओं में पुरुष और स्त्री-लेखन का स्पष्ट अन्तर दिखाई देता है। जीवन की विविध घटनाओं के स्मृति-सन्दर्भ और उनके प्रभाव को पुरुष और स्त्री पर अलग-अलग देखा जा सकता है। नैन्सी के. मिलर का मानना है कि पुरुष आसानी से किसी घटना अथवा प्रसंग को आसानी से विस्मृत करने की क्षमता रखते हैं, जबकि स्त्रियाँ स्मृतिजीवी होती हैं। वे आसानी से किसी घटना को भुला नहीं पातीं। उदाहरण के तौर पर एक स्त्री मातृत्व अथवा बलात्कार के जिस अनुभव से रू-ब-रू होती है, उसे वह जीवन-भर भुला नहीं पाती। यौन-दुर्व्यवहारों का प्रभाव शरीर और मन दोनों पर पड़ता है—दोनों ही स्थितियों में स्त्री का शारीरिक दलन-मर्दन होता है। इन घटनाओं के परिणाम-दुष्परिणाम उसे जीवन-भर भुगतने पड़ते हैं, और यहीं पर स्त्री और पुरुषों की अभिव्यक्ति शैली, विषय का चुनाव और विधागत चुनाव जैसे मुद्दों पर गुणात्मक और मात्रात्मक अन्तर दिखाई देने लगता

है।[63] अधिकांश पुरुष लेखक अपनी रचना-यात्रा के बारे में विस्तार से लिखते हैं, साथ ही यह भी कि उनके जीवन में स्त्रियाँ कैसे आईं। उदाहरण के तौर पर गिरीश कर्नाड की आत्मकथा को देखा जाना चाहिए जिसमें उन्होंने बालीवुड में आने के बाद हेमा मालिनी द्वारा उन्हें अपने घर भोजन पर बुलाए जाने का वर्णन किया है। इस बारे में गिरीश कर्नाड ने लिखा कि हेमा मालिनी कोई बौद्धिक तो थीं नहीं, उन्होंने कैसे मुझ (गिरीश कर्नाड) को निमंत्रित किया। आशा देवी लिखती हैं, "गिरीश कर्नाड की आत्मकथा पढ़कर मुझे पुरुष की बेशर्मी से घिन आई। कर्नाड उन महिलाओं के बारे में लिखते हैं जिनसे उन्हें बहुत प्यार मिला लेकिन उनके प्रति कर्नाड के भीतर कोई सम्मान नहीं था। अभिनेत्री हेमा मालिनी के बारे में लिखते समय वही अहंकार दोहराते हैं, जब उसने उनसे विवाह का प्रस्ताव किया।"[64]

आशा देवी पुरुषों की आत्मकथाओं में निजी उपलब्धियों का वर्णन अधिक देखती हैं और स्त्री-आत्मकथाओं में आत्म के प्रकटीकरण का आधिक्य पाती हैं।

कन्नड़ स्त्री-लेखन के प्रेरणा स्रोत पी. लंकेश के अविस्मरणीय योगदान के साथ उनकी आत्मकथा को देखने की सिफारिश आलोचकों ने की है। पी. लंकेश ने छोटे टैबलॉइड के प्रकाशन से साहित्य लेखन में क्रान्ति ला दी। उन्होंने ही पहले-पहल स्त्रियों को अभिव्यक्ति के लिए प्रेरित किया और छापा। दरअसल पी. लंकेश ने स्त्रियों को सामने आकर अपने अनुभव लिखने, कहने की सिर्फ प्रेरणा ही नहीं दी वरन् स्त्रियों को कार्यकर्ता बनने, किसी भी विधा में लिखने और आत्मानुभवों को यथार्थ रूप में अभिव्यक्त करने के लिए प्रेरित भी किया। पी. लंकेश अपने सामाजिक, राजनीतिक, सांस्कृतिक सरोकारों के लिए जाने जाते थे जिनकी आत्मकथा 'हुली महाविना मरा'[65] (खट्टे आम का पेड़) शीर्षक से छपी। इस आत्मकथा के प्रत्युत्तर में उनकी पत्नी इन्दिरा लंकेश ने 'हुली मावू मत्तू नानू' (खट्टे आम के पेड़ के साथ) जिसमें पी. लंकेश के साथ उनके निजी सम्बन्धों और बतौर स्त्री और पत्नी की भूमिका के बारे में विस्तार से लिखा। यह देखने की बात है कि एक स्त्री अपने ख्यातिलब्ध, बेहद मेधावी और समाज में सम्मानित छवि रखनेवाले पी. लंकेश के जीवन के आन्तरिक पक्ष पर बतौर पत्नी क्या रवैया रखती है। आशा देवी का कहना है कि जब भी पुरुष आत्मकथाकार अपने बारे में लिखते हैं, वे केन्द्र में स्वयं को रखते हैं। गिरीश कर्नाड और पी. लंकेश की आत्मकथा से कुछ उदाहरण लेकर वे अपनी बात को पुख्ता करती हैं। इनकी आत्मकथाएँ पढ़कर बतौर पाठक हम यह जान नहीं पाते कि इन स्त्रियों ने उनके जीवन पर क्या प्रभाव डाला, कोई प्रभाव डाला भी कि नहीं। आशा देवी यह भी लिखती हैं कि स्त्री-आत्मकथाएँ 'आरोहण' की कथाएँ हैं और पुरुष आत्मकथाएँ 'अवरोहण' की। स्त्रियों की आत्मकथाएँ सांस्कृतिक प्रतिमान में अन्तर्निहित विचारधारा और मान्यताओं पर सवाल उठाती हैं और स्त्रियों के मानस को आकार देनेवाले छिपे हुए कारकों का पता देती हैं।

इन्दिरा लंकेश ने 'हुली मावू मत्तू नानू' (खट्टा आम और मैं) में अपने पिता और अपने बाल्यकाल की स्मृतियों को स्थान दिया है जो प्रारम्भ में पाठकों को उतनी रोचक प्रतीत नहीं होती लेकिन उत्तरोत्तर पाठक को अनुभव होता है कि वह इन्दिरा के जटिल एवं समस्याग्रस्त दाम्पत्य जीवन का साक्षी बन रहा है। इन्दिरा लंकेश लिखती हैं, "मेरे पिता नेहरू जी को बहुत पसन्द करते थे इसलिए उनकी पुत्री का नाम मुझे मिला। मैं जब इंटरमीडियट में थी तब मेरी सगाई लंकेश के साथ हो गई जो उन दिनों एम. ए. के विद्यार्थी थे।" विवाह के बाद उनका साबका पड़ता है सामाजिक रूप से बेहद सक्रिय, मेधावी और त्वरित निर्णय लेनेवाले युवा लंकेश से। वे सेंट्रल कॉलेज में अंग्रेजी पढ़ाते थे। इन्दिरा लिखती हैं, "मेरे मायके में मुझे बहुत प्यार मिला था जबकि लंकेश के घर आने पर मेरा साबका अचानक ऐसे आदमी से पड़ा जो अक्सर क्रोधित होकर अनाप-शनाप बकता था। पति बुरे नहीं थे पर जरा-जरा-सी बात पर वे बेतरह डाँटा करते। एक बार उनके क्रोध को मैं सह नहीं पाई, दारुण वेदना और अपमान के ऐसे ही एक क्षण में मैंने विष पीकर जीवन समाप्त करने का प्रयास किया। दरअसल लंकेश मुझे बात-बात में गाली देते और कोसते जिससे मेरे कोमल मन को चोट पहुँचती। ऐसा भी क्षण आया जब मुझे लगने लगा कि जीवन में कुछ बचा नहीं है। मुझे अस्पताल में बचा लिया गया लेकिन विषवाली घटना से लंकेश बहुत डर गए और उन्होंने ताव और क्रोध में बात करना, कम-से-कम मुझसे तो छोड़ ही दिया। हमारा दाम्पत्य सम्बन्ध खट्टे-मीठे अनुभवों से भरा हुआ था। वे अक्सर बिना किसी पूर्वसूचना के अपने मित्रों के साथ घर आते, या मित्रों को बुलाते। कभी चिन्ता न करते कि घर में समुचित खाद्य-सामग्री या पर्याप्त बिस्तर हैं या नहीं...सबका इन्तजाम करना मेरे लिए कभी-कभी बहुत मुश्किल होता। एक दिन मुझे बहुत गुस्सा आया और मैंने अपना मंगलसूत्र निकालकर उनके हाथ में दे दिया। मैंने जल्द ही अनुभव कर लिया कि विवाहित होने के बावजूद आर्थिक रूप से आत्मनिर्भर होना जरूरी है। मैंने साड़ी सेंटर खोला और स्वावलम्बी बनी। मैंने अपनी बेटियों को भी यही समझाया कि स्त्री का आर्थिक तौर पर आत्मनिर्भर होना जरूरी है, जिसके बगैर उन्हें विवाह के बारे में सोचना भी नहीं चाहिए। मुझे याद है कि अपना काम शुरू करने के पहले मुझे लंकेश पर पाँच-दस रुपयों के लिए भी निर्भर रहना पड़ता था।...

मैंने अपने तईं पति की हर इच्छा का ख्याल रखा, जैसे उन्हें सिनेमा निर्देशित करने का बहुत शौक था, इसलिए मैंने अपना पैसा उनकी फिल्म 'पल्लवी' में लगाया। फिल्म को राष्ट्रीय पुरस्कार मिलने की घोषणा हुई तो मैं बहुत खुश हुई। मुझे लगा कि पुरस्कार लेने के लिए मुझे तो लंकेश ले ही जाएँगे। लेकिन हुआ कुछ और। लंकेश मुझे बिना बताए फिल्म की नायिका विमला नायडू के साथ पुरस्कार लेने दिल्ली पहुँच गए। यह बात मुझे बहुत बुरी लगी।" लंकेश टैबेलाइड

निकलते थे। राजनीति, सिनेमा, नाटक में उनकी गहरी रुचि थी, पर एक-दूसरे ढंग का सनकीपन उनके भीतर था। वे एक जीनियस थे लेकिन जीनियस के साथ गृहस्थी करने की अपनी समस्याएँ होती हैं। वे कई स्त्रियों के प्रति भी आकर्षित रहे। उन पर डी. एच. लॉरेंस का प्रभाव था और 1964 से 1985 के बीच बहुप्रचलित बोहेमियन जीवन-शैली से प्रभावित उनके मित्रों की संख्या अच्छी-खासी थी। धूम्रपान और मद्यपान न करनेवाले को वे लेखक मानते ही नहीं थे। बोलदेयर को आदर्श माननेवाले इस समूह में लंकेश शामिल थे।"[67]

इन्दिरा लंकेश की आत्मकथा एक स्त्री की ईमानदार आत्मकथा है, जिसमें उन्होंने पी. लंकेश सरीखे सामाजिक-सांस्कृतिक व्यक्तित्व के विभिन्न आन्तरिक पक्षों को उजागर करने का दुस्साहस किया है। वे बहुत दिनों तक बैंगलोर में साड़ी की दुकान चलाती रहीं। इन्दिरा लंकेश की आत्मकथा एक ऐसी स्त्री की कथा है जो सादगी भरे जीवन का स्वप्न लेकर चली लेकिन दाम्पत्य ने उसे स्वावलम्बी होना सिखाया और वह निजी उदाहरण से दूसरों का पथ प्रशस्त कर सकी।

पुरुष और स्त्री-आत्मकथाओं में बहुत अन्तर होता है। इस अन्तराल को समझाने के लिए आशा देवी अपनी पुस्तक में पंडित रविशंकर की प्रसिद्ध आत्मकथा 'रागमाला' का सन्दर्भ लेती हैं। 'रागमाला' में रविशंकर के निजी जीवन के चित्र हैं विशेष तौर पर उनके परिवार और बचपन के बारे में। उनके भाई उदय, रवि से कहीं ज्यादा सफल थे और उन्होंने रवि को किशोरावस्था में ही वैश्विक पहचान दिलाने में महत्त्वपूर्ण भूमिका निभाई थी। रविशंकर अपने माता-पिता के आपसी सम्बन्ध के बारे में बात करते हैं, जो केवल बच्चे पैदा करने तक ही सीमित था। उनके भाई उदय उनके बेहद करीबी थे, जो एक प्रसिद्ध नर्तक थे और अपनी नृत्य मंडली के साथ दुनिया-भर में भ्रमण करते थे। उनकी नृत्य मंडली ने दुनिया-भर में प्रदर्शन किये। वे कुछ समय के लिए फ्रांस में भी रहे और अन्ततः अल्मोड़ा में एक नृत्य विद्यालय की स्थापना की। रविशंकर ने अपने कैरियर की शुरुआत एक नर्तक के रूप में की। लेकिन उन्हें जल्द ही पता चल गया कि सितार ही उनका भविष्य है। सितार सीखने के लिए वे गुरु अलाउद्दीन खान के पास गए, जिन्हें मैहर में प्यार से बाबा कहा जाता था। हालात ने उन्हें अपने गुरु की बेटी अन्नपूर्णा से विवाह करने के लिए विवश कर दिया। बिना किसी भावात्मक लगाव के किया गया विवाह सफल कैसे हो सकता था। रविशंकर के अनेक विवाहेतर सम्बन्ध बने। उनका जीवन बहुरंगी था। मंच, लोकप्रियता, कला की दुनिया में उन्हें अपने अलावा कोई दीखता नहीं था। अनेक स्त्रियों से उन्होंने प्रेम किया जिनकी चर्चा वे सगर्व करते हैं, जबकि गुरु-पुत्री स्वयं एक कुशल संगीतकार और अपने पिता की शिष्या थी। रविशंकर कला और प्रेम सब क्षेत्रों में स्वतंत्र थे। अपने कैरियर में जब वे कुछ अवसरों पर चूक गए उसके लिए उन्होंने अपने विवाह को दोषी माना, जिसका

जिक्र आत्मकथा में हुआ है। उन्हें विवाहेतर सम्बन्ध रखने पर कोई अफसोस नहीं रहा। अन्नपूर्णा से उन्हें एक पुत्र हुआ, जिसके साथ उन्हें लगाव नहीं रहा। बहुत दिन बाद उन्होंने पुत्र को संगीत की दुनिया में आगे बढ़ाने की कोशिश की। लेकिन वह असमय काल कवलित हो गया। अन्य दो स्त्रियाँ कमला और उनकी पत्नी सुकन्या, जो उनसे वास्तव में प्रेम करती थीं, वे भी रविशंकर के साथ बहुत कुछ झेलती रहीं। यह तय है कि आत्मकथा में रविशंकर उन सभी स्त्रियों के नाम लेने से बच गए हैं जिनके साथ वे जुड़े थे। सम्भव है कि उन्होंने भी बहुत कुछ झेला होगा। लेकिन आश्चर्यजनक तथ्य यह है कि वे स्त्रियाँ रविशंकर का सच जानते हुए भी उनसे प्रेम कर रही थीं और उनके साथ जीवन जीने की आकांक्षी थीं। अन्त में, वे अपनी बेटी अनुष्का के बारे में बहुत लगाव और स्नेह से बात करते हैं, जिसे उन्होंने अपनी उत्तराधिकारी के रूप में चुना लेकिन वे नोरा जोन्स के बारे में बात नहीं करते और उसे दूसरी बेटी कहते रहे।[68] रविशंकर की आत्मकथा एक मेधावी संगीतकार की आत्मकथा है, जिसकी भावात्मक और शारीरिक इच्छाओं का ओर-छोर नहीं है। कहीं वह प्रेम तो करता है लेकिन उत्तरदायित्व से दूर भागता है। उसके भीतर अद्भुत संगीत प्रतिभा है लेकिन पत्नी को 'स्पेस' देने की उदारता नहीं है। जीवन के उत्तरार्द्ध में पैदा हुई पुत्री को अपना समूचा संगीत विरासत में दे जाना चाहता है। रविशंकर की आत्मकथा दरअसल कला और संगीत की मुक्ति के बरअक्स प्रेम और विवाह के बन्धन के भीतर तनाव की कथा है। इस आत्मकथ्य के बरअक्स यदि हम उनकी प्रथम पत्नी अन्नपूर्णा की जीवनी पढ़ें तो हमें कई नये तथ्यों का पता चलता है। अन्नपूर्णा को अपने पिता से संगीत की प्रतिभा विरासत में मिली थी। वे रविशंकर से बेहतर संगीतकार थीं। लेकिन उनका यश बतौर पुरुष और बतौर संगीतकार रविशंकर के लिए सहन करना मुश्किल था। वे सुरबहार बजाती थीं, जिसमें उन्हें विशेष महारत हासिल थी। पुराने रिकॉर्ड में एक जगह वे अपने भाई और रविशंकर के साथ संगत करती हुई दर्ज हैं। अन्नपूर्णा ने विवाह-विच्छेद के बहुत दिन बाद अपनी चुप्पी तोड़ी और बताया कि उन्होंने रविशंकर जी की खुशी के लिये अपनी प्रतिभा और रुचि का गला घोंट दिया। 'आज तक' को दिये एक साक्षात्कार में उनका कहना था कि, "रविशंकर ने मुझे कभी सितार के कार्यक्रम करने से रोका नहीं पर वे अन्य कई तरीकों से ये जता देते थे कि पत्नी का मंच पर सितार बजाना उन्हें पसन्द नहीं है। मेरे पिता चाहते थे कि मेरा विवाह न टूटे। रविशंकर जी के अन्य कई प्रेम-सम्बन्ध थे। सितार बजाना बन्द करने के बावजूद मैं अपना विवाह बचा नहीं पाई और हमारा तलाक हो गया।"[69] रविशंकर ने अपने से लगभग तीस वर्ष छोटी सुकन्या से विवाह किया और वह विवाह इसलिए चल गया क्योंकि सुकन्या ने कभी उन्हें अन्य सम्बन्धों से रोका नहीं। सुकन्या का कहना है—'रविशंकर जी के सम्बन्ध कई स्त्रियों से थे और मुझे हमेशा मालूम था कि मैं

क्या करने जा रही हूँ।' सुकन्या ने रविशंकर को याद करते हुए कहा था, "उनके बारे में एक खूबसूरत बात यह थी कि उन्होंने सब कुछ सामने रख दिया। उन्होंने मुझसे कभी झूठ नहीं बोला या मुझे किसी चीज में धोखा नहीं दिया। वह शुरू से ही बहुत स्पष्ट थे। उन्होंने मुझसे कहा, 'यह वही है जो मैं तुम्हें दे सकता हूँ।' मुझे पता था कि उनके जीवन में आकर मैं क्या कर रही हूँ। मेरा जीवन धन्य है। लोग कहते थे कि जब तक वे रहेंगे, उनके बच्चे आपके साथ रहेंगे, लेकिन ऐसा नहीं हुआ। मैं उनके जीवन में मौजूद रहती हूँ। नाती-नातिन मुझे दीदा कहते हैं। मेरा एक बढ़िया परिवार है, जिसमें सुभो के बच्चे, अनुष्का और नोरा (जोन्स) शामिल हैं।"[70]

स्त्री और पुरुष के आत्मकथ्यों की तुलना से हमें लगता है कि स्त्रियाँ स्वयं को अभिव्यक्त, बल्कि कहें कि ज्यादा-से-ज्यादा खोलने के लिए आतुर रहती हैं जबकि पुरुष स्वयं की छवि बनाने के लिए व्याकुल रहते हैं और आत्मकथ्य में अक्सर स्वयं को ऊँचाई पर दिखाने के प्रयास में कई जीवन-प्रसंगों और चरित्रों को उपेक्षित कर देते हैं या अपनी कल्पना से गढ़ देते हैं।

'सोलिसा बेड़ा गेलिसया' (मुझे हारने मत देना, मुझे जीतने दो) प्रेमा कारन्त की आत्मकथा है। उसके बरअक्स उनके पति और भारतीय और कन्नड़ रंगमंच की बड़ी हस्ती ब. व. कारन्त की आत्मकथा को देखना दिलचस्प है, जिसमें उन्होंने भारतीय रंगमंच से जुड़े शीर्षस्थ नाट्यकारों, निर्देशकों और अभिनेताओं के विषय में लिखा है। 'यहाँ मैं रह नहीं सकता, वहाँ मैं जा नहीं सकता'[71] शीर्षक आत्मकथा में उन्होंने स्वयं को केन्द्र में रखकर अपने दृष्टिकोण से स्वातंत्र्योत्तर भारतीय रंगमंच को व्याख्यायित-विश्लेषित किया। आत्मकथा के केन्द्र में वे स्वयं हैं, जबकि प्रेमा कारन्त की आत्मकथा एक स्त्री के सामाजिक, पारिवारिक संघर्ष की बोल्ड कथा है। दूसरे शब्दों में प्रेमा कारन्त अपने परिवार के आरोहण की कथा कहती हैं।

स्त्री-आत्मकथाएँ एक अर्थ में प्रक्षेपण-केन्द्र (ट्रैजिक्टरी) का काम करती हैं। यदि स्त्री-आत्मकथाओं को इस दृष्टि से देखें तो वे वस्तुतः इतिहास के पुनर्लेखन का प्रयास करती हैं। वे आत्मकथा लिखकर इतिहास की स्मृति को ठीक करने का प्रयास भी करती हैं।

कर्नाटक में स्त्रियों द्वारा लिखे रचनात्मक साक्ष्य तो बहुत पहले से मिलते हैं पर यह कहा जाए कि स्त्री-आत्मकथा लेखन बीसवीं सदी के उत्तरार्द्ध में और उनका प्रकाशन इक्कीसवीं सदी के दो दशकों की घटना है तो अनुचित न होगा। 1970 से 1980 के बीच देश और कर्नाटक प्रदेश की राजनीति के सफर के साथ-साथ स्त्री-लेखन की यात्रा के विभिन्न पड़ावों को देखा जा सकता है। स्त्री-राजनीति को सकारात्मक राजनीति कहा गया है। क्योंकि इससे पहले जो समय हम छोड़ आए हैं वहाँ राजनीति, संस्कृति, लेखन, सामाजिक कार्य सभी के केन्द्र में पुरुष थे। वे ही समाज-सुधारक थे और वे ही लेखक। स्त्रियाँ केवल उन्हें उनके लक्ष्य

तक पहुँचानेवाली सीढ़ी थीं। अक्सर देखा गया है कि आत्मकेन्द्रिकता पुरुष-लेखन का वैशिष्ट्य रही है, जबकि स्त्रियों ने जब लिखना शुरू किया तब से ही उनमें सामुदायिकता का भाव पैबस्त है। वे निरन्तर अपने आसपास और दूसरों के बारे में सोचती हैं।

कन्नड़ की आत्मकथाएँ अन्य भाषा की स्त्री-आत्मकथाओं की तरह ही स्त्री के इतिहास और उसके बौद्धिक, सामाजिक विकास के विभिन्न चरणों का पता देती हैं। यद्यपि मराठी की तुलना में देखें तो कन्नड़ की स्त्री-आत्मकथाएँ अपेक्षाकृत कम बहुआयामी हैं। उनका संवेदनात्मक पक्ष पितृसत्ता की आलोचना और पितृसत्ता की जकड़न से निकलने की यात्रा के अनन्तर आनेवाले संघर्षों से समृद्ध है। यह देखना भी महत्त्वपूर्ण है कि कन्नड़ में रंगमंच और स्त्री-आन्दोलनों की अनोखी जुगलबन्दी रही है यानी रंगमंच के उत्तरोत्तर उन्नत होने से स्त्रियाँ रंगमंच में अपनी सहभागिता की आकांक्षा से घरेलू दायरे से बाहर निकलती दिखाई देती हैं। वे रंगमंच और सिनेमा के समानान्तर अपनी मुक्ति का इतिहास लिखती हैं। वे सिनेमा और रंगमंच पर काम करती हैं, विभिन्न भूमिकाएँ निभाती हैं, आत्माभिव्यक्ति के लिए कविताएँ और आत्मकथ्य लिखती हैं और इक्कीसवीं सदी के पिछले ढाई दशकों में लगभग पच्चीस मानीखेज आत्मकथाओं के साथ कन्नड़ समाज के अन्तर्विरोधों, पितृसत्ता की प्रच्छन्न और महीन रणनीतियों के रग-रेशे उधेड़ती हैं। आश्चर्य की बात है कि इनमें से अधिकांश ने अपना जीवन बीसवीं सदी में जिया है, यानी जिस समय वे जीवन (जैसा भी) जी रही थीं उसके समानान्तर अभिव्यक्ति के लिए आत्मकथात्मक विधा नहीं अपना रही थीं। जहाँ हिन्दी में कई स्त्री-आत्मकथाकार जीवन-प्रवाह के समानान्तर स्व-कथा लिख रही हैं वहीं कन्नड़ में ये स्त्रियाँ अपने अनुभवों को पकने का पर्याप्त समय दे चुकी हैं। इसलिए उनकी आत्मकथाएँ बीते जीवन का प्रामाणिक दस्तावेज ही नहीं बन जातीं बल्कि उनके समुदाय की कथा के रूप में पढ़े जाने की माँग करती हैं। कर्नाटक के सामाजिक-सांस्कृतिक आन्दोलनों और राजनीतिक परिवर्तनों का पता भी ये आत्मकथाएँ बखूबी देती हैं।

इन स्त्रियों में अधिकांश वे हैं जो किसी-न-किसी रूप में साहित्यिक-सांस्कृतिक आन्दोलनों और रंगमंच से जुड़ी रही हैं और अब भी जुड़ी हुई हैं। वे सांस्कृतिक इतिहास की दरारों को भरने का प्रयास करती हैं। मुख्यधारा के इतिहास ने स्त्रियों को हाशिये पर रखा है। ये स्त्रियाँ लिखकर ये बताती हैं कि इतिहास के पुनर्लेखन की कितनी आवश्यकता है। उनका लिखा सिर्फ अपने बारे में लिखना-भर नहीं है। उनका लिखना समुदाय के इतिहास का लेखन है। इस प्रकार वे इतिहास की अब तक की हमारी जानकारी में सुधार करती हैं। सन् 1970 से प्रारम्भ होकर सन् 1980 के दौरान कई भारतीय भाषाओं में स्त्री-आत्मकथाएँ लिखी गईं। कन्नड़ की आत्मकथाओं को भी बृहत्तर परिदृश्य में देखे जाने की आवश्यकता है।

प्रेमा कारन्त, भार्गवी नारायण, पी जयश्री, उमाश्री, डी. विजयम्मा, प्रतिभा नन्दकुमार, इन्दिरा लंकेश, उषा पी. रई, बी. मालिनी मल्या, अनुपमा निरंजना, समता बी. देशमाने, के. सुमित्राबाई, कमला हम्पन्ना, मंजम्मा जोगती, अक्कई पद्मशाली, लीलावती बैपादित्य, गंगूबाई हंगल, सरस्वती राजू, उषा पी. राय, प्रियदर्शिनी प्रकाशन, एच. गिरिजाम्मा, गिरिजा लोकेश की आत्मकथाओं के माध्यम से कन्नड़ की स्त्री-आत्मकथाओं के समूचे परिदृश्य को देखा-समझा जा सकता है। हाल के वर्षों में यह भी देखा जा रहा है कि आत्मकथाकार अपने लिखने के लिए जीवन के उत्तरार्द्ध की प्रतीक्षा नहीं करतीं। कन्नड़ आत्मकथाओं के आलोचक रहमत तारिकेरे ने स्त्रियों के साथ पुरुषों की आत्मकथाओं पर विचार करते हुए इस ओर संकेत किया है कि पूरे भारतीय परिदृश्य पर स्त्रियाँ और दलित अपनी युवावस्था में ही आत्मकथा लिख रहे हैं। अभी प्रकाशित आत्मकथा "किच्चिलदा बेगे" इसका एक उदाहरण है, जिसे स्वर्गीय दलित कवि एन. के. हनुमन्था की पत्नी शैलजा ने लिखा है। शैलजा एक ऊँची जाति की लड़की थीं, जिन्होंने अपने माता-पिता की इच्छा के विरुद्ध दलित कवि एन. के. हनुमन्था से विवाह किया था। एन. के. ने वैवाहिक समस्याओं के कारण आत्महत्या कर ली थी। इसलिए यह कहा जा सकता है कि आत्मकथाओं का पुराना समीकरण, जिसमें अतीत, वृद्धावस्था और मृत्यु शामिल होते थे, अब बदल चुका है।

ऊपर जिन स्त्री-आत्मकथाओं के बारे में लिखा गया है इनके अतिरिक्त कई आत्मकथाएँ कन्नड़ में उपलब्ध हैं—मसलन यक्षगण लीलावली : लीलावती बैपादित्य, अभिनव प्रकाशन, बेंगलुरु, 2021, नन्ना बादूकिना हाड़ू, गंगूबाई हंगल, साहित्य प्रकाशन, हुबली, 2009। सोजिगाडा बल्ली : सरस्वती राजू, ओडानाडी बलगा, बेंगलुरु, 2021, यावा नलयू नम्मादल्ला : उषा पी. राय, प्रियदर्शिनी प्रकाशन, बेंगलुरु, 2011, कडूत्वा नेनापुगालू, एच. गिरिजाम्मा गीतांजलि प्रकाशन, 2020, गिरिजा परसंगा : गिरिजा लोकेश, अंकिता पुस्ताका, बेंगलुरु। इन आत्मकथाओं के अतिरिक्त कन्नड़ पत्र-पत्रिकाओं में स्त्रियों के आत्मकथाँश छपे और अब भी छप रहे हैं।

सन्दर्भ

1. मुनस्यूर क्लोद मौरियाक, La Figaro Litteraire, (लेख) सितम्बर 1948
2. माया एंजेलो, आई नो व्हाइ द केज्ड बर्ड सिंग्स, मास मार्केट पेपरबैक, बर्न्स एंड नोबल, 2009
3. लिंडा एंडरसन, ऑटोबायोग्राफी, रूटलेज पब्लिकेशन, :15, 2001
4. जूलिया स्विंडल्स, विक्टोरियन राइटिंग और वर्किंग वूमेन 1986, मैडिसन, फेयरलेघ डिकिंसन यूनिवर्सिटी प्रेस, : 35, 2009
5. www.thehindu.com Hema committee report

6. https://www.google.in/url?sa=t&source=web&rct=-j&opi=89978449&url=https://www.thehindu.com/entertainment/movies/hema-committee-report-impact-members-from-kannada-film-industry-push-for-probe-against-sexual-harassment-faced-by-women/article68605351।ece&ved=2ahUKEwi2mOzc67-IAxXJTWcHHZJQIfcQFnoECBsQAQ&usg=AOvVaw1yUKsWkfug1CdcpAMe_xWA Two weeks after the K Hema Committee report sent shockwaves across several Indian film industries, artistes from the Kannada film industry (KFI) have responded to the ongoing issue. After actor Sruthi Hariharan demanded a panel in Sandalwood similar to that of Hema Committee, members of Film Industry For Rights and Equality (FIRE) have asked the Karnataka government to constitute a committee headed by a retired judge to study and report on issues faced by women, including sexual harassment in the industry.
7. तारिणी शुभदायिनी, ए नोट ऑन कन्नड़ ऑटोबायोग्राफीज—IMPACT, वॉल्यूम 8, इश्यू 11, नवम्बर 2020 : 87-90
8. लिंडा एंडरसन, ऑटोबायोग्राफी, रूटलेज पब्लिकेशन, 15 : 2001
9. वही
10. लिज स्टेनली, द ऑटो-बायोग्राफिकल : थ्योरी एंड प्रैक्टिस ऑफ फेमिनिस्ट ऑटो-बायोग्राफी, मैनचेस्टर यूनिवर्सिटी प्रेस, 120 : 1992
11. तारिणी शुभदायिनी, ए नोट ऑन कन्नड़ ऑटोबायोग्राफीज—IMPACT, वॉल्यूम 8, इश्यू 11, नवम्बर 2020 : 87-90
12. आशा देवी, वाकिंग ऑन द वाटर, कन्नड़ से अंग्रेजी अनुवाद-कमलाकर भट्ट, मणिपाल यूनिवर्सिटी प्रेस, 2024
13. तारिणी शुभदायिनी, ए नोट ऑन कन्नड़ ऑटोबायोग्राफीज—IMPACT, वॉल्यूम 8, इश्यू 11, नवम्बर 2020 : 87-90
14. सिमोन द बोउवा, 'द सेकंड सेक्स' के अध्याय 'द मैरिड वूमन', विंटेज प्रकाशन, 415 : 2011
15. भार्गवी नारायण, नानु भार्गवी-आत्मकथा, अंकित पुस्तक, दूसरा संस्करण, बंगलौर, 2015
16. वही, पृ. 182
17. भार्गवी नारायण, 'नानु भार्गवी' आत्मकथा, अंकित पुस्तक, दूसरा संस्करण, बंगलौर, 183 : 2015
18. आशा देवी, वॉकिंग ऑन द वाटर, अनु. कमलाकर भट्ट, मणिपाल यूनिवर्सिटी प्रेस, 2024
19. ऐसा प्रकरण जो मुझे हमेशा परेशान करता है, और वह है रूसी लेखक लियो टॉल्स्टॉय की पत्नी सोफिया का यह वह समय था जब टॉल्स्टॉय पहले से ही अपनी ख्याति के शिखर पर थे, लोगों की नजरों का तारा। यह वह समय था जब गांधी और टॉल्स्टॉय एक-दूसरे के साथ विचारों का आदान-प्रदान कर रहे थे और एक-दूसरे के प्रयोगों से प्रभावित हो रहे थे। यह घटना तब की है जब टॉल्स्टॉय यह जाँचने का लगातार प्रयास कर रहे थे कि क्या उनका व्यक्तित्व, जीवन और लेखन एकीकृत रूप में समाहित हो सकते हैं। सोफिया

की डायरी में लिखे प्रसंग इसका संकेत करते हैं, "वह ब्रह्मचर्य के बारे में कितनी मुखरता से बोलते हैं, दुनिया के सामने अपने आत्म-संयम के बारे में ऐसे बात करते हैं मानो यह उनकी आत्मा की पुकार हो ताकि वे लोगों को मंत्रमुग्ध कर सकें। लेकिन जो वे सार्वजनिक जीवन में हैं वैसे निजी जीवन में नहीं। क्या मैं बताऊँ कि अपने शयनकक्ष में वे क्या करते हैं? मुझे बारम्बार गर्भवती कर देते हैं।" सोफिया अपनी डायरी में लिखती हैं कि स्त्रियों की आत्मकथाएँ शयनकक्षों में जन्म लेती हैं और वहीं समाप्त हो जाती हैं। सोफिया के शब्द, हमेशा की तरह, टॉल्स्टॉय के जीवन और लेखन की चकाचौंध में खो जाते हैं और महत्त्वहीन हो जाते हैं।

20. डी विजयाम्मा, कुदियेसरू, चावल का माँड़, नाकुन्तति प्रकाशन, बैंगलुरु, 110 : 2017
21. डी विजयाम्मा, कुदियेसरू, चावल का माँड़, नाकुन्तति प्रकाशन, बैंगलुरु, 18 : 2017
22. डी विजयाम्मा, कुदियेसरू, चावल का माँड़ नाकुन्तति प्रकाशन, बैंगलुरु, 29 : 2017
23. वही, पृ. 137
24. उषा पी. रई, 'यावनाडीयू नम्मदल्ला', प्रियदर्शिनी प्रकाशन, बेंगलुरु, 2011
25. वही, पृ. 50
26. बेंकी बेदागु, उमाश्री, अहर्निशी प्रकासना, बेंगलुरु, 2013
27. कास्ट ऐज वूमन (1995) वृन्दा नाबर, पेंगुइन बुक्स, 74 : 1995
28. आशा देवी कन्नड़ की सुपरिचित लेखिका और आलोचक हैं, जिनके आलोचनात्मक लेख 'समाजमुखी' और 'प्रजावाणी' शीर्षक पत्रिकाओं में प्रकाशित होते रहे हैं। मूलत: कन्नड़ में लिखती हैं और इनके स्त्री केन्द्रित आलोचनात्मक लेखों का अनुवाद 'नारी केड़ा' ('स्त्री सुनो') शीर्षक से संकलित है जो अंग्रेजी में कमलाकर भट्ट के अनुवाद के माध्यम से पुस्तक रूप में मणिपाल यूनिवर्सल प्रेस से शीघ्र प्रकाश्य है।
29. रेमंड विलियम्स, कल्चर एंड सोसाइटी, एंकर बुक्स, 122 : 1958
30. वही, पृ. 123
31. प्रेमा कारन्त, सोलिसबेड़ा गेलीसैया, द्वितीय संस्करण, मनोहर ग्रन्थ माला, धारवाड़, कर्नाटक, 2016
32. वही, पृ. 167
33. वही, पृ. 180
34. अनूदिन अन्तरगंगे, प्रतिभा नन्दकुमार, अहर्निशि प्रकाशन, शिवमोगा, 35-39 : 2012
35. वही, पृ. 41
36. वही, भूमिका
37. मालिनी मल्या, बादीगुँदु उत्तरा, सपना बुक हाउस, बेंगलुरु, 2014
38. वही, पृ. 89-90
39. ज्योति पुरी, वुमन, बॉडी, डिजायर इन पोस्ट-कोलोनियल इंडिया, 116 : 1999
40. वही, पृ. 104
41. एलेन शोवाल्टर, अ लिटरेचर ऑफ देयर ओन, लिटिल ब्राउन बुक ग्रुप, 200 : 2009
42. वही
43. एलेन शोवाल्टर, एलिस जारडिन और पाल स्मिथ (सं.), मेन इन फेमिनिज्म, क्रिटिकल क्रॉस ड्रेसिंग : मेल फेमिनिस्टस एंड दि वूमेन ऑफ इयर (1983), मेथुन-न्यूयार्क, 1988

44. जे लाँका, एक्रिटस, अनु.—एलान सीरीडान, टावीस्टाक लन्दन, 1977
45. अनामिका, स्त्रीत्व का मानचित्र, सारांश प्रकाशन, हैदराबाद, पेपरबैक सं. 65 : 2001
46. जगदीश्वर चतुर्वेदी, स्त्रीवादी साहित्य विमर्श, अनामिका पब्लिशर्स एंड डिस्ट्रीब्यूटर्स (प्रा.) लिमिटेड, दिल्ली, 2000 : 285, द एलिमेंटरी स्ट्रक्चर्स ऑफ किन्शिप में लेवीस्ट्रास की राय थी—"ज्यादातर भाषा का प्रयोग चिन्तन के आधार पर होता है।" जब हम बोलते हैं तो हम भाषा के प्रति सचेत नहीं होते।"
47. अनुपमा निरंजना, 'नेनुपू सीही कही' (खट्टी मीठी यादें) डी. वी. के. प्रकाशन, मैसूर, तृतीय संस्करण, 2011
48. वही, पृ. 34-67
49. वही, पृ. 102
50. समता बी देशमाने, मातंगीदी वटिगे, श्री अन्नपूर्णा प्रकाशन, बेंगलुरु, 2015
51. वही, पृ. 99-100
52. वही, 211-213
53. के. सुमित्राबाई, 'सूलाडी बन्दो तिरुगी', अभिरुचि प्रकाशन, मैसूर, 2018
54. वही
55. कमला हम्पन्ना 'बेबु बेंकी बिड़लू', सपना प्रकाशन, बेंगलुरु, 2019
56. सारा अबूबकर 'होतू कन्तुवा मुन्ना', चन्द्रगिरि प्रकाशन, मंगलौर, 2010
57. वही
58. वही, पृ. 138
59. मंजम्मा जोगती, नाडुवे सुलिवा हेन्नू, पल्लव प्रकाशन, 2021, शीर्षक का अंग्रेजी अनुवाद कन्नड़ लेखक वसुधेन्द्र ने—वीमेन रोमिंग अराउंड अस—किया इसलिए मैंने उसे हिन्दी में 'हमारे आसपास घूमती औरतें' लिखा।
60. वही, पृ. 17-89
61. तनुप्रिया, "ट्रांसजेंडर आत्मकथाएँ : मानव अधिकारों और सामाजिक परिवर्तन में प्रगति।" मानव अधिकार और कर्तव्य अनुसन्धान केन्द्र, खंड 2, अंक 2, 10 दिसम्बर, 1-7 : 2016
62. अक्कई पद्मशाली, एक लम्बी यात्रा में छोटा कदम। जुबान बुक्स, 2021
63. नैंसी के. मिलर, बट एनफ अबाउट मी, कोलम्बिया यूनिवर्सिटी प्रेस, 62 : 2008
64. आशा देवी, वॉकिंग ऑन द वाटर अनु. कमलाकर भट्ट, मणिपाल यूनिवर्सिटी प्रेस, 2024
65. पी. लंकेश, 'हुली मावी नामरा', लंकेश प्रकाशन, बैंगलुरु, 2014
66. इन्दिरा लंकेश, 'हुली मावू मत्तू नानू : 68
67. वही
68. रविशंकर, रागमाला, वेलकम रेन प्रकाशन, 1999
69. अन्नपूर्णा से साक्षात्कार, आज तक, नई दिल्ली, 1 सितंबर, 2014
70. https://www-ndtv-com.translate.goog/entertainment/pandit-ravi-shankars-wife-sukanya-talks-about-her-relation-CITED ON 30.9.24
71. ब. व. कारन्त, हियर आई कैननोट स्टे, देयर आई कैननोट गो, राष्ट्रीय नाट्य विद्यालय, 2012

अध्याय-7

अक्स-ए-खुशबू हम गुनाहगार औरतें : मुसलमान स्त्री आत्मकथा

- 'जो औरतें बेहयाई का काम करें, तुम्हारी बीबियों में से, सो तुम लोग उन औरतों पर चार आदमी अपने से गवाह कर लो। अगर वो गवाही दे दें, तो तुम उनको घरों के अन्दर कैद रखो। यहाँ तक कि मौत उनका खात्मा न कर दे या अल्लाह उनके लिए कोई और रास्ता निकाल दे।' (कुरान, आयत सूरह अननिसा, 15, मौलाना वहीउद्दीन खाँ :72-73)
- 'और जो औरतें जवानी की हद से उतरकर बैठ चुकी हों, अगर वे अपनी चादरें रख दें तो उन्हें कोई गुनाह नहीं। अलबत्ता उनका इरादा साज-सिंगार का नहीं होना चाहिए, लेकिन अगर फिर भी वे लज्जा-संकोच से चादरें डालती रहें, तो उनके हक में बेहतर है। अल्लाह तो सब कुछ सुनता और जानता है।' (24, सूरह नूर, आयत 60)
- 'अपने घरों में शराफत से रहो, बनाव-सिंगार जो अज्ञानता के जमाने में लोगों को दिखाने के लिए होता था, उसे छोड़ दो, नमाज को कायम रखो। जकात अदा करती रहो और अल्लाह और उसके रसूल का हुक्म मानती रहो।' (33, सूरह अहजाब, आयत 33)

15वीं शताब्दी के आटोमन साम्राज्य की तुर्की कवयित्री मिहरी हातून की आत्माभिव्यन्जक कविताओं को मुसलमान स्त्रियों के सन्दर्भ में प्रारम्भिक दौर की आत्माभिव्यंजना के प्रमाण के रूप में देखा जा सकता है। आधुनिक काल आते-आते मुस्लिम स्त्रियों ने आत्माभिव्यक्ति के लिए आत्मकथा-विधा को अपनाया, जिनमें पर्दा-प्रथा का दबाव, परनिर्भर होने की पीड़ा, प्रेम की अभिव्यक्ति के खतरे और पितृसत्ता और धर्म-कानून की जकड़ से निकलने की छटपटाहट प्रमुख है। अधिकांश स्त्रियाँ आत्मनिर्भरता की ओर बढ़ने की कवायद, शिक्षा प्राप्त करने के

मार्ग में आनेवाली कठिनाइयाँ, बहुपत्नीत्व प्रथा, यौन-शिक्षा का अभाव, यौनिकता की अभिव्यक्ति जैसे विषयों को कथ्यों के केन्द्र में रखती हैं। परिवार के पुरुषों के विषय में बहुत खुलकर कुछ कहने से बचने को भी उनकी रचनात्मक रणनीति के तौर पर देखा जा सकता है। मुस्लिम स्त्रियाँ चाहे यूरोप में हों या एशिया में पर्दा-प्रथा पर जरूर बात करती हैं—हालाँकि यह बात उन सभी सामाजिक समूहों पर लागू होती है, जिनमें पर्दा-प्रथा किसी-न-किसी रूप में प्रचलित रही है। यह भी देखने की बात है कि उन्नीसवीं शताब्दी और बीसवीं शताब्दी के पूर्वार्ध की आत्मकथाओं में सेंसरशिप के विभिन्न रूप दिखाई देते हैं। कहीं तो अपने लिखे के न छप पाने का डर, कहीं लिखने की सुविधा छिन जाने का भय और कहीं पाठकों को अपने बारे में बताने का अवसर खो जाने का अन्देशा इतना गहरा रहा है कि मध्यवर्ग से सम्बन्धित स्त्रियाँ अपना अन्तरंग खोलने का रिस्क नहीं ले पाईं। जिन्होंने यह चुनौती उठाई उन्होंने भी यह स्वीकार किया कि उन्हें यह भय हमेशा से था कि हो सकता है कि पाठकों का एक बड़ा वर्ग उनके लिखे हुए को समाज-विरोधी मानकर अस्वीकृत कर दे। भविष्य में भी उन्हें पाठक मिलते रहें और वे धर्मगुरुओं द्वारा निन्दित भी न हों इसके लिए यह जरूरी था कि वे जीवन के सामान्य कार्य-व्यापारों चर्चा करें। निजी बातों और सामाजिक-पारिवारिक दायरों को तोड़कर, सामाजिक रीति-रिवाजों के विरुद्ध जाने का साहस उठाना उनके लिए बहुत जोखिम भरा था इसलिए बहुत दूर तक वे आत्मकथाकार के रूप में अपनी भूमिका नहीं निभा पातीं। दूसरी ओर इस्लाम और समाज-सुधारकों द्वारा तय स्त्री की आदर्श छवि जिसे मौलाना थानवी जैसों ने 'बहिश्ती जेवर' जैसी किताबें लिखकर लोकप्रिय कर दिया था, उस छवि को बनाए रखना भी इन लेखिकाओं के सामने एक बड़ी चुनौती रही और जहाँ स्त्रियों को शारीरिक तौर पर पर्दे के बाहर निकलने की छूट भी मिली तब भी उन्होंने अपने अन्तरंग को छुपाने के रास्ते ढूँढ़ ही लिये, आत्मकथात्मक प्रदर्शन के लिए उन्होंने नाटकीय भंगिमाएँ अख्तियार कर लीं और इससे उनकी आवाजें परदे के भीतर ही रह गईं और साथ ही उनकी यौनिकता भी। मुस्लिम स्त्रियों के आत्मकथ्यों पर विचार करते हुए हमें दक्षिण एशिया विशेषकर भारत के साम्प्रदायिक संघर्षों की पृष्ठभूमि को भी देखने-समझने की दृष्टि मिलती है। चारु गुप्ता ने यह दर्ज किया है कि हिन्दुत्व के प्रचारकों ने 'हिन्दू स्त्रियों को मुसलमान पुरुषों से अलग रखने, आपसी दूरी बनाए रखने की मुहिम चलाई ताकि वे स्त्रियों की यौनिकता पर नियंत्रण कर सकें साथ ही अपनी साम्प्रदायिक पहचान को भी पुख्ता कर सकें, उन्हें यह समझा दिया गया कि स्वस्थ, बलिष्ठ मुसलमान पुरुष उनके लिए खतरा हैं।'[1] दूसरी ओर राष्ट्रीय आन्दोलन के दौरान मुस्लिम समाज-सुधारक भी अपने समुदाय की स्त्रियों को 'सुरक्षित' रखने में कोई कसर नहीं छोड़ रहे थे। मुस्लिम स्त्रियों की यौनिकता पर नियंत्रण करने के लिए परदे को और जरूरी बताया जाने लगा,

धर्मग्रन्थों और हदीस का हवाला देकर परदे को मर्यादा से जोड़ा गया और हिन्दू स्त्रियों को गैर-पर्देदारी से रहनेवाला बताया गया। मुस्लिम स्त्रियाँ, जो थोड़ा-बहुत भी पढ़-लिख गई थीं, उन्हें इस बात का अन्दाजा था हो गया था कि परदे की हद से बाहर एक विशाल और खुली दुनिया है, लेकिन परदे को तोड़ने और यौनिकता के मुद्दे पर खुलकर बोलने का साहस बहुत कम स्त्रियों के पास था। आभिजात्य समुदाय की स्त्रियाँ जिनमें से कई भोपाल और रामपुर जैसी रियासतों से सम्बद्ध थीं, उन्हें सच बोलने के खतरे कम थे। सत्ता और धन के बल पर वे प्रखर निन्दा का शिकार होने से बच जाया करती थीं, साथ ही आभिजात्य ने उन्हें रसोईघर, बच्चों के लालन-पालन की जिम्मेदारियों से एक सीमा तक मुक्त रखा, इतना समय भी मुहैया करवाया कि स्त्रियाँ आपस में खुलकर बोलें और लिखकर भी अपने-आपको अभिव्यक्त कर सकें। मुस्लिम रियासतें, मसलन भोपाल जहाँ स्त्रियों के शासन की परम्परा रही वहाँ उन्होंने पर्देदारी के साथ बाहर की दुनिया से सम्पर्क बनाए रखा। स्कूल, कॉलेजों, क्लबों में उनका आना-जाना रहा करता जहाँ स्त्री-यौनिकता के मसलों पर अपेक्षाकृत खुली चर्चा की सम्भावनाएँ थीं। सेक्स-सम्बन्धी शिक्षा का अभाव पूरे समाज में था। विशेष रूप से मुस्लिम समाज में, जहाँ खानदान के भीतर भी वैवाहिक सम्बन्ध होते थे वहाँ भी घर में प्रेम, सेक्स जैसे विषय वर्जित थे। ज्यादातर बच्चियाँ अक्षर-ज्ञान, कुरान पढ़ने तक ही सीमित थीं। माहवारी होते ही लड़कियों से स्कूल छुड़वा दिया जाता था। सेक्स या यौनिकता के मुद्दे इनके लिए वर्जित विषय थे, जिनका प्रभाव इन स्त्रियों के लेखन पर भी पड़ा।

उनके लेखन में वास्तविक पाठक-वर्ग की जगह एक काल्पनिक पाठक-वर्ग हावी था। समाज-सुधार आन्दोलनों और आन्दोलनों ने स्त्री-शिक्षा के पक्ष में माहौल तैयार किया जिसने आत्मकथा-लेखन को गति प्रदान की। ये बात भी गौरतलब है कि आत्मकथा-लेखन में प्रवृत्त होने के बावजूद इन स्त्रियों ने अपने अन्तरंग जीवन के बारे में बहुत कम या नहीं लिखा। फिर भी मुस्लिम स्त्रियों द्वारा लिखी अपनी कथाएँ, स्मृतियाँ जो पूरे भारतीय उपमहाद्वीप में पंजाब से बंगाल, रामपुर से हैदराबाद, पाकिस्तान, बांग्लादेश तक के लगभग डेढ़-दो सौ वर्षों के अन्तराल में बिखरी हुई हैं, उनके वैविध्य और वैशिष्ट्य को रेखांकित किया जाना जरूरी है। यह देखना जरूरी है कि वे धर्म, परम्परा, परदेदारी और यौनिकता के मुद्दों पर क्या सोचती हैं, साथ ही इसके लिए उनके विधागत चुनाव क्या हैं। साथ ही कैसे औपनिवेशिक और उत्तर-औपनिवेशिक सामाजिक इतिहास की धारा के भीतर स्वयं को कहाँ और कैसे अवस्थित करती हैं। अपने आत्म को आवृत्त रखकर कल्पना के ताने-बाने बुन-चुनकर कविता-कहानी, उपन्यास लिखना और बात है और आत्मकथ्य लिखकर पूरी दुनिया का सामना करने के लिए जो साहस चाहिए, वह इनमें है कि नहीं; साथ ही सामाजिक इकाइयों से टकराने और सच को सच की तरह कहने का

जज्बा कितना है, उनकी चुप्पियों के क्या अर्थ हैं और उनका पाठ हम कैसे करते हैं। सेंसरशिप के दबाव और तनाव कैसे हैं और इन दबावों और तनावों का सामना करने के लिए मुसलमान औरतें किन औजारों का इस्तेमाल करती हैं। कई ऐसी स्त्रियाँ हैं जो आत्मकथ्य में निजी सवालों से बचकर निकल गई हैं, जिससे पाठक को साफ समझ में आ जाता है कि वह निजी और पारिवारिक सेंसरशिप के दबाव में है, उनके आत्मकथ्य का सम्यक विश्लेषण व्यावहारिक जीवन, उसके मन के कोने-अँतरे, दरारें, चोट और पीड़ाएँ, नस्ल और रंगभेद, यौन-अस्मिता, शोषण के विविध आयामी पक्ष, उसकी मनोसामाजिक, लैंगिक भेद और स्त्री-अस्मिता के साथ, स्वानुभूति की अभिव्यक्ति के लिए अपनाई गई भाषा-भंगिमाएँ, विविध मुद्राएँ, प्रतिरोध के औजार, समर्पण और विवशता के कारणों की पड़ताल करना हम जरूरी समझते हैं। इन आत्मकथाओं पर हम निम्नलिखित बिन्दुओं के अन्तर्गत विचार कर सकते हैं :

1. इन आत्मकथाओं का पाठक-वर्ग कौन-सा है।
2. क्या आत्मकथाकार स्वयं को किसी विशिष्ट वर्ग का प्रतिनिधि मानकर लिख रही है?
3. उसने किस सीमा तक कल्पना और नाटकीयता का सहारा लिया है?
4. 'टेक्स्ट' में रचनाकार की जीवन-यात्रा की अभिव्यक्ति की प्रकृति क्या है—उसका लेखन और अस्मिता से क्या सम्बन्ध है?
5. आत्मकथा में 'मैं' या 'तुम' को महत्त्व कितना और किस सीमा तक दिया गया है?
6. अतीत की 'मैं' और वर्तमान की 'मैं'—जो आत्मकथा में व्यक्त है—उन दोनों का अन्त:सम्बन्ध क्या है?
7. आत्मकथ्य में क्या कुछ प्रयोग किये गए हैं? यदि 'हाँ', तो इन प्रयोगों की प्रकृति क्या है?
8. रचना में संस्कृति, दर्शन और आत्म के सामाजिक सन्दर्भ की अभिव्यक्ति की प्रकृति क्या है?
9. आत्मकथा लेखन का उद्‌देश्य क्या है?
10. स्त्री-यौनिकता जैसे मुद्‌दों पर वह कितनी और किस सीमा तक मुखर है?
11. वह सेंसरशिप से किस तरह टकराती है?

स्त्री-वक्तव्यों के सन्दर्भ में यह माना जाता है कि सामाजिक अभ्यास अपनी पूरी तात्कालिकता और सम्पूर्णता के साथ एक उत्तेजक अनुभव में रूपान्तरित हो जाते हैं, और स्त्री का अनुभव सिर्फ एक व्यक्ति का अनुभव नहीं रह जाता, वह सामाजिक संस्था के अनुभव में रूपान्तरित होकर सार्वभौमिक हो जाता है। कही

और अनकही स्त्री-अनुभव कथाएँ इसी प्रक्रिया में निजी से राजनीतिक हो जाती हैं, इसलिए स्त्री की अभिव्यक्ति को राजनीति से सम्बद्ध करके भी देखा जाता है। स्त्रीवादी विमर्शकार अनुभव की अभिव्यक्ति पर बराबर बल देते हैं। गायत्री चक्रवती स्पिवॉक का कहना है, "Make visible the assignment of subject Positions" वस्तुतः स्त्री के जीवन और अनुभव के विषय में लिखने के चार ढंग हैं : 'पहला तो यह कि स्त्री स्वयं अपने बारे में कहे—इसके लिए वह 'फिक्शन' या चाहे तो आत्मकथा का सहारा ले सकती है। दूसरा ढंग यह है कि पुरुष या स्त्री दूसरी के जीवन और अनुभवों के बारे में लिखे। तीसरा तरीका यह है कि अब तक जिए जा चुके जीवन से प्राप्त अनुभव और आनेवाले जीवन के बारे में पूर्वानुमान करके स्त्री लिखे। विदुषी और प्रतिभाशाली स्त्रियाँ अनजाने में ही अपनी भविष्य कथाएँ लिख जाती हैं। चौथा ढंग, जिस हाल के वर्षों में स्त्रियों ने अपनाया है, वह यह कि स्त्रियाँ अपने अतीत के बारे में ज्यादा 'बोल्ड' और ईमानदार तरीके से लिखकर, सत्ता और राजनीति की नियंत्रणकारी ताकतों से टकराएँ, चूँकि शक्ति और सत्ता को हमेशा से स्त्रियों के लिए वर्जित माना गया या यों कहें कि इतिहास में कभी भी, स्त्रियों को समाज की नियंत्रक शक्ति के रूप में नहीं पहचाना गया। पितृसत्तात्मक शक्तियों ने स्त्री को हमेशा यही समझाया कि यह उसके लिए 'वर्जित क्षेत्र' है। साथ ही यह भी, कि वे स्वयं समाज-नियंत्रक नहीं बनना चाहतीं, उन्हें हमेशा अभिव्यक्ति से रोका गया; 'टेक्स्ट', कथानक, उदाहरण का अंग बनाने से बचा गया क्योंकि भय था कि इसके द्वारा कहीं वे सत्ता अधिग्रहण न कर लें, अपने जीवन के निर्णय स्वयं न लेने लगे।' समकालीन स्त्री-विमर्शकारों ने आलोचकों द्वारा स्त्रीवाद की उपेक्षा के प्रश्न को रेखांकित किया। उन्होंने बताया कि स्त्रियों के अनुभवों की अभिव्यक्ति ज्यादा बेहतर और पारदर्शी होती है।

स्त्री को बोलना अपने-आपमें प्रतिरोध की संस्कृति का निर्माण करता है। डेनिस रिले का मानना है कि यद्यपि स्त्री-अधिकारों की लड़काई उसे राजनीति की ओर ले जाती है, लेकिन 'स्त्रीवाद' कभी भी अनुभवों की अपरिहार्यता समाप्त नहीं कर सकता। समाज में, जो हमें दिखाई देता है, वही सच नहीं होता। मसलन हम विभिन्न सामाजिक अस्मिताओं के सन्दर्भ में स्त्री-अस्मिता को देखें। स्त्री-अभिव्यक्ति 'अस्मिता' को पाने की ही कोशिश है, यह अस्मिता विभिन्न अस्मिताओं के पारम्परिक संघनन की प्रक्रिया से गुजरती है, उनकी जटिल संरचना के भीतर से अन्य अस्मिताओं को पीछे कर अपनी सम्पूर्ण ताकत के साथ उभरती है, किसी-किसी समाज और दौर में दबा भी दी जाती है, कहीं-कहीं उपेक्षा और प्रतिरोध झेलती है। इस प्रक्रिया में कोई अस्मिता अपना विशिष्ट स्वरूप ग्रहण करती है। इस नजरिये से देखने पर मुसलमान आत्मकथाकारों में पर्याप्त वैविध्य दीखता है। कहीं तो वे निजी जीवन को यौनिकता से ही जोड़कर देखती हैं और समूचा आत्मकथ्य उनकी यौनिकता के इर्द-गिर्द ही

घूमता है, कुछ पति या प्रेमी के साथ सम्बन्धों की पुनर्व्याख्या करने को प्रगतिशीलता से जोड़कर देखती हैं, जिसके उदाहरणस्वरूप तैयब जी वंश की स्त्रियों के आत्मकथ्य देखे जा सकते हैं। वहीं सुल्तानजहाँ बेगम जैसी भी हैं, जिन्होंने अन्तरंग सम्बन्धों को परदे के भीतर ढके रहने में ही भलाई समझी—पर्दे और बुर्के के पक्ष में दलीलें दीं। कुछ ऐसी भी रहीं जिन्होंने अपने सामाजिक और राजनीतिक अनुभवों को साझा करने के लिए आत्मकथा विधा अपनाई। कई औरतें ऐसी भी रहीं जिन्होंने बतौर स्त्री झेला तो बहुत कुछ, पर खुलकर कभी अभिव्यक्त नहीं कर पाईं, उन पर तरह-तरह की सेंसरशिप के दबाव रहे। कुछ ने उर्दू, बांग्ला और क्षेत्रीय भाषाओं में लिखा तो कुछ ने भाषिक माध्यम के रूप में अंग्रेजी को अपनाया, क्योंकि उन्हें लगा कि देशी भाषाओं में अन्तरंग प्रसंग और यौनिकता के मुद्दों पर लिखना सरल नहीं होगा और साथ ही वे वैश्विक पाठक-वर्ग से वंचित भी रह जाएँगी। उर्दू में पहली गद्य लेखिका के तौर पर बीबी अशरफ का जिक्र आता है, जिन्होंने उन्नीसवीं सदी के मध्य में स्त्री-शिक्षा के रास्ते में आनेवाली कठिनाइयों का जिक्र 'हयात-ए अशरफ' में किया।[2] बीबी अशरफ के आत्मकथ्य 'हयात-ए अशरफ' से स्पष्ट है कि लिखना-पढ़ना अभिजात्य स्त्रियों के लिए अपेक्षाकृत सहज था, नीचे तबकों और निर्धन स्त्रियों के लिए बहुत कठिन। बीबी अशरफ एक शरीफ घराने से सम्बद्ध थीं और विधवा होने के बाद आजीविका निर्वाह के लिए उन्होंने शिक्षण को पेशा बनाया। शौहर के मरने के बाद इद्दत के दिनों में उसने जब अपने पढ़ने की इच्छा को उजागर किया तो वयस्क, अनुभवी स्त्रियों ने निन्दा की लेकिन वह मानी नहीं :

"मैंने रसोईघर से जली लकड़ियों के टुकड़े, घड़े के ढक्कन और झाड़ू की तीलियों की मदद से घर की छत पर जाकर, आराम के घंटों में लिखे हुए अक्षरों की नकल करना शुरू कर दिया। मेरी पढ़ने-लिखने की इच्छा ने मुझे अन्धा कर दिया था। मैंने कागज-पर-कागज काले करना शुरू कर दिया, फिर भी मुझे समझ नहीं आता था कि मैं क्या लिख रही हूँ। मुझे इतनी समझ नहीं थी कि शिक्षक के अभाव में कोई पढ़ना-लिखना नहीं सीख सकता। मुझे लगता था कि जैसे अन्य कई गुण देखने और अनुकरण से सीख लिये जा सकते हैं ठीक वैसे ही पढ़ना भी आ जाता होगा। लेकिन इस तरह बहुत सारा समय गँवाने के बाद भी मुझे कुछ नहीं आया। मेरी पुकार अल्लाह ने सुनी और मुझे अध्यापक मिला।"[3]

बीबी अशरफ ने पढ़-लिखकर अपने परिवार की परवरिश की, शिक्षा ग्रहण करने में उन्होंने चाहे जितनी कठिनाइयों का सामना किया हो, इस्लाम के व्यावहारिक अनुशासन को उन्होंने कभी छोड़ा नहीं। शिक्षिका होकर भी पर्दे और बुर्के का नियमानुसार पालन करने के लिए अपने छात्रों के बीच उनकी तारीफ भी होती थी।

भारत में, 1920 के आसपास अभिजात्य घरानों की मुसलमान स्त्रियाँ अंग्रेजी पढ़ने की ओर उन्मुख हुईं।[4] शिक्षा के इस नये दौर ने पढ़ी-लिखी स्त्रियों का एक

ऐसा वर्ग बनाया जिसमें मुहम्मदी बेगम, नजर सज्जाद हैदर, अब्बासी बेगम जैसी स्त्रियों को देखा जा सकता है, जिन्होंने रिसालों में लिखना और छपना शुरू कर दिया था। इस्लाम में जीवनी और आत्मकथा-लेखन की एक लम्बी परम्परा की परिधि पर जिस संस्मरण को देखा जा सकता है वह है आबिदा सुल्तान का 'मेमोआयर्स ऑफ अ रिबेल प्रिंसेस'—जो भोपाल की राजकुमारी थी। दाम्पत्य और सेक्सुअल थीम पर इतनी सच्ची अभिव्यक्ति अपने-आपमें विरल है। जहाँ आत्म-विश्लेषण और निज की अभिव्यक्ति आत्मकथाओं का अनिवार्य तत्त्व है, वहाँ इस्लाम धर्म को माननेवाले विशेषकर स्त्रियाँ निज की अभिव्यक्ति के लिए जिन चुनौतियों को झेलती हैं वे मानीखेज हैं। आबिदा सुल्तान ने 'मेमोआयर्स ऑफ अ रिबेल प्रिंसेस' में अपने दाम्पत्य जीवन के बारे में खुलकर लिखा। उनका विवाह बचपन के मित्र करवयी के नवाब सरवर अली खान से हुआ था। विवाह की प्रथम रात के बारे में वे लिखती हैं :

"विवाह के तुरन्त बाद मुझे दाम्पत्य जीवन का पहला आघात लगा। मुझे अन्दाजा नहीं था कि प्रथम सहवास ही मुझे सन्न करने और डरानेवाला होगा। इसकी तो मैंने कल्पना भी नहीं की थी। सच तो यह था कि मुझे उस व्यक्ति से आघात मिला था जिससे मुझे इसकी बिलकुल भी उम्मीद नहीं थी। हमारा पालन-पोषण धार्मिक और रूढ़िवादी पवित्र वातावरण में होने के कारण मेरे मन में वैवाहिक सम्बन्ध, विशेषकर सहवास के प्रति एक अपवित्रता का भाव था। लगता था यह कार्य अश्लील है। दाम्पत्य सेक्स के प्रति मेरी घृणास्पद प्रतिक्रिया पति को कुंठित कर देनेवाली साबित हुई। वे जल्दी ही मेरे प्रति अपनी कड़वाहट और असंवेदनशीलता दिखाने लगे और वह सब करने लगे जो मुझे एक मनुष्य में सबसे ज्यादा नापसन्द था। वे काहिल, आलसी और बदमिजाज हो गए, घरेलू नौकरों के साथ जुआ खेलकर अपना बेकार-खाली समय बिताने लगे। जल्द ही हमारे शयनकक्ष अलग-अलग हो गए। कुछ ही अरसे में हमारा विवाह मात्र कागजी और सामाजिक दिखावे के लिए रह गया।"[5]

इन्हीं आबिदा सुल्तान की दादी भोपाल की बेगम सुल्तानजहाँ की आत्मकथा तीन भागों में उर्दू और अंग्रेजी में प्रकाशित हुई, जो औपनिवेशिक सत्ता, राष्ट्रवादी विचारधारा के उदय और सामाजिक-धार्मिक-सुधार आन्दोलनों के समानान्तर और परस्पर प्रतिच्छेदी धाराओं से टकराती दीखती है। उनकी पोती आबिदा सुल्तान उन्हें 'सरकार अम्मान' कहकर सम्बोधित करती हैं, "वे पवित्र, तापसी प्रवृत्ति की और उदारमना, मितव्ययी थीं। भोपाल के हिन्दू, मुसलमान, जमींदार और किसान उन्हें पसन्द करते थे, सिर्फ इसलिए नहीं कि वे सत्ता में थीं, बल्कि इसलिए भी कि वे उनके लिए मातृस्वरूपा थीं।"[6] सुल्तानजहाँ बेगम 1901-1926 के बीच भोपाल रियासत की सुल्तान रहीं, हाल के वर्षों में इस बात पर गौर किया गया कि सुल्तानजहाँ जैसी स्त्री-राजनीतिज्ञों की पूरे इतिहास में उपेक्षा की गई, जबकि

वे लगातार स्त्री-सुधार कार्यक्रमों से जुड़ी रहीं। उनके पर्दा, इस्लाम, दाम्पत्य पर विचार हमें जानने को मिलते हैं तो वो भी उनके शासन-काल के खत्म होने के 75 वर्षों के बाद। भोपाल रियासत में आधुनिक विचारों का प्रचलन उनकी उपलब्धि रही। उन्होंने स्थानीय शासन और औपनिवेशिक सरकार के बीच सेतु का काम किया।[7] भोपाल में ब्रिटिश सरकार ने ट्रेन, स्कूल, संचार पर अच्छा धन खर्च किया था। सुल्तानजहाँ बेगम ने हुक्मरानों के साथ बहुत ही अच्छे सम्बन्ध रखे। वे ब्रिटिश औपनिवेशिक शासन की तारीफ करती हैं। वहीं उन्हें इस बात का भी एहसास है कि ब्रिटिश सरकार कभी भी हमारी नस्ल की धार्मिक और सामाजिक आवश्यकताओं को पूरी तरह समझ नहीं सकती। लेकिन वे कहीं भी दावा नहीं करतीं कि वे आम पाठकों के लिए पुस्तक लिख रही हैं।[8]

लेकिन उन्होंने जिस तरह से अपनी यात्राओं, इस्लामिक रीति-रिवाजों, शासन-नीतियों के बारे में लिखा है, उससे पता चलता है कि उनके सम्भावित पाठक विदेशी और गैर-इस्लामिक थे। वे उसका अंग्रेजी अनुवाद भी करवा रही थीं और इस तरह अपने-आपको 'एजेंसी' के रूप में स्थापित भी कर रही थीं, आत्मकथा उनके लिए पश्चिम को भारत और इस्लाम के रीति-रिवाजों की जानकारी देने का माध्यम थी। ब्रिटिश राज के प्रति उनकी वफादारी का जिक्र बार-बार आत्मकथ्य में आया है, ऐसा इसलिए भी होगा कि स्त्री की नेतृत्वकारी भूमिका को ब्रिटिश राज ने स्वीकारा, इस कृतज्ञता ज्ञापन के लिए वे आत्मकथ्य का सहारा लेती हैं। यह बात दूसरी है कि ब्रिटिश राज को सुल्तानजहाँ जैसे रियासतदार साम्राज्यवादी एजेंडे के अनुकूल लगते थे। वे आकाओं के साथ सीधे सम्पर्क स्थापित करती हैं और इस तरह स्त्री-शासिका होने के नाते अपनी एजेंसी को सुदृढ़ भी। लगातार पश्चिम के आलोक में भारत को देखती है, मसलन घरेलू जीवन के बारे में उनकी टिप्पणी है : "दाम्पत्य जीवन का उद्देश्य है पति और पत्नी दोनों एक-दूसरे को जीवन का आनन्द दें, लेकिन पश्चिम में यह अपवादस्वरूप ही पाया जाता है जबकि भारत में यह सहज-स्वाभाविक है।" सुल्तानजहाँ जिस आदर्श दाम्पत्य की बात कर रही हैं, वह अपवाद ही है। परिवार की धुरी स्त्री को मानते हुए उनका स्वर आत्मकथ्य में उपदेशात्मक है, उनका मानना है कि जिस औरत ने पश्चिमी चाल-चलन सीखा उसका घरेलू जीवन नष्ट हो गया। वे जिस आधुनिकता की बात करती हैं उसमें स्त्री की यौनेच्छा का कहीं जिक्र नहीं है। उसमें स्त्री की भौतिक स्वतंत्रता की बात है, मानसिक स्वतंत्रता की नहीं। वे ब्रिटिश राज की प्रशंसक हैं और भौतिक उपलब्धियों के सन्दर्भ में पश्चिमी सभ्यता की तारीफ करती हैं। उनकी पोती आबिदा सुल्तान ने भी सुल्तानजहाँ द्वारा ब्रिटिश राज के निरन्तर समर्थन किये जाने की तस्दीक की। 'अल हिजाब' में उन्होंने मुसलमान स्त्रियों को पर्दे और हिजाब में रहने की नसीहत दी और नवजागरण के अन्य समाज-सुधारकों

से अपने-आपको पर्दे के मसले पर अलगाने की कोशिश की, साथ ही पाश्चात्य सभ्यता की तुलना में उन्होंने इस्लामिक रीति-रिवाजों को प्रस्थापित किया। यह गौर करने की बात है कि भोपाल रियासत की अधिकतर शासिकाओं ने आत्मकथा लिखीं। आत्माभिव्यक्ति के लिए इन आभिजात्य स्त्रियों ने कई विधाएँ अपनाईं। शाहजहाँ बेगम (1838-1901) ने स्त्रियों को आचरण सिखाने के लिए 'तहजीब-उन निस्वान वा तरबीयत उल इनसान' (1889) लिखी जिसमें स्त्री-यौनिकता को महत्त्व देते हुए सेक्स में स्त्री की इच्छा की सन्तुष्टि की पक्षधरता करने के क्रम में स्वयं की नजीर पेश की। शाहजहाँ बेगम ने लिखा कि उनके पहले पति मुहम्मद खान उम्र में काफी बड़े थे, इसलिए शाहजहाँ बेगम को युवावस्था में 'रंज-ओ-गम' ही मिले। पति की मृत्यु के बाद उनके निजी सचिव सिद्दीक हसन खान से उन्होंने 1871 में पुनर्विवाह किया, तब उन्हें यौनतृप्ति और सुखी जीवन का अनुभव हुआ। स्त्री-यौनिकता के इन प्रसंगों की चर्चा बेगम ने अपनी पुस्तक में विस्तार से की, जिसका 'टेक्स्ट' अपने-आपमें महत्त्वपूर्ण है क्योंकि वे स्त्रियों को सलाह देती हैं कि : 'सन्तानोत्पत्ति और गर्भ पर अपना नियंत्रण करके कैसे अपने जीवन पर नियंत्रण कर सकती हैं, यानी अपनी इच्छानुसार कैसे जीवन जी सकती हैं; इसके साथ ही वह इस्लाम को मानने की सलाह भी देती हैं।'[9] शाहजहाँ बेगम के विचार अपने समय से बहुत आगे हैं। साथ ही आश्चर्य में डालनेवाले भी हैं, क्योंकि उन्होंने अपनी इच्छा से दूसरे विवाह में उस व्यक्ति को पति के रूप में चुना था जो अल-ई-हदीस जैसे सुधारवादी मुस्लिम संगठन से सम्बद्ध था और कट्टर एवं उग्र विचारों के लिए जाना जाता था।

शाहजहाँ बेगम की बेटी सुल्तानजहाँ बेगम (1868-1930) भोपाल रियासत की अन्तिम शासक थी जिसने तीन भागों में आत्मकथा लिखी, जिसका जिक्र ऊपर किया जा चुका है आत्मकथा में स्त्रियों द्वारा यौनेच्छा की प्रकट अभिव्यक्ति की कड़ी आलोचना करते हुए पश्चिमी आलोचकों का मुस्लिम स्त्रियों के निजी जीवन में दखल देना शर्मनाक बताया गया।[10] कई साल पहले जहाँ माँ ने स्त्री-यौनिकता पर खुलकर बोलने के खतरे उठाए थे वहीं बेटी सुल्तानजहाँ बेगम ने अपने दाम्पत्य और स्त्री-यौनिकता के बारे में कुछ लिखना उचित नहीं समझा। माँ-बेटी के आत्मकथा-लेखन में लगभग दो दशकों का अन्तराल है, लेकिन बेटी यानी सुल्तानजहाँ बेगम अन्तरंग सम्बन्धों को परदे की चीज मानती है और 1902 में पति अहमद अली खान की मृत्यु के समय करुण समर्पण लिखती है, "मेरी कलम भले ही 'दुख' शब्द लिख ले और जुबान भी यह कह दे पर मेरी भावनाओं की गहराई की अभिव्यक्ति के लिए कोई शब्द पर्याप्त नहीं है—कोई शब्द ऐसा नहीं है, जो मेरा दुख पूरी गहराई से अभिव्यक्त कर सके, आँख के तारे का चला जाना, जो मेरा सबसे गहरा मित्र था, पिछले 27 वर्षों से जिसने मुझे स्नेह और उपदेश दिये, मुझे चिन्ताओं और मुश्किलों

से उबरने में मदद की। उनकी सहानुभूति और प्रेम हमेशा मेरे लिए मददगार साबित हुए हैं—वास्तव में यह एक गहन और दृढ़ सम्बन्ध था। जीवन के इस मोड़ पर उसे खो देना वैसा ही है, जैसा मुसीबतों के समुद्र में अकेले डूबना-उतराना। जब मुझे उसके चतुर सुझावों की सबसे ज्यादा जरूरत थी—ऐसे में उसका चला जाना एक असहनीय आपदा है।"[11] कुरान में आदर्श विवाह और आदर्श दम्पती के बारे में जो कहा गया है उन आदर्शों का पूरी तरह पालन दीखता है।

आभिजात्य जीवन जी रही भोपाल-रियासत की सांस्कृतिक विरासत में ही ऐसा कुछ था जो इन स्त्रियों को अपने जीवन के बारे में बयान करने की प्रेरणा देता था। ये तो थीं रियासत की स्त्रियाँ लेकिन मध्यवित्त और निम्नवित्त स्त्रियों की स्थिति अलग थी। उच्चवर्ग से सम्बद्ध अतिया फैजी (1877-1967) और नाजिल फैजी (1874-1938) के आत्मकथात्मक यात्रा-संस्मरणों को देखा जा सकता है जिन्होंने 1906 से 1908 के बीच यूरोप की यात्राएँ कीं और संस्मरण लिखे। अतिया फैजी कवि इकबाल की मित्र थीं।[12] अतिया फैजी की डायरी के कुछ हिस्सों का प्रकाशन 'तहजीब-उन-निस्वाँ' में हुआ, जो बाद में पुस्तक रूप में भी सामने आई। हालाँकि 1907 में अतिया इकबाल से मिली थी मगर पूरी डायरी में इकबाल का जिक्र सिर्फ दो बार आया है। दोनों बार अतिया ने उन्हें, विद्वान, दार्शनिक और कवि के रूप में याद किया है। उनके बीच कोई अन्तरंग सम्पर्क था इसकी तरफ कोई संकेत नहीं मिलता। जबकि सामान्य तौर पर कई अन्य ने उनको आत्मीय मित्रों के रूप में देखा था। अतिया ने बाद में 'इकबाल' (1947) शीर्षक से पत्रों का संग्रह भी छपवाया, लन्दन में उनकी निजी मुलाकातों के ब्यौरे इस पुस्तक में मिलते हैं। इन पत्रों में यह उल्लेख है कि इकबाल से अतिया फैजी की मुलाकातें सभाओं, रात्रिभोजों और पिकनिक के दौरान हुआ करती थी। अतिया ने इकबाल के दिवंगत हो जाने के बाद ही पत्रों का संकलन छपवाने का साहस किया, वैसे भी तब तक उनकी उम्र काफी हो चली थी। 'इकबाल' शीर्षक पुस्तक में वे इकबाल के साथ अपने सम्बन्धों को गुरु-शिष्यवत बताकर संवेदनात्मक सन्तुलन का परिचय देती हैं।[13] पुरुष के साथ मैत्री भाव को छुपाकर रखना उनके मानसिक अनुकूलन को बताता है कि जब वे पश्चिम में थीं तो उन्हें कवि इकबाल से आत्मीयता में कोई परहेज न था लेकिन देश-काल के बदलते ही स्त्री कैसे अपनी अभिव्यक्ति को सेंसर कर डालती है, अतिया का लेखन इसका दिलचस्प उदाहरण है। नाजिल फैजी ने बहन के नक्शे-कदम पर चलते हुए अपने संस्मरण शाया किये, लेकिन वह अतिया की अपेक्षा अधिक खुलकर स्त्री-यौनिकता के मुद्दे पर बोलती हैं। उन्होंने पति इब्राहीम खान के साथ गुजरे पलों के बारे में लिखा। दिलचस्प है कि नाजिल फैजी का विवाह 12 वर्ष की उम्र में 1886 में हुआ, लेकिन सन्तान उत्पन्न न हो पाने के कारण सन् 1913 में तब तलाक हुआ जब उनकी उम्र 39 की थी, यानी तब जब कोई

स्त्री यौन-आकर्षण की उम्र पार कर रही होती है, ठीक उसी समय नवाब ने दूसरी स्त्री के साथ रहना चुन लिया। नाजिल फैजी ने यूरोप की यात्रा के बारे में 'सैर ए यूरोप' में लिखा। जो सतही तौर पर भले यात्रा-संस्मरण हो, पर उसमें सन्तानहीन स्त्री, जो पति की उपेक्षा और तलाक का शिकार है, की पीड़ा के दस्तावेज छिपे हुए हैं।[14] इस संस्मरण में पति और बहन अतिया के साथ जलमार्ग से ब्रिटेन और इस्ताम्बूल तक की गई यात्राएँ हैं। इस वृत्तान्त में नाजिल के अन्तरंग जीवन और निजी हताशा के संकेत हैं। ऐसा लगता है कि वह अपने निजी जीवन, परेशानियों, पति की बेरुखी के बारे में बोलना चाहकर भी बोल नहीं पा रही है। उसके लिखे हुए की दरारों को पढ़ना पाठक का काम है। बाद में चलकर उसके बहनोई सैमुअल फैजी राहामिन के लिखे उपन्यास के केन्द्रीय चरित्र के रूप में किसी नवाब की पत्नी का चरित्र आया जिसका जीवन उपेक्षित और एकाकी है, जो सम्भवतः नाजिल के जीवन की ही झलक है।[15]

अतिया और नाजिल दोनों बहनों में समानता थी कि दोनों ने कथेतर विधाओं को रचनात्मकता के माध्यम के रूप में चुना लेकिन निजी प्रसंगों पर खुलकर बोलना दोनों ने गवारा नहीं किया, इसके पीछे सामाजिक और निजी स्तर की सेंसरशिप को देखा जा सकता है। इन दोनों ने जिनका उल्लेख किया, उनसे अपने सम्बन्धों की गहराई को छुपा ले जाने के पीछे पारिवारिक सम्बन्धों के समीकरण गड़बड़ाने का भय जरूर था। मुहम्मद इकबाल से अतिया का पत्राचार लगभग सन् 1911 तक चला, इतनी लम्बी अवधि में आत्मीय सम्पर्क का स्थापित न होना ही अस्वाभाविक होता। नाजिल और अतिया दोनों ने बोलचाल की साधारण उर्दू का प्रयोग किया। दोनों बहनों की पुस्तकों में उस समय चल रहे समाज-सुधार के एजेंडे का जिक्र मिलता है। अतिया ने अपनी पुस्तक में 'तहजीबी बहनों' (जमाना की भूमिका) को सम्बोधित किया। नाजिल ने भी 'हिन्दुस्तानी भाई-बहनों को सोचने पर मजबूर करने' को 'सैर-ए-यूरोप' पुस्तक का उद्‌देश्य बताया। दोनों पर बदरुद्‌दीन तैयब जी का जबरदस्त प्रभाव था और वे चाहती थीं कि यूरोप और अरब के अनुभव और नजीरें हिन्दुस्तानियों के पिछड़ेपन को दूर भगाने के काम आ सकें। मुस्लिम आभिजात्य वर्ग से सम्बद्ध ये दोनों बहनें भारत में जनता के सामने खुलकर बोलनेवाली पहली स्त्रियाँ थीं। लेकिन इनका लेखन इस ओर इशारा करता है कि सामाजिक-सांस्कृतिक और समुदायगत संरचना कहीं-न-कहीं अभिव्यक्ति के लिए विधागत चुनाव को नियंत्रित करनेवाला कारक है। अतिया और नाजिल की पुस्तकों को आत्मकथा नहीं कहा जा सकता, लेकिन इनके लेखन में पत्र, डायरी शैली और बौद्धिक गद्य का सम्मिश्रित रूप दिखाई पड़ता है। स्वानुभूत जीवन के बारे में संकेतों में बात करना कहीं-न-कहीं जीवन में परिवर्तनकामी शक्तियों के आहट का द्योतक है।

पाकिस्तान बनने के बाद जो स्त्रियाँ आत्मकथा-लेखन के क्षेत्र में रचनारत रहीं, उन पर कई दृष्टियों से विचार हो सकता है—एक तो यह कि देश-विभाजन की घटना के बदले सांस्कृतिक सन्दर्भ और इतिहास के परिप्रेक्ष्य में इनका नजरिया क्या था, साथ ही इस्लामीकरण के आग्रह की पृष्ठभूमि में जेंडर के मुद्दों पर इनके जुड़ाव के आयाम क्या थे। कुर्अतुल ऐन हैदर (कारे जहाँ दराज है), हमीदा अख्तर हुसैन रायपुरी (हमसफर), निसार अजीज बट फर (गए दिनों का सुराग) की कड़ी में बेगम शाइस्ता सुहरावर्दी इकरमुल्लाह (1915-2000) की आत्मकथा 'फ्रॉम पर्दा टू पार्लियामेंट'[16] को देखा जाना चाहिए, जिसमें उन्होंने पाकिस्तान आन्दोलन के विस्तृत ब्यौरे दिये। जहाँ हिन्दी क्षेत्र में स्त्रियों की राजनीतिक आत्मकथाओं की उपस्थिति विरल है, वहीं शाइस्ता बेगम ने पाकिस्तान की विधानसभा के सदस्य के रूप में अपने कार्यक्षेत्र के बारे में पाठकों को बताया। शाइस्ता बेगम ने आत्मकथ्य में सगे-सम्बन्धियों का जिक्र प्रसंगवश तो किया है, लेकिन निजी जीवन के अन्तरंग क्षणों के परिचय से उनका पाठक वंचित रह जाता है। यद्यपि दो अध्यायों में वे वैवाहिक और राजनीतिक जीवन में सन्तुलन बनाए रखने की कोशिशों का उल्लेख करती हैं, जिससे पाठक को यह अन्दाजा हो जाता है कि आभिजात्य स्त्री के लिए भी राजनीति में कैरियर बनाना तब भी आसान नहीं रहा होगा। बेगम शाइस्ता आत्मकथा के छठे और सातवें अध्यायों में ससुराल पक्ष के रीति-रिवाजों, भोजन-वस्त्र, सम्बन्धियों का जिक्र करती हैं, पर कहीं भी अपने पति का नाम तक नहीं लेतीं। वैवाहिक जीवन की प्रथम रात्रि के बारे में उनकी टिप्पणी है : "हमारे समाज में विवाह के बाद किसी लड़की के जीवन में सबसे बड़ा जो परिवर्तन आता है वह यह है कि उसे पूरी तरह अपने-आपको नये परिवार के अनुरूप ढालना पड़ता है।"[17] अन्य कई मुस्लिम स्त्रियों ने अंग्रेजी में अपने सार्वजनिक जीवन के विषय में टिप्पणियाँ कीं, लेकिन अक्सर ये स्त्रियाँ अपने आत्मीय सम्बन्धों के बारे में खुलकर बोलने का साहस नहीं जुटा पाईं। इस कड़ी में बड़ी बहादुरी के साथ बुर्का त्याग देनेवाली जहाँआरा हबीबुल्लाह (1915-2001) की पुस्तक 'रिमेम्बरेंस ऑफ डेज पास्ट' को देखा जा सकता है जो बेगम शाईस्ता के आत्मकथ्य की तर्ज पर ही लिखी गई है। रामपुर स्टेट के दिनों में जहाँ उनके वालिद मुख्यमंत्री थे और बहनोई स्टेट के नवाब। वहाँ के बारे में याद करते हुए भी आत्मीय प्रसंगों की चर्चा से बचीं सिवाय उस अध्याय के जिसमें उन्होंने पाकिस्तान तम्बाकू कम्पनी के मैनेजिंग डायरेक्टर ईशत हबीबुल्लाह के साथ अपने वैवाहिक प्रसंग को लिखा, लेकिन वहाँ भी अधिकांश बातें उनकी सन्तानों के इर्द-गिर्द ही घूमती हैं।[18]

हमीदा सैय्याद्दुज्जाफर (1921-1988) जहाँआरा हबीबुल्लाह की चचेरी बहन थी, अलीगढ़ मुस्लिम विश्वविद्यालय के नेत्र-चिकित्सा विभाग में चिकित्सक और निदेशक बनने के बारे में उसने आत्मकथ्य में लिखा। पूरी आत्मकथा में कहीं भी

उसके अविवाहित रह जाने, एकाकी जीवन के कष्टों के बारे में जिक्र नहीं है। इसकी बजाय सर सैय्यद अहमद खाँ के समाज-सुधार के एजेंडे और उनकी तारीफ में कई पन्ने लिखे गए हैं।[19]

ऊपर जिन आत्मकथाओं का जिक्र किया गया है उनकी रचनाकारों में से अधिकांश सन् 1930 के पहले पैदा हुई थीं। ये सभी अभिजन परिवारों से सम्बद्ध थीं और सर सैयद अहमद खान के आधुनिक राष्ट्र-राज्य में स्त्री की बदली हुई भूमिका के आदर्श से परिचालित थीं। रशीद जहाँ (1905-1952) सरीखी प्रगतिशील लेखक संघ से जुड़ी और प्रेरित स्त्रियाँ जब लेखन के क्षेत्र में आईं तो उन्होंने आधुनिकता के पक्ष में एक विमर्श करना शुरू किया। समतावादी विचारधारा और रूढ़ियों के बहिष्कार की हवा चली, इसके परिणामस्वरूप 'हलाक-ए अरबाब-ए जौक' (1939) जैसी संस्थाएँ अस्तित्व में आईं। इनसे जुड़ी स्त्रियों ने घर के बाहर कदम रखकर आधुनिक विचारों का प्रचार-प्रसार करना प्रारम्भ किया। जहाँ इससे पहले की पीढ़ी अपनी शिक्षा के लिए संघर्षरत रही थी वहीं प्रगतिशील लेखक संघ से जुड़ी स्त्रियों ने शिक्षा को जनसुलभ बनाने, पर्दे का विरोध करने, स्त्री-स्वाधीनता के व्यावहारिक पक्षों पर बल दिया। रशीद जहाँ, इस्मत चुगताई, रजिया सज्जाद जहीर और खदीजा मस्तूर ने इस क्षेत्र में उल्लेखनीय कार्य किये, इन स्त्रियों ने यह समझा कि आधुनिकता, स्त्री और मध्यवर्गीय मुस्लिम स्त्री होने के क्या अर्थ हैं, विशेषकर भारतीय मुस्लिम स्त्री होकर बौद्धिक कैसे हुआ जा सकता है, और यह बौद्धिकता किस तरह समाज-परिवर्तन का माध्यम बन सकती है।[20]

विभाजन की घटना ने स्त्री-पुरुष दोनों को प्रभावित किया। देश-विभाजन, पुनर्स्थापन, धर्म और साम्प्रदायिकता के आधार पर नागरिकों के विभाजन के सबके अपने पाठ थे। पाकिस्तान का बनना, भारत के विभाजन की घटना ने राजनीतिक परिदृश्य पर जो परिवर्तन उपस्थित किये उनका भारत में रह रही और पाकिस्तान जाकर बस गई मुस्लिम स्त्रियों पर गहरा प्रभाव पड़ा, इस दौर में गद्य-लेखन विशेषकर आत्मकथा-लेखन में अप्रत्याशित तेजी देखी गई। सबके पास अपनी-अपनी चुनौतियाँ और संघर्ष थे। पाकिस्तान को आधुनिक बनाने के लिए उन्नीसवीं सदी के समाज-सुधार आन्दोलनों के प्रभावों को मन में ग्रहण किये हुए ये स्त्रियाँ लेखन में प्रवृत्त हुईं। शायद सुधारवाद का दबाव उनके अवचेतन पर इतना रहा होगा कि वे अपने निजी प्रसंगों पर बहुत खुलकर नहीं बोलतीं। वस्तुत: इन स्त्रियों का आत्मकथा विधा में लेखन राष्ट्र-आख्यान से स्वयं को जोड़ने और इतिहास की धारा में स्वयं को जीवन्त ऐतिहासिक चरित्रों के रूप में पहचानवाए जाने की कोशिश के रूप में देखा जाना चाहिए। इसके उदाहरण के तौर पर अदा बदरुद्दीन तैय्यब जी के परिवार से सम्बद्ध रेहाना तैय्यब जी (1901-1975) की आत्मकथा 'द हार्ट ऑफ अ गोपी' को देखा जा सकता है जिसमें महात्मा गांधी के सत्याग्रह आन्दोलन का अनुकरण

करने और अपने ऊपर गांधी के संश्लिष्ट प्रभाव का अंकन किया है। आत्मकथा में वह स्वयं को 'बापू' के ब्रह्मचारी सिपाहियों में से एक बताती है। वह सीधे-सीधे न सही पर परोक्ष रूप से गांधी के प्रति अपने प्रेम को व्यक्त करती है। वह स्वयं को कृष्ण की गोपिका कहकर ब्रह्मचारी रहने के व्रत और दैहिक संसर्ग की इच्छा के बीच के अन्तर्द्वन्द्व और संघर्ष के बारे में लिखती है। गांधी को लिखे पत्रों में भी वह इस अन्तर्द्वन्द्व और संघर्ष के बारे में खुलकर बयान करती है। वह गोपी के रूप में स्वयं को तथा कृष्ण के रूप में सम्भवत: गांधी को रखकर देखती है और भौतिक वास्तविकताओं से परे आध्यात्मिक मिलन का रूपक रचती है। लेकिन यह तय है कि रेहाना आत्मकथा विधा की अपरिमित सम्भावनाओं को जान नहीं पाईं, वरना यह किताब एक बोल्ड आत्मकथा हो सकती थी।

नवाब सिकन्दर बेगम (1818-68) के यात्रा-वृत्तान्त 'ए पिल्ग्रिमेज टू मक्का' (1870) में कुछ आत्मकथात्मक प्रसंग मिलते हैं, पर उनमें अन्तरंगता का नितान्त अभाव है जो लिखा तो उर्दू में गया पर प्रकाशित हुआ सिर्फ अंग्रेजी में, वह भी बेगम की मृत्यु के बाद। वे उन रचनाकारों में से थीं, जिन्होंने खुलकर आत्माभिव्यक्ति का साहस नहीं दिखाया, बल्कि उपन्यास और कहानी के माध्यम से अपनी बात कही। उन्होंने प्रेम, विवाह पूर्व सेक्स, समलैंगिकता, स्त्री की यौनेच्छाओं जैसे मुद्‌दों पर बात की।

इनके अतिरिक्त जो स्त्रियाँ स्त्री-लैंगिकता, यौनेच्छा जैसे मुद्‌दों पर खुलकर लिख पाईं उनमें सलमा अहमद, किश्वर नाहीद को जरूर देखा जाना चाहिए। ये स्त्रियाँ सिर्फ जेंडर की बात नहीं करतीं, बल्कि धर्म—विशेषकर इस्लाम किस तरह स्त्री को 'मानुष' होने से रोकता है, इस पर टिप्पणी करती हैं। इन रचनाकाओं में पर्दा-प्रथा का विरोध, बहुविवाह के साथ-साथ धर्म की जद में आनेवाले ऐसे बहुत सारे रिवाज जो स्त्री-विरोधी हैं, उनकी मुखर आलोचना मिलती है।

सलमा अहमद जो पाकिस्तान की जानी-मानी व्यवसायी थीं उन्होंने अपनी दर्दनाक जिन्दगी के बारे में लिखा,[21] जिसकी विशेषता है वैवाहिक जीवन के विषय में खुलकर बात करना। वे अपने वैवाहिक जीवन की प्रथम रात्रि के बारे में लिखती हैं, "सुहागकक्ष में मेरी प्रतीक्षा हो रही थी। अब दूसरा नाटक, दूसरा दु:स्वप्न शुरू होने को था—यह मैं नहीं थी जिसे वह छू रहा था, यह मैं नहीं थी जिसके वह कपड़े उतार रहा था, ये सब इतना अवास्तविक, इतना पीड़ादायक था, इतना झटका लगानेवाला था कि रजस्राव से चादर भीग गई। तट के लग्जरी होटल में ये एक डरावनी रात थी। रिवाज के अनुसार सुबह मेरे रिश्तेदार मुझे घर ले जाने के लिए आए। मैं क्षुब्ध थी और स्वयं को अपवित्र और चोटिल महसूस कर रही थी।"[22] इसी सलमा अहमद की बहन नजमा भोपाल की बेगम आबिदा सुल्तान की बहू बनी। सलमा की आत्मकथा में नजमा और शहरयार के विवाह की तसवीर भी है। इस

तरह सलमा अहमद का सम्बन्ध भोपाल की रियासत से ठहरता है, जो भारत की एकमात्र ऐसी रियासत थी जहाँ 19वीं और 20वीं शती में स्त्री-शासक हुईं।

सईदा बानो अहमद की आत्मकथा 'डगर से हटकर', 1990 में प्रकाशित हुई। जीवन के उत्तरार्द्ध में सईदा ने यह आत्मकथा अपने पुत्रों की इच्छा के विरुद्ध छपवाई, जिसे बाद में उर्दू अकादमी, दिल्ली का पुरस्कार भी मिला।[23] सईदा हसन आल इंडिया रेडियो की पहली स्त्री उद्घोषक थीं, जो 1947 में अपने छोटे बेटे को लेकर लखनऊ से दिल्ली नौकरी करने आ गईं।[24] सईदा ने अपने दाम्पत्य जीवन के विवादों और विवाह के टूटने का चित्रण खुलकर किया, यही कारण था कि लम्बा अरसा बीत जाने के बाद भी उनके बेटों ने आत्मकथा के छपने का विरोध किया। सईदा की आत्मकथा की तुलना आबिदा सुल्तान से भी की जा सकती है, वे दोनों अच्छी मित्र थीं और दोनों की परवरिश भोपाल में ही हुई थी। आश्चर्यजनक रूप से दोनों ने आत्मकथ्यों में बोल्डनेस दिखाई। आबिदा सुल्तान की आत्मकथा की चर्चा पहले की जा चुकी है, सईदा ने बताया कि उसने विवाह के तुरन्त बाद हमबिस्तर होने से इसलिए इनकार कर दिया, क्योंकि उसे लगा कि पति नितान्त अपरिचित हैं।[25] इस असुविधाजनक प्रसंग को लिखकर उन्होंने अपनी अल्पवयस और उस समय तक यौन-सम्बन्धों के बारे में अनभिज्ञता प्रदर्शित की। सईदा बानो ने विवाहेतर सम्बन्ध की चर्चा बड़ी बहादुरी से की है। नूरुद्दीन नामक वकील जिसकी अंग्रेज पत्नी अपने बच्चों को लेकर भारत की आजादी के बाद इंग्लैंड चली गई, उससे सईदा को प्रेम हुआ। नूरुद्दीन के अकेलेपन को सईदा की दोस्ती ने भर दिया। इन दोनों का प्रेम लगभग 27 वर्ष चला, शुरुआती हिचक के बाद सईदा ने प्रेम के सामने पूर्ण समर्पण कर दिया, जिसने सईदा के शब्दों में 'सईदा का दिल खुशियों से भर दिया था'। सन् 1955 में नूरुद्दीन की पत्नी दिल्ली लौट आई, उसे इस प्रेम-सम्बन्ध पर आपत्ति थी।[26] इस सम्बन्ध को लेकर सईदा बहुत संवेदनशील थी, क्योंकि इसने उन्हें खुशी दी थी, इसलिए एक दिन अचानक सब खत्म करना उसके लिए सम्भव नहीं था। दूसरी बात यह थी कि इस सम्बन्ध की जानकारी मित्रों, बच्चों और रिश्तेदारों को थी लेकिन सईदा के अनुसार "मेरी जीवन-शैली की मर्यादा उन लोगों ने रखी, इस प्रेम-सम्बन्ध के कारण मेरा अपमान कभी नहीं किया।" अतीत के प्रसंगों का जिक्र करते हुए सईदा लिखती है, "आज जब पीछे मुड़कर देखती हूँ तो वह पूरा प्रसंग बचकाना लगता है, लेकिन ऐसा वक्त भी था कि उसकी एक झलक, कुछ लम्हे के लिए मिलना जिन्दगी और मौत का सवाल... रात के राहियों की तरह बचपने का यह खेल हमने 60-65 और यहाँ तक कि 70 बरस की उम्र तक भी खेला। जिस काम की मनाही हो उसे करने में जोखिम का अद्भुत आनन्द छिपा हुआ होता है।"[27] सईदा द्वारा अपने प्रेम-सम्बन्ध की स्पष्ट स्वीकृति अपने-आपमें विशिष्ट है, जो उनकी आत्मकथा को प्रामाणिक बनाती है।

'मेरा जीवन' शीर्षक से डॉ. जाकिरा गौस (1921-2003) ने आत्मकथा लिखी। पढ़ने की शौकीन जाकिरा ने सत्तर वर्ष की अवस्था में मद्रास विश्वविद्यालय से उर्दू में पी-एच. डी. की उपाधि प्राप्त की। बचपन से ही डॉक्टर बनने का सपना देखनेवाली जाकिरा को पारिवारिक परिस्थितियों ने गृहस्थिन बनाया। वे आत्मकथा में अपने बचपन के रचनात्मक दिनों को याद करती हैं। वे अपने एक बुजुर्ग द्वारा निकाली जानेवाली पत्रिका 'बज्म-ए-अदब' से प्रेरणा लेकर खानदान के भीतर ही हस्तलिखित पत्रिका 'मुशीर उन निस्वाँ' निकालने लगीं। इस घरेलू पत्रिका के पाठक खानदान के भीतर के लोग ही थे, पर इसमें भी अपने से बड़े-बुजुर्गों पर टिप्पणी करने से लोग बचते थे। 1956 तक यह हस्तलिखित पत्रिका नियमित रूप से निकलती रही। सेल्फ सेंसरशिप के सन्दर्भ में जाकिरा गौस ने इसे याद किया है, इसी के आधार पर 'माई लाइफ' शीर्षक से आत्मकथा अंग्रेजी में प्रकाशित हुई, जिसे खानदान के लोगों के लिए ही लिखा गया था, इसलिए बहुत-से वर्णनों की जरूरत भी नहीं पड़ी। लेकिन वह यातनाप्रद बातों की चर्चा से बचीं और यदि कहीं किसी के बारे में प्रसंगवश नकारात्मक टिप्पणी कर भी देती हैं, तो तुरन्त वहीं किसी सकारात्मक बात से सन्तुलन बना देती हैं। इसी तरह पूरी आत्मकथा में सावधानी दिखाई पड़ती है, वे विवादास्पद मुद्दों पर अपना पक्ष नहीं रखतीं और यदि कोई ऐसा मुद्दा आता भी है तो उनका बयान होता है, "आप में से कुछ इससे असहमत भी हो सकते हैं, उनसे अग्रिम क्षमायाचना के साथ।" आत्मकथा में वे दर्ज करती हैं, 'पत्रिका के पहले अंक में महरूम चचाजान ने खानदान की कुछ मृतक औरतों के बारे में लिखा था, वर्णक्रम से। पाठकों को उनके बारे में कुछ लिखने को कहा गया था। मैंने नहीं लिखा, लेकिन उसके बाद से ही मेरे दिमाग में यह विचार आया कि हालाँकि मेरा जीवन इतना महत्त्वपूर्ण नहीं है, कि उसे लोग जानें फिर भी मैं अपने बारे में जरूर कुछ लिखूँ। आरम्भ में तो किसी कागज पर मैं यूँ ही कुछ उलझी हुई बातें लिखा करती थी। मैं आपसे उसे पढ़ने के लिए नहीं कह सकती पर मैं इतना जानती हूँ कि आपमें से कुछ लोग तो उसे पढ़ने के लिए कहेंगे ही। यह मैं इसलिए कह रही हूँ कि मुझे मालूम है कि लोगों में दूसरे के निजी जीवन को जानने की इच्छा होती ही है।...वैसे अपने निज के बारे में लिखना मेरा अपना चुनाव है, यह ऐसा विषय है जिस पर मेरी कलम बिना रुके दौड़ सकती है। मुझे मालूम है कि आत्मप्रशंसा करना एक कमी है फिर भी मुझे अनुमति दीजिए कि कहूँ कि जो कुछ मेरे जीवन में हुआ उसे लिखूँ, अपने बारे में कुछ खास लिखना मुझे कभी पसन्द नहीं आया।' आत्मकथा में जाकिरा अतिशयोक्तियों का प्रयोग करती है, अपने पाठकों के पक्ष में वह अपनी आलोचना स्वयं करती चलती है। बार-बार कहती है कि उसे ठीक से लिखना भी नहीं आता। अपने पाठकों से किसी वक्तव्य, जिसके बारे में उसे लगता है कि वह आत्मप्रशंसात्मक हो सकता है, को देने के

बाद अतिशय विनम्रता दिखाती है, जिसे फारसी और उर्दू गद्य की परम्परा में भी देखा जा सकता है। यहाँ देखने की बात है आत्मकथ्य में आत्म के विलोपन का प्रयास, सिर्फ औपचारिकता मात्र नहीं है, बल्कि इसके गहरे निहितार्थ हैं। वह चाहती है कि पारिवारिक सेंसरशिप उस पर हावी न हो, उसकी साहित्यिक गतिविधियाँ अपनी गति से चलती रहें। इसलिए वह अपने-आपको बहुत ही नाचीज दिखाती है, सगे-सम्बन्धियों पर कोई टीका-टिप्पणी नहीं करती। पूरी आत्मकथा बहुत सावधानी से लिखी हुई है, हालाँकि इस कार्य में वह हर समय सफल नहीं हो पाती। जाकिरा अपने जन्म के प्रसंग में लिखती है, "रबी उल अव्वाल 1340, यानी 18 नवम्बर, 1921 को शुक्रवार के दिन हैदराबाद के हाजी मंजिल में मैं पैदा हुई, मुझसे पहले पैदा हुई दो बहनें मर चुकी थीं...मैं अब तक इस संसार में जी रही हूँ, इतनी लम्बी जिन्दगी। कभी-कभी सोचती हूँ मेरा जीवन कितना निरर्थक है, अगर मैं भी अपनी बहनों की तरह पैदा होते ही मर जाती तो...क्या हुआ होता? मेरे जैसे जीवन का क्या मूल्य है।...व्यर्थ और निरुद्देश्य।"

जाकिरा गौस लिखती है कि उनके पिता बी. ए. पास न कर पाने के कारण पक्की नौकरी से वंचित रहे, खानदान के बाहर उन्होंने दूसरी शादी की, दूसरा घर भी बसाया, सभी पत्नियों को मिलकर उन्हें कई बच्चे हुए जिनमें पाँच लड़कियों और एक लड़के ने ही पूर्ण जीवन जिया। जाकिरा की माँ ने बहुत अभावों में अपने बच्चों को पाला, इसलिए अपने बच्चों को बहुत विनम्रता और खानदानी तहजीब सिखाई। उन्होंने सिखाया कि वे परनिर्भर हैं, इसलिए उन्हें ऐसे रहना चाहिए, जिससे परिवार के अन्य लोगों को कोई तकलीफ न हो। वह एक वाकया याद करती है कि "घर में कबाब बने थे—कुछ बच्चों ने जोश में आकर ज्यादा कबाब खा लिये, जिससे बाकी लोगों के लिए कम बचा। जैसे ही मेरी माँ को यह पता चला उन्होंने बहुत कड़ाई के साथ ताकीद की, कि भविष्य में दूसरों के बारे में बिना सोचे कभी भोजन करने का साहस न करूँ। यह बात आज भी मेरे जेहन में बैठी हुई है कि मैं दूसरों के हिस्से के बारे में बिना सोचे हुए कभी भी खा नहीं पाती...और कभी असफल रहने पर मेरी आत्मा कचोटती है।" अपने पिता के बारे में वह लिखती है, "हमें उनसे हमेशा डर लगता था।...हम उनसे काँपते थे और हमसे वे सीधे बात नहीं करते थे।" अपनी माँ के व्यक्तित्व के बारे में वह लिखती है कि माँ कभी अपना प्यार दिखाती नहीं थी, लेकिन मुझे मालूम था कि वो मुझे बहुत प्यार करती है। आर्थिक तंगीवाले संयुक्त परिवार में जाकिरा के परिवार का सम्मानजनक ढंग से जीना सम्भव नहीं हो पा रहा था। ऐसे हालातों में उसकी माँ कुंठित हो रही थी। फिर भी अपनी बेटियों के भविष्य और व्यक्तित्व के विकास के लिए चिन्तित रहा करती थी। वह अपनी बेटियों के लिए दिनचर्या लिखा करती, जिसका पालन करना कठिन होता था। माँ अपने वात्सल्य को कभी जताती नहीं थी जिसके कारणों पर

जाकिरा गौस की टिप्पणी है : "बावजूद तमाम भावनाओं के माँ के मुख से मेरे लिए प्यार शब्द निकलना सम्भव नहीं था, लेकिन यह बात मुझे बड़े होने पर ही समझ आई।" अपनी माँ के बहाने वह मुसलमान परिवारों में प्रचलित बहुविवाह, अशिक्षा के कारणों, पर्दा-प्रथा और लैंगिक विभेद को परखती चलती है। 'घर की औरतों का बाहर जाना बहुत कम ही होता था। खरीदारी का काम घर के पुरुष या नौकर ही करते थे। घर की बुजुर्ग औरतें युवा बहू-बेटियों को घर के भीतर रहने की सलाह देती थीं, वे खानदान की परम्परा के पालन में महत्त्वपूर्ण भूमिका निभाती थीं। घर की औरतों को हैदराबाद और मद्रास आने-जाने का मौका सिर्फ शादियों में मिलता था। यह वह समय था जब खानदान की नई पीढ़ी बाहर के समाज से जुड़ना चाह रही थी। औरतें मस्जिदों और तीर्थयात्रा के लिए भी जाती थीं, लेकिन परदे में ही और किसी-न-किसी पुरुष की सरपरस्ती में। परदे का पूरा पालन किया जाता था। घर से निकलते समय जनानखाने से दरवाजे तक नौकरानी मोटे कपड़े का पर्दा पकड़कर दोनों तरफ खड़ी हो जाती थीं। घर के आँगन से दरवाजे पर खड़ी गाड़ी तक पर्दा कनात की तरह खड़ा किया जाता। रेल और जहाज में जनाना कम्पार्टमेंट होते। घर एक बन्द संसार था, जहाँ औरतों की उपस्थिति स्थायी थी और पुरुषों का आना-जाना लगा रहता। पुरुष-आधिपत्य के बावजूद घरेलू मामलों में स्त्रियों के अपने निर्णय, विचार होते थे, छोटी लड़कियों को घर के भीतर ही औरतें इमला सिखा देतीं। कई माँओं ने पुरुषों के विरोध के बावजूद अपने बच्चों को स्कूल भेजने की पेशकश की। 1931 में अपनी माँ की वजह से जाकिरा की एक चचेरी बहन ने स्कूल में दाखिला ले लिया, जो खानदान की एक बड़ी घटना थी। जाकिरा गौस आत्मकथा में अपने आत्मनिर्भर बनने की यात्रा का बयान करती हैं कि किस तरह वे चाँदनी रात में आँखें गड़ाकर किताबें पढ़ती थीं, किसी के आने की आहट सुनते ही किताब छुपा देती थीं। संयुक्त मुस्लिम परिवार में उन्होंने बहुविवाह और उससे प्रभावित बच्चों और स्त्रियों को नजदीक से देखा। पहली पत्नी की उपेक्षा, सीमित आय में बहुत-से परिवारों का पालन, विवाह के कारण नये बच्चों की आमद से परिवार में कलह, आर्थिक तंगी, जगह की कमी इत्यादि के बारे में वे लिखती हैं, "बहुपत्नीत्व का रिवाज हमारे खानदान में कम ही था, इसे आम तौर पर पसन्द भी नहीं किया जाता था। अक्सर पहला विवाह परिवार जनों द्वारा तय किया जाता था, जबकि दूसरा विवाह उस व्यक्ति की निजी पसन्द का होता था। अक्सर दूसरा विवाह नीचे दर्जे की लड़की के साथ किया जाता था। इन औरतों से खानदान की औरतें सामाजिक तौर पर कोई खास सम्बन्ध नहीं रखती थीं। ऐसी औरतों के अस्तित्व की ओर से खानदान बेखबर रहने में भलाई समझता था। दूसरे-तीसरे विवाहवाली औरतों के रहने का अलग इन्तजाम होता था। ऐसा बहुत कम होता था कि इन सम्बन्धों से पैदा हुई सन्तानों का विवाह खानदानी घरों में हो। जब तक पुरुष आर्थिक तौर

पर दोनों परिवारों का बोझ उठाने में सक्षम होता था, स्थिति नियंत्रण में रहती थी। लेकिन यदि कोई स्त्री या उसके बच्चे उपेक्षित महसूस करते थे, तो खानदान का कोई भी उनकी मदद को आगे नहीं आता था।" घर में एक ईसाई नर्स आती थी, जो साफ-सुथरे कपड़ों में स्मार्ट दीखती थी, परिवार के मर्द उसके औजारों/दवाई का बैग लेकर पीछे-पीछे चलते, यह देखकर जाकिरा के मन में डॉक्टर बनने की इच्छा जगी। पिता ने बारह वर्ष की उम्र में उसे स्कूल जाने की इजाजत दी और नामपल्ली स्कूल में दर्जा दो में बैठना शुरू किया। शादी के बाद उर्दू में स्नातक की उपाधि प्राइवेट पढ़कर पास की, बाद में उन्हें लड़कियों के कॉलेज में पढ़ाने की नौकरी मिली। पूरी आत्मकथा में अपनी जवानी के दौर का जिक्र वे ज्वालामुखी के फटने की तरह करती हैं। यह जिक्र भी है कि कैसे पति ने एम. ए. करवाने से मना कर दिया, क्योंकि तब वह अपने पति से श्रेष्ठ हो जाती। जाकिरा 'हमारा दौरे हयात' में लिखती है, "अब मैं यह महसूस करती हूँ कि मेरे जीवन में जो कुछ भी हुआ अच्छे के लिए ही हुआ। मेरे लिए आर्ट्स पढ़ना बेहतर रहा। मैंने बहुत-सा साहित्य पढ़ा और लिखने की आदत ने मेरी दूसरी मानसिक चिन्ताओं को खत्म कर दिया। पहले लिखना मेरे लिए आवरण था बाद में लक्ष्य बन गया...मैं आज जो कुछ भी हूँ लिखने के कारण ही हूँ। हमारे खानदानों में किसी स्त्री का अविवाहित रह जाना बहुत ही अलग घटना होती थी, जिनका विवाह नहीं हो पाता, वे अपने पिता या भाई के ऊपर निर्भर रहती थीं। 1920 से 1950 के दौर तक ऐसा होता था कि तीस पार से ऊपर की लड़कियों में लगभग 15 प्रतिशत की शादी होती ही नहीं थी, सुशिक्षित लड़कियों को भी अविवाहित रह जाना पड़ता था।" ऊपर से साधारण दीखनेवाली आत्मकथा मुस्लिम समाज के भीतर जेंडर के समीकरणों को गहरे तक रेखांकित करती है। अपने समकाल और भारत की बीसवीं सदी के पहले के सात दशकों का इतिहास इस पुस्तक में झलकता है। साथ ही परिवार और समाज द्वारा तयशुदा दायरे में कैसे एक स्त्री निज की पहचान को तलाशती है और बिना शोर-शराबे के अपनी पहचान स्थापित करती है, कोई जान भी नहीं पाता कि उसकी नामालूम-सी कहानी कहाँ शुरू और कहाँ खत्म हुई। आत्मकथा-लेखन को अपने तनाव और चिन्तन-मनन की रचनात्मक 'शेयरिंग' से जोड़ा जा सकता है। हालाँकि एक स्त्री, देश-काल की सांस्कृतिक सीमाओं के परे, आत्मकथ्य लिखते या कहते समय निरन्तर इस तनाव से जूझती है कि वह जीवन-सत्य के किन पहलुओं को छोड़े और जोड़े। चारित्रिक दुर्बलता और फिसलन के प्रसंगों में से किन्हें लिखे और किन्हें छोड़े, सत्य और कल्पित प्रसंगों में से क्या रखे! स्त्री-रचनाकार का वैश्विक नजरिया, जीवन-मूल्य, संस्कार, भाषिक कौशल, राजनीतिक सन्दर्भ और उसके जीवन की नियंत्रक शक्तियाँ—इसको प्रभावित करती हैं, इसलिए रीता फेल्स्की को लगता है कि 'स्त्रियों की आत्मकथाओं में इच्छा और सत्य का तनाव, दिखाई देता

है। उनका ईमानदार आत्म निरन्तर सत्य के पक्ष में बोलने के लिए पर्युत्सुक रहता है जबकि बाहरी दबाव इस अभिव्यक्ति पर अंकुश लगाते हैं। आत्मकथाओं को कौन-सा पाठक पढ़ेगा, पाठकीय वर्ग और रुचि भी रचना को प्रभावित करती है। स्वान्त: सुखाय का दावा करनेवाले रचनाकार के अवचेतन में भी ज्यादा-से-ज्यादा पाठकों तक स्वयं को प्रसारित करने की लालसा सुप्त रहती है।

नवाब फैजुन्निसा बेगम (1834-1903) ने रूपजलाल (1876) नामक उपन्यास अपने असफल वैवाहिक जीवन की पीड़ा की अभिव्यक्ति के लिए लिखा था। किसी भी बंगाली मुस्लिम स्त्री द्वारा लिखे इस पहले उपन्यास की भूमिका आत्मकथात्मक है, जिसमे संक्षेप में मुस्लिम स्त्री पर समाज के दबावों और उसकी यौनिकता पर मर्दवादी पहरों की पहचान की गई है। इसमें औपनिवेशिक बंगाली मुसलमान स्त्री के जीवन के यथार्थ चित्र हैं। रूपजलाल जैसी रचना मुसलमान समाज में प्रचलित और इस्लाम से मान्यता प्राप्त बहुपत्नीत्व के खिलाफ आलोचनात्मक तर्क विकसित करती है। उपन्यास की नायिका रूपबानो अपने पति के बहुविवाह के प्रति कड़ा प्रतिरोध दर्ज कराती है, लेकिन अन्तत: उसे परम्परा के आगे समर्पण करना पड़ता है। रूपबानो भले ही 'बहुपत्नीत्व' के सामने घुटने टेक देती है, लेकिन नवाब फैजुन्निसा ने निजी जीवन में पति के बहु-विवाह पर आपत्ति करते हुए अलग रहने का निर्णय लिया था। उपन्यास की भूमिका में इसका उल्लेख करते हुए विफल वैवाहिक जीवन की यंत्रणा को रचना की प्रेरणा बताया गया है। रूपजलाल का कथ्य प्रेम, युद्ध, बहुपत्नीत्व के दायरे में ही घूमता है। फैजुन्निसा लेखन में तथाकथित स्त्रीत्व का अतिक्रमण करते हुए स्त्री-यौनिकता के प्रश्नों पर विचार करती हैं। वह उस समाज का आन्तरिक परिवेश चित्रित करती हैं, जहाँ धर्म और पितृसत्ता का दबाव स्त्री को 'आत्म' से संवाद करने की छूट नहीं देता। फैजुन्निसा के लेखन को विद्रोह बल्कि अतिक्रमण के रूप में देखा जाना चाहिए। वह लेखन में स्त्रीत्व का अतिक्रमण करती है। अपने समय से कहीं आगे की इस रचना पर पाठकों और आलोचकों ने विशेष ध्यान नहीं दिया। फैजुन्निसा बांग्ला में लिखती थी, लेकिन उन्हें अरबी, फारसी और संस्कृत का अच्छा ज्ञान था। उन्होंने 'फैजुन लाइब्रेरी' बनाई थी और रवीन्द्रनाथ ठाकुर की बहन स्वर्णकुमारी देवी (बांग्ला की पहली स्त्री-उपन्यासकार (दीपनिर्वाण, 1868)) के स्त्री-संगठन शक्ति समिति की प्रखर सदस्य थीं। उन्हें औपनिवेशिक बंगाल और अन्य प्रान्तों में हो रही राजनीतिक, सामाजिक, आर्थिक हलचलों की पूरी जानकारी थी। अब्दुल कुदस ने 'आलोर दिशारी'[28] में लिखा है कि फैजुन्निसा प्रतिदिन कुछ घंटे लाइब्रेरी में बिताती थी और 'इस्लाम प्रचारक' और 'सुधारक' जैसी पत्रिकाएँ नियमित तौर पर खरीदती थी। ऐसे वक्त में, जब स्त्री से सिर्फ यह अपेक्षा की जाती थी कि वह घर को आरामदायक शरणस्थली बनाए, कुशल गृहिणी बने, ऐसे में एक मुसलमान स्त्री का उपन्यास लिखना परम्परागत

मूल्यों को चुनौती था और साहसिक अभियान की शुरुआत भी। भूमिका में वे बहुपत्नीत्व की कड़ी आलोचना करते हुए अपने परिवार के बारे में बहुत बोल्ड ढंग से लिखती हैं।[29] फैजुन्निसा दो घनिष्ठ प्रसंगों का जिक्र करती है पहला तो यह कि अभी वह छोटी ही थी कि उसके विवाह का प्रस्ताव घर पर आया, वह पिता का ही रिश्तेदार था, विवाह-सम्बन्ध की मनाही ने उस व्यक्ति को बुरी तरह तोड़ दिया और पूरा जीवन दुख में बिताया।[30] फैजुन्निसा का कहना है कि इसके बाद उसका भाग्य दुर्भाग्य में बदल गया, पिता की मृत्यु हो गई और माँ एक धनी व्यक्ति की दूसरी पत्नी बन गई। अपने बारे में फैजुन लिखती है "शादी के कुछ वर्ष मैंने खुशी से गुजारे। पति अपने-आपसे ज्यादा मुझे प्यार करता, मुझे एक मिनट के लिए भी अकेला न छोड़ता। इस बीच मैंने दो बेटियों को जन्म दिया। पति ने एक और शादी की थी पर पति मेरे प्रति आकर्षित रहता, जिसे देखकर सौतन ईर्ष्या से जल-भुन जाती। वह मुझसे पीछा छुड़ाने के उपाय ढूँढ़ने लगी। जो व्यक्ति मुझे एक मिनट के लिए अकेला न छोड़ता वह अब हमेशा के लिए अकेला छोड़ देना चाहता था। इसी परिस्थिति में मैं अलग घर लेकर रहने लगी।"[31] यह बात महत्त्वपूर्ण है कि फैजुन ने अपना पुस्तकालय बनाया, अखबारों में लिखा और पति के आगे कभी हाथ नहीं पसारा और स्त्री-संगठनों की सदस्य रही। यद्यपि अपने उपन्यास में उसने रूप और जलाल की प्रेमकथा लिखी और प्रेम के आगे स्त्री का आत्मसमर्पण दिखाया, लेकिन जीवन में उसने इस्लाम में प्रचलित बहुपत्नीत्व का विरोध किया। निजी तौर पर फैजुन्निसा द्वारा बहुपत्नीत्व को चुनौती देना और पारिवारिक सुरक्षा के दायरे से बाहर निकलकर एक आत्मनिर्भर एजेंट के रूप में सामने आना नई स्त्री की छवि का दिशा-निर्देश करता है। अपनी स्वतंत्रता के लिए स्त्री का संघर्ष वस्तुत: राष्ट्रवादी क्रान्ति के लिए किये जानेवाले संघर्ष से बहुत भिन्न नहीं है। इस संघर्ष में उसे अनेक स्थापित सामाजिक संस्थाओं, वर्चस्वशील विचार-सरणियों से टकराना होता है, क्योंकि पितृसत्तात्मक समाज की स्त्री-विरोधी परम्पराओं के आयाम अपने-आपमें विशिष्ट होते हैं, जो स्त्री को घर, पति, सन्तान की पूरी जिम्मेदारियाँ सौंपते हैं। यहाँ तक कि स्त्री के लिखे को पाठक और प्रकाशक भी उपेक्षित करते हैं। फैजुन्निसा स्त्री-यौनिकता, पर्दा, शिक्षा और बहुविवाह के प्रश्नों पर विचार करती दीखती हैं।

मुस्लिम स्त्रियों के लिखे हुए को प्रकाश में लाए बिना हम राष्ट्रीय आन्दोलन में स्त्रियों की स्थिति और योगदान को समझ नहीं सकते 'द वर्ल्ड ऑफ मुस्लिम वीमेन इन कोलोनियल बंगाल' में सोनिया अमीन ने राष्ट्रीय आन्दोलन के दौर में मुस्लिम स्त्रियों के संघर्ष का विश्लेषण करते हुए कहा है कि मुसलमानों की पितृसत्तात्मक व्यवस्था भी स्त्रियों को परम्पराश्रित आधुनिक विचारधारा देने का प्रयास कर रही थी। जहाँ हिन्दू और ब्रह्म समाज-सुधारकों की विचारधारा सीता, सावित्री के पौराणिक, मिथकीय चरित्रों पर आधारित थी, वहीं मुस्लिम समाज-

सुधारक स्त्रियों के सामने हजरत मुहम्मद की पत्नी आयशा, बेटी फातिमा—जो धैर्य और सहनशीलता का उदाहरण समझी जाती हैं—को आदर्श चरित्रों के रूप में रख रहे थे। हिन्दुओं की तर्ज पर उनका भी मानना था कि समुदाय की संस्कृति की रक्षा का दायित्व स्त्रियों का ही होता है। राष्ट्रीय आन्दोलन को जेंडर के दृष्टिकोण से यदि विश्लेषित किया जाए तो साहित्यिक और गैर-साहित्यिक साक्ष्यों के आधार पर पितृसत्ता यह मान रही थी कि स्त्रियों का कोई अधिकार उनकी देह पर नहीं है, मुस्लिम स्त्रियों के सन्दर्भ में यह बहुस्तरीय था। बहुत-से आलोचकों ने उस दौर की मुस्लिम स्त्रियों के लिखे और कहे हुए पर विचार करने की जरूरत ही नहीं समझी, पितृसत्ता से अनुकूलित राष्ट्रवादियों ने उनकी उपेक्षा की, जबकि मुस्लिम पितृसत्तात्मक नियंत्रण इस समय में स्त्रियों को आधुनिक करने की दिशा में प्रयास करना प्रारम्भ कर रहा था, आधुनिकतावादी विचारधारा स्त्री पर परिवार और पुरुष के नियंत्रण को वैधानिक बनाने की प्रक्रिया में थी। इसकी प्रतिक्रियास्वरूप मुस्लिम स्त्रियों ने आधुनिकता का कृत्रिम जामा पहनने की अपेक्षा स्वयं को परदे में रखकर जीना और वहीं मरना पसन्द किया। रुकैया सखावत हुसैन ने 'अबरोध बासिनी' में जिक्र किया है कि "एक बार एक घर में आग लग गई, घर की मालकिन ने अपने सारे गहने एक पोटली में बाँधे और जल्दी में शयनकक्ष से निकली, बाहर निकलते ही उसने देखा कि आँगन में बहुत-से लोगों की भीड़ जमा है—जो आग बुझाने की कोशिश कर रहे थे। वह अपने शयनकक्ष में वापस चली गई और बिस्तर के नीचे छिप गई। वह जल मरी लेकिन बाहर नहीं निकली, पर्दा-प्रथा जिन्दाबाद!" रुकैया सखावत हुसैन ने 1905 में 'सुल्ताना का सपना' लिखा, जिसमें उन्होंने परदे के भीतर घुटती हुई स्त्री की यातना और स्वातंत्र्य-स्वप्न का चित्रण किया। ठीक इसी समय लेखकों का ध्यान इस बात पर ज्यादा था कि नई लेखिकाएँ स्त्री की शुचिता, पवित्रता, सतीत्व की कहानियाँ लिखें। उन पर दबाव डाला जाए कि लेखिकाओं को समाज के उच्चतर मूल्यों की स्थापना का प्रयास करना चाहिए। मध्यवर्ग से सम्बन्धित किसी लेखिका का साहस नहीं हुआ कि वे इन बने-बनाए नियमों के दायरे से बाहर जाए। इसलिए घर की परिधि में रोमांटिक अभिव्यक्तियों तक उनकी रचनात्मकता महदूद रही। मध्यवर्गीय परिवारों से सम्बद्ध लेखिकाओं ने तयशुदा दायरे में ही आत्माभिव्यक्तियाँ कीं और सीधे-सीधे अपनी बात कहने के खतरे, जो अभिजात्य या उच्च वर्ग से सम्बद्ध लेखिकाएँ उठा सकती थीं, वो इन्होंने नहीं उठाए और पुरुषों की दृष्टि के अनुरूप ही स्त्री-छवि चित्रित की।

हैदराबाद की बिल्कीस जहाँ खान (1930) और रामपुर की राजकुमारी मेहरुन्निसा (1933) ने अपने अन्तरंग जीवन के टुकड़े संस्मरणों में लिखे, इसके अलावा हमीदा हुसैन राजपुरी ने 'हमसफर' (1992) शीर्षक से आत्मकथ्य लिखा, जिसका अनुवाद उर्दू से अंग्रेजी में 'माय फेलो ट्रेवलर' (2006) शीर्षक से अनुवाद प्रकाशित हुआ।[32]

जोहरा सहगल (1912) की आत्मकथा 'करीब से' में जोहरा ने रंगमंच, इप्टा और फिल्मी जीवन से जुड़े अनुभवों पर खुलकर लिखा, साथ ही कामेश्वर सहगल से अन्तर्जातीय विवाह और प्रेम-प्रसंग पर लिखते हुए किसी सेंसरशिप की परवाह नहीं की। ऐसा इसलिए सम्भव हुआ क्योंकि जोहरा को विदेशों का अनुभव था और वह रामपुर के राजसी परिवार से जुड़ी थीं।[33] इप्टा से ही सम्बद्ध शौकत कैफी (1928) ने उर्दू में 'यादों की रहगुजर' लिखी।[34] इस पुस्तक में कैफी आजमी के साथ अपने प्रेम और विवाह-प्रसंग को अत्यन्त दिलचस्प अन्दाज़ में पत्रों में जाहिर किया, "कैफी! मैं तुम्हें बहुत चाहती हूँ, इतना जिसकी कोई सीमा नहीं है, संसार की कोई भी ताकत मुझे तुम्हारे पास आने से नहीं रोक सकती, कोई पर्वत, पहाड़, समुद्र, नदी, मनुष्य, कोई आकाश, कोई ईश्वर, कोई देवदूत मुझे रोक नहीं सकता, और केवल खुदा ही जानता है इस बारे में।"[35] उधर कैफी भी अपने खून से लिखे प्रेम-पत्रों में इसी भाव की व्यंजना करते दीखते हैं।

'जीबोन स्मृति' शीर्षक से बंगाल की राजनीतिक कार्यकर्ता हमीदा रहमान (1920) ने आत्मकथा लिखी। आत्मकथा के केन्द्र में पलाश नाम के व्यक्ति से प्रेम और विछोह है। पलाश ने हमीदा रहमान को पढ़ने-लिखने और राष्ट्रीय आन्दोलन में शिरकत करने की राह दिखाई।[36] पलाश 1930 में हमीदा से मिला था, तब से निरन्तर वे आपस में मिलते रहे, राष्ट्रीय आन्दोलन के दौर में पलाश बेहद सक्रिय था और उसका भूमिगत हो जाना, बीच-बीच में किशोरी हमीदा से मिलने ने उनके बीच के संकोच और झिझक को हटा दिया था। हमीदा लिखती है : "ईद की रात मैं हमेशा उसका इन्तजार किया करती थी, वह मेरे जीवन का बहुत महत्त्वपूर्ण क्षण होता। मैं अपने घर के फाटक के आगे टहलती रहती, जब तक वह अपनी छोटी-सी साइकिल से आ नहीं जाता। उसके आने पर मेरा दिल जोर-जोर से धड़कने लगता। डर लगता कि कहीं ऐसा न हो वो ना आ पाए। पर वह हमेशा ईद को रात 9 बजे आता, मैं बहुत खुश होती।"[37] आगे वह बताती है कि कैसे उनके बीच पत्रों का आदान-प्रदान शुरू हुआ और रोमांस फलता-फूलता गया। पाठक उनके विवाह की सूचना का इन्तजार करता है, लेकिन पलाश के भाई के विरोध के कारण यह सूचना पाठक को नहीं मिलती। हमीदा के पिता भारी-भरकम दहेज देने में असमर्थ थे। हमीदा पूरी तटस्थता से इस दुखद प्रसंग को यथार्थ रूप में चित्रित करती हैं, अपने भावों और अनुभूतियों का कोई विवरण नहीं देती और बताती हैं कि पिता ने और लड़के देखने शुरू कर दिये, 1942 में उसका विवाह किसी और से हो गया। लेकिन कहानी यहीं खत्म नहीं होती। शादी के एक-दो साल बाद ही हमीदा कलकत्ता गई और वहाँ उसे पलाश फिर मिला। सत्रह साल की हमीदा पलाश से मिलकर बहुत खुश हो जाती, "हम बाहर साथ-साथ जाते, एक साथ सामूहिक रसोइयों में काम करते-करते और भी नजदीक आ गए। उस समय मेरे पति कलकत्ता में नहीं

थे, इसलिए हमारी नजदीकियाँ बढ़ती गईं। जब कभी हम मिल नहीं पाते एक-दूसरे के बगैर बहुत दुखी रहते।"[38] पलाश प्रसंग के 50 वर्ष बाद लिखी आत्मकथा में हमीदा का कहना है तब उसका यह व्यवहार नादान उम्र के कारण था, हालाँकि यह बात पाठक को बहुत दूर तक ग्राह्य नहीं होती, क्योंकि वह लिखती हैं, "तब मुझे मालूम ही नहीं था किसी पर-पुरुष से मित्रता पाप है। ये मेरी समझ के बाहर था कि बचपन के अभिन्न मित्र के साथ सम्बन्ध, विवाह के बाद गलत कैसे हो सकते हैं। मैं वास्तव में तब अबोध थी।"[39] हमीदा और पलाश का सम्पर्क रिश्तेदारों की नजर में आ गया और हमीदा को पलाश से मिलने की मनाही हो गई। हमीदा को अध्यापिका नहीं बनने देने पर उसने आत्महत्या की असफल कोशिश की, 1960 तक पलाश राज्य विधानसभा का सदस्य और चार बच्चों का पिता बन चुका था, वह फिर से हमीदा से मिलने आया जिसके बारे में वह लिखती है : "मुझे पसन्द नहीं था कि अब वह मुझसे मिले, लेकिन मैं उसे आने से मना नहीं कर सकी। मैं इस बात से इनकार नहीं कर सकती कि पलाश को लेकर मुझमें एक कमजोरी थी।"[40] उसके मिलने आने से हमीदा को थोड़ी असुविधा हुई पर उसने वर्षों बाद बालपन के इस प्रेम-प्रसंग को लिखा। यह लिखना उसकी अन्त:प्रेरणा के कारण ही सम्भव हो पाया, क्योंकि ऐसे अन्तरंग प्रसंगों को बाहर लाने में बाहरी दबाव ज्यादा कारगर साबित नहीं होते।

राजनीतिक जीवन जीनेवाली बेगम कुदसिया एजाज रसूल (1908) की आत्मकथा 'फ्रॉम पर्दा टू पार्लियामेंट' ब्रिटिश औपनिवेशिक सत्ता के अनुभव उनकी किताब में दर्ज हैं। एक मुस्लिम लड़की जिसका लालन-पालन एक अभिजात्य और राजनीतिक रूप से सक्रिय परिवार में हुआ, उसने कैसे परदे से पाकिस्तान मूवमेंट का अंग बनकर अपनी अलग पहचान बनाई। बेगम रसूल की शादी अवध के जागीरदार नवाब एजाज रसूल से हुई जो मुस्लिम लीग के सदस्य थे। कुदसिया ने 1937 से 1940 तक काउन्सिल के उपप्रधान के तौर पर काम किया। वह पहली भारतीय मुसलमान स्त्री थीं जो इतने ऊँचे पद तक पहुँचने में कामयाब हुई। स्वतंत्रता के बाद वे इंडियन नेशनल कांग्रेस की सदस्य बनीं। जमींदारी प्रथा का पुरजोर विरोध करने और रैयत के पक्ष में आवाज उठाने के कार्यों ने उन्हें प्रसिद्धि दी और 1952 में राज्यसभा की सदस्य बन गईं। उनकी आत्मकथा इसलिए महत्त्वपूर्ण है, क्योंकि पितृसत्तात्मक समाज में नेतृत्वकारी क्षमतावाली स्त्रियों के अनुभव और क्षमता का उपयोग का प्रतिशत बहुत कम है। आज भी पूरे विश्व की स्त्रियों का लगभग 2 प्रतिशत ही संसद तक पहुँचने में सक्षम हो पाया है। राजनीतिक अर्थव्यवस्था, सत्ता के संश्लिष्ट समीकरणों में स्त्रियाँ नीति-निर्धारक पदों पर बहुत कम पहुँच पाती हैं। राष्ट्रीय आन्दोलन और देश-विभाजन ने भी स्त्रियों के व्यक्तित्व विकास के नये अवसर दिये थे। विभाजन ने शिक्षा, प्रशिक्षण और रोजगार के नये अवसर भी

साथ लेकर आया था, साथ ही निजी और सार्वजनिक क्षेत्रों की सीमाएँ भी टूटीं, उनका पुनर्निर्धारण हुआ। कई ऐसी स्त्रियाँ जिन्होंने पाकिस्तान के बनने के पक्ष में आन्दोलनों में भाग लिया, आन्दोलन के पहले और आन्दोलन के दौरान सार्वजनिक सभाओं में खुलकर शिरकत की, मसलन बेगम शहनवाज, बेगम राणा लियाकत अली खान, बेगम इकरामुल्लाह जिन्हें 1947 में पाकिस्तान के अस्तित्व में आते ही घर के भीतरी दायरे में ढकेल दिया गया, उन्हें सार्वजनिक जीवन में भाग लेने की अब मनाही थी। फरीदा शाहिद का मानना है कि, "इस्लाम के, अपने ढंग से लागू किया जाने के कारण पाकिस्तान में असमानता और अधीनस्थता की स्थिति को पोषण और बढ़ावा मिला।"[41] राष्ट्रीय आन्दोलन के दौरान जो स्त्रियाँ पुरुषों के समकक्ष सभाओं, बैठकों, आन्दोलनों में भाग लेने लगी थीं, उनको तब रोकना गैर-प्रगतिशीलता में शुमार होता, इसलिए स्वतंत्रता-प्राप्ति के तुरन्त बाद सांस्कृतिक परम्परा, आदर्श और परदे जैसे नियम लागू कर दिये गए जिससे स्त्री फिर से नियंत्रण में लाई जा सके। स्वतंत्रता के बाद की स्त्री-आत्मकथाएँ इसके साहित्यिक साक्ष्यों के रूप में देखी जा सकती हैं, जो यह बताती हैं कि समाज का स्त्रियों को और स्त्रियों का समाज को देखने का नजरिया कैसा है, साथ ही स्त्री के आसपास घटनेवाले सामाजिक-राजनीतिक परिवर्तनों के प्रति स्त्रियाँ क्या सोचती हैं। पाकिस्तान की नागरिक बन गई औरतों के आत्मकथ्यों से सामाजिक परिवर्तनों की भूमिका को दर्ज करने और स्वयं समाज-परिवर्तन में उनकी भूमिका समझी जा सकती है।

आत्मकथात्मक टेक्स्ट तब बनते हैं, जब कथाकार के भीतर निरन्तर संवाद से ही आत्मकथात्मक टेक्स्ट बनते हैं, एक समाज विमर्श के तौर पर यह संवाद लेखक, टेक्स्ट और बाह्य-जगत के बीच बारीक और सघन अन्तः-सम्बन्ध है। जिस समय इस तरह के टेक्स्ट बनाए जा रहे होते हैं, उस समय, उस काल-खंड की विशेष भूमिका लेखक के चित्त पर पड़ती है, इसके साथ ही सम्भावित पाठक की भूमिका भी कम महत्त्वपूर्ण नहीं है, क्योंकि पाठ को पढ़ने का तरीका सबका अपना—अपना ही होता है। पाठक, टेक्स्ट और लेखक के बीच का आपसी सम्बन्ध उन जटिल और बारीक तन्तुओं से बुना हुआ होता है—जिसके निर्माण में इतिहास, समाज और संस्कृति की भूमिका होती है। ये टेक्स्ट इसका पता बताते हैं कि निज का परिविस्तार कैसे और किस ढंग से होता है। लेखन और पठन जैसी क्रियाएँ किसी समुदाय के भीतर वैचारिकता को, संस्कृति को स्थानीय और वैश्विक दोनों स्तरों पर कैसे प्रभावित करती हैं। दरअसल आत्मकथाओं को हमें इस रूप में लेना चाहिए कि वे हमारे अनुभवों के विश्लेषण और पुनर्विश्लेषण करने में कैसे सहयोगी होती हैं। एक लिखित टेक्स्ट में जिस तरह के संसार का निर्माण होता है, उसमें स्व के निर्माण के साथ संसार के निर्माण का भाव अपने भीतर से आता है या यों कहें कि यह प्रक्रिया आत्म से संवाद के अनन्तर पूरी होती है।

स्त्रीवादी आलोचक नैन्सी के. मिलर का कहना है कि पढ़ी-लिखी या अकादमिक जगत से सम्बद्ध स्त्रियों द्वारा आत्मकथात्मक लेखन जरूरी है, क्योंकि यह सर्वजन के इतिहास के लिए प्रामाणिक दस्तावेजों का काम करते हैं, दूसरे शब्दों में कहें तो व्यक्ति-कथाएँ जन-इतिहास को बेहतर ढंग से बताने का काम करती हैं। अकादमिक जगत से जुड़ी आत्मकथाएँ, जिनमें किसी ने अपने जीवन के ब्यौरे (आत्मानुभव) दे रखे होते हैं, वस्तुत: वे अपने-आपको ऐतिहासिक और समाजशास्त्रीय जाँच के लिए प्रस्तुत कर रही/रहा होता है। स्त्री-इतिहास को देखने के लिए बीसवीं शताब्दी में स्त्री के लिखे हुए की ऐतिहासिक, समाजशास्त्रीय पड़ताल जरूरी होगी, क्योंकि ये वे हैं जो स्त्री-सम्बन्धी मुद्दों से गहरे तौर पर सम्बद्ध रही हैं और अपने बारे में दस्तावेज लिखकर वे बहुत बड़ा बौद्धिक रचनात्मक कदम उठाती हैं। इस तरह वे स्वयं ही टेक्स्ट का अंश बन जाती हैं और साथ ही उन मुद्दों की भी जिनकी वकालत वे करती हैं।[42]

एक तरफ तो इन स्त्रियों का लिखा हुआ स्वयं को मुक्त करने की दिशा में एक प्रयास है। दूसरी ओर इसे स्वयं को मुक्त करने की दिशा में एक प्रयास के रूप में भी देखा जाना चाहिए। इन आत्मानुभवों को पढ़ने से इन स्त्रियों की टकराहटों—चाहे वे समाज के साथ हों, परिवार के साथ हों या स्वयं के साथ हों, के साथ-साथ व्यक्तित्व के अन्तर्विरोधों की भी परतें खुलती हैं। वे कौन-से कारण हैं कि कोई स्त्री-आत्मकथा जैसी विधा का चुनाव करती है, जो भी उस आत्मकथ्य को पढ़ता है वह साहित्य-सजग मुद्रा (Metaliterary gesture) को सराहे बिना नहीं रह सकता। ऐसा टेक्स्ट जो निजी और सार्वजनिक के बीच मध्यस्थता कर सके और साथ ही स्वानुभवों को भी व्यक्त कर सके। उदाहरण के तौर पर उर्दू में लिखी हुई बेगम अनीस किदवई की आत्मकथा को देखा जा सकता है। 'गुबार-ए-कारवाँ' बेगम अनीस किदवई (1906-1982) ने लिखी, जो अधूरी ही मकतब-ए-जामिया, दिल्ली से 1983 में मूल उर्दू में छपी। उत्तर प्रदेश के बाराबंकी की रहनेवाली अनीस ने 'आजादी की छाँव में' (1949) शीर्षक संस्मरण भी लिखा जिसका प्रकाशन सन् 1974 में हुआ। इनमें बेगम अनीस किदवई भारत-पाकिस्तान विभाजन के दौरान हुए दंगों और शरणार्थियों की समस्या का आँखों देखा ब्यौरा प्रस्तुत करती हैं। 'गुबार-ए-कारवाँ' और 'आजादी की छाँव में'-स्त्री के बतौर अभिकर्ता स्थापित होने की यात्रा है। जिसमें जो तत्कालीन भारतीय राजनीति में सक्रिय स्त्रियों की जानकारी ही नहीं बल्कि भारतीय मुस्लिम परिवारों में औरतों की स्थिति पर भी पर्याप्त प्रकाश है। 'गुबार-ए-कारवाँ' (उर्दू) का हिन्दी अनुवाद उनकी पोती प्रोफेसर आयशा किदवई कर रही हैं। अनीस किदवई की आत्मकथा और संस्मरण में भारतीय राजनीति में भारत-विभाजन के दौर में आए कई परिवर्तनों का जिक्र है में अनीस किदवई ने एक ओर देश-विभाजन के पहले

और बाद के सामाजिक-राजनीतिक हालातों का जायजा लिया है, तो दूसरी ओर मुस्लिम होने के नाते शिक्षा ग्रहण करने और जीवन की धारा का निर्णय करने के लिए परिवार पर निर्भरता और स्त्री होने के कारण स्वयं पर पड़नेवाले सामाजिक, पारिवारिक दबावों, जेंडर की राजनीति, सेंसरशिप का जिक्र किया गया है। एक स्त्री की दृष्टि से आजादी के आसपास के वर्षों में भारत-पाकिस्तान को देखने का यह अपनी तरह का पहला उल्लेखनीय प्रयास है, जिसकी अगली कड़ी के तौर पर 'आजादी की छाँव में' शीर्षक आत्मकथात्मक संस्मरण को देखा जा सकता है। जिसे भले ही आत्मकथा न कहा जाए क्योंकि उसमें व्यक्ति के आत्मख्यान से ज्यादा जगह सामाजिक-राजनीतिक प्रसंगों को मिली है, जो दरअसल हिन्दुस्तान की आजादी की छाँव में भी तपती रूखी धूप का ताप झेलने को विवश आम जन का आख्यान है, जिसे आजादी के नाम पर विस्थापन, गरीबी, शोषण, अपमान का शिकार होना पड़ा। रोग-बीमारी, यौन और अन्य प्रकार की हिंसा के शिकार लोगों को जानवरों से भी बदतर दशा में खुले आसमान के नीचे गर्मी, लू, शीत और वर्षा के साथ देशव्यापी भ्रष्टाचार और अफवाहों का शिकार होना पड़ा। अनीस किदवई ने स्वयं जाकर शरणार्थी शिविरों में सेवा की, साम्प्रदायिक उन्माद के शिकार हो चुके पति का शोक विस्मृत करने का यही तरीका था।

औरतों द्वारा लिखे ये आख्यान जो बिलकुल निजी अनुभवों से उद्भूत होते हैं वे चिन्तन और विचार की बनी-बनाई सरणियों को तोड़ते हैं, इन आख्यानों की विशेषता यह है इनमें लेखक विषयी (Subject) को छोड़ता चलता है। स्त्री-आत्मकथाकार अपने निजी जीवन को बौद्धिक, सांस्थानिक और सांस्कृतिक सन्दर्भों में रखकर आवाजाही करती हैं। परम्परा से जो आत्मकथा का रूप है वह स्त्री और विशेषकर मुस्लिम स्त्रियों के यहाँ आकर बदल जाता है ये जीवनाख्यान निजी और सार्वजनिक दोनों हो उठते हैं, क्योंकि इनमें समाज, धर्म, राजनीति उन समीकरणों से पाठक/आलोचक रू-ब-रू होता है, जो अपने रूपबन्ध में स्त्री और पुरुष पाठक/आलोचक दोनों को यह चुनौती देता है कि वे आत्म के वास्तविक, काल्पनिक और प्रामाणिक विमर्श को प्रस्तुत करें।

मिखाइल बाख्तिन ने 'साक्षी और न्यायाधीश' होने को ही मनुष्य होना कहा है, जिसका अर्थ है हम देखते और तौलते हैं। देखना और स्थितियों को तौलना ही एक घटना को विभिन्न व्यक्तियों द्वारा देखे जाने और एक ही स्थिति या घटना की विभिन्न व्याख्याओं को जन्म देता है। 1947 के भारत-विभाजन ने मानव-इतिहास का अब तक का सबसे बड़ा उदाहरण पेश किया। भारत-पाकिस्तान का लिखित इतिहास विस्थापित समूहों के संघर्षों, हत्याओं, यौन-हिंसा, लूटपाट, भ्रष्टाचार और असन्तोष के तमाम साक्ष्यों का इतिहास है। लेकिन विभाजन ने भी अन्य किसी युद्ध की तरह ही स्त्रियों पर दूसरे ढंग का प्रभाव डाला। युद्ध के होने के कारणों में से

किसे सही ठहराया जाए और किसे गलत, इस प्रश्न से भी पहले यह मुद्दा महत्त्वपूर्ण है कि जहाँ भी हिंसा, झड़पें और युद्ध होते हैं वहाँ स्त्रियों और बच्चों पर पड़नेवाले प्रभाव भिन्न किस्म के होते हैं। 'गुबार-ए-कारवाँ' और 'आजादी की छाँव में' इस दृष्टि से महत्त्वपूर्ण हैं। इतिहास की पुस्तकों में भारत-विभाजन के विषय में जो भी तथ्य और आँकड़े उपलब्ध हैं उनमें समाज के हाशिये पर जी रहे लोगों की आवाज नदारद है। इनकी आवाजों को साधारण-अति साधारण समझकर उच्चवर्गीय राजनीति के बोझ तले दबा दिया गया, ऐसे में गद्य और केवल गद्य ही ऐसी विधा थी जिसमें शोषितों, पीड़ितों, हाशिये के लोगों की आवाज, धार्मिक संवेदना के मुद्दों को इन दोनों देशों में अभिव्यक्त किया जा सकता था। इन्तजार हुसैन, भीष्म साहनी, मंटो, अमृता प्रीतम समेत कई रचनाकारों ने गद्य की विभिन्न विधाओं में देश-विभाजन, यौन-हिंसा, लूट-खसोट, भ्रष्टाचार को स्वर दिया। लेकिन स्त्री-आत्मकथाकारों ने देश-विभाजन से रू-ब-रू होकर जो अभिव्यक्ति की वह स्त्री-दृष्टि से देखे-झेले देश-विभाजन का प्रामाणिक आख्यान है।

इतिहास जहाँ विभाजन के दौर को मुस्लिम लीग, कांग्रेस और ब्रिटिश शासन के बीच के द्वन्द्व पर केन्द्रित मानता है, अनीस किदवई एक स्त्री और वह भी मुसलमान स्त्री की आँखों से देखे राजनीतिक परिवर्तनों को पाठक के सामने लाती हैं। 1946 में हुए प्रान्तीय चुनावों ने मुस्लिम लीग और कांग्रेस को दो अलग-अलग ध्रुवों पर खड़ा कर दिया था, स्वतंत्र पाकिस्तान की माँग ने भी यहीं से जोर पकड़ा था—लेकिन इस माँग के जन-पक्ष पर इतिहासकार चुप रहे हैं। देश-विभाजन के राजनीतिक-कूटनीतिक पक्षों पर तो विचार हुआ लेकिन इसके मानवीय पक्ष की उपेक्षा की गई। अनीस किदवई ने स्वयं दंगे झेले, पति को खोया, शरणार्थी शिविरों में लाई गईं उन सैकड़ों लड़कियों और बच्चों से रू-ब-रू हुईं जो दंगों और हिंसा का शिकार हुए। दंगों के दौरान हुई यौन-हिंसा के दस्तावेज उनके संस्मरण में भरे पड़े हैं। इस नजरिये से ये किताबें देश-विभाजन और भारतीय राजनीति के संक्रमण के दौर के स्त्री-पक्ष की दृष्टि से महत्त्वपूर्ण हैं। वे उस दौर की कथा कहती हैं जब लड़कियों की शिक्षा पर ध्यान दिया जाना गैरजरूरी था। अनीस खुद भी औपचारिक शिक्षा प्राप्त नहीं कर सकीं, 'गुबार-ए-कारवाँ' में वे बार-बार जिक्र करती हैं कि कैसे परिवार के लड़कों, चचेरे भाइयों को बोलते-सीखते सुनकर उन्होंने अंग्रेजी सीखी। तालीम के लिए वे जीवन-भर बेचैन रहीं। विभाजन के दौरान हुई हिंसा का जेंडर पक्ष उभारनेवाली वे पहली स्त्री-रचनाकार हैं, जो इस बात का प्रमाण है कि वे कितनी चैतन्य थीं और अपने परिवेश, राजनीति, समाज और यौनिकता को समझने की उनकी अपनी दृष्टि थी। गांधी के आह्वान पर विदेशी वस्तुओं के बहिष्कार पर लिखती हैं, "औरतों ने अपने घूँघट, कड़े और छागल उतारकर गांधी जी की सदा पर लब्बैक कहा। सबसे पहले जिन चन्द खवातीन के नाम हमारे देहात तक

पहुँचे, उनमें बेगम हसरत मोहानी, बी. अम्मा, कस्तूरबा गांधी और मिसेज सरोजिनी नायडू के थे।

औरतों ने अपने जेवरात और छोटी-मोटी पसन्दाज की हुई रकमें मकामी कांग्रेस कमिटी को दान कर दी। बिदेशी कपड़ों से अपने बक्सा खाली करके हर जिला के सदर ऑफिस में होली जलवा डाली। उन दिनों चीजें कम थीं मगर आला हुआ करती थीं इसलिए जरदोजी के इन कपड़ों से अक्सर मनों चाँदी कांग्रेस कमेटी को मिली।

बाराबंकी में जब बैलगाड़ियों और रथों में भरकर बिदेसी कपड़े नजर-ए-आतिश हुए तो बीसों पर्दादार खवातीन ने भी तांगा और इक्कों पर पर्दा बँधवाकर अपने-अपने गाँव-मोहल्ले से बाराबंकी का सफर किया। इनमें सिर्फ वही खवातीन थीं जो तहरीक के लिए चन्दा जमा करतीं, चरखा काततीं और अपने खानदान के वीरों की आरती उतारकर जेल रुखसत करती थीं।

मुझे वो सीन याद है जब एक बड़े खेमे में इर्द-गिर्द पड़ी हुई चिकों से झाँकती हुई हिन्दू-मुस्लिम खवातीन होली को जलाते हुए जवाहरलाल को देखने के लिए एक-पर-एक टूट पड़ती थी।

स्टेज पर जवाहरलाल जी चौधरी खलीकुज जमां और हरकिरन नाथ मिश्रा थे। मगर खूबसूरत नौजवान पंडित जी मोटे खद्दर की शेरवानी और चूड़ीदार पायजामे में सारे मजमें की तवज्जो का मरकज थे।

अन्दर औरतें हस्ब-ए-आदत बोल रहीं थी किसी ने कहा देखो तो कैसा मोटा खद्दर पहनकर आए हैं। शहजादों की तरह पले हैं और अरे इनके कपड़े तक तो पेरिस में धुलते हैं।

एक ने इंकशाफ किया, अरे इन बाप-बेटे ने तो अपने घर के बिदेसी कीमती बर्तन तक तोड़ डाले।

किसी और तरफ से आवाज आई, ये पूरा खानदान त्यागमूर्ति हैं। मैं इन सबको नहीं जानती थी। सिर्फ ठाकुर रघुनाथ सिंह की फैमिली से वाकिफ थी जिनके बेटे के. डी. सिंह बाबू ने आगे चलकर मशहूर हॉकी चैम्पियन की हैसियत से प्रेजिडेंट अवार्ड हासिल किया। लेकिन उससे क्या होता है उस वक्त ये मुतफर्रक अनासिर एकता और प्रेम की डोरी में बँधे एक ही जस्बे और एक ही नशे से सरशार थे।

मुझे अपनी तड़प और बेबसी भी याद है न सफर के काबिल थी ना तहरीक में शिरकत की इजाजत, न जेल जाने के लायक। दिल पर पत्थर रखे गाँव में बैठी रही, अल्बत्ताह औरतों में काम शुरू करके कांग्रेस पार्टी का पहला जलसा मसौली में कर डाला। एक मोअम्मर खातून को सदर बनाकर जिला के और देहात से भी खवातीन को मदऊ किया। ऊटपटाँग धुआँधार तकरीरें हुईं अब वो अन्दाज-ए-बयाँ

और बालहाना जोश याद करती हूँ तो बेइख्तियार हँसी आ जाती है मगर उस वक्त रह-रहकर अपने आज्जा पर और खुद शफ्फी साहब पर गुस्सा आता था कि मुझे क्यों नहीं जाने देते।"[43]

बेगम किदवई आजादी की लड़ाई के दौरान स्त्रियों की भूमिका पर विशेष चर्चा करती दीखती हैं। उनके वर्णन की विशिष्टता यह है कि वे स्त्री-पुरुष के लैंगिक विभेद, स्त्रियों के आपसी वर्गीकरण, पुरुषों से उनके फर्क के साथ-साथ असहयोग आन्दोलन में इन पुरुषों के भागीदार हो पाने के पीछे छिपी स्त्री की भूमिका को रेखांकित करना नहीं भूलतीं। आत्मकथा के ब्यौरे दिलचस्प होने के साथ-साथ तटस्थ भी हैं। स्वतंत्रता आन्दोलन में भाग लेनेवाले पुरुषों की अपेक्षा उनकी स्त्रियों की भूमिका अपेक्षाकृत महत्त्वपूर्ण थी इस पर 'गुबार-ए-कारवाँ' में वह लिखती हैं, "अब से पहले सिर्फ आला तबके की लेडीज व विमेंस कांफ्रेंस, विमेंस लीग, विमेंस क्लब वगैरह की मेम्बर हुआ करती थीं। अंजुमन खवातीन या अंजुमन तहजीब निस्वाँ के नाम से भी मकामी अंजुमनें औरतों की तालीम जिसे उन दिनों तालीमी निस्वाँ कहते थे के लिए कोशिशें कर रही थी और बहुत ही मेहतात किस्म का सोशल वर्क किया करती थी।

सियासत से बस उनका इतना ही ताल्लुक था कि मोहतरम शख्सियत की मौत पर ताजियति रेजॉलूशन पास कर दें और तोहमत बचपन की शादी बुरी रीत-रस्मों के खिलाफ अपने इज्तेमा में ये करारदाद मंजूर कर लें या औरतों के हकूक पर बहस कर लें। ज्यादातर उनकी सरगर्मियाँ बड़े शहर में छोटे-छोटे स्कूल कायम करने, जनाना क्लब कायम करने और डिनर पार्टियों तक महदूद थीं।

इस सिलसिले में लखनऊ में बेगम इनाम हबीबुल्लाह और उनकी बहन बेगम शाहिद हुसैन जजल हबीबुल्लाह की वाल्दह चन्द रानियाँ औरतों के हुकूक और तालीम-ए-निस्वाँ के जबरदस्त हामी थीं। मिंटो मार्ले इस्लाहाट के तहत कुछ खवातीन मकामी म्युनिसिपल्टी की मेम्बर भी बन चुकी थीं इसलिए उन्हें ज्यादा मवाकए मोअस्सर आ गए थे।

बेगम हबीबुल्लाह ने म्युनिसिपल बोर्ड की मेम्बरी के दौरान शहर के मुख्तलिफ हलकों में छोटे-छोटे से बहुत-से स्कूल खुलवाए। दिलकुशा क्लब में एक बड़े से बोर्ड पर रानियों और बेगमात के नाम उन्होंने क्लब के कयाम में मदद की। आज भी देखे जा सकते हैं इस क्लब में मुशायरे भी होते थे और पर्दादार बेगमात भी हफ्ते में एक बार तशरीफ लाती थीं।

एहसान फरामोशी होगी गर हम इन फैशनेबल बहनों की दुरुस्त की हुई पगडंडी को नजरअन्दाज कर दें या उसकी अहमियत कम करने की कोशिश करें। ये सरासर अंग्रेजी तहजीब-ओ-तमद्दुदुन की आशे खवातीन अन्दर से हिन्दुस्तानी थीं और हिन्दुस्तानी औरतों के जमूद व बेहिसी को दूर करने के लिए कोशां।

कुछ भी हो, उन्होंने जो आवाज उठाई वो बारात और रिसालों के जरिये देहात तक पहुँच गई।

तहजीब अस्मद खातून वगैरह कई रसाएल की एडिटर भी खवातीन थीं। उन्होंने इस्लाहे रसूम पर किताबें लिखीं शेर-ओ-अदब का जौक औरतों में पैदा किया और खयालात व आजाम की तहरीर शकल दी। अकबर अलहाबादी ने कहा था "लड़कियाँ पढ़ रहीं हैं अंग्रेजी ढूँढ़ ली कौम ने फलाह की राह" और "शौक तहरीर मजा में घुली जाती है बैठकर परदे में बेपर्दा हुईं जाती है" इन आजाद खवातीन की बेपर्दगी पर भी उन्होंने ऐतराज किया "हामिदा चमकी न थी इंग्लिश से जब बेगाना थीं अब चिराग-ए-अंजुमन हैं तब चिराग-ए-खाना थीं।" उन्होंने मर्दों को तम्बिया कि "हरम सराह की हिफाजत को तेग ही न रही तो काम देंगी ये चिलमन की कब तक" इन आला तबके की अंग्रेजियत से मुतास्सिर औरतों तक मिडिल क्लास और लोअर क्लास की औरतों की रसाई न थी, ये तबका नसीहत आमेज मजमून निगारी करके अपनी आना को तस्कीम दे देता था इनमें एक मैं भी थी मगर सत्याग्रह की शमूलात के लिए जो औरतें मैदान में आईं वो ज्यादातर मत्तूस्त और गरीब तबके की थी। इस तहरीक के साथ ही सियासी और मजहबी अनासिर ने मिलकर औरतों में दिलेरी, जोश, सियासी सूझ-बूझ और ईसार का जज्बा पैदा कर दिया। अतिया फैजी, अनसूया सारा भाई और बहुत-सी खवातीन के नामों से आशना थे। कौमी तहरीक की इब्तिदा में तो औरतें बन्धन तोड़ने की जां तोड़ तश्शूश करती रहीं। ज्यादातर बुजुर्गों की मुखालेफत ने उनके कदम रोक दिये। कम ही खुलकर सामने आईं और जेल गईं। इनमें नेहरू खानदान की खवातीन भी थी। इसमें शक नहीं उनमें से चन्द ही सियासी करवटों का साथ दे सकीं मगर दरपरदह अपने बेटों और भाइयों की हिम्मत बढ़ाने में उन्होंने काबिल-ए-तारीफ रोल अदा किया।

वो एक ऐसा दौर था कि हिन्दुस्तान उसके लिए बिलकुल तैयार था कि अमली जद्दोजहद औरतों की इज्जत-ओ-नालूस को दानों पर लगा दें। ये बड़ी तरक्की पसन्द भी औरतों को नाकिस-अल-अक्ल और नाजुक फूल समझा करते थे। खुद मत्तूसत तबका की औरतों में भी इसकी सलाहियत ही थी कि वो सियासी जिन्दगी में कोई मकाम हासिल कर सकें। दूसरे में अपने बच्चे भी सँभालने थे। मर्द जेल चले जाते और घर-बच्चों का सारा बोझ औरत के कन्धों पर पड़ जाता।

उन दिनों उन्होंने मर्दानावार बच्चों की परवरिश लड़कियों की नादाइयाँ तालीम और चारके की कटाई बिदेसी माल के बायकाट वगैरह को अपने सर लेकर बेमिसाल कुर्बानी का मजहरा किया। माली मुश्किलात ने कमर तोड़ दी लेकिन उन्होंने हिम्मत से सबका मुकाबला किया। कुरकियाँ, घरों की नीलाम, पुलिस की योरिश, आजा की इख्तेलाफ सबका मुकाबला किया और ये बात मर्दों से मनवा ली कि कौमी जद्दोजेहद में उनका हिस्सा रहा है। अगर वो इन जिम्मेदारियों को अपने सर ना

लेतीं तो मर्दों की हिम्मत पस्त हो जाती। औरतों को ये एहसास भी हुआ की सिर्फ सियासत उनका पेशा नहीं है। सियासी मशागल के साथ सोशल और इख्तेसादि तब्दीलियाँ लाना भी जरूरी है। इन सब कामों में उन्हें जिला लेवल पर मकामी ऑफिसरों से भी उलझना पड़ा जिनमें बेश्तर का रवैय्या हरगिज हमदर्दाना नहीं होता था। उनके खोले हुए इदारे सख्त तरीन इंक्वायरी और तशद्दुद का निशाना बनते।"[44] अनीस ने स्त्रियों की सीमाओं और गांधी की राजनीतिक-सामाजिक भूमिका पर बड़ी बेबाक टिप्पणियाँ की हैं जो इतिहास को स्त्री-दृष्टि से देखने की वकालत करता है। निचले तबकों, हरिजन जातियों के साथ मध्यवर्गीय हिन्दू-मुस्लिम समाज कभी गांधी के विचार से सहमत नहीं हो पाया। किदवई ने इसे रेखांकित किया है कि सभा-सोसायटियों, सुधार-कार्यक्रमों के बावजूद मध्यवर्गीय लोगों ने हरिजनों को सहानुभूति तो दी परन्तु उन्हें वैसे अपना नहीं सके जैसी परिकल्पना गांधी जी की थी—"...वो जब हरिजनों के लिए कुछ करते तो हमदर्दी व खुदा तरसी के जज्बे के साथ न की उनको बराबरी सतह पर लाने के लिए।"

अनीस के संस्मरण 'आजादी की छाँव में' को उनकी आत्मकथा की अगली कड़ी के रूप में देखा जाना चाहिए। 'आजादी की छाँव में' कुल 23 अध्यायों में विभक्त है जिसमें 1947 से 1948 के दौर के भारत, विशेषकर विभाजन के बाद के भारत के राजनीतिक-सामाजिक परिदृश्य पर प्रामाणिक और बेबाक टिप्पणियाँ हैं। पुस्तक का पहला अध्याय ही 'करता हूँ जम्अ फिर जिगर-ए-लख्त-लख्त को' शीर्षक से है। जिसमें अनीस की गहरी राजनीतिक विश्लेषक दृष्टि की झलक मिलने लगती है, "जून में दिल्ली की भंगी बस्ती में एक दिन बापू की प्रार्थना सभा में मेरी बहन बिल्कीस ने, जो अपनी जोशीली तबियत की वजह से बोलते वक्त बहुत बेचैन हो जाया करती हैं, यह तय कर लिया कि आज बापू को पकड़कर पूछूँगी जरूर कि यह आपने क्या किया? हिन्दुस्तान हम सबका है, हमको तो यहीं जीना और मरना है, यह आबादी का तबादला और बँटवारा क्या? एक टुकड़े से उन दिनों को क्या तस्कीन मिल सकती है जो एक ऐसे हिन्दुस्तान का ख्वाब देखते रहे हैं जो एक हो, महान हो और जिसे कोई जीत न सके।"[45] बेगम किदवई स्वयं भारतीय राष्ट्रीय कांग्रेस से जुड़ी रहीं लेकिन स्वतंत्रता-प्राप्ति के बाद गवर्नमेंट हॉउस में जश्ने आजादी का आँखों देखा हाल बयान करती हुई लिखती हैं : "मेरा दिल डूबा जा रहा था। ऐसा लगता था कोई खुशी का गला घोंट रहा है अरमानों पर ओस पड़ी जा रही है। आज तिरंगे झंडों की बहार में भी दिलकशी न थी!" 'इन्किलाब जिन्दाबाद' के नारे और जय-जयकार आज आत्मा से नहीं टकरा रहे थे। रगों में आज गरम खून नहीं दौड़ रहा था। हिन्दी में लिखे हुए साईन बोर्ड, नारे और पोस्टर सब ऐसा लगता था जैसे हमारा मुँह चिढ़ा रहे हैं, मजाक उड़ा रहे हैं...चौकियों पर दाहिने-बाएँ बौद्ध भिक्षु, ब्राह्मण, निरंकारी पता नहीं कौन-कौन विराजमान थे।

बहुत-सी भाषाओं में बहुत कुछ हुआ। अंग्रेजी, संस्कृत, अरबी, कठिन हिन्दी हरेक में। लेकिन कुछ न हुआ तो अपनी बोली में, वही प्यारी बोली : जिसकी हर बात में सौ फूल महक उठते थे।

इतना कुछ हुआ मगर हमारे पल्ले कुछ न पड़ा। मेरी तरह और बहुत-सी औरतें भी रूँधे गलों और हैरान आँखों से सारा सीन देखकर जो घर पलटीं तो ऐसा लगा जैसे कमर टूट गई हो। खुद पहली आजाद हिन्दुस्तान की गवर्नर सरोजिनी नायडू, बावजूद कोशिश के, शपथ-पत्र सही न पढ़ सकीं।

क्या इसी भविष्य के लिए हमने सालहा साल इन्तजार किया था? हममें से कौन यह जानता था कि गड़े मुर्दे उखाड़े जाएँ?और लोकतंत्र की जगह धर्म और मजहब की ठेकेदारी हुकूमत ले ले?"[46]

आजादी तो मिली लेकिन किस कीमत पर? शरणार्थी कैम्पों के भीतर की अव्यवस्था, निर्धनता और अनाथ बच्चों की स्थिति के बारे में वे लिखती हैं : "...छोटी-छोटी लड़कियाँ सूखे के मारे बच्चों को कन्धों से लटकाए, चेहरों पर हसरत, बेबसी और फाँके की दास्तानें लिए कतार-दर-कतार दो छटाँक दूध के इन्तजार में सुबह से दोपहर तक खड़ी रहतीं। हर माँ यह चाहती कि उसके बच्चे को दूध ज्यादा मिल जाए ताकि उसकी सूखी छातियों को थोड़ा-सा आराम नसीब हो। हर लड़की या लड़का इसरार करता कि जरा-सा और दे दीजिए, ताकि उसकी भूखी अँतड़ियाँ भी शरीक हो सकें। लेकिन मुस्तैद, किफायती वालंटियर उन्हें धक्के देकर निकाल देते। अगर वे ऐसा न करते तो सुबह की चाय कैसे बनती और वे सूखी रोटी किस चीज से भिगोकर अपने गले के नीचे उतारते। इनसानों का यह जंगल जानवरों की-सी जिन्दगी बसर कर रहा था। लोग हाथों में ले-लेकर या कागजों और ठीकरों में खाना खाते और ठीकरों पर मिट्टी मिले हुए आटे की सियाह रोटियाँ पकाते। तवा, देगची और गिलास सबका काम पत्तों और मटकी के टुकड़ों से लेते थे। दो ईंट रखकर जरूरत से निपटते और कभी-कभी इन्हीं दो ईंटों से बावर्चीखाना भी बना लिया जाता।"[47] आजादी की छाँव में-राष्ट्रवाद के स्त्री-पक्ष को बतानेवाली यह पहली किताब है जो देश-विभाजन के दौरान और बाद के एक साल में भारत और पाकिस्तान की अवाम में पसरी अव्यवस्था, भ्रष्टाचार और धीरे-धीरे इस्लामी राष्ट्र में बदलते जा रहे पाकिस्तान और अफवाहों से घिरे हिन्दुस्तान के शरणार्थी शिविरों का लेखा-जोखा और विभाजन के व्यावहारिक पक्ष का यथार्थ चित्र उपस्थित करती है।

संगीत, गायन, रंगमंच से जुड़ी रही मुसलमान स्त्री-आत्मकथाकारों में जिनका नाम प्रमुखता से लिया जाता है उनमें शास्त्रीय गायन और गजल से जुड़ी कलाकार, भारत और पाकिस्तान में अपनी गायकी से शोहरत हासिल करनेवाली मल्लिका पुखराज (1912-2004) ने उर्दू में आत्मकथा लिखी, जिसका अंग्रेजी अनुवाद सलीम किदवई ने 'साँग संग टू' (गीत, जो सच्चा गाया गया) शीर्षक

से किया। आत्मकथा 50 उपशीर्षकों में व्यवस्थित है जिसे पति सैयद शब्बीर हुसैन शाह और महाराजा हरिसिंह को समर्पित किया गया है। प्रवाहमयी उर्दू के साथ अंग्रेजी, पंजाबी और फ्रेंच के शब्दों का प्रयोग मल्लिका पुखराज के गहरे जीवनानुभवों और यात्राओं की ओर संकेत करता है। हालाँकि सलीम किदवई को इसकी पांडुलिपि व्यवस्थित हस्तलिपि में नहीं मिली थी, लेकिन मल्लिका ने 80 वर्ष की उम्र में आत्मकथा लिखी और जन्म-कथा से लेकर बचपन, युवावस्था, जम्मू और पटियाला के राजदरबारों के मीठे-खट्टे अनुभवों, स्मृतियों को आत्मकथ्य में बहुत ही रोचक ढंग से लिखा। 9 वर्ष की उम्र में ही जम्मू के महाराजा हरिसिंह के दरबार में गायिका के तौर पर स्थापित होना, ननिहाल और माता द्वारा मल्लिका को मिलनेवाले वेतन का उपयोग, मल्लिका की कमाई पर पूरे कुनबे का पलना, युवावस्था के कुछ अधूरे प्रेम—इन सबका बयान बड़ी ही बेबाकी से मल्लिका करती है। मल्लिका की माँ अपनी तीन वर्षीया बेटी को लेकर बहुत महत्त्वाकांक्षी थीं। उनकी इच्छा थी कि मल्लिका सभी कलाओं का उत्कृष्ट ज्ञान हासिल करे, इसलिए वह मल्लिका को लेकर बचपन में ही जम्मू चली आईं और मल्लिका के पिता जो कुख्यात जुआरी थे वे अपनी दूसरी पत्नी और बच्चों के साथ गाँव में ही रहे। माँ ने मल्लिका को बड़े गुलाम अली खाँ के पिता अली बक्श को सुपुर्द कर दिया, और मल्लिका की संगीत शिक्षा आरम्भ हुई। मल्लिका अपने जीवन के छोटे-बड़े किस्सों को बयाँ करती है, उसे यह अहसास है कि वह बहुत सुन्दर नहीं है लेकिन संगीत में वह श्रेष्ठ है—इसका जिक्र वह लगातार आत्मकथ्य में करती है, "मैंने फ्रेंच ब्रोकेड की साड़ी पहनी हुई थी, उन दिनों अच्छी साड़ियाँ पेरिस, बम्बई और पूना में बनती थीं। मेरे पास महँगी साड़ियाँ बहुत-सी थीं। हर साड़ी दूसरी से सुन्दर। महाराजा हरिसिंह ने मेरे लिए इन्हें विशेष आर्डर देकर मँगवाया था। मैं सुन्दर नहीं थी न ही मैं स्वयं को आकर्षक समझती थी, लेकिन मेरे केश विशिष्ट थे, मोटे घने काले बालों की चोटी जो एड़ी तक पहुँचती थी, शायद मुझे सुन्दर बनाती थी...मैं प्रसाधन का प्रयोग नहीं करती, दरअसल मुझे मालूम ही नहीं था कि सजा-सँवरा कैसे जाए...मुझे काँच की चूड़ियों का बड़ा शौक था, कलाई से कोहनी तक मैं रंगीन काँच की चूड़ियाँ पहना करती...वह व्यक्ति जो हमारा मेजबान था वह बहुत सुदर्शन था और अच्छे कपड़े पहने हुआ था। मिल-मालिक था और बाहर निर्यात करता था। अल्लाह ने उसे सुन्दरता के साथ-साथ मीठी जबान भी दी थी। पहली बार उससे मिलने पर ही मेरे भीतर तूफान मचलने लगा। उसने मेरी आँखों में गहरे झाँका और एक छोटा-सा रूमाल मेरे हाथ में देकर कहा—"इसे पर्स में रख लीजिये। शायद जब आप इसे देखें तो मेरे बारे में सोचें।"[48] आगे मल्लिका लिखती हैं : "मैंने वह रूमाल ले लिया और उसके बारे में सब कुछ याद करती रही, यह पहली बार हुआ कि किसी

ने पहली मुलाकात में ही मेरे दिलो-दिमाग पर कब्जा जमा लिया हो। मैं बहुत लम्बे समय तक उसके बारे में सोचती रही। मैं हमेशा अपने दिल पर दिमाग को तरजीह देती थी। मुझे अच्छी तरह मालूम था कि प्रशंसा और चापलूसी का दौर तुरन्त खत्म भी हो जाया करता है, उसके बाद औरत अपने-आपको गुमनामी के कुएँ में हमेशा के लिए पाएगी। औरत पर अधिकार पाते ही मर्द उसे सम्मान देना बन्द कर देता है। फिर वह अपने पुरुष स्वामी की दासी बनकर रह जाती है। मैंने आत्मसम्मान बनाए रखा और इसलिए स्वयं पर गर्व करती हूँ। मुझे शुरू से ही यह मालूम था कि ऐसे आवेगों पर कैसे काबू रखा जाए। दो दिनों के बाद वह अपने दोस्तों के साथ मेरा गाना सुनने आया, उस दिन भी उसने बहुत बढ़िया कपड़े पहने हुए थे। सच तो यह है कि मैं उसे पहले से भी ज्यादा पसन्द करने लगी थी। कुछ घंटे बाद जब वह जाने लगा तो उसने धीरे से मुझसे पूछा, "क्या तुमने रूमाल देखा?"

मैंने झूठ बोला, "हाँ एक-दो बार।"

"क्या तुमने मेरे बारे में सोचा?"

"हाँ" मैंने सच्चाई से जवाब दिया।

मल्लिका आगे कहती है, "मेरा आकर्षण माँ ने पढ़ लिया था और उससे अलग से मिलने से मना कर दिया। इस बात से वह बहुत खिन्न था, वह चाहता था कि मैं रोज उससे मिलूँ। लेकिन माँ के कारण मैं उससे मिल नहीं पाती थी। अकेले में हर वक्त मेरे परिवार का कोई-न-कोई सदस्य आसपास रहता था। मेरे ऊपर पूरा नियंत्रण माँ का था। मुझे लगता है मैं कब और किसे अपने लिए पसन्द करूँ, यह मेरा निजी मसला होना चाहिए था, क्या मेरे परिवार को मेरे बारे में हर निर्णय करने का अधिकार था? क्या हमेशा मुझे वही करना होगा जो मेरा परिवार मुझसे चाहता था...मैं परिवार की कैद में थी और परिवार के लोग उसका घर आना या हमारा आपस में मिलना बिलकुल भी पसन्द नहीं करते थे। इसी चिढ़ में मैंने सबसे मिलना बन्द कर दिया।"[49]

मल्लिका कुछ और लोगों से सम्पर्कों का जिक्र करती हैं जिनमें उनकी गायकी और व्यक्तित्व से प्रभावित होकर उनकी आत्मीयता चाहनेवालों की फेहरिस्त है, जिसमें एक व्यापारी जो 11 बच्चों का पिता है—का उल्लेख है। आत्मकथा में मल्लिका बार-बार व्यंग्य और हास्य का पुट बिखेरती चलती हैं, जिससे पाठक को ऊब नहीं होती। ऐसा ही एक प्रसंग है इसी कद्रदान का जो मल्लिका के लिए रेवड़ियाँ लाया करता था और बहुत अच्छे कपड़े पहनता था, उसके ग्यारह बच्चे थे और मल्लिका यह जान गई कि उसकी आर्थिक स्थिति बहुत खराब थी, फिर भी वह मल्लिका के लिए उपहार लाया करते। एक दिन उसने अपना प्रेम मल्लिका के ऊपर जाहिर कर ही दिया। मल्लिका लिखती हैं, "पता नहीं कैसे इतनी आर्थिक तंगी

के बावजूद वह इतने अच्छे कपड़े पहन लेता था। एक दिन कहने लगा 'मैं तुमसे एक लम्बे समय से मुहब्बत करता हूँ और रोज रात को 3 बजे तुम मेरे सपनों में आती हो।' सुनते ही मैं ठठाकर हँस पड़ी। वह सुबक-सुबककर रोने लगा। उसका बेतरह रोना देखकर मुझे बहुत हँसी आई कि ये मर्द भी क्या हैं। उस स्थिति के लिए मुझे जिम्मेदार ठहराते हैं, जिसका कारण वे स्वयं हैं।"[50]

तलाकशुदा स्त्रियों के बारे में मल्लिका लिखती हैं : "हमारे समय में तलाकशुदा स्त्री का जीवन नरकतुल्य था। तलाकशुदा स्त्री की बड़ी बेईज्जती होती थी। आज की तरह तलाक का मसला छोटा-मोटा नहीं माना जाता था। उन दिनों तलाकशुदा स्त्री को बिलकुल अलग-थलग कर दिया जाता था। जिस तरह लोग परिजनों की मृत्यु का शोक जताने जाते हैं वैसे ही तलाकशुदा औरत के भाई, माता-पिता के घर रिश्तेदार और मित्र पहुँचते थे तलाक पर अफसोस जताने।"[51] मल्लिका अपने ऊपर लादी हुई पारिवारिक और भावात्मक सेंसरशिप को बहुत कायदे से विश्लेषित करती हैं, संगीत में पारंगत होने के साथ-साथ कई जगहों पर रहने के कारण उनमें वह अन्तर्दृष्टि और व्यावहारिकता है कि वह माँ के भावुक वक्तव्यों की पड़ताल करती चलती हैं, आगे चलकर मल्लिका अपने ऊपर काबिज सेंसरशिप के विरोध में घर पर आनेवाले सभी लोगों से मिलना बन्द कर दिया। परतंत्रता की बेड़ी में छटपटाती हुई मल्लिका ने विद्रोह का स्वर बुलन्द किया और रात के अँधेरे में भागकर अपने पुराने विश्वासी मित्र शब्बीर से विवाह कर लिया। माँ के विरोध, मानसिक प्रताड़ना का सामना भी मल्लिका को करना पड़ा, यहाँ तक कि उन्होंने महफिलों में गाना भी बन्द कर दिया, बहुत वर्षों बाद उन्होंने रेडियो के लिए गजलें गाईं। पुस्तक में मल्लिका ने अपने प्रेम और विवाह के विस्तृत ब्यौरे दिये हैं। उनकी माँ का उनके खिलाफ होना, घर से आधी रात को निकलकर शब्बीर के साथ निकाह की दास्तान बहुत विस्तार से कही गई है। एक गायिका का अभिनेत्री बनने के अधूरे सपने का यथार्थ से साक्षात होना फिर गायन की तरफ लौट आना, आल इंडिया रेडियो में गायकी करना इन सब प्रसंगों को जगह मिली है। 'साँग संग टू' की सबसे अच्छी बात यह है कि इसमें प्रामाणिकता का ध्यान रखा गया है, इसके बावजूद इसमें तत्कालीन राजनीतिक सन्दर्भों, घटनाओं की चर्चा से भरसक बचा गया है। गुरबत, तत्कालीन समाज-सुधार के आन्दोलन और राजनीतिक हलचलें—इन सबके तापमान का पता यह किताब नहीं देती और साधारण आत्मकथा बनकर रह जाती है। हालाँकि पुस्तक में कई करुण प्रसंग भी हैं जो पाठक को प्रभावित करते हैं। जम्मू के महाराजा हरिसिंह जिनके दरबार में मल्लिका ने बचपन से ही गाना शुरू कर दिया था। आत्मकथा में उनके और रियासतों के महाराजाओं के जीवन पर पर्याप्त जानकारी मिलती है। मल्लिका ने लिखा है कि, "दरबार साजिशों से भरा था, मैं महाराजा के साथ कश्मीर की तरफ और शिकार पर भी जाया करती थी।

जम्मू में हिन्दू-मुस्लिम दंगों के बाद स्थिति बदल गई। मुझ पर महाराजा को विष देने का सन्देह किया गया...उसके बाद मैंने जम्मू छोड़ने का निर्णय कर लिया।" वे याद करती हैं कि "ऐसा भी समय था कि मैं हँसना चाहकर भी हँस नहीं सकती थी। हिन्दू-मुस्लिम दंगों से मेरा कोई लेना-देना नहीं था। न ही ये बातें मेरी समझ में आती थीं, तब भी हिन्दू मेरे शत्रु बन गए। जम्मू के बाहरवालों की बात छोड़ भी दें तो रियासत के भीतर के लोग भी इस बात पर भरोसा करने लग गए कि मैं महाराजा की जान लेना चाहती हूँ।" ऐसे माहौल में मल्लिका ने अपनी माँ के साथ लाहौर की तरफ जाना तय किया, दरबार में अन्तिम गीत गाकर। मल्लिका लिखती हैं : "महाराजा के दरबार में अन्तिम गीत गाते हुए मेरी आवाज दर्द से भीगी हुई थी, मेरा दिल भीतर-ही-भीतर रो रहा था मेरे गले से करुण बाँसुरी की धुन जैसी आवाज निकल रही थी। गीत खत्म होते ही महाराजा हरिसिंह दरबार छोड़कर भीतर चले गए, मुझे मौका भी नहीं मिल सका कि उनसे विदा ले सकूँ।"

मल्लिका ने माँ द्वारा पुत्री के आर्थिक शोषण का भी चित्रण किया है। माँ और नाना का परिवार मल्लिका के गायन पर निर्भर था, उन लोगों ने बहुत रुपये उड़ाए भी और डुबाए भी। मल्लिका ने एक समय पर गाना बन्द कर दिया। शब्बीर के साथ विवाह ने उन्हें सुख और पूर्णता दी, लेकिन छह बच्चों के बावजूद शब्बीर के असामयिक निधन ने मल्लिका को एकाकी कर दिया। बागबानी, कढ़ाई-सिलाई में उन्होंने अपने जीवन के बाकी दिन गुजारे। उनके बेटे ने भी जायदाद सम्बन्धी मामलों में उनसे छल किया। उन्होंने नानक देव का चित्र कैनवास पर काढ़ा जो टोरंटो के गुरुद्वारे की शोभा बना। प्रसिद्ध लोक गायिका रेशमा जब उनसे मिलने आईं तो उससे कई बार एक ही गीत सुना—'हाय ओ रब्बा नईयों लगदा दिल मेरा।' अस्सी की उम्र में उन्होंने आत्मकथा लिखी और 93 वर्ष की उम्र में उनकी मृत्यु हो गई। मल्लिका पुखराज की आत्मकथा स्वतंत्रता-पूर्व भारत से होती हुई सदी के अन्त तक फैली हुई है...मूल रूप से उर्दू में लिखी इस आत्मकथा को 'साँग संग टू' शीर्षक से सलीम किदवई ने अंग्रेजी में प्रकाशित करवाया, अंग्रेजी अनुवाद की भूमिका में सलीम किदवई ने बताया कि लाहौरी उर्दू में लिखे लम्बे-लम्बे वाक्यों को अनूदित करने में उन्हें खासी दिक्कत का सामना करना पड़ा लेकिन शीघ्र ही उन्हें एक पन्ने के लम्बे वाक्यों को पढ़ने का अभ्यास हो गया। रेडियो ग्रामोफोन कम्पनियों की पसन्दीदा आवाज मल्लिका पुखराज को भारत और पाकिस्तान दोनों देशों में समान यश मिला। आत्मकथा में उन्होंने अपने बचपन से लेकर जीवन के अन्तिम पड़ाव तक की यात्रा के बारे में विस्तार से लिखा है। आत्मकथा में उन्होंने पाठक को वैसे ही बाँधे रखा है जिस तरह वे अपनी आवाज के जादू से श्रोताओं को बाँधे रखती थीं। महाराजा हरिसिंह ने मल्लिका को अपने दरबार में आश्रय दिया था, जीवन के लगभग आठ दशकों का संगीतमय सफर मल्लिका ने पुस्तक में लिपिबद्ध किया है।

यह आत्मकथा इसलिए महत्त्वपूर्ण है क्योंकि इसमें एक स्त्री कलाकार के संघर्ष, राज्याश्रय की कठिनाइयों, दरबार की आन्तरिक राजनीति, स्त्री के बहुपक्षीय शोषण के साथ-साथ मनुष्य होने के नाते उसके अन्तर्विरोधों को भी पाठक जान पाता है। अपनी महत्त्वाकांक्षा के कारण पुखराज को माँ तीन वर्ष की उम्र में ही जम्मू लेकर चली गई, मल्लिका की कहानी पराधीन और स्वाधीन भारत के सन्धिस्थल पर संगीत, कला और नृत्य से रोजी-रोटी और सम्मान अर्जित करनेवाले कलाकारों की कहानी है। ब्रिटिश भारत की नीतियों ने किस तरह कलाकारों को तवायफों और तवायफों को देह-श्रमिकों में रिड्यूस कर दिया। खानदानी गवैये और गायिकाएँ जहाँ पहले संस्कृति के वाहक के तौर पर राज्याश्रय और सम्मान पाते थे, वहीं अब बदले समय में उन्हें पुलिस से डरकर रहने पर विवश होना पड़ता था। धीरे-धीरे सम्पत्तिशाली और सत्ता की सरपरस्तीवाले कलाकारों को छोड़कर दूसरे पेशों को अपनाने के लिए इनमें से बहुत-से मजबूर हुए। देखते-देखते उनकी सामाजिक हैसियत में भी गिरावट आई, इनमें से कई ने रेडियो और ग्रामोफोन कम्पनियों के लिए गाना-बजाना शुरू कर दिया। यद्यपि मल्लिका की आर्थिक और सामाजिक स्थिति बहुत अच्छी थी, उनकी माँ और कला के कद्रदानों ने कभी उन्हें अकेला नहीं छोड़ा। आत्मकथा में मल्लिका अपनी माँ का जिक्र बार-बार करती हैं कि वे बेहद अनुशासनप्रिय थीं लेकिन मल्लिका का दम उनकी सरपरस्ती में घुटता था क्योंकि वे अपनी इच्छा और रुचि से अपने मित्रों का चुनाव करने के लिए भी स्वतंत्र नहीं थी। उसकी कमाई से ही घर का सारा खर्च चलता था। बचपन में ही किन्हीं बाबा रोटीराम ने कह दिया था कि वह मल्लिका-ए-मुअज्जमा (महान साम्राज्ञी) बनेगी। नौ वर्ष की उम्र में ही महाराजा हरिसिंह के दरबार में बतौर गायिका शामिल होनेवाली मल्लिका को हिन्दुस्तानी जबान और तहजीब की संरक्षक के तौर पर देखा जाना चाहिए।

पुस्तक में मल्लिका पुखराज न सिर्फ स्त्री के अन्तर्द्वन्द्व बल्कि पुरुष की दृष्टि में स्त्री की भूमिका की व्याख्या करती चलती हैं। बतौर कलाकार वे उन षड्यंत्रों और साजिशों की चर्चा भी करती हैं जिन्होंने उनके ऊपर गहरा नकारात्मक प्रभाव डाला। मसलन वे हरिसिंह के दरबार के प्रसंग में लिखती हैं कि महाराजा ने उन्हें बतौर कलाकार 9 वर्ष की उम्र में ही संरक्षण दिया, धन, दौलत, मान-सम्मान किसी की कमी नहीं होने दी, परन्तु देश के बँटवारे और हिन्दू-मुसलमान में भेदभाव और अफवाहों ने महाराज को भी नहीं बक्शा और दरबारी षड्यंत्रकारी हरिसिंह को यह समझाने में सफल हो गए कि मल्लिका पुखराज उन्हें विष देकर मारना चाहती है। मल्लिका को यह अपमान भीतर तक चुभ गया और उन्होंने हरिसिंह का दरबार अपना गीत गाकर छोड़ दिया—"इस कहानी के सबके अपने पाठ थे, मेरे ऊपर किसी को विश्वास नहीं था, मेरे लिए यह सब झेलना बहुत मुश्किल था।"[52] मल्लिका पुखराज की आत्मकथा स्वतंत्रता-पूर्व भारत से होती हुई सदी के अन्त तक फैली हुई है।

इसके बरअक्स रंगमंच और फिल्म से जुड़ी 1912 में ही जन्मी जोहरा सहगल की आत्मकथा 'करीब से' (2013) आई जिसका हिन्दी अनुवाद दीपा पाठक ने किया। जोहरा सहगल की यह पुस्तक रंगमंच और फिल्मी परदे पर लगभग सौ वर्षों की उनकी जीवन-यात्रा का ब्यौरा है। आत्मकथा में जोहरा सहगल अपने बचपन से लेकर अब तक के जीवन, कैरियर, विदेश-यात्राओं और थियेटर से अपने जुड़ाव की तसवीर बहुत ही दिलचस्प अन्दाज में प्रस्तुत करती दीखती हैं। आत्मकथा की शुरुआत में ही वे लिखती है : "मैं कभी सोचती हूँ जिन्दगी एक बहुत बड़ा मजाक है। एक मैं हूँ जिसने रोज अपने दाँत ब्रश किये, रोज नहाया, बिलकुल धर्म की तरह बालों में तेल डालने, कंघी करने और उन्हें धोने का धर्म निभाया, साँसों की और बदन की कसरत पूरे नियम से की, सच को जैसा देखा वैसा ही बोला...खुद से भी...लेकिन फिर भी, क्या है जिन्दगी? दिन-ब-दिन कमजोर होता शरीर, पैरों की लड़खड़ाहट की वजह से मैं लगभग रुक-सी गई हूँ, दाँत एक-एक करके साथ छोड़ रहे हैं, आँखों की रोशनी इतनी धीमी पड़ती जा रही है कि अक्सर लिखते वक्त मैं पंक्तियाँ और शब्द देख नहीं पाती...अगर मैं धार्मिक होती तो यही समय था जब मैं ईश्वर पर विश्वास करना शुरू करती, लेकिन मैं नहीं हूँ और इस बारे में बेईमान नहीं हो सकती। मैं मानती हूँ कि कहीं कोई ऊर्जा है, कोई कानून है, कोई एक ऐसा न बदलनेवाला नियम जिसमें लाल और पीले रंग को मिलाने पर नारंगी रंग बनता है।...कुल मिलाकर देखा जाए तो मैंने एक जोशीली और मजेदार जिन्दगी जी है। मैंने बहुत-सी यात्राएँ की हैं...मैं अपनी पीढ़ी के बहुत-से मशहूर लोगों से मिली हूँ, मैंने दो विश्वयुद्धों का अनुभव किया है और इंग्लैंड में दो बार राजतिलक देखा जिसमें रेडियो पर प्रिंस एडवर्ड का इस्तीफे के वक्त दिया भाषण सुनना भी शामिल है। मैंने कई मशहूर कलाकारों के साथ काम किया, चाहे वह पूर्व हो या पश्चिम। भला इससे ज्यादा कोई और क्या चाहेगा?"[53] जोहरा सहगल की आत्मकथा में जर्मनी के नृत्य स्कूल में प्रशिक्षण से लेकर पृथ्वी थियेटर से जुड़े अपने रंगमंचीय अनुभवों का विस्तृत ब्यौरा है। आत्मकथा का प्रारम्भ 'परिवार का इतिहास' शीर्षक अध्याय से होता है और फिर सिलसिलेवार ढंग से बचपन और लाहौर (1919-1929), यूरोप और डांस स्कूल, पहली वापसी समेत 12 शीर्षकों के अन्तर्गत जोहरा की जिन्दगी के उतार-चढ़ाव, प्रेम, विवाह, कैरियर, पृथ्वी थियेटर और पृथ्वीराज कपूर से गहरे संवेदनात्मक वर्षों के साथ, इप्टा का निर्माण, उसका प्रसिद्धि के चरम पर पहुँचना और फिर उसका निष्क्रिय हो जाना जोहरा की जीवन-यात्रा का प्रामाणिक और मय दिनांक ब्यौरा दिया गया है, एक अभिनेत्री, रंगकर्मी, एक माँ और सबसे ऊपर एक स्वतंत्रचेता स्त्री जो तमाम विपरीत स्थितियों में भी हार नहीं स्वीकारती, अपने से कम वयस के पुरुष से अन्तरजातीय विवाह करने का जोखिम उठाती है, अपने भीतर के कलाकार की हर आवाज को सुनती

हैं, बहुआयामी व्यक्तित्व के रूप में अपना विकास करती है। पति द्वारा आत्महत्या के प्रसंग पर आत्मालोचन करती हुई लिखती हैं : "मैं अक्सर सोचती हूँ कि अगर कामेश्वर ने मुझसे शादी नहीं की होती तो क्या उनकी जिन्दगी किसी और तरीके से खत्म हुई होती। वे बहुत संवेदनशील इनसान थे जो कभी भी इस बात को मान नहीं पाए कि उनकी बीबी अपने काम में लगातार कामयाबी और इज्जत हासिल करती जा रही है जबकि उनकी खुद की कामयाबी जो कि हालाँकि कहीं ज्यादा ऊँचे दर्जे की थी, रुक-रुककर उन्हें मिली।"[54] जोहरा सहगल की आत्मकथा का वैशिष्ट्य है—आत्मप्रशंसा और श्लाघा से बचते हुए बहुत ही तटस्थ भाव से अपने साथ घटी घटनाओं के ब्यौरे देना, साथ-ही-साथ अपने भीतर के जन्मजात अभिजात्य भाव को स्वयं चुनौती देना। आत्मकथ्य के प्रारम्भ में ही उन्होंने अपने वंश-वृक्ष का लेखा-जोखा दिया है। नजीबाबाद के रियासती हुक्मरान नवाब जलालुद्दीन खान के खानदान से ताल्लुक रखनेवाली जोहरा अपने माँ-बाप की सात सन्तानों में तीसरी थीं जिसका बचपन शान-ओ-शौकत से गुजरा। 1930 में उन्होंने जर्मनी के डांस-स्कूल में नृत्य सीखा। 1933 में वे वापस आईं और 1935 में उदयशंकर के अल्मोड़ा स्थित प्रसिद्ध नाट्य दल से जुड़ीं। कामेश्वर सहगल से प्रेम और फिर विवाह इसी दौरान हुआ। आत्मकथ्य लिखने के बारे में वे प्रारम्भ में ही कहती हैं, "कोई अपने बारे में किताब क्यों लिखता है? सबसे बड़ी वजह तो यह कि इनसान मरने के बाद जीवन से अपनी पकड़ छूटने की कल्पना से डरता है। ऐसे में आत्मकथा उसे मरने के बाद भी अपने होने के भ्रम को बनाए रखने का जरिया लगता है। मुझे लगता है कि यह एक तरह की आत्ममुग्धता है, भला किसे परवाह है तुम्हारी भावनाओं की, तुम्हारे संघर्ष की, तुम्हारे सुख या दुख की? हाँ, शायद तुम्हारे बच्चों के लिए उनकी कुछ अहमियत हो। हालाँकि वो भी दिल से तुम्हें प्यार करने और तुम्हारी देख-भाल करने के बावजूद कभी-कभी ऐसा अहसास दिलाते हैं जैसे तुम उनकी जिन्दगी से जुड़ा एक फालतू हिस्सा हो और तुम्हारे हटने से उन्हें राहत मिलेगी... पता नहीं पर मुझे ऐसा लगता है।"[55] जोहरा सहगल का आत्मकथ्य उदयशंकर के नाट्य-दल के बनने और फिर बिखर जाने की कहानी है साथ ही यह पृथ्वीराज कपूर की लगन और मेहनत के अन्त:साक्ष्य देनेवाली आत्मकथा है जिसमें बतौर निर्देशक और अभिनेता पृथ्वीराज कपूर द्वारा पृथ्वी थियेटर के उतार-चढ़ाव की घटनाएँ बयान करनेवाले ढेरों पत्र संकलित हैं। जोहरा सहगल का यह आत्मकथ्य स्व से ऊपर उठकर भारत में 'इप्टा' के बनने-बिगड़ने और फिर खड़े होने की दास्तान है। आत्मकथ्य में हालाँकि जोहरा राजनीतिक चर्चाओं और ब्यौरों से बची हैं फिर भी कथ्य के प्रवाह में तत्कालीन भारत की राजनीति अपनी झलक के साथ उपस्थित है, मसलन अपनी रजिस्ट्री-शादी के दिन का जिक्र करती हुई लिखती हैं : "...नेशनल थियेटर का यह विचार इतना प्रभावशाली था कि जल्दी ही देश

के दूसरे बड़े शहरों में इसकी शाखाएँ खुल गईं...उस समय भारत अपनी आजादी की लड़ाई के आखिरी दौर से गुजर रहा था तो जाहिरा तौर पर इप्टा के गानों और नाटकों के विषय काफी इंकलाबी और वामपन्थी हुआ करते थे जो हम सबको मिल-जुलकर काम करने को प्रेरित करते थे...मेरी शादी का दिन था 14 अगस्त, 1942...यह दूसरे विश्वयुद्ध का समय था, भारत में अंगरेज सरकार के खिलाफ असहयोग आन्दोलन चल रहा था और चारों ओर अफरा-तफरी का माहौल था।"[56] या "1947 के दौरान इप्टा के कुछ लोगों को सरकार की ओर से परेशान किये जाने के वाकये हुए, कुछ खास नाटकों पर रोक लगा दी गई, कलाकारों को गिरफ्तार कर लिया गया। उस समय देश में अन्तरिम सरकार थी और जवाहरलाल नेहरू उसके उपाध्यक्ष बनाए गए थे..."[57] जोहरा सहगल ने अपने नृत्य एवं रंगमंचीय कैरियर के लिए जी-तोड़ मेहनत की, साथ ही वे अपने बच्चों को भी ऊँची शिक्षा देने में सफल रहीं। आत्मकथ्य में, वे अपने बेटे पवन के साथ मेल न मिलने पर दुखी और बेटी किरण को नृत्य में मिली सफलता से बहुत उत्साहित दीखती हैं, साथ ही दिल्ली में एक अदद बसेरा बसाने की कोशिश और सरकारी सहायता के न मिल पाने का खेद भी उनके जीवन के अन्तिम दिनों में भी कचोटता है। परन्तु अन्ततः वे अपने बीते जीवन से सन्तुष्ट हैं तभी तो लिखती हैं : "अपनी सोच और अपने तजुर्बों के हिसाब से सिखाने और निर्देशित करने की पूरी जिम्मेदारी लेने के लिहाज से मैं बहुत आलसी थी। पहले मैं उदयशंकर और उसके बाद पृथ्वीराज कपूर जैसे कलाकारों के साथ जुड़ी और उनकी मशहूरी की रोशनी का ही लुत्फ लेती रही, क्योंकि उनके साथ काम करते हुए सारे नाटक, सारे दौरों की तैयारियाँ कोई और मेरे लिए करता था, मुझे उसके लिए न कोई परेशानी उठानी पड़ती थी और न कोई जिम्मेदारी मुझ पर थी। यह सच है कि मैंने शारीरिक और मानसिक तौर पर बहुत कड़ी मेहनत की, लेकिन मैं अपने लिए और भी बड़ा नाम कमा सकती थी अगर मैंने अपना कोई थियेटर ग्रुप या स्कूल शुरू किया होता। मुझे लगता है, यह करने के लिए मैं बहुत आलसी थी। हालाँकि मुझे लगता है कि मुझे कुछ कम मिला, लेकिन मैंने अपने लिए थोड़ी-सी पहचान बनाई, बहुत सारा तजुर्बा कमाया और कड़ी मेहनत के बावजूद अपने काम से बेपनाह खुशियाँ पाईं। और क्या चाहिए, मैं इसे ऐसा ही चाहती थी।"[58]

बेगम खुर्शीद मिर्जा, (1918-1989) जो फिल्मों में रेणुका देवी के नाम से मशहूर हुई 'अ वुमन ऑफ सब्सटेंस' में उसने अपने संस्मरणों में अन्तरंग जीवन के पहलुओं को लिखा। जिन्हें पढ़कर मुस्लिम परिवारों के आन्तरिक तापमान का अन्दाजा हो जाता है। यह रशीदजहाँ की छोटी बहन रंगमंच और सिने-अभिनेत्री की आत्मकथा है, जिसे उनकी बेटी लुबना काजिम ने सम्पादित किया। यह आत्मकथा स्वर्गीय रजिया भट्टी की प्रेरणा से मासिक पत्रिका हेराल्ड के अगस्त 1982 से

अप्रैल 1983 में नौ भागों में धारावाहिक रूप से छपी। आत्मकथा में सन् 1857 से 1983 तक की घटनाओं का जिक्र है जिनमें भारतीय मुस्लिम समाज, निजी पारिवारिक स्थितियाँ, नवजागरण और समाज-सुधार के मुद्दे, हिन्दुस्तान-पाकिस्तान का विभाजन, सिनेमा में बेगम खुर्शीद मिर्जा का जाना, उनकी लोकप्रियता, सामाजिक सेंसरशिप के दबाव जैसी चर्चाएँ प्रमुख हैं। खुर्शीद मिर्जा ने देश-विभाजन के बाद पाकिस्तान जाने का निर्णय किया, लेकिन आत्मकथा में वे स्वयं को पीछे छूट गए भारतीय सदस्य के रूप में देखती हैं। वह जब भी छुट्टियों में अलीगढ़ आती कराची की भीड़भाड़ को भूल जाती। आत्मकथा में उन्होंने अपने पिता शेख अब्दुल्लाह के स्त्री-शिक्षा-सम्बन्धी प्रयासों का जिक्र भी विस्तार से किया है। दरअसल यह आत्मकथा एक तरह का सामाजिक-ऐतिहासिक दस्तावेज है। एक साथ तीन पीढ़ियों और बदलते हिन्दुस्तान और पाकिस्तान की कहानी है। परदे को लेकर जो विमर्श इस आत्मकथा में मिलता है, वह अन्यत्र दुर्लभ है। शेख अब्दुल्लाह ने जो रिसाला खातून शीर्षक पत्रिका (1904) निकाली उसमें मुस्लिम स्त्रियों द्वारा किये गए पर्दा-विमर्श का जिक्र विस्तार से खुर्शीद मिर्जा करती हैं। वे बताती हैं कि जब मुस्लिम लड़कियों की शिक्षा के पक्ष में उनके पिता ने कई ठोस प्रयास करने शुरू किये तो कई औरतों ने रिसाले को परदे को सामाजिक सुरक्षा से जोड़ते हुए परदे के पक्ष में पत्र लिखे। कई आभिजात्य स्त्रियाँ अपनी बेटियों को लड़कियों के स्कूल में भेजने को इसलिए तैयार नहीं थीं क्योंकि वहाँ नीचे तबके से भी लड़कियाँ आएँगी और फिर उनकी आभिजात्यता का क्या होगा। एक लम्बे समय तक स्त्री-शिक्षा का मुद्दा बहस का विषय रहा, फिर लोगों की रूढ़ धारणाओं में परिवर्तन आने लगे और 1927 तक आते-आते लड़कियों का स्कूल इंटरमीडिएट कॉलेज के स्तर पर पहुँच गया। इसमें इस्मत चुगताई जैसी हस्तियों ने शिक्षा ली थी। खुर्शीद मिर्जा इस बात पर बल देती हैं कि लड़कियाँ शेक्सपियर के 'ए मिडसमर नाईट' को पढ़ने के साथ-साथ बास्केटबाल और बेसबाल भी खेलती थीं। खुर्शीद मिर्जा का फिल्मों को अपना कैरियर बनाना इस बात को दर्शाता है कि मुस्लिम समाज में आधुनिक चेतना का आगाज हो रहा था। मुसलमान औरतों की जिन्दगी कैसे भारत में बदलाव की ओर बढ़ रही थी, यह पुस्तक उसका मुकम्मल बयान करती है। कैसे आजादी की लड़ाई उन्हें सामाजिक समारोहों में शामिल होने और स्वयं को अभिव्यक्ति की स्वतंत्रता दे रही थी, लेकिन यह प्रक्रिया बहुत धीमी थी। हालाँकि शेख अब्दुल्लाह ने अपनी बेटियों को ऊँची शिक्षा के लिए विदेश भेजा। खुर्शीद ने दर्ज किया है कि मँझली आपा खातून जहाँ इंग्लैंड की लीड यूनिवर्सिटी में पढ़ने के लिए गईं और बड़ी आपा रशीदजहाँ लेडी हार्डिंग कॉलेज, दिल्ली में पढ़ीं और छोटी मुमताज आपा ने इजाबेला थाबर्न कॉलेज, लखनऊ से पढ़ाई की, बावजूद इसके इन स्त्रियों को पुरुषों के साथ घूमने-फिरने या एक साथ संगीत सुनने की स्वतंत्रता नहीं थी।

खुर्शीद मिर्जा ने अकबर मिर्जा के साथ दोस्ती, प्रेम और विवाह की यात्रा के विषय में दिलचस्प ढंग से लिखा है : "मैं वास्तव में नहीं जानती कि मुझे अकबर से प्यार हुआ और यह भी कि प्यार में पड़ने का अर्थ क्या होता है। मैं सिर्फ यह जानती थी कि मैं उसे बहुत पसन्द करती थी और जब वह घोड़े से नीचे उतरने में मेरी सहायता करता, तो मुझे उसके हाथों के स्पर्श से यह अहसास होता जैसे मैं बहुत खास थी, मुझे ऐसे पुरुष ने चुना है जिसे मैं पसन्द करती थी।"[59]

संस्मरण में खुर्शीद जहाँ ने अपनी बड़ी बहन रशीदजहाँ जो प्रगतिशील लेखक संघ से जुड़ी थीं, उसके बारे में विस्तार से हमीदा सैय्यादुज्जाफर के हवाले से लिखा है : 'शुरू से ही उसमें विद्रोही चेतना बहुत थी। बहुत कम उम्र में ही उसमें सामाजिक अन्याय और गैर-बराबरी के प्रति अवहेलना का भाव था। पिता और माँ के समाज-सुधार कार्यक्रमों से सम्बद्ध होने के कारण भी उसमें सामान्य जन से खुद को जोड़कर देखने का भाव था। 1931-32 में महमूदुज्जाफर, सज्जाद जहीर, अहमद अली और रशीदजहाँ की मुलाकात लखनऊ में हुई, इन सबमें सामाजिक अन्याय और गैर-बराबरी के प्रति विद्रोही चेतना थी और समाजवादी विचारधारा के प्रति विश्वास था। रशीदजहाँ ने वहीं पर महमूदुज्जाफर से प्रेम-विवाह किया, उन दोनों का घर मजलूमों और जरूरतमन्दों के लिए हमेशा खुला रहता था।' हमीदा सैय्याद्दुज्जाफर ने भी दर्ज किया कि : "मेरी शादी के वक्त तक रशीदजहाँ ने अपने-आपको सभी भौतिक वस्तुओं से काट लिया था, पैसा, सम्पत्ति, निजी लाभ सब कुछ से। वह बिना किसी लगाव के अपनी कोई भी चीज दूसरों को देने के लिए तैयार रहती। उसका घर एक कम्यून बन गया था, जहाँ जाति, धर्म, वर्ग किसी भी तरह का कोई भेदभाव नहीं था। उसके घर में जाति से चर्मकार लड़के के काम करने पर कुछ हिन्दू मित्रों को आपत्ति थी जिसके जवाब में रशीदजहाँ ने कहा, "वह लड़का बहुत-से ऊँची जात वाले हिन्दुओं की अपेक्षा साफ-सुथरा है, तुम्हें अगर वह पसन्द नहीं है तो तुम मेरे घर में भोजन मत करो।"

रशीदजहाँ को उनके प्रगतिशील विचारों और व्यवहार के लिए खुर्शीद मिर्जा स्मरण करती हैं कि गर्भाशय के कैंसर से मरते वक्त रशीदजहाँ का कहना था कि उसके शरीर को दफनाने से अच्छा है कि उसे मेडिकल कॉलेज में प्रयोग के लिए दे दिया जाए। रशीदजहाँ के पति ने पत्नी की मृत्यु के बाद 'क्वेस्ट फॉर लाइफ' शीर्षक संस्मरणात्मक किताब में रशीद जहाँ की बीमारी और इलाज के लिए मास्को जाने के दिनों का सविस्तार वर्णन किया।[60] संस्मरण इस दौर के ब्यौरों के लिए पठनीय है। बेगम खुर्शीद मिर्जा ने इस किताब में यह बताया है कि कैसे भोपाल की बेगम के सहयोग से पिता ने अलीगढ़ में लड़कियों के लिए स्कूल बनाया और सर सैयद अहमद खाँ की नाराजगी के बावजूद स्त्री-शिक्षा के ये आरम्भिक प्रयास कैसे बढ़ते गए। 1857 से 1983 के लम्बे समय को समेटती यह किताब

खुर्शीद मिर्जा की आपबीती भी है, जिसमें भारतीय मुस्लिम स्त्रियों की शिक्षा, पर्दा-प्रथा के साथ बतौर अभिनेत्री खुर्शीद (जो चित्रपट पर रेणुका देवी के नाम से मशहूर हुई) के जीवनानुभवों का ब्यौरा पाठक को मिलता है। खुर्शीद ने अपने घर में एक छोटे स्कूल की शुरुआत से स्त्री-शिक्षा के आगाज का जिक्र किया है जिसमें घर की बड़ी लड़की रशीदजहाँ समेत कई लड़कियों ने पर्देदारी में ही सही, पढ़ने के लिए जाना शुरू किया, शेख अब्दुल्ला और उनकी बेगम के प्रयास से धीरे-धीरे छात्राओं की संख्या में इजाफा होने लगा। शेख अब्दुल्ला जो भी देशी-विदेशी पत्र-पत्रिकाएँ मँगवाते, रशीदजहाँ उन्हें बहुत दिलचस्पी से पढ़ती। इन छोटी लड़कियों को शेक्सपियर पढ़ना भी बहुत पसन्द था। हेड मिस्ट्रेस मिस हाजरा ने भी इन्हें खूब प्रभावित किया। उन्हीं के माध्यम से स्वदेशी, होमरूल आन्दोलन, 1905 के बंग-भंग के खिलाफ विद्रोह के साथ टैगोर, बंकिम आदि के लेखन से नई पीढ़ी की लड़कियाँ परिचित हुईं। राष्ट्रवादी नेताओं मौलाना मुहम्मद अली और शौकत अली की माँ बी अम्मा के अलीगढ़ आने पर, रशीदजहाँ जो उस समय मात्र 14 वर्ष की थी उनसे मिलने के लिए बेचैन हो गई, अन्त में बी अम्मा से मिलने की अनुमति रशीदजहाँ को एक अध्यापिका के साथ मिली। "मुलाकात हुई और रशीदजहाँ खूब उत्साह के साथ घर लौटी पर बदले मन से—गांधी के प्रति श्रद्धा ने उसमें सिर्फ खादी पहनने का उत्साह पैदा किया। तब से उसने सिर्फ खादी पहनी। परिवार में भी उसके इस फैसले पर किसी ने कोई आपत्ति नहीं की। आपा बी ने बहुत पहले चिकित्सा की पढ़ाई के लिए घर छोड़ दिया। वह स्त्री-रोग विशेषज्ञ बनी कथा-साहित्य के क्षेत्र में भी उसने खूब नाम कमाया। 1927 में जब मैंने आपा बी को देखा तो वह खूब फर्राटेदार अंग्रेजी बोलती थी—उसे देखना एक आश्चर्य था।... शायद यह उसी साल की बात है, आपा बी छुट्टियों में घर आई थीं। माँ ने हमारे घने बालों से, जिनमें जुएँ भरी रहती थीं हार मान ली थी। आपा बी (रशीदजहाँ) हर बार की तरह त्वरित समाधान के साथ मौजूद थीं। उन्होंने हमारे बालों में किरोसीन तेल लगा दिया और लम्बे बालों को काट दिया। उनके अपने बाल पहले से ही कटे हुए थे मुझे बहुत पसन्द थे और अब हमने भी लम्बी, घनी कसी हुई चोटियों को अलविदा कहा। अन्ततः ये भी तो एक मुक्ति ही थी।"[61]

बदलते भारत में मुसलमान औरतों की आजादी के मुद्दे पर खुर्शीद मिर्जा बेबाक टिप्पणी करती हैं उनका मानना है कि राजनीतिक और सामाजिक स्तर पर चैतन्य भारत में उन्हें अभिव्यक्ति की स्वतंत्रता, सामाजिक मेल-मिलाप के मौके तो मिल रहे थे लेकिन यह प्रक्रिया बहुत धीमी थी। बौद्धिक रूप से सचेतन परिवारों की संख्या कम थी जो शेख अब्दुल्ला की तरह अपनी बेटियों को विदेश में तालीम हासिल करने भेजते। रशीदजहाँ लेडी हार्डिंग कॉलेज, दिल्ली, मँझली बहन खातूनजहाँ इंग्लैंड की लीड यूनिवर्सिटी में उच्च शिक्षा के लिए गई, छोटी आपा ने

इजाबेला थाबर्न कॉलेज, लखनऊ से अंग्रेजी में एम. ए. किया। इस तरह के विवरण देते हुए खुर्शीद मिर्जा की टिप्पणी है कि—'फिर भी इन औरतों को पुरुषों के साथ घूमने-फिरने या एक साथ संगीत सुनने की स्वतंत्रता नहीं थी।'

राजनीतिक रूप से सक्रिय स्त्रियों के आत्मकथ्यों में 'डॉटर ऑफ द ईस्ट' का नाम लिया जाता है जो पाकिस्तान की प्रधानमंत्री रह चुकी बेनजीर भुट्टो की आत्मकथा है, यह 'मेरी आपबीती' शीर्षक से हिन्दी में अनूदित हुई। यह एक ऐतिहासिक दस्तावेज है। आत्मकथा अपने खानदान, पिता जुल्फिकार अली भुट्टो को 1979 में तत्कालीन राष्ट्रपति जनरल जिया उल हक द्वारा फाँसी दिये जाने की घटना के इर्द-गिर्द, अपना राजनीतिक जीवन और पाकिस्तान में लोकतांत्रिक चुनाव-प्रक्रिया के हनन और उसके विरोध में फिर-फिर उठ खड़े होने की चुनौतियाँ झेलती बेनजीर के जीवन के बहुत-से अनछुए पहलू सामने लाती है जो पाठक की राजनीतिक समझ को साफ करते हैं और साथ ही दक्षिण एशिया के देश में धर्म, राजनीति, सत्ता और फौजी शासन के समीकरण से टकराते लोकतंत्र की दशा और दिशा की जानकारी भी देते हैं। पिता की मृत्यु के बाद पाकिस्तान पीपुल्स पार्टी की कमान बेनजीर भुट्टो ने सँभाल ली। वे सन् 1981 के दौरान पाकिस्तान में तीन महीने नजरबन्द रहीं इसके बाद वे इंग्लैंड में निर्वासन में रहीं। अपने छोटे भाई शाहनवाज को दफनाने के लिए वे पाकिस्तान लौटीं। लाखों की संख्या में जनता ने उनका स्वागत किया, जनता जिया उल हक से तंग आ चुकी थीं और बेनजीर भुट्टो में पिता जुल्फिकार अली भुट्टो की छवि देखती थी। बेनजीर को फिर से जेल में बन्द कर दिया गया। आत्मकथा में बेनजीर अपने जीवन के उन वर्षों को याद करती हैं जब उन पर कड़े पहरे थे, पहरेदारिन के बारे में वे लिखती हैं, "चाहे मैं आ रही होऊँ, या बाहर जा रही होऊँ। वह बेहद कठोर थी, कोई सहानुभूति नहीं। मुझे लगता था कि हुकूमत ने जान-बूझकर उसे मुझ पर तैनात कर रखा था। वह बहुत नीच लगती थी, वैसी ही जैसी घड़ी और अँगूठी उतरवाकर वापस न करनेवाली। उसकी नजर से बचने के लिए कुछ भी बहुत छोटी चीज नहीं थी..."..."मैं तलाशी नहीं दूँगी, मैं तलाशी दूँगी ही नहीं, मैं चीखी, और कार से दूर जाने लगी...मैं जब जेल में अपने पिता से मिलने गई तब भी तलाशी हुई, वहाँ से बाहर निकलते समय मेरी तलाशी ली गई, जब मैं अपनी माँ के पास दूसरी जेल में गई, तब भी मेरी तलाशी ली गई, आते समय फिर...मेरी बहुत बार तलाशी हो चुकी है, अब बस...बहुत हुआ।"[62]

बेनजीर की आत्मकथा की विशेषता है कि वह एक राजनीतिक स्त्री की आत्मकथा होते हुए भी अपने-आपमें किसी आम स्त्री की आत्मकथा मालूम देती है, मसलन आत्मकथा में उन्होंने अपने बच्चों को लेकर, अपने स्वास्थ्य को लेकर जो चिन्ताएँ व्यक्त की हैं वे देश की चिन्ता के समानान्तर चलती रहती हैं, एक साधारण-सी पितृविहीन लड़की, एक चिन्तित माँ, एकाकी राजनीतिज्ञ की अनेकानेक

छवियाँ पाठक के सामने कौंध जाती हैं, लेकिन सब पर हावी रहती है व्यावहारिकता-लोकतंत्र की चिन्ता—देश के साथ उनका जुड़ाव। पुस्तक की भूमिका में वे लिखती हैं, "मैंने यह जिन्दगी खुद नहीं चुनी, जिन्दगी ने मुझे चुना। पाकिस्तान में जन्मी, मेरी जिन्दगी बहुत उतार-चढ़ाव से भरी रही, उसमें दुख-विपत्तियाँ हैं तो कामयाबी के झंडे भी फहराए हैं...पाकिस्तान कोई मामूली देश नहीं है, न ही मेरी जिन्दगी कोई सीधी-सपाट जिन्दगी है। मेरे पिता और दो भाई मार दिये गए। मेरी माँ, मेरे पति और मुझे खुद भी जेल में बन्द कर दिया गया। मैंने कई कई बरस का देश-निकाला झेला। इन तमाम दुख-मुसीबतों के बावजूद, मैं खुद को खुशनसीब मानती हूँ। मैं खुशनसीब इसलिए हूँ क्योंकि मैं परम्पराओं को तोड़ते हुए किसी मुस्लिम देश में, लोकतांत्रिक चुनाव के जरिये पहली प्रधानमंत्री बन सकी। यह चुनाव उस बेहद गर्म बहस और विवाद के बीच हुआ था, जो इस्लाम के मुताबिक औरतों की भूमिका नहीं तय कर पा रहा था। इस चुनाव ने यह साबित कर दिया था कि एक मुसलमान औरत, देश की प्रधानमंत्री बनकर देश की अगुवाई कर सकती है और उसे देश के सारे मर्द और औरतें अपनी रजामन्दी दे सकते हैं...इस दुनिया में बहुत कम लोगों को यह मौका मिल पाता है कि वे इस समाज में कुछ बदलाव ला सकें, देश में आधुनिकता की राह बना सकें और मामूली-भर सुविधाओं के होते हुए भी औरतों के बारे में घिसे-पिटे ढर्रे को तोड़ सकें और उन तमाम लोगों को यह उम्मीद दिला सकें कि बदलाव का सपना उनके लिए भी सच हो सकता है।"[63] बेनजीर भुट्टो की यह आत्मकथा अपनी सीमाओं में बहुत ही सुरक्षित जीवन जीनेवाली लड़की की जीवन-यात्रा की कथा है जिसने रेडक्लिफ और आक्सफोर्ड में शिक्षा ग्रहण की। राजनीतिक परिवार के संस्कारों ने उन्हें साहस और सूझ-बूझ दी। वे एक इस्लामिक देश की चुनी हुई प्रधानमंत्री बनीं। पाकिस्तान में तख्तापलट के बाद उनके पिता को फाँसी दे दी गई थी और दो भाइयों को मार दिया गया। नजरबन्दी, अपने ही बच्चों से अलग रहने की विवशता, पाकिस्तानी सेना का अधिनायकत्व, कारावास की भीषण यातनाएँ, जनरल मुशर्रफ के शासन-काल तक उन्होंने राजनीतिक रूप से चैतन्य जीवन जिया, उन्होंने लिखा : "2007 में पाकिस्तान में एक अनिश्चित भविष्य की तरफ लौटते वक्त न सिर्फ अपने और अपने देश के बल्कि सारी दुनिया के लिए मौजूद खतरों से अच्छी तरह वाकिफ हूँ। हो सकता है कि जब मैं हवाई अड्डे पर उतरूँ तो गोलियों की शिकार हो जाऊँ। पहले भी अल-कायदा मुझे मारने की कोशिश कर चुका है। हम यह क्यों सोचें कि वह ऐसा नहीं करेगा? क्योंकि मैं अपने वतन में लोकतांत्रिक चुनावों के लिए लड़ने को लौट रही हूँ और अल-कायदा को लोकतांत्रिक चुनावों से नफरत है लेकिन मैं तो वही करूँगी जो मुझे करना है और मैं पाकिस्तान की जनता की लोकतांत्रिक आकांक्षाओं में साथ देने का अपना वादा पूरा करने का पक्का इरादा रखती हूँ"...इस पत्र के कुछ ही

महीने बाद 27 दिसम्बर, 2007 को बेनजीर भुट्टो को रावलपिंडी में मार दिया गया। उनकी आत्मकथा के बारे में संडे टाइम्स ने लिखा : "यह एक बहुत बहादुर औरत की आपबीती है जिसने अनेक चुनौतियाँ स्वीकार कीं, जिसके परिवार के अनेक लोग शहीद हुए, जिसने पाकिस्तान की आजादी की मशाल जलाए रखी, बावजूद तानाशाही के विरोध के।"[64]

'कागजी है पैरहन' इस्मत चुगताई की आत्मकथा है जिसका देवनागरी में लिप्यन्तरण इफ्तिखार अंजुम ने किया। बीसवीं शताब्दी के तीसरे दशक में परदेदार कुलीन घराने की मुस्लिम स्त्री के जीवन का प्रामाणिक दस्तावेज और मुसलमान परिवारों में लैंगिक विभेद की स्थिति के बारे में बात करने के कारण इस्मत चुगताई को मरणोपरान्त इस पुस्तक ने बहुत लोकप्रियता दिलवाई। हालाँकि इसे सीधे-सीधे आत्मकथा नहीं कहा जा सकता, क्योंकि इसमें जन्म से आगे की घटनाएँ उस ढंग से सिलसिलेवार नहीं हैं, यह खंडों में बिना तरतीब के है। 14 अध्यायों में बँटी इस आत्मकथा का धारावाहिक रूप में 'आजकल' उर्दू पत्रिका में (मार्च 1979 से मई 1980) प्रकाशन हुआ। इस्मत चुगताई की मृत्यु सन् 1991 में हुई और उसके तीन वर्ष बाद उर्दू पत्रिका में छपे उन टुकड़ों को एकत्र करके पुस्तकाकार छापने का निर्णय लिया गया। 'कागजी है पैरहन' परम्परागत अर्थों में आत्मकथा न होते हुए भी टुकड़े-टुकड़ों में इस्मत की जीवन-स्मृतियों को सामने लाती है जिसका अंग्रेजी तर्जुमा करनेवाले एम. असाउद्दीन का कहना है कि इस्मत समाज में व्याप्त लैंगिक विभेद और समाज की सामन्ती-पितृसत्तात्मक संरचना से भली-भाँति परिचित थीं, जिस समाज में वे रहती थीं उसके दोहरे चरित्र का पर्दाफाश और विरोध करने के लिए वे जो कर सकती थीं किया। 'कागजी है पैरहन' कुल 14 अध्यायों में विभक्त है जिसे उर्दू पत्रिका 'आजकल' में 1970 के दौरान धारावाहिक रूप में पाठकों के सामने आने का मौका मिला। 'आजकल' ही वह पत्रिका थी जिसमें अनीस किदवई का आत्मकथ्य 'गुबार-ए-कारवाँ' छपा था। इस पत्रिका ने कई लेखकों के आत्मकथ्य प्रकाशित किये। 'कागजी है पैरहन' उन आत्मकथ्यों में से है जो ये बताते हैं कि रचना का आत्म बहुस्तरीय होता है और स्मृतियाँ ठीक उस ढंग से नहीं आतीं जैसा जीवन का सिलसिला होता है। बतौर रचनाकार, बतौर स्त्री और बतौर मुस्लिम होने के नाते आत्मकथा-लेखन के अनन्तर जो चुनौतियाँ इस्मत के सामने आती हैं, उनके बारे में वे बताती हैं। लेखकीय इयत्ता और आत्म के पुनर्प्रस्तुतिकरण के उत्कृष्ट उदाहरण के नजरिये से इस आत्मकथा को देखा जाना चाहिए। इस्मत चुगताई के लेखन को उर्दू गद्य की आधुनिक लयकारी की दृष्टि से भी सराहा गया। इस्मत ने पढ़ने-लिखने और जीवन में अपना मुकाम हासिल करने के लिए किस तरह मुस्लिम परम्परावादी समाज का सामना किया, उनकी जिद्द ही थी जिसने उनके भीतर लैंगिक विभेद के प्रति विद्रोह पैदा किया, और ऐसे मुद्दों

पर लिखवाया जिसमें समाज के रसूखदार लोगों का जीवन प्रतिबिम्बित होता था। लेखन-प्रक्रिया के बारे में उनका कहना है, "लिखते हुए मुझे ऐसा लगता है जैसे पढ़नेवाले मेरे सामने बैठे हैं, उनसे बातें कर रही हूँ और वो सुन रहे हैं। मेरे कुछ हमखयाल हैं, कुछ मोतरिज हैं, कुछ मुस्कुरा रहे हैं, कुछ गुस्सा हो रहे हैं। कुछ का वाकई जी जल रहा है। अब भी मैं लिखती हूँ तो यही अहसास छाया रहता है कि बातें कर रही हूँ।"[65]

इस पुस्तक में स्मृतियाँ शृंखलाबद्ध रूप में नहीं आई हैं, बचपन के बारे में इस्मत लिखती हैं : "मेरी अम्मा को मेरी हरकतें एक आँख न भाती थीं। मेरे अंजाम की उन्हें सख्त फिक्र थी। ये मर्दमार बातें औरतों को जेब नहीं देतीं। वह इतनी गहराई से न इन बातों को समझती थीं और न समझा सकती थीं, मगर मुझे मालूम हुआ कि मेरी अम्मा क्यों डरती थीं। यह मर्द की दुनिया है, मर्द ने बनाई और बिगाड़ी है। औरत एक टुकड़ा है उसकी दुनिया का जिसे उसने अपनी मुहब्बत और नफरत के इजहार का जरिया बना रखा है। वह उसे मूड के मुताबिक पूजता भी है और ठुकराता भी है। औरत को दुनिया में अपना मुकाम पैदा करने के लिए निस्वानी हर्बों से काम लेना पड़ता है। सब्र होशियारी, दानिशमन्दी, सलीका जो मर्द को उसका मुहताज बना दे। शुरू ही से लड़के को मुहताज बनाना कि वह अपना बटन टाँकते शरमाए। रोटी ठोंकते डूब मरे। आसान-आसान छोटे-छोटे काम जो नौकर कर सकते हैं, अपने हाथ से करना। उसकी ज्यादतियों को सर झुकाकर सहना कि वह शर्मिन्दा होकर कदमों पर गिर पड़े।"[66]

इस्मत स्त्री की इस गुलाम मानसिकता से अपने ढंग से टकराती हैं। बहुत कम उम्र में लैंगिक विभेद को परख लेती हैं। वह रशीदजहाँ के बारे में लिखती है : "रशीदजहाँ ने मुझे कमसिनी में ही बहुत मुतास्सिर किया था। मैंने उनसे साफगोई और खुद्दारी सीखने की कोशिश की।"[67] इस्मत की आत्मकथा की विशेषता है साफगोई और बिना लाग-लपेट के अपनी बात को कहने की कोशिश, वे अपने बचपन के दिनों से लेकर भाइयों के साथ पढ़ाई-लिखाई के अनुभवों के साथ यौनिकता के मुद्दों पर बड़े ही बेबाक अन्दाज में बात करती हैं। वे धर्म, राजनीति, परदे के मुद्दों पर पिता, भाइयों, पुरुष रिश्तेदारों से बात करती हैं ताकि जान सकें कि आधी आबादी, जो बाहर की दुनिया से अच्छी तरह वाकिफ है वह अन्तरमहल की समस्याओं पर क्या सोच रखती है। "लड़कों के लिए यह आम रवैया मुनासिब समझा जाता है, मैं लड़की थी। अम्मा, खालायें, फूफियाँ, चचियाँ हैबतजदा थीं। औरतजात को ये मुँहजोरियाँ जेब नहीं देतीं। ससुराल में कैसे गुजर होगी? समाज ने औरत का एक ठिकाना मुकर्रर कर दिया है, उससे बाहर कदम रखा तो पैर छाँट दिये जाएँगे। ज्यादा तालीम भी बलाए जान होती है। हमारे यहाँ कौलो-फेल पर पाबन्दी नहीं थी। मगर यह शर्त सिर्फ मर्दों तक थी। मुझे इन हरकतों पर डाँट खानी

पड़ती थी।"[68] लैंगिक विभेद युक्त समाज, स्त्री के लिए सीमाएँ तय करता समाज इस पुस्तक में सब कहीं है। मुसलमान समाज और औरतों की इच्छाओं, कामनाओं को अनुशासन में रखती चली आती व्यवस्थाओं का पर्दाफाश, बड़े ही सहज ढंग से यह पुस्तक करती चलती है। परदे और मुसलमान स्त्री होने के कारण लादी गई पाबन्दियों की फेहरिस्त लम्बी है, इसलिए उनसे टक्कर लेकर अपनी इच्छा से अपने जीवन को जीने की छूट लेने की चुनौतियाँ और संघर्ष भी बड़े रहे होंगे, यह आत्मकथा औरतों की चुप्पी और उनके कथन की दरारों को चौड़ा करके दिखाती है, जिनमें विभिन्न तबकों से आई हुई औरतें हैं, जिनकी आवाज दबते-दबते गूँगी हो गई है। पति की कृपा पर उनकी यौनेच्छायें निर्भर हैं, अभिकर्ता के रूप में वे अपनी इस स्थिति को अस्वीकार करती हैं। वे हर तबके में दबी-कुचली और शोषित हैं लेकिन दिशाहारा भी हैं।

मुसलमान स्त्री-आत्मकथाकारों में सेंसरशिप के मुद्दे को समझने के लिए इस्मत चुगताई की आत्मकथा के बरअक्स अदा जाफरी की आत्मकथा को रखकर देखना दिलचस्प होगा, जहाँ इस्मत खुलकर अपनी बात कहने और अपने समुदाय में व्याप्त लिंग-भेद और पितृसत्ता की साजिशों का पर्दाफाश करने का साहस दिखाती हैं वहीं देश-विभाजन के बाद पाकिस्तान जाकर बसनेवाली अदा जाफरी ने गजलकार के तौर पर नाम कमाया लेकिन विवाह के पहले जब वे बदायूँ में रहती थीं उन्हें लोगों की आलोचना का शिकार होना पड़ा क्योंकि मुसलमान खानदान स्त्री को पर्दे से बाहर आने नहीं देना चाहता था "जो रही सो बेखबरी रही (1995) शीर्षक आत्मकथ्य में 1924 में उत्तर प्रदेश के बदायूँ में पैदा हुई अदा जाफरी जेंडर और स्त्री-यौनिकता के प्रश्न पर अपनी समकालीनों से भिन्न हैं। इनसे पहले अधिकतर मुसलमान स्त्रियाँ जिन्होंने आत्मकथाएँ लिखीं वे शिक्षित, अभिजात्य अथवा राजनीतिक सक्रियता रखनेवाले परिवारों से सम्बद्ध थीं। उनका लिखना उन्नीसवीं सदी के स्त्री-सुधारों और स्त्री-शिक्षा के कार्यक्रमों का ही एक विस्तार था, या यों कहें कि आत्मकथा-लेखन के माध्यम से वे राष्ट्रीय आख्यान का अंग बन रही थीं और अपने सम्प्रदाय में आधुनिकता का प्रतिनिधित्व करते हुए अपनी विशिष्ट ऐतिहासिक भूमिका अदा करने का प्रयास कर रही थीं, इसलिए उनके आत्माख्यानों में विषय वैविध्य के साथ-साथ एक विशिष्टता-बोध भी दिखाई देता है, इनमें से कुछ यौनिकता के प्रश्नों पर अतिरिक्त मुखर हैं मसलन इस्मत चुगताई। तो कुछ के लिए प्रेम, पति, प्रेमी और यौनेच्छा पर एक पंक्ति भी लिख पाना मुमकिन नहीं हो पाया। कुछ पर खुद की सेंसरशिप हावी है कुछ पर धर्म की और कुछ के साथ परिवार, समाज, पाठक का भय चलता है जिसे उनके टेक्स्ट की दरारों से ही समझा जा सकता है। यहीं पर अदा जाफरी का आत्मकथ्य देखना महत्त्वपूर्ण हो जाता है। अदा एक साधारण, मध्यवर्गीय परिवार से सम्बद्ध थीं जिनका बचपन से एक ही

सपना था कि वे अपनी खुली आँखों से दुनिया देखें। पर्दा और लैंगिक विभेदवादी परिवार और समाज में उन्हें ऐसी कोई छूट मिलनी सम्भव नहीं थी, वे अपनी कथा में लिखती हैं कि स्वतंत्र होने के लिए उन्होंने एक उच्च पदस्थ अधिकारी से विवाह किया, विवाह के बाद ही सम्भव हो पाया कि वे पति के साथ देश-दुनिया घूमें और नये-नये लोगों से मिलें-जुलें। लेकिन बतौर कवयित्री एक लम्बा कैरियर गुजरने के बाद उम्र के इकहत्तरवें साल में ही वे आत्मकथा लिखने का साहस जुटा पाईं।"[69]

इस्मत चुगताई की समकालीन होने के बावजूद पाकिस्तान के माहौल और बचपन के अनुकूलन ने उन पर सेंसरशिप इस कदर तारी रखी कि वे परिवार के किसी पुरुष सदस्य पर टिप्पणी से बचती हैं, यही नहीं वे जिन भी पुरुषों का जिक्र करती हैं उन्हें 'भाई' कहकर सम्बोधित करती हैं मानो पाठक की कल्पना पर लगाम लगा देना चाहती हों कि कहीं उन्हें ऐसी स्त्री न समझ लिया जाए जिसके मित्र पुरुष थे। उनकी कविता से प्रभावित होकर ही उनके पति ने विवाह-प्रस्ताव रखा था, लेकिन वे कहती हैं कि विवाह के बाद मिली स्वतंत्रता, माहौल ने भी बचपन के दिनों की परतंत्रता का मलाल उनके मन से दूर नहीं किया। पूरे आत्मकथ्य में उनका स्वर क्षमा-याचना का है, जैसे लिखना उनका अधिकार न हो, यह अवसर दिये जाने पर वे परिवार, समाज की शुक्रगुजार हों। समकालीन पाकिस्तानी राजनीतिज्ञों की प्रशंसा उनके आत्मकथ्य में रेखांकित करने योग्य है जिसमें गुलाम इश्हाक खान, बेनजीर भुट्टो, नवाज शरीफ शामिल हैं जिन्होंने लोकतंत्र के पक्ष में आवाज बुलन्द की। आत्मकथ्य के अन्तिम अध्याय में अदा जाफरी ने स्वीकार किया है कि उन्होंने उन लोगों का जिक्र ही छोड़ दिया है जो जीवन में कभी भी उनके लिए तकलीफ का सबब बने हैं। वे लिखती हैं : 'ऐसा नहीं है कि मुझे किसी से चोट नहीं पहुँची। जीवन में ऐसे बहुत-से लोग आते ही हैं जिनसे टकराव होता ही है, इनकी गिनती दोस्तों से ज्यादा होती है। तकलीफदेह बातों को याद करने का क्या फायदा। जिन्दगी बहुत छोटी है और माफ करना मेरे अल्लाह की फितरत।' अदा जाफरी के आत्मकथ्य में स्त्री-यौनिकता के मुद्दे पर बात करने से हर सम्भव बचा गया है, उनकी कोशिश रही है कि पाठक समझे कि उनका पूरा जीवन बहुत ही नैतिक दृष्टि, सामाजिक मान-मर्यादा के निर्वाह के साथ जिया गया है, ऐसा नहीं कि उनके कुछ सपने नहीं होंगे, सपने नहीं होते तो वे अपनी कविता में इतने विविधमुखी रंगों का प्रयोग कैसे कर पातीं। यद्यपि वे घरेलू परिधि में बँधी हुई हैं लेकिन स्त्री-स्वाधीनता के वैश्विक परिदृश्य से नितान्त अपरिचित नहीं हैं, वे पूरा अध्याय सिल्विया प्लाथ पर लिख डालती हैं और पितृसत्तात्मक जकड़बन्दी से निकलने का प्रयास करने वालियों की तारीफ भी करती हैं। जहाँ तक उनके निज का प्रश्न है वे सत्रह साल तक इसलिए कविता लिखना छोड़ देती हैं क्योंकि उन पर गृहस्थी के दायित्व थे। घर के दायरे से बाहर निकलकर वे कविता में अपनी मुक्ति-कामना अभिव्यक्त करती हैं।

अदा जाफरी को उनके द्वारा अपनाई गई विधाओं और काव्यात्मक प्रयोगों के लिए जाना जाता है, इसी वजह से अपने समकालीनों में वे ईर्ष्या और आलोचना का पात्र भी बनीं लेकिन स्त्रीवादी लेखन और बोल्डनेस की दृष्टि से उनकी आत्मकथा बहुत नरम है, उनका स्वर स्त्रीवाद की अन्य पक्षधरों की तरह बुलन्द नहीं है, फिर भी वे पितृसत्ता के विपक्ष में खड़ी दीखती हैं। उनके बारे में यशस्वी कहानीकार इन्तजार हुसैन का कहना है कि बदायूँ जैसी छोटी जगह पर रहकर उन्होंने गजल के क्षेत्र में जो नाम कमाया वह अविस्मरणीय ही है। उनका लिखना ही अपने-आपमें पुरुष-सत्ता को चुनौती थी, क्योंकि अदा जाफरी ने सिर्फ गजलें ही नहीं कहीं बल्कि कविता के कई प्रयोग भी किये। इसके बावजूद उनकी आवाज में उस दौर की स्त्रीवादियों की तरह सीधे कह देने के साहस का अभाव हम पाते हैं, जबकि जिस समय वे लिख रही थीं इस्मत चुगताई की कहानी 'लिहाफ' चर्चा का विषय बन चुकी थी। अदा भी खुलकर अकेले घूमने की आजादी, नई-नई जगहें देखने की तमन्ना से लबरेज दीखती हैं। अदा जाफरी को पति की सरपरस्ती में बहुत-से देश यूरोप और अमेरिका घूमने का मौका मिला। बदायूँ की वह लड़की जो पर्दे के भीतर गजल कहती थी अब अपनी बात खुलकर सभा-सोसायटियों में करने लगी। उनके आत्मकथ्य को एक सोद्‌देश्य पाठ की दृष्टि से देखा जाना चाहिए जो बतौर कवयित्री उनके कैरियर पर उन दबावों की पड़ताल करता है, जिनके कारण वे बीच के सत्रह वर्ष कुछ लिख ही नहीं सकीं। पति की तारीफ, उनके अपने जीवन में योगदान को नहीं भूलतीं। पूरे आत्मकथ्य में उनका सुर बहुत मृदु और नपातुला है। फिर भी जीवन के प्रति, उनका असन्तोष पाठक की पकड़ में आ ही जाता है। उन्हें अफसोस है कि जीवन के प्रारम्भिक दिनों में उन्हें खुलकर बोलने, घूमने-फिरने की आजादी नहीं थी, वे गजलें कहती थीं तो पुरुष-प्रधान समाज में उन्हें अपमान का सामना करना पड़ा। विवाह-पूर्व के इन अनुभवों को वे कभी भुला नहीं पातीं। वे कहीं भी स्त्री-यौनिकता, अपनी इच्छा-कामना के बारे में नहीं लिखतीं। इसका स्पष्ट अर्थ है कि वे स्त्री के साथ परम्परागत ढंग से जुड़े वर्जनाओं, सतीत्व के मानदंडों को चुनौती देना तो दूर उन पर एक वाक्य लिखने का जोखिम तक नहीं उठातीं। हालाँकि ऐसा नहीं है कि वे प्रगतिशील लेखक संघ में शामिल स्त्रियों की भूमिका या वैश्विक परिदृश्य से अपरिचित हैं, वे बोल्ड रूप में सामने आ रही स्त्रियों की प्रशंसा भी करती हैं अपनी मन्द्र आवाज को लेकर क्षमा-याचना की मुद्रा में भी हैं। पाठक महसूस कर लेता है कि इस्मत चुगताई की समकालीन होने के बावजूद स्त्री-यौनिकता, स्त्री-मुक्ति के प्रश्नों पर वे मौन हैं। वे सामाजिक, पारिवारिक और व्यक्तिगत सेंसरशिप का पालन करती हैं, पति, बच्चे, रिश्तेदार किसी को रुसवा करने का खतरा नहीं उठाना चाहतीं। इस चुप्पी को आत्मकथ्य की दरारों से होकर समझा जाना चाहिए, वे स्त्रीत्व के सभी कोमल गुणों से भरी हैं, वे स्वयं को सहनशील, परिवार और गृहस्थी, बच्चों के

लिए अपनी इच्छाओं का त्याग करनेवाली स्त्री के रूप में देखती हैं। वे वह त्यागमयी स्त्री हैं जो पाकिस्तान का प्रतीक है—जिसके बच्चे उसे छोड़कर कई दिशाओं में चले गए हैं। उनका आत्मकथ्य 'निज' की आधुनिक परिभाषा से दूर दीखता है, वे देश-विभाजन की पीड़ा, बच्चों के दूर जाकर बसने की तकलीफ, अतीत की स्मृतियों का बयान करती चलती हैं। जेंडर के मुद्दे पर वे सिर्फ अपने पत्नीत्व और मातृत्व की चर्चा करती हैं जिसमें स्त्री-यौनिकता पर किसी टिप्पणी का नितान्त अभाव है।

अदा जाफरी के नियंत्रित (सेंसर्ड) आत्मकथ्य से ठीक उलट है 'आईने के सामने' अतिया दाऊद का आत्मकथ्य, जिसका देवनागरी लिप्यन्तरण इजलाल मजीद ने किया। पाकिस्तान के जिले नौशेरा में जन्मी अतिया-दाऊद सिन्धी की प्रमुख कवयित्री हैं जिसमें एक बहुत ही साधारण परिवार के अतीत का प्रत्याख्यान है जो बहुत कम उम्र में अपने माँ-बाप को खो देती है, परम्परागत और रूढ़ियों में डूबते-उतराते समाज के कई अक्स अतिया के आत्मकथ्य में देखे जा सकते हैं, जिसकी भूमिका में अतिया ने अतीत को फिर से मुड़कर देखने और दोहराने पर मानीखेज टिप्पणी करते हुए लिखा : "सच बात तो यह है कि अगर मैं यह पहले से जानती होती कि जिन्दगी गुजारने से भी जियादह तकलीफदेह गुजरी हुई जिन्दगी को दोहराना है तो मैं कभी नहीं लिखती। इस बात का मशवरा मेरे दोस्त आसिफ फर्रूखी ने दिया। गोया यह कि मुझे यह मशवरा देकर जलते हुए शोलों की तरफ धकेल दिया...मसला यह था कि वो सब लिखते ही उसके बारे में सोचने में खुद अपने जिस्म से निकलकर माँजी के उस मंजर में जाकर ठहर जाती थी। जब मेरे बाप की मौत होती तो उस दिन फिर हो जाती जिस दिन मैं लिख रही हूँ। हर अजियतनाक इसी तरह से मुझ पर बीता फिर से...और मैं फूट-फूटकर रोई हूँ, तड़पी हूँ, जुदाई की आग में जली हूँ। जब छोटी-सी बच्ची को उसकी भाभी डंडे से मारती है तो मेरा जिस्म उस अजाब को फिर से झेलता रहा, सुलगता रहा। जब वो बच्ची लाल शर्बत की खुशबू सूँघती है, उसको भाभी के डर से पी नहीं सकती तो मेरे अन्दर इस कदर प्यास भड़क उठी कि कितना भी पानी पिया मगर हलक में काँटे चुभते ही रहे। इस आपबीती को लिखते हुए मुझमें तब्दीलियाँ भी आईं। जिन किरदारों से नफरत थी, अन्दर से राख की तरह दबी हुई, वो बहुत खुलकर अब महसूस होने लगी। और जो मोहब्बत की दबी-दबी चिनगारियाँ थीं वो शोलों की तरह भड़क उठीं।"[70] अतिया की जीवन-यात्रा गरीबी और मुफलिसी से गुजरते हुए स्वयं अपने निर्णय लेकर जीवन में मर्जी से विवाह और बतौर एक्टिविस्ट और कवयित्री अपनी पहचान निर्मित करने की कहानी है। आत्मकथ्य का वैशिष्ट्य है अन्य कथाकारों से अलग हटकर स्पष्ट ढंग से अपनी इच्छा-अनिच्छा, यौन-शोषण के बारे में बिना किसी लाग-लपेट के लिख डालना। निश्चय ही इसके लिए जिस साहस और पारिवारिक समर्थन की जरूरत होती होगी वह अतिया के पास

है तभी तो वह बचपन में हुए यौन-शोषण को इन शब्दों में अभिव्यक्त करती हैं : "...उसने लकड़ियों का ढेर जमा कर लिया। मुझे हैरत नहीं हो रही थी क्योंकि यह आम बात थी। और बच्चों के मुकाबले में मुझे लोग ज्यादा तवज्जो देते थे। मैं भी और दूसरे बच्चे भी इस बात के आदी थे, जब लकड़ियाँ जमा कर चुके तो वह मेरे करीब आया और कहने लगा, अब तो तुम खुश हो? मैंने कहा, "हाँ" उसने मेरी शर्ट ऊपर कर दी और मेरी छातियों को हाथ से मसलने लगा। मेरी उम्र नौ साल रही होगी और मैं एक कमजोर-सी बच्ची थी। कुछ था भी नहीं, मुझे शर्म भी नहीं आई। मगर उसकी आँखों से मुझे खौफ आने लगा। उसकी शक्ल बिलकुल बदली हुई सी लग रही थी। खौफ के मारे मेरी आवाज घुटकर रह गई। दूसरे बच्चे आ गए...उसके बाद से मुझे अजनबी मर्दों से डर लगता था।"[71] गाँव में रहते हुए अतिया अपने बचपन के दिनों का जिक्र इतने खुलेपन से करती है कि लगता नहीं वे किसी धार्मिक, सामाजिक सेंसरशिप से डरती हैं। स्त्री पर पर्दे की पहरेदारी के सख्त कायदे-कानून पिछड़े हुए गाँवों में कैसे हैं इस पर वे लिखती हैं : "मेरी हमउम्र एक बच्ची जो जिस्मानी तौर पर मुझसे मोटी थी और उसकी छोटी-छोटी-सी छातियाँ निकलने लगी थीं, इसलिए वह अपने गिर्द एक दुपट्टा लपेट लेती थी। एक दफा उसने मुझे राजदारी से बताया कि उसके घर में एक दाई खाला आती है। वह उसको कमरे के अन्दर ले जाकर दरवाजा बन्द करके एक खास बर्तन जो कि मिट्टी से बना हुआ होता है और उससे जुआर या बाजरे या मकई की रोटी बनाई जाती है, सिन्ध में जिसको 'थुपनी' कहते थे, बहुत बेदर्दी के साथ उसकी छातियों को मसलती है। उसे बहुत दर्द होता है। उसने बताया कि अम्मा ने कहा है कि अगर उस वक्त तुम चीखोगी या रोओगी तो बहुत मार पड़ेगी। इसलिए डर के मारे मैं रोती भी नहीं हूँ, फकत आँसू बहते हैं और मैं इस तरह तड़पती हूँ। उसने जमीन पर लोटते हुए मुझे दिखाया।"[72]

अतिया दाऊद का आत्मकथ्य बहुत कुछ इस्मत चुगताई की आत्मकथा का विस्तार लगता है, अतिया बचपने के खेल के बारे में जब लिखती हैं तो अनायास ही पितृसत्ता के छिपे हुए तेवरों को सामने लाने लगती हैं, "जिस दिन हम घर-घर खेलते उस दिन मेरा जरूर लफड़ा हो जाता था। बच्चे इस खेल को ऐसे ही खेलना चाहते थे जिस तरह हकीकत में हमारी जिन्दगी में होता था और मैं उसमें तब्दीली लाने की कोशिश करती थी। उस खेल के मुताबिक घर का एक बड़ा अब्बा होता था, वो सबको डाँटता था। घर के मर्द बाहर से जाकर सौदा, सब्जी वगैरह ले आते थे। मगर यहाँ आकर मैं तकरार करती थी कि बाजार से सौदा लेने मैं जाऊँगी। बच्चे कहते थे ये नामुमकिन है। तुम अदी बनकर घर में खाना पकाओगी, झाड़ू दोगी और ये सारे काम करोगी... "[73] इक्कीसवीं सदी में लिखी और प्रकाशित होनेवाली महत्त्वपूर्ण आत्मकथाओं में 'आईने के सामने' की गिनती होती है।

'बुरी औरत की कथा' शीर्षक से उर्दू की क्रान्तिकारी लेखिका किश्वर नाहीद ने आत्मकथ्य लिखा, जिसका अंग्रेजी तर्जुमा दुर्दाना सुमरू ने 'बैड वुमेन्स' स्टोरी' शीर्षक से सन् 2010 में किया। यह आत्मकथा मध्यवर्गीय मुसलमान परिवार के भीतर पैबस्त लिंग-भेद और पितृसत्ता के आपसी समीकरण को बहुत खुलकर व्याख्यायित करती है। किश्वर नाहीद उत्तर प्रदेश के बुलहन्दशहर में पैदा हुईं और सन् 47 के बाद पाकिस्तान चली गई थीं। देश-विभाजन और राजनीतिक हलचलों के बीच उन्होंने समाज की प्रारम्भिक छवियाँ ग्रहण कीं। नब्बे के दशक में नाहीद की आत्मकथा ने पाकिस्तान की लेखक-बिरादरी में बहुत-से विवादों को जन्म दिया जिसे अदा जाफरी की आत्मकथा के सामने रखकर बेहतर ढंग से समझा जा सकता है। किश्वर नाहीद एक रूढ़िवादी मुस्लिम परिवार से सम्बद्ध थी बचपन से ही पर्दे और बुर्के की बाध्यता में वे कसमसाती रहती थीं। बहुत जद्दोजहद के बाद उन्हें कॉलेज जाने का मौका मिला और तब उन्होंने बगैर पर्दे के कक्षाएँ करना शुरू किया, लड़कों के साथ मुशायरों, डिबेट इत्यादि में भाग लेने लगीं, कॉलेज की जिन्दगी ने उन्हें बाहरी संसार से परिचित होने का अवसर दिया और उन्होंने कोई मौका हाथ से जाने नहीं दिया। यहाँ तक कि घरवालों की रजामन्दी के बगैर प्रेम-विवाह भी कर डाला, कुछ ही दिनों में दाम्पत्य-कलह शुरू हो गए, जिसका अन्त नहीं था क्योंकि शौहर का दिल किश्वर से भर चुका था, वे आत्मकथा में लिखती हैं कि उन्होंने अपने शौहर का जी अपनी तरफ पलटने की बहुत कोशिश की, दो बच्चे भी हुए जो अपने पिता के पक्ष में ही थे। सन् 1984 में जब तक पति की मृत्यु नहीं हुई तब तक पारिवारिक कलह चलते रहे। 'बुरी औरत की कथा' में वे समाज की पितृसत्ता की आलोचना ही सिर्फ नहीं करतीं बल्कि स्त्री के विकास में अवरोधक उस मानसिक अनुकूलन पर बारीक नजर रखती हैं, जिसका प्रतिनिधित्व अक्सर घरेलू औरतें करती हैं, उन्हें पता ही नहीं चलता कि कब वे अपनी आन्तरिक संरचना में पितृसत्ता की पोषक एजेंसी के रूप में कार्य करने लगती हैं। वे कामकाजी स्त्री की अपेक्षा कम काम करती हैं और घरेलू राजनीति में कामकाजी औरतों के लिए आलोचक बन जाया करती हैं। अदा जाफरी से बिलकुल उलट किश्वर नाहीद उन समस्याओं का चित्रण बेबाकी से करती हैं जिनका सामना किसी स्त्री को अपनी यौनिकता के कारण करना पड़ता है। इसके लिए वे स्वानुभवों का सहारा लेती हैं, कार्यस्थल पर उन्हें देखकर सेक्सुअल फेवर माँगना, द्वि-अर्थी बातें करना, पत्नी की अनुपस्थिति में धोखे से अपने घर निमंत्रित करना इन सबका वे बिना किसी लाग-लपेट के जिक्र करती हैं। वे बताती हैं कि बचपन में एक मौलवी द्वारा दैहिक शोषण से वे कैसे बच निकलती हैं, लेकिन बड़ी होने पर कविता, गजल लिखनेवाली लड़की को साहित्यकार सहयोगी भी नहीं बक्शते, स्त्री वहाँ भी उनके लिए सिर्फ एक देह

है। पुरुष हर स्थिति में स्त्री के चरित्र को मलिन करता है, वह उसके आमंत्रण को स्वीकार कर ले तो भी, और अस्वीकार कर दे तो भी। वह स्त्री की नकार सहन नहीं कर पाता। किश्वर के चरित्र की धज्जियाँ उड़ानेवाले लोग वे ही थे जिनके साथ किश्वर ने ऐसे-वैसे सम्पर्क से इनकार कर दिया था। स्त्री की समूची आकांक्षा-इच्छा, यौनिकता कैसे हिंसा, सन्देह और अपशब्दों में तब्दील हो जाती है इसे देखने के लिए इस आत्मकथ्य को पढ़ना चाहिए। एक जगह वे अपने शौहर के बारे में लिख ही डालती हैं, "ऐसा भी होने लगा कि मैं उसकी जेब और वह मेरे बटुए की तलाशी लिया करता...वह एक के बाद दूसरी बदलना रहता पर रात को वापस घर लौट आता...मैं रोया करती लेकिन सीता की पंक्तियों को कभी मैंने दिल से बाहर नहीं किया" किश्वर नाहीद ने अपनी मर्जी से इसलिए विवाह किया कि वे एक स्वतंत्र जीवन जी सकें, जैसा चाहें वैसा कर सकें जो कि परम्परागत विवाह में सम्भव नहीं हो पाता लेकिन इस क्रान्तिकारी कदम ने उनका आगे का जीवन शंका, कलह और अपमान से भर दिया। शौहर नित नई औरतों से जुड़ने लगा और किश्वर अपने-आपको पहले से अधिक विवश और लाचार पाने लगी, यहाँ तक कि उनके बेटे भी पिता के पक्ष में ही खड़े रहे। किश्वर अपनी समसामयिक राजनीति पर भी पैनी नजर रखती हैं, इस दृष्टि से उनकी आत्मकथा एक दस्तावेज भी है, वे लिखती हैं : 'पाकिस्तान ने अपने वजूद को औरत के वजूद की तरह तकसीम होते देखा। खुद को औरत की तरह दौलत की गुलामी में जकड़ा हुआ महसूस किया। आकाओं ने दो सौ साल पुराना खेल फिर दोहराया। अब यह खेल वे खुद नहीं खेल रहे थे बल्कि उसके जरखरीद सियासतदाँ और नौकरशाही खेल रही थी। 1965 में 'छेड़छाड़' आउट ताकतों को आजमाने का खेल खेला गया। अब शिकार फिर औरतें ही थीं। पाकिस्तान लालकिले पर झंडा लहराने के लालच में 'थैंक यू अमेरिका' से दो-चार हो रहा था।' किश्वर का बतौर स्त्री यूँ सब कुछ खुलकर अभिव्यक्त कर देना अपने भीतर के भय पर विजय पाने की प्रक्रिया है। इस्लामिक देश में रूढ़ियों और राजनीति पर बोलना अपने-आपमें चुनौती भरा है। निजी जीवन में किश्वर परम्परा का विरोध करती हैं, सार्वजनिक जीवन में अकेलेपन के खतरे उठाती हैं, सत्ता हमेशा उस पर कुपित दृष्टि रखती है, उधर दूसरी ओर रूढ़ि-भंजन और विद्रोह का रोमांच तब खत्म-सा हो जाता है जब वह हड़बड़ाहट में छीनी हुई आजादी के फलस्वरूप एक ऐसे पुरुष को प्रेमी फिर पति के रूप में चुन लेती हैं, जिसके लिए स्त्री सिर्फ एक देह है। स्त्री अपना दाम्पत्य बचाने के लिए खुद को 'देह' के रूप में रिड्यूस कर भी देती है पर वह भीतर से इसे स्वीकार नहीं कर पाती, उसका आत्म-देह, दमन और विद्रोह से बना है। इसी आत्म की अभिव्यक्ति वह विभिन्न तरीकों से करती है। उसकी देह पर बचपन से पहरा है। किश्वर लिखती हैं : "जब माँ ने मसाला पीसने को कहा, तो

मैंने गली में निकलकर अपने हमउम्रों से पूछा 'क्या यह मेरी सगी माँ हैं? मुझे मिर्चें पीसने को दे देती हैं और मेरी उँगलियों में मिर्चें लग जाती हैं।' आगे बढ़ूँ तो सात साल की उम्र...अब मुझे बुर्का पहना दिया गया है। मैं गिर-गिर पड़ती थी, मगर मुसलमान घरानों का रिवाज था। 13 साल की उम्र कि जब सारे रिश्ते के भाइयों से मिलना बन्द। दुपट्टा सीने पर ढकने का हुक्म। एहतेजाज सदा व सहरा। 15 साल की उम्र कॉलेज में दाखिले के लिए भूख-हड़ताल। 19 साल की उम्र यूनिवर्सिटी में दाखिले के लिए बावेला। 20 साल की उम्र, शादी खुद करने पर असरार। 20 साल की उम्र क्या आई, शादी क्या हुई, सोच मेरा पहरेदार हो गया।"[74] आत्मकथ्य की विशेषता है धर्म और परम्पराओं को दमनकारी शक्तियों के रूप में पहचानना, जो स्त्री को मानुषी के रूप में गरिमा देने को तैयार ही नहीं। जो धर्म एक स्त्री से उसका बचपन, उसकी युवावस्था छीन लेता है, सात साल की बच्ची को बुर्का ओढ़ने पर मजबूर कर देता है। पढ़ने के लिए, बाहरी दुनिया देखने के लिए उस स्त्री को विद्रोही भूमिका अख्तियार करनी पड़ती है, उसके लिए कुछ भी सहज नहीं है, यहाँ तक कि मित्रताएँ भी नहीं। किश्वर नाहीद लिखती हैं कि बचपन में ही उनके कान जबरन छिदवा दिये गए, बड़े होने पर उन्होंने कानों में कुछ न पहनकर छेद बन्द हो जाने दिये—को विद्रोह के बीज के तौर पर चित्रित किया है, कि इस तरह एक स्त्री की ऊर्जा बचपन से ही रूढ़ि के विरोध में चली जाती है। किश्वर नाहीद का आत्मकथ्य प्रतिरोध के साथ-साथ अतीत के प्रति व्यामोह को तोड़ने के औजार के रूप में देखा जाना चाहिए नाहीद लिखती हैं : "कविता ने मुझे बहुत दुख दिये हैं। यदि मैं कविता लिखना छोड़ देती तो हो सकता है मुझे पवित्र और कर्तव्यशील पत्नी के तौर पर स्वीकार कर लिया जाता, अपने भाई-बहनों के नजदीक होती, दुनिया के बारे में कुछ कम समझ होती, अधिकतर बातें बोलने के लिए बोलती जिसमें ईमानदारी का होना जरूरी नहीं, कुछ कम शत्रु बनते मेरे और यह भी महसूस करती हूँ कि अकेले रहने के कारण मेरी खुशियाँ कम हो गईं।

लेकिन कविता ने मुझे सन्तुष्टि भी दी। मुझे समूचा संसार और मेरा पूरा देश अपनी ननिहाल जैसा लगने लगा। ढेर सारे दोस्तों और शुभचिन्तकों के स्नेह की गर्माहट ने मुझे अनथक काम करने की प्रेरणा दी।"[75]

किश्वर नाहीद का आत्मकथ्य एक ऐसी पहचान को निर्मित करने का प्रयास है जिसकी जड़ें अन्तर्विरोधों में गहरी धँसी हुई हैं। ऊपर से देखने पर यह आत्मकथ्य कई विधाओं के मिश्रण और दो देशों के बीच की आवाजाही को समेटता है पर भीतर-ही-भीतर पाकिस्तान की औरतों के हक में परचम लेकर खड़ी औरत की मुकम्मल कहानी बयान करता है। इसमें इस्लामिक देश के बनने की कथा चलती है, जिसमें लोकतंत्र का सपना लिये देश के सामन्तशाही और कट्टर बनने की प्रक्रिया पैबस्त है। इस पुस्तक के शुरुआती अध्यायों के शीर्षक मुजरा करनेवाली,

रानी, रखैल, अप्राप्य प्रेमी, सम्पूर्ण नारीवादिनी, शर्मनाक परम्परावादी और ईव हैं, साथ ही राष्ट्रीय राजनीति के बदलते हुए भाग्य का सैद्धान्तिक विश्लेषण भी है। भूमिका में किश्वर ने 1940 के बाद बदलती दुनिया और स्त्रियों के स्वयं के प्रति बदलते नजरिये का पता दिया है। मिस्र के अपने मित्र के हवाले से वे कहती हैं, "मेरी माँ भी तुम्हारी तरह ही बातें करती थी। वह बुर्का पहनती थी लेकिन अब मेरी बेटी बिकनी पहनती है।"[76] 1973 में घटित हुए संवाद को वे 1993 में पुनर्स्मरण करती हैं और स्त्रियों के पहनावों में आए बदलावों को स्त्री-स्वतंत्रता और विभिन्न समाजों के आन्तरिक तापमान की तुलना करने के लिए इस्तेमाल करती हुई कहती हैं कि उनकी बहुएँ स्पेन और अमेरिका में शॉर्ट्स और स्कर्ट पहनती हैं। किश्वर की भतीजियाँ अमेरिका में डॉक्टरी की पढ़ाई करती हैं जबकि उनकी माँ पाकिस्तान में डोली का इस्तेमाल करती थीं। पूरे उपमहाद्वीप में पिछले 40-45 सालों में आ रहे बदलावों का जायजा लेते हुए वे इस निष्कर्ष पर पहुँचती हैं कि इन सालों में वैयक्तिक स्पेस की माँग बढ़ी है और पुरुष और स्त्री दोनों को पहले से ज्यादा आजादी मिली है। वे घरेलू स्पेस को राष्ट्र की आजादी के परिविस्तार के तौर पर देखती हैं, अपने ऊपर अन्तरराष्ट्रीय हस्तियों मसलन मिलान कुंदेरा, विन्सेंट गॉग, मारग्रेट अटवुड, माया एंजेलो के प्रभाव को स्वीकार करती हैं।

पुस्तक के अन्तिम भाग में निजी जीवन की छवियाँ, पारिवारिक तसवीरें, देश और विदेश के दूसरे लेखकों और अकादमिक दुनिया से जुड़े लोगों के साथ के कुछ चित्र शामिल हैं। इन तसवीरों के साथ-साथ अखबारों की कटिंग, कई निजी पत्र, जिनमें किश्वर की शादी का सर्टिफिकेट भी है, इसके साथ अमेरीकन संगीतकार डोना जीन हेगन द्वारा किश्वर को समर्पित एक संगीत-निर्मिति भी शामिल है। बहुत ही गर्व से किश्वर अपने बारे में भारतीय अखबार में छपे लेख को भी इसी में स्थान देती हैं जिसमें एक कार्टून पत्र का हवाला देते हुए 22 फरवरी, 1973 को पाकिस्तान के नेशनल काउंसिल ऑफ आर्ट के रेजिडेंट निदेशक के पद से हटाए जाने की अपील है। पुस्तक के अन्तिम हिस्से में अपनी बात के सत्यापन के लिए उन्होंने तसवीरों और अखबार की कतरनों का सहारा लिया है। इससे जाहिर होता है कि वे अपने निजी दस्तावेजों का पाठ करने के लिए आख्यानात्मकता की जगह जन-सत्यापन की मदद लेने के पक्ष में हैं। साथ ही उन्हें अपने समकालीनों की उपेक्षा का डर भी है और निज जीवन की घटनाओं या निजी इतिहास को राष्ट्र के वैकल्पिक इतिहास के तौर पर पढ़वा ले जाने की चिन्ता भी। इन दोनों छोर की चिन्ताओं के बीच के तनाव को कथ्य की दरारों में देखा जाना चाहिए। आत्मकथ्य का एजेंडा है—पाकिस्तान के सामन्ती समाज द्वारा घोषित 'बुरी' औरत का प्रतिनिधित्व करना, शब्दों, तसवीरों, निजी और सामाजिक संवाद द्वारा आत्माभिव्यक्ति के लिए आत्मकथा की विधा को अपनाना। कहना न होगा कि वे अपने इस उद्देश्य में

पूरी तरह सफल भी हुई हैं। उनकी कथा पाकिस्तानी समाज की आन्तरिक तहों को उजागर करने में सफल है और इसीलिए 'बुरी औरत की कथा है' जो सच्ची है तथा ईमानदारी से बात करने का खतरा उठा रही है।

मल्लिका अमरशेख की आत्मकथा 'मला उद्ध्वस्त व्यायंचय'[77] (मुझे उद्ध्वस्त होना है) ने प्रकाशित होते ही तहलका मचा दिया। मराठी के कवि और दलित पैन्थर के अग्रणी नेता नामदेव ढसाल की प्रेमिका और बाद में पत्नी बनी मल्लिका ने आत्मानुभवों को सबके सामने लाकर न सिर्फ निजी जीवन को सबके सामने व्यक्त करने का साहस किया बल्कि दलित राजनीति, उसके अन्तर्विरोधों और उसके नेतृत्व से जुड़े व्यक्तित्व के दोहरे-तिहरे चरित्र के बारे में बेबाकी से लिखा। मल्लिका अमरशेख की बेबाकी ने दलित-आन्दोलन से जुड़े लोगों को उनका शत्रु भी बना दिया। मल्लिका के पिता शाहिर अमरशेख कम्युनिस्ट कार्यकर्ता, ट्रेड यूनियन और लोक गायकी से सम्बद्ध थे। वे 1960 के दशक में महाराष्ट्र की राजनीति में सक्रिय भी थे। पिता की राजनीतिक सक्रियता ने मल्लिका को राजनीतिक दृष्टि से सचेतन बनाया, साथ ही उम्र के सत्रहवें वर्ष में ही नामदेव ढसाल की कविताई और जुझारू व्यक्तित्व के सम्मोहन में ढसाल से विवाह का निर्णय ले लिया, लेकिन जीवन का यथार्थ कविता से नहीं चलता।

यह जानना दिलचस्प हो सकता है कि प्रारम्भिक रोमानी आकर्षण के बाद मल्लिका अमरशेख ने जिसे नये सिरे से पहचाना वह नामदेव ढसाल अपने निजी जीवन में, सार्वजनिक चेहरे से बिलकुल अलग है—उसमें सभी कमजोरियाँ हैं। दलित नेतृत्व की जिम्मेदारी उठाते-उठाते नामदेव कब अपनी पत्नी के प्रति इतने क्रूर बन गए कि वह उसी घर के दूसरे हिस्से में अलग रहने लगी, एक सन्तान के बाद दूसरी सन्तान को जन्म देने को तैयार नहीं। मल्लिका पति के सार्वजनिक जीवन में आए व्यतिक्रम के बारे में लिखती हैं : "कम्युनिस्ट के रूप में उसी के समाज द्वारा गतिरोध पैदा हुआ। जल्दी मिली सफलता की आँधी और असफलता के कारण अपने को फ्रस्ट्रेशन से बचा पाना नामदेव के लिए सम्भव नहीं हुआ, इन स्थितियों ने उसे बिलकुल बदल डाला"...आगे दलित कार्यकर्ताओं को सम्बोधित करते हुए वह लिखती हैं : "देखो तुम्हारा नेता शराबी है, रंडीबाज है, वह व्यवहार नहीं जानता लेकिन क्रान्ति करने निकला है। ऐसे कार्यकर्ता से तुम प्रेम करते हो, वह गुंडा है, गुप्तरोग का शिकार है, उसके मित्र भी उसके जैसे हैं। वे काहे के पैन्थर।"[78]

मल्लिका को अपनी कल्पना के राजकुमार की छवि कभी नामदेव में दिखाई पड़ी थी। वे ढसाल की कविता, उनकी राजनीतिक छवि और साहसिकता की तारीफ भी करती हैं, उन्हें समान वैचारिक स्तर पर बात करनेवाला, कविहृदय, कलापारखी प्रेमी-पति मिला है जिसका कहना था मेरी कविता ही राजनीति है। शुरुआत के दिनों के बाद ढसाल अपने सामाजिक-राजनीतिक कार्यों में उलझ जाते हैं। मल्लिका

कवयित्री हैं लेकिन वे मात्र 'पत्नी' होकर जीना नहीं चाहतीं। उन्हें अपनी पहचान भी चाहिए लेकिन घर में पैसों की तंगी है, और मल्लिका के भीतर सुखी-समृद्ध जीवन जीने की लालसा "हमेशा की बीमारी के कारण, कमजोरी के कारण, लालन-पालन और विपुल वाचन के कारण मैं एकाकीपन और मनस्वीपन के भावुक आवरण में उलझ गई, आज तक अपने-आपको उससे अलग नहीं कर पाई।"[79] अपनी कैशोर्य कल्पना के विषय में वह लिखती हैं : "मैंने अपने मन में राजकुमार का चित्र उकेरा था। मनमौजी...कवि, दीखने में स्मार्ट...साँवला...उसकी चेष्टाओं में पौरुष हो...मर्दानगी हो।"[80] युवा कल्पना के अनुसार मल्लिका की कल्पना का घर यों होता—"सौन्दर्य-प्रसाधन, साड़ियाँ, बँगला, पियानो किस तरफ हो, काँच के दरवाजे—विशाल, विपुल रोशनी—खुली प्रसन्न हवा, लाइब्रेरी...सामने छोटा-सा तालाब...मछलियाँ...लाल-पीली दौड़ती हुई...खिड़की से दीखनेवाला मौलसिरी का पेड़...गुलमोहर, रजनीगन्धा के पौधे...पीछे घना जंगल, लाल पगडंडी"[81] मल्लिका का मिजाज रोमैंटिक है वह जीवन को उसके पूरेपन में जीना चाहती है उसका सपना है, "उबलती गरम चाय...ठंडी बरसाती हवा...बरसात का झोंका...और हाथों में कॉमिक्स...ओ हो फिर क्या? मानो ब्रह्मस्वरूप के साक्षात्कार के आनन्द में खो जाती। मेरी वह चरम आनन्द के सुख की कल्पना होती है।"[82] ऐसा कवि-मन लेकर मल्लिका प्रेम और गृहस्थी में प्रवृत्त हुई है। जल्दी ही पता चल जाता है कि नामदेव और मल्लिका दोनों विपरीत ध्रुवान्तों पर स्थित हैं, जो आपस में टकराते हैं, जूझते हैं और फिर अलग हो जाते हैं।

उधर नामदेव ढसाल का सार्वजनिक, राजनीतिक जीवन बिखरता है और मल्लिका के स्वप्न यथार्थ से टकराते हैं। मल्लिका आत्मानुभवों को लिखती है। ये अनुभव पढ़े जाने जरूरी हैं, क्योंकि सार्वजनिक जीवन के चेहरों का वैयक्तिक स्वरूप कैसे अलग होता है या हो सकता है, साथ ही किसी भी आन्दोलनकर्ता के अपने अन्तर्विरोध हो सकते हैं जिससे व्यक्तिगत जीवन अस्त-व्यस्त हो सकता है, इसका लेखा-जोखा पाठक को मिलता है। मल्लिका बार-बार जीवन को मुड़कर देखती है। स्त्री के लिखते ही 'निज' 'राजनीतिक' कैसे हो सकता है, यह देखने के लिए इस आत्मकथा को पढ़ा जाना जरूरी है। जो स्त्री कभी कविता, प्रेम और पुरुष को एक करके देखती थी वही नामदेव के पीने-पिलाने की आदत से आजिज आ चुकी है, अस्मिता और सांस्कृतिक एकता की राजनीति करनेवाला व्यक्ति जब अपनी महत्त्वाकांक्षाओं को पूरा करने में असफल हो जाता है तो घर के भीतर के स्पेस में वह स्त्री के लिए पीड़क साबित हो जाता है, फिर सब कुछ चाहे बच जाए प्रेम नहीं रहता। वह लिखती है कि कैसे बहुत सारा साम्यवादी साहित्य, सोवियत-लैंड मैगजीन के गट्ठर-के-गट्ठर वह बेच दिया करती थी कि घर का खर्च चल सके। "शुरुआत के दिनों में हम निर्धन इसलिए थे कि जो

भी धन था उसे हम दलित कार्यकर्ताओं पर खर्च कर दिया करते थे, नामदेव की महँगी आदतों पर भी, पर बाद के वर्षों में उसकी बीमारी और इलाज पर सारा पैसा खर्च होने लगा।" मल्लिका ने नामदेव के इलाज का खर्च साधने के लिए अपनी माँ का घर भी बेच दिया, आत्मकथा के अंग्रेजी अनुवाद से जो धन मिला वह भी नामदेव के इलाज में चला गया, लेकिन नामदेव को बचाया नहीं जा सका। मुस्लिम पिता, ब्राह्मण माता की बेटी मल्लिका की जीवन-यात्रा में अन्ततः उसके हाथ कुछ नहीं लगता। स्त्री की स्पष्टवादिता और उस स्पष्टवादिता के खतरे, स्व की सीमा का अतिक्रमण करके 'निज', का 'पर' में परिविस्तार और फिर समाज, इतिहास, वर्ग के संघातों से गुजरती हुई स्त्री जो एक 'स्त्री' मात्र नहीं रह जाती बल्कि लाखों-करोड़ों की आवाज बन जाती है। भिन्न समाज और भिन्न संस्कृति की रचनाकार देखे-अनदेखे सभ्य-असभ्य सामाजिकों की चेतना को अपने अनुभव के दायरे में कितनी सहजता घेर लेती हैं।

इन मुसलमान स्त्रियों की आत्मकथाओं का परिविस्तार निज से लेकर समाज तक, परिवार से लेकर राजनीति तक फैला हुआ है, कहीं वे अभिव्यक्ति की नई विधाओं की तलाश में सिर्फ आत्मकथा को मुकम्मल पाती हैं, वे जो कुछ कविता, गजल में अपनी बात कहना चाहती थीं पर ठीक उस तरह से नहीं कह सकीं, जिस ढंग से कहना चाहती थीं, इसके लिए वे आत्मकथा विधा को अपनाती हैं। औपनिवेशिक अतीत और उत्तर-औपनिवेशिक वर्तमान के इतिहास-लेखन के लिए ये आत्मकथाएँ दस्तावेज बन सकती हैं। जहाँ प्रारम्भ में ये स्त्रियाँ अभिव्यक्ति के लिए व्याकुल दीखती हैं, साक्षर बनने के लिए, छपने की जद्दोजहद करती दिखाई देती हैं वहीं नब्बे के दशक के बाद उनमें बदलाव को रेखांकित किया जा सकता है, अब वे शिक्षा प्राप्त कर चुकी हैं, देश-विभाजन, विस्थापन ने उन्हें अनुभव-परिपक्व बना दिया है, इसलिए अब वे अपने गद्य में पात्रों को रचती हैं। इन स्त्रियों का आत्मकथा विधा में लेखन राष्ट्र-आख्यान से स्वयं को जोड़ने और इतिहास की धारा में स्वयं को जीवन्त ऐतिहासिक चरित्रों के रूप में पहचनवाए जाने की कोशिश के रूप में देखा जाना चाहिए। कहीं जीवन को, कहीं स्वयं को पात्र बनाती हैं, उनकी कथाओं में पहले की अपेक्षा तटस्थता, रूपबन्ध सम्बन्धी प्रयोग, कथानक के बेहतर रचाव के प्रयासों को रेखांकित किया जा सकता है। कहीं-कहीं कथा और आत्मकथा का अन्तराल परस्पर संघनित होता दीखता है, पहले से कहीं ज्यादा बोल्डनेस के साथ निज को खोलकर रख देने की कोशिश होती है, स्वयं को कटघरे में रखना, आत्म पर व्यंग्य करना उसी रणनीति का हिस्सा है जिससे पारिवारिक और सामाजिक सेंसरशिप की बेड़ियाँ टूटती हैं। इसके साथ ही वैश्विक सन्दर्भ और घटनाएँ उसकी नजर में हैं, मसलन अदा जाफरी भले ही निज को खोलकर अभिव्यक्त करने में हिचक जाती हों पर पश्चिम के स्त्रीवादी

आन्दोलनों पर पैनी नजर रखती हैं, यही नहीं पश्चिमी और पूर्वी पाकिस्तान में युद्ध के मसले को गम्भीरता से उठाती हैं, जिसके परिणामस्वरूप बांग्लादेश बना। इसी तरह किश्वर नाहीद अपनी कथा कहते हुए भी तीसरी दुनिया को परखती चलती हैं, जिसके आलोक में स्वयं को, लैंगिक असमानता पर आधारित विकासशील समाज का प्रतिनिधि मानती हैं। यहीं पर वे स्थानीयता का अतिक्रमण करके वैश्विक नागरिकता की दिशा में कदम बढ़ाती हैं।

सन्दर्भ

1. चारु गुप्ता, सेक्सुअलिटी, ओब्सेनिटी, कम्युनिटी : वीमेन, मुस्लिम्स एंड द हिन्दू पब्लिक इन कोलोनियल इंडिया, परमानेंट ब्लैक, 2000 : 268
2. बाद के शोध से यह साबित हो गया कि वास्तव में यह किताब बीबी अशरफ ने नहीं 'तहजीब-ए-निस्वाँ' में लगातार छपनेवाली मुहम्मदी बेगम ने लिखी थी। यह रिसाला 1898 से 1949 के बीच छपता था, जिसके सम्पादक सैयद मुमताज अली थे। सी. एम. नईम ने 'हयात-ए अशरफ' को 1900-1910 के बीच प्रकाशित माना।
3. सी. एम. नईम, 'हाऊ बीबी अशरफ लर्ट टु रीड एंड राइट', एन्युअल ऑफ उर्दू स्टडीज, अंक 6, 107-108 : 1987
4. आएशा जलाल, 'द कनवेनियेन्स ऑफ सब सर्विएंस : वुमेन एंड द स्टेट ऑफ पाकिस्तान', डेनिज केंडियोटी (सं.) वुमेन, इस्लाम एंड स्टेट, 77 : 1991
5. आबिदा सुल्तान, मेमोआयर्स ऑफ अ रिबेल प्रिंसेस, आक्सफोर्ड यूनिवर्सिटी प्रेस, कराची, 98 : 2004
6. वही, 9
7. 'एन अकाउंट ऑफ माइ लाइफ' (खंड 1, 2, 3) के तीनों भाग 1910 में उर्दू में प्रकाशित हुए, जिनका अंग्रेजी तर्जुमा 1920 में काफी लोकप्रिय हुआ और जिसे स्त्री-सुधारों पर लिखी पुस्तक 'अल हिजाब : आर व्हाय द पर्दा इज नेससेरी' के साथ पढ़ा जाना चाहिए।
8. जे. मूर्रे, भोपाल नवाब सुल्तानजहाँ बेगम, 'एन अकाउंट ऑफ माइ लाइफ', खंड 1, (अनु.) सी.एच. पायने, लन्दन, 1912
9. शाहजहाँ बेगम, तहजीब-उन निस्वान वा तरबीयत उल इनसान, मकतबा-ए-अंसारी, दिल्ली, 1889
10. सुल्तानजहाँ बेगम, 'अल हिजाब का पर्दा क्यों जरूरी है', कलकत्ता, थैकर, स्पिंक, 148 : 1922
11. नवाब सुल्तान जहाँ बेगम 'एन अकाउंट ऑफ माई लाइफ', खंड 2, अनुवाद अब्दुस्समद खान, बॉम्बे : द टाइम्स, 36-37: 1922
12. सईद नकवी, द अदर साईड ऑफ इकबाल, फ्राइडे टाइम्स लाहौर, 15 अप्रैल, 1911
13. शिवभान लैम्बार्ट-हर्ले सुनील शर्मा अतियाज जर्नी : अ मुस्लिम वूमन फ्रॉम कोलोनिअल बॉम्बे टू एडवर्डियन ब्रिटेन, ऑक्सफोर्ड यूनिवर्सिटी प्रेस, दिल्ली, 2 : 2010
14. नाजिल राफिया सुलतान नवाब बेगम साहिबा, सैर-ए-यूरोप, लाहौर, यूनियन स्ट्रीम, 18 मई, 1908

15. हर्बर्ट जोसफ, गिल्डेड इंडिया, सैमुअल फैजी राहामिन, लन्दन, 1938, रिव्यू टाइम्स लिटरेरी सप्लीमेंट, 26 मार्च 222 : 1938
16. शाईस्ता सुहरावर्दी, फ्रॉम पर्दा टू पार्लियामेंट, कराची, ऑक्सफोर्ड यूनिवर्सिटी प्रेस, 1998
17. वही, 61
18. जहाँआरा हबीबुल्लाह, रिमेम्बरेंस ऑफ डेज पास्ट : ग्लिमप्स ऑफ ए प्रिंसली स्टेट ड्यूरिंग द राज, ऑक्सफोर्ड यूनिवर्सिटी प्रेस, 2001, मूल उर्दू में लिखित यह पुस्तक अंग्रेजी में पहले प्रकाशित हुई थी। उर्दू में 'जिन्दगी की यादें : रियासत रामपुर नवाब का दौर', जो कराची से 2003 में प्रकाशित हुई।
19. हमीदा सैय्याद्दुज्जाफर, आत्मकथा, सम्पादन लोला चटर्जी, नई दिल्ली, तृंका, 1996
20. प्रियम्वदा गोपाल, लिटेररी रेडिकलिज्म इन इंडिया : जेंडर, नेशन एंड द ट्रांसिशन टू इंडेपेंडेंस, रूटलेज, लन्दन, 5 : 2005
21. सलमा अहमद, कटिंग फ्री : एन ऑटोबायोग्राफी, समा, कराची, 2002
22. वही, 26-27
23. सकीना हसन-सईदा की भतीजी से उसका साक्षात्कार, 13 फरवरी, 2006
24. आसिया आलम, पेपर प्रेजेंटेशन, इंटिमेसी अगेंस्ट कन्वेंशन : मैरिज एंड रोमांस इन सईदा बानो'ज 'डगर से हटकर, 40एथ एनुअल कांफ्रेंस ऑफ साउथ एशिया, यूनिवर्सिटी ऑफ विस्कांसिन, मेडिसन, 21-23 अक्टूबर, 2011
25. डगर से हटकर : 38
26. वही, 186-190
27. डगर से हटकर : 226
28. अब्दुल कुदस, द एनलाइटेंड गाइड, बंगला साहित्य अकादेमी, ढाका, 1979
29. फायजा एस. हसनत, 'नवाब फैजुन्निसाज रूपजलाल', वुमॅन एंड जेंडर : द मिडल ईस्ट एंड द इस्लामिक वर्ल्ड, खंड 07, प्रकाशक कोनिक्टलजिकी ब्रिल, एन. वी., 2009
30. रूपजलाल, भूमिका : 5-6
31. रूपजलाल, भूमिका : 7
32. हमीदा अख्तर हुसैन, हमसफर, दान्याल, कराची, 1992
33. जोहरा सहगल, करीब से, (अनु.) दीपा पाठक, राजकमल प्रकाशन, नई दिल्ली
34. शौकत कैफी, यादों की रहगुजर, स्टार पब्लिकेशन, दिल्ली 2004
35. शौकत कैफी, कैफी एंड आई-अ मेमोआयर, अनुवाद नसरीन रहमान, जुबान, दिल्ली, 2010
36. हमीदा रहमान, जीबोन स्मृति, नौरोज किताबिस्तान, ढाका, 1990 : अध्याय 1
37. वही, 97
38. वही, 28
39. वही, 28
40. वही, 128-129
41. फरीदा शाहिद, द कल्चरल आर्टिकुलेशन ऑफ पैट्रियार्की, 140 : 1991
42. मैरी जेन डिकिन्सन, शेड्स ऑफ डीपर मीनिंग, ओन राइटिंग ऑटोबायोग्राफी : 982
43. अनीस किदवई, गुबार-ए-कारवाँ, मकतब-ए-जामिया, दिल्ली, 1983
44. वही

45. बेगम अनीस किदवई, 'आजादी की छाँव में', अनुवाद, नूर नबी अब्बासी, नेशनल बुक ट्रस्ट ऑफ इंडिया, 3 : 2000
46. वही, 5
47. वही, 33
48. मल्लिका पुखराज, साँग संग टू, अनुवाद सलीम किदवई, जुबान, काली फॉर विमेन, 2003 237 : 2003
49. वही, 239
50. वही, 243
51. वही, 270
52. वही, 213
53. जोहरा सहगल, करीब से-तीसरी घंटी (भूमिका), राजकमल प्रकाशन, प्रथम संस्करण 7-9 : 2013
54. जोहरा सहगल करीब से, राजकमल प्रकाशन, प्रथम संस्करण 123 : 2013
55. वही, 23
56. वही, 82
57. वही, 93
58. वही, 241
59. लुबना काजिम (सं.) अ वीमेन ऑफ सब्सटेंस-मेमोयर्स ऑफ बेगम खुर्शीद मिर्जा, जुबान, दिल्ली, 2005 : 105
60. हमीदा सैयद्दुज्जाफर, 1921-28, सम्पादन लोला चटर्जी, नई दिल्ली, तृंका, 1996
61. माई सिस्टर रशीदजहाँ (1905-1952) द मेमोआयर्स ऑफ बेगम खुर्शीद् मिर्जा, अध्याय 6, जुबान बुक्स, काली फार विमेन, हौजखास एन्क्लेव, दिल्ली, 90 : 2005
62. बेनजीर भुट्टो, मेरी आपबीती, राजपाल एंड संस, दिल्ली, 144 : 2000
63. वही, 9
64. वही, ब्लर्ब
65. इस्मत चुगताई, कागजी है पैरहन, लिप्यन्तरण इफ्तिखार अंजुम, राजकमल प्रकाशन, प्रथम संस्करण ब्लर्ब : 1998
66. वही, 14
67. वही, 15
68. वही, 17
69. अदा जाफरी, https://books.google.com/books?id=1lTnv6o-d_oC&pg=PA352
70. अतिया दाऊद, आईने के सामने, लिप्यन्तरण इजलाल मजीद, राजकमल प्रकाशन 13 : 2004
71. वही, 46
72. वही, 50
73. वही, 53
74. किश्वर नाहीद, बुरी औरत की कथा, यह अंश कथा-जगत की बागी मुस्लिम औरतें, सम्पादक राजेन्द्र यादव, राजकमल पेपरबैक्स, पहला संस्करण 32 : 2008

75. किश्वर नाहीद, बुरी औरत की कथा : 98-99
76. किश्वर नाहीद, बुरी औरत की कथा : 9
77. मल्लिका अमरशेख, 'मला उद्ध्वस्त व्हायंचय', मराठी से अनुवाद : जेरी पिंटो, स्पीकिंग टाइगर पब्लिशिंग हाउस, 2016
78. शरणकुमार लिम्बाले, गैर-दलित, वाणी प्रकाशन, 187: 2019
79. मल्लिका अमरशेख, 'मला उद्ध्वस्त व्हायंचय', मराठी से अनुवाद : जेरी पिंटो, स्पीकिंग टाइगर पब्लिशिंग हाउस, 3: 2016
80. वही, 26
81. वही, 27
82. वही, 6

अध्याय-8

अकिंचन स्वरों की महाप्राण पुकार : दलित स्त्री-आत्मकथा

इतिहास गवाह है कि प्रत्येक समय और समाज में सत्ता-संरचनाएँ हमेशा से रही हैं जिन्होंने हाशिये की अस्मिताओं को हमेशा दूर रखा है। अतीत में औपनिवेशिक सत्ता-केन्द्र में थी और अब भी यह स्थिति बदली नहीं है, क्योंकि औपनिवेशिक शासन न होने पर भी सत्ता-संरचनाएँ अब भी मौजूद हैं, जिसमें समाज का निम्न कहा जानेवाला वर्ग हाशिये पर रहा है, दरअसल यह वर्ग जब भी केन्द्र में आने की कोशिश करता है, इसे हाशिये पर धकेल दिया जाता है। नतीजतन यह परिधि पर रहकर ही अपने अस्तित्व के लिए संघर्ष करता रहता है। केन्द्र में आने का प्रयास और बार-बार हाशिये पर धकेल दिये जाने की नियति से ही प्रतिरोध की संस्कृति पैदा होती है। इस दृष्टि से देखने पर समूचा दलित-साहित्य हमें प्रतिरोध का साहित्य नजर आता है। अपनी चुप्पियों के साथ सदियों से हाशिये पर रहने के एकत्रित असन्तोष का प्रतिफलन ही है—अन्य किसी विकल्प के अभाव में स्वयं को अस्पृश्यता से दृश्यता की ओर, परिधि से केन्द्र की ओर ले जाने की जद्दोजहद कर प्रतिरोध की संस्कृति के निर्माण का प्रयास एक ऐसे समाज में जहाँ सदियों से दलितों की कोई आवाज ही सुनाई नहीं दी, या सुनने नहीं दी गई, वहाँ मानवता की इस सबसे बड़ी जरूरत को उपेक्षित करके मुख्यधारा का साहित्य प्रकाशित-प्रसारित हुआ। बहुस्तरीय शोषण का शिकार रही दलित स्त्रियों को हमेशा से चुप रहने के लिए कहा गया, वे शारीरिक और मानसिक तौर पर रौंदी जाती रहीं, कभी पितृसत्ता के नाम पर तो कभी जेंडर के नाम पर और कभी जाति के नाम पर उच्च जाति के लोग, सवर्ण पुरुष, पितृसत्ता से अनुकूलित सवर्ण स्त्रियाँ और दलित पुरुष भी दलित स्त्रियों के शोषण और दमन में योगदान देते रहे। शिक्षा और मूलभूत सुविधाओं के अभाव ने दलित स्त्रियों को अपने पक्ष में सोचने और निर्णय लेने की क्षमता अर्जित करने में वर्षों का समय लगा दिया। सत्ताहीनता और अपनी इयत्ता के बारे में अज्ञानता ने उन्हें शोषण

का शिकार बनाए रखा और कुछ अपवादों को छोड़कर आज भी दलित स्त्रियों की स्थिति में मामूली बदलाव ही आए हैं। सत्ता की शोषणकारी संरचना, लैंगिक विभेद और जाति-दंश उन्हें उनकी स्थिति से ऊपर उठने नहीं देता।

दलित स्त्री-आत्मकथाएँ स्त्रीवादी दृष्टि से पढ़ने और विश्लेषण किये जाने की माँग करती हैं और इस तरह वे एक तरह की सम्भावना की तलाश करती हैं कि क्या यह सम्भव है कि पुरुष केन्द्रित चेतना की जगह स्त्रीवादी राजनीति के तहत स्त्रियों की छवियों में ज्यादा बेहतर और आत्मीय ढंग से बदलाव किये जाएँ। इस प्रक्रिया में स्त्रियों की आत्मकथाएँ एक तरह के वैकल्पिक इतिहास का अंग बन सकती हैं। जब हम दलित स्त्री-आत्मकथाकारों को देखते हैं तो इनमें समानता और असमानता के कुछ बिन्दु परिलक्षित होते हैं पहली बात तो यह है कि इनमें से प्रत्येक आत्मकथाकार 'मातृभाषा' में लिखती है। अधिकांश आत्मकथाएँ अंग्रेजी और हिन्दी अनुवाद के माध्यम से बृहत्तर पाठक-वर्ग तक पहुँचती हैं इसलिए इन रचनाकारों को दोहरा पाठक-वर्ग मिलता है। इन आत्मकथाओं से एक्टिविस्ट और आलोचकों (साहित्यकारों) में एक विशेष प्रकार का संवाद कायम हुआ है। इनके आत्मकथ्यों को 'साक्ष्य' या 'टेस्टीमोनी' कहने की सिफारिश कई विद्वानों ने की है।

लातिनी अमेरिका के भयावह आख्यानों को 'टेस्टीमोनियो' की संज्ञा दी गई। जान बेवरली[1] ने इसे परिभाषित करते हुए कहा है कि ऐसी उपन्यासिका या आख्यान जिसमें किसी ने प्रथम पुरुष में अपनी कथा कही हो, जो वास्तव में उन घटनाओं का स्वयं नायक हो जिनका स्मरण उस आख्यान में किया जाता हो, ये आख्यान दरअसल उसका महत्त्वपूर्ण जीवनानुभव होता है। अधिकतर यह देखा गया है कि टेस्टीमोनियो में यातना और पीड़ा की स्मृतियाँ और आँकड़े होते हैं जो पाठक को प्रामाणिकता के साथ उत्पीड़ित के नजदीक ला देते हैं। टेस्टीमोनियो वह है जो दूसरों के हित में अपनी आवाज उठाता है, इसमें हाशिये की अस्मिताएँ अपनी आवाजों के साथ उपस्थित रहती हैं, जो सामाजिक, भाषिक और साहित्यिक रूप से हाशिये पर छूट गई हैं। अपने जीवनानुभवों से दूसरों को प्रामाणिक तौर पर परिचित करने का भाव टेस्टीमोनियो में रहता है इसलिए दलित आत्मकथाओं को सिर्फ आत्माख्यान के तौर पर नहीं समझा जा सकता, बल्कि ये अपने समुदाय की कथाएँ हैं। दलित-कथाएँ अपने ऊपर हुए शोषण और अतिचार की दास्तान कहती हैं। इन आत्मकथ्यों में, आत्म पर चोट, घाव और उत्पीड़न—जिसमें विखंडन है, विनाश है लेकिन मूल रूप में अपने अस्तित्व को पाने की उलझन ही अभिव्यक्त होती है। दलित-लेखन जातिदंश से उत्पीड़ित शोषक-वर्ग के प्रतिरोध की दास्तानें हैं, जिनमें आत्म के पुनर्निर्माण का प्रयास दिखाई देता है।

दलित आत्मकथाकार अपने अनुभवों की अभिव्यक्ति में विशिष्ट होते हैं और भले ही पाठक को इनकी अभिव्यक्ति में दुहराव नजर आए पर ये अपने विशिष्ट अनुभवों

के माध्यम से अपनी विशिष्ट पहचान निर्मित करने की वकालत करते हैं। प्रस्तुत आलेख भारतीय परिप्रेक्ष्य में दलित स्त्री-आत्मकथाओं के विश्लेषण के उद्देश्य से लिखा गया है। यह लेख सभी भारतीय भाषाओं में लिखी दलित स्त्री-आत्मकथाओं को अपने भीतर समाहित करने का दावा नहीं करता, इसके अन्तर्गत तमिल, बांग्ला, मराठी और हिन्दी भाषा की चुनिन्दा आत्मकथाओं पर विचार किया गया है। भारत में 1980 के आसपास उभरे स्त्री-आन्दोलनों ने समाजविज्ञान और साहित्य को स्त्रीवादी नजरिये से देखने में प्रमुख भूमिका निभाई। यही वह दौर था जब स्त्रियों ने विभिन्न विधाओं में प्रचुर लेखन आरम्भ किया फलस्वरूप कथा एवं कथेतर विधाओं में स्त्रियाँ सामने आईं। निजी, सरकारी एवं गैर-सरकारी प्रयासों से छोटी-छोटी पुस्तिकाओं में कविता, कहानी, नाटक इत्यादि प्रकाशित होने शुरू हुए जिन्होंने बड़े प्रकाशन संस्थानों को अँगूठा दिखाते हुए एक नया पाठक-वर्ग तैयार किया। ये पुस्तिकाएँ सस्ती और सहज उपलब्ध थीं जिनके प्रकाशन और वितरण के लिए किसी तरह के अनुबन्ध या अन्य औपचारिकताओं की आवश्यकता नहीं थी। स्त्रियों और दलित स्त्री-पुरुष के लेखन को मुख्यधारा से अलग रखने की रणनीति में सेंध लगाने का काम इन आत्मकथाकारों ने किया जिसकी तरफ शर्मिला रेगे ने ध्यान दिलाया। वे बताती हैं कि देश में अधिकांश संस्थानों की पाठ्यचर्या से दलित-साहित्य को एक खास रणनीति के तहत अलग रखा गया, जबकि कुछ वर्ष पहले तक 'जाति' का अध्ययन समाजशास्त्रीय अध्ययन के अन्तर्गत ही किया जाता था, ये गौरतलब है कि "पुराने पाठ्यक्रमों में जाति को गैर-ब्राह्मणवादी नजरिये से पढ़ाने और व्याख्यायित करने के प्रयास का अभाव परिलक्षित होता है। सत्यशोधक या अम्बेडकरवादी आन्दोलनों को पाठ्यक्रम में कोई स्थान नहीं दिया गया और जब पाठ्यक्रमों का नवीकरण किया भी गया तो उसमें स्वातंत्र्योत्तर दलित, आदिवासी और स्त्री-आन्दोलनों को एक ही इकाई में रखकर उनके अलग विशिष्ट गहन अध्ययन की सम्भावना से मुक्ति पा ली गई। शिक्षा संस्थानों, क्षेत्रीय अध्ययन एवं उच्च शोध-संस्थानों में हमेशा ऊँची जातियों का बोलबाला और दबदबा रहा, इसके साथ ही वर्ग के साथ जाति के प्रश्नों पर विचार करने से भी बचा गया। मसलन स्त्री-प्रश्नों पर बहस के दौरान जाति का प्रश्न हमेशा हाशिये पर ही रहा।"[2] दरअसल स्त्री-प्रश्न पर विचार करने के पहले जाति के प्रश्न को देखना अनिवार्य है। अक्सर सभी स्त्रियाँ दलित होती हैं, क्योंकि वे परिवार और परिवार के बाहर लैंगिक विभेद का शिकार होती ही हैं, जैसे साधारणीकृत विचार जाति के सांस्थानिक प्रश्न को हाशिये पर रख देते हैं। दलित स्त्रियों को देखने की दृष्टि भी इसी वजह से धुँधली हो जाती है। सामाजिक संरचना और समसामयिक सामाजिक परिवर्तनों से सामाजिक संस्था का आपसी सम्बन्ध इसलिए अनदेखा रह जाता है। भारत की ग्राम्य-व्यवस्था में जाति का प्रश्न केन्द्र में था लेकिन नगर केन्द्रित स्त्री-आन्दोलनों में जाति का यह प्रश्न हाशिये पर था। अस्सी के दशक में जाति का

यह प्रश्न केन्द्र में आ गया, मथुरा बलात्कार कांड जैसे मुद्दों पर नगर और ग्राम दोनों जगहों के स्त्रीवादी मिलकर आवाज उठाने लगे। दलित स्त्रीवादियों का लेखन केवल अंग्रेजी के माध्यम से एक खास पढ़े-लिखे तबके तक ही सम्प्रेषित हो पाता था वहीं भारतीय भाषाओं में इनके अनुवाद से इस तरह के साहित्य को पहले की अपेक्षा बड़ा पाठक-वर्ग मिलना शुरू हो गया, साथ ही दलित स्त्रियों को अपनी पूर्व-छवियों से निकलने में भी मदद मिली। इन छवियों पर चारु गुप्ता ने विस्तार से विचार किया है। भारत में उन्नीसवीं शताब्दी के अन्त और बीसवीं शताब्दी के प्रारम्भ में साहित्य में दलित स्त्री की छवियों को मलिन किया गया। इससे विशेषकर स्त्रियों के बारे में हिन्दू सवर्णों के व्यवहारों, मूल्यों और विचारों को मजबूती मिली। सवर्ण पुरुषों ने डर और दुश्चिन्ता के कारण दलित स्त्रियों की छवि की सामूहिक निर्मिति में योगदान दिया। वर्चस्वशाली सवर्ण जातियों ने अपने साहित्य में दलित स्त्रियों के बारे में जैसा चाहा वैसा लिखा। चारु गुप्ता[3] का कहना है कि इन चित्रणों को कई प्रकार से सृजित और निर्मित किया गया जिससे सवर्ण जातियों के हित और गहरे रूप में स्थापित हो सकें।

हाल के वर्षों के दलित-लेखन पर दृष्टि डालने से इसका आत्मकथात्मक स्वरूप सामने आता है, मराठी, हिन्दी तथा अन्य भारतीय भाषाओं में बड़े पैमाने पर दलितों ने आत्माख्यान लिखकर अपनी अलग पहचान बनाने का प्रयास किया, जिनका उद्‌देश्य है पाठकीय अभिरुचि में परिवर्तन करना, उनके परम्परागत नजरिये में बदलाव लाकर अपेक्षाकृत ज्यादा विवेकी और प्रगतिशील बनाना। इन आत्माख्यानों को पढ़ने और लिखने के उद्‌देश्य को निम्नलिखित बिन्दुओं के अन्तर्गत देखा जा सकता है :

1. दलित आत्मकथाओं को पढ़ने और पढ़ाने से पाठकों के नजरिये में कैसे परिवर्तन हो सकता है?
2. पाठक पीड़ा और यातना के इन आख्यानों के दस्तावेजों को किस रूप में ग्रहण करता है?
3. क्या इन आख्यानों का दलित राजनीति और अम्बेडकरवादी सैद्धान्तिकी से कोई सम्बन्ध है?
4. क्या ये आत्मकथाएँ सिर्फ अपनी पीड़ा का आख्यान हैं या इन्हें सामाजिक अन्याय के खिलाफ आक्रोश के दस्तावेजों के रूप में पढ़ा जाना चाहिए?
5. क्या ये आख्यान गैर-दलितों के मन में सहानुभूति जगाने का काम करते हैं?
6. क्या इन कथाओं को 'आत्मचरित' कहा जाना चाहिए?
7. क्या दलित आख्यान राजनीतिक आन्दोलनों के लिए एक तरह का नैतिक स्रोत बन सकते हैं? या वे घृणास्पद अतीत की स्मृति-कथाएँ मात्र हैं।

8. क्या इन्हें मानव-मुक्ति की ऐतिहासिक प्रक्रिया को बतानेवाले जरूरी दस्तावेजों के रूप में व्याख्यायित किया जा सकता है?
9. दलित आख्यान सिर्फ अपनी कथा कहते हैं या वे अपने समुदाय के सामूहिक स्वरों की अभिव्यक्ति करते हैं?
10. क्या दलित स्त्रियों के अनुभव जातिदंश के साथ-साथ लैंगिक विभेद के कारण पुरुष आत्मकथ्यों से अलग हैं?

उपर्युक्त बिन्दुओं पर विचार करने के क्रम में यदि दलित स्त्री आत्मकथ्यों को देखें तो जो सबसे पहला तमिल आत्मकथ्य हमारे समक्ष अपनी पीड़ा और यातना के दस्तावेज के रूप में सामने आता है वह है 'वीरम्मा' का 'लाइफ ऑफ एन अनटचेबल' (1997) इसे जोसैन रेसिन ने तमिल से फ्रेंच में सुनकर लिखा, जिसका प्रकाशन 1995 में पहली बार हुआ। अंग्रेजी में इसका अनुवाद विल होब्सन ने किया। एक लम्बे समय तक स्त्रियों ने अपने बारे में स्वयं कुछ कहा ही नहीं, इस दृष्टि से वीरम्मा का आख्यान महत्त्वपूर्ण है जिसे उसने बोलकर लिखवाया। इसके अनुवाद और प्रकाशन से दलित स्त्री को देखने के नजरिये में बदलाव आने के साथ-साथ प्रकाशन-जगत पर सवर्ण पुरुष वर्चस्व की राजनीति का पर्दाफाश भी होता है। वीरम्मा ने इसमें अपने समुदाय 'परया' की कथा कही है। वह भूमिहीन मजदूरों के परिवार में पैदा हुई जहाँ उसके लड़की होने के कारण कोई खुश नहीं था। उसके जीवन में दुख और अपमान जन्म के साथ ही आए। वह इस बात का उल्लेख करती हैं कि ऊँची जातियों के सामने परया जाति के लोग पेट के बल जमीन पर लेट जाते थे।[4] वीरम्मा का विवाह बचपन में उस समय एक बड़ी उम्र के आदमी के साथ कर दिया गया था, जब वीरम्मा को विवाह के बारे में कुछ भी मालूम नहीं था। वीरम्मा का कहना है कि वह सिर्फ इतना जान पाई कि विवाह का मतलब है अपने लोगों से अलग हो जाना, ये मुझे अपहरण जैसा लगा। उस समय जो घटना हुई वह मुझे अपहरण जैसी लगी लेकिन अपहर्ताओं ने मुझे औरत बनाया।[5]

वीरम्मा बताती है कि कैसे उसने परया समुदाय में श्रम के बल पर अपनी पहचान अर्जित की बतौर 'परया' जाति की सदस्य होने के कारण उसने छुआछूत के कैसे कठिन दंश झेले। अपनी कहानी सुनाते हुए वह स्पष्ट कर देती है कि वह ऐसे लोगों को अपने समुदाय के बारे में बता रही है जो उसके अपने समुदाय से इतर हैं। यह आख्यान वीरम्मा जैसी दलित स्त्री के अनुभव की गहराई और हमारी अब तक की जानकारी के बीच की गहरी खाई को बताता है। वह बताती है कि कैसे रोजगार के नाम पर वह रेड्डी (ऊँची जाति) के घरों में जाकर अपनी सास के साथ गोबर इकट्ठा करने का काम करती थी : "एक नई परया 'चेरी' के अलावा कुछ नहीं थी, उसकी पहचान जानने में किसी को रुचि भी नहीं थी। लेकिन मालिक रेड्डी जानते थे कि मैं मन्निकम की पत्नी हूँ। मैं अपनी सास के साथ उनके अस्तबल की

सफाई करने और गोबर उठाने जाती थी। मेरी ससुराल के लोग पीढ़ियों से रेड्डी खानदान की सेवा कर रहे थे।"[6] अपनी जातिगत पहचान को लेकर वीरम्मा सचेत है, वह परिस्थितियों के सामने घुटने नहीं टेकती और निरन्तर समाज में व्याप्त ऊँच-नीच की आलोचना करती रहती है, वह विद्रोह का झंडा न उठाकर भी अपने आख्यान के द्वारा शोषक व्यवस्था को पाठक के सामने खोलकर रख देती है, उसका आख्यान सुन-पढ़कर यह पता चल जाता है कि दलित स्त्री कैसे जीती और सोचती है।[7] वह कहती है कि कलियुग में दलित बच्चे स्कूल जा सकते हैं, अध्यापक भी बन सकते हैं, अध्यापकों से पढ़ भी सकते हैं जो उनकी जाति को लेकर कोई पूर्वग्रह नहीं रखते। ये लोग इस कलियुग में अस्पताल में इलाज करवा सकते हैं अब तो सरकार ही इस कलियुग को ले आई है। आत्माख्यान में वह चिन्नम्मा नामक काल्पनिक पात्र को सम्बोधित करके कहती हैं : "तुम्हारे लिए तो पुराना जमाना ही बेहतर था। तुम हमें एक-डेढ़ रुपये की मजदूरी पर रख लेती थी, और खेतों के किनारे जो कुछ उगता था उसे खाकर हम जिन्दा रह लेते थे। अब इस कलियुग में हलवाहा दस से पन्द्रह रुपये माँगता है, सरकार ही मजदूरी की दर तय कर देती है, क्या हमने कोई सरकार ऐसी पहले देखी थी जो हमारा ध्यान इतनी अच्छी तरह से रखे।"[8] यह कहते ही वीरम्मा का आख्यान सिर्फ उसका निजी आख्यान नहीं रह जाता वह उसके समुदाय का आख्यान, प्रत्येक दलित-उत्पीड़ित का साक्ष्य बन जाता है। वह एक एजेंसी के रूप में काम करने लगती है जब वह यह कहती हैं कि, "लोग कहते हैं कि परया जाति के सब बड़े-बूढ़े, बच्चे सभी कौवे जैसे होते हैं। ये सिर्फ रंग की बात नहीं है। हम कौवों जैसे ही हैं। हमेशा समूह में रहते हैं। खाने के लिए कुछ मिल जाए तो मिल-बाँटकर खाते हैं, ठीक वैसे ही जैसे अनाज देखकर कौवा काँव-काँव करके अपने समूह के सभी कौवों को बुला लेता है।"[9]

वीरम्मा के आख्यान का व्यंग्यात्मक लहजा विशिष्ट है। रेड्डीयार मालकिन ने वीरम्मा को अपने कमजोर बेटे को दूध पिलाने के लिए कहा क्योंकि वीरम्मा 'परया' जाति की है जो बड़े जानवरों का मांस खाती है, इसलिए उसके दूध में ज्यादा ताकत होगी। रेड्डी मालकिन, वीरम्मा की गोद में अपना बच्चा डाल देती है। वही बच्चा जब बड़ा हो जाता है तो वीरम्मा के साथ छुआछूत बरतता है, पानी माँगने पर अपनी माँ से अनुमति लेता है—"उसने मेरी छाती का दूध पीया था, अब वह मुझे थोड़ा-सा पानी देने में भी हिचक रहा था। वह मुझे कोई इज्जत नहीं देता था और अगर मैं उनके घर में घुसती तो कह उठता, 'अये! वहीं रुको, यहाँ परया की बदबू आती है।'[10] वीरम्मा के आख्यान में संवेदनशीलता और आन्तरिक शक्ति का मिश्रण दिखाई पड़ता है। दरअसल उसके भीतर की शक्ति ही है जो उसे जाति के आधार पर बँटे समाज की आलोचना करने की क्षमता देती है। नीची जाति का दंश उसमें हीनता-बोध नहीं भरता, बल्कि दलित-श्रम का शोषण करनेवाली ऊँची

जाति की रणनीति को वह अच्छी तरह समझती है। वह इसी शक्ति के बल पर शोषण के आख्यान को नि:संकोच बताने का साहस करती है।

बामा फयूस्टीना मेरी के आत्माख्यान 'करक्कू' का प्रकाशन 1992 में हुआ जिसके अंग्रेजी अनुवाद (2000) को क्रासवर्ड पुरस्कार मिला। बामा पहली तमिल दलित लेखिका है जिसके आत्माख्यान को पाठकों ने बड़ी संख्या में सराहा। यह आत्माख्यान अपने समय की प्रामाणिक मीमांसा करता है, इसलिए आलोचकों ने दलित 'टेस्टीमोनी' के नजरिये से इसे पढ़ने की सिफारिश की है। 'करक्कू' की कथा अतीत से लेकर वर्तमान तक फैली हुई है जिसके केन्द्र में बतौर ईसाई बामा के जीवन-संघर्ष और उसके समुदाय की कथा है। मदुरै के पास पुट्टूपत्ती में जन्मी बामा (1958) के माता-पिता धर्मान्तरित ईसाई थे। बामा ने बचपन से ही कब्र में दफनाए जाने के मुद्दे पर दलित ईसाई और सलियार जाति के आपसी संघर्ष देखे थे। बामा उन पुलिसवालों के बारे में भी लिखती हैं जो हमेशा ऊँची जातिवालों का पक्ष लेते हैं। दलित ईसाई, विशेषकर औरतें पुलिसिया दमन के साथ सवर्ण जातियों के दोहरे दमन का शिकार होती हैं। बामा अपने बचपन की घटनाओं को याद करते हुए बताती हैं कि किस तरह पुलिस के अत्याचार से बचने के लिए दलित ईसाई जंगलों और पहाड़ियों की तरफ भाग जाया करते, पीछे बच रहती औरतें जो दैनन्दिन के बलात्कार का सामना किया करतीं। इस तरह की घटनाओं से बामा को पता चला कि राज्यसत्ता का वास्तविक चरित्र क्या है और उसका जाति और वर्ग से कैसा गठबन्धन है। घटना के बाद पुलिस दलित परियरों को गिरफ्तार करके ले गई जबकि ऊँची जाति के चलियार बचे रहे—"शाम घिरने से पहले तक रोना और चिल्लाना जारी रहा और शाम घिरी तो सड़क पर श्मशान का सन्नाटा-सा छा गया। एक भी पुरुष कहीं नजर नहीं आ रहा था। केवल स्त्रियाँ इधर-उधर आ-जा रही थीं, आपस में फुसफुसाते हुए। मैं कुछ भी समझ नहीं पा रही थी। मेरे घर का कोई भी किसी बाहरी से कुछ नहीं पूछ रहा था। हम सब चुपचाप बैठे थे तब पात्ति (दादी) आई और जो हुआ था उसके बारे में हमें बताया। ऐसा लगता है चलियारों ने शिवकासी से कुछ जवानों को बुलाया और उनके लिए भेड़-भोज का आयोजन किया। हम यह कहाँ से कर पाते? हम तो दलिया-पानी के लिए जद्दोजहद कर रहे थे। पुलिस या सरकार हमारे पक्ष में कैसे आती?"[11]

बामा अपने समुदाय की कथा कहती हैं और बताती हैं कि कैसे उनके समुदाय की स्त्रियाँ खुद को यौन-शोषण से बचाने के लिए जद्दोजहद करती हैं। स्वयं बामा ने, वयस्क होने के बाद बतौर नन एक चर्च में काम करना शुरू किया। जल्दी ही उसने चर्च में भी जाति-भेद को महसूस किया, जहाँ बिना प्रश्न किये चुपचाप अगड़ी जाति के लोगों का आज्ञापालन करना था। दलित लड़की के रूप में बामा जिस जातिजन्य भेदभाव से गुजरी उसने उसके दिलोदिमाग पर गहरी छाप छोड़ी।

आगे चलकर वह शिक्षिका बनी और जातिजन्य असमानता से मुक्त-स्थल की तलाश में चर्च से जुड़ी लेकिन वहाँ भी उसे निराशा ही हाथ लगी। अन्तत: उसने चर्च छोड़ दिया और आज भी सम्मान के साथ जीने की राह की खोज में लगी हुई है।"[12] 'करक्कू' दरअसल भारतीय समाज और शिक्षा-व्यवस्था का क्रिटिक है जो चर्च और नौकरशाही के बीच के जटिल गठबन्धन और भारत के विभिन्न समुदायों में फैली जाति-व्यवस्था की सड़ान्ध को पाठकों के सामने खोलकर रख देता है। बामा अपनी बात प्रथम पुरुष में प्रारम्भ करती है और अपनी तुलना दोहरी धारवाले नुकीले पत्ते 'करक्कू' से करती है। जंगल में लकड़ी बीनते हुए जिन कँटीले धारदार पत्तों की चुभन उसने महसूस की वह अभाव और हिंसा के भय की दोहरी पीड़ा का प्रतीक है। उसका कहना है कि अपने समुदाय के लोगों की व्यथा और दंश को अभिव्यक्त करने के लिए उसने अपने विचार और शब्द करक्कू की तरह पैने कर लिये हैं, जो दमनकर्ताओं को तीक्ष्णता से दंश की अनुभूति करवाएँ। वह अपने जीवन के विभिन्न प्रसंगों का जिक्र करती है, अन्यायकारी, गैर-समतावादी समाज-व्यवस्था के बारे में बताती है जिसके कारण उसके समुदाय को अज्ञानता के अँधेरे में रहना पड़ा। भूमिका के दूसरे ही अवतरण में उसका स्वर बदल जाता है और वह 'मैं' से 'हम' पर आ जाती है 'मेरी तरह कई अन्य दलित हृदय हैं'[13] यह कहकर वह यह घोषणा कर देती है कि वह सिर्फ अपने बारे में नहीं कह रही बल्कि अपने समूचे समुदाय की कथा कह रही है, "वे जो उत्पीड़ित हैं दरअसल स्वयं दोहरी धारवाले करक्कू की तरह हैं"[14] इसलिए 'करक्कू' को निजी और सामुदायिक आख्यान के रूप में पढ़ने की सिफारिश करती है। वह जब अपनी बात कह रही है तब भी अपने समूह की ही बात कर रही है मसलन करक्कू की पहली पंक्ति में ही कहती हैं "हमारा गाँव बहुत सुन्दर है"[15] अपने समुदाय का परिचय लिखती हैं : "हमारे अधिकांश लोग कृषि-मजदूर हैं। पाठक के समक्ष प्रारम्भ से ही यह स्पष्ट कर देना चाहती है कि वह जिस विधा में लिख रही है वह निज का आख्यान-भर नहीं है बल्कि यातना की स्मृति का सामूहिक दस्तावेज है जिसका उद्‌देश्य है—दलित और ईसाई समुदायों की पीड़ा और दमन को सामने लाना। बामा उनमें से है जो बचपन से ही अपनी दलित स्थिति के बारे में जान गई—जब मैं तीसरी कक्षा में थी, मैंने लोगों को खुलेआम छुआछूत के बारे में बात करते नहीं सुना था लेकिन मैंने खुद देखा, महसूस किया, झेला और इसकी वजह से अपमानित अनुभव किया था।"[16]

दलित होने के कारण भेदभाव के अनुभव बचपन में ही बड़ा बना देते हैं। बामा ने बचपन से ही अपनी दादी (पात्ति) के साथ नायकर जाति की सवर्ण स्त्रियों को छूत और अस्पृश्यता बरतते देखा, तब वह इसके बारे में समझ नहीं पाती थीं लेकिन इन असामान्य स्थितियों ने उसके अवचेतन का निर्माण करना अवश्य शुरू

कर दिया था। बामा ने कृषि श्रमिक के रूप में पात्ति की कठोर श्रमचर्या का भी वर्णन किया है :

"सभी के मुँह से यही सुनती कि पात्ति एक सच्ची और सही सेविका है। वह एक नायकर परिवार के यहाँ काम करती थी। इसके साथ ही, वह उनके लिए श्रमिकों का जुगाड़ करती, उन्हें काम करवाने के लिए लाती, अपनी निगरानी में काम करवाती और उन सबको उचित मजदूरी दिलवाती। इतवार का दिन छोड़कर बाकी सभी दिन वह काम पर जाती थी। कभी-कभी जब नायकर जोर करते तो वह रविवार को भी एकदम तड़के चली जाती थी। वह हर रोज सुबह मुर्गे की बाँग से पहले ही उठ जाती, पानी भरती, घर के काम-काज देखती और अँधेरा होने पर घर लौटकर अपने लिए थोड़ा-सा दलिया बनाती।"[17]

कक्षा के सभी बच्चों के सामने पुजारी द्वारा सार्वजनिक तौर पर जाति के कारण अपमानित होने का अनुभव उसे शर्म से भर देता है, "जब मैं कक्षा में घुसी तो सारे बच्चे मुड़कर मुझे देखने लगे, मैं अपने-आपमें सिकुड़ जाना चाहती थी, जाकर चुपचाप अपनी बेंच पर बैठ गई, रोती हुई।"[18] अस्पृश्यता के ये प्रसंग दलित शरीर पर जाति को हमेशा के लिए उकेर देने का काम करते हैं। ये निर्भर करता है कि दलित-मन इसे किस रूप में ग्रहण करता है। यह चोट और इस तरह की अनेक पीड़ाएँ, समुदाय की पीड़ा बन जाती हैं जब कई लोगों के अनुभव एक जैसे हो जाते हैं। बामा अपने समुदाय के बूढ़े, थके, गरीब, थरथराते पाँवों को सँभालते, सवर्णों के डर से काँपते लोगों का वर्णन करती है, जिन्हें सार्वजनिक तौर पर अपशब्दों[19] से नवाजा जाता है, लेकिन वे सिर उठाकर कुछ कहते नहीं। आत्माख्यान में वह कई बार जाति-आधारित हिंसा की घटनाओं का वर्णन करती हैं[20] इस तरह की घटनाओं और प्रसंगों ने उसके मन पर गहरा प्रभाव डाला। उसके बड़े भाई ने समझाया था कि शिक्षा प्राप्त करना कितना जरूरी है—"मैंने पढ़ाई में खूब परिश्रम किया, जितना मैं कर सकती थी। एक जुनून की तरह मैं पढ़ा करती। कक्षा में प्रथम आई। उसी की वजह से बहुत-सी सहेलियाँ बनीं बावजूद इसके कि मैं परीची जाति की थी।[21] आगे चलकर वह फिर लिखती हैं : "रोज का नया दिन कोई ताजा घाव लेकर आता है।...मैंने इस समाज का जुनूनी, बर्बर और कुरूप चेहरा देखा है।"[22] अपनी बेरोजगारी के बारे में वह लिखती हैं : "आज मैं एक दोगले कुत्ते की तरह हूँ, बिना किसी स्थायी नौकरी के इधर-उधर भटकती हुई। कपड़े-लत्ते और भोजन का ठिकाना नहीं। मेरी हालत वही है जो अधिकांश गरीब असहाय दलितों की होती है। मैं भी उसी तरह की गरीबी का सामना कर रही हूँ जो चिलचिलाती धूप और मूसलाधार बारिश में भीगते हैं। जब आप गरीब होते हैं तो जिन्दगी बहुत मुश्किल हो जाती है, अगर आप ऊँची जात के हैं तब भी। जब हमारी यह हालत है तो परया समुदाय के लोगों का क्या होता होगा जो दलितों में भी दलित हैं, उनके बारे में क्या

कहा जा सकता है।"[23] इसलिए बामा अपनी दलित स्थिति के बारे में समुदाय के लोगों को जगाने का उपक्रम करते हुए कहती हैं, "हममें से जो लोग अब भी सोए हुए हैं उन्हें अपनी आँखें खोलनी चाहिए, अपनी हालत देखनी चाहिए। हमें सारा अन्याय अपना भाग्य समझकर बर्दाश्त नहीं कर लेना चाहिए, ऐसे जैसे हमारी कोई सच्ची संवेदना ही नहीं है। हमें बदलाव के पक्ष में जरूर खड़ा होना चाहिए।"[24] अपने समुदाय की कथा लिखकर बामा निज के गर्हित कहे जानेवाले अनुभवों को सार्वजनिक कर देती है, दूसरों के साथ अपनी कहानी को बाँट लेती है। शरीर और आत्मा के अपमान की व्यथा-कथा को कितना और किस सीमा तक सार्वजनिक कर दिया जाए, इसकी कोई सीमा नहीं होती। इसलिए दलित-अपमान के चित्रण पाठक को दुख और अवसाद से भर देते हैं। बच्चों का शोषण और यौन-शोषण जैसी घटनाएँ कितनी और किस सीमा तक आख्यान में चित्रित की जाएँ यानी क्या कहा जाए और क्या छोड़ दिया जाए इसके बारे में दलित आख्यान चुप हैं। 'करक्कू' के सन्दर्भ में मिनी कृष्णन ने चेतावनी दे दी है कि पाठकों को बामा के कुछ खुलासे सदमे में डाल सकते हैं। इसी तरह 'करक्कू' की अनुवादक लक्ष्मी होम्स्त्रोम भी लिखती हैं कि इसे पढ़ना सुकूनदेह नहीं है[25] यहीं पर करक्कू एक नया सौन्दर्यशास्त्र तैयार करता है, और आत्मकथा से ऊपर उठकर बतौर 'टेस्टीमोनियो' या समुदाय के साक्ष्य के तौर पर पढ़े जाने की माँग करने लगता है। यहीं पर निज और सार्वजनिक का अन्तराल खत्म हो जाता है, पीड़ा की लहर आख्यानकर्ता से उठकर उसके समुदाय की ओर प्रवाहित होने लगती है, जिन बातों को कहा नहीं जा सकता उन्हें लिखकर सम्प्रेषित किया जा सकता है। बामा लिखकर भारतीय समाज का गर्हित चेहरा सबके समक्ष ले आती है वह ईसाई धर्म जहाँ बच्चों के लिए करुणा और समानता के गीत गाए जाते हैं उसके बारे में लिखती हैं, "जिस कान्वेंट में मैं गई वहाँ गरीब बच्चों की तरफ कोई आँख उठाकर भी नहीं देखता था।"[26] बामा की कल्पना के अनुरूप कान्वेंट की जीवन-शैली वैसी सीधी-सादी नहीं थी। ईसाइयों के तमाम दावों के बावजूद वहाँ पर सादगी और अभाव का लेश न था...ऊँची जाति के ईसाई चर्च के सारे लाभ और आराम लिया करते थे। यदि कोई दलित, नन या पादरी बनता था तो उसे सबसे पहले हाशिये पर धकेल दिया जाता था।[27] बामा यह भी लिखती हैं कि कान्वेंट में प्यार कहीं नहीं था...नम्र और गरीब लोगों के लिए कोई प्यार नहीं था...दरअसल वे ईसा के नाम पर गरीबों से रुपये लूटते थे।[28]

बामा इस पुस्तक में कई असुविधाजनक खुलासे करती है, चर्च, बिरादरी, पुलिस के पक्षपातपूर्ण रवैये को सार्वजनिक कर देती है। जाति-दमन पर आधारित सभी समीकरणों को निजी अनुभव से जोड़कर पाठक के अनुभव का हिस्सा बना देती है। बामा पाठक को चर्च से, आम आदमी की अपेक्षाओं के बारे में बताती है,

साथ ही जब जाति-आधारित भेदभाव को झेलती है तो चर्च छोड़ देती है और अपने समुदाय के उत्थान के लिए कार्य करती है। पढ़ाई के लिए खूब परिश्रम करना और चर्च छोड़कर सामुदायिक कार्यों में लग जाना—उसे एक अभिकर्ता के तौर पर स्थापित कर देने के लिए काफी हैं। वह अपने निर्णय खुद लेती है फलत: अपने समुदाय के लिए आदर्श प्रस्तुत करती है। यह भी गौरतलब है कि बतौर कार्यकर्ता बामा अपनी उपलब्धियों को पूरे आख्यान में रेखांकित करती चलती है[29] जिससे यह पता चलता है कि आत्मकथाकार अपने जीवन और कार्यों को दूसरों के सामने बतौर आदर्श प्रस्तुत कर रही है, "मुझमें साहस है, आत्मसम्मान है मुझे अपने ऊपर विश्वास है कि मैं जी सकती हूँ, और जीने की इच्छा भी...मैं खुद को समझती हूँ कि झूठी मुस्कान ओढ़कर जीने की बनिस्पत दूसरों के आँसू पोंछकर जीना बेहतर है"[30] यहीं आकर बामा का आत्मकथ्य दलित अनुभव का साक्ष्य बन जाता है। यदि हम 'करक्कू' को आत्मकथा, टेस्टीमोनी, दलित मुखपत्र की मिली-जुली विधा के रूप में देखें तो इस पुस्तक के भीतर से झाँकते भारतीय समाज और जाति-व्यवस्था को बेहतर ढंग से विश्लेषित कर पाएँगे।

औपनिवेशिक शासन के दौरान देश के अन्य भागों के साथ बंगाल में भी दलित-चेतना का विकास हुआ। औपनिवेशिक आधुनिकता के प्रभावस्वरूप हाशिये के लोग केन्द्र में आने की जद्दोजहद करने लगे जिसके दो परिणाम हुए—इसने दलितों के लिए अन्तहीन सम्भावनाओं के रास्ते खोल दिये और दूसरा यह कि उन्हें यह अहसास करवाया कि उनकी प्रगति की ये सम्भावनाएँ दूर का स्वप्न हैं, जिसे यथार्थ में पाना असम्भव तो नहीं पर कठिन अवश्य है। बंगाल में जमींदारी-प्रथा के कारण एक ओर जहाँ सवर्ण जातियाँ आर्थिक और सामाजिक तौर पर सबल थीं वहीं बड़ी संख्या में दमित-दलित जन भूमिहीन, अधिकारहीन, जाति और वर्ग के नाम पर उत्पीड़ित थे। जमींदारों के साथ-साथ ब्रिटिश शासन भी भूमिहीनों का आर्थिक शोषण कर रहा था। बीसवीं शताब्दी के पूर्वार्ध में दलितों का आन्दोलन सामाजिक धार्मिक मुद्दों को लेकर सामने आया। वे स्वयं को हिन्दू सवर्णों से अलगाना चाहते थे और उन्हें लगता था कि उनकी दुर्दशा के मूल में हिन्दू धर्म के नियम-कानूनों की प्रमुख भूमिका है 'कर्ताबाज' एक ऐसा ही आन्दोलन था जो 18वीं शताब्दी में उभरा था। 'कर्ताबाज' आन्दोलन ने दलितों के समक्ष हिन्दू धर्म के विकल्प के रूप में तांत्रिक और बुद्ध धर्म के पंथ को प्रस्तुत किया। कर्ताबाज आन्दोलन को सहजिया आन्दोलन और चैतन्य महाप्रभु से भी जोड़ा गया और इसमें जाति-व्यवस्था वेदों और कर्मकांडों का विरोध कर प्रेम और आस्था पर बल दिया गया। आगे चलकर बीसवीं शताब्दी में आधुनिक राजनीति और राजनैतिक चेतना के विकास के साथ-साथ दलित-आन्दोलनों विशेषकर नामशूद्र और राजबंसियों ने आर्थिक और राजनैतिक प्रतिनिधित्व के सवाल पर अपना स्वरूप अलग कर लिया। 'नामशूद्र' जिन्हें पहले

'चांडाल' के रूप में जाना जाता था, वे पूर्वी बंगाल के बाकरगंज, फरीदपुर, ढाका, मेमनसिंह, जैसोर और खुलना में फैले हुए थे। जबकि राजबंसी रंगपुर, दिनाजपुर, जलपाईगुड़ी और कूचबिहार की तरफ ज्यादा संख्या में रहते थे। सन् 1873 में फरीदपुर–बाकरगंज में नामशूद्रों द्वारा आयोजित भोज में सवर्णों द्वारा शामिल होने से मना करने के कारण एक बड़ा आन्दोलन हुआ जिसके फलस्वरूप नामशूद्रों ने सवर्ण जातियों का पूर्ण रूप से बहिष्कार कर दिया। आगे चलकर नामशूद्रों ने शिक्षा-व्यवस्था में भी दखल दिया क्योंकि सवर्ण जातियाँ दलित बच्चों की शिक्षा में रोड़े अटका रही थीं उधर 'मटुआ महासंघ' जिसे हरिचन्द ठाकुर ने स्थापित किया था, वह धर्म-सुधार आन्दोलन से आगे बढ़कर समाज-सुधार के एजेंडे से जुड़ रहा था। मटुआ सम्प्रदाय ने परब्रम्ह की जगह अन्नब्रह्म की उपासना पर बल दिया और भौतिक उपलब्धियाँ अर्जित करने का सन्देश दिया। इसके समानान्तर दलित जातियों को समाज में सम्मान देने की माँग लेकर राजबंसियों द्वारा भी 'रंगपुर क्षत्रिय जातिर उन्नति बिधायिनी सभा' जैसे संगठनों की स्थापना होने लगी। ब्रिटिश राज के खिलाफ आन्दोलन में भी दलितों को मुख्यधारा में शामिल किये जाने के मुद्दे पर सवर्ण जातियों के लोग बँटे हुए थे। उधर राष्ट्रीय आन्दोलन में शामिल न होने का मतलब ब्रिटिश राज के प्रति वफादारी थी। सन् 1911, 1923 और 1938 में बंगाल में मुसलमानों के साथ दलितों के टकराव के साक्ष्य मिलते हैं। दरअसल दलितों ने, मुसलमानों और सवर्णों के बीच खुद को फँसा हुआ पाया क्योंकि अभी तक दोनों ही समुदाय दलितों को प्रतिनिधित्व और उन्हें अपेक्षित स्पेस देने के लिए तैयार नहीं थे। हालाँकि 'पूना पैक्ट' के बाद गांधी जी की पहल पर कांग्रेस में जाति सम्बन्धी पूर्वग्रहों में कुछ ढिलाई आई थी। 1937 के चुनावों के बाद मुस्लिम साम्प्रदायिकता को हवा देने के लिए दलितों को दोषी ठहराया गया जिसके फलस्वरूप उनमें से कइयों ने हिन्दू महासभा का रुख कर लिया। सवर्ण हिन्दुओं और दलितों में परस्पर सौमनस्य के अभाव और घृणा ने बंगाल के राष्ट्रीय आन्दोलन को कमजोर ही किया। बंगाल में वामपन्थी दलों के उभार के साथ समता, समानता, बन्धुत्व का समावेश हुआ और भूमंडलीकरण के आगमन, शिक्षा के प्रचार-प्रसार से दलित कामगार यूनियन, मजदूर यूनियन, स्त्री उद्धार समितियाँ बड़े पैमाने पर अस्तित्व में आईं। इसके बावजूद दलित स्त्रियाँ बहुत कम संख्या में शिक्षित हो पाईं और जहाँ तक आत्मकथा-लेखन का प्रश्न है उनकी संख्या नगण्य ही रही।

बेबी हालदार और कल्याणी ठाकुर सरीखी कुछेक स्त्रियाँ ही अपनी समुदाय कथा लेकर पाठकों के सामने आ पाईं। बेबी हालदार बंगाली हैं पर दिल्ली में रहीं। उनकी आत्मकथा 'आलो आन्धारि' को बंगाली दलित स्त्री की प्रतिनिधि आत्मकथा के रूप में देखा जा सकता है। यह "आत्मकथा लाखों-करोड़ों स्त्रियों की कहानी बन गई है क्योंकि इसमें उन शोषित-वंचित और सताई गई औरतों का दर्द प्रतिबिम्बित

होता है, जो देशकाल का अतिक्रमण करके साहित्य का नया सौन्दर्यशास्त्र बनाता है।"[31] बेबी हालदार की आत्मकथा उसके जीवन के विभिन्न उतार-चढ़ावों से होकर गुजरती है। उसका बचपन अभावग्रस्त रहा, 12 वर्ष की उम्र में विवाह और 13 वर्ष में सन्तानवती हो गई। उसने सातवीं कक्षा तक ही पढ़ाई की। बच्चों की जिम्मेदारी और गैर-जिम्मेदार पति के साथ उसने एक दुखमय जीवन जीते हुए बच्चों के साथ दिल्ली आने का निर्णय ले लिया। दिल्ली जैसे बड़े महानगर में घरेलू नौकरानी का काम करती रही, इस दौरान उसने मालिकों द्वारा तरह-तरह की प्रताड़ना झेली। वह लिखती हैं, "अगले दिन काम का बोझ इतना बढ़ गया कि करते-करते मैं बेहाल हो जाती। पता नहीं क्यों, काम को लेकर सभी पूरे समय मेरे पीछे पड़े रहते, हरदम काम-काम, यह करो, वह करो! उन्होंने मुझे रहने की जगह दी थी इसलिए मैं उनसे कुछ नहीं कह सकती थी। मुझे बच्चों को ठीक से खिलाने-पिलाने का समय भी नहीं मिलता और काम करते-करते रात के ग्यारह भी बज जाते तब भी कोई यह नहीं कहता कि कि जाओ देखो बच्चे क्या कर रहे हैं, उन्होंने कुछ खाया-पिया कि नहीं! मुझे दिन में अपना खाना बनाने का समय भी नहीं मिलता...सबेरे छह बजे के पहले ही मुझे फिर बुला लिया जाता। मैं बिना मुँह-आँख धोए ही नीचे आ जाती। फिर भी जब तक मेम साहब मुझे देख नहीं लेतीं तब तक पुकारती ही रहतीं।"[32] बेबी ने अपमान और दुख के कारण कोठी की नौकरी छोड़ दी और किराये की कोठरी में दिल्ली में अपने बच्चों को लेकर रहने लगी—"अब मैं अपने किराये के घर में थी। सब समय सोचती रहती कि काम न मिला तो बच्चों को क्या खिलाऊँगी, कैसे उन्हें पालूँगी-पोसूँगी! मैं स्वयं एक घर से दूसरे घर काम खोजने जाती और दूसरों से भी काम जुटाने के लिए कहती। मैं काम के साथ कम किराये का कोई घर ढूँढ़ रही थी। मुझे बच्चों के साथ उस घर में अकेले रहते देख आसपास के सभी लोग पूछते, तुम यहाँ अकेली रहती हो? तुम्हारा स्वामी कहाँ रहता है? तुम कितने दिनों से यहाँ हो? तुम्हारा स्वामी वहाँ क्या करता है? तुम क्या यहाँ अकेली रह सकोगी? तुम्हारा स्वामी क्यों नहीं आता है? ऐसी बातें सुन मेरी किसी के पास खड़े होने की इच्छा नहीं होती, किसी से बात करने की इच्छा नहीं होती। बच्चों को साथ ले मैं उसी समय काम खोजने निकल पड़ती। कुछ घंटों बाद जब मैं घर लौटती तब फिर पड़ोस की औरतें आकर पूछतीं, क्यों काम मिला? मेरे चेहरे का भाव देख कोई-कोई मुँह से चुक-चुक आवाज निकाल कहती, मिल जाएगा। इधर-उधर ढूँढ़ने-ढाँढ़ने से मिल ही जाएगा। मैं उनकी बातें अनसुनी कर अपने बच्चों की बातें करने लगती।[33] मूर्धन्य साहित्यकार प्रेमचन्द के दौहित्र प्रबोध कुमार के घर जब काम करना शुरू किया तो पहली बार प्रोफेसर प्रबोध कुमार की मदद से उसने अपने 'आत्म' को पहचाना। प्रबोध कुमार के घर सिर छुपाने की जगह से लेकर सम्मान मिला, उन्होंने बेबी को लिखने-पढ़ने के लिए प्रेरित किया। मूल बांग्ला में लिखी आत्मकथा पहले

हिन्दी में सन् 2004 ही प्रकाशित हुई। वह लिखती हैं—"तातुश की बातें सुनकर मुझे बहुत माया होती। मैं सोचती इस तरह से तो कभी मेरे माँ-बाबा ने भी मुझे नहीं समझाया। लगता है पिछले जनम में वह सचमुच मेरे बाबा ही थे, नहीं तो मेरे अच्छे-बुरे की इतनी चिन्ता क्यों करते! थोड़ी देर बाद तातुश ने फिर कहा, तुम्हें मैंने पढ़ने-लिखने का जो काम दिया है तुम वही करती रहो तुम जितना समय यहाँ-वहाँ के काम में लगाओगी उतना पढ़ने-लिखने में लगाओ, तुम देखोगी एक दिन वही तुम्हारे काम आएगा और कुछ करने की क्या जरूरत? इसी से काम चलाओ न, बेबी! और फिर यह भी तो सोचो कि तुम्हारे लिखने को लेकर मेरे बन्धु तुम्हारा कितना उत्साह बँधा रहे हैं। हमेशा कहते रहते हैं कि लिखती जाओ, लिखना बन्द मत करना!"[34] जो बेबी शुरुआत में लिखने में संकोच करती थी वह अब टुकड़ों में लिखने लगी। लिखकर उसने खुद को खोजने की प्रक्रिया शुरू की। बेबी हालदार की दूसरी किताब 'ईषत रूपान्तर' बांग्ला में 2010 में छपी, जिसमें उसने 'आलो आन्धारि' के बाद की जीवन-यात्रा के बारे में लिखा। अपने पहले के जीवन से वर्तमान की तुलना करते हुए वह लिखती हैं : "आज मुझे लोग मैडम बोल रहे हैं, सॉरी कहकर क्षमा माँग रहे हैं। तीन-तीन सीटें बुक करी जा रही हूँ और कोई सीट छोड़ने को नहीं कहता, कोई टी. टी. यह नहीं पूछता कि इस बोगी में कैसे चढ़ गई, अब इतना पैसा भरना होगा। अब टिकट चेक करने टी. टी. आता है तो बेखटके बैग से निकाल दिखा देती हूँ। किसी को कुछ कहने का साहस नहीं होता है। तब कोई अपनी सीट पर बैठ जाने को नहीं कहता था और आज अपने पास किसी को खड़े देख मुझे ही बुरा लगता है।...अब पुलिस देख भय नहीं लगता बल्कि कुछ हिम्मत ही बढ़ती है जबकि दिल्ली जाते समय रात में पुलिस देख मेरा दिल धड़कने लगा था। मैंने सोचा था कि अभी-अभी तो टी. टी. बोलकर गया है कि इस बोगी में तुम लोग कैसे बैठे, अब पैसे दो, यह करो, वह करो और अब यह पुलिस! मैंने सोचा था कि पुलिस यदि मुझे पकड़ ले जाती है तो मेरे बच्चे कहाँ जाएँगे, उन्हें कौन देखेगा?"[35] 'ईषत रूपान्तर' के बाद भी बेबी की तीसरी पुस्तक 'घरेर फेरार पथे' बांग्ला में 2014 में प्रकाशित हुई, लेकिन इन तीनों में साहित्यिकता और अभिव्यक्ति की दृष्टि से 'आलो-आन्धारि' ही ज्यादा महत्त्वपूर्ण है।

कोई रचनाकार जब आत्म के बारे में लिखने के लिए स्वयं से संवाद की शैली अपनाती है तो वह सत्य के ज्यादा-से-ज्यादा निकट रहती है। अपने अतीत को पीछे मुड़कर याद करना आत्मकथा-लेखन की सर्वाधिक प्रचलित शैली है जिसका प्रयोग बेबी हालदार करती हैं। प्रबोध कुमार की निरन्तर प्रेरणा से वह अपने बीते हुए जीवन के अभाव, यातना और कष्ट की दास्तान बेहद सरल-सहज भाषा में लिखती हैं। लिखकर उसे अपनी यातना, बचपन के शोषण, अकेलेपन और पिता के व्यवहार-सम्बन्धी अनेक प्रश्नों का समाधान मिल जाता है। जब हम

अपने अस्तित्व और जीवनानुभवों का अंत:सम्बन्ध समझ लेते हैं तो आत्मकथा की रचना करते हैं। जो जीवन को अर्थ प्रदान करती है। बेबी हालदार ने अपने दुखद बचपन और अभावग्रस्त जीवन के बारे में तब लिखा जब वह तीस वर्षीया युवती थी। वह लिखने की प्रक्रिया में ही सामान्य तौर पर समाज में स्त्री के शोषण और दमन की रणनीति को समझती चलती हैं। वह अपने पिता के समक्ष माँ की विवशता और दमन के बारे में लिखती हैं, "माँ परेशानी में अपना गुस्सा हम पर निकालती। हमारे जेठा से माँ ने कुछ मदद माँगी लेकिन उनके लिए अपना ही परिवार चलाना कठिन था। इस बीच मेरी दीदी बड़ी हो चली थी और उसकी चिन्ता माँ को अलग से थी। माँ ने बाबा के बन्धु-बान्धवों से मदद माँगी लेकिन उनका भी हाल ऐसा नहीं था कि एक और परिवार का भार कुछ दिन से अधिक उठा सकते। माँ ने तब काम करने की सोची लेकिन उसके लिए घर से बाहर निकलना होगा जो उसने कभी किया नहीं और फिर करेगी भी तो कौन-सा काम? वह यह भी सोचती कि लोग क्या कहेंगे। लेकिन लोगों की चिन्ता करने से तो पेट चलेगा नहीं।"[36] बेबी का आत्मकथ्य उसके विनाशकारी विवाह से उत्पन्न समस्याओं, पति की बेशर्मी और गैर-जिम्मेदाराना हरकतों की स्मृतियों से भरा हुआ है। बारह वर्ष की उम्र में हुआ विवाह ही जीवन-भर की समस्या बना रहा। सबसे पहले स्त्री दैहिक पीड़ा के माध्यम से ही अपनी हाशियाकृत स्थिति के बारे में समझती है। बेबी विवाह में रोज बलात्कार की शिकार हुई। कच्ची उम्र में माँ बनी। यह सब तब हुआ जब वह अपने अस्तित्व के बारे में विद्रोही ढंग से नहीं सोचती थी। वह खेलने-खाने की उम्र में स्वयं को गर्भवती देखकर कुछ समझ नहीं पाती। अस्पताल और घर का खर्च पति देता नहीं या देता भी है तो आवश्यकता से कम देता है। वह अपनी माँ और बहन की दुर्दशा देखती है। अभाव के कारण माँ अपने बच्चों को छोड़कर चल देती है। अस्तित्वरक्षा की पूरी जिम्मेदारी बेबी पर आ जाती है लड़की होने के कारण पिता अपने पास ज्यादा दिनों तक नहीं रखना चाहता और बिना सोचे-समझे एक वयस्क के साथ बेबी का विवाह कर देता है। तीन बच्चों के साथ पति को छोड़कर दिल्ली निकल आना बेबी के लिए कितना कठिन रहा होगा जिसके बारे में वह आत्मकथा में लिखती है। दिल्ली आकर वह आत्मनिर्भरता का रास्ता चुनती है, परिश्रम करती है और तीनों बच्चों को पालती है। असंगठित क्षेत्र की कामगार घरेलू नौकरानियों को देखने का समाज का नजरिया क्या है—यह बेबी की आत्मकथा पढ़कर हम जान पाते हैं। हाशिये पर खड़ी स्त्री लैंगिक शोषण के साथ जातिगत भेदभाव का शिकार होती है। बेबी हालदार जैसी स्त्रियाँ लिखकर अपने साथ हुए भेदभाव, अन्याय और शोषण के सामाजिक-सांस्कृतिक पहलुओं की ओर हमारा ध्यान दिलाती हैं। उनकी दास्तानें हमें सिहरा देती हैं उनके कथ्य का दोहराव हमें उबाऊ भी लग सकता है लेकिन दरअसल वे अपनी कथा के माध्यम से अपने

समुदाय की कथा कह डालती हैं। बेबी और बेबी जैसी न जाने कितनी स्त्रियाँ हाशिये पर खड़ी रह जाती हैं। उनमें से कुछ को ही 'तातुश' जैसा कोई व्यक्ति मिलता है जो नि:स्वार्थ भाव से अब तक अनसुनी आवाजों को शब्दों का जामा पहनाने की प्रेरणा और अनुकूल माहौल देता है। बेबी ने भी गृहस्थी में सुख का स्वप्न देखा होगा। पिता, पति और बच्चों का चुनाव उसका अपना नहीं था, उस जैसी स्त्रियाँ इसे भाग्य मानकर रो-धोकर जीवन काट लेती हैं कभी घरेलू नौकरानियाँ बनकर कभी तरह-तरह से शोषण और उत्पीड़न से समझौता करके। लेकिन बेबी हालदार प्रतिरोध करती है, यही नहीं अपने पति का उपनाम लगाने से भी मना कर देती है, लिखती हैं : "ट्रेन के तमाम यात्री एक बिना किसी अभिभावक के एक अकेली महिला को प्रश्नांकित मुद्रा से देखते हैं। ट्रेन का एक सहयात्री सुखेन्दु कुंडू जब बेबी की आत्मकथा पर हालदार टाइटिल देखता है तो वह चौंकते हुए पूछता है। "सुखेन्दु बोला, 'अच्छा, समझा, लेकिन आपकी लड़की ने अपने बाबा की जो टाइटिल बताई उससे तो आपकी अलग लगती है।' इसका कोई जबाव न दे मैं उसकी ओर देख बस थोड़ा हँस दी। मैंने सोचा लड़कों की टाइटिल तो विवाह के बाद भी वही रहती है जो उनके बाप की है लेकिन लड़कियों की टाइटिल उनके बाप की जगह उनके पति की हो जाती है पर क्यों? पति से अलग रहकर अब मेरी सोच वह नहीं थी जो पहले थी। अब मैं सोचने लगी थी कि मैं अपने मन-मुताबिक रहना चाहती हूँ, अकेली हूँ तो भी ठीक से ही हूँ। फिर मुझे अपने पति की टाइटिल की जरूरत क्यों हो? यह सोच मैंने अपनी टाइटिल नहीं बदली और आज जितने लोग मुझे मेरी टाइटिल से जानते हैं उतने मेरे पति के टाइटिल से नहीं।"[37] यही बेबी की उपलब्धि है, यहीं वह उन सभी दलित, उत्पीड़ित स्त्रियों के लिए आदर्श बन जाती है जिनके शरीर और आत्मा का शोषण परिवार और समाज में इतना आम है कि इसकी तरफ किसी का ध्यान भी नहीं जाता। आत्मकथा के दूसरे भाग में अपने पिता से मिलने दुर्गापुर जाती है। अपने पिता के यहाँ जाकर बेबी देखती है उसके पिता और माता अपनी जिन्दगी किसी तरह काट रहे हैं। इतने दिनों में उन्होंने कई घर बदले, जहाँ-जहाँ रहे लगभग हरेक से लड़ने के बाद जगह बदली। पेंशन पर पलनेवाले बेबी के माता-पिता पेंशन का अधिकांश शराब पीने में ही खर्च देते। कई आत्मीयों से झगड़ने के बाद निरुदा नामक एक निर्धन फेरीवाले के पड़ोस में आसरा मिला। दोनों परिवारों के बीच अच्छा तालमेल बैठ गया है। घर का सारा काम निरुदा की स्त्री और लड़कियाँ करती हैं।

घर में बाबा से मिलने एक बार एक मास्टर जी आते हैं। बेबी को इस मास्टर जी को देख अपने स्कूल के बांग्ला के मास्टर की याद आई। वह अब बचपन के दिनों को याद करती है। "मन हुआ छोटी-सी बेबी बन किताब हाथ में, इनके पास पढ़ने स्कूल जाऊँ। बचपन के वे दिन जैसे मेरे आँखों के सामने तैरने लगे। मैं जैसे

सचमुच अभी भी देख रही हूँ कि मास्टर महाशय लोग कितने प्यार से बेबी को पढ़ा रहे हैं, दिदिमनियाँ कितने प्यार से उसे बुला रही हैं, बेबी रुआँसी-सी दिदिमनियों, मास्टरों के सामने खड़ी है और गणित के किसी गुस्सैल मास्टर ने किसी भूल पर कितने जोर से उसे डाँटा।"[38]

स्कूल जानेवाली छोटी लड़की से लोकप्रिय लेखिका बनने की यात्रा बेबी के लिए बहुत कष्टदायी रही लेकिन इस यात्रा की कुछ उपलब्धियाँ थीं जिनके बारे में वह दर्ज करती हैं, "कोलकाता में बेबी को बहुत प्यार मिला। मैं बहुत खुश हुई और सोचा किस वजह से मुझे इतना प्यार सभी जगह मिल रहा है! क्या इसीलिए कि मैंने एक किताब लिखी है? लेकिन किताबें तो बहुत-से लोग लिखते हैं और फिर यह किताब क्या बिना तातुश के मदद के मैं लिख पाती! उनके और उनके बन्धुओं के लगातार हिम्मत बढ़ाते रहने से ही तो मेरे लिए यह सम्भव हो सका! इसके अलावा मेरी किताब में अच्छा लगने का ऐसा है भी क्या? बस उस एक लड़की की जीवनी ही तो है जिसका खेलने-कूदने की उमर में विवाह हुआ, बच्चे हुए और जिसे पारिवारिक सुख-शान्ति नसीब नहीं हुई। इस तरह की कहानियों की क्या कोई कमी है! फिर भी मेरी किताब प्रशंसित हुई है तो शायद इसीलिए कि अपने बारे में मैं खुलकर कह सकी हूँ जो बहुधा लोग नहीं करते या नहीं कर पाते। खैर।"[39] अपने बारे में खुलकर कहना भारत जैसे समाज में किसी स्त्री के लिए इतना सहज भी नहीं है, विशेषकर उस स्त्री के लिए जो समाज के दलित-वर्ग से ही नहीं आती कदम-कदम पर प्रश्नों का सामना भी करती है कि वह पति के होते हुए सुहाग चिन्ह धारण क्यों नहीं करती। पड़ोस की स्त्रियाँ अक्सर इस तरह के सवालों से उसे बेध देती हैं, "दादा ने तो कहा था कि तुम्हारा वर है फिर हाथ में शाँखा और माँग में सिन्दूर कहाँ है? उन्हें कोई जबाव न दे मैंने सोचा कि लड़कियाँ तो अपने स्वामी के मंगल के लिए शाँखा सिन्दूर का व्यवहार करती हैं पर पुरुष क्या करते हैं अपनी स्त्री के मंगल के लिए?"[40] किताबों ने बेबी को प्रश्नाकुल बनाया है अब वह विवाह संस्था पर प्रश्न करती है जो अपने-आपमें बहुत गम्भीर हैं। ज्यों-ज्यों पाठक इन प्रश्नों को उठानेवाली स्त्री की नियति से साक्षात करता है वह और भी पुरजोर ढंग से बेबी हालदार का मुरीद होता जाता है। अपने बारे में सच लिखकर, किताबें पढ़कर वह वास्तव में राससुन्दरी देवी (1872) की तरह 'जिताक्षरा' हो गई है। अध्ययन ने उसे अपनी स्थिति को बदलने के लिए आस्था और धैर्य के साथ प्रतिरोध के औजारों से लैस किया है। ये वही औजार हैं जिनके बल पर कभी अपना पीछा करनेवाले अजित से डरनेवाली बेबी निरुदा की साइकिल लेकर मार्केट निकल पड़ती है। वहाँ वह अजित को देखती है। अजित अपने बीबी-बच्चे के साथ है। वह इस बार अजित के सामने खड़ी हो जाती है और उससे अपने पुराने दिनों का हिसाब चुकाने के लिहाज से उसका रास्ता रोकती है, हाथ पकड़ लेती है और

अजित पत्नी के सामने पोल खुलने के डर से बचने की कोशिश करता है। "अब तुम मुझसे बचना चाह रहे हो लेकिन चार-पाँच बरस पहले की बात क्यों भूल रहे हो जब तुम मेरे पीछे पड़े रहते थे! मैं तुमसे बात नहीं करना चाहती थी तो तुम मेरा आँचल खींचने लगते थे और मैं तुम्हें कितनी गालियाँ देती थी, याद है! मेरे पीछे पाड़ा के लोगों से तुम कितनी मार खाते थे, भूल गए! याद है, मैं घर से निकलती थी तो तुम मेरा रास्ता रोक खड़े हो जाते थे और मैं, लोग तुम्हारी पिटाई न करें इस डर से दूसरा रास्ता पकड़ लेती पर फिर भी तुम नहीं मानते और मुझसे पहले पहुँच वहाँ भी मुझे तंग करने लगते! तब तो तुम ऐसे पड़े थे मेरे पीछे कि जिस-तिस से कहते फिरते थे कि मैं बेबी को छोड़ किसी से ब्याह नहीं करूँगा, और तुमने ब्याह कर भी लिया और बेबी को बताया तक नहीं! बड़े मजे की बात है! चलो ठीक है पर मुझसे ऐसे भाग क्यों रहे हो? चलो न, कहीं बैठ बातें करें। तुम्हारी स्त्री है तो क्या हुआ, तब तुम कहते थे कि मुझसे बहुत प्रेम करते हो, अब क्या नहीं करते कि मुझसे पीछा छुड़ा रहे हो।"[41] बेबी अपने कामकाज के दौरान कितने पुरुषों की कुदृष्टि का शिकार बनी पर उसने समझौता नहीं किया, उसे अक्सर किराये के घर बदलने पड़ते। लेखिका के रूप में पहचान पाकर आत्मविश्वास अर्जित कर लिया है जिसके बल पर वह अजित जैसे पुरुषों का हाथ पकड़कर सरेआम शर्मिन्दा कर देती है। समाज में अपने बल पर जीने का जो निर्णय बेबी ने लिया, उसमें किसी पिता, भाई, पति की कोई भूमिका नहीं थी। वह एक साधारण स्त्री थी और हो सकता है समूचा जीवन अपनी साधारणता के साथ ही जीती रहती, यदि वह अपने बारे में लिखती नहीं। वह अपने जीवन के दुर्दम क्षणों का लेखा-जोखा करती है, जीवन की दिशा को बदलनेवाले निर्णय लेती है। लिखने और पढ़ने की इच्छा पूर्ण करना और लिखकर अपने जैसी तमाम स्त्रियों के लिए आदर्श स्थापित कर पाने में ही उसकी विजय है। वह अपने उत्तरदायित्वों से मुँह नहीं मोड़ती, कठिनतम स्थितियों में भी बच्चों के पालन-पोषण का ख्याल रखती है, यहाँ तक कि अपने बड़े बेटे को भी अपने साथ ही रखने का प्रयास करती है, उसके पढ़ने-लिखने की व्यवस्था करती है—इस अर्थ में वह स्त्रीवादी है। इसके साथ वह असंगठित क्षेत्र में काम करनेवाले घरेलू नौकर-नौकरानियों के बारे में प्रामाणिक साक्ष्य प्रदान कर एक अर्थ में टेस्टीमोनियो लिख डालती है।

बंगाल में, दलित-लेखन की प्रेरणा और परम्परा के स्रोत मराठी, गुजराती, तेलुगु और तमिल दलित-साहित्य से अलग हैं वहाँ अम्बेडकर के साहित्य ने प्रेरणा का कार्य किया जबकि बंगाल के दलित-लेखन की प्रेरणा के स्रोत के रूप में हरिचन्द ठाकुर (1812-1878) को देखा जाना चाहिए। हरिचन्द ठाकुर ने मटुआ सम्प्रदाय की स्थापना की और बंगाल में अस्पृश्य कहे जानेवाली जातियों के नैतिक आर्थिक और शैक्षिक उत्थान के लिए कार्य किया। मटुआ सम्प्रदाय के अन्तर्गत नामशूद्रों

को शामिल किया जाता है। हरिचन्द ठाकुर ने उन्नीसवीं शती के बंगाल ब्राह्मणवादी हिन्दुत्व की आलोचना की और अपना अलग सम्प्रदाय स्थापित किया। जातिमुक्त समाज की स्थापना के उद्‌देश्य से निर्मित किये गए मटुआ सम्प्रदाय में आगे चलकर विकास देखे गए। इसी सम्प्रदाय की कल्याणी ठाकुर की आत्मकथा सन् 2016 में प्रकाशित हुई, जिसका शीर्षक है 'आमि केनो चांडाल लिखी' कल्याणी ठाकुर का कहना है कि लिखना एक तरह से उनके लिए प्रतिरोध का औजार है। दलित होने के कारण उन्होंने जिस तरह का भेदभाव समाज में झेला है उसे वह लोगों के सामने लाना चाहती हैं। काव्य-लेखन से अपना रचनात्मक जीवन शुरू करनेवाली कल्याणी ठाकुर के पिता मटुआ सम्प्रदाय के गोसाईं थे जिनसे बहुत-से लोग मिलने-जुलने आया करते। गुरुचन्द ठाकुर ने जो दलितों के लिए शिक्षा अभियान चलाए, उसके प्रभाव से बहुत-से दलितों ने उच्च शिक्षा की ओर कदम बढ़ाए। जिन्होंने जाति-दंश को झेलते हुए आर्थिक अभाव को शिक्षा के रास्ते में आने नहीं दिया, उन्हीं में से एक कल्याणी ठाकुर (जन्म 1965) ने सन् 1993-94 से 'नीर' पत्रिका में लिखना शुरू किया। नीर में शरणार्थी समस्या, पर्यावरण से जुड़े मुद्दे, दलित-समाज की आन्तरिक अवस्था जैसे विषयों पर लेख और कवितायें प्रकाशित होती थीं। कल्याणी ठाकुर का कहना है कि उनकी आत्मकथा किसी भी दलित बच्चे की आत्मकथा हो सकती है जो जाति-व्यवस्था की पैदाइश है इसलिए यह कथा सिर्फ उनकी अपनी कथा नहीं है बल्कि उनके समुदाय की कथा है।[42] कल्याणी ठाकुर के लेखन में धार है और वह अपनी बात बिलकुल सीधे-सीधे कहती हैं, "मेरे माता-पिता अशिक्षित थे लेकिन शिक्षा का महत्त्व समझते थे। उन्होंने मुझे पुत्र की तरह पाला। एक समय ऐसा भी था जब दलितों को शिक्षण संस्थानों में घुसने की मनाही थी, हम बैठने की टाट-पट्टी घर से लेकर जाते थे और कक्षा के बाहर बरामदे में बैठते थे। स्कूल में अक्सर सवर्ण शिक्षक ही होते थे, उनके व्यवहार से ही हमें अपने दलित होने का अहसास हो जाता था। पहली बार जो भेदभाव मैंने महसूस किया वह था कि स्कूल में। ऊँची जातियों के बच्चे तो वर्दी पहनकर आया करते जबकि हमारी कोई वर्दी नहीं थी। बड़े होने तक यह अन्तराल मुझे मथता रहा, लेकिन मेरा मन कभी छोटा नहीं हुआ क्योंकि हर कक्षा में मैं प्रथम आती थी।" बेगुला में प्राथमिक शिक्षा ग्रहण करने के बाद वह कलकत्ते के रामकृष्ण आनन्द आश्रम में भर्ती हो गईं। नाकतल्ला के रामकृष्ण आश्रम से इंटर करने के बाद उन्हें माँ की देखरेख के लिए फिर से बेगुला जाना पड़ा, जहाँ बी. कॉम. की पढ़ाई की। कलकत्ता विश्वविद्यालय के सांध्यकालीन प्रखंड से ही आगे चलकर एम. कॉम भी किया। वे लिखती हैं, "सन् 1987 से 1990 के बीच मैंने बहुत-सी नौकरियों के लिए आवेदन दिये। मुझे अपनी पढ़ाई जारी रखने के लिए रुपये की आवश्यकता थी नौकरी करने के साथ-साथ मैंने शाम की कक्षाओं में अपनी पढ़ाई जारी रखी। छात्रावास में रहते हुए

बहुत-सी पत्र-पत्रिकाओं में लिखा और दलित एवं स्त्री केन्द्रित पत्रिकाओं में मेरे लेख निरन्तर छपे। वह आत्मकथा में सरकारी दफ्तर में नौकरी करने के अनुभव को 'सीता की अग्नि परीक्षा' कहती है, "पहले-पहल तो मुझे बैठने के लिए कोई कुर्सी नहीं दी गई। एक कोने में पड़ी बेंच पर ही मैं बैठ सकती थी। बाद में चलकर मुझे एक कुर्सी और छोटी मेज दी गई, लेकिन कार्यालय के एक कोने में बैठने के लिए कहा गया, जहाँ पंखा तक नहीं था। कलकत्ते की आर्द्र जलवायु मेरे ऊपर कोई असर नहीं डालती थी जितने मेरे सहयोगी, क्योंकि वे मेरे अस्तित्व से ही त्रस्त थे। जल्द ही ऑफिस के बाद रात में मुझे सोने के लिए दवा की जरूरत पड़ने लगी। एक दिन किसी ने कहा तुम सन्तरी साड़ी मत पहना करो। दूसरे ने कहा तुम पर यह रंग अच्छा नहीं लगता। मुझे लगता है मेरा रंग इतना काला था कि सन्तरी रंग की साड़ी मुझ पर अच्छी नहीं लगती थी।"[43]

इन सबके बावजूद कल्याणी ने लिखना-पढ़ना नहीं छोड़ा और नीर पत्रिका के शरणार्थी विशेषांक में अपने उपनाम में पहले बार 'चांडाल' जोड़ा। यह 2003 का साल था जब उन्होंने अपनी जाति को उपनाम के तौर पर सार्वजनिक कर दिया। आत्मकथा लिखने के मुद्‌दे पर वह कहती हैं, "कुछ वर्ष पहले मुझसे एक साहित्योत्सव में कहा गया कि इंटरनेट पर बंगाल की दलित लेखिकाओं पर कोई सामग्री उपलब्ध नहीं है। मुझसे आग्रह किया गया कि वर्तमान बंगाल में दलित स्त्री के दस्तावेज के तौर पर मैं आत्मकथा लिखूँ।"[44]

बेबी हालदार, कल्याणी ठाकुर, बामा या ऐसे ही कई आख्यानकर्ताओं के लिखे को 'जीवन साक्ष्य' के रूप में देखा जाना चाहिए। यह दृष्टि ही जाति-विरोधी समाज के निर्माण की दिशा में सहयोगी हो सकती है। ये आख्यान आत्मकथ्य मात्र नहीं हैं और इनकी भूमिका बहुस्तरीय है। सवर्ण समूह, जिन्हें दलित-जीवन, विशेषकर दलित-स्त्रियों के बारे में बहुत कम जानकारी है—ये आख्यान उनके मन में एक तरह की हीनभावना ले आते हैं। मसलन कल्याणी ठाकुर के साथ इक्कीसवीं सदी में हो रहे कार्यस्थल पर हुए भेदभाव से सहानुभूति और ग्लानि के साथ ही दलित उत्साह और आत्माभिव्यक्ति की बोल्डनेस उन्हें सावधान भी करती है। गोपाल गुरु इसीलिए कहते हैं कि : "दलित आख्यान भेदभाव की मानसिकता रखनेवालों, अपमानसूचक भाषा प्रयोग करनेवालों के मन में शर्म और ग्लानि की भावना भी उत्पन्न करने में सफल हो जाते हैं।"[45] ये आत्मकथाएँ अन्य भाषा-भाषी और गैर-दलितों के पास अनुवाद के माध्यम से पहुँचती हैं जिससे अन्य भाषिक समुदाय के पाठक को स्रोत भाषा के समाज में प्रचलित जाति-आधारित दलन, उसके प्रतिरोध और संगठित रूप से जाति-विरोधी संघर्ष के बारे में नये सिरे से प्रामाणिक जानकारी मिलती है। सवर्ण प्रतिनिधित्व वाले अधिकांश शैक्षिक संस्थानों में, जहाँ पूर्वग्रहपूर्ण दृष्टि से पाठ्यक्रमों का निर्माण किया जाता है, वहाँ ये आख्यान अनिवार्य हस्तक्षेप करते हैं।

अमूमन दलित स्त्री का शरीर एक दलित-समाज में जाति-आधारित उच्चता-बोध और सत्ता के प्रयोग के लिए उपयुक्त साईट होता है। अक्सर उसे पुरुषसत्तात्मक समाज में पुरुषों की उच्चता के समक्ष 'मूक ग्रहणकर्ता' के रूप समझा जाता है। उनके शरीर को सस्ते श्रम की साईट समझा जाता है। लेकिन जब स्त्री की देह-शोषण की साईट बनती है, जब उसे अधीनस्थ, विखंडित स्थिति में पहुँचाया जाता है—वहीं से उसमें प्रतिरोध की आवाजें फूटती हैं और समाज की परम्परागत मान्यताओं, सोच-विचार में दरार पड़नी शुरू होती है। स्मृति को जबरन मस्तिष्क से अलग रखने की जब कोशिश की जाती है, तब स्मृतियाँ और भी ठोस हो जाती हैं। दलित स्त्रियों की स्मृति, भावनाओं को कठिन शोषण, दमन की स्मृतियों से इतना दमित करके रख दिया जाता है कि वे किसी रचनात्मक कार्य के लिए उत्साह भविष्य में भी कभी नहीं जुटा पातीं। लेकिन जहाँ भी दमन होगा वहाँ प्रतिरोध भी अवश्य ही जन्म लेगा। जब 'अन्य' को जबरदस्ती हाशिये पर धकेल दिया जाता है, उसे समर्पण के लिए विवश कर दिया जाता है, इस थोपी हुई चुप्पी से प्रतिरोध की शुरुआत होती है। यद्यपि दलित स्त्री के पास ऐसे बहुत कम अवसर आते हैं जब वह खुद को सत्ता संरचनाओं से जोड़ सके। जो समाज उसे मनुष्य की गरिमा से वंचित रखता है, अपने बचने के लिए जिन औजारों को अपनाती है, अपने लिए संघर्ष के औजारों को जब तलाशती है, तब उसका समुदाय, उसकी जाति, उसका परिवार भी बहुत बार उसके विरोध में खड़े दीखते हैं। दलित स्त्रियों का संघर्ष इसलिए बहुस्तरीय हो जाता है क्योंकि उन्हें सवर्ण मानसिकता और सत्ताधारी समाज से भी समानान्तर संघर्ष करना पड़ता है। ये मानसिकताएँ उसे चुनौती देती हैं और संघर्ष के उसके हथियारों को भोथरा करने का प्रयास करती हैं। इनके आत्मकथ्यों को पढ़कर जाना जा सकता है कि वे किस प्रकार अपने भीतर से विपरीत स्थितियों से लड़ने की ताकत पैदा कर लेती हैं। ये आत्मकथ्य दलित स्त्रियों के संघर्ष के औजारों को कैसे अधिकारों की लड़ाई के लिए इस्तेमाल करती हैं।

दलित स्त्रियाँ जो भाषा इस्तेमाल करती हैं उनमें भी उनकी सामुदायिक संस्कृति से निकले हुए शब्दों की प्रधानता होती है। इनके शब्द गहरे जीवनानुभवों से निकले हुए शब्द होते हैं जो स्वयं में प्रतिरोध का साक्ष्य प्रस्तुत करते हैं। इन शब्दों के बल पर वे साबित कर देती हैं कि साहित्य के क्षेत्र में हठधर्मिता और सैद्धान्तिक आग्रह उनकी अभिव्यक्ति को रोक नहीं सकते। ये लेखक अपने उद्‌देश्य की सिद्धि के लिए सभी तरह की औपचारिकताएँ एक तरफ रख देती हैं। ये आत्मकथाएँ अपनी उपस्थिति में अपने समुदाय को जागृत करने का काम करती हैं। दूसरे उत्तर-औपनिवेशिक लेखकों की तरह वे अपनी तरफ से न सिर्फ आत्मकथा विधा को समृद्ध करने का प्रयास करती हैं, बल्कि समाज की सत्ता-संरचनाओं को बदलने

का भी प्रयास करती हैं। उन्हें लगता है कि इस विधा के द्वारा वे वैश्विक पाठक के पास ज्यादा बेहतर ढंग से पहुँच सकती हैं।

सारा बेथ ने इस ओर ध्यान दिलाया है कि बीसवीं शताब्दी के मध्य में दलित-साहित्य के मुद्रण और प्रकाशन में आश्चर्यजनक तेजी देखी गई, विशेषकर उत्तर भारत में मराठी और तमिल के साथ अन्य भारतीय भाषाओं का दलित-साहित्य बड़े पैमाने पर अनूदित होना शुरू हुआ। सारा बेथ[46] इसे एक तरह से 'प्रतिसंस्कृति' की शुरुआत मानती हैं। ये इस बात की ओर संकेत करता था कि उत्तर भारत में एक सबाल्टर्न काउंटर पब्लिक तैयार हो चुकी है। लेकिन 1940-50 के दशक में अम्बेडकर के प्रभाव से महाराष्ट्र के दलित-लेखन में जैसा उछाल देखा गया वैसा उछाल संयुक्त प्रान्त में नहीं देखा गया। इसकी तरफ आलोचकों ने भी कम ध्यान दिया। इसके कारणों में हम दलितों को जबरन शिक्षा से दूर रखा जाना, जाति-विरोधी चेतना का कमजोर प्रसार, पढ़-लिख गए दलितों को भी लिखने और आत्माभिव्यक्ति के लिए अवकाश मुहैय्या न करवाने को देख सकते हैं। दलितों को जिस तरह के रोजगार दिये गए उनकी प्रकृति ही ऐसी नहीं थी कि वे किसी तरह का सशक्त सांस्कृतिक स्पेस तैयार कर सकें। उनके पास आत्माभिव्यक्ति के लिए एक ही माध्यम था—अपनी बात को मौखिक ढंग से कहना। दलित स्त्रियों के लेखन में एक तरह की हड़बड़ाहट, कई बार अपनी बात को दोहराना लक्षित होती है जिसे उन पर पड़ी दोहरी जिम्मेदारी के तौर पर देखा जा सकता है, जहाँ वे लिखकर इतिहास के रिक्त स्थान को भरती हैं। इससे पहले तो उच्च जाति के समूहों ने ही दलितों के बदले भी बोलने का जिम्मा उठाया हुआ था। अम्बेडकरवाद के प्रभाव, शिक्षा के लिए संघर्ष और अस्मितामूलक चेतना के विकास के फलस्वरूप दलितों ने अपने बारे में कहने और लिखने का उत्तरदायित्व स्वयं उठा लिया जिसमें मुद्रण और प्रकाशन संस्थानों ने एक बहुत बड़ी भूमिका निभाई। अर्जुन डांगले ने 1978-1986 के बीच के समय को मराठी में दलित आत्मकथाओं के लिए स्वर्णिम युग माना।[47] इसी समय दया पवार (बलूत), सोन काम्बले (यादों के पंछी), लक्ष्मण माने (उपरा) के साथ-साथ शान्ताबाई काम्बले, कुमुद पाँवड़े सरीखी स्त्रियों की आत्मकथाओं के आने से अन्य कई दलितों को आत्मकथा-लेखन की प्रेरणा मिली। फोर्ड फाउंडेशन द्वारा दया पवार और लक्ष्मण माने की आत्मकथाओं को पुरस्कार मिले जिससे मराठी साहित्य को अन्तरराष्ट्रीय ख्याति मिली। इसकी तुलना में हिन्दी में लिखी आत्मकथाओं को ठीक वैसा पुरस्कार और सम्मान नहीं मिल पाया।[48]

अम्बेडकर द्वारा प्रसारित चेतना, शिक्षा के प्रति आग्रहों ने इन्हें जातिवादी, पितृसत्तात्मक जकड़न से निकलने का मार्ग दिखाया। अब इन स्त्रियों ने लेखन को युद्ध-स्थल के रूप में देखना शुरू किया और आश्चर्य नहीं कि अकेले महाराष्ट्र में कई आत्मकथात्मक साक्ष्य लिखे गए जिनमें बाबा साहेब अम्बेडकर के समय

से लेकर हमारे समकाल तक की अभिव्यक्तियाँ शामिल हैं। अस्सी और नब्बे के दशक में महाराष्ट्र में दलित स्त्री-आत्मकथाओं के लेखन और प्रकाशन के साथ उनके हिन्दी अनुवाद में तेजी देखी गई। शर्मिला रेगे, जिन्होंने स्त्री के दृष्टिकोण से दलित-आन्दोलन का विश्लेषण किया है। उनका कहना है कि "दलित पैन्थर्स ने 1970 की सांस्कृतिक क्रान्ति में महत्त्वपूर्ण भूमिका निभाई लेकिन उनके कार्यक्रमों में दलित स्त्रियाँ या तो माँ के रूप में या दमित यौन-सत्ता के रूप में ही रहीं।[49] समूचे दलित-साहित्य का अवलोकन करने से यह पता चलता है कि दलित स्त्रियाँ परिवार और समाज में कभी नेतृत्वकारी भूमिकाओं में रही ही नहीं। स्त्रियाँ अपनी जाति और लिंग के कारण दमित भूमिकाओं तक ही महदूद रहीं। लेकिन जब से दलित स्त्रियाँ अपने आख्यानों के साथ भारतीय भाषाओं विशेषकर मराठी में रेखांकित करने योग्य संख्या में सामने आईं, तब से दलित-साहित्य के प्रसंग और सन्दर्भों को समझने की नई दृष्टि मिली। दलित जीवन की जो अभिव्यक्ति मराठी की स्त्री-आत्मकथाओं में हुई उनमें दो बिन्दु महत्त्वपूर्ण हैं—पहला, तो यह कि दलित स्त्रियाँ इसलिए लिखती हैं कि वे अपना प्रतिरोध दर्ज करा सकें। इसके लिए वे विभिन्न रणनीतियाँ अपनाती हैं। दूसरे वे शोषक-वर्ग की भाषा को खारिज करके उनके विपक्ष में बोलने के लिए अपनी अभिव्यक्ति शैली तैयार करती हैं। कहीं पर तो वे सवर्णों की साहित्यिक परम्परा का अनुसरण करती हैं तो कहीं उन्हें चुनौती देकर शोषक की रणनीतियों का खुलासा करती हैं। जिस जीवन की अभिव्यक्ति ये स्त्रियाँ आत्मकथ्यों में करती हैं उनमें दलित जीवन की पुनर्रचना के प्रयास दिखाई देते हैं चाहे वह शान्ताबाई धानाजी दानी का बोलकर लिखवाया गया आत्मकथ्य हो या मुक्ता सर्वगोंड़ का या मल्लिका अमरशेख का आख्यान हो—इन सबमें अपने अस्तित्व के प्रति चेतना, सवर्ण और दलित पुरुषों के शोषण से स्वयं को बचाने का प्रयास, शिक्षा और नौकरी द्वारा अपना स्तर ऊँचा करने का प्रयास अभिव्यक्त है। इन आख्यानों के माध्यम से वे पिछली पीढ़ी के दलितों से अपनी अलग पहचान पुनर्स्थापित करती हैं। अपने दलित होने के कारण कहीं वे कुंठित हैं, कहीं दुखी और कहीं अपनी पहचान छिपाने के लिए विवश भी, सन् अस्सी के बाद लिखे गए ये आत्मकथ्य शुरुआती दौर के आत्मकथ्यों से अलग हैं जिनमें बतौर दलित एक स्त्री को 'मिथ्या पहचान' ओढ़ने के लिए विवश कर दिया जाता था। जिसके उदाहरण के तौर पर बेबी काम्बले की आत्मकथा को देखा जा सकता है। दलित-लेखन का केन्द्र अमूमन प्रतिरोध और विद्रोह की आवाज बुलन्द करना तथा वर्ग और जाति-व्यवस्था का विरोध करना रहा है। स्वभावत: ही प्रतिरोध के बीज पीड़ा के अतिरेक और शोषण की पराकाष्ठा तथा सहनशक्ति की परीक्षा के मध्य छिपे रहते हैं। ऐसे अनुभवों की जड़ में व्यवस्था के प्रति क्रोध-घृणा और अविश्वास की सक्रिय भूमिका होती है—जो मुख्यधारा बनाम हाशिया और केन्द्र बनाम परिधि के

पारस्परिक सम्बन्धों पर आधारित हैं। बाबासाहेब अम्बेडकर की शिक्षा और भाषणों ने महाराष्ट्र के क्षेत्र में सबसे पहले और गहरा असर डाला। दलितों को हीनत्वबोध त्यागने में भी बाबासाहेब ने मदद की। अन्याय के खिलाफ आत्मकथात्मक आवाजें जो दया पवार के 'बलूत' से शुरू हुईं उनकी प्रतिध्वनि दलित स्त्रियों के विपुल आत्मकथात्मक लेखन में अस्सी-नब्बे के दशक तक सब ओर सुनाई देने लगी। बहुस्तरीय अन्याय के प्रतिरोध की आवाजें और दबाई नहीं जा सकीं क्योंकि अब दलितों और दलित स्त्रियों के लिए संघर्ष के अलावा कोई रास्ता बच नहीं रहा था।

अमूमन दलित स्त्री का शरीर एक दलित-समाज में जाति-आधारित उच्चता-बोध और सत्ता के प्रयोग के लिए उपयुक्त साईट होता है। अक्सर उसे पुरुषसत्तात्मक समाज में पुरुषों की उच्चता के समक्ष 'मूक ग्रहणकर्ता' के रूप समझा जाता है। उनके शरीर को सस्ते श्रम की साईट समझा जाता है। लेकिन जब स्त्री की देह-शोषण की साईट बनती है, जब उसे अधीनस्थ, विखंडित स्थिति में पहुँचाया जाता है—वहीं से उसमें प्रतिरोध की आवाजें फूटती हैं और समाज की परम्परागत मान्यताओं, सोच-विचार में दरार पड़नी शुरू होती है। स्मृति को जबरन मस्तिष्क से अलग रखने की जब कोशिश की जाती है, तब स्मृतियाँ और भी ठोस हो जाती हैं। दलित स्त्रियों की स्मृति, भावनाओं को कठिन शोषण, उत्पीड़न की स्मृतियों से इतना दमित करके रख दिया जाता है कि वे किसी रचनात्मक कार्य के लिए भविष्य में भी उत्साह कभी नहीं जुटा पातीं। लेकिन जहाँ भी दमन होगा वहाँ प्रतिरोध भी अवश्य ही जन्म लेगा। 'अन्य' को जबरदस्ती हाशिये पर धकेलकर समर्पण के लिए विवश कर दिया जाता है तब इस थोपी हुई चुप्पी से प्रतिरोध की शुरुआत होती है। यद्यपि दलित स्त्री के पास ऐसे बहुत कम अवसर आते हैं जब वह खुद को सत्ता-संरचनाओं से जोड़ सके। जो समाज उसे मनुष्य की गरिमा से वंचित रखता है, उससे लड़ने के लिए जिन औज़ारों को वह तलाशती और अपनाती है, तब उसका समुदाय, जाति, परिवार भी बहुत बार उसके विरोध में खड़े दीखते हैं। दलित स्त्रियों का संघर्ष इसलिए बहुस्तरीय हो जाता है क्योंकि उन्हें सवर्ण मानसिकता और सत्ताधारी समाज से भी समानान्तर संघर्ष करना पड़ता है। ये मानसिकताएँ उसे चुनौती देती हैं और संघर्ष के औजारों को भोथरा करने का प्रयास करती हैं। आत्मकथ्यों को पढ़कर जाना जा सकता है कि वे किस प्रकार अपने भीतर से विपरीत स्थितियों से लड़ने की ताक़त पैदा कर लेती हैं।

दलित स्त्रियाँ जो भाषा इस्तेमाल करती हैं उनके निर्माण में सामुदायिक संस्कृति का शब्द-भंडार प्रमुख भूमिका निभाता है। वे जीवनानुभवों से निकले हुए शब्द होते हैं जो स्वयं में प्रतिरोध का साक्ष्य प्रस्तुत करते हैं। इन शब्दों के बल पर वे साबित कर देती हैं कि साहित्य के क्षेत्र में हठधर्मिता और सैद्धान्तिक आग्रह उनकी अभिव्यक्ति को रोक नहीं सकते। ये लेखक अपने उद्‌देश्य की सिद्धि के लिए सभी

तरह की औपचारिकताएँ एक तरफ रख देती हैं। ये आत्मकथाएँ अपनी उपस्थिति में अपने समुदाय को जागृत करने का काम करती हैं। दूसरे उत्तर-औपनिवेशिक लेखकों की तरह वे अपनी तरफ से न सिर्फ आत्मकथा विधा को समृद्ध करने का प्रयास करती हैं, बल्कि समाज की सत्ता-संरचनाओं को बदलने की दिशा में भी कदम उठाती हैं। इस विधा के द्वारा वे वैश्विक पाठक के पास ज्यादा बेहतर ढंग से पहुँचने का प्रयास करती हैं।

मराठी दलित स्त्री-आत्मकथा लेखक के रूप में सबसे पहले शान्ताबाई धानाजी दानी (1919-2001) का आख्यान 'रात्रादिन आम्हा' (ये दिन और रात) देखा जा सकता है जो 1990 में छपा। जिसका हिन्दी अनुवाद 'धूप छाँव' शीर्षक से रजनी तिलक ने 2000 में किया। शान्ताबाई का पूरा जीवन अम्बेडकर आन्दोलन के उद्भव और विकास के इर्द-गिर्द केन्द्रित रहा। दलित-शिक्षा के लिए उन्होंने विशेष कार्य किये। राजनैतिक दृष्टि से अम्बेडकरवादी विचारधारा की पैरोकार रहीं। उन्होंने 1932 में पूना पैक्ट का विरोध किया और यरवदा जेल में बन्दी रहीं। वह 'शेड्यूल कास्ट फेडेरेशन' की नासिक शाखा की सचिव रहीं और 1947 से बाबा साहेब अम्बेडकर की इंडिपेंडेट लेबर पार्टी के कार्यक्रमों के प्रचार-प्रसार के लिए महाराष्ट्र के विभिन्न भागों में बहुत-से दौरे किये। 1968-1974 के दौरान शान्ताबाई महाराष्ट्र राज्य विधानसभा की सदस्य रहीं। भावना भार्गव ने शान्ताबाई का मौखिक आख्यान लिखा। डॉ वी. वी. शिरवाडकर ने उनकी जीवन-यात्रा को 'संघर्ष यात्रा' की संज्ञा दी। महार जाति में पैदा हुई शान्ताबाई के कई भाई-बहन थे और उनका जन्म नासिक के बाहरी हिस्से में हुआ। छह वर्ष की अवस्था में माँ ने शान्ता को स्कूल भेजा, स्कूल का खर्च और भोजन की व्यवस्था में शान्ताबाई की माँ दिन-रात लगी रहती थीं। बचपन में भूख के अनुभव की स्मृति उनके मन पर अमिट हैं, "निर्धनों को भूख ज्यादा लगती है। शायद वे ज्यादा स्वस्थ होते हैं इसलिए उन्हें ज्यादा भूख लगती है। उन दिनों बच्चों को घर से स्कूल ले जाने के लिए टिफिन नहीं मिलता था। सुबह जो बन गया वही खाकर हमें स्कूल चले जाना होता था। शाम को जब मैं स्कूल से आती थी तो टोकरी में रखी भाखरी मेरी आँखों के आगे नाचती रहती थी। भाखरी, मिर्च, प्याज और नमक ही गरीबों के लिए विशिष्ट होते थे। एक दिन घर लौटकर मैंने अपना बस्ता उतारा, खूँटी पर टाँगा और टोकरी खोलकर देखी, वह खाली थी। पतीले का ढक्कन उतारकर देखा वह भी खाली था। सब्जी की एक बूँद भी नहीं थी। मैं बहुत भूखी थी। बच्ची होने के कारण भूख नियंत्रित करना बहुत मुश्किल था। पूरे दिन में कम-से-कम एक बार भरपेट भोजन जरूरी था। पेट में कुछ डाले हुए आठ-नौ घंटे बीत गए थे। मेरी आँतें पेट को भीतर से मरोड़ रही थीं। मैं रो रही थी। हमेशा की तरह, घर पर कोई नहीं था। पड़ोसन ने बस यूँ ही पूछ लिया—क्या बात है, क्यों रो रही हो?

लेकिन उन्हें ये समझ नहीं आया कि स्कूल से छोटी बच्ची जो अभी घर आई है वह भूखी होगी। उन्होंने बस यही कहा—क्या बात है?

"क्या मुझे भाखरी का एक टुकड़ा दे सकती हो? बस एक टुकड़ा! मैं सच में बहुत भूखी हूँ।"

आई तभी काम से वापस आ रही थी जब उसने मुझे पड़ोसी से खाना माँगते सुना। आई गरीब जरूर थी पर बहुत स्वाभिमानी थी। मेरी पढ़ी-लिखी बेटी खाने के लिए भीख माँग रही है! वह क्रोधित हो गई। अन्दर गई और एक छड़ी उठाकर मुझे पीटना शुरू कर दिया। मैं रोई और रोते-रोते भूखे पेट ही झोंपड़ी के दरवाजे पर ही सो गई। आई देर शाम को काम पर से लौटी थी उसे मालूम था कि घर में खाने को कुछ नहीं है। वह मेरे लिए बाहर से खाने के लिए कुछ ले आई थी। उसने रात गए मुझे जगाया, उसका क्रोध शान्त हो चुका था। उसने गोद में बिठाकर मुझे खिलाया, जब मैं खा रही थी तो मेरे उलझे बालों में उँगली फिराकर बोली—मैं एक दुष्ट औरत हूँ मैंने अपनी बेटी को पीटा! बेचारी लड़की भूखी थी...आओ अब खा लो! जब तक तुम्हारा पेट भर न जाए। हम दोनों रो रही थीं। मैं, अपनी माँ को अपने नन्हे हाथों से खिला रही थी।"[50]

शान्ताबाई की माँ अपनी बेटी को पढ़ाने और घर का खर्च चलाने के लिए घास काटकर बेचती थी। शान्ता की पढ़ाई के लिए वह बहुत व्यग्र रहा करती क्योंकि शान्ता से बड़ी सोनू को विवाह के बाद ढेर सारे कष्टों का सामना करना पड़ा था। वह बार-बार कहा करती कि, "सुनो लड़की गरीबों के लिए जीवन में शिक्षा ही एकमात्र आशा की किरण है। शान्ताबाई अपने बचपन के दिनों को याद करती हुई कहती है कि माँ को जब भी दो आने मिलते तो वह हमारे लिए फल, मिठाई, अमरुद, चीकू ले आती। आम महँगे मिलते लेकिन वह गले हुए फल खरीद लेती और खराब हिस्सा काटकर अच्छा वाला हमें खिला दिया करती। घास के गट्ठर बेचकर वह किसी तरह घर का गुजारा चलाया करती, उसने अपने-आपको समझा लिया था कि पति अब भैंसों का दूध बेचने का काम नहीं कर पाएगा इसलिए उसे खुद ही गृहस्थी की गाड़ी चलानी है और शान्ता को पढ़ाना है। आई अपने पल्लू में रोज की कमाई बाँधकर रखती, वह बहुत स्वाभिमानी थी और किसी से भी उधार नहीं लेती। थोड़ी बड़ी होने पर शान्ताबाई ने अपनी आई का हाथ बँटाना शुरू कर दिया, वह अपनी दादी के साथ बोझा ढोने का काम भी किया करती। आत्माख्यान में शान्ताबाई बचपन में श्रम, गरीबी और अपने अभिभावकों के संघर्ष का चित्रण विस्तार से करती हैं। जब वह पाँचवीं कक्षा में थी उसने छुआछूत को बहुत निकट से अनुभव किया। वह एक प्रसंग का जिक्र करती है जहाँ पिता को सपरिवार किसी सवर्ण ने होली के भोज में शामिल होने के लिए बुलाया था। वहाँ जाने पर बाकी लोगों से अलग शान्ता के परिवार को गुहाल में बिठाकर भोजन दिया गया जहाँ

गोबर और गन्दगी का साम्राज्य था। शान्ताबाई को पिता की बातचीत अभी तक याद है—पिता ने कहा, "हम महार हैं। उनके साथ बैठकर हम कैसे खा सकते हैं? हमारी उपस्थिति से वे भ्रष्ट हो जाएँगे।"

"भ्रष्ट होना क्या होता है?" मैंने पूछा।

"हम उन्हें छू नहीं सकते।"

"हमारे छूने से क्या हो जाएगा?"

"होगा क्या—जो छुएगा उसे पाप चढ़ेगा।"

"पाप क्या है?"

"वह अच्छा काम नहीं है।"

"अच्छा काम क्या है?"

"अच्छा काम अच्छा है और पाप बुरा है" —पिता ने संक्षेप में बात समझा दी।

"क्या हम मनुष्य नहीं हैं?"

"हैं क्यों नहीं, जरूर हैं।"

"तो फिर ये लोग कुत्ता-बिल्ली तो छूते हैं हमें क्यों नहीं"

"इतने सारे सवाल मत पूछो, जल्दी खाना खाओ।"[51]

सातवीं कक्षा पास करने के बाद शान्ताबाई सरकारी ट्रेनिंग कॉलेज में गई, जहाँ उसने जाति के आधार पर भेदभाव की उम्मीद नहीं की थी। लेकिन वहाँ वह अकेली महार लड़की थी। उसे मेस-हॉल में घुसने नहीं दिया जाता और बरामदे में अलग खाना दिया जाता। उसकी थाली में खाना ऊपर से डाल दिया जाता और वह बरामदे में अकेली बैठकर खाती—"भाखरी ऊपर से फेंक दी जाती, सब्जी भी दूरी बनाकर कड़छुल से बिना मेरी थाली को छुवाए हुए डाल दी जाती। सब्जी आधी कटोरी में आधी जमीन पर गिर जाया करती। रोटी या भाखरी सब्जी के रसे में डूब जाती। सब्जी प्लेट में रखी सूखी चटनी के ऊपर गिरी रहती। मुझे बहुत गुस्सा आता।"[52] शान्ताबाई ने स्कूल में कभी जाति के आधार पर भेदभाव नहीं सहा लेकिन कॉलेज में उसे लड़कियों के स्नानागार में स्नान की अनुमति नहीं थी। बाँस की खपच्चियों से घेरकर उसके लिए अलग से कच्चा स्नानघर बना दिया गया था। वह जातिदंश के अनुभवों को बहुत कड़वाहट के साथ स्मरण करती है और विंचुर के देवी मन्दिर में पुजारी द्वारा किये अपमान को नहीं भूल पाती जहाँ वह अनजाने में दूसरे लोगों के साथ ही भीतर चली गई थी। महार जाति की होने कारण उसका देवी मन्दिर में जाना दरबार की चिन्ता का विषय बन गया था। उस पर लगाए आरोप के जवाब में उसने कहा था, "मैं जान-बूझकर मन्दिर में नहीं गई थी। दूसरे सब लोगों के साथ मैं भी भीतर चली गई, बिना जाने-समझे कि मैं क्या कर रही हूँ। मैंने जान-बूझकर कुछ नहीं किया।" शान्ताबाई बताती हैं कि विंचुर के युवराज प्रगतिशील थे, इसलिए शान्ता को इस कृत्य की कोई सजा नहीं मिली। समय के

साथ वह भी इस घटना को भूल गई।[53] शान्ताबाई अपने आख्यान में बार-बार माँ को याद करती है जिसने अपने जीवन के अभावों और अनुभवों से सीखा था कि शिक्षित होना सबसे ज्यादा जरूरी है वह शान्ताबाई के अध्यापक से कहा करती, "मास्टर, मेरी बेटी को पढ़ाना जरूर। पढ़कर ही वह अपने पैरों पर खड़ी हो सकेगी। आप स्कूल में इस बात का ध्यान रखें कि उसे कोई दिक्कत न हो। जितना मुझसे हो पाएगा उतना तो मैं जरूर करूँगी। लेकिन आप इसकी पढ़ाई पर खूब ध्यान दीजिएगा।" शान्ता बताती हैं कि माँ अनपढ़ थी पर अनुभवों ने उसे सिखाया था। पुणे में शान्ताबाई के जीवन में डॉक्टर लोंढे जैसी नेक ईसाई आईं जिन्होंने शान्ता को आगे बढ़ने की प्रेरणा दी। कॉलेज में बाबासाहेब अम्बेडकर के उपदेश और शिक्षा के बारे में सुनने और पढ़ने को मिला। वह आख्यान में इस बात को विस्तार से बताती हैं कि किस तरह अम्बेडकर ने उन्हें राजनीतिक शिक्षा दी, वे निजी तौर पर भी अम्बेडकर से मिलीं थीं और उनके विचारों और जीवन-शैली से बहुत प्रभावित भी हुई थीं। वे बाबा साहेब के धर्म-परिवर्तन और उनके महापरिनिर्वाण की घटना का चित्रण विस्तार से करती हैं। शान्ताबाई ने दलित जन उत्थान, जल और स्वच्छता की सुविधाओं के लिए निरन्तर प्रयास किया और सन् 1987 में उन्हें सावित्रीबाई फुले पुरस्कार से नवाजा गया।

मुक्ता सर्वगोंड (1922-2004) की आत्मकथा 'मिटलेली कवाडे' (बंद थे दरवाजे) का प्रकाशन सन् 1983 में हुआ। वर्धा जिले के आनन्दवन में रहनेवाली मुक्ता सर्वगोंड ने जीवन-भर दलित-समाज के हित में कार्य किये। समाजवादी नेता यदुनाथ थाटे की प्रेरणा से मुक्ता ने अपना जीवनाख्यान लिखा। पूरा जीवन समाज-सेवा को समर्पित कर देनेवाली मुक्ता ने आत्मकथा की भूमिका में बताया है कि अपने बारे में उन्हें ऐसा कुछ भी विशिष्ट नहीं लगता जिसे लिखना जरूरी लगे। उन्होंने भूमिका में ही यह स्पष्ट कर दिया कि वह आत्मकथा अपने जीवन और अनुभव के बारे में बताने के लिए नहीं लिख रही हैं बल्कि वे शेष समाज को वे दलित समुदाय के जीवन के बारे में बताने के उद्देश्य से लिख रही हैं। वह सही ढंग से किये समाज-कार्य और आडम्बर में, समाज-कार्य और लोगों की जरूरत के अनुरूप किये कार्य के अन्तराल को भी रेखांकित करती हैं। कुछ दलित आलोचकों ने जब उन पर यह आरोप लगाया कि वे तो दलित समुदाय में रही ही नहीं तो वे कैसे उनके जीवन को समझ सकती हैं? इस पर मुक्ता की प्रतिक्रिया थी, "मैंने सिर्फ दलित समुदाय के लिए कार्य किया है—और मैं इसे ही याद रखना चाहती हूँ।"[54] बाबा साहेब अम्बेडकर और ज्योतिबा फुले के कार्यों, दलितों में चेतना जागृत करने के प्रयासों से मुक्ताबाई ने प्रेरणा ग्रहण की। बाबा आम्टे के मानवता के पक्ष में किये कार्यों से वे प्रभावित हुईं, विशेषकर जब उन्होंने आनन्दवन में देखा कि "वहाँ भर्ती लगभग आधे रोगी वे थे, समाज ने जाति के नाम पर जिनके लिए

दरवाजे बन्द कर रखे थे।"[55] 'मिटलेली कवाडे' के प्रारम्भ में ही मुक्ता ने बचपन के दिनों में स्कूल में होनेवाले भेदभाव के बारे में लिखा है। दलित होने के कारण मुक्ता को अध्यापिका से एक निश्चित दूरी बनाकर बैठने को कहा जाता। कमरे के किनारे एक घड़ा रखा रहता जिसका पानी बच्चों की स्लेट पोंछने के काम में आता लेकिन उसे छूने की मनाही सिर्फ मुक्ता को थी। अन्य विद्यार्थी मुक्ता की स्लेट पर पानी छिड़क देते लेकिन मुक्ता उस घड़े को छू नहीं सकती थी। सन् 1930 के आसपास एक नई हेडमास्टर आईं जिन्होंने अध्यापकों को ऐसे भेदभाव पूर्ण व्यवहार के लिए फटकारा, तब जाकर मुक्ता जैसे दलित बच्चे स्कूल में पानी का घड़ा छू पाए। महार और मांग जाति के बच्चों को अध्यापिकाएँ छूती तक नहीं थीं, उन्हें दूर से लकड़ी फेंककर मारती। स्कूल से लौटते हुए वह गरीब दलित औरतों को घास के गट्ठर और लकड़ी बेचते देखतीं। ऐसे दृश्य उन्हें अपना अभावग्रस्त बचपन याद दिला देते। स्कूल जाते हुए रास्ते में कई लोगों की बातें सुनने को मिलतीं—"तुम अब बच्ची नहीं हो। अगर अब तक तुम्हारी शादी हो गई होती तो दो बच्चों की माँ बन गई होती। तुम्हें स्कूल जाने में शर्म नहीं आती।"[56] मुक्ता ने स्कूल और अपने समाज में जाति के दंश झेले। विवाह के बाद पटन आकर 'हरिजन-सप्ताह' में भूख, श्रम और भोजन-सम्बन्धी मुद्दों पर अपने अनुभव साझा करने के दौरान पिता के अनुभव सुनाए जो उन्होंने आषाढ़ माह और बारिश के दिनों में झेले थे। अपने समुदाय के लोगों द्वारा झेले जा रहे और अतीत के कष्टों की चर्चा, महार जाति के लिए गाँव से अलग बाहर रहने की व्यवस्था और सवर्णों द्वारा उनके सस्ते श्रम के दोहन का चित्रण वे करती हैं। गाँव के पटेल की बेटी के विवाह के प्रसंग में लिखती हैं : "शादी से कई दिन पहले सभी दलित काम में जोत दिये गए। कोली (मछुआरा जाति) लोग घर को धोने और पखाल में पानी भरने के काम में लगा दिये गए। सलगड़ी (ठेके के मजदूर) अपनी भूख-प्यास भूलकर लकड़ी के बड़े-बड़े लट्ठों को चीरकर जलावन के योग्य बना रहे थे। जानवरों को खिलाने के लिए घास के गट्ठर-के-गट्टर सँभालकर रख दिये गए। शादी में दोनों पक्षों से मेहमान अपनी-अपनी बैलगाड़ियों में आनेवाले थे इसलिए इतने बैलों को बाँधने और चारा खिलाने का इन्तजाम पहले से ही कर दिया गया था। पटेल के बड़े से दरवाजे की सारी गन्दगी,आसपास के कूड़े के ढेर को हटाया जा रहा था। राख के बड़े-बड़े ढेर, कूड़ा, मिट्टी, गोबर सब कुछ उन्होंने अपने हाथों से साफ किया और जगह साफ सुथरी कर दी। वे लगातार सफाई करते रहे। झाड़ू लगाना, कूड़ा फेंकना। उनके किये काम की कोई सीमा ही नहीं थी। अहाता, आँगन, बगीचा, गुहाल सब कुछ साफ कर दिया। इसके साथ ही काम करनेवालों को एक जगह से दूसरी जगह सन्देसा पहुँचाने के लिए भी दौड़ना पड़ता। बैलों को सानी-पानी देना, झाड़ू-बुहारू करने का हर काम मांग और महारों ने किया, अन्ततः शादी का दिन आ ही गया,

पूरे दिन मजदूर लकड़ी काटते रहे, शाम में उन्हें थोड़ा-बहुत खाने को मिला, लेकिन उन्होंने नहीं खाया क्योंकि वे उसे अपने बच्चों के लिए बचाकर रखना चाहते थे जो झोंपड़ी में भूखे बैठे थे। उनकी औरतें सुबह का बचा-खुचा खाना लेकर घरों को जा चुकी थीं। ऐसी ही सोच में गुम होकर वे यहाँ मिला भोजन बाँध रहे थे और घर लौटने की तैयारी कर रहे थे। उनके पेट खाली थे लेकिन कोई बात नहीं उन्होंने भरपेट पानी पी लिया था। एक मजदूर बचे खाने के कुछ टुकड़े निगलकर कमर सीधी करने के लिए लेटा ही था कि बड़े घर से एक आदमी आकर बोला कि अभी बहुत काम बाकी है—जैसे मेहमानों के बैलों को खिलाना, पानी पिलाना, उनका गोबर साफ करना, गन्दे फर्श को धोना और पोंछना, जलावन की लकड़ियों को सुबह के लिए रखा जाना भी अभी बाकी था। कोली अभी भी पखाल में मशक से पानी भर रहा था। अभी भी बाजेवाला अपना बाजा लगातार बजा रहा था। पिपनी बजाकर वह अपनी कला दिखा रहा था। चारों ओर बच्चे-ही-बच्चे खेल रहे थे, कहीं एक इंच की जगह भी नहीं थी कि आप खड़े रह सकें।

मांग और महार लोगों ने सारा काम फिर से करना शुरू कर दिया। किसी तरह आधी रात को जाकर शादी सम्पन्न हुई। इसके बाद मेहमानों के नखरे, उन्हें मिले उपहार, उन उपहारों की आलोचना, मान-मनुहार, इसके बाद मेहमानों के भोज की बारी आई फिर वे सोने गए। शायद रात के दो बज रहे होंगे जब शिव महार को किसी ने नींद से जगाया, वह लगातार काम करके बहुत थक गया था। वह आधी नींद में उठा अपनी परात उठाई और गोबर के ढेर के पास ही बैठ गया, उसे नींद और थकान के मारे दुर्गन्ध भी नहीं आ रही थी। दरअसल वह खाना भी नहीं चाहता था, वह तो बस सोना चाहता था। वह परात में परोसी खीर गिराना नहीं चाहता था खीर भरी परात को उठाकर किसी तरह हाथ बदलते, टपकती हुई खीर को हाथों से काछकर फिर परात में डालते-पोंछते वह घर पहुँचा और खीर को, एक छींके में रखे मिट्‌टी के बर्तन में डालकर ढक्कन बन्द कर दिया। इसके बाद वह अपने बिस्तर पर लेटकर गहरी नींद सो गया। सुबह उसकी पत्नी उठी और बच्चों को प्यार से खीर परोसने लगी, लेकिन वह तो अब खीर थी ही नहीं। किसी ने परात को मनुष्य के पाखाने के ढेर पर रख दिया था। लेकिन अँधेरे और गहरी नींद के कारण शिव महार ने देखा नहीं कि उसकी परात पाखाने के ऊपर रखी हुई है, उसने सूँघा भी नहीं चार महीने के जी-तोड़ परिश्रम के बदले उसे ये पारिश्रमिक मिला था

इसलिए दोस्तों, जेजुरी मन्दिर की नौ लाख सीढ़ियाँ चढ़ने की बजाय मनुष्यता के द्वार खोलो। वहीं ईश्वर तुम्हें मिलेंगे, मन्दिर में नहीं। सन्तों ने भी तो यही उपदेश दिया है।"[57]

इन आख्यानों में भूख, गरीबी और गुरबत के प्रसंग 'लज्जास्पद' लग सकते हैं, इसी प्रसंग में गोपाल गुरु का कहना है कि दलित मध्यवर्ग और राजनीतिज्ञों को इस

तरह के यथार्थ आख्यान 'अप्रिय' लग सकते हैं क्योंकि वे अपने सांस्कृतिक वर्तमान में अनिच्छित अतीत के प्रमाण नहीं चाहते।[58] उनका यह भी मानना है कि आम दलितों के लिए ये आख्यान अभी भी अनुपलब्ध हैं क्योंकि उन्हें अपने जीवन-संसार का विश्लेषण करने की आवश्यकता ही नहीं है। जिन्हें जाति के दंश से अपने रोजमर्रा के जीवन में जूझना ही पड़ता है, और जिन्हें अपने प्रतिनिधित्व के बारे में चेतना ही नहीं है, उनके लिए ये आख्यान मायने नहीं रखते। इन आख्यानों में ऐसा कुछ भी नहीं है जिससे वे अपरिचित हों। मुक्ता सर्वगोंड़ का आख्यान हो या बेबी हालदार का—इन्हें पीड़ा और दुख की दास्तान मात्र, या अतीत की दुखद स्मृतियों का चर्वण समझना नहीं चाहिए, वास्तव में ये आत्मकथा के तयशुदा मानकों का परिविस्तार करनेवाले आख्यान हैं। जो जाति और पेशे पर आधारित दमन, जाति-विरोधी संघर्ष और प्रतिरोधी चेतना का निर्माण करने के लिए लिखे और पढ़े जाने जरूरी हैं।

शान्ताबाई कृष्णाजी काम्बले (1923) की आत्मकथा 'माझ्या जल्मांची चित्तरकथा' (मेरे जीवन की चित्रकथा) का प्रकाशन सन् 1988 में हुआ। जिसका हिन्दी अनुवाद 'नाजा' शीर्षक से रजनी तिलक ने 2009 में किया। शान्ताबाई सोलापुर जिले की पहली अध्यापिका थी जो दलित थी। उन्होंने 1981 में नौकरी से अवकाश-प्राप्त करने के बाद आत्मकथा लिखना शुरू किया, जो 'पूर्वा' पत्रिका में सन् 1983 में धारावाहिक रूप में छपी और 1990 में उस पर मुम्बई दूरदर्शन ने भी धारावाहिक बनाया। सन् 1980 के आसपास बहुत-से दलित पुरुषों की आत्मकथाएँ प्रकाश में आईं जिन्होंने शान्ताबाई काम्बले को भी आत्मकथा-लेखन की प्रेरणा दी। पुस्तक के समर्पण में उन्होंने लिखा : "मेरे माँ-पिता के लिए, जिन्होंने पूरे दिन चिलकती धूप में, भूखे-प्यासे कठिन परिश्रम, भूख से ऐंठती आँतों के साथ मुझे पढ़ाया और अँधेरे से प्रकाश का रास्ता दिखाया।" आख्यान में शान्ताबाई अपनी माँ के सुनाए अतीत का जिक्र बार-बार करती हैं कि कैसे भूख और गरीबी के साथ दूसरों के खेतों पर जी-तोड़ परिश्रम के बाद उन्हें मिले ज्वार के दानों को कितना सँभालना पड़ता था, साथ ही यह भी कि माँ कहा करती थी कि पढ़ना-लिखना ही सारे अभावों को दूर करने का एकमात्र उपाय है। बचपन में झेले कष्टों और अतीत की कष्ट-गाथाओं ने शान्ताबाई के अवचेतन का निर्माण किया। माँ के मरने के बाद शान्ताबाई की बड़ी बहन ने अपने छोटे भाई-बहनों के लिए माँ की भूमिका निभाई। शान्ताबाई लिखती हैं, कि कैसे भूख लगने पर वे बहन की ससुराल जाकर भोजन माँगकर खा लेते थे और बड़ी बहन अपनी भूख को सिर्फ पानी पीकर दबा लिया करती थी।

शान्ताबाई के आत्मकथ्य में दलित समुदाय में प्रचलित अभ्यासों का विस्तार से वर्णन किया गया है। अन्धविश्वास का कारण अशिक्षा है, तंत्र-मंत्र के अभ्यास इसी का परिणाम होते हैं। अपने समुदाय में बच्चों की रक्षा के लिए किये जानेवाले तांत्रिक अभ्यासों के बारे वे लिखती हैं : "अगले दिन हम लोग अपने दादा के घर

गए। महारों के रहने की जगह पर एक औरत ने पूरी जगह साफ करके गोबर से लीप दी थी। बच्चे और बड़ों ने नये कपड़े पहने थे। अब पोतराज आया, वह अलग तरह के कपड़े पहने माथे पर हल्दी लगाए हुए था। उसने अपने अँगूठे पर धातु के लच्छे पहन रखे थे जो उसका हाथ हिलने पर खूब आवाज करते थे। बाजा बजना शुरू हुआ और सुहागिनें मिलकर झरने से पानी लाने के लिए पवित्र गीत गाते हुए आगे बढ़ीं (इसमें विधवाओं का शामिल होना मना था) पोतराज 'हलगी' की धुन पर नाच रहा था। सारा गाँव इकठ्ठा हो गया था। औरतों ने अपने घड़े पानी से भर लिये और सर पर रखकर लौटने लगीं। पोतराज औरतों के कान में मंत्र फुसफुसाने लगा और उन पर देवी आ गईं। वे नाचने लगीं, अजीबोगरीब आवाजें निकालने और जमीन पर रेंगने लगीं। चाचा ने मुझे एक थाली में दही चावल दिये कि मैं चारों ओर बिखेरू। एक गर्भवती भेड़ लाई गई जिसकी बलि दी जानी थी।

पोतराज ने सबसे कहा कि 'सब लोग सारे रीति-रिवाजों पर ध्यान दें। धार्मिक काम करते हुए कोई भी गलती अगर हुई तो देवता का शाप लगेगा।' पोतराज ने फिर प्रार्थना की और सभी सुहागिनों ने कहा—सब अच्छा होगा। फिर वे घर आ गए। तब भेड़ की खाल छीली गई उसके, टुकड़े किये गए। उसकी आँतें एक बर्तन में डालकर अलग पकने के लिए रख दी गईं। मांस के टुकड़ों को अलग पका दिया गया। सूखी भाखरी और तेल से मसादेवी की पूजा की गई। अलग ढककर रखे गए भोजन से देवी की पूजा की गई। तब सभी सुहागिनों और बच्चों ने प्रसाद पाया, पुरुषों ने उनके बाद खाया। अगले दिन भेड़ के बचे हुए हिस्से, जैसे सर को पकाया गया और सबने उसे खाया।"[59]

आख्यान में बहुत बार गाँववालों और परिवार के पंढरपुर की यात्रा पर जाने के प्रसंग आते हैं। बच्चों की बीमारी ठीक करने के लिए भाँग पीना, बलि चढ़ाना, औरतों पर देवी आना जैसे अन्धविश्वासों की चर्चा आत्मकथ्य में भरी पड़ी है। सातवीं कक्षा के बाद काम्बले मास्टर के साथ विवाह तय होने का रोचक प्रसंग शान्ताबाई ने लिखा है : "विवाह साठ रुपये और एक साड़ी में तय हुआ। काम्बले मास्टर ने एक साड़ी और ब्लाउज खरीदकर सगाई के दिन के लिए मेरी ननद के घर में रख दिया।"[60] शादी का समारोह एक छोटे पंडाल में हुआ जहाँ औरतें पूरणपोली बना रही थीं, जबकि मर्द सब्जी बना रहे थे। समुदाय के सभी लोगों को, नये दम्पती को शुभकामना देने, उन पर अक्षत छींटने और सामूहिक भोज के लिए बुलाया गया था। अगले दिन एक बकरी को काट दिया गया। चारों ओर हँसी-खेल और कोलाहल था। अन्ततः उन दोनों को दो घोड़ों पर बिठाकर जुलूस निकाला गया। शादी का जुलूस गाँव की सीमा पर ही घूमता रहा क्योंकि गाँव के बीच से जुलूस निकलने की इजाजत महारों को नहीं थी। शादी के बाद शान्ता काम्बले मास्टर के घर गईं जहां गरीबी का साम्राज्य था। कुछ ही दिन के बाद काम्बले मास्टर ने अपनी एक

विधवा रिश्तेदार लड़की से दूसरी शादी कर ली जिसका विरोध शान्ताबाई ने किया। लेकिन उस विधवा के माता-पिता ने काम्बले मास्टर को अच्छा दहेज दिया जिससे दबाव में आकर काम्बले ने दूसरी शादी की। इस घटना से आहत होकर शान्ताबाई अपने माँ-बाप के घर लौट आई। काम्बले मास्टर बीच-बीच में वापस चलने का अनुरोध लेकर आते रहे। जब शान्ता पिता के घर आईं वह पाँच महीने की गर्भवती थीं। रोजगार के लिए उन्होंने कुर्दुवादी स्कूल में नौकरी कर ली थी और पति से अलग रहने के कारण बहुत-से सामाजिक अपवादों का सामना भी किया।"[61] एक प्रसंग में अपना पीछा करने और दूसरे विवाह का प्रस्ताव लानेवाले की पिटाई चप्पल से करना भी उन्होंने लिखा है। कुछेक दिनों में ही काम्बले मास्टर की अपनी दूसरी पत्नी से अनबन हो गई, वह अपने मायके चली गई तब वह शान्ताबाई के पास आकर उसे जबरदस्ती अपने साथ ले आए। लेकिन शान्ताबाई को जैसा भय था वही हुआ, दूसरी पत्नी जल्द ही लौट आई और अब गृह-कलह शुरू हुआ। इस दौरान शान्ताबाई स्कूल में नौकरी करती रहीं लेकिन मास्टर काम्बले से पीछा छुड़ाना मुश्किल ही था।

शान्ताबाई बचपन में अभाव और भूख के अनुभव पाठक से साझा करती हुई लिखती हैं कि उनकी माँ दूसरी औरतों के साथ खेत में चरनेवाले जानवरों के गोबर को इकठ्ठा करके उसमें से अनाज के दाने अलग कर लिया करती थी। उन दानों को धो-सुखा और पीसकर घर के सदस्यों का पेट भर लेती थीं। अपने पति और लड़के के लिए अच्छे अनाज को पीसकर रोटी बना लेती थीं और घटिया श्रेणी के अनाज की रोटी घर की लड़कियों और औरतों के हिस्से आती थी। वह इसी सन्दर्भ में लालू महारिन को भी याद करती हुई लिखती हैं : "लालू महारिन ने अभी-अभी प्रसव किया था। घर में खाने को कुछ भी नहीं था। प्रसव को 12 दिन बीत चले थे, वह लगातार भोजन ढूँढ़ रही थी और बहुत भूखी थी। वह अचानक उठी, बच्चे को गुदड़ी में सुलाया उसे पुरानी साड़ी से ढककर झोपड़ी के बाहर निकल गई। पास में ही रामा चौघले का खेत था, जिसमें उसने मकई उगा रखी थी। लालू खेत में गई और कच्ची मकई तोड़-तोड़कर खाने लगी तभी रामा चौघले ने पुकारा—कौन है वहाँ खेत में?

लालू ने कहा, "मैंने 12 दिन पहले ही बच्चा पैदा किया है, बहुत भूखी हूँ, पेट जल रहा है क्या करूँ? आपके भुट्टे खा रही हूँ। जो करना है कर लो।"

रामा ने माथा पीट लिया, "लालू तू मर जाएगी! तेरा पति क्या कर रहा है?"

"घर में निठल्ला बैठा है। उसे कोई काम नहीं है।" इस जवाब ने चौघले को चुप करवा दिया। लालू कच्ची मकई भरपेट खाकर लौट गई।

जब मेरी माँ ने लालू के बारे में यह सुना तो वह लालू को देखने उसके झोंपड़े में गई, "ये क्या लालू? तुम ऐसे कैसे कच्ची मकई खा सकती हो? तुम्हारे नवजात शिशु का क्या होगा?"

"अरे क्या ग्वालाबाई, इससे क्या हुआ, पहले भी तो हमने भूख में कच्चा अनाज खाया है। हम भूख में और कर भी क्या सकते हैं।"[62]

शान्ताबाई उत्पीड़न के लैंगिक पक्ष पर भी लिखती हैं। घर में भोजन या अनाज आने पर स्त्रियों की अपेक्षा पुरुषों की आवश्यकता को तरजीह दी जाती। नौकरी कर अध्यापिका बनने के बाद भी वह अक्सर भूखी रहती क्योंकि घर के लोगों की जरूरतें बहुत ज्यादा थीं और तनख्वाह कम। सन् 1959 तक शान्ताबाई ने कई स्कूलों की नौकरियाँ कीं, जातिदंश झेले, क्षमता से अधिक श्रम किया, सन्तान-वियोग झेला लेकिन साथ ही अपने समुदाय में शिक्षा के अभाव के कारणों को समझा। इसके लिए काम्बले मास्टर के साथ वयस्क पाठशालाओं की स्थापना भी की। शान्ताबाई की वयस्क पाठशाला में 40 से अधिक औरतों ने भाग लिया। वे पाठशाला में गीत, नृत्य, भाषण इत्यादि का अभ्यास किया करतीं। शान्ताबाई के इस स्कूल की सराहना दूर-दूर तक हुई। शान्ताबाई बाबासाहेब अम्बेडकर के प्रभाव को रेखांकित करती हुई लिखती हैं : "कुर्दड़ी जाने के बाद मैं अक्सर सोलापुर में बाबा साहेब के भाषणों को सुनने जाया करती। कई कामगार बाबा साहेब के विचारों और भाषणों के प्रचार-प्रसार का काम करते, "मृत जानवरों का मांस मत खाओ, किसी के मरने पर बिना पारिश्रमिक के लकड़ियाँ काटने का काम मत करो, सगे-सम्बन्धियों की मौत की खबर देने के लिए हरकारे का काम मत करो, अछूतों, नींद से जागो, गाँव में गन्दे काम मत करो, अपने बच्चों को स्कूल भेजो। अशिक्षा को बढ़ावा मत दो शान्ताबाई ने बाबा साहेब अम्बेडकर के भाषणों का जनता पर पड़े सीधे प्रभाव का विवेचन करते हुए इस बात का उल्लेख किया है कि वे अपने भाषणों से दलितों में चेतना भर दिया करते—"मैं पोतराज की तरह गाँव-गाँव नहीं घूमता...अपने बच्चों को पढ़ाओ...मरे जानवरों का मांस खाना बन्द करो...मरे जानवरों से सम्बन्धित कोई भी काम करना बन्द करो "ऐसा लगा मैं उनको हमेशा सुनती रहूँ।"[63]

बेबी कोंडिबा काम्बले (1929) की आत्मकथा 'जिण आमुच्या' सबसे पहले मराठी पत्रिकाओं में धारावाहिक रूप में छपी जिसके बाद महाराष्ट्र संस्कृति मंडल की ओर से 1986 में इसका प्रकाशन पुस्तकाकार हुआ, जिसका हिन्दी अनुवाद 'जीवन हमारा' शीर्षक से सामने आया। बेबी ताई काम्बले परचून की एक छोटी दुकान चलाती थी जहाँ वह छपे कागजों की पुड़िया में सामान बेचती थी। छपे शब्द से उनका सम्बन्ध बस इतना ही था। 'जिण आमुच्या' उन्होंने सुबह के वक्त में लिखना शुरू किया। वे दलित स्त्री पर लागू सेंसरशिप के दबावों की चर्चा करती हैं कि जब उनके पति दुकान के लिए राशन खरीदने जाते तब बेबी अपने जीवन के बारे में कागज के ठोंगों पर लिखा करतीं और किसी को दिखाती नहीं। वे अपना लिखा हुआ अक्सर छिपाकर रखती थी। मेक्सीन बेरस्टीन ने उन लिखे शब्दों को पढ़ा

और मराठी पत्रिका 'स्त्री' में छपने भेज दिया और इस तरह यह आत्मकथा पाठकों के सामने आई। भूमिका में ही बेबी ने यह स्पष्ट कर दिया कि वह अपने समुदाय की स्थिति बताने के लिए अपने जीवन के पिछले पचास वर्षों का लेखा-जोखा दर्ज कर रही है। इस पुस्तक के हिन्दी अनुवाद की भूमिका में मैनेजर पांडेय ने लिखा है : "जीवन हमारा (जिण आमुच्या) मराठी की महत्त्वपूर्ण दलित लेखिका बेबी काम्बले की मशहूर रचना है, जिसके प्रकाशन से मराठी-साहित्य-संसार में काफी हलचल पैदा हुई थी...मराठी में यह आत्मचरित्र या आत्मकथा के रूप में विख्यात है। लेकिन यह केवल एक व्यक्ति की आत्मकथा नहीं है। इसमें एक दलित समुदाय की कठिन सामाजिक स्थिति, उसके जीवन की भीषण वास्तविकताओं और उसके रोमांचकारी सांस्कृतिक अनुभवों का उपन्यास जैसा विशद चित्रण है। इसलिए इसे आत्मकथात्मक उपन्यास कहना गलत न होगा। अगर यह आत्मकथा है तो एक व्यक्ति की नहीं बल्कि एक समुदाय की आत्मकथा है।"[64]

बेबी काम्बले की आत्मकथा शीर्षकहीन बारह अध्यायों में विभक्त है। यह आत्मकथा अन्य दलित आत्मकथाओं की तरह बहुत ही व्यवस्थित ढंग से उनके बचपन की स्मृतियों से शुरू होती है जो महार समुदाय के रहन-सहन के बारे में पाठक को नई, वास्तव में पाठक को उस जीवन के दृश्य बेचैन और संत्रस्त कर देते हैं। सवर्ण और ऐसे समुदाय जो हाशिये के जीवन को नहीं जानते यह आख्यान उन्हें ग्लानि से जकड़ डालता है। महारवाड़ा के जीवन के प्रामाणिक चित्र इस आत्मकथा में मिलते हैं। 1920 के दशक में गाँव के सीमान्त पर बसी दलित बस्ती के घर मिट्टी के थे, जिनके बारे में बेबी लिखती हैं : "करीब-करीब कुल मिलाकर पन्द्रह-सोलह घर थे। उनमें दो-तीन घर ही आर्थिक रूप से थोड़ा सम्पन्न थे। बाकी सारे घर चिर-दरिद्र कीचड़-मिट्टी से लिपे छोटे-छोटे घर, दरवाजे पर पानी पीने के लिए मिट्टी का बड़ा घड़ा, लेकिन उसका मुँह एकदम छोटा होता था, इसलिए उसे 'केली' कहते थे। उस केली के मुँह पर नारियल की खोपड़ी का आधा टुकड़ा होता। उस खोपड़ी में तीन छेद बने होते। दो छेदों को उँगली से बन्द कर तीसरे छेद पर अँगूठा लगाकर वहीं से गटागट पानी पीते थे वे दरवाजे के पास टूटा-फूटा चूल्हा। चूल्हे के पास दो मिट्टी के बरतन। लकड़ी का चमचा, बीच में से फूटा हुआ लोहे का तवा। आटा गूँथने के लिए लकड़ी की परात। रोटी पलटने के लिए लोहे का लम्बे हाथ जैसा पतरा। एक कोने में आटा पीसने की चक्की। चूल्हे के ऊपर रस्सी। यह रस्सी हमारे लिए जनेऊ की तरह पवित्र होती। यह हमारे जन्म की निशानी होती। उस पर मरे हुए जानवरों की खाल सुखाने के लिए डालते थे। दूसरे कोने में मैला-कुचैला, फटा हुआ बिस्तर।...मैले चीकट शरीर, बिना तेल लगे, गन्दे उलझे बाल—किसी झाड़ी की तरह कन्धे पर फैले हुए। देखनेवालों को लगता कि ये बाल मानो किसी चूहे ने जगह-जगह कुतर दिये हैं। इन उलझे बालों

में जूँ और लीखों की भरमार होती। बच्चों की नाक हर वक्त नल की तरह बहती रहती। इन बच्चों के शरीर पर कपड़े का एक टुकड़ा तक नहीं होता। ऐसे नंग-धड़ंग बच्चे एक-एक घर में आठ-आठ, दस-दस होते। कहीं-कहीं पन्द्रह तक होते। खास बात यह कि सबसे बड़ा बेटा माँ-बाप द्वारा छोड़ा हुआ होता (भगवान के नाम पर) उस लड़के को 'पोतराज' के नाम से जाना जाता। आठ-नौ वर्ष तक तो बच्चे एकदम नंगे ही रहते। लड़की जब सयानी होने लगती तो घर के फटे चीथड़ों में से ढूँढ़-ढाढ़कर उसके लिए कपड़ा सिलाया जाता। कपड़ा भी क्या? कमर में कपड़े की गाँठ मारकर लँगोट जैसी बना दी जाती। घर में मरी देवी को चढ़ाया हुआ जो कपड़ा होता, उसी की चोली बड़े-बड़े टाँके लगाकर सिल दी जाती। जवान होती लड़की का यही पहनावा था।"[65]

दलितों के अभावग्रस्त जीवन में आषाढ़ का महीना सुकून से भरा होता क्योंकि साल के इसी महीने में उन्हें भरपेट खाने को मिलता,मांस मिलता क्योंकि आषाढ़ अमावस्या को बलि दिये जाने का रिवाज था : "राई-भर सुख की आस में ये लोग पहाड़ जितना दुख उठा लेते। बारहों महीने सुख से रहनेवालों को भी शायद आनन्द की वह अनुभूति नहीं हो सकती जितनी ये लोग इस एक महीने (आषाढ़) में महसूस कर लेते। इस एक महीने में इनके लिए जैसे आनन्द का सोता-सा झरता रहता। विश्व रचयिता ने पृथ्वी के इन दीन-हीन गुलामों के लिए भी सुख की यह व्यवस्था कर दी थी मानो। जिसने चोंच दी है वह चारा भी देगा, इस सिद्धान्त के तहत भगवान ने बारह में से यह एक महीना इन्हें भी बक्शा होगा। आषाढ़ का महीना यानी बिना भोजन के सूख गई आँतों के लिए अप्रत्याशित वरदान। यानी जीभ को नये-नये स्वाद दिला पाने का पर्व। इस आनन्द की लहर सबसे पहले स्त्रियों के भीतर जागती। आषाढ़ उनके निर्धन समय में स्वर्णकाल बनकर उतरता। यह धर्म का, देवता का महीना होता। जिसके शरीर में देवता आते हैं, उसके लिए तो अपनी कला का कौशल दिखाने का यह सर्वश्रेष्ठ समय होता। इस महीने में टूटी-उधड़ी दीवारों को गोबर मिट्टी से अच्छी तरह लीप दिया जाता। घर का सारा सामान सँवारा जाता। सारा सामान यानी उतरंडी (मटके के ऊपर मटका) और घर-भर में फैले सारे मटके। जगह-जगह से टूटे-फूटे हुए लेकिन सुघड़ गृहिणियों द्वारा दो पीढ़ियों से सँभालकर रखे हुए मटकों में चूहों द्वारा बनाए गए बिल। चूहा अन्दर न जाने पाए, इसके लिए महिलाएँ फटे-पुराने कपड़े उनके बिल में ठूँस देतीं। चीथड़ों के भीतर बबूल के काँटे भर देतीं, ताकि चूहा उन चीथड़ों को कुतर न पाए। छोटे-छोटे मटकों के ऊपरी, मुँहवाले हिस्से टूटे हुए होते। यही, पीढ़ियों से सँजोया हुआ उनका संसार[66]..."आषाढ़ महीने का मंगलवार, शुक्रवार और अमावस्या तथा पूर्णिमा, यह सारा ही समय हम लोगों का व्यस्ततम समय होता। इस समय का एक भी क्षण बर्बाद न होने पाए, इसका ध्यान रखा जाता। हिन्दू धर्मानुसार हम लोगों को

बाहर कर दिया था। समाज से बहिष्कृत थे हम लोग। देह से हम अछूत थे—मानो कूड़ा-करकट का ढेर हों—लेकिन अन्त:करण से हम भी हिन्दू ही थे और हिन्दू धर्म को अपने प्राणों से भी अधिक मानते थे। हमारी गरीब, लाचार औरतों के लिए हल्दी–रोली का पात्र हीरे जवाहरात से ज्यादा कीमती था। हिन्दू संस्कृति को बचाए रखने का हम लोग जी-जान से प्रयास करते रहे हैं, फिर भी न हमें कोई समझ पाया और न ही जानने-समझने की कोई कोशिश ही की गई।"[67] बेबी काम्बले का आत्मकथ्य ब्राह्मणवादी पितृसत्तात्मक विचारों के दलित जातियों पर नियंत्रण और प्रभाव के बारे में बताता है कि तमाम शोषण और मनुष्यता विरोधी कायदों के साथ धर्म का डर किस कदर निम्न कही जानेवालों की जीवन-शैली को नियंत्रित करने की साजिश रचता है। धार्मिक अनुष्ठानों का पालन करके ये जातियाँ स्वयं को हिन्दू धर्म का अविच्छिन्न अंग समझने का भ्रम पाले रहती हैं, जिसका लाभ सवर्ण जातियाँ लेती चली आई हैं।

बेबीताई काम्बले ने अपने समुदाय में प्रचलित पर्दा-प्रथा का वर्णन भी किया है। उनके गाँव में बेबी के पिता यानी पंढरीनाथ मिस्त्री की पत्नी का चेहरा भी किसी ने नहीं देखा, यानी वह असूर्पश्या है, इस बात से पिता को काफी गर्व महसूस होता। वे लिखती हैं : "मेरे पिता ने मेरी माँ को मैना पक्षी की तरह पिंजरे में बन्द करके रखा हुआ था। वे अपनी सारी कमाई दूसरों को दान कर देते।"[68] समुदाय में प्रचलित दहेज-प्रथा का घिनौना रूप भी बेबी ने चित्रित किया है। विवाह अक्सर बचपन में ही हो जाया करते थे, लड़के का पिता लड़की के घरवालों को दहेज देता था जिससे विवाह की व्यवस्था, भोज इत्यादि का खर्च निकल जाता था। शादी के तुरन्त बाद ही दुल्हन के जीवन का कठिन दौर शुरू हो जाता था। अक्सर पति के घर जाने के लिए दुल्हन को दो या तीन दिन की पैदल यात्रा करनी होती थी, किसी तरह के परिवहन का खर्च उठाने की शक्ति दोनों में से किसी पक्ष के पास नहीं होती थी। बेबीताई चिकित्सा सुविधाओं की नितान्त कमी का जिक्र करते हुए कहती हैं कि उन दिनों और गरीबों के लिए तंत्र-मंत्र और झाड़-फूँक के रास्ते ही खुले हुए थे। भूख और गरीबी के प्रसंग इस आत्मकथा में भरे पड़े हैं। जिन दिनों भोजन की कमी रहती जंगली बेरियों से बच्चों की भूख मिटाई जाती। विडम्बना ही थी कि जब जानवरों में महामारी फैलती तो समुदाय के लोग खुश होते क्योंकि महामारी फैलने का अर्थ था उनके लिए ढेर सारे मांस का अपने-आप प्रबन्ध हो जाना। हालाँकि बीमार मृत जानवर का शरीर कभी-कभी सड़ा हुआ भी होता ऐसे में उसके शरीर के कुछेक भाग ही खाने के काम में आते। महार अक्सर अकेले चरनेवाले जानवर की फिराक में रहते और उसे चुपचाप जहर खिला देते जिससे वह एकाध दिन में मर जाता। जानवर के मरने से पहले ही वे जानवर-मालिक के घर के आसपास पहुँचे रहते ताकि मरे जानवर को ढोकर ला सकें। बस्ती में मरा

जानवर आते ही हलचल मच जाती, औरतें पंक्ति में खड़े होकर जानवर के मांस के अपने हिस्से का इन्तज़ार किया करतीं। कभी-कभी मांस पकाने के लिए जलावन की लकड़ी भी कम पड़ जाती। ऐसे में लोग लगभग कच्चा मांस ही खा डालते। बचे मांस के टुकड़े, खाल और हड्डियों को सुखाकर मिट्टी के बर्तनों में भरकर बन्द कर दिया जाता।[69]

समुदाय में पुरुषों की अपेक्षा स्त्रियाँ ज्यादा काम किया करतीं। स्त्री-श्रम विभाजन पर टिप्पणी करते हुए बेबी काम्बले बताती हैं कि महार समुदाय में अलग-अलग उम्र की औरतों के लिए श्रम के प्रकार स्पष्ट रूप में विभाजित हुआ करते थे। आम तौर पर युवा स्त्रियाँ भाखरी बनाया करती थीं। सास अपनी बहू के काम के तरीकों में नुक्स निकालती थी—मसलन भाखरी के लिए अनाज अच्छी तरह नहीं पिसा। तब विवाह बचपन में ही हो जाते थे, किशोरी होते-होते बहू पर सास का शासन कड़ा हो जाता था जिससे घर में झगड़े शुरू होते थे। सास अपनी बहू के खिलाफ बेटे के कान भरती थी। बेबीताई बताती हैं कि कम-से-कम सौ में एक बहू तो ऐसी मिल ही जाती थी जिसका चेहरा बिगड़ा और चोटिल रहता था, या नाक कटी रहती थी।"

बेबीताई काम्बले की आत्मकथा महार समुदाय के उन दिनों की कथा है जब बाबासाहेब अम्बेडकर का आगमन नहीं हुआ था। अम्बेडकर के आने और उनके द्वारा दलित-चेतना के प्रसार के बाद और पहले की स्थिति और इन दोनों के बीच के संक्रमण काल पर यह आत्मकथा बहुत बेहतर ढंग से टिप्पणी करती है। इसकी विशेषता यह है कि इसमें महार जाति की दुर्दशा के कारणों की पड़ताल करते हुए सिर्फ सवर्णों को उत्तरदायी नहीं ठहराया गया है बल्कि समुदाय के भीतर प्रचलित पितृसत्तात्मक अभ्यासों और अपने घर-परिवार की स्त्रियों का उत्पीड़न और शोषण करनेवाले महार पुरुष-वर्ग के बारे में भी कड़ी टिप्पणी की गई है। उर्मिला पवार का कहना है कि पुरुष जितना चाहे लिख सकते हैं क्योंकि उन्हें तैयार भोजन मिल जाता है और जब वे लिखते हैं तो उन्हें प्रशंसा भी मिल जाती है। जबकि ऐसा स्त्रियों के साथ नहीं होता। वे यदि दिन-भर लिखें तो शिकायत होती है कि वे घर के कामों की ओर ध्यान नहीं दे रही हैं।[70] स्वयं बेबी काम्बले को पति के सामने अपने बारे में लिखने की आजादी नहीं थी। पुराने रद्दी कागज और सामान रखनेवाले ठोंगे पर उन्होंने पति से छुपाकर लिखा। अपने ऊपर पति के बेजा नियंत्रण के बारे में बेबी ने आत्मकथा में कई जगह टिप्पणी की है। बेबी का विवाह तेरह वर्ष की उम्र में ही हो गया था, तब भी समुदाय के प्रचलन के हिसाब से उनकी उम्र जरूरत से ज्यादा समझी गई। एक किशोरी के लिए विवाह कई नई जिम्मेदारियों और मुसीबतों की खान था। यद्यपि बेबी की सास अच्छे स्वभाव की थी लेकिन बेबी के पति ने बेबी पर बहुत नियंत्रण रखा। बेबी को अपनी इच्छा से कुछ भी करने की

आजादी नहीं थी। जब भी वह अपने अनुसार कुछ करने की कोशिश करतीं, उन्हें पति की निर्मम पिटाई का शिकार बनना पड़ता। वे ऐसे कई प्रसंगों को भूल नहीं पातीं जहाँ उन्हें बिना किसी अपराध के निर्ममता से पीटा गया। वे निरन्तर घरेलू हिंसा की शिकार रहीं, जिसके बारे में उनके परिवार के सदस्य हमेशा चुप रहे, किसी ने न्याय का पक्ष नहीं लिया, ऐसा इसलिए भी हुआ क्योंकि महार समुदाय में आम तौर पर स्त्रियाँ दैनन्दिन मार-पीट, गाली-गलौज का शिकार हुआ करती थीं। बेबीताई का पति बेरोजगार होते हुए भी अपने पुरुषत्व की परीक्षा जब-तब बेबी की देह पर किया करता था। आत्मकथा के अंग्रेजी रूपान्तर में बेबीताई से अनुवादक माया पंडित का साक्षात्कार संकलित है जिसमें उन्होंने पति के दुर्व्यवहार और हिंसा का वर्णन किया है : "एक बार हम लोग एक मीटिंग में भाग लेने के लिए मुम्बई गए, हम जिस डब्बे में बैठे उसमें काफी भीड़ थी। मेरे पति को अचानक शक हुआ कि कुछ लड़के मेरी ओर लगातार देख रहे हैं। फिर क्या था उसने मुझे इतनी जोर से मारा कि मेरी नाक से धारोंधार रक्त बहने लगा...उसी शाम हम लौट गए और वह मुझ पर इतना नाराज था कि ट्रेन में, रास्ते-भर मुझे मारता रहा।"[71] दलित स्त्रियों के त्रिस्तरीय शोषण की तरफ बेबी संकेत करती हैं। तेजस्विनी नारायणकर ने ठीक ही कहा है कि : "दलित स्त्रियों की आत्मकथाएँ पुरुष-सत्ता के दमन के खिलाफ हैं। वे दलित स्त्रियों की मनोसामाजिक स्थिति के बारे में बताती हैं और उनका अन्त सामाजिक सम्बन्धों के वर्णन से होता है।...लेखन को, दलित स्त्रियाँ अपने दमित अस्तित्व के खिलाफ पहचान स्थापित करने के लिए एक औजार के तौर पर इस्तेमाल करती हैं। अम्बेडकरवादी आन्दोलन के विविध पड़ाव, अस्तित्व के लिए संघर्ष, अम्बेडकरवादी आन्दोलन में उनकी शिरकत स्त्री-पुरुष सम्बन्ध, अवमाननायें, कष्ट और बतौर स्त्री उनका निम्नजीवन स्तर—ये सब दलित स्त्रियों की आत्मकथाओं का केन्द्रीय भाव है। इन आत्मकथाओं ने न सिर्फ दलित-साहित्य बल्कि क्षेत्रीय भाषाओं के साहित्य को भी समृद्ध किया है।"[72]

बेबी काम्बले की आत्मकथा अन्य स्त्री-आत्मकथाओं से विशिष्ट है क्योंकि इसमें बेबी दलित-समाज के भीतर की लैंगिक राजनीति पर बेबाक ढंग से टिप्पणी करती हैं। वे दलित स्त्रियों के दैहिक और मानसिक हिंसा, जिसका सामना दलित स्त्रियाँ करती हैं, उसके बारे में लिखती हैं, "यदि महार समुदाय ब्राह्मणों के लिए 'अन्य' है तो महार स्त्रियाँ, महार पुरुषों के लिए 'अन्या' हैं।[73] बेबीताई काम्बले ने अपने जीवन में अम्बेडकरवाद का अनुकरण किया, उन्हें गर्व है कि वे अम्बेडकरवादी आन्दोलन की उपज हैं। बेबी के पिता 'दैनिक केसरी', 'दैनिक सकाळ' और डॉक्टर अम्बेडकर द्वारा प्रकाशित 'बहिष्कृत भारत' घर लाया करते थे, वे समुदाय के लोगों को सुनाने के लिए ऊँची आवाज में इन अखबारों को पढ़ते थे, बेबी काम्बले ऐसे ही माहौल में पली-बढ़ीं। कार्यकर्ताओं के बीच बेबी की चेतना का

भी विकास हुआ, उन्होंने अनपढ़ लोगों के लिए प्रौढ़-शिक्षा केन्द्र खोले। बेबी का आत्मकथ्य एक युवा संवेदनशील स्त्री की विकास-यात्रा को बताता है। उन्होंने बौद्ध धर्म अपनाया था, इस बात के प्रमाण नहीं मिलते लेकिन वे अम्बेडकर की भक्त थीं इसलिए जब 1956 में अम्बेडकर ने हिन्दू धर्म छोड़कर बौद्ध धर्म अपनाया तो बेबी ने भी हजारों अन्य दलितों की तरह उनका अनुकरण किया। बेबी ने 'बुद्ध प्रार्थना', 'बुद्धचा पालना' शीर्षक कवितायें भी लिखीं, जिनमें बौद्ध धर्म की प्रशंसा मिलती है। आत्मकथा के अन्तिम भाग में बेबी काम्बले वर्तमान समाज के प्रति सामाजिक उत्तरदायित्व की बात करती हैं। हाशिये पर पड़े लोग कभी भी समाज में मर्यादित स्थान नहीं पा सकते जब तक वे संघर्ष न करें और संघर्ष के मार्ग में आनेवाले कष्टों के लिए प्रस्तुत न हों। वे सामाजिक परिवर्तन को बाहरी परिवर्तन से जोड़कर देखती हैं और सामाजिक समूहों के अन्त:करण में होनेवाले परिवर्तनों पर विशेष बल देती हैं। वे भीमराव अम्बेडकर की शिक्षा के प्रकाश में अपने समाज के लिए प्रकाश और आशा की नई किरण देखती हैं।[74]

कुमुद पावड़े (1938) की आत्मकथा अन्त: स्फोट का प्रकाशन 1981 में हुआ। वे लेखिका, दलित-नारीवादी विदुषी, एक्टिविस्ट तथा संस्कृत की प्रोफेसर रही हैं। कुमुद पावड़े ने महार परिवार में जन्म लिया लेकिन विवाह मोतीराम पावड़े के साथ हुआ। सतीश देशपांडे का मानना है कि—"'टेस्टीमोनियो' (यानी साक्षी अथवा स्वानुभूति-प्रेरित गवाही) के एक दावेदार के तौर पर अन्त:स्फोट केवल (या मात्र) कुमुद पाँवड़े की आत्मकथा ही नहीं है—यह एक समुदाय के भोगे हुए जीवन का आत्मकथात्मक या प्रामाणिक दस्तावेज है। अपने मिजाज में टेस्टीमोनियो 'प्रतिरोध के साहित्य' का अंग है जो अब तक खामोश और दमित रहे समुदाय के अनुभवों को वाणी देता है। वह अपनी नुमाइन्दगी के जरिये साहित्य की वर्चस्वी रूढ़ियों को चुनौती देता है और समुदाय की नैतिक दावेदारी इस नुमाइन्दगी को जायज ठहराती है।"[75]

कुमुद पावड़े ने संस्कृत की शिक्षा ली तथा वैदिक स्मृतियों और शास्त्रीय साहित्य पर आलोचना लिखी। महाराष्ट्र में फुले अम्बेडकर आन्दोलन से जुड़ी कुमुद पावड़े ने आत्मकथ्य के प्रारम्भ में ही यह स्पष्ट कर दिया है कि अन्त:स्फोट शीर्षक का सम्बन्ध भावात्मक विस्फोट से न होकर समुदाय में व्यक्ति के निजी और सार्वजनिक अनुभवों के स्फोट से है। इनमें से कई अनुभव आक्रोश और क्रोध उत्पन्न करते हैं और कई प्रसन्नता प्रदान करनेवाले भी होते हैं। आत्मकथा में बतौर दलित और बतौर स्त्री वे अपने जीवनानुभवों की अभिव्यक्ति करती हैं। कुमुद पाँवड़े का यह भी मानना है कि अन्त:स्फोट एक आत्मकथा-भर नहीं है बल्कि उनके अनुभवों का आलोचनात्मक आख्यान है। दरअसल उनका मानना है कि सभी दलित जीवन कथाएँ आत्मकथाएँ न होकर 'आलोचनात्मक आख्यान' होती हैं।[76]

जातिदंश के अनुभव कुमुद को भी हुए। विवाह के बाद वे जिस मोहल्ले में गईं वह ब्राह्मणों का मोहल्ला था, जिसमें छुआछूत का पालन किया जाता था। प्रतिरोध की चेतना के फलस्वरूप कुमुद ताई ने भोज के लिए आए निमंत्रणों को ठुकराना शुरू किया, उन्हें जब कोई बुलाता वह कहतीं—मैं आऊँगी नहीं क्योंकि दूसरों की साफ-सफाई पर मुझे आस्था नहीं।[77] ऐसा कहकर उनके साथ जिस छूत का बर्ताव ब्राह्मणों और सवर्ण जातियों ने किया था, उसका बदला कुमुद ने लिया क्योंकि वे जानती थीं कि ऐसा कहने से उन लोगों पर क्या बीतती है, उनके चेहरे बुझ जाया करते और आँखों में क्रोध झलक जाता। अन्तरजातीय विवाह के सोलह साल बाद भी लोग उसकी तरफ घूरते तो वह जवाब दे देती—क्या इससे पहले तुमने किसी स्त्री को नहीं देखा है, "सवर्ण परिवार के आयोजनों में भी वह कड़ाई से पूछ बैठती, "मेरे यहाँ बैठकर भोजन करने से आपका उत्सव भ्रष्ट तो नहीं हो जाएगा।" एक बार एक सभा में कुमुदताई ने कहा था, "क्या सिर्फ ब्राह्मणों को कोसने से हम ज्योतिबा फुले के महान कार्यों को जिन्दा रख सकते हैं? फुले ने शूद्रों और अतिशूद्रों की पारस्परिक एकता पर बल दिया था। लेकिन हम, जो शूद्र हैं ब्राह्मणों से भी ज्यादा अतिशूद्रों की आलोचना करते हैं, इसका कोई उत्तर है क्या?[78] जाति के प्रश्नों के साथ-साथ कुमुद पाँवड़े स्कूल-कॉलेजों में आरक्षण और उसकी विरोधी मानसिकता का विमर्श प्रस्तुत करती चलती हैं। अपनी शिक्षा और संस्कृत पढ़ने की इच्छा के बारे में उन्होंने अन्त:स्फोट के तीसरे अध्याय को मेरी 'संस्कृत' की कहानी (मराठी में 'माइया संस्कृत ची कथा') शीर्षक दिया। कुमुद पाँवड़े ने बचपन से ही संस्कृत शिक्षक बनने का स्वप्न देखा था। वे आत्मकथा में बताती हैं कि संस्कृत सीखने की प्रक्रिया में किस तरह जातिगत पूर्वग्रहों का सामना करना पड़ा। उस समय नागपुर में किसी महार जाति के व्यक्ति के लिए संस्कृत सीखना एक निषिद्ध कार्य था।" उस समय संस्कृत केवल भाषा, अकादमीय अनुशासन या व्यक्तिगत महत्त्वाकांक्षा नहीं हुआ करती थी। बमुश्किल दस पन्नों के उस छोटे-से निबन्ध में पाँवड़े बचपन में उपनयन संस्कार के समय सुने गए मंत्रों की विस्मयकारी ध्वनि से लेकर संस्कृत में विशिष्ट प्रवीणता के साथ एम. ए. करने और अन्तत: केन्द्रीय सरकार के कैबिनेट मंत्री तथा महाराष्ट्र के मुख्यमंत्री के हस्तक्षेप के बाद एक राजकीय कॉलेज में प्रवक्ता का पद हासिल करने का सफर बयान करती हैं। यह उथल-पुथल और अवरोधों से भरी एक ऐसी कहानी है जिसमें गैर–दलित जातियों, खासतौर पर ब्राह्मणों द्वारा किये गए उपहास और हिकारत की बदनुमा यादें भी शामिल हैं संघर्ष की इस गाथा में विश्वविद्यालय के एक प्रसिद्ध प्रोफेसर की जहरीली भद्रता भी खास जगह रखती है। लेकिन इस कथा में उन्होंने स्कूल में पढ़ानेवाले एक अन्य ब्राह्मण अध्यापक के सक्रिय प्रोत्साहन, स्नातक स्तर

पर अध्यापकों की निष्पक्षता और ईमानदारी, बहुत-से गैर-दलित लोगों की शुभेच्छाओं तथा अपने परिवार व समुदाय के सहयोग का भी उल्लेख किया है।[79] ...'मेरी संस्कृत-गाथा' का देशकाल संस्कृत के बजाय जाति पर केन्द्रित है। सच्चाई यह है कि अपने राजनीतिक मन्तव्य के अनुरूप कुमुद पाँवड़े अपनी दलित-अस्मिता तथा 'संस्कृत' में निहित ब्राह्मणवादी तात्त्विकता के दरमियाँ मौजूद उस तनाव पर उँगली रखती हैं और इस प्रक्रिया में एक ऐसा सशक्त पाठ रचती हैं जो जातिगत भेदभाव की आँखों में आँखें डालकर सवाल करता है।"[80]

अपनी संस्कृत शिक्षा के बारे में वे अन्तःस्फोट में दर्ज करती हैं, "शूद्रों में भी दलित स्त्री द्वारा संस्कृत का अध्ययन करना और बाद में अध्यापन करना सामाजिक विसंगति ही मानी जाएगी लेकिन यह कहा जा सकता है कि ऐसा व्यक्ति आकर्षण का विषय भी होगा। इस आकर्षण में स्वीकार और नकार का सम्मिलित भाव है। मेरी अपनी जाति से स्वीकृति और प्रशंसा मिलना स्वाभाविक ही था। उनके लिए तो यह असम्भव सिद्धि-प्राप्ति की बात थी। हजारों वर्षों तक अस्पृश्यता झेलनेवाले व्यक्ति ने, असाध्य को सहज साध्य बना दिया जिसे धर्म ने कीड़े-मकोड़े से अधिक कुछ नहीं समझा था।" वे आगे लिखती हैं : "लेकिन दूसरी ओर से आनेवाला दूसरा स्वर हृदय को छलनी करनेवाला था। लगता था जैसे जहर बुझी सूइयाँ चुभोई जा रही हैं। प्रशंसा में भी हिकारत, यह सब किसी संवेदनशील व्यक्ति को व्यथित करनेवाला था। उनकी प्रशंसा भाले की तरह चुभनेवाली होती। यह उनका भ्रम था कि नीच जाति में उनकी अपमानित करनेवाली भाषा समझने की हैसियत नहीं होती। कइयों का उद्देश्य ही प्रशंसा की आड़ में अपमान करना होता था जिससे मेरा मनोबल टूटे। अक्सर कोई सवर्ण प्रशंसा करता—"यह तो बड़े ही आश्चर्य की बात है कि आप शासकीय महाविद्यालय में संस्कृत पढ़ाती हैं। हमें बहुत खुशी है।" शब्द तो सरल ही होते। लेकिन उनका व्यंग्यात्मक व्याख्यान मैं ही समझती। कुछ तो सीधे तौर पर अपना मन्तव्य व्यक्त करते, "किस जन्म का पाप है कि हमें आपसे संस्कृत पढ़नी पड़ रही है। हमारे तो सभी पवित्र ग्रन्थ अब भ्रष्ट हो चुके हैं। उनके चेहरे के बदलते भाव मैं बड़ी आसानी से पढ़ सकती थी, जैसे वे कह रहे हों 'कलियुग है भाई, ये शासन के दामाद जो ठहरे, अब इन्हीं की मनमानी चलेगी। लिखने की प्रक्रिया में जाति का अहसास तीव्र होता जाता है। स्थिति यह है कि कोशिश करने पर भी मेरे लिए अपनी जाति भुला पाना सम्भव नहीं है और तब मुझे यह बात याद आती है' जिसे मैंने कहीं सुना था—'जन्मना चिपकी जाति मरने के बाद भी नहीं छूटती।'[81]

आचार और व्यवहार दोनों स्तरों पर कुमुद पाँवड़े जाति-व्यवस्था की पड़ताल करती दिखाई देती हैं। कुमुदताई ने विवाह और सन्तान के बाद भी जाति-दंश झेला और यही वह समय था जब उन्होंने निर्णय लिया कि वे अन्तर्जातीय विवाह के पक्ष

में समाज में चेतना जगाएँगी। विवाह के वर्षों बाद भी उनके पति के पिता ने कुमुद और उनकी सन्तान से छुआछूत बरती और छोटे बच्चे ने जब दादा के पैर छुए तो सवर्ण अहंकार ने उन्हें अपने पैर पीछे कर लेने के लिए प्रेरित किया। उन्होंने बच्चे को पाँच रुपये का नोट हाथ में दिया। कुमुद को बच्चे से छुआछूत का यह व्यवहार आहत कर गया और वे कह बैठीं, "अप्पू! दादा से रुपये मत लो, हम भी इस रुपये को हाथ लगाने से प्रदूषित हो जाएँगें।"[82] इस घटना के अठारह वर्ष बाद उनके श्वसुर ने कुमुद के व्यवहार और देखभाल से प्रसन्न होकर कहा कि उनकी अपनी जाति में भी इससे अच्छी बहू नहीं मिल सकती थी। कुमुदताई ने श्वसुर की देखभाल की और उन्हें शिकायत का कोई अवसर नहीं दिया। उनका आत्मकथ्य जाति-आधारित अनुभवों को प्रमुखता से रेखांकित कर अब तक प्रचलित दृष्टिकोणों से भिन्न दृष्टिकोण प्रस्तुत करता है।

उर्मिला पवार (1945) की आत्मकथा 'आयदान' का प्रकाशन 2003 में हुआ। 'आयदान' में महाराष्ट्र के कोंकण क्षेत्र की महार जाति की पृष्ठभूमि ग्रहण करते हुए अपने और महार समुदाय के जीवन के विषय में उन्होंने लिखा है। उनके समुदाय के लिए बाँस ही आजीविका का मुख्य आधार है। 'आयदान' का अर्थ है 'बाँस की टोकरी'—उर्मिला बाँस की टोकरी बुनने की तकलीफ को अपनी आई (माँ) के जीवन-संघर्षों से जोड़कर देखती हैं, अतः आत्मकथ्य का शीर्षक रखती हैं 'आयदान'। आत्मकथा-लेखन की प्रेरणा स्वरूप वे उन स्त्रियों को याद करती हैं जिनके दैनन्दिन जीवन-संघर्षों, बातचीत, रहन-सहन उर्मिला के अवचेतन का निर्माण किया। वे लिखती हैं, "सन् 2002 के 'मिलन सान्याजणी' पत्रिका में छपे, पहली रात के बेबाक अनुभव के कारण मेरे आत्मकथन के बारे में उत्सुकता जगी। पाठकों की अनुकूल प्रतिक्रिया के कारण मुझे भी प्रोत्साहन मिला। लेकिन रोजमर्रा के जीवन की व्यस्तता में, पिछले जीवन को समेटकर लिखने के लिए वक्त नहीं मिल पा रहा था। कवयित्री उषा मेहता ने यह जाना और लगभग जबरदस्ती ही मुझे लिखने के लिए प्रेरित किया। उन्हीं की, मीठी जबरदस्ती के कारण, साठ की उम्र के नजदीक मैं यह लिख सकी। आई द्वारा प्राप्त यह आयदान बुनकर पूरा कर सकी।...आयदान...प्लास्टिक युग से पहले हमारे घरों में बाँस से बनी टोकरियाँ, डलिया, सूप एवं चलनियों की बहुतायत होती थी। इन सबको सामान्य रूप से 'आयदान' कहा जाता है। इसका दूसरा नाम 'आवतं' भी है। बाँस छीलकर, आयदान बनाने का व्यवसाय महाराष्ट्र में बुरुड़ जमात के लोग करते हैं, किन्तु कोंकण प्रान्त में यही व्यवसाय महार जाति के लोग किया करते हैं। आज भी यह व्यवसाय क्षीण रूप में क्यों न हो, पर टिका हुआ है। आई आयदान बनाती थी। आई का आयदान और मेरे लेखन की बुनाई मुझे एक-सी दिखाई देती है जो पीड़ा के धागे से बुनी हुई है।[83]

उर्मिला पवार ने अपनी दलित-स्थिति को समझा और आगे चलकर वे अनेक दलित और स्त्री संस्थाओं से जुड़ीं। शोर-शराबे और पुरस्कार की राजनीति से अपने-आपको दूर रखनेवाली उर्मिला पवार का जीवन संघर्षमय रहा है इसलिए वे लिखती हैं, "...जब मैं सोचती हूँ कि दलित स्त्री कहाँ है, तब मुझे दलित जीवन की दो धाराएँ दिखाई देती हैं। पहली धारा की दलित स्त्री, जो गरीबी की रेखा के नीचे रहती है, इसका जीवन-चित्र डरानेवाला है। झुग्गी बस्ती में, सड़क के किनारे, स्टेशन पर गन्द में बच्चों को लादकर भीख पर पलनेवाली। गटर में कूड़े के ढेर पर कचरा बीन कर जीनेवाली। जी-तोड़ मेहनत करती, यह स्त्री अपने बच्चों को पढ़ाती-लिखाती है...ऐसी कई स्त्रियाँ अपने बच्चों को अंग्रेजी स्कूल भी भेजने का प्रयास करती हैं। दूसरी धारा की स्त्री, इससे ऊपर वाले स्तर की है। ये पढ़-लिखकर नौकरी करने लगी हैं। नौकरियों के कारण आर्थिक स्तर भी ऊँचा हो चला है। इन्हीं स्त्रियों की वजह से दलित और गैर-दलित के बीच का लगभग सौ साल का अन्तर अब करीब आधा रह गया है।"[84] उर्मिला पवार अपने लेखन और सामाजिक कार्यों के लिए जानी जाती हैं, उन्होंने मराठी साहित्य में एम.ए. किया और सरकारी नौकरी भी की। वे आत्मकथा को 'दलित जीवन' के आकलन के तौर पर, पढ़े जाने की वकालत करती हैं। सामाजिक कार्य करते हुए उन्होंने 'दलित' जीवन का अर्थ समझा और दलित-आन्दोलन से जुड़कर स्वयं को परिभाषित किया। सन् 2004 में महाराष्ट्र साहित्य परिषद् ने 'आयदान' को सर्वश्रेष्ठ आत्मकथा के पुरस्कार से सम्मानित करने का निर्णय लिया जिसे ग्रहण करने से उर्मिला पवार ने मना कर दिया। जिस असमानता और पितृसत्तात्मक जड़-ब्राह्मणवादी मानसिकता का विरोध वे करती रही हैं उसी सिद्धान्त की पक्षधरता के कारण उन्होंने यह पुरस्कार लेने से मना कर दिया।

'आयदान' में उन्होंने बचपन, आई और पिता द्वारा अपने बच्चों को शिक्षा देने के लिए झेली कठिनाइयों के बारे में विस्तार से लिखा है। "आई, नौ गज की चिथड़ी साड़ी पहने रहती जो केवल उसके घुटनों तक पहुँचती थी। आँगन के एक कोने में बैठ वह बड़ी, छोटी, चौड़ी, सँकरी टोकरी बुना करती। सुबह उठती तब भी उसे पंखा या चलनी बुनते देखती और रात में सोने जाती तब तक उसे उसी में तल्लीन पाती। बीच में वह रसोई में भी हाथ चला आती। यदि पिताजी के पाँव कभी नहीं रुकते थे (उन्हें कहीं-न-कहीं जाना रहता ही था) तो आई के हाथ जो कभी विश्राम नहीं करते थे।"

उनके पिता मास्टर थे लेकिन उनके आकस्मिक निधन से आई पर पूरे परिवार का उत्तरदायित्व आ पड़ा। उर्मिला पवार विस्तार से यह बताती हैं कि पति की मृत्यु के बाद टोकरियाँ बुनकर गुजारा चलाने को बाध्य आई का व्यवहार बहुत कठोर हो गया था। लेकिन वह यह जरूर जानती थी कि बच्चों को शिक्षित करना है। इसलिए

वह अपने बच्चों को स्कूल भेजने के लिए दृढ़-प्रतिज्ञ थी। "बच्चों को पढ़ाना जरूर यह थी पति की अन्तिम इच्छा जिसे आई ने गाँठ बाँध लिया था।" उर्मिला जिसे स्कूल जाना बिलकुल पसन्द नहीं था,उसे माँ जबरदस्ती स्कूल भेजा करती। "आई मुझे टोकरियाँ देने लोगों के घर भेजती। वे लोग ऐसे होते जो मुझे दरवाजे के बाहर ही खड़ा रखते। टोकरियों और सूपड़ों को उठाने से पहले उन पर पानी छिड़कते और मेरी हथेली पर ऊपर से पैसा डालते। मैं हैरान होती, उनके हाथ अगर मेरे हाथ से छू गए तो क्या वे काले हो जाएँगे या जल जाएँगे? अगर मेरे स्कूल का कोई बच्चा उस घर में होता तो मुझे शर्म महसूस होती। यह शर्म मौत से भी बदतर थी, और मैं मन-ही-मन कहती, आज मैं अपनी माँ को सबक सिखाऊँगी। आज मुझे स्कूल किसी हालत में नहीं जाना है। पर जैसे ही मैं घर पहुँचती, माँ समझ जाती कि मेरे दिमाग में क्या है। मन को पढ़ने की जबरदस्त काबिलियत उसमें थी। मेरी हथेली पर गुड़ का धेला रखती हुई कहती, जा स्कूल जा, जब तू वापस आएगी तुझे चना खाने के लिए पैसे दूँगी। मैं उस पर हमेशा भरोसा कर लेती। पर वह एकदम झूठी थी। 'आज नहीं कल करते-करते वह कितने दिन निकाल देती। मैं जिद करती तो वह मुझसे नाराज हो जाती। मैं स्कूल न जाने के नये-नये तरीके ढूँढ़ने लगती। मैं स्कूल जाने की जगह मन्दिर में जाकर बैठ जाती।"[85]

एक बच्ची की इस पीड़ा को वही समझ सकता है जिसने जातिदंश झेला हो। अम्बेडकर ने इसीलिए जाति-रहित समाज की संकल्पना में अस्पृश्यता को सबसे बड़ी बाधा माना था। उर्मिला की माँ स्कूल की शिक्षा के लिए कृतसंकल्प थीं लेकिन पेट की भूख मिटाने के लिए आयदान बुनकर लोगों को बेचना भी उतना ही जरूरी था। अपने सहपाठियों के घर जाकर आयदान बेचना उर्मिला के कोमल मन को सन्ताप ही नहीं देता बल्कि शर्म से भी भर देता है। इसलिए वह स्कूल नहीं जाना चाहती। स्कूल में भी उसके पास टिफिन में खाने के लिए कुछ नहीं। टोकरियाँ बुनकर आई बमुश्किल अपने बच्चों का पेट पालती है। उर्मिला की उम्र की नासमझी और जीवन-संघर्ष की तनातनी में यह आत्मकथ्य व्यथा से दीप्त हो उठता है। ऐसे ही एक प्रसंग में बारह रुपये की छात्रवृत्ति मिलने पर अध्यापिका का कहना था कि इससे उर्मिला को दो फ्राकें खरीद लेनी चाहिए। जबकि आई उस रुपये का कहीं और उपयोग कर डालती है। चौथी कक्षा में उर्मिला को मिली बारह रुपये की छात्रवृत्ति और उसके उपयोग का दिलचस्प वर्णन 'आयदान' में है। स्कूल में बतौर दलित दूसरी लड़कियों से अपने-आपको अलग और हाशिये पर समझने का भाव आत्मकथा को मार्मिक बनाता है। सवर्णों के टिफिन के व्यंजन और अपनी सूखी भाखरी के बीच का अन्तराल उस दलित लड़की को बचपन में ही समझ आ गया था—"बिना किसी के बताए या सिखाए हमने यह समझ लिया था कि हमें अपनी जाति और उसी दशा में ही रहना है जिसमें हम पैदा हुए हैं।"[86]

बहुस्तरीय शोषण का शिकार रही दलित स्त्रियों को हमेशा से चुप रहने के लिए कहा गया, वे शारीरिक और मानसिक तौर पर रौंदी जाती रहीं। कभी पितृसत्ता के नाम पर तो कभी जेंडर के नाम पर और कभी जाति के नाम पर। उच्च जाति के लोग, सवर्ण पुरुष, पितृसत्ता से अनुकूलित सवर्ण स्त्रियाँ और दलित पुरुष भी दलित स्त्रियों के शोषण और दमन में योगदान देते रहे। शिक्षा और मूलभूत सुविधाओं के अभाव ने दलित स्त्रियों को अपने पक्ष में सोचने और निर्णय लेने की क्षमता अर्जित करने में वर्षों का समय लगा दिया। लेकिन उर्मिला की माँ जो बिलकुल अनपढ़ है, शुद्ध बोल नहीं सकती उसने संघर्षरत जीवन के भीतर से प्रतिरोध की ताकत पाई है। 'आयदान' में उर्मिला ने आई के सात्त्विक प्रतिरोध का चित्रण बहुत यथार्थ ढंग से किया है। आई नहीं जानती कि केन्द्र और हाशिया क्या होता है, जानती है तो केवल परिश्रम और पति की अन्तिम इच्छा पूरा करने का संकल्प। उसने कोई दलित-आन्दोलन या सभा नहीं देखी, उसने देखी है निर्धनता और विवशता। इस विवश और अभावग्रस्त जीवन में शिक्षा ही कोई बदलाव ला सकती है—यह उसने जान लिया है। पेड़ के नीचे पतिविहीन जीवन काटती स्त्री के लिए अपने बच्चों को पढ़ाना ही जीवन का अन्तिम लक्ष्य है। इस लक्ष्य की उपलब्धि के लिए वह भूखी रह सकती है, अपने बच्चों को झूठा आश्वासन दे सकती है लेकिन पढ़ने के लिए भेजे गए बच्चे पर जातिगत अत्याचार नहीं देख सकती। यद्यपि आत्मकथ्य में बहुत-से मार्मिक प्रसंगों की भरमार है फिर भी उर्मिला की आई का यह प्रसंग रेखांकित करने योग्य है जो समूची आत्मकथा को प्रतिरोध के आख्यान में परिणत कर देता है।

"आई ने पूछा—गुरुजी ने मारा क्यों?"

"मैं...क्योंकि मैंने गोबर साफ नहीं किया।"

"तुझे गोबर उठाने को क्यों बोले वो?"

"गुरुजी कहते हैं, कपिला वहाँ गोबर करती है!"

"ठीक है, तू यहाँ बैठ और स्कूल की छुट्टी के बाद जब गुरुजी घर जाएँ तो मुझे बताना, मैं समझ लूँगी उसे!"

कहकर आई बैठ गई, मेरा रोना अचानक थम गया। आई गुरुजी को क्या कहेगी? मुझे लगा, गुरुजी के सामने आते ही आई की जबान पर ताला पड़ जाएगा। उसके हाथ और उसकी जबान तो सिर्फ मेरे सामने ही चलते थे। मैं दोपहर को ऊँघने लगी। पर मैंने जबरदस्ती अपनी आँखों को खुला रखा। आई ने फिर से मेरे गालों पर हल्दी-फिटकरी का लेप लगाया। दोपहर बीत गई। स्कूल का शाम का घंटा बजा। मेरा दिल धड़-धड़ करने लगा। जब मैंने हिर्लेकर गुरुजी को बच्चों के साथ आते देखा तो मुझे डर लगने लगा। मेरी जबान तालू से लग गई पर किसी तरह मेरे मुँह से दो शब्द निकले :

"आई, गुरुजी!"

जैसे ही आई ने सुना, अपनी आधी बुनी टोकरी हाथ से फेंककर, साड़ी को सीधा करते हुए वह खड़ी हो गई। मादा अजगर की तरह अपना फन फैलाए हुए, डंक मारने को तैयार! जैसे ही वह सामने से गुजरने को हुए, आई ने अपने सर पर साड़ी को खींचा और बोली :

"जरा एक मिनट ठहरना गुरुजी!

गुरुजी ठिठके और आई को देखते हुए अहंकार भरे स्वर में बोले, "क्या है?"

"मेरी बेटी आपके स्कूल में पढ़ती है, ठीक? आज ऐसा क्या किया उसने? मतलब, इस तरह मारा उसे आपने, देखिए बच्ची का गाल देखिए!' उसने तीखी आवाज में कहा, फिर मुझे पुकारा और मेरा गाल घुमाकर उनकी तरफ कर दिया। मुझमें गुरुजी की ओर देखने की हिम्मत नहीं थी।

"वो, वो...तुम्हारी सफेद गाय...स्कूल में गोबर कर देती है..." वह हकलाते हुए बोले!

"हमारी गाय गोबर करती है, एँ? आपने उसे देखा गोबर करते हुए? गुरुजी आप इतने पढ़े-लिखे होकर कैसी बच्चों जैसी बातें करते हैं। मैं तो अनपढ़ गँवार औरत हूँ, लेकिन सड़क किनारे इस पेड़ के नीचे बच्चों को लेकर पड़ी हूँ। क्यों! मालूम है? ताकि मेरे बच्चे पढ़-लिखकर बड़े आदमी बनें, और आप मेरी बच्ची पर ऐसा अत्याचार करते हैं?"

आई गलत भाषा और अशुद्ध व्याकरण बोल रही थी। फिर जोश में आकर उसने गुरुजी को धमकाना शुरू किया, "देखिए, अब आज के बाद आपने इस बच्ची को एक उँगली से भी छुआ तो देखती हूँ, आप इस सड़क से कैसे जाते हैं!"

"ठीक है, ठीक है, मैं भी देख लूँगा..." गुरुजी ने पीछे हटते हुए उत्तर दिया। फिर पलक झपकते ही वह गायब हो गए। अब तक काफी भीड़ जमा हो चुकी थी। लोग माँ की हिम्मत और मेरे हनुमान जैसे सूजे हुए मुँह को घूर रहे थे।

उस दिन के बाद बहुत-सी चीजें आसान हो गईं। गोबर उठाना और गुरुजी से पिटाई खाना मेरे भाग्य और नियति का हिस्सा नहीं रह गया था। मैंने समय पर स्कूल जाना शुरू कर दिया। पर इससे भी ज्यादा अहम् घटना यह हुई कि मैंने अपनी माँ को अपने लिए एक मजबूत सम्बल की तरह देखना शुरू किया और मेरी जिन्दगी को एक दिशा मिली।"[87]

उच्च शिक्षा और गहन अध्ययन के बाद जब उर्मिला दलित-आन्दोलन से जुड़ीं तब उन्होंने आन्दोलन के भीतर के पितृसत्तात्मक अनुशासन पर प्रश्न उठाए। मसलन वे 'आयदान' में बताती हैं कि दलित-आन्दोलन में जो स्त्रियाँ शिरकत के लिए जाती थीं उन्हें कुर्सी पर बैठने या आन्दोलन में नेतृत्वकारी भूमिका निभाने का अवसर नहीं मिलता था, जबकि पुरुषों के लिए कुर्सियों की व्यवस्था होती थी। यहाँ तक कि दलित

स्त्रियों के लिए विशेष रूप से आयोजित सभाओं में पुरुष ही संचालक की भूमिका में रहते थे। एक सवर्ण स्त्रीवादी ने सार्वजनिक तौर पर इस पर टिप्पणी की जिसके उत्तर में पुरुष वक्ता का कहना था, "हम तो हमेशा अपनी स्त्रियों के साथ ही रहते हैं। हमें ऐसा ही अभ्यास है। हमें पता नहीं कि आपके समुदाय में क्या किया जाता है।"[88] सभा-स्थल पर उपस्थित स्त्रियों ने ताली बजाकर इस वक्तव्य का स्वागत किया। उर्मिला पवार का कहना है कि क्या ये पुरुष, स्त्रियों को उनके अपने बारे में सोचने का अन्तराल वास्तव में देना चाहते थे या फिर उन्हें सिर्फ तालियाँ बजवाने के लिए सभा में लाए थे। वे इस बात को समझ गई थीं कि दलित-आन्दोलन की सफलता और जाति उन्मूलन के लिए स्त्री-पुरुष दोनों को एक साथ मिलकर काम करना होगा, आगे आना होगा। लेकिन दुखद यह था कि अधिकांश स्त्रियों ने इसे नहीं समझा। उर्मिला पवार बताती हैं कि शिक्षा और आगे चलकर अम्बेडकर-फुले के भाषणों को पढ़ने से उनके स्वयं के भाषण और लेख समृद्ध हुए और व्यापक स्तर पर प्रशंसित भी। उर्मिला पवार का योगदान इसलिए विशिष्ट है क्योंकि उन्होंने दलित-आन्दोलन और स्त्री-आन्दोलन की अन्योन्याश्रितता को व्याख्यायित किया—"एक बात जो मैंने महसूस की, कि दलित-आन्दोलन के बीच स्त्री-प्रश्न कभी उठाया ही नहीं गया और ठीक इसी तरह स्त्री-आन्दोलन भी दलित-आन्दोलन से दूर छिटका रहा। आज तक इस स्थिति में कोई बदलाव नहीं आया है।"[89]

मल्लिका अमरशेख (1957) की आत्मकथा 'मलाउद्ध्वस्त व्यायंचय' (मुझे उध्वस्त होना है)[90] मराठी में 1994 में आई जिसके अंग्रेजी अनुवाद ने प्रकाशित होते ही तहलका मचा दिया। मराठी के कवि और दलित पैन्थर के अग्रणी नेता नामदेव ढसाल की प्रेमिका और बाद में पत्नी बनी मल्लिका ने आत्मानुभवों को सबके सामने लाकर न सिर्फ निजी जीवन को सबके सामने व्यक्त करने का साहस किया बल्कि दलित राजनीति, उसके अन्तर्विरोधों और उसके नेतृत्व से जुड़े व्यक्तित्व के दोहरे-तिहरे चरित्र के बारे में बेबाकी से लिखा। मल्लिका अमरशेख की बेबाकी ने दलित-आन्दोलन से जुड़े लोगों को उनका शत्रु भी बना दिया। मल्लिका के पिता शाहिर अमरशेख कम्युनिस्ट कार्यकर्ता, ट्रेड यूनियन और लोक-गायकी से सम्बद्ध थे, वे 1960 के दशक में महाराष्ट्र की राजनीति में सक्रिय भी थे। मल्लिका के पिता का घर साहित्यिकों और बौद्धिकों की शरणस्थली था, नित नये संगीत और साहित्य के कार्यक्रम उनके घर में हुआ करते। पिता की राजनैतिक सक्रियता ने मल्लिका को राजनीतिक दृष्टि से सचेतन बनाया, वे बचपन से ही कुछ विशिष्ट करना चाहती थीं। आसपास के माहौल और कानों में पड़ते शब्द उनकी चेतना का निर्माण कर रहे थे। उम्र के सातवें वर्ष में मल्लिका ने पहली कविता लिखी। वह नृत्य किया करती, उसके लिखे भाषण इतने अच्छे होते कि कक्षा में अन्य बच्चों के सामने उसे सुनाया जाता। माँ कुसुम जयकर और पिता शाहिर अमरशेख ने जाति-भेद से ऊपर

उठकर विवाह किया था, साहित्य, संगीत के समृद्ध संस्कार उन्हें अभिभावकों से ही मिले। प्रह्लाद केशव अत्रे जैसे लोग उनके पारिवारिक मित्र थे, ऐसे माहौल में वे एक मुक्त और सांस्कृतिक रूप से समृद्ध जीवन-संस्कार अर्जित कर सकीं।

वे आत्मकथा में बताती हैं कि उम्र के सत्रहवें वर्ष में ही नामदेव ढसाल की कविताई और जुझारू व्यक्तित्व के सम्मोहन में, उन्होंने 1974 में विवाह का निर्णय ले लिया। नामदेव ढसाल लोकप्रिय राजनीतिक कार्यकर्ता, दलित मुद्दों को आक्रामक ढंग से उठाने और सुकविता के लिए पर्याप्त ख्याति अर्जित कर रहे थे। लेकिन जीवन का यथार्थ कविता से नहीं चलता। यह जानना दिलचस्प हो सकता है कि प्रारम्भिक रोमानी आकर्षण के बाद मल्लिका ने जिसे नये सिरे से पहचाना वह नामदेव ढसाल अपने निजी जीवन में, सार्वजनिक चेहरे से बिलकुल अलग निकले—उनमें सभी कमजोरियाँ थीं। दलित नेतृत्व की जिम्मेदारी उठाते-उठाते नामदेव कब अपनी पत्नी के प्रति इतने क्रूर बन गए कि वह उसी घर के दूसरे हिस्से में अलग रहने लगी और एक सन्तान के बाद दूसरी सन्तान को जन्म देने को तैयार नहीं हुई। मल्लिका पति के सार्वजनिक जीवन में आए व्यतिक्रम के बारे में लिखती हैं : "कम्युनिस्ट के रूप में उसी के समाज द्वारा गतिरोध पैदा हुआ। जल्दी मिली सफलता की आँधी और असफलता के कारण अपने को फस्ट्रेशन से बचा पाना नामदेव के लिए सम्भव नहीं हुआ, इन स्थितियों ने उसे बिलकुल बदल डाला"... आगे दलित कार्यकर्ताओं को सम्बोधित करते हुए वह लिखती हैं : "देखो तुम्हारा नेता शराबी है, रंडीबाज है, वह व्यवहार नहीं जानता लेकिन क्रान्ति करने निकला है। ऐसे कार्यकर्ता से तुम प्रेम करते हो, वह गुंडा है, गुप्तरोग का शिकार है, उसके मित्र भी उसके जैसे हैं। वे काहे के पैन्थर।"[91]

मल्लिका को कभी अपनी कल्पना के राजकुमार की छवि नामदेव में दिखाई पड़ी थी। वे ढसाल की कविता, उनकी राजनीतिक छवि और साहसिकता की तारीफ भी करती हैं, उन्हें समान वैचारिक स्तर पर बात करनेवाला, कविहृदय, कलापारखी प्रेमी-पति मिला जिसका कहना था मेरी कविता ही राजनीति है। शुरुआत के रोमानी दिनों के बाद ढसाल अपने सामाजिक-राजनीतिक कार्यों में उलझ जाते हैं। मल्लिका कवयित्री हैं लेकिन वे मात्र 'पत्नी' होकर जीना नहीं चाहतीं। उन्हें अपनी पहचान भी चाहिए लेकिन घर में पैसों की तंगी है, और मल्लिका के भीतर सुखी-समृद्ध जीवन जीने की लालसा "हमेशा की बीमारी के कारण, कमजोरी के कारण, लालन-पालन और विपुल वाचन के कारण मैं एकाकीपन और मनस्वीपन के भावुक आवरण में उलझ गई, आज तक अपने-आपको उससे अलग नहीं कर पाई।"[92] अपनी कैशोर्य कल्पना के विषय में वह लिखती हैं : "मैंने अपने मन में राजकुमार का चित्र उकेरा था। मनमौजी...कवि, दीखने में स्मार्ट...साँवला...उसकी चेष्टाओं में पौरुष हो...मर्दानगी हो।"[93] युवा कल्पना के अनुसार मल्लिका के स्वप्नों

का घर यों होता—"सौन्दर्य प्रसाधन, साड़ियाँ, बँगला, पियानो किस तरफ हो, काँच के दरवाजे-विशाल, विपुल रोशनी-खुली प्रसन्न हवा, लाइब्रेरी...सामने छोटा-सा तालाब...मछलियाँ...लाल-पीली दौड़ती हुई...खिड़की से दीखनेवाला मौलसिरी का पेड़...गुलमोहर, रजनीगन्धा के पौधे...पीछे घना जंगल, लाल पगडंडी।"[94] मल्लिका का मिजाज रोमैंटिक है वह जीवन को उसके पूरेपन में जीना चाहती है उसका सपना है, "उबलती गरम चाय...ठंडी बरसाती हवा...बरसात का झोंका...और हाथों में कॉमिक्स...ओ हो फिर क्या? मानो ब्रह्मस्वरूप के साक्षात्कार के आनन्द में खो जाती। मेरी वह चरम आनन्द के सुख की कल्पना होती है।"[95] ऐसा कवि-मन लेकर मल्लिका प्रेम और गृहस्थी में प्रवृत्त हुईं लेकिन जल्दी ही पता चल गया कि नामदेव और मल्लिका दोनों विपरीत ध्रुवान्तों पर स्थित हैं, जो आपस में टकराते हैं, जूझते हैं और फिर अलग हो जाते हैं। उधर नामदेव ढसाल का सार्वजनिक-राजनैतिक जीवन बिखरता है और मल्लिका के स्वप्न यथार्थ से टकराते हैं। मल्लिका आत्मानुभवों को लिखती रहीं कभी कविता में कभी किसी अन्य विधा में। मल्लिका ने व्यवस्थित रूप से आत्मकथा अपने विवाह के कई वर्षों बाद लिखी, तब तक उनका वैवाहिक जीवन कठिनाई और तिक्तता से भर चुका था।

इसमें कोई सन्देह नहीं है कि मल्लिका के आख्यान से दलित पैन्थर समूह और उसके सहयोगी वामपन्थी दलों को जानने का एक दूसरा नजरिया मिलता है। पति के रूप में नामदेव अलग थे, पत्नी के माध्यम से नामदेव को जानना अप्रिय था। इससे नामदेव की छवि को धक्का लगा। विवाह के बाद जब राजा ढले और जे. वी. पवार के साथ कांग्रेस से आर्थिक अनुदान लेने के मसले पर नामदेव की टकराहटों के सन्दर्भ में मल्लिका ने स्पष्ट कहा कि "दलित पैन्थर समूह की अपनी कोई विचारधारा नहीं थी क्योंकि उसे हमेशा कम्युनिस्ट पार्टी का सहयोग मिला पैन्थर्स को धन चाहिए था चाहे वह कांग्रेस दे या वामपन्थी दल। मल्लिका का कहना है पैन्थर्स और नामदेव, पार्टी को मिले फंड को सुनियोजन करने में असमर्थ रहे इसलिए दलित पैन्थर्स पार्टी कमजोर हो गई। मल्लिका के आत्माख्यान की दूसरी विशेषता है कि वे दलित संगठनों में स्त्री की दोयम स्थिति और उपेक्षा के बारे में बेबाक टिप्पणी करती हैं। शर्मिला रेगे ने पुणे के अपने भाषण में 1998 में ही कहा था कि दलित पैन्थर्स पार्टी ने यद्यपि दलित-प्रश्न के सन्दर्भ में महत्त्वपूर्ण भूमिका निभाई थी लेकिन दलित स्त्रियों की आवाजों का आन्दोलन में नेतृत्वकारी स्थान नहीं था। स्त्रियों को सिर्फ माँ और पत्नियों की भूमिका में देखा गया।"[96] शर्मिला रेगे की इस धारणा को मल्लिका की आत्मकथा पुष्ट करती है। मल्लिका ने नामदेव की माँ यानी अपनी सास को आन्दोलन के मजबूत खम्भे के रूप में आत्मकथा में चित्रित किया है। क्योंकि वे समय का ख्याल न करते हुए आन्दोलन में भाग लेनेवालों के लिए हर समय भोजन बनाने को तैयार रहती थीं। मल्लिका का

कहना है कि सन्तान होने के बाद नामदेव का नजरिया पत्नी के प्रति परिवर्तित हो गया, वे अपनी और पार्टी की बातों से मल्लिका को दूर रखने लगे, वे अक्सर बिना बताए घर से बाहर रहते, रेड लाईट एरिया में जाने की सूचनाएँ मल्लिका के पास भी पहुँचतीं। उन्होंने बच्चे के लालन-पालन की सारी जिम्मेदारी मल्लिका को अकेले सौंप दी और स्वयं घरेलू जिम्मेदारियों से मुक्त हो गये। धीरे-धीरे मल्लिका हाशिये पर चली गई। पार्टी कार्यकर्ता भी उसे ऊटपटाँग बोलकर चले जाते। नामदेव के घर लौटने पर मल्लिका ने पति के निजी और राजनैतिक जीवन पर सवाल करने शुरू किये जिसके उत्तर में मल्लिका को हिंसा का शिकार बनना पड़ा। वे आत्मकथा में घर में होनेवाली अपनी पिटाई का जिक्र करती हैं। तकलीफदेह विवाह-सम्बन्ध के कई वर्ष बाद, आत्मकथा के अन्तिम भाग में मल्लिका आश्चर्य करती हैं कि कैसे पार्टी के लोग, सिर्फ जाति के नाम पर नामदेव के मित्र बने रहते थे जबकि नामदेव साधारण बातचीत में भी बहुत हिंसक हो जाते थे। मल्लिका नामदेव की पितृसत्ताक सोच को भी इस सन्दर्भ में सामने लाती हैं। मल्लिका जाति का प्रश्न अलग से नहीं उठातीं। दलित नेता से प्रेम और फिर विवाह करना उनके जीवन को उध्वस्त करने के लिए काफी था। वे अपनी बात को कह देने, पाठकों तक लिखकर पहुँचा देने से अच्छा अनुभव करती हैं इसलिए सवाल भी करती हैं—"मैंने तो लिखकर अपने मन की बात कही, लेकिन उनका क्या होता होगा जो मेरी तरह लिख नहीं सकतीं।" यह कहकर मल्लिका स्वयं को समाज की परिधि पर खड़ी स्त्री से जोड़ लेती हैं। वे जाति समानता का झंडा उठानेवाले आन्दोलन के भीतर पैबस्त पितृसत्तात्मक मानसिकता को उभारती हैं और इस सन्दर्भ में अपनी सास का उदाहरण देती हैं, जिनकी भूमिका घर के भीतर मेहमानों की आवभगत, भोजन बनाने और परिवार के लोगों की सुख-सुविधा का ध्यान रखने तक सीमित थी। मल्लिका एक दलित कार्यकर्ता से विवाह करके कष्टायित हुईं ऐसा आत्मकथा में चित्रित है। लेकिन दलित-आन्दोलन को मध्यवर्गीय दृष्टि से देखने का नजरिया मल्लिका के पूरे आत्मकथ्य में व्याप्त है। उन्हें विवाह से पहले नामदेव की पारिवारिक पृष्ठभूमि के विषय में जानकारी थी, पार्टी के भीतर उनके आक्रामक व्यवहार के बारे में भी उन्होंने सुन रखा था। चुनाव गलत हो जाने पर जीवन कितना तकलीफदेह हो जाता है मल्लिका अमरशेख का आत्मकथ्य इसका ज्वलन्त उदाहरण है।

उनके ये अनुभव पढ़े जाने जरूरी हैं जो बताते हैं कि सार्वजनिक जीवन के चेहरों का वैयक्तिक स्वरूप कैसे अलग होता है या हो सकता है, साथ ही किसी भी आन्दोलनकर्ता के अपने निजी अन्तरविरोध हो सकते हैं जिससे व्यक्तिगत जीवन अस्त-व्यस्त हो सकता है, इसका लेखा-जोखा पाठक को मिलता है। मल्लिका बार-बार जीवन को मुड़कर देखती हैं। स्त्री के लिखते ही 'निज' 'राजनैतिक' कैसे हो सकता है यह देखने के लिए इस आत्मकथा को पढ़ा जाना जरूरी है। जो स्त्री

कभी कविता, प्रेम और पुरुष को एक करके देखती थी वही नामदेव के पीने-पिलाने की आदत से आजिज आ चुकी थी, अस्मिता और सांस्कृतिक एकता की राजनीति करनेवाला व्यक्ति जब अपनी महत्त्वाकांक्षाओं को पूरा करने में असफल हो जाता है तो घर के भीतर के 'स्पेस' में वह स्त्री के लिए पीड़क साबित हो जाता है, फिर सब कुछ चाहे बच जाए प्रेम नहीं रहता। वह लिखती हैं कि कैसे बहुत सारा साम्यवादी साहित्य, सोवियतलैंड मैगजीन के गट्ठर-के-गट्ठर वह बेच दिया करती थी कि घर का खर्च चल सके। "शुरुआत के दिनों में हम निर्धन इसलिए थे कि जो भी धन था उसे हम दलित कार्यकर्ताओं पर खर्च कर दिया करते थे, नामदेव की महँगी आदतों पर भी, पर बाद के वर्षों में उसकी बीमारी और इलाज पर सारा पैसा खर्च होने लगा।" मल्लिका ने नामदेव के इलाज का खर्च साधने के लिए अपनी माँ का घर भी बेच दिया, आत्मकथा के अंग्रेजी अनुवाद से जो धन मिला वह भी नामदेव के इलाज में चला गया, लेकिन नामदेव को बचाया नहीं जा सका। मुस्लिम पिता, ब्राह्मण माता की बेटी मल्लिका की जीवन-यात्रा में अन्ततः उसके हाथ कुछ नहीं लगता। स्त्री की स्पष्टवादिता और उस स्पष्टवादिता के खतरे, स्व की सीमा का अतिक्रमण करके 'निज' का 'पर' में परिविस्तार और फिर समाज, इतिहास, वर्ग, जाति और जेंडर के संघातों से गुजरती हुई स्त्री जो एक 'स्त्री' मात्र नहीं रह जाती बल्कि लाखों-करोड़ों की आवाज बन जाती है। भिन्न समाज और भिन्न संस्कृति की रचनाकार देखे-अनदेखे सभ्य-असभ्य सामाजिकों की चेतना को अपने अनुभव के दायरे में कितनी सहजता घेर लेती है—इसे देखने के लिए इस आत्मकथ्य को पढ़ा जाना जरूरी है।

नब्बे के दशक और उसके बाद के वर्षों में हमें अन्य भारतीय भाषाओं के साथ-साथ हिन्दी में भी स्त्री-आत्मकथा-लेखन के क्षेत्र में समृद्धि दिखाई देती है। यद्यपि पुरुष आत्मकथाओं के अनुपात में अब भी उनकी संख्या कम है फिर भी समकालीन परिदृश्य पर ये आत्मकथाएँ अपनी पहचान बनाने लगी हैं। दलित स्त्री-आत्मकथाओं को सामुदायिक अनुभव की कथाओं के साथ-साथ जीवन के वैयक्तिक आख्यान के नजरिये से देखा जाना इनके विश्लेषण का एक नया नजरिया पैदा कर सकता है। दलित लेखकों ने जाति-आधारित शोषण के अनुभवों को अपने-अपने ढंग से अभिव्यक्त किया है, जिनमें लेखिकाओं की स्थिति जेंडर के मसले के कारण कुछ और विशिष्ट है। यूँ तो प्रत्येक आत्मकथाकार अपने-आपमें विशिष्ट है, फिर भी उन्हें मोटे तौर पर दो श्रेणियों में रखा जा सकता है एक तो वे जो अपने बारे में खुलकर बोलने-बताने के लिए आकुल हैं, दूसरी वे जो निजी अनुभवों को खुलकर बताने में संकोच करती हैं, वे समुदाय के बारे में तो बोलती-लिखती हैं लेकिन जेंडर-सम्बन्धी निजी अनुभवों को छुपा ले जाती हैं। यद्यपि दूसरी श्रेणी के अन्तर्गत सामाजिक सेंसरशिप की शिकार सवर्ण स्त्रियाँ (पुरुष भी) अपेक्षाकृत ज्यादा आती

हैं। इसके साथ भी यह भी देखना महत्त्वपूर्ण है कि प्रत्येक आत्मकथा दूसरी से अलग होती है, एक ही समुदाय में रहते हुए व्यक्ति के अनुभव कैसे अलग-अलग हो सकते हैं इसे रेखांकित किया जा सकता है। कई बार बतौर 'लेखक' और 'भोक्ता' भी आत्मकथा में अलग-अलग अभिव्यक्तियाँ करते हैं। दलित आत्मकथ्य सामाजिक परिवर्तन की माँग करने, दलन और शोषण की सांस्थानिक परम्परा का विरोध करने के लिए लिखे जाते हैं। शरण कुमार लिम्बाले ने कहा है कि "दलितों के बारे में, दलित-चेतना के साथ। दलित लेखकों का लिखना ही दलित-साहित्य है।" इसके साथ ही वे दलित शब्द की व्याख्या करते हुए उसे हरिजन, नव बौद्ध के अतिरिक्त गाँव की सीमा के बाहर रहनेवाली सभी अछूत जातियों, आदिवासी, भूमिहीन, खेत मजदूर, श्रमिक जनता और यायावर जातियों तक विस्तृत करते हैं। इसी बात को आगे बढ़ाते हुए ओमप्रकाश वाल्मीकि कहते हैं कि "सभी वर्गों की स्त्रियाँ दलित हैं। बहुत कम श्रम-मूल्य पर चौबीसों घंटे काम करनेवाले श्रमिक बँधुआ मजदूर दलित की श्रेणी में आते हैं।"[97] इन दमित, शोषित-वर्ग की वास्तविक स्थिति का ज्ञान दलित आत्मकथ्य करवाते हैं क्योंकि "दलित और स्त्रियाँ, खासकर निम्न जाति की स्त्रियाँ जिस सांस्कृतिक शोषण को झेलती हैं वह आर्थिक शोषण से कहीं ज्यादा अमानवीय और पीड़ाजनक होता है। जातिजन्य असमानता की वजह से निम्न जातियों के लिए भौतिक संसाधनों के द्वार का खुद-ब-खुद बन्द हो जाना उनके वर्ग-आधारित शोषण यानी उनके शरण के अधिशेष की उगाही से ज्यादा दर्दनाक है।"[98]

सत्ता पर नियंत्रण और नेतृत्वकारी भूमिका से ही शक्ति-केन्द्रों में परिवर्तन आ सकता है। सत्ताहीनता या अधिकारहीनता की स्थिति में कोई भी विमर्श समाज-परिवर्तन नहीं कर सकता। इन स्त्रियों के आत्मकथ्य यह बताते हैं कि सत्ता की व्यवस्था के रूप में जाति किस तरह हमारे जीवन से अभिन्न है। कौशल्या बैसंत्री से लेकर सुमित्रा महरोल तक लगभग नौ दशकों के विस्तार में फैले ये सात आत्मकथ्य हमें समाज के विषय में अपनी अनभिज्ञता से परिचित भी कराते हैं। इन स्त्रियों द्वारा शिक्षा के लिए किया गया संघर्ष, चाहे वह किसी भी विचारधारा की प्रेरणा से हो और शिक्षा प्राप्त कर सत्ता की संरचना का अंग बन जाना—कभी किसी वैचारिक आन्दोलन का हिस्सा बनकर, कभी सरकारी और गैर-सरकारी पदों पर नियुक्ति लेकर, अपनी आर्थिक स्थिति को सबल बनाना, अपने परिवार का जीवन-स्तर ऊपर उठाना और हाशिये पर पड़े समुदाय के हितों में कार्य करना—वस्तुतः सत्ता प्राप्त कर हाशिये से केन्द्र में आने के लिए प्रतिरोधी औजार हैं। ये सभी स्त्रियाँ अपने-अपने ढंग से, अपनी जीवन-स्थितियों से विद्रोह करती हैं, इस विद्रोह में अक्सर उनके परिवार के सदस्य उनकी सहायता करते हैं। सत्ता में हस्तक्षेप करने का प्रयास और अपनी सामाजिक-आर्थिक स्थिति से असन्तुष्टि इन आत्मकथ्यों को अपनी जगह

ढूँढ़ने और दलित-शक्ति को एकत्र कर समाज-परिवर्तन की ओर उन्मुख करती है। उमा चक्रवर्ती जाति को बुनियादी तौर पर हमारे जीवन में विद्यमान मानते हुए जाति/वर्ग और लिंग के समीकरण पर टिप्पणी करते हुए कहती हैं, "जाति/वर्ग और लिंग के बीच के जुड़ाव और इनकी आपसी क्रिया-प्रतिक्रिया की तफ्तीश का प्रयास सरल नहीं है, खासकर तब जबकि चाहे-अनचाहे अथवा जाने-अनजाने हम सभी के जीवन में इसकी गहरी पैठ हो। इसकी जटिलता का इसके पदानुक्रम, भौतिक आधार और हिंसा के साथ के जुड़ाव पर नजर जाना और भी कठिन है, खासकर उनके लिए जो ऊपरी पायदानों पर स्थित हैं। जबकि जाति के पदानुक्रम में निम्न स्थितियों पर विद्यमान स्त्रियों और पुरुषों के लिए जातिजन्य अभाव और पीड़ा बचपन से ही दिन-प्रतिदिन के जीवनानुभव का ठोस हिस्सा होते हैं। उनके लिए जो एकदम प्रत्यक्ष और जीवन्त अनुभव की बातें हैं उनका विश्लेषण फिजूल बौद्धिक जुगाली-सा प्रतीत होता है।"[99]

इसके बावजूद अपने विशिष्ट दलित अनुभव, समाजालोचन और उत्पीड़न तथा आशा की राजनीति के साथ निरन्तर अपनी बात कहते जाना साहसिक प्रयास है। ये बहुत-सी साहित्यिक विधाओं को अपने भीतर समेटे हुए ये आत्मकथाएँ इसी साहसिकता के प्रामाणिक आख्यान हैं।

हिन्दी में स्त्री दलित आत्मकथा-लेखन के सन्दर्भ में पहली आत्मकथा कौशल्या बैसंत्री (1926-1909) की 'दोहरा अभिशाप' (1999) पर हमारा ध्यान सबसे पहले जाता है। अन्य मराठी आत्मकथाकारों की तरह कौशल्या बैसंत्री भी अम्बेडकरवादी आन्दोलन की उपज हैं। वे अपने जीवन के दोहरे अभिशाप—अर्थात् दलित के साथ स्त्री होने की नियति को अभिशाप के तौर पर व्याख्यायित करती हैं। यद्यपि उनकी मातृभाषा मराठी है लेकिन पुस्तक की भूमिका में उन्होंने दलित स्त्री-आत्मकथाओं के रिक्त स्थान को भरने के लिए हिन्दी को अपनाते हुए लिखा है, "मेरी मातृभाषा मराठी है, परन्तु मैंने अपना कथ्य हिन्दी में लिखा है। हिन्दी और मराठी की लिपि एक ही है (देवनागरी) इसलिए हिन्दी में लिखने में ज्यादा दिक्कत नहीं आई। फिर भी मात्रा और व्याकरण की गलतियाँ हो सकती हैं। मातृभाषा मराठी होते हुए हिन्दी में लिखने का प्रयोजन क्यों? क्योंकि हिन्दी में दलित महिलाओं के आत्मकथा साहित्य का अभाव है।"[100] निश्चय ही हिन्दी में आत्मकथा-लेखन के क्षेत्र में दलित स्त्रियों की अनुपस्थिति से कौशल्या बैसंत्री इस दिशा में प्रवृत्त हुई हैं। इससे पहले हिन्दी में दलित पुरुषों ने आत्मकथा-लेखन किया था जिनमें मोहनदास नैमिशराय (1995), ओमप्रकाश वाल्मीकि (1997) और सूरजपाल चौहान (2002) की रचनाओं को देखा जा सकता है। कौशल्या बैसंत्री की आत्मकथा भले ही हिन्दी की पहली दलित स्त्री-आत्मकथा है लेकिन इससे पहले अनुवाद के माध्यम से मराठी की आत्मकथाओं का बड़ा पाठक-वर्ग निर्मित हो चुका था। कौशल्या बैसंत्री

के पहले जिन मराठी आत्मकथाओं की चर्चा की गई है उनमें अधिकांश से हिन्दी पट्टी का पाठक परिचित हो चुका था। एक विधा के रूप में दलित आत्मकथाओं को सीधे तौर पर मराठी (जहाँ आत्मकथा विधा को पाठकों ने हाथों-हाथ लिया) से ही प्रभावित नहीं माना जा सकता। बल्कि इस विधा के विकास में दलित लेखकों और चिन्तकों द्वारा लिखे लेखों, भाषणों और अनुसन्धान की बड़ी भूमिका है, जहाँ उन्होंने मराठी तथा तमिल के साथ बंगला में लिखी दलित आत्मकथाओं का जिक्र किया, उनसे उद्धरण सुनाए, लिखे और कुछेक अंशों का अनुवाद भी किया। इन चिन्तकों द्वारा दलित आत्मकथ्यों को निज से ऊपर उठकर दलित-चेतना के घोषणा-पत्र (मेनिफेस्टो) के रूप में पढ़े जाने की वकालत की गई है। भूमिका में ही कौशल्या बैसंत्री अपने लेखन के लिए प्रेरणादायी तत्त्वों में बहुत-सी दलित कार्यकर्ता, लेखिकाओं और अन्य कई आत्मीयों का उल्लेख करती हैं। मीनाक्षी मून, उर्मिला पवार, श्योराजसिंह बेचैन उन्हीं में शामिल हैं। अपने बारे में लिखने के चयन के पीछे कौशल्या बैसंत्री के अपने तर्क हैं, "मैं लेखिका नहीं हूँ, न साहित्यिक लेकिन अस्पृश्य समाज में पैदा होने से जातीयता के नाम पर जो मानसिक यातनाएँ सहन करनी पड़ीं इसका मेरे संवेदनशील मन पर गहरा असर पड़ा। मैंने अपने अनुभव खुले मन से लिखे हैं। पुरुष-प्रधान समाज औरतों का खुलापन बर्दाश्त नहीं करता। पति तो इस ताक में रहता है कि पत्नी पर अपने पक्ष को उजागर करने के लिए चरित्रहीनता का ठप्पा लगा दे। पुत्र, भाई, पति सब मुझ पर नाराज हो सकते हैं परन्तु मुझे भी तो स्वतंत्रता चाहिए कि अपनी बात समाज के सामने रख सकूँ। मेरे जैसे अनुभव और भी महिलाओं को आए होंगे परन्तु परिवार और समाज के भय से अपने अनुभव समाज के सामने उजागर करने से डरती और जीवन-भर घुटन में जीती हैं। समाज की आँखें खोलने के लिए ऐसे अनुभव सामने आने की जरूरत है।"[101] कौशल्या यह बता देती हैं कि वे यह आत्मकथा दलित-चेतना के विकास के लिए लिख रही हैं, दरअसल भूमिका में ही कौशल्या बैसंत्री ने यह स्पष्ट कर दिया है कि बतौर दलित स्त्री पर किस तरह के दबाव काम करते हैं जिनका प्रतिरोध करने के लिए यह आत्मकथा लिखी जा रही है। वह अपने ऊपर सेंसरशिप के दबावों को महसूस करते हुए लिखती हैं, "मैं अतीत की यादों के साथ अपना जीवन जी रही थी। अपने भोगे हुए यथार्थ को शब्दों में उतारने के द्वन्द्व की पीड़ा में जीवन के 68 वर्ष बीत गए।"[102] कौशल्या स्वयं को बाबा साहेब अम्बेडकर की अनुयायी के रूप में चित्रित करती हैं। दस वर्ष की उम्र में सुना उनका पहला भाषण याद करती हैं। अम्बेडकर उनके लिए मार्गदर्शक हैं जिसके आलोक में वे अपने अस्पृश्य होने के अनुभवों को पाठक से साझा करती हैं। अपने बचपन के दिनों के बारे में लिखती हैं, "मेरे माँ, बाबा नागपुर की एम्प्रेस मिल में काम करते थे। माँ धागा बनानेवाले विभाग में काम करती थी और पिताजी मशीनों में तेल डालने का

काम करते थे...माँ हमेशा बाल धोते समय बड़बड़ाती रहती थी—देवा! मैंने ऐसा कौन-सा पाप किया था कि मेरे नसीब में लड़कियाँ ही लिखी हैं? माँ ने लगातार पाँच बेटियों को जन्म दिया..."[103] स्पष्ट है कि कौशल्या जिस समुदाय में पैदा हुई थीं वहाँ किसी भी अन्य भारतीय समुदाय की तर्ज पर, लैंगिक विभेद का ग्राफ बहुत ऊँचा था। बैसंत्री अपने जीवन में घटी घटनाओं का वर्णन सिलसिलेवार ढंग से नहीं करतीं, बल्कि वे अतीत की स्मृतियों को लिखकर पुनर्जीवित करती चलती हैं जिसमें क्रमवार ब्यौरे भले न हों लेकिन उनके परिवार के सदस्यों का इतिहास और पारिवारिक सम्बन्ध चित्रित हुए हैं। अपने बचपन की अच्छी-बुरी स्मृतियों को कहने के दौरान आत्मकथा में आनुपातिक व्यवस्था भी अस्त-व्यस्त हो जाती है और पुस्तक का लगभग नब्बे प्रतिशत भाग विवाह-पूर्व जीवन की झलकियों से भर जाता है जबकि उनके विवाह के सैंतालिस वर्षों का विस्तार पुस्तक में सिर्फ दस प्रतिशत स्थान ही ग्रहण कर पाया है। स्पष्ट है कि कौशल्या अपने विवाह-पूर्व जीवन को बहुत-सी कल्पनाओं के साकार होने से जोड़ती हैं। युवावस्था में उन्होंने दलित उत्थान के लिए खूब कार्य किया। वे अनुसूचित जाति छात्रसंघ की संयुक्त सचिव भी रहीं। वे अपनी युवावस्था को आदर्श मानती हैं। दरअसल उनका वैवाहिक जीवन सुखद नहीं रहा, वहाँ अशान्ति, सन्देह और शोषण था। पति ने कौशल्या को दलित उत्थान के उद्देश्यों से विमुख भी किया, सम्भवतः इसीलिए वे जीवन के उस दौर को आत्मकथा में बहुत स्थान नहीं दे पाईं। वे युवावस्था में दलित-आन्दोलन में सक्रिय भाग लेती रहीं, बाबा-माँ की स्मृतियाँ, बचपन का जीवन, उसके बाद पढ़ाई-लिखाई—ये सब उनके वर्तमान पर हावी है। विवाह से लेकर सन्तान-जन्म देने की घटनाएँ उन्हें याद आती हैं तो सिर्फ इसलिए कि इन घटनाओं से पीड़ा का सीधा सम्बन्ध है। पति देवेन्द्र का अजीबोगरीब व्यवहार, प्रसव के लिए कौशल्या का अकेले अस्पताल जाना, पति द्वारा उनकी आर्थिक जिम्मेदारी को उठा न पाना—ये सब उनके आख्यान के अंग हैं। 68 वर्ष की अवस्था में एक घृणित विवाद और कोर्ट केस के दौरान वे पितृसत्ता के खिलाफ अपने पक्ष में निर्णय लेती हैं और बदसूरत वैवाहिक जीवन से मुक्ति पा लेती हैं। वे आत्मकथा में विभिन्न मुद्दों पर संघर्ष करती दिखाई देती हैं मसलन पानी, शिक्षा, स्वास्थ्य और गैर-बराबरी। इसके लिए वे अपने आस-पड़ोस के विभिन्न लोगों से जुड़े प्रसंगों के वर्णन के साथ अपने प्रयासों का जिक्र भी करती हैं। इस आत्मकथा का वैशिष्ट्य है बहुत छोटे वाक्यों में वर्णित घटनाओं का बाहुल्य, जो पाठक को आकर्षित करता है। वे दलितों की उपजातियों, उनमें प्रचलित प्रथाएँ, अन्धविश्वास और उनके प्रभाव का विस्तृत विवेचन करती हैं। ऐसा करके वे स्वयं और प्रत्येक दलित स्त्री के पक्ष में खड़ी दिखाई देती हैं। वे आत्मकथा को सिर्फ निज की कथा न कहकर अपने-अपने समय की दलित-कथा कहती हैं। उनकी शब्दावली दैनिक

व्यवहार में आनेवाले शब्द और प्रयोगों से बनी है जिसका सहज प्रयोग आत्मकथा को पठनीय बनाता है।

साहित्य में पूरी तरह एक नई संवेदना के साथ दलित-लेखन का आगमन हुआ, जिसमें ऐसे जीवनानुभव और संवेदना का चित्रण किया गया जो नये सामाजिक सन्दर्भों में व्याख्यायित होते हैं, मसलन श्रम की नई छवि के साथ श्रम का जातिवादी आयाम। इन आयामों पर मुख्यधारा का साहित्य अधिकतर मौन है। इस तरह, जीवन के वे क्षेत्र,परिवार,सामाजिक जो अब तक अनछुए थे—उन पर दलित-रचनाकारों ने कलम चलाने का साहस किया। जहाँ मुख्यधारा का साहित्य जाति,अस्पृश्यता और श्रम के मुद्दों पर मौन था वहीं दलित विशेषकर स्त्री-आत्मकथाकार जाति और जेंडर के समीकरणों को स्त्री के नजरिये से व्याख्यायित करने लगीं। अब दलितों का संघर्ष केवल संसाधनों के लिए न रहकर उनके बारे में रची सांस्कृतिक अभिव्यक्तियों, परिभाषाओं से भी होने लगा। जाति-व्यवस्था और जेंडर के समीकरणों से टकराने का काम हिन्दी में जिन दलित-रचनाकारों ने किया उनमें सुशीला टाकभौरे को देखा जा सकता है जिनकी आत्मकथा 'शिकंजे का दर्द' (2011) दलित स्त्री आत्मकथ्यों में इसलिए विशिष्ट है क्योंकि इसमें अत्यन्त सचेतन ढंग से स्त्री का नैरेटिव तैयार किया गया है, जिसके माध्यम से लेखिका एक विशेष किस्म का सामाजिक और राजनीतिक निहितार्थ व्यंजित करने में समर्थ हुई है। पुस्तक के ब्लर्ब पर ही शीर्षक का स्पष्टीकरण कर दिया गया है—"शिकंजा, यानी पंजा, जिसकी जकड़न में रहकर कुछ कर पाना कठिन हो। शिकंजा यानी कटघरा जिसमें कैद होकर उसके बाहर जाना कठिन हो...जिस तरह किसी ताकतवर को शिकंजे में कसकर उसकी पूरी ताकत को नगण्य बना दिया जाता है, उसी तरह मुझे भी सामाजिक जीवन की मनुवादी विषमता ने, वर्णवादी समाज-व्यवस्था ने शिकंजे में जकड़कर रखा, जिसका परिणाम पीड़ा-दर्द, छटपटाहट के सिवाय कुछ नहीं है...'शिकंजे का दर्द' में सन्ताप है दलित होने का। इसमें शोषित, पीड़ित, अपमानित अभावग्रस्त दलित-जीवन की व्यथा है। स्त्री होना ही जैसे व्यथा की बात है। चाहे हमारा देश हो या विश्व के अन्य देश, हर जगह शोषण-उत्पीड़न की शिकार स्त्री ही रही है। जिस देश में वर्णभेद, जातिभेद की कलुषित परम्पराएँ हैं वहाँ दलित स्त्री-शोषण की व्यथा और भी गहरी हो जाती है। सदियों से तिरस्कृत और अभावग्रस्त परिस्थितियों में रहने के लिए मजबूर किये गए दलित–जीवन की व्यथा-कथा का दर्द 'शिकंजे का दर्द' में समाहित है।"[104] इस तरह सुशीला टाकभौरे प्रारम्भ में ही अपने आख्यान के उद्देश्य को ठीक कौशल्या बैसंत्री की तर्ज पर ही स्पष्ट कर देती हैं। यह आत्मकथा महाराष्ट्र के दलित एक्टिविज्म के चेहरे और सार्वजनिक संस्कृति के बारे में प्रामाणिक सूचनाओं से परिपूर्ण है। इसे 'अस्पृश्य' कही जानेवाली स्त्री की कलम से लिखा 'सबाल्टर्न जीवनानुभव' का साहित्यिक दस्तावेज कहा

जाए तो अतिशयोक्ति न होगी। इसे दलित स्त्री के संघर्ष और उपलब्धियों के प्रामाणिक दस्तावेज के तौर पर पढ़ा जाना चाहिए। वे बचपन में ही शिक्षा ग्रहण करने और स्कूल जाने की तीव्र इच्छा को अभिव्यक्त करती हैं, शिक्षा के लिए अपनी माँ और नानी के सहयोग की बात करती हैं। उन दोनों और स्वयं के अनुभवों से सुशीला इस निष्कर्ष पर पहुँचती हैं कि शिक्षा ही एकमात्र वह औजार है जिसके द्वारा वे सामाजिक भेदभाव और उत्पीड़न के खिलाफ लड़ सकती हैं। वे पुस्तक में दर्ज करती हैं : "उस समय कक्षा में अपनी जाति की सिर्फ मैं ही एक लड़की थी। मेरे बड़े भाई सिवनी मालवा के हाईस्कूल में पढ़ रहे थे। छोटा भाई मोहन एक साल पीछे था। स्कूल में ढीमर, पासी, खटिक, कंजर, चमार, बसोर, बलाई आदि अनुसूचित जाति के बच्चे पढ़ते थे मगर उन सबमें निम्न अछूत मुझे ही माना जाता था। ये एस. सी. बच्चे भी मुझे अपने से निम्न मानते थे, मैं सबसे नीचे के पायदान पर थी।"[105] वे अपने समुदाय के बारे में लिखती हैं : "हम सम्मानित समाज से अलग काटे-छाँटे हुए लोग थे। हमें लोग उपेक्षा, तिरस्कार और घृणा की नजर से देखते थे। हमारे लोग अपनी ही दुनिया में खुश रहते जैसे उन्हें किसी की भी परवाह नहीं। अपने जीवन को, पूर्वजों से विरासत में मिली जिन्दगी मानकर वे जी रहे थे। पीढ़ी-दर-पीढ़ी शिक्षा से वंचित रहकर वे ऐसा जीवन जी रहे थे।"[106] वे अपनी नानी के पेशे से नाखुश और शर्मिन्दा हैं, लेकिन नानी जब मैला उठाने का काम करके आतीं तो उन्हें नहलाती-धुलाती, तेल लगाकर उसके बाल भी बाँध देती हैं। वे घृणा करके भी घृणा कर नहीं पातीं। अपनी कहानी कहने के साथ-साथ नानी की कहानी कहना भी उन्हें जरूरी लगता है क्योंकि नानी की वजह से ही उन्होंने बेहतर भविष्य के स्वप्न देखे, नानी के संघर्ष के कारण ही बेटी और नातिन दोनों जी पाईं और नानी के कारण ही वह शिक्षित होकर बेहतर मनुष्य बन पाईं। हमेशा से समाज की मुख्यधारा में रहते चले आनेवालों के लिए यह आख्यान नई जानकारियों से युक्त हो सकता है। सवर्ण-दृष्टि से पाठ्यपुस्तकों का चुनाव और अब तक बनाए गए पाठ्यक्रमों में 'शिकंजे का दर्द' जैसी आत्मकथा स्वयं अपना स्थान नियत करने को प्रस्तुत है। परिधि पर धकेल दी गई स्त्रियों के जाति-दंश, शोषण और अपमान के सुदीर्घ इतिहास को अपनी प्रामाणिकता से न सिर्फ सम्पन्न करता है बल्कि ऐसे तीव्र घोष के साथ उठ खड़ा होता है जिसे अनसुना करना और सम्भव नहीं हो पाता। यह आत्मकथ्य अपने नये पाठक तैयार करता है साथ ही दलित-साहित्य सैद्धान्तिकी के निर्माण में भी योगदान करता है। यह पर्याप्त सचेतनता के साथ निर्मित स्त्री-आख्यान है, जो जेंडर की सीमाओं को लाँघकर साहित्य में अपना विशिष्ट स्थान बनाता है। इसके पन्नों से, अपने पूरे समुदाय के साथ जागरूक, राजनैतिक और शैक्षिक दृष्टि से चेतस स्त्री झाँकती है। इस आत्मकथा में नीचे से ऊपर उठी आवाजों का शामियाना तना हुआ है। आवाजों के शोर में सबसे सशक्त आवाज है

सुशीला की, जिसने बचपन से चुप रहकर सदियों से अनसुनी आवाजों को प्रतिनिधित्व दिया। बचपन से अभाव और जातिदंश झेलनेवाली सुशीला का विवाह अपने से उम्र में काफी बड़े व्यक्ति के साथ हुआ, सामाजिक पाबन्दियों के कारण। "विवाह के समय टाकभौरे जी को पहली बार अपने नजदीक बैठे देखा था तब मुझे बहुत अजीब लगा था—इतने प्रौढ़ व्यक्ति से मेरी शादी हो रही है? तब भय की झुरझुरी-सी आई थी। मन में अनेक शंका और प्रश्न उठे थे—मेरा जीवन कैसा होगा? मेरा भविष्य कैसा होगा? ससुराल के लोग मेरे साथ कैसा व्यवहार करेंगे?"[107] जिस समुदाय से सुशीला आती हैं उसमें पढ़ा-लिखा दूल्हा मिलना कितना कठिन रहा होगा कि सुशीला का विवाह पित्त के रोगी, मिडिल स्कूल के प्रौढ़ मास्टर से कर दिया गया। ससुराल क्या था नई बहू के शोषण का कारखाना था। सुशीला लिखंती हैं : "हमारी जाति में शिक्षित और अच्छी नौकरी वाले लड़के नहीं मिलते थे। बड़े परिवारों में घर का पूरा काम बहू से करवाना, छोटे गाँवों में जीवन की सुविधाएँ ही नहीं मिलना, पानी दूर से भरकर लाना, जलावन की लकड़ी जंगल से लाना, दिशा-मैदान के लिए दूर जंगल में जाना, सास-ननद, देवरानी-जेठानी के झगड़े—इसके साथ घूँघट और रीति-परम्पराओं की बातें भी गाँवों में बहुत रहती हैं। यह सब सोचकर ही माँ ने मुझे बड़े शहर में भेजने का निर्णय लिया होगा। यहाँ परिवार भी छोटा था। शायद मेरी शादी के बाद माँ अपने निर्णय पर पछताई भी होगी, या इसे मेरी किस्मत मानकर तटस्थ रही होगी...मैं भी ससुराल के लोगों की बातों को तटस्थ भाव से सुनती थी। टाकभौरे जी "आदर्श ज्ञान प्रकाश हाईस्कूल, गांधीबाग में मिडिल स्कूल के शिक्षक थे। गम्भीर स्वभाव के साथ, न मेरे पास बैठते, न मुझसे बातें करते, न कोई हँसी-मजाक की ही बात करते। जब बहन उनके पास बैठती, वे खूब हँस-हँसकर बातें करते, बहन के बच्चे को लाड़-प्यार करते रहते। उनकी माँ भी उनके साथ बैठकर खुश होती। मैं चूल्हे के पास बैठी, चुपचाप सबको देखती रहती।"[108] ससुराल में मिले अपमान और उपेक्षा को वे विस्मृत नहीं कर पातीं। स्वयं को स्वच्छन्द तब अनुभव करती हैं, जब उन्हें नौकरी मिलती है लेकिन नौकरी करने और निजी आमदनी के बावजूद घर के फैसलों पर पुरुष-सत्ता हावी है, जिसका सविस्तार वर्णन वे करती हैं। दलित आत्मकथ्य कैसे प्रतिरोध के साहित्य के रूप में अपनी पहचान स्थापित करते हैं इसे सुशीला की आत्मकथा पढ़कर जाना जा सकता है। प्रतिरोध का साहित्य स्वयं ही लोगों का ध्यान आकर्षित करता है, सामान्य साहित्य की तुलना में यह एक तरह का राजनीतिपरक लेखन है। अस्मितामूलक संघर्ष से सीधे जुड़कर, अपने हक और हुकूक की लड़ाई की पृष्ठभूमि यह साहित्य तैयार करता है। मुख्यधारा की प्रचलित विचारधाराओं और सांस्कृतिक निर्मितियों को चुनौती देकर एक नया पाठ तैयार करता है। इस प्रतिरोधी चेतना को 'शिकंजे का दर्द' में देखा जा सकता है, जहाँ सभी चुनौतियाँ झेलकर सुशीला संघर्ष की सीढ़ियाँ

पार कर अपने जातिगत समुदाय के साथ-साथ लैंगिक समुदाय की राजनैतिक आवाज बन जाती हैं। वे अपने जातिगत समुदाय के विषय में चोटिल टिप्पणी करती हैं : "पैंतीस साल से अपने समाज के शुभचिन्तकों और नेताओं को देख रही हूँ। उनकी कार्य-प्रणाली को समझ रही हूँ। मुझे उनके काम और सोच-विचार में समाज की प्रगति की आशा नजर नहीं आती। सच यह है कि उन्हें प्रगति और परिवर्तन की सही दिशा की जानकारी ही नहीं है। हमारे लोग गांधी जी को मानते हैं। डॉ. भीमराव अम्बेडकर को और उनकी विचारधारा को जाने-समझे बगैर वे प्रगति और समाज-परिवर्तन की बात नहीं समझ सकेंगे, इसके बिना स्थिति-परिवर्तन की कल्पना भी निरर्थक है। उत्तर भारत और महाराष्ट्र में वाल्मीकि जाति के लोग साल में एक बार अक्टूबर माह की पूर्णिमा को महर्षि वाल्मीकि जयन्ती मनाते हैं। इसी प्रकार नागपुर में सुदर्शन जाति के लोग नवम्बर माह की पूर्णिमा को सुदर्शन महाराज की जयन्ती मनाते हैं। वाल्मीकि, सुदर्शन, डुमार एक ही जाति की उपजातियाँ हैं, मगर वे अलग-अलग रहते हैं। इसी तरह हेला और मखियार भी उपजातियाँ हैं। कुछ लोग जो शिक्षित हो गए, अच्छे पदों पर मान-सम्मान के साथ नौकरी कर रहे हैं, वे समाज के ऐसे जयन्ती-कार्यक्रमों में कम ही जाते हैं...जहाँ हमारे लोग खुद को वाल्मीकि कहकर वाल्मीकि पर गर्व करते हैं, वहीं अन्य दलित हम लोगों से ऊँचे दलित होने का गर्व करते हैं।"[109] दलित-समाज के अन्तर्विरोधों की तरफ खुलकर टिप्पणी करना परिवर्तनकामी चेतना के प्रति रुझान की ओर संकेत करता है। अन्य स्त्री-आत्मकथाओं में सामाजिक सन्दर्भों की इस व्यापकता का अंशत: अभाव दिखाई देता है, जिनमें स्त्रियाँ अपने जीवन के बारे में कहते हुए बहुत ही छोटे प्रसंग चित्रित करके रह जाती हैं, वहीं सुशीला टाकभौरे आत्माख्यान को व्यापक फलक प्रदान करती हैं। वे निजी प्रसंगों को उठाते हुए भी उनकी मनो-सामाजिक पृष्ठभूमि की पड़ताल निरन्तर करती चलती हैं और इस तरह रचना को अपेक्षाकृत व्यापक फलक प्रदान करने में सक्षम होती हैं। सुशीला टाकभौरे सामाजिक संरचना में जाति की उत्पत्ति और उसकी अवस्थिति के बारे में विस्तार से विचार करती हैं साथ ही स्त्री-श्रम के प्रति उपेक्षा को भी रेखांकित करती हैं। यद्यपि कई जगह घटनाएँ और प्रसंग दोहराए गए हैं फिर भी हर बार वे एक नया आयाम लेकर सामने आते हैं। पारिवारिक जीवन के झगड़ों को वे अपने ऊपर हावी नहीं होने देतीं और खुलकर अपने समाज के उत्थान के लिए निरन्तर कार्य कर रही हैं। वे स्वीकारोक्ति करती भी हैं कि, "माँ अक्सर मुझसे कहती है—अपने लोगों की वे सब बातें बताना शर्म की बात है। वे कोई बताने लायक अच्छी बातें नहीं हैं। तुम ऐसी बातों को अपनी किताबों में क्यों लिखती हो? पढ़-लिखकर पागल हो गई हो? जात-पाँत, छुआछूत और गाली-अपमान की बातें बताकर तुम अपना कौन-सा सम्मान बढ़ाती हो? शर्म नहीं आती है तुम्हें?" अपने भूतकाल पर मुझे शर्म जरूर आती है मगर

इस तरह नहीं कि मैं उसे छिपाऊँ। क्रोध के साथ मैं उसे सबको दिखाना चाहती हूँ, ताकि हिन्दू समाज-व्यवस्था का कलंक सबको मालूम हो। अन्यायी वर्ग को दंड मिले और शोषकों को सजा। धर्म के नाम पर हमारा शोषण और अपमान करनेवालों का भंडाफोड़ होना चाहिए...दलितों में भी दलित अपनी जाति का भान और अपमान मैंने हर जगह पाया। उच्च शिक्षित और ऊँचे पदों पर कार्यरत अछूतों के साथ, सवर्ण समाज के लोग समता-सम्मान का ऊपरी व्यवहार करते हैं, लेकिन हृदय से भेदभाव की बात शायद ही कोई भूल पाता है। किसी-न-किसी रूप में उनकी बातों और व्यवहार से यह बात प्रकट हो ही जाती है, तब मन को बहुत ठेस लगती है।[110]

जॉन स्टुअर्ट मिल ने कहा था : "एक सावधानी बरतते हुए हम यह मान सकते हैं कि जो ज्ञान पुरुष स्त्रियों से उनके बारे में हासिल करते हैं, भले ही वह उनकी संचित सम्भावनाओं के बारे में न होकर, सिर्फ उनके भूत और वर्तमान के बारे में ही क्यों न हो, तब तक अधूरा और उथला रहेगा, जब तक कि स्त्रियाँ स्वयं वह सब कुछ नहीं बता देतीं, जो उनके पास बताने के लिए है।"[111] स्त्री-पराधीनता की स्थिति समूचे विश्व में लगभग एक-सी रही है, लेकिन इस पराधीनता के हद और स्वरूप का निर्धारण सामाजिक, आर्थिक और सांस्कृतिक कारक करते रहे हैं, जिसके उदाहरण के रूप में 'एक अनपढ़ कहानी' (2005) शीर्षक आत्मकथा को देखा जा सकता है। पुस्तक के अनुसार उत्तर बिहार के मधुबनी जिले की पिछड़ी जाति की निरक्षर स्त्री सुशीला राय काले रंग के कारण परिवार और समाज की गहरी उपेक्षा झेलती है। वह लिखती हैं, "जब मैं अपने ससुराल पहुँची तो मैं पालकी में ही थी। मेरी सास ने मुझे डोली से निकाला नहीं। उसी में घूँघट उठाकर मुझे देखा और रोने लगी कि मेरे बेटे का गला काट लिया है। मेरे पति की एक बुआ ने मेरी शादी करवाई थी। उन्हें मेरी सास डाँट-फटकार करने लगीं कि मेरा बेटा राजकुमार की तरह है और बहू इतनी बदसूरत उठाकर ले आए हैं, जिससे कोई नहीं शादी करता उसको मेरे बेटे के गले में बाँध दिया है। मैं डोली से बहू को नहीं उठाऊँगी और अपने बेटे को पकड़कर रोने लगीं कि क्या तुम्हारे भाग्य में यही लिखी थी।"[112] विवाह के दस वर्षों तक निःसन्तान रहने पर सुशीला के पति ने उसे कहीं और विवाह करने का सुझाव दिया ताकि वह स्वयं बाँझ और काली-कलूटी पत्नी से मुक्त हो सके—"पता नहीं, दूसरी शादी करने के लिए मेरे पति उस समय क्यों इतने उतावले हो गए थे। जब भी कहीं बाहर से आते थे तो मुझे कहने लगते थे कि तुम क्या करोगी? इस तरह तुम हर समय दुखी रहती हो यह ठीक बात नहीं, तुम शादी करना मंजूर कर लो; अभी तुमको कुछ नहीं हुआ है बहुत समय बचा है, घर के लोग तुम्हारा मन रखने के लिए कहते हैं कि हम रखेंगे, हम रखेंगे लेकिन यह तुम मान लो कोई तुम्हारे काम नहीं आएगा। मैं जो कहता हूँ अच्छे के लिए कहता हूँ। तुम जहाँ शादी करोगी मैं तुम्हारा खर्च देने के लिए तैयार हूँ।..."[113]

सुशीला ने पति का यह सुझाव नहीं माना, पति उसे छोड़कर कलकत्ता चला गया। पति द्वारा त्याग दिया जाना यहाँ वर्ग, जाति और लिंग के आपसी सम्बन्ध को बताता है। जिसके बारे में उमा चक्रवर्ती का कहना है, "वर्ग, जाति और लिंग तीनों आपस में गुँथे हुए हैं, ये आपस में अन्तर्क्रिया करते हुए एक-दूसरे का रूप निर्धारित करते हैं : विवाह के रूप, यौनिकता और प्रजनन जाति-व्यवस्था का मूलभूत आधार है। विवाह-संस्था वर्ग और जाति दोनों ही आधारित स्तरीकरणों और प्रजनन-सम्बन्धी कठोर कायदों के माध्यम से समूचे तंत्र का पुनरोत्पादन करती है।"[114] वहाँ से उसके मकान मालिक "रमेश बाबू ने मुझे चिट्ठी भेजी कि तुम घबराओ नहीं। तुम धीरज धरो अविनाश को मैं समझा रहा हूँ। आशा है कि वह समझ जाएगा। मैं तुम्हारे लिए बहुत कोशिश कर रहा हूँ। मुझे आशा है कि तुम्हें बच्चा होगा। पत्र पर पत्र लिखने लगे। उनका पत्र मैं किसी दूसरे से पढ़ाकर सुनती थी क्योंकि अपने तो मूर्ख थी, काला अक्षर भैंस बराबर थी और रमेश बाबू की चिट्ठी सुनने का मुझे बार-बार मन करता था। लेकिन दूसरा आदमी तो बार-बार नहीं सुनाता। अब यह दुख भी मेरे सिर पर सवार हो गया कि यदि पढ़ी-लिखी होती तो मैं उनको हर पत्र का जवाब लिखकर भेजती। बारी-बारी करके सब परीक्षाएँ होने लगी। तब मैं पढ़नेवाले लोगों को देखकर तरसने लगी और यह सोचने लगी कि मैं दूसरे लोगों से चिट्ठी लिखाकर उन्हें भेजती हूँ। हर बात दूसरे आदमी को कही नहीं जा सकती है।"[115]

सुशीला ने घर और रसोई आदि के कार्यों से छुट्टी पाने पर रात-दिन किरासिन तेल जलाकर दीये की रोशनी में पढ़ाई की, पारिवारिक अपमान झेला और एक दिन बेबी हालदार की आत्मकथा 'आलो आन्धारि' पढ़कर उसे अपनी कथा लिखने की प्रेरणा मिली। यह आत्मकथा पितृसत्ता और भारतीय जाति-व्यवस्था के भीतर स्त्री-दमन के औजारों और साजिशों का पर्दाफाश करती है। वह अपने समुदाय में व्याप्त दहेज-प्रथा पर टिप्पणी करती हुई कहती है, "पिताजी लोहना गए तो लड़का देखकर खुश हो गए। वैसे घर कोई धनी नहीं था लेकिन लोगों का व्यवहार ठीक-ठाक था। पिताजी का खूब स्वागत हुआ। खाना-पीना हो जाने के बाद पिताजी ने लड़केवालों को कहा कि आप लोगों की क्या-क्या माँग है, बताइए, तो उन लोगों ने साइकिल, घड़ी, रेडियो तथा बर्तन-भाँड़े और भैंस की माँग की। आज से बीस-पचीस साल पहले हमारी अमात्य जाति में रुपया नहीं, सामान ही माँगा जाता था... ब्राह्मण, राजपूत और भूमिहार जातियों में ही नगद दहेज दिया जाता था। इसलिए मेरे विवाह में सामान की ही माँग हुई। अब तो हमारी भी जाति में दहेज में लोग लाखों रुपये लेने-देने लगे हैं।"[116] अपने रंग के कारण सुशीला का शोषण बहुस्तरीय है, ससुराल में हुए अपमान से आहत होकर वह लिखती है, "इस तरह का अपमान झेलकर जब मैं पीहर गई तो मैंने माँ को कहा कि माँ, तुमने मुझे सुन्दर क्यों नहीं बनाया जो मेरा इतना अपमान हुआ। जन्म के समय तुमने मुझे मार क्यों नहीं दिया

जो मेरे कारण तुम्हारा भी इतना अपमान हो रहा है कि कैसी माँ है जिसने ऐसी बेटी को जन्म दिया।"[117] कुरूप लड़की से विवाह होने के कारण उसका पति कलकत्ते भाग जाता है और लौटने का नाम नहीं लेता। सुशीला अनपढ़ होने के दुख को व्यक्त करते हुए कहती है, "एक दिन मैंने रमेश बाबू को कहा कि बाबू जी अगर मैं शुरू से पढ़ी-लिखी होती तो मेरे बारे में पीहर और ससुराल के लोगों ने क्या-क्या सोचा और क्या नहीं बोला मैं सब लिख देती।"[118]

सुशीला अपने माँ न बन पाने पर दुखी रहती है और हर आम स्त्री की तरह उसे लगता है कि सन्तान के अभाव में उसका जीवन व्यर्थ है, "मन में मैं सोच रही थी कि आत्महत्या कर लूँगी। लेकिन उसी बीच मेरे भाई ने मुझे एक कहानी की किताब लाकर सुनाई कि देखो तुम कहती हो मैं मर जाऊँगी। यह कहानी सुनकर कुछ सोचो कि इतनी पढ़ी-लिखी स्त्री इतना दुख झेलकर जब रही तो तुम क्यों नहीं रह सकती। वह कहानी सुनकर मैंने अपने मन को शान्त किया कि जब इतनी पढ़ी-लिखी स्त्रियों, इतनी बुद्धिमान स्त्रियों को भी इतना कष्ट और दुख हुआ और तब भी उन्होंने हिम्मत नहीं हारी तो मैं क्या हूँ। तीन बच्चों की माँ बनने के बाद भी जिसे पति ने घर से निकाल दिया और तीनों बच्चों को छीन लिया, तब भी उसने आत्महत्या नहीं की कि आत्महत्या करने से बढ़कर दुनिया में कोई बड़ा पाप है ही नहीं। यह सुनकर मेरी हिम्मत और बढ़ गई।"[119] सुशीला रंग-रूप के कारण मिली उपेक्षा और प्रवंचना को साक्षरता से जीतने का प्रयास करती है। वह लिखती है : "मैं अपनी जेठानी और देवरानी को देखकर दुखी रहती थी कि वे दोनों जब चाहती हैं तब अपने मन की बात लिख पाती हैं। और एक मैं ऐसी हूँ जिसे चिट्ठी लिखाने या पढ़ाने के लिए किसी दूसरे का मुँह जोहना पड़ता है। तब मैं सोचने लगी कि मैंने सुन्दर न होने का उलाहना सुन लिया, इसके बाद बच्चा नहीं हुआ तो इसका भी उलाहना सुनकर बरदाश्त कर लिया, लेकिन पढ़ाई तो अपने परिश्रम से ही कर पाऊँगी। फिर पढ़ाई शुरू करने में देर क्यों करूँ। मैंने भाई को बुलाया और उससे कहा कि मुझे पढ़ा दो।"[120] सुशीला कोई कार्यकर्ता नहीं है, न ही उसके पास जाति और स्त्री उत्थान की कोई वैचारिक पृष्ठभूमि ही रही है। लेकिन स्वयं साक्षर होकर उसने वह शक्ति अर्जित कर ली है जिसके बल पर वह अपने-आप अक्षर-ज्ञान सीखती बीबी अशरफ और राससुन्दरी देवी की परम्परा में खड़ी दिखाई देती है। 'एक अनपढ़ कहानी' का सबसे बड़ा वैशिष्ट्य है—कथन की प्रामाणिक शैली। जब कोई स्त्री अपनी कथा स्वयं कहती है, तो उसमें प्रामाणिकता होती है और अनुभवों की प्रत्यक्ष अनुभूति से ही प्रामाणिकता आती है। स्त्रियों की आत्मकथाएँ उनके समुदायों की कथा के रूप में भी सामने आती हैं। आत्मकथा के माध्यम से वह स्वयं को 'खोजती' भी है क्योंकि "पुरुष जगत में स्त्री प्रवेश नहीं कर सकती, क्योंकि उसके अनुभव उसे ऐसे तर्क और

ज्ञान नहीं सिखाते जिनके साथ वह अग्रसर हो। साथ ही स्त्री क्षेत्र की सीमा पर पुरुष के शस्त्र भी शक्तिहीन हो जाते हैं। मानव स्वभाव का एक ऐसा भी क्षेत्र है, जिसकी पुरुष अवहेलना करता है। इसके बारे में वह सोचता भी, पर स्त्री को इस अनुभव को प्राप्त करना ही पड़ता है।"[121]

'अपनी जमीं, अपना आसमां' शीर्षक से दलित कार्यकर्ता रजनी तिलक (1958-2018) ने आत्मकथा का पहला भाग लिखा जिसका प्रकाशन 2017 में हुआ, इससे पहले कि आत्मकथा का दूसरा खंड प्रकाश में आता, रजनी तिलक का देहान्त हो गया। उन्होंने 'सेंटर फार अल्टरनेटिव दलित मीडिया' के कार्यकारी निदेशक के रूप में कार्य किया तथा स्त्री एवं दलित संगठनों से जुड़ी रहीं। दलित पैन्थर की दिल्ली शाखा की स्थापना में उनका योगदान रहा है। लगभग चालीस वर्ष दलित उत्थान के लिए सक्रिय रहनेवाली रजनी तिलक आत्मकथा में लिखती हैं : "जाति की पहचान भारतीय समाज में पिस्सू की तरह चिपकी हुई है। भारत के किसी भी कोने में चले जाओ, यह पहचान साये की तरह आपसे चिपकी रहती है। आपकी पहचान जन्मगत जाति से होती है। जन्म से मिली जाति आपको विरासत में देती है—आपका पेशा। कोई भी बच्चा जिस जाति और जिस परिवार में पैदा होता है, उसी पारिवारिक पेशे के अनुरूप ही वह ढल जाता है। अन्ततः पारिवारिक पेशा ही उसका भविष्य बन जाता है। औरत होने के मामले में भी बिलकुल ठीक वैसा ही होता है। लड़की होने की भी एक पारम्परिक विरासत है, जो उसे देती है जन्मजात पेशा, घरेलू काम जिसे वो जन्म से ही आत्मसात करती है। जैसे बर्तन-सफाई, कपड़े धोना, झाड़ू-पोंछा या खाना बनाना, घरेलू कामों के साथ घर की देखभाल करना। सच्चाई यह है कि देश, समाज और घर, जाति और लिंग के कारण तय होती है, उसकी सामाजिक हैसियत...दलित लड़की पैदा होते ही माँ-बाप के श्रम की भागीदार हो जाती है। घर के काम में माँ के साथ जुट जाती है और अपने छोटे भाई–बहनों का ख्याल रखती है, अगर वह मजदूर की बेटी है, गरीब है तो वह समाज के लिए 'वस्तु' बन तृप्ति का माध्यम और 'साधन' बन जाना दोनों ही कृत्य उसके लिए ढाँचागत स्वीकृति लिये हुए हैं। समाज में इस बर्बर कृत्य के विरुद्ध न ही कोई सवाल कल था न आज है। न ही कोई उलाहना, न कोई असन्तोष। हमारे समाज के इस ढाँचागत व्यवहार को न केवल स्वीकृति मिली है बल्कि इसे क्रमबद्ध लागू किया गया है।"[122]

आत्मकथा में रजनी तिलक ने सिलसिलेवार ढंग से अपने जन्म, परिवार से लेकर विवाह की घटनाओं का वर्णन किया है। आत्मकथा के पहले प्रकरण को 'उगता हुआ सूरज' तथा अन्तिम प्रकरण को 'नये क्षितिज की ओर' शीर्षक दिया गया है। एक सकारात्मक प्रभावान्विति को समेटे हुए यह आत्मकथ्य सिर्फ रजनी तिलक का आत्मकथ्य मात्र नहीं है बल्कि इसे छठे दशक से लेकर अस्सी के दशक की दिल्ली के जीवन में दलित और जाटव समीकरण को बतानेवाले

सामाजिक इतिहास के रूप में भी इसे देखा जा सकता है। रजनी तिलक जाटव परिवार से सम्बद्ध थीं, तमाम आर्थिक कठिनाइयों का वर्णन करते हुए वे अपने माता-पिता जिन्हें वे आत्मकथा में भाईजी और भाभी का सम्बोधन देती हैं—के बारे में, उनके संघर्षों और अपने जीवन-स्तर को ऊपर उठाने के प्रयासों को बार-बार रेखांकित करती हैं। उन्होंने बचपन से ही तमाम पारिवारिक जिम्मेदारियों का निर्वहन किया। बड़ा भाई मनोहर जब अम्बेडकरवाद के सम्पर्क में आया तो वही परिवार में नई रोशनी को लेकर आया। भाई के साथ उसके चेतना-सम्पन्न मित्रों का भी आना-जाना बढ़ा। मनोहर के माध्यम से जाति और उत्पीड़न के पारस्परिक सम्बन्ध पर सोचने का नया नजरिया रजनी को मिला। परिवार में बीमार माँ और छोटे भाई-बहनों के बोझ के साथ आर्थिक अभाव ने कई बार हिम्मत पस्त कर दी, लगा कि वे पढ़ाई जारी नहीं रख पाएँगी, लेकिन घर पर होनेवाली बैठकियों के दौरान, मनोहर के चेतना-सम्पन्न मित्रों मसलन रमेश भोंसले, लेखराज, हबीब अख्तर से बातचीत और सहयोग ने पढ़ाई जारी रखने के लिए प्रेरित किया। शिक्षा ही एकमात्र वह द्वार था, जिससे गुजरकर उन्होंने अपने सामाजिक कर्तव्यों की पहचान की। वे स्वयं इस बात को दोहराती हैं कि "रमेश कौन है? मेरा गुरु, दोस्त, भाई या हमदर्द? उसका मुझसे क्या वास्ता? वह एक खुद्दार विधायक का बेटा था। प्रतिभावान चित्रकार, विचारवान एक सुन्दर नौजवान। पुराने विचारों को उतार फेंकनेवाला विद्रोही। वह विद्रोही अपनी थोड़ी चिनगारी मुझे दे गया। मेरा दिल धड़कने लगा। मैं सोच में पड़ गई। मैं कहीं उसके प्रति आकर्षित तो नहीं हो रही थी। मेरी ऊर्जा कई गुणा बढ़कर पिरामिड बन गई।...मैं अपनी पढ़ाई के लिए भाईजी से लड़-लड़कर रोने लगती। मनोहर ने इसमें मेरा पूरा साथ दिया। रमेश से मुझे नैतिक बल मिला।"[123] 'अपनी जमीं, अपना आसमां' रजनी तिलक के जीवन-संघर्ष की कहानी, अपने लिए एक मुट्ठी खुले आसमान की तलाश की कहानी है। बीमार माँ और छोटे भाई-बहनों को सँभालते, सांध्य कक्षाएँ पढ़ते, टाईपिंग सीखते-सीखते उन्होंने अपने पैरों के नीचे की जमीन बनाई। यह यात्रा आसान नहीं थी। उन्हें पग-पग पर ठोकरें खानी पड़ीं। कभी पारिवारिक परिस्थितियाँ आड़े आईं तो कभी जाति और कभी साधारण रूप-रंग। रजनी बहुत खुलकर अपने आकर्षण, प्रेम-प्रसंग और प्रेम-भंग की दास्तानें पाठकों को बताती चलती हैं। यहाँ तक कि वे उस प्रसंग को भी बताने में संकोच नहीं करतीं जहाँ अमित नामक व्यक्ति पहले विवाह के लिए प्रस्ताव करता है फिर उसका वह प्रस्ताव 'सहजीवन' (लिव-इन) तक महदूद हो जाता है—"कितनी आसानी से उसने हाथ झाड़ लिये। वह अपनी दी हुई जुबां से फिर गया। मैं क्या करती? मैं वहाँ ठगी-सी बैठी थी। मुझसे अब वहाँ न उठते बनता था न बैठते। मैं शर्म-लिहाज छोड़कर जोर से चिल्लाई। 'तुम कहते हो, तुम मेरे टेस्ट की नहीं हो, माफ करना मैं मजबूर हूँ, मैं तुमसे शादी नहीं कर सकता।' हाँ, तुम मेरे साथ बिना

शादी किये रह सकते हो। शादी के लिए अपना टेस्ट चाहिए और बिना शादी के साथ रहने में कोई टेस्ट नहीं। क्यों? क्यों नहीं? नदी आकर आँगन में बहने लगे तो मर्जी से गोता लगाने में आधुनिकता है, क्रान्ति है, समाज-परिवर्तन है! है न! मेरे तेवर को देख चारों तरफ सन्नाटा छा गया।"[124] 'अपनी जमीं, अपना आसमां' में एक खास किस्म की नैतिकता का स्वर व्याप्त है स्त्री-देह की शुचिता, विवाह-पूर्व सम्बन्ध, प्रेमाभिव्यक्ति का संकोच तो है ही, लेकिन लेखिका अपनी यौनिकता पर स्पष्ट बात करती हैं उसे छिपाती नहीं। जिस समाज में वे पली-बढ़ी हैं वहाँ दुपट्टा ओढ़कर रहना, नजर झुकाकर बात करना और कम उम्र में ही जिम्मेदार हो जाना सिखाया गया है। बचपन से ही उन्होंने आर्थिक स्तर पर परिवार की मदद का पाठ पढ़ लिया था "हमारे मोहल्ले की औरतें गोबर थापने जाती थीं और साथ में अपनी लड़कियों को भी ले जाती थीं। लेकिन हमारी भाभी घर में ही रहकर कागज के लिफाफे बनाती थी। हम सब बच्चों ने भी लिफाफे बनाना सीख लिया था। हमारी माँ मुँह-अँधेरे उठकर चूल्हा जलाती और सुबह सबको तैयार करके स्कूल भेजती। दोपहर का खाना बनाकर,कपड़े धोकर साफ-सफाई के घरेलू काम निबटाकर काम करने बैठ जाती। हम स्कूल से आकर खाना खाकर उनके साथ लिफाफे बनाने बैठ जाते। हमारे घर का हाल था आमदनी कम, खर्चा ज्यादा घर की आमदनी बढ़ाने में हमारी माँ भी अपनी भूमिका निभा रही थी।"[125] दूसरी तरफ अपनी बस्ती के बारे में बताती हैं : "हमारी बस्ती के ज्यादातर मर्द बुरी आदतों के शिकार थे। अधिकांश मर्दों को शराब पीने की बुरी लत थी। कोई शराब बेचता था, कोई जुआ खिलवाता था या कोई सट्टा लगवाता था। औरतें मुँह-अँधेरे काम करने चली जातीं।"[126] यह बचपन से थोपी गई नैतिकता ही थी कि रजनी तिलक विवाह के पहले कई वर्षों तक सोचती हैं और विवाह के निर्णय के बाद भी आनेवाले दिनों के प्रति वे पूरी तरह आश्वस्त नहीं हैं, "अपने घर की देहरी लाँघकर मैंने अपने हृदय से आनन्द के परिवार को अपना लिया मैं अपने साथ लेकर गई थी अपना अपनापन, अपनी मेहनत, अपना प्यार, अपने विचार, समाज के प्रति अपनी प्रतिबद्धता और साथ में बैरन खून में समाई मेरी स्त्री-पुरुष समानता की सोच। दो प्राणी समाज-परिवर्तन के वाहक कई परम्पराओं को तोड़कर एक नये ढाँचे की डोर में बँध गए। प्रेम की वो डोर...विश्वास की वो डोर...जो सभी ढाँचों को लचीला कर दे, ऐसी डोर के साथ हम दोनों बँध गए। सुबह का उगता सूरज हमारा था...या हम अँधेरे की ओर बढ़ रहे थे इसका इल्म मुझे नहीं था।"[127] रजनी तिलक का यह आत्मकथ्य पूरा होते हुए भी अधूरा है क्योंकि इसमें जाटव समुदाय के दलितों का समूचा आख्यान है लेकिन व्यक्ति कथा के तौर पर यह अधूरा रह गया है। ठीक वैसे ही जैसे रजनी तिलक की जीवन-यात्रा असमय ही समाप्त हो गई। यदि उन्होंने इस आत्मकथ्य का अगला भाग लिख रखा होगा (जिसके सूत्र इस आत्मकथ्य में मिल जाते हैं)

तो उसे प्रकाश में लाने का दायित्व उनके मित्र और सम्बन्धियों का है क्योंकि पुस्तक के ब्लर्ब पर डॉ. कुसुम वियोगी ने आत्मकथ्य के बहुखंडी होने का दावा करते हुए लिखा है, "पहला खंड उसी राहत की तलाश का सफर है, जो कई खंडों में आपके सामने आएगा। नि:सन्देह यह आत्मवृत्त गड्ढों में फँसी नारियों का मार्ग भी प्रशस्त करेगी। इन्हीं मंगल कामनाओं के साथ कि उनके भावी जीवन का मार्ग...और मुखर रहे और निखरकर सामने आए जो जनमानस को अँधेरे से लड़ने जूझने की प्रेरणा दे!"[128] एक व्यवस्थित ढंग से लिखी आत्मकथा होने के बावजूद पुस्तक में सम्पादन और टंकण सम्बन्धी भूलों की भरमार है, जो पुस्तक प्रकाशन की जल्दबाजी के परिणामस्वरूप प्रतीत होती है। जब हम दलित आत्मकथ्यों को विश्वविद्यालयी पाठ्यक्रम में शामिल करने की पैरोकारी करते हैं तब इस बात का ध्यान रखना जरूरी है कि पुस्तकों की छपाई साफ-सुथरी हो एवं व्याकरणिक भूलों के अभाव के साथ वाक्य संरचना खटकनेवाली न हो। प्रस्तुत आत्मकथ्य में, ब्लर्ब से लेकर, लेखक-परिचय तक में पैबस्त व्याकरणिक भूलों को सुधार कर सम्पादन कर दिया जाए तो उचित रहेगा।

अब तक विश्लेषित दलित स्त्री हिन्दी आत्मकथ्य वे हैं जिनमें पीड़ा-यातना और जातिदंश के अनुभवों का दुहराव है एवं उन स्त्रियों द्वारा लिखे गए हैं जो स्वतंत्रता-प्राप्ति के आसपास जन्मीं, जिनमें शहरी जीवन के साथ-साथ ग्राम्यता के संस्कार और अनुभव थे जिन्होंने शिक्षा ग्रहण करने के लिए उत्तर भारत या महाराष्ट्र में जद्दोजहद की। ये भी देखने में आया कि अम्बेडकरवाद के सीधे प्रभाव के साथ-साथ परिवार का कोई एक व्यक्ति उनकी शिक्षा में सहयोगी भूमिका निभाता रहा। इसी शृंखला में हमारे सामने कुछ ऐसे आत्मकथ्य हैं जो अपनी समकालीनता में अपने अनुभवों की अभिव्यक्ति में विशिष्ट हैं और भले ही पाठक को इनकी अभिव्यक्ति में दुहराव नजर आए पर ये अपने विशिष्ट अनुभवों के माध्यम से ही अपनी अलग पहचान निर्मित करने की वकालत करते हैं। प्रकाशन की सुविधा और आर्थिक स्वावलम्बन ने इन समकालीन आत्मकथाकार दलित आत्मकथाओं के छपने की सहूलियत दी है। वे स्वयं को समझने के दरवाजे खोलती दिखाई देती हैं और पाठकों के नजरिये में परिवर्तनकामिता की अपेक्षा करती हैं। इनमें अनिता भारती की आत्मकथा 'छूटे पन्नों की उड़ान' (2018) को देखा जा सकता है। दरअसल इसे आत्मकथा की संज्ञा न देकर यदि संस्मरण कहा जाए तो बेहतर होगा क्योंकि इसमें लेखिका के बचपन से लेकर विवाह की घटनाओं के जिक्र के साथ व्यक्ति चित्र—विशेषकर स्त्रियाँ अपने रेखाचित्र के साथ उपस्थित हैं। अनिता पेशे से शिक्षक हैं और दलित-चेतना से सम्पन्न सक्षम लेखिका के रूप में उन्होंने अपनी पहचान बनाई है। इस पुस्तक के कुछ अंश पहले भी 'अपेक्षा', 'स्त्रीकाल', 'संवेद', 'मन्तव्य' जैसी पत्रिकाओं में प्रकाशित हो चुके हैं। वे भूमिका में लिखती

हैं, "मेरे लिए शिक्षक मेरा समाज ही है जो मुझे अपने अनुभवों से पीट-पीटकर मेरा आकार गढ़ रहा है। मैं अपने-आपको उस कच्चे घड़े के समान मानती हूँ जिसको अभी और अनुभवों की आँच पर सिकना है, पक्का होना है। पककर पक्का होने के बाद ही इस पर रंग-बिरंगे बेल-बूटे सजेंगे। अभी मेरे जीवन के कुछ छूटे पन्ने आपके सामने हैं। समय-समय पर इनमें और भी पन्ने जुड़ते जाएँगे"[129] अनिता भारती भी अन्य आत्मकथाकारों की तर्ज पर अपने बचपन की स्मृतियों से पुस्तक का प्रारम्भ करती हैं और बताती हैं कि माता-पिता और भाई-बहनों में सबसे छोटी होने के कारण उन्हें खूब स्नेह मिला और नियमित पढ़ने की सुविधा भी। घर की आर्थिक जरूरतों को पूरा करने के लिए उनकी माँ अपने सभी बच्चों के सहयोग से लिफाफे बनाती थीं जिसका जिक्र सविस्तार रजनी तिलक ने भी आत्मकथ्य में किया है। अनीता लिखती हैं, "घर में मेरी माँ व सभी भाई-बहन चाँद मोहल्ला जो कि गांधीनगर में है, से रद्दीवाले लाला से रद्दी लाकर उसके लिफाफे बनाते थे। अक्सर उस रद्दी में धर्मयुग, नन्दन, चन्दामामा और अन्य ज्ञानवर्धक पत्रिकाएँ होती थीं, जिन्हें हम लिफाफे बनाने से पहले उन्हें पढ़ने बैठ जाते थे। लिफाफे बनाने की प्रक्रिया बड़ी मजेदार होती थी...इस रोजगार से घर में थोड़ा-बहुत पैसा तो आता ही था जो घर के खर्च और हमारी पढ़ाई पर खर्च होता था, परन्तु इससे ज्यादा फायदा यह हुआ कि घर में लिफाफे बनाने के लिए आई किताबों से हम सभी भाई-बहनों को पढ़ने-लिखने का चस्का लग गया। लिफाफे बनाने से पहले हम सब बच्चे अपनी-अपनी उम्र के अनुसार किताबों को खोलकर पढ़ने बैठ जाते, उस समय हमारा घर किसी लाइब्रेरी से कम नहीं लगता था।"[130] अनिता अपने बचपन की स्मृतियों में बच्चों की शिक्षा के प्रति जागृत माता-पिता की भूमिका बताती हैं। उनके पिता एक उद्यमी थे जो बार-बार आगे बढ़ने की कोशिश करते थे, वे परिश्रमी कारीगर थे और अपने परिवार के लिए समर्पित भी। अनिता विस्तार से अपनी माँ की मानसिक बीमारी का जिक्र करती हैं जिसके कारण उनके बचपन त्रासद बीता। वे बचपन के लैंगिक उत्पीड़न का भी जिक्र करना भी नहीं भूलतीं, जब बिलकुल कुछ न समझ में आनेवाली उम्र में परिवार से अच्छी तरह परिचित बुजुर्ग आदमी अपनी कामेच्छा से बच्ची को अपनी गोद में बिठाने का खेल खेलता है। जब बच्ची अनिता इस बारे में अपनी माँ को बताती है तो माँ, बीमार होने के बावजूद उस आदमी को बुरी तरह डाँटकर भगा देती है, "आज मैं सोचती हूँ मेरी मानसिक रूप से बीमार माँ हम बच्चों की सुरक्षा के लिए किस तरह दीवार की तरह खड़ी हो गई थी और वही बीमार माँ जब अस्पताल में पड़ी थी तो उसी के घर में, उसी के बच्चों पर, कितना भी अत्याचार हो रहा हो, उसको न कोई देखनेवाला न सुननेवाला और न कोई मना करनेवाला था। सच में माँ तो माँ ही होती है। माँ के जैसी संवेदनशीलता का धरातल अन्यत्र नहीं होता।"[131] अभावग्रस्त

जीवन ने अनिता के बचपन पर भी ग्रहण लगाया, वे बचपन से ही आर्थिक दिक्कतों का सामना करती रहीं। आर्थिक अभाव की स्मृतियाँ ताजिन्दगी विस्मृत नहीं होतीं। अनिता लिखती हैं, "पढ़ाई अपनी गति से चल रही थी और अभाव अपनी गति से ताल-से-ताल कदम-से-कदम मिलाकर साथ-साथ चल रहा था। न पहनने के लिए ठीक से वर्दी, न जूते, न पढ़ने के लिए किताब-कापी। छठी कक्षा में एक सुबह देर से पहुँचने पर आधे घंटे हाथ ऊपर करके खड़े रहने की सजा मिली। सजा के दौरान ही टीचर की नजर मेरी चप्पलों पर पड़ी। टीचर द्वारा बिना पूछे कि बच्चे आप चप्पल पहनकर क्यों आते हो, मेरी चप्पल उतरवा ली। लगभग एक सप्ताह तक रोज मुझे बिना चप्पल के स्कूल जाना पड़ा, नंगे पैर। एक सप्ताह बाद जब पिताजी को तनख्वाह मिली तब मुझे स्कूल के जूते मिले।"[132] दलित होने के कारण उन्हें कक्षा में अपमानित भी होना पड़ता था। एक अध्यापिका के साथ हुए एक अनुभव को दोहराते हुए अनिता कहती हैं, "उन्हें सर्वश्रेष्ठ अध्यापिका का राष्ट्रीय अवार्ड भी मिला था। लेकिन उनका क्लास में आना हमारे लिए बड़ा खौफनाक होता था। वे साफ-सुथरे और पढ़े-लिखे घर के बच्चों को तो बहुत प्यार करती थीं, और जो देखने में काले, गरीब व दलित हों, उनको वे बच्चे फूटी आँख न भाते थे। उनको तो वे नमूना कहकर पुकारती थीं। जब भी वे इंग्लिश का कोई पाठ पढ़ातीं, या फिर प्रश्न-उत्तर सुनतीं, और कोई गरीब-दलित बच्चा उत्तर नहीं दे पाता, उससे जोर से कहतीं—ऐ चमारिन खड़ी हो जा। ऐसे शब्द सुनकर बच्चे न केवल भयभीत हो जाते वरन अपमान और लज्जा से उनकी बोलती बन्द हो जाती। केवल चमारिन कह देने से ही उनका पेट नहीं भरता था। वे अपने पास बुलाकर उन बच्चों के बाल पकड़-पकड़कर खूब मारतीं, उनके इस पशुतापूर्ण व्यवहार का मेरे मन पर ऐसा भयंकर असर पड़ा कि मुझे इंग्लिश समझ में आनी व याद होनी बन्द हो गई... आज भी अंग्रेजी पढ़ानेवाले शिक्षकों के मन में यह ब्राह्मणवादी पूर्वग्रह होता है कि अंग्रेजी गरीब, दलित और कालों की भाषा नहीं है। यह तो दुनिया चलानेवालों की भाषा है। भला दलित व मेहनतकश बच्चों को इस भाषा की क्या आवश्यकता? उन्हें तो आखिरकार मजदूरी ही करनी है। इन जमातों के बच्चों को चुन-चुनकर अंग्रेजी सीखने से हतोत्साहित किया जाता है। यह तो शुक्र मनाएँ कि बाजार में आजकल पिघला सीसा नहीं मिलता है इसलिए इन ब्राह्मणवादी शिक्षकों को मात्र बाल खींचकर और थप्पड़ मार के काम चलाना पड़ता है..."[133]

इस तरह के आख्यानों को हमें किस दृष्टि से पढ़ना चाहिए, क्या ये सिर्फ अपनी पीड़ा का आख्यान हैं या इन्हें सामाजिक अन्याय के खिलाफ आक्रोश के दस्तावेजों के रूप में पढ़ा जा सकता है। आजादी के इतने वर्षों बाद भी एक स्त्री बतौर दलित अपने मन पर लगे घावों पर खुरंड नहीं जमने देती। अनिता भारती की इस पुस्तक से गुजरते हुए कुमुद पाँवड़े की आत्मकथा 'अन्त:स्फोट' की याद आनी स्वाभाविक

है जहाँ संस्कृत सीखने के लिए उन्हें ब्राह्मणवादी जड़ता से टकराना पड़ता है, और संस्कृत शिक्षिका बन जाने के बाद भी लोग उन पर टीका-टिप्पणी करने से बाज नहीं आते। अनिता भारती आत्मकथा में अपने अन्तरजातीय विवाह के रास्ते में आई कठिनाइयों का वर्णन करती हैं। राजपूत परिवार में विवाह होने के बाद भी अपनी उपनाम नहीं बदलतीं और सुदीर्घ पारिवारिक जीवन जीने में सफल होती हैं। वे अपने व्यक्तित्व के विकास में अपने समुदाय के अतिरिक्त सवर्ण समुदाय के लोगों के योगदान का उल्लेख करना नहीं भूलतीं। स्वचेतनता और समाजोन्मुखी दृष्टि पूरी पुस्तक में आद्योपान्त व्याप्त है जो इसे एक बौद्धिक स्त्री की आत्मकथा बनाती है।

'टुकड़ा-टुकड़ा जीवन' झारखंड की रहनेवाली दलित-स्त्री कावेरी का आत्मकथ्य है जो 2017 में प्रकाशित हुआ। वे दलित रचनाकार दयानन्द बटोही की पत्नी हैं। इस आत्मकथ्य में कावेरी ने पितृसत्ता और सवर्ण समाज की खुलकर आलोचना की है। आत्मकथा उनके बचपन, यौन-शोषण और नौकरी पाकर जीवन को स्वावलम्बी बना सकने की यात्रा का दस्तावेज है। वे भूमिका में ही दर्ज करती हैं : "आत्मघाती दंश की पीड़ा कहाँ से शुरू करूँ, लोगों की माँग है अपनी आत्मकथा लिखूँ। पीड़ा सहा हुआ मन, फिर उसे कुरेदा जाए तो क्या होगा। एक बहुत बड़ा विस्फोट... अस्पृश्यता का दंश बचपन में लगा, जिसके कारण मैंने विद्यालय जाना बन्द कर दिया। मेरा बचपना यह स्वीकार नहीं कर पाया कि सवर्णों के बच्चों का छुआ पानी शिक्षक पी ले और मुझसे बाल्टी छुआने पर मुझे चाँटा जड़ दे।"[134] पूरी आत्मकथा में कावेरी, समाज में, पासवान समुदाय के भीतर और बाहर बच्चियों और स्त्रियों के साथ होनेवाले व्यवहार पर जगह-जगह टिप्पणी करती हैं, दरअसल ये टिप्पणियाँ उनके आत्मानुभव हैं। वे अपने पति के भाई पर यौन-शोषण का आरोप लगाती हैं जिसके भय से उन्हें अपनी बेटी को उसके ननिहाल में रखना पड़ा—"मैं अभी तक आर्तनाद करती हूँ बेटी की याद करके। इस पीड़ा को मेरे पति ने नहीं समझा। उल्टा आरोप मेरे माँ-पिताजी पर लगाया। मेरी बेटी को तो तेरी डायन माँ खा गई। अपने दरिन्दे गुंडे भाई को उन्होंने कभी नहीं कोसा। जिसके भय से मैंने बेटी को मैके में छोड़ा था। मेरे बेटों के सामने भी वही बातें दुहराते। छोटा बेटा बाप का भक्त है। अपने पिता को सही मानता है जैसे ये मुझे दुत्कारते हैं वैसे वो भी सीख गया है। बड़ा बेटा सच्चाई जानता है। वह उस पापी को देखना नहीं चाहता है। जब बेटे के द्वारा अपमानित होती हूँ तो अन्दर से बिलबिला जाती हूँ...सबसे बड़ा आघात मुझे उस समय पहुँचता है। जब अपने गुंडे भाई को बाबू कहकर बुलाते हैं। मेरे पति अपने परिवार के लिए कितने क्षमाशील हैं। बीत गई वो बात गई। अब क्या बेटी जीवित है। जो जीवित है उसे कैसे छोड़ेंगे? मेरे पति साहित्यिक विचारधारा के हैं। दलित-साहित्यकारों में अच्छा-खासा नाम है। मुझे बराबर अहसास करवाते हैं। मेरे कारण तुम्हारा भी नाम हुआ[135] आत्मकथा में कावेरी के आत्मनिर्भर होने, उनके

परिवार और सन्तानों के दृश्य-चित्र पाठक के सामने उपस्थित हैं अति सामान्य जीवन जीनेवाली कावेरी के आत्मकथ्य का वैशिष्ट्य है बेहद बोल्ड ढंग से परिवार और कुनबे के भीतर स्त्री-पुरुष असमानता को उजागर करना। इस प्रक्रिया में वे समुदाय की उस कमजोर नब्ज पर उँगली रखती है ज़हाँ शारीरिक सम्पर्क के लिए नैतिकता की कोई अहमियत नहीं है। वे पति के पक्ष के कई रिश्तेदारों को यौन-शोषणकर्ता के रूप में चिन्हित करती हैं। आश्चर्य यह है कि इन सूचनाओं पर उनके पति प्रतिक्रियाहीन बने रहते हैं। इस तरह यह आत्मकथा सवर्ण और दलित टकराहट के साथ समानान्तर ढंग से समुदाय के भीतर स्त्री-पुरुष के लैंगिक विभेद और आर्थिक-शारीरिक शोषण के पहलुओं को उजागर करती है। वे अपने ऊपर घटे वैवाहिक बलात्कार के बारे में लिखती हैं, "पन्द्रह वर्ष की उम्र में स्वच्छन्द उड़ान भरने की चाह की जगह जबरन शरीर को रौंदा जाना। मैंने पति की पाशविक प्रवृत्ति ही देखी, जो अभी तक मानस पटल पर छाई हुई है। हमसफर प्यार भरी निगाहों से देखनेवाले मितभाषी मित्र की चाह ने कई बार मुझे विचलित किया... महिला सशक्तीकरण का समाज में जोर है। पर यह प्रवंचना मात्र है।"[136] कावेरी की आत्मकथा निज से शुरू होकर निज पर ही खत्म हो जाती है। इसमें एक चिन्तित पर जागरूक स्त्री के अनुभव हैं जो जाति से ऊपर उठकर पढ़ती, नौकरी करती है, समाज-सेवा की इच्छा होते हुए भी निज की उलझनों से कभी उबर नहीं पाती निज की उलझनों की चर्चा इतनी ज्यादा है कि आत्मकथा कथ्य का अनुपात खो देती है और वह एक स्त्री का आर्तनाद बनकर रह जाती है। आत्मकथा की सीमा है इसकी भाषा, वाक्य-संरचना और अभिव्यक्ति की त्रुटियाँ, जिसे पढ़ते हुए पाठक बार-बार रुकता और अटकता है। देशज मुहावरे इसकी शक्ति हैं तो व्याकरणिक भूलें कथ्य की सम्प्रेषणीयता में बाधक।

'बवंडरों के बीच' (2020) कौशल पँवार द्वारा लिखित आत्मकथा है जो अपनी बुनावट और कसाव में अन्य दलित स्त्री आत्मकथ्यों में विशिष्ट है। हरियाणा के राजौंद में जातिदंश झेलकर बड़ी हुई अभाव और श्रम के तनाव के बीच उच्च शिक्षा ग्रहण कर अपने पैरों पर खड़ी होकर समुदाय की उन्नति के प्रयास करनेवाली कौशल पँवार ने यह आत्मकथ्य चालीस वर्ष की उम्र के आसपास लिखा है। जाति का लैंगिक अनुभव कौशल्या ने लगभग 43 उपशीर्षकों के अन्तर्गत बाँधा है। भाषा की रवानगी, छपाई की सुगढ़ता और छोटे वाक्यों में बहुत कुछ कह देने की कला इस पुस्तक को श्रेष्ठ बनाती है आत्मकथा का लेखन वे खास उद्देश्य से कर रही हैं और इसके लिए उन्होंने जो ढाँचा बनाया है उसमें अपनी माँ की मृत्यु के प्रसंग से शुरू करके अपने बचपन और जीवन के उत्तरोत्तर अनुभवों के बारे में वे लिखती चलती हैं। वे अपने सामान्या से विशिष्ट होने की कथा कहती हैं अपने समुदाय के प्रति सवर्ण लोगों की घृणा और उपेक्षा कौशल में हीन-भाव पनपने नहीं देती,

क्योंकि उनके पिता जिन्हें वह चाचा कहती हैं उनका अकुंठित वात्सल्य कौशल को निरन्तर मिलता रहा है। प्राक्कथन में वे लिखती हैं, "जैसे-जैसे दलित-साहित्य को पढ़ने और समझने का मौका मिला, तो लगा कि दलितों की आत्मकथाएँ इसलिए नहीं लिखी गईं कि उन्हें अपने-आपको समाज के सामने खोलकर रख देने से कोई खुशी मिलती है या उन्हें कोई रसानुभूति होती है, बल्कि उनके सौन्दर्यशास्त्र के मापदंड उनके अपने कड़वे अनुभव ही बने हैं, आत्मकथाएँ इसलिए लिखी गई हैं ताकि दलितों द्वारा भोगे गए यथार्थ से भारतीय सामाजिक संरचना की बुनावट उघड़ सके और समतावादी मूल्यों की स्थापना हो सके...आत्मकथा लिखना इतना आसान नहीं है उन सारे दुखों, तकलीफों, शोषणों और हर दिन की जिल्लत को एक बार फिर से जीना होता है। अपने अतीत को एक बार फिर से अपने सामने रखना होता है। पर मुझे मंजूर है अगर इससे भारतीय समाज की सामाजिक संरचना जरा भी दरकती हो तो? मुझे अपने अतीत को दुबारा याद कर उसे शब्दों में पिरोना मंजूर है।"[137] इससे दो बातें स्पष्ट हो जाती हैं, कि वे समाज-चेतना से प्रेरित होकर आत्मकथा-लेखन में प्रवृत्त हो रही हैं, दूसरे वे इसी उद्देश्य के लिए दुखद अतीत के पन्नों को एक बार फिर से पलटने का काम कर रही हैं। एक चेतना-सम्पन्न स्त्री की आत्मकथा जीवन के अभाव, प्रेम, सुख-दुख के अनुभवों से अपने पाठक को रू-ब-रू कराती चलती है। कौशल अपने अभावग्रस्त बचपन के बारे में लिखती हैं, "सभी घरों की हालत बहुत ही दयनीय थी, खाने के लाले पड़े रहते थे। कुछ ढंग का खाने को नहीं मिलता था। मैं अपनी कुछ सहेलियों के साथ माता के मन्दिर में चली जाती थी और वहाँ से भीख में प्रसाद माँगकर लाती कुछ वहीं खा लेतीं तो कुछ अपने घर पर ले आती उस समय तक ये समझ नहीं परिपक्व हुई थी कि भीख माँगना अपने स्वाभिमान को गिरवी रखने जैसा होता है सभी करतीं तो मैं भी ऐसे ही हाथ फैलाकर प्रसाद माँगती। सब कुछ सामान्य जैसा ही था...एक बार मैं प्रसाद माँगने के लिए एक औरत के पीछे-पीछे जा रही थी, उसने अपने-आपका बचाव करते हुए मुझे झिड़कते हुए कहा, दूर खड़ी होकर माँग प्रसाद, सिर के ऊपर मत चढ़, जाकर नहाना पड़ेगा। मुझे बहुत दुख हुआ। इतना अपमानित होकर भी मेरे जैसी लड़कियाँ यूँ ही प्रसाद माँगकर खाती रहीं।"[138] अभाव, यातना और अपमान के प्रसंग पूरी आत्मकथा में बिखरे पड़े हैं। कौशल संस्कृत विषय पढ़ना चाहती थीं। इस प्रसंग में लिखती हैं, 'मैं आठवीं में संस्कृत विषय लेकर पढ़ना चाहती थी इसलिए मैंने मास्टर सुरेन्द्र शास्त्री की कक्षा में जाना चाहा, जो संस्कृत पढ़ाते थे, तो मेरे मास्टर जी ने मुझसे कहा, 'संस्कृत तुम्हारे बस की नहीं है और वैसे भी तुम्हें घरों का गोबर एवं कूड़ा-कचरा ही तो उठाना है, जितना पढ़ रही है उतना बहुत है, मैं तेरे बाप से बात करूँगा। मैंने ठान लिया था कि एक दिन मैंने भी संस्कृत में सबसे ऊँची डिग्री न ली तो! फिर ख्याल

आया कि मास्टर जी तो शाम को आएँगे दुबारा से मैंने कक्षा में बैठने की सोची, ये सोचते हुए कि जो होगा देखा जाएगा। अगले दिन समयानुसार कक्षा में पहुँच गई। हमारा छठवाँ घंटा संस्कृत का होना था लेकिन पाँचवें पीरियड तक आते-आते मैं बहुत डर गई। पूरा ध्यान शास्त्री मास्टर की ओर था। जैसे ही घंटी बजी मेरा दिल बहुत बुरी तरह धड़कने लगा था, वही हुआ जिसका डर था। मास्टर जी ने मुझे देखते ही दहाड़ना शुरू कर दिया और आगे की ओर बुलाया, मैं डरी-सहमी मास्टर की कुर्सी की ओर गई और उसने कहते हुए कि तुम्हें कुछ समझ नहीं आता, तुम मेरे मना करने पर के बाद भी कक्षा में संस्कृत पढ़ने के लिए बैठ गई, सीधे मुँह से बात समझ नहीं आई, तेरे बाप से बात की थी, हाथ जोड़ कर माफी माँगी थी उसने, इसलिए तुम्हें पढ़ने दिया है, वरना तुम्हें कौन-सा कलेक्टर बनना है, हमारे घरों का गन्द ही ढोना है इस सिर पर। मेरी चोटी को पकड़कर, झटकते हुए कहा, मेरे थोड़े से बोलने पर कि मैं पढ़ लूँगी, मेरे मुँह पर जोरदार तमाचा जड़ दिया जिसकी गूँज से पूरी कक्षा सहम गई थी। मुझे समझ ही नहीं आया कि मास्टर मुझे क्यों मार रहा है? क्यों नहीं बैठने दे रहा, सभी तो पढ़ रही थीं, जो पढ़ाई में मुझसे कमजोर थीं, लेकिन मुझे इसका जवाब देनेवाला कोई नहीं था।"[139] ऐसे माहौल में बढ़ते हुए, कौशल ने अपने पिता से जीवन-मूल्य ग्रहण किये। पिता ने कौशल को सिखाया कि कोई काम छोटा या बड़ा नहीं होता। सम्भवत: इसीलिए माता-पिता के प्रति अपने दायित्व का बोध होते ही मैंने गोबर बटोरना और मन्दिर में माँगकर प्रसाद खाना बन्द ही कर दिया था। स्कूल के बाद मैंने कॉलेज में दाखिला ले लिया था। साथ-ही-साथ माँ और चाचा के कामों में हाथ बँटा दिया करती थी। अपने माँ-बाप के साथ सड़क पर बजरी आदि बिछाने की दिहाड़ी पर भी जाने लगी थी। कई बार पूरा परिवार काम पर जाता—भाई, माँ, चाचा और खुद बतेरी भी। ऐसे में वह पहले घर पहुँचती और घर पर खाना बनाती। जिसमें रोटी के साथ दाल तो कभी खाली लाल मिर्च की चटनी होती थी। कभी-कभी हम भट्ठे से ईंटें निकालने का काम भी करते।[140] दलित-वर्ग की स्त्रियाँ श्रम की चक्की में जीवन-भर पिसती रहती हैं। उमा चक्रवर्ती ने कांचा इलैय्या के मत का उल्लेख करते हुए कहा है कि "ऊँची जाति की स्त्रियाँ और निम्न जाति की स्त्रियों के बीच मूलभूत अन्तर भौतिक संसाधनों (खासकर सम्पत्ति) पर अधिकार होने या न होने में है। सम्पत्तिहीनता की वजह से दलितों में स्त्री, पुरुष और बच्चे सभी को श्रम करना पड़ता है। ये बने-बनाए ढाँचे ही दलित स्त्रियों के श्रम-व्यवस्था में समावेशन के स्वरूप को तय करते हैं। वहीं ऊँची जाति की स्त्रियों के केवल प्रजनन कार्य को ही तवज्जो दी जाती है जिससे वे महज यौन-श्रमिकों के रूप में विघटित होकर रह जाती हैं।...दलितों के लिए श्रम उनके अस्तित्व का केन्द्रीय तत्त्व है लेकिन जाति-व्यवस्था उसका अवमूल्यन करती है।[141]

कौशल के लिए कॉलेज की पढ़ाई के साथ आर्थिक अभाव के कारण मजदूरी का काम कितना कठिन रहा होगा इसे आत्मकथ्य पढ़कर ही जाना जा सकता है। श्रमिक स्त्री के शोषण के अन्य आयामों की तरफ भी कौशल पाठक का ध्यान ले जाती हैं। दलित के साथ स्त्री और वह भी युवा, सवर्ण ठेकदार की वासना-लोलुप निगाहों की भाषा को समझ-बूझकर अनदेखा करते हुए दिन-रात मेहनत के अनुभव पाठक की अन्त:श्चेतना को झकझोर देते हैं। पिता के अस्वस्थ होने की दशा में कॉलेज जानेवाली छात्रा सड़क पर बजरी गिराने और कोलतार बिछाने की दिहाड़ी पर जाती है : "जी तबियत खराब है उसकी, आज उसकी जगयाँ उसकी बेटी आई है।" उसने तुरन्त जवाब दिया—अच्छा उसकी बेटी बड़ी हो गी, वा पढ़न-लिखण वाली, (मेरी ओर देखकर बोला था) टोकरी उठा लेगी! खराब नजरों से देखा उसने मुझे ऊपर से नीचे तक और हाजरी लगा दी..."मैं अच्छी तरह जान गई थी कि ठेकेदार का लड़का क्या चाहता था। वह मेरा हाथ पकड़ना चाहता था। उसने फिर मेरी तरफ की रॉड। पहले तो मुझे समझ नहीं आया कि क्या करूँ? लेबर कुछ दूर भी थीं। बचने का कोई साधन भी नहीं था मेरे पास। वह इसी बहाने छूना चाहता था। लेकिन जो वह चाहता था उसे हरगिज पूरा नहीं होने दूँगी, निर्णय कर चुकी थी। उसने गर्म-गर्म भाप निकालती हुई रॉड को देखा। वह अपना हाथ मेरी तरफ किये खड़ा था कि मैंने झट से किनारे से ही रॉड को पकड़ लिया, दर्द के मारे चीखी मैं मेरी चीख हवा में गूँज उठी। तड़प उठी थी मैं जलन से। मेरा दायाँ हाथ बुरी तरह से जल उठा था। हाथ में बड़े-बड़े फफोले पड़ गए थे। दर्द और पीड़ा के मारे मैं बिलख गई थी। मेरे लिए बहुत बड़ा सबक बन गया था। लड़की होने की सजा अब मैं भुगतने लगी थी। अब इन नजरों से मेरा सामना होने लगा था। मेरे समाज की बहुत-सी औरतें जमींदार घरों में काम करती थीं। बड़े लोग उन्हें भी अपनी जागीर समझते थे। जब जी चाहा छेड़ दिया। जो मन किया, कर दिया। सभी महिलाओं की हालत ऐसी ही थी।"[142] अपने समुदाय की स्त्रियों के मानसिक-शारीरिक शोषण के बारे यह मन्तव्य बहुत ही साहसिक है। ऐसी कहानियों के बाहर आने से शोषक-वर्ग को शर्म और ग्लानि दोनों होती है, जिसका जिक्र गोपाल गुरु ने किया है। दलित स्त्रियों का संयुक्त शोषण सिर्फ यौन-उत्पीड़न के रूप में ही नहीं होता। दैनन्दिन के जीवन में सवर्ण कही जानेवाली जातियों के लोग या दलितों में ही ऊँचे पायदान पर खड़े लोग अपने सम्पर्क में आनेवाली दलित स्त्री (पुरुष भी) का अपमान करते हैं। कौशल पँवार जहाँ ऊँची जातियों में से कुछ व्यक्तियों के अपमानजनक व्यवहार को भूल नहीं पातीं वहीं वे जवाहरलाल नेहरू विश्वविद्यालय के अपने शोध निर्देशक एवं अगड़ी जाति से सम्बद्ध अध्यापकों का सद्व्यवहार भी विस्मृत नहीं करतीं कौशल पँवार का आत्मकथ्य दलित लड़की के संघर्ष का रोजनामचा है, जिसमें बचपन से लेकर जेएनयू के छात्रावास में जाति–उत्पीड़न के अनुभव के प्रसंग बिखरे

पड़े हैं जीवन और वैचारिक यात्रा के पड़ावों को दर्ज करनेवाली यह मारक भाषा उन्होंने अपने परिश्रम से अर्जित की है सगे-सम्बन्धी रिश्तेदार, उत्सव, राग-द्वेष, भूख, गरीबी और विवाह से नौकरी तक की उपलब्धियाँ—ये सभी उस यात्रा के विभिन्न पड़ाव हैं जिनको पढ़कर पाठक हाशिये के समाज, उसकी कठिनाइयों और सवर्ण समाज की ठस संरचना के प्रति स्वभावत: आलोचक की भूमिका निभाने लगता है। यही इस तरह की आत्मकथाओं का उद्देश्य भी है।

सुमित्रा महरोल ने 'टूटे पंखों से परवाज तक' शीर्षक आत्मकथा लिखी विकलांगता का प्रश्न भारतीय शोध अध्ययन केन्द्रों में समाज मनोवैज्ञानिक अध्ययन का विषय जरूर बना लेकिन जेंडर को विकलांगता से जोड़कर देखने से विकलांगता के अनदेखे आयाम, जो प्रामाणिक रूप से किसी साहित्यिक कृति के माध्यम से हमें प्राप्त हो सकते थे, हिन्दी में उसका अभाव खलता है जाति, जेंडर और विकलांगता—ये त्रिस्तरीय दबाव किसी स्त्री को अपने अस्तित्व के विषय में सोचने-समझने की क्या दृष्टि देते हैं इसके बारे में तभी पता चल सकता है जब कोई विकलांग दलित स्त्री इसके बारे में स्वयं बताने के लिए आगे आए। यद्यपि अंग्रेजी में कई विकलांग स्त्रियों ने आत्मकथाएँ लिखीं, लेकिन हिन्दी में इस तरह की अनुभव-कथाओं को उँगलियों पर गिना जा सकता है। सुमित्रा महरोल पेशे से प्राध्यापक हैं जो आत्मकथ्य की भूमिका में लिखती हैं, "स्त्री, दलित व शारीरिक विकलांग—इन तीन दशाओं को मैंने एक साथ झेला। दलित और स्त्री होने की वजह से विषमतामूलक स्थिति में पड़े रहने के कारणों का विश्लेषण कर समाज व व्यवस्था को उत्तरदायी ठहराया जा सकता है, पर विकलांगता के लिए किसे कटघरे में खड़ा किया जाए—नियति को, प्रकृति को या हालात को। बहुत मुश्किल होता है अपनी अपूर्णता के साथ जीना। अपनी जिजीविषा से आप विकलांगता पर विजय प्राप्त कर भी लें, पर समाज कभी आपको समानता का दर्जा नहीं देगा। कदम-कदम पर आईना दिखाकर कहता रहेगा कि आप अपूर्ण हैं उनके समान नहीं। अतीत में जाकर आत्मकथांश लिखना इतना आसान नहीं, क्योंकि उन त्रासपूर्ण पीड़ादायी स्थितियों को दुबारा जीना पड़ता है। अतीत में घटी वे दुखद घटनाएँ आज भी उतनी ही पीड़ादायी हैं कुछ प्रसंगों को लिखते हुए आज भी मेरी आँखें तब ही की भाँति निरन्तर बहने लगती हैं। सुखद यह है कि अन्धड़ों से भरे तपते रेगिस्तान के समान उस समय को पार कर आज मैं हरी-भरी तलहटी में हूँ, इस परवाज में अपने टूटे पंखों को बाधा मैंने नहीं बनने दिया।"[143] यह आत्मकथा पाठक के सामने एक प्रश्न की तरह खड़ी हो जाती है कि क्या हमारा समाज विकलांगों के लिए कभी अपनी मानसिकता बदल पाएगा। यदि समाज अपनी रूढ़ सोच में थोड़ा परिवर्तन कर ले तो एक विकलांग लड़की अपनी कमियों के बारे में सोचकर अपनी ऊर्जा गँवाने की बजाय समाज को रचनात्मक योगदान दे सकती है विकलांगों के बारे में यह

आम धारणा है कि चूँकि उनके पास किसी अंग का अभाव है या वह सामान्य लोगों की तरह स्वस्थ नहीं हैं तो ऐसे में उनके पास गहन विचार-विमर्श करने की शक्ति का भी अभाव है। अक्सर हम चाहते हैं कि वे अन्य सभी लोगों को मिलनेवाली सुविधाओं के बने-बनाए खाँचे में ही अपने को अँटा लें, उन्हें सार्वजनिक जगहों पर विशिष्ट सुविधाएँ न दी जाएँ। शिक्षण संस्थान, सार्वजनिक परिवहन, रास्ते, बाजारों में विकलांग-जन अपनी सीमाओं के साथ संघर्ष करते दीख जाते हैं। सुमित्रा महरोल की आत्मकथा पाठक को देखकर भी अनदेखा किये संसार की ओर हाथ पकड़कर ले जाती है। जहाँ पर एक विकलांग, दलित स्त्री के जीवनानुभवों के चित्र बिखरे पड़े हैं, जिनकी तरफ से आँखें मूँदकर बाहर चले आना सम्भव नहीं है। आत्मकथा सुमित्रा के बचपन की कथा से प्रारम्भ होती है जब बहुत मासूम उम्र में उन्हें पोलियो हो गया। अशिक्षा और अभाव ने उनके तात्कालिक इलाज में बाधा डाली। उनकी अस्वस्थता दलित और पितृसत्तात्मक समाज की अन्दरूनी कहानी भी कहती है साथ ही राज्य के गैर-लोककल्याणकारी स्वरूप को भी बताती है। प्रारम्भ में उनको अस्पताल ले जाया गया, लेकिन सरकारी अस्पताल की लम्बी प्रतीक्षा और समाज के पिछड़े वर्ग के स्वास्थ्य के प्रति उपेक्षा के भाव के कारण चिकित्सक रोग पकड़ने में असमर्थ रहे। परिवार की आर्थिक स्थिति भी ऐसी नहीं थी कि दो-ढाई साल की मासूम बच्ची के इलाज के लिए वह सब कुछ दाँव पर लगा देता। सुमित्रा यदि एकलौती सन्तान होती तो शायद कहानी कुछ और होती क्योंकि एक साक्षात्कार में उन्होंने बताया कि साँवली सूरत और पैर से लाचार घिसटकर चलनेवाली बच्ची हमेशा रोती रहती थी और रुदन के कारणों की तरफ ध्यान देने की संवेदना किसी में नहीं थी "समय आने पर मेरी माँ ने एक और बेटे को जन्म दिया। अब माँ अति व्यस्त हो गई। मेरी रही-सही गोद भी छिन गई। हर वक्त रिरियाती, रोती-झींकती मैं माँ के पीछे लगी रहती। कभी-कभी झुँझलाकर माँ मुझे खूब मारती। पिता को बच्चों को दुलारने-पुचकारने या सँभालने से कोई सरोकार न था। उनके अनुसार घर-गृहस्थी और बच्चे सँभालना औरतों का काम है बच्चों को सँभालने, गोद-वोद में लेने से उनके पुरुषोचित अहम् को ठेस लगती थी।"[144] एक तो लड़की ऊपर से विकलांग-परिवार में उन्हें बहुत स्पेस मिला, उन्हें किसी बात के लिए रोका-टोका नहीं गया सात वर्ष की उम्र में पार्षद के घर जाने से भी नहीं और बिना अभ्यास के कनाट प्लेस में स्कूटर चलाने पर भी नहीं। यह एक तरह से परिवार द्वारा लड़की के प्रति उपेक्षा के भाव को दर्शाता है। यहाँ तक कि विवाह-योग्य उम्र हो जाने पर भी सुमित्रा के विवाह के लिए परिवार में कोई हलचल नहीं होती। तमाम सखी-सहेलियों के विवाह हो रहे हैं और सुमित्रा के भविष्य के लिए किसी को कोई चिन्ता नहीं। एक लड़की अपने-आपको कई मोर्चों पर अकेला पाती है, इसके बावजूद वह परिवार की आलोचना के लिए जितने कटु शब्दों का इस्तेमाल कर सकती थी, नहीं करती।

उसके भीतर माता-पिता के प्रति आदर और सम्मान है—"परम्परावादी संस्कारों को अपने में सँजोए मेरे माता-पिता अपने बच्चों को प्राथमिकता देने के स्थान पर नाते-रिश्तेदारों, ब्याह-शादियों व बिरादरी के उत्तरदायित्वों में ही उलझे रहते। उनके तई बच्चों के भोजन, वस्त्र व पढ़ाई की व्यवस्था कर उन्होंने अपना उत्तरदायित्व पूरा कर दिया। बच्चों के अन्तर्मन में क्या चल रहा है, उन्हें किस मानसिक खुराक की आवश्यकता है, माता-पिता के दुलार भरे संस्पर्श का क्या जादुई असर होता है, इसका उन्हें भान तक न था।"[145]

वह भीतर से परम्परागत स्त्री है लेकिन पितृसत्ता के लिए अवांछित और उपेक्षणीय परिवार में उसकी कोई उपयोगिता नहीं, विकलांग होने के कारण कौन-सा पुरुष उसे जीवन-संगिनी बनाना चाहेगा वह इस प्रश्न से भी जूझती है लेकिन स्त्री का सशक्त आर्थिक आधार पुरुष को आकर्षित कर ही लेता है और अन्ततः विवाह हो जाता है। जन्म से नौकरी, विवाह और सन्तान तक की यात्रा के बारे में बताते हुए वह कई बार ठिठकती है, रुकती है। कई तरह की सेंसरशिप के दबाव अभिव्यक्ति को बाधित करते हैं। मसलन वे लिखती हैं, "छुटपन में मैं अकेले ही आसपास के पार्कों में घंटों खेलती रहती, कभी रबर की बाल से, कभी सावन-झूलों पर, तब मेरी खोज-खबर लेने के लिए वो बेवजह हलकान नहीं होते थे।"[146] यह 'बेवजह हलकान' न होना दरअसल स्वयं को मुक्त रखना है...माता-पिता के सामने विकलांग बेटी के अलावा और भी कई चुनौतियाँ रही होंगी। पेट भरने और शिक्षा के सवाल उनके लिए विकलांग बेटी से निश्चित रूप से ज्यादा महत्त्वपूर्ण रहे होंगे, सम्भवतः इसलिए—"तब भी अनावश्यक रूप से मेरी सुरक्षा की चिन्ता उन्होंने नहीं की थी।।"[147] अनावश्यक रूप से स्वयं को सुरक्षा की चिन्ता के योग्य न समझा जाना भाषा की दरार को दिखाता है, क्योंकि विकलांग बच्चे की सुरक्षा की चिन्ता सबसे महत्त्वपूर्ण विषय होना चाहिए था, जो कि नहीं है। यह परिवार और समाज में विकलांग के प्रति मानसिक अनुकूलन और उपेक्षा की ओर संकेत करता है।

हाल के वर्षों में विकलांगता या अपंगता को केन्द्र में रखकर कई आत्मकथाएँ लिखी गईं। इन आत्मकथाओं ने शोध और अध्ययन की नई चुनौतियाँ प्रस्तुत कीं। भारत में अपंग या विकलांग व्यक्ति की यौनिकता के बारे में कभी बात नहीं की गई। सुमित्रा महरोल की आत्मकथा के माध्यम से हम उत्तर भारत में विकलांग स्त्री के जीवनानुभवों के बारे में जानने का अवसर पाते हैं। शारीरिक अपंगता को सामाजिक, सांस्कृतिक और राजनीतिक प्रवृत्ति के आलोक में विश्लेषित किया जाना अपेक्षित है। विकलांगों के प्रति दया या करुणा के रवैये की जगह उनके अधिकारों पर बात करने का समय आ गया है। 'टूटे पंखों से परवाज तक' शीर्षक आत्मकथा विकलांग स्त्री की अस्मिता पर बात करती है। यह आत्मकथा एक स्त्री द्वारा अपने 'स्वत्व' की खोज की यात्रा है। यह कहानी आत्मनिर्भर होने की यात्रा

मात्र नहीं है बल्कि अपनी पहचान बनाकर, जीवन को उसकी पूर्णता में जीने के जज्बे की कहानी है। यह आत्मकथा यह भी बताती है कि कैसे शारीरिक रूप से स्वस्थ और सक्षम लोग अपंगता या विकलांगता को अपूर्णता या स्वायत्तहीनता से जोड़कर देखते हैं। समाज में विकलांगों के प्रति जो स्टीरियोटाइप या पूर्वग्रह पूर्ण दृष्टिकोण है उसकी ओर यह पुस्तक संकेत करती है। आत्मकथा यह भी बताती है कि विकलांग व्यक्ति अपनी पहचान और अपने स्वत्व के साथ कैसे जीता है, विशेषकर तब जब वह स्त्री हो, साथ ही वह जीवन जीने के लिए किस तरह की रणनीतियाँ अपनाता है।

हाल के वर्षों में विकलांग जनों की जीवन-कथाओं के प्रति पाठकों और फिल्मकारों का रुझान बढ़ा है। विकलांगों के आत्मकथ्य उनके निज के आख्यान तो हैं ही साथ ही मनोसामाजिकी को जानने का माध्यम भी। आत्म-प्रतिनिधित्व के लिए आत्मकथा से बेहतर कोई विधा नहीं हो सकती। जितनी भी अन्य साहित्यिक विधाएँ हैं—आत्मकथा में वे सब अन्तर्भुक्त रहती हैं इसलिए इस सबसे ज्यादा लोकतांत्रिक विधा माना गया है। जहाँ तक विकलांगों द्वारा आत्मकथ्य लिखने का प्रश्न है—इस क्षेत्र में हाल के वर्षों में तेजी आई है। इस मुद्दे पर भी शोध हो रहे हैं कि विकलांगता का प्रभाव स्त्री और पुरुष पर अलग-अलग कैसे पड़ता है। भारत में विकलांगों की संख्या अच्छी-खासी है जिसके पीछे स्वास्थ्य सुविधाओं की कमी, सामाजिक-पारिवारिक उत्पीड़न, गरीबी अशिक्षा और दुर्घटनाओं एवं आनुवांशिकी को देखा जा सकता है। पितृसत्तात्मक समाज, जहाँ लड़का पैदा करने के लिए गर्भ परीक्षण करवाए जाते हैं वैसे समाज में लड़की और वो भी विकलांग—वह अनिवार्यत: पारिवारिक या सामाजिक उपेक्षा का शिकार होती है। प्रस्तुत आत्मकथा विकलांगता के लैंगिक और जातीय आयाम को विश्लेषित करती है। एक लड़की किस तरह विकलांग होने के कारण साथियों से उपेक्षित होती है, इसके अनुभव विशिष्ट हैं। सुमित्रा लिखती हैं, "उपेक्षा और अजनबीपन के दंश कैम्पस में होनेवाली साहित्यिक-सांस्कृतिक गतिविधियों के दौरान कुछ ज्यादा ही चुभन देते, जब कार्यक्रम में कुछ विराम के दौरान, सहपाठिनें मेरी उपस्थिति को बिलकुल खारिज करती हुई बगैर मुझे बताए अथवा साथ लिये अचानक कैंटीन या और कहीं चल देतीं और उनमें शामिल होने के लिए उनके पीछे दौड़ती मैं यथासम्भव तेजी से चलती, हाँफती, उन्हें पकड़कर भी न पकड़ पाती। इस तरह उस परिवेश में इतने लोगों की उपस्थिति में भी खुद को एकदम अकेली और उपेक्षित पाती। तब दो तरह के मन मुझमें एक साथ निवास करने लगे थे, एक वो मन जो बहुत टूटा हुआ, बहुत हारा हुआ था, बहुत निराश था—हर दम जो एहसास दिलाता रहता कि तुम कितनी हीन और तुच्छ हो, तुम यह नहीं कर सकती, तुम वह नहीं कर सकती...हर्ष और आह्लाद के क्षणों में झूम-झूमकर नाच नहीं सकती, किसी विपत्ति के समय या

खेलने के लिए खुद को शारीरिक तौर पर फिट रखने के लिए दौड़ नहीं सकती, मित्रों के साथ रोमांचक आउटडोर ट्रिप पर नहीं जा सकती, पर्वतारोहण, जंगल भ्रमण, पैराग्लाइडिंग नहीं कर सकती और क्या–क्या गिनाऊँ, लिस्ट बहुत लम्बी है जो मैं नहीं कर सकती और ये सब कुछ दिन, कुछ वर्ष तक नहीं बल्कि उम्र-भर नहीं कर सकती..."[148]

बतौर दलित सुमित्रा के अनुभव अन्य दलित स्त्रियों से अलग नहीं रहे हैं। जाति-दंश और उपेक्षा उन्होंने भी झेली है। शहर में रहते हुए उनकी टिप्पणी रेखांकित करने योग्य है, "शहरी परिवेश में दलित-उत्पीड़न का स्वरूप बाह्य न होकर आन्तरिक है, प्रत्यक्षत: दिखाई नहीं देता। शहर के तथाकथित शिक्षित सवर्ण जानते हैं कि जातिगत आक्षेप उन्हें मुसीबत में डाल सकते हैं। क्योंकि कानूनन जातिगत भेदभाव अपराध है, सो प्रकटत: कुछ भी करने से वे बचते हैं। पर दलितों के लिए सोच उनकी अभी भी पूर्ववत ही है। शिक्षित, नौकरीशुदा, अच्छी सोच-समझ रखनेवाले दलित को भी वह अपने पूर्वाग्रहों के कारण अपने समान नहीं समझते, उनसे घनिष्ठ सम्बन्ध स्थापित नहीं करना चाहते। दलितों का मनोबल तोड़ने के लिए वह उन्हें अनदेखा करते हैं, दलित की कही अच्छी बात को या राय को अनसुना करने का नाटक करते हैं और बहुधा अपने व्यवहार से दलित व्यक्ति को समूह से बाहर होने का अहसास कराते हैं...विकलांग होने के बाद भी उन सब चुनौतियों को मैंने हँसकर पार कर लिया, जिनसे परिश्रम-लगन के बूते पर जूझा जा सकता है, पर एक चुनौती आज भी मेरे सामने मुँह बाए खड़ी है वह है सामाजिक स्वीकृति चाहे पड़ोस हो चाहे कार्यस्थल हो, चाहे अन्य जगहें, प्रयास करने पर भी स्वयं को सदैव मैंने पानी पर तैरती तेल की बूँद के समान ही पाया है, पानी में पड़े दूध के समान खुद को दूसरों से एकाकार मैं कर ही नहीं पाई। जब स्कूल में थी तो इच्छा थी कि पढ़-लिखकर जब मैं अच्छी पद-प्रतिष्ठा हासिल कर लूँगी तो शायद सामाजिक स्वीकृति भी मुझे मिल जाए, पर जीवन के इस पड़ाव पर आकर समझ गई हूँ कि वह स्वीकृति शायद मुझे आजीवन न मिले।"[149]

इतिहास गवाह है कि प्रत्येक समय और समाज में सत्ता-संरचनाएँ रही हैं, जिसमें केन्द्रीय स्थान से हाशिये की आवाजें अलग रही हैं। औपनिवेशिक शासन समाप्त होने के बावजूद आज भी स्थिति बदली नहीं है, आज भी समाज का निम्न वर्ग हाशिये पर ही है, उसे हाशिये पर ही धकेलने के सांस्थानिक प्रयास भी किये जाते रहे हैं, फलत: वह वर्ग कभी केन्द्र में आता ही नहीं और परिधि पर रहकर ही अपने अस्तित्व के लिए संघर्ष करता रहता है। हाशिये का यह वर्ग 'चुप' करा दिया जाता है और चुप करानेवालों को लगता है उन्होंने इसे हाशिये पर धकेल दिया लेकिन दरअसल होता यह है कि हाशिये की ये आवाजें केन्द्र में आने के लिए निरन्तर प्रयास करती रहती हैं। इसी जद्दोजहद से प्रतिरोध की संस्कृति पैदा

होती है। इस दृष्टि से देखने पर समूचा दलित-साहित्य प्रतिरोध के साक्ष्य के रूप में हमारे सामने आता है। सदियों से हाशिये पर रहने का ही यह परिणाम है कि स्वयं को अदृश्यता से दृश्यता की ओर, परिधि से केन्द्र की ओर ले जाने का यह प्रयास दरअसल सदियों की चुप्पी को आत्म की पहचान से तोड़ना है। गुमनामी से पहचान की यह यात्रा निश्चित तौर पर यातनादायी है, क्योंकि प्रतिरोध के साथ-साथ समाज में अपने वास्तविक आत्म को बनाए रखना कठिन है, विशेषकर उस समाज में जहाँ सदियों से दलितों की कोई आवाज ही सुनाई नहीं दी, जबकि यह मानवता की सबसे बड़ी जरूरत होनी चाहिए थी। चुप रहने की बाध्यता के खिलाफ अपनी आवाज को उठाना दलितों—विशेषकर दलित स्त्रियों के लिए कठिन है और था, क्योंकि उनका शोषण बहुस्तरीय है। स्त्रियाँ जो मानसिक और शारीरिक तौर पर रौंदी गईं। पितृसत्ता और पितृसत्तात्मक मानसिक अनुकूलन की शिकार सवर्ण स्त्रियों ने भी उनके शोषक की भूमिका ही निभाई। उनके दमन के लिए बड़े पैने और बहुआयामी औजारों का इस्तेमाल किया गया। सदियों से दमन की शिकार दलित स्त्रियाँ अपने 'आत्म' के प्रति सजग नहीं रह सकीं। दमन का नैरन्तर्य कहीं उनके प्रतिरोध को भोथरा बनाता है कहीं नियति का दास। इन दलित स्त्री आत्मकथ्यों में कथ्य और शिल्प की दृष्टि से पारस्परिक समानता परिलक्षित की जा सकती है। आत्मकथाकार अक्सर अपने परिवार-जनों और मित्रों को आत्मकथ्य लेखन का प्रेरणा स्रोत मानती हैं जिन्होंने बतौर स्त्री और दलित होने के अपने अनुभवों को लिपिबद्ध करने की प्रेरणा दी। इसके साथ ही वे अपने सार्वजनिक जीवन में लेखन के प्रेरणादायी व्यक्तित्वों और परिस्थितियों का उल्लेख करना नहीं भूलतीं। इसके बाद वे आत्मकथ्य-लेखन के लिए समाजशास्त्रीय परिस्थितियों को उत्तरदायी ठहराती हैं। वे किसी व्यक्ति या समुदाय विशेष को शोषक के रूप में रेखांकित करने से बचती हैं। इसे उनके लेखन की रणनीति के रूप में देखा जाना चाहिए जिसके पीछे बृहत्तर पाठक-वर्ग की सहानुभूति के सम्भावित अभाव की आशंका को देखा जा सकता है। ज्यादा-से-ज्यादा पाठक और आलोचक उनके अनुभव के साक्षी बनें इसके लिए वे अपनी 'कटुता' की अभिव्यक्ति में भी संयम से काम लेती हैं। इनमें कथ्य और घटनाओं का दुहराव भी देखने में आता है। अक्सर आत्मकथा के अन्त में अपने साथ जीवन जीनेवाले पालतू पशु-पक्षियों,मित्रों और आन्दोलनधर्मिता में सहयोगी चरित्रों के विषय में पुनर्चर्चा की जाती है। अक्सर आत्मकथ्यों में विस्तार से अपने बचपन के साथ-साथ सामुदायिक जीवन का बृहद वर्णन होता है, जिसमें समुदाय के लोगों का चरित्र, बोली-बानी, कामकाज, सामुदायिक व्यवहार पर टिप्पणियाँ शामिल होती हैं, साथ ही अपनी रिहाइश या बस्ती की जीवन-शैली, यहाँ तक कि रहन-सहन के बारीक वर्णन भी आत्मकथ्यों में अनिवार्यतः मिलते हैं। इन वर्णनों का उद्देश्य है पाठक-वर्ग (जो सम्भावित रूप से दलित-समाज के

रहन-सहन की बारीकियाँ नहीं जानता) को अपने सामुदायिक जीवन से परिचित करवाना। ये वर्णन आत्मकथ्यों को एक ओर सामुदायिक आख्यान में तब्दील करते हैं तो दूसरी ओर उन्हें प्रामाणिकता भी प्रदान करने में सक्षम होते हैं समुदाय में प्रचलित अन्धविश्वासों के साथ धार्मिक विश्वासों और उत्सवों का भी वर्णन होता है। दैनन्दिन के जीवन में अक्सर पशु की रखरखाव, पशु के मांस और चमड़े से सम्बन्धित कार्य-व्यापार, मुर्गी, बकरी-सूअर पालन के कायदे, किसी-किसी समुदाय में प्रचलित बलि-प्रथा, बतौर मजदूर काम करने के दौरान पेश आनेवाली दिक्कतें और कठिनाइयाँ, समुदाय में से किसी के शिक्षित निकल जाने पर शेष समुदाय का उस व्यक्ति-विशेष के प्रति रवैया, उसे आदर्श समझा जाना या उससे ईर्ष्या भी चित्रित होती है। शिक्षा और नौकरी के रास्ते में आनेवाली कठिनाइयाँ—उस मार्ग में असहयोगी या सहयोगी व्यक्तित्वों की पहचान, आर्थिक समस्याएँ, मानसिक और शारीरिक उत्पीड़न का सविस्तार वर्णन इन सभी आत्मकथाओं में सामान्य तौर पर देखा जा सकता है। अधिकतर स्त्रियाँ विवाह और प्रेम का भी जिक्र करती हैं लेकिन आर्थिक कठिनाइयों, उत्पीड़न और भूख का वर्णन इसके अनुपात में बहुत ज्यादा होता है। इससे यह निष्कर्ष निकाला जा सकता है कि जहाँ सवर्ण स्त्रियों की आत्मकथाएँ उनके मानसिक कार्य-व्यापार के आसपास ज्यादा केन्द्रित रहती हैं वहीं दलित स्त्रियाँ जीवन के ठोस कार्य-व्यापारों और भौतिक समस्याओं से ज्यादा टकराती हैं। दलित स्त्री-आत्मकथ्य स्त्री-श्रम पर विचार करने के लिए प्राथमिक साक्ष्यों का काम करते हैं। मजूरी या ठेके पर काम करते हुए उनके श्रम को पुरुषों से कम करके आँका जाता है, साथ ही कार्यस्थल पर उन्हें यौन-उत्पीड़न और जाति-दलन भी झेलना पड़ता है। इस तरह ये आत्मकथाएँ अपने कथ्य और शिल्प में सिर्फ निज की कथा तक सीमित न रहकर अपने समुदाय के 'प्रामाणिक आख्यान' के रूप में चिन्हित की जा सकती हैं। ये आत्मकथ्य 'अपनी जगह बनाने' की स्वचेतनता से उद्‌भूत होती हैं, इसके लिए वे कई बार अंग्रेजी समेत अन्य भारतीय भाषाओं में अनुवाद का सहारा भी लेती हैं। दलित आत्मकथा लेखक मानवाधिकारों और दलित-चेतना आन्दोलनों में अनिवार्य हस्तक्षेप करते हैं। 'दलित निज' के बारे में प्रामाणिक जानकारी प्रदान करने में इनकी आत्मकथाएँ सक्षम होती हैं, दलित निज को उत्पीड़न का प्रतिनिधि दिखाकर दरअसल ये लोकतांत्रिक संरचनाओं का वास्तविक चेहरा मसलन मीडिया, पुलिस, अस्पताल, शैक्षिक संस्थानों में दलितों के साथ जो रवैय्या अपनाया जाता है उन पर भी टिप्पणी करते हैं। इसके द्वारा वे अपने लिए पूर्ण नागरिकता की माँग भी करते हैं।

शैली के स्तर पर भी दलित स्त्री-आत्मकथाओं में परस्पर समानता देखने को मिलती है। आत्मकथा के पहले भाग में ही आगामी जीवन के बारे में पर्याप्त संकेत दे देना भी अधिकांश को समान भावभूमि पर ले आता है। इनमें से कोई भी

आत्मकथाकार अपनी रचना को "साहित्यिक कृति' बनाने का दावा नहीं करती, इस तरह वे अपने कथ्य के अनुरूप नैसर्गिक शैली का चुनाव कर लेती हैं। यह भी रेखांकित किया जाना चाहिए कि ये आत्मकथ्य अक्सर छोटे-छोटे अध्यायों में प्रसंगानुसार बने हुए हैं, यानी वे पाठकों की सुविधा का पूरा ख्याल रखती हैं और अपने जीवन-प्रसंगों के अनुरूप शीर्षकों का चुनाव भी तार्किक ढंग से करती हैं। आत्मकथा के पहले भाग में ही आगामी जीवन के बारे में पर्याप्त संकेत दे देना भी अधिकांश में समान है। इनमें से अधिकतर (कौशल्या बैसंत्री और सुशीला टाकभौरे) को छोड़कर अपनी मातृभाषा में लिखती हैं लेकिन आत्मकथाओं के भीतर के संवाद अक्सर उनकी बोलियों में ही होते हैं।

सन्दर्भ

1. जान बेवर्ली, "द मार्जिन एट द सेंटर : ऑन टेस्टिमोनियो (टेस्टीमोनियल नैरेटिव), सिडनी स्मिथ और जूलिया वाटसन (सं.) डी कोलोनाइजिन्ग द सब्जेक्ट द पालिटिक्स ऑफ जेंडर इन वूमन'स ऑटोबायोग्राफी, मिनिएओपोलिस : यूनिवर्सिटी ऑफ मिनिसोटा प्रेस, पृ. 91-114, 1992
2. शर्मिला रेगे : राइटिंग कास्ट राइटिंग जेंडर : नरेटिंग दलित वूमन टेस्टिमोनीज, जुबान बुक्स, दिल्ली, पृ. 17, 2006
3. चारु गुप्ता (लेख) कजरारी कुलटा : हिन्दी प्रिंट, सवर्ण लेखन और दलित स्त्री का (कु) चित्रण, तद्भव पत्रिका, वर्ष 7, अंक 2, पृ. 19, मई 2019
4. वीरम्मा-लाइफ ऑफ एन अनटचेबल (सं.) रेसिन एंड रेसिन लन्दन, वर्सो, पृ. 3, 1997
5. वही, पृ. 17
6. वही, पृ. 51
7. वही, पृ. 310
8. वही, पृ. 252
9. वही, पृ. 5
10. वही, पृ. 76
11. उमा चक्रवर्ती, जाति समाज में पितृसत्ता, ग्रन्थ शिल्पी प्रकाशन, पृ. 151, 2011
12. वही, पृ. 152
13. बामा, करक्कू अंग्रेजी अनुवाद, लक्ष्मी होम्स्त्रोम, चेन्नई, मैकमिलन प्रकाशन। भूमिका, पृ. 13, 2000
14. 'बामा, 'करक्कू, भूमिका पृ. 13
15. बामा, करक्कू पृ. 1
16. वही पृ. 11
17. उमा चक्रवर्ती,जाति समाज में पितृसत्ता, ग्रन्थ शिल्पी प्रकाशन, पृ. 151-152, 2011
18. वही, पृ. 17
19. वही, पृ. 23

20. वही, पृ. 26
21. वही, पृ. 15
22. वही, पृ. 105
23. वही, पृ. 67-68
24. बामा, करक्कू, पृ. 25
25. बामा, पृ. 12, भूमिका
26. वही, पृ. 66
27. वही, पृ. 69
28. वही, पृ. 92-94
29. वही, पृ. 18, 64, 71, 75
30. वही पृ. 104
31. बेबी हालदार, आलो आन्धारि, ब्लर्ब, मैत्रेयी पुष्पा, रोशनाई प्रकाशन, दूसरा संस्करण 2003
32. बेबी हालदार, आलो आन्धारि, पृ. 111
33. वही, पृ. 119
34. वही, पृ. 130
35. बेबी हालदार ईषत रूपान्तर, अनु.—प्रबोध कुमार, रोशनाई प्रकाशन, उत्तर 24 परगना पश्चिम बंगाल, पृ. 15-16, फरवरी 2010
36. बेबी हालदार, आलो आन्धारि, पृ. 11
37. बेबी हालदार ईषत रूपान्तर, पृ. 18-19
38. वही, पृ. 46
39. वही, पृ. 104-105
40. वही, पृ. 72
41. वही, पृ. 105
42. जयदीप सारंग और बिदिशा पाल द्वारा लिया गया साक्षात्कार—राइटर्स इन कन्वरसेशन, खंड 7, अंक 2, अगस्त 2020
43. कल्याणी ठाकुर (सं.) दलित लेखिका : वूमंस राइटिंग फ्रॉम बंगाल, भाग 1, में संकलित 'आमि चांडाल केनो लिखी 'स्त्री समय प्रकाशन, कोलकाता 2020 https://scroll.in/article/872273/why-bengali-dalit-feminist-poet-and-writer- kalyani-thakur-added-charal-for-chandal-to-her-name (cited on 10.2.2021)
44. कल्याणी ठाकुर (सं.) दलित लेखिका : वूमंस राइटिंग फ्रॉम बंगाल, भाग 1, में संकलित आमि चांडाल केनो लिखी' स्त्री समय प्रकाशन, कोलकाता 2020 https://scroll.in/article/872273/why-bengali-dalit-feminist-poet-and-writer- kalyani-thakur-added-charal-for-chandal-to-her-name cited on 10.2.2021
45. गोपाल गुरु, रिव्यू ऑफ जूठन : ऐ दलित'स लाइफ बाई ओमप्रकाश वाल्मीकि (अंग्रेजी में अनुवाद अरुणप्रभा मुखर्जी) सेमिनार पत्रिका संख्या 530, अक्टूबर अंक, पृष्ठ संख्या : 71
46. सारा बेथ, हिन्दी दलित लिटरेचर एंड द पॉलिटिक्स ऑफ रेप्रेजेंटेशन, पृ. 25-82

47. अर्जुन डांगले—(सं.) दलित लिटरेचर, पास्ट प्रेजेंट एंड फ्यूचर 'पोइजंड ब्रेड, ट्रांसलेशन्स फ्राम माडर्न मराठी लिटरेचर', एड्वेंट बुक डिविजन, भूमिका, 1992
48. वही
49. शर्मिला रेगे—दलित वूमन टॉक डिफरेंटली, इकनोमिक एंड पोलिटिकल वीकली, 31-6 नवम्बर-अक्टूबर 1998 अंक, खंड 33, संख्या 44 पृ. : 39 "The Dalit Panthers did not make a significant contribution to the cultural revolt of the 1970's, but both in their writings and their Programms, Dalit women remain encapsulated in the roles of the Mother and the victimized sexual being."
50. शांताबाई दानी, रात्रादिन आम्हा, भावसरिता प्रकाशन, नासिक (प्रथम संस्करण), पृ. 15, 1990
51. वही, पृ. 22
52. वही, पृ. 30
53. वही, पृ. 34-35
54. मुक्ता सर्वगोंड़, मिटलेली कवाडे, चेतश्री प्रकाशन अमलनेर, प्रथम संस्करण 1983, पृ. 10
55. वही, पृ. 160
56. वही पृ. 26
57. वही, पृ. 76-78
58. गोपाल गुरु, रिव्यू ऑफ जूठन : ऐ दलित'स लाइफ बाई ओमप्रकाश वाल्मीकि (अंग्रेजी में अनुवाद अरुणप्रभा मुखर्जी) सेमिनार पत्रिका संख्या 530, अक्टूबर अंक, पृ. 70-71
59. शान्ताबाई काम्बले, माझ्या जल्माची चित्तरकथा, सुगवा प्रकाशन, पृ. 33-34, पुणे 1998
60. वही, पृ. 62
61. वही, पृ. 77
62. शान्ताबाई काम्बले, माझ्या जल्माची चित्तरकथा, सुगवा प्रकाशन, पृ. 36, पुणे 1998
63. शान्ताबाई काम्बले, माझ्या जल्माची चित्तरकथा, सुगवा प्रकाशन, पृ. 81-82, पुणे 1998
64. बेबी काम्बले,जीवन हमारा, अनुवाद ललिता अस्थाना, किताबघर प्रकाशन, पृ. 7, 1995
65. वही, पृ. 17-18
66. वही, पृ. 22
67. वही, पृ. 27
68. बेबी काम्बले, द प्रिजंस वी ब्रोक, बेबी काम्बले की आत्मकथा का अंग्रेजी अनुवाद, माया पंडित, ओरिएंट ब्लैक स्वान प्रकाशन, 2009, पृ. 6
69. वही, पृ. 32
70. उर्मिला पवार, लोकसत्ता अखबार (मराठी), 28 मई, 2016
71. माया पंडित, द प्रिजंस वी ब्रोक, बेबी काम्बले की आत्मकथा का अंग्रेजी अनुवाद, ओरिएंट ब्लैक स्वान प्रकाशन, पृ. 155, 2009
72. तेजस्विनी नारायणकर, दलित ऑटोबायोग्राफी : एन एवोलुशन ऑफ इंडिविजुअल सेल्फ रिसर्च फ्रंट, वोल्यूम 2, अंक 2, पृ. 1-6, 2014
73. माया पंडित, बेबी काम्बले की आत्मकथा का अंग्रेजी अनुवाद 'द प्रिजंस वी ब्रोक', माया पंडित, ओरिएंट ब्लैक स्वान प्रकाशन, भूमिका पृ. 15, 2009

74. माया पंडित, बेबी काम्बले की आत्मकथा का अंग्रेजी अनुवाद द प्रिजंस वी ब्रोक, ओरिएंट ब्लैक स्वान प्रकाशन, पृ. 170, 2009
75. सतीश देशपांडे, (ले.) मेरी अंग्रेजी की कहानी, अनुवाद नरेश गोस्वामी, प्रतिमान (सी. एस. डी. एस.) वर्ष 7 अंक 14, पृ. 138, जुलाई-दिसम्बर 2019
76. कुमुद पाँवड़े, अन्त:स्फोट, तीसरा संस्करण, सुगवा प्रकाशन, पुणे, 2013। कुमुद पाँवड़े ने आत्मकथा के दूसरे संस्करण की भूमिका में स्पष्ट कहा कि यहाँ निजी अनुभवों को आत्मकथात्मक शैली में लिखा गया है, लेकिन इसके बावजूद किताब को आत्मकथा नहीं माना जाना चाहिए। उनका जोर इस तथ्य पर है कि यह बात दलित लेखकों द्वारा लिखे गए सभी आख्यानों पर लागू होती है।
77. कुमुद पाँवड़े, अन्त:स्फोट, तीसरा संस्करण, सुगवा प्रकाशन, पृ. 38, पुणे, 2013
78. वही, पृ. 39
79. सतीश देशपांडे (ले.) मेरी अंग्रेजी की कहानी, अनुवाद नरेश गोस्वामी, प्रतिमान (सी. एस. डी. एस.) वर्ष 7 अंक 14, पृ. 138, जुलाई-दिसम्बर, 2019
80. वही, पृ. 139
81. कुमुद पाँवडे, अन्त:स्फोट, तीसरा संस्करण, सुगवा प्रकाशन, पृ. 23-24, पुणे, 2013
82. कुमुद पाँवडे, अन्त:स्फोट, तीसरा संस्करण, सुगवा प्रकाशन, पृ. 79, पुणे, 2013
83. उर्मिला पवार, आयदान, हिन्दी अनुवाद, वाणी प्रकाशन, पृ. 7-9, 2010
84. वही, पृ. 11
85. उर्मिला पवार—मेरे चार दुश्मन, (आत्मकथांश का हिन्दी अनुवाद—सुधा अरोड़ा) अतीत होती सदी और स्त्री का भविष्य, हंस पत्रिका, अंक 14, पृ. संख्या 59, जनवरी फरवरी 2000
86. उर्मिला पवार, आयदान (मराठी) ग्रन्थाली प्रकाशन, पृ. 77, मुम्बई 2003
87. उर्मिला पवार, मेरे चार दुश्मन, (आत्मकथांश का हिन्दी अनुवाद—सुधा अरोड़ा) अतीत होती सदी और स्त्री का भविष्य, हंस पत्रिका, अंक 14, पृ. 62, जनवरी-फरवरी 2000
88. उर्मिला पवार, आयदान (मराठी) ग्रन्थाली प्रकाशन, पृ. 218, मुम्बई 2003
89. वही, पृ. 218
90. मल्लिका अमरशेख, मुझे उद्ध्वस्त होना है—अंग्रेजी अनुवाद आई वांट टू डेस्ट्राय माई सेल्फ, अंग्रेजी अनुवाद जेरी पिंटो, स्पीकिंग टाईगर पब्लिशिंग हाउस, 2016
91. शरणकुमार लिम्बाले, गैर-दलित, वाणी प्रकाशन, पृ. 187
92. मल्लिका अमरशेख, मुझे उद्ध्वस्त होना है—अंग्रेजी अनुवाद आई वांट टू डेस्ट्राय माई सेल्फ, अंग्रेजी अनुवाद जेरी पिंटो, स्पीकिंग टाईगर पब्लिशिंग हॉउस, पृ. 3, 2016
93. वही, पृ. 26
94. वही, पृ. 27
95. वही, पृ. 6
96. शर्मिला रेगे, ए दलित फेमिनिस्ट स्टैंडपॉइंट, विकास अध्ययन केन्द्र, पुणे में दिया गया व्याख्यान, 1998
97. ओमप्रकाश वाल्मीकि, दलित-साहित्य का सौन्दर्यशास्त्र, राधाकृष्ण प्रकाशन, पृ. 14, 2005
98. उमा चक्रवर्ती, जाति समाज में पितृसत्ता, ग्रन्थ शिल्पी, पृ. 18, 2011
99. उमा चक्रवर्ती, जाति समाज में पितृसत्ता, ग्रन्थ शिल्पी, प्रथम संस्करण, पृ. 156, 2011
100. कौशल्या बैसंत्री, दोहरा अभिशाप, भूमिका, परमेश्वरी प्रकाशन, संस्करण 2016

101. कौशल्या बैसंत्री, दोहरा अभिशाप, भूमिका, परमेश्वरी प्रकाशन, संस्करण 2016
102. वही
103. वही, पृ. 11
104. सुशीला टाकभौरे, शिकंजे का दर्द वाणी प्रकाशन, ब्लर्ब, 2011
105. वही पृ. 47
106. वही पृ. 57-58
107. वही, पृ. 132-133
108. वही, पृ. 135
109. वही, पृ. 254-256
110. वही, पृ. 298-299
111. जान स्टुअर्ट मिल, स्त्रियों की पराधीनता, हिन्दी अनुवाद शिवनारायण द्विवेदी, हरिदास एंड कम्पनी, कलकत्ता नरसिंह प्रेस, पृ. 55, प्रथम संस्करण 1917
112. सुशीला राय, एक अनपढ़ कहानी, रोशनाई प्रकाशन, कोलकाता, पृ. 11, दिसम्बर 2005
113. वही, पृ. 19
114. उमा चक्रवर्ती,जाति समाज में पितृसत्ता, ग्रन्थ शिल्पी, पृ. 34, प्रथम संस्करण 2011
115. वही, पृ. 22
116. वही, पृ. 8
117. वही पृ. 11-12
118. वही, पृ. 64
119. वही, पृ. 32
120. वही पृ. 35
121. जगदीश्वर चतुर्वेदी, स्त्रीवादी साहित्य विमर्श, अनामिका प्रकाशन, प्रथम सं. 2000, 1992/280
122. रजनी तिलक, अपनी जमीं, अपना आसमां, ईशा ज्ञानदीप प्रकाशन, पृ. 10-11, 2017
123. वही, पृ. 62-63
124. वही, पृ. 102
125. वही, पृ. 42
126. वही, पृ. 45
127. वही, पृ. 120
128. वही, ब्लर्ब
129. अनिता भारती, छूटे पन्नों की उड़ान, स्वराज प्रकाशन, पृ. 10, 2018
130. वही, पृ. 17
131. वही, पृ. 26
132. वही, पृ. 30
133. वही, पृ. 34 35
134. कावेरी, टुकड़ा-टुकड़ा जीवन, ईशा ज्ञानदीप प्रकाशन, दिल्ली, पृ. 7, 2017
135. वही, पृ. 39
136. वही, पृ. 47

137. कौशल पँवार, बवंडरों के बीच, प्राक्कथन, द मार्जिनलाइज्ड पब्लिकेशन, दिल्ली, पृ. 10-11, 2020
138. वही, पृ. 101
139. वही, पृ. 59
140. वही, पृ. 103
141. उमा चक्रवर्ती, जाति समाज में पितृसत्ता, ग्रन्थ शिल्पी, पृ. 82-83, प्रथम संस्करण 2011
142. वही, पृ. 127-128
143. सुमित्रा महरोल, टूटे पंखों से परवाज तक, द मार्जिनलाइज्ड पब्लिकेशन, दिल्ली, पृ. 7-8, 2021
144. वही, पृ. 12
145. वही, पृ. 38
146. वही, पृ. 39
147. वही, पृ. 39
148. वही, पृ. 50-51
149. वही, पृ. 99-100

अध्याय-9

अश्वेत दास-आख्यान : अश्वेत स्त्री-आत्मकथा

उन्नीसवीं शताब्दी के उत्तरार्द्ध से बीसवीं शताब्दी के मध्य तक लिखे गए अश्वेत स्त्री-आख्यान साहित्यिक अवदान की दृष्टि से ही नहीं समाज-राजनीतिक दृष्टि से भी विश्लेषण की माँग करते हैं। इतिहास में इन आत्मकथात्मक आख्यानों की या तो उपेक्षा की गई या अबौद्धिक और भावुकतापूर्ण साहित्य कहकर नकार दिया गया, अक्सर उनकी तुलना अश्वेत पुरुष दास-आख्यानों से की गई और कहा गया कि अश्वेत स्त्रियाँ उनकी तर्ज पर आख्यान रच रही हैं और उनमें मौलिकता के नितान्त अभाव का आरोप लगाया गया। अश्वेत स्त्री-आत्मकथाएँ अपनी संवादधर्मिता के कारण अपनी ओर आकर्षित करती हैं आवश्यक यह है कि इनका विश्लेषण समाजवैज्ञानिक दृष्टि से करने का प्रयास किया जाए।

अश्वेत आत्मकथाओं के साक्ष्य हमें उन्नीसवीं शताब्दी से मिलने प्रारम्भ होते हैं। इससे पहले अश्वेत स्त्री-आत्मकथाओं, निजी आख्यानों का नितान्त अभाव इस बात की ओर संकेत करता है कि जब बेन फ्रैंकलिन जैसे पुरुष 'द ऑटोबायोग्राफी' लिखने में संलग्न थे, अश्वेत स्त्रियाँ अशिक्षित और लाचार स्थिति में थीं। श्रमिक, बँधुआ मजदूर और यौन-दासी के रूप में अपने अस्तित्व को बचाने की कोशिश कर रही थी—गुलाम और अपने बारे में अनजान।

अमेरिका में अन्त:अनुशासिक अध्ययन क्षेत्रों—जैसे स्त्री अध्ययन और नृवंशीय अध्ययनों की बढ़ती माँग ने अश्वेत स्त्री-आख्यानों की विच्छिन्न शृंखला की खोज को गति प्रदान की। उपलब्ध आख्यानों के अध्ययन-विश्लेषण से यह बात सिद्ध होने लगी कि ये 'पर्सनल नैरेटिव्ज' या आत्मकथ्य आख्यान की सीमा से कहीं आगे समाज-विमर्श रचने में सक्षम हो सकते हैं। समाज-विमर्श का यह रूप अश्वेत स्त्री के स्वर की व्याख्या करता है और जीवन्त अनुभवों को ऐतिहासिक परिप्रेक्ष्य में, अश्वेतों द्वारा शोषक सत्ता की आँखों में अपनी अस्मिता और सत्ता स्थापित करने के प्रयास के रूप में विश्लेषण की वकालत करता है। स्त्रीवादी आलोचकों ने 'आत्मकथा' की स्त्री-परम्परा की विस्मृत कड़ियों को जोड़कर पश्चिम में आत्मकथा

की वैकल्पिक सैद्धान्तिकी प्रस्तुत की, जिसमें स्त्री-रचित आध्यात्मिक गीत, दास-आख्यान, राजनीतिक या प्रतिरोधी आख्यान, श्रमिक और बन्दी स्त्रियों के आत्मकथ्य, डायरियाँ और अनेकानेक रूपों में लिखी जा रही आधुनिक उपन्यास-विधा शामिल हैं। 'स्लेव्ज नैरेटिव्ज' या दास-आख्यानों ने अठारहवीं शती के उत्तरार्द्ध और उन्नीसवीं शती के प्रारम्भ में अमेरिकी श्वेत प्रभुओं और अश्वेत समुदायों के बीच दासत्व और मुक्तिवार्ताओं के आदान-प्रदान में महत्त्वपूर्ण भूमिका निभाई दास-आख्यानों के माध्यम से रचनाकारों ने मनुष्य के रूप में सम्मानपूर्ण जीवन की आकांक्षा व्यक्त की और नस्लभेद पर आधारित समाज को बताया कि वे भी मनुष्य हैं और जीवन जीने का अधिकार चाहते हैं हालाँकि दास-प्रथा के उन्मूलन हेतु जो आन्दोलन किये गए उन्हें राजनीतिक हथकंडा कहकर उनकी उपेक्षा की रणनीति भी अपनाई गई, लेकिन उन्नीसवीं शती में ग्रेट ब्रिटेन और अमेरिका में मुक्ति की आकांक्षा से लिखे गए आख्यानों को पाठकों ने हाथों-हाथ लिया। नतीजतन विभिन्न विश्वविद्यालयों में दास-आख्यान या 'स्लेव नैरेटिव्ज' पाठ्यक्रम का अनिवार्य हिस्सा बनने लगे। अब, बदले हुए समय में नस्लभेद, रंगभेद, सामाजिक अन्याय के बहुस्तरीय रूपों के विश्लेषण के साथ-साथ हाशिये की अस्मिताओं को पहचानने के लिए इन दास-आख्यानों को पढ़ना-पढ़ाना जरूरी हो गया। दक्षिण अमेरिका में अफ्रीका और वेस्टइंडीज से लगभग दो करोड़ अश्वेत लोगों को केवल रंगभेद के आधार पर दास बनाकर लाया गया दक्षिण अमेरिका की कुल आबादी में लगभग 20-22 प्रतिशत योगदान रहा, 1900 ईस्वी के उत्तरार्द्ध तक प्रत्येक दास अफ्रो-अमेरिकियों में से नौ दक्षिण अमेरिका में रह रहे थे दास-प्रथा पर कानूनन पाबन्दी लगाए जाने के बाद भी अश्वेत लोग श्रमिकों के रूप में ही जाने जाते रहे और अमेरिका पर श्वेत-प्रभुत्व ही बना रहा, साथ ही अश्वेतों के प्रति घृणा और उपेक्षा का भाव भी। समता और सामाजिक न्याय पाने के लिए अश्वेत संघर्ष की लम्बी दास्तान रही है, जबकि यह गौरतलब है कि अमेरिका की अर्थव्यवस्था को सुदृढ़ बनाने में दासों का योगदान अविस्मरणीय है। सम्भवत: इसीलिए अश्वेतों में जब अस्मिता की पहचान जगी तो सभी क्षेत्रों—पारिवारिक सम्बन्ध, धर्म, नैतिक मूल्य और भावबोध—में युगान्तरकारी परिवर्तन उपस्थित होने शुरू हुए। अस्मिता की तलाश में अश्वेतों ने अपनी एक अलग सांस्कृतिक पहचान बनाई, जिसका प्रतिफलन साहित्य, कला, संगीत, भाषा आदि में देखा गया। इस सांस्कृतिक पहचान की अभिव्यक्ति उन्नीसवीं और बीसवीं शती में लिखे दासों के आत्माख्यानों में प्रमुखता से हुई, जो अश्वेतों की उस पीढ़ी की भावनात्मक अभिव्यक्ति हैं जिनके बारे में गैर-अश्वेतों द्वारा बहुत कुछ लिखे जाने पर भी बहुत कुछ अनकहा ही रह गया। उन्हें या तो कोई भुक्तभोगी ही लिख सकता था या प्रत्यक्षदर्शी, जिसमें अश्वेतों की वेदना उनके समुदाय का सच—लिंग-भेद, नस्लभेद, रंगभेद की पीड़ाएँ, उनके संघर्ष, वेदना और आँसू, खुशियाँ

और आनन्द-सब कुछ समा सकता। इन दास-आख्यानों ने अश्वेत या गैर-श्वेत आत्मकथाओं के लिए पृष्ठभूमि का काम किया। दास-अनुभवों ने 'अंकल टाम्स केबिन' (हेरियट बीचर स्टोव, 1852), 'हकलबेरी फिन्' (मार्क ट्वेन, 1884), 'द कंफेशंस ऑफ नॉट ट्यूनर' (विलियम स्ताईरोन, 1967), 'बीलव्ड' (टोनी मॉरिसन, 1967) जैसी कालजयी कृतियों से भी पाठकों को परिचित कराया। इसके अतिरिक्त अन्य कई साहित्यिक विधाओं मसलन आत्मकथा, कहानी, कविता, नाटक में भी दासों की स्थिति और उनके मुक्ति-संघर्ष को अभिव्यक्ति मिली। इससे अश्वेतों को अमेरिकी पहचान मिली, साथ ही जिसने अमेरिका को संयुक्त राज्य बनाने और संयुक्त राज्य अमेरिका के अन्तःकरण को बदलकर ऐतिहासिक चेतना का निर्माण करने में महत्त्वपूर्ण भूमिका निभाई। इन दास-आख्यानों पर शोध और अध्ययन अभी हाल की ही घटनाएँ हैं। 'क्लासिक स्लेव्ज नेरेटिव्ज' की प्रस्तावना में हेनरी लुईस गेट्स ने लिखा कि "इतिहास में किसी भी गुलाम समुदाय ने अपनी कथाएँ इतने बड़े पैमाने पर नहीं लिखीं, ये स्लेव्ज नेरेटिव्ज गुलामों के गीत और आध्यात्मिक कविताओं के गद्य रूप हैं, जिनसे एफ्रो-अमेरिकी साहित्यिक परम्परा का सूत्रपात होता है। गुलामों द्वारा गाए गए गीत ही शोषण, गुलामी, उपेक्षा, प्रताड़ना से उत्पन्न मानसिक अवसाद को व्यक्त कर सकते थे, उन लोगों तक अपनी व्यथा-कथा पहुँचा सकते थे, जो दास-जीवन और उसकी पीड़ा से अनभिज्ञ थे। इन गीतों का लक्ष्य गुलामों की पीड़ा को अभिव्यक्ति देना और यह बताना था कि कोई दास अपनी 'दासता' से सन्तुष्ट नहीं होता 'गुलामी से सन्तुष्टि' एक मिथ है, यथार्थ तो यह है कि हर गुलाम मुक्ति का स्वप्न देखता है।"[1]

स्त्री और पुरुष दोनों ने दास-आख्यान लिखे। जीन येलीन, विलियम एंड्रयूज, फ्रांसिस स्मिथ फॉस्टर, हेजल कार्बो जैसे आलोचकों का महत्त्व इस बात में है कि उन्होंने इन दास-आख्यानों को प्रकाश में लाने एवं मुख्यधारा के साहित्य में शामिल करने का कार्य किया। 'द वॉयसेज ऑफ अफ्रीकन अमेरिकन वूमन' (यॉने जॉनसन, 1998), 'द फ्रीडम टू रिमेम्बर' (एंजेलिन मिरोल, 2002), 'हैरियट जैकोब्स एंड इंसीडेंट्स इन द लाइफ ऑफ ए स्लेव गर्ल' (न्यू क्रिटीकल एस्सेज, 1996, सम्पादन राफिया जफर और देबोरा एच. गैरफील्ड), 'रिफ्लेक्सिंग एथनोग्राफी' (सी. ए. डेविस), 'विदइन द प्लांटेशन हाउस होल्ड : ब्लैक एंड व्हाइट ऑफ द फॉक्स जेनोवेस', 'सिस्टर आउट साइडर' (ऑड्रे लॉर्ड), द सर्च ऑफ सेल्फ डेफिनेशन—1934-1937 : ए लांग वे फ्रॉम होम (वाएन एफ कूपर) जैसी आलोचनाओं और संकलनों ने इन आख्यानों के पाठ-विश्लेषण के रास्ते खोले। इसके अतिरिक्त कई समाचार-पत्रों और संस्थाओं ने भी अश्वेतों की आवाज को मुख्यधारा में लाने का कार्य किया जिनमें 'नेशनल आर्गेनाइजेशन ऑफ कलर्ड पीपल' प्रमुख है। डब्लू. ई. बी. डुबोय ने 'क्राइसिस' पत्रिका, चार्ल्स जॉनसन ने

'अपॉरच्युनिटी', फिलिप रैंडाफ ने 'द मैसेंजर', मारकॅस गार्वे ने 'नीग्रो ब्लर्ड' जैसी पत्रिकाओं का सम्पादन किया। इन्होंने, माली, सेनेगल, गाम्बिया, गिनी, आइवरी कोस्ट, लाईबेरिया, घाना, टोंगो, नाइजीरिया, कैमरून, अंगोला आदि अफ्रीकी देशों से लाकर, दो सौ सालों तक अमेरिकी बाजारों में पशुवत खरीदे-बेचे जाते रहे दासों के आख्यानों को वैश्विक पहचान दी। इन पत्रों ने, अमेरिकी गृहयुद्ध (1860-64) के पहले और युद्ध के बाद हजारों अश्वेत दास-दासियों के अनुभवों को, शोषण के इतिहास को पाठकों के सामने लाने का काम किया। प्रारम्भ में अश्वेत आत्मकथाएँ 'स्लेव्ज नैरेटिव्ज' या दास-आख्यानों के रूप में ही सामने आई जिनका उद्‌देश्य पाठकों को यह बताना था कि गुलाम भी मनुष्य हैं, उनमें भी वही विशेषताएँ, गुण या अवगुण विद्यमान हैं जो गैर-अश्वेतों में होते हैं। इन आख्यानों का उद्‌देश्य अश्वेतों की पहचान को समुदाय के रूप में स्थापित करना और शेष विश्व को, अपनी कथा से, नस्लभेद के शिकार अपने समुदाय से परिचित करवाना था। अपने अतीत और समुदाय के बारे में बताकर नस्ल और रंगभेद पर आधारित अमेरिकी साम्राज्यवाद को चुनौती देना भी इनका निहितार्थ था। इन आख्यानों ने अश्वेत आन्दोलन को ठोस वैचारिक आधार देने में महत्त्वपूर्ण योगदान दिया।

प्रस्तुत अध्ययन गैर-श्वेत स्त्री-आत्माख्यानों पर केन्द्रित है जो अपने प्रारम्भिक रूप में कुछ पत्रों और यात्रा-वृत्तान्तों के रूप में इधर-उधर बिखरे अंशों के रूप में मिलते हैं, आगे चलकर यानी बीसवीं शताब्दी में इनका स्वरूप ज्यादा व्यवस्थित हो गया। स्त्री-आत्मकथ्य के प्रारम्भिक साक्ष्य के रूप में दास-स्त्री याम्बा की अफ्रीका यात्रा के काव्यात्मक अंशों में स्त्री-मन की अभिव्यक्ति दीख पड़ती है, जिसमें 'गोल्ड कोस्ट'[2] का उल्लेख मिलता है। इसके साथ नाइजीरियन मूल की दास-स्त्री बेलींडा के आत्मकथांश भी मिलते हैं। यद्यपि याम्बा और बेलींडा ने दासी के रूप में अपनी व्यथा-कथा को कविता और कहानी के माध्यम से व्यक्त करने का प्रयास किया, फिर भी आलोचक विलियम एंड्रयूज का मानना है कि दासत्व ने याम्बा और बेलींडा की अभिव्यक्ति को सेंसर किया होगा, साथ ही उनका अशिक्षित होना भी अभिव्यक्ति में बाधक बना होगा। आगे चलकर बेलींडा की कहानी 'द क्रूएलिटी ऑफ मैन हूज फेसेज वर लाइक द मून' (1787) न्यूयार्क की विधान सभा में अपील के तौर पर सामने आई क्योंकि बेलींडा ने अपने मालिक की मृत्यु के बाद क्षतिपूर्ति का दावा किया था। हालाँकि उसकी कहानी दूसरों ने लिखी, लेकिन अपील में दासी बनने के पहले की निजी पारिवारिक स्मृतियों का जिक्र है। जबरन दासी बनाया जाना, शारीरिक शोषण, मानसिक तनाव, नई भाषा सीखने की चुनौती, मालिक के परिवार में सन्तुलन बनाने का प्रयास और शोषण की दास्तान—ये सब बेलींडा की अपील का अंग हैं।[3] अंग्रेज स्त्रीवादी हन्ना मोरे[4] ने याम्बा की कहानी को गीतात्मक अभिव्यक्ति दी, जिसने लगभग बेलींडा जैसा दास-जीवन जिया। याम्बा कहती है—

कँटीली झाड़ियों,
दुर्दमनीय काली लहरों के बीच से,
हर कहीं से,
चारों ओर से मनुष्य चुरानेवाले लोग चले आए
बेड़ियों में बाँधा कोमल मासूम बच्चों को मेरे क्षत-विक्षत,
विदीर्ण यांबा को भी दासी बना ले चले

यांबा और बेलींडा जैसी अनेकानेक स्त्रियों ने वैविध्यपूर्ण अफ्रीकी साहित्य की मौखिक परम्परा में आत्माभिव्यक्ति की होगी, जिसके साक्ष्य, समय के प्रवाह में बह गए होंगे, लेकिन उनकी कल्पना सहज ही की जा सकती है। 17वीं-18वीं शताब्दी की बिली हॉलीडेज और नीना सीमोंस अपनी-अपनी भाषाओं में अभिव्यक्ति करती हुई उपेक्षित ही पड़ी रह गईं या उन्हें 'सन्तुष्ट दासियों' के रूप में पहचानकर स्मृति पटल से मिटा दिया गया। अश्वेत समुदाय को शिक्षा के अवसर मिलने के बाद बड़े पैमाने पर 'दास-आख्यान' सामने आए, जो कभी स्वानुभूति और कभी सहानुभूति से रचे गए। जब तक पुरुष लिखते रहे उनके आख्यानों में अश्वेत स्त्रियों की घिसी-पिटी स्टीरियोटाइप छवि ही चित्रित हुई, जो खाना पकाने, मालिकों की खिदमत, घरों की देखभाल करने में अपना जीवन गुजार देती हैं। वस्तुतः अश्वेत गुलाम स्त्री के 'निजत्व' बोध की कोई अवधारणा इन रचनाकारों के पास थी ही नहीं। इसके कारणों में उनका स्वयं 'गुलाम' होना या 'गुलामों' से सहानुभूति रखना और पुरुष-केन्द्रित दृष्टिकोण था। अश्वेत स्त्रियों की यह छवि तभी बदल सकती थी, जब वे अपने बारे में स्वयं लिखें, श्वेत और अश्वेत पुरुष लेखकों द्वारा गढ़े गए चौखटों में बँधी न रहकर मीडिया-फिल्मों और टेलीविजन माध्यमों में प्रस्तुत हास्यास्पद मोटी, काली मूर्ख स्त्री की छवि को तोड़ें और अपने पहचान बनाएँ।[5] अश्वेत स्त्रियों की जो छवि मीडिया और साहित्य ने बनाई वह अत्यन्त नकारात्मक, झूठी, विच्छिन्न, विखंडित और पूर्वग्रह से ग्रस्त थी। बहुसांस्कृतिक अध्ययन केन्द्रों, अध्ययन एवं शोध की अपेक्षाओं एवं पाठकों की व्यापक माँग के कारण अश्वेत स्त्रियों को अपनी कथाओं के साथ समाज में सबके सामने आने के लिए विवश होना पड़ा, ताकि वे अपनी अस्मिता की पहचान पा सकें, आत्मकथा के द्वारा आत्म को पुनर्परिभाषित कर सकें, उस पहचान को पाठकों के साथ बाँट सकें। अपने प्रति वैश्विक पाठकों के नजरिये में परिवर्तन लाने के उद्देश्य से अश्वेत स्त्री-आत्मकथा लेखन शुरू हुआ। इतिहास और समाज में अपना सही स्थान प्राप्त करने के लिए आत्मकथाओं का लेखन और प्रकाशन महत्त्वपूर्ण हो सकता है, इसे पुरजोर ढंग से महसूस किया जाने लगा।

प्रारम्भिक दौर की अश्वेत स्त्री-आत्मकथाएँ वे थीं, जिन्हें 'आध्यात्मिक आख्यान' कहा गया, उनमें अक्सर अपनी विवश और दयनीय स्थिति के विरोध में ईसामसीह से प्रश्न किये जाते। मारिया डब्ल्यू स्टीवर्ट ने अश्वेत दासों की दुर्दशा के बारे में लिखा, " 'ऐसा क्यों' है दोस्तो! कि हम अज्ञानता के अन्धकार में डूबे हुए हैं? क्या यह किसी पाप की वजह से है? क्यों हमारा चर्च इतनी मुश्किलों से घिरा हुआ है, क्या ये भी हमारे ही पापों की वजह से है?क्यों ईश्वर ने हमारे बेहतरीन और समझदार लोगों को मार दिया? ओह...क्या इसके लिए भी मैं यह कहूँ कि यह सब हमारे पापों की वजह से हुआ है। प्रत्येक चेहरे पर उदासी और चिन्ता की रेखाएँ हैं, और हममें से प्रत्येक दूसरे की ओर उदास आँखों से देखता है? क्या यह भी हमारे पापों की वजह से ही है?"[6] पहली अमेरिकी अश्वेत स्त्री-आत्मकथा का यह अंश अपने लोगों की दुर्दशा से मुक्ति पाने के उपायों, सामूहिक प्रयास और स्वावलम्बन की बात करता है। अपनी सहायता खुद करने के इस आह्वान को भविष्य के समतावादी विराट सामाजिक-आन्दोलन के बीज-रूप में पहचाना जा सकता है। मारिया आगे लिखती हैं कि, "अश्वेतों का उद्धार, उनकी दशा में सुधार तब तक नहीं हो सकता, जब तक वे अपने मूल्यों और मान्यताओं पर दृढ़ न हों और उनमें नैतिक बल न हो।"[7]

फ्रांसिस एलेन वाटकिंस हार्पर जो, अश्वेत स्त्री पत्र-साहित्य के कारण प्रसिद्ध हुईं उन्होंने मारिया के सुर में सुर मिलाया। 1859 में 'ऑवर ग्रेटेस्ट वांट' शीर्षक लेख में उसने आध्यात्मिक दृष्टि से उन्नत सच्चे अश्वेतों का आह्वान करते हुए लिखा, "हमें सोना-चाँदी नहीं चाहिए, वरन् सच्चे स्त्री-पुरुष चाहिए।"[8] यहाँ 'सच्चा' शब्द व्याख्या-सापेक्ष है। स्त्री के सन्दर्भ में 'सच्चे स्त्रीत्व' की अवधारणा धर्म के अनुसार बहुत संकीर्ण है। साथ ही 'सच्चा-स्त्रीत्व' व्यवहार में श्वेत और अश्वेत स्त्रियों के लिए अलग-अलग अर्थ रखता था। आध्यात्मिक स्त्री-आख्यानों में सच्चे स्त्रीत्व की अवधारणा अश्वेत स्त्री की पराधीनता की जकड़ को कसने वाली थी। 'सच्चा स्त्रीत्व' किस ढंग से शोषक की मानसिकता और छिपे निहित स्वार्थ की बेड़ियों से गुलाम स्त्री को और अधिक गुलाम बनाने की भूमिका रचता है, इसे हैरियट ए. जैकोब्स के प्रसिद्ध दास-आख्यान 'इंसीडेंट्स इन द लाइफ ऑफ ए स्लेव गर्ल' जिसे बाद में 'आत्मकथा' का दर्जा दिया गया, में देखा जा सकता है, जो दास-व्यवस्था में सत्ता, सेक्स और नैतिकता के अन्त:सम्बन्ध को व्याख्यायित करता है।[9]

हैरियट ने आत्मकथा में अश्वेत स्त्री की यौन-नैतिकता की समस्या को उठाया, लेकिन आगे के स्त्री-आख्यानों में यौनिकता के प्रश्न को दरकिनार कर दिया गया। दास विरोधी नैतिक विमर्श स्त्री को ज्यादा गुलाम बनाने की प्रस्तावना करता था, जो स्त्री की यौनिकता से जुड़ा हुआ था, इस विमर्श पर आगे बहस क्यों नहीं हुई? क्या दास-स्त्री आख्यानकारों को उन प्रश्नों के समाधान मिल चुके थे या वे स्त्री की

यौनिकता के प्रश्न को दास-विरोधी आन्दोलन के लिए खास महत्त्वपूर्ण नहीं मानते थे। जो भी हो, स्त्री-यौनिकता के प्रश्न के समाधान के लिए हैरियट की आत्मकथा के सात वर्ष बाद लिखी गई एलिजाबेथ केकली की आत्मकथा 'बिहाइंड द सीन्स'[10] को देखा जा सकता है। यद्यपि राष्ट्रपति लिंकन के परिवार से जुड़े होने के कारण इसे 'गप्प' भी कहा गया, लेकिन इसमें कुछ ऐसे मुद्दों को भी बड़ी प्रखरता से उठाया गया, जिन्हें हैरियट 'इंसीडेंट्स इन द लाइफ ऑफ ए स्लेव गर्ल' में नहीं उठा पाई। इसके एक अध्याय 'ए पेरिलॉस पैसेज इन ए स्लेव गर्ल्स लाइफ' में जैकोब्स ने यह बताया है कि अपने मालिक की रखैल बनने की अपेक्षा उसने पन्द्रह वर्ष की अवस्था में श्वेत प्रेमी के साथ भाग जाना पसन्द किया, वह लिखती है, "किसी भी तरह की विपरीत परिस्थिति में भी मैं अपनी शुचिता बचाए रखना चाहती थी। मैंने अपनी पवित्रता, आत्मसम्मान बनाए रखने की कोशिश हर सम्भव की, अकेली ही दासत्व के शैतानी शिकंजे से निकलने के लिए संघर्ष करती रही, लेकिन दास-प्रथा मुझसे कई गुना अधिक शक्तिशाली थी।"[11] वंशानुगत गुलामी से संघर्षरत, बहुस्तरीय शोषण की शिकार स्त्री द्वारा स्त्रीत्व की शुचिता और मर्यादा को बचाए रखने की कोशिश और दास-व्यवस्था को मानुषेतर आसुरी शक्ति के रूप में चित्रित करने को दासत्व के विरोध में नैतिकता का शास्त्र रचने के प्रयास के रूप में देखा जाना चाहिए।

नैतिकता और शुचिता को दासत्व से लड़ने के लिए हथियार के रूप में इस्तेमाल किया जाना एक-दूसरे ढंग से दासत्व को और अधिक ठोस बनाना भी है, क्योंकि यहाँ शुचिता का सम्बन्ध यौन-शुचिता से है, जिसे पुरुष वर्चस्ववादी व्यवस्था में 'मूल्य' के रूप में इस्तेमाल किया जाता है। हैरियट जैकोब्स अपने जन्मस्थान को अन्धकूप के रूप में याद करती है, जिसमें प्रकाश की एक भी किरण का प्रविष्ट होना कठिन है।[12] वह दास-प्रथा के भ्रष्टाचार में लिप्त श्वेत और अश्वेत दोनों पर टिप्पणी करती है।[13] दास होते हुए भी उसने अपने बच्चों को पालने में स्त्रीत्व की सार्थकता पाई—'मेरे बच्चे आयरलैंड की गरीबी में रहें, वह अमेरिकी दास-प्रथा में रहने से हजार गुना बेहतर होगा। एक ईर्ष्यालु मालकिन और अशिष्ट मालिक के साथ रहने से बेहतर है कपास के खेत पर जी-जान से मजदूरी करते हुए मर जाना'—लेकिन आत्मकथा में ही वह मालकिन श्रीमती ब्रूस के प्रति कृतज्ञता ज्ञापित करते हुए कहती है, "ईश्वर की इच्छा थी कि मैं अपनी मित्र श्रीमती ब्रूस के साथ रहूँ। मुझे प्रेम, कर्तव्य और कृतज्ञता ने उनके साथ जोड़ रखा है, जिनकी सेवा करना मेरा विशेषाधिकार रहा है।"[14] जिस आजादी के लिए हैरियट पूरी जिन्दगी संघर्ष करती रही, दास-प्रथा से मुक्त होने के लिए छटपटाती रही, मुक्ति भी मिली लेकिन तभी उसकी नैतिकता आड़े आ गई। उसने मालकिन के प्रति कर्तव्य और नैतिकता की डोर में स्वयं को बँधा हुआ पाया। यह जैकोब्स के 'मुक्ति संघर्ष' का भावनात्मक

पक्ष सामने लाता है और यहाँ पर 'पूर्ण मुक्ति' की अवधारणा जैसे काल्पनिक हो उठती है। इसके बरअक्स यदि हम एलिजाबेथ केकली के आत्मकथ्य 'पर्दे के पीछे' (बिहाइंड द सीन्स) को देखें जिसमें एलिजाबेथ का कहना है कि—"दासत्व ने मुझे सिर्फ और सिर्फ अपने ऊपर विश्वास करना सिखाया। दासता के प्रभाव से मैं अपरिपक्व अवस्था में ही बहुत-से ज्ञान से भर गई, दुनिया का कुरूपतम पक्ष मेरे सामने उघड़ गया।"[15] एलिजाबेथ शारीरिक-मानसिक शोषण का शिकार रही, लेकिन वह कहीं भी खुद को निरुपाय, असहाय स्त्री के रूप में चित्रित नहीं करती। श्वेत पुरुष से शारीरिक सम्बन्ध की घटना का वर्णन वह निस्पृह भाव से पाँच वाक्यों में समाप्त कर देती है—"अपने रंग के कारण मुझे अश्वेतों में कुछ कम अश्वेत लड़की के रूप में जाना जाता था। श्वेत व्यक्ति—जिसका नाम मैं दुनिया को बताना नहीं चाहती—ने लगातार चार वर्षों तक मेरा शारीरिक शोषण किया और मैं माँ बन गई—मैं सिर्फ एक ही बच्चे को दुनिया में लाई। मेरे बच्चे को जन्म के कारण यदि कभी अपमान झेलना पड़ा, तो उसने कभी अपनी माँ को अपराधी नहीं ठहराया। ईश्वर जानता है कि वह कभी उसे जन्म नहीं देना चाहती थी, उसे समाज की उन प्रथाओं को दोष देना चाहिए जो किसी लड़की को वैसी परिस्थितियों में डाल देती हैं, जो मेरी तब परिस्थितियाँ थीं।"[16] दासत्व के साथ स्त्री होने की नियति इन स्त्रियों की पीड़ा को दोहरा कर देती है। अनिच्छित, थोपे हुए मातृत्व की पीड़ा एलिजाबेथ को विदीर्ण करती है, उधर हैरियट जैकोब्स भी अपने शरीर और मन पर हुई जबरदस्तियों की पीड़ा से व्यथित है, जहाँ एलिजाबेथ अपनी पीड़ा की अभिव्यक्ति भरसक तटस्थ ढंग से कर पाती है वहीं जैकोब्स पाठकीय सहानुभूति ग्रहण करना चाहती है। एलिजाबेथ सिर्फ इतना ही कहती है—"उसने कभी अपनी माँ को अपराधी नहीं ठहराया"—स्पष्ट है वह दक्षिणी श्वेत समाज की बात कर रही है, लेकिन किसी व्यक्ति पर 'नैतिक जिम्मेदारी' का बोझ डालना उसका उद्देश्य नहीं है। उसका यह कहना कि "मेरी तत्कालीन परिस्थितियों में किसी लड़की के लिए ऐसा ही सम्भव था"—वर्तमान और अतीत की परिस्थितियों में स्पष्ट अन्तर कर देता है। एलिजाबेथ की वर्तमान स्थिति अतीत से बहुत बेहतर है वर्तमान में वह ऊँची सामाजिक स्थिति को प्राप्त कर चुकी है। तब जैसा था, अब वैसा नहीं है—अतीत और वर्तमान का यह फर्क जो वह कर पाती है वैसा हैरियट जैकोब्स के यहाँ सम्भव नहीं है। एलिजाबेथ मध्यवर्गीय यौन-नैतिकता के प्रश्न से नहीं जूझती, बल्कि बुर्जुआ समाज के ऊँचे स्तर तक पहुँचने की यात्रा के वर्णन तक आख्यान को विस्तृत कर लेती है। 'इंसीडेंट्स' में जहाँ बीस पृष्ठों में जैकोब्स ने सिर्फ यही लिखा है कि कैसे उसने स्वयं और सन्तानों को दास-प्रथा के शिकंजे से मुक्त किया, वहीं एलिजाबेथ स्वयं और अपनी सन्तान पर पूरा ध्यान केन्द्रित करती है। उसके द्वारा वर्णित दास-प्रथा से मुक्ति की पूरी प्रक्रिया में व्यापारिक कौशल और

व्यावहारिकता दीखती है। एलिजाबेथ अपने मालिकों के घर से खाली हाथ आती है, उसका कहना है—"यदि उन्हें मुझ पर विश्वास नहीं तो मैं भी जाते समय उनसे कुछ नहीं लेना चाहूँगी।" इसे 'विनम्र गर्व' कहनेवाली केकली का स्वाभिमान श्वेत मालिकों की मार-पिटाई, अपमान तोड़ नहीं सका और वह खाली हाथ लेकिन हृदय में मुक्ति का उच्छवास लिये आर्थिक स्वावलम्बन की राह में निकल पड़ी, इस अर्थ में 'बिहाइंड द सीन्स' स्त्री-दास की सफलता और आत्मप्रशंसा का आख्यान है।

दास-प्रथा से मुक्त होने के बाद हैरियट जैकोब्स के जीवन का सपना है—एक अदद अपना घर और आर्थिक स्वावलम्बन—जिसे वह पूरा भी करती है। जबकि एलिजाबेथ का सपना यहीं तक सीमित नहीं है वह आर्थिक आत्मनिर्भरता के साथ-साथ 'कैरियर वूमेन' बनना चाहती है—वह वाशिंगटन की प्रसिद्ध फैशन डिजाइनर बनने की दिशा में प्रयास करती है—बीस लोगों का समूह बनाकर परिधान-व्यवसाय को आगे बढ़ाती है, शीघ्र ही राष्ट्रपति लिंकन के मंत्रिमंडल और परिचितों में उसके बनाए परिधानों की धूम मच जाती है, वह लिंकन की पत्नी की विश्वस्त बन जाती है। एलिजाबेथ और हैरियट की आत्मकथाओं को साथ रखकर पढ़ने से पाठकों को यह पता लग सकता है कि दास-प्रथा से मुक्ति का आयाम सिर्फ शारीरिक नहीं बल्कि मानसिक और भौतिक भी था। दोनों ने मुक्ति की अवधारणा को नया अर्थ दिया तथा समाज में स्वयं को साबित और स्थापित करने का प्रयास किया। आत्मकथा का प्रकाशन उनके इसी प्रयास का एक हिस्सा था।

एलिजाबेथ केकली एक श्रमिक दास स्त्री के रूप में अपने शोषण की प्रक्रिया से बखूबी वाकिफ थी। आत्मकथ्य के शुरू में ही वह अपने पहले मालिकों जिन्होंने उसे 'जिद्दी और गर्वीली स्त्री' कहा था को याद करती हुई लिखती है—"वे हमेशा कहा करते कि मैं नमक की कीमत कभी अदा नहीं करूँगी।"[17] बाद में, सेंट लुइस में बतौर श्रमिक दासी उसने मालिकों के लम्बे-चौड़े कुनबे का भरण-पोषण किया—'कपड़ों की सिलाई करके मैं सत्रह लोगों की रोटी दो साल पाँच महीने तक जुटाती रही। इतना कड़ा परिश्रम इसलिए करती रही कि मेरी तुलना में दूसरे आराम और सुख-सुविधा से रह सकें—उस समाज में स्वच्छन्द विचरण कर सकें जिसमें जन्म के कारण उनको कोई रोक-टोक न थी। मेरे मन में अक्सर यह बात पूछने का विचार आता कि "मैंने नमक की कीमत अदा की या नहीं? और तब, सम्भव है उनके होंठ उपहास में वक्र हो जाते।"[18] घरेलू श्रमिक के रूप में, कठिन श्रम कर मालिक के सत्रह सदस्यीय कुनबे को पालना कोई हँसी-खेल नहीं था, वह अपने हुनर के कारण ही यह कर पाई, बाद में चलकर यही कौशल उसकी मुक्ति, आर्थिक स्वावलम्बन और उच्चस्तरीय सामाजिक स्थिति की प्राप्ति का आधार बना। एलिजाबेथ का पूरा जोर श्रमिक स्त्री होने पर है जबकि हैरियट बार-बार दासत्व को याद करती है। सम्भवतः इसीलिए हैरियट की आत्मकथा की सीमाएँ हमें स्पष्ट

दीख पड़ती हैं, जबकि एलिजाबेथ आदर्शवाद और नैतिकतावाद की जगह पूरी तरह भौतिकवादी स्वाभिमानी रुझान अपनाती है।

यह रुझान ही उसकी नमकहलाली पर उठे प्रश्न का उत्तर बनकर खड़ा हो जाता है। मालिक के प्रति वफादारी, नमकहलाली जैसे नैतिक मूल्यों का दास-स्त्रियों द्वारा पालन अपेक्षित था, उन्नीसवीं सदी के मध्य तक अधिकांश दास-आख्यानों में कुछ अवधारणाएँ समान रूप से उपस्थित हैं जैसे—ईश्वर के प्रति कृतज्ञता, रंगभेद वाले समाज में जन्म लेना और स्वयं को स्वतंत्र जीवन जीने के लिए उपयुक्त पात्र मानना। 'वॉट आर वी वर्थ' शीर्षक लेख में अन्ना जूलिया कूपर ने लिखा है कि "दुनिया स्वतंत्रता के इच्छुक व्यक्ति से प्रश्न करती है कि तुम्हारी कीमत क्या है।"[19] उन्नीसवीं शताब्दी के उत्तरार्द्ध की अश्वेत स्त्री-आत्मकथाओं को पढ़कर पता चलता है कि बहुत-सी स्त्रियों ने 'कीमत' वाले प्रश्न का उत्तर भौतिक सन्दर्भ में आर्थिक स्वायत्तता, सामाजिक नेतृत्व और शैक्षिक क्षेत्र में उपलब्धियों के अर्जन द्वारा दिया।

दास-आख्यानों में अपनी बात को एक निश्चित खाँचे में रखकर प्रस्तुत करने की अमूमन एक प्रवृत्ति दिखाई देती है, ये सभी एक फार्मूले के आधार पर लिखे गए। इनमें पूरी कथा लगभग और अक्सर छह चरणों में लिखी जाने की प्रवृत्ति समान है। पहले चरण में कथाकार के जन्म-स्थान और परिस्थिति का वर्णन होता है, जिससे पाठक को पहले ही पता चल जाता है कि वह गुलाम-आख्यान से रू-ब-रू होने जा रहा है, जैसे हैरियट जैकोब्स लिखती है—"मैं गुलाम ही पैदा हुई लेकिन यह बात मुझे बचपन के छह वर्षों तक पता ही नहीं थी।" मैरी प्रिंस भी इसी तर्ज पर लिखती है—"मेरा जन्म बारमूडा के ब्राकिश पाँड में मिस्टर चार्ल्स माइनर्स के फॉर्म पर हुआ।" दास-आख्यान का दूसरा चरण गुलाम के रूप में जीवन-यात्रा के प्रारम्भिक चरण से सम्बद्ध होता है, जिसमें दास का जन्म, पारिवारिक पृष्ठभूमि, मालिक के व्यवहार, कार्यस्थल तथा मालिकों के क्रिया-कलापों और अक्सर दुर्व्यवहार के लम्बे-लम्बे प्रमाण दिये जाते हैं। जैकोब्स और मैरी प्रिंस दोनों अपने आख्यानों में अपने पिताओं के बारे में लिखती हैं, जो नजदीक के फार्मों पर ही रहते थे, लेकिन दोनों की स्थिति में मूलभूत अन्तर था। हैरियट जैकोब्स लिखती है—"मेरे पिता बढ़ईगिरी करते थे और अपने कार्य में इतने दक्ष और चतुर थे कि कोई भी खास इमारत बनने पर उन्हें मुख्य बढ़ई के रूप में दूर-दूर भेजा जाता था। अपनी मालकिन को दो सौ डॉलर वार्षिक कर चुकाने के एवज में उन्हें खाली समय में बढ़ईगिरी करने की अनुमति थी। उनका सपना था अपने बच्चों की आजादी खरीदना। बारह वर्ष की उम्र तक हैरियट को जो मालिक मिले वे अपेक्षाकृत उदार थे, जिन्होंने थोड़ा स्नेह और आत्मीयता भी दी थी, जिसके कारण हैरियट पढ़-लिख सकी, जबकि मैटी जैक्सन और मैरी प्रिंस को बचपन से ही श्वेत मालिकों द्वारा घोर प्रताड़ना का शिकार होना पड़ा।" मैरी जैक्सन अपने आत्मकथ्य में लिखती है कि

उसके मालिक मिस्टर विलियम लुईस बड़े ही क्रूर थे—"वह अक्सर छोटी-छोटी बात पर सजा देने से नहीं हिचकता। एक बार श्रीमती लुईस किसी छोटी-सी बात पर माँ से नाराज होकर जोर-जोर से चिल्ला रही थी तभी मिस्टर लुईस वहाँ आया और धक्का देकर माँ को जमीन पर गिरा दिया। उसकी पत्नी हम बच्चों के कान जोर-जोर से उमेठती रही...।" मैरी प्रिंस के अनुभव भी कुछ ऐसे ही रहे, उसने लिखा कि उसकी मालकिन के मरते ही, किशोरावस्था के प्रारम्भिक दिनों में वह अपने मालिक द्वारा निर्दयी यौन-शोषण का शिकार हो गई।

सामान्य तौर पर दास-आख्यानों का तीसरा चरण स्वयं की स्थिति अर्थात् दासत्व की पहचान से सम्बद्ध होता है। इस चरण में गुलाम का यह अहसास अभिव्यक्त होता है कि वह कैसे अन्य लोगों से अलग है। हैरियट जैकोब्स इसके पीछे छिपे कारण को पहचानने का प्रयास करती हुई कहती है कि बचपन में अश्वेत बच्चे दासता का बोध नहीं कर पाते, क्योंकि उन्हें मालिकों के बच्चों के साथ खेलने की अनुमति अक्सर होती है। दूसरी बात है कि जब एक बच्चा दास के रूप में बेचा जाता है, तब माँ से दूर होकर उसे अपने दासत्व का वास्तविक बोध होता है। तीसरी महत्त्वपूर्ण बात है—शिक्षा। शिक्षा ही आत्मज्ञान का माध्यम बनती है। दास-आख्यान इस बात का प्रमाण हैं कि पढ़ने-लिखने और मुक्ति-आकांक्षा का गहरा सम्बन्ध है। जो स्त्री हो या पुरुष, पढ़ना-लिखना सीख गए उन्होंने अशिक्षितों की अपेक्षा अपने दासत्व-बोध को ज्यादा गहराई और तीव्रता से अनुभव किया। हैरियट जैकोब्स ने पढ़ना-लिखना सीखा और आत्मकथ्य स्वयं लिखा जबकि मैरी प्रिंस को आत्मकथ्य लिखवाने के लिए किसी अन्य की सहायता लेनी पड़ी।

दास-आख्यानों के चौथे चरण में रचनाकार अपनी मुक्ति के उपाय और दासत्व से भागने के रास्ते ढूँढ़ती दिखाई देती है। मुक्ति के लिए वर्षों की योजना, प्रखर कल्पनाशक्ति और अपरिमित धैर्य की आवश्यकता होती है, जिसके बल पर वह गुलामी से भाग निकलने का मार्ग ढूँढ़ लेती है। हैरियट जैकोब्स को अपने बच्चों के दास बना लिये जाने का भय था इसलिए वह कई दिनों तक एक गड्ढे में छिपी रही। मुक्ति के साहसिक अभियान का वर्णन मैरी जैक्सन ने भी किया है। वह लिखती है—"माँ को कैप्टन प्लासियो और मेरी बहन को बेंजामिन बोर्ड के पास बेच दिया गया। मुझे कैप्टन फिस्बी के पास बेचा गया। माँ और भाई को कैप्टन ने आठ सौ डॉलर में खरीदा। मेरी बहन जो सोलह साल की थी, को साढ़े आठ सौ डॉलर और मुझे नौ सौ डॉलर में बेचा गया। यह 1863 की बात है। अपने परिवार में मुझे सबसे ज्यादा दुख झेलना पड़ा। मुझे एक भी दिन भरपेट खाना और ठंड से बचने का कोई तरीका नहीं मिला। मैं जिस घर में रहती थी, वह बहुत बड़ा था। वहाँ मुझे कभी आग सेंकने का अवसर नहीं मिला...छह महीने मैं उस जगह से भागने की कोशिश करती रही। मैं सुबह चार बजे उठकर इस ताक में रहती कि

मुझे मदद करनेवाला कोई मिल सके। मुझे पन्द्रह दिन में एक बार तीन मील की परिधि तक जाकर वापस लौटने की इजाजत मिली हुई थी। ऐसे ही एक मौके का फायदा उठाकर मुझे आखिर में सफलता मिली।"[20]

दास-आख्यानों के पाँचवें चरण में अक्सर मुक्ति के लिए वास्तविक रूप में तय की गई साहसिक यात्रा का वर्णन होता है। उदाहरण के लिए मैरी जैक्सन लिखती है "मैं अंडरग्राउंड रेलरोड के सदस्यों के सम्पर्क में आई जो भागने में, अश्वेत लोगों की मदद करते थे। रविवार को मैंने चर्च जाने की इजाजत माँगी, जो कुछ ना-नुकर के बाद इस शर्त पर मुझे दे दी गई कि मैं अपना सारा काम निपटाकर ही जाऊँगी। मालकिन ने मेरे चर्च जाने में देरी कराने की पूरी कोशिश की। यहाँ तक कि मेरे बाहर आने के वक्त उसने कहा कि वह घुड़सवारी करने जा रही थी इसलिए उसके छोटे लड़के के कपड़े बदलने के लिए मुझे कुछ देर और रुकना पड़ा। मैंने कपड़ों के नौ जोड़े अपने लहँगे के नीचे पहने जानेवाले बड़े छल्ले के साथ बड़ी सावधानी से बाँध लिये थे। मुझे इस बात का डर था कि कहीं बच्चे को तैयार करते हुए कपड़ों की गाँठ खुल न जाए और मेरी पोल न खुल जाए। मुझे बड़ी व्यग्रता हो रही थी। मैं सावधानी से दरवाजे के अन्दर-बाहर जाती हुई अपनी उत्सुकता को छिपाए रही। मालकिन और मालिक के बाहर निकलकर आँख से ओझल होते ही मैं बाहर निकली। मुझे रास्ता बताने के लिए एक गाइड बड़े धैर्य से मेरा इन्तजार कर रहा था और चर्च तक पहुँचने तक वह मुझसे कुछ दूरी बनाए चलता रहा। वहाँ मुझे दो लड़कियाँ मिलीं, जिन्होंने मुझे एक अनुमति-पत्र दिया और कुछ दूरी तक अपने पीछे आने को कहा। शाम हो चली थी। वहाँ सैनिकों का एक झुंड नाव से पार जानेवाला था। मैंने अपना अनुमति-पत्र दिखाया और मुझे नाव पर चढ़ने की इजाजत मिल गई। लेकिन कुछ सैनिकों के अलावा इस ओर किसी ने ध्यान नहीं दिया। मैं नाव के एक कोने में सिमटकर बैठ गई और कुछ समय बाद मैंने आजाद धरती पर पहला कदम रखा।"[21]

सोजोर्नर ट्रूथ जिसका वास्तविक नाम इजाबैला बोम्फ्री था, ने अपनी कथा 'नैरेटिव्ज ऑफ सोजोर्नर ट्रूथ' में बताया कि मात्र सौ डॉलर के लिए वह नौ वर्ष की उम्र में 'दास' बन गई, सन् 1810 से 1828 तक वह श्वेत मालिकों के द्वारा यौन-शोषण, मार-पिटाई का शिकार बनती रही। अपने बचाव का एकमात्र रास्ता उसे आध्यात्मिक रुझान की ओर ले गया। इजाबैला अपनी शादी के प्रसंग में लिखती है—"एक काले गुलाम ने शादी की रस्में इस तरह पूरी कीं जैसे कोई सच्चा पादरी। पर दरअसल यह मजाक और बड़ा झूठ था। यह शादी किसी वक्त भी मालिक के हित या मालिक की मर्जी से भंग की जा सकती थी।...मालिक लोग गुलामों को घोड़ों की तरह ही समझते हैं...इजाबैला को बच्चे पैदा करने की इजाजत मिली, वह खुश थी कि उसने अपने मालिक की जायदाद में बढ़ोत्तरी की है। प्रिय पाठक,

बिना शर्म के एक क्षण को सोचें कि क्या कोई माँ गर्व, स्वेच्छा से अपने हाड़-मांस से पैदा हुए बच्चों को दास-प्रथा की खूनी बलिवेदी पर न्यौछावर कर सकती है। पर यह याद रहे कि ऐसी कुर्बानी देनेवाली माँ नहीं कोई 'चीज' या 'जायदाद' या कभी भी बेच दी जा सकने वाली शै है।...इजाबैला को चार जुलाई 1827 को आजाद होना था। पर उसने तब तक सारा काम किया, जब तक और कोई काम बाकी ही नहीं रहा। तब इजाबैला ने अपनी आजादी का फैसला अपने हाथ में लिया और अपनी किस्मत कहीं और आजमाने की सोची।

वह रात को कहीं जाने से डरती थी और सुबह उसे कोई देख लेता। अन्त में, उसने भोर के वक्त मिस्टर डुमोंट के पिछले दरवाजे से अपनी गुलामी से विदा ले ली। उसकी एक बाँह पर नवजात शिशु था और एक हाथ में सूत का रूमाल जिसमें जरूरत की कुछ चीजें। मालिक के घर से दूर पहाड़ी के शिखर जब पर पहुँची तो सूर्योदय हो रहा था। उसे ऐसा लगा जैसे आज के पहले उसने कभी रोशनी देखी ही नहीं थी।'[22] इसी प्रकार 'लाइफ ऑफ ए स्लेव् गर्ल' में हैरियट जैकोब्स ने भी दासत्व से मुक्ति का प्रसंग विस्तार से बताया है कि कैसे वह अपने मालिकों से बचती-बचाती फिलाडेल्फिया पहुँची।

दास-आख्यानों के अन्तिम चरण में कथाकारों ने एक मुक्त मनुष्य के रूप में स्वयं को अभिव्यक्त किया। आत्मकथाकार अपने रचनात्मक दृष्टिकोण को भी इसी चरण के अन्तर्गत व्यक्त करती हैं। दास-आख्यान लिखने में उन्हें क्यों प्रवृत्त होना पड़ा इसे भी वे इसी चरण के अन्तर्गत व्यक्त करती हैं। मेरी प्रिंस ने आख्यान के अन्तिम चरण में बताया है कि वह अपनी कथा लिखते समय भी कानूनी तौर पर गुलाम थी और अपने मालिक के साथ इंग्लैंड में रह रही थी, जो तब तक दास-प्रथा से मुक्त हो चुका था। बरमूडा में रहकर उसके लिए आत्मकथा लिखना सम्भव नहीं था।

अश्वेत दास-आख्यानों के सन्दर्भ में स्त्री और पुरुष की रचना-दृष्टि का पारस्परिक अन्तर देखना भी दिलचस्प हो सकता है। दासत्व के अनुभव जेंडर के अन्तराल से कैसे अलग हो जाते हैं, इसे दास स्त्री-पुरुषों की अनुभूति के अन्तर से जाना जा सकता है। जैसा कि हैरियट जैकोब्स ने लिखा है कि "पुरुष के लिए दासता त्रासद है लेकिन स्त्री के लिए उससे भी कहीं ज्यादा त्रासद और यातनाप्रद है।" गुलामी का जीवन, जीवन के मूलभूत अधिकारों से वंचित जीवन है। अपमान सहना, अपशब्द सुनना, मानसिक-शारीरिक शोषण और प्रताड़ना का शिकार स्त्री और पुरुष दोनों थे, लेकिन स्त्रियों के सन्दर्भ में यह प्रताड़ना दोहरी हुआ करती। स्त्री लिंग के कारण उनकी देह-शोषण की साईट होती। एक बार 'दास' बन जाने के बाद मालिकों की यौनेच्छा की पूर्ति करना उनकी विवशता होती। अक्सर वे मालिकों के यौन-शोषण का शिकार होतीं, बदले में उन्हें मालकिनों के क्रोध और ईर्ष्या का

शिकार होना पड़ता। मालिक और मालकिन अपने-अपने ढंग से उसे प्रताड़ित करते। सद्व्यवहार अक्सर उनके हिस्से में नहीं आता। मैरी प्रिंस निरन्तर यौन-शोषण और अपमान की स्मृति को भुला नहीं पाती—'मालिक और मालकिन बहुत छोटी-छोटी गलतियों के लिए मेरी पिटाई किया करते। रस्सी से बाँधकर, उल्टा लटकाकर पिटाई करना एक आम बात थी। मेरा मालिक अक्सर नग्न होकर टब में लेट जाता और नहलाने की आज्ञा देता था—यह काम मुझे पिटाई खाने से भी बदतर और घृणित लगता।' हैरियट जैकोब्स अपनी दादी के दास-जीवन के बारे में लिखती है—"मेरी दादी छोटी-सी बच्ची थी, जब उसे होटल के मालिक को बेच दिया गया। बड़े होने पर मालिक को लगा कि इतनी जहीन दासी को खोना बेवकूफी होगी तो वह उनके घर का अनिवार्य अंग बन गई। रसोईदारिन, दर्जिन, वेटर, नर्स—सब काम वही करती। उसके बनाए नमकीन बिस्किट सब पसन्द किया करते। मालकिन की अनुमति से वह रात को बिस्किट बनाकर बेचती ताकि अपने बच्चों के लिए भोजन-वस्त्र जुटा सके, अपने बच्चों को वापस खरीद सके। मेरी दादी के पाँच बच्चे थे। मालकिन के चार बच्चे थे। इसलिए दादी के सबसे छोटे, होनहार, हल्के रंग के बेटे बेंजामिन को बेच दिया गया ताकि मालकिन के चारों बच्चों को जायदाद में बराबर हिस्सा, एक-एक गुलाम बच्चा और बेंजामिन की बिक्री का एक-चौथाई हिस्सा मिल सके। इससे मेरी दादी को गहरा धक्का पहुँचा।" जेकोब्स के लिए दादी के अनुभव अपने प्रभाव में इतने सघन थे कि हैरियट जैकोब्स ने सीख ली। उसने अपने मालिक से बचने के लिए किसी और श्वेत व्यक्ति से गर्भधारण करने का चुनाव किया ताकि कम-से-कम उसके बच्चे जन्मत: गुलाम न हों।

यह बात गौरतलब है कि इन दास रह चुकी स्त्रियों के आख्यान लगभग समान हैं। अपनी बात को दोहराने और अपने मुक्ति-प्रयासों के वर्णन से उन्हें क्या हासिल हो सकता है। पुरुष दासों से इन स्त्रियों के आख्यान अलग क्यों हैं। दरअसल एक समुदाय के रूप में अश्वेत दास स्त्रियाँ अपना आख्यान लिखकर पाठकों को शोषण की बहुस्तरीय सामाजिक संरचना से रू-ब-रू कराती हैं। एक अश्वेत स्त्री-दास के शोषण की बहुआयामिता को जाने बगैर स्त्री आत्मकथ्यों के वैशिष्ट्य को नहीं समझा जा सकता। अश्वेत दासों के लिए निजी सम्पत्ति, मौलिक अधिकारों का कोई अर्थ नहीं था। खेतों और घरों में काम करते हुए उन्हें कभी अपने परिवार से दूर रहकर कोड़े खाने की सजा मिलती तो कहीं वे जीवनपर्यन्त बेगारी करने के लिए अभिशप्त थे। लेकिन जहाँ तक स्त्री-दास का प्रश्न है उनकी पहचान के तीन स्तर थे—अश्वेत, स्त्री और दास। स्त्री-देह धारण करने के कारण वे अक्सर अपने मालिकों के बलात्कार को गर्भ में धारण भी करतीं। माँ बनकर उसके शोषण में एक आयाम और जुड़ जाता उसकी पीड़ा चौगुनी हो जाती, क्योंकि एक ओर उनके पास बच्चे के लिए कोई सुविधा न होती, न ही समय, उन्हें मूक भाव अपने

बच्चों की पशुवत खरीद बिक्री का साक्ष्य बनना पड़ता। किसी भी जानवर के बच्चों की तर्ज पर उनके मालिकों का पूरा अधिकार दास-स्त्री के गर्भ पर रहता। असहाय दास स्त्री अपनी ममता का गला घोंटकर मालिक को बच्चे सौंपने पर विवश होती। गर्भावस्था में भी उसे कड़ा श्रम करना पड़ता और प्रसव के बाद अपने बच्चे पर उसका कोई अधिकार नहीं रहता। एक ढंग से देखें तो दास स्त्रियाँ अपने मालिकों के लिए बहुत लाभदायक सौदा होतीं। दास स्त्रियों के आख्यान स्त्री-देह के शोषण के स्वानुभूत अनुभवों के बारे में प्रामाणिक जानकारी देते हैं।

'गोल्ड कोस्ट' से वर्जीनिया लाए गए दासों से भरे जहाज ने सन् 1672 में अपनी पहली खेप पूरी की थी तब से 1861 तक अश्वेत दास-दासियों ने धर्म और वफादारी से दासत्व का पालन किया, क्योंकि यह उनकी नियति बनाई जा चुकी थी। सन् 1861 में उन्हें विधिसम्मत स्वतंत्रता मिली अब वे दासत्व से मुक्त थे लेकिन उन्हें बतौर नागरिक कोई अधिकार नहीं दिया गया। अश्वेत पहले दास थे, कानून ने उन्हें दिशाहारा बना दिया। शिक्षा का अभाव, निर्धनता, उनके लिए रोजगार के अवसरों का न होना, गैर-अश्वेत समाज में उनकी अस्वीकृति जैसी त्रासद स्थितियों में बदलाव की किरण लगभग सौ वर्ष बाद दिखाई दी, जब सन् 1963 में मार्टिन लूथर के नेतृत्व में नागरिक अधिकार आन्दोलन शुरू हुए। बराबरी से जीवन जीने, शिक्षा ग्रहण करने, रोजगार करने के अधिकार की माँग और काम के अनुरूप वेतन की माँग ने पूरे विश्व को अश्वेतों की आवाज सुनने पर बाध्य कर दिया। मूल्य विशृंखलित, अशिक्षित और हाशिये की अश्वेत आवाजों को अब और अनसुना करना सम्भव नहीं रह गया। अपनी आवाज सुनाने, समानता के अधिकार की माँग के लिए अश्वेत समुदाय को लम्बा, संघर्ष करना पड़ा। स्त्रीवादी चिन्तकों का मानना है कि अमेरिका में अभी भी रंगभेद समाप्त नहीं हुआ है सत्ता के शीर्ष स्तरों पर नस्लभेद अभी भी मौजूद है, व्यवहार में भी श्वेत समुदाय द्वारा अश्वेतों की सहज स्वीकृति बाकी है। हाल के वर्षों में अश्वेतों के दमन और शोषण की सांस्थानिक घटनाएँ इस अवधारणा को पुष्ट करती हैं। दास-आख्यानों की श्रेणी में कुछ अन्य आख्यानों को भी देखा जाना चाहिए जिनमें 'द हिस्ट्री ऑफ मैरी प्रिंस' (1831) 'मेमोआयर ऑफ ओल्ड एलिजाबेथ, ए कलर्ड वुमन' (1863), 'द स्टोरी ऑफ मैटी जेक्सन' (1866), 'फ्रॉम द डार्कनेस कोमेथ द लाइट ऑर स्ट्रगल फॉर फ्रीडम' (1891) केट ड्रमगूल्ड'स की 'ए स्लेव गर्ल'स स्टोरी' (1898) और एनी एल. बर्टन की 'मेमोआयर ऑफ चाइल्डहुड'स स्लेवरी डेज' (1909) प्रमुख हैं।

बीसवीं शताब्दी में नागरिक अधिकार आन्दोलन और स्त्री-आन्दोलन के दौर में अश्वेत स्त्रियों ने बड़े पैमाने पर स्वानुभवों की अभिव्यक्ति के लिए साहित्य की विभिन्न विधाओं को माध्यम बनाया। सन् 1963 में मार्टिन लूथर के नेतृत्व में

राजधानी वाशिंगटन में दो लाख अश्वेतों का जुलूस निकला, जो अश्वेत मानस की इच्छाओं और समानता के अधिकार की आकांक्षा से प्रेरित था आगे आनेवाले बीस वर्ष अश्वेत आन्दोलन के इतिहास में बहुत महत्त्वपूर्ण साबित हुए, जिन्होंने अश्वेत संस्कृति, संगीत, कला, साहित्य, भाषा के बल पर समूचे विश्व में अपनी विशिष्ट पहचान बना ली।

अश्वेत दास-आख्यानों के अगले चरण में 1960 से 1975 के दौरान लिखे गए अश्वेत आत्मकथ्यों को 'प्रतिरोध के आख्यानों' के रूप में देखा जाना चाहिए जिनमें तत्कालीन अमेरिकी समाज की करवटों के सामाजिक साक्ष्य हैं। इनमें सामाजिक आन्दोलनों के विविधमुखी पक्षों की अभिव्यक्ति मिलती है। इस दौर के स्त्री-आत्मकथ्यों में इरीना रातुशिन्स्क्या का 'ग्रे इज द कलर ऑफ होप', रिजोबर्ता मेंचू का 'आई' और 'एन इंडियन वूमेन इन गुवाटेमाला', मेरी किंग का 'फ्रीडम साँग', एंजेला डेविस की 'एन ऑटोबायोग्राफी', इलेन ब्राउन की 'ए टेस्ट ऑफ पॉवर : ए ब्लैक वूमंस स्टोरी, ग्वेंडीलाइन ब्रूक्स की 'रिपोर्ट फ्रॉम पार्ट वन', हैरिसन जैक्सन की 'देयर इज नथिंग आई ओन दैट आई वांट; ऑसी गफी की 'द ऑटोबायोग्राफी ऑफ ए वूमन', मैरी ब्रूक्टर की 'हियर आय एम : टेक माई हैंड', महालिया जैक्सन की 'मूविंग ऑन अप', माया एंजेलो की 'आई नो व्हाय द केज्ड बर्ड सिंग्स', पर्ल बेली की 'द रॉ पर्ल', रोज बटलर ब्राउन की 'आय लव माई चिल्ड्रन', अन्ना हेजमैन की 'द ट्रम्पेट साउंड्स', असाता शकूर की 'असाता' जैसी अनेक महत्त्वपूर्ण आत्मकथाएँ सामने आई जिनमें नस्लभेद, रंगभेद एवं यौनिकता के मुद्दे उठाए गए। जहाँ प्रारम्भिक अश्वेत दास-आख्यान गुलामी के नकारात्मक पहलुओं को उजागर करने के लिए लिखे गए, वहीं बीसवीं शताब्दी के मध्य के क्रान्तिधर्मी दौर में दास-प्रथा के उन्मूलन, साक्षरता और शिक्षा के अवसरों ने यह सिद्ध कर दिया कि स्वतंत्रता और शिक्षा का अनन्य सम्बन्ध है। शिक्षा ने अश्वेत रचनाकारों को अपने समुदाय के राजनीतिक-सामाजिक-साहित्यिक विमर्शों में प्रखर भागीदारी के रास्ते दिखा दिये। जब तक उन्होंने स्वयं अपने बारे में नहीं कहा, तब तक हमारी जानकारी सीमित और पूर्वग्रह से ग्रस्त थी, बहुत-से अश्वेत इसलिए रचना में प्रवृत्त हुए ताकि वे यह साबित कर सकें कि वे भी सामान्य मनुष्य हैं और राजनीतिक-सामाजिक भागीदारी कर सकते हैं; शोषक और शोषण की प्रक्रिया से तटस्थ और अनजान समुदायों तक अपनी बात दूसरों तक पहुँचा सकते हैं। जीवन-स्थितियों में परिवर्तन की आकांक्षा ने उन्हें लिखने की प्रेरणा दी। दास-आख्यानों की यात्रा के अगले पड़ाव के रूप में अश्वेत आत्मकथाओं का अध्ययन नृतत्त्वशास्त्र, इतिहास और समाज-विज्ञान की दृष्टि से महत्त्वपूर्ण माना जा सकता है।

ऊपर जिन आत्मकथाकारों की चर्चा की गई है, वे और उन जैसी अनेक अश्वेत स्त्री-रचनाकारों की ऐसी पीढ़ी सन् 70 के बाद सामने आई, जिसकी उपेक्षा करना

और सम्भव नहीं रह गया। इनके आत्मकथ्य अपने 'टेक्स्ट' और 'बहुआयामिता' के साथ बहुरंगभेदी, बहुनस्लवादी पाठकों की चेतना का हिस्सा बनने लगे। अब रंगभेद का मुद्दा बहुआयामी हो गया, कभी तो पूरी तरह राजनीतिक, कभी अराजनीतिक, कभी निजी। स्त्रियों ने आत्माख्यान लिखकर दोहरा जोखिम उठाया, जिसे ब्लैकबर्न के शब्दों में कहा जाए तो, 'अश्वेत स्त्रियाँ आत्मकथा लिखकर अपने जीवन को दोहरे जोखिम में डालती हैं, वे एक अमेरिकी समाज में व्याप्त रंगभेद की राजनीति का पर्दाफाश करती हैं तो दूसरी ओर अपने समुदाय के पुरुषों के यौन-अत्याचारों को भी खुलकर अभिव्यक्त करती है।'[23] ये आत्मकथाकार अपने उद्देश्यों को आत्मकथ्यों में शुरू में ही स्पष्ट कर देती हैं, जैसे मैरी किंग ने 'फ्रीडम सांग' की भूमिका में ही अपना मन्तव्य स्पष्ट करते हुए लिखा, "मैं इतिहास के कालखंड विशेष को जीवित रखने, अश्वेत आन्दोलन को विस्मृति से बचाने तथा आनेवाली पीढ़ियों को आन्दोलन की सच्ची जानकारी देने के लिए आत्मकथा लिख रही हूँ। इसी तरह इलेन ब्राउन ने 'ए टेस्ट ऑफ पावर'[24] में लिखा कि वह उन अश्वेत युवकों के लिए लिख रही है, जिन पर भविष्य के सामाजिक-राजनीतिक नेतृत्व का दायित्व है, जिससे वे पार्टी की असफलताओं-त्रुटियों से सबक ले सकें।

राजनीतिक आन्दोलन से प्रत्यक्ष और परोक्ष स्तर पर जुड़ी स्त्रियों की बड़ी जमात ने 'आत्मकथा' साहित्य को समृद्ध किया और साथ ही आत्मकथाओं को अतीत के दास-आख्यानों की श्रृंखला में विश्लेषित किये जाने की सिफारिश भी की। इन्हें 'प्रतिरोधी आख्यान' कहा जाना चाहिए क्योंकि इन सभी में रंग, नस्ल, लिंग पर आधारित राजनीति की प्रतिरोधी चेतना अन्तर्ध्वनित है। इन आत्मकथाकारों में ज्यादातर का मानना है कि निजी यंत्रणा, निजी जीवन के सुख-दुख की कथाओं से कहीं अधिक महत्त्वपूर्ण राजनीतिक अन्तर्दृष्टि है। राजनीतिक कार्यकर्ता और अध्यापिका एंजेला डेविस ने आत्मकथ्य को 'राजनीतिक आत्मकथा' कहा तथा उसे 'दासकथाओं' के विस्तार के रूप में देखने की सिफारिश की। पुस्तक के प्रारम्भ में ही एंजेला डेविस लिखती है कि हो सकता है कि उसके राजनीतिक कार्य उसे अपने पूर्वजों की तरह, कुत्तों की तरह भागने और छिपने के लिए मजबूर कर दें।"[25] नागरिक अधिकार कानून बनने के बाद भी सामाजिक असमानता, कानून और पुलिसिया तानाशाही पर वे ऐसी अभिव्यक्तियाँ टिप्पणी करती हैं तथा व्यावहारिक स्थिति को उजागर करती हैं। अध्ययन की सुविधा के लिए इन प्रतिरोधी आख्यानों को दो श्रेणियों में विभाजित किया जा सकता है—पहली श्रेणी में वे आख्यान हैं जो राजनीतिक संघर्ष के अनन्तर लिखे गए जिन्हें 'युद्ध आख्यान' भी कहा जा सकता है, जो पाठक को तात्कालिक प्रतिक्रिया की ओर अभिमुख करते हैं। दूसरी श्रेणी में वे आख्यान हैं जो नागरिक अधिकार और अश्वेत आन्दोलनों को जनप्रिय बनाने के उद्देश्य से बाद में चलकर लिखे गए। समकालीन आलोचकों और स्त्री-सिद्धान्तकारों

ने आत्मकथाओं तथा दास-आख्यानों तक ही अपने विश्लेषण को सीमित रखा, और प्रतिरोध के इन साक्ष्यों को जो ज्यादातर लातीनी अमेरिकी श्रमिक स्त्रियों द्वारा राजनीतिक संघर्ष-कथाओं के रूप में लिखे गए, तरजीह नहीं दी। हालाँकि स्त्री के लिखे हुए को परम्परा से ही उपेक्षित करने का भाव सार्वजनीन रूप से आलोचकों में रहा है जिस उपेक्षा की ओर संकेत करते हुए स्त्रीवादी चिन्तक गिलमोर ने याद दिलाया कि स्त्री 'आत्म की पुनर्प्रस्तुति' की उपेक्षा एक सिरे से हुई है। उन्होंने 'ऑटोबायोग्राफिक्स' में 'आत्मकथा' को एक प्रधान विधा के रूप में महत्त्व देने की बात कही और अस्मिता की पहचान के लिए ऐसी विचारधारा की आवश्यकता महसूस की जिसमें यौनिकता, वर्ग, नस्ल और जीवन के सभी अनुभवों का पूर्ण निचोड़ हो। स्त्रीवादी आलोचक के रूप में गिलमोर अपनी जगह सैद्धान्तिक रूप से सही हैं, लेकिन वे अस्मिता की पहचान का कोई व्यावहारिक समाधान नहीं देतीं। जबकि कुछ आत्मकथाएँ ऐसी भी होती हैं, जो आत्म के पुनर्प्रस्तुतीकरण को महत्त्व नहीं देतीं, जिनके विश्लेषण के लिए जिस सैद्धान्तिकी की आवश्यकता पड़ती है उसके लिए बहुनस्लवादी, बहुराष्ट्रवादी, बहुजातीय और बहुयौनिक संघर्षों को समझना अनिवार्य है। इस सन्दर्भ में एल्डिरिज क्लीवर की पुस्तक 'द ऑटोबायोग्राफी ऑफ मैलकॉम एक्स एज टोल्ड टू एलेक्स हेली'[26] बहुत महत्त्वपूर्ण है जो नागरिक अधिकार और अश्वेत आन्दोलनों को समझने में मददगार है। स्त्रियों द्वारा रचित राजनीतिक आत्मकथ्य अश्वेत आन्दोलन के उपेक्षित पहलुओं पर प्रकाश डालते हैं—एक तरह से प्रतिरोध की संस्कृति रचते हैं। लेकिन आलोचकों और शोधकर्ताओं द्वारा इन पर बहुत कम ध्यान दिया गया, जिनसे बेट्टी वर्गलैंड के कथन की पुष्टि होती है कि 'आत्मकथाएँ सांस्कृतिक और सामाजिक परिवर्तन के लिए कोई अन्तर्दृष्टि प्रदान नहीं कर पातीं क्योंकि अधिकांश आन्दोलन पुरुष-केन्द्रित और पुरुष वर्चस्ववादी संस्थाओं से सम्बद्ध होते हैं। इन आख्यानों में अक्सर राजनीतिक-सामूहिक उपलब्धियाँ और पुरुष-नेतृत्व से होनेवाली समस्याओं का चित्रण होता है। साथ ही, स्त्रियों के राजनीतिक-सामाजिक मूल्यांकन को ज्यादा महत्त्व का नहीं समझा जाता क्योंकि स्त्रियों द्वारा प्रस्तुत राजनीतिक साक्ष्यों में प्रतिभा और तटस्थ दृष्टि का अभाव माना जाता है। यदि लैंगिक पूर्वग्रह से मुक्त होकर प्रामाणिक साक्ष्यों के अनन्तर अपनाए जानेवाले आधारों पर इनका समुचित विश्लेषण किया जाए तो इनके कथ्य-प्रभावी, रचनात्मक सम्भावनाशील पाठों के रूप में उभरने के पर्याप्त कारण हैं। इन कथ्यों में अनुस्यूत राजनीतिक प्रकृति की उपेक्षा, गलत पाठ के लिए प्रेरित करती है, जिससे इनकी शक्ति और उद्‌देश्य दोनों का हनन होता है।

'इन मीडिया रेज' शीर्षक पुस्तक जो आख्यानों का संग्रह है उसे बतौर 'प्रतिरोधी आख्यान' देखा जाना चाहिए जो 1974 में पहली बार प्रकाशित हुआ। 1988 में प्रकाशित संस्करण की भूमिका में राजनैतिक कार्यकर्ता और अश्वेत आन्दोलन से

जुड़ी लेखिका एंजेला डेविस ने यह भी बताया कि यह पूरी तरह राजनैतिक आख्यान है जिसमें कल्पना का सहारा बिलकुल नहीं लिया गया है। डेविस ने यह भी बताया की वह व्यावहारिक समस्याओं के 'एक्टिविस्ट समाधानों' में विश्वास रखती है। सैली बेलफ्रेज ने भी 'प्रतिरोधी आख्यानों' की रचना की, जो अश्वेत आन्दोलन की आन्तरिक राजनीतिक के प्रामाणिक साक्ष्य प्रस्तुत करते हैं। 'द पाथ ऑफ एंजेला डेविस' (1970) में एंजेला बताती है कि वह शान्त, नेक और अच्छे परिवार की लड़की थी, जिसे मिलनसार होने के कारण कम्युनिस्ट पार्टी की सदस्यता के लिए राजी कर लिया जाता है। आत्मकथा में डेविस जीवन-शैली और कार्यक्षेत्र के रूप में राजनीति के निजी चुनाव के पीछे सोची-समझी निर्णयात्मक बुद्धि की विस्तृत व्याख्या प्रस्तुत करती है। इसी तरह सैली बेलफ्रेज भी जीवन में विशेष प्रकार की रणनीति अपनाने का नितान्त गैर-परम्परागत आख्यान प्रस्तुत करती हैं। वह अपनी कहानी का प्रारम्भ उत्तम पुरुष में करती है, ठीक वैसे ही जैसे कोई पत्रकार रिपोर्ट कर रहा हो। वह ग्रीष्मकालीन ट्रेनिंग कैम्प में आए स्वयं सेवकों में खुद को शामिल करते हुए लिखती है, "जून के एक रविवार को वे सब ओहियो के कॉलेज में आ पहुँचे।" जल्द ही वह प्रथम पुरुष में अपनी बात कहने लगती है लेकिन शुरुआती पंक्तियाँ पाठक के मन पर सैली की सच्चाई और लेखकीय तटस्थता का स्थायी प्रभाव छोड़ जाती हैं। ये विरोधी या प्रतिपक्षी आख्यान पूरी तरह भाषा पर आधारित हैं; जिन्हें 'युद्ध-आख्यान' भी कहा जा सकता है, चूँकि 'युद्ध-आख्यानों' का उद्देश्य भी पाठकों और श्रोताओं में क्रोध और त्वरित प्रतिक्रिया जगाना होता है। डेविस और बेलफ्रेज निश्चित तौर पर पाठकों को अपने दृष्टिकोण और उद्देश्य की प्रामाणिकता से परिचित कराना चाहती हैं साथ ही उन्हें राजनीतिक रूप से क्रियाशील भी बनाना चाहती हैं, इसलिए उनकी भाषा कई बार हमारे वर्तमान और ऐतिहासिक कार्यकलाप से अलग नाटकीय दीखने लगती है। इन दोनों की एक साथ समीक्षा करने से द्वितीय श्रेणी के आख्यानों से पारस्परिक अन्तर स्पष्ट हो जाता है। राजनीतिक आख्यानों की इस श्रेणी को 'अनुदर्शी आख्यान' कहा जाता है, जो इतिहास में अपना योगदान करते हैं, प्रश्न भी उठाते हैं और कभी-कभी कुछ स्त्रीवादी आलोचकों को प्रकाश में लाने का कार्य भी करते हैं। इलेन ब्राउन और मैरी किंग[27] के आत्मकथ्य भी इसी श्रेणी में आते हैं जिन्होंने आत्मकथाओं के माध्यम से अश्वेत आन्दोलन की संगठनात्मक कमियों की आलोचना की। ब्राउन ने 'ब्लैक पैन्थर पार्टी' को ग्लैमराइज किये जाने को आलोचना की, वहीं मैरी किंग ने कहा कि वह आख्यान द्वारा 'एक ऐसे कालखंड और आन्दोलन को जिलाए रखने का प्रयास कर रही है जो तेजी के साथ विस्मृत हो रहा है तथा जिसे गलत समझा जा रहा है।"

ये स्त्रियाँ लेखन को हथियार के तौर पर इस्तेमाल करती हैं। इन स्त्रियों की साहित्यिकता को रणनीति के रूप में देखा जाना चाहिए जो सम्भावित उपेक्षा का शिकार होनेवाले आन्दोलन के इतिहास का सच बताने के नैतिक उत्तरदायित्व-बोध

से सम्बद्ध है। यही उनका प्राथमिक उद्देश्य है, जिसकी उपलब्धि के लिए वे भोक्ता और कार्यकर्ता के रूप में आँखों देखी शैली में, लोगों, घटनाओं, सांस्थानिक उद्देश्यों, उपलब्धियों और असफलताओं का वह पक्ष प्रस्तुत करती हैं जिनके बारे में आम आदमी को कभी कुछ पता ही नहीं चल पाता। स्वयं आन्दोलनधर्मी होते हुए भी वे लोगों और घटनाओं का यथार्थ और गैर-रोमैंटिक पक्ष सामने लाती हैं और स्त्रीवादी दृष्टि से आन्दोलनकारी संस्थाओं की सधी आलोचना करती हैं। आन्दोलन की आन्तरिक गतिविधियों और अन्तर्विरोधों को सामने लाने का साहस करती हैं। उदाहरण के लिए इलेन ब्राउन अपनी पार्टी (ब्लैक पैन्थर) द्वारा बार-बार हिंसा का आश्रय लेने, यहाँ तक कि पार्टी-सदस्यों के आपस में भी हिंसक हो जाने की कड़ी आलोचना करती हैं। ब्राउन की पुस्तक-समीक्षा के अनन्तर एंजेला डेविस ने लिखा कि "ब्राउन ने आन्दोलनकारी गैंग में व्याप्त स्त्री-विद्वेषी प्रवृत्तियों को सामने लाकर लम्बी चुप्पी तोड़ी है।"[28]

इन राजनीतिक आत्मकथ्यों को पढ़ने से यह स्पष्ट हो जाता है कि कैसे स्त्री का बोलना अपने-आपमें राजनीति का रूप ले लेता है। स्त्री-आन्दोलन के दौरान कार्यकर्ता के तौर पर सक्रिय स्त्रियों का शोषण अश्वेत आन्दोलन की आन्तरिक वर्चस्ववादी राजनीति का खुलासा करता है और सम्भवत: यही कारण है कि आन्दोलन से सीधे सम्बद्ध सिर्फ तीन कार्यकर्ताओं के आत्मकथ्य पुस्तक रूप में प्रकाशित हो सके, जिसमें एंजेला डेविस की 'एन ऑटोबायोग्राफी', इलेन ब्राउन की 'ए टेस्ट ऑफ पॉवर : ए ब्लैक वूमन्स स्टोरी' (1992) और असाता शकूर की 'असाता' (1987) को देखा जा सकता है। इन स्त्रियों ने अफ्रो-अमेरिकन राजनीतिक आन्दोलन को संचालित करने, दशा और दिशा देने में महत्त्वपूर्ण भूमिका निभाई। इनकी आत्मकथाएँ यह बताती हैं कि ये स्त्रियाँ क्रान्तिकारी कार्यों के प्रति कितनी व्यक्तिगत और सामूहिक आस्था रखती थीं। डेविस, शकूर और ब्राउन अपनी कथाओं में सामाजिक पुनरुत्थान की भावना से प्रेरित हैं।[29]

फ्रेडरिक डगलस और हैरियट जैकोब्स की परम्परा में लिखे ये आधुनिक आख्यान अपेक्षाकृत दुर्दमनीय आत्मप्रेरणा और सोची-समझी रणनीति के तहत लिखे गए हैं, जो सिर्फ मुक्ति ही नहीं मुक्ति के बाद समाज की पुनर्रचना के स्वप्न से भी आप्लावित हैं। शिक्षा और बौद्धिकता की रचनात्मक भूमिका को ये स्त्री-कार्यकर्ता अच्छी तरह समझती-बूझती हैं। वे जेल में, दल में रहने के दौरान यौन-शोषण को खुलकर बताती हैं। अपने साहस और बुद्धि के बल पर ही एंजेला डेविस अपने दमन और शोषण के पीछे की रणनीति को समझ जाती है और कहती है कि उसका वास्तविक अपराध था एक बौद्धिक स्त्री होना और ऐसा कम्युनिस्ट होना जो अश्वेत मुक्ति संघर्ष से जुड़ी हुई थी। असाता शकूर पर तो न्यू जर्सी में गोली चलाई गई और लम्बी पुलिस प्रताड़ना का शिकार बनाया गया। कई दिनों तक उसे हवालात

में तेज चौंधियानेवाली रोशनी के सामने रखा गया और बाद में देश निकाला दे दिया गया। निर्वासन के दौरान क्यूबा में रहकर उसने लिखा, "मुझे लगा कि मैं अन्धी हो रही हूँ। मुझे हर चीज दोहरी-तिहरी दीखती थी। मेरे वकील ने कोर्ट में इस शोषण के खिलाफ अपील दायर की, तब उन लोगों ने रोशनियाँ बन्द कीं, फिर भी रोज पन्द्रह मिनट तक 'सेल' में तेज मारक रोशनी करते जो किसी को भी अन्धा करने के लिए काफी थी।" शकूर को न्यू जर्सी की जेल में रखा गया, जहाँ उसे मृत्युदंड मिलने की आशंका थी, वहीं उसे गर्भ रह गया। उसे अकेलेपन से डर लगता था इसलिए उसने अश्वेत मुक्ति संघर्ष-वाहिनी के सदस्य काम्यू के साथ 'सेल' में रहना पसन्द किया, लेकिन बच्चे के पिता का नाम बताने से इनकार कर दिया और लिखा, "मैं उन्हें बताऊँगी कि यह बच्चा अश्वेत ईश्वर द्वारा भेजा अश्वेतों का मुक्तिदूत है, बताऊँगी कि यह काला बच्चा नया मसीहा है जो काले लोगों के लिए एक नये मुक्त राष्ट्र का निर्माण करेगा जहाँ मुक्ति और न्याय रहेंगे।"[30]

'ब्लैक पैन्थर्स पार्टी' की नेत्री इलेन ब्राउन का शोषण तो उसकी अपनी पार्टी के लोगों द्वारा किया गया। नेता बनने से पहले वह पार्टी कॉमरेड पी. न्यूटन द्वारा मारी-पीटी गई। पैन्थर्स पार्टी में लैंगिक शोषण और भेदभाव इतना ज्यादा था कि स्त्रियों को हमेशा मातहती के काम दिये जाते, महत्त्वपूर्ण कार्यों एवं निर्णयों में उन्हें पुरुषों के पीछे रहना पड़ता। इलेन ब्राउन ने विरोध का मुखर स्वर दर्ज करते हुए लिखा, "अब से मुझ पर कोई मर्द हावी नहीं होगा, पैन्थर्स पार्टी का मर्द भी नहीं, काला-गोरा कोई मर्द नहीं। मैं अब से औरतों के लिए मानवाधिकार की लड़ाई लड़ूँगी—गर्भपात के अधिकार से लेकर पुरुषों के समानाधिकार स्त्रियों को मिलने ही चाहिए। ब्लैक पैन्थर्स पार्टी और हमारी क्रान्ति—जिसका उद्देश्य अश्वेतों की मुक्ति है, उसमें औरतों की मुक्ति के एंजेंडे को शामिल करूँगी, मैं पुरजोर ढंग से कारेंगेज के दर्शन की निन्दा करूँगी, जिसने अफ्रीकी अश्वेत स्त्रियों के दमन का सिद्धान्त दिया...मैं फिर कहती हूँ कि अपना स्त्रीत्व और अपनी जगह लेकर रहूँगी।"[31]

पैन्थर्स पार्टी में अपनी जगह पाने के लिए संघर्ष और स्त्रीत्व की उद्घोषणा एक दुस्साहसिक-से मिश्रित संघर्ष की प्रस्तावना थी, जिसके एवज में इलेन को रातोंरात छुपते-छुपाते गोद में बेटी एरिका को लिये सेन फ्रांसिस्को के रास्ते लॉस एंजेल्स आना पड़ा, जो हैरियट जैकोब्स के साहसिक अभियान की याद दिलाता है। विडम्बना यह है कि जहाँ हैरियट का संघर्ष श्वेत-प्रभुओं से था, वहीं इलेन 'अपने कहे जानेवाले लोगों, भाई और बहनों, कॉमरेडों से ही दूर छुप-छुपकर भागने को विवश थी। 'मुक्ति' के सन्दर्भ में इलेन लिखती है, "उस समय तो मेरे दिमाग में सिर्फ एक ही बात थी कि मैं कैसे ब्लैक पैन्थर्स पार्टी से दूर चली जाऊँ"।[32] इस कविता में वह अपनी बेटी के लिए बेहतर जिन्दगी का सपना देखती है :

एक रात अचानक
सोने के ठीक पहले
बोल उठी मेरी बच्ची
'क्या होता' गर मैं मर जाती
फर्क पड़ता क्या किसी को
जब रोती हैं ढेरों असहाय काली लड़कियाँ
ओह एरिका! मेरी नन्ही-मुन्नी
छोटी-सी बच्ची
क्या होता? ये मत सोचो
मैं बदल दूँगी इस संसार को तुम्हारे लिए
बस थोड़ी देर और
थोड़ा... इन्तजार... और [33]

ये अश्वेत आत्मकथाएँ मुक्ति की अवधारणा को जन-जन तक पहुँचाना चाहती हैं, स्त्रियाँ कार्यकर्ताओं के रूप में अपनी जीवन-यात्रा सार्वजनिक करती हैं, ताकि उनके उद्देश्य से दूसरे परिचित हों—इसके लिए आत्मकथाएँ औजार का काम करती हैं। उदाहरण के लिए एंजेला डेविस का मानना था कि राजनीतिक आत्मकथा वह है जो लोगों को दृष्टि दे और वृहत्तर सामुदायिक संघर्ष में भाग लेने के लिए हर नस्ल, रंग, जाति के लोगों को प्रेरित करे। 1960 से 1975 के आसपास लिखे इन आत्मकथ्यों के रूप में स्त्रियाँ 'अपना जीवन' ही नहीं लिख रही थीं बल्कि 'अपने जीवन' के लिए भी लिख रही थीं। इनकी आत्मकथाओं में सामाजिक आन्दोलनों के विविधमुखी पक्षों की अभिव्यक्ति है।

स्वयं की उत्पत्ति, जड़ों की खोज की प्रक्रिया एक ढंग से देखें तो आत्म-प्रतिबिम्बन है। यह स्वयं से सन्दर्भित होने की प्रक्रिया है, जिसमें रचनाकार खुद से ही, खुद के बारे में प्रश्न करती है तथा उन प्रश्नों का उत्तर देने का प्रयास भी करती है, जो प्रश्न उससे सम्भावित पाठक पूछ सकता है। आत्मकथा की प्रक्रिया में स्वयं से प्रश्नाकुल और उत्तरित होना निरन्तर चलता रहता है। मेटा वाई हैरिस लिखती है कि "छह वर्ष की उम्र में स्कूल जाना शुरू करने पर अनुभव हुआ कि मुझे बसों में पिछली सीट पर जगह मिलती है क्योंकि मेरा रंग काला था और हम लोग गरीब थे। इसलिए गोरे लोग हमसे घृणा करते और इस गरीबी से निकलने के लिए मुझे पागलों की तरह परिश्रम करना होगा। जिस दिन इन सभी चीजों को मैंने शिद्दत से अनुभव किया उसी दिन से मैंने कठिन परिश्रम करना शुरू कर दिया और मैं तब से परिश्रम करती चली आ रही हूँ ताकि अमेरिका में नस्लभेद की प्रताड़ना से ऊपर उठ सकूँ। ऐसा बचपन किसी का नहीं होना चाहिए लेकिन मेरे साथ ऐसा

हुआ। हममें से कुछ लोग हाशिये पर रहकर भी जी गए, जबकि कई लोग संघर्ष करते हुए खत्म हो गए।"[34]

हैरिस ने आत्मकथा को अपने जीवन के इतिहास का पुनर्लेखन और स्मृति का रूपान्तरण कहा। स्त्रीवादी विचारक स्टेनले ने आत्मकथा और पाठक के सम्बन्ध पर टिप्पणी करते हुए बताया कि रचनाकार पाठक को वही कहानी सुनाता है, जो सुनाना चाहता है, वह सोद्देश्य होकर ही लेखन में प्रवृत्त होता है, न कि अपने जीवन-रहस्यों, अपनी जीवन-कथा को यूँ ही दुनिया को सुनाने के लिए वह आत्मकथा रचता है। इसी सोद्देश्यता को मद्देनजर रखकर आत्मकथाकार यह तय करता है कि वह अपनी 'सच्ची' कथा सुनाए या न सुनाए। इस तरह रचनाकार ही यह तय करता है कि वह अपनी कहानी के कथ्य और चरित्रों में कल्पना का समावेश कहाँ और कितना करे ताकि अपने उद्देश्य को सम्पूर्णत: पाठक तक सम्प्रेषित कर सके जैसा कि हैरिस का कहना है कि : "आत्मकथा लिखते हुए मुझे ये कठिन लगा कि मैं इसे निहायत निजी मुद्दों तक सीमित रखूँ; क्योंकि मुझे उन राजनीतिक मुद्दों पर लिखना अधिक महत्त्वपूर्ण लगा, जिन्होंने मेरे व्यक्तित्व को प्रभावित किया। मैं नागरिक अधिकार आन्दोलन की पृष्ठभूमि के बगैर आत्मकथा लिख ही नहीं सकती थी। इसीलिए मैंने राजनीतिक परिदृश्य और निजी जीवन—दोनों को मिलाकर आत्मकथा लिखने का प्रयास किया।"[35]

कुछ अश्वेत आत्मकथाकार निजी जीवन और यौनिकता, यौन-शोषण जैसे संवेदनशील मुद्दों पर लिखने से हिचकती हैं, क्योंकि उन्हें ऐसा लगता है कि यौन-जीवन या जीवन के छुपाए जाने योग्य प्रसंगों के उल्लेख से कुछ ऐसे लोग असुविधा में पड़ सकते हैं जो प्रत्यक्ष-अप्रत्यक्ष तौर पर रचनाकार से सम्बद्ध रहे हैं। वे सेल्फ सेंसरशिप का शिकार भी होती हैं। एलिजाबेथ केकली, एंजेला डेविस और मेटा वाई. हैरिस जैसी कई आत्मकथाकारों को इस श्रेणी में रखा जा सकता है। बहुत-सी स्त्रियाँ अपना मानसिक कार्य-व्यापार तो प्रस्तुत करती हैं लेकिन शारीरिक कद-काठी का वर्णन अक्सर नहीं करतीं, जबकि पाठक का उनके बारे में जानकारी प्राप्त करने का एकमात्र स्रोत उनका स्वयं का दिया विवरण ही हो सकता है, फलत: रचनाकार के परिवेश, परिवार, सामाजिक-आर्थिक परिस्थिति के बारे में तो पाठक पर्याप्त जानकारी प्राप्त कर लेता है लेकिन रचनाकार के शारीरिक डील-डौल के बारे में कुछ नहीं जान पाता। शारीरिक वर्णनों, कद-काठी, रूप-रंग, वर्ण इत्यादि विवरणों को आत्मकथा में देने में संकोच करना या उपेक्षित करना वस्तुत: आत्मकथ्यों की गहन निजी प्रकृति की ओर संकेत करता है। अधिकतर अश्वेत आत्मकथाकार अपने निजी जीवन के बारे में, पाठक से खुलकर कहने में संकोच करती हैं—विशेषकर अपने परिवार के बारे में, जिनका उल्लेख आत्मकथा में बार-बार आता है। लेकिन निजी-जानकारी शामिल करने के बाद ही आत्मकथाकार की पूरी और अपेक्षाकृत

यथार्थ छवि पाठक के समक्ष मूर्तिमन्त हो सकती है, हालाँकि इसके लिए वह कई बार आलोचना का शिकार भी हो जाती हैं। वस्तुत: आत्मकथा की रचना करते समय रचनाकार को गोपनीय बातों को खोलकर कहने के लिए तैयार रहना चाहिए यहाँ तक कि विस्मृति के गर्भ में धकेल दी गई बातों को भी स्मरण करना हितकर ही होता है। अश्वेत आत्मकथाओं के सन्दर्भ में आत्मनिर्माण के द्वारा सामूहिक अस्मिता के निर्माण को भी देखा जाना चाहिए। रचनाकार के परिवेश का परीक्षण एक व्यक्ति के जीवन का भी परीक्षण है—इस तरह अश्वेत आत्मकथाकर अश्वेत समुदाय की इतिहासकार बन जाती हैं।

किसी भी आत्मकथाकार की तरह अश्वेत स्त्रियों के सन्दर्भ में भी यह सच है कि वे अपनी निजी गोपन बातों का खुलासा करने में पाठकीय प्रतिक्रिया को लेकर आशंकित रहती हैं। इस वजह से पाठक कई महत्त्वपूर्ण निजी और सांस्कृतिक सूचनाएँ प्राप्त करने से वंचित रह जाते हैं। यदि स्वयं रचनाकार अपनी पृष्ठभूमि के बारे में लिखता है तो पाठक उसके मानसिक गठन, प्रकृति, सांस्कृतिक-भौगोलिक स्थिति के बारे में जान पाता है, इससे पाठकीय प्रतिक्रिया ज्यादा सटीक और प्रामाणिक होने की सम्भावना रहती है। इसलिए आत्मकथा के पाठक को सांस्कृतिक-संवेदन परिस्थितियों के बारे में अवगत कराया जाना जरूरी है। साथ ही पाठक से भी यह अपेक्षा की जाती है कि वह रचनाकार की बात को सुनने के लिए बिना किसी पूर्वग्रह के प्रस्तुत हो। यह पाठक का दायित्व है कि वह रचनाकार को अपनी बात सुनाने/कहने का अवसर दे ताकि वह बेबाक अभिव्यक्ति कर सके। पाठक के लिए यह देखना भी जरूरी है कि एक रचनाकार बचपन से रचनाकार की परिपक्व अवस्था तक पहुँचने की प्रक्रिया में कितने पड़ावों को पार करता है। इसकी जगह यदि पाठक उन दरारों और छिद्रों को देखने के फेर में रहे कि आत्मकथाकार ने कितनी सच्चाई बरती, कहाँ-कहाँ झूठ बोला तो 'पाठ' अपना सही सन्देश सम्प्रेषित नहीं कर पाएगा। उसे 'टेक्स्ट' के सन्देश को पकड़ने की कोशिश करनी चाहिए, तभी वह रचनाकार की दुनिया के प्रति एक गहरी समझ विकसित कर पाएगा और उसकी सच्ची कथा जान पाने में सक्षम होगा। कैरोल बी. डेविस का मानना है कि अश्वेत स्त्री-आत्मकथा को पढ़ते समय पाठक को यह बात विशेष रूप से ध्यान में रखनी चाहिए कि अश्वेत स्त्री सिर्फ 'आत्मकथा' नहीं लिख रही बल्कि वह लिखकर स्वयं को 'स्टीरियोटाइप' छवि से मुक्त करने का प्रयास भी कर रही है, ऐसी छवि जो उस पर थोप दी गई है।[36]

इन आत्मकथाओं के पाठक को यह विचार करना चाहिए कि रचनाकार पाठक से अपने निजी विवरण बाँट रही है, उदाहरणार्थ अश्वेत समुदाय के भीतर और बाहर उसकी क्या स्थिति है, स्त्री होने के कारण अपने ही समुदाय में उसे कैसी दोयम स्थिति का सामना करना पड़ता है, उसके नैतिक मूल्य, विश्वास और

आस्थाएँ क्या हैं? शब्दों में अभिव्यक्त आत्मकथ्य तक पहुँचने में अश्वेत स्त्री ने एक लम्बी यात्रा तय की है क्योंकि लिंगाधृत असमानता और पितृसत्तात्मक वर्चस्व ने उसे हमेशा हाशिये पर रखा, इसलिए इन आत्मकथाओं को पुरुषवर्चस्ववाद को चुनौती देने, स्त्री के लिए तयशुदा दायरों से निकलने और अपना 'स्पेस' बनाने के प्रयास के रूप में पढ़ा जाना चाहिए। ऑड्रे लॉर्ड ने आत्मकथा में लिखा है कि "अमेरिका में अश्वेत स्त्रियों को हमेशा चुप रहने पर विवश किया गया, कभी उन्हें नेतृत्व के योग्य नहीं समझा गया साथ ही रंगभेद की राजनीति के कारण उन्हें हमेशा हाशिये पर रहना पड़ा।"[37]

कुछ सिद्धान्तकारों का मानना है कि आत्मकथा एक प्रकार का कथालेखन है जिसमें अतीत की स्मृतियों को कल्पना के माध्यम से प्रकाशित किया जाता है।[38] लेकिन अश्वेत आत्मकथाओं को मात्र 'तथ्यों के पुनर्कथन' की दृष्टि से नहीं देखा जाना चाहिए, बल्कि यह देखा जाना जरूरी है कि कैसे एक रचनाकार उन भावनाओं की अभिव्यक्ति करने में सक्षम हुआ है, जिन्होंने उसके मन पर गहरा प्रभाव डाला। इस सन्दर्भ में महत्त्वपूर्ण आत्मकथा 'ए टच ऑफ इनोसेंस : ए मेमोआयर ऑफ चाइल्ड हुड' (1959) को देखा जाना चाहिए, जिसे कैथरीन डनहम ने आत्मकथा की संज्ञा देने से परहेज किया। कैथरीन डनहम नृत्यांगना और नृतत्त्वशास्त्री रही हैं, लेकिन 'ए टच ऑफ इनोसेंस' में वह अपने सार्वजनिक जीवन के बारे में कोई विवरण न देकर अन्य पुरुष में निजी बातें कहती है, "यह पुस्तक आत्मकथा नहीं है, यह एक लुप्त हो चुकी दुनिया की कहानी है। मध्य पश्चिम में प्रथम विश्व युद्ध के बाद, जब अवसाद और अकेलापन सबको खाए जा रहा था—यह बच्चा उस दुनिया में बड़ा हुआ, जिस परिवार को मैं भली-भाँति जानती थी, खासकर एक लड़की और युवा स्त्री को—जिन्हें मालूम ही नहीं था कि उनकी जिन्दगी का क्या होना है, यह कहानी उन्हीं की है, जो शायद किसी को दिशा-निर्देश दे सके या कुछ लोगों का ध्यान आकर्षित कर सके।"[39]

अन्य पुरुष में अपनी बात कहने के कारण कैथरीन की पुस्तक को 'उपन्यास' विधा के अन्तर्गत रखे जा सकने के पर्याप्त कारण मिलते हैं, लेकिन कथा में आए सभी चरित्र—भाई-बहन, माँ-बाप सब कैथरीन के पारिवारिक हैं—जिस शारीरिक-मानसिक उत्पीड़न का शिकार वह हुई वह उसके अपने जीवन का ही है। पिता ने जबरन उसके साथ शारीरिक सम्बन्ध बनाए। उसने लिखा है कि पिता उसके भाइयों को डाँटकर दूर भगा देता और पुत्री के साथ अश्लील हरकतें करता। 'वे वही हाथ थे, जो उसकी जंघाओं के ऊपर फिर रहे थे, कुछ तलाश रहे थे, उनकी भाषा वही थी जो प्रेमी के प्रथम स्पर्श की होती है।'[40]

आलोचक सांडर्स रेंडिंग ने इस पुस्तक को 'भयावह' विशेषण दिया। यौन-शोषण के मुद्दे पर लिखी आत्मकथाओं में माया एंजेलो की आत्मकथा 'आई नो व्हाई द

केज्ड बर्ड सिंग्स' (आत्मकथा पाँच भागों में प्रकाशित) महत्त्वपूर्ण है। बहुसांस्कृतिक अध्ययन एवं शोध के लिए आत्मकथाओं को 'टेक्स्ट' के रूप में देखा जाना अत्यन्त महत्त्वपूर्ण है। 'टेक्स्ट' के रूप में इनका अभिग्रहण वस्तुत: पाठकीय अभिग्रहण से अलग होता है क्योंकि हाशिये की अस्मिताओं द्वारा अभिव्यक्ति का प्रयास ही अपने-आपमें चुनौती होता है। जब कोई रचनाकार निजी सम्बन्धों को व्यक्ति के तौर पर उद्घाटित करता है या किसी समुदाय के सदस्य के तौर पर उद्घटित करता है और किसी समुदाय के सदस्य के तौर पर सामाजिक संस्थाओं से अपने लगाव और विलगाव की प्रक्रिया को अभिव्यक्त करता है तो इस प्रक्रिया में वह अपने और समुदाय के बारे में बहुत कुछ सीखता भी है। मैटा वाई हैरिस का कहना है "जब मैंने आत्मकथा लिखी तो स्त्री के रूप में अपनी पहचान को, अपने परिवार के सदस्य के रूप में पहचान से, अलग करना पड़ा और एक मनुष्य के रूप में स्वयं को विश्लेषित करना पड़ा जो संयोगवश एक स्त्री और वो भी अश्वेत है।... मेरे लिए 'स्व' को प्रस्तुत करना महत्त्वपूर्ण था क्योंकि इससे पाठकों को मेरे निजी दृष्टिकोण से परिचित होने का अवसर मिल पाया, जिसने मेरी निजी अस्मिता का निर्माण किया था, इन सबका सम्बन्ध संस्कृति, परिवेश, पारिवारिक पृष्ठभूमि के साथ-साथ मेरी यौनिकता, लिंग से भी था, जिन्होंने किसी-न-किसी रूप में जीवन को प्रभावित किया।"[41] 'आई नो व्हाय द केज्ड वर्ड सिंग्स' की लोकप्रियता के कारणों में माया एंजेलो की 'स्व' की प्रस्तुति की आत्मीय शैली ने महत्त्वपूर्ण भूमिका निभाई। माया ने आत्मकथा में तीन वर्ष से लेकर सोलह वर्ष तक की आयु के अनुभव और ठोस विवरणों को अत्यन्त आत्मीय और साथ ही नाटकीय ढंग से प्रस्तुत किया, जिसमें बाल्यकाल की रूप, रस, गन्ध, स्पर्श, स्वाद की स्मृतियाँ निहित होने के साथ-साथ उन सघन अनुभवों का उल्लेख है, जिन्होंने उसमें स्वचेतनता का निर्माण किया। अश्वेत होने की पीड़ा, अध्ययन में रूचि, स्वतंत्रता के लिए संघर्ष की कथा के बीच वह निरन्तर वर्तमान में अपनी उपस्थिति बनाए रखती है, ताकि पाठक को यह बोध रहे कि वह उपन्यास नहीं बल्कि 'आत्मकथा' पढ़ रहा है।

स्त्री-आन्दोलन और नागरिक अधिकार आन्दोलन के केन्द्र में जेंडर और नस्लभेद की समस्याएँ थीं। नागरिक अधिकार आन्दोलन में नस्लभेद के खिलाफ आवाज तो उठाई गई लेकिन संस्थागत लैंगिक विभेद के खिलाफ ये आन्दोलन कुछ काम नहीं कर सका और स्त्रियों की स्थिति दोयम ही बनी रही। पुरुषों ने ही नेतृत्वकारी भूमिका निभाई। आन्दोलन में 'स्त्री' समस्या पर विशेष तौर पर कोई बात नहीं की गई और अश्वेत समुदाय की आवाज का अभिप्राय 'अश्वेत पुरुष की आवाज' ही समझा गया। यहाँ तक कि नीति-निर्धारण और सुझावों के सन्दर्भ में भी अश्वेत स्त्रियों की आवाज को दरकिनार कर दिया गया, उदाहरण के तौर पर साउथ क्रिश्चियन लीडरशिप कॉन्फ्रेंस के अधिवेशन में स्त्रियों की शिरकत को गम्भीरता से

नहीं लिया गया, यहाँ तक कि नीतिगत सुझावों को भी अनसुना कर दिया गया।[42] नागरिक अधिकार आन्दोलन में कभी भी स्त्री केन्द्रित विमर्श सामने नहीं आया।[43] जहाँ तक स्त्री-आन्दोलन का प्रश्न है तो सन् 1970 तक अमेरिका में स्त्री-आन्दोलन की स्थिति हाशिये पर थी। इस आन्दोलन में, ऊँचे तबके और बुर्जुआ वर्ग की उन स्त्रियों से आगे बढ़कर शिरकत करने की अपील की गई, जिन्हें यौन-उत्पीड़न या लैंगिक असमानता का शिकार होना पड़ा था। अश्वेत स्त्री-आन्दोलन के आरम्भिक दौर में किसी ठोस अवधारणा और उद्देश्यों का अभाव दीखता है लेकिन 1973 में 'ब्लैक फेमिनिस्ट ऑर्गेनाइजेशन' जैसी संस्थाओं के अस्तित्व में आने से, नस्ल-वर्ग और लैंगिक आधार पर उत्पीड़न के मुद्दे चर्चा का विषय बनने लगे और 1975 तक आते-आते स्त्री केन्द्रित मुद्दों ने व्यापक जन-विमर्श का रूप धारण कर लिया।

नस्लभेद और लिंगभेद की आधिपत्यवादी संरचना को चुनौती देने का काम सामाजिक आन्दोलनों ने किया, इनसे उत्पन्न विमर्श (क) असमानता की संरचना की व्याख्या और भेदभाव के चरित्र को पहचानने की दृष्टि देते हैं (ख) व्यक्तियों को अपने निजी अनुभवों को संरचनागत असमानता से जोड़कर देखने के लिए प्रेरित करते हैं तथा (ग) व्यक्तियों को, सामूहिक अस्मिता से जोड़कर देखने का अवसर देते हैं। जिससे सामूहिक अस्मिता का वृहत्तर रूप सामने आता है।

1975 के दौरान लिखी स्त्री-आत्मकथाओं में नस्लभेद के कारण होनेवाले उत्पीड़न पर विचारोत्तेजक सामग्री मिलती है, लेकिन जेंडर-विमर्श अभी भी ठोस रूपाकार लेने की प्रक्रिया में था। 1972 में कवयित्री ग्वेंडोलाइन ब्रूक्स की आत्मकथा 'रिपोर्ट फ्रॉम पार्ट वन'[44] आई, जिसमें उसने बताया कि वह अपने 'नीग्रो' होने की स्थिति से तब तक नावाकिफ थी, जब तक 1967 में एक संगोष्ठी के दौरान फिस्क यूनिवर्सिटी में उसे पहली बार अश्वेत चेतना का अहसास नहीं हुआ था। वह लिखती है "मुझे मालूम था कि नीग्रो होने के कारण मैं मतदान नहीं कर सकती। उम्र के चार दशकों तक मैं सोई हुई थी, मुझे अस्मिता-बोध ही नहीं था।" इसी तरह 'देयर इज नथिंग आई ओन दैट आई वांट' (1974) में हैरिसन जैक्सन[45] ने भाषण सुनने के बाद आन्दोलनों में भाग लेने की प्रेरणा का वर्णन किया है, जिन्होंने उसे 'स्वयं' को नई दृष्टि से देखने की अन्तर्दृष्टि प्रदान की। 1960 में जब उसने मैलकॉम एक्स को हार्लेम की एक गली के मुहाने पर लोगों को सम्बोधित करते सुना तब उसे अपने बारे में नई जानकारी मिली और अपने और पति के बीच का अन्तर भी मालूम चला—"मुझे इस बात का अहसास होने लगा कि हमारी चमड़ी काली है, लेकिन मेरा पति यूरोपियन था और मैं अफ्रीकी! काली चमड़ी और यूरोपियन दिमाग होना आसान है, लेकिन काली चमड़ी और अफ्रीकन दिमाग होना कठिन है। आपको रोज-रोज नई लड़ाई लड़नी पड़ती है क्योंकि आपने आसपास के सारे पर्दे हटा दिये हैं और खुली आँखों से देखना शुरू कर दिया है।"[46]

'ऑसी : द ऑटो बायोग्राफी ए वूमन' में ऑसी गफी ने 1971 में लिखा, "जब अचानक अपने बारे में आप वह जान जाते हैं, जिसका अहसास आपको पहले कभी नहीं था तो चीजों को देखने का नजरिया बदल जाता है, सब चीजों को सिलसिलेवार रखकर देखने में समय लगता है, मैंने अभी तक यह नहीं सीखा कि यह कैसे किया जाए। अब मैं यह जान चुकी हूँ कि अपनी आवाज को खुद कैसे सुनूँ और गुनूँ उस पर विश्वास करूँ, इसने मुझमें बहुत-से परिवर्तन ला दिये।"[47]

इन सब आत्मकथाकारों में एक समानता यह है कि इन सबने अपने ऊपर पड़े राजनीतिक प्रभावों और अनुभवों का वर्णन किया। ये स्त्रियाँ बताती हैं कि अश्वेत आन्दोलन, नेताओं, संस्थाओं ने उनको निजी तौर पर कैसे प्रभावित किया। हैरिसन जैक्सन (1974) और ऑसी गफी (1971) ने अपनी कथाओं में निर्धनता-उन्मूलन कार्यक्रमों का उल्लेख और विवरण दिया है, और बताया है कि वे कैसे जनान्दोलन का हिस्सा बनीं। मैरी ब्रूक्टर ने आत्मकथा 'हियर आई एम : टेक माई हैंड' (1974)[48] में 'नेशनल असोसिएशन फॉर द एडवांसमेंट ऑफ कलर्ड पीपल' में निर्धनता-उन्मूलन कार्यक्रमों की उपादेयता पर विचार किया है। माया एंजेलो ने 'आई नो व्हाई द केज्ड बर्ड सिंग्स' में उन पुस्तकों की चर्चा की है, जिन्होंने उसे अश्वेत अस्मिता के प्रति जागरूक बनाया, इसी तरह महालिया जैक्सन ने 'मूविंग ऑन अप' (1966) में वाशिंगटन में हुई रैली, अमेरिकी के महान नीग्रो नेताओं और अश्वेत आन्दोलन के उद्देश्यों का वर्णन किया है। पर्ल बेली एकमात्र ऐसी आत्मकथाकार हैं जिसने अश्वेत आन्दोलन की कटु आलोचना की है, 'द रॉ पर्ल' में वह लिखती है कि अश्वेत अस्मिता के प्रति वह उतनी ही जागरूक है, जितना और कोई तथा बिना किसी संस्था का सदस्य बने भी अस्मिता के प्रति जागरूकता आ सकती है। इसी तरह मैरी ब्रूक्टर ने 'हियर आई एम : टेक माई हैंड' में स्त्री-आन्दोलन में भाग लेनेवाली स्त्रियों के राजनीतिक क्रिया-कलापों की आलोचना की है—"मैंने पाया कि इस आन्दोलन में, खूब अच्छे सम्भ्रान्त घरों की सुखी-तृप्त श्वेत स्त्रियाँ, जिनका सीधा सरोकार निर्धनता और अशिक्षा से कभी नहीं रहा, हालाँकि ये कहना कठिन है कि उनमें से कितनी महिलाएँ वास्तव में सुखी और तृप्त थीं, भाग ले रही थीं। उनके राजनीतिक क्रिया-कलाप और भाव-भंगिमाएँ—ये सब मेरे लिए नये थे, वे जैसे शेरनियाँ थीं। समूह में उनको नाराज देखना बड़ा ही मजेदार था, वे हमेशा उत्तेजित मुद्रा में बहसें करतीं। मैंने शायद ही किसी पुरुष नेता को इतना उत्तेजित देखा हो। वे कुछ राजनीतिक मुद्दों पर इतनी उत्तेजित और क्रोधित हो जातीं कि मुझे आश्चर्य होता। उनके उद्देश्यों से मुझे पूरी सहानुभूति थी, वे पुरुषों से वर्चस्व छीनना चाहती थीं...उन्हें अपशब्द कहती थीं...इस जागरूकता और सात्त्विक क्रोध का मैं स्वागत करती थी, पर फिर भी, मैं उनका साथ नहीं दे पाई, पीछे ही रही क्योंकि मुझे उसमें बहुत कुछ नाटकीय लगा करता।'[49] ग्वेंडोलाइन ब्रुक्स ने एक

साक्षात्कार में (जो उसकी आत्मकथा में बतौर परिशिष्ट प्रकाशित हुआ) लिखा "हाल में ही मुझसे पूछा गया कि मैं स्त्री स्वातंत्र्य के बारे में क्या सोचती हूँ? मेरा मानना है कि कम-से-कम इस समय तो स्त्री-स्वातंत्र्य अश्वेत स्त्री के लिए नहीं है क्योंकि इतिहास के इस कालखंड में, इस विशिष्ट आन्दोलनकारी समय में अश्वेत पुरुष अपनी स्त्रियों को अनुगामी रूप में देखना चाहते हैं।"[50]

रोज बटलर ब्राउन ने 'लव माई चिल्ड्रन' में हार्वर्ड में अपने स्कूल जीवन के अनुभवों और नस्लभेद की राजनीति के बारे में विस्तार से लिखा है। उसका कहना है कि वह अपने शोध-प्रबन्ध का प्रस्ताव प्रस्तुत करने जिस समिति से रू-ब-रू हुई वह पाँच सदस्यीय श्वेत पुरुषों की थी। वह लिखती है कि "शोध परियोजना की प्रस्तुति के वक्त मैं आत्मविश्वास से भरी हुई थी, लेकिन उन श्वेत, सभ्य, सुसंस्कृत, हमेशा मुस्कुराकर बात करनेवालों ने ऐसे-ऐसे प्रश्न पूछे कि कुछ ही क्षणों में मेरा समूचा आत्मविश्वास हवा हो गया, मैं बैठी रही निरुपाय और निस्सहाय-मिट्टी के लोंदे की तरह, चुकी और कुचली हुई, सात सालों का परिश्रम व्यर्थ हो रहा था मेरी आँखों के सामने, और इसमें मेरी कोई गलती नहीं थी।...जब मेरी समस्त आशाएँ और महत्त्वाकांक्षाएँ आँसुओं के साथ बह चुकीं, तब और केवल तब ही, मैं नीग्रो समुदाय के लोगों की कुंठा और अवसाद से साधारणीकरण कर सकी। अब मैं श्वेत सत्ता-प्रतिष्ठान, नस्ल के वर्चस्ववाद का शिकार थी जिसने मेरी सोच को सिरे से बदल दिया।"[51]

नस्लभेद की शिकार रोज बटलर ब्राउन के विवरण से नस्लभेद की राजनीति अपने विकराल रूप में जीवन्त हो उठती है। नस्लभेद के अनुभव से पहले रोज बटलर स्वयं को कठिन परिश्रमी, आत्मविश्वासी, विरोधी परिस्थितियों में भी न टूटनेवाली लड़की के रूप में चित्रित करती है। साक्षात्कार के बाद उसका सारा आत्मविश्वास तिरोहित हो जाता है। शोध समिति में पाँच श्वेत पुरुष हैं, लेकिन ब्राउन शोध का अवसर न दिये जाने को लैंगिक भेद से न जोड़कर नस्लभेद से जोड़ती है। उसे लगता है कि हार्वर्ड में उसके साथ 'नीग्रो' होने के कारण भेद-भाव बरता गया। इसी तरह 'ऑटोबायोग्राफी ऑफ ए ब्लैक वूमन' (1971) में ऑसी गफी ने दक्षिण अमेरिका में स्त्रियों की सामाजिक स्थिति को लेकर चिन्ता व्यक्त की है, उसका कहना है कि अमेरिका में स्त्री श्वेत हो या अश्वेत—परिवार को जोड़े रखने, बच्चों का लालन-पालन करने की समूची जिम्मेदारी सिर्फ उसी की होती है। इसी तरह माया एंजेलो ने 'आई नो व्हाय द केज्ड बर्ड सिंग्स' (1970) में विश्वविद्यालय के दीक्षान्त समारोह में नस्लभेद और रंगभेद का वर्णन किया है।..."नीग्रो होना बड़ा अपमानजनक था, क्योंकि अपने-आप पर अपना अधिकार न था। यह बड़ा ही अमानवीय था कि आप युवा हो और अपने रंग और नस्ल के कारण सारे आरोप सुनकर चुपचाप अपमान पी जाना पड़े और आपको आत्मरक्षा का भी कोई अवसर

न दिया जाए।"[52] लिंगभेद के प्रसंग में माया का कहना है कि अक्सर लड़कियों को इस बात का पता नहीं रहता कि उनके साथ लिंगाधृत भेदभाव किया जा रहा है, लेकिन जैसे ही उन्हें इस बात का अहसास होता है कि स्त्री होने के कारण उन्हें भेदभाव का शिकार बनाया जा रहा है, उसी समय वह नस्लभेद की तरफ से अपना ध्यान हटाकर 'लिंगभेद' को उत्पीड़न के मूल कारणों के रूप में पहचानने लगती हैं। अन्य स्त्री-आत्मकथाकारों की तरह ही माया एंजेलो का कहना है कि स्त्री होने के कारण उनका स्थिति पर कोई नियंत्रण नहीं होता इसलिए उनका शोषण होता ही जाता है। रोज बटलर ब्राउन ने स्कूल शिक्षिका का कार्यानुभव लिखते हुए बताया कि अभिभावक-अध्यापक मीटिंगों में अश्वेत पुरुष दूसरों को 'श्री', मिस्टर डॉ. जैसे सम्बोधन देते हैं जबकि श्वेत सीधे नाम पुकारकर सम्बोधित करते हैं जैसे 'विलियम', 'जॉन'। ब्राउन का मानना है कि जिस अश्वेत को बचपन में 'ओ काले छोकरे' का अपमानजनक सम्बोधन सुनना पड़ा हो, जिसने कठिन परिश्रम और संघर्ष के बाद सम्मानसूचक उपाधियाँ अर्जित की हों उसके लिए 'मिस्टर या डॉ. का सम्बोधन 'अस्मिता की पहचान' है, जिसे उपलब्ध करना उनके लिए कठिन था पर एक बार फिर खोना उन्हें गवारा नहीं। दूसरों को सम्मानसूचक सम्बोधन देने के पीछे यह अपेक्षा रहती है कि दूसरा भी उन्हें उसी सम्मान से पुकारे।[53]

इन सभी आत्मकथाओं में लिंग और नस्ल के कारण उत्पन्न संघर्ष और कष्टप्रद अनुभवों का वर्णन बार-बार किया गया है, इसे दूसरे ढंग से देखें तो नस्ल-भेद के साथ-साथ यौन-अनुभव भी आते हैं। कई बार प्रमुख विमर्शों से जुड़ने के लिए भी स्त्रियाँ लिंगाधृत अस्मिता और नस्लभेद की बात करती हैं। इनके अतिरिक्त दो आत्मकथाएँ ऐसी हैं जो इस पद्धति से थोड़ी दीख अलग पड़ती हैं जिनमें मैरी ब्रूक्टर की 'हियर आई एम टेक माई हैंड' और अन्ना हेजमैन की 'द ट्रम्पेट साउंड्स' (1964) को लिया जा सकता है। सन् 1974 में मैरी ब्रूक्टर, जो स्त्री-आन्दोलन और उसके मूल मुद्दों से विशेष परिचित न होने पर भी अनुभव करती है कि 'उन दिनों केवल पुरुष ही अग्रपंक्ति में कार्य करने के उपयुक्त समझे जाते थे और स्त्रियाँ उनकी मातहत के रूप में।' मैरी ने 1964 के राष्ट्रपति चुनावों के अनन्तर अपने अनुभवों के आधार पर यह मन्तव्य दिया—"...स्त्रियों को अग्रिम पंक्ति में कार्य करने से रोकने का खेल सन् 1972 तक चला। 1968 में डेमोक्रेटिक नेशनल कन्वेशन्स रिफॉर्म रिजोल्यूल्शन ने स्त्रियों के लिए नये द्वार खोल दिये,"[54] मैरी ब्रूक्टर स्त्री-आन्दोलन, व्यवस्था में संरचनागत परिवर्तन और अतीत के अनुभवों के बीच एक सूत्र स्थापित करती है कि कैसे स्त्री-आन्दोलन ने उसे वह स्थान दिलाने में महत्त्वपूर्ण भूमिका निभाई जिसकी वह अधिकारिणी थी। राजनीति में स्त्रियों की दोयम दर्जे की स्थिति को अन्ना हेजमैन ने आत्मकथा में अभिव्यक्त किया। हेजमैन ने 1964 में स्पष्ट लिखा—"राजनीति में स्त्रियों को दोयम दर्जे की नागरिकता प्राप्त है।"[55]

उत्पीड़न और शोषण के संरचनात्मक आयामों की पहचान के लिए प्रतिरोध के साहित्य को पढ़ा जाना जरूरी है। अफ्रीकी-अमेरिकी समाज में स्त्री-उत्पीड़न के संरचनात्मक आयाम बहुस्तरीय और जटिल हैं, नस्ल और लिंगाधृत असमानता उसके दैनन्दिन अनुभवों का अविभाज्य अंग रहे हैं। जहाँ दास-आख्यानों में स्त्री-दास की शारीरिक प्रताड़ना और यौन-शोषण की अनगिनत कही-अनकही, सुनी-अनसुनी दास्तानें मौजूद हैं, वहीं इनके तीसरे चरण यानी बीसवीं शताब्दी की राजनीतिक आत्मकथाओं में इतिहास के कालखंड-विशेष को जीवित रखने और साहित्यकार के लिए 'एक्टिविस्ट' होने का आग्रह दिखाई देता है। अठारहवीं-उन्नीसवीं शताब्दी के दास-आख्यानों की परम्परा में इन प्रतिरोधी आख्यानों को रखे जाने का आग्रह अश्वेत स्त्री-लेखन की पूरी अविच्छिन्न परम्परा को सामने ला खड़ा करता है, जिसमें आगे चलकर कड़ी-से-कड़ी जुड़ने लगती है और शामिल हो जाते हैं 1960 के आसपास से लिखे जानेवाले ढेरों स्त्री-आत्मकथ्य जो नागरिक अधिकार आन्दोलन और स्त्री-आन्दोलन के विभिन्न राजनीतिक, सामाजिक, साहित्यिक पहलुओं को बेबाकी से कह डालते हैं।

नागरिक अधिकार आन्दोलनों ने तीसरे चरण की अश्वेत स्त्री-आत्मकथाओं के लिए पृष्ठभूमि, चेतना-सम्पन्नता और प्रेरणा—तीनों का काम किया। इस आन्दोलन की अगुवाई मार्टिन लूथर किंग ने की और नस्लभेद के खिलाफ चेतना पैदा की। जल्दी ही न्यूयॉर्क का हार्लेम अश्वेतों की शक्ति एवं संगठन का केन्द्र बन गया, अश्वेत सामाजिक दर्शन भी यहीं से विकसित हुआ, लेकिन लिंग पर आधारित भेदभाव इस आन्दोलन में चिन्ता का केन्द्रीय विषय नहीं था, इसके पीछे अश्वेत समुदाय के अपने अन्तर्विरोध भी थे, जबकि स्त्री-आन्दोलन में अश्वेत स्त्रियों के साथ लैंगिक भेदभाव के मुद्दे बड़े तीखेपन के साथ उभरे लेकिन नस्लभेद की समस्या पर खास विचार-विमर्श नहीं हुआ। इन सबका सम्मिलित प्रभाव सदियों के बोझ तले दबे मानस पर पड़ा जिसकी अभिव्यक्ति साहित्य की विविध विधाओं और दर्शन में हुई। समकालीन आन्दोलनों, शिक्षा के अवसरों, जन-चेतना, अश्वेत विरोधी कानूनों, विमर्शों की एकांगिता ने नस्लभेद, यौनिकता के प्रश्नों और उनसे उत्पन्न समस्याओं की अभिव्यक्ति को गहरे प्रभावित किया, साथ ही, उपलब्ध विमर्शों और आत्मोदय की चेतना ने अश्वेत स्त्रियों की सामूहिक अस्मिता का निर्माण कर उनके विकास में महत्त्वपूर्ण भूमिका निभाई। नस्लभेद के सन्दर्भ में देखें तो आत्मकथाकारों में एक विशेष किस्म का परिवर्तन परिलक्षित होता है। पहले वे जहाँ नस्लभेद को व्यक्तिगत समस्या मानती थीं, वहीं आन्दोलनों ने उसके सामाजिक पक्ष को भी सामने ला खड़ा किया, इससे समस्या के प्रति दृष्टिकोण में परिवर्तन हुआ। समझ और दृष्टिकोण के इस परिवर्तन को ऑसी गफी इस तरह देखती हैं—'एक अश्वेत की कहानी 'नेटिव सन'[56] ने मेरी जीवन-दृष्टि को बदल दिया। इससे पहले अश्वेतों के कष्टों और संघर्षों के बारे में मैंने कभी गम्भीरता से सोचा ही नहीं था,

क्योंकि मैं सिर्फ निजी समस्याओं और अपने में उलझी रहती थी, मुझे दूसरों की समस्याओं और परेशानियों से कोई फर्क ही नहीं पड़ता था। थोड़ी-बहुत जानकारी, जिसे आप इतिहास की धुँधली जानकारी कह सकते हैं मुझे थी, जिसमें दास-प्रथा, लिंकन और राज्यों के आपसी युद्ध शामिल थे। लेकिन वह तो इतिहास था और अब मेरे सामने सन् 1940 में लिखी 'नेटिव सन' थी जिसने दुनिया को देखने के मेरे नजरिये को बदल डाला।"[57]

संरचनात्मक प्रतिरोध के लिए नस्लभेद पर सिर्फ बौद्धिक विमर्श काफी नहीं है, इसे ऑसी गफी स्पष्ट कर देती है। व्यक्तिगत अनुभवों का पुनराख्यान पाठक के दृष्टिकोण को व्यापक फलक प्रदान करता है, जिससे वह नागरिक अधिकारों के विमर्श के रास्ते से गुजरते हुए अपनी निजी समझ विकसित कर सके। हालाँकि इस दौर की स्त्री-आत्मकथाकारों ने नस्ल-भेद और लिंगभेद को अपने-अपने अनुभवों के सन्दर्भ में अभिव्यक्ति तो दी, लेकिन अपने जिए और भोगे हुए की संरचनात्मक व्याख्या करने में वे असमर्थ रहीं। जरूरत तो थी मुख्यधारा के समानान्तर एक ऐसा विमर्श रचने की, जिसमें सारी सामाजिक-राजनीतिक, संस्थागत संरचनाएँ अपने जटिल और बहुस्तरीय आयामों में सामने आ सकें, और जो अश्वेत-अस्मिता के साथ स्त्री होने के सामूहिक अनुभवों को भी वहन कर सके।

अश्वेत स्त्री-आत्मकथाओं के चौथे चरण में, सदी के अन्तिम दौर की आत्मकथाओं के केन्द्र में सामूहिक पहचान का स्वर सुना जा सकता है। ये रचनाकार, परम्परा का सम्मान करते हुए भी अपनी निजी स्वतंत्रता और स्वायत्तता की तलाश में जुटी दीखती हैं, और इस प्रक्रिया में पारम्परिक विमर्श को खँगालती भी चलती हैं। इस दृष्टि से ऑड्रे लॉर्ड की 'जामी-ए न्यू स्पेलिंग ऑफ माई नेम' (1982) को देखा जा सकता है जिसे हम 'आत्मकथा' न कहकर 'बायोमाइथोग्राफी' की संज्ञा दे सकते हैं। आत्मकथा में जीवनानुभवों का सिलसिलेवार ढंग से प्रस्तुतीकरण होता है, जबकि बायोमाइथोग्राफी एक संश्लिष्ट विधा है जो आत्मानुसन्धान की प्रक्रिया से जुड़ी है जिसमें रचनाकार के अनुभवों की वैधता उसकी कथन-शैली पर निर्भर करती है। 'जामी' यद्यपि आत्मकथा विधा को समृद्ध करती है फिर भी ऑड्रे लॉर्ड की रूचि, सिलसिलेवार ढंग से अपनी कथा कहने के बजाय, पाठकों को अपने आन्तरिक और बाह्य दृश्यों के सान्निध्य में ले जाने में ज्यादा है। वह छोटी-छोटी बातों के विवरण मात्र से अपनी जीवन-यात्रा के रेखीय प्रवाह को प्रस्तुत करना चाहती है। 'जामी-ए न्यू स्पेलिंग ऑफ माई नेम' को दास-आख्यानों की परम्परा में देखा जा सकता है जहाँ मुक्ति के बाद दास अपना नाम बदल लिया करते थे। लॉर्ड ने, माँ-बाप द्वारा प्रदत्त नाम ठुकराकर अपना नया नाम रखा, 'जामी' नाम रखकर वह अपना स्वायत्तता और स्वतंत्रता की घोषणा करती है, साथ ही वह परम्परा से अपनी अविच्छिन्नता को दर्शाने के लिए बताती है कि वह वेस्टइंडीज

की भूमि से जुड़ी है और माँ, नानी की परम्परा का स्मरण करती है। यह पहचान उसकी स्वतंत्र इयत्ता रचने में मदद करती है। अन्य अश्वेत आत्मकथाकारों की तरह 'घर' की संकल्पना 'जामी' में बार-बार आती है। लॉर्ड घर को एक मिथक के रूप में प्रस्तुत करती है जो आत्मपूर्णता से सम्पृक्त हो जाता है। पूरे आख्यान में एकाकीपन और घर की चर्चा बार-बार आती है, प्रत्येक नया घर एकाकीपन की अलग अनुभूति को लाता है और अन्ततः लेखिका यह महसूस करती है कि कैरिआउ का घर, जहाँ उसका बचपन गुजरा, जीवन में उसका विकल्प हो नहीं सकता क्योंकि वह घर अब स्वप्नों से जुड़ा मिथकीय सन्दर्भ मात्र है। 'घर' का प्रतीक अधिकांश आत्मकथाकारों के यहाँ पौराणिक-मिथकीय सम्पृक्तार्थ वहन करता है। अश्वेत स्त्री-रचनाकारों में छूटे हुए घर के प्रति जादुई-सा मोह निरन्तर चलता रहता है, जो उनके निर्वासन और एकाकीपन के भाव को और भी अधिक गहरा करता है। घर एक ऐसी सुरक्षित शरणस्थली है जो कल्पना में शोषण, दमन, रंगभेद, लिंगभेद की दिक्कतों से अलग शान्त-द्वीप है। लॉर्ड का मानना है कि स्त्री का घर कुछ विशिष्ट होता है—'जहाँ वे अपने व्यक्तित्व के विभिन्न पहलुओं की अभिव्यक्ति खुलकर कर पाती है।' समाज में, जिन विविध अनुभवों से वह गुजरती है—जो शोषण, दमन, घुटन, अभिव्यक्ति की स्वतंत्रता छिनने और वापस छीन लेने से सम्बद्ध हो सकते हैं—उनकी अभिव्यक्ति के लिए जिस 'जमीन' की खोज कोई स्त्री करती है—वही जमीन उसे विशिष्ट बनाती है।

परम्परागत आत्मकथ्यों में लेखिका की स्मृति में माँ का जिक्र बार-बार आता है। लगभग उसी तर्ज पर ऑड्रे लॉर्ड अपनी माँ लिंडा का स्मरण बार-बार करती है, जिसके साथ उसके सम्बन्ध जटिल हैं, कहीं वह लिंडा से प्रेरित और प्रभावित होती है, कहीं स्वायत्तता और व्यक्तिगत स्वतंत्रता के प्रश्न पर उससे टकराती भी है। माँ से उसे सृजन की प्रेरणा और भाषा मिली है वह लिखती है : "मैं अपनी माँ की अनलिखी कविताओं और दबे क्रोध का प्रतिबिम्ब हूँ।"[58] उसका शब्दभंडार ननिहाल के वातावरण ने समृद्ध किया है, लिंडा के सुप्त, अनकहे शब्द, अनभिव्यक्त कविताओं को ऑड्रे लॉर्ड ने अभिव्यक्ति दी, यों कह ले कि माँ के मौन को शाब्दिक रूप दिया है—कार्य-व्यापार से भाषा तक की यात्रा के पड़ाव उसने अपनी पहली अध्यापिका 'माँ' से जाने-गुने हैं। लॉर्ड की माँ ने उसे मूकता के संसार से परिचित कराया है, पूरी आत्मकथा में लॉर्ड ने जगह-जगह अपनी माँ की जिजीविषा और ताकत की प्रशंसा की है। माँ ने जीवन में स्थितियों को समझकर उनके अनुरूप कार्य किया है, लॉर्ड को उस पर गर्व है लेकिन साथ ही वह माँ की जीवन-शैली की आलोचना भी करती है। माँ की तुलना में अपना जीवन सुरुचिपूर्ण बनाने के लिए निरन्तर प्रयासरत रहती है। अपनी माँ के साथ कई मुद्दों पर उसका निरन्तर मानसिक संघर्ष चलता रहता

है जो अफ्रो-अमेरिकन स्त्री-संस्कृति के एक भिन्न आयाम को उद्घाटित करता है—स्त्री का अपने समुदाय के भीतर निजी अस्मिता के लिए संघर्ष और अपनी आवश्यकताओं और इच्छा के अनुरूप 'स्पेस' खोजने का प्रयास। लॉर्ड को माँ से शिकायत है कि वह दमन का वाचाल प्रतिरोध नहीं करती। लिंडा मौन है जबकि लॉर्ड का कहना है, 'जो मैं हूँ वह हूँ' दमन के खिलाफ आवाज उठाने की दिशा में यह पहला कदम है—दमन के प्रतिरोध की शैली के प्रश्न पर वह लिंडा से मतभेद रखती है और उससे अलग खड़ी दिखाई देती है। माँ से अलग होकर अपनी पहचान खोजने की कोशिश यहीं से शुरू होती है।

लिंडा ने अपनी बेटी को वेस्टइंडीज की परम्परा और संस्कृति से प्रेम करना सिखाया है। मातृभूमि छोड़कर वे स्थानान्तरित हो गई हैं—बेटी अपनी संस्कृति, भाषा, गीत-संगीत की स्मृति से देशकाल की दूरी को पाटने का प्रयास करती है। अन्य आत्मकथाकारों की तरह राष्ट्रीय अस्मिता, रंगभेद अथवा समूहगत सांस्कृतिक पहचान उसे भी अपनी माँ से ही मिली है। ऑड्रे अपनी माँ की भूमिका की सराहना करती है—क्योंकि उसने विपरीत परिस्थितियों में संघर्ष किया है—फिर भी आत्मकथा में माँ-बेटी के बीच चुप्पी और तनाव के तमाम प्रसंग बिखरे पड़े हैं, क्योंकि ऑड्रे स्वतंत्र रूप से जीने और लिखने के लिए, अपने व्यक्तित्व के समुचित विकास के लिए घर छोड़ने की जरूरत शिद्दत के साथ महसूस करती है। आगे चलकर लॉर्ड अपनी माँ के साथ पुनः सम्बन्ध स्थापित करती है। सम्बन्धों के इस नवीकरण में एक-दूसरे को 'स्पेस' देने की परिपक्व सोच प्रमुख है और अब लॉर्ड के साथ माँ की पहचान भी सम्पृक्त हो जाती है जो नई पीढ़ी तक निजी अनुभवों से समृद्ध होकर पहुँचती है।

अश्वेत साहित्य में 'यात्रा' का प्रतीक बहुत महत्त्व रखता है, यह यात्रा 'दास-आख्यानों' में दासता से मुक्ति की यात्रा है जो बाद के आत्मकथ्यों में 'पथिक' के 'आत्म की पहचान' पर समाप्त होती है, जिसके अनन्तर वह खुद को नये ढंग से परिभाषित करता/करती है। 'यात्रा' के प्रतीक का रचनात्मक और विविध रूपी प्रयोग अश्वेत आत्मकथाओं का सामान्य और अनिवार्य तत्त्व है। 'जामी : ए न्यू स्पेलिंग ऑफ माई नेम' में यह प्रतीक रूपक और यथार्थ दोनों स्तरों पर दीख पड़ता है। लॉर्ड स्वयं को 'पथिक' या 'यायावर' के रूप में परिभाषित करती है, जीवनानुभव ही उसकी 'यात्रा' है। माँ के घर से निकलकर पहली बार किसी और जगह 'सोने' को निजत्व की खोज में मील का पत्थर मानती है, इस तरह यह यात्रा उसके खुद तक पहुँचने की यात्रा बन जाती है जो उतनी ही पुरानी है जितनी कि संस्कृति। नित नये जीवनानुभवों की यात्राएँ, लॉर्ड को नूतन जीवन-दृष्टि से सम्पन्न करती हैं 'आत्म' को समृद्ध और बलशाली बनाती हैं। अभिभावकों की छत्रछाया त्यागने के बाद लॉर्ड को अभाव और अकेलेपन से जूझना पड़ा होगा, घर

की सुरक्षित चहारदीवारी से निकलना भी इतना आसान नहीं। 'कुछ पाने के लिए बहुत कुछ खोने' का सिद्धान्त लागू होता है। यात्राएँ जीवन की नई सम्भावनाओं के दरवाजे खोलती है जो जीवन को बेहतर बना सकती हैं, लेकिन इसके अपने खतरे भी हैं। लॉर्ड ने ये खतरे उठाए ताकि उसे अपनी पहचान मिल सके। 'जामी' इस शृंखला में रची जाकर भी आत्मकथा विधा की अगली कड़ी के रूप में दीख पड़ती है क्योंकि इसमें ऐतिहासिक तथ्यों, मिथ और कल्पना का विरल सन्निधान आत्म के अनेकार्थी पाठों की सम्भावनाओं के द्वार खोलता है। 'जामी' में लॉर्ड उन सभी को स्मरण करती है, जिन्होंने उसके अस्तित्व को बचाने में जाने-अनजाने ही सही कोई-न-कोई भूमिका अवश्य निभाई, मिथकों के प्रयोग से वह पाठकों के सामने नये उदाहरण पेश करती है। इसके अतिरिक्त वह समूह में किये अपने किसी कार्य को 'सामूहिक' कहकर विस्मृत नहीं करती बल्कि उसे निजी स्तर के प्रयासों के समानान्तर रखती है और 'स्त्री का घर'—जो सामान्य होते हुए भी विशिष्ट है—उसकी रचना करने में सक्षम हो पाती है।

हाशिये की अस्मिताओं के संघर्ष, नस्लभेद और रंगभेद का यथार्थ समझने के लिए लिए अफ्रो-अमेरिकन स्त्री-आत्मकथाएँ अध्ययन का प्रामाणिक स्रोत हो सकती हैं। इनके जीवनानुभव दासत्व के इतिहास, रंगभेद और नस्लभेद के मुद्दों के साथ घुल-मिल गए हैं। इन्हें भारतीय परिप्रेक्ष्य में दलित स्त्री-आत्मकथाओं के बरअक्स देखने से नये अर्थ-सन्दर्भ खुलने की सम्भावनाएँ बनती हैं। जहाँ दलित स्त्रियाँ जेंडर, जाति और वर्ग के विशिष्ट अनुभवों से रू-ब-रू होती हैं और आत्मकथ्य लिखने के क्रम में अपनी समुदाय-कथाएँ लिख जाती हैं और तब ये अनुभव सिर्फ एक दलित स्त्री का अनुभव नहीं रह जाता वह समुदाय का प्रामाणिक साक्ष्य बन जाता है। ठीक उसी तरह नस्लभेद, रंगभेद के साथ जेंडर के अनुभव अश्वेत स्त्री-अनुभवों को विशिष्टता प्रदान करते हैं और अनायास ही ये रचनाकार अपने समुदाय के 'टेस्टीमोनियो' लिख जाती हैं। प्रत्येक अश्वेत स्त्री का अनुभव अपने-आपमें विशिष्ट है, साथ ही उसकी एक सामुदायिक अस्मिता भी है, जो अफ्रो-अमेरिकन समुदाय के सदस्य के रूप में मिली है जो जीवन के प्रति सामान्य रुझान, अपेक्षाओं और विशेष रूप से स्वयं की पहचान करवाने में उसकी मदद करती है। ये आत्मकथाएँ अन्तरतम के आह्वान और प्रेरणा से निजी जीवन-यात्रा को परिभाषित और अभिव्यक्त करने का सार्थक प्रयास हैं।

अश्वेत स्त्री-आत्मकथा की विधा को क्यों अपनाती है, वह आत्मकथ्य किसके लिए लिखती है? स्त्री-सिद्धान्तकारों ने इस प्रश्न पर गहराई से विचार किया क्योंकि निजी जीवन को सार्वजनिक कर देना दुर्दमनीय साहस की माँग करता है। मेरी जीन कार्बेट ने स्त्रियों को सुझाव दिया था कि "स्त्रियाँ अपने तनाव और चिन्ताओं को दूसरे से साझा कर, पढ़कर और व्याख्यायित कर, दूसरों के इतिहास से अपने अतीत की तुलना कर व्यक्तित्व को सही आकार देने में सक्षम हो सकती हैं।"[59] निजी अनुभवों

की अभिव्यक्ति के अनन्तर अधिकांश अश्वेत रचनाकार अपनी रचना-प्रक्रिया पर भी टिप्पणी करती हैं, साथ ही वे 'आत्मकथा' लिखने के कारण भी बताती हैं, जहाँ कुछ समाज के प्रति अपना रोष व्यक्त करने के लिए आत्मकथा लिखती हैं, वही कुछ रचनाकारों की दृष्टि वृहत्तर पाठकीय समुदाय पर है। मेटा वाई हैरिस रचना-प्रक्रिया के विषय में कहती हैं, "मैं जब आत्मकथा-लेखन में प्रवृत्त हुई तो समाज के बनाए कटघरों के प्रति आक्रोश व्यक्त कर रही थी। एक तरह से, यह सामाजिक अन्याय के विरुद्ध मेरा प्रतिरोध था जो शब्दों में व्यक्त हुआ हालाँकि अपने बारे में सब कुछ बताना अवसादजनक था, जिसका प्रभाव जीवन के कई पक्षों पर पड़ा। बाद में मुझे लगा कि मेरी अभिव्यक्ति में अतिरेक नहीं बल्कि सन्तुलन है।"[60]

जहाँ तक पाठकीय प्रतिक्रिया का प्रश्न है तो अश्वेत आत्मकथाओं के पाठक को लगता है एक स्त्री की पीड़ा सामूहिक है। अक्सर वह एक की कथा में सभी अश्वेत स्त्रियों का प्रतिबिम्ब देखता है। अश्वेत रचनाकार के सामने अन्य किसी भी रचनाकार की तरह 'लक्ष्य' पाठक का प्रश्न भी खड़ा होता है। साथ ही, कि वह अपने जीवन के कौन-से प्रसंगों को पाठकों के सामने प्रस्तुत करे और किन्हें छोड़े, क्योंकि कुछ वर्षों पहले तक अश्वेतों द्वारा आत्मकथा में कुल-वंश के वर्णन को सन्देह की दृष्टि से देखा जाता था और इसकी ओर वृहत्तर शैक्षिक केन्द्रों का ध्यान भी नहीं जाता था, क्योंकि निहायत व्यक्तिगत विवरणों को शैक्षिक महत्त्व नहीं दिया जाता था। अब जबकि मानव-जाति और सांस्कृतिक अध्ययन के लिए नृवंश जाति के अध्ययन को आवश्यक समझा जाने लगा है। नवीन संस्कृतियों की खोज एवं अध्ययन के लिए आत्मकथा ऐसी विधा के रूप में सामने आई है, जिससे वंश-विकास और सभ्यता के विकास के प्रामाणिक उल्लेख मिल सकते हैं। एंजेला डेविस का मानना है कि अपने जन्म, वंश, अपने जीवन के बारे में लिखकर अश्वेत स्त्रियाँ ज्ञान, अनुभव और संवेदना का सदुपयोग अपने और अपने पाठकों के लिए करने की शुरुआत कर चुकी हैं साथ ही 'निजत्व की खोज' के लिए आत्मकथ्य को उपकरण के तौर पर भी इस्तेमाल कर रही हैं, ऐसे में आत्म-प्रतिबिम्बन की यह विधा महत्त्वपूर्ण हो उठती है।

स्वयं की उत्पत्ति, जड़ों की खोज की प्रक्रिया एक ढंग से देखें तो आत्म-प्रतिबिम्बन है। यह स्वयं से सन्दर्भित होने की प्रक्रिया है, जिसमें रचनाकार खुद से ही, खुद के बारे में प्रश्न करती है तथा उन प्रश्नों का उत्तर देने का प्रयास भी करती है, जो प्रश्न उससे सम्भावित पाठक पूछ सकता है। आत्मकथा की प्रक्रिया में स्वयं से प्रश्नाकुल और उत्तरित होना निरन्तर चलता रहता है।

हैरिस ने आत्मकथा को अपने जीवन के इतिहास का पुनर्लेखन और स्मृति का रूपान्तरण कहा। स्त्रीवादी विचारक स्टेनले ने आत्मकथा और पाठक के सम्बन्ध पर टिप्पणी करते हुए बताया कि रचनाकार पाठक को वही कहानी सुनाता है, जो सुनाना चाहता है, वह सोद्देश्य होकर ही लेखन में प्रवृत्त होता है, न कि

अपने जीवन-रहस्यों, अपनी जीवन-कथा को यूँ ही दुनिया को सुनाने के लिए वह आत्मकथा रचता है। इसी सोद्देश्यता को मद्देनजर रखकर आत्मकथाकार यह तय करता है कि वह अपनी 'सच्ची' कथा सुनाए या न सुनाए। इस तरह रचनाकार ही यह तय करता है कि वह अपनी कहानी के कथ्य और चरित्रों में कल्पना का समावेश कहाँ और कितना करे ताकि अपने उद्देश्य को सम्पूर्णतः पाठक तक सम्प्रेषित कर सके जैसा कि हैरिस का कहना है कि : "आत्मकथा लिखते हुए मुझे ये कठिन लगा कि मैं इसे निहायत निजी मुद्दों तक सीमित रखूँ; क्योंकि मुझे उन राजनीतिक मुद्दों पर लिखना अधिक महत्त्वपूर्ण लगा, जिन्होंने मेरे व्यक्तित्व को प्रभावित किया। मैं नागरिक अधिकार आन्दोलन की पृष्ठभूमि के बगैर आत्मकथा लिख ही नहीं सकती थी। इसीलिए मैंने राजनीतिक परिदृश्य और निजी जीवन—दोनों को मिलाकर आत्मकथा लिखने का प्रयास किया।"

कुछ अश्वेत आत्मकथाकार निजी जीवन और यौनिकता, यौन-शोषण जैसे संवेदनशील मुद्दों पर लिखने से हिचकती हैं, क्योंकि उन्हें ऐसा लगता है कि यौन-जीवन या जीवन के छुपाए जाने योग्य प्रसंगों के उल्लेख से कुछ ऐसे लोग असुविधा में पड़ सकते हैं जो प्रत्यक्ष-अप्रत्यक्ष तौर पर रचनाकार से सम्बद्ध रहे हैं। वे सेल्फ सेंसरशिप का शिकार भी होती हैं। एलिजाबेथ केकली, एंजेला डेविस और मेटा वाई. हैरिस जैसी कई आत्मकथाकारों को इस श्रेणी में रखा जा सकता है। बहुत-सी स्त्रियाँ अपना मानसिक कार्य-व्यापार तो प्रस्तुत करती हैं लेकिन शारीरिक कद-काठी का वर्णन अक्सर नहीं करतीं, जबकि पाठक का उनके बारे में जानकारी प्राप्त करने का एकमात्र स्रोत उनका स्वयं का दिया विवरण ही हो सकता है, फलतः रचनाकार के परिवेश, परिवार, सामाजिक-आर्थिक परिस्थिति के बारे में तो पाठक पर्याप्त जानकारी प्राप्त कर लेता है लेकिन रचनाकार के शारीरिक डील-डौल के बारे में कुछ नहीं जान पाता। शारीरिक वर्णनों, कद-काठी, रूप-रंग, वर्ण इत्यादि विवरणों को आत्मकथा में देने में संकोच करना या उपेक्षित करना वस्तुतः आत्मकथ्यों की गहन निजी प्रकृति की ओर संकेत करता है। अधिकतर अश्वेत आत्मकथाकार अपने निजी जीवन के बारे में, पाठक से खुलकर कहने में संकोच करती हैं—विशेषकर अपने परिवार के बारे में, जिनका उल्लेख आत्मकथा में बार-बार आता है। लेकिन निजी-जानकारी शामिल करने के बाद ही आत्मकथाकार की पूरी और अपेक्षाकृत यथार्थ छवि पाठक के समक्ष मूर्तिमन्त हो सकती है, हालाँकि इसके लिए वह कई बार आलोचना का शिकार भी हो जाती हैं। वस्तुतः आत्मकथा की रचना करते समय रचनाकार को गोपनीय बातों को खोलकर कहने के लिए तैयार रहना चाहिए यहाँ तक कि विस्मृति के गर्भ में धकेल दी गई बातों को भी स्मरण करना हितकर ही होता है। अश्वेत आत्मकथाओं के सन्दर्भ में आत्मनिर्माण के द्वारा सामूहिक अस्मिता के निर्माण को भी देखा जाना चाहिए। रचनाकार के परिवेश का परीक्षण

एक व्यक्ति के जीवन का भी परीक्षण है—इस तरह अश्वेत आत्मकथाकर अश्वेत समुदाय की इतिहासकार बन जाती हैं।

ऑड्रे लॉर्ड ने आत्मकथा में लिखा है कि "अमेरिका में अश्वेत स्त्रियों को हमेशा चुप रहने पर विवश किया गया, कभी उन्हें नेतृत्व के योग्य नहीं समझा गया साथ ही रंगभेद की राजनीति के कारण उन्हें हमेशा हाशिये पर रहना पड़ा।" किसी भी आत्मकथाकार की तरह अश्वेत स्त्रियों के सन्दर्भ में भी यह सच है कि वे अपनी निजी गोपन बातों का खुलासा करने में पाठकीय प्रतिक्रिया को लेकर आशंकित रहती हैं। इस वजह से पाठक कई महत्त्वपूर्ण निजी और सांस्कृतिक सूचनाएँ प्राप्त करने से वंचित रह जाते हैं। यदि स्वयं रचनाकार अपनी पृष्ठभूमि के बारे में लिखता है तो पाठक उसके मानसिक गठन, प्रकृति, सांस्कृतिक-भौगोलिक स्थिति के बारे में जान पाता है, इससे पाठकीय प्रतिक्रिया ज्यादा सटीक और प्रामाणिक होने की सम्भावना रहती है। इसलिए आत्मकथा के पाठक को सांस्कृतिक-संवेदनात्मक परिस्थितियों के बारे में अवगत कराया जाना जरूरी है। साथ ही पाठक से भी यह अपेक्षा की जाती है कि वह रचनाकार की बात को सुनने के लिए बिना किसी पूर्वग्रह के प्रस्तुत हो। यह पाठक का दायित्व है कि वह रचनाकार को अपनी बात सुनाने/कहने का अवसर दे ताकि वह बेबाक अभिव्यक्ति कर सके। पाठक के लिए यह देखना भी जरूरी है कि एक रचनाकार बचपन से रचनाकार की परिपक्व अवस्था तक पहुँचने की प्रक्रिया में कितने पड़ावों को पार करता है। इसकी जगह यदि पाठक उन दरारों और छिद्रों को देखने के फेर में रहे कि आत्मकथाकार ने कितनी सच्चाई बरती, कहाँ-कहाँ झूठ बोला तो 'पाठ' अपना सही सन्देश सम्प्रेषित नहीं कर पाएगा। उसे 'टेक्स्ट' के सन्देश को पकड़ने की कोशिश करनी चाहिए, तभी वह रचनाकार की दुनिया के प्रति एक गहरी समझ विकसित कर पाएगा और उसकी सच्ची कथा जान पाने में सक्षम होगा। कैरोल बी. डेविस का मानना है कि अश्वेत स्त्री-आत्मकथा को पढ़ते समय पाठक को यह बात विशेष रूप से ध्यान में रखनी चाहिए कि अश्वेत स्त्री सिर्फ 'आत्मकथा' नहीं लिख रही बल्कि वह लिखकर स्वयं को 'स्टीरियोटाइप' छवि से मुक्त करने का प्रयास भी कर रही है, ऐसी छवि जो उस पर थोप दी गई है।[61]

इन आत्मकथाओं के पाठक को यह विचार करना चाहिए कि रचनाकार पाठक से अपने निजी विवरण बाँट रही है—उदाहरणार्थ अश्वेत समुदाय के भीतर और बाहर उसकी क्या स्थिति है, स्त्री होने के कारण अपने ही समुदाय में उसे कैसी दोयम स्थिति का सामना करना पड़ता है, उसके नैतिक मूल्य, विश्वास और आस्थाएँ क्या हैं? शब्दों में अभिव्यक्त आत्मकथ्य तक पहुँचने में अश्वेत स्त्री ने एक लम्बी यात्रा तय की है क्योंकि लिंगाधृत असमानता और पितृसत्तात्मक वर्चस्व ने उसे हमेशा हाशिये पर रखा, इसलिए इन आत्मकथाओं को पुरुषवर्चस्ववाद को चुनौती देने, स्त्री के लिए तयशुदा दायरों से निकलने और अपना 'स्पेस' बनाने के प्रयास के रूप में पढ़ा जाना चाहिए।

सन्दर्भ

1. हेनरी लुईस गेट्स, द क्लासिक स्लेव नैरेटिव्स, सिग्नेट पब्लिशर, पृ. 28, 2012
2. गोल्ड कोस्ट—जिसे बाद में 'स्लेव कोस्ट' कहा गया क्योंकि वहीं से बड़ी संख्या में अफ्रीकी लोगों को दास बनाकर अमेरिका लाया गया।
3. बेलींडा, बेलींडा ऑर द क्रूएलिटी ऑफ मैन हूज फेसेज वर लाइक द मून, अमेरिकन म्यूजियम एंड रिपॉजिटरी ऑफ एंशिएंट एंड मॉडर्न फ्यूजिटिव पीसेज : प्रोज एंड पॉलिटिकल वॉल्यूम 1 जून, 1787
4. हन्ना मोरे (प्रस्तुति), द सॉरो ऑफ याम्बा ऑर द नीग्रो वूमन, इलैक्ट्रॉनिक टेक्स्ट सेंटर, यूनिवर्सिटी ऑफ वर्जीनिया लाइब्रेरी। https://www.eighteenthcenturypoetry.org/works/o4179-w0010।shtml।cited on 31.3.2021
5. मह्सीन गदामी, ब्लैक वूमंस आइडेंटिटी : स्टीरियोटाइप्स, रेस्पेक्टेबिलिटी एंड पेशनलेसनेस (1890-1930) पृष्ठ 40-55, https://doi.org/10.4000/lisa.806 cittion on 3.3.2021
6. मर्लिन रिचर्डसन (सं.), मारिया डब्ल्यू स्टीवार्ट : अमेरिकन्स फर्स्ट ब्लैक वूमन राइटर : एस्सेज एंड स्पीचेज—इंडियाना यूनिवर्सिटी प्रेस, ब्लूमिंगटन, पृ. 35, 1987
7. वही
8. फ्रांसिस एलेन वॉटकिंस हार्पर, ऑवर ग्रेटेस्ट वॉट, अंग्लो-अफ्रीकन मैगजीन, पृ. 160, मई 1859
9. हैरिएट ए. जैकोब्स, इंसीडेंट्स इन द लाइफ ऑफ ए स्लेव गर्ल, (सं.) जीन फागन येलीन, कैम्ब्रिज, मास हावर्ड यूनिवर्सिटी प्रेस, 1987, मूल रूप में सन् 1861 में प्रकाशित।
10. एलिजाबेथ केकली, बिहाइंड द सीन्स या थर्टी इयर्स ए स्लेव एंड फोर इयर्स इन द व्हाइट हाउस, मार्टिनो फाईन बुक्स, पृ. 100, 1868
11. हैरियट ए. जैकोब्स, इंसीडेंट्स इन द लाइफ ऑफ ए स्लेव गर्ल, पृ. 54
12. वही, पृ. 37
13. वही, पृ. 51
14. वही, पृ. 201
15. एलिजाबेथ केकली, बिहाइंड द सीन्स या थर्टी इयर्स ए स्लेव एंड फोर इयर्स इन द व्हाइट हाउस, मार्टिनो फाईन बुक्स, पृ. 74, 1868
16. वही, 39
17. वही, पृ. 21
18. वही, पृ. 45-46
19. अन्ना जूलिया कूपर, ए वॉयस फ्रॉम द साउथ—ऑक्सफोर्ड यूनिवर्सिटी प्रेस, 1988, न्यूयार्क मूल रूप में प्रकाशित, पृ. 285, 1892
20. मैरी जैक्सन की कहानी-रूपान्तर सुखजोत, अन्यथा पत्रिका अंक-जून 2008, पृ. 240
21. वही, पृ. 241
22. इजाबैला बोमफ्री : सोजोर्नर ट्रूथ—नैरेटिव ऑफ सोजोर्नर ट्रूथ—रूपान्तर डॉ. भवजोत अन्यथा पत्रिका, जून, पृ. 245, 2008 (नैरेटिव ऑफ सोजोर्नर ट्रूथ-आर्नो प्रेस न्यूयॉर्क और मूल रूप में न्यूयॉर्क टाइम्स में सन् 1850 में छपी)।
23. रेजीना ब्लैकबर्न, इन सर्च ऑफ द ब्लैक फीमेल सेल्फ : 'अफ्रीकन अमेरिकन वूमंस ऑटोबायोग्राफीज एंड एथनिसिटी', ब्लूमिंगटन : इंडियाना यूपी, पृ. 134, 1980

24. इलेन ब्राउन—ए टेस्ट ऑफ पॉवर, एंकर पब्लिकेशन, पृ. 12, 1993
25. एंजेला डेविस, एन आटोबायोग्राफी, इंटरनेश्नल पब्लिशर्स कम्पनी, पृ. 8, 2013
26. मेल्कॉम एक्स, द ऑटोबायोग्राफी ऑफ मैलकॉम एक : एज टोल्ड टू विथ एलेक्स हेली, वेलेंटाइन बुक्स, 1992
27. मैरी किंग, द आटोबायोग्राफी, ओरियन पब्लिक्शन, 2011
28. जेनिस शर्णकॉफ, रेजिस्टेंस लिटरेचर एट होम : रीरिडिंग वूमेन्स ऑटोबायोग्राफी फ्रॉम द सिविल राइट्स एंड ब्लैक पावर मूवमेंट, ऑनलाइन प्रकाशन 28 मार्च, 2014, htpp:// doi. org/10.10.1080/08989575.2005.10815139
29. मार्गो पार्किंस, ऑटोबायोग्राफी एज एक्टिविज्म : थ्री ब्लैक वूमन ऑफ द सिक्सटीज : यूनिवर्सिटी ऑफ मिसीसिपी, पृ. 22, 2000
30. असाता शकूर, असाता : एन आटोबायोग्राफी, लारेंस हिल बुक्स, पृ. 123, 1987
31. इलेन ब्राउन, ए टेस्ट ऑफ पॉवर—ए ब्लैक वूमंस स्टोरी, न्यूयॉर्क, एंकर, पृ. 368, 2003
32. वही, पृ. 449
33. वही, 456
34. मेटा व्हाई हैरिस, ब्लैक वूमन राइटिंग आटोबायोग्राफी : मार्जिनलाइजेशन, माइग्रेशन, एंड सेल्फ आइडेंनटिटी, अप्रकाशित लघु शोध-प्रबन्ध, द यूनिवर्सिटी ऑफ मेनचेस्टर, इंग्लैंड, पृ. 37, 2003
35. वही, पृ. 40
36. कैरोल बी. डेविस, ब्लैक वूमन राइटिंग एंड आइडेंटी—माइग्रेशन ऑफ द सब्जेक्ट, लन्दन और न्यूयॉर्क, रूटलेज प्रकाशन, 1994
37. ऑड्रे लार्ड, जामी : ए न्यू स्पेल्लिंग ऑफ माई नेम, द क्रासिंग प्रेस, पृ. 22, 1982
38. पी. जे. येकिन, द वेक्सिंगली अनवेरीएबल : ट्रूथ इन ऑटोबायोग्राफी स्टडीज इन द लिटरेरी इमैजिनेशन, 23 (2) : 129-144, और, स्टेनले, आई, 1993—ऑन ऑटोबायोग्राफी इन सोशियोलॉजी, सोशियोलॉजी—27(1) 41-52, और 'जी. स्टेन की पुस्तक' ऑटोबायोग्राफी, न्यूयॉर्क।
39. कैथरीन डनहम, ए टच ऑफ इनोसेंस : ए मेमोआयर ऑफ चाइल्डहुड, यूनिवर्सिटी ऑफ शिकागो प्रेस, 1994 (मूल रूप से लन्दन के विरगो प्रेस से 1937 में प्रकाशित)
40. वही, पृ. 282
41. मेटा व्हाई हैरिस, ब्लैक वूमन राइटिंग आटोबायोग्राफी : मार्जिनलाइजेशन, माइग्रेशन, एंड सेल्फ आइडेंटिटी, अप्रकाशित लघु शोध-प्रबन्ध, द यूनिवर्सिटी ऑफ मैनचेस्टर, इंग्लैंड, पृ. 36, 2003
42. क्रिस्टीन ऍफ. बुचर, ब्लैक इमिग्रेंट्स इन द यूनाइटेड स्टेट्स : ऐ कम्परिजन विथ नेटिव ब्लेक्स एंड अदर इमिग्रेंट्स, इंडस्ट्रीयल एंड लेबर रिलेशंस रिव्यु 47 (2) पृ. 265-284, 1994
43. सुजान स्टेगेन्न्बोर्ग, सोशल मूवमेंट कम्युनिटीज एंड साइकल ऑफ प्रोटेस्ट : द एमरजेंस एंड मेंटेनेंस ऑफ अ लोकल मूवमेंट, जर्नल ऑफ सोशल प्रोब्लम्स, वोल्यूम 45, न. 2, मई, ऑक्सफोर्ड यूनिवर्सिटी प्रेस, पृ. 180-204, 1998
44. ग्वेंडोलाइन ब्रूक्स, रिपोर्ट फ्रॉम पार्ट वन : एन ऑटोबायोग्राफी, ब्रोडसाइड प्रेस, 1972

45. हैरिसन जैक्सन, देयर इज नथिंग आई ओन दैट आई वांट, प्रेन्टिस हॉल प्रकाशन, 2016
46. हैरिसन जैक्सन, देयर इज नथिंग दैट आई ओन दैट आई वांट, पृ. 36
47. ऑसी गफी : द ऑटोबायोग्राफी ऑफ ए वूमन, पृ. 180, 1971
48. मैरी ब्रूक्टर, हियर आई ऍम : टेक माई हैंड, हार्पर एंड रो पब्लिकेशन, 2016
49. वही, पृ. 16
50. ग्वेंडोलाइन ब्रुक्स, रिपोर्ट फ्रॉम पार्ट वन, पृ. 179, 1972
51. रोज बटलर ब्राउन, लव माई चिल्ड्रन' : एन ऑटोबायोग्राफी, मेरडीथ प्रेस, पृ. 55, 1969,
52. माया एंजेलो, आई नो व्हाय द केज्ड बर्ड सिंग्स, रैंडम हॉउस पब्लिकेशन, पृ. 153
53. रोज बटलर ब्राउन, लव माई चिल्ड्रन' : एन ऑटोबायोग्राफी, मेरडीथ प्रेस, पृ. 152, 1969
54. मैरी ब्रूक्टर, हियर आई एम टेक माई हैंड : 79, 2016
55. अन्ना हेजमैन, द ट्रम्पेट साउंड्स : 123, 1974
56. रिचर्ड राइट, नेटिव सन, में प्रकाशित रिचर्ड राइट का उपन्यास, जिसमें 1930 के दशक के घेटो लड़के की कहानी है, हार्पर एंड ब्रदर्स, 2008
57. ऑसी गफी, द ऑटोबायोग्राफी ऑफ ए वूमन, पृ. 174, 1971
58. ऑड्रे लॉर्ड, 'जामी'—ए न्यू स्पेलिंग ऑफ माई नेम, क्रासिंग प्रेस, पृ. 32, 1982
59. मेरी जीन कार्बेट, लिटरेरी डोमेस्टिसिटी एंड वूमन राइटर्स, 'सब्जेक्टिविटीज', 255
60. मेटा वाई हैरिस, ब्लैक वूमन राइटिंग ऑटोबायोग्राफी : मार्जिनलाइनजेशन, माइग्रेशन एंड सेल्फ आइडेंटिटी (अप्रकाशित शोध) द यूनिवर्सिटी ऑफ मैनचस्टेर, इंग्लैंड, 2003
61. कैरोल बी डेविस, ब्लैक वूमन राइटिंग एंड आइडेंटिटी—माइग्रेशन ऑफ द सब्जेक्ट, लन्दन और न्यूयॉर्क, रूटलेज प्रकाशन, 1994

सन्दर्भ ग्रन्थ सूची

1. अठवले, पार्वती, हिन्दू विडो : एन ऑटोबायोग्राफी, अनु. रेवरेंड जस्टिन ई एबोट, रिलायंस पब्लिशिंग हाउस, नई दिल्ली, 1986
2. अबूबकर, सारा, 'होत्तू कन्तुवा मुन्ना', चन्द्रगिरि प्रकाशन, मंगलौर, 2010
3. अनस्तासी, अन्ना, डिफरेंशियल साईकोलॉजी, अनस्तासी प्रेस, 2017
4. अनामिका, स्त्रीत्व का मानचित्र, सारांश प्रकाशन, पेपरबैक संस्करण, 2001
5. अमरशेख, मल्लिका, मुझे उध्वस्त होना है, अंग्रेजी अनुवाद—आई वांट टू डिस्ट्रॉय माइसेल्फ, मराठी से अनुवाद : जेरी पिंटो, स्पीकिंग टाइगर पब्लिशिंग हाउस, मुम्बई, 2016
6. अमीन, सोनिया निशात, बंगला साहित्य महिला, बंग्लादेशेरे इतिहास (सं.) प्रो. मुजिरुदीन (बंगला अकादमी), ढाका, 1967
7. अम्मा, बालमणि, 'जीवितम्—एंटे नॉट्टाथिल', अम्मायुडे लोकम्, मातृभूमि बुक्स, कोझीकोड, 2007
8. अवया 1996, कोडोथ 2001, वेलायुधन 1999, 'वूमन इन द नम्बूदिरी कास्ट मूवमेंट' इन टी. मिजूशीमा एंड एच. यानागिसावा (सं.) हिस्ट्री एंड सोसायटी इन साउथ इंडिया, टोक्यो यूनिवर्सिटी ऑफ फॉरेन स्टडीज।
9. अहमद, सईदा बानो, डगर से हटकर, उर्दू अकादमी, नई दिल्ली, 1990
10. अहमद, सलमा, कटिंग फ्री : एन ऑटोबायोग्राफी, समा, कराची, 2002
11. आगस्टीन, सेंट, कन्फेशन्स, अनुवाद आर. एस. पाइन-कॉफिन, हर्मन्द्स्वर्थ, पेंगुइन, 1961
12. आचार्य, निर्मल एवं सौमित्र चट्टोपाध्याय (सम्पादन), आमार कथा, 1912, प्रथम संस्करण, ग्रेट इंडिया प्रेस कलकत्ता, पुनर्मुद्रण 1964, सुधार सहित नई भूमिका के साथ पुनर्प्रकाशन, सुवर्णरेखा, कलकत्ता, 1969
13. आत्मप्रण, प्रवर्जिका, सिस्टर निवेदिता ऑफ रामकृष्ण—विवेकानन्द, पहली बार प्रकाशित 1961, पुनर्मुद्रण, रामकृष्ण शारदा मिशन, कलकत्ता, 1992
14. आशा देवी, वाकिंग ऑन वाटर, कन्नड़ से अंग्रेजी अनुवाद—कमलाकर भट्ट, मणिपाल यूनिवर्सिटी प्रेस, 2024
15. उरुम्बेट्टवर, हवलाथ बीवी : पोराट्टंगलिले स्त्रीजीवितम, अलोस्यियस डी फर्नांडिस और डी. एम. स्कारिया अलप्पुझा, जनजागृति पब्लिकेशन्स, 2011
16. उमाश्री, बेंकी बेदागु, अहर्निशी प्रकासना, बेंगलुरु, 2013
17. एक्स, मेल्कॉम, द ऑटोबायोग्राफी ऑफ मैलकॉम एक्स : एज टोल्ड टू विथ एलेक्स हेली, बेलेंटाइन बुक्स, 1992

18. एंजेलो, माया, आई नो व्हाय द केज्ड बर्ड सिंग्स, मास मार्केट पेपरबैक, बर्न्स एंड नोबल, 2009
19. एंडरसन, लिंडा, ऑटोबायोग्राफी, रूटलेज पब्लिकेशन, 2000
20. ओल्नी, जेम्स, आई वाज बोर्न : स्लेव्ज नैरेटिव्ज : देयर स्टेटस एज ऑटोबायोग्राफी एंड एज लिटरेचर : द जॉन होपकिंस यूनिवर्सिटी प्रेस, काल्लालू, नम्बर 20, विंटर, पृ. 46-73, 1984
21. ओल्नी, जेम्स, (सं), द अदर वोइसेज : ऑटोबायोग्राफीज बाय वूमन राइटर्स, इन ऑटोबायोग्राफी : एस्सेज थियारोटीकल एंड क्रिटिकल, प्रिंसटन यूनिवर्सिटी प्रेस, पृ. 207-235, 1980
22. अन्तरजनम, ललिताम्बिका, एन अनफिनिश्ड ऑटोबायोग्राफी। (http://pruebas.idapp.hipatia.cr, cited on 31.3.2021)
23. अन्तरगंगे, अनूदिन, प्रतिभा नन्दकुमार, अहर्निशि प्रकाशन, शिवमोगा, 2012
24. काम्बले, बेबी, जीवन हमारा, अनुवाद ललिता अस्थाना, किताबघर प्रकाशन, 1995
25. काम्बले, बेबी, द प्रिजंस वी ब्रोक, अंग्रेजी अनुवाद—माया पंडित, ओरिएंट ब्लैक स्वान प्रकाशन, 2009
26. काम्बले, शान्ताबाई, माझ्या जल्माची चित्तरकथा, सुगवा प्रकाशन, पुणे, 1998
27. कारन्त, प्रेमा, सोलिसबेड़ा गेलीसैया, द्वितीय संस्करण, मनोहर ग्रन्थ माला, धारवाड़, कर्नाटक, 2016
28. कारन्त, ब. व., हियर आई कैननोट स्टे, देयर आई कैननोट गो, राष्ट्रीय नाट्य विद्यालय, 2012
29. कावेरी, टुकड़ा-टुकड़ा जीवन, ईशा ज्ञानदीप प्रकाशन, दिल्ली, 2017
30. किदवई, बेगम अनीस, आजादी की छाँव में, अनु., नूर नबी अब्बासी, नेशनल बुक ट्रस्ट ऑफ इंडिया, नई दिल्ली, 2000
31. किदवई, अनीस, गुबार-ए-कारवाँ, मकतब-ए-जामिया, नई दिल्ली, 1983
32. क्रित्जमेन, लारेंस. डी. मोंटेन एंड द क्राइसिस ऑफ ऑटोबायोग्राफी, कैम्ब्रिज यूनिवर्सिटी प्रेस, 2014, https://doi.org/10.1017/cco9781139235686.005
33. क्रिस्टियनले, बारबरा, बीइंग द सब्जेक्ट एंड द ऑब्जेक्ट : रीडिंग एफ्रिकन अमेरिकन वूमेंस नोवेल्स : इन चेंजिंग सब्जेक्ट्स : द मेकिंग ऑफ फेमिनिस्ट लिटरेरी क्रिटिसिज्म, (सगाले ग्रीन एंड काप्लिया कान) रूट्लेज पब्लिकेशन, न्यूयार्क, 1993
34. कुजिंस, एम. ई, ए इंडियन वूमनहुड टुडे, किताबिस्तान, 1947
35. कुदस, अब्दुल, द एनलाइटेंड गाइड, बंग्ला साहित्य अकादमी, ढाका, 1979
36. कुदस, अब्दुल, बंगीय मुस्लिम महिलागोनेर शिक्षार धारा, (सं.) रचना संकलन, राबिया खातून चौधरानी, कोमिल्ला, पृ. 10-14, 1982
37. कूपर, अन्ना जूलिया, ए वॉयस फ्रॉम द साउथ, न्यूयार्क, ऑक्सफोर्ड यूनिवर्सिटी प्रेस, 1988
38. केकली, एलिजाबेथ, बिहाइंड द सीन्स या थर्टी इयर्स ए स्लेव एंड फोर इयर्स इन द व्हाइट हाउस, मार्टिनो फाईन बुक्स, 1868
39. केली, मैरी, प्राइवेट वूमन, पुब्लिक स्टेज, लिटरेरी डोमेस्टीसिटी इन नाईनटींथ सेंचुरी अमेरिका, द यूनिवर्सिटी ऑफ नार्थ केरोलीना प्रेस, 2002

40. कैफी शौकत, कैफी एंड आई : अ मेमायर, अनु. रहमान नसरीन, जुबान, नई दिल्ली, 2010
41. कैफी शौकत, याद की रहगुजर, राजकमल प्रकाशन, नई दिल्ली, 2018
42. किंग, मैरी, द आटोबायोग्राफी, ओरियन पब्लिकेशन, 2011
43. कॉर्बेट, मेरी जीन, लिटरेरी डोमेस्टिसिटी एंड वीमेन राइटर, संकलित लेख वूमन, ऑटोबायोग्राफी, थियरी, सिडनी स्मिथ जूलिया वाटसन, यूनिवर्सिटी ऑफ विस्कांसिन प्रेस, 1998
44. क्रिस्टियन, बारबरा, (लेख) बीइंग द सब्जेक्ट एंड द ऑब्जेक्ट : रीडिंग एफ्रिकन अमेरिकन वूमेंस नॉवल्स वेल्स : इन चेंजिंग सब्जेक्ट्स : द मेकिंग ऑफ फेमिनिस्ट लिटरेरी क्रिटिसिज्म (स.) गाले ग्रीन एंड काप्लिया कान, रूटलेज पब्लिकेशन, न्यूयार्क, 1993
45. क्रिस्तेवा, जूलिया, डिजायर इन लैंग्वेज, कोलम्बिया यूनिवर्सिटी प्रेस, पुनर्प्रकाशन, 1980
46. क्लोद फ्रांसिस और फेनार्द गोलिए, स्वतंत्रता की राह पर : सिमोन द बोउवार, सेंट मार्टिन प्रेस, 1987
47. खातून, अख्तर महल सईदा (सं), नियंत्रिता, रेहाना बेगम, ढाका, 1979
48. खातून, नुरुनिस्सा, नुरुनिस्सा खातून रचनावली, बंगला अकादमी ढाका, 1970
49. गदामी, महसीन, ब्लैक वूमंस आइडेंटिटी : स्टीरियोटाइप्स, रेस्पेक्टेबिलिटी एंड पेशनलेसनेस (1890-1930) : 40-55, https://doi.org/10.4000/lisa। 806 (citation on 31.3.2021)
50. गसडोर्फ, जोर्ज, कंडीशन्स एंड लिमिट्स ऑफ ऑटोबायोग्राफी, पुनर्प्रकाशन जेम्स ओल्नी (सं.) ऑटोबायोग्राफी एसेज थियरोटिकल एंड क्रिटिकल, प्रिंसटन, प्रिंसटन यूनिवर्सिटी प्रेस, 1980
51. गेट्स हेनरी लुईस, द क्लासिक स्लेव नैरेटिव्स, सिग्नेट पब्लिशर, 2012
52. गुप्ता, चारु, सेक्शुअलिटी, ऑब्सेनिटी, कम्युनिटी : वुमॅन, मुस्लिम्स एंड द हिन्दू पब्लिक इन कोलोनियल इंडिया, परमानेंट ब्लैक, 2000
53. गुप्ता, रमणिका, हादसे, राधाकृष्ण प्रकाशन, दिल्ली, पेपरबैक संस्करण, 2005
54. गुरु, गोपाल, रिव्यू ऑफ जूठन : ऐ दलित'स लाइफ बाई ओमप्रकाश वाल्मीकि (अंग्रेजी में अनुवाद अरुणप्रभा मुखर्जी) सेमिनार पत्रिका संख्या 530, अक्टूबर अंक।
55. गुहा, रामचन्द्र, गांधी, द इयर दैट चेंज्ड द वर्ल्ड, एल्फ्रेड ए. क्नोप्फ पब्लिकेशन पेंगुइन हॉउस, 2018
56. गोपाल, प्रियंवदा, लिटरेरी रेडिकलिज्म इन इंडिया : जेंडर, नेशन एंड द ट्रांजीशन टू इंडिपेंडेंस, रूटलेज, लन्दन, 2005
57. गांधी, मोहनदास करमचन्द, गांधी वांग्मय, खंड 17
58. गांधी, गोपालकृष्ण (सम्पादित), माई डियर बापू, पेंगुइन, नई दिल्ली, 2012
59. ग्रीयर, जर्मेन, बधिया स्त्री (हिन्दी अनु. मधु बी. जोशी), राजकमल प्रकाशन, दिल्ली, द्वितीय सं, 2005
60. गफी, ऑसी, द ऑटोबायोग्राफी ऑफ ए वूमन, 1971
61. घोष, सुतनुका, एक्स्प्रेसिंग द सेल्फ इन बंगाली वूमन आटोबायोग्राफीज इन द ट्वेंटिएथ सेंचुरी, साऊथ एशिया रिसर्च www.sagepublications.com. खंड 30 (2) पृ. 105-123, cited on 12.1.2021

62. घोष, स्राबशी, बड्र्स इन ए केज, इकोनोमिक एंड पोलिटिकल वीकली, खंड 21, न. 13, अक्टूबर 25, 1986
63. चक्रवर्ती, उमा, जाति समाज में पितृसत्ता, ग्रन्थ शिल्पी प्रकाशन, 2011
64. चक्रवर्ती, उमा, व्हाटेवर हैपंड टू वैदिक दासी; रीकास्टिंग वीमेन, एसेज इन कोलोनियल हिस्ट्री सम्पादन—कुमकुम सांगरी और सुदेश वैद, जुबान बुक्स 1989
65. चक्रवर्ती, उमा, रीराइटिंग हिस्ट्री—द लाइफ एंड टाइम्स ऑफ पंडिता रमाबाई, नई दिल्ली, 1998
66. चक्रवर्ती, दीपेश, द डिफरेंस/डेफरल ऑफ ए कोलोनियल मॉडर्निटी पब्लिक डिबेट्स ऑन डोमेस्टिसिटी इन बंगाल, सबआल्टर्न स्टडीज—खंड 8 में, ऑक्सफोर्ड यूनिवर्सिटी प्रेस, दिल्ली, 1994
67. चक्रवर्ती, सम्बुद्ध, द बंगाली जेंटल वूमेन इन द नाईनटिंथ सेंचुरी, ढाका यूनिवर्सिटी प्रेस लिमिटेड, 1998
68. चटर्जी, पार्थ, द नेशन एंड इट्स फ्रेगमेंट्स : कोलोनियल एवं पोस्ट-कोलोनियल हिस्टरीज, प्रिंस्टन, 1993
69. चटर्जी, पार्थो, कोलोनाइजेशन, नेशनलिज्म एंड कोलोनाइज्ड वूमन : द कंटेस्ट इन इंडिया, अमेरिकन एथनोलोजिस्ट, खंड 16, 4 नवम्बर, 1989
70. चतुर्वेदी, जगदीश्वर, स्त्रीवादी साहित्य विमर्श, 1992/280, अनामिका प्रकाशन, दिल्ली, प्रथम सं. 2000
71. चुगताई, इस्मत, कागजी है पैरहन, लिप्यन्तरण : इफ्तिखार अंजुम, राजकमल प्रकाशन, नई दिल्ली, 1998
72. चोदोरोव, नैन्सी, द रिप्रोडक्शन ऑफ मदरिंग : साइकोएनालिसिस एंड द सोशियोलोजी ऑफ जेंडर, कैलिफोर्निया प्रेस, 1978
73. चौधरानी, सरला देवी, जीबोनेर झरा पता, द मेनी वर्ल्डस ऑफ सरला देवी : अ डायरी, अंग्रेजी में अनुवाद सुखेन्दु राय, सोशल साइंस प्रेस, 2010
74. चौधरानी, सरला देवी, जीबोनेर झरापता, देश पत्रिका में प्रकाशित, सन् 1944-45
75. चांडी, अन्ना आत्मकथा, कार्मल बुक्स प्रकाशन, त्रिशूर, प्रथम संस्करण, 1973
76. जमीला, नलिनी, एक सेक्सवर्कर की आत्मकथा, राजपाल एंड संस, दिल्ली, 2008
77. जलाल, आयशा, 'द कन्वेनियेन्स ऑफ सब्सर्वियेंस : वुमॅन एंड द स्टेट ऑफ पाकिस्तान', डेनिज केंडियोटी (सं.), वुमॅन, इस्लाम एंड द स्टेट, पालग्रेव मैक्मिलन, लन्दन, 1991
78. जाना, एन. सी., मनु और कमलकुमार सान्याल (सम्पादन), जनैको गृहबधूर डायरी, कलकत्ता, वॉल्यूम 2, 1982
79. जेर्डलाइन एंड अमृतलाल बी. शाह (सं.), द लेटर्स एंड कोरेसपोंडेंस ऑफ पंडिता रमाबाई, मुम्बई, 1977
80. जेनोवेस, एलिजाबेथ फॉक्स, माई स्टेट्युट, माई सेल्फ : ऑटोबायोग्राफिकल राइटिंग्स ऑफ एफ्रो-अमेरिकन वूमन, संकलित लेख, द प्राइवेट सेल्फ, (सं.) शेरी बेन्स्टाक, रूट्लेज, लन्दन : 63-90, 1988
81. जेस्मी, सिस्टर, आमीन, हिन्दी अनुवाद शुचितामीतल, पेंगुइन बुक्स इंडिया, यात्रा बुक्स, 2010

82. जैक्सन, हैरिसन, देयर इज नथिंग आई ओन दैट आई वांट, प्रेन्टिस हॉल प्रकाशन, 2016
83. जैकोब्स, हैरिएट ए, इंसीडेंट्स इन द लाइफ ऑफ ए स्लेव गर्ल, (सं.) जीन फागन येलीन, कैम्ब्रिज, मास हावर्ड यूनिवर्सिटी प्रेस, 1987
84. टाकभौरे, सुशीला, शिकंजे का दर्द, वाणी प्रकाशन, 2011
85. टिवाणा, दिलीप कौर, नंगे पैरां दा सफर (पंजाबी) संगम पब्लिकेशन, 2012
86. ठाकुर, रवीन्द्रनाथ, जीबनस्मृति, रबीन्द्र रचनावली, खंड 10, बंगाल सरकार, 1368 बंगाब्द
87. डनहम, कैथरीन, ए टच ऑफ इनोसेंस : ए मेमोआयर ऑफ चाइल्ड हुड, यूनिवर्सिटी ऑफ शिकागो प्रेस, 1994
88. डॉ. धर्मवीर (सं), सीमन्तनी उपदेश, वाणी प्रकाशन, 2006
89. डेविस, एंजेला, एन आटोबायोग्राफी, इंटरनेशनल पब्लिशर्स कम्पनी, 2013
90. डेविस, एंजेला, एन ऑटोबायोग्राफी, रैंडम हाउस, न्यूयार्क, 1974, 1988
91. डेविस, कैरोल बी, ब्लैक वूमन राइटिंग एंड आइडेंटी—माइग्रेशन ऑफ द सब्जेक्ट, लन्दन और न्यूयॉर्क, रूटलेज प्रकाशन, 1994
92. डंकन, इजाडोरा, द जर्नी इनवार्ड, वूमन ऑटोबायोग्राफी, माय लाइफ https://maine-humanities.org/lets-talk/the-journey-inward-womens-autobiography/cited on1.1.2021
93. डांगले, अर्जुन (सं.), दलित लिटरेचर, पास्ट, प्रेजेंट एंड फ्यूचर 'पोइजंड ब्रेड, ट्रांसलेशन्स फ्राम माडर्न मराठी लिटरेचर, एड्वेंट बुक डिविजन, 1992
94. डे, शोभा, सेलेक्टिव मेमोरी : स्टोरीज फ्रॉम माई लाइफ, पेंगुइन बुक्स, नई दिल्ली, 1998
95. तिलक, रजनी, अपनी जमीं, अपना आसमां, ईशा ज्ञानदीप प्रकाशन, 2017
96. तिवारी नित्यानन्द, प्रसंग और आलोचना, स्वराज प्रकाशन, दिल्ली, 2013
97. तिवारी शुभा, चिल्ड्रेन एंड लिटरेचर, अटलांटिक पब्लिकेशन, 2007
98. थोराट, विमल, दलित-साहित्य का स्त्रीवादी स्वर, अनामिका प्रकाशन, नई दिल्ली, 2008
99. रोजी थॉमस, ऐंटे प्रिय सी.जे., ही माय बिलव्ड सीजे, मलयालम से अंग्रेजी अनुवाद जी अरुणिमा, वुमन अनलिमिटेड, नई दिल्ली, 2018
100. दाऊद, अतिया, आईने के सामने, लिप्यन्तरण : इजलाल मजीद, राजकमल प्रकाशन, नई दिल्ली, 2004
101. दास, कमला, माई स्टोरी, एस. के. घई, मैनेजिंग डायरेक्टर, स्टर्लिंग पब्लिशर्स (प्रा.) लि., ए बी/9 सफदरजंग एन्क्लेव, 1976, मुद्रण जाएद प्रेस, बल्लीमारान, दिल्ली।
102. दुबे, अभय कुमार, नारीवाद की हिन्दी कथा, तद्भव पत्रिका, अंक 16, जुलाई, 2007
103. दुबे, अभय कुमार, साम्प्रदायिकता का अष्टावक्र, राजनीति की किताब, रजनी कोठारी का कृतित्व, वाणी प्रकाशन, दिल्ली, 2003
104. देव, शरतकुमारी, आमार संसार, सं. प्रमोदरंजन चटर्जी, कृषि शिल्प वाणिज्य प्रेस, 1942, सन्दर्भित सं. गौतम नियोगी, कोलकाता 2008
105. देवी, कानन बाला, 'शबारे आमि नोमी', अंग्रेजी अनुवाद 'माय होमेज टू आल', भूमिका, इन्द्राणी घोष, जुबान बुक्स, दिल्ली, 2013
106. देवी, ज्योतिर्मयी, मेरे लेखन का प्रारम्भ—चिरन्तन नारी जिज्ञासा : सेकालीन दिनेर स्मृति, अनन्या प्रकाशन, कलकत्ता, अंग्रेजी अनुवाद रिमली भट्टाचार्य, 1995

107. देवी, निस्तारिणी, सेकेले कथा, संकलित एवं सम्पादित आत्मकथा खंड-2, सं. एन. सी. जाना, अनन्या प्रकाशन, कलकत्ता, 1981
108. देवी, निस्तारिणी, 'स्मृति कथा', सं. इन्दिरा देवी चौधरानी, इंडियन असोसिएटेड पब्लिशिंग, कलकत्ता, 1956
109. देबी, मानदा, शिक्षित पतितार आत्मचरित, कोलकाता, चैतन्य प्रकाशन, 2004
110. देवी, राससुन्दरी, मेरा जीवन, हिन्दी अनुवाद—सुधा सिंह, स्वराज प्रकाशन, 2010
111. देवी, सहाना, स्मृतिर खेया, प्राइमा पब्लिकेशन्स, कलकत्ता, 1978
112. देशमाने, समता बी, मातंगीदी वटिगे, श्री अन्नपूर्णा प्रकाशन, बैंगलोर, 2015
113. नसरीन, तसलीमा, उत्ताल हवा, वाणी प्रकाशन, दिल्ली, 2006
114. नसरीन, तसलीमा, द्विखंडिता, वाणी प्रकाशन, दिल्ली 2005
115. नसरीन, तसलीमा, निर्वासन, वाणी प्रकाशन, दिल्ली, 2014
116. नसरीन, तसलीमा, नेईं किच्छु नेईं, हिन्दी अनुवाद 'नहीं, कहीं कुछ नहीं', वाणी प्रकाशन, दिल्ली, 2012
117. नसरीन, तसलीमा, मुझे घर ले चलो, वाणी प्रकाशन, दिल्ली, 2007
118. नसरीन, तसलीमा, मेरे बचपन के दिन, वाणी प्रकाशन दिल्ली, पाँचवाँ संस्करण, 2008
119. नसरीन, तसलीमा, वे अँधेरे दिन, वाणी प्रकाशन, दिल्ली, 2004
120. नाबर, वृन्दा, कास्ट ऐज वूमन, पेंगुइन बुक्स, 1995
121. नारायण, भार्गवी, नानु भार्गवी-आत्मकथा, अंकित पुस्तक, दूसरा संस्करण, बंगलौर, 2015
122. नाहीद, किश्वर, बुरी औरत की कथा, (अंश) कथा-जगत की बागी मुसलमान औरतें, यादव राजेन्द्र (सं.), राजकमल प्रकाशन, नई दिल्ली, 2008
123. निरंजना, अनुपमा, नेनुपू सीही कही (खट्टी मीठी यादें) डी. वी. के. प्रकाशन, मैसूर, तृतीय संस्करण, 2011
124. पद्मशाली, अक्कई, एक लम्बी यात्रा में छोटा कदम, जुबान बक्स, 2021
125. पवार, उर्मिला, आयदान, (मराठी) ग्रन्थाली प्रकाशन, मुम्बई, 2003
126. पवार, उर्मिला, आयदान, हिन्दी अनुवाद, वाणी प्रकाशन, 2010
127. पार्किंस, मार्गो, ऑटो बायोग्राफी एज एक्टिविजम : थ्री ब्लैक वूमन ऑफ द सिक्सटीज : यूनिवर्सिटी ऑफ मिसीसिपी, 2000
128. पांडेय, शशि भूषण 'शीतांशु', डी-कंस्ट्रक्शन बनाम विसंरचना, देरिदा तथा अन्य चिन्तक, नेशनल पब्लिशिंग हॉउस, प्र. स., 2009
129. पारेख, इन्दिरा, पुलिन गर्ग इंडियन वीमेन : एन इनर डॉयलॉग, सेज प्रकाशन, नई दिल्ली, 1989
130. पिल्लई, रामकृष्णन, एंटे ओर्मकुरिप्पकुकाल, मित्रानिकेतन प्रेस, तिरुवनन्तपुरम, 1989
131. पीटरसन, लिंडा, ट्रेडिशन ऑफ विक्टोरियन वीमेंस ऑटोबायोग्राफी, यूनिवर्सिटी ऑफ वर्जिनिया प्रेस, 1999
132. पुखराज, मल्लिका, साँग संग टू, (अनु.) : किदवई सलीम, जुबान, काली फॉर वुमॅन, नई दिल्ली, 2003
133. पुष्पा, मैत्रेयी, कस्तूरी कुंडल बसै, राजकमल प्रकाशन, दिल्ली, 2009
134. पुरी, ज्योति, वुमन, बॉडी, डिजायर इन पोस्टकोलोनियल इंडिया, 1999

135. पँवार, कौशल, बवंडरों के बीच, द मार्जिनलाइज्ड पब्लिकेशन, दिल्ली, 2020
136. पाँवड़े, कुमुद, अन्त:स्फोट, सुगवा प्रकाशन, पुणे, तीसरा संस्करण, 2013
137. फारुकी, रशीद, नुरुन्निस्सा खातून बिद्याबिनोदिनी, बंगला अकादमी, ढाका, 1987
138. फोर्ब्स, जेरडलाइन और तपन रायचौधरी (सम्पादन), चाइल्ड विडो टू लेडी डॉक्टर, नई दिल्ली रोली बुक्स, 2000
139. फेल्स्की, रीता, ऑन कन्फेशन्स, बियोंड फेमिनिस्ट एस्थेटिक्स, फेमिनिस्ट लिटरेचर एंड सोशल चेंज, कैम्ब्रिज, हार्वर्ड यूनिवर्सिटी प्रेस, 86-121 : 1989
140. फ्रीडमैन, सूसन स्टेनफोर्ड, वूमेन ऑटोबायोग्राफिकल शेल्व्ज-थियरी एंड प्रैक्टिसेज शेरी बेन्स्टाक (सं.) द प्राइवेट सेल्फ, रूटलेज पब्लिकेशन, 1988
141. बनर्जी, सुमन्त, द पार्लर एंड द स्ट्रीट्स : एलिट एंड पॉपुलर कल्चर इन नाइनटींथ सेंचुरी कैलकटा, सीगल बुक्स, कलकत्ता, 1990
142. बाई, बहिणा, ए ट्रांसलेशन ऑफ ऑटोबायोग्राफी एंड वर्सेज, जस्टिन ई अबोट, नई दिल्ली, 1985
143. बागची, जशोधरा, अ स्पेस ऑफ हर ओन—पर्सनल नैरेटिव्स ऑफ ट्वेल्व वीमेन बाय लीला गुलाटी, सेज पब्लिकेशन, नई दिल्ली, 2005
144. बामा, करक्कू अंग्रेजी अनुवाद, लक्ष्मी होम्स्त्रोम, चेन्नई, मैकमिलन प्रकाशन, 2000
145. बेगम, शाहजहाँ, तहजीब-ए-निस्वाँ वा तरबीयत उल इनसान, मकतबा-ए-अंसारी, नई दिल्ली, 1889
146. बेगम, सुल्तान जहाँ, 'अल हिजाब का पर्दा क्यों जरूरी है', थैकर, स्पिंक, कलकत्ता, 1922
147. बेथ, सारा, हिन्दी दलित लिटरेचर एंड द पॉलिटिक्स ऑफ रेप्रेजेंटेशन, रूट्लेज इंडिया, 2014
148. बेनस्टाक, शेर्री, फीमेल रिटोरिक, 'द प्राइवेट सेल्फ, रौल्टेज पब्लिकेशन, यूनिवर्सिटी ऑफ नार्थ केरोलीना प्रेस, 1988
149. बेवर्ली, जान, 'द मार्जिन एट द सेंटर : ऑन टेस्तिमोनियो (टेस्टीमोनियल नेरेटिव), सिडनी स्मिथ और जूलिया वाटसन (सं.) डी कोलोनाइजिंग द सब्जेक्ट : द पालिटिक्स ऑफ जेंडर इन वूमन'स ऑटोबायोग्राफी, मिनिएओपोलिस : यूनिवर्सिटी ऑफ मिनिसोटा प्रेस, 1992
150. बैसंत्री, कौशल्या, दोहरा अभिशाप, परमेश्वरी प्रकाशन, संस्करण 2016
151. बोउवार, सिमोन, आल सेड एंड डन, अंग्रेजी अनुवाद पैट्रिक ओ ब्रायन, पेंगुइन प्रकाशन, 1984
152. बोउवार, सिमोन, ए फेयरवेल टू सार्त्र, अंग्रेजी अनुवाद पैट्रिक ओ ब्रायन, पेंगुइन प्रकाशन, लन्दन
153. बोउवार, सिमोन, द सेकेंड सेक्स, एच. एम. पार्सले, विंटेज पब्लिकेशन, न्यूयार्क
154. बोउवार, सिमोन द, फोर्स टू सरकमस्टांसेज, अंग्रेजी अनुवाद पैट्रिक ओ ब्रायन, जी. पी. पुतनम'स एंड सन्स, 1965
155. बोउवार, सिमोन द, द सेकंड सेक्स, अनु. मोनिका सिंह, फ्रेंच से अनुवाद, भाग 1, वाणी प्रकाशन, 2024

156. बोर्थविक, मेडरीथ, द चेंजिंग रोल ऑफ वीमेन इन बंगाल, 1849-1905, प्रिंसटन यूनिवर्सिटी प्रेस, 1984
157. बोस, नूरजहाँ, आगुनमुखार मेये, साहित्य प्रकाश, प्रकाशन, बांग्लादेश, चौथा संस्करण, 2016
158. बन्द्योपाध्याय, सुष्मिता, काबुली वाले की बंगाली बीबी, राजकमल प्रकाशन, दिल्ली, 2001
159. ब्रूक्टर, मैरी, हियर आई एम टेक माई हैंड, हार्पर एंड रो पब्लिकेशन, 2016
160. ब्रूक्स, ग्वेंडोलाइन, रिपोर्ट फ्रॉम पार्ट वन : एन ऑटोबायोग्राफी, ब्रोडसाइड प्रेस, 1972
161. ब्राउन, इलेन, ए टेस्ट ऑफ पॉवर, एंकर न्यूयॉर्क 1993
162. ब्राउन, रोज बटलर, लव माई चिल्ड्रेन, मेरेडिथ प्रेस, 1969
163. ब्लैकबर्न, रेजीना, इन सर्च ऑफ द ब्लैक फीमेल सेल्फ : 'अफ्रीकन अमेरिकन वूमंस ऑटोबायोग्राफीज एंड एथनिसिटी', ब्लूमिंगटन, इंडियाना यूपी, 1980
164. भट्टाचार्य, देवीपद, बांग्ला चरित साहित्य—1801-1941, कोलकाता, 1964
165. भारती, अनिता, छूटे पन्नों की उड़ान, स्वराज प्रकाशन, 2018
166. भुट्टो, बेनजीर, मेरी आपबीती, राजपाल एंड संस, नई दिल्ली, 2000
167. भंडारी, मन्नू, एक कहानी यह भी, राधाकृष्ण प्रकाशन, दिल्ली।
168. मल्या, मालिनी, 'बादीगुड़ू उत्तरा', सपना बुक हाउस, बेंगलुरु, 2014
169. महरोल, सुमित्रा, टूटे पंखों से परवाज तक, द मार्जिनलाइज्ड पब्लिकेशन, दिल्ली, 2021
170. मिर्जा, बेगम खुर्शीद, अ वुमॅन ऑफ सब्सटेंस : मेमोआयर्स ऑफ बेगम खुर्शीद मिर्जा, (सं.) काजिम लुबना, जुबान, नई दिल्ली, 2005
171. मिल, जान स्टुअर्ट, स्त्रियों की पराधीनता, हिन्दी अनुवाद—शिवनारायण द्विवेदी, हरिदास एंड कम्पनी, कलकत्ता नरसिंह प्रेस, प्रथम संस्करण, 1917
172. मिलर, नैंसी के, बट एनफ अबाउट मी, कोलम्बिया यूनिवर्सिटी प्रेस, 2008
173. मित्र, जया, जो मारे जाएँगे, वाणी प्रकाशन, दिल्ली, 1999
174. मित्रा, किशोरी चन्द्र, किशोरी चन्द्र मित्रा की डायरी के अंश, सं. मन्मथ घोष 'कर्मवीर' किशोरी चन्द्र मित्रा, कलकत्ता पृ. 91-98, 1926
175. मिलेट, केट, सीता, यूनिवर्सिटी ऑफ इलियनिस प्रेस, 2000
176. मुखर्जी, एस. एन., द सोशल इम्प्लीकेशंस ऑफ द पोलिटिकल थॉट ऑफ राजा राम मोहन राय, इन द आर. एस. शर्मा एंड वी. झा एडिटेड इंडियन सोसाइटी : हिस्टोरिकल प्रोबिंग्स, इन द मेमोरी ऑफ डी. डी. कोसाम्बी, नई दिल्ली, 1974
177. मूर्रे जे., भोपाल नवाब सुल्तान जहाँ बेगम, एन अकाउंट ऑफ माई लाइफ, (अनु.) पायने सी. एच. खंड 1, लन्दन, 1912
178. मैजिश, ब्रूस, ऑटोबायोग्राफी एंड साइकोएनालिसिस, बिटविन ट्रुथ एंड सेल्फ डिसेप्शन, एनकाउंटर 35, अक्टूबर 1970:28—37 तथा ए स्ट्रकचरल स्टडी ऑफ ऑटोबायोग्राफी, प्रूस्त, लिरिस, सार्त्र, लेविस्त्रास, कार्नेल यूनिवर्सिटी प्रेस, 1974
179. मोयर्स, एलेन, लिटरेरी वूमन, गार्डनसिटी, न्यूयार्क, 1976
180. येकिन, पी. जे, द वेक्सिंगली अनवेरीएबल : ट्रूथ इन ऑटोबायोग्राफी स्टडीज इन द लिटरेरी इमैजिनेशन, 23 (2) : 129-144, और स्टेनले, आई, ऑन ऑटोबायोग्राफी इन सोशियोलॉजी, सोशियोलॉजी—27(1) 41-52, 1993

181. रई, उषा पी., 'यावनाडीयू नम्मदल्ला', प्रियदर्शिनी प्रकाशन, बेंगलुरु, 2011
182. रविशंकर, रागमाला, वेलकम रेन प्रकाशन, 1999
183. रहमान, एम., आमादेर दाबी, धूमकेतु पत्रिका आषाढ़ बंगला संवत 1329
184. रहमान, एम., आमादेर स्वरूप, धूमकेतु पत्रिका, आश्विन बंगला संवत 1329
185. रहमान, एम., पर्दा बनाम प्रबंचना, स्वगत पत्रिका, भाद्र बंगला संवत 1336
186. रहमान हमीदा, जीबोन स्मृति, नौरोज किताबिस्तान, ढाका, 1990
187. राइट, रिचर्ड, नेटिव सन, प्रकाशित रिचर्ड राइट का उपन्यास, जिसमें 1930 के दशक के घेटो लड़के की कहानी है, हार्पर एंड ब्रदर्स, 1940
188. रॉबाथम, शीला, वूमन कांशसनेस, मेंस वर्ल्ड, पेंगुइन प्रकाशन, लन्दन, 1973
189. राय, सुशीला, एक अनपढ़ कहानी, रोशनाई प्रकाशन, कलकत्ता, 2005
190. राव, वेलचेरु नारायण, सिम्बल्स ऑफ सबस्टांस : कोर्ट एंड स्टेट इन द नायक पीरियड, तमिलनाडु, दिल्ली, 1992
191. राव, सी. भास्कर, दादा साहेब फाल्के विजेता—भाग एक, शारदा प्रकाशन, अंसारी रोड दरियागंज, दिल्ली।
192. राहामिन, सैमुअल फैजी, रिव्यू टाइम्स लिटेररी सप्लिमेंट, हर्बर्ट जोसेफ, लन्दन, 26 मार्च, 1938
193. रिचर्डसन, मर्लिन, (सं.) मारिया डब्ल्यू स्टीवार्ट : अमेरिकन्स फर्स्ट ब्लैक वूमन राइटर : एस्सेज एंड स्पीचेज, इंडियाना यूनिवर्सिटी प्रेस, ब्लूमिंगटन, 1987
194. रिचर गेर्हार्ड रिचर, वाल्टर, बेंजामिन एंड द कार्पस ऑफ ऑटोबायोग्राफी, जर्मन लिटेररी थियरी एंड कल्चरस्टडीज गेर्हार्ड सीरीज, वायन स्टेट यूनिवर्सिटी प्रेस, 2002
195. रे, भारती, अर्ली फेमिनिस्ट इन कोलोनियल इंडिया, चित्रा देब, वूमेन ऑफ द टैगोर हाउसहोल्ड—नई दिल्ली पेंगुइन इंडिया 2016, सुनील गंगोपाध्याय का फर्स्ट लाइट, बंगाली से अंग्रेजी अनुवाद अरुणा चक्रवर्ती, नई दिल्ली पेंगुइन इंडिया, 2001
196. रेगे, शर्मिला, राइटिंग कास्ट राईटिंग जेंडर : नरेटिंग दलित वूमन टेस्टिमोनीज, जुबान बुक्स, दिल्ली, 2006
197. लाकाँ, जे, एक्रीटस : ए सेलेक्शन, अनुवाद एलेन शेरिडन, न्यूयार्क, डब्लू. डब्लू. नार्टन एंड कम्पनी, 1977
198. लंकेश, पी, 'हुली मावी नामरा', लंकेश प्रकाशन, बैंगलुरु, 2014
199. लिम्बाले, शरणकुमार, गैर-दलित, वाणी प्रकाशन, दिल्ली, 2019
200. लॉर्ड, ऑड्रे, 'जामी'—ए न्यू स्पेलिंग ऑफ माई नेम, क्रासिंग प्रेस, 1982
201. वर्गलैंड, एन. बेट्टी, रिप्रजेंटिंग एथनिसिटी इन ऑटोबायोग्राफी : नैरेटिव्स ऑफ अपोजिशन, संकलित लेख द इयर बुक इंग्लिश स्टडीज, मॉडर्न ह्यूमेनिटीज रिसर्च एसोसियेशन, 1994
202. वाल्मीकि, ओमप्रकाश, दलित-साहित्य का सौन्दर्यशास्त्र, राधाकृष्ण प्रकाशन, 2005
203. विजयाम्मा, डी, कुदियेसरू, (चावल का माँड़) नाकुन्तति प्रकाशन, बैंगलुरु, 2017
204. विलियम्स, रेमंड, कल्चर एंड सोसाइटी, एंकर बुक्स, 1958
205. वीरम्मा, लाइफ ऑफ एन अनटचेबल अनुवाद विल हॉब्सन (सं.) रेसिन एंड रेसिन लन्दन, वर्सो, 1997

206. वीरेशलिंगम, कुन्दुकुरी, अ बॉयोग्राफी ऑफ एन इंडियन सोशल रिफार्मर, जॉन ग्रीनफील्ड लियोनार्ड, कुन्दुकुरी वीरेशलिंगम (1848-1919), हैदराबाद, 1991 तथा सोशल रिफार्म्स इन आन्ध्र (1848-1919), वी. रामकृष्णा, नई दिल्ली, 1933
207. वुल्फ, वर्जीनिया, लेटर्स ऑफ वर्जिनिया वुल्फ (सं.) नाइगेल निकल्सन, जान त्राउट मेन, छह खंडों में, न्यूयार्क, हरकोर्ट ब्रास विच, 1977-82 तथा ए स्केच ऑफ द पास्ट—इन द मोमेंट्स ऑफ बीइंग (सं.) जीन स्कूल्कारंड, लन्दन, होगार्थ प्रेस, 1976
208. वेइसबोर्ड, मेरिली, द लव क्वीन ऑफ मालाबार : मेमोऑयर ऑफ ए फ्रेंडशिप विद कमला दास (Theglobalandmail। com/commentary/ exclusive/excerpt-the rebirth of Kamala Das/passion/article.)
209. वेंकटाचलम, गुडीपति, स्त्री, विजयवाड़ा, 1961
210. शकूर, असाता, असाता : एन आटोबायोग्राफी, लारेंस हिल बुक्स, 1987
211. शर्मा सुनील और लैम्बार्ट-हर्ले, शिवभान, अतियाज जर्नी : अ मुस्लिम वुमॅन फ्रॉम कोलोनियल बॉम्बे टू एडवर्डियन ब्रिटेन, ऑक्सफोर्ड यूनिवर्सिटी प्रेस, नई दिल्ली, 2010
212. शर्णकॉफ, जेनिस, रेजिस्टेंस लिटरेचर एट होम : रीरिडिंग वूमेन्स ऑटोबायोग्राफी फ्रॉम द सिविल राइट्स एंड ब्लैक पावर मूवमेंट, ऑनलाइन प्रकाशन 28 मार्च, 2014, (htpp://doi.org/10.10.1080/08989575.2005.10815139)
213. शारदासुन्दरी, देवी, आत्मकथा, मूल रूप में 1912 में प्रकाशित, भारत महिला प्रेस, ढाका, पुनर्मुद्रण 1983
214. शिन्दे, ताराबाई, स्त्री-पुरुष तुलना, अनु. डॉ. राजम नटराजन पिल्लै, मद्रास, 1994
215. शोवाल्टर, एलेन, अ लिटरेचर ऑफ देयर ओन, लिटिल ब्राउन बुक ग्रुप, 2009
216. शोवाल्टर, एलेन, मैन इन फेमिनिज्म क्रिटिकल क्रास ड्रेसिंग : मेल फेमिनिस्ट एंड दि वूमेन ऑफ इयर, मेन इन फेमिनिज्म, एलिस जारडिम और पॉल स्मिथ (सं.), मैथुन-न्यूयॉर्क, 1988
217. शान्ताबाई, दानी, रात्रादिन आम्हा, भावसरिता प्रकाशन, नासिक, 1990
218. सरकार, तनिका, वर्ड्स टू विन, काली फॉर वूमेन, 1999
219. सरकार, तनिका, विकेड विडोज : लॉ एंड फेथ इन नाइनटीन्थ सेंचुरी पब्लिक स्पीयर डिबेट्स, अनिंदिता घोष, सं. बिहाइंड द वेल : रेसिस्टेंस, वूमेन एंड द एवरीडे इन कोलोनियल साउथ एशिया, हेम्सियार, पल्ग्रेव मैकमिलन, 83-116 : 2008
220. सरकार, सुमित, द स्वदेशी मूवमेंट इन बंगाल 1903-8, पीपुल्स पब्लिशिंग हॉउस, दिल्ली
221. सर्वगोंड़, मुक्ता, मिटलेली कवाडे। चेतश्री प्रकाशन, अमलनेर, प्रथम संस्करण, 1983
222. सहगल, जोहरा, करीब से, (अनु.) दीपा पाठक, राजकमल प्रकाशन, नई दिल्ली, 2013
223. सिकदार, सुनन्दा, 'ए लाइफ लांग अगो', अनुवाद अन्विता घटक, जुबान बुक्स नई दिल्ली, 2012
224. सिंह, नामवर, इतिहास और आलोचना, राजकमल प्रकाशन, नई दिल्ली, तृतीय सं., 1987
225. सिंह, सीता राम, नेशनलिज्म एंड सोशल रिफॉर्म्स इन इंडिया : 1885-1920, दिल्ली
226. सुमित्राबाई, के., सूलाडी बन्दो तिरुगी, अभिरुचि प्रकाशन, मैसूर, 2018
227. सुल्तान, आबिदा, मेमॉअर्स ऑफ अ रिबेल प्रिंसेस, ऑक्सफोर्ड यूनिवर्सिटी प्रेस, कराची, 2004

228. सुल्तान नवाब बेगम साहिबा, राफिया नाजिल, 'सैर-ए-यूरोप', यूनियन स्ट्रीम, लाहौर, 18 मई, 1908
229. सुहरावर्दी, शाइस्ता, फ्रॉम पर्दा टू पार्लियामेंट, ऑक्सफोर्ड यूनिवर्सिटी प्रेस, कराची, 1998
230. सेन, मणिकुन्तला, इन सर्च ऑफ फ्रीडम : एन अनफिनिश्ड जर्नी, कलकत्ता, 2001
231. सेन, मणिकुन्तला, शे दिनेर कथा, स्त्री नबपत्र प्रकाशन, कोलकाता, 1982
232. सेन, सुदक्षिणा, जीवनस्मृति, प्रथम प्रकाशन 1932, कोलकाता : सन्दर्भित संस्करण, कोलकाता : डे' पब्लिशिंग एंड स्कूल ऑफ वीमेन स्टडीज, जादवपुर यूनिवर्सिटी, 2002
233. सैय्यादुज्जाफर, हमीदा, आत्मकथा, (सं.) चटर्जी लोला, तृंका, नई दिल्ली, 1996
234. सौनरेक्सा, चन्द्रकिरण, पिंजरे की मैना, पूर्वोदय प्रकाशन, 2008
235. स्टेनली, लिज, द ऑटो-बायोग्राफिकल : थ्योरी एंड प्रैक्टिस ऑफ फेमिनिस्ट ऑटो-बायोग्राफी, मैनचेस्टर यूनिवर्सिटी प्रेस, 1992
236. स्टेंसन, डोम्ना सी, द फीमेल आटोग्राफ, (7) सिचुएटिंग सब्जेक्टिविटी—सिडनी स्मिथ और जूलिया वाटसन, वूमन ऑटोबायोग्राफी थियरी : रीडर, यूनिवर्सिटी ऑफ विन्स्कोसिन प्रेस।
237. स्टोव, हैरियट बीचर, अंकल टॉमस केबिन तथा लाइफ अमंग द लवली, पेंगुइन प्रकाशन, न्यूयार्क, 1952
238. स्पीवाक, गायत्री चक्रवर्ती (ले.), कैन सबाल्टर्न स्पीक, (स.) मार्क्सिस्म एंड इंटरप्रेटेशन ऑफ कल्चर, कैरी नेल्सन एंड लारेंस ग्रास्बर्ग, अर्बाना एंड शिकागो : यूनिवर्सिटी ऑफ इलिनोयस प्रेस, 271-313 : 1988
239. स्विंडल्स, जूलिया, विक्टोरियन राइटिंग और वर्किंग वूमेन 1986, मैडिसन, फेयरलेघ डिकिंसन यूनिवर्सिटी प्रेस, 2009
240. स्मिथ, सिडनी और जूलिया वाटसन, सिचुएटिंग सब्जेक्टिविटी इन वूमंस ऑटोबायोग्राफिकल प्रेक्टिसेज, यूनिवर्सिटी ऑफ विस्कोंसिन प्रेस।
241. हबीबुल्लाह, जहाँआरा, रिमेम्बरेन्स ऑफ डेज पास्ट : ग्लिम्प्स ऑफ ए प्रिंसली स्टेट ड्यूरिंग द राज, ऑक्सफोर्ड यूनिवर्सिटी प्रेस, नई दिल्ली, 2001
242. हम्पन्ना, कमला, 'बेबु बेंकी बिड़लू', सपना प्रकाशन, बेंगलुरु, 2019
243. हसनत, फायजा एस., 'नवाब फैजुन्निसाज रूपजलाल', वुमॅन, एंड जेंडर : द मिडल ईस्ट एंड द इस्लामिक वर्ल्ड, खंड 7, कोनिक्लजिकी ब्रिल, एन. वी., 2009
244. हाल, जान स्टुअर्ट, रेस, आर्टिकुलेशन एंड सोसाइटीज स्ट्रकचर्ड इन डोमिनेंस, यूनेस्को (स.) सोशियोलॉजिकल थियरीज : रेस एंडकोलोनिअलिज्म, पेरिस यूनेस्को पृ. 305-315
245. हालदार, बेबी, आलो आन्धारि, रोशनाई प्रकाशन, कलकत्ता, 2003
246. हालदार, बेबी, ईषत रूपान्तर, अनु.—प्रबोध कुमार, रोशनाई प्रकाशन, उत्तर 24 परगना पश्चिम बंगाल, फरवरी, 2010
247. हुसैन, अख्तर, हमसफर, दानियाल, कराची, 1992
248. हुसैन, रुकैय्या सखावत, रुकैय्या रचनावली, अब्दुल कादिर (सं) बंगला अकादमी, ढाका, 1973
249. हुसैन, सइका, रीडिंग बिटवीन द लाइन्स : द राइटिंग्स ऑफ द बंगाली मुस्लिम वूमन इन कोलोनियल बंगाल, प्रतिध्वनि द इको, खंड 7, अंक 1, जुलाई 2018

250. हेजमैन, अन्ना अर्नोल्ड, द ट्रम्पेट साउंड्स, रिनहर्ट एंड विंस्टन पब्लिकेशन, 1964
251. हेलिब्रन, कैरेलॉन जी., राइटिंग अ वूमंस लाइफ, डब्लू डब्लू नार्टन, न्यूयार्क, पृ. 11, 16, 17, 1988
252. हैरिस, मेटा वाई, ब्लैक वूमन राइटिंग ऑटोबायोग्राफी : मार्जिनलाइनजेशन, माइग्रेशन एंड सेल्फ आइडेंटिटी (अप्रकाशित शोध) द यूनिवर्सिटी ऑफ मैनचस्टेर, इंग्लैंड, 2003
253. श्रीवास्तव, गरिमा (सं.), उपन्यास का समाजशास्त्र, भूमिका, वाणी प्रकाशन, दिल्ली, 2023

पत्र-पत्रिकाएँ

1. अख्तर शाहीन एवं मौसमी भौमिक (सं.), शिक्षाब्रती खैरुनिस्सा, जनाना महफिल, खंड 8, अंक 2, बंगाली मुसलमान लेखिकादेर निर्बाचित रचना-1904-1938, स्त्री प्रकाशन, कलकत्ता, 1998
2. अजिता, साक्षात्कार, मातृभूमि साप्ताहिक, 83 (42), पृ. 12-18, दिसम्बर 2018
3. अनिसुज्जामन, मुसलमान बांगलार सामयिक पत्र 1831-1930, बंगला अकादमी, ढाका।
4. अमरशेख, मल्लिका, 'मैं खाक में मिल जाना चाहती हूँ', हंस, औरत उत्तर कथा-2, 2। समकालीन भारतीय साहित्य, अंक-77, मई-जून, 1998
5. अज्ञात, ए देशिया स्त्रीलोग्दिगेर ब्याभिचारेर कारण 'रीजन व्हाई बंगाली वीमेन गो एशट्रे', बिनय घोष, सम्पादन, सामयिक पत्र—बंगालेर समाजचित्र, खंड 3
6. उदिता-एन एयरपोर्ट मैगजीन (मार्च-अप्रैल 1989), पृ. सं. 28-33
7. सी एस डी एस, अंक 14, वर्ष 7, जुलाई-दिसम्बर, 2019
8. गुप्त, कृष्णानन्द (ले.), 'हंस' आत्मकथा विशेषांक, विश्वविद्यालय प्रकाशन, चौक वाराणसी, 2008
9. गुप्ता, चारु (लेख), कजरारी कुलटा : हिन्दी प्रिंट, सवर्ण लेखन और दलित स्त्री का (कु) चित्रण, तद्भव पत्रिका, वर्ष 7, अंक 2, मई, 2019
10. घोष, सुतनुका, इमेजीनिंग लव इन अर्ली ट्वेंटिएथ सेंचुरी बंगाल; गोलोकधांधा एंड साबित्री राय सं. मेघना-पद्मा : इंटरनेशनल जर्नल ऑफ बंगाल स्टडीज, वॉल्यूम; 2-3, पृ. 244-258, 2011-2012
11. जेकब्स, हैरिएट, एक गुलाम लड़की की जिन्दगी, हिन्दी अनु. गगनप्रीत, अन्यथा पत्रिका, पृ. 229-233, जून 2008 अंक
12. जफर, मन्मय, सोशल रिफार्म इन कोलोनियल बंगाल, फिलॉसफी एंड प्रोग्रेस, खंड 5-6 जनवरी-जून, जुलाई-दिसम्बर, 2014
13. डिकरसन, मेरी जेन, 'शेड्स ऑफ डीपर मीनिंग : ऑन राइटिंग ऑटोबायोग्राफी', जर्नल ऑफ कम्पोजीशन, खंड 9, अंक 1 / 2, 1989
14. तनुप्रिया, "ट्रांसजेंडर आत्मकथाएँ : मानव अधिकारों और सामाजिक परिवर्तन में प्रगति।" मानव अधिकार और कर्तव्य अनुसन्धान केन्द्र, खंड 2, अंक 2, 10 दिसम्बर, 2016
15. तहरून्निसा, बीबी, बामाबोधिनी सम्पादके पत्र, बामाबोधिनी पत्रिका, भाग 1, खंड 2, संख्या 19, पृ. 275-277, फरवरी-मार्च 1865

16. देशपांडे, सतीश (ले.), मेरी अंग्रेजी की कहानी, अनुवाद नरेश गोस्वामी, प्रतिमान (सी एस डी एस), वर्ष 7 अंक 14, जुलाई-दिसम्बर, 2019
17. नईम, सी. एम., 'हाउ बीबी अशरफ लर्ंट टु रीड एंड राइट', एन्युअल्स ऑफ उर्दू स्टडीज, अंक 6, 1987
18. नारायणकर, तेजस्विनी, दलित ऑटोबायोग्राफी : एन एवोलुशन ऑफ इंडिविजुअल सेल्फ, रिसर्च फ्रंट, वोल्यूम 2, अंक 2, 2014
19. निलयमगोड़े, देवकी, एक अन्तरजनम की आत्मकथा—विद नो सेंस ऑफ लॉस, हिन्दी अनुवाद गरिमा श्रीवास्तव, संयुक्ता पत्रिका, अंक 4, पृ. 1-14
20. नकवी, सईद, द अदर साइड ऑफ इकबाल, फ्राइडे टाइम्स लाहौर, 15 अप्रैल, 1911
21. पवार, उर्मिला, मेरे चार दुश्मन, (आत्मकथांश का हिन्दी अनुवाद—सुधा अरोड़ा) अतीत होती सदी और स्त्री का भविष्य, हंस पत्रिका, अंक 14, जनवरी-फरवरी, 2000
22. पांडेय, मैनेजर, सार्वजनिक चौराहों पर व्यक्तिगत चेहरे, हंस, दिल्ली, जुलाई, 2004
23. बुचर, क्रिस्टीन ऍफ, ब्लैक इमिग्रेंट्स इन द यूनाइटेड स्टेट्स : ऐ कम्पेरिजन विथ नेटिव ब्लेक्स एंड अदर इमिग्रेंट्स, इंडस्ट्रीयल एंड लेबर रिलेशंस रिव्यु 47 (2), 1994
24. बेगम, नवाब सुल्तान जहाँ, एन अकाउंट ऑफ माइ लाइफ, (अनु.) खान अब्दुस्समद, द टाइम्स, बम्बई, 1922
25. बेलींडा—'बेलींडा ऑर द क्रूएलिटी ऑफ मैन हूज फेसेज वर लाइक द मून'—अमेरिकन म्यूजियम एंड रिपॉजिटरी ऑफ एंशिएंट एंड मॉडर्न फ्यूजिटिव पीसेज : प्रोज एंड पॉलिटिकल वॉल्यूम 1 जून, 1787
26. बोमफ्री, इजाबैला, सोजोर्नर ट्रूथ—नैरेटिव ऑफ सोजोर्नर ट्रूथ—रूपान्तर डॉ. भवजोत अन्यथा पत्रिका जून, 2008
27. बंगाल लिटरेरी केटलाग ऑफ बुक्स, त्रैमासिक अपेंडिक्स टु द कैलकटा गजट, कलकत्ता 1867-1901
28. बन्द्योपाध्याय, ब्रजेन्द्रनाथ, बंगला सामयिक पत्र 1868-1900, खंड 2, कलकत्ता, 1952
29. भावे, पुष्पा, सांगते ऐका यानी कहती हूँ सुनो, हंस, जनवरी, 1995 दिल्ली।
30. भाषापोषिणी पत्रिका—25 अंक, सं. 7 दिसम्बर, 2001
31. राजगोपाल वकुलाभरण, द रेटोरिकल स्ट्रेटजी : रीडिंग सत्यवती'ज आत्मचरितमु, इंडियन इकोनोमिक एंड सोशल हिस्ट्री रिव्यु, 40 : 377; 2003
32. रेगे, शर्मिला, दलित वूमन टॉक डिफरेंटली, इकनोमिक एंड पोलिटिकल वीकली, खंड 33, संख्या 44, 31-6, अंक : नवम्बर अक्टूबर 1998
33. लिंडबर्ग, अन्ना, एक्सपीरियंस एंड आइडेंटिटी : एन अकाउंट ऑफ क्लास, कास्ट एंड जेंडर अमंग द कैश्यु वर्कर्स ऑफ केरला, इंडिया, अप्रैल 23, पृष्ठ 5-8, लुंड यूनिवर्सिटी प्रेस, लुंड, पृ. 5-8, 2001
34. शाहिद, फरीदा, 'द कल्चरल अर्टिकुलेशन ऑफ पैट्रिआर्की : लीगल सिस्टम्स, इस्लाम एंड वुमन', साउथ एशिया बुलेटिन, अंक 6, सं. 1, ड्यूक यूनिवर्सिटी प्रेस, 1986
35. शुभदायिनी, तारिणी, ए नोट ऑन कन्नड़ ऑटोबायोग्राफीज—IMPACT, वॉल्यूम 8, इश्यू 11, नवम्बर, 2020 C

36. श्रीवास्तव, गरिमा (ले.), गुमनामी के दौर में, जनसत्ता दैनिक रविवारीय, दिल्ली, 20 जनवरी, 2008
37. श्रीवास्तव, गरिमा (ले.) 'या देवी सर्वभूतेषु' (देवदासी प्रथा का इतिहासपरक सामाजिक विवेचन) पक्षधर पत्रिका, विनोद तिवारी (सं), वर्ष 2, अंक 5-6, मई-दिस, 2008
38. सहाय, निरंजन (ले.), उत्तर भारत की संघर्षशील दलित महिलाएँ, 'अन्यथा' पत्रिका, अंक 12
39. सोबती, कृष्णा, 'अन्यथा' पत्रिका, अंक 13
40. स्टेगेन्बोर्ग, सुजान, सोशल मूवमेंट कम्युनिटीज एंड साइकल ऑफ प्रोटेस्ट : द एमरजेंस एंड मेंटेनेंस ऑफ अ लोकल मूवमेंट, जर्नल ऑफ सोशल प्रोब्लम्स, ऑक्सफोर्ड यूनिवर्सिटी प्रेस, वोल्यूम 45, न. 2, मई, 1998
41. हार्पर, फ्रांसिस एलेन वॉटकिंस; ऑवर ग्रेटेस्ट वॉट—अंग्लो-अफ्रीकन मैगजीन; मई, 1859

अन्तर्जातीय स्रोत :

1. https://mainehumanities.org/lets-talk/the-journey-inward-womens-autobiography/ (cited on1.1.2021)
2. https://www-ndtv-com.translate।goog/entertainment/pandit-ravi-shankars-wife-sukanya-talks-about-her-relation-CITED
3. https://scroll.in/article/872273/why-bengali-dalit-feminist-poet-and-writer-kalyani-thakur-added-charal-for-chandal-to-her-name cited on 10.2.2021
4. https://www.eighteenthcenturypoetry.org/works/o4179-w0010.shtml (cited on 31.3.2021)
5. https://swatantryavaadini.in/(cited on 20.10.2024)